Greiner

Wohnungseigentumsrecht

AnwaltsPraxis

Wohnungseigentumsrecht

3. Auflage 2014

Von

Dr. David Greiner

Rechtsanwalt
Fachanwalt für Miet- und Wohnungseigentumsrecht
Fachanwalt für Bau- und Architektenrecht

DeutscherAnwaltVerlag

Zitiervorschlag:
Greiner, Wohnungseigentumsrecht, § 1 Rn 1

Benutzer-Hinweis für Musterbeispiele
Für den Download der Mustertexte gehen Sie auf
http://www.anwaltverlag.de/Greiner-Wohnungseigentumsrecht
Geben Sie den hier eingedruckten Zugangscode ein. Danach erhalten Sie Zugriff auf das zip-Archiv: av.1336_Musterdownload.zip
Zugangscode: G13We36R

Hinweis
Die Formulierungsbeispiele in diesem Buch wurden mit Sorgfalt und nach bestem Wissen erstellt. Sie stellen jedoch lediglich Arbeitshilfen und Anregungen für die Lösung typischer Fallgestaltungen dar. Die Eigenverantwortung für die Formulierung von Verträgen, Verfügungen und Schriftsätzen trägt der Benutzer. Autor und Verlag übernehmen keinerlei Haftung für die Richtigkeit und Vollständigkeit der in dem Buch enthaltenen Ausführungen und Formulierungsbeispiele.

Anregungen und Kritik zu diesem Werk senden Sie bitte an
kontakt@anwaltverlag.de
Autor und Verlag freuen sich auf Ihre Rückmeldung.

Copyright 2014 by Deutscher Anwaltverlag, Bonn
Satz: Griebsch & Rochol Druck, Hamm
Druck: CPI books GmbH, Leck
Umschlaggestaltung: gentura, Holger Neumann, Bochum
ISBN 978-3-8240-1351-7

Bibliografische Information der Deutschen Nationalbibliothek
Die Deutsche Nationalbibliothek verzeichnet diese Publikation in der Deutschen Nationalbibliografie; detaillierte bibliografische Daten sind im Internet über http://dnb.d-nb.de abrufbar.

Vorwort

In Deutschland gibt es knapp 3 Millionen Wohnungseigentumsanlagen und über 9 Millionen Eigentumswohnungen. Die Bedeutung des Wohnungseigentums und damit des Wohnungseigentumsrechts ist also groß. Leider ist dieses Rechtsgebiet schwer zu durchdringen. Zwar wirkt die Rechtslage, weil das WEG nur aus verhältnismäßig wenigen Paragraphen besteht, die durch einige wenige Verordnungen (Heizkostenverordnung, Wohnflächenverordnung usw.) ergänzt werden, auf den ersten Blick überschaubar; tatsächlich klaffen Theorie und Praxis der Verwaltung aber oftmals weit auseinander, und nicht wenige alltägliche Fragen sind Gegenstand ungeklärter Streitigkeiten in Rechtsprechung und Literatur. Daran hat die 2007 in Kraft getretene WEG-Reform nichts geändert, sondern vor allem neue Fragen aufgeworfen. Dabei gewinnt zunehmend die Erkenntnis an Boden, dass das WEG trotz des sachenrechtlichen Ursprungs des Wohnungseigentums nicht als „Nebengesetz" des BGB, sondern als Teil des Gesellschaftsrechts einzuordnen ist. Strukturell unterscheidet sich der rechtsfähige Verband WEG kaum von anderen Verbänden (GmbH, AG).

Die vorliegende 3. Auflage dieses Buches erscheint nunmehr im Deutschen Anwaltverlag. Durch den Verlagswechsel hat sich an der Konzeption nichts geändert: Das Werk will Rechtsanwälten, Verwaltern und interessierten Wohnungseigentümern vor allem eine praktische Hilfestellung bieten. Es stellt die Rechtslage kompakt und praxisbezogen dar und verzichtet auf eine ausführliche Erörterung dogmatischer Streitfragen; das bedeutet indes nicht, dass es Probleme übergehen oder gar die eigene Meinung des Verfassers verschweigen würde. Zahlreiche Beispielsfälle dienen der Verständlichkeit und die vielfältigen Muster (Beschlüsse, Anträge, Klagen, Verwaltervertrag usw.) dem praktischen Gebrauch. In den Fußnoten werden die aktuellsten und wichtigsten Gerichtsentscheidungen unter Nennung von Entscheidungsdatum, Aktenzeichen und einer gängigen Fundstelle aufgeführt. Auf Literatur wird vor allem dann verwiesen, wenn es sich um aktuelle und weiterführende Beiträge zum jeweils erörterten Problem handelt. Den Fußnoten lassen sich somit in jedem Fall ausreichende Nachweise für weitere Informationen (zu Detailfragen, gerichtlicher Kasuistik oder wissenschaftlichem Diskurs) entnehmen. Vom Abdruck des WEG und seiner „Nebengesetze" wird aus Platzgründen abgesehen; es ist deshalb unerlässlich – aber z.B. via Internet problemlos möglich –, den Gesetzestext zur Hand zu haben.

Alleine wegen der besseren Lesbarkeit wird in diesem Buch stets die männliche Form von Substantiven verwendet. Wenn also z.B. von „dem Wohnungseigentümer" oder „dem Rechtsanwalt" die Rede ist, ist die Wohnungseigentümerin oder die Rechtsanwältin immer mitgemeint.

Literatur und Rechtsprechung sind bis März 2014 berücksichtigt.

Tübingen, im Mai 2014 *David Greiner*

Inhaltsverzeichnis

Vorwort 5

Abkürzungsverzeichnis 19

Verzeichnis der abgekürzt verwendeten Literatur 23

Musterverzeichnis 25

§ 1 Entstehung und Grundlagen des Wohnungseigentums 29
A. Die Entstehung von Wohnungseigentum 29
B. Die Entstehung der Wohnungseigentümergemeinschaft, insbesondere: Die werdende (faktische) WEG 31
    I. Grundsätze 31
    II. Eigentumswechsel nach Verkauf an Zweiterwerber 32
C. Die Wohnungseigentümergemeinschaft als rechtsfähiger Verband 33
    I. Allgemeines 33
    II. Die Wohnungseigentümergemeinschaft im Rechtsverkehr 34
    III. Originäre und übertragene Kompetenzen der Gemeinschaft 36
D. Gemeinschaftseigentum und Sondereigentum 37
    I. Grundlagen 37
    II. Einzelfälle 38
    III. Verlagerung der Kosten- oder Instandhaltungslast auf Sondereigentümer, Umdeutung fehlgeschlagener Sondereigentums-Zuweisungen 45
E. Widersprüche zwischen Teilungserklärung, Aufteilungsplan und Bauausführung 49
    I. Grundlagen 49
    II. Einzelfälle 50
        1. Änderungen innerhalb von oder zwischen Wohnungen 50
        2. Errichtung zusätzlicher Räumlichkeiten 51
        3. Verschiebung der Grenze zwischen zwei Wohnungen 51
        4. Verschiebung der Außengrenzen von Wohnungen (Einbeziehung des Treppenhauses etc.) 52
        5. Völlig abweichende Bauausführung 52
F. Das Sondernutzungsrecht 53
    I. Grundlagen 53
    II. Begründung, Beendigung und Übertragung 53
    III. Rechte und Pflichten des Sondernutzungsberechtigten 56

§ 2 Die Willensbildung der Gemeinschaft, insbesondere: Vereinbarungen und Beschlüsse 61
A. Grundlagen 61
B. Die Vereinbarung 62
    I. Grundlagen 62
    II. Inhalt und Auslegung 63

C. Der Beschluss 65
  I. Grundlagen, Wirkung und Auslegung 65
  II. Gesetzliche und vereinbarte Beschlusskompetenzen 67
  III. Abgrenzung von Beschluss und Vereinbarung 68
  IV. Abgrenzung von rechtswidrigem Beschluss und Vereinbarung (Regelung „nur" rechtswidrig oder „schon" nichtig?) 69
  V. Begriffsbestimmungen und Sonderfälle von Beschlüssen 70
    1. Diverse Beschlusstypen und ihre Probleme 70
    2. Der Zweitbeschluss 72
    3. Der bedingte Beschluss 73
  VI. Fehlerhafte Beschlüsse und ihre Folgen 74
    1. Übersicht 74
    2. Rechtswidrigkeit 74
    3. Nichtigkeit 74
    4. Schwebende Unwirksamkeit 76
    5. Einstweiliger Rechtsschutz gegen den Vollzug fehlerhafter Beschlüsse 77
    6. Folgen der Ungültigerklärung von Beschlüssen, Folgebeseitigungs- und Schadensersatzanspruch 79
D. Die Änderung der Teilungserklärung/Gemeinschaftsordnung 81
  I. Die Änderung der Gemeinschaftsordnung durch Vereinbarung 81
  II. Die Änderung der Gemeinschaftsordnung mit prozessualen Tricks 84
  III. Die Änderung der Gemeinschaftsordnung auf der Grundlage einer gesetzlichen Beschlusskompetenz 86
  IV. Die Änderung der Gemeinschaftsordnung durch Beschluss auf der Grundlage einer Öffnungsklausel 87
  V. Der Anspruch auf Änderung der Gemeinschaftsordnung 88
  VI. Die Änderung des sachenrechtlichen Grundverhältnisses 92
  VII. Änderungen durch den Bauträger 93
    1. Einführung 93
    2. Die Änderungsbefugnis im Außenverhältnis 93
    3. Die Änderungsbefugnis im Innenverhältnis und ihre Grenzen ... 95

§ 3 Rechte und Pflichten bei der Nutzung von Sonder- und Gemeinschaftseigentum 99

A. Gebrauchsrecht und Rücksichtnahmegebot 99
  I. Übersicht 99
  II. Einzelfälle 99
B. Die Nutzung des Sondereigentums 101
  I. Die Zweckbestimmung der Einheit 101
  II. Vorbehalt der Verwalterzustimmung oder der Baugenehmigung ... 102
  III. Einzelfälle 103
C. Die Nutzung des Gemeinschaftseigentums 106
  I. Das Mitgebrauchsrecht und seine Grenzen 106
  II. Einzelfälle 107
D. Gebrauchsregelungen 108
  I. Grundlagen 108

II. Die Hausordnung		110
1. Allgemeines		110
2. Einzelfälle		111
E. Vorgehen gegen Störungen		116
I. Störungen durch Miteigentümer		116
1. Allgemeines		116
2. Ruhestörungen		117
3. Ausübungsbefugnis und Beschlussfassung der Gemeinschaft		118
II. Störungen durch Mieter und andere Nutzer		121
1. Ansprüche gegen den vermietenden Eigentümer		121
2. Ansprüche gegen den störenden Mieter		123
III. Einwände: Verjährung, Verwirkung, Ungleichbehandlung		124
IV. Die Entziehung des Wohnungseigentums		125
1. Grundlagen		125
2. Abmahnung und Entziehungsbeschluss		126
3. Durchsetzung der Entziehung		128

§ 4 Bauliche Maßnahmen (bauliche Veränderungen, Instandhaltung, Modernisierung) ... 129

A. Überblick über die gesetzliche Regelung		129
I. Die drei Kategorien baulicher Maßnahmen		129
II. Bauliche Maßnahmen ohne Eigentümerbeschluss		129
III. Beschlüsse über bauliche Maßnahmen		130
IV. Abweichende Systematisierungen		131
V. Abweichende Regelungen in der Gemeinschaftsordnung		132
B. Bauliche Veränderungen i.S.v. § 22 Abs. 1 WEG		132
I. Begriff der baulichen Veränderung		132
II. Bauliche Veränderungen durch den Bauträger		133
III. Beeinträchtigung (Nachteil) und Zustimmung		134
1. Der Nachteil		134
2. Die Zustimmung		137
a) Zustimmung durch die Wohnungseigentümer		137
b) Klage auf Zustimmung bzw. auf Feststellung, dass keine Zustimmung erforderlich ist		138
c) Zustimmung durch den Verwalter		139
IV. Einzelfälle baulicher Veränderungen		140
V. Sonderfälle: Parabolantenne und Kabelanschluss		145
1. Parabolantenne		145
2. Kabelanschluss		147
VI. Vorgehen gegen unzulässige bauliche Veränderungen: Der Beseitigungs- und Duldungsanspruch		148
1. Allgemeines		148
2. Beschlussfassung der Gemeinschaft		149
3. Der Verpflichtete: Handlungs- und Zustandsstörer		150
4. Besonderheiten bei vermieteter Wohnung		151
5. Einwände: Verjährung, Verwirkung, Unverhältnismäßigkeit, Ungleichbehandlung		153

C. Die Kosten und Folgekosten baulicher Maßnahmen 155
    I. Bauliche Maßnahmen einzelner Miteigentümer 155
        1. Kostentragung bei Maßnahmen ohne Beschlussfassung 155
        2. Kostentragung bei Maßnahmen mit Beschlussfassung 156
    II. Bauliche Maßnahmen der Gemeinschaft 157
        1. Allgemeines 157
        2. Abweichende Kostenverteilung gem. § 16 Abs. 4 WEG 158
D. Maßnahmen der Instandhaltung und Instandsetzung 161
    I. Instandhaltungsmaßnahmen – allgemein 161
        1. Grundlagen 161
        2. Vorbereitung und Beschlussfassung 162
        3. Die Beseitigung von Baumängeln und der Anspruch auf erstmalige
           mangelfreie Herstellung 164
    II. Modernisierende Instandsetzung 166
E. Modernisierungsmaßnahmen 168
    I. Grundlagen 168
    II. Rechtmäßigkeitsvoraussetzungen 170
        1. Materiell 170
        2. Formell, insbesondere: Die Beschlussfassung 171
F. Sonderfragen 172
    I. Empfehlungen zur Beschlussfassung bei baulichen Veränderungen 172
    II. Bauliche Maßnahmen und öffentliches Baurecht 174
        1. Bauliche Maßnahmen am Gemeinschaftseigentum 174
        2. Bauliche Maßnahmen auf dem Nachbargrundstück 175
    III. Ersatzansprüche von Miteigentümern nach baulichen Veränderungen 176
    IV. Der nachträgliche Ausbau von Dachgeschossen 177

§ 5 Der Kauf vom Bauträger 181

A. Der Bauträgervertrag 181
    I. Rechtsnatur, Form und Inhalt des Bauträgervertrags 181
    II. Die Vergütung des Bauträgers 182
B. Die Abnahme 183
    I. Allgemeine Voraussetzungen und Rechtsfolgen 183
    II. Die Abnahme von Sonder- und Gemeinschaftseigentum 184
        1. Überblick 184
        2. Vertragliche Regelungen zur Abnahme des Gemeinschaftseigentums 185
        3. Beschlussfassung der Gemeinschaft 187
C. Mängelrechte und Beschlussfassung der Gemeinschaft 188
    I. Überblick 188
    II. Folgen der Gemeinschaftsbezogenheit der Ansprüche wegen Mängeln des
       Gemeinschaftseigentums 191
        1. Überblick 191
        2. Beschlussfassung der Gemeinschaft 192
        3. Die Problematik der Einbeziehung von Zweiterwerbern und
           Nicht-Anspruchsberechtigten 194
        4. Die Fristsetzung 194
        5. Konsequenzen der gemeinschaftlichen Beschlussfassung 195

    III. Überlegungen und Vorschläge zum Beschlussfassung 196
    IV. Sonderfragen 202
        1. Einbehalte und Aufrechnung 202
        2. Vergleiche mit dem Bauträger 204
        3. Handlungspflicht der Gemeinschaft bei Baumängeln 205
D. Die Pflichten des Verwalters bei Baumängeln am Gemeinschaftseigentum 206
E. Gemeinschaftliche Verwendung der vom Bauträger erhaltenen Mittel 207

§ 6 Die Verwaltung durch die Wohnungseigentümer 209

A. Die ordnungsmäßige Verwaltung 209
    I. Grundlagen; Gegenstand der Verwaltungsmaßnahmen 209
    II. Ordnungsmäßigkeit und Beurteilungsspielraum 210
B. Einzelfälle (nicht) ordnungsmäßiger Verwaltung 211
C. Der Anspruch auf ordnungsmäßige Verwaltung und seine Durchsetzung 214
    I. Allgemeines 214
    II. Die Regelungsklage 215
D. Das Betretungsrecht und die Pflicht zur Duldung von Eingriffen 219
E. Der Aufopferungsanspruch bei Instandsetzungsarbeiten am Gemeinschaftseigentum 220

§ 7 Die Wohnungseigentümerversammlung 223

A. Allgemeines 223
B. Einberufung 224
    I. Grundlagen 224
        1. Verwalterpflichten 224
        2. Die Einberufung bei Weigerung oder Fehlen des Verwalters 225
        3. Einstweiliger Rechtsschutz gegen eine unberechtigte Einberufung 226
    II. Die Adressaten der Einberufung 227
        1. Die Miteigentümer 227
        2. Sonderfälle 228
        3. Praktische Probleme 228
    III. Form und Frist der Einberufung, Ort und Zeit der Versammlung 229
    IV. Inhalt der Einladung 230
        1. Allgemeines 230
        2. Anspruch auf Aufnahme bestimmter Tagesordnungspunkte 232
    V. Die Wiederholungsversammlung nach beschlussunfähiger Erstversammlung 234
C. Der Verlauf der Wohnungseigentümerversammlung 235
    I. Vorsitz (Versammlungsleitung) 235
    II. Beschlussfähigkeit 235
    III. Teilnahmerecht und Nichtöffentlichkeit 236
        1. Grundlagen 236
        2. Teilnahme außenstehender Dritter (Externer) – allgemein 237
        3. Teilnahme bevollmächtigter Vertreter 238
        4. Teilnahme von Beratern, Rechtsanwälten, Dolmetschern usw. 241
    IV. Ablauf und Ordnung 244
D. Die Beschlussfassung 245
    I. Grundlagen 245
    II. Das Stimmrecht 245

		1. Grundlagen	245

- 1. Grundlagen 245
- 2. Das Stimmrecht in Sonderfällen 246
- 3. Stimmrechtsausschlüsse 247
- III. Feststellung und Bekanntgabe des Beschlussergebnisses 250
  - 1. Das Abstimmungsverfahren 250
  - 2. Die Feststellung und Bekanntgabe des Beschlussergebnisses 251
  - 3. Rechtswidrige Beschlüsse 252
- E. Das Protokoll 254
  - I. Bedeutung, Inhalt und Form 254
  - II. Frist zur Bereithaltung oder Versendung 256
  - III. Anspruch auf Protokollberichtigung oder Feststellung des richtigen Beschlussinhalts 257
    - 1. Fehlerhafte Protokollierung des Versammlungsverlaufs 257
    - 2. Fehlerhafte Protokollierung von Beschlüssen 259
    - 3. Unterbliebene Beschlussfeststellung 260
- F. Die Beschluss-Sammlung 261
  - I. Allgemeines 261
  - II. Einzelheiten 262
    - 1. Der Verpflichtete 262
    - 2. Form 262
    - 3. Frist für die Eintragung 263
    - 4. Was ist einzutragen? 264
      - a) Allgemeines 264
      - b) Beschlüsse 265
      - c) Gerichtliche Entscheidungen 265
    - 5. Nachträgliche Änderungen/Fehlerkorrektur 267

§ 8 Jahresabrechnung und Wirtschaftsplan 269

- A. Die Jahresabrechnung 269
  - I. Allgemeines 269
    - 1. Grundlagen 269
    - 2. Abrechnungsentwurf, Beschlussfassung und Einsichtnahmerecht 270
  - II. Gesamt- und Einzelabrechnung 272
    - 1. Muster 272
    - 2. Allgemeine Anforderungen an Darstellung und Inhalt 274
    - 3. Unberechtigte Ausgaben 276
    - 4. Ausweis von Hausgeldzahlungen 276
    - 5. Verbuchung von Zahlungen, insbes. Nach- und Teilzahlungen 277
    - 6. Zahlungsrückstände 279
      - a) Zahlungsrückstände im abgerechneten Wirtschaftsjahr 279
      - b) Rückstände und Guthaben aus früheren Jahresabrechnungen 279
  - III. Verteilerschlüssel und Einzelfragen zu diversen Kostenpositionen 280
    - 1. Der Verteilerschlüssel – allgemein 280
    - 2. Der Verteilerschlüssel für Betriebs- und Verwaltungskosten und die Möglichkeit seiner Änderung 281
    - 3. Einzelne Betriebskostenarten 283
    - 4. Heiz- und Warmwasserkosten 286
    - 5. Gerichtliche Verfahren 294

6. Haushaltsnahe Dienstleistungen 296
7. Umsatzsteuer 297
8. Zahlungspflichten einzelner Miteigentümer und „direkte Zuordnung" (Einzelbelastung) 298
IV. Kontenentwicklung und Status 300
V. Zur Instandhaltungsrückstellung 301
  1. Allgemeines zur Instandhaltungsrückstellung 301
  2. Die Darstellung in der Jahresabrechnung 303
     a) Zahlungen (Zuführungen) zur Rücklage 303
     b) Ausgaben, die aus der Rücklage finanziert wurden 303
     c) Die Entwicklung der Rücklage 304
VI. Die Abrechnung nach einem Eigentümerwechsel 305
  1. Grundsätze: Fälligkeitstheorie und Abrechnungsspitze 305
  2. Hausgeldrückstände und Erwerberhaftung 306
VII. WEG-Jahresabrechnung und Betriebskostenabrechnung bei vermieteter Wohnung 309
VIII. Anfechtung des Abrechnungsbeschlusses und gerichtliche Entscheidung 310
  1. Teilweise oder gänzliche Ungültigerklärung? 310
  2. Insbesondere: Die Unvollständigkeit der Jahresabrechnung 312
B. Der Wirtschaftsplan 313
I. Grundlagen und Muster 313
II. Einzelfragen 315
  1. Aufstellung und Beschluss des Wirtschaftsplans 315
  2. Wirtschaftsjahr und Geltungsdauer des Wirtschaftsplans 316
  3. Fälligkeit der Hausgeldforderung und Zahlungsmodalitäten 318
III. Anfechtung des Wirtschaftsplanbeschlusses 318
IV. Die Sonderumlage 320
C. Die Beitragsforderung (Hausgeld) 322
I. Grundlagen 322
II. Nachzahlungssaldo und Rückstände im Prozess 323
III. Hausgeldrückstände und nachfolgende Jahresabrechnung 324
IV. Verzug und Verjährung 325
V. Rückforderung von Beitragszahlungen 325
D. Beschlüsse in Geldangelegenheiten gem. § 21 Abs. 7 WEG 326
I. Überblick 326
II. Kosten für eine besondere Nutzung des Gemeinschaftseigentums 327
III. Kosten für einen besonderen Verwaltungsaufwand 327
IV. Muster für einen Dauerbeschluss 328

§ 9 Hausgeldinkasso 331

A. Titulierung 331
I. Einleitung des Verfahrens 331
II. Unbeachtliche Einwände des Schuldners 332
III. Das gerichtliche Mahnverfahren 332
IV. Klagemuster (Hausgeldklage) mit Erläuterungen 335
B. Zwangsvollstreckung – Allgemeines 338

C. Zwangsverwaltung 339
    I. Überblick 339
    II. Antragsmuster und Erläuterung 341
    III. Verteilung der Einnahmen des Zwangsverwalters 342
    IV. Hausgeldzahlung durch den Zwangsverwalter 343
    V. Zwangsverwaltung und WEG-Verwaltung 344
    VI. Zwangsverwaltung und Insolvenz 344
D. Zwangsversteigerung 345
    I. Überblick 345
    II. Antragsvoraussetzungen 346
        1. Titel 346
        2. Einheitswertbescheinigung (3 %-Wertgrenze) 347
        3. Grundbuchzeugnis gem. § 17 Abs. 2 ZVG 348
    III. Antragsmuster und Erläuterung 349
    IV. Was fällt in Rangklasse 2? 350
    V. Anmeldung oder Beitritt zu einem laufenden Verfahren; Nachtitulierung 351
    VI. Versteigerungstermin und Erlösverteilung 353
    VII. Zwangsversteigerung und Insolvenz 355
E. Sicherungshypothek 357
F. Versorgungssperre 358
    I. Überblick 358
    II. Besonderheiten bei selbstgenutzter Wohnung 360
    III. Besonderheiten bei vermieteter Wohnung 361
G. Die Entziehung des Wohnungseigentums 362

§ 10 Der Verwalter 365

A. Begründung und Beendigung der Verwalterstellung 365
    I. Allgemeines 365
        1. Bedeutung des Verwalters 365
        2. Bestellung und Verwaltervertrag 365
        3. Gesellschaften als Verwalter 366
        4. Delegation der Verwaltertätigkeit 368
        5. Verkauf von Verwaltungen 368
    II. Bestellung durch Beschluss der Wohnungseigentümer 369
        1. Vorbereitung der Beschlussfassung 369
        2. Die Beschlussfassung 371
            a) Wahlverfahren 371
            b) Stimmrechtsausschlüsse 372
            c) Inhalt des Bestellungsbeschlusses 373
            d) Empfehlungen beim Verwalterwechsel 374
        3. Laufzeit der Bestellung 374
        4. Die erneute Bestellung des Verwalters (Wiederwahl) 376
    III. Die Anfechtung des Bestellungsbeschlusses 376
        1. Überblick 376
        2. Einzelne Gründe für die Anfechtung des Bestellungsbeschlusses 378
            a) Interessenkollision bei Selbstbestellung, Stimmrechtsmissbrauch 378
            b) Verwalter betätigt sich als Verkaufsmakler 378
            c) Sonstige Einzelfälle 379

  3. Rechtsfolgen erfolgreicher Anfechtung 380
  4. Einstweiliger Rechtsschutz 381
 IV. Bestellung in der Teilungserklärung/Gemeinschaftsordnung 382
  1. Allgemeines 382
  2. Laufzeit 384
 V. Die Abberufung des Verwalters ohne wichtigen Grund 384
 VI. Die Abberufung des Verwalters aus wichtigem Grund 385
  1. Allgemeines 385
  2. Der Zusammenhang von Abberufung und Kündigung des Verwaltervertrags .. 388
  3. Abmahnung und Frist 388
  4. Der Anspruch auf Abberufung und seine Durchsetzung 389
  5. Stichwortverzeichnis der Gründe für eine vorzeitige Abberufung/Kündigung . 392
   a) Allgemeines 392
   b) Rechnungswesen 394
   c) Das Stadium nach dem Erstbezug 395
  6. Die Anfechtung des Abberufungsbeschlusses 396
   a) Allgemeines 396
   b) Rechtsfolgen 398
 VII. Die Amtsniederlegung 399
 VIII. Pflichten des Verwalters nach dem Ende der Verwalterstellung 401
  1. Herausgabe von Verwaltungsunterlagen u.a. 401
  2. Rechenschaftspflicht (Rechnungslegung) 405
  3. Herausgabe (Zahlung) von Geld 407
B. Fehlen des Verwalters und gerichtliche Bestellung 408
 I. Allgemeines 408
 II. Gerichtliche Entscheidung 411
 III. Einstweiliger Rechtsschutz 412
C. Der Verwaltervertrag 414
 I. Allgemeines 414
 II. Der Abschluss des Vertrags 414
  1. Vertragsabschluss bei der Erstverwalterbestellung in der Gemeinschaftsordnung 414
  2. Vertragsabschluss durch Beschluss der Wohnungseigentümer 415
  3. Delegation des Vertragsabschlusses 416
 III. Inhalt und Inhaltskontrolle des Vertrags 417
  1. Allgemeines zum Inhalt 417
  2. Beschlussmängelkontrolle 418
   a) Anfechtung wegen Verstoß gegen die Grundsätze ordnungsmäßiger
    Verwaltung 418
   b) Nichtigkeitsfeststellungsklage, insbes.: Die AGB-Inhaltskontrolle 419
  3. Erläuterung häufiger Vertragsklauseln 420
 IV. Die Vergütung des Verwalters 425
  1. Allgemeines 425
  2. Sondervergütungen 427
   a) Allgemeines 427
   b) Kostentragung des Verursachers 427
   c) Einzelne Vergütungsregelungen 428

V. Der Verwalter ohne Verwaltervertrag und der faktische Verwalter 431
   1. Der Verwalter ohne Verwaltervertrag 431
   2. Der faktische Verwalter 432
D. Aufgaben und Befugnisse des Verwalters 433
   I. Allgemeines 433
   II. Aufgaben und Befugnisse im Einzelnen 434
     1. Die Durchführung von Beschlüssen 434
     2. Die Durchführung der Hausordnung 435
     3. Instandhaltungsmaßnahmen 435
       a) Maßnahmen ohne Beschlussfassung – laufende und dringende 435
       b) Der Normalfall: Maßnahmen gemäß Beschlussfassung 436
     4. Die Geldverwaltung 439
     5. Der Verwalter im Passivprozess 441
       a) Der Verwalter als Zustellungsvertreter 441
       b) Die Pflicht zur Unterrichtung der Miteigentümer 442
       c) Der Verwalter als Vertreter im Prozess 443
       d) Die Beauftragung und die Tätigkeit eines Rechtsanwalts 445
       e) Vertretung im Vollstreckungsverfahren 447
     6. Die Geltendmachung von Ansprüchen; der Verwalter im Aktivprozess 447
     7. Sonstiges 448
       a) Maßnahmen zur Fristwahrung und zur Abwehr sonstiger Rechtsnachteile . 448
       b) Die Zustellung sonstiger Erklärungen an den Verwalter 449
       c) Die Abgabe sog. „Hausbesitzererklärungen" 450
       d) Informationspflichten 450
       e) Die Vertretung der Gemeinschaft beim Fehlen eines Verwalters 450
   III. Konsequenzen unberechtigter Vertragsabschlüsse und Zahlungen 451
   IV. Rechnungslegung, Auskünfte, Einsicht in die Verwaltungsunterlagen,
      Eigentümerliste 453
E. Der Nachweis der Verwalterstellung, insbesondere die Vollmachtsurkunde 456
   I. Der Nachweis gegenüber dem Grundbuchamt gem. § 26 Abs. 3 WEG 456
   II. Die Vollmachtsurkunde 457
F. Pflichtverletzungen und Haftung des Verwalters 458
   I. Grundlagen 458
   II. Die Haftung auf Prozesskosten 459
   III. Einzelne Haftungsfälle 462
     1. Eigentümerversammlungen und Beschlussfassung 462
     2. Baumängel und Instandhaltung 464
     3. Abwicklungspflichten nach dem Ende der Amtszeit 464
     4. Verschiedenes 464
   IV. Die Entlastung 466

§ 11 Der Verwaltungsbeirat 469

A. Bestellung und Abberufung 469
B. Aufgaben 470
C. Innere Organisation und Entschädigung 472
D. Haftung 473

§ 12 Verschiedenes ... 475

A. Ersatzansprüche der Wohnungseigentümer untereinander und zwischen der Gemeinschaft und Wohnungseigentümern ... 475
    I. Schadensersatzhaftung ... 475
    II. Sonstige Ersatzansprüche ... 479
        1. Der verschuldensunabhängige „nachbarrechtliche" Aufopferungsanspruch ... 479
        2. Aufwendungsersatz, insbesondere nach Notgeschäftsführung ... 479
    III. Haftung für Mieter und andere Nutzer ... 480
B. Die Haftung gegenüber Dritten für gemeinschaftliche Verbindlichkeiten ... 481
    I. Die Haftung der Gemeinschaft und die Zwangsvollstreckung gegen sie ... 481
    II. Die Außenhaftung der Wohnungseigentümer ... 481
        1. Die akzessorische Haftung für Verbindlichkeiten der Gemeinschaft ... 481
        2. Die Haftung der Wohnungseigentümer für „Aufbauschulden" einer Bauherrengemeinschaft ... 483
        3. Die Haftung für Abgaben und Entgelte bei Leistungen der Daseinsvorsorge ... 484
            a) Öffentlich-rechtliche Gebühren ... 484
            b) Privatrechtliche Nutzungsverhältnisse ... 485
C. Die Verkehrssicherungspflicht ... 486
    I. Allgemeines ... 486
    II. Einzelfälle ... 488
D. Versicherungsfragen ... 489
    I. Gebäudeversicherung ... 489
    II. Rechtsschutzversicherung ... 491
E. Die Insolvenz – Einige praktische Fragen ... 492
    I. Keine Insolvenzfähigkeit der Wohnungseigentümergemeinschaft ... 492
    II. Insolvenz eines Wohnungseigentümers ... 492
        1. Insolvenzantrag durch die Gemeinschaft? ... 492
        2. Die Verbraucherinsolvenz ... 493
        3. Der vorläufige Insolvenzverwalter ... 493
        4. Rechtsfolgen der Insolvenzeröffnung ... 494
        5. Hausgeldrückstände ... 496
    III. Insolvenz des Verwalters ... 497
F. Die Mehrhausanlage ... 497
    I. Allgemeines ... 497
    II. Die Vereinbarung separater Verwaltung und Kostentragung; Untergemeinschaften ... 500
G. Die Zweiergemeinschaft ... 503
H. Verkauf einer Wohnung und Haftung des Verkäufers ... 504

§ 13 Das gerichtliche Verfahren in WEG-Sachen ... 507

A. Überblick: ZPO statt FGG ... 507
B. Zuständigkeit ... 508
    I. Die Binnenstreitigkeiten ... 508
    II. Klagen Dritter gegen die Wohnungseigentümergemeinschaft ... 510

- C. Die Klage (allgemein) 510
  - I. Die Beteiligten und ihre Bezeichnung 510
    - 1. Die Klage „Alle gegen einen" 510
    - 2. Die Klage „Einer gegen die übrigen" 510
    - 3. Die Klage „Einer gegen einen (oder wenige)" 511
  - II. Die Zustellung der Klage gegen die Miteigentümer 513
    - 1. Der Verwalter als Zustellungsvertreter 513
    - 2. Der von der Gemeinschaft bestellte Ersatzzustellungsvertreter . 513
    - 3. Der gerichtlich bestellte Ersatzzustellungsvertreter 514
  - III. Die Beiladung 515
- D. Die Beschlussanfechtung (Anfechtungsklage) 516
  - I. Übersicht 516
  - II. Klagemuster 519
  - III. Klagebefugnis 520
  - IV. Klage- und Begründungsfrist 521
  - V. Prozesskostenhilfe und Beschlussanfechtung 522
  - VI. Fehlerhafte Feststellung eines positiven Beschlussergebnisses . 523
  - VII. Die Anfechtung des Negativbeschlusses 524
    - 1. Fehlerhafte Feststellung und Verkündung eines Negativbeschlusses ... 524
    - 2. Zutreffende Feststellung, aber materielle Rechtswidrigkeit eines Negativbeschlusses 524
  - VIII. Die Beschlussanfechtung wegen Formfehlern 525
    - 1. Allgemeines 525
    - 2. Einzelfälle 526
- E. Der Vergleich 529
- F. Kostenentscheidung und Kostenerstattung 530
- G. Der Streitwert 532
  - I. Grundlagen 532
  - II. Einzelfälle 534
  - III. Beschwerde gegen die Streitwertfestsetzung 537
- H. Rechtsmittel 538
  - I. Berufung 538
    - 1. Zulässigkeit 538
    - 2. Begründetheit 540
    - 3. Gebühren, Streitwert und Kostenentscheidung 541
  - II. Revision gegen Berufungsurteile 542
  - III. Beschwerde 542
    - 1. Sofortige Beschwerde 542
    - 2. Rechtsbeschwerde 544

§ 14 Anhang 545
- A. Verwaltervertrag 545
- B. Verwaltervollmacht 550

Stichwortverzeichnis 553

Abkürzungsverzeichnis

a.A.	andere(r) Ansicht
a.a.O.	Am angegebenen Ort
Abs.	Absatz
a.F.	alte(r) Fassung
AG	Amtsgericht
AGB	Allgemeine Geschäftsbedingung(en)
AHB WEGR	Anwaltshandbuch Wohnungseigentumsrecht
Alt.	Alternative
allg.M.	allgemeine Meinung
a.M.	andere(r) Meinung
Art.	Artikel
BauR	Zeitschrift für das gesamte Baurecht
BayObLG	Bayerisches Oberstes Landesgericht
Beschl.	Beschluss
BGB	Bürgerliches Gesetzbuch
BGBl	Bundesgesetzblatt
BGH	Bundesgerichtshof
BImschG	Bundesimmissionsschutzgesetz
BRAO	Bundesrechtsanwaltsordnung
BT-Drucks	Deutscher Bundestag, Drucksache (zu finden unter www.bundestag.de)
BVerfG	Bundesverfassungsgericht
BVerwG	Bundesverwaltungsgericht
bzw.	beziehungsweise
d.h.	das heißt
DNotZ	Deutsche Notarzeitschrift
DWE	Der Wohnungseigentümer (Zeitschrift)
EGBGB	Einführungsgesetz zum BGB
EGZPO	Gesetz betreffend die Einführung der Zivilprozessordnung
EGZVG	Einführungsgesetz zum Gesetz über Zwangsversteigerung und Zwangsverwaltung
EStG	Einkommensteuergesetz
EU	Europäische Union
evtl.	eventuell(e)(n)
f., ff.	folgende
FGG	Gesetz über die Angelegenheit der freiwilligen Gerichtsbarkeit
FlSt.	Flurstück
Fn	Fußnote
FS	Festschrift
gem.	gemäß
GbR	Gesellschaft bürgerlichen Rechts
ggf.	gegebenenfalls
GKG	Gerichtskostengesetz
GNotKG	Gesetz über Kosten der freiwilligen Gerichtsbarkeit für Gerichte und Notare, Gerichts- und Notarkostengesetz
GmbH	Gesellschaft mit beschränkter Haftung

Abkürzungsverzeichnis

GO	Gemeinschaftsordnung
GuT	Gewerbemiete und Teileigentum (Zeitschrift)
GVG	Gerichtsverfassungsgesetz
HeizkV	Heizkostenverordnung
HGB	Handelsgesetzbuch
h.M.	herrschende Meinung
HOAI	Honorarverordnung für Architekten und Ingenieure
i.d.R.	in der Regel
IMR	Immobilien- und Mietrecht; Fachinformation der Arbeitsgemeinschaft Mietrecht und Immobilien im Deutschen Anwaltverein
InsO	Insolvenzordnung
i.S.	im Sinne
i.S.d./v.	im Sinne des/von
i.V.m.	in Verbindung mit
JurBüro	Das Juristische Büro (Zeitschrift)
KAG	Kommunalabgabengesetz
KG	Kammergericht Berlin; Kommanditgesellschaft
KostO	Kostenordnung
KV	Kostenverzeichnis
Lit.	Literatur
LG	Landgericht
MDR	Monatsschrift für Deutsches Recht
m.E.	Meines Erachtens
MEA	Miteigentumsanteil
MietRB	Der Mietrechtsberater (Zeitschrift)
MittBayNot	Mitteilungen des Bayerischen Notarvereins, der Notarkasse und der Landesnotarkammer
m.w.N.	mit weiteren Nachweisen
n.F.	neue(r) Fassung
NJW	Neue Juristische Wochenschrift
NJW-RR	NJW-Rechtsprechungs-Report Zivilrecht
Nr.	Nummer
NZM	Neue Zeitschrift für Mietrecht
n.v.	nicht veröffentlicht
o.ä.	oder ähnliche(s)
OHG	Offene Handelsgesellschaft
OLG	Oberlandesgericht
OLGR	OLG-Report
OVG	Oberverwaltungsgericht
Pos.	Position
RK	Rangklasse (in der Zwangsversteigerung)
Rn	Randnummer
Rpfleger	Der Deutsche Rechtspfleger (Zeitschrift)
Rspr.	Rechtsprechung
RVG	Gesetz über die Vergütung der Rechtsanwältinnen und Rechtsanwälte (Rechtsanwaltsvergütungsgesetz)
S.	Seite; Satz

sog.	sogenannte
str.	streitig
st. Rspr.	ständige Rechtsprechung
TA	Technische Anleitung (Verwaltungsvorschrift)
TE	Teilungserklärung
TV	Television (Fernsehen)
Tz.	Textzeichen
u.a.	unter anderem; und andere
UG	Unternehmergesellschaft (haftungsbeschränkt)
unstr.	unstreitig
Urt.	Urteil
USt.	Umsatzsteuer
u.U.	unter Umständen
v.	vom
VG	Verwaltungsgericht
vgl.	vergleiche
VGH	Verwaltungsgerichtshof (entspricht dem OVG)
VV	Vergütungsverzeichnis (Anhang zum RVG)
WEG	Wohnungseigentümergemeinschaft; Wohnungseigentumsgesetz
WuM	Wohnungswirtschaft- und Mietrecht (Zeitschrift)
z.B. (auch Z.B.)	zum Beispiel
Ziff.	Ziffer
ZPO	Zivilprozessordnung
ZSEG	Gesetz über die Entschädigung von Zeugen und Sachverständigen
ZfIR	Zeitschrift für Immobilienrecht
ZMR	Zeitschrift für Miet- und Raumrecht
ZVG	Gesetz über die Zwangsversteigerung und die Zwangsverwaltung
ZWE	Zeitschrift für Wohnungseigentumsrecht
ZwVwV	Zwangsverwalterverordnung
zzgl.	zuzüglich

Verzeichnis der abgekürzt verwendeten Literatur

Bärmann, Wohnungseigentumsgesetz, 12. Aufl. 2013

Beck'scher Online-Großkommentar Zivilrecht (zitiert: BeckOGK WEG)

Beck'scher Online-Kommentar Wohnungseigentumsrecht (zitiert: BeckOK WEG)

Bärmann/Seuß, Praxis des Wohnungseigentums, 6. Aufl. 2013

Elzer/Fritsch/Meier (Hrsg.), Wohnungseigentumsrecht, 2. Aufl. 2013

Harz/Kääb/Riecke/Schmid, Handbuch des Fachanwalts Miet- und Wohnungseigentumsrecht, 3. Aufl. 2011

Hock/Klein/Hilbert/Deimann, Immobiliarvollstreckung, 5. Aufl. 2011

Jennißen, Die Verwalterabrechnung nach dem Wohnungseigentumsgesetz, 7. Aufl. 2013

ders. (Hrsg), WEG, Kommentar, 3. Aufl. 2012

Köhler/Bassenge, Anwaltshandbuch Wohnungseigentumsrecht, 3. Aufl. 2013 (zitiert: AHB WEG-Recht)

Müller, H., Praktische Fragen des Wohnungseigentums, 5. Aufl. 2010

Müller (Hrsg.), Beck'sches Formularbuch Wohnungseigentumsrecht, 2. Aufl. 2011

Niedenführ/Kümmel/Vandenhouten, WEG, 10. Aufl. 2012 (zitiert: NKV)

Pause, Bauträgerkauf und Baumodelle, 5. Aufl. 2011

Riecke/Schmid, Fachanwaltskommentar Wohnungseigentumsrecht, 3. Aufl. 2010

Spielbauer/Then, WEG, 2. Aufl. 2012

Musterverzeichnis

§ 1   Entstehung und Grundlagen des Wohnungseigentums

§ 2   Die Willensbildung der Gemeinschaft, insbesondere: Vereinbarungen und Beschlüsse

2.1	Klageantrag auf Feststellung der Beschlussnichtigkeit	75
2.2	Antrag auf einstweilige Regelungsvergütung	78
2.3	Vereinbarung zur Änderung der Gemeinschaftsordnung	84
2.4	Änderung der Gemeinschaftsordnung durch gerichtlichen Vergleich	85
2.5	Aufhebung einer Veräußerungsbeschränkung	86
2.6	Klageantrag auf Zustimmung zur Änderung der GO	91

§ 3   Rechte und Pflichten bei der Nutzung von Sonder- und Gemeinschaftseigentum

3.1	Klausel zu Ruhezeiten	114
3.2	Klageantrag auf Unterlassung von Ruhestörungen	118
3.3	Beschluss zur Abmahnung von Störungen	119
3.4	Klageantrag gegen den vermietenden Miteigentümer auf Unterlassung von Störungen	122
3.5	Abmahnbeschluss	126
3.6	Entziehungsbeschluss	127
3.7	Klage auf Entziehung von Wohnungseigentum	128

§ 4   Bauliche Maßnahmen (bauliche Veränderungen, Instandhaltung, Modernisierung)

4.1	Beschluss zur Gestattung einer Parabolantenne	146
4.2	Beschluss: Aufforderung zum Rückbau baulicher Veränderungen	150
4.3	Zustimmungsbeschluss zu baulicher Maßnahme	156
4.4	Zustimmungsbeschluss unter auflösender Bedingung	157
4.5	Beschluss zur Vorbereitung von Instandhaltungsmaßnahmen	165
4.6	Anträge bei Anfechtungs- und Regelungsklage gem. §§ 21 Abs. 8, 43 Nr. 1 und 4 WEG	165

§ 5   Der Kauf vom Bauträger

5.1	Beschlüsse bei Mängeln am Gemeinschaftseigentum	199
5.2	Schreiben (Mangelbeseitigungsaufforderung) an Bauträger	201
5.3	Unterlassungsaufforderung nach eigenmächtigen Arbeiten	201
5.4	Beschluss Ermächtigung einzelner Miteigentümer zur Geltendmachung gemeinschaftsbezogener Mängelrechte im eigenen Namen	203

§ 6   Die Verwaltung durch die Wohnungseigentümer

6.1	Klageantrag zur Durchsetzung des Betretungsrechts	220

§ 7 Die Wohnungseigentümerversammlung

7.1	Einberufungsverlangen an den Verwalter	224
7.2	Antrag auf einstweilige Verfügung zwecks Einberufungsermächtigung	226
7.3	Klage gegen den Verwalter auf Ankündigung von Tagesordnungspunkten	233
7.4	Klage auf Protokollberichtigung	258
7.5	Antrag bei Klage auf Feststellung des Beschlussinhalts	259

§ 8 Jahresabrechnung und Wirtschaftsplan

8.1	Beschluss über Jahresabrechnung	271
8.2	Gesamtabrechnung (Gemeinschaftliche Ausgaben und Einnahmen) 1.1.–31.12.2013	272
8.3	Hausgeldabrechnung 01.01.–31.12.2013, Wohnung Nr. 8, Eigentümer: A	273
8.4	Darstellung der Beitragsrückstände	279
8.5	Beschluss über Option zur Umsatzsteuer in gemischt genutztem Objekt	297
8.6	Beschluss zur Geltendmachung einer Zahlungsforderung gegen Miteigentümer	299
8.7	Kontenabgleich	300
8.8	Entwicklung der Instandhaltungsrücklage	304
8.9	Beschluss einer korrigierten Jahresabrechnung	311
8.10	Wirtschaftsplan 1.1.–31.12.2014, Wohnung Nr. 8, Eigentümer: A	314
8.11	Beschluss des Wirtschaftsplans	315
8.12	Regelungen zur Art und Weise von Zahlungen, der Fälligkeit und der Folgen des Verzugs sowie der Kosten für einen besonderen Verwaltungsaufwand	328

§ 9 Hausgeldinkasso

9.1	Hausgeldklage	335
9.2	Antrag bei Klage auf künftig fällende Hausgeldbeiträge	338
9.3	Antrag der Gemeinschaft auf Anordnung der Zwangsverwaltung	341
9.4	Antrag auf Mitteilung des Einheitswerts	348
9.5	Antrag auf Übersendung des Zeugnisses gem. § 17 Abs. 2 ZVG	348
9.6	Antrag auf Zwangsversteigerung	349
9.7	Anmeldung von Ansprüchen in einem Zwangsversteigerungsverfahren	351
9.8	Antrag auf Zulassung des Beitritts zum Zwangsversteigerungsverfahren	353
9.9	Pfändung des Anspruchs auf Grundschuldrückgewähr und Mehrerlös	355
9.10	Antrag auf Eintragung einer Sicherungshypothek	357
9.11	Beschluss der Versorgungssperre (Einzelfall)	359
9.12	Beschluss der Versorgungssperre (Dauerregelung)	360
9.13	Antrag bei Klage zur Durchsetzung der Versorgungssperre	360
9.14	Androhung einer Versorgungssperre gegenüber dem Mieter	361

§ 10 Der Verwalter

10.1	Beschluss zur Vorbereitung der Verwalterneuwahl	370
10.2	Ankündigung in der Tagesordnung	371
10.3	Mindestinhalt 1	373
10.4	Mindestinhalt 2, wenn bei der Beschlussfassung kein annahmereifer Verwaltervertrag vorliegt	373
10.5	Mindestinhalt 3, wenn ein annahmereifer Verwaltervertrag vorliegt	373
10.6	Verlängerungsklausel	375

10.7	Einstweilige Verfügung: Entziehung der Verwalterstellung	382
10.8	Beschluss der außerordentlichen Abberufung des Verwalters	386
10.9	Beschluss über Beauftragung eines Boten zur Übermittlung der Abberufungserklärung	387
10.10	Mitteilung an den abberufenen Verwalter	388
10.11	Beschlüsse im Zuge der außerordentlichen Kündigung der Verwaltung	390
10.12	Klage auf Abberufung des Verwalters	392
10.13	Anfechtung des Abberufungsbeschlusses	397
10.14	Klageantrag gegen den Ex-Verwalter auf Herausgabe sämtlicher Unterlagen	403
10.15	Antrag auf Erlass einer einstweiligen Verfügung zur Herausgabe der Verwaltungsunterlagen u.a.	403
10.16	Klageantrag gegen den Ex-Verwalter auf Vorlage eines Bestandsverzeichnisses	404
10.17	Klageantrag gegen den Ex-Verwalter auf Rechnungslegung	406
10.18	Klage auf gerichtliche Bestellung eines Verwalters	410
10.19	Gerichtliche Verwalterbestellung	411
10.20	Antrag auf gerichtliche Verwalterbestellung im Wege einstweiliger Verfügung	412
10.21	Anfechtungsantrag	419
10.22	Antrag bei Klage auf Feststellung der Unwirksamkeit von Vertragsklauseln	420

§ 11 Der Verwaltungsbeirat

11.1	Beiratswahl mit Begrenzung der Bestellungszeit	470

§ 12 Verschiedenes

12.1	Beschluss zum Selbstbehalt in der Gebäudeversicherung	491
12.2	Klausel zur separaten Verwaltung in einer Mehrhausanlage	500

§ 13 Das gerichtliche Verfahren in WEG-Sachen

13.1	Klage des Einzelnen gegen einen anderen Miteigentümer	512
13.2	Beschlussanfechtungsklage	519
13.3	Antrag auf Bewilligung von Prozesskostenhilfe für Beschlussanfechtung	523
13.4	Klageantrag bei fehlerhafter Feststellung eines Negativbeschlusses	524
13.5	Berufung gegen Abweisung einer Beschlussanfechtungsklage	540
13.6	Berufungsanträge	541
13.7	Beschwerde gegen Kostenentscheidung gem. § 91a ZPO	544

§ 14 Anhang

14.1	Verwaltervertrag	545
14.2	Verwaltervollmacht	550

§ 1 Entstehung und Grundlagen des Wohnungseigentums

A. Die Entstehung von Wohnungseigentum

Wohnungseigentum ist das Sondereigentum an einer Wohnung in Verbindung mit einem Anteil am Gemeinschaftseigentum (§ 1 Abs. 2 WEG). Sondereigentum kann nicht nur an Wohnräumen bestehen, sondern auch an Räumen, die nicht Wohnzwecken dienen, insbesondere an Gewerbeflächen. In diesem Fall spricht das Gesetz von **Teileigentum** (§ 1 Abs. 3 WEG). Für das Teileigentum gelten die Vorschriften über das Wohnungseigentum entsprechend (§ 1 Abs. 6 WEG).[1] Bedeutung kommt der Differenzierung nur im Hinblick auf die jeweils zulässige Nutzung zu (siehe Rn 276).

Der Gesetzgeber legte § 3 Abs. 1 WEG den vermeintlichen Regelfall zugrunde, dass mehrere Personen als Miteigentümer eines Grundstücks Wohnungseigentum durch die „vertragliche Einräumung von Sondereigentum" entstehen lassen. Der Regelfall ist in der Praxis aber die Teilung des Grundstücks gem. § 8 WEG durch den (Allein-)Eigentümer, meistens durch einen **Bauträger**. Ob Wohnungseigentum durch vertragliche Einräumung oder durch Teilung entsteht, macht im Ergebnis allerdings keinen Unterschied, weil Voraussetzungen und Rechtsfolgen die gleichen sind. Gem. § 8 Abs. 2 WEG gelten nämlich die Bestimmungen über Entstehung von Wohnungseigentum durch vertragliche Einräumung bei der Entstehung durch Teilung entsprechend.

Die Entstehung von Wohnungseigentum beim Neubau vollzieht sich bei der **Teilung** durch den Alleineigentümer (im Folgenden: „Bauträger" genannt) im Überblick wie folgt: Der Bauträger beauftragt einen Architekten mit der Fertigung von Bauplänen für die Wohnanlage, und zwar mindestens bis zur Stufe der sog. Genehmigungsplanung.[2] Die Genehmigungsplanung beinhaltet Bauzeichnungen (Grundrisse aller Stockwerke sowie Schnitte und Ansichten des Gebäudes) im Maßstab von mindestens 1:100. Sie ist nicht nur die Grundlage für den Antrag auf Erteilung der Baugenehmigung, sondern auch für den **Aufteilungsplan** i.S.v. § 7 Abs. 4 WEG. Der Aufteilungsplan entsteht, indem in die Baupläne die Sondereigentumseinheiten eingezeichnet und jeweils mit einer eigenen Nummer versehen werden.[3]

Die gem. § 3 Abs. 2 WEG erforderliche **Abgeschlossenheit**[4] der Wohnungen oder sonstigen Räume wird entweder vom Baurechtsamt oder – soweit dies landesrechtlich vorgeschrieben ist – von einem öffentlich bestellten und vereidigten Sachverständigen geprüft und bescheinigt (§ 7 Abs. 4 WEG). Stellplätze in (Tief-)Garagen gelten (anders als Stellplätze im Freien) als abgeschlossene Räume, wenn ihre Flächen durch dauerhafte Markierungen ersichtlich sind (§ 3 Abs. 2 S. 2 WEG),[5] bei Kellerräumen genügt die Abgrenzung durch Lattenverschläge und Ähnliches.

---

1 Wird in einer Teilungserklärung nur der Begriff Wohnungseigentümer verwendet, ist der Teileigentümer stets mitgemeint (so zutreffend AG Wiesbaden v. 13.1.2012 – 92 C 4523/11, MietRB 2012, 175).
2 Leistungsphase 4 des Leistungsbilds „Gebäude und raumbildende Ausbauten" gem. Anlage 11 zu §§ 33 und 38 Abs. 2 HOAI.
3 Einzelheiten regelt die „Allgemeine Verwaltungsvorschrift für die Ausstellung von Bescheinigungen gem. §§ 59, 7 Abs. 4 Nr. 2 WEG" (AVA).
4 Das Erfordernis der Abgeschlossenheit macht bei Neubauten keine Probleme, wohl aber bei der Aufteilung bestehender Häuser z.B. im Zuge einer Altbausanierung. Zur Abgeschlossenheit ist unter anderem erforderlich, dass Wasserversorgung, Ausguss und WC innerhalb der Wohnung liegen; Einzelheiten regelt die in der Vornote erwähnte AVA. Ausführlich *Grziwotz*, Abgeschlossenheit einer Wohnung, MietRB 2013, 127.
5 Gem. § 6 der AVA (siehe Vornoten) kommen als Markierung u.a. Wände aus Stein oder Metall, Geländer und Markierungssteine in Betracht; ein einfacher Farbanstrich genügt nicht (VG Düsseldorf v. 13.9.2012 – 4 K 6318/11, Rn 20).

5 Unter Bezugnahme auf den Aufteilungsplan erklärt der Bauträger anschließend vor dem Notar die Teilung des Grundstücks. (Zur Sondereigentumsfähigkeit von Stellplätzen siehe auch Rn 65.)[6] Die **Teilungserklärung** (im engeren Sinne) enthält die Bildung von **Miteigentumsanteilen** und deren Verbindung mit Sondereigentum, praktisch also die Auflistung und Beschreibung der entstehenden Einheiten. Obwohl der Miteigentumsanteil als der gesetzliche Maßstab für die Verteilung der gemeinschaftlichen Kosten (§ 16 Abs. 2 WEG) von großer Bedeutung ist, hat der Bauträger bei der Festlegung der Anteile freie Hand. Es ist zwar üblich und zweckmäßig, dass die Miteigentumsanteile den Wohnflächen entsprechen, aber nicht zwingend.[7]

6 Die Urkunde „Teilungserklärung" enthält i.d.R. im Anschluss an den formellen (sachenrechtlichen) Teil noch Bestimmungen materieller Art, die mit der Grundstücksteilung i.S.v. § 8 WEG nichts zu tun haben. Dabei handelt es sich um „Vereinbarungen über das Verhältnis der Wohnungseigentümer untereinander" i.S.v. §§ 5 Abs. 4, 10 Abs. 2 WEG, für die sich in der Praxis der Begriff **Gemeinschaftsordnung** durchgesetzt hat. Bei den in der Gemeinschaftsordnung zusammengefassten Vereinbarungen ist zu differenzieren: Im Normalfall handelt es sich um Vereinbarungen, die nur durch Vereinbarung (und nicht durch Beschluss) geändert werden können (siehe Rn 129). Es gibt aber auch **Vereinbarungen „in Beschlussangelegenheiten"**: Das sind konkrete Regelungen in Verwaltungsangelegenheiten (also zu typischen Beschlussgegenständen), die erkennbar durch Beschluss geändert werden können sollen, also in anderen Worten den „Charakter eines Beschlusses" haben.[8] Hauptbeispiele sind die Verwalterbestellung oder die Aufstellung einer Hausordnung in der Teilungserklärung. Die vorgenannten drei Regelungsbereiche (sachenrechtliche Erklärungen = Teilungserklärung im engeren Sinne, Vereinbarungen allgemein und Vereinbarungen in Beschlussangelegenheiten) werden aus praktischen Gründen in einer einheitlichen Urkunde (der Teilungserklärung im weiteren Sinne) zusammengefasst. Eine strenge Gliederung und Trennung der Regelungsbereiche innerhalb der Urkunde ist zwar empfehlenswert, aber leider (noch) nicht üblich. Wenn in der Praxis von der „Teilungserklärung" die Rede ist, ist damit oft (ungenau) die Teilungserklärung im weiteren Sinne gemeint.

7 Der Notar leitet die Teilungserklärung zusammen mit dem von der zuständigen Stelle genehmigten Aufteilungsplan an das **Grundbuchamt**. Dieses prüft die Eintragungsvoraussetzungen, ohne an die Abgeschlossenheitsbescheinigung gebunden zu sein.[9] Wenn die Eintragungsvoraussetzungen vorliegen, legt das Grundbuchamt für jede Wohnung ein eigenes Grundbuchblatt an (§ 7 Abs. 1 WEG); das bisherige Grundbuch des Grundstücks wird geschlossen. Mit der Anlegung des Wohnungsgrundbuchblatts ist das Wohnungseigentum entstanden, auch wenn das Gebäude zu diesem Zeitpunkt nur „auf dem Papier" steht. Das Sondereigentum entsteht danach schrittweise mit der Errichtung der einzelnen Raumeinheiten.[10]

8 **Tiefgaragen** dürfen sich auf Nachbargrundstücke erstrecken, wenn der Überbau (real: „Unterbau") durch Grunddienstbarkeit gesichert ist.[11] Ein **Verzicht** auf das Sondereigentum oder auf den Miteigentumsanteil (Dereliktion) ist nicht möglich.[12]

---

6 Erforderlich ist gem. § 29 GBO mindestens die notarielle Beglaubigung der Unterschrift des teilenden Eigentümers unter der Urkunde. In der Praxis erfolgt aber i.d.R. die Beurkundung i.S.d. §§ 8 ff. BeurkG, sog. Protokollform.
7 BGH v. 7.10.2004 – V ZB 22/04, ZMR 2004, 834, Rn 26.
8 BeckOK WEG/*Dötsch*, § 15 Rn 79 i.V.m. § 10 Rn 127 ff.; *Elzer* in: *Riecke/Schmid* § 10 Rn 75 ff. Andere sprechen von „Regelungen, die nur formeller Teil der Teilungserklärung sind", die aber materiell nicht die Qualität von Vereinbarungen, sondern von Beschlüssen haben.
9 Es kann die Abgeschlossenheit – und damit die Anlage der Grundbuchblätter – daher nach h.M. entgegen der Bescheinigung verneinen (BayObLG v. 20.10.1988 – 2Z BR 94/88, NJW-RR 1989, 142).
10 OLG Frankfurt v 4.4.2011 – 20 W 75/08, ZMR 2012, 30, Rn 50.
11 OLG Stuttgart v. 5.7.2011 – 8 W 229/11, ZWE 2011, 410; *Tersteegen*, Zentrale Tiefgarage, ZNotP 2008, 21.
12 BGH v. 10.5.2007 – V ZB 6/07, ZMR 2007, 793.

B. Die Entstehung der Wohnungseigentümergemeinschaft, insbesondere: Die werdende (faktische) WEG

I. Grundsätze

Eine **Wohnungseigentümergemeinschaft** ist dann vorhanden, wenn mindestens **zwei** Wohnungseigentümer im Grundbuch eingetragen sind. Solange alle Einheiten in der Hand **eines** Eigentümers vereinigt sind (ob im Entstehungsstadium in der Hand des **Bauträgers** oder später in der Hand einer sonstigen Person), besteht keine Gemeinschaft. „Ein-Mann-Beschlüsse" des Alleineigentümers sind deshalb nichtig (siehe Rn 166).

Beim Bauträgerkauf (= Normalfall) entsteht die Wohnungseigentümergemeinschaft, wenn der erste Erwerber im Grundbuch eingetragen wird, denn erst dann gibt es zwei Wohnungseigentümer. Dieser Zeitpunkt liegt i.d.R. **lange nach dem Bezug** der Wohnungen. Die Eigentumsumschreibung wird vom Bauträger nämlich erst dann bewilligt, wenn seine Bauträgervergütung vollständig bezahlt ist. Vollständige Zahlung wird ein vernünftiger Erwerber aber nicht vor Fälligkeit der letzten Rate gem. § 3 Abs. 2 MaBV (also nach vollständiger Fertigstellung, insbesondere nach Herstellung der Außenanlagen) und vor Beseitigung der üblicher Weise vorhandenen Restmängel leisten.

Wirtschaftlich betrachtet hat ein Erwerber aber schon vor Eigentumsumschreibung eine dem Wohnungseigentümer vergleichbare Stellung erlangt. Außerdem entsteht faktisch mit dem Bezug des Hauses durch die Erwerber bereits die Gemeinschaft der künftigen Wohnungseigentümer; man spricht deshalb von der „werdenden" oder „faktischen" Eigentümergemeinschaft. Auf sie sind die Vorschriften des WEG entsprechend anzuwenden, sodass sie genauso wie eine rechtlich entstandene Gemeinschaft behandelt wird.[13] Der WEG-Verwalter muss also möglichst bald nach dem Bezug der Wohnungen eine „Eigentümer"versammlung einzuberufen und dazu neben dem Bauträger (in seiner Eigenschaft als Eigentümer der Wohnungen, für die es keinen „werdenden Eigentümer" i.S.d. nachstehenden Definition gibt) alle Erwerber einladen, welche die **Kriterien des „werdenden Eigentümers"** erfüllen:

- Es liegt ein wirksamer, auf die Übereignung des Wohnungseigentums gerichteter Erwerbsvertrag (Bauträgervertrag) vor.[14]
- Der Anspruch auf Eigentumsübertragung ist durch eine Auflassungsvormerkung im Grundbuch gesichert.
- Dem Erwerber wurde der Besitz an der Eigentumswohnung übertragen.[15]

Die werdenden Wohnungseigentümer sind „echten" Eigentümern gleich gestellt. Sie haben in der Versammlung volles **Stimmrecht**. Sie sind ggf. zur Anfechtung von Beschlüssen befugt bzw. sind Beklagte, wenn ein anderer (werdender) Miteigentümer anficht.[16] Sie müssen deshalb in der vom Verwalter zu führenden Eigentümerliste, die z.B. bei einer Beschlussanfechtungsklage dem Gericht vorzulegen ist, aufgeführt sein. Sie können ferner z.B. Beseitigungs- oder Unterlassungs-

---

[13] BGH v. 5.6.2008 – V ZB 85/07, NZM 2008, 649; ganz h.M. Sie ist rechtsfähig: *Hügel*, Die Rechtsfähigkeit der werdenden WEG, ZWE 2010, 122.

[14] OLG Dresden v. 17.12.2009 – 3 W 876/09, ZMR 2010, 462. Dass der Erwerbsvertrag „wirksam" sein muss, ist eine verfehlte Anforderung. Er kann aus den verschiedensten Gründen unwirksam sein; wie soll das der Verwalter feststellen? Sinnvoller Weise kann man nur darauf abstellen, ob überhaupt ein (beurkundeter) Erwerbsvertrag vorliegt, wovon auszugehen ist, wenn eine Auflassungsvormerkung eingetragen ist; so auch LG Nürnberg-Fürth v. 11.8.2010 – 14 S 1985/10, ZWE 2010, 465. Das kann der Verwalter durch Grundbucheinsicht problemlos feststellen.

[15] In der Literatur wird teilweise der Übergang von „Besitz, Nutzungen und Lasten" verlangt, was m.E. zu weit geht. Denn auch solche Fragen kann der Verwalter ohne inhaltliche Prüfung der Erwerbsverträge nicht beantworten.

[16] AG Wiesbaden v. 8.4.2013 – 92 C 2752/11, ZMR 2013, 672.

ansprüche gegen andere (werdende) Miteigentümer geltend machen.[17] Sie haben ebenso die einen Wohnungseigentümer treffenden **Pflichten**, insbesondere die Zahlungspflichten gemäß Wirtschaftsplan und Jahresabrechnung; der Bauträger ist nicht – auch nicht hilfsweise (oder als Gesamtschuldner o. ä.) – zahlungspflichtig. Die Durchsetzung titulierter Rückstände steht somit vor der Schwierigkeit, dass der Hausgeldschuldner (Erwerber) nicht zugleich der Eigentümer ist (das ist der Bauträger). Der BGH hält in diesem Fall sowohl die Zwangsverwaltung als auch die Zwangsversteigerung für unzulässig (siehe Rn 1152), da er den dinglichen Charakter der Hausgeldrückstände verneint (siehe Rn 1040).[18] Diese Grundsätze gelten auch dann, wenn sich das Stadium der Entstehung der Wohnungseigentümergemeinschaft über viele Jahre erstreckt, weil sich z.B. die Eigentumsumschreibung auf die einzelnen Erwerber aufgrund rechtlicher Auseinandersetzungen mit dem Bauträger über Gewährleistungsansprüche hinauszögert.[19] Erklärt der Erwerber wirksam den **Rücktritt** vom Kaufvertrag, verliert er die Rechtsstellung als werdender Wohnungseigentümer.[20]

14 Die werdende Eigentümergemeinschaft **endet**, sobald der erste Erwerber als Eigentümer im Grundbuch eingetragen wird. Dann besteht eine Gemeinschaft aus zwei Miteigentümern: Dem Bauträger und dem „neuen" Wohnungseigentümer. Die übrigen Erwerber, die bis zu diesem Zeitpunkt die Stellung als „werdende Wohnungseigentümer" erlangt hatten, verlieren ihre Rechte durch das Entstehen der „rechtlich in Vollzug gesetzten" Gemeinschaft nicht. Sie bleiben vielmehr mit allen Rechten und Pflichten „werdende" Mitglieder der Eigentümergemeinschaft, die somit eine Zeitlang aus „Volleigentümern" und „werdenden Eigentümern" besteht. Wer hingegen **nach** der (rechtlichen) Entstehung der WEG eine Wohnung kauft, ist grundsätzlich „gewöhnlicher" Zweiterwerber (siehe dazu Rn 16); die Ausnahme wird nachstehend (siehe Rn 15) erörtert.

15 Ein Erwerber, der erst **nach** dem „rechtlichen" Entstehen der Wohnungseigentümergemeinschaft eine Wohnung vom Bauträger kauft (oder dessen Auflassungsvormerkung erst danach eingetragen oder dem der Besitz an der Wohnung erst danach übertragen wird), dürfte entsprechend den obigen Ausführungen eigentlich kein „werdender Wohnungseigentümer" sein; so sah es auch die früher h.M. Die „**Ersterwerber**" (das sind diejenigen, die vom Bauträger erwerben) würden dann aber unterschiedlich behandelt, abhängig von dem mitunter rein zufälligen Umstand, ob ein anderer Erwerber schon im Grundbuch als Eigentümer eingetragen war oder nicht. Diese Ungleichbehandlung bewegte den BGH zutreffend zu einer Abkehr von der h.M.: Jeder Ersterwerber ist ein werdender Wohnungseigentümer, sobald er die Kriterien (siehe Rn 12) erfüllt, unabhängig davon, ob oder wann die Gemeinschaft rechtlich schon entstanden ist.[21]

II. Eigentumswechsel nach Verkauf an Zweiterwerber

16 Wenn es nicht um den ersten Verkauf einer Wohnung (vom Bauträger an einen Ersterwerber) geht, sondern um einen späteren Verkauf zu einem Zeitpunkt, zu dem die WEG bereits (rechtlich) ent-

---

17 OLG Hamm v. 23.10.2003 – 15 W 372/02, ZMR 2005, 219 zum Unterlassungsanspruch.
18 BGH v. 11.5.2012 – V ZR 196/11, WuM 2012, 392.
19 OLG Hamm v. 27.1.2000 – 15 W 318/99, WuM 2000, 319.
20 BayObLG v. 5.10.1995 – 2Z BR 92/95, NJW-RR 1996, 334. Fraglich ist, wie der Verwalter herausfinden soll, ob der Rücktritt wirksam ist oder nicht; die Rücktrittserklärung als solche genügt ja nicht, sie muss auch berechtigt sein. – Für die Zeit bis zur Rücktrittserklärung ändert sich m.E. nichts.
21 BGH v. 11.5.2012 – V ZR 196/11, WuM 2012, 392 im Anschluss an die auch in der Vorauflage dieses Buches für richtig gehaltenen Ausführungen von *Heismann*, ZMR 2004, 10. Der Leitsatz des Urteils bezieht sich zwar nur auf die Variante „Abschluss des Kaufvertrags und Eintragung der Auflassungsvormerkung *vor* dem Entstehen der WEG, Besitzübergang **danach**", aber aus den Gründen ergibt sich, dass die Gleichstellung aller Ersterwerber beabsichtigt ist. Auf die vielfache Kritik daran kann hier aus Platzgründen nicht eingegangen werden.

standen ist, gelten völlig andere Grundsätze. Jetzt kommt es „ganz normal" (bzw. formal) nur auf den Zeitpunkt der **Grundbucheintragung** an: Erst mit der Umschreibung im Wohnungsgrundbuch hat der Erwerber innerhalb der WEG originäre Rechte und Pflichten.[22] Der Erwerber ist demnach insbesondere nicht verpflichtet, vor der Eigentumsumschreibung Hausgeld an die Gemeinschaft zu bezahlen. Wenn im Verhältnis zwischen Verkäufer und Erwerber – wie üblich – davon abweichende interne Vereinbarungen getroffen werden, hat das auf das Verhältnis des Erwerbers zur Gemeinschaft keine Auswirkung (siehe Rn 1043).

Hinsichtlich der Rechte der Erwerbers, z.B. in Bezug auf das **Stimmrecht**, ist der vorerwähnte Grundsatz allerdings im Ergebnis weniger bedeutsam, als es auf den ersten Blick aussieht. Denn es ist unstreitig zulässig, dass beim Weiterverkauf von Wohnungseigentum vereinbart wird, dass der Käufer mit dem Stichtag des Besitzübergangs das Stimmrecht des Verkäufers in etwaigen Eigentümerversammlungen ausüben darf.[23] Nach Auffassung des KG ist der vormerkungsberechtigte Käufer sogar ohne ausdrückliche Vereinbarung im Kaufvertrag regelmäßig als **ermächtigt** anzusehen, das mit dem Wohnungseigentum verbundene Stimmrecht bereits vor seiner Eintragung als Eigentümer im Grundbuch auszuüben (und folglich ggf. auch in Prozessstandschaft ein Beschlussanfechtungsverfahren zu führen).[24] Mit dieser – gut begründeten – Auffassung erhält ein Käufer im Normalfall schon vor der Eigentumsumschreibung praktisch alle Rechte eines eingetragenen Eigentümers. 17

C. Die Wohnungseigentümergemeinschaft als rechtsfähiger Verband

I. Allgemeines

Nach der gesetzlichen Konzeption in § 1 Abs. 2 WEG handelt es sich beim Wohnungseigentum um eine Mischung von Alleineigentum und Bruchteilseigentum.[25] Eine Gemeinschaft der Bruchteilseigentümer (Bruchteilsgemeinschaft gem. § 1008 BGB), die wiederum einen Unterfall der „Gemeinschaft" gem. §§ 741 ff. BGB darstellt, besitzt keine Rechtsfähigkeit. Nachdem das Wohnungseigentumsgesetz bis zur WEG-Novelle keine Regelung zur Rechtsfähigkeit enthielt, war es deshalb jahrzehntelang vor allem in der Rechtsprechung eine unumstößliche Gewissheit, dass die Wohnungseigentümergemeinschaft eine sachenrechtlich geprägte, besonders ausgestaltete Bruchteilsgemeinschaft sei, der keine – auch nur begrenzte – Rechtsfähigkeit zukomme. 18

Die fehlende Rechtsfähigkeit hatte allerdings einige praktische und dogmatische Probleme zur Folge. So war die Rechtszuständigkeit für das gemeinschaftliche Verwaltungsvermögen unklar. Der Übergang gemeinschaftlicher Verträge auf neu eintretende Miteigentümer war schwer zu begründen, ebenso das Ausscheiden ehemaliger Miteigentümer aus gemeinschaftlichen Verträgen. Unter anderem deshalb gestaltete der BGH in einem Akt der Rechtsfortbildung im Jahr 2005 die Rechtslage grundlegend um; seitdem gilt: Die Wohnungseigentümergemeinschaft ist **rechtsfähig**, soweit sie bei der Verwaltung des gemeinschaftlichen Eigentums am Rechtsverkehr teilnimmt; der BGH nannte dies „**Teilrechtsfähigkeit**". Die Wohnungseigentümergemeinschaft ist zwar keine juristische Person, aber ein **Verband sui generis** (d.h. „eigener Art").[26] Der Gesetzgeber der WEG-Novelle 2007 griff die BGH-Entscheidung in § 10 Abs. 6 und 7 WEG auf. Auch § 10 Abs. 6 S. 1 WEG statuiert die Rechtsfähigkeit, scheint diese aber zugleich zu beschränken, weil sie nur „bei der Ver- 19

---

22 BGH v. 1.12.1988 – V ZB 6/88, NJW 1989, 1087.
23 OLG Celle v. 14.2.2002 – 4 W 6/02, ZWE 2002, 474.
24 KG v. 18.2.2004 – 24 W 126/03, ZMR 2004, 460.
25 Ausführlich z.B. *Lehmann-Richter*, Rechtsfähigkeit der WEG, ZWE 2012, 463.
26 BGH v. 2.6.2005 – V ZB 32/05, ZMR 2005, 547.

waltung des gemeinschaftlichen Eigentums" besteht. Es stellt sich daher die Frage, ob und ggf. was der Gemeinschaft zur „Vollrechtsfähigkeit" fehlt bzw. bei welchen Geschäften ihr die Rechtsfähigkeit zu versagen sei. Dass es hierbei jedenfalls nicht darauf ankommen kann, ob eine von der Gemeinschaft vorgenommene Maßnahme ordnungsmäßiger Verwaltung entspricht oder nicht, war schon früh anerkannt.[27] Im Übrigen gehen und gingen die Meinungen in der Literatur zur Bedeutung der „Teilrechtsfähigkeit" auseinander. In der Vorauflage dieses Buches wurde vertreten, dass die Rechtsfähigkeit nur dort anerkannt werden könne, wo die Maßnahmen der Gemeinschaft einen unmittelbaren Bezug zur Verwaltung des Gebäudes hätten, was z.B. beim Erwerb von Einheiten im eigenen Objekt (siehe Rn 685) anzunehmen sei, nicht aber beim Erwerb z.B. einer Ferienwohnung auf Mallorca. Diese Beschränkung wird hier aufgegeben. Denn auch die Anlage des Gemeinschaftsvermögens (Geldes) ist Verwaltung des Gemeinschafts- bzw. Verbandseigentums;[28] daher kann die Gemeinschaft ihr Geld auch in eine Immobilie investieren, statt es bei einer Bank anzulegen. Ob das sinnvoll und rechtmäßig ist, ist keine Frage der Rechtsfähigkeit, sondern der Ordnungsgemäßheit der entsprechenden Beschlüsse. Kann aber die Gemeinschaft ihr Geld beliebig einsetzen, gibt es – jedenfalls unter dem Gesichtspunkt der Rechtsfähigkeit – keine Grenzen mehr: Dann besteht auch Rechtsfähigkeit für die Mitgliedschaft in Verbänden[29] oder zum Kauf von Lotterielosen, wenn die Gemeinschaft letzteres z.B. mit dem Ziel der Aufstockung der Instandhaltungsrücklage beschlossen haben sollte. Zusammengefasst ist die Rechtsfähigkeit daher nur insoweit beschränkt, als gewisse Beschränkungen allen Verbänden unvermeidlich immanent sind: Heiraten können sie bspw. nicht.

20 Neben der Wohnungseigentümergemeinschaft gibt es nach wie vor die davon verschiedene **Bruchteilsgemeinschaft** der Miteigentümer des Gemeinschaftseigentums. Das Nebeneinander dieser beiden Gemeinschaften wirft dogmatisch schwierige Fragen auf, deren praktische Bedeutung aber gering ist, da die Gemeinschaft der Bruchteilseigentümer keine praktische Rolle spielt. Leider ist aber die **Terminologie** verwirrend: Denn das Gesetz spricht von der „Gemeinschaft der Wohnungseigentümer" (Überschrift des 2. Abschnitts sowie in § 10 Abs. 6 und 7 WEG), wenn es die rechtsfähige Wohnungseigentümergemeinschaft meint;[30] aber auch die Bruchteilsgemeinschaft stellt eine „Gemeinschaft der Wohnungseigentümer" dar. Besser ist es, den mehrdeutigen Ausdruck „Gemeinschaft der Wohnungseigentümer" zu vermeiden. Begrifflich wird in diesem Buch daher – entsprechend dem üblichen Sprachgebrauch – die rechtsfähige Wohnungseigentümergemeinschaft kurz als Gemeinschaft, WEG oder als Verband bezeichnet; die Bruchteilsgemeinschaft hingegen (wenn sie denn überhaupt einmal zu erwähnen ist) eben als Bruchteilsgemeinschaft.

II. Die Wohnungseigentümergemeinschaft im Rechtsverkehr

21 Gem. § 10 Abs. 6 WEG führt die Gemeinschaft im Rechtsverkehr die **Bezeichnung** „Wohnungseigentümergemeinschaft", gefolgt von der Angabe des gemeinschaftlichen Grundstücks (z.B.

---

27 OLG Celle v. 26.2.2008 – 4 W 213/07, ZMR 2008, 310; *Hügel/Elzer*, NZM 2009, 457, 459.
28 Anders ausgedrückt: Jede Teilnahme der Gemeinschaft am Rechtsverkehr ist als Verwaltung des gemeinschaftlichen Eigentums anzusehen (*Rühlicke*, Die Rechtsnatur der WEG, ZWE 2007, 261, 271).
29 So AG Hannover v. 31.3.2008 – 484 C 10329/07, ZMR 2008, 743. Konsequenter Weise muss das für beliebige Verbände gelten, also z.B. auch für die Mitgliedschaft im Kinderschutzbund, in der Nachbarschaftshilfe oder einer politischen Partei.
30 A.A. dezidert *Elzer*, ZMR 2013, 769, der die „Gemeinschaft der Wohnungseigentümer" vom „Verband Wohnungseigentümergemeinschaft" unterscheidet und sich dabei – m.E. zu Unrecht – im Einklang mit dem WEG-Reformgesetzgeber sieht.

WEG, Heinestraße 12, 75324 Musterstadt). Die Angabe der postalischen Anschrift (z.B. WEG Heinestraße 12, 75324 Musterstadt) ist ausreichend.[31]

Sie kann im Rahmen der Verwaltung des gemeinschaftlichen Eigentums gegenüber Dritten und Wohnungseigentümern selbst **Rechte** erwerben und Pflichten eingehen. Anwendungsfälle hierfür sind: Übliche Verträge (Reparaturen, Versicherungen usw.); Erwerb von Immobilien (siehe Rn 685); Scheckfähigkeit; Mitgliedschaft in einem Interessenverband (siehe Rn 19). Die Verträge und andere Rechtshandlungen werden nicht im Namen der Miteigentümer, sondern im Namen der Gemeinschaft abgeschlossen bzw. vorgenommen. Die **Vertretung** der Gemeinschaft ist im Normalfall Sache des Verwalters. Anders jedoch als z.B. ein GmbH-Geschäftsführer hat der WEG-Verwalter keine umfassende gesetzliche Vertretungsmacht; die Einzelheiten werden im Abschnitt über die Aufgaben und Befugnisse des Verwalters behandelt.

22

Die Gemeinschaft kann vor Gericht **klagen und verklagt** werden[32] und ist **prozesskostenhilfefähig**.[33] Die Zwangsvollstreckung gegen die Gemeinschaft und die beschränkte akzessorische Haftung der Miteigentümer für Gemeinschaftsschulden werden unten (siehe Rn 1629 ff.) behandelt.

23

Das **Verwaltungsvermögen** gehört der Wohnungseigentümergemeinschaft (§ 10 Abs. 7 WEG). Dazu gehören:

24

- Die eingenommenen Gelder (insbesondere die Instandhaltungsrücklage);[34]
- Sachen, die im Rahmen der Verwaltung angeschafft wurden (z.B. Gartengeräte, Mülltonnen usw.);
- Gemeinschaftliche Rechte und Verbindlichkeiten (z.B. Ansprüche auf Hausgeldzahlung gegen Miteigentümer oder Mängelrechte gegen einen von der Gemeinschaft beauftragten Handwerker);
- **Nicht** zum Verwaltungsvermögen gehört das Eigentum am WEG-**Grundstück** bzw. Gebäude. Soweit es sich um Gemeinschaftseigentum handelt, steht dieses den Wohnungseigentümern als Bruchteilseigentümern (siehe Rn 20) zu. Das Sondereigentum gehört (selbstverständlich) den jeweiligen Sondereigentümern. Anders ausgedrückt: Das sachenrechtliche Grundverhältnis ist keine Angelegenheit der Wohnungseigentümergemeinschaft. Die Verwaltungsbefugnis liegt aber trotzdem alleine beim Verband.

Ein Wechsel im **Eigentümerbestand** berührt Verträge der Gemeinschaft nicht. Die Miteigentümer werden aus Verträgen der Gemeinschaft auch nicht unmittelbar berechtigt oder verpflichtet. Sie sind aber gem. § 16 Abs. 2 WEG verpflichtet, die Kosten der durch die Gemeinschaft begründeten Verbindlichkeiten mitzutragen; dabei ist es gleichgültig, ob ein Vertrag vor oder nach 2007 oder vor oder nach dem Eintritt eines Wohnungseigentümers in die Gemeinschaft geschlossen wurde.[35]

25

---

31 OLG Rostock v. 20.8.2013 – 3 W 72/13, NJW-Spezial 2014, 131.
32 Nicht nur im Zivilprozess: Antragsbefugnis gem. § 62 Nr. 2 VwGO besteht z.B. auch im Normenkontrollverfahren gegen einen Bebauungsplan (OVG Berlin-Brandenburg v. 7.8.2009 – 10 A 6.07, ZWE 2010, 50).
33 BGH v. 17.6.2010 – V ZB 26/10, WuM 2010, 527. Wegen § 116 S. 1 Nr. 2 ZPO wird die Bewilligung aber die Ausnahme bleiben (LG Hamburg v. 6.1.2010 – 318 T 76/09, ZWE 2010, 140; LG Berlin v. 28.8.2006 – 55 T 26/05, ZMR 2007, 145).
34 Soweit die WEG Geld als Ersatzleistung für Schäden am Gemeinschaftseigentum vereinnahmt, wird teilweise die Anlage eines „zweites Verwaltungsvermögens" gefordert, weil derartiges Geld nicht mit dem Verbandsvermögen vermengt werden dürfe (*Elzer* in: Riecke/Schmid § 10 Rn 466; BeckOK WEG/*Dötsch*, § 10 Rn 520). Diese Auffassung hat sich zu Recht nicht durchgesetzt (ablehnend z.B. *Bärmann/Klein*, § 10 Rn 287).
35 Grundlegend BGH v. 2.6.2005 – V ZB 32/05, ZMR 2005, 547.

III. Originäre und übertragene Kompetenzen der Gemeinschaft

26 Gem. § 10 Abs. 6 S. 3 WEG übt die Gemeinschaft die **gemeinschaftsbezogenen Rechte** der Wohnungseigentümer aus und nimmt die **gemeinschaftsbezogenen Pflichten** der Wohnungseigentümer wahr; ebenso **sonstige Rechte und Pflichten** der Wohnungseigentümer, soweit diese gemeinschaftlich geltend gemacht werden können oder zu erfüllen sind. Die Ausübung der „gemeinschaftsbezogenen Rechte und Pflichten" steht der Gemeinschaft originär und ausschließlich zu, während bei den „sonstigen" Rechten und Pflichten eine rechtsgeschäftliche Übertragung, also ein „Vergemeinschaftungsbeschluss" erforderlich ist.[36] Dass **vertragliche** Rechte und Pflichten gemeinschaftsbezogen sind, da nur die Gemeinschaft aus den von ihr abgeschlossenen Verträgen berechtigt und verpflichtet wird, versteht sich von selbst. Welche weiteren Rechte und Pflichten i.S.d. originären Ausübungskompetenz gemeinschaftsbezogen sind, ist nach wertender Betrachtungsweise zu bestimmen; es kommt darauf an, ob die ausschließliche Geltendmachung bzw. Erfüllung durch die Gemeinschaft unter dem Gesichtspunkt einer geordneten Verwaltung erforderlich ist.[37] Originär gemeinschaftsbezogene Rechte und Pflichten liegen insbes. in folgenden Fällen vor:

27
- Geltendmachung von Schadensersatzansprüchen wegen Beeinträchtigung des Gemeinschaftseigentums (siehe Rn 1629).
- Geltendmachung öffentlich-rechtlicher Abwehransprüche gegen Baumaßnahmen auf einem Nachbargrundstück, soweit diese das Gemeinschaftseigentum beeinträchtigen (siehe Rn 577).
- Geltendmachung sekundärer Gewährleistungsansprüche wegen Mängeln am Gemeinschaftseigentum (siehe Rn 626).
- Erfüllung von Verpflichtungen, die im Außenverhältnis alle Wohnungseigentümer gleichermaßen treffen und nach der Interessenlage ein gemeinsames Vorgehen erfordern,[38] insbes. also die Wahrnehmung öffentlich-rechtlicher Pflichten (z.B. die Erstellung eines Energieausesiese oder die Bezahlung grundstücksbezogener Abgaben, siehe Rn 693 und 1650) und der Verkehrssicherungspflichten (siehe Rn 1655) in Bezug auf das Gemeinschaftseigentum.

28 Auch die **Passivlegitimation** bzw. **passive Prozessstandschaft** der Gemeinschaft für Ansprüche und Klagen, deren Gegenstand alle Miteigentümer betrifft, ist möglich, i.E. aber streitig. Das bedeutet, dass für Ansprüche, die sich „eigentlich" gegen die Miteigentümer richten, die WEG in Anspruch genommen werden kann oder muss. Anwendungsfälle sind zunächst **Ersatzansprüche von Miteigentümern**: Nach einer „Aufopferung" gem. § 14 Nr. 1 WEG (siehe Rn 733); infolge Notgeschäftsführung gem. § 21 Abs. 2 WEG (siehe Rn 1631); im Zuge des Gesamtschuldnerausgleichs (wenn z.B. ein Wohnungseigentümer vom kommunalen Versorgungsbetrieb wegen der Entgelte für Abfall und Wasser gesamtschuldnerisch in Anspruch genommen wurde, siehe Rn 1650). Ferner wird die Passivlegitimation der WEG bei der Verletzung von Verkehrssicherungspflichten angenommen (str., siehe Rn 1655). Nach Auffassung des LG Nürnberg-Fürth ist des Weiteren eine **Feststellungsklage**, wonach dem Kläger ein bestimmtes Sondernutzungsrecht zustehe, gegen den Verband zu richten.[39] Letzteres ist zwar praxisnah gedacht, aber nicht haltbar: Das Gesetz sieht eine solche Konstruktion nicht vor. Und mit der gleichen Begründung könnte man auch vertreten, dass die Beschlussanfechtung gegen den Verband zu richten sei, was der explizit anders lautenden gesetzlichen Regelung widerspricht. Im Einzelnen ist die Rechtsentwicklung hier noch im Fluss.

---

36 Die übliche Terminologie unterscheidet insoweit die „geborenen" von den „gekorenen" Rechten bzw. Pflichten, was allerdings sprachlich wenig glücklich ist.
37 BGH v. 14.2.2014 – V ZR 100/13, IMR 2014, 163, Rn. 6.
38 BGH v. 14.2.2014 (Vornote).
39 LG Nürnberg-Fürth v. 29.7.2009 – 14 S 1895/09, ZMR 2009, 950.

Tipp
Wer die Kosten eines Teilunterliegens nicht scheut, wird – solange die Frage der Passivlegitimation noch nicht höchstrichterlich entschieden ist – eine Feststellungsklage sicherheitshalber sowohl gegen alle Miteigentümer, als auch gegen den Verband richten. Zustellungsvertreter ist jeweils der Verwalter.

Die **„sonstigen" Rechte und Pflichten**, die gem. § 10 Abs. 6 S. 3 WEG gemeinschaftlich geltend gemacht werden können oder zu erfüllen sind, können bis zu einer Beschlussfassung der Gemeinschaft von den Miteigentümern selbstständig geltend gemacht oder erfüllt werden. Die Gemeinschaft kann die Rechte aber durch Beschluss „an sich ziehen", wenn die Rechtsausübung durch den Verband zwar nicht erforderlich, aber „förderlich",[40] also sinnvoll, ist. Anwendungsfälle sind vor allem die gemeinschaftliche Geltendmachung von Unterlassungs- oder Beseitigungsansprüchen (siehe Rn 341, 479) oder von (primären) Mängelrechten gegen den Bauträger (siehe Rn 631).

D. Gemeinschaftseigentum und Sondereigentum

I. Grundlagen

Ob ein Gebäudeteil zum Sonder- oder Gemeinschaftseigentum gehört, ist wegen der mit dem Eigentum verbundenen **Verwaltungszuständigkeit** und **Kostenlast** von Interesse. Gemeinschaftseigentum wird von der Gemeinschaft auf Gemeinschaftskosten instand gehalten (§§ 21 Abs. 5 Nr. 2, 16 Abs. 2 WEG), Sondereigentum vom jeweiligen Sondereigentümer (§ 14 Nr. 1 WEG).

Welche Bestandteile eines Gebäudes zum Gemeinschafts- und welche zum Sondereigentum gehören, ist in § 5 Abs. 1 und 2 WEG geregelt. Demnach gehören zum **Gemeinschaftseigentum** alle Teile des Gebäudes, die für dessen Bestand oder Sicherheit erforderlich sind, also insbesondere das Fundament, die tragenden Wände und die Zwischendecken. Gemeinschaftseigentum sind ferner die „Anlagen und Einrichtungen, die dem gemeinschaftlichen Gebrauch der Wohnungseigentümer dienen". Dabei müssen die Anlagen oder Einrichtungen nicht unbedingt **allen** Miteigentümern dienen; es genügt, dass mindestens zwei Miteigentümer auf ihre Nutzung angewiesen sind,[41] wie z.B. bei einer Heizungsanlage, die mehrere, aber nicht alle Einheiten versorgt. Zu den gemeinschaftlichen „Anlagen und Einrichtungen" gehören auch Räumlichkeiten wie z.B. das Treppenhaus oder Flure (siehe Rn 50). Darüber hinaus zählt alles zum Gemeinschaftseigentum, was nicht verändert, beseitigt oder eingefügt werden kann, ohne dass dadurch die äußere Gestaltung des Gebäudes verändert wird; das gilt insbesondere für die gesamte Außenhülle (Fassade) inklusive Fenster, Balkone und Dach.

Was nicht kraft Gesetzes dem Gemeinschaftseigentum zugewiesen ist, kann Gegenstand des **Sondereigentums** sein. Dazu gehören die **Räume**, die in der Teilungserklärung (unter Bezugnahme auf den Aufteilungsplan) positiv zu Sondereigentum erklärt wurden; ohne eindeutige Zuweisung gilt eine (widerlegliche) Vermutung für die Zugehörigkeit zum Gemeinschaftseigentum (§ 1 Abs. 5 WEG).[42] Was genau an den Räumen (abgesehen vom „Luftraum") zum Sondereigentum gehört, sagt § 5 Abs. 1 WEG: Es sind „die zu diesen Räumen gehörenden **Bestandteile** des Gebäudes, die verändert, beseitigt oder eingefügt werden können, ohne daß dadurch das gemeinschaftliche Eigentum oder das Sondereigentum eines anderen ... beeinträchtigt oder die äußere Gestaltung des Gebäudes verändert wird". Um festzustellen, ob ein bestimmter Gegenstand zum Sondereigentum gehört, ist also als erstes zu prüfen, ob es sich überhaupt um einen (wesentlichen) Gebäudebestand-

---

40 BGH v. 14.2.2014 – V ZR 100/13, IMR 2014, 163, Rn. 6.
41 BGH v. 21.10.2011 – V ZR 75/11, ZMR 2012, 377.
42 OLG Köln v. 5.12.2000 – 16 Wx 121/00, ZMR 2001, 568.

teil handelt – was nicht bei allen im räumlichen Bereich einer Wohnung befindlichen Gegenständen der Fall ist. Maßgeblich für die Eigenschaft als „Bestandteil des Gebäudes" sind die allgemeinen Regeln der §§ 93 ff. BGB; und was demnach nicht Gebäudebestandteil ist, z.B. eine Deckenlampe oder ein Rauchwarnmelder (letzteres str.), unterfällt nicht den WEG-rechtlichen Kategorien von Sonder- und Gemeinschaftseigentum, sondern ist einfach „Eigentum" desjenigen, der sich den Gegenstand angeschafft hat. Als nächstes ist zu prüfen, ob der Gebäudebestandteil zu den im dem Sondereigentum stehenden Räumen „gehört";[43] maßgeblich hierfür ist die Verkehrsanschauung bzw. im Einzelfall der BGH. Was somit als Gegenstand des Sondereigentums verbleibt, ist viel weniger, als die meisten Wohnungseigentümer annehmen, im Wesentlichen nämlich nur der Innenputz, Innenanstrich, Tapeten, Fußbodenbeläge, Innentüren, nicht tragende Zwischenwände und sanitäre Einrichtungen (Waschbecken, Wasserhähne usw.).

34 Sondereigentum kann auch an einzelnen **Gebäuden** begründet werden, z.B. bei einer Mehrhausanlage oder bei separaten Garagen. Für die Abgrenzung der Gegenstände des Sonder- und Gemeinschaftseigentums innerhalb dieser einzelnen Gebäude gelten dann ebenfalls die vorerwähnten Grundsätze, so dass das einzelne Gebäude im Ergebnis wie eine Wohnung innerhalb eines Hauses behandelt wird (siehe Rn 1698).

35 In den meisten **Teilungserklärungen** wird beispielhaft erläutert, welche Gebäudeteile zum Sondereigentum und welche zum Gemeinschaftseigentum gehören. Derartige Erläuterungen und Aufzählungen haben fast nur informativen Charakter, weil der Dispositionsfreiheit der Wohnungseigentümer **zwingende Grenzen** gesetzt sind: Die meisten Gegenstände des Gemeinschaftseigentums sind von vornherein nicht „sondereigentumsfähig". Nach § 5 Abs. 2 WEG sind nämlich Teile des Gebäudes, die für dessen Bestand oder Sicherheit erforderlich sind, sowie Anlagen und Einrichtungen, die dem gemeinschaftlichen Gebrauch der Wohnungseigentümer dienen, nicht Gegenstand des Sondereigentums (sondern Gemeinschaftseigentum), selbst wenn sie sich im Bereich der im Sondereigentum stehenden Räume befinden. Diese Regelung ist zwingend. Nicht sondereigentumsfähige Teile können auch in der Teilungserklärung nicht wirksam zum Gegenstand des Sondereigentums gemacht werden.[44] Überhaupt können in der Gemeinschaftsordnung gem. § 5 Abs. 1 WEG nur Räume, nicht aber einzelne Gegenstände dem Sondereigentum zugewiesen werden. Die üblichen Aufzählungen in Gemeinschaftsordnungen, was Gegenstand des Sondereigentums sein soll, sind deshalb **bedeutungslos**, überflüssig und nicht selten nur verwirrend.

II. Einzelfälle

36 **Abwasserleitung.** siehe Leitungen.

37 **Anbau.** Nachträgliche Anbauten (z.B. Wintergarten oder Balkonverglasung, Balkon, Schuppen und andere fest mit dem Gebäude oder Grundstück verbundenen Baulichkeiten) stehen auch dann im Gemeinschaftseigentum, wenn sie von einem Miteigentümer alleine gebaut und finanziert wurden.[45] Im Prinzip haben daher alle Miteigentümer das Recht zum Mitgebrauch und die Pflicht zur Instandhaltung. Dies wird oft verkannt, da es dem spontanen Gerechtigkeitsempfinden widerspricht.

38 **Aufzug.** Dient dem gemeinschaftlichen Gebrauch und ist damit zwingend Gemeinschaftseigentum, und zwar auch dann, wenn bei einer Mehrhausanlage nur eines von mehreren Häusern über einen Aufzug verfügt (siehe Rn 1698).

---

43 Ausführlich BGH v. 26.10.2012 – V ZR 57/12, ZMR 2013, 454.
44 BGH v. 26.10.2012 – V ZR 57/12, ZMR 2013, 454.
45 OLG Celle v. 28.5.2008 – 4 W 33/08, ZWE 2009, 128.

D. Gemeinschaftseigentum und Sondereigentum § 1

Außenanstrich, Außenfassade, Außenverkleidung inklusive Überdachung von Balkonen, Loggien und Veranden sind Gemeinschaftseigentum, da die äußere Gestaltung des Gebäudes prägend. 39

Balkone. Ein Balkon ist wesentlicher Bestandtteile (§ 94 BGB) der Wohnung, der er vorgelagert ist, und gehört deshalb auch ohne ausdrückliche Erwähnung in der Teilungserklärung „automatisch" zum Sondereigentum der Wohnung.[46] Die „konstruktiven Teile" sind (wie immer) gleichwohl zwingend Gemeinschaftseigentum, konkret also Bodenplatte (Balkondecke), Dachunterspannbahn, Isolierung (Feuchtigkeits-, Wärme- und Trittschalldämmung) und Balkonstützen, ferner die gestaltgebenden Teile (Außenanstrich, Geländer, Balkongitter, Balkonbrüstung (Seitenwände, Außenwände),[47] Balkonfenster und -türen.[48] Zum Sondereigentum gehören mithin nur der Bodenbelag (also die oberste begehbare Schicht des Aufbaus), das Mörtelbett bzw. der Untergrund des Bodenbelags[49] sowie der Putz oder Anstrich auf der Balkon**innen**seite.[50] Ob und wie weit die Instandhaltungslast für Balkone den Sondereigentümern übertragen werden kann, wird unten (siehe Rn 72) erörtert. 40

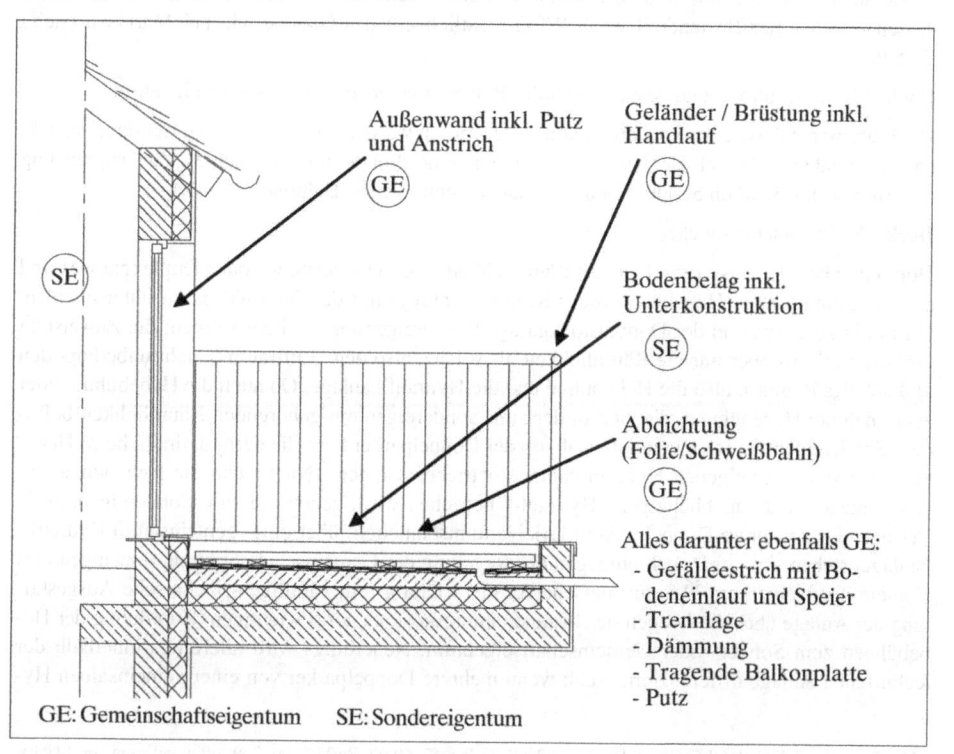

Außenwand inkl. Putz und Anstrich (GE)

Geländer / Brüstung inkl. Handlauf (GE)

Bodenbelag inkl. Unterkonstruktion (SE)

Abdichtung (Folie/Schweißbahn) (GE)

Alles darunter ebenfalls GE:
- Gefälleestrich mit Bodeneinlauf und Speier
- Trennlage
- Dämmung
- Tragende Balkonplatte
- Putz

GE: Gemeinschaftseigentum SE: Sondereigentum

---

46 OLG München v. 23.9.2011 – 34 Wx 247/11, ZWE 2012, 37; *Schneider* in: *Riecke/Schmid* § 7 Rn 64; h.M.
47 LG Itzehoe v. 29.9.2009 – 11 S 11/09, ZMR 2010, 149.
48 BGH v. 15.1.2010 – V ZR 114/09, WuM 2010, 175; OLG München v. 30.1.2007 – 34 Wx 116/06, NZM 2007, 369.
49 OLG Köln v. 5.12.2000 – 16 Wx 121/00, ZMR 2001, 568.
50 KG v. 15.11.2000 – 24 W 6514/99, WuM 2001, 298. Im Prinzip auch LG Itzehoe v. 29.9.2009 – 11 S 11/09, ZMR 2010, 149, allerdings mit der Maßgabe, dass die Innenseite der Balkonbrüstung dann Gemeinschaftseigentum ist, wenn ihr Aufbau bzw. Material keine sondereigentumsfähigen Bestandteile aufweist, wie im Fall einer (offenbar unverputzten) Faserzementplatte.

| § 1 | Entstehung und Grundlagen des Wohnungseigentums |

41 Manchmal wird in der Teilungserklärung vergessen, die Balkone besonders zu erwähnen. Dann stellt sich die Frage, ob der **nutzbare Raum** des Balkons gleichwohl dem Sondereigentum der zugehörigen Wohnung zuzurechnen ist; sie ist i.d.R. zu verneinen.[51] Trotzdem darf den Balkonraum richtiger Ansicht nach nur der Eigentümer der zugehörigen Wohnung nutzen, selbst bei nachträglichem Anbau.[52] – Wird im Zuge einer Balkonsanierung der Bodenbelag zerstört, kann der betroffene Sondereigentümer Ersatzansprüche haben (siehe Rn 731).

42 **Bodenbelag**, der sich innerhalb der im Sondereigentum stehenden Räume auf dem Estrich befindet (Teppich, Fliesen, Parkett usw.), gehört zum Sondereigentum.[53] Bei einem Bodenbelagswechsel darf der Sondereigentümer den Trittschallschutz nicht über das zum Zeitpunkt der Gebäudeerrichtung geltende Maß hinaus verschlechtern, muss ihn aber auch nicht verbessern (siehe Rn 270).

43 **Carport.** Der Stellplatz im bzw. unter dem Carport ist wie alle Außenflächen Gemeinschaftseigentum (siehe Rn 65). Ob auch das Bauwerk „Carport" Gemeinschaftseigentum ist, ist fraglich: Es dürfte nicht derart fest mit dem Grundstück verbunden sein, dass es schon gem. § 94 Abs. 1 BGB dessen wesentlicher Bestandteil wird; WEG-rechtlich gilt das Gleiche wie bei Markisen (siehe Rn 59).

44 **Dach.** Als konstruktives und gestaltprägendes Bauteil zwingend Gemeinschaftseigentum.

45 **Dachterrasse.** Ob sie dem Sondereigentum zugewiesen werden kann, ist streitig, richtiger Ansicht nach zu bejahen.[54] Üblich ist aber die Begründung eines Sondernutzungsrechtes. Zur Abgrenzung des Aufbaus hinsichtlich Sonder-/Gemeinschaftseigentum siehe Balkone.

46 **Decke.** Siehe Geschossdecke.

47 **Doppelparker.** Hier ist zwischen der Räumlichkeit (sog. Doppelstock- oder Duplexgarage) und der darin eingebauten Hebebühne (oder Kippvorrichtung) mit den Stellplätzen zu unterscheiden. Unstreitig kann zwar an der Doppelstockgarage Sondereigentum gebildet werden; die Zuweisung umfasst zunächst aber nur die Räumlichkeit als solche, also den „Luftraum", nicht unbedingt den „Inhalt" des Raumes, also die Hebebühne und die Hydraulikanlage. Ob auch die Hebebühne (oder auch mehrere Hebebühnen, die sich in der zum Sondereigentum gehörenden Räumlichkeit befinden) Sondereigentum ist, hängt davon ab, ob der Doppelparker bzw. die darin befindliche(n) Hebebühne(n) von einer eigenen Hydraulikanlage betrieben werden: (Nur) wenn die Hebebühne von einer eigenen und „unabhängigen" Hydraulik betrieben wird, gehört sie zum Sondereigentum.[55] Verfügen aber mehrere Doppelparker (Teileigentumseinheiten) über eine (gemeinsame) Hydraulikanlage, stehen sie – ggf. auch entgegen der Regelung der Gemeinschaftsordnung – zwingend im Gemeinschaftseigentum.[56] Somit entscheidet die – häufig rein zufällige – technische Ausgestaltung der Anlage über die (wegen der Instandhaltungskosten enorm wichtigen) Zuordnung der Hebebühnen zum Sonder- oder Gemeinschaftseigentum. Neuerdings wird allerdings innerhalb der technischen Anlage differenziert: Auch wenn mehrere Doppelparker von einer gemeinsamen Hy-

---

[51] So tendenziell auch OLG Düsseldorf v. 3.4.2009 – 3 Wx 52–69/09, WuM 2009, 369; offen gelassen von BGH v. 22.1.2004 – V ZB 51/03, NJW 2004, 937.
[52] BayObLG v. 17.9.2003 – 2Z BR 179/03, ZMR 2004, 132.
[53] LG Halle v. 11.8.2009 – 2 T 31/09, ZWE 2010, 48. Siehe auch Stichwort Balkone.
[54] LG Schwerin v. 24.7.2008 – 5 T 165/05, ZMR 2009, 401.
[55] BGH v. 21.10.2011 – V ZR 75/11, ZWE 2012, 81.
[56] BGH v. 21.10.2011 (Vornote), Rn 9; nicht überzeugend. Die Gemeinschaftsordnung kann vorsehen, dass die Instandsetzungskosten nur von den Garageneigentümern bzw. von den Eigentümern zu tragen sind, die ein Sondernutzungsrecht an einem der Stellplätze haben. Die Kostenregelung muss aber eindeutig sein (KG v. 7.2.2005 – 24 W 81/03, ZMR 2005, 569). Klauselvorschlag: „Die Kosten der Instandhaltung der technischen Anlagen, die dem Betrieb der Doppelparker in der Tiefgarage dienen, sind anteilig pro Stellplatz nur von den Eigentümern zu tragen, denen ein Sondernutzungsrecht an einem der Stellplätze zusteht."

D. Gemeinschaftseigentum und Sondereigentum § 1

draulik betrieben werden, könne das Stellplatzblech doch Sondereigentum sein, nur der Rest (Seitenteile, Träger, Hydraulik usw.) müsse Gemeinschaftseigentum sein;[57] das dürfte mit der BGH-Vorgabe nicht zu vereinbaren sein.[58] Streitig ist die Sondereigentumsfähigkeit der einzelnen Plätze der Hebebühne; die h.M. verneint sie zu Recht. Wenn am Doppelparker Sondereigentum begründet wurde, können aber die einzelnen Stellplätze in Form von Bruchteilseigentum am Teileigentum mit einer Benutzungsregelung nach § 1010 BGB verselbstständigt werden. Vielfach wird vertreten, es könne auch ein Sondernutzungsrecht an den einzelnen Stellplätzen, d.h. eine Gebrauchsregelung i.S. des § 15 Abs. 1 WEG, als Inhalt des Sondereigentums im Grundbuch eingetragen werden;[59] das ist m.E. aber nur dann möglich, wenn die Hebebühne im Gemeinschaftseigentum steht.

Estrich ist fast ausnahmslos „schwimmend" verlegt und somit Bestandteil der auf dem Rohboden befindlichen Trittschalldämmung. Der Estrich und die darunter befindliche Isolierschicht (Trittschalldämmung) sind zwingend Gemeinschaftseigentum, da eine Beseitigung oder Veränderung die Rechte der anderen Wohnungseigentümer unzulässig beeinträchtigen würde.[60] In der Praxis wird nach einem Wasserschaden häufig verkannt, dass für die Sanierung des Estrichs die Gemeinschaft und nicht der Sondereigentümer zuständig ist; Letzterer hat sich nur um den in seinem Sondereigentum stehenden Bodenbelag zu kümmern (siehe Rn 1490, 1668). 48

Fenster sind komplett und zwingend Gemeinschaftseigentum.[61] Sie prägen die äußere Gestaltung des Gebäudes und sind außerdem für dessen Sicherheit unverzichtbar, weil es ohne sie hineinregnen würde. Eine Aufspaltung in Außenfenster und Innenfenster oder in Rahmen, Glas und Beschläge erfolgt nicht. Lediglich für die in alten Häusern gelegentlich noch anzutreffenden „echten Doppelfenster" mit separat zu öffnenden Innenfenstern gilt nach h.M., dass das äußere Fenster Gemeinschafts- und das innere Fenster Sondereigentum sein kann.[62] 49

Flure und sonstige Gemeinschaftsflächen sind zwingend gemeinschaftliches Eigentum, wenn ihr Zweck darauf gerichtet ist, als Zugang zu Wohnungen oder zu Gemeinschaftsräumen (z.B. Heizraum, siehe auch das Stichwort dazu) zu dienen. Anders ist es, wenn ein in einer Wohnung befindlicher Flur der einzige Zugang zu einem gemeinschaftlichen Dachboden ist; dann bleibt der Flur ausnahmsweise Sondereigentum (siehe Rn 587).[63] Die Rechtsprechung bejaht bei abweichender Zuweisung in der Teilungserklärung einen Anspruch auf Grundbuchberichtigung gem. § 894 BGB und ggf. auf Durchführung der Maßnahmen zur Herstellung der Abgeschlossenheit.[64] 50

Garage und andere separate **Gebäude**: (Siehe Rn 1698). 51

---

57 LG München I v. 5.11.2012 – 1 S 1504/12, ZWE 2013, 165; LG Stuttgart v. 26.10.2012 – 2 S 7/10 (unveröffentl.).
58 Auch wenn das Ergebnis wünschenswert ist. Denn wenn man schon (mit dem BGH) die Hebebühnen für Gemeinschaftseigentum hält, lässt sich nach der insoweit maßgeblichen Verkehrsanschauung nicht vertreten, Teile dieser einheitlichen Anlage seien dann doch wieder Sondereigentum. Sonst müsste man konsequenter Weise wiederum die ganze Hebebühne – außer der Hydraulik – zum Sondereigentum erklären, was der BGH nun einmal nicht zulässt.
59 OLG Jena v. 24.11.1999 – 6 W 715/99, ZWE 2000, 232; BayObLG v. 9.2.1995 – 2Z BR 4/95, NJW 1995, 783. Dies wurde vom BGH noch bestätigt und ist in der Lit. str. A.A. z.B. *Elzer* in: *Riecke/Schmid* § 3 Rn 72.
60 BGH v. 15.1.2010 – V ZR 114/09, ZMR 2010, 542, Rn 22; h.M. Zu Recht a.A. *Schlüter*, ZWE 2012, 310: Nur Trittschalldämmung ist Gemeinschaftseigentum.
61 BGH v. 2.3.2012 – V ZR 174/11, ZMR 2012, 641, Rn 7; unstr.
62 OLG Düsseldorf v. 15.5.2000 – 3 Wx 80/00, ZMR 2001, 214 m.w.N. A.A. zu Recht BeckOK WEG/*Kesseler* § 5 Rn 39. Sollen alte Doppelfenster – und damit auch die nach h.M. im Sondereigentum stehenden Innenfenster – durch neue Fenster (die aus einem Stück bestehen) ersetzt werden, kann die Gemeinschaft das beschließen: LG München I v. 28.6.2007 – 1 T 2063/07, ZMR 2008, 488.
63 BayObLG v. 30.10.2003 – 2Z BR 184/03, Rpfleger 2004, 214 für den Zugang zum Heizraum; OLG Hamm v. 11.6.1986 – 15 W 452/85, NJW-RR 1986, 1275 für den Flur; OLG Hamm v. 27.2.2001 – 15 W 17/01, ZMR 2001, 655 für sonstige Zugangsflächen.
64 BGH v. 5.7.1991 – V ZR 222/90, NJW 1991, 2909; OLG Schleswig v. 6.3.2006 – 2 W 13/06, ZMR 2006, 886.

52 **Geschossdecken** sind Gemeinschaftseigentum. Bei einer Tiefgarage gehört dazu auch die aus Brandschutzgründen erforderliche Betonüberdeckung über der Stahlbewehrung.[65]

53 **Gemeinschaftsflächen.** Siehe Flure.

54 **Glasdach.** Auch wenn es eine im Sondernutzungsrecht oder Sondereigentum stehende Fläche überdacht, ist es Gemeinschaftseigentum. Entgegen der Auffassung des OLG Düsseldorf kann an Außenflächen aber kein Sondereigentum begründet werden (siehe Rn 43).[66]

55 **Heizung.** Eine Zentralheizungsanlage, die (wie üblich) dem gemeinschaftlichen Gebrauch der Wohnungseigentümer dient, steht mitsamt den Heizwasserleitungen im Steigstrang zwingend im Gemeinschaftseigentum.[67] Streitig war die Frage, ob die der Versorgung der einzelnen Wohnungen dienenden, vom Steigstrang abzweigenden **Anschlussleitungen** sondereigentumsfähig sind (siehe dazu Rn 58); und damit hängt die Frage nach der Qualifizierung der **Heizkörper** und der daran angebrachten **Thermostatventile** in den Wohnungen zusammen: Wäre nämlich der Heizkörper zwingend Gemeinschaftseigentum, müsste es die zu ihm führende Leitung ebenso sein. Der BGH hat die Fragen entschieden: Heizkörper stehen nicht zwingend im Gemeinschaftseigentum;[68] und deshalb sind sie mitsamt der Thermostatventile **immer Sondereigentum**[69] (sofern sie nicht ausdrücklich dem Gemeinschaftseigentum zugewiesen sind, was gem. § 5 Abs. 3 WEG möglich wäre). Das ist zutreffend, weil ein Heizkörper – und erst Recht ein Thermostatventil – häufig problemlos ausgebaut werden, ohne dass sich das auf die Funktion der Gesamtanlage zwingend negativ auswirken würde. Sollte die Gemeinschaft einmal eine Erneuerung der Heizungsanlage beschließen, müssen die Wohnungseigentümer sich auf eigene Kosten mit dazu passenden Heizkörpern anschließen. Tun sie das innerhalb einer angemessenen Frist nicht, kann die Gemeinschaft nicht etwa beschließen, dass neue Heizkörper auf Kosten der Sondereigentümer angeschafft werden, denn dafür besteht keine Beschlusskompetenz; die Gemeinschaft kann aber beschließen, die betreffenden Sondereigentümer von der Heizung abtrennen.[70] Die Qualifizierung der Heizkörper und Thermostatventile als Sondereigentum ist somit zwar prinzipiell richtig, erschwert aber die Verwaltung; besser wäre es im Ergebnis, wenn zumindest die Verwaltungskompetenz der Gemeinschaft zustünde. Wenn man also auf die Gemeinschaftsordnung Einfluss nehmen kann, ist eine entsprechende Regelung („alles Gemeinschaftseigentum") zu empfehlen. (Zur Fußbodenheizung siehe Rn 58.)

Heizkostenverteiler. (bzw. -zähler) sind für die Heizkostenabrechnung zwingend erforderlich und deshalb nach h.M. Gemeinschaftseigentum;[71] diese Überlegung ist allerdings nicht schlüssig, weil die Abrechnungsfrage mit den Eigentumsverhältnissen nichts zu tun hat. Außerdem kann Gemeinschafts- oder Sondereigentum nur an Gebäudebestandteilen bestehen; Heizkostenverteiler sind aber weder mit dem Gebäude, noch mit dem Heizkörper fest verbunden. Das Eigentum an den Heizkostenverteilern bestimmt sich richtiger Weise nach allgemeinem BGB-Sachenrecht; sie sind i.d.R. Eigentum des Verbandes WEG, der sie angeschafft hat, oder des Energiedienstleisters (wenn sie gemietet werden).[72]

---

65 OLG München v. 13.8.2007 – 34 Wx 75/07, ZMR 2008, 232.
66 OLG Düsseldorf v. 11.4.2008 – 3 Wx 254/07, ZMR 2009, 53.
67 BGH v. 8.7.2011 – V ZR 176/10, ZMR 2011, 971. Zum Sonderfall, dass die Heizungsanlage von einem Dritten als Wärmecontractor betrieben wird, siehe *Bärmann/Armbrüster*, § 5 Rn 34 ff.
68 BGH v. 8.7.2011 – V ZR 176/10, ZMR 2011, 971.
69 Ausführlich *Lehmann-Richter*, Heizkörper-Urteil, ZWE 2013, 69; *Schultz*, Themostatventile und Heizkörper im Sondereigentum usw., DWE 2012, 97. Überholt ist somit z.B. OLG Stuttgart v. 13.11.2007 – 8 W 404/07, ZMR 2008, 243, das die Thermostatventile dem zwingenden Gemeinschaftseigentum zuordnete.
70 BGH v. 8.7.2011 – V ZR 176/10, ZMR 2011, 971, Rn 19.
71 OLG Hamburg v. 22.4.1999 – 2 Wx 39/99, ZMR 1999, 502.
72 *Lehmann-Richter*, ZWE 2013, 69, 71.

Wenn die Heizungsanlage nicht nur die WE-Anlage, in der sie sich befindet, sondern auch andere Grundstücke versorgt (wie es der fortschreitenden Verbreitung des Wärmecontractings zunehmend der Fall ist), kann daran nach h.M. **Sondereigentum** begründet werden. Voraussetzung ist, dass am Heizraum Teileigentum begründet und die Heizungsanlage dem Sondereigentum am Heizraum zugewiesen wird.[73]

Heizraum. Er ist zwingend Gemeinschaftseigentum; auch dann, wenn Mehrhausanlagen oder Doppelhäuser von einer Heizungsanlage versorgt werden. Ein vom Sondereigentum abgeschlossener Zugang für alle Einheiten muss deshalb ggf. hergestellt werden.[74]

Isolierschicht. Siehe Balkone und Estrich.

Leitungen. Gemeinsam benutzte Ver- und Entsorgungsleitungen für Brauchwasser, Abwasser, Heizwasser und Gas (insbesondere, aber nicht nur die Haupt- bzw. Steigleitungen) sind Gemeinschaftseigentum. Ab der Abzweigung von der Hauptleitung, wenn die Leitungen also nur noch der Ver- oder Entsorgung einzelner Wohnungen dienen, ist ihre Einordnung mitunter schwierig und streitig. Nach früher h.M. standen die Leitungen ab der Abzweigung von der Hauptleitung im Sondereigentum des Eigentümers der betreffenden Wohnung. Nach der jüngsten Entscheidung der in ihrer Entwicklung nicht durchweg widerspruchsfreien Rspr. des BGH stehen (Versorgungs-)Leitungen „im Bereich der Wohnungen" ab „der ersten für die Handhabung durch den Sondereigentümer vorgesehenen Absperrmöglichkeit", die eine Trennung vom „Leitungsnetz" ermöglicht, im Sondereigentum.[75] Der Vorteil gegenüber der früher h.M. besteht darin, dass die Grenze zwischen dem im Gemeinschaftseigentum stehenden „Leitungsnetz" und dem Sondereigentum nicht mehr an der „Abzweigung" von der Hauptleitung oder beim Eintritt in den räumlichen Bereich der Wohnung gezogen wird, sondern – praxisgerecht – an einer Stelle, die eine Trennung tatsächlich ermöglicht. Daraus folgt allerdings, dass Heizwasserleitungen, wenn sie (wie üblich) über keine Absperrvorrichtung verfügen, auch innerhalb des räumlichen Bereichs der Wohnung zum Gemeinschaftseigentum gehören – anders als die Heizkörper und entgegen der bislang h.M.! Der BGH sieht keinen Widerspruch zur Heizkörperentscheidung.[76] Ob das „der Weisheit letzter Schluss" ist, bleibt abzuwarten. Entsorgungsleitungen (Abwasserleitungen), die systembedingt keine Absperrvorrichtung aufweisen und auch nicht Teil eines „Leitungsnetzes" sind, dürften im Sondereigentum stehen, soweit sie im Bereich der Wohnung verlaufen; der Eigentumswechsel erfolgt an der Wohnungsgrenze. Fraglich ist allerdings, was genau unter dem „Bereich der Wohnung" zu verstehen ist. Sicher ist nur, dass Leitungen außerhalb des räumlichen Bereichs einer Wohnung kein Sondereigentum sein können, auch wenn sie nur der Versorgung einer Einheit dienen. Offen ist allerdings, ob sich auch Leitungen (z.B. eine Fußbodenheizung), die in den Grenzen der Wohnung im Estrich oder unter Putz in einer tragenden Wand verlaufen, „im räumlichen Bereich" des Sondereigentums befinden. Es spricht viel dafür, den „räumlichen Bereich" des Sondereigentums nicht in diesem Sinne auszudehnen, sondern solche Leitungen zwingend dem Gemeinschaftseigentum zuzuordnen, weil sie nur durch einen Eingriff in Gemeinschaftseigentum (Estrich bzw. tragende Wand) beseitigt und anders verlegt werden können.[77] Offen ist derzeit u.a. auch die Einordnung einer nur einer Wohnung dienenden Heizung (Etagenheizung), die sich außerhalb der Wohnung (z.B. in einer Abseite oder im Dachboden befindet), befindet.

---

73 BGH v. 2.2.1979 – V ZR 14/77, ZMR 1981, 123; Muster einer solchen Regelung bei *Scheffler* in: *Elzer/Fritsch/Meier* § 1 Rn 17. Die Frage ist aber streitig, siehe *Jennißen/Grziwotz*, § 5 Rn 30 m.w.N.
74 OLG Schleswig v. 6.3.2006 – 2 W 13/06, ZMR 2006, 886. Ausnahme siehe Text zur Vornote.
75 BGH v. 26.10.2012 – V ZR 57/12, NZM 2013, 272, Rn 21.
76 BGH v. 26.10.2012 – V ZR 57/12, NZM 2013, 272, Rn 21. Ich sehe da durchaus einen Widerspruch.
77 OLG München v. 4.9.2009 – 32 Wx 44/09, MietRB 2010, 174; str. Von BGH v. 26.10.2012 – V ZR 57/12, NZM 2013, 272, Rn 14 ausdrücklich offen gelassen.

59 **Markise.** Überwiegend wird sie als fassadengestaltendes Element generell dem Gemeinschaftseigentum zugeordnet. Teilweise wird darauf abgestellt, ob der dazu gehörige Balkon dem Sondereigentum zugeordnet ist (dann Sondereigentum); teilweise darauf, wer die Markise angebracht hat. M.E. ist entscheidend, ob für das Haus Markisen vorgesehen sind; dann sind sie für die Optik im Rechtssinne (§ 5 Abs. 1 WEG) „prägend" und somit Gemeinschaftseigentum. Wird hingegen eine beim Bau des Hauses oder gemäß Baubeschreibung nicht vorgesehene Markise nachträglich angebracht, kann diese das Gebäude vielleicht stören (siehe Rn 443), aber nicht „prägen".[78]

60 **Mauern** jeglicher Art sind Gemeinschaftseigentum, sofern sie tragende Funktion haben, von außen sichtbar sind oder eine Wohnung gegenüber gemeinschaftlichen Flächen abgrenzen. Nichttragende Mauern **innerhalb** einer Wohnung sind Sondereigentum. Nichttragende Mauern, die zwei Wohnungen voneinander abgrenzen, stehen im gemeinsamen Sondereigentum („Mitsondereigentum") der betreffenden Wohnungseigentümer.[79]

61 **Pflanztröge** auf Balkonen oder Dachterrassen sind Gemeinschaftseigentum, wenn sie die Optik des Gebäudes prägen oder Sondernutzungsflächen abgrenzen.[80]

62 **Rauchwarnmelder** sind lt. BGH „jedenfalls dann, wenn sie gesetzlich vorgeschrieben sind" gem. § 5 Abs. 2 WEG zwingend Gemeinschaftseigentum.[81] Das ist für die Praxis maßgeblich, auch wenn die Entscheidung falsch sein dürfte, weil Rauchwarnmelder mangels fester Verbindung mit dem Gebäude nicht zu dessen wesentlichen Bestandteilen gehören,[82] woran eine Einbaupflicht nichts ändern kann. Im Übrigen sind sie als Zubehör des Gebäudes Gemeinschaftseigentum, wenn sie schon bei der Gebäudeerrichtung vorhanden waren (str.). Unabhängig von einer gesetzlichen Einbaupflicht werden sie bei nachträglicher Anschaffung aufgrund gemeinschaftlicher Beschlussfassung (siehe dazu Rn 449) durch Rechtsgeschäft Verbandseigentum (wie auch ein Rasenmäher oder dgl.). Das gilt in beiden vorstehenden Varianten auch dann, wenn sich die Rauchwarnmelder im räumlichen Bereich des Sondereigentums befinden. Werden Rauchwarnmelder hingegen von Wohnungseigentümern auf eigene Rechnung angeschafft und eingebaut, sind und bleiben sie Eigentum dieser Wohnungseigentümer.

63 **Rollläden** und Außenjalousien sind Gemeinschaftseigentum.[83] Ihre spätere Anbringung bedarf als bauliche Veränderung der Zustimmung aller Miteigentümer (siehe Rn 450).

64 **Sprechanlage.** Sie dient dem gemeinschaftlichen Gebrauch und ist daher Gemeinschaftseigentum. Sprechstellen innerhalb der Wohnung sind aber Sondereigentum, wenn sie zum Funktionieren der Gesamtanlage nicht erforderlich sind.[84]

65 **Stellplätze** (für Pkw, Fahrräder usw.) im Inneren des Gebäudes sind gem. § 3 Abs. 2 S. 2 WEG sondereigentumsfähig, wenn ihre Flächen durch dauerhafte Markierungen ersichtlich sind (siehe Rn 4). Ob dies auch für Stellplätze in Doppelparkern gilt, ist streitig (siehe Rn 47). Stellplätze im

---

78 In diesem Sinne auch OLG Frankfurt v. 17.8.2006 – 20 W 205/05, NZM 2007, 523; *Bärmann/Armbrüster*, § 5 Rn 100.
79 BGH v. 21.12.2000 – V ZB 45/00, ZMR 2001, 289.
80 BayObLG v. 4.6.1998 – 2Z BR 170/97, NZM 1998, 818 zur Abgrenzung von Sondernutzungsflächen; in diesem Fall liegt m.E. allerdings eher – wie bei Mauern und Trennwänden – Mitsondereigentum vor.
81 BGH v. 8.2.2013 – V ZR 238/11, ZMR 2013, 642, Rn 16.
82 LG Hamburg v. 2.3.2011 – 318 S 193/10, ZMR 2011, 387; *Abramenko*, ZWE 2013, 117, 118 und ZMR 2013, 645; str.
83 OLG Köln v. 30.8.2000 – 16 Wx 115/00, NZM 2001, 53.
84 OLG Köln v. 26.8.2002 – 16 Wx 126/02, ZMR 2003, 378; BayObLG v. 8.8.2002 – 2Z BR 5/02, NZM 2002, 869.

Freien können demgegenüber nicht Gegenstand des Sondereigentums sein,[85] außer wenn sie sich auf dem Oberdeck eines Garagengebäudes befinden.[86]

Tiefgarage. Siehe Geschossdecke. 66

Trennwand zwischen Kellerabteilen („Lattenrost") steht im Mitsondereigentum[87] (wie nicht tragende Mauern benachbarter Wohnungen, siehe Rn 60). 67

Türen innerhalb der Wohnung sind Sondereigentum. Demgegenüber gehören Abschlusstüren (Wohnungsabschluss- bzw. eingangstür,[88] Kellerraumabschlusstür[89]) zum Gemeinschaftseigentum. 68

Trittschalldämmung. Siehe Estrich. 69

Wände. Siehe Mauern. 70

Zähler. Ob für Heizung, Warm- oder Kaltwasser, die Zähler sind zwingend Gemeinschaftseigentum (genauer: Verbandseigentum), weil sie nicht beseitigt werden können, ohne das Recht der anderen Wohnungseigentümer auf verbrauchsabhängige Abrechnung (siehe Rn 975, 993) zu beeinträchtigen. Die Kosten der Installation sind somit gem. § 16 Abs. 2 WEG nach Miteigentumsanteilen zu verteilen.[90] Ein Raum, in dem sich die Hauptzähler oder Zähler für mehrere Wohnungen befinden, steht zwingend im Gemeinschaftseigentum.[91] 71

III. Verlagerung der Kosten- oder Instandhaltungslast auf Sondereigentümer, Umdeutung fehlgeschlagener Sondereigentums-Zuweisungen

Es ist im Allgemeinen sinnvoll, die Verantwortung für Gebäudeteile, die dem alleinigen Gebrauch eines Sondereigentümers unterliegen und sich nur in dessen Verantwortungsbereich befinden (z.B. Fenster und Verglasungen, Außentüren, Balkone und Terrassen oder deren Beläge), ungeachtet ihrer Zugehörigkeit zum Gemeinschaftseigentum dem betreffenden Sondereigentümer zu übertragen. Wenn es um die Reparatur oder Instandhaltung dieser Gegenstände geht, wird sich doch stets die Frage stellen, ob die Notwendigkeit dafür auf einen unsachgemäßen Gebrauch des jeweiligen Wohnungsnutzers zurückgeht, was einen entsprechenden Ersatzanspruch der Gemeinschaft gegen den Wohnungseigentümer nach sich ziehen würde; die Frage nach der Verantwortung für Schäden beinhaltet also erhebliches Streitpotential. In vielen Gemeinschaftsordnungen ist deshalb vorgesehen, dass einzelne Sondereigentümer die Kosten der Instandhaltung bestimmter Gebäudeteile zu tragen haben (Verlagerung der **Kostenlast**). In diesem Fall bleibt die Zuständigkeit für Entscheidungen über das Ob und Wie der Instandhaltung bei der Gemeinschaft – wie auch sonst, wenn es um Gemeinschaftseigentum geht. Die Gemeinschaft entscheidet über Maßnahmen und tritt mit den Kosten in Vorlage; in der Jahresabrechnung werden die Kosten nur dem kostentragungspflichtigen Miteigentümer belastet. Manchmal wird in einer Gemeinschaftsordnung aber nicht (nur) die 72

---

85 OLG Hamm v. 26.1.1998 – 5 W 502/97, ZMR 1998, 456. Das gilt auch dann, wenn sie mit vier Eckpfosten und einer Überdachung versehen sind (BayObLG v. 6.2.1986 – 2Z BR 70/85, ZMR 1986, 207).
86 OLG Hamm v. 26.1.1998 (Vornote); vom BGH noch nicht entschieden und in der Lit. str. (dafür z.B. *F. Schmidt*, ZWE 2007, 283 mit ausführlicher Darstellung des Streitstandes).
87 OLG München v. 13.9.2005 – 32 Wx 71/05, ZMR 2006, 300. Bei Beeinträchtigung gelten §§ 14 WEG, 922 BGB analog.
88 BGH v. 25.10.2013 – V ZR 212/12, WuM 2013, 756.
89 BGH v. 22.11.2013 – V ZR 46/13, ZWE 2014, 125.
90 OLG Hamburg v. 30.12.2003 – 2 Wx 73/01, ZMR 2004, 291.
91 LG Hamburg v. 16.6.2009 – 321 T 24/09, ZWE 2010, 141.

Kostenlast, sondern die **Instandhaltungslast** (Sachbefugnis) verlagert; dann ist nicht mehr die Gemeinschaft, sondern der einzelne Wohnungseigentümer zur Instandhaltung bestimmter Gebäudeteile auf eigene Kosten verpflichtet.

73   *Beispiele*
1. Verlagerung der Kostenlast: „Die Sondereigentümer tragen die Kosten für Ersatz und Reparatur von Fenstern in ihren Einheiten".[92]
2. Verlagerung der Instandhaltungslast:
   a) „Die Behebung von (Glas-)Schäden an Fenstern und Türen im räumlichen Bereich des Sondereigentums ist ohne Rücksicht auf die Ursache des Schadens Sache des Wohnungseigentümers". **Oder:**
   b) „Die „Instandhaltung und Instandsetzung der Außenfenster samt Fensterrahmen und Rollläden im räumlichen Bereich des Sondereigentums ist Sache des Wohnungseigentümers, die Erneuerung des Außenanstrichs der Fenster samt Rahmen und Rollläden bleibt aber Sache der Gemeinschaft.[93] **Oder:**
   c) „Einrichtungen, Anlagen und Gebäudeteile, die nach der Beschaffenheit oder dem Zweck des Bauwerks oder gemäß dieser Teilungserklärung zum ausschließlichen Gebrauch durch einen Wohnungseigentümer bestimmt sind (z.B. Balkone, Terrassen, Veranden, Einstellplätze), sind von ihm auf seine Kosten instandzusetzen und instandzuhalten".[94]

74   Die Verlagerung der Kostenlast bringt verhältnismäßig wenig Probleme mit sich; allenfalls stellt man in der Praxis fest, dass eine Kostenverlagerungsklausel übersehen wurde. Im Gegensatz dazu wirft die Verlagerung der Instandhaltungslast eine Fülle von Fragen und Problemen auf. Teilweise wurde schon bezweifelt, ob die Verlagerung überhaupt möglich ist; denn immerhin hat der Verwalter gem. § 27 Abs. 1 Nr. 2, Abs. 4 WEG die unentziehbare Aufgabe, sich um die Instandhaltung des Gemeinschaftseigentums zu kümmern. Weil der Verwalter diesbezüglich aber „nur" Organisationsaufgaben hat, greift eine Instandhaltungsklausel in die Kompetenzverteilung nicht ein: Der Verwalter muss auch bei Zuständigkeit eines Sondereigentümers feststellen, ob ein Instandhaltungsbedarf besteht und erforderlichenfalls die Beschlussfassung der Gemeinschaft herbeiführen. Regelungen zur Verlagerung der Kosten- oder Instandhaltungslast müssen **klar und eindeutig** sein; bei Zweifeln bleibt es bei der gesetzlichen Zuständigkeit.[95] Die Regelung im obigen Beispiel 2b) hielt der BGH offenbar nicht für eindeutig, weshalb er zu dem für die Praxis überraschenden Ergebnis kam, dass der Austausch von Fenstern Gemeinschaftssache sei.

75   Wenn eine Klausel nur die „**Instandhaltung**", nicht aber die „**Instandsetzung**" verlagert, ist i.d.R. davon auszugehen, dass beides gemeint ist:[96] Denn in der Praxis wird „Instandhaltung" häufig als Oberbegriff verwendet; zudem spricht § 14 Nr. 1 WEG auch nur von der Pflicht zur Instandhaltung des Sondereigentums, meint nach h.M. aber ebenso die Pflicht zur Instandsetzung. (Zur Differenzierung zwischen Instandhaltung und Instandsetzung siehe Rn 521.) Eine Instandhaltungsklausel

---

[92] So z.B. bei OLG Frankfurt v. 24.2.2006 – 20 W 229/03, NZM 2007, 50.
[93] BGH v. 2.3.2012 – V ZR 174/11, ZMR 2012, 641. Die Entscheidung wirft allerdings einige Fragen auf.
[94] BGH v. 16.11.2012 – V ZR 9/12, NZM 2013, 88; LG Itzehoe v. 26.11.2013 – 11 S 83/12, ZMR 2014, 240.
[95] BGH v. 22.11.2013 – V ZR 46/13, ZWE 2014, 125 für Instandhaltungsklausel; LG Hamburg v. 19.6.2013 – 318 S 101/12, ZMR 2013, 829 für Kostentragungsregelung.
[96] Zutreffend LG München I v. 4.2.2013 – 1 S 26400/11, ZMR 2007, 557; AG München v. 14.8.2013 – 482 C 14260/12, ZMR 2014, 248.

beinhaltet aber nicht die Verpflichtung, erstmals einen ordnungsmäßigen Zustand herzustellen, konkret: zur Beseitigung **anfänglicher Baumängel**; das ist und bleibt Aufgabe der Gemeinschaft.[97] Die **Reichweite** bzw. der Umfang der Instandhaltungspflicht war und ist streitig. Die Rechtsprechung legt Instandhaltungsklauseln meistens restriktiv aus, wenn es um Arbeiten geht, die stark in das Gemeinschaftseigentum eingreifen und sinnvoll nur von der Gemeinschaft ausgeführt werden können, wie z.B. die Sanierung undicht gewordener Balkone und Terrassen; dann werden die Gebäudebestandteile, die zwingend im Gemeinschaftseigentum stehen (Außenmauer, Bodenplatte und Isolierung) nicht dem räumlichen Bereich des Sondereigentums zugeordnet, so-dass der Sondereigentümer dafür nicht zuständig ist.[98] Dass die Instandhaltungslast entgegen dem Wortlaut solcher Klauseln nicht vollständig auf den Sondereigentümer übergeht, ändert nichts daran, dass die Kostenlast ohne Beschränkung beim Sondereigentümer liegt. So urteilte der BGH zum obigen Beispiel 2c, dass die Klausel hinsichtlich der Kostentragung **nicht** einschränkend auszulegen sei.[99] Demnach fällt bei einer Klausel wie in Beispiel 2c die Durchführung einer grundlegenden Balkonsanierung in die Zuständigkeit der Gemeinschaft, die Kosten sind aber von den einzelnen Sondereigentümern, deren Balkone saniert wurden, zu tragen. Ob dieses Ergebnis „der Weisheit letzter Schluss" ist, ist zu bezweifeln; die Anwendung und Anwendung solcher Klauseln ist und bleibt problematisch.

Einzelne Sondereigentümer können mit der Durchführung der ihnen obliegenden Instandhaltungsmaßnahmen (z.B. Sanierung von Wasserleitungen) in vielfacher Hinsicht (finanziell, organisatorisch, nervlich) überfordert sein. Wenn erforderliche Maßnahmen unterbleiben, stellt sich die Frage, was die Gemeinschaft tun kann. Soweit die Instandhaltungspflicht des Sondereigentümers besteht, kann die Gemeinschaft **verlangen**, dass er ihr nachkommt und ihn zur Durchführung der erforderlichen Maßnahmen auffordern (Muster eines Aufforderungsbeschlusses siehe Rn 482). Hat die Aufforderung keinen Erfolg, kann die Gemeinschaft den Anspruch gerichtlich geltend machen und sich nach der Titulierung im Wege der Zwangsvollstreckung (§ 887 Abs. 1 ZPO) zur Vornahme der Maßnahme auf Kosten des Sondereigentümers ermächtigen lassen. Es kann der Gemeinschaft also einen erheblichen Einsatz an Zeit und Geld abverlangen, einen untätigen Sondereigentümer zur Durchführung erforderlicher Arbeiten zu zwingen. Trotzdem besteht nach h.M. **keine** (komplementäre) **Beschlusskompetenz** der Gemeinschaft zur Regelung der Instandhaltung anstelle des Sondereigentümers. Die Gemeinschaft kann also z.B. nicht wirksam beschließen, dass ein Fenster auf Kosten des lt. GO eigentlich zuständigen Sondereigentümers ausgetauscht wird,[100] oder dem Sondereigentümer Ausführungsdetails (Farbe, Qualität usw.) vorgeben (str.).[101] (Zu Sondernutzungsflächen siehe Rn 120 und zu Beschlüssen der Gemeinschaft betr. Sondereigentum siehe Rn 522.). M.E. geht die h.M. aber zu weit; jedenfalls ist zu differenzieren: Wenn die Gemeinschaft beschließt, einem Unternehmer den Auftrag zur Reparatur oder zur Ersetzung eines Gegenstand zu erteilen, besteht dafür sehr wohl eine Beschlusskompetenz, auch wenn der betreffende Gegenstand im Sondereigentum steht oder lt. GO ein Sondereigentümer für

76

---

[97] OLG München v. 30.1.2007 – 34 Wx 116/06, NZM 2007, 369, Rn 40; h.M. A.A. LG München I v. 27.6.2011 – 1 S 1062/11, ZMR 2012, 44.

[98] KG v. 22.9.2008 – 24 W 83/07, ZMR 2009, 135; KG v. 25.2.2009 – 24 W 362/08, ZMR 2009, 625 für „Unterhaltungspflicht der Dachterrasse"; OLG Schleswig v. 30.3.2006 – 2 W 191/05, ZMR 2006, 963 und OLG Düsseldorf v. 12.1.1998 – 3 Wx 546/97, ZMR 1998, 304 für eine Klausel betr. „Gebäudeteile, die zum ausschließlichen Gebrauch durch einen Wohnungseigentümer bestimmt sind". A.A. aber LG Itzehoe v. 26.11.2013 – 11 S 83/12, ZMR 2014, 240: Wer Balkon bzw. Terrasse instandhalten muss, muss auch die Dachhaut/Isolierschicht erneuern.

[99] Im Fall ging es nicht um die Zuständigkeit zur Vornahme der Arbeiten, sondern um die Kostenverteilung, nachdem die Gemeinschaft Arbeiten ausgeführt hatte, die eigentlich dem Sondereigentümer zugewiesen waren.

[100] AG München v. 14.8.2013 – 482 C 14260/12, ZMR 2014, 248.

[101] LG München I v. 5.11.2012 – 1 S 1504/12, DWE 2013, 42; OLG München v. 23.5.2007 (Vornote). Eingehend zum Problem *Vogel*, Die Last mit der Instandhaltungslast, ZMR 2010, 653; *Becker*, ZWE 2008, 488.

die Instandhaltung zuständig ist; der Beschluss ist „nur" rechtswidrig. Nichtig ist allerdings mangels Beschlusskompetenz eine Kostenregelung zu Lasten des Sondereigentümers („Die Maßnahme wird auf Kosten von Miteigentümer A ausgeführt").

77 Beauftragt und finanziert die Gemeinschaft in Verkennung der Zuständigkeitsverteilung anstelle des eigentlich zuständigen Sondereigentümers Instandhaltungsmaßnahmen, stellt sich die Frage, ob sie die Kosten in der Jahresabrechnung dem Sondereigentümer belasten darf; auf diese Weise würde eine Instandhaltungsklausel infolge Missachtung der in ihr angelegten Zuständigkeitsverteilung zur Kostenklausel. Der BGH-Entscheidung zu obigem Beispiel 2c) ist möglicher Weise zu entnehmen, dass der BGH die Frage bejahen würde; das wäre aber nicht richtig. Richtiger Weise kommen vielmehr bereicherungsrechtliche **Ausgleichsansprüche** in Betracht, für die das Gleiche gelten dürfte wie im (häufigeren) umgekehrten Fall, in dem der Einzelne anstelle der Gemeinschaft Instandhaltungsmaßnahmen vornahm (so insbes. beim Fenstertausch, siehe Rn 579). Die Rechtslage ist insofern noch als ungeklärt zu betrachten.

78 In vielen (vor allem älteren) Teilungserklärungen wird versucht, die Instandhaltungs- und Kostenlast für bestimmte Gebäudeteile dadurch auf den Sondereigentümer zu verlagern, dass ihm das **Sondereigentum** daran zugewiesen wird. Diese Sondereigentumszuweisungen sind regelmäßig nichtig (siehe Rn 35). Um ihrem erkennbaren Zweck gerecht zu werden, kommt aber nach h.M. eine **Umdeutung** in Betracht.

79 *Beispiel*
„Zum Sondereigentum gehören: ... die Fenster (oder Fenstergläser und Fensterfassungen usw.).[102]*" Fenster können nicht wirksam zum Gegenstand des Sondereigentums gemacht werden. Die Auslegung der Teilungserklärung ergibt aber, dass den jeweiligen Wohnungseigentümer zumindest die* **Kostenlast** *treffen soll. Ob ihn auch die* **Instandhaltungslast** *trifft, muss die „Auslegung der Gemeinschaftsordnung im Einzelfall" ergeben – ein für die Praxis wenig hilfreiches Ergebnis. M. E. sollten bei der Auslegung folgende Grundsätze gelten: Bei Gegenständen, die optisch und konstruktiv nur den betreffenden Sondereigentümer interessieren (z.B. Balkon- oder Terrassenbelag), ist davon auszugehen, dass den Wohnungseigentümer die Instandhaltungslast trifft. In allen anderen Fällen wird die Auslegung ergeben, dass nur die Kostenlast verlagert werden soll, weil es besser ist, wenn die Gemeinschaft für die Durchführung der Instandhaltungsaßnahmen zuständig ist.*

80 Wenn es – anders als bei Fenstern und Türen – um Gegenstände geht, die nicht dem alleinigen und ständigen Zugriff des Sondereigentümers unterliegen, ist die Umdeutung kritisch und die Rechtsprechung uneinheitlich. Bei der Regelung „Sondereigentum sind auch ... die Loggien und Balkone ab Oberkante der Rohdecke" soll den Wohnungseigentümer die Instandhaltungslast für die (auf der Rohdecke befindlichen, zwingend im Gemeinschaftseigentum stehenden) Isolierschichten treffen;[103] für (unwirksam) dem Sondereigentum zugewiesene Gasleitungen wurde eine entsprechende Umdeutung hingegen abgelehnt.[104] Im Bezirk des LG München wird eine Umdeutung generell abgelehnt. Die Umdeutung scheidet auch aus, wenn die Teilungserklärung **pauschale Sondereigentumszuweisungen** vornimmt, wenn also z.B. Balkone bei der Beschreibung des Sondereigentums erwähnt werden („Sondereigentum an der Wohnung Nr. 8 mit zwei Zimmern und einem Balkon"). Der Unterschied zum Fall des OLG Hamm (siehe Rn 72) besteht darin, dass bei Letzterem konkrete und detaillierte (also gerade nicht pauschale) Angaben zum Umfang des Sondereigen-

---

102 OLG Karlsruhe v. 7.7.2010 – 11 Wx 115/08, ZMR 2010, 873.
103 OLG Hamm. v. 13.8.1996 – 15 W 115/96, ZMR 1997, 193.
104 AG Hannover v. 23.4.2007 – 72 II 89/07, ZMR 2008, 670, m.E. zutreffend.

tums gemacht wurden.[105] Würde man das anders sehen, müsste man z.B. auch der (notwendig pauschalen) Zuweisung einer Wohnung zum Sondereigentum im Wege der Umdeutung entnehmen, dass der Wohnungseigentümer die Instandhaltungslast z.B. für den Estrich, die tragenden Wände usw. hätte; das kann nicht richtig sein.

E. Widersprüche zwischen Teilungserklärung, Aufteilungsplan und Bauausführung

I. Grundlagen

Der sachenrechtliche Bestimmtheitsgrundsatz verlangt im Wohnungseigentumsrecht, dass die Grenzen des Sondereigentums und des gemeinschaftlichen Eigentums klar abgesteckt sind. Diesem Ziel dient der Aufteilungsplan (siehe Rn 3), aus dem „die Aufteilung des Gebäudes sowie die Lage und Größe der im Sondereigentum und der im gemeinschaftlichen Eigentum stehenden Gebäudeteile" ersichtlich sein muss (§ 7 Abs. 4 Nr. 1 WEG). Was nicht zweifelsfrei dem Sondereigentum zugewiesen ist, ist Gemeinschaftseigentum. Bei Widersprüchen zwischen der Bauausführung, der Teilungserklärung und dem Aufteilungsplan resultieren aus diesen Vorgaben folgende **Grundsätze:**[106]

81

- Stimmen die wörtliche Beschreibung der zum Sondereigentum gehörenden Räumlichkeiten in der Teilungserklärung und die Angaben im Aufteilungsplan nicht überein, ist keiner der sich widersprechenden Erklärungsinhalte vorrangig. Rechtsfolge: An den Räumlichkeiten entsteht kein Sondereigentum. Für den Streit über die Zuordnung zum Sonder- oder Gemeinschaftseigentum gilt die allgemeine ZPO-Zuständigkeit; es handelt sich nicht um eine WEG-Streitigkeit gem. § 43 WEG (siehe Rn 1732).[107]

82

- Wenn der Aufteilungsplan einen Raum (z.B. im Dachboden oder Keller) mit einer Nummer kennzeichnet, die Teilungserklärung ihn aber nicht der Einheit mit der betreffenden Nummer zuweist, ist daran kein Sondereigentum entstanden.[108]

- Eine vom Aufteilungsplan abweichende Bauausführung hindert die Entstehung von Sondereigentum im Normalfall nicht; Sondereigentum **entsteht** in den Grenzen von Teilungserklärung und **Aufteilungsplan, nicht entsprechend** der tatsächlichen **Bauausführung**.[109] Nur wenn infolge völlig abweichender Bauausführung die Zuordnung von Räumlichkeiten zu einer im Plan vorgesehenen Sondereigentumseinheit nicht möglich ist, entsteht an den betreffenden Räumlichkeiten kein Sondereigentum (siehe Rn 109); das ist aber ein seltener Extremfall.

An die vorstehende „Weichenstellung" (Sondereigentum entstanden oder nicht) schließen sich regelmäßig folgende Fragen an:

83

- Besteht ein Anspruch darauf, den Aufteilungsplan an die Bauausführung anzupassen oder umgekehrt?

84

- Bestehen Ansprüche auf finanziellen Ausgleich unter den Wohnungseigentümern?
- Haftet der Bauträger?

---

105 OLG Düsseldorf v. 21.12.1998 – 3 Wx 418/98, ZMR 1999, 351; BayObLG v. 4.9.2003, 2Z BR 114/03, NJW-RR 2004, 375.
106 Ausführlich z.B. *Jonas*, Abweichende Bauausführung, Herausgabe- und Unterlassungsansprüche und Verjährungsrecht, NotBZ 2013, 415.
107 BGH v. 5.12.2003 – V ZR 447/01, ZMR 2004, 206; OLG München v. 27.6.2012 – 34 Wx 71/12, ZWE 2012, 487.
108 OLG Hamm v. 3.11.2011 – 15 Wx 582/10, ZMR 2012, 288; OLG Düsseldorf v. 12.12.2003 – 3 Wx 323/03, WuM 2004, 110.
109 BGH v. 20.5.2011 – V ZR 99/10, ZMR 2011, 809, Rn 19; AG München v. 28.5.2009 – 483 C 1515/08.

85 Die Haftung des Bauträgers wird unten (siehe Rn 260) im Zusammenhang mit der Problematik von Anpassungsklauseln (Änderungsvorbehalten), behandelt. Mit den anderen Fragen befassen sich zunächst die nachfolgenden Hinweise zum Grundsätzlichen und sodann die einschlägigen Einzelfälle.

86 Ob Widersprüche zwischen Teilungserklärung, Aufteilungsplan und Bauausführung praktische Auswirkungen oder rechtliche Folgen haben, hängt davon ab, ob ein Miteigentümer deswegen Ansprüche geltend macht oder nicht; in der Praxis kümmert sich meistens niemand darum. Es gibt insbesondere **keine Pflicht**, Teilungserklärung, Aufteilungsplan und Bauausführung zur Deckung zu bringen. Das Baurechtsamt interessiert sich nach Erteilung der Abgeschlossenheitsbescheinigung nicht mehr für die WEG-Interna, sondern prüft allenfalls noch die Einhaltung der bauordnungsrechtlichen Vorschriften. Das Grundbuchamt interessiert sich für Abweichungen der Bauausführung vom Aufteilungsplan nur in den Extremfällen, in denen kein Sondereigentum entstanden ist und es deshalb eine beantragte Eigentumsumschreibung verweigert;[110] das kann aber nur passieren, wenn das Amt von den Widersprüchen überhaupt Kenntnis erlangt hat, was i.d.R. selbst beim Vorliegen massiver Abweichungen nicht vorkommt, weil die Rechtspfleger das Objekt nicht in Augenschein nehmen.[111]

87 Bei Abweichungen der Bauausführung vom Aufteilungsplan besteht im **Normalfall** ein Anspruch auf Anpassung der Bauausführung an den Aufteilungsplan und nicht umgekehrt. Eine dem Aufteilungsplan entsprechende Herstellung des Gebäudes entspricht ordnungsmäßiger Verwaltung, auf die im Grundsatz jeder Miteigentümer einen Anspruch hat (siehe Rn 533). Nachträgliche Abweichungen der Bauausführung vom Aufteilungsplan stellen unzulässige bauliche Veränderungen dar, deren Rückbau durchgesetzt werden kann (siehe Rn 398). Wenn aber der Anspruch auf Rückbau oder plangemäße Ersterstellung von keinem Miteigentümer geltend gemacht wird, bleibt es einfach bei der Diskrepanz zwischen Aufteilungsplan und Bauausführung. Auch das Grundbuch ist nicht etwa unrichtig, weil insoweit nicht die Bauausführung, sondern der Aufteilungsplan maßgeblich ist.[112] Wenn kein Miteigentümer die Anpassung der Bauausführung an den Aufteilungsplan verlangt, resultiert daraus nicht im Umkehrschluss ein Anspruch auf Anpassung der Teilungserklärung und des Aufteilungsplans an die Bauausführung. Ein solcher Anspruch kommt nur im **Ausnahmefall** nach Treu und Glauben in Betracht, z.B. zur Behebung des Problems „isolierter Miteigentumsanteile" (siehe Rn 93).

II. Einzelfälle

1. Änderungen innerhalb von oder zwischen Wohnungen

88 Eine vom Aufteilungsplan abweichende Ausführung bleibt folgenlos, solange die „Außengrenzen" der Wohnungen nicht betroffen sind. Das gilt zunächst für einen vom Aufteilungsplan abweichenden Zuschnitt oder eine abweichende Nutzung einzelner Räume innerhalb einer Wohnung; Eintragungen im Aufteilungsplan stellen nur unverbindliche Nutzungsvorschläge dar (siehe Rn 275). Das gilt ferner für die Trennung oder Zusammenlegung von Einheiten (siehe Rn 405 und 455), sofern das Gemeinschaftseigentum dabei nicht verändert wird.

---

110 So im Fall des OLG Zweibrücken v. 8.3.2006 – 3 W 246/05, NZM 2006, 586.
111 Das Grundbuchamt ist nicht verpflichtet, die Abgeschlossenheitsbescheinigung daraufhin zu überprüfen, ob sie der tatsächlichen Bauausführung entspricht: OLG Frankfurt/M v. 7.4.2011 – 20 W 156/11, ZWE 2012, 34; OLG Zweibrücken v. 23.2.2001 – 3 W 39/01, ZMR 2001, 663, Rn 7.
112 OLG Zweibrücken v. 8.3.2006 (Vornote); unstr.

E. Widersprüche zwischen Teilungserklärung, Aufteilungsplan und Bauausführung § 1

Kein Fall abweichender Bauausführung ist die **Übertragung** von Teilen eines **Sondereigentums**; wegen seiner Ähnlichkeit mit Änderungen innerhalb einer Wohnung wird dieser Fall hier aber kurz dargestellt. Ein Wohnungseigentümer kann einzelne Räume seiner Wohnung oder z.B. einen ihm gehörenden Dachboden (oder einen Teil davon) an einen anderen Wohnungseigentümer übertragen. Die Mitwirkung der übrigen Wohnungseigentümer ist dazu nicht nötig; auch können die jeweiligen Miteigentumsanteile unverändert bleiben. Nur wenn sich die Grenzen des Sondereigentums verändern, bedarf es der Vorlage eines neuen Aufteilungsplans mit Abgeschlossenheitsbescheinigung;[113] das ist aber dann nicht der Fall, wenn Räume übertragen werden, die die Abgeschlossenheit der Wohnung nicht berühren, wie z.B. Kellerräume oder eine Garage. Die Änderung im Bestand der zum Sondereigentum gehörenden Räume muss im Grundbuch (nur) auf den Grundbuchblättern der betreffenden Einheiten vermerkt werden.[114]

89

2. Errichtung zusätzlicher Räumlichkeiten

Bei der Errichtung von im Aufteilungsplan nicht vorgesehenen Garagen, Dachaufbauten usw. entsteht mangels Zuordnung zum Sondereigentum zwangsläufig **Gemeinschaftseigentum** (siehe Rn 37).

90

3. Verschiebung der Grenze zwischen zwei Wohnungen

Beispiel
Die im Aufteilungsplan vorgesehene Trennwand zwischen den Wohnungen von A und B wird vom (zwischenzeitlich aufgelösten) Bauträger um einige Meter versetzt gebaut, so dass die Wohnung B entsprechend kleiner ausfällt. – Das Sondereigentum entsteht in den Grenzen des Aufteilungsplans, nicht entsprechend der tatsächlichen Bauausführung. Die rechtliche Grenze verläuft also innerhalb der Wohnung A, der somit einen Teil des Sondereigentums des B nutzt.[115] B kann gem. § 985 BGB die Herausgabe der streitigen Fläche verlangen.[116] Er kann ferner als Maßnahme ordnungsgemäßer Ersterstellung die Anpassung der Bauausführung – also die Versetzung der Trennwand – an den Aufteilungsplan verlangen. Ob er unter dem Gesichtspunkt des Anspruchs auf ordnungsmäßige Verwaltung einen entsprechenden Herstellungsanspruch gegen die Gemeinschaft hat oder ob er die Maßnahme ggf. selber durchführen muss, hängt vom Einzelfall ab; jedenfalls muss A die Maßnahme dulden (siehe Rn 484). Ausnahme: Die Verschiebung der Trennwand ist bautechnisch unmöglich oder so schwierig, dass die Kosten in keinem vernünftigen Verhältnis zum Raumgewinn stehen. Dann hat A stattdessen einen Anspruch auf finanziellen Ausgleich Zug um Zug gegen Bewilligung der Anpassung der Teilungserklärung an die tatsächlichen Verhältnisse.[117]

91

---

113 OLG Zweibrücken v. 23.2.2001 – 3 W 39/01, ZMR 2001, 663.
114 BGH v. 19.10.2007 – V ZR 211/06, ZMR 2008, 136.
115 OLG Düsseldorf v. 30.11.2007 – 3 Wx 158/07, ZWE 2008, 87 (betr. Kellerräume).
116 KG v. 18.7.2001 – 24 W 7365/00, WuM 2001; BayObLG v. 30.7.1998 – 2Z BR 9/98, ZMR 1998, 794; h.M.
117 KG v. 18.7.2001 (Vornote). Wenig ergiebig aber BayObLG v. 30.7.1998 (Vornote): Aus der „gemeinschaftsrechtlichen Treuepflicht" könne sich die Verpflichtung von A und B ergeben, die Vereinbarungen der veränderten Lage anzupassen und eine angemessene Lösung zu suchen.

4. Verschiebung der Außengrenzen von Wohnungen (Einbeziehung des Treppenhauses etc.)

92 Nicht selten kommt es vor, dass eine Wohnung größer als nach dem Aufteilungsplan vorgesehen ausgeführt wird. Gerne wird z.B. der oberste Absatz von Treppenhäusern als Vorraum der zu oberst gelegenen Wohnung zugeschlagen. Die bauliche Maßnahme stammt manchmal schon vom Bauträger, der damit einem entsprechenden Sonderwunsch des Käufers nachkommt, manchmal nimmt sie der Wohnungseigentümer später selber eigenmächtig vor. Die Rechtsfolgen sind die gleichen: Das Sondereigentum an der Wohnung besteht nur in den Grenzen des Aufteilungsplans (siehe Rn 82), erstreckt sich also nicht auf die bauliche Erweiterung. Der „begünstigte" Wohnungseigentümer ist zur Herausgabe und zum Rückbau verpflichtet. Der Anspruch auf Herausgabe ergibt sich aus §§ 1004, 985 BGB: Jeder Miteigentümer kann verlangen, dass die im Gemeinschaftseigentum stehenden Flächen herausgeben werden.[118] Der Anspruch auf Rückbau ergibt sich aus §§ 1004, 823, 249 BGB (siehe Rn 478). Hat der Wohnungseigentümer die streitige Maßnahme selber ausgeführt, ist er Handlungsstörer; hat er sie mit dem Bauträger vereinbart, ist er mittelbarer Störer (siehe Rn 395).

5. Völlig abweichende Bauausführung

93 *Beispiel*
Eine Mehrhausanlage, bestehend aus einem Einfamilienhaus und einem Doppelhaus, soll gebaut werden. Nach dem Aufteilungsplan besteht an dem Haus und den Doppelhaushälften jeweils Sondereigentum. Laut Teilungserklärung sollen die Häuser wie real geteilte Grundstücke behandelt werden; jeder kann sein Sondereigentum nach Belieben umbauen. Das im Sondereigentum des A stehende Einfamilienhaus wird planmäßig gebaut. Die Miteigentumsanteile, verbunden mit dem Sondereigentum an den noch zu errichtenden Doppelhaushälften, erwirbt B, der in der Folgezeit ein Gebäude in ganz anderer Ausführung errichtet, als nach dem Aufteilungsplan vorgesehen. B verlangt von A mit einer Klage vor dem Prozessgericht die Mitwirkung an der Anpassung der Teilungserklärung, A verlangt widerklagend den Rückbau des von B errichteten Hauses. – Im Ausgangspunkt hat A zwar einen Anspruch auf Beseitigung des aufteilungsplanwidrigen Zustands; dieser Anspruch ist hier aber nach Treu und Glauben ausgeschlossen. B hätte sein Haus auch nach einer eventuellen aufteilungsplan**gemäßen** Erstherstellung ohne Zustimmung des A entsprechend der jetzigen Ausführung umbauen können; außerdem sind die Häuser ohnehin wie separate Grundstücke zu behandeln. Der Anspruch des B hat daher Erfolg, denn in diesem Fall kann die Teilungserklärung nicht unverändert bleiben. An dem von B errichteten Gebäude ist kein Sondereigentum entstanden, weil die Räumlichkeiten dem Aufteilungsplan nicht zugeordnet werden können. Das Gebäude steht im Gemeinschaftseigentum, so dass mit den Miteigentumsanteilen von B kein Sondereigentum verbunden ist **(isolierte Miteigentumsanteile)**. Die Miteigentümer sind verpflichtet dafür zu sorgen, dass der sondereigentumslose Miteigentumsanteil nicht weiter bestehen bleibt. Weil Rückbau und plangemäße Herstellung im Fall ausnahmsweise ausscheiden, müssen die Teilungserklärung und der Aufteilungsplan an die tatsächliche Bauausführung angepasst werden. Unter Umständen ist die Anpassung aber nur gegen Leistung von Ausgleichszahlungen zumutbar.[119]

---

118 AG München v. 28.5.2009 – 483 C 1515/08 (unveröff.).
119 Fall und Lösung nach BGH v. 5.12.2003 – V ZR 447/01, ZMR 2004, 206. Zu isolierten Miteigentumsanteilen siehe auch LG Hamburg v. 25.4.2012 – 318 S 138/11, ZMR 2013, 57; OLG München v. 14.7.2008 – 34 Wx 37/08, ZMR 2008, 905.

F. Das Sondernutzungsrecht

I. Grundlagen

Das Sondernutzungsrecht ist gesetzlich nicht geregelt. Man versteht darunter die Befugnis zur **alleinigen Nutzung** bestimmter Flächen unter Ausschluss der übrigen Miteigentümer. Sein Anwendungsbereich ist dort, wo gemeinschaftliche Flächen nicht zum Gegenstand des Sondereigentums gemacht werden können (oder wenn dies unzweckmäßig wäre), diese Flächen aber trotzdem einzelnen Wohnungen zugeordnet sein sollen. Das Sondernutzungsrecht kann einem Wohnungseigentümer[120] (selten) oder einem Sondereigentum (genauer: dem jeweiligen Inhaber eines Sondereigentums) zugeordnet sein (Normalfall).[121]

94

Beispiele

- Sondernutzungsrecht an Gartenterrassen vor Erdgeschosswohnungen. – Sondereigentum kann nur an einer Wohnung begründet werden (§ 1 WEG), nicht aber an Teilen des Grundstücks.
- Sondernutzungsrecht an Pkw-Stellplätzen im Freien. – Nur Garagenstellplätze innerhalb des Hauses können dem Sondereigentum zugewiesen werden (siehe Rn 65).
- Sondernutzungsrecht am obersten Treppenhausabsatz (siehe Rn 216).
- Sondernutzungsrecht an Kellerabteilen. – Die Zuweisung von Sondereigentum ist zwar möglich, zwingt den Bauträger aber zu einer frühzeitigen Festlegung. Sondernutzungsrechte hingegen kann der Bauträger später flexibel entsprechend der Wünsche der Wohnungskäufer begründen bzw. übertragen (siehe Rn 100).

95

Das Sondernutzungsrecht kann nur durch **Vereinbarung**, nicht durch Mehrheitsbeschluss entstehen (siehe Rn 150). Früher betrachtete man diese Vereinbarung als Gebrauchsregelung i.S.v. § 15 Abs. 1 WEG, während heute mehr die dadurch vorgenommene Änderung des Mitgebrauchsrechts des § 13 Abs. 2 WEG in den Vordergrund gestellt wird; beides ist sachlich zutreffend. Durch Eintragung der Vereinbarung in das Grundbuch, also insbesondere bei Begründung in der Teilungserklärung, wird das Sondernutzungsrecht Inhalt des Sondereigentums (§ 10 Abs. 3 WEG) der begünstigten Wohnung. Ein solches **verdinglichtes** Sondernutzungsrecht kommt dem Sondereigentum im Ergebnis sehr nahe; der praktische Unterschied besteht erstaunlicher Weise nur darin, dass der Sondernutzungsberechtigte ohne besondere Regelung zwar dieselben Rechte, nicht aber dieselben Pflichten wie der Sondereigentümer hat.

96

II. Begründung, Beendigung und Übertragung

Im Normalfall werden Sondernutzungsrechte in der **Teilungserklärung** (im weiteren Sinne, siehe Rn 6) begründet. Ein entsprechender **Text** ist zwingend; zur Begründung eines Sondernutzungsrechtes genügt es nicht, wenn im Aufteilungsplan ein Raum oder eine Fläche mit der gleichen Ziffer wie das Sondereigentum gekennzeichnet ist, die Gemeinschaftsordnung diesen Raum bzw. diese Fläche aber nicht erwähnt.[122] Für eine wirksame Zuweisung muss aber nicht gerade das Wort „Sondernutzungsrecht" verwendet werden.

97

---

120 BGH v. 10.5.2012 – V ZB 279/11, ZWE 2012, 359; in Begründung und Ergebnis zweifelhaft, siehe nur *Ott*, ZfIR 2012, 754.
121 Ausführlich und mit umfangreichen Rechtsprechungsnachweisen zu sämtlichen Detailproblemen *Hogenschurz*, Das Sondernutzungsrecht nach WEG, 2007.
122 OLG Düsseldorf v. 12.12.2003 – 3 Wx 323/03, NZM 2000, 59.

98 *Beispiel*
Die im Aufteilungsplan mit der Nummer 2 bezeichnete Gartenfläche wird dem jeweiligen Eigentümer der Wohnung Nr. 2 zur ausschließlichen Nutzung zugewiesen.

99 Die Bezugnahme auf eine zeichnerische Darstellung, also entweder auf den Aufteilungs- oder auf einen speziellen Sondernutzungsplan[123] – ist üblich und dringend zu empfehlen, denn die Fläche, an der das Sondernutzungsnutzungsrecht bestehen soll, muss **eindeutig bestimmbar** sein.[124] Bei unzureichender Bestimmbarkeit entsteht **kein** Sondernutzungsrecht.[125] Allerdings kann dann ein Anspruch auf Anpassung der Gemeinschaftsordnung bestehen, auf den sich der potentielle Rechtsinhaber berufen wird (siehe Rn 234); die anderen Miteigentümer können demgegenüber Grundbuchberichtigung verlangen oder die Amtslöschung der Eintragung (§ 53 Abs. 1 S. 2 GBO) anregen.[126]

100 Der **Bauträger** kann sich in der Teilungserklärung das Recht **vorbehalten**, Sondernutzungsrechte erst zu einem späteren Zeitpunkt zu begründen oder zuzuweisen, um sie bei Bedarf oder Möglichkeit zusammen mit einer Wohnung an Erwerber zu verkaufen.[127]

101 *Beispiel*
Im Aufteilungsplan sind sind 17 genau bezeichnete Kfz-Stellplätze verzeichnet. Die Teilungserklärung bestimmt:

„Solange der teilende Eigentümer noch Eigentümer einer Wohnung ist, ist ihm das ausschließliche Nutzungsrecht an den Stellplätzen 5–12 zugewiesen. Er ist berechtigt, die Sondernutzungsrechte an den betreffenden Stellplätzen auf andere Wohnungseigentümer zu übertragen und dies zum Inhalt des Sondereigentums zu machen".

Oder:

„Solange der teilende Eigentümer noch Eigentümer einer Wohnung ist, hat er das Recht, einzelnen Wohnungseigentümern das ausschließliche Nutzungsrecht an den Stellplätzen 5–12 zuzuweisen und dies zum Inhalt des Sondereigentums zu machen."

102 Der sachen- und grundbuchrechtliche **Bestimmtheitsgrundsatz** gilt auch hier (siehe schon Rn 81); den Anforderungen wird die Klausel im vorstehenden Beispiel gerecht. Unbestimmte Vorbehaltsklauseln sind dagegen unwirksam.

103 *Beispiel*
Unbestimmt und deshalb unwirksam ist die Klausel: „Der teilende Eigentümer ist befugt, den im Erdgeschoss gelegenen Wohnungen Teile der Gartenflächen als Terrassen zur Sondernutzung zuzuordnen.[128]

---

123 KG v. 9.7.2007 – 24 W 28/07, ZWE 2007, 447; OLG Frankfurt v. 5.9.2006 – 20 W 83/04, DNotZ 2007, 470.
124 OLG München v. 8.2.2013 – 34 Wx 305/12, ZMR 2013, 761.
125 LG Hamburg v. 17.8.2012 – 318 S 207/10, ZMR 2012, 989 (abgrenzender Filzstiftstrich ist so dick, dass er in der Natur 1 m Breite entspräche); KG v. 9.7.2007 – 24 W 28/07, ZWE 2007, 447.
126 Letzteres ist formlos, kostenfrei und beschwerdefähig möglich, kann aber nach OLG München v. 8.2.2013 – 34 Wx 305/12, ZMR 2013, 761 nur in eindeutigen Fällen Erfolg haben.
127 BGH v. 2.12.2011 – V ZR 74/11, NJW 2012, 676; OLG Zweibrücken v. 1.2.2008 – 3 W 3/08, ZMR 2008, 667. Einen guten Überblick gibt KG v. 4.12.2006 – 24 W 201/05, ZMR 2007, 384, ferner *Häublein*, MittBayNot 2012, 380. Es gibt diverse Unterschiede im Detail, die hier aus Platzgründen nicht dargestellt werden können. Das kautelarjuristische Ziel besteht vorrangig darin, die spätere Zuweisung vornehmen zu können, ohne vorher die Zustimmung dinglich Berechtigter einholen zu müssen.
128 BGH v. 20.1.2012 – V ZR 125/11, ZMR 2012, 651.

Im Sinne einer **Inhaltskontrolle** nach Treu und Glauben (§ 242 BGB) verlangt die Rechtsprechung, dass die Zuweisungsbefugnis des Bauträgers zeitlich begrenzt wird; auch ohne Begrenzung soll sie jedenfalls mit der letzten Veräußerung einer Wohnung enden.[129] Letztendlich geht es um die Frage, inwieweit sich der Bauträger überhaupt das Recht zur nachträglichen einseitigen Änderung der Teilungserklärung vorbehalten kann; sie wird unten noch ausführlich erörtert (siehe Rn 247 ff.). Der **Vollzug** der Zuweisung ist leider nicht transparent: Die Miteigentümer müssen von keiner Seite darüber **informiert** werden, ob, wann und wem der Bauträger ein Sondernutzungsrecht zuweist;[130] die Eintragung erfolgt nur auf dem Grundbuchblatt des berechtigten Wohnungseigentums.

104

Die **nachträgliche Begründung** eines Sondernutzungsrechts durch formlose **Vereinbarung** ist möglich, in der Praxis aber ohne Bedeutung, weil sie nicht gegen Rechtsnachfolger wirkt (siehe Rn 131). Dauerhaft ist nur das dingliche Sondernutzungsrecht, das die Eintragung der entsprechenden Vereinbarung in das Grundbuch unter Zustimmung der dinglichen Gläubiger[131] voraussetzt. Das hierfür erforderliche Verfahren wird unten (siehe Rn 210 ff.) dargestellt.

105

Eine Ausnahme vom Grundsatz, wonach die Begründung von Sondernutzungsrechten nur durch Vereinbarung erfolgen kann, liegt vor, wenn die Gemeinschaftsordnung eine **Öffnungsklausel** enthält, die unmissverständlich erkennen lässt, dass sie (auch) die Begründung von Sondernutzungsrechten an bestimmten Flächen zum Gegenstand hat (str.).[132] Es darf sich also nicht um eine lediglich „allgemeine" Öffnungsklausel handeln; wird auf solcher Grundlage ein Sondernutzungsrecht beschlossen, ist der Beschluss nach h.M. nichtig,[133] m.E. nur anfechtbar. Liegt einmal der Fall vor, dass aufgrund einer Öffnungsklausel ein Sondernutzungsrecht wirksam begründet wurde, dann ist es aus dem Grundbuch nicht ersichtlich; es wirkt aber trotzdem gegen Rechtsnachfolger. Das ist das unbefriedigende Ergebnis der gesetzgeberischen Entscheidung gegen die Eintragungsfähigkeit solcher Beschlüsse (siehe Rn 231).

106

Weil an das Sondernutzungsrecht Pflichten anknüpfen können, möchte der Berechtigte es manchmal loswerden; manchmal möchte es ihm auch die Gemeinschaft „abkaufen", um die betreffenden Flächen gemeinschaftlich nutzen zu können. Dann stellt sich die Frage, wie das Sondernutzungsrecht aus der Welt geschafft werden kann. Theoretisch ist eine **Aufhebung** nicht durch einseitigen Verzicht, sondern nur im Wege einer erneuten Vereinbarung (als actus contrarius) möglich; das folgt aus der Rechtsnatur des Sondernutzungsrechts als Vereinbarung, die nicht einseitig aufgekündigt werden kann.[134] Die **Löschung** des Sondernutzungsrechtes (genauer: des „dinglichen Ver-

107

---

129 BGH v. 2.12.2011 – V ZR 74/11, ZMR 2012, 883; str. A.A. OLG Zweibrücken v. 1.7.2013 – 3 W 22/13, ZMR 2014, 139; OLG Stuttgart v. 11.5.2012 – 8 W 164/11, ZMR 2012, 715; LG Stuttgart v. 10.4.2013 – 10 S 19/12, ZMR 2013, 661. A.A z.B. auch *Häublein*, MittBayNot 2012, 382, 383: Im Falle des Begründungsvorbehalts könne das Zuweisungsrecht auch einem Dritten zustehen, folglich könne es bei entsprechender ausdrücklicher Regelung auch das Ausscheiden des Zuweisungsberechtigten aus der Gemeinschaft überdauern.

130 AG München v. 15.10.2012 – 485 C 16639/12, ZMR 2013, 234 spricht zutreffend von „Unzulänglichkeiten des Grundbuchrechts". Im Fall machte der Berechtigte sein den Miteigentümern unbekannt gebliebenes Sondernutzungsrecht erst nach Jahrzehnten geltend.

131 BayObLG v. 9.4.2002 – 2Z BR 30/02, ZMR 2002, 773; ausdrücklich nicht geändert durch § 5 Abs. 4 S. 2 WEG. Einzige Ausnahme gem. § 5 Abs. 4 S. 3 WEG: Die wechselseitige Einräumung von Sondernutzungsrechten, z.B. die Umwandlung einer Gartenfläche in Stellplätze für alle Miteigentümer, ist ohne die Zustimmung der dinglich Berechtigten möglich.

132 Teilweise wird die Möglichkeit der Begründung durch Beschluss abgelehnt, z.B. *Schneider*, NotBZ 2008, 442, 449); *Elzer* in: Riecke/Schmid § 10 Rn 280, 297.

133 So z.B. OLG Köln v. 10.12.1997 – 16 Wx 250/97, ZMR 1998, 373 (wobei in jenem Fall der Beschluss auch noch gegen den Willen des „Begünstigten" gefasst wurde); *Hogenschurz*, Das Sondernutzungsrecht nach WEG, 2007, § 2 Rn 111; NKV/*Kümmel* § 13 Rn 43.

134 BGH v. 13.9.2000 – V ZB 14/00, ZMR 2001, 119; str., teilweise a.A. die Lit.

merks") im **Grundbuch** kann der Berechtigte demgegenüber ohne Zustimmung der übrigen Miteigentümer (aber nur mit Zustimmung der dinglichen Gläubiger seiner Einheit) durch einseitige Erklärung bewirken.[135] Dadurch wird nämlich nur die dingliche Wirkung (für und gegen Sonderrechtsnachfolger) beseitigt, während die Vereinbarung als solche unberührt bleibt. Letzteres ist freilich deswegen „Theorie", weil die Vereinbarung und damit das Sondernutzungsrecht hinfällig wird, sobald ein Eigentümerwechsel stattfindet (siehe Rn 132). Falls also die Gemeinschaft ein Sondernutzungsrecht „kaufen" möchte, genügt dafür in der Praxis der Beschluss, dass dem Sondernutzungsberechtigten ein bestimmter Geldbetrag bezahlt wird, sobald er die Löschung des Sondernutzungsrechtes im Grundbuch nachgewiesen hat. Ein „Schönheitsfehler" dieses Vorgehens besteht darin, dass der Text der Gemeinschaftsordnung weiterhin das (nach einem Eigentümerwechsel materiell nicht mehr bestehende) Sondernutzungsrecht ausweist; die „sauberste" Lösung besteht deshalb in einer regulären Änderung der Gemeinschaftsordnung (Inhalt: Aufhebung des Sondernutzungsrechts) durch Vereinbarung mit Grundbucheintragung.

108 Im Normalfall wird das (dingliche) Sondernutzungsrecht ohne weiteres („automatisch") zusammen mit dem Wohnungseigentum, zu dessen Inhalt es gehört, **übertragen**; Besonderheiten bestehen diesbezüglich nicht. Es kann aber auch isoliert übertragen werden, wofür die folgenden Grundsätze gelten: Die Übertragung kann nur auf andere Miteigentümer erfolgen, nicht auf „Externe". Sie bedarf nicht der Zustimmung der übrigen Miteigentümer.[136] Eine für die Wohnungsveräußerung etwa erforderliche Zustimmung gem. § 12 WEG gilt ohne ausdrückliche Anordnung nicht für die Übertragung eines Sondernutzungsrechts. Bei einem nur schuldrechtlichen Sondernutzungsrecht bedarf die Übertragung lediglich einer Einigung (Abtretung) zwischen dem bisherigen und dem neuen Rechtsinhaber. Bei einem dinglichen Sondernutzungsrecht muss die Rechtsänderung nach h.M. im Grundbuch eingetragen werden, (siehe auch Rn 104)[137] was die notarielle Form der Einigung und ggf. die Zustimmung der dinglichen Gläubiger (die Rechte an der „abgebenden" Wohnung haben) erfordert. Die Übertragung kann richtiger Ansicht nach nur an den oder die Eigentümer einer Sondereigentumseinheit erfolgen, weil das dingliche Sondernutzungsrecht Inhalt des (ganzen) Sondereigentums wird (siehe Rn 96); der BGH lässt es aber auch zu, dass das Sondernutzungsrecht nur einem Miteigentumsanteil einer Einheit zugeordnet wird (siehe Rn 94). Der gutgläubige Erwerb eines im Grundbuch verzeichneten, materiell aber nicht entstandenen Sondernutzungsrechtes ist gem. § 892 BGB möglich.[138]

III. Rechte und Pflichten des Sondernutzungsberechtigten

109 Inhalt und Umfang der Rechte und Pflichten des Sondernutzungsberechtigten können sich aus der zugrunde liegenden Vereinbarung, im Normalfall (dingliches Sondernutzungsrecht) also aus der Teilungserklärung bzw. der entsprechenden Grundbucheintragung, ergeben. Ist dort nichts geregelt, gilt als Grundsatz, dass der Sondernutzungsberechtigte dieselben Rechte wie ein Sondereigentümer hat. Er kann mit der Sondernutzungsfläche also im Prinzip nach seinem Belieben verfahren, muss dabei aber deren in der Teilungserklärung verankerte Zweckbestimmung beachten.

---

135 Muster und Erläuterungen hierzu z.B. bei *Schneider*, in: Müller, Formularbuch, E VI; ausführlich *Bärmann/Seuß/Schneider*, C III 12e cc Rn 440 ff.
136 BayObLG v. 6.3.1991 – BReg 2 Z 12/91, ZMR 1991, 313; unstr.
137 OLG Frankfurt v. 16.4.2007 – 20 W 290/05, NZM 2008, 214; aber nur im Grundbuchblatt des Wohnungseigentums, an dessen Inhalt sich etwas verändert.
138 In der Rspr. anerkannt, siehe nur LG München I v. 14.2.2011 – 1 S 15864/10, WuM 2011, 305; LG Nürnberg-Fürth v. 29.7.2009 – 14 S 1895/09, ZMR 2009, 950. In der Lit. str., siehe nur *Schneider* in: *Riecke/Schmid*, § 1 Rn 147 ff.

F. Das Sondernutzungsrecht

Übersicht 110

Das Sondernutzungsrecht an einem **Dachboden** rechtfertigt nicht dessen Nutzung als Wohnraum[139] – ebenso wenig wie bei Sondereigentum (siehe Rn 284).

Bauliche Veränderungen sind nur zulässig, wenn sie „nach dem Inhalt des jeweiligen Sondernutzungsrechts üblicherweise vorgenommen werden und der Wohnungseigentumsanlage kein anderes Gepräge verleihen";[140] also z.B. die Errichtung einer Holzterrasse mit Begrenzungssteinen auf der als „Terrrasse" bezeichneten Sondernutzungsfläche.[141] Im Übrigen bedürfen Baumaßnahmen wie sonst auch der Zustimmung aller Miteigentümer; daran ändert das Sondernutzungsrecht an der betreffenden Fläche nichts. Das Sondernutzungsrecht an einem **Stellplatz** rechtfertigt deshalb nach bislang ganz h.M. nicht die Errichtung eines Carports (siehe Rn 434); das Sondernutzungsrecht an einer **Dachfläche** nicht deren Ausbau als Dachterrasse;[142] das Sondernutzungsrecht an einem Teil des **Gartens** weder die Anpflanzung hoher Bäume (siehe Rn 435), noch das Fällen von Bäumen,[143] noch die Umgestaltung zur Terrasse durch Belegung der gesamten Fläche mit Platten.[144] 111

Hecken, Sträucher, Zäune, Mauern und dgl. zur Abgrenzung von Gartenflächen sind nur dann zustimmungsfrei, wenn sie nicht stören. Die Rechtsprechung musste schon zahlreiche Einzelfälle entscheiden (siehe Rn 435, 460); **Faustregel**: Nur unauffällige Maßnahmen bis ca. 1 m Höhe sind unproblematisch. 112

Für die Grenzabstände von Bäumen zwischen benachbarten Gartensondernutzungsflächen, für die Verjährung von Beseitigungsansprüchen usw. gilt das jeweilige landesrechtliche **Nachbarrecht** entsprechend.[145] 113

Der Sondernutzungsberechtigte muss wie der Sondereigentümer auf das Gemeinschaftseigentum **Rücksicht** nehmen (§ 14 Nr. 1 WEG). (Beispielsfall siehe Rn 290.) 114

Gegen **Störungen** des Sondernutzungsrechtes stehen dem Berechtigten dieselben Abwehransprüche zu wie einem Sondereigentümer.[146] Näher dazu im folgenden Beispielsfall. 115

> *Beispiel* 116
> A und B haben benachbarte Sondernutzungsrechte am Garten. B errichtet auf der Fläche des A eine kleine Mauer zur **Abgrenzung**. Außerdem kümmert sich B trotz Aufforderung nicht um den **Rückschnitt** seiner Bäume, die in den Garten des A hinüber wachsen, wo dieser schließlich die Zweige abschneidet. A verklagt B auf Rückbau der Mauer. – Mit Erfolg, wenn er beweisen kann, dass die Mauer auf seiner Sondernutzungsfläche steht.[147] Außerdem kann A gem. § 910 BGB Aufwendungsersatz für den Rückschnitt des Überhangs verlangen, weil das Selbsthilferecht der Grundstücksnachbarn auch im Verhältnis von Gartenflächen-Sondernutzungsberechtigten untereinander besteht.[148]

---

139 LG München I v. 18.7.2013 – 36 S 20429/12, ZMR 2014, 53, Rn 7.
140 BGH v. 2.12.2011 – V ZR 74/11, ZMR 2012, 883, Rn 7. So auch schon OLG Hamm v. 15.2.2000 – 15 W 426/99, NZM 2000, 910; die Klausel bei OLG Hamm lautete schlicht: „Alle Maßnahmen müssen sich in das Gesamtbild der Wohnanlage einfügen" und rechtfertigte Pflasterung und Ziermauer in „Erholungs- und Ziergarten".
141 BGH v. 2.12.2011 – V ZR 74/11 (Vornote).
142 OLG Frankfurt/M. v. 23.1.2006 – 20 W 195/03, ZWE 2006, 243.
143 BayObLG v. 27.7.2000 – 2Z BR 112/99, ZMR 2000, 846.
144 OLG Hamburg v. 13.2.2001 – 2 Wx 45/99, ZMR 2001, 382.
145 BGH v. 28.9.2007 – V ZR 276/06, ZMR 2007, 976.
146 BGH v. 8.7.2010 – V ZB 220/09, NZM 2010, 823.
147 Fall nach OLG Hamburg v. 6.2.2006 – 2 Wx 118/02 ZMR 2006, 468, wo B allerdings nur deshalb erfolgreich war, weil infolge unklarer Grenzregelung überhaupt kein Sondernutzungsrecht entstanden war.
148 KG v. 13.6.2005 – 24 W 115/04, NZM 2005, 745. Zum Aufwendungsersatzanspruch nach Rückschnitt BGH v. 28.11.2003 – V ZR 99/03, NJW 2004, 603.

117 Der Sondernutzungsberechtigte ist demgegenüber **nicht** „automatisch" zur **Verwaltung** und **Instandhaltung** „seiner" Sondernutzungsfläche verpflichtet. Ein Nutzungsrecht ohne Kostentragungspflicht ist aber ungerecht; bei der Begründung von Sondernutzungsrechten sollten diese deshalb stets mit der Übernahme der Instandhaltungs- und Kostenlast verbunden werden. Soweit das nicht der Fall ist (Notarfehler), bleibt die Gemeinschaft zuständig.[149] Ausnahmen gelten für reine **Pflegearbeiten**.

118 *Beispiel*
A hat das Sondernutzungsrecht an einer Gartenterrasse; über die damit verbundene Verwaltung und die Instandhaltungskosten sagt die Gemeinschaftsordnung nichts. A verlangt von der Gemeinschaft regelmäßiges Rasenmähen. Oder umgekehrt: Die Gemeinschaft beschließt gegen den Willen des A, ihm die Art und Weise der Gartenpflege vorzuschreiben. – Im Prinzip ist die Gemeinschaft zwar für die Verwaltung zuständig; praktikabel und interessegerecht wäre es aber nicht, wenn die Gemeinschaft den Garten des A pflegen müsste oder dürfte. Das Sondernutzungsrecht ist deshalb so auszulegen, dass die Gartengestaltung und die „normale" Gartenpflege ohne weiteres in die Zuständigkeit des A fallen;[150] eine klare Begründung und Abgrenzung fallen freilich schwer.

119 Wenn die Gemeinschaftsordnung dem Sondernutzungsberechtigten (nur) die **Kosten** von Instandhaltungsarbeiten auferlegt, bleibt die Gemeinschaft zur Beschlussfassung und Durchführung berechtigt und verpflichtet; die Kosten können (und müssen) ihm aber in Rechnung gestellt oder in seiner Einzelabrechnung belastet werden.[151] Wird dem Sondernutzungsberechtigten aber die **Instandhaltungslast** auferlegt, kann die Gemeinschaft über die Durchführung von Instandhaltungsmaßnahmen nicht mehr beschließen.

120 *Beispiel*
Dem A ist nach der Teilungserklärung das Sondernutzungsrecht inklusive Instandhaltungspflicht an einem mit kleinen Mauern umgebenen Garagenvorplatz zugewiesen. Seine Miteigentümer beschließen, die unansehnlich gewordenen Mauern auf seine Kosten streichen zu lassen. A ficht den Beschluss an. – Mit Erfolg. Die Entscheidung, ob, wann und wie solche Instandhaltungsmaßnahmen im Bereich des Sondernutzungsrechtes durchzuführen sind, liegt zunächst bei A. Nur wenn A seiner Instandhaltungspflicht nicht nachkommt, kann die Gemeinschaft aktiv werden: Sie kann Verpflichtungsklage gegen A erheben[152] und nach Titulierung im Wege der Zwangsvollstreckung zur Ersatzvornahme schreiten.[153]

121 Oft stellt sich die Frage nach dem **Inhalt** und der **Reichweite** einer dem Sondernutzungsberechtigten auferlegten Instandhaltungs- oder Kostentragungspflicht.

122 *Beispiele*
a) Nach der Gemeinschaftsordnung hat A das Sondernutzungsrecht an einem Gartenteil, verbunden mit der Pflicht zur Tragung der Instandhaltungskosten. Aus Sicherheitsgründen muss ein großer **Baum gefällt** werden. Die Gemeinschaft beschließt, das auf Kosten des A zu veranlassen. A ficht den Beschluss an. – Ohne Erfolg. Die Gemeinschaft ist zur Beschlussfassung

---

149 KG v. 7.2.2005 – 24 W 81/03, ZMR 2005, 569; *Bärmann/Klein*, § 13 Rn 118.
150 OLG Düsseldorf v. 17.10.2003 – 3 Wx 227/03, ZMR 2004, 609.
151 OLG München v. 5.4.2011 – 32 Wx 1/11, ZWE 2011, 263.
152 BayObLG v. 4.3.2004 – 2Z BR 244/03, ZMR 2004, 605.
153 AG Hannover v. 16.2.2007 – 71 II 639/06, ZMR 2008, 337 war der Ansicht, dass die Gemeinschaft statt der Vollstreckung auch die Ersatzvornahme beschließen und anschließend Aufwendungsersatz verlangen könne (zweifelhaft).

befugt und durfte dem A die Kosten auferlegen. Denn zu der dem A obliegenden Instandhaltung gehören Maßnahmen im üblichen Rahmen, beim Garten also z.B. Baumschnitt, Rasenmähen, Ersetzen kranker Pflanzen und richtiger Weise auch das Baumfällen.[154] (Zum analogen Problem bei den Instandhaltungsklauseln für Balkone und Dachterrassen siehe Rn 75). Nur außergewöhnliche Maßnahmen fallen in die Zuständigkeit bzw. Kostenlast der Gemeinschaft.

b) Nach der Gemeinschaftsordnung hat „der jeweilige Sondernutzungsberechtigte die **Terrassenflächen** auf eigene Kosten zu unterhalten und zu pflegen". – Die Kosten der Sanierung des undicht gewordenen Dachterrassenbelags gehören nicht dazu.[155]

(Zur **Verkehrssicherungspflicht** für die dem Sondernutzungsrecht unterfallenden Flächen siehe Rn 1664).

123

---

[154] OLG München v. 5.4.2011 – 32 Wx 1/11, ZWE 2011, 263. A.A. OLG Düsseldorf v. 17.10.2003 – 3 Wx 227/03, ZMR 2004, 609: Baumfällen sei eine außergewöhnliche Maßnahme.
[155] KG v. 25.2.2009 – 24 W 362/08, ZMR 2009, 625, wobei zur Begründung des richtigen Ergebnisses angebliche Unterschiede zwischen den Begriffen „Instandsetzung und Instandhaltung" herangezogen werden.

§ 2 Die Willensbildung der Gemeinschaft, insbesondere: Vereinbarungen und Beschlüsse

A. Grundlagen

Für die Willensbildung der Gemeinschaft stehen drei Wege zur Verfügung: 124

Übersicht
- Der (Mehrheits-)Beschluss;
- die Vereinbarung;
- Sonderfall: Die Zustimmung oder Beschlussfassung zu baulichen Veränderungen, die keine Instandsetzungs- oder Modernisierungsmaßnahmen sind.

Dem Beschluss entspricht grundsätzlich das **Mehrheitsprinzip**, der Vereinbarung das **Einstimmigkeitsprinzip**. Die Willensbildung bei baulichen Veränderungen hat demgegenüber eine Art Zwischenstellung, indem für sie zwar einerseits eine Beschlusskompetenz besteht, andererseits aber Mehrheitsentscheidungen nur teilweise zulässig sind. Der wichtigste Unterschied zwischen den **Rechtsfolgen** von Beschlüssen und Vereinbarungen besteht darin, dass Beschlüsse gegen Rechtsnachfolger eines Wohnungseigentümers wirken (§ 10 Abs. 4 WEG), Vereinbarungen diese Wirkung hingegen nur bei Grundbucheintragung haben (§ 10 Abs. 3 WEG). 125

Im Hinblick auf den **Regelungsgegenstand** bestand bis zum Jahr 2000 in Rechtsprechung und Literatur Einigkeit darüber, dass ein Mehrheitsbeschluss bei Nichtanfechtung auch dann seine Gültigkeit behielt, wenn sein Gegenstand einer Vereinbarung bedurft hätte, konkret: bei einer Änderung der Gemeinschaftsordnung. Es galt der Grundsatz: „Was zu vereinbaren ist, kann auch wirksam beschlossen werden, sofern der Beschluss nicht angefochten wird".[1] Ein solcher Beschluss zur Änderung der Gemeinschaftsordnung wurde **Ersatzvereinbarung** oder **Zitterbeschluss** genannt. Diese Rechtsprechung gab der BGH in der „Jahrhundertentscheidung" vom 20.9.2000 auf und stellte fest: 126

Die Mehrheitsherrschaft bedarf der Legitimation durch Kompetenzzuweisung. ... Durch Beschlussfassung können nur solche Angelegenheiten geordnet werden, über die nach dem Wohnungseigentumsgesetz oder nach einer Vereinbarung die Wohnungseigentümer durch Beschluss entscheiden dürfen, anderenfalls bedarf es einer Vereinbarung (§ 10 Abs. 2 WEG) ... § 23 Abs. 4 WEG, wonach ein Beschluss nur ungültig ist, wenn er für ungültig erklärt wurde, setzt voraus, dass die Wohnungseigentümer überhaupt durch Beschluss entscheiden durften. Ein trotz absoluter Beschlussunzuständigkeit gefasster Beschluss ist nichtig.[2] 127

Das heißt konkret: Die Gemeinschaftsordnung kann durch Beschluss nicht geändert werden. Obwohl die BGH-Entscheidung viel Zuspruch erfahren hat, ist zweifelhaft, ob sie in Begründung und Ergebnis zutreffend ist.[3] Jedenfalls erschwert sie die Verwaltungspraxis, weil die „Ersatzvereinbarung", die angesichts der beschränkten gesetzlichen Beschlusskompetenzen eine zuvor selbstverständliche Verwaltungsmaßnahme war, seitdem nicht mehr zur Verfügung steht. Der Gesetzgeber nahm die dadurch eingetretenen Schwierigkeiten zum Anlass für die WEG-Novelle, die zwecks Erleichterung der Willensbildung der Gemeinschaft neue Beschlusskompetenzen und einen Anspruch auf Änderung der Gemeinschaftsordnung schuf. Auch die notarielle Praxis reagierte: Die Gemeinschaftsordnungen neu begründeter Gemeinschaften enthalten seit der „Jahr- 128

---

1 BGH v. 21.5.1970 – VII ZB 3/70, NJW 1970, 1316.
2 BGH v. 20.9.2000 – V ZB 58/99, ZMR 2000, 771.
3 Nach wie vor weitgehend überzeugend die Kritik von *Rau*, ZMR 2001, 241.

hundertentscheidung" meistens „Öffnungsklauseln", die eine Beschlusskompetenz zu ihrer Änderung begründen.

B. Die Vereinbarung

I. Grundlagen

129 Durch eine Vereinbarung regeln die Wohnungseigentümer „ihr Verhältnis untereinander in Ergänzung oder Abweichung von Vorschriften des Gesetzes" (§ 10 Abs. 3 WEG). Ihrer Rechtsnatur nach ist die Vereinbarung ein **Vertrag** aller Miteigentümer, ihrem Zweck nach ist sie darauf gerichtet, die Innenbeziehungen der Wohnungseigentümer untereinander zu regeln und ähnlich einer Satzung die Grundlage für das Zusammenleben der Wohnungseigentümer zu bilden.[4]

130 Die Bestimmungen des Wohnungseigentumsgesetzes stellen bereits eine „Grundordnung" zur Verfügung, auf deren Basis eine Gemeinschaft problemlos existieren kann. Trotzdem ist es üblich, im Anschluss an die sachenrechtliche Teilungserklärung eine sog. **Gemeinschaftsordnung** aufzustellen, die in Wiederholung, Ergänzung oder Abweichung vom Gesetz eine für diese Gemeinschaft geltende spezielle Grundordnung oder Satzung darstellt. Die Gemeinschaftsordnung hat zwingend die Rechtsnatur einer Vereinbarung, was zur Folge hat, dass sie – vorbehaltlich gesetzlicher oder vereinbarter Beschlusskompetenzen – auch nur durch Vereinbarung geändert werden kann. Das gilt auch dann, wenn die Gemeinschaft – wie es der Regelfall ist – durch Teilungserklärung entstand und die Gemeinschaftsordnung somit nicht auf einer Vereinbarung beruht, sondern auf der einseitigen Erklärung des teilenden Alleineigentümers; ab dem Zeitpunkt, zu dem die Teilungserklärung vom Bauträger nicht mehr einseitig abgeändert werden kann (siehe Rn 250), steht sie einer Vereinbarung gleich.[5] Die vom Bauträger herrührende Gemeinschaftsordnung wird daher nicht zu Unrecht als die „mit Abstand undemokratischste Rechtsnorm in unserem Staate" bezeichnet.[6]

131 Nach der Entstehung der Gemeinschaft kann eine **nachträgliche Vereinbarung** getroffen werden. Das setzt die Einigung sämtlicher Miteigentümer voraus. Gehört eine Wohnung mehreren Personen, genügt es nicht, wenn eine davon zustimmt; vielmehr müssen alle zustimmen (z.B. bei Ehegatten alle beide). Die Einigung kann grundsätzlich jederzeit und an jedem Ort erfolgen, also auch außerhalb einer Eigentümerversammlung und theoretisch sogar durch schlüssiges Verhalten (siehe Rn 208). Hinsichtlich **Form** und **Wirkung** ist zu unterscheiden: Ohne Grundbucheintragung bedarf die Vereinbarung keiner Form; daran gebunden sind dann aber nur die jeweiligen Parteien der Vereinbarung. Gegenüber **Rechtsnachfolgern** (Erwerbern) wirkt eine Vereinbarung hingegen grundsätzlich nur dann, wenn sie als Inhalt des Sondereigentums in das **Grundbuch** eingetragen („verdinglicht") wurde (§ 10 Abs. 3 WEG). Normalerweise ist die mit der „Verdinglichung" einhergehende dauerhafte Wirkung das Ziel der Parteien einer Vereinbarung. Indes: So einfach der Abschluss einer Vereinbarung ohne Grundbucheintragung ist, so aufwändig ist er mit Grundbucheintragung; Einzelheiten werden unten (siehe Rn 208) erörtert. Weil seit dem Jahr 2000 aber zunehmend Öffnungsklauseln in Teilungserklärungen üblich sind, kommt es immer seltener vor, dass die Wohnungseigentümer die Mühen einer Vereinbarung auf sich nehmen müssen.

---

4 BGH v. 20.9.2000 – V ZB 58/99, ZMR 2000, 771; BGH v. 4.4.2003 – V ZR 322/02, ZMR 2003, 748.
5 BGH v. 13.9.2000 – V ZB 14/00, ZMR 2001, 119.
6 *Würfel*, WE 2000, 100.

Ausnahmsweise kann eine Vereinbarung bei **Veräußerung** einer Wohnung auch **ohne Grundbucheintragung** Wirkung für und gegen den Rechtsnachfolger erlangen. Der Erwerber **kann** sich auf die Vereinbarung berufen und mit Zustimmung der übrigen Miteigentümer in sie „**eintreten**";[7] er **muss** es aber nicht. Die nicht im Grundbuch eingetragene Vereinbarung wird in dem Zeitpunkt hinfällig, in welchem der Erwerber zu erkennen gibt, dass er sich an sie nicht gebunden fühlt.[8]

132

Beispiel
Zu einer aus zwei Einheiten bestehenden Gemeinschaft gehören zwei im Gemeinschaftseigentum stehende Garagen. Die Miteigentümer A und B treffen eine Nutzungsvereinbarung, wonach sie jeweils eine der beiden Garagen alleine nutzen dürfen; m.a.W.: Sie vereinbaren **Sondernutzungsrechte**. Die gesonderte Nutzung wird jahrelang praktiziert, bis A seine Wohnung veräußert. Sein Rechtsnachfolger C verlangt jetzt die gleichberechtigte Mitbenutzung der bislang von B alleine genutzten Garage. – Zu Recht, da C mangels Grundbucheintragung nicht an die Vereinbarung der Sondernutzungsrechte gebunden ist. Dass er im Zeitpunkt seines Erwerbs von der Vereinbarung Kenntnis hatte, schadet nicht. B müsste schon beweisen, dass C den rechtsgeschäftlichen Willen hatte, der Vereinbarung im Wege der Schuldübernahme beizutreten.[9]

133

II. Inhalt und Auslegung

Den Wohnungseigentümern steht es frei, ihr Verhältnis untereinander – sprich: Die Gemeinschaftsordnung – beliebig und ohne Inhaltsbeschränkung zu gestalten (**Vertragsfreiheit**); für den aufteilenden Alleineigentümer (Bauträger) gilt grundsätzlich das Gleiche. Üblich und **wirksam** sind in einer Gemeinschaftsordnung z.B. Regelungen betr. Kostenverteilung, Stimmrecht, Instandhaltung, Zustimmungsbedürftigkeit bei der Vermietung von Sondereigentum,[10] Sonderregelungen für bauliche Veränderungen, besondere Vollmachten an den Verwalter sowie die Begründung von Sondernutzungsrechten. Unüblich, aber ebenfalls **wirksam** sind folgende Regelungen: Haftung des Erwerbers einer Eigentumswohnung für Wohngeldrückstände des Voreigentümers (das gilt aber nicht beim Erwerb aus der Zwangsversteigerung, siehe Rn 135);[11] Gebrauchsregelung, wonach Wohnungen nur im Sinne betreuten Wohnens genutzt werden dürfen;[12] allstimmiger Eigentümerbeschluss als Voraussetzung für die Bestellung eines Verwaltungsbeirats;[13] Pflicht der Wohnungseigentümer, im Fall der Vermietung des Wohnungseigentums die Mietverwaltung dem WEG-Verwalter zu übertragen;[14] Allgemeines Vermietungs-

134

---

7 BGH v. 17.5.2002 – V ZR 149/01, ZMR 2002, 683, Rn 12. Näher zum „Eintritt" in eine Vereinbarung *Bärmann/Seuß/Schneider*, C III 2b Rn 256 ff.
8 OLG Frankfurt v. 1.2.2006 – 20 W 291/03, ZWE 2006, 489; BayObLG v. 10.1.2002 – 2Z BR 180/01, ZMR 2002, 528. A.A. OLG Köln v. 2.4.2001 – 16 Wx 7/01, ZMR 2002, 73, Rn 26, wonach die Vereinbarung mit dem Eigentumserwerb des Käufers per se hinfällig wird; dagegen zu Recht *Häublein*, DNotZ 2002, 227, 229.
9 OLG Zweibrücken v. 21.1.2005 – 3 W 198/04, NZM 2005, 343; unstr.
10 OLG Frankfurt v. 15.6.2005 – 20 W 63/05, NZM 2005, 910.
11 BGH v. 24.2.1994 – V ZB 43/93, ZMR 1994, 271.
12 BGH v. 24.2.1994 – V ZB 43/93, ZMR 1994, 271. Ausführlich zum betreuten Wohnen im WEG *Heinemann*, MietRB 2013, 363.
13 BayObLG v. 31.3.2004 – 2Z BR 011/04, NJW-RR 2005, 165; m.E. aber unwirksam.
14 BayObLG v. 14.6.1995 – 2Z BR 53/95, WuM 1995, 672. Diese Regelung kann analog § 12 Abs. 4 WEG (siehe Rn 223) durch Mehrheitsbeschluss aufgehoben werden (so richtig *Derleder*, ZWE 2008, 254, 259 mit Hinweis auf BGH NJW 1962, 613). Ein Beschluss, wonach die Kosten einer Vermietungsgesellschaft auch auf die Eigentümer umgelegt werden, die entgegen der Vorgaben der GO nicht deren Gesellschafter wurden, ist nichtig (BGH v. 22.7.2011 – V ZR 245/09, ZMR 2011, 981).

verbot;[15] Einstimmigkeitserfordernis für alle Beschlüsse;[16] Heraufsetzung des Quorums für die Entziehung des Wohnungseigentums.[17]

135 **Begrenzt** wird die Vertragsfreiheit durch die allgemeinen Schranken der §§ 134, 138 und 242 BGB. Insbesondere können zwingende gesetzliche Vorschriften auch durch Vereinbarungen nicht geändert werden. Die Gestaltungsfreiheit endet auch dort, wo die Rechtsstellung der Wohnungseigentümer als Eigentümer zu stark ausgehöhlt wird. Ob eine vom Bauträger einseitig aufgestellte Gemeinschaftsordnung darüber hinaus der Inhaltskontrolle analog der für allgemeine Geschäftsbedingungen geltenden §§ 307 ff. BGB unterliegt, wird allgemein offen gelassen, weil die AGB-rechtlichen Wertungen jedenfalls in die Inhaltskontrolle gem. § 242 BGB einfließen.[18] Die Rechtsprechung ist mit der Annahme der Unwirksamkeit (Nichtigkeit) zurückhaltend. **Unwirksam** sind folgende Regelungen: Verpflichtung der Wohnungseigentümer, einen Betreuungsvertrag mit einer zeitlichen Bindung von mehr als zwei Jahren abzuschließen;[19] Befugnis des Verwalters zum Betreten von Wohnungen ohne sachlichen Grund (siehe Rn 1421); Zustimmungsfiktion für die Jahresabrechnung;[20] Erschwerung des in § 24 Abs. 2 WEG vorgesehenen Minderheitenquorums (1/4 der Miteigentümer) zur Einberufung einer Eigentümerversammlung[21] oder der zur Verwalterwahl erforderlichen Mehrheit;[22] Ausschluss vom Stimmrecht oder von der Teilnahme an Eigentümerversammlungen bei Zahlungsrückstand;[23] Regelung, wonach bei einer Mehrhausanlage die Beschlussfassung einer „Delegiertenversammlung" übertragen wird;[24] Regelung, wonach Vereinbarungen auch ohne Grundbucheintragung gegen Sonderrechtsnachfolger gelten sollen;[25] Haftung des Erwerbers für Wohngeldrückstände bei Erwerb in der Zwangsversteigerung;[26] Freistellung des Bauträger-Miteigentümers von der Beitragspflicht für leer stehende Wohnungen.[27]

136 Für die **Auslegung** der im Grundbuch eingetragen Vereinbarungen gelten die allgemeinen für Grundbucherklärungen aufgestellten Grundsätze: Maßgebend sind der Wortlaut der Eintragung und ihr Sinn, wie er sich aus unbefangener Sicht als nächstliegende Bedeutung der Eintragung ergibt; Umstände außerhalb der Eintragung dürfen nur herangezogen werden, wenn sie nach den besonderen Verhältnissen des Einzelfalles für jedermann ohne weiteres erkennbar sind.[28] Dabei ist gem. § 133 BGB der wirkliche Wille zu erforschen und nicht am buchstäblichen Sinn des Ausdrucks zu haften; das kann im Einzelfall zu einer sachgerechten **Umdeutung** von Regelungen führen, deren Inhalt dem Wortlaut nach nichtig wäre (siehe Rn 78). Im Rechtsstreit kann die Aus-

---

15 Bärmann/Klein, § 13 Rn 65 m.w.N.; str. M. E. sind Vermietungsver- und Gebote nichtig.
16 So OLG Hamm v. 19.8.2008 – 15 Wx 89/08, ZMR 2009, 219. Wirksam ist nach LG München I v. 13.6.2013 – 36 S 10305/12, ZMR 2014, 55 auch ein generelles 2/3-Quorum.
17 LG Hamburg v. 14.12.2011 – 318 S 42/11, ZWE 2013, 23.
18 BGH v. 2.12.2011 – V ZR 74/11, NZM 2012, 157, Rn 14.
19 BGH v. 13.10.2006 – V ZR 289/05, ZMR 2007, 284.
20 KG v. 4.7.1990 – 24 W 1434/90, ZMR 1990, 428 betr. die Klausel: „Die (Jahres-)Abrechnung gilt als anerkannt, wenn nicht innerhalb vier Wochen nach Absendung schriftlich widersprochen wird"; str. Offen gelassen von BGH v. 20.12.1990 – V ZB 8/90, ZMR 1991, 146.
21 BayObLG v. 5.10.1972 – 2Z BR 54/72, BayObLGZ 1972, 314. Wenn mit der Regelung im konkreten Fall aber eine Erleichterung verbunden ist (z.B. 1/4 MEA statt Köpfe), ist sie wirksam: AG Offenbach v. 13.3.2013 – 310 C 73/12, ZMR 2013, 1000.
22 OLG München v. 5.4.2011 – 32 Wx 1/11, ZWE 2011, 262.
23 BGH v. 10.12.2010 – V ZR 60/10, NZM 2011, 246. Dem kann nicht zugestimmt werden. Zu Recht wurde eine solche Klausel früher empfohlen.
24 LG München I v. 9.12.2010 – 36 S 1362/10, NZM 2011, 249.
25 OLG Hamm v. 19.9.2007 – 15 W 444/07, ZMR 2008, 159.
26 BGH v. 22.1.1987 – V ZB 3/86, ZMR 1987, 273.
27 Zutreffend AG München v. 1.8.2011 – 485 C 32840/10, ZMR 2012, 306.
28 BGH v. 30.3.2006 – V ZB 17/06, ZMR 2006, 457; st. Rspr.

legung nicht nur durch die Tatsacheninstanz, sondern uneingeschränkt auch durch das **Rechtsmittelgericht** erfolgen.[29] Eine **ergänzende Vertragsauslegung** lässt sich mit den vorstehend dargestellten Auslegungsgrundsätzen kaum vereinbaren; trotzdem hat der BGH in einer Entscheidung aus der Zeit *vor* der WEG-Reform in „ergänzender Auslegung" der Gemeinschaftsordnung einen Anspruch auf Änderung des Kostenverteilungsschlüssels konstruiert (siehe dazu Rn 236).[30] Nachdem seit der WEG-Reform ein speziell normierter Anpassungsanspruch (§ 10 Abs. 2 WEG) existiert, hat der BGH die Konstruktion des „Anpassungsanspruchs in ergänzender Auslegung der Gemeinschaftsordnung" wieder fallen lassen, weil es dafür „keinen Anwendungsbereich" mehr gebe.[31] Das dürfte richtiger Weise nicht nur für die Anpassung eines Kostenverteilungsschlüssels, sondern generell gelten: Wenn ein Anpassungsbedarf besteht, ist dieser im Rahmen des § 10 Abs. 2 WEG geltend zu machen.

C. Der Beschluss

I. Grundlagen, Wirkung und Auslegung

Gem. § 23 Abs. 1 WEG werden Angelegenheiten, über die die Wohnungseigentümer durch Beschluss entscheiden können, in einer Eigentümerversammlung „geordnet". Die Beschlussfassung setzt also eine Eigentümerversammlung voraus. Die einzige Ausnahme ist der in der Praxis wenig bedeutsame **Umlaufbeschluss**. 137

Seiner **Rechtsnatur** nach ist der Beschluss ein mehrseitiges Rechtsgeschäft eigener Art in Gestalt eines sog. Gesamtaktes, der eine oder mehrere Willenserklärungen beinhaltet und die kollektive und rechtsverbindliche Entscheidung der Gemeinschaft über einen Antrag zum Ausdruck bringt.[32] Ob der Beschluss nur „Binnenwirkung" hat oder ob er auch mit Wirkung im Außenverhältnis die Willenserklärung des Verbandes darstellen kann (sodass die Gemeinschaft z.B. direkt durch Beschluss ein Vertragsangebot annehmen oder einen Auftrag erteilen kann), ist streitig, nach hier vertretener Auffassung aber klar zu bejahen.[33] 138

Ein Beschluss ist (sofern er nicht nichtig ist) sofort ab Beschlussfassung **wirksam** und zu vollziehen; das gilt auch für rechtswidrige Beschlüsse (siehe Rn 1471). Ein rechtswidriger Beschluss wird erst und nur dann ungültig, wenn er durch rechtskräftiges gerichtliches Urteil für ungültig erklärt wird, was voraussetzt, dass er innerhalb eines Monats nach Beschlussfassung gerichtlich angefochten wurde (§ 23 Abs. 4 WEG). Nach Ablauf der Anfechtungsfrist (oder wenn das abweisende Urteil einer erfolglosen Beschlussanfechtung rechtskräftig wird) werden Beschlüsse („endgültig") **bestandskräftig**. Mit der Bestandskraft steht zwischen den Wohnungseigentümern unwiderleglich fest, dass der Beschluss und sein Vollzug ordnungsmäßiger Verwaltung entsprechen und rechtmäßig sind.[34] Einen Anspruch auf korrigierenden Zweitbeschluss gibt es grundsätzlich nicht (siehe Rn 174). 139

Dem **Mehrheitsprinzip** entsprechend wirkt ein Beschluss auch für und gegen die Eigentümer, die gegen ihn gestimmt oder an ihm nicht mitgewirkt haben (§ 10 Abs. 5 WEG). 140

---

29 BGH v 15.1.2010 – V ZR 40/09, NZM 2010, 407, Rn 6; st. Rspr.
30 BGH. v. 7.10.2004 – V ZB 22/04, ZMR 2004, 834.
31 BGH v. 1.6.2010 – V ZR 174/09, ZMR 2010, 778, Rn 24.
32 BGH v. 10.9.1998 – V ZB 11/98, ZMR 1999, 41.
33 *Greiner*, ZWE 2008, 454 und ausführlich BeckOK WEG/*Greiner* § 26 Rn 42 ff.
34 BGH 3.2.2012 – V ZR 83/11, ZWE 2012, 218; BGH v. 13.5.2011 – V ZR 202/10, NZM 2011, 551. Deshalb gibt es – von Extremfällen abgesehen – keinen Anspruch auf Unterlassung des Beschlussvollzugs (BGH v. 28.9.2012 – V ZR 251/11, NZM 2012, 835, Rn 16).

§ 2 Die Willensbildung der Gemeinschaft, insbesondere: Vereinbarungen und Beschlüsse

141
Beispiel
Auf einer Eigentümerversammlung wird mehrheitlich beschlossen, den Miteigentümer B zur Beseitigung einer von ihm vorgenommenen baulichen Veränderung aufzufordern und den Rückbau erforderlichenfalls gerichtlich durchzusetzen. Zur Finanzierung der rechtlichen Schritte wird eine Sonderumlage beschlossen. Miteigentümer A war gegen den Beschluss und will nicht bezahlen. Durch den Beschluss wird aber auch A verpflichtet, seinen Anteil an der Sonderumlage zu bezahlen.

142 Eine **Anspruchsbegründung** (oder Anspruchsvernichtung), also die Schaffung selbstständiger Leistungs- oder Duldungsverpflichtungen einzelner Wohnungseigentümer gegenüber der Gemeinschaft, ist durch Mehrheitsbeschluss (ob bestandskräftig oder nicht) **nicht möglich**.

143
Beispiel
Die Gemeinschaft beschließt: „Die von A vorgenommene Baumaßnahme (... nähere Bezeichnung ...) ist widerrechtlich und A zum Rückbau verpflichtet. (*Oder*: A hat folgende Maßnahmen durchzuführen: ...) Wenn er sie nicht freiwillig bis zum ... rückgängig macht, wird der Rückbau gerichtlich durchgesetzt". Weil A nicht folgt, verklagt ihn die Gemeinschaft auf der Basis des bestandskräftig gewordenen Beschlusses auf Rückbau. A wendet ein, die streitige bauliche Veränderung sei materiell rechtmäßig. Die Gemeinschaft ist der Auffassung, dass es hierauf wegen der Bestandskraft des Beschlusses a priori nicht mehr ankomme. – Die Auffassung der Gemeinschaft wurde früher zwar von einigen Gerichten geteilt, wird inzwischen aber von der ganz h.M. abgelehnt: Gegen den Willen des Schuldners kann eine Leistungspflicht nicht konstitutiv durch Mehrheitsbeschluss begründet werden; für die Schaffung selbstständiger Anspruchsgrundlagen besteht keine Beschlusskompetenz, sodass der Beschluss nichtig ist.[35] Im Beispiel muss sich das Gericht also mit der materiellen Rechtmäßigkeit der Baumaßnahme befassen.

144
Tipp
In den meisten Fällen wird schon die einfache Auslegung der fraglichen Beschlüsse zu dem Ergebnis führen, dass nicht eine konstitutive Begründung von Ansprüchen, sondern die Durchsetzung bestehender Ansprüche gewollt ist.[36] Unklarheiten sind in jedem Fall zu vermeiden, daher ist eine entsprechend eindeutige Beschlussformulierung geboten (Muster siehe Rn 343 und 482).

145 Beschlüsse wirken auch gegen **Rechtsnachfolger**, also gegen Erwerber einer Sondereigentumseinheit (§ 10 Abs. 4 WEG). Eine Eintragung von Beschlüssen in das Grundbuch ist weder erforderlich noch möglich; das gilt auch für vereinbarungsändernde Beschlüsse auf der Basis einer gesetzlichen oder vereinbarten Öffnungsklausel.

Die erforderliche Publizität wird nicht über das Grundbuch, sondern über die vom Verwalter gem. § 24 Abs. 7 und 8 WEG zu führende **Beschluss-Sammlung** hergestellt, in die ein Kaufinteressent vor dem Erwerb Einblick nehmen kann.

Beschlüsse müssen inhaltlich von ausreichender **Bestimmtheit** sein (siehe Rn 182). Ihre **Auslegung** erfolgt in gleicher Weise wie die Auslegung grundbuchmäßiger Erklärungen, also insbesondere genauso wie die Auslegung der Teilungserklärung (siehe Rn 136). Grund dafür ist die Wirkung gegen Rechtsnachfolger, die den Inhalt des Beschlusses (nur) der Beschlussformulierung

---

[35] BGH v. 18.6.2010 – V ZR 193/09, ZMR 2010, 777; BGH v. 15.1.2010 – V ZR 72/09, ZMR 2010, 378; LG Lüneburg v. 3.7.2012 – 9 S 85/11, ZMR 2013, 67.
[36] Zutreffend *J.H. Schmidt*, ZMR 2009, 307. In diesem Sinne z.B. auch KG v. 9.6.2009 – 24 W 357/08, ZMR 2010, 133, Rn 10; *Bärmann/Merle*, § 22 Rn 318.

entnehmen können. Die Beschlüsse sind deshalb „aus sich heraus" – objektiv und normativ – auszulegen. Umstände außerhalb des protokollierten Beschlusses dürfen nur herangezogen werden, wenn sie nach den besonderen Verhältnissen des Einzelfalles für jedermann ohne weiteres erkennbar sind, z.B. weil sie sich aus dem – übrigen – Versammlungsprotokoll[37] oder aus früheren Beschlüssen zum gleichen Thema[38] ergeben. Rechtsprechung und Literatur folgen teilweise einer „Auslegungsregel", wonach man grundsätzlich davon ausgehen müsse, dass die Eigentümer keinen rechtswidrigen Beschluss fassen wollen (siehe Rn 957); das entbehrt aber jeglicher Grundlage und ist abzulehnen.

Im **Rechtsstreit** ist die **Auslegung** zunächst Sache der Tatsacheninstanz (erste Instanz, in WEG-Sachen also stets Amtsgericht). Wenn ein Beschluss keine Dauerregelung beinhaltet, kann das Rechtsmittelgericht nach bisheriger Auffassung des BGH die Auslegung nur dann selbst vornehmen, wenn die tatrichterliche Auslegung rechtsfehler- oder lückenhaft ist. Nur wenn der Beschluss eine Dauerregelung beinhaltet (z.B. eine Bestimmung zur Hausordnung), soll auch beim Rechtsmittelgericht eine unbeschränkte Kompetenz zur Auslegung bestehen.[39] Richtiger Ansicht nach kann das Rechtsmittelgericht aber alle Beschlüsse ohne Bindung an die Auslegung der ersten Instanz selber auslegen, weil gem. § 10 Abs. 4 WEG jeder Beschluss gegen Rechtsnachfolger wirkt und insofern „Dauercharakter" hat.[40]

II. Gesetzliche und vereinbarte Beschlusskompetenzen

Während Vereinbarungen zu jedem Gegenstand getroffen werden können, der das Verhältnis der Wohnungseigentümer untereinander betrifft, setzt eine wirksame Beschlussfassung voraus, dass der Gemeinschaft für den Gegenstand der Beschlussfassung eine auf Gesetz oder Vereinbarung beruhende **Beschlusskompetenz** zusteht (siehe Rn 127). Die **gesetzlichen** Beschlusskompetenzen werden nachstehend (in der Reihenfolge der Paragrafenzählung) aufgeführt:

- Aufhebung einer Veräußerungsbeschränkung (§ 12 Abs. 4 WEG, siehe Rn 233);
- Regelungen des ordnungsmäßigen Gebrauchs des Sondereigentums oder des gemeinschaftlichen Eigentums (§ 15 Abs. 2 WEG); meistens zusammengefasst in einer Hausordnung. Ab welcher Regelungstiefe die Beschlusskompetenz endet und die Notwendigkeit einer Vereinbarung beginnt, ist mitunter zweifelhaft (siehe Rn 306);
- Erfassung und Abrechnung verbrauchsabhängiger Betriebskosten nach einem von § 16 Abs. 2 WEG (MEA) abweichenden Verteilerschlüssel (§ 16 Abs. 3 WEG, siehe Rn 961);
- Entziehung des Wohnungseigentums (§ 18 Abs. 3 WEG, siehe Rn 361);
- Angelegenheiten einer „ordnungsmäßigen Verwaltung, die der Beschaffenheit des gemeinschaftlichen Eigentums" entspricht (§ 21 Abs. 3 und 5 WEG). Dazu gehören insbesondere – aber nicht nur – die im Katalog des § 21 Abs. 5 WEG aufgeführten Gegenstände (siehe Rn 682);
- Regelungen der Art und Weise von Zahlungen, der Fälligkeit und der Folgen des Verzugs, die Kosten einer besonderen Nutzung des Gemeinschaftseigentums oder für einen besonderen Verwaltungsaufwand (§ 21 Abs. 7 WEG, siehe Rn 1114);
- Bauliche Maßnahmen (§ 22 Abs. 1–4 WEG, siehe § 4);
- Bestellung eines Verwalters bzw. eines Verwaltungsbeirats (§ 26 Abs. 1 und § 29 Abs. 1 WEG, siehe §§ 10 u. 11);

---

37 BGH v. 10.9.1998 – V ZB 11/98, ZMR 1999, 41. Diesbezüglich zu Recht kritisch *M. Schmid*, Zur Auslegung von Wohnungseigentümerbeschlüssen, ZWE 2013, 442.
38 KG v. 18.5.2009 – 24 W 17/08, ZMR 2009, 790.
39 BGH v. 10.9.1998 – V ZB 11/98, ZMR 1999, 41; KG v. 21.7.1999 – 24 W 2613/98, ZMR 2000, 55.
40 KG v. 9.6.2009 – 24 W 357/08, ZMR 2010, 133; *Bärmann/Merle*, § 23 Rn 64.

- Jahresabrechnung und Wirtschaftsplan (§ 28 Abs. 4 und 5 WEG, siehe § 8).
- Bestellung eines Ersatzzustellungsvertreters (§ 45 Abs. 2 S. 1 WEG, siehe Rn 1746).

149 Über die vorstehend aufgeführten Bestimmungen hinaus gibt es **keine** gesetzliche **Beschlusskompetenz**. Vor allem können das Gesetz oder die Teilungserklärung nicht durch Beschluss geändert werden. Gleichwohl gefasste Beschlüsse sind nichtig. (Zur Abgrenzung von „nur anfechtbaren" Beschlüssen siehe Rn 156.)

150 *Beispiele für nichtige Beschlüsse wegen fehlender Beschlusskompetenz*
- Umwidmung von Teileigentum in Wohnungseigentum oder Umwandlung von Gemeinschaftseigentum in Sondereigentum.[41]
- Änderung der gesetzlichen Zuständigkeitsverteilung für Instandhaltungsmaßnahmen (siehe Rn 581).
- Änderung der Miteigentumsanteile oder Verkauf eines Teils der Gemeinschaftsfläche.[42]
- Organisatorische Regelungen in Ergänzung der Gemeinschaftsordnung (früher übliche sog. „Orga-Beschlüsse", z.B. Einführung der „Eventualeinladung" zu einer Zweitversammlung, siehe Rn 785).
- Begründung von Sondernutzungsrechten (siehe Rn 127).[43]
- Änderung von gerichtlichen Entscheidungen.[44]
- Begründung von Pflichten zu Lasten Dritter oder zu Lasten der Wohnungseigentümer, soweit nicht gesetzlich vorgesehen (Beispiele siehe Rn 142, 316, 1408).

151 Die **vereinbarte Beschlusskompetenz** ergibt sich aus einer (i.d.R. in der Gemeinschaftsordnung enthaltenen) kompetenzbegründenden **Öffnungsklausel**. Öffnungsklauseln sind in Teilungserklärungen aus der Zeit vor der Entscheidung des BGH vom 20.9.2000 (siehe Rn 127) selten anzutreffen; seitdem sind sie aus gutem Grund eher die Regel als die Ausnahme.

III. Abgrenzung von Beschluss und Vereinbarung

152 Wenn **alle Miteigentümer** einer Regelung zugestimmt haben, kann im Einzelfall die Feststellung Schwierigkeiten bereiten, ob eine Vereinbarung oder ein Beschluss vorliegt.

153 *Beispiel*
In der Eigentümerversammlung einer kleineren Anlage wird unter Mitwirkung **sämtlicher Eigentümer** ein generelles Verbot der Tierhaltung beschlossen. Nach einem Eigentümerwechsel erklärt Erwerber A, er sei hieran nicht gebunden. Zu Recht?

154 Die Antwort auf die Frage im vorstehenden Beispiel hängt davon ab, ob das Ergebnis der Willensbildung einen Beschluss oder eine Vereinbarung darstellt. Ein Beschluss wäre nach bislang h.M. (nur) rechtswidrig (siehe Rn 324) und mangels Anfechtung bestandskräftig geworden; der Erwerber wäre an ihn gebunden. Eine Vereinbarung wäre (mangels Grundbucheintragung) demgegenüber hinfällig, nachdem der daran nicht beteiligte Erwerber seine Ablehnung erklärt hat (siehe Rn 132).

155 Ob eine von allen Wohnungseigentümern einstimmig getroffene Regelung einen Eigentümerbeschluss oder eine Vereinbarung darstellt, ist **Auslegungsfrage**. Dabei ist nach einer Meinung auf

---

[41] BGH 11.5.2012 – V ZR 189/11, ZMR 2012, 793.
[42] BGH v. 12.4.2013 – V ZR 103/12, ZMR 2013, 730, Rn 8.
[43] BGH v. 11.5.2012 – V ZR 189/11, ZMR 2012, 793; BGH v. 20.9.2000.
[44] BayObLG v. 22.9.2004 – 2Z BR 159/04, ZWE 2005, 223.

den Inhalt der getroffenen Regelung abzustellen.[45] Dafür spricht immerhin der Wortlaut des § 23 Abs. 1 WEG, wonach Angelegenheiten, über die per Beschluss entschieden werden kann, durch Beschlussfassung in einer Versammlung der Wohnungseigentümer geordnet werden. Demnach wäre bei Angelegenheiten, für die Beschlusskompetenz besteht – also insbesondere die laufende Verwaltung betreffend –, grundsätzlich ein Beschluss anzunehmen, während bei den Angelegenheiten, die eine Vereinbarung erfordern, letztere anzunehmen wäre. Nach einer anderen, im Vordringen begriffenen und vorzugswürdigen Auffassung kann nicht vom Regelungsinhalt auf das Regelungsinstrument geschlossen werden. Die Auslegung hat unter Würdigung sämtlicher Umstände zu erfolgen, wobei insbesondere an die gewählte Regelungsform und die äußeren Umstände der Entscheidungsfindung anzuknüpfen ist.[46] Als Grundregel kann gelten, dass derjenige Eigentümer, der in der Eigentümerversammlung die Hand hebt, einen Beschluss und nicht eine Vereinbarung zustande bringen will.[47] Somit lautet die Antwort auf die Frage im Beispielsfall: Mangels ausdrücklicher Bezeichnung der Regelung als Vereinbarung wurde in der Versammlung ein (Hausordnungs-)Beschluss gefasst, an den der Erwerber A gebunden ist.

IV. Abgrenzung von rechtswidrigem Beschluss und Vereinbarung (Regelung „nur" rechtswidrig oder „schon" nichtig?)

Ein rechtswidriger Beschluss verstößt gegen das Gesetz (oder gegen die Gemeinschaftsordnung oder eine sonstige Vereinbarung) und ändert es insoweit ab; für Änderungen des Gesetzes (oder von Vereinbarungen) besteht aber grundsätzlich keine Beschlusskompetenz. Es wäre freilich sinnlos, hieraus den Schluss zu ziehen, dass für rechtswidrige Beschlüsse keine Beschlusskompetenz bestünde. Es besteht aber ein Abgrenzungsproblem, das nicht befriedigend gelöst werden kann. Schon die Versuche, die Abgrenzung terminologisch in den Griff zu bekommen (Beispiel: „gesetzesändernde" und „gesetzesersetzende" Beschlüsse sind nichtig, „gesetzeswidrige" Beschlüsse rechtswidrig[48]), können nicht als geglückt bezeichnet werden. Im Großen und Ganzen besteht Einigkeit darüber, dass der lediglich **punktuelle Verstoß** gegen Gesetz oder Vereinbarung, also der Beschluss für den Einzelfall, „nur" rechtswidrig, nicht aber nichtig ist. Die Beschlusskompetenz fehlt aber dann, wenn sich der Beschluss nicht in der Regelung eines Einzelfalles erschöpft, sondern im Sinne einer als **Dauerregelung** wirkenden Änderung des Gesetzes oder der Gemeinschaftsordnung die Grundlage künftiger weiterer Beschlüsse bilden soll.

156

Beispiele
- Die Verwendung eines falschen Kostenverteilungsschlüssels in der Jahresabrechnung oder im Wirtschaftsplan macht die jeweiligen Genehmigungsbeschlüsse nur anfechtbar, nicht aber nichtig.[49] Es wird nur im Einzelfall gegen die Gemeinschaftsordnung verstoßen.
- Nichtig ist ein Beschluss, durch den generell in Abweichung von § 25 Abs. 4 WEG die Eventualeinberufung einer Zweitversammlung ermöglicht werden soll (siehe Rn 785); die Beschlüsse, die auf einer derartig (formell rechtswidrig) einberufenen Eigentümerver-

157

---

45 OLG Zweibrücken v. 11.6.2001 – 3 W 218/00, ZMR 2001, 734; BayObLG v. 23.5.1990 – 2Z BR 46/90, NJW-RR 1990, 1102.
46 *Bärmann/Merle*, § 23 Rn 28; *Elzer*, in: *Riecke/Schmid*, § 10 Rn 270.
47 *Häublein*, Sondernutzungsrechte (2003), S. 186; *ders.*, ZMR 2000, 423, 425; ZMR 2001, 164, 169.
48 Vgl. statt aller *Wenzel* (Urheber dieser Terminologie), ZWE 2001, 226 ff.
49 LG Nürnberg-Fürth v. 14.8.2012 – 14 S 4162/12, ZWE 2013, 142; OLG Rostock v. 20.12.2011 – 3 W 67/09, ZWE 2012, 131; unstr.

sammlung gefasst werden, sind aber nur rechtswidrig, nicht nichtig. Generell führen Formfehler bei der Beschlussfassung nur zur Anfechtbarkeit, nicht zur Nichtigkeit der Beschlüsse (siehe Rn 1790).

V. Begriffsbestimmungen und Sonderfälle von Beschlüssen

1. Diverse Beschlusstypen und ihre Probleme

158 **Allstimmiger Beschluss.** Er liegt vor, wenn alle Miteigentümer einem Beschlussantrag zugestimmt haben. Da in den Fällen allstimmiger Entscheidungen auch eine Vereinbarung vorliegen kann, kann die Abgrenzung von Beschluss und Vereinbarung schwierig sein (siehe Rn 152).

159 **Deklaratorischer Beschluss.** Er ist i.d.R. als „Auslegungshilfe" gedacht und wiederholt ohne eigenen Regelungsgehalt, was schon in der Gemeinschaftsordnung oder im Gesetz steht. Er ist überflüssig und jedenfalls dann, wenn er Unsicherheit in die bestehende Rechtslage trägt, bei Anfechtung aufzuheben.[50]

160 **Erläuternder Beschluss.** Auch er ist als „Auslegungshilfe" gedacht und definiert beispielsweise, welche baulichen Maßnahmen die Gemeinschaft nicht als störend ansehen würde (z.B. Gartenhäuschen mit bestimmten Maßen). Mangels Kompetenz zur Änderung der Vorgaben des Gesetzes (§ 22 WEG) oder der Gemeinschaftsordnung ist er nichtig.[51]

161 **Einmannbeschluss** in einer Einmannversammlung (nicht zu verwechseln mit dem Einmannbeschluss des Alleineigentümers, siehe Rn 166). Dazu kommt es, wenn nur eine Person in der Versammlung anwesend ist und diese Person genügend Vollmachten zur Erreichung der Beschlussfähigkeit auf sich vereinigt. Nach allg. M. können auf einer solchen „Versammlung" Beschlüsse gefasst werden; es fragt sich nur, wie die Beschlussfassung sich vollziehen soll. Reichlich praxisfern verlangt das OLG München[52] die Feststellung und Bekanntgabe des Beschlussergebnisses in der „Versammlung", also ein Selbstgespräch des Versammlungsleiters. M.E. genügt es in diesem Fall, wenn sich die Feststellung und Bekanntgabe im Kopf des Versammlungsleiters abspielt; hierauf kann aus einem später gefertigten Versammlungsprotokoll oder aus der Beschluss-Sammlung ohne weiteres geschlossen werden.

162 **Einstimmiger Beschluss.** Der Begriff wird unterschiedlich gebraucht, was mitunter beträchtliche inhaltliche Unklarheit zur Folge hat. Teilweise wird darunter ein allstimmiger Beschluss verstanden, teilweise ein Beschluss, dem sämtliche in einer Eigentümerversammlung anwesenden Eigentümer zugestimmt haben, teilweise ein Beschluss, zu dem in einer Eigentümerversammlung keine Nein-Stimmen abgegeben wurden (sodass Enthaltungen der Einstimmigkeit nicht entgegenstehen).[53] Der Begriff sollte wenn möglich vermieden werden. Falls nicht die Gemeinschaftsordnung daran anknüpfen sollte, sind aus der (All- oder) Einstimmigkeit von Beschlüssen keine besonderen Rechtsfolgen herzuleiten; dem Gesetz sind die Begriffe fremd.

163 **Geschäftsordnungsbeschluss.** Er wird ad hoc in der Eigentümerversammlung gefasst und hat keinen über die Organisation der Versammlung hinausgehenden materiellen Regelungsinhalt. Er muss

---

50 LG München I v. 13.2.2012 – 1 S 8790/11, ZMR 2012, 582; LG Karlsruhe v. 3.2.2009 – 11 S 12/07, ZWE 2009, 355. Teilweise wird der deklaratorische Beschluss auch als nichtig oder als Nichtbeschluss betrachtet (*F. Schmidt*, ZWE 2009, 353; BGH v. 25.9.2009 – V ZR 33/09, WuM 2010).
51 LG Hamburg v. 1.6.2012 – 318 S 115/11, ZMR 2013, 60, Rn 24.
52 OLG München v. 11.12.2007 – 34 Wx 14/07, ZMR 2008, 409.
53 So OLG Hamm v. 19.8.2008 – 15 Wx 89/08, ZMR 2009, 219.

in der Tagesordnung nicht angekündigt werden, wird mit Beendigung der Versammlung gegenstandslos und ist deshalb nicht isoliert anfechtbar.[54]

Nichtbeschluss. Es gibt mehrere Varianten: 164

(1) Die Gemeinschaft **lehnt es ab**, über einen **Beschlussantrag** abzustimmen. Rechtsschutzmöglichkeiten für den Antragsteller: Wenn er meint, einen Anspruch auf positive Beschlussfassung zu haben, kann er diesen mit der Regelungsklage gerichtlich geltend machen; eine Beschlussanfechtung ist mangels Beschluss nicht möglich.

(2) Das Ergebnis der Abstimmung auf einer „Zusammenkunft" von Wohnungseigentümern, die nicht als „Eigentümerversammlung" qualifiziert werden kann (siehe Rn 737), ist ein Nichtbeschluss oder **Scheinbeschluss**. 165

(3) Der **Einmannbeschluss** des Alleineigentümers (teilenden Bauträgers) ist ebenfalls ein (nichtiger) Nichtbeschluss.[55] 166

Negativbeschluss. Er liegt vor, wenn die Abstimmung die **Ablehnung eines Beschlussantrags** zum Ergebnis hat. Früher wurde teilweise ein Nicht-Beschluss angenommen. (Zur (fehlenden) materiellen Bindungswirkung und zur Anfechtung siehe Rn 1789.) 167

Umlaufbeschluss. Er hat seine Grundlage in § 23 Abs. 3 WEG. Demnach ist ein Beschluss auch ohne Versammlung gültig, wenn alle Eigentümer ihre Zustimmung dazu schriftlich erklären. Teilweise wird vertreten, dass die Zustimmung auch per Telefax erfolgen könne;[56] das wäre zwar sinnvoll, ist aber mit dem klaren Gesetzeswortlaut nicht zu vereinbaren: Schriftform bedeutet „eigenhändige Unterschrift" (§ 126 Abs. 1 BGB), das Telefax genügt hingegen „nur" der Textform (§ 126b BGB). Wie jeder Beschluss wird auch der Umlaufbeschluss erst mit der Feststellung und einer an alle Wohnungseigentümer gerichteten Mitteilung des Beschlussergebnisses wirksam. Ein Zugang der Mitteilung bei jedem einzelnen Eigentümer ist nicht erforderlich; es genügt jede Form der Unterrichtung (etwa durch einen Aushang oder ein Rundschreiben), die den internen Geschäftsbereich des Feststellenden verlassen hat, und bei der mit einer Kenntnisnahme durch die Wohnungseigentümer gerechnet werden kann.[57] Bis zur Feststellung des Beschlussergebnisses kann die Zustimmungserklärung widerrufen werden.[58] Wurde der Beschluss fehlerhaft festgestellt (z.B. wenn nicht alle Zustimmungen in der richtigen Form vorlagen), ist er zwar anfechtbar, aber nicht nichtig.[59] 168

Zitterbeschluss. Der in Kenntnis (oder unter „Fürmöglichhalten") seiner Anfechtbarkeit gefasste Beschluss, weil die Wohnungseigentümer während des Anfechtungszeitraums gleichsam zittern, ob der Beschluss angefochten wird oder nicht. 169

Zitterbeschlüsse stellten bis zur „Jahrhundertentscheidung" des BGH im Jahr 2000 einen anerkannten Weg zur Änderung der Gemeinschaftsordnung dar; das gilt heute nicht mehr (siehe Rn 126). Bei baulichen Maßnahmen sind sie auch heute noch üblich und möglich (siehe Rn 385, 519). 170

---

[54] BayObLG v. 16.5.2002 – 2Z BR 32/02, ZMR 2002, 844; OLG Hamm v. 14.6.1996 – 15 W 15/96, ZMR 1996, 677.
[55] BGH v. 20.6.2002 – V ZB 39/01, ZMR 2002, 766; OLG Köln v. 15.1.2008 – 16 Wx 141/07, ZMR 2008, 478; OLG München v. 9.1.2006 – 34 Wx 89/05, NZM 2006, 347. Die späteren Wohnungseigentümer haben grundsätzlich ein Rechtsschutzbedürfnis, die Unwirksamkeit derartiger „Nichtbeschlüsse" gerichtlich feststellen zu lassen.
[56] *Jennißen/Elzer*, § 23 Rn 85.
[57] BGH v. 23.8.2001 – V ZB 10/01, ZMR 2001, 809.
[58] OLG Celle v. 8.6.2006 – 4 W 82/06, NZM 2006, 784; str.
[59] AG Hamburg-Barmbeck v. 16.3.2007 – 881 II 34/06, ZMR 2009, 406; str. Im Ergebnis zustimmend und ausführlich zur Problematik *Breiholdt*, ZMR 2010, 169.

2. Der Zweitbeschluss

171 Die Wohnungseigentümergemeinschaft ist befugt, über eine schon geregelte Angelegenheit erneut zu beschließen; das Ergebnis ist der sog. **Zweitbeschluss**. Es ist unerheblich, aus welchen Gründen die Gemeinschaft eine erneute Beschlussfassung für angebracht hält, ob sie also den Erstbeschluss bestätigen, ändern oder aufheben will; so oder so ist die Rechtmäßigkeit des neuen Beschlusses im Ausgangspunkt „aus sich heraus", also unabhängig vom Erstbeschluss, zu beurteilen.[60] (Zum Sonderfall der inhaltsgleichen Wiederholung angefochtener oder gerichtlich für ungültig erklärter Beschlüsse siehe Rn 177.) Der Zweitbeschluss muss aber schutzwürdige Belange eines Wohnungseigentümers aus Inhalt und Wirkungen des Erstbeschlusses beachten,[61] was jedoch nicht bedeutet, dass durch den abändernden Beschluss etwaige tatsächliche Vorteile erhalten bleiben müssten, die ein Wohnungseigentümer nach dem Erstbeschluss gehabt hätte.[62] „Schutzwürdige Belange" werden fast ausschließlich in Fällen vollzogener baulicher Veränderungen anerkannt.

172 *Beispiel*
*Mit dem ersten Beschluss wurde der bereits erfolgte **Umbau** einer Wohnungseingangstür durch Miteigentümer A genehmigt; ferner wurde dem A die Zustimmung zur Anbringung einer Markise erteilt. A brachte die Markise in der Folgezeit nicht an. In einer späteren Eigentümerversammlung wird der Erstbeschluss widerrufen. A ficht den Zweitbeschluss an. – Nur teilweise mit Erfolg. Die bestandskräftige Genehmigung der bereits erfolgten baulichen Veränderung (betreffend die Wohnungseingangstür) führt zu deren Rechtmäßigkeit; dieser Vorteil durfte A nicht mehr genommen werden.[63] Hinsichtlich der (noch nicht angebrachten) Markise ist jedoch noch kein schützenswerter Vertrauenstatbestand des A entstanden, der Zweitbeschluss mithin insoweit rechtmäßig.[64]*

173 Der **inhaltsgleiche** (bestätigende) **Zweitbeschluss** wird i.d.R. gefasst, um formelle Mängel des Erstbeschlusses zu beseitigen. Wurde der Erstbeschluss (z.B. wegen formeller Fehler) angefochten, der daraufhin (formfehlerfrei) gefasste inhaltsgleiche Zweitbeschluss aber nicht, entfällt (erst) mit dem Eintritt der Bestandskraft des Zweitbeschlusses das Rechtsschutzbedürfnis für die Anfechtung des Erstbeschlusses.[65] Wurde der Erstbeschluss hingegen bestandskräftig, fehlt es für die Anfechtung eines inhaltsgleichen Zweitbeschlusses am Rechtsschutzinteresse, weil eine Aufhebung des Zweitbeschlusses keine Auswirkungen auf das durch den Erstbeschluss bereits festgelegte Rechtsverhältnis zwischen den Wohnungseigentümern hätte.[66] Ein Sonderfall liegt vor, wenn ein ausschließlich aus materiellen Gründen angefochtener Beschluss während des laufenden Gerichtsverfahrens oder nach seiner rechtskräftigen Aufhebung inhaltsgleich erneut gefasst wird. Ein solcher Zweitbeschluss bezweckt nicht die „Reparatur" von Formfehlern (was zulässig wäre), sondern pro-

---

[60] BGH v. 23.8.2001 – V ZB 10/01, ZMR 2001, 809, Rn 36; LG Köln v. 21.6.2012 – 29 S 225/11, ZMR 2012, 897; LG Hamburg v. 17.12.2008 – 318 S 91/08, ZMR 2009, 314.
[61] BGH v. 23.8.2001 – V ZB 10/01, ZMR 2001, 809.
[62] OLG Düsseldorf v. 20.3.2000 – 3 Wx 414/99, ZMR 2000, 475; OLG Hamm v. 9.9.2002 – 15 W 235/00, ZMR 2003, 179.
[63] OLG Frankfurt/M. v. 3.9.2004 – 20 W 34/02, MietRB 2005, 206; umgekehrter Fall bei OLG Düsseldorf v. 30.10.2000 – 3 Wx 318/00, ZMR 2001, 130: Rechtswidriger Zweitbeschluss, der die Anbringung von Außenrollläden erlaubt, nachdem der bestandskräftige Erstbeschluss deren Beseitigung gefordert hatte.
[64] OLG Frankfurt/M. v. 3.9.2004 (Vornote).
[65] BGH v. 24.5.2013 – V ZR 182/12, NJW 2013, 2271, Rn 22. Prozessuale Konsequenz für den Kläger: Erledigterklärung. *Vor* dem Eintritt der Bestandskraft hat der Zweitbeschluss keine unmittelbaren Auswirkungen auf die Anfechtung des Erstbeschlusses (KG v. 18.5.2009 – 24 W 17/08, ZMR 2009, 790; unstr.); insbesondere kann nicht unterstellt werden, dass der Zweitbeschluss den Erstbeschluss aufheben soll (OLG Frankfurt v. 1.11.2012 – 20 W 12/08, NZM 2013, 153, Rn 131).
[66] BGH v. 23.8.2001 – V ZB 10/01, ZMR 2001, 809, Rn 8.

voziert eine weitere Anfechtungsklage mit demselben Inhalt wie die bereits laufende bzw. schon abgeschlossene; der Zweitbeschluss entspricht schon aus diesem Grund nicht ordnungsmäßiger Verwaltung (str.).[67]

Wenn ein rechtswidriger Beschluss bestandskräftig wurde, hat ein Miteigentümer im Normalfall weder einen **Anspruch** darauf, dass die Ausführung des Beschlusses unterbleibt (siehe Rn 1472), noch darauf, dass zu dem betreffenden Gegenstand (unter Aufhebung des bisherigen Beschlusses) ein rechtmäßiger Zweitbeschluss gefasst wird; obwohl es ja vorkommen kann, dass die „schädliche Wirkung" eines Beschlusses (z.B. generelles Tierhalteverbot in der Hausordnung: rechtswidrig, aber bestandskräftig, siehe Rn 324) erst Jahre später zum Tragen kommt. Es gelten die allgemeinen Bestimmungen: Demnach besteht ein Anspruch auf Beschlussfassung gem. § 21 Abs. 4 WEG nur dann, wenn die begehrte Regelung dringend geboten ist (siehe Rn 713), oder wenn die (äußerst engen) Voraussetzungen des § 10 Abs. 2 WEG (siehe Rn 232 ff.) vorliegen, oder „allenfalls bei einer schwerwiegenden nachträglichen Änderung der tatsächlichen Verhältnisse";[68] dann soll das Gericht gem. § 21 Abs. 8 WEG sogar eine Suspendierung des Beschlusses anordnen können.[69]

174

3. Der bedingte Beschluss

Ein Beschluss kann im Prinzip, wie jedes Rechtsgeschäft, unter eine (aufschiebende oder auflösende) **Bedingung** gestellt werden (§ 158 BGB). So spricht z.B. nichts dagegen, die Einleitung gerichtlicher Schritte unter der (auflösenden) Bedingung zu beschließen, dass der Bauträger bestimmte Mängel nicht noch innerhalb einer bestimmten Frist beseitigt. Gegen aufschiebende Bedingungen bestehen aber Bedenken. Wenn z.B. eine bestimmte Reparaturmaßnahme unter der Bedingung beschlossen wird, dass die erforderlichen Maßnahmen zuvor sachverständig festgestellt werden, dann steht noch gar nicht fest, was genau die Gemeinschaft beauftragen will; das ist aber ein Erfordernis ordnungsmäßiger Beschlussfassung (siehe Rn 530). Problematisch ist auch der bedingte Beschluss einer Jahresabrechnung, z.B. unter der Bedingung, dass ein in der Eigentümerversammlung nicht anwesender Miteigentümer sie innerhalb von zwei Wochen ebenfalls genehmigt;[70] oder vorbehaltlich einer Prüfung durch den Verwaltungsbeirat;[71] oder vorbehaltlich bestimmter Korrekturen durch den Verwalter usw. Die bislang vorliegende, spärliche Rechtsprechung hält derartige Bedingungen für rechtlich zulässig. Demnach hängt die Wirksamkeit des Abrechnungsbeschlusses vom Eintritt der Bedingung ab; die Anfechtungsfrist beginnt gleichwohl am Tag der Beschlussfassung zu laufen. M.E. wird aber durch die (in der Praxis meistens unklar gefassten und unbefristeten) Bedingungen eine mit ordnungsmäßiger Verwaltung unvereinbare Unsicherheit über die Wirksamkeit der Abrechnungsbeschlusses begründet. Der Eintritt der Bedingung kann zweifelhaft oder umstritten sein; dazu kommt das Problem, dass die Miteigentümer sich hierüber nicht aus dem Versammlungsprotokoll informieren können. Letztlich ist unklar, wer in welcher Weise die (an sich der Gemeinschaft obliegende) Feststellung treffen soll, ob der Beschluss nun in Kraft getreten ist oder nicht. Daher ist ein Beschluss von Jahresabrechnung (oder Wirtschaftsplan) „unter Vorbehalt" entweder so auszulegen, dass mangels beschlussreifer Vorlage noch

175

---

[67] LG München I v. 10.6.2010 – 36 S 3150/10, ZMR 2010, 877; AG Neukölln v. 2.12.2004 – 70 II 113/04, ZMR 2005, 235. A.A. LG Hamburg v. 11.2.2011 – 318 S 12/10, NZM 2012, 281: Wiederholungsbeschluss sei nur rechtswidrig, wenn er allein in der Hoffnung gefasst werde, nach der dritten oder fünften Wiederholung werde die Minderheit die Anfechtungsfrist versäumen oder erschöpft aufgeben. Wie aber will man diese subjektive „Hoffnung" verlässlich feststellen?
[68] So BGH v. 30.2.2012 – V ZR 83/11, ZWE 2012, 218 ohne Problematisierung.
[69] So (dogmatisch fragwürdig) BGH v. 24.5.2013 – V ZR 220/12, ZMR 2013, 909.
[70] OLG Köln v. 22.9.2004 – 16 Wx 142/04, ZMR 2005, 227.
[71] BayObLG v. 14.8.1996 – 2Z BR 77/96, ZMR 1996, 680.

überhaupt kein endgültiger (fälligkeitsbegründender) Abrechnungsbeschluss gefasst werden sollte;[72] oder er ist wegen fehlender Bestimmtheit nichtig. In jedem Fall entspricht er nicht ordnungsmäßiger Verwaltung. Wenn die Abrechnung nicht beschlussreif ist, muss ihr die Genehmigung versagt und der Beschluss ggf. auf einer weiteren Versammlung nachgeholt werden.

VI. Fehlerhafte Beschlüsse und ihre Folgen

1. Übersicht

176 „Fehlerhaftigkeit" ist der Oberbegriff. Ein Beschluss ist fehlerhaft (anders ausgedrückt: er leidet an Beschlussmängeln), wenn er rechtswidrig (= ordnungsmäßiger Verwaltung widersprechend) oder nichtig ist. Einen streitigen Sonderfall stellt die schwebende Unwirksamkeit dar. Diese drei Kategorien werden nachfolgend erörtert.

177 Gegen den Vollzug fehlerhafter, nicht bestandskräftiger Beschlüsse ist einstweiliger Rechtsschutz möglich (siehe Rn 191). Nach der gerichtlichen Ungültigerklärung (Aufhebung) eines Beschlusses können Schadenersatz- oder Folgenbeseitigungsansprüche bestehen (siehe Rn 201).

2. Rechtswidrigkeit

178 Rechtswidrig ist ein Beschluss, der gegen das Gesetz oder gegen eine Vereinbarung der Wohnungseigentümer verstößt, aber nicht nichtig ist. Man nennt ihn auch „(nur) anfechtbar", um die Abgrenzung zur Nichtigkeit (die keiner Anfechtung bedarf) zu verdeutlichen. Ein Beschlussmangel hat grundsätzlich „nur" die Anfechtbarkeit zur Folge hat, außer wenn „sogar" ein Nichtigkeitsgrund vorliegt. Unterschieden werden **materielle** und **formelle** Beschlussmängel; dies hat freilich keine rechtliche Bedeutung, sondern dient nur der Systematisierung. Ein materieller Mangel liegt insbesondere dann vor, wenn ein Beschluss gegen die Grundsätze ordnungsmäßiger Verwaltung verstößt. Ein formeller Fehler („Formfehler") liegt insbesondere dann vor, wenn bei der Einberufung und der Durchführung der Eigentümerversammlung sowie bei der Beschlussfeststellung Fehler gemacht wurden. Als Faustregel gilt: Formfehler machen einen Beschluss „nur" anfechtbar, aber nicht nichtig (siehe im Einzelnen Rn 1790).

179 Ein rechtswidriger Beschluss ist **wirksam**, aber noch nicht (end-)gültig,[73] da er gerichtlich für ungültig erklärt werden kann. Die Rechtswidrigkeit von Beschlüssen kann nur im Wege der Beschlussanfechtungsklage geltend gemacht werden. Auch der rechtswidrige Beschluss ist zu vollziehen (siehe Rn 1471).

3. Nichtigkeit

180 Gem. § 23 Abs. 4 WEG ist ein Beschluss nichtig, der gegen eine Rechtsvorschrift verstößt, auf deren Einhaltung rechtswirksam nicht verzichtet werden kann. Diese Bestimmung beinhaltet im Ergebnis nicht mehr und nicht weniger als einen Hinweis auf die Geltung der allgemeinen gesetzlichen Bestimmungen über die Nichtigkeit von Rechtsgeschäften. Nichtig ist also z.B. ein Beschluss, der gegen die guten Sitten verstößt (§ 138 BGB), wobei dieser Nichtigkeitsgrund in der Praxis kaum eine Rolle spielt. Zur Nichtigkeit führt auch der Verstoß gegen ein gesetzliches Verbot (§ 134 BGB). Als Verstoß gegen unverzichtbare Rechtsvorschriften gilt auch die Beschlussfassung **ohne Beschlusskompetenz**. Dieser erst in der Entscheidung des BGH vom 20.9.2000 (siehe

---

72 So OLG Frankfurt/M. v. 1.3.2005 – 20 W 350/03, MietRB 2006, 296.
73 Der Begriff „gültig" wird im Gesetz nicht einheitlich gebraucht. Der BGH definiert im Beschl. v. 3.7.1997 – V ZB 2/97, ZMR 1997, 531 wie folgt: Gültig = nicht anfechtbar, wirksam = nicht nichtig. Das ist aber nicht richtig, denn auch der anfechtbare Beschluss ist gültig; sonst könnte/müsste er ja nicht für ungültig erklärt werden.

Rn 127) „entdeckte" Nichtigkeitsgrund ist von derart überragender Bedeutung, dass seitdem die anderen Nichtigkeitsgründe in den Hintergrund treten bzw. darin aufgehen. Das gilt insbesondere für den „Eingriff in den Kernbereich des Wohnungseigentums", der bei den Nichtigkeitsgründen früher die Hauptrolle spielte. Da es für Beschlüsse mit einem in den Kernbereich des Wohnungseigentums eingreifenden Inhalt regelmäßig an der Beschlusskompetenz fehlt, ist der „Kernbereichseingriff" im Grunde mit der fehlenden Beschlusskompetenz gleichzusetzen.

Unter den Nichtigkeitsgründen hat ferner der vorsätzliche Verstoß gegen die Mitwirkungsrechte von Wohnungseigentümern eine gewisse eigenständige Bedeutung. So führt der gezielte Ausschluss einzelner Eigentümer von einer Eigentümerversammlung zur Nichtigkeit aller auf der Versammlung gefassten Beschlüsse (siehe Rn 1792). Außerhalb der zwingenden Vorschriften des WEG spielt z.B. der Verstoß gegen die Bestimmungen der HeizkV (siehe Rn 977) eine Rolle. Nichtig ist auch ein willkürlicher Beschluss.[74]

181

Fehlt dem Beschluss die notwendige **Bestimmtheit**, ist er nach der Rechtsprechung nichtig, wenn er überhaupt keine durchführbare Regelung mehr erkennen lässt, – Beispiele: Hausordnungsklauseln (siehe Rn 311, 319); Rückbaubeschluss (siehe Rn 480); Instandsetzungsarbeiten (siehe Rn 530); Gestattungsbeschluss bei baulichen Maßnahmen (siehe Rn 571) –[75] insbesondere wenn er in sich widersprüchlich ist; andernfalls ist er nur anfechtbar.[76] Ob er ausreichend bestimmt ist, ist nach den für seine Auslegung maßgeblichen Grundsätzen zu beurteilen: Er muss seinen Regelungsgehalt „aus sich heraus" erkennen lassen (siehe Rn 145).

182

Nichtige Beschlüsse sind auch **ohne gerichtliche Entscheidung unwirksam**. Das ist selbstverständlich (und ergibt sich deklaratorisch aus § 23 Abs. 4 WEG), weil ein nichtiges Rechtsgeschäft die gewollten Rechtswirkungen von Anfang an nicht eintreten lässt. Die Nichtigkeit wirkt für und gegen alle, bedarf keiner Geltendmachung und ist im gerichtlichen Verfahren von Amts wegen zu berücksichtigen.[77] Obwohl eine gerichtliche Entscheidung nicht konstitutiv für die Nichtigkeit von Beschlüssen ist, kann ein rechtliches Interesse an einer entsprechenden (deklaratorischen) Feststellung bestehen. Die Feststellung der Nichtigkeit von Beschlüssen kann daher unbefristet **gerichtlich** geltend gemacht werden.[78] Gegner der Feststellungsklage ist (bedauerlicher Weise) nicht der Verband; sie muss vielmehr – wie die Anfechtungsklage – gegen alle übrigen (nicht auf Klägerseite stehenden) Eigentümer erhoben werden, denn nach h.M. ist die interne Willensbildung betroffen, wofür der Verband nicht passivlegitimiert ist.

183

▼

Muster 2.1: Klageantrag auf Feststellung der Beschlussnichtigkeit

184

Es wird festgestellt, dass der auf der Eigentümerversammlung vom 7.8.2014 zu TOP 3 gefasste Beschluss nichtig ist.

▲

Wird ein Beschluss fristgerecht angefochten, kann und muss das Gericht im **Beschlussanfechtungsverfahren** auch ohne dahingehende Rüge oder Antragstellung die Nichtigkeitsgründe prüfen. Denn die Anfechtungsklage verfolgt das Ziel, unter jedem rechtlichen Gesichtspunkt eine ver-

185

---

74 BGH v. 10.9.1998 – V ZB 11/98, ZMR 1999, 41 (obiter dictum).
75 Weitere Beispiele bei *Hogenschurz*, Unbestimmtheit von Eigentümerbeschlüssen, ZMR 2011, 928.
76 BGH v. 10.9.1998 – V ZB 11/98, ZMR 1999, 41; LG Hamburg v. 28.3.2012 – 318 S 45/11, ZMR 2012, 657; OLG Düsseldorf v. 23.9.2008 – 3 Wx 272/07, WuM 2009, 63 (unklarer Beschluss betr. Baumängel, Sanierungsbeauftragung, Gutachtenerstellung und Klageerhebung).
77 BGH v. 18.5.1989 – V ZB 4/89, NJW 1989, 2059; unstr.
78 BGH v. 1.6.2012 – V ZR 225/11, ZMR 2012, 709, Rn 9.

bindliche Klärung der Gültigkeit des angefochtenen Eigentümerbeschlusses herbeizuführen.[79] Allerdings muss der zur Nichtigkeit führende Lebenssachverhalt vom Kläger vorgetragen werden; das Gericht darf nicht von sich aus Tatsachen berücksichtigen, die der Kläger – wenn auch nur versehentlich – nicht vorgetragen hat. Deshalb soll das Gericht den Kläger darauf hinweisen, wenn er Nichtigkeitsgründe[80] „erkennbar übersehen" hat (§ 46 Abs. 2 WEG), damit er seinen Vortrag entsprechend anpassen kann.

186 Ein fristgerecht angefochtener Beschluss ist mithin sowohl dann aufzuheben, wenn Anfechtungsgründe vorliegen, als auch dann, wenn Nichtigkeitsgründe vorliegen; es kann sogar **offen bleiben**, in welche Kategorie der Aufhebungsgrund fällt.[81] Der Klageantrag kann stets ohne weiteres lauten: „Der Beschluss wird für ungültig erklärt". Die früher üblichen „Hilfsanträge" auf Feststellung der Nichtigkeit sind bei Einreichung einer Beschlussanfechtungsklage entbehrlich. Wenn im Urteil offen bleibt, ob der Beschluss nichtig oder „nur" rechtswidrig ist, kann der Urteilstenor[82] ebenfalls lauten: „Der Beschluss wird für ungültig erklärt".[83] Nur wenn das Gericht ausweislich der Begründung zum Ergebnis der Nichtigkeit kommt, kann (nicht muss) es tenorieren: „Es wird festgestellt, dass der Beschluss nichtig ist";[84] ein dahingehender Antrag ist nicht erforderlich, weil (wie erwähnt) die Feststellung der Nichtigkeit ohne weiteres im Beschlussanfechtungsantrag enthalten ist.

187 Wird umgekehrt die Beschlussanfechtungsklage rechtskräftig als unbegründet abgewiesen, steht endgültig fest, dass der betreffende Beschluss gültig ist und auch keine Nichtigkeitsgründe vorliegen (§ 48 Abs. 4 WEG). Das gilt auch dann, wenn im Beschlussanfechtungsverfahren Nichtigkeitsgründe übersehen wurden; durch eine abgewiesene Beschlussanfechtungsklage lässt sich deshalb ein nichtiger Beschluss in einen wirksamen Beschluss „verwandeln" (siehe Rn 218).

4. Schwebende Unwirksamkeit

188 Sie liegt nach h.M. vor, wenn dem Beschluss eine nachholbare besondere Wirksamkeitsvoraussetzung **fehlt**.

189 *Beispiele*
- Die Zustimmung dinglicher Gläubiger zu einem auf der Basis einer Öffnungsklausel gefassten Beschluss über die Begründung von Sondernutzungsrechten (siehe Rn 106);
- Die Zustimmung eines Miteigentümers, dem per Beschluss Instandhaltungsarbeiten übertragen werden sollen (siehe Rn 527);
- Die Feststellung und Bekanntgabe des Beschlussergebnisses (siehe Rn 862);
- Die Unterzeichnung des Versammlungsprotokolls durch bestimmte Personen, sofern die Gemeinschaftsordnung dies für die Beschlussfassung konstitutiv verlangt (siehe Rn 874).

190 Wenn der schwebend unwirksame Beschluss Gegenstand der gerichtlichen Überprüfung ist (Beschlussanfechtung oder Klage auf Feststellung der Nichtigkeit), ist die Nachholung längstens bis zur letzten mündlichen Verhandlung möglich; mit der gerichtlichen Entscheidung steht die Unwirksamkeit nämlich endgültig fest. All' dies ist aber reichlich theoretisch: Die Konstruktion der

---

79 BGH v. 2.10.2009 – V ZR 235/08, WuM 2009, 686; BGH v. 20.5.2011 – V ZR 175/10, ZWE 2011, 331.
80 § 45 Abs. 2 WEG spricht analog § 23 Abs. 4 S. 1 WEG davon, dass der Beschluss „gegen eine Rechtsvorschrift verstößt, auf deren Einhaltung rechtswirksam nicht verzichtet werden kann"; gemeint sind ausweislich der Begründung der WEG-Novelle aber generell Nichtigkeitsgründe.
81 BGH v. 2.10.2009 – V ZR 235/08, WuM 2009, 686.
82 Fachausdruck für die „Urteilsformel" i.S.v. § 313 Nr. 4 ZPO.
83 BGH v. 2.10.2009 – V ZR 235/08, WuM 2009, 686.
84 AG Bremen v. 9.10.2009 – 29 C 46/09, WuM 2009, 683.

„schwebenden Unwirksamkeit" wirft dogmatisch und in der Praxis ungeklärte Fragen auf[85] und ist richtiger Ansicht nach abzulehnen.[86]

5. Einstweiliger Rechtsschutz gegen den Vollzug fehlerhafter Beschlüsse

Auch anfechtbare oder angefochtene Beschlüsse sind, solange sie nicht rechtskräftig für ungültig erklärt wurden, wirksam und auszuführen; die Anfechtungsklage hat keine aufschiebende Wirkung.[87] Gegen den Vollzug kommt aber einstweiliger Rechtsschutz in Betracht. Anwendungsfälle sind vor allem die fehlerhafte Verwalterwahl (siehe Rn 1284), unberechtigte Eigentümerversammlungen (siehe Rn 749) und bevorstehende Baumaßnahmen, die auf fehlerhaften Beschlüssen beruhen. Die prozessualen Fragen werden im folgenden Fall am Beispiel des **Baustopps** erörtert. 191

> *Beispiel* 192
> Aus dringendem Anlass wird eine teure Dachsanierung beschlossen, allerdings ohne die Miteigentümer in der Versammlung ausreichend zu informieren und ohne Vorlage von Vergleichsangeboten. A erhebt gegen den Beschluss Anfechtungsklage und fordert den Verwalter auf, von der Auftragserteilung bis zur Entscheidung über die Anfechtungsklage abzusehen. Der Verwalter schickt sich gleichwohl an, die Sanierung zu beauftragen. A möchte dies mit einstweiligem Rechtsschutz verhindern.

Für A stellt sich im Beispielsfall zunächst die Frage nach dem richtigen **Antragsgegner**. Nach h.M. ist der Antrag gegen die übrigen Miteigentümer zu richten;[88] das ist insofern konsequent, als die Suspendierung des Beschlusses der Sache nach einen aufhebenden Zweitbeschluss darstellt. Auf der anderen Seite geht es um die Verhinderung des Beschlussvollzugs; und weil der Sanierungsauftrag im Namen der Gemeinschaft erteilt wird, ist richtiger Weise diese auf Unterlassung in Anspruch zu nehmen.[89] Zu bedenken ist ferner, dass es der Verwalter ist, der – falls noch nicht geschehen – den Sanierungsauftrag erteilt. Zwar wird vertreten, dass ein (nur) gegen den Verwalter gerichteter Unterlassungsantrag unzulässig sei;[90] solange aber hierzu eine höchstrichterliche Entscheidung fehlt, ist der Versuch, einen Unterlassungstitel gegen den Verwalter zu erwirken, jedenfalls nicht aussichtslos.[91] Für einen solchen Versuch spricht der praktische Gesichtspunkt, dass ein Titel gegen die Miteigentümer und gegen den Verband praktisch nicht vollstreckt werden können, sehr wohl aber ein solcher gegen den Verwalter. Sicherheitshalber ist deshalb zu empfehlen, den Antrag gegen alle zu richten, wobei der Verwalter in Personalunion Antragsgegner und Vertreter der übrigen Antragsgegner ist; allerdings muss der Antragsteller in diesem Fall ein Teilunterliegen mit entsprechender Kostenquote einkalkulieren. 193

---

85 Thematisiert z.B. von *Abramenko*, MietRB 2011, 96.
86 Zutreffend resümiert OLG Frankfurt v. 17.1.2011 – 20 W 500/08, ZWE 2011, 363, Rn 50: „Schwebend unwirksame Beschlüsse sind der Systematik des Wohnungseigentumsrechts fremd. Fehlerhafte Beschlüsse sind entweder anfechtbar oder nichtig".
87 LG Frankfurt v. 17.3.2010 – 13 S 32/09, ZMR 2010, 787; unstr.
88 LG Köln v. 9.8.2012 – 29 S 120/12, ZMR 2012, 992; LG Frankfurt v. 17.3.2010 – 13 S 32/09, ZMR 2010, 787; Beck OK-WEG/*Elzer* Ed. 17 § 43 Rn 30; *Dötsch/Hogenschurz*, Passivlegitimation beim einstweiligen Rechtsschutz, ZWE 2013, 308.
89 So auch *Müller*, Praktische Fragen, 10. Teil Rn 80, aber nur für den Zeitraum ab Auftragsvergabe; vorher sei der Verwalter auf Unterlassung der Auftragsvergabe in Anspruch zu nehmen. *Müller* folgend AG Calw v. 11.5.2012 – 10 C 306/12, ZMR 2012, 824.
90 LG Frankfurt v. 17.3.2010 – 13 S 32/09, ZMR 2010, 787; LG Köln v. 23.3.2011 – 29 S 24/11, ZMR 2011, 827.
91 Erfolgreich war der Antrag bei AG Calw v. 11.5.2012 – 10 C 306/12, ZMR 2012, 824 und AG Hamburg v. 4.2.2010 – 102d C 11/10, ZMR 2010, 477.

194 **Muster 2.2: Antrag auf einstweilige Regelungsvergütung**

An das Amtsgericht

Namens und in Vollmacht von

Achim Acker, Heinestraße 12, 75234 Musterstadt,

– Antragsteller –

beantrage ich – wegen Dringlichkeit ohne mündliche Verhandlung – den Erlass einer

einstweiligen Regelungsverfügung gem. §§ 43 Nr. 1, 3 WEG, 935 ZPO

gegen
1. die übrigen Miteigentümer der Wohnungseigentümergemeinschaft Heinestraße 12, 75234 Musterstadt gemäß beiliegender Liste [falls vorhanden],
   Zustellungsvertreter: Die WEG-Verwalterin X-Immobilien GmbH, vertreten durch den Geschäftsführer Xaver Xentis, Zenstraße 5, 75234 Musterstadt
   Ersatzzustellungsvertreter [*falls vorhanden*]: Berthold Berger, Heinestr. 12, 75234 Musterstadt
2. die Wohnungseigentümergemeinschaft Heinestraße 12, 75234 Musterstadt,
   vertreten durch die WEG-Verwalterin X-Immobilien GmbH, diese vertreten durch den Geschäftsführer Xaver Xentis, Zenstraße 5, 75234 Musterstadt
3. X-Immobilien GmbH, vertreten durch den Geschäftsführer Xaver Xentis, Zenstraße 5, 75234 Musterstadt

– Antragsgegner –

des Inhalts:
1. Der Beschluss der Wohnungseigentümerversammlung vom 12.5.2014 zu TOP 3 (Dachsanierung) wird bis zu einer rechtskräftigen Entscheidung über die dagegen erhobene Anfechtungsklage (Az.:) einstweilen außer Kraft gesetzt. Den Antragsgegnern wird untersagt, den Beschluss ausführen zu lassen.
2. Für den Fall der Zuwiderhandlung wird den Antragsgegnern ein Ordnungsgeld von bis zu 25.000,00 EUR, ersatzweise Ordnungshaft, angedroht.

195 Bei der Frage der **Begründetheit** findet nach h.M. eine Abwägung der beiderseitigen Interessen statt.[92] Dabei ist die Grundsatzentscheidung des Gesetzgebers zu berücksichtigen, wonach die Anfechtungsklage keine aufschiebende Wirkung hat und demnach auch angefochtene Beschlüsse zu vollziehen sind. Der Erlass der einstweiligen Verfügung kommt deshalb nur in Betracht, wenn mindestens eine der beiden folgenden Voraussetzungen vorliegt:

196 ■ Der bei Durchführung des Beschlusses entstehende Schaden ist irreversibel oder zumindest erheblich größer als der bei Nichtausführung entstehende (Verfügungsgrund).[93]
■ Die Rechtswidrigkeit des Beschlusses ist offenkundig (str.).[94]

---

92 A.A. *Abramenko,* Der einstweilige Rechtsschutz in WEG-Sachen, ZMR 2010, 329, 333.
93 LG Köln v. 4.7.2012 – 29 S 120/12, ZMR 2012, 993; LG Koblenz v. 5.4.2012 – 2 T 141/12, ZMR 2012, 661.
94 LG München I v. 8.8.2008 – 1 T 13169/08, WuM 2009, 321, ZMR 2009, 73; AG München v. 8.4.2009 – 485 C 330/09.

Im obigen Beispielsfall dürfte der Antrag begründet sein: Zwar ist die Abdichtung dringend; der Beschluss ist aber offenkundig rechtswidrig (siehe Rn 525 ff.) und mit den Arbeiten wurde noch nicht begonnen. Anders wäre es, wenn zum Zeitpunkt der Entscheidung die Arbeiten schon fortgeschritten wären; dann müsste der Antrag zurückgewiesen werden.

> *Tipp*
> Ein Antrag auf Baustopp im Wege einstweiliger Verfügung ist nur aussichtsreich, wenn er vor Baubeginn gestellt wird. Wird der Antrag rechtzeitig gestellt, aber nicht rechtzeitig positiv beschieden, bleibt dem Antragsteller nach dem Beginn bzw. ab einem gewissen Fortschritt der Arbeiten nur die Erledigterklärung, um wenigstens eine günstige Kostenentscheidung zu erwirken.

Der **Streitwert** des einstweilige-Verfügungs-Verfahrens wird mit einem Bruchteil (i.d.R. $^1/_3$ bis $^1/_2$) des Hauptsachestreitwerts angesetzt.[95]

Die **Beschlussanfechtungsklage** bleibt vom Ausgang des einstweilige-Verfügungs-Verfahrens unberührt, schon weil die rechtskräftige Ungültigerklärung Voraussetzung für die etwaige Geltendmachung eines Folgenbeseitigungsanspruches (siehe nachfolgend) oder für die Freistellung von den Kosten der Baumaßnahme (siehe Rn 205, 510) sein kann.

6. Folgen der Ungültigerklärung von Beschlüssen, Folgebeseitigungs- und Schadensersatzanspruch

Durch die Ungültigerklärung (untechnisch spricht man häufig auch von der „Aufhebung") wird der Beschluss rückwirkend beseitigt. Schwierigkeiten treten immer dann auf, wenn ein Beschluss bereits ausgeführt wurde. Aus Gründen des Verkehrsschutzes wird mit der Rückwirkung nicht ernst gemacht, wenn auf der Grundlage des Beschlusses Verträge abgeschlossen wurden; vielmehr wirkt die Aufhebung dann nur für die Zukunft (ex nunc, siehe Rn 1283).

Der Vollzug eines Beschlusses führt nicht dazu, dass eine Beschlussanfechtungsklage für erledigt erklärt werden müsste (siehe Rn 1776), denn die Ungültigerklärung ist vielfach Voraussetzung nachfolgender Ansprüche. Nach rechtskräftiger Ungültigerklärung wird die Gemeinschaft je nach Fall über den betreffenden Sachverhalt neu beschließen. Sie *muss* dies tun, wenn ein Miteigentümer (meistens einer derjenigen, die bei der für ungültig erklärten Beschlussfassung überstimmt wurden) die Folgenbeseitigung verlangt. Häufig ist in diesem Zusammenhang (entsprechend den im Verwaltungsrecht nach Aufhebung rechtswidriger Verwaltungsakte entwickelten Grundsätzen) von einem **Folgenbeseitigungsanspruch** die Rede. Dieser soll den Inhalt haben, dass die Situation hergestellt wird, die ohne die Ausführung des aufgehobenen Beschlusses bestehen würde. Im Grundsatz ist dieser Anspruch in Rechtsprechung[96] und Literatur[97] anerkannt; tiefgründige Erörterungen oder konkret entschiedene Fälle sind dazu aber nicht bekannt. Letztlich handelt es dabei um nichts anderes als eine Ausprägung des „normalen" Anspruchs gem. § 21 Abs. 4 WEG auf ordnungsmäßige Verwaltung. Solange aus dem Begriff „Folgenbeseitigungsanspruch" keine Rechtsfolgen hergeleitet werden (als ob es sich um eine spezielle eigenständige Anspruchsgrundlage handelte), spricht nichts gegen seine Verwendung, um schlagwortartig zu kennzeichnen, worum es in diesem speziellen Anwendungsfall des § 21 Abs. 4 WEG in tatsächlicher Hinsicht geht. Wie immer

---

95 *Zöller*, ZPO, 30. A. 2014, § 3 Rn 16.
96 KG v. 28.1.1998 – 24 W 7648/96, ZMR 1998, 370; BayObLG v. 21.2.1990 – BReg 1 b Z 43/88, WuM 1990, 366.
97 *Jennißen/Elzer*, vor §§ 23–25 Rn 29 ff.; *M. Schmid*, Beschluss über Baumaßnahmen – nach Ausführung für ungültig erklärt. Was dann?, ZWE 2013, 111.

gelten die allgemeinen Grenzen von Treu und Glauben, sodass keine Folgenbeseitigung verlangt werden kann, wenn dies nur unter unverhältnismäßigen, unzumutbaren Aufwendungen möglich wäre, wovon aber nicht auszugehen ist, wenn die Mehrheit sich des Risikos einer Beschlussdurchführung trotz drohender Anfechtungsklage bewusst war.

203 Eine rechtswidrige (= gegen das Gebot ordnungsmäßiger Verwaltung verstoßende) Beschlussfassung kann ferner einen **Schadensersatzanspruch** gem. § 280 Abs. 1 BGB begründen. Ersatzansprüche wurden von den Gerichten bislang aber nur in den Fällen unterlassener Instandhaltungsmaßnahmen zugesprochen (siehe Rn 1622). Dabei stellt sich die Frage, ob Ansprüche gegen den Verband oder gegen die einzelnen Miteigentümer (je nach Abstimmungsverhalten) bestehen. Nach hier vertretener Auffassung kommt eine Haftung der einzelnen Wohnungseigentümer für fehlerhafte Beschlussfassung nicht in Betracht: Zwar begründet das Wohnungseigentum Sonderbeziehungen zwischen den Miteigentümern, die den Anwendungsbereich einer vertraglichen Haftung gem. § 280 Abs. 1 BGB eröffnen. Den einzelnen Miteigentümer trifft aber keine individuelle Pflicht, in einer bestimmten Weise abzustimmen oder sich überhaupt an einer Beschlussfassung zu beteiligen. Eine solche Pflicht ergibt sich auch nicht aus § 21 Abs. 4 WEG, denn der Anspruch auf ordnungsmäßige Verwaltung richtet sich bei vernünftiger Auslegung nicht individuell gegen alle Miteigentümer, sondern ist die Grundlage der gerichtlichen Inhaltskontrolle im Beschlussanfechtungsverfahren. Eine fehlerhafte, insbes. eine unterlassene Beschlussfassung ist m.E. aber dem Verband zuzurechnen; genau genommen entsteht der „Verbandswille" durch die Beschlussfassung der Miteigentümer und sind deren Beschlüsse zugleich solche des Verbandes. Der Verband, nicht die einzelnen Miteigentümer, haftet deshalb den Miteigentümern für eine fehlerhafte Beschlussfassung, und zwar i.S. einer eigenen Haftung für das fehlerhafte, ordnungsmäßiger Verwaltung widersprechende Ergebnis (und nicht i.S. einer Haftung für das Stimmverhalten seiner Miteigentümer).

204 Die **praktische Umsetzung** des Folgenbeseitigungsanspruchs vollzieht sich in der Weise, dass der die Folgenbeseitigung beanspruchende Miteigentümer einen entsprechenden Antrag zur Beschlussfassung stellt und ihn erforderlichenfalls mittels einer Regelungsklage gerichtlich durchsetzt (siehe Rn 715). Entgegen einer in der Literatur verschiedentlich vertretenen Auffassung ist es also nicht erforderlich oder auch nur möglich, den Folgenbeseitigungsanspruch nur gegen die Miteigentümer zu richten, die ehedem für den aufgehobenen Antrag gestimmt hatten; die Regelungsklage richtet sich vielmehr gegen alle übrigen Miteigentümer.

205 Eine wesentliche Frage im Zuge der Folgenbeseitigung betrifft die **Kostentragung**. Zunächst stellt sich die Frage, nach welchem Schlüssel Kosten für ungültig erklärter gemeinschaftlicher Maßnahmen zu verteilen sind; es ist der allgemeine Kostenverteilungsschlüssel. Das gilt auch und insbesondere dann, wenn ein Beschluss über eine Instandhaltungsmaßnahme für ungültig erklärt wird; dann ist nicht etwa § 16 Abs. 6 WEG anzuwenden (zu dieser Bestimmung siehe Rn 510), denn: „Eine Instandhaltungsmaßnahme, die nicht ordnungsgemäßer Verwaltung entspricht, wird dadurch nicht zur baulichen Veränderung".[98] Als nächstes stellt sich die Frage, wer an den Kosten der Folgenbeseitigung zu beteiligen ist. Bestünde generell eine individuelle Schadensersatzhaftung der Miteigentümer, deren Stimmen zum aufgehobenen Beschluss führten, müssten konsequenter Weise im Wege des Schadensersatzes nur diese verpflichtet sein, die Kosten der Folgenbeseitigung zu tragen. Dies wird aber zu Recht nicht vertreten. Statt dessen hat die Rechtsprechung entschie-

---

[98] BGH v. 13.5.2011 – V ZR 202/10, NZM 2011, 551, Rn 15; LG Hamburg v. 1.6.2010 – 318 T 154/07, ZMR 2010, 791. Überholt ist somit OLG Hamm v. 3.1.2008 – 15 W 240/07, ZMR 2009, 58. A.A. offenbar LG Köln v. 4.7.2012 – 29 S 120/12, ZMR 2012, 993.

den, dass die Folgenbeseitigung (im Fall: Rückbau) gem. § 16 Abs. 2 WEG von allen Miteigentümern zu bezahlen sei.[99]

Im Fall unzulässiger baulicher Maßnahmen (z.B. rechtswidrige Farbgebung beim Fassadenanstrich, siehe Rn 406) wird man einen Anspruch auf **Rückgängigmachung** (Rückbau, Neuanstrich) i.d.R. bejahen, was man – wie gesagt – als Folgenbeseitigungsanspruch bezeichnen kann. Im obigen Beispielsfall – unzureichend vorbereiteter Sanierungsbeschluss – (siehe Rn 192) kommt ein Anspruch auf Folgenbeseitigung (Rückgängigmachung) hingegen nicht in Betracht, weil und soweit die Sanierung abgeschlossen ist. A könnte allenfalls einen Schadensersatzanspruch geltend machen, wenn er einen Schaden der Gemeinschaft (und somit auch einen eigenen) infolge der fehlerhaften Beschlussfassung nachweist (z.B. dass die Sanierung bei ordnungsmäßiger Vorbereitung der Beschlussfassung weniger Geld gekostet hätte); das ist sehr schwierig.

206

D. Die Änderung der Teilungserklärung/Gemeinschaftsordnung

I. Die Änderung der Gemeinschaftsordnung durch Vereinbarung

Die Änderung der Gemeinschaftsordnung[100] erfordert im Ausgangspunkt eine **Vereinbarung** aller Miteigentümer. **Beschlüsse** zur Änderung der Gemeinschaftsordnung sind nur möglich, soweit das Gesetz dafür eine Beschlusskompetenzen vorsieht oder eine Öffnungsklausel besteht. Schweigen bedeutet keine Zustimmung zu einer Vereinbarung, sondern ist grundsätzlich rechtlich unerheblich; daher beinhaltet auch eine jahrelange der Gemeinschaftsordnung widersprechende Praxis keine Änderung durch **schlüssiges Verhalten**. Dies gilt z.B. für eine der Gemeinschaftsordnung widersprechende Abrechnungspraxis,[101] wobei Ausnahmen zugelassen werden, wenn sämtlichen Wohnungseigentümern die abweichende Regelung der Gemeinschaftsordnung bewusst war[102] – was fast nie der Fall ist.[103] Auch ist die „Ersitzung" eines Sondernutzungsrechtes alleine durch jahrelange unbeanstandete Alleinnutzung nicht möglich.[104] Mag dieses Ergebnis auf den ersten Blick „hart" erscheinen, ist doch zu bedenken, dass dem „Begünstigten" die Annahme einer schlüssigen Änderung der Gemeinschaftsordnung nicht dauerhaft nützen würde; nach der Veräußerung einer beliebigen Wohnung wäre die „Vereinbarung" mangels Grundbucheintragung nach Wahl des Erwerbers hinfällig (siehe Rn 132).

207

Die Gemeinschaftsordnung kann durch **formlose** Vereinbarung geändert werden, die prinzipiell jederzeit und überall geschlossen werden kann. Formlose Vereinbarungen sind aber schwer zu beweisen und wirken nicht gegenüber Rechtsnachfolgern (siehe Rn 131). Weil die Miteigentümer normalerweise die Dauerhaftigkeit der vereinbarten Änderung wünschen, ist de facto somit regelmäßig die Eintragung der Änderung im **Grundbuch** (genauer: in sämtlichen Wohnungs-/Teil-

208

---

99 OLG Hamburg v. 24.1.2006 – 2 Wx 10/05, ZMR 2006, 377. An den Kosten einer bereits erfolgten Durchführung eines für ungültig erklärten Beschlusses über eine bauliche Maßnahme muss der Anfechtungskläger, der i.d.R. nicht dafür gestimmt haben wird, sich trotz § 16 Abs. 6 WEG beteiligen (BGH v. 13.5.2011 – V ZR 202/10, NZM 2011, 551, Rn 15).

100 Ausführlich *Schüller*, Änderungen von Teilungserklärungen und Gemeinschaftsordnungen, RNotZ 2011, 203; *Kreuzer* in: AHB WEG-Recht Teil 3.

101 LG Dessau-Roßlau v. 29.10.2009 – 5 S 89/09, ZMR 2010, 471; OLG Hamburg v. 28.11.2005 – 2 Wx 112/04, ZMR 2006, 298.

102 OLG Hamburg v. 7.11.2006 – 2 Wx 105/06, ZMR 2007, 210, Rn 17 für 40-jährige Praxis, die Heizkosten zu 50 % verbrauchsabhängig abzurechnen.

103 OLG München v. 18.9.2006 – 34 Wx 81/06, ZMR 2006, 955; OLG Düsseldorf v. 17.12.2003 – 3 Wx 118/03, ZMR 2004, 451 für eine 20-jährige von der GO abweichende Verwaltungspraxis.

104 OLG Hamburg v. 11.8.2003 – 2 Wx 76/03, ZMR 2003, 870; OLG Düsseldorf v. 17.12.2003 (Vornote); OLG Köln v. 2.3.2001 – 16 Wx 7/01, NZM 2001, 1135.

eigentumsgrundbuchheften) erforderlich und gewünscht. Das erfordert die schriftliche Zustimmung und Bewilligung aller Miteigentümer[105] in **notariell beglaubigter** Form (§§ 19, 29 GBO, 129 BGB). De jure sind die Miteigentümer zur **Mitwirkung** an der Grundbucheintragung verpflichtet, sobald sie die Vereinbarung zur Änderung der Teilungserklärung (formlos) getroffen haben.

209 *Beispiel*
Die Miteigentümer A, B und C vereinbaren, sich gegenseitig an bestimmten Flächen Sondernutzungsrechte für die Errichtung von Garagen einzuräumen, sobald die bauordnungsrechtlichen Voraussetzungen dafür vorliegen. Als das der Fall ist, weigert sich A, die für die Grundbucheintragung erforderlichen Erklärungen abzugeben. Er hält seine (formlose) Erklärung gem. § 873 Abs. 2 BGB für widerruflich, weil sie nicht notariell beurkundet wurde. – Zu Unrecht. Die schuldrechtliche Vereinbarung ist formlos wirksam; und aus ihr folgt regelmäßig die Verpflichtung, alles zu tun, um eine Eintragung der Sondernutzungsrechte in das Grundbuch herbeizuführen.[106]

210 Wenn ein Miteigentümer die Gemeinschaftsordnung ändern möchte, braucht er zwar die Zustimmung aller Miteigentümer, aber keine Vorbefassung der Eigentümerversammlung. Er kann ohne weiteres einen Notar damit beauftragen, eine Änderungsvereinbarung aufzusetzen, diese beim Notar selber unterschreiben und anschließend seine Miteigentümer dazu auffordern (lassen), die Vereinbarung ebenfalls notariell/öffentlich beglaubigt zu unterschreiben. Liegen alle Unterschriften in der erforderlichen Form vor, kann die Vereinbarung beim Grundbuchamt zur Eintragung eingereicht werden.

211 Bei größeren Gemeinschaften ist es üblich und sinnvoll, die beabsichtigte Änderung zunächst in der **Eigentümerversammlung** zu erläutern und zu diskutieren. Das Thema „Änderung der Teilungserklärung/Gemeinschaftsordnung" ist deshalb bei Bedarf auf die Tagesordnung zu setzen. Dem steht nicht entgegen, dass der Abschluss einer Vereinbarung nicht per Beschluss erfolgen kann; denn die hierfür erforderlichen organisatorischen bzw. vorbereitenden Maßnahmen gehören zur Verwaltung und können beschlossen werden.[107] Für die Durchführung der Beschlüsse ist – wie immer (§ 27 Abs. 1 Nr. 1 WEG) – der Verwalter zuständig. Damit verbundene Kosten können nach dem allgemeinen Schlüssel auf alle Miteigentümer verteilt werden. Zunächst aber müssen sich die in der Eigentümerversammlung Anwesenden über den Inhalt der Änderungsvereinbarung einig werden. Wenn nämlich auch nur *ein* Miteigentümer nicht einverstanden ist, ist das Vorhaben schon gescheitert, es sei denn, es bestünde die Aussicht oder Hoffnung, die Zustimmung des Widersprechenden erzwingen zu können. Ist diese Hürde genommen, kann beschlossen werden, die Angelegenheit sogleich einem Notar zur weiteren Bearbeitung zu überlassen; das ist wegen der damit verbundenen Kosten aber nur dann zu empfehlen, wenn man die Hoffnung haben kann, dass im Ergebnis auch alle Miteigentümer zustimmen werden. Anderenfalls ist es besser, zunächst die (formlose) Zustimmung der nicht anwesenden Miteigentümer einzuholen. Wenn es aussichtsreich erscheint, dass alle Eigentümer zustimmen, kann auch schon zur Eigentümerversammlung ein Notar hinzu gezogen werden (falls der dazu bereit ist), damit die in der Versammlung anwesenden

---

105 Falls ein Miteigentümer seine Wohnung verkauft hat, ist auch die Zustimmung (vormerkungsberechtigten) Käufer erforderlich.
106 BayObLG v. 28.3.2001 – 2Z BR 138/00, ZMR 2001, 638; BayObLG v. 2.6.2004 – 2Z BR 010/04, ZMR 2005, 382. Insoweit vergleichbar ist die in Darlehensverträgen übliche Unterwerfung unter die Zwangsvollstreckung: Obwohl nicht beurkundet, begründet sie einen Anspruch des Darlehensgebers auf Abgabe einer notariell beurkundeten Unterwerfungserklärung (BGH v. 22.11.2005 – XI ZR 226/04, NJW-RR 2006, 490).
107 *Kreuzer* in: AHB WEG-Recht Teil 3 Rn 3 spricht von der „Organisationszuständigkeit des Verwalters"; *Hogenschurz*, Das Sondernutzungsrecht nach WEG, 2008, § 2 Rn 82, von „Vorbereitungsbeschlüssen".

D. Die Änderung der Teilungserklärung/Gemeinschaftsordnung § 2

Eigentümer ihre Unterschriften unter der Vereinbarung sogleich beglaubigen lassen können. „Können" heißt aber **nicht müssen**:

Beispiel 212
Auf einer Eigentümerversammlung soll eine Vereinbarung zur Änderung der Teilungserklärung gefasst oder zumindest vorbereitet werden. Der Verwalter bittet die Miteigentümer im Einladungsschreiben darum, vorab mitzuteilen, ob sie erscheinen und/oder die notwendige Zustimmung erteilen wollen oder nicht, da sich im Falle fehlender Anwesenheit/Zustimmung aller Wohnungseigentümer die Anwesenheit des (vorsorglich zur Unterschriftsbeglaubigung) eingeladenen Notars erübrigen würde. A hat vorab seine Zustimmung erklärt, verweigert diese aber in der Versammlung. Die Gemeinschaft verlangt von ihm Ersatz der unnütz aufgewandten Notarkosten. – Zu Unrecht. Es gibt **keine Verpflichtung**, sich im Vorfeld der Eigentümerversammlung zum Abstimmungsverhalten zu äußern; auch nicht, entsprechend einer früher geäußerten Absicht abzustimmen.[108]

Wenn die Angelegenheit im Anschluss an die Eigentümerversammlung einem Notar zur Durchführung des weiteren Verfahrens überlassen wird, wird dieser die gewünschte Änderungsvereinbarung – soweit erforderlich – zunächst in die gebotene sprachliche Fassung bringen. Anschließend wird der Notar die Eigentümer anschreiben, deren Unterschriften unter der Vereinbarung noch nicht beglaubigt/beurkundet sind, und sie darum bitten, zu diesem Zweck das Notariat aufzusuchen. Weil sich das im Einzelfall über längere Zeit hinziehen kann (insbesondere dann, wenn die Zustimmung erst noch erzwungen werden muss), besteht die Gefahr, dass die Vereinbarung infolge rechtsgeschäftlichen Erwerbs einer Wohnung durch einen Dritten hinfällig wird. Deshalb kann es sich im Einzelfall empfehlen, den Anspruch auf Eintragung der Änderungsvereinbarung durch eine **Vormerkung** zu sichern.[109] Außerdem sollten alle Miteigentümer vorsorglich darüber informiert werden, dass sie bei einem Verkauf ihrer Einheit den Käufer zur Zustimmung zu der geplanten Vereinbarung verpflichten müssen. 213

Die **Zustimmung** der **dinglichen Gläubiger** ist gem. § 5 Abs. 4 WEG nur dann erforderlich, wenn durch die Vereinbarung ein Sondernutzungsrecht aufgehoben, geändert oder übertragen werden soll. Das gilt gem. § 5 Abs. 4 S. 3 WEG aber wiederum dann nicht „wenn durch die Vereinbarung gleichzeitig das zu seinen Gunsten belastete Wohnungseigentum mit einem Sondernutzungsrecht verbunden wird". Auf die Gleichwertigkeit der Rechte kommt es dabei nicht an.[110] 214

Die **Kosten** des Verfahrens sind überschaubar. Die Notar- und Grundbuchgebühren richtet sich nach dem GNotKG, das am 1.8.2013 die Kostenordnung abgelöst hat.[111] Auf die Notargebühren, die nachfolgend netto angegeben werden, ist jeweils noch die Umsatzsteuer hinzuzurechnen (Nr. 32014 KV-GNotKG). Die Gebührenhöhe hängt meistens vom Geschäftswert ab, der geschätzt wird. Im Fall des nachfolgenden Musters kann der Geschäftswert z.B. mit 10.000,00 EUR angesetzt werden; er liegt den folgenden Ausführungen zugrunde. Kosten bzw. Gebühren fallen an für a) den Entwurf der Vereinbarung, b) die Unterschriftenbeglaubigung, c) die Grundbucheintragung. a) Soll ein Notar die Vereinbarung entwerfen oder sprachlich überarbeiten (was nicht erforderlich, meistens aber zu empfehlen ist), fällt dafür eine Gebühr von 0,5 bis 2,0, mindestens 120,00 EUR an (Nr. 24100 KV-GNotKG). Eine volle Gebühr nach dem GNotKG beträgt bei dem im Beispiel angenommenen Geschäftswert von 10.000,00 EUR (nur) 75,00 EUR, sodass der Entwurf der Vereinbarung entweder die Mindestgebühr von 120,00 EUR oder max. 150,00 EUR kostet. b) Die Un- 215

---

108 OLG München v. 28.6.2005 – 32 Wx 46/05, NJW 2005, 2932.
109 *Kreuzer* in: AHB WEG-Recht Teil 3 Rn 51.
110 OLG München v. 1.2.2013 – 34 Wx 453/12, ZWE 2013, 216.
111 Einen guten Überblick über das Gesetz geben *Sikora/Tiedtke*, NJW 2013, 2310.

terschriftenbeglaubigung kostet eine 0,2-Gebühr gem. Nr. 25100 KV-GNotKG, mindestens 20,00 EUR und höchstens 70,00 EUR, im Beispiel also 20,00 EUR je Unterschrift. c) Die Grundbucheintragung kostet eine (pauschale) Gebühr von 50,00 EUR (Nr. 14160/5 KV-GNotKG). Aber: Diese Gebühr wird „für jedes betroffene Sondereigentum gesondert erhoben",[112] da die Änderung ja auch in jedem Wohnungs-/Teileigentumsgrundbuch vermerkt werden muss. Je mehr Sondereigentumseinheiten eine Gemeinschaft hat, desto teurer wird die Grundbucheintragung. Geringe notarielle Vollzugs- und Betreuungsgebühren für die Organisation der Grundbucheintragung können darüber hinaus ggf. auch noch anfallen.

▼

216 **Muster 2.3: Vereinbarung zur Änderung der Gemeinschaftsordnung**

Vereinbarung zur nachträglichen Genehmigung einer Wohnungsvergrößerung mit Einräumung eines Sondernutzungsrechtes und Änderung des Kostenverteilungsschlüssels

Die Miteigentümer der Wohnungseigentümergemeinschaft Heinestraße 12, 75234 Musterstadt, namentlich ▓▓▓▓ vereinbaren folgende Änderung der Teilungserklärung vom ▓▓▓▓ (UR Nr. ▓▓▓▓ des Notariats ▓▓▓▓):

1. Der jeweilige Eigentümer der Dachgeschosswohnung Nr. 3 hat das ausschließliche Recht zur Nutzung der Fläche des Treppenabsatzes vor seiner Wohnung. Die genaue Lage der Sondernutzungsfläche ist in dem dieser Vereinbarung als Anlage 1 beigefügten Plan mit roter Farbe umrandet. Der bereits erfolgte Ausbau dieser Fläche zu einem Vorraum der Wohnung wird genehmigt. Für die Instandhaltung und Instandsetzung der Fläche und der Ausbauten ist der jeweilige Eigentümer der Dachgeschosswohnung Nr. 3 auf eigene Kosten zuständig.
2. In Abänderung von § ▓▓▓▓ der Teilungserklärung bestimmt sich der auf jeden Wohnungseigentümer entfallende Anteil an den gemeinschaftlichen Lasten und Kosten i.S.v. § 16 Abs. 2 WEG nach dem folgenden Schlüssel:
    a) Die im Aufteilungsplan mit der Nr. 1 bezeichnete Wohnung trägt einen Anteil von 250/1000.
    b) ▓▓▓▓ usw.
3. Wir bewilligen und beantragen, die vorstehende Vereinbarung als Änderung des Inhalts des Sondereigentums in den Grundbüchern (Heft Nr. ▓▓▓▓) einzutragen.
4. Die Kosten dieser Vereinbarung und ihres Vollzugs werden aus Gemeinschaftsmitteln bezahlt und nach dem neuen Kostenverteilungsschlüssel auf die Miteigentümer umgelegt.

▲

II. Die Änderung der Gemeinschaftsordnung mit prozessualen Tricks

217 Das Prozessrecht eröffnet eine Reihe praktikabler, um nicht zu sagen trickreicher Möglichkeiten, eine Änderung der Gemeinschaftsordnung ohne Mitwirkung aller Miteigentümer erreichen. Für alle drei nachfolgend dargestellten Varianten gilt die Empfehlung, dass das jeweilige Vorgehen zuvor durch bestandskräftigen Mehrheitsbeschluss festgelegt worden sein sollte; Variante 3 dürfte die beste sein.

218 **Variante 1: Der rechtskräftige Änderungsbeschluss.** Die Wohnungseigentümer fassen einen (nichtigen) Beschluss zur Änderung der Gemeinschaftsordnung. Absprachegemäß ficht Woh-

---

[112] Das wurde vor dem Inkrafttreten des GNotKG in der Praxis mangels ausdrücklicher Regelung anders gehandhabt und die Gebühr nur einmal erhoben. Insofern ist mit dem GNotKG eine enorme Kostensteigerung verbunden.

D. Die Änderung der Teilungserklärung/Gemeinschaftsordnung §2

nungseigentümer A den Beschluss an, begründet seine Klage aber nicht und erscheint auch nicht zum Termin, weshalb die Klage per unechtem Versäumnisurteil als unbegründet zurück gewiesen wird. Mit Rechtskraft der Entscheidung steht fest, dass der betreffende Beschluss gültig ist und auch keine Nichtigkeitsgründe vorliegen (§ 48 Abs. 4 WEG, siehe Rn 1726). Die Gemeinschaftsordnung ist damit dauerhaft geändert. Ein dinglicher Vollzug dieser Änderung in den Grundbüchern ist zwar nicht möglich, weil es an den erforderlichen (Grundbuch-)Erklärungen aller Eigentümer fehlt. Er ist aber auch nicht nötig, weil eventuelle Rechtsnachfolger auch ohne Grundbucheintragung gem. § 10 Abs. 5 WEG an den Beschluss gebunden sind. Es verhält sich im Ergebnis nicht anders, als wenn die Gemeinschaftsordnung auf Basis einer vereinbarten Öffnungsklausel per Beschluss geändert wird.

Variante 2: Der gerichtliche Vergleich. Ausgangspunkt ist die Klage eines Miteigentümers gegen alle übrigen Miteigentümer, z.B. eine Beschlussanfechtungsklage. Zur Erledigung des Rechtsstreits wird ein Vergleich geschlossen, bei dem die beklagten Wohnungseigentümer vom Verwalter vertreten werden.   219

▼

Muster 2.4: Änderung der Gemeinschaftsordnung durch gerichtlichen Vergleich   220

Die Parteien sind sämtliche Miteigentümer der in den Wohnungsgrundbüchern des Notariats Musterstadt eingetragenen Sondereigentumseinheiten der Wohnungseigentümergemeinschaft Musterstr. 10, Musterstadt, mit den Grundbuchheftnummern 4190 – 4279. Die Parteien vereinbaren die folgende Änderung bzw. Ergänzung der Teilungserklärung, UR-Nr. 123 vom 10.2.2005 des Notariats Musterstadt: In die Gemeinschaftsordnung wird nach § 5 ein neuer § 5a mit folgendem Wortlaut eingefügt: ▓▓▓▓. Die Parteien bewilligen und beantragen die Eintragung der vorstehenden Vereinbarung in die Wohnungsgrundbücher. Die dadurch anfallenden Kosten trägt die Wohnungseigentümergemeinschaft Musterstr. 10; sie werden unter den Wohnungseigentümern nach dem Verhältnis der Miteigentumsanteile verteilt. Damit ist der Rechtsstreit erledigt. Die Prozesskosten tragen die Beklagten.

▲

Der gerichtlich protokollierte Vergleich **ersetzt** gem. § 127a BGB die **notarielle Beglaubigung**,[113] die zwar nicht für den Vergleich bzw. die Änderungsvereinbarung als solche, aber gem. § 29 GBO für die Grundbucheintragung erforderlich ist. Der WEG-Verwalter oder ein Miteigentümer A müssen anschließend nur noch eine Ausfertigung des Vergleichs dem Grundbuchamt zur Eintragung in die Wohnungsgrundbücher vorlegen.[114]   221

Variante 3: Das Anerkenntnis- oder Versäumnisurteil. Absprachegemäß macht ein Miteigentümer per gerichtlicher Klage gegen alle übrigen Miteigentümer einen Anspruch auf Änderung der Gemeinschaftsordnung geltend (Muster siehe Rn 240). Die Begründung kann kurz ausfallen und muss lediglich den zur Schlüssigkeit der Klage erforderlichen Tatsachenvortrag i.S.v. § 10 Abs. 2 S. 3 WEG enthalten. Eine streitige Entscheidung ist nicht das Ziel, deshalb muss das Gericht nicht davon überzeugt werden, dass der Anspruch zulässig und begründet ist. Die Klage wird dem WEG-Verwalter (Zustellungsbevollmächtigter der beklagten Wohnungseigentümer) zugestellt. Der Verwalter ist kraft Gesetzes zur Vertretung der beklagten Wohnungseigentümer befugt (§ 27 Abs. 2   222

---

113 Das gilt auch für den schriftlichen Vergleich gem. § 278 Abs. 6 ZPO: OLG München v. 28.1.2014 – 34 Wx 318/13; *Demharter*, GBO, 29. Aufl. 2014, § 20 Rn 16. A.A. OLG Celle v. 14.6.2013 – 4 W 65/13, NJW 2013, 2979.
114 So für den Parallelfall der im Prozessvergleich erklärten Auflassung OLG Hamm v. 11.10.2012 – 15 W 504/11, Rpfleger 2013, 198; *Demharter*, a.a.O. (Vornote).

Nr. 2 WEG, siehe Rn 1504). Der Verwalter kann nun entweder namens der beklagten Wohnungseigentümer den Anspruch anerkennen (das würde zwei Gerichtsgebühren ersparen), oder Versäumnisurteil ergehen lassen. In beiden Fällen gelten die zur Änderung der Gemeinschaftsordnung erforderlichen Erklärungen der übrigen Miteigentümer mit Rechtskraft des Urteils als abgegeben (§ 894 ZPO). Das Urteil ersetzt die Erklärung in der für sie erforderlichen Form,[115] was auch hier für die Bewilligung der Grundbucheintragung gem. § 29 GBO erforderlich ist. Der Kläger lässt anschließend beim Notar einen inhaltlich gleichlautenden notariellen Vertrag zur Änderung der Gemeinschaftsordnung aufsetzen, wobei nur er selber unterzeichnet und die Grundbucheintragung beantragt und bewilligt. Den notariellen Vertrag und das rechtskräftige Urteil legt der Kläger anschließend dem Grundbuchamt zur Eintragung vor. A kann die Reihenfolge auch umdrehen und erst den notariellen Vertrag aufsetzen lassen und anschließend mit der Klage beantragen, „die notarielle Vereinbarung UR-Nr. ..., vom ... zu genehmigen".

III. Die Änderung der Gemeinschaftsordnung auf der Grundlage einer gesetzlichen Beschlusskompetenz

223 In (nur) drei Fällen kann die Gemeinschaftsordnung aufgrund ausdrücklicher gesetzlicher Regelung dauerhaft durch Beschluss geändert werden: § 12 Abs. 4 WEG (Aufhebung einer Veräußerungsbeschränkung), § 16 Abs. 3 WEG (Änderung des Verteilerschlüssels für Betriebskosten) und § 21 Abs. 7 WEG (Geldangelegenheiten). Die letztgenannten beiden Regelungen werden an anderer Stelle im dazugehörigen Zusammenhang behandelt (siehe Rn 961 und 1114). Nachfolgend geht es um § 12 Abs. 4 WEG, die Aufhebung einer **Veräußerungsbeschränkung**. Zum Hintergrund: In vielen (insbesondere älteren) Teilungserklärungen ist vorgesehen, dass zur Veräußerung einer Wohnung die Zustimmung Dritter (meistens des Verwalters oder der Miteigentümer) erforderlich ist. Dadurch soll das Eindringen unerwünschter Personen in die Gemeinschaft verhindert werden. In der Praxis ist die Veräußerungsbeschränkung aber meistens ineffizient und bringt nur Verwaltungsaufwand und Kosten (siehe Rn 1459, 1547, hingegen kaum echten Nutzen für die Gemeinschaft; von einer Darstellung der Details wird hier abgesehen. Gem. § 12 Abs. 4 WEG hat die Gemeinschaft die Möglichkeit, die Teilungserklärung in diesem Punkt ohne großen Aufwand durch (Mehrheits-)Beschluss zu ändern, was jedenfalls größeren Gemeinschaften zu empfehlen ist.

▼

224 Muster 2.5: Aufhebung einer Veräußerungsbeschränkung

Die Regelung in Ziff. C III § 8 der Teilungserklärung (UR Nr. 243/95 des Notariats Musterstadt vom 27.5.1995) „Zur Veräußerung eines Wohnungseigentums ist die Zustimmung des Verwalters erforderlich" wird aufgehoben. Der Verwalter wird beauftragt, die Löschung der entsprechenden Eintragungen in den Wohnungsgrundbüchern beim Grundbuchamt zu beantragen.

▲

225 Der Beschluss wird mit **einfacher Mehrheit** der abgegebenen Stimmen gefasst. Wenn die Gemeinschaftsordnung ein vom gesetzlichen „Kopfprinzip" abweichendes Stimmprinzip (z.B. MEA oder Objektprinzip) vorsieht, ist dieses anzuwenden;[116] die früher vertretene Theorie vom Vorrang des Kopfprinzips hat sich nicht durchgesetzt (siehe Rn 1253). Er wird zwar (wie alle Beschlüsse) schon mit seiner Verkündung wirksam; eine nachfolgende **Grundbucheintragung** (die rechtstechnisch eine Grundbuchberichtigung darstellt) ist aber zur Klarstellung unbedingt zu empfehlen. Zur

---

115 *Zöller/Stöber*, ZPO § 894 Rn 5; OLG Köln v. 30.12.1998 – 2 Wx 23/98, NJW-RR 2000, 880, Rn 14.
116 *Schneider* in: Riecke/Schmid § 12 Rn 68c; h.M.

Antragstellung ist nach h.M. jeder Miteigentümer berechtigt. Um die Löschung aber zweifelsfrei „auf den Weg zu bringen", empfiehlt es sich, gemäß dem obigen Beschlussmuster den Verwalter damit zu beauftragen.[117] Zur Antragstellung muss der Verwalter beim Grundbuchamt den Aufhebungsbeschluss in der Form des § 26 Abs. 3 WEG nachweisen (§ 12 Abs. 4 S. 5 WEG), d.h. die drei erforderlichen Unterschriften unter dem Beschlussprotokoll müssen öffentlich beglaubigt sein (siehe Rn 1545). Die Kosten der Löschung belaufen sich auf eine 0,5-Gebühr (Nr. 14130 KV-GNotKG) aus 10–20 % des Werts der betroffenen Einheit.[118]

IV. Die Änderung der Gemeinschaftsordnung durch Beschluss auf der Grundlage einer Öffnungsklausel

Gem. § 23 Abs. 1 WEG können auch solche Angelegenheiten durch Beschluss „geordnet" werden, über die „nach einer Vereinbarung der Wohnungseigentümer die Wohnungseigentümer durch Beschluss entscheiden können". Eine derartige kompetenzbegründende Vereinbarung wird Öffnungsklausel genannt. Sie ermöglicht die Änderung der **Gemeinschaftsordnung** durch (Mehrheits-)Beschluss. Der materielle Teil der Teilungserklärung (das sachenrechtliche Grundverhältnis) kann durch Beschluss nicht geändert werden (siehe Rn 243). Seit die Möglichkeit der Änderung durch „Zitterbeschluss" nicht mehr besteht, sind Öffnungsklauseln aus gutem Grund Bestandteil fast jeder Gemeinschaftsordnung. Eine sachliche Begrenzung auf bestimmte Gegenstände wird von Gesetz und Rechtsprechung zu Recht nicht (mehr) gefordert. Ob und welche Mehrheitserfordernisse für die Beschlussfassung aufgestellt werden, ist Geschmacksfrage.

226

> *Beispiel für Öffnungsklausel – allgemein*
> Soweit zwingende gesetzliche Vorschriften nicht entgegenstehen, können die Wohnungseigentümer ihr Verhältnis untereinander abweichend von den Bestimmungen dieser Gemeinschaftsordnung und von den gesetzlichen Vorschriften durch Beschluss mit ³/₄-Mehrheit[119] regeln.

227

> *Beispiel für Öffnungsklausel – sachlich begrenzt*
> Eine Änderung des Kostenverteilungsschlüssels kann mit ³/₄-Mehrheit beschlossen werden.

Die frühere Rechtsprechung setzte der durch Öffnungsklauseln begründeten Mehrheitsmacht (zu) enge Grenzen und verlangte namentlich für die Änderung von Umlageschlüsseln einen „sachlichen Grund"; auch sollten die Änderungen einzelne Wohnungseigentümer gegenüber dem früheren Rechtszustand nicht unbillig benachteiligen. Inzwischen hat die Rechtsprechung diese Anforderungen zu Recht fallen lassen. Die Gemeinschaft hat bei der Anwendung einer Öffnungsklausel einen weiten **Gestaltungsspielraum**; es genügt, dass der Änderungsbeschluss im Ergebnis ordnungsmäßiger Verwaltung entspricht.[120] Tut er das nicht, ist er **anfechtbar**, aber nicht nichtig.[121] Gleiches gilt, wenn ein Beschluss verkündet wird, obwohl etwaige nach der Öffnungsklausel erforderliche Anforderungen (z.B. das Vorliegen eines sachlichen Grundes oder eines bestimmten Quorums bei der Abstimmung), nicht erreicht wurden: Wird ein solcher Beschluss mangels Anfech-

228

---

117 OLG München v. 9.8.2011 – 34 Wx 248/11, ZWE 2011, 418.
118 So *Lappe*, NJW 2008, 489. Hat die Einheit einen Wert von 150.00,00 EUR, beträgt die 0,5-Gebühr zwischen 91 und 195 EUR.
119 Wenn nichts anderes bestimmt wird, bezieht sich die Mehrheit auf alle Eigentümer, nicht nur auf die in der Versammlung anwesenden (BGH v. 1.4.2011 – V ZR 162/10, NJW 2011, 2202, Rn 14; BGH v. 10.6.2011 – V ZR 2/10, ZWE 2011, 327).
120 BGH v. 10.6.2011 – V ZR 2/10, ZMR 2011, 808.
121 BGH v. 27.6.1985 – VII ZB 21/84, ZMR 1986, 19; LG Berlin v. 19.4.2013 – 55 S 170/12, ZWE 2013, 333; unstr.

tung bestandskräftig, ändert er die Gemeinschaftsordnung wirksam ab.[122] Eine rückwirkende Änderung ist nur eingeschränkt rechtmäßig; insoweit gilt hier das Gleiche wie bei der Änderung des Umlageschlüssels gem. § 16 Abs. 3 WEG (siehe Rn 968). Im Übrigen gelten für den Änderungsbeschluss dieselben Grenzen wie für eine Vereinbarung (siehe Rn 135). Die **Beweislast** für die Fehlerhaftigkeit des Änderungsbeschlusses trägt im Rechtsstreit der Anfechtungskläger.[123]

229 *Tipp*
Soll die Gemeinschaftsordnung auf der Grundlage einer Öffnungsklausel geändert werden, muss das bei der Beschlussfassung **deutlich** zum Ausdruck kommen.[124]

230 Nach *früherer* Rechtslage bedurfte ein Änderungsbeschluss – genauso wie eine entsprechende Vereinbarung – der **Zustimmung** der **dinglichen Gläubiger**; Beschlüsse waren schwebend unwirksam, solange die Zustimmungen nicht vorlagen. Gem. dem *heutigen* § 5 Abs. 4 WEG ist die Zustimmung dinglicher Gläubiger zu einer Vereinbarung nur dann erforderlich, wenn Sondernutzungsrechte betroffen sind; dasselbe gilt nach h.M. für einen vereinbarungsersetzenden Beschluss auf der Grundlage einer Öffnungsklausel. Dieser bedarf also **nicht** der Zustimmung dinglicher Gläubiger, außer wenn ein Sondernutzungsrecht begründet werden soll.

231 Heftig umstritten war früher die Frage, ob Änderungsbeschlüsse ebenso wie Änderungsvereinbarungen zur Wirksamkeit gegenüber Rechtsnachfolgern in das **Grundbuch** eingetragen werden könnten und müssten. Die Interessenlage sprach dafür, der Grundsatz der Nichteintragungsfähigkeit von Beschlüssen dagegen. Der Gesetzgeber hat die Frage im Rahmen der WEG-Novelle durch Einfügung des § 10 Abs. 4 S. 2 WEG entschieden. Dort wird bestimmt, dass auch vereinbarungs- oder gesetzesändernde Beschlüsse zur Wirksamkeit gegen Sondernachfolger der Eintragung in das Grundbuch nicht bedürfen; daraus folgt, dass diese Beschlüsse auch **nicht eintragungsfähig** sind.[125] Die erforderliche Publizität für den Käufer einer Wohnung soll sich nach Auffassung des Gesetzgebers vielmehr aus der Beschluss-Sammlung ergeben.

V. Der Anspruch auf Änderung der Gemeinschaftsordnung

232 Die Vereinbarung, die zur Änderung der Gemeinschaftsordnung (vorbehaltlich einer Öffnungsklausel) erforderlich ist, kann grundsätzlich nur freiwillig zustande kommen; als Vertrag beruht sie auf Privatautonomie, was mit einem Abschlusszwang nicht zu vereinbaren ist. Deshalb ist ein Miteigentümer nur **ausnahmsweise** verpflichtet, einer Änderung der Gemeinschaftsordnung zuzustimmen. Die Rechtsprechung aus der Zeit vor der WEG-Novelle verlangte außergewöhnliche Umstände, die ein Festhalten an der Gemeinschaftsordnung als grob unbillig und damit gegen Treu und Glauben verstoßend erscheinen ließen, wobei ein strenger Maßstab angelegt wurde. Der Gesetzgeber der WEG-Novelle wollte diese hohe Schwelle ausdrücklich **absenken**. Gemäß dem jetzt geltenden § 10 Abs. 2 S. 3 WEG kann jeder Wohnungseigentümer eine vom Gesetz abweichende Vereinbarung oder die Anpassung einer Vereinbarung verlangen, soweit ein Festhalten an der gesetzlichen Regelung aus schwerwiegenden Gründen unter Berücksichtigung aller Umstände des Einzelfalles, insbesondere der Rechte und Interessen der anderen Wohnungseigentümer, unbillig erscheint. Diese Fälle kommen allerdings nur selten vor, weil die Rechtsprechung nach wie vor äußerst restriktiv vorgeht. Der Anpassungsanspruch war zwar ein zentrales Anliegen der WEG-Re-

---

122 LG Berlin v. 19.4.2013 – 55 S 170/12, ZWE 2013, 333; LG München I v. 3.12.2007, 1 T 14033/06, ZMR 2008, 915; h.M.
123 *Bonifacio*, MietRB 2012, 26, 28; BeckOK WEG/*Dötsch* § 10 Rn 263.
124 Andernfalls bleibt es bei der Einzelfallregelung durch den betreffenden Beschluss: OLG Düsseldorf v. 26.3.2004 – 3 Wx 344/03, ZMR 2004, 848.
125 Gesetzesbegründung BT-Drucks 16/887, 20; OLG München v. 13.11.2009 – 34 Wx 100/09, NZM 2010, 49.

D. Die Änderung der Teilungserklärung/Gemeinschaftsordnung § 2

form 2007 (um die Versteinerung abzumildern, die als Folge des Wegfalls der früher bestehenden Möglichkeit zur Änderung der Gemeinschaftsordnung durch Zitterbeschluss drohte); in der Praxis hat er sich jedoch als „Papiertiger" erwiesen, auf den man keine großen Hoffnungen setzen sollte.[126]

Ein Änderungsanspruch kann bestehen, wenn sich die in der Gemeinschaftsordnung getroffene Regelung als von Anfang an **verfehlt** erweist. Das wird in der Rspr. aber nur sehr selten anerkannt, weshalb eine „Modernisierung" einer Gemeinschaftsordnung dergestalt, dass überholte Regelungen abgeschafft oder sinnvolle Regelungen neu eingeführt werden, nicht möglich ist.[127] Vor allem begründet eine schon in der Gemeinschaftsordnung angelegte ungerechte Kostenverteilung grundsätzlich keinen Änderungsanspruch (siehe Rn 238). Selbst eine so evident ungerechte Regelung wie diejenige, dass die Gemeinschaftsordnung **unterschiedliche Kostenverteilungsschlüssel** für die Rücklagenbildung (nach „Wohnungen") und die Instandhaltungskosten (nach „Miteigentumsanteilen") vorsieht, muss nur unter den strengen Voraussetzungen geändert werden, die für eine Änderung des Kostenverteilungsschlüssels gelten.[128] Den einzigen regelmäßig erfolgreichen Anwendungsfall des Anpassungsanspruchs zeigt das folgende

233

Beispiel: Verfehlte Sondernutzungsrechte
In einer Gemeinschaftsordnung sollten nach Maßgabe einer Skizze Sondernutzungsrechte für Pkw-Stellplätze begründet werden. Die Skizze ist derart ungenau, dass eine eindeutige Bestimmung der Sondernutzungsflächen nicht möglich ist (krasser Notarfehler). Folge: die Sondernutzungsrechte sind dinglich nicht entstanden. Die ungefähre Lage und der Umfang der Flächen sind aber feststellbar, zumal sie auch schon jahrelang als Stellplätze genutzt werden. Die Miteigentümer sind in dieser Situation gem. § 10 Abs. 2 WEG untereinander verpflichtet, an einer Änderung der Gemeinschaftsordnung mitzuwirken, damit die Sondernutzungsrechte noch wirksam begründet werden.[129]

234

Hauptanwendungsfall für den Anspruch auf Änderung der Gemeinschaftsordnung ist die Änderung des allgemeinen **Kostenverteilungsschlüssels**. Soweit (schon) dadurch eine Unbilligkeit behoben werden kann, soll kein (aus der Treuepflicht abzuleitender, siehe Rn 246) Anspruch auf eine Änderung der **Miteigentumsanteile** bestehen.[130] Oft wird der (allgemeine) Kostenverteilungsschlüssel infolge **baulicher Maßnahmen** unbillig; davon handelt das folgende

235

Beispiel
In einer Gemeinschaft werden die gemeinschaftlichen Kosten gem. § 16 Abs. 2 WEG nach MEA umgelegt. Die der Teilungserklärung zugrunde liegenden Miteigentumsanteile sind nach dem Verhältnis der Wohn- bzw. Nutzflächen berechnet. Miteigentümer A (zugleich der teilende

236

---

126 Ausführlich *Greiner*, Der Anspruch auf Anpassung der Gemeinschaftsordnung gem. § 10 Abs. 2 S. 3 WEG, ZWE 2012, 410, der deswegen de lege ferenda eine „gesetzliche Öffnungsklausel" fordert. Dagegen dezidiert *Jacoby*, Gesetzliche Öffnungsklausel zur Änderung der GO?, ZWE 2013, 61.
127 S. nur LG München I v. 13.6.2013 – 36 S 10305/12, ZMR 2014, 55: Kein Anspruch auf Änderung der Regelung, dass Beschlüsse nur mit 2/3-Mehrheit gefasst werden können.
128 LG Hamburg v. 30.9.2009 – 318 S 22/09, ZMR 2010, 144.
129 So schon vor der WEG-Novelle OLG Saarbrücken v. 20.4.2004 – 5 W 208/03-50, ZMR 2005, 981 für den Beispielsfall; LG Hamburg v. 16.10.2009 – 318 T 64/07, ZMR 2010, 146, Rn 64; OLG Hamm v. 13.3.2000 – 15 W 454/99, ZMR 2000, 691.
130 So die allg. M. (OLG München v. 24.0.2008 – 32 Wx 165/07, ZMR 2008, 567 ff.; *Elzer* in: *Riecke/Schmid* § 8 Rn 11). M.E. fragwürdig: Wenn es zur Außenhaftung des Miteigentümers gem. § 10 Abs. 8 WEG kommt, haftet er nach dem Miteigentumsanteil, ohne sich auf einen abweichenden Kostenverteilungsschlüssel berufen zu können. Daher beseitigt nur die – zugegebenermaßen aufwändige – Anpassung der Miteigentumsanteile nachhaltig die Unbilligkeit.

Bauträger) baut die zu seiner Wohnung gehörenden Kellerräume zu Wohnraum aus, wozu er nach der Teilungserklärung berechtigt ist. Dadurch vergrößert sich seine Wohnung um 157 m². Wenn man den Kostenverteilungsschlüssel an die veränderten Flächenverhältnisse anpassen würde, müsste Miteigentümer B im Vergleich zum jetzigen Verteilerschlüssel nur noch rund die Hälfte an Kosten tragen. B strebt eine entsprechende Änderung des Kostenverteilungsschlüssels an und verlangt von A, der Änderung zuzustimmen. – Nach der Rechtsprechung aus der Zeit vor der WEG-Novelle hätte B mit dem „allgemeinen Änderungsanspruch" keinen Erfolg gehabt, weil eine grobe Unbilligkeit erst bei einer Kostenmehrbelastung von 80 % und mehr angenommen wurde.[131] Nach dem jetzigen § 10 Abs. 2 WEG hat B hingegen einen Anspruch auf Anpassung der Gemeinschaftsordnung gegen A, denn eine Benachteiligung von 50 % stellt jedenfalls einen schwerwiegenden Grund im Sinne der Vorschrift dar. Es war ein erklärtes Ziel des Gesetzgebers, dass die einen Anspruch auf Änderung des Kostenverteilungsschlüssels begründende Unbilligkeit nicht erst dann bejaht werden soll, wenn das Mehrfache dessen zu bezahlen ist, was bei sachgemäßer Kostenverteilung zu tragen wäre. Abgesehen davon, dass stets alle Umstände des Einzelfalles in die Würdigung mit einfließen müssen, tendiert die Rechtsprechung zur Annahme eines die Anpassung rechtfertigenden „Schwellenwerts" bei 25 %.[132] Dieser Wert ist m.E. zu hoch. Außerdem ist es grundsätzlich misslich, dass nur auf die Mehrbelastung des belasteten einzelnen Miteigentümers abgestellt wird und nicht auf den ungerechten Vorteil auf Seiten des Begünstigten; dadurch wird der Änderungsanspruch de facto auf Kleinstgemeinschaften mit max. 4 Parteien beschränkt. Dem Gesetz ist die Beschränkung auf dem Umfang des „Nachteils" nicht zu entnehmen. Richtiger Weise stellt gerade auch die grundlose Bevorzugung einzelner Miteigentümer, die gegenüber einer gerechten Kostenverteilung 25 % und mehr „sparen", eine schwerwiegende Unbilligkeit i.S.v. § 10 Abs. 2 WEG dar.[133]

237 Manchmal ist es – anders als im vorstehenden Beispiel – aber gerade der Bauträger, der zu Recht eine Anpassung des Kostenverteilungsschlüssels verlangt; nämlich dann, wenn ein Gebäude nicht fertig gestellt oder bei einer **Mehrhausanlage** die vorgesehenen weiteren Häuser nicht errichtet wurden. Der Bauträger als Eigentümer nicht errichteter Einheiten ist nämlich – solange der Kostenverteilungsschlüssel nicht geändert wird – zur anteiligen Kostentragung für die nicht errichteten Einheiten verpflichtet (siehe Rn 1704), was unbillig sein kann.[134]

238 Im Übrigen begründet eine in der **Teilungserklärung** oder im Gesetz **angelegte** „ungerechte" Kostenverteilung, ohne dass tatsächliche Änderungen stattfanden, grundsätzlich keinen Änderungsanspruch. So führt alleine der Umstand, dass ein Miteigentümer bestimmte Teile des Gemeinschaftseigentums nicht nutzen kann (Aufzug, Dachterrasse, Grünfläche, Tiefgarage) oder darüber gar nicht verfügt (z.B. Balkone) nicht dazu, dass er Freistellung von den Kosten des Gebrauchs und/oder der Instandhaltung verlangen könnte (siehe Rn 520). Bei den Betriebskosten einer Mehrhausanlage gilt das aber wiederum nicht (siehe Rn 1701); das ist kein Widerspruch, da die – nicht dem Regelfall des Gesetzes entsprechende – Mehrhausanlage auch sonst diverse rechtliche Besonderheiten aufweist.

---

131 Nachweise in der Grundsatzentscheidung des BGH v. 7.10.2004 – V ZB 22/04, ZMR 2004, 834. Im Fall half der BGH dem benachteiligten Eigentümer aber mit der Konstruktion der ergänzenden Vertragsauslegung, die infolge der zwischenzeitlichen Legalfundierung des Änderungsanspruchs aber obsolet ist.
132 BGH v. 1.6.2010 – V ZR 174/09, ZMR 2010, 778, Rn 24; LG Nürnberg-Fürth v. 26.8.2010 – 14 S 3582/09, ZWE 2010, 145.
133 Ausführlich *Greiner*, ZWE 2012, 410.
134 BayObLG v. 10.11.1994 – 2Z BR 100/94, WuM 1995, 217; BayObLG v. 19.2.1987 – 2Z BR 114/86, WuM 1988, 92.

D. Die Änderung der Teilungserklärung/Gemeinschaftsordnung § 2

Der Anspruch auf Anpassung der Gemeinschaftsordnung wird im Streitfall mit einer **Regelungsklage** (§§ 43 Nr. 1, 10 Abs. 2 S. 3 WEG) durchgesetzt (zur Regelungsklage siehe Rn 715).[135] Details sind bislang weithin Theorie; veröffentlichte Rspr. gibt es kaum. Nach hiesiger Auffassung sollte der Kläger eine notarielle Änderungsvereinbarung vorbereiten (siehe Rn 216) und (nur) die Miteigentümer, die der Vereinbarung nicht beitreten, gerichtlich auf Zustimmung zur Vereinbarung in Anspruch nehmen; anderenfalls kann das Rechtsschutzbedürfnis für die Klage bezweifelt werden. Mangels einschlägiger Rspr. kann aber auch ohne solche „Vorarbeit" die Klage eingereicht werden.

239

▼

Muster 2.6: Klageantrag auf Zustimmung zur Änderung der GO

240

Die Beklagten werden verurteilt, einer Änderung der Gemeinschaftsordnung der WEG Musterstr. 10, Musterstadt, UR-Nr. 123 v. 10.2.2005 des Notariats Musterstadt, wie folgt zuzustimmen: In die Gemeinschaftsordnung wird nach § 5 ein neuer § 5a mit folgendem Wortlaut eingefügt: ▬▬▬▬. Die Beklagten werden weiter verurteilt, die Eintragung der Änderung in ihre Wohnungsgrundbücher zu beantragen und zu bewilligen.

▲

Die fehlenden Zustimmungen werden bei einem obsiegenden Urteil gem. § 894 ZPO durch die gerichtliche Entscheidung **ersetzt**. Der Kläger trägt bei dieser Vorgehensweise zwangsläufig und unvermeidlich das Risiko, dass die von ihm gewünschte Vereinbarung nicht genau die Regelung trifft, zu der das erkennende Gericht die widerstrebenden Miteigentümer verurteilen würde.

241

Die vorstehend skizzierte, „isolierte" Regelungsklage ist mangels Rechtsschutzbedürfnis **unzulässig**, soweit die Möglichkeit besteht, die gewünschte Änderung im Wege der **Beschlussfassung** herbeizuführen (siehe Rn 721). Und das ist oft der Fall (weshalb die „isolierte" Regelungsklage in der Praxis so selten vorkommt): Die Umlage der Betriebskosten kann ohne förmliche Änderung der Gemeinschaftsordnung per Beschluss gem. § 16 Abs. 3 WEG geändert werden (siehe Rn 961); die Umlage von Instandhaltungskosten kann gem. § 16 Abs. 4 WEG immerhin im Einzelfall durch Beschluss besonders geregelt werden (siehe Rn 514). Und oft gibt es sogar aufgrund einer in der Gemeinschaftsordnung enthaltenen Öffnungsklausel die Möglichkeit zur Änderung des allgemeinen Umlageschlüssels durch Beschluss (siehe Rn 227). In diesen Fällen muss zunächst die Beschlussfassung versucht werden. Kommt der beantragte Beschluss nicht zustande, ist er anzufechten (weshalb der BGH hier die Anfechtung des Negativbeschlusses verlangt, die allgemein für überflüssig gehalten wird, siehe Rn 722, ist allerdings unklar) und eine Regelungsklage auf Beschlussersetzung gem. §§ 43 Nr. 1, 21 Abs. 4 (oder Abs. 8) WEG zu erheben.[136] Diese richtet sich, anders als die „isolierte" Klage auf Anpassung der Gemeinschaftsordnung, gegen alle Miteigentümer. Die Klage wird Erfolg haben, wenn eine Änderung des Verteilungsschlüssels nach den Kriterien des § 10 Abs. 2 S. 3 WEG verlangt werden kann. Der Anpassungsanspruch wird in diesen Fällen also auf dem Weg über die Beschlussersetzung geltend gemacht. Im Einzelnen besteht hierzu freilich in Rechtsprechung und Literatur noch keine völlige Klarheit.[137]

---

[135] BGH v. 1.6.2010 – V ZR 174/09, ZMR 2010, 778, Rn 12. *Spielbauer/Then*, § 10 Rn 22; ausführlich *Greiner*, ZWE 2012, 410.
[136] BGH v. 17.12.2010 – V ZR 131/10, ZMR 2011, 485, Rn 11; *Bärmann/Klein*, § 10 Rn 167. Anders noch LG Hamburg v. 10.3.2010 – 318 S 84/09, ZMR 2010, 635, Rn 48.
[137] Ausführlich zum Streitstand BeckOK WEG/*Dötsch*, § 10 Rn 274.

242 Eine Geltendmachung des Änderungsanspruches im Rahmen einer **Beschlussanfechtung** (also im Zuge einer Anfechtung der Jahresabrechnung mit der Begründung, der Verteilerschlüssel müsse geändert werden) ist nicht möglich.[138]

VI. Die Änderung des sachenrechtlichen Grundverhältnisses

243 Soll der **formelle Teil** der Teilungserklärung (das sachenrechtliche Grundverhältnis) geändert werden, ist gem. § 4 Abs. 1, 2 WEG die Zustimmung (Auflassung) und Bewilligung **aller Miteigentümer** in der Form **notarieller Beurkundung**, die Grundbucheintragung (je nach Fall unter Vorlage neuer Abgeschlossenheitsbescheinigungen) sowie die Zustimmung der dinglichen Gläubiger erforderlich.[139] Etwas anderes gilt nur im Fall der **Unterteilung** bzw. Verbindung/Zusammenlegung (siehe Rn 455 und Rn 457) und der teilweisen **Zu-/Abschreibung** von Sondereigentumseinheiten; die dafür erforderlichen Änderungen können der oder die betroffenen Eigentümer alleine veranlassen.[140] Soweit die Zustimmung der Miteigentümer erforderlich ist, kann sie nicht wirksam im Wege eines „**Vorbehalts**" in der Teilungserklärung vorweggenommen werden (siehe Rn 271). Ein **Beschluss** zur Änderung der Teilungserklärung (des sachenrechtlichen Grundverhältnisses) ist ausnahmslos **nichtig**.[141]

244 Anwendungsfälle für eine Änderung der Teilungserklärung sind insbesondere die **Umwandlung von Gemeinschafts- in Sondereigentum** und umgekehrt sowie die **Änderung der Miteigentumsanteile**. Nicht hierher gehört die **Umwandlung** von Teileigentum in Wohnungseigentum und umgekehrt (siehe Rn 276): Hierfür kann ein Änderungsvorbehalt in der Gemeinschaftsordnung verankert werden; dann bedarf es nicht mehr der Mitwirkung der übrigen Eigentümer sowie etwaiger dinglich Berechtigter.

245 Das **Verfahren** zur Änderung des sachenrechtlichen Grundverhältnisses ist viel (zeit- und kosten-) aufwändiger als die Änderung der Gemeinschaftsordnung. Zwar unterscheiden sich die für eine Beurkundung der Vereinbarung anfallenden Notargebühren nicht nennenswert von den für einen Vereinbarungsentwurf anfallenden Gebühren; die Beurkundung kostet eine 2,0-Gebühr, mindestens 120,00 EUR, Nr. 21100 KV-GNotKG. Was aber erheblich ins Gewicht fällt, sind der Aufwand und die Kosten für die Einholung der Zustimmungserklärungen der dinglichen Gläubiger, die sich auf ca. 200,00 EUR je Zustimmung belaufen. Einzelheiten können hier aus Platzgründen nicht dargestellt werden und sind ggf. andernorts nachzulesen[142] oder beim Notar zu erfragen. Angesichts dessen, dass die Änderung der Gemeinschaftsordnung (die Zustimmung aller Miteigentümer vorausgesetzt) verhältnismäßig einfach zu vollziehen ist, die Änderung des sachenrechtlichen Grundverhältnisses hingegen nicht, stellt sich die Frage, warum man letzteres überhaupt tun sollte. Tatsächlich ist es nur **selten erforderlich**: Schuldrechtliche Regelungen in der Gemeinschaftsordnung sind i.d.R. ausreichend. So ist es im Sachverhalt, der dem obigen Muster (siehe Rn 215) zugrunde liegt, nicht nötig, dem ausbauenden Miteigentümer das Sondereigentum an der hinzugenommenen Fläche zu verschaffen und die Miteigentumsanteile anzupassen. Es genügt, ihm ein Sondernut-

---

138 LG Itzehoe v. 24.1.2012 – 11 S 16/11, ZMR 2012, 390; OLG Schleswig v. 1.3.2007 – 2 W 196/06, ZMR 2008, 664.
139 OLG Stuttgart v. 31.8.2011 – 3 U 44/11, ZMR 2013, 54; OLG Düsseldorf v. 17.12.2009 – 3 Wx 225/09, ZWE 2010, 93.
140 Übertragung eines Kellerraums von einer Einheit auf eine andere: Ohne Mitwirkung der übrigen Eigentümer und ohne neue Abgeschlossenheitsbescheinigung möglich (OLG München v. 30.7.2008 – 34 Wx 49/08, ZWE 2009, 25).
141 BGH v. 11.5.2012 – V ZR 189/11, ZMR 2012, 793.
142 *Kreuzer* in: AHB WEG-Recht Teil 3 Rn 51 ff.; *Kreuzer* in: Müller, Formularbuch, Teil B II; *Heinemann*, „Umwandlungsvorgänge" im WEG-Recht, MietRB 2011, 231.

zungsrecht einzuräumen, die Instandhaltungslast aufzuerlegen und den Kostenverteilungsschlüssel anzupassen.

Ein **Anspruch auf Änderung** des sachenrechtlichen Grundverhältnisses (der Teilungserklärung im engeren Sinne) kann sich nach der Rspr. nicht aus § 10 Abs. 2 S. 3 WEG ergeben, weil diese Bestimmung nur die Anpassung der Gemeinschaftsordnung (als schuldrechtlicher Vereinbarung) regelt. Einen „Notanker" stellt die Rspr. aber bereit: Ein Änderungsanspruch kann ggf. aus der „**Treuepflicht**" der Miteigentümer abgeleitet werden.[143] Das setzt voraus, dass außergewöhnliche Umstände vorliegen, die die Verweigerung der Zustimmung als grob unbillig und damit als Verstoß gegen den Grundsatz von Treu und Glauben erscheinen lassen.[144] Der Anspruch wird deshalb (schon wegen der meistens ausreichenden Möglichkeit der Änderung der Gemeinschaftsordnung) nur höchst selten anerkannt, etwa in Extremfällen abweichender Bauausführung, insbes. zur Behebung des Problems isolierter Miteigentumsanteile (siehe Rn 93).

246

VII. Änderungen durch den Bauträger

1. Einführung

Der Bauträgervertrag beschreibt die verkaufte Wohnung und das Gemeinschaftseigentum, indem er auf die Teilungserklärung nebst Gemeinschaftsordnung verweist. Regelmäßig möchte der Bauträger aber später die der Teilungserklärung zugrunde liegende Planung modifizieren, insbesondere um den Wünschen späterer Erwerber Rechnung tragen zu können.[145] Dabei kann es darum gehen, Wohnungen größer oder kleiner herzustellen, zusammenzulegen oder in kleinere Wohnungen aufzuteilen, Stellplätze, Keller oder Außenflächen verkauften Einheiten zuzuordnen, die ursprünglich vorgesehene Nutzung von Einheiten als Wohnung oder Gewerbe zu ändern usw. Entsprechende Änderungen der Teilungserklärung/Gemeinschaftsordnung durch den Bauträger sind daher tägliche Praxis, die sich jedoch rechtlich „auf dünnem Eis" bewegt. Bei der Beurteilung sind zwei Ebenen zu unterscheiden, was häufig zu wenig beachtet wird, wodurch die ohnehin schwierige Problematik noch undurchsichtiger wird:

247

- Die erste Ebene betrifft die Vollmacht zum Vollzug von Änderungen, also das „Können" des Bauträgers im (**Außen-)Verhältnis** zum Grundbuchamt.
- Die zweite Ebene betrifft das „Dürfen" des Bauträgers im (**Innen-)Verhältnis** zu den Erwerbern.

248

Tipp
Dass der Bauträger eine Änderung der Teilungserklärung wirksam vollziehen kann, sagt nichts darüber aus, ob er dazu im Verhältnis zu seinen Käufern befugt ist. Regelmäßig ziehen die Änderungen Ersatzansprüche der Käufer nach sich.

249

2. Die Änderungsbefugnis im Außenverhältnis

Solange der Bauträger noch **Alleineigentümer** ist und keine Vormerkungen für Erwerber eingetragen sind, kann er die Teilungserklärung/Gemeinschaftsordnung) durch einseitige Erklärung in der Form des § 29 GBO und entsprechende Grundbucheintragung ändern (nicht aber durch Einmannbeschluss, siehe Rn 166). Erst mit der Eintragung der ersten Auflassungsvormerkung für einen Er-

250

---

143 BGH v. 12.4.2013 – V ZR 103/12, NJW 2013, 1962, Rn 9.
144 BGH v. 12.4.2013 – V ZR 103/12, NJW 2013, 1962, Rn 9.
145 *O. Vogel*, Probleme der Änderung von Teilungserklärung und Gemeinschaftsordnung beim Erwerb vom Bauträger, ZMR 2008, 270; *M. Müller*, Vorbehalt zur Änderungen des sachenrechtlichen Grundverhältnisses, PiG 91 (2012), 53.

werber verliert er die Befugnis zur einseitigen Änderung; ab da benötigt er die Zustimmung der Vormerkungsberechtigten und der dinglich Berechtigten.[146]

251 Spätere Änderungen der **Gemeinschaftsordnung** bleiben einseitig möglich, wenn sich der Bauträger ein Änderungsrecht wirksam vorbehält (**Änderungsvorbehalt**). Ein solcher Vorbehalt kann in der Teilungserklärung (Gemeinschaftsordnung) verankert werden und wirkt dann aufgrund der Grundbucheintragung gegen alle Erwerber und auch gegen deren Rechtsnachfolger.

252 Spätere Änderungen des **sachenrechtlichen Grundverhältnisses** aufgrund eines **Änderungsvorbehalts** in der Teilungserklärung/Gemeinschaftsordnung sind hingegen **nicht** möglich.

253 *Beispiel*
Bauträger X errichtet abschnittsweise eine Mehrhausanlage. In der Teilungserklärung behält er sich das Recht vor, die später realisierten Einheiten nachträglich noch neu aufzuteilen und z.B. Sonder- in Gemeinschaftseigentum umzuwandeln oder umgekehrt. Das Grundbuchamt verweigert die Eintragung. – Zu Recht. Die vorbehaltene Ermächtigung dazu, Gemeinschafts- in Sondereigentum umzuwandeln oder umgekehrt (oder die Vereinbarung einer vorweggenommenen Zustimmung zu einer solchen Umwandlung) kann nicht als Inhalt des Sondereigentums vereinbart werden; die Klausel ist unwirksam.[147] Änderungen des sachenrechtlichen Grundverhältnisses erfordern gem. § 4 WEG die Einigung aller Wohnungseigentümer in der Form der Auflassung; eine Änderung durch Vereinbarung gem. § 10 Abs. 3 WEG ist nicht ausreichend.

254 Die Praxis reagierte darauf. Üblicher Weise lässt sich der Bauträger nunmehr in den jeweiligen **Bauträgerverträgen** zu späteren Änderungen des sachenrechtlichen Grundverhältnisses bevollmächtigen (**Vollmachtslösung**). Das ist möglich.

255 Sowohl eine im Bauträgervertrag vereinbarte Änderungsvollmacht als auch ein Änderungsvorbehalt in der Gemeinschaftsordnung müssen dem grundbuchrechtlichen Grundsatz der **Bestimmtheit** genügen; unbestimmte Änderungsklauseln/Vollmachten sind unwirksam. Darauf beruhende Änderungen dürfen vom Grundbuchamt nicht eingetragen werden; werden sie es dennoch, ist die Eintragung rechtlich wirkungslos. Da jede Beschränkung des Änderungsvorbehalts bzw. der Vollmacht das Problem der Bestimmtheit aufwirft, ziehen Bauträger seit einiger Zeit die nahe liegende Konsequenz, sich Änderungsvollmachten einräumen zu lassen, die nur im Innenverhältnis (also gegenüber dem Erwerber), im Außenverhältnis (gegenüber dem Grundbuchamt) aber überhaupt nicht beschränkt sind.

256 *Beispiel*
Der Käufer erteilt dem Bauträger Vollmacht zur Änderung des künftigen Wohnungseigentums, insbes. zu Ergänzungen der Teilungserklärung samt etwaiger Nachträge. Die Vollmacht berechtigt zur Abgabe von Bewilligungen sowie zur Stellung und Rücknahme von Anträgen. Im Außenverhältnis ist diese Vollmacht nicht beschränkt. Im Innenverhältnis darf sie nur Verwendung finden, wenn das Sondereigentum des Käufers von der Änderung nicht betroffen ist [oder ähnliche Beschränkungen, siehe nachfolgendes Beispiel].

257 Die in einer solchen Klausel enthaltene Vollmacht zur Änderung der Gemeinschaftsordnung oder des sachenrechtlichen Grundverhältnisses wird, soweit es um das Außenverhältnis geht, (bislang noch) als **wirksam** erachtet und insbesondere nicht nach Maßgabe des AGB-Rechts überprüft.[148]

---

146 BGH v. 1.10.2004 – V ZR 210/03, ZMR 2005, 59; BayObLG v. 18.10.1994 – 2Z BR 55/94, ZMR 1995, 38.
147 BGH v. 11.5.2012 – V ZR 189/11, ZMR 2012, 793, Rn 8; seit 2003 st. Rspr.
148 OLG München v. 7.11.2012 – 34 Wx 208/12, NZM 2013, 91; OLG München v. 31.7.2007 – 34 Wx 59/07, Rpfleger 2007, 653. A.A. (Vollmacht sei AGB-rechtlich zu überprüfen) LG Nürnberg-Fürth v. 29.7.2009 – 14 S 1895/09, ZMR 2009, 950.

Wenn der Bauträger auf der Grundlage eines unbeschränkten Änderungsvorbehalts oder einer entsprechenden Vollmacht die Eintragung weitreichender Änderungen beim Grundbuchamt beantragt, könnte dem Grundbuchamt natürlich der Verdacht kommen, hier werde die im Innenverhältnis zu den Erwerbern bestehende Befugnis überschritten. Dies darf es aber nur in Fällen eines evidenten Missbrauchs zum Anlass für eine Zurückweisung nehmen.

Beispiel 258
Im Bauträgervertrag ist (parallel zu einer entsprechenden Regelung in der Teilungserklärung) bestimmt: „Der Verkäufer kann beliebige Änderungen der Teilungserklärung mit Gemeinschaftsordnung vornehmen, insbesondere die Lage und Größe von Kellerräumen ändern. ... Einzige Einschränkung ist, dass weder das Sondereigentum des Käufers noch die Benutzung des übrigen Gemeinschaftseigentums berührt wird [*oder:* wirtschaftlich gesehen wesentlich beeinträchtigt wird]". Nach Verkauf einer Wohnung an A will der Bauträger im Grundbuch zugunsten des Käufers B ein Sondernutzungsrecht an zwei Kellerräumen zur Eintragung bringen. – Die Vollmacht ist zwar im Außenverhältnis wirksam, im Verhältnis zu A aber nicht, weil die Zuweisung der Kellerräume an B die Benutzung des Gemeinschaftseigentums durch A wesentlich beeinträchtigen würde. Das Grundbuchamt müsste den Antrag daher wegen offensichtlichen **Vollmachtsmissbrauchs** zurückweisen.[149] Wenn es gleichwohl zur Eintragung kommt, stehen dem A Mängelrechte zu (siehe Rn 260).

Auf die **Zustimmung der dinglichen Gläubiger** kann in diesen Fällen nicht verzichtet werden. 259

Beispiel
Durch eine Klausel in der Gemeinschaftsordnung wird Bauträger X ermächtigt, Sondernutzungsrechte ohne Zustimmung der übrigen Miteigentümer und der dinglich Berechtigten neu zu begründen. In den Kaufverträgen mit den Erwerbern sind gleichlautende Vollmachten vereinbart. X beantragt beim Grundbuchamt die Eintragung weiterer Sondernutzungsflächen zugunsten einiger Erwerber. Das Grundbuchamt lehnt die Eintragung mit der Begründung ab, dass die Zustimmung der dinglichen Gläubiger fehle. – Zu Recht. Der Begründungsvorbehalt zugunsten des aufteilenden Eigentümers kann nicht in einer die dinglich Berechtigten bindenden Weise als Inhalt des Sondereigentums vereinbart werden; deren Zustimmung ist erforderlich, die davon abweichende Klausel in der Gemeinschaftsordnung ist unwirksam.[150]

3. Die Änderungsbefugnis im Innenverhältnis und ihre Grenzen

Ob der Bauträger zu nachträglichen Änderungen der Teilungserklärung oder der Bauausführung befugt ist, richtet sich im Verhältnis zu den Käufern nur nach dem Inhalt des Bauträgervertrags. Wie oben schon erwähnt, ist diese Frage völlig unabhängig davon zu beurteilen, ob oder dass die entsprechende Änderungsvollmacht im Außenverhältnis (zum Grundbuchamt) wirksam ist; das Grundbuchamt prüft nur, ob eine dem Bauträger erteilte Vollmacht (= der Änderungsvorbehalt) die von ihm beantragten Änderungen der Gemeinschaftsordnung formell deckt und kümmert sich wenig oder gar nicht darum, ob er zu den Änderungen materiell befugt ist. Zunehmend wird erkannt, dass der Bauträger im Innenverhältnis nur **wenig Spielraum** für Änderungen zu Lasten der Käufer hat. Denn die im Bauträgervertrag vereinbarten Klauseln müssen ausreichend bestimmt sein; außerdem dürfen sie den Käufer nicht unangemessen benachteiligen. Bei unbefugten Änderungen stehen den Käufern die allgemeinen Mängelrechte zu. 260

---

[149] So OLG München v. 20.2.2013 – 34 Wx 439/12, ZWE 2013, 209. A.A. OLG München v. 7.11.2012 – 34 Wx 208/12, NZM 2013, 91 (und öfter) für die Variante, weil der Verstoß nicht offenkundig sei und das Grundbuchamt wertende Beurteilungen unter Berücksichtigung der Umstände des Einzelfalles nicht vornehmen dürfe.
[150] OLG München v. 13.6.2006 (Vornote); BayObLG v. 27.10.2004 – 2Z BR 150/04, ZMR 2005, 300.

261 *Beispiel*
A kauft im Jahr 2002 von Bauträger X eine Wohnung. Laut Teilungserklärung gibt es im gesamten Haus keine Teileigentumseinheiten, allerdings dürfen alle Wohnungen auch gewerblich genutzt werden. Noch vor der Eintragung einer Vormerkung für A ändert X die Teilungserklärung ab, so dass eine Einheit nunmehr anstelle von Wohnungseigentum als Teileigentum ausgewiesen wird; diese Änderung war von dem vertraglich vereinbarten Änderungsvorbehalt nicht gedeckt. Im Jahr 2004 verlangt A von X unter Fristsetzung die „ordnungsgemäße Vertragserfüllung" und nach Fristablauf Rückabwicklung und Schadensersatz. – Mit Erfolg. Die Umwandlung einer Wohnung in eine Teileigentumseinheit stellt eine Vertragsverletzung dar. Zur Änderung der Teilungserklärung war X zwar sachenrechtlich befugt; er war noch Alleineigentümer, Vormerkungen zugunsten von Erwerben waren noch nicht eingetragen. Schuldrechtlich war X dazu aber nicht berechtigt. Dem A entsteht auch ein Schaden. Statt – wie gekauft – eine Wohnung in einer reinen Wohnanlage erhält er eine Wohnung in einer Anlage mit einer Teileigentumseinheit. Das verändert den Gesamtcharakter der ganzen Anlage und mindert den Wert der Wohnung des A erheblich.[151]

262 Es genügt i.d.R. nicht, nur die Teilungserklärung zu ändern. Vielmehr sind mit den meisten Änderungen auch **Änderungen der Bauausführung** verbunden. Solche Änderungsvorbehalte müssen dem Bestimmtheitsgebot genügen und sich an dem Klauselverbot des § 308 Nr. 4 BGB messen lassen; diesen Anforderungen genügen sie regelmäßig nicht und sind **unwirksam**.

263 *Beispiel*
A kauft von Bauträger X eine Wohnung. Laut Baubeschreibung und Aufteilungsplan ist das Treppenhaus „geschlossen" (mit Fenstern und Eingangstür); tatsächlich wird ein „offenes" Treppenhaus gebaut. Im Bauträgervertrag hat sich X das Recht zur Änderung der Ausführungsart vorbehalten, soweit ihm dies technisch oder wirtschaftlich zweckmäßig erscheint und dadurch keine Wertminderung eintritt. A verlangt Kostenvorschuss zur Herstellung des Treppenhauses gemäß der ursprünglichen Baubeschreibung. – Zu Recht. Die Änderungsklausel ist gem. § 308 Nr. 4 BGB unwirksam; **ohne triftigen Grund** ist der Bauträger zu einer von der Baubeschreibung **abweichenden Bauausführung nicht berechtigt**.[152] Die Abweichung stellt eine nachteilige Abweichung der Ist-Beschaffenheit von der Soll-Beschaffenheit und somit einen Mangel dar.[153]

264 *Weitere Beispiele*
für Leistungsänderungsklauseln, wobei es teilweise nicht um Bauträger-, sondern um sonstige Bauverträge geht, worauf es aber im hiesigen Kontext nicht ankommt:
- **Unwirksam:** Das Abstellen auf „schwerwiegende Änderungsgründe" und nicht konkretisierte „triftige Gründe",[154] auf „billiges Ermessen"[155] oder auf die „Zumutbarkeit".[156] „Änderungen der Ausführungsart, der vorgesehenen Baustoffe und Einrichtungsgegenstände, soweit dies technisch oder wirtschaftlich zweckmäßig erscheint".[157] Insbesondere wirt-

---

151 BGH v. 17.6.2005 – V ZR 328/03, NZM 2005, 753.
152 BGH v. 23.6.2005 – VII ZR 200/04, ZMR 2005, 799; OLG Karlsruhe v. 29.5.2009 – 4 U 160/08, IBR 2012, 265, Rn 73.
153 BGH v. 23.6.2005 (Vornote).
154 BGH v. 20.1.1983 – VII ZR 105/81, NJW 1983, 1322.
155 BGH v. 21.12.1983 – VIII ZR 195/82, NJW 1984, 1182.
156 BGH v. 21.12.1983 (Vornote); OLG Frankfurt/M. v. 30.7.1998 – 15 U 191/97, BauR 2000, 1204.
157 OLG Stuttgart v. 17.10.2002 – 2 U 37/02, BauR 2003, 1394.

schaftliche Gründe können nicht anerkannt werden, weil der Unternehmer Kalkulations- und Planungsrisiken nicht auf seinen Vertragspartner abwälzen darf.[158]
- **Wirksam:** „Geringfügige und/oder gleichwertige baurechtlich und technisch notwendige Änderungen".[159]

---

[158] BGH v. 27.6.1997 – VII ZR 59/95, NJW 1997, 126.
[159] OLG Frankfurt/M. v. 30.7.1998 – 15 U 191/97, BauR 2000, 1204.

§ 3 Rechte und Pflichten bei der Nutzung von Sonder- und Gemeinschaftseigentum

A. Gebrauchsrecht und Rücksichtnahmegebot

I. Übersicht

Das Grundrecht jedes Eigentümers ist es, mit seinem Eigentum nach Belieben zu verfahren (Art. 14 GG). Das gilt auch für das Sondereigentum an einer Wohnung (§ 13 Abs. 1 WEG). Dieses Recht besteht aber selbstverständlich nicht schrankenlos. Der Gebrauch des Sondereigentums darf nur in solcher Weise erfolgen, dass dadurch keinem der anderen Wohnungseigentümer ein Nachteil erwächst, der über das bei einem ordnungsgemäßen Zusammenleben unvermeidliche Maß hinaus geht (§ 14 Nr. 1 WEG; der Begriff des Nachteils wird bei Rn 400 erörtert). Zwischen den Mitgliedern einer Wohnungseigentümergemeinschaft besteht somit eine schuldrechtliche Sonderverbindung (das **Gemeinschaftsverhältnis**), aus der ein allgemeines **Gebot der gegenseitigen Rücksichtnahme** mit Handlungs- und Unterlassungspflichten folgt.

265

II. Einzelfälle

> *Beispiele*
> A verursacht einen Wasserschaden in der Wohnung des B. Die Leitungswasserschadensversicherung verzögert die Regulierung; schließlich verklagt B den A auf Schadensersatz. – Ohne Erfolg. Nach dem Gebot der Rücksichtnahme muss B zunächst die **Versicherung verklagen**, anstatt den schadensursächlichen A in Anspruch zu nehmen (siehe Rn 1621).

266

A ist Eigentümer einer als Restaurant vermieteten und genutzten Gewerbeeinheit. Die Abluftanlage ist **sanierungsbedürftig** und dadurch brandgefährlich. – Ein ordnungsgemäßer Gebrauch des Sondereigentums i.S.v. § 14 Nr. 1 WEG gebietet dem A die Sanierung der Abluftanlage; dass er sein Sondereigentum vermietet hat, ändert daran nichts.[1]

267

Die Lebensgefährtin des Miteigentümers A beleidigt ständig die Mieter des Miteigentümers B, sodass diese schließlich ausziehen. B verlangt Ersatz des Mietausfallschadens von A. – Mit Erfolg. A hatte gem. § 14 Nr. 1, 2 WEG die Pflicht, für die Unterlassung der **Störungen durch** seine **Lebensgefährtin** zu sorgen. Der Verstoß hiergegen verpflichtet ihn gem. § 280 BGB zum Schadensersatz.[2]

268

A hat außen vor dem Fenster Blumenkästen aufgestellt. Das **Blumengießen** führt immer wieder zu Beeinträchtigungen bei B, der die Wohnung darunter bewohnt. Hier ist dem A zur Streitvermeidung die Pflicht zumutbar, das Blumengießen zu unterlassen. (Zu Blumenkästen auf der Balkonaußenseite siehe Rn 430).[3]

269

Bodenbelagswechsel. In einer 1972 erbauten Wohnanlage (Estrich ohne Trittschalldämmung direkt auf der Betondecke) ersetzt A in seiner Wohnung den früheren Teppichboden durch Parkett. B, Eigentümer der darunter liegenden Wohnung, wird dadurch gestört und verlangt die Herstellung eines **Trittschallschutzes** von max. 50 dB. – Grundsätzlich richten sich die Anforderungen an den

270

---

1 KG v. 15.7.2002 – 24 W 21/02, ZMR 2002, 968.
2 OLG Saarbrücken v. 4.4.2007 – 5 W 2/07, ZMR 2007, 886.
3 BayObLG v. 26.5.2004 – 2Z BR 056/04, ZMR 2005, 213.

Schallschutz nach den im Zeitpunkt der Bauerrichtung geltenden Normen (in den meisten Fällen also nach der DIN 4109, Schallschutz im Hochbau[4]). Die genauen Werte sind anhand „der die Wohnanlage prägenden Umstände" (Teilungserklärung, Baubeschreibung usw.) zu ermitteln. Sie gelten als Minimum, zu einer Verschlechterung darf es durch Umbaumaßnahmen nicht kommen.[5] Auf der anderen Seite ist der umbauende Wohnungseigentümer nicht zu einer Verbesserung des bestehenden Schallschutzes verpflichtet; sogar eventuell erhöhte Lärmbelästigungen nach einem Umbau/Bodenbelagswechsel sind hinzunehmen, solange die (sich aus den früheren Normen ergebenden) Schallschutzanforderungen eingehalten werden.[6] Früher machten manche Gerichte zwar eine (m.E. zutreffende) Ausnahme für den Fall, dass der Umbau, insbesondere der Bodenbelagswechsel, „Jahrzehnte nach der Errichtung des Bauwerks" erfolgte; dann sollten doch die im Zeitpunkt des Umbaus geltenden (aktuellen) DIN-Normen einzuhalten sein.[7] Dieser Auffassung ist der BGH aber entgegengetreten,[8] wodurch sie faktisch überholt ist. Die einzige Ausnahme vom unerfreulichen Grundsatz der beliebigen Bodenbelagswahl wird für den Fall anerkannt, dass das Gebäude in einem schallschutztechnisch besseren Zustand als zur Zeit seiner Herstellung vorgeschrieben errichtet wurde; dann ist weder die seinerzeit gültige, noch die aktuelle DIN die Obergrenze, vielmehr ist auf die jeweils zur Anwendung kommende DIN ein „Aufschlag" zu machen, welcher der Verbesserung der seinerzeitigen Bauweise gegenüber den seinerzeitigen Nomen entspricht. (Zum Schallschutz nach Dachgeschossausbau siehe auch Rn 590)[9] – Nach den sachverständigen Feststellungen verlangte A im Beispielsfall die bei Errichtung des Wohngebäudes erreichten und prägenden Trittschallwerte, die erheblich besser als nach der damals geltenden DIN waren, sodass er Recht bekam. – Eigene Meinung: Durch einen Umbau – auch und gerade in Gestalt eines Wechsels des Bodenbelags – darf es jedenfalls nicht zu einer Verschlechterung des Trittschallschutzes kommen. Ein alter (vergleichsweise schlechter) Baustandard war in den fraglichen Fällen vor dem Bodenbelagswechsel ja nur deshalb erträglich, weil es einen entsprechend dämpfenden Bodenbelag gab; das muss bei der Gesamtbetrachtung berücksichtigt werden. Außerdem ist die Anbringung einer Schalldämmung unter einem neuen Bodenbelag mit geringem Aufwand verbunden, wohingegen die Störungen bei Unterlassung der Dämmung enorm sind; deshalb ist eine Trittschalldämmung im Zuge des Bodenbelagswechsels schon nach dem Rücksichtnahmegebot (letztlich Treu und Glauben) zwingend.

271

Tipp

Bei **Schallschutzproblemen** nach einem Umbau besteht das Problem für den „gestörten" Miteigentümer darin, dass er nicht einfach den Rückbau (also die Wiederherstellung des früheren Zustandes, z.B. Teppichboden statt Parkett) verlangen kann; denn die bislang störende Maßnahme (Parkett) könnte ja auch durch weitere Dämmmaßnahmen schallschutztechnisch in Ordnung gebracht werden. Wie auch sonst bei Störungen (siehe Rn 350) besteht kein Anspruch auf Durchführung bestimmter Maßnahmen (im Fall also z.B. auf einen bestimmten Bodenbelag),

---

4 Exkurs: Beim heutigen Neubau ist der erhöhte Schallschutz nach Beiblatt 2 der DIN 4109 einzuhalten (OLG Stuttgart v. 21.5.2007 – 5 U 201/06, NZM 2007, 848), was bei Doppelhaushälften oder Reihenhäusern praktisch nur durch eine zweischalige Trennwand zu erreichen ist (BGH v. 20.12.2012 – VII ZR 209/11, BauR 2013, 624).
5 OLG Hamm v. 18.8.2009 – 15 Wx 357/08, WuM 2010, 50; OLG Schleswig v. 8.8.2007 – 2 W 33/07, WuM 2007, 591.
6 BGH v. 1.6.2012 – V ZR 195/11, NZM 2012, 611; LG München I v. 6.6.2011 – 36 S 18712/10, ZMR 2012, 479; LG Halle v.11.8.2009 – 2 T 31/09, ZWE 2010, 49 (jeweils betr. Bodenbelagswechsel); LG Berlin v. 25.9.2013 – 85 S 57/12 (betr. Fließ- und Installationsgeräusche nach Umbau einer Kammer zum Bad).
7 OLG Schleswig v. 8.8.2007 – 2 W 33/07, WuM 2007, 591; AG Köln v. 8.7.2010 – 202 C 140/07, IMR 2010, 531.
8 BGH v. 1.6.2012 – V ZR 195/11, NZM 2012, 611, Rn 12.
9 OLG München v. 9.1.2008 – 34 Wx 114/07, ZMR 2008, 317 (Vorlage für den Beispielsfall) und zahlreiche dort zitierte frühere Entscheidungen.

sondern „nur" auf die Einhaltung von Schalldämmwerten.[10] Infolgedessen sind aufwändige sachverständige Ermittlungen und Messungen erforderlich, und zwar mitunter schon vorprozessual, um im Klageantrag den beanspruchten Schalldämmwert beziffern zu können; im Prozess wird die sachverständige Begutachtung dann ggf. wiederholt. Schallschutzgutachten sind i.d.R. leider sehr teuer (ab 2.000,00 EUR aufwärts).

B. Die Nutzung des Sondereigentums

I. Die Zweckbestimmung der Einheit

Jeder Miteigentümer muss sich bei der Nutzung seiner Einheit an den Rahmen der **Zweckbestimmung** halten. Die Zweckbestimmung der Räume ergibt sich aus der Teilungserklärung/Gemeinschaftsordnung. Es handelt es sich um eine den zulässigen Gebrauch des Sondereigentums regelnde Vereinbarung i.S.d. §§ 10 Abs. 2 S. 2, 15 Abs. 1 WEG; sie kann also durch eine abweichende Vereinbarung geändert werden.

Beispiel
Laut Teilungserklärung ist die Sondereigentumseinheit Nr. 5 ein „Laden". Oder die Gemeinschaftsordnung bestimmt: „In sämtlichen Wohnungen ist auch eine freiberufliche Tätigkeit zulässig."

Welche Art Nutzung danach zulässig ist, ist durch **Auslegung** festzustellen. Maßgebend ist (wie immer, siehe Rn 136) der Wortlaut der Regelung und ihr Sinn, wie er sich aus unbefangener Sicht als nächstliegende Bedeutung ergibt; Umstände außerhalb der Teilungserklärung dürfen nur herangezogen werden, wenn sie nach den besonderen Verhältnissen des Einzelfalles für jedermann ohne weiteres erkennbar sind. Nur eine **eindeutige** Regelung kann die – im Ausgangspunkt umfassende – Nutzungsmöglichkeit eines Sondereigentums wirksam beschränken;[11] demnach ist z.B. eine Soll-Bestimmung („Gewerbeeinheiten sollen nur so wie bezeichnet genutzt werden") wirkungslos.[12]

Bei **Widersprüchen** zwischen der Teilungserklärung und dem Aufteilungsplan geht die Teilungserklärung vor; die Eintragungen in Bauzeichnungen und im Aufteilungsplan stellen nur **unverbindliche Nutzungsvorschläge** dar.[13] Bei Widersprüchen zwischen der Teilungserklärung (im engeren Sinne, siehe Rn 6) und der Gemeinschaftsordnung geht letztere vor.[14]

Die Bedeutung der Zuordnung als Wohnungs- **oder Teileigentum** ist streitig. Gem. § 1 Abs. 2 u. Abs. 6 WEG kann Sondereigentum entweder an einer Wohnung oder an „nicht zu Wohnzwecken dienenden Räumlichkeiten" (Teileigentum) begründet werden. Es ist also zwingend, die Einheiten in der Teilungserklärung entweder der einen oder der anderen Kategorie zuzuweisen. Der Differenzierung liegt der Wille des Gesetzgebers zugrunde, als Gegenbegriff zur „Wohnung" eine schlagwortartige Kurzbezeichnung für die „nicht Wohnzwecken dienenden Sondereigentumseinheiten" zu schaffen: eben den Begriff „Teileigentum".[15] Es handelt sich bei der Bezeichnung von Sondereigentumseinheiten als Wohnung oder Teileigentum nach inzwischen ganz h.M. um nicht mehr

---

10 KG v. 19.3.2007 – 24 W 317/06, ZMR 2007, 639.
11 OLG Frankfurt v. 1.11.2012 – 20 W 12/08, ZMR 2013, 296, Rn 149.
12 OLG Düsseldorf v. 24.9.2004 – 3 Wx 233/04, ZMR 2005, 217: Dann ist z.B. auch in einem „Laden" oder „Büro" die Wohnnutzung zulässig.
13 BGH v. 16.11.2012 – V ZR 246/11, ZWE 2013, 168; LG Hamburg v. 14.4.2010 – 318 S 183/09, ZMR 2010, 788.
14 OLG Frankfurt v. 1.11.2012 – 20 W 12/08, ZMR 2013, 296, Rn 149; OLG Düsseldorf v. 6.5.2008 – Wx 162/07, NZM 2008, 489.
15 Gesetzesbegründung zu § 1 WEG (BR-Drucks 75/51, abgedr. bei *Bärmann*, Anh. II 1).

und nicht weniger als eine schlichte Zweckbestimmung mit Vereinbarungscharakter, sodass auch die **Umwandlung** von Wohnungs- in Teileigentum (und umgekehrt) durch Vereinbarung möglich ist;[16] der Zustimmung dinglicher Gläubiger bedarf es dazu nicht.

277 Nach allgemeiner Meinung ist eine zweckbestimmungs**widrige** Nutzung dann zulässig, wenn sie nicht mehr stört als die zweckbestimmungs**gemäße** Nutzung. Ob das der Fall ist, soll „objektiv durch eine generalisierende bzw. typisierende Betrachtungsweise" ermittelt werden, wobei es im Ausgangspunkt zwar nicht auf das Vorliegen konkreter Beeinträchtigungen ankommt, aber gleichwohl die konkreten Umstände des Einzelfalls nicht gänzlich außer Betracht bleiben.[17] Mit Blick auf die Verteilung der Darlegungs- und Beweislast gilt demnach Folgendes: Wer die Unterlassung einer zweckbestimmungswidrigen Nutzung verlangt, muss beweisen, dass eine solche vorliegt; im Rahmen der sekundären Darlegungslast muss er ferner darlegen, welche konkreten Störungen er befürchtet. Der Nutzer, der sich auf die von der Rechtsprechung entwickelte „Ausnahme" beruft und geltend macht, die zweckbestimmungswidrige Nutzung störe nicht mehr als die zweckbestimmungsgemäße und sei deshalb zulässig, muss nach allgemeinem Beweislastgrundsätzen das Vorliegen dieser Ausnahme beweisen und in diesem Zuge die befürchteten Störungen ausräumen.[18] Da jeder Fall anders zu beurteilen sein kann, gibt es eine Fülle von Einzelfallrechtsprechung (siehe Rn 283 ff.).

II. Vorbehalt der Verwalterzustimmung oder der Baugenehmigung

278 Oft wird eine bestimmte Nutzung an die **Zustimmung des Verwalters** geknüpft.

Beispiel
Die Gemeinschaftsordnung sieht vor, dass die Ausübung eines **Berufes** oder **Gewerbes** in der Wohnung nur mit Zustimmung des Verwalters zulässig ist, die widerruflich und unter Auflagen erteilt und nur aus wichtigem Grund verweigert werden kann. Miteigentümer A betreibt mit Zustimmung des Verwalters einen Kiosk in seiner Wohnung, Miteigentümer B verlangt Unterlassung. – B hat Recht. Die Nutzung als Kiosk stört generell mehr als die Wohnnutzung. Die Verwalterzustimmung alleine macht die von der Zweckbestimmung abweichende Nutzung noch nicht zulässig; der Zustimmungsvorbehalt stellt lediglich eine formale vorgeschaltete Bedingung der Nutzung dar. Die Entscheidung des Verwalters unterliegt der Kontrolle durch die Wohnungseigentümer (deren Entscheidung sowohl der betroffene Wohnungseigentümer[19] als auch der Verwalter im Zweifel einholen können[20]) und durch das Gericht. (Ausführlich dazu – unter dem Gesichtspunkt baulicher Maßnahmen – siehe Rn 421.)

279 Wenn die nach der Teilungserklärung erforderliche Verwalterzustimmung **fehlt**, müsste eine Nutzung ohne Zustimmung eigentlich alleine aus diesem (**formellen**) Grund gerichtlich untersagt werden können; das ist aber umstritten.

Beispiel
Im vorstehenden Beispielsfall betreibt A ein nicht störendes Gewerbe in seiner Wohnung; die Zustimmung des Verwalters hat er nicht eingeholt. Miteigentümer B verlangt Unterlassung. –

---

16 So die inzwischen h.M., z.B. KG v. 29.11.2010 – 1 W 325/10, ZWE 2011, 84; *Schneider*, in: *Riecke/Schmid*, § 7 Rn 284.
17 LG Dresden v. 25.2.2009 – 2 S 407/08, ZMR 2010, 58; Rn 42. Weitere Nachweise bei den im Text folgenden Einzelfällen.
18 *Dötsch*, Darlegungs- und Beweislast bei zweckbestimmungswidrigen Nutzungen, ZMR 2013, 18 mit Hinweis darauf, dass das Gericht ein Sachverständigengutachten zur Störungsgeneigtheit einholen könne.
19 BayObLG v. 19.10.1995 – 2Z BR 110/95, ZMR 1996, 98.
20 BayOBLG v. 25.9.2003 – 2Z BR 137/03, ZMR 2004, 133.

Ohne Erfolg. A hat materiell einen Anspruch auf Erteilung der Zustimmung. Nach bisheriger Rechtsprechung kann deshalb ein Unterlassungsanspruch nicht alleine auf das Fehlen der Zustimmung gestützt werden.[21]

Im vorstehenden Sinne entschied die Rechtsprechung früher auch den vergleichbaren Fall der ungenehmigten, aber nicht störenden Parabolantenne. Nachdem der BGH aber zur Parabolantenne entschieden hat, dass sie alleine wegen des Fehlens der Zustimmung beseitigt werden muss (siehe Rn 469), wird wohl auch der vorstehende Beispielsfall heute anders entschieden werden. Sonst würde – wie die vorstehenden Fälle zeigen – das Erfordernis der Verwalterzustimmung leer laufen. Am besten wäre es freilich, wenn die Gemeinschaftsordnungen derartige Zustimmungsvorbehalte, die im Zweifel nichts nützen, aber lästig und streitanfällig sind, gar nicht erst vorsehen würden. 280

Tipp 281
Die Zustimmung des Verwalters kann auch nachgeholt werden, **nachdem** die Nutzung bereits begonnen hat; alleine der Umstand, dass sie nicht **vorher** eingeholt wurde, führt nicht dazu, dass sie verweigert werden dürfte (wenn im Übrigen ein Anspruch darauf besteht).

Mitunter wird eine bestimmte Nutzung an das Vorliegen einer **Baugenehmigung** geknüpft. 282

Beispiel
Nach der Teilungserklärung ist die gewerbliche Nutzung einer Teileigentumseinheit in einem Wohn- und Geschäftshaus zulässig, sofern sie baurechtlich genehmigt ist. Die Baubehörde erteilt dem Miteigentümer A die Genehmigung zur Nutzung als Gesangsschule. Die davon gestörten Miteigentümer halten die Baugenehmigung (und die darauf beruhende Nutzung) für rechtswidrig und wollen dagegen vorgehen. – Widerspruch und Anfechtungsklage gegen die Baugenehmigung sind mangels Anfechtungs- bzw. Klagebefugnis unzulässig. Die öffentlich-rechtlichen Vorschriften dienen nur dem Schutz der Grundstücksnachbarn, nicht aber dem Schutz der Miteigentümer (siehe Rn 573). Den Miteigentümern bleibt nichts anderes übrig, als vor dem Wohnungseigentumsgericht gegen A vorzugehen und die Unterlassung der beanstandeten Nutzung zu beanspruchen.

III. Einzelfälle

Gewerbliche Nutzung einer Wohnung. Unzulässig: Professionelles Durchführen von Foto- und Filmaufnahmen für Werbeproduktionen;[22] Prostitution;[23] Arztpraxen mit erheblichem Besucherverkehr;[24] Kindertagespflege (Tagesmutter) ohne vorherigen Zustimmungsbeschluss der Gemeinschaft, auf den jedoch regelmäßig (ggf. unter Auflagen) ein Anspruch besteht.[25] **Zulässig:** Freiberufliche Praxen wie Architektur- oder Steuerberaterbüro,[26] psychologische (Einzel-)Praxis[27] oder 283

---

21 BayObLG v. 19.10.1995 – 2Z BR 110/95, ZMR 1996, 98.
22 OLG Hamburg v. 19.12.2001 – 2 Wx 106/01, ZMR 2002, 370.
23 OLG Zweibrücken v. 8.1.2008 – 3 W 257/07, ZWE 2009, 142; OLG Hamburg v. 9.10.2008 – 2 Wx 76/08, Info M 2009, 21; h.M., aber str. Diese Rspr. übergeht das Prostitutionsgesetz vom 20.12.2001, das den Lohnanspruch Prostituierter sichert und die Prostitution dem Verdikt der Sittenwidrigkeit entzogen hat (MüKo BGB Bd. 1/*Armbrüster*, § 1 ProstG Rn 19; *ders.*, ZWE 2008, 361, 363). Bei fehlender Beeinträchtigung im Einzelfall daher m.E. zutreffend für Zulässigkeit AG Nürnberg v. 4.11.2004 – 1 UR II 158/04 WEG, ZMR 2005, 661.
24 BayObLG v. 20.7.2000 – 2Z BR 50/00, ZMR 2000, 778; BayObLG v. 24.2.1997 – 2Z BR 89/96, WE 1997, 319.
25 BGH v. 13.7.2012 – V ZR 204/11, NZM 2012, 687. Bei der Beschlussfassung ist die Wertung des § 22 Abs. 1a BImSchG zu berücksichtigen, wonach Kinderlärm regelmäßig nicht als „schädliche Umwelteinwirkung" qualifiziert werden darf.
26 KG v. 8.6.1994 – 24 W 5760/93, WuM 1994, 494.
27 OLG Düsseldorf v. 7.1.1998 – 3 Wx 500/97, ZMR 1998; übliche zeitliche Grenzen (werktags 8.00 – 18.30 Uhr) sind einzuhalten; Letzteres ist m.E. in dieser Allgemeinheit verfehlt.

Rechtsanwalt; Vermietung als Ferienwohnung, auch wenn die Feriengäste wöchentlich oder gar täglich wechseln,[28] somit wohl auch Vermietung nach Art von Pensionen oder „Boarding-Houses".[29] Bei zulässiger Nutzung müssen die Miteigentümer ein Praxisschild in angemessener Größe am Haus- und Wohnungseingang dulden (siehe auch Rn 459).[30]

284 **Wohnnutzung in nicht dazu bestimmten Räumen.**[31] Nach der Rechtsprechung beinhaltet die Wohnnutzung von Räumlichkeiten, die nicht für den ständigen Aufenthalt von Menschen bestimmt sind, per se eine Störung der anderen Miteigentümer, weil damit ein erhöhter Gebrauch des Gemeinschaftseigentums verbunden ist. Wohnen im **Hobbyraum**[32] oder **Kellerraum** (zum Stichwort „Keller" siehe Rn 286)[33] ist daher unzulässig. Wohnnutzung liegt aber nur vor, wenn die Räume zum Mittelpunkt der Lebensführung gemacht werden, also nicht etwa nur gelegentlich (etwa als Gästezimmer) zum Aufenthalt und Schlafen genutzt werden. Der Einbau sanitärer Einrichtungen ist daher nicht von vornherein unzulässig.[34] Für **Dachboden** (Bodenraum), Speicher oder Bühne gilt Entsprechendes: Unzulässig ist jede Nutzung, die mit dem dauernden Aufenthalt von Menschen verbunden ist, insbesondere die Wohnnutzung, aber auch die Nutzung als Ferienwohnung, Gästezimmer, Büro oder Gewerberaum; zulässig ist demgegenüber die Nutzung als Abstellraum, Wäschetrockenbereich, u.U. Hobbyraum mit sanitären Einrichtungen. (Zum DG-Ausbau siehe Rn 584 ff.)[35]

285 **Sonstige Nutzung von Teileigentum** (insbesondere von Gewerbeflächen). Zur Art der zulässigen Nutzung von Teileigentum gibt es eine Fülle von Einzelfallrechtsprechung, wobei zwecks Wortlaut-Auslegung des jeweiligen (in der Teilungserklärung/Gemeinschaftsordnung festgeschriebenen) Bestimmungszwecks nicht selten die gängigen deutschen Wörterbücher herangezogen werden. Ob der objektive Bedeutungsgehalt einer Zweckbestimmung „**statisch**" (bezogen auf den Zeitpunkt der Entstehung der Anlage) oder „dynamisch" zu verstehen ist, weil sich Ansichten und Rahmenbedingungen im Laufe der Zeit ändern (z.B. galten für einen „Laden" der 1950er Jahre viel engere Ladenschlusszeiten als heute), ist eine offene Frage.[36]

---

28 BGH v. 15.1.2010 – V ZR 72/09, ZMR 2010, 378. Anders im Mietrecht lt. BGH v. 8.1.2014 – VIII ZR 210/13, WuM 2014, 142: Eine dem Mieter erteilte Erlaubnis zur Untervermietung umfasst nicht eine tageweise Vermietung an Touristen.
29 BGH v. 12.11.2010 – V ZR 78/10, MietRB 2011, 47; BGH v. 15.1.2010 (Vornote); OLG Saarbrücken v. 24.5.2012 – 8 U 183/11, ZWE 2012, 492. A.A. z.B. *Drabek,* ZWE 2012, 493.
30 KG v. 8.6.1994 – 24 W 5760/93, WuM 1994, 494.
31 Die folgenden Grundsätze gelten entsprechend, wenn es sich nicht um Teileigentum, sondern um Flächen im Gemeinschaftseigentum handelt, an denen zugunsten einer Einheit Sondernutzungsrechte begründet wurden.
32 BGH v. 16.6.2011 – V ZA 1/11, ZMR 2011, 967; OLG Frankfurt/M. v. 27.7.2011 – 20 W 319/08, ZWE 2012, 35; OLG München v. 6.11.2006 – 34 Wx 105/06, ZMR 2007, 302.
33 Zum Kellerraum OLG Schleswig. v. 17.5.2006 – 2 W 198/05, ZMR 2006, 891; OLG Zweibrücken v. 14.12.2005 – 3 W 196/05, ZMR 2006, 316.
34 BayObLG v. 7.7.2004 – 2Z BR 89/04, ZMR 2004, 925.
35 BGH v. 26.9.2003 – V ZR 217/02, ZMR 2004, 278 (Rn 13); LG Hamburg v. 24.4.2013 – 318 S 49/12, ZMR 2013, 633; OLG Düsseldorf v. 19.2.2007 – 3 Wx 98/07, ZMR 2008, 395; OLG Schleswig v. 16.6.2004 – 2 W 49/04, MDR 2004, 1178.
36 Für „dynamisches" Verständnis der Zweckbestimmung als Laden z.B. AG Bremen v. 29.4.2013 – 29 C 87/10, ZMR 2013, 749.

Bei den folgenden Beispielen ist jeweils der Bestimmungszweck der Räumlichkeiten vorangestellt. 286
- Büro. Zulässig: Zahnarztpraxis als Einzel- und Bestellpraxis;[37] Arztpraxis.[38]
- Bürofläche mit dem Recht der unbeschränkten gewerblichen Nutzung jeder Art. Unzulässig: Kirchliche Versammlungsstätte.[39]
- Café/Konditorei. Unzulässig: Griechisches Spezialitätenrestaurant.[40]
- Café mit Schnellimbiss. Unzulässig: Versammlungsstätte eines ausländischen Kulturvereins.[41]
- Nutzung zur Ausübung freiberuflicher Tätigkeit. Zulässig sind die „klassischen" Freiberufe wie Arzt, Rechtsanwalt, Steuerberater, Architekt, aber auch Gewerbe, das sich von freiberuflicher Tätigkeit nicht nennenswert unterscheidet.[42]
- Gewerbliche Räume, Gewerbeeinheit. Zulässig: Gebetshaus (Moschee);[43] Tagesstätte für psychisch Behinderte;[44] Begegnungsstätte für Senioren mit Mittagstisch, Gaststätte;[45] Spielothek.[46]
- Keller. Zulässig: Nutzung als Hobbyraum,[47] Musikzimmer[48] oder Trockensauna.[49] Unzulässig: Nutzung zu Wohnzwecken (siehe Rn 284).
- Laden(raum). Unzulässig: Wettbüro;[50] Döner-Schnellimbiss;[51] Waschsalon mit Getränkeausschank;[52] Pizza-Imbiss;[53] Gaststätte;[54] Spielothek mit Öffnungszeiten täglich bis 1.00 Uhr;[55] Aufstellen von Tischen für Bewirtung vor den Räumen.[56] Zulässig: Weinlokal;[57] Bistro, auch wenn dort gelegentlich Störungen durch Partys verursacht werden;[58] Öffnung am Sonntag, sofern nach den gesetzlichen Ladenöffnungszeiten zulässig.[59] Die öffentlich-rechtlichen Ladenschlusszeiten sind jedenfalls einzuhalten, unabhängig von der konkreten Nutzung und ohne dass es auf das Vorliegen von Störungen ankäme.[60]

---

37 OLG Hamm v. 23.10.2003 – 15 W 372/02, ZMR 2005, 219.
38 OLG München v. 27.4.2005 – 3 U 4087/04, DWE 2005, 88.
39 LG Freiburg v. 11.2.2005 – 2 O 451/04, WuM 2005, 353.
40 BayObLG v. 22.9.2004 – 2Z BR 103/04, ZMR 2005, 215.
41 BayObLG v. 15.5.2003 – 2Z BR 41/03, BayObLGR 2003, 335.
42 OLG Düsseldorf v. 14.11.2007 – 3 Wx 40/07, ZMR 2008, 394 (im Fall: „Digital-Druckerei" als Einmann-Betrieb).
43 OLG Frankfurt v. 1.11.2012 – 20 W 12/08, ZMR 2013, 296, Rn 155.
44 OLG Zweibrücken v. 11.8.2005 – 3 W 21/05, ZMR 2006, 76.
45 OLG Düsseldorf v. 6.5.2008 – 3 Wx 162/07, NZM 2008, 489.
46 LG Karlsruhe v. 20.9.2010 – 11 S 200/09, ZWE 2011, 99.
47 OLG Düsseldorf v. 24.3.1997 – 3 Wx 426/95, ZMR 1997, 373.
48 BayObLG v. 31.8.2000 – 2Z BR 83/00, NZM 2000, 1237.
49 OLG Frankfurt/M. v. 2.11.2005 – 20 W 378/03, NZM 2006, 747.
50 AG München v. 18.4.2012 – 482 C 24227/11, ZMR 2013, 667.
51 OLG Zweibrücken v. 6.12.2005 – 3 W 150/05, MDR 2006, 682.
52 OLG Frankfurt/M. v. 13.10.1986, 20 W 159/86, OLGZ 1987, 49.
53 OLG Karlsruhe v. 22.9.1993 – 6 U 49/93, NJW-RR 1994, 146.
54 BayObLG v. 13.6.2000 – 2Z BR 35/00, ZMR 2000, 775.
55 BayObLG v. 9.2.2005 – 2Z BR 170/04, NZM 2005, 463.
56 OLG München v. 30.4.2008 – 32 Wx 35/08, ZMR 2009, 628.
57 AG Bremen v. 29.4.2013 – 29 C 87/10, ZMR 2013, 749.
58 OLG Zweibrücken v. 17.9.2001 – 3 W 87/01, ZMR 2002, 219. „Großzügig" auch OLG Hamburg v. 26.2.2002 – 2 Wx 10/01, ZMR 2002, 455. A.A. (unzulässig) z.B. LG Hamburg v. 26.2.2002 – 2 Wx 10/01, ZMR 2002, 455.
59 OLG München v. 30.4.2008 – 32 Wx 35/08, ZMR 2009, 628.
60 OLG München v. 23.3.2009 – 19 U 5448/08, ZWE 2010, 36.

- „Nicht zu Wohnzwecken dienende" Räume. Zulässig: Nutzung als Hobbyraum oder Gästezimmer.[61] Eher unzulässig: Gewerbliche oder freiberufliche Nutzung.[62]
- Praxis/Büro. Unzulässig: Ballettstudio.[63]
- Restaurant, Imbissraum, Lokal. Unzulässig: Spielhalle/Spielothek (auch nicht mit Internetcafé).[64]

287 **Sonstiges:** Die Nutzung eines **Pkw-Stellplatzes** (Sondereigentum oder Sondernutzungsrecht) zur Lagerung eines abgemeldeten Fahrzeugs oder als Müllplatz ist unzulässig.[65]

C. Die Nutzung des Gemeinschaftseigentums

I. Das Mitgebrauchsrecht und seine Grenzen

288 Jeder Wohnungseigentümer ist zum Mitgebrauch des Gemeinschaftseigentums berechtigt (§ 13 Abs. 2 WEG), wobei er sich an die Vereinbarungen und Beschlüsse der Gemeinschaft halten muss. Das heißt konkret: Bei der Nutzung sind der Bestimmungszweck der Gemeinschaftsflächen und die Hausordnung zu beachten; ferner darf das Gemeinschaftseigentum nicht durch bauliche Maßnahmen verändert und erst recht nicht beschädigt werden (§ 14 Nr. 1 WEG).

289 *Beispiel*
Miteigentümer B bringt im **Treppenhaus** vor seiner Wohnung einen schmalen **Garderobeschrank** an. A ist Eigentümer der darunter liegenden Wohnung. Obwohl er den Schrank des B i.d.R. gar nicht zu Gesicht bekommt und selber diverse Sachen vor seiner Wohnung lagert, verlangt er von B die Entfernung des Schranks. – Zu Recht. Das Treppenhaus dient seiner Zweckbestimmung nach als Zugang zu den Wohnungen und nicht als private Abstellfläche, was sich auch ohne ausdrückliche Festlegung in der Teilungserklärung direkt aus den baulichen Verhältnissen ergibt. (Ob die Hausordnung die Garderobenaufstellung erlauben könnte, ist str., siehe Rn 306). Das Aufstellen des Schrankes überschreitet den zulässigen Mitgebrauch am Gemeinschaftseigentum. A kann deshalb direkt von dem störenden Miteigentümer B Beseitigung verlangen,[66] wobei es weder darauf ankommt, ob A selbst von der Gebrauchsüberschreitung beeinträchtigt ist oder nicht,[67] noch darauf, ob er sich selber rechtmäßig verhält oder nicht. Es gibt keinen allgemeinen Grundsatz, dass nur derjenige Rechte geltend machen kann, der sich selbst rechtstreu verhalten hat (siehe Rn 360).

290 Für den **Sondernutzungsberechtigten** gelten keine Ausnahmen.

Beispiel
A hat das Sondernutzungsrecht an einer **Dachterrasse**. Die Blätter und Nadeln der von seinem Mieter vorgenommenen Anpflanzungen führen zur Verstopfung der Dachentwässerung und verursachen einen Wasserschaden in der Wohnung des B. Die Gemeinschaft lässt die Dachentwässerung instand setzen. Für diese Kosten verlangt die Gemeinschaft Schadensersatz von A; B verlangt von A Ersatz des Wasserschadens in seiner Wohnung. – Mit Erfolg. A hat entgegen

---

61 BayObLG v. 28.12.1995, BayObLGR 1996, 9.
62 KG v. 22.12.2006 – 24 W 126/05, ZMR 2007, 299: Es kommt auf die Umstände an.
63 LG Bremen v. 25.3.1991 – 2 T 19/91, WuM 1991, 364.
64 LG München I v. 2.1.2012 – 1 S 21470/09, ZMR 2012, 482; LG München I v. 4.4.2011 – 1 S 16861/09, ZWE 2011, 275 mit lesenswerten Ausführungen zu Spielhallen und deren (schädlichen) Folgen.
65 LG Hamburg v. 4.3.2009 – 318 S 93/08, ZMR 2009, 548.
66 OLG München v. 15.3.2006 – 34 Wx 160/05, 34 Wx 160/05, ZMR 2006, 713. Diese (m.E. unzutreffende) Entscheidung liegt dem Beispielsfall zugrunde.
67 KG v. 4.11.1992 – 24 W 7087/91, ZMR 1993, 181.

§ 14 Nr. 1 WEG die gemeinschaftliche Dachterrasse in einer Weise gebraucht (bzw. gebrauchen lassen), dass den anderen Wohnungseigentümern ein vermeidbarer Nachteil entstand. Die den Sondereigentümer treffenden Pflichten gelten in gleicher Weise für die Ausübung eines Sondernutzungsrechts. Die Pflichtverletzung verpflichtet A zum Schadensersatz gegenüber der Gemeinschaft und gegenüber B.[68]

II. Einzelfälle

Balkone. In vielen Teilungserklärungen werden die zu den Wohnungen gehörenden Balkone nicht erwähnt; manchmal wird ein Balkon auch (ohne Änderung der Teilungserklärung) erst nachträglich an eine Wohnung angebaut. Die Balkone werden also weder dem Sondereigentum zugewiesen, noch wird daran ein Sondernutzungsrecht begründet; trotzdem sind „aus der Natur der Sache heraus" nur die jeweiligen Eigentümer, zu deren Wohnung der Balkon gehört, zu dessen Nutzung berechtigt. (Zu den Einzelfällen der Hausordnungsbestimmungen siehe Rn 313 ff. und der baulichen Veränderungen Rn 424 ff.)[69]

291

Dachboden. Das Nutzungsrecht der Miteigentümer an einem im Gemeinschaftseigentum stehenden Dachboden, der nur durch eine Wohnung zugänglich ist, ist umstritten (siehe Rn 587).

292

Hauseingang. Hat eine Teileigentumseinheit (Laden, Arztpraxis) einen eigenen Außeneingang, darf deren Eigentümer den Haupteingang zum Haus nur privat wie die anderen Sondereigentümer nutzen, nicht aber für den geschäftlichen Publikumsverkehr.[70]

293

Kamin. Jeder Miteigentümer darf einen gemeinschaftlichen Kamin mit benutzen, um einen eigenen Ofen anzuschließen. Keiner darf ihn in einer Weise nutzen, dass andere sich nicht mehr anschließen können.[71]

294

Mobilfunkantenne. Wenn ein Miteigentümer nach der Gemeinschaftsordnung auf dem Dach „eine Funkfeststation" betreiben darf, ist nur eine Anlage und nicht der Betrieb einer Mehrzahl gestattet.[72]

295

Nutzungsentgelt. Für gemeinschaftliche Einrichtungen (Sauna, Waschmaschine usw.) kann per Mehrheitsbeschluss im Wege der Gebrauchsregelung ein Nutzungsentgelt beschlossen werden;[73] bei Waschmaschinen ist z.B. die Bezahlung per Münzautomat üblich. Die daraus erzielten Einnahmen sind ebenso wie die Kosten der betreffenden Einrichtung nach dem allgemeinen Schlüssel zu verteilen.

296

Plakate, Spruchbänder usw. Die Anbringung durch einzelne Wohnungseigentümer an Fassade oder Balkon,[74] in Fenstern[75] oder an Türen[76] ist unzulässig bzw. kann untersagt werden.

297

Stellplätze. Zu vielen Anlagen gehören Pkw-Stellplätze im Außenbereich, an denen keine Sondernutzungsrechte begründet wurden und die deshalb allen Miteigentümern zur Verfügung stehen. Das Mitgebrauchsrecht schließt es nicht aus, dass die Gemeinschaft die Stellplätze durch Mehr-

298

---

68 BayObLG v. 4.6.1998 – 2Z BR 170/97, NZM 1998, 818.
69 BayObLG v. 17.9.2003 – 2Z BR 179/03, ZMR 2004, 132. Bei Dachböden wird es teilweise anders gesehen.
70 OLG Köln v. 2.3.2001 – 16 Wx 186/00, ZMR 2001, 852.
71 OLG Frankfurt/M. v. 19.7.2005 – 20 W 234/03, MietRB 2006, 129.
72 BGH v. 30.3.2006 – V ZB 17/06, ZMR 2006, 457.
73 A.A. nur OLG Düsseldorf v. 2.6.2003 – 3 Wx 94/03, ZMR 2004, 528 mit der unzutreffenden Begründung, dadurch werde der Kostenverteilungsschlüssel geändert; dagegen zu Recht z.B. *Merle*, ZWE 2006, 129.
74 KG v. 15.2.1988 – 24 W 4716/87, ZMR 1988, 268.
75 AG Erfurt v. 12.1.2011 – 5 C 69/09, ZWE 2011, 470; auf den Plakaten stand „Baupfusch" u.Ä.
76 AG Hamburg v. 10.8.2011 – 102d 29/11, ZMR2012, 139 betr. politische Botschaften u.Ä.

heitsbeschluss an Miteigentümer oder Dritte vermietet.[77] Bei starker Nachfrage unter den Miteigentümern ist die **Vermietung** innerhalb der Gemeinschaft sogar ein sinnvoller Weg zur Nutzungsregelung. *Wer* einen Mietvertrag bekommt, kann im Losverfahren geregelt werden; die Mietverträge dürfen aber keine lange Laufzeit haben, damit auch die anderen Wohnungseigentümern die Chance auf einen Stellplatz bekommen.[78]

299 Auch ohne Entgelt (Vermietung) kann eine Zuteilung an einzelne Miteigentümer auf bestimmte Zeit beschlossen werden, z.B. durch Losverfahren oder nach einem gerechten Punktesystem.[79] Die Zuweisung auf unbestimmte Zeit dürfte aber auf die Begründung eines Sondernutzungsrechtes hinauslaufen, wofür keine Beschlusskompetenz besteht. Wenn sich die Gemeinschaft nicht auf eine Regelung einigen kann, ist im Wege der Regelungsklage gem. § 21 Abs. 8 WEG eine gerichtliche Ermessensentscheidung möglich.

300 **Schallschutz.** Die Anforderungen an den Schallschutz innerhalb einer Eigentümergemeinschaft richten sich grundsätzlich nach den im Zeitpunkt der Bauerrichtung geltenden Normen, in den meisten Fällen also nach der DIN 4109 (Schallschutz im Hochbau). Zwischen Doppelhaushälften oder Reihenhäusern ist eine doppelschalige Bauweise mit erhöhtem Schallschutz nach dem Beiblatt 2 zur DIN 4109 erforderlich.[80] Zur Rechtslage, wenn nach einem Umbau erhöhte Lärmbelästigungen auftreten (siehe Rn 270, 590).

301 **Treppenhaus.** Das eigenmächtige Versprühen von Parfüm[81] oder die Nutzung zum Rauchen[82] ist unzulässig. (Zu Garderoben, Schuhen usw. siehe Rn 289, 325.)

302 **Vermietung.** Die Vermietung oder Verpachtung gemeinschaftlicher Flächen wie Kellerräume, Stellplätze (siehe Rn 298), Gartenflächen usw. an Wohnungseigentümer oder Dritte ist eine zulässige Form des Gebrauchs und kann deshalb als Gebrauchsregelung gem. § 13 Abs. 2 WEG beschlossen werden. An die Stelle des unmittelbaren (Eigen-)Gebrauchs tritt der mittelbare (Fremd-)Gebrauch durch das anteilige Partizipieren an den Mieteinnahmen.[83] Rechtmäßig kann auch eine langfristige Vermietung (z.B. 30 Jahre) sein;[84] wie immer muss aber der konkrete Beschluss ordnungsmäßiger Verwaltung entsprechen.

D. Gebrauchsregelungen

I. Grundlagen

303 Die Miteigentümer können einen der Beschaffenheit des gemeinschaftlichen Eigentums und des Sondereigentums entsprechenden Gebrauch mit Stimmenmehrheit beschließen (§ 15 Abs. 2 WEG). Was die Notwendigkeit und Zweckmäßigkeit einer Regelung angeht, haben die Wohnungseigentümer ein aus ihrer Verwaltungsautonomie folgendes **Ermessen** (Beurteilungsspielraum), das einer gerichtlichen Nachprüfung weitgehend entzogen ist (siehe Rn 689). Demnach kann ein einzelner

---

77 OLG Köln v. 13.10.2008 – 16 Wx 85/08, ZMR 2009, 388; unstr.
78 BayObLG v. 8.1.1992 – 2Z BR 160/91, WuM 1992, 205.
79 KG v. 28.2.1996 – 24 W 8306/94, ZMR 1996, 392 (Punktesystem); OLG Frankfurt/M. v. 19.6.2007 – 20 W 403/05, ZMR 2008, 398 (Zuteilung an die Miteigentümer ohne Garage).
80 GH v. 4.6.2009 – VII ZR 54/07, NJW 2009, 2439; BGH v. 14.6.2007 – VII ZR 45/06, NJW 2007, 2983; LG Flensburg v. 11.3.2010 – 3 O 15/07, IMR 2010, 242; OLG Karlsruhe v. 29.12.2005 – 9 U 51/05, BauR 2007, 557; OLG München v. 14.6.2005 – 28 U 1921/05, ZMR 2006, 549.
81 OLG Düsseldorf v. 6.5.2003 – 3 Wx 98/03, ZMR 2004, 52.
82 AG Hannover v. 31.1.2000 – 70 II 414/99, NZM 2000, 520.
83 BGH v. 29.6.2000 – V ZB 46/99, ZMR 2000, 845.
84 OLG Hamburg v. 1.9.2003 – 2 Wx 20/03, ZMR 2003, 957.

Miteigentümer im Normalfall auch nicht den Beschluss bestimmter Regelungen (Gebote/Verbote) verlangen, zumal eine vollständige Aufzählung in der Hausordnung gar nicht möglich wäre.

Beschlüsse über Gebrauchsregelungen sind rechtmäßig, wenn sie den Gebrauch in **ordnungsmäßiger** Weise regeln. Ob „ordnungswidrige" Beschlüsse „nur" anfechtbar oder „schon" nichtig sind, ist eine Frage, von deren Beantwortung die wichtige Folge abhängt, ob fehlerhafte Regelungen bestandskräftig werden können oder nicht. Nimmt man das Gesetz beim Wort, besteht für Gebrauchsregelungen, die nicht „ordnungsmäßig" sind, keine Beschlusskompetenz. Derartige Beschlüsse wären also ausnahmslos nichtig; entsprechende Regelungen könnten nur vereinbart werden. In praktischer Hinsicht besteht freilich das Problem, dass die Frage, was noch ordnungsmäßigem Gebrauch entspricht und was darüber hinausgeht, schon im Einzelfall nur schwierig zu beantworten und die Trennlinie zwischen den Regelungskompetenzen „Beschluss" und „Vereinbarung" in diesen Fällen durch abstrakte Merkmale erst recht nicht klar zu ziehen ist. Die h.M. stellt die dogmatischen Bedenken daher hintan und vertritt – letztlich aus Gründen der Rechtssicherheit – die Auffassung, dass ungeachtet des Gesetzeswortlauts das Merkmal der „Ordnungsmäßigkeit" nicht **kompetenzbegründend** sei.[85] Ordnungswidrige Regelungen sind daher nicht von vornherein nichtig, sondern im Ausgangspunkt „nur" rechtswidrig. Nichtig sind sie nur bei Vorliegen eines der allgemeinen Nichtigkeitsgründe, insbesondere dann, wenn sie in den Kernbereich des Wohnungseigentums eingreifen.

304

Die durch Mehrheitsbeschluss eingeführte Gebrauchsregelung kann nicht Gegenstände des Gemeinschaftseigentums einzelnen Miteigentümern dauerhaft und unter Ausschluss der anderen Miteigentümer zur Nutzung zuweisen; ein solches **Sondernutzungsrecht** kann nur durch Vereinbarung begründet werden. Die Abgrenzung im Einzelfall ist schwierig, die Rechtsprechung uneinheitlich.[86] Der einzige halbwegs rechtssichere Ausweg, wenn eine gemeinschaftliche Fläche auf längere Zeit Einzelnen überlassen werden soll, besteht in der Vermietung (siehe Rn 302).

305

Beispiele: Wirksame und nichtige Gebrauchsregelungen
- Nichtig: Der Beschluss, einem Miteigentümer den Gemeinschaftsgarten zur Einrichtung eines Biergartens zu überlassen. Dies wertete der BGH nicht als (gebrauchsregelnde) Vermietung, sondern als Begründung eines Sondernutzungsrechtes.[87]
- Nichtig: Der Beschluss, die im gemeinschaftlichen Garten befindlichen 3 Außenwasserhähne bestimmten Eigentümern zur alleinigen Nutzung zuzuweisen.[88]
- Nichtig: Beschluss, der die Anbringung einer Garderobe im Treppenhaus erlaubt.[89]
- Wirksam: Der Beschluss, dass gemeinschaftliche Stellplätze zwischen 18.00 und 8.00 Uhr nur von solchen Personen genutzt werden dürfen, zu deren Wohnungen keine Garage gehören.[90]

306

---

85 BGH v. 20.9.2000 – V ZB 58/99, ZMR 2000, 771.
86 Man könnte auch sagen: Schwammig, gekünstelt, widersprüchlich und mehr oder weniger willkürlich; so mit ausführlichen Nachweisen BeckOK WEG/*Dötsch*, § 15 Rn 40 ff.
87 BGH v. 20.9.2000 – V ZB 58/99, ZMR 2000, 771. Unabhängig vom grundsätzlichen Gehalt der Entscheidung dürfte der konkrete Fall falsch entschieden worden sein, weil die Annahme einer Vermietung näher lag, als die der Begründung eines Sondernutzungsrechts.
88 OLG München v. 21.2.2007 – 34 Wx 103/05, WuM 2007, 221. Im Ergebnis so auch LG Köln v. 21.7.2011 – 29 S 11/11, ZWE 2012, 187 für die Aufteilung eines Kellerraums.
89 Dem Beschluss nicht zugängliches Sondernutzungsrecht nach OLG München v. 15.3.2006 – 34 Wx 160/05, 34 Wx 160/05, ZMR 2006, 713. Die Entscheidung ist m.E. völlig überzogen, es kann sich allenfalls um eine rechtswidrige bauliche Veränderung oder Gebrauchsregelung handeln.
90 OLG Frankfurt/M. v. 19.6.2007 – 20 W 403/05, ZMR 2008, 398.

- **Wirksam:** Der Beschluss, durch den eine Gartenfläche aufgeteilt und die die dadurch entstandenen Teilflächen verschiedenen Gruppen von Miteigentümern zur alleinigen Nutzung zugewiesen werden.[91]
- **Nichtig:** Eine bestimmte Nutzung der Wohnungen (im Fall: als Ferienwohnung) wird „untersagt".[92]

307 Gebrauchsregelnde Beschlüsse sind ferner nur dann möglich, solange der betreffende Gegenstand nicht bereits durch eine Vereinbarung geregelt wird, außer wenn es sich um eine Vereinbarung in Beschlussangelegenheiten handelt (siehe Rn 6). Unwirksam ist insbesondere eine **Änderung der Zweckbestimmung** von Gemeinschaftsflächen oder Sondereigentumseinheiten; hierfür besteht keine Beschlusskompetenz. Allerdings berührt jede den Gebrauch bestimmter Flächen betreffende Regelung den diesen Flächen allgemein zugewiesenen Bestimmungszweck. Somit stellt sich die Frage, wo die Grenzlinie zwischen einer (dem Beschluss zugänglichen) Regelung, die den Bestimmungszweck lediglich **konkretisiert** bzw. ausgestaltet, und einer den Bestimmungszweck **ändernden** Regelung (die nur per Vereinbarung möglich ist) verläuft. Auch hier kommt es wieder auf den Einzelfall an; eine klare Linie ist in der Rechtsprechung kaum auszumachen.

II. Die Hausordnung

1. Allgemeines

308 Gebrauchsregelungen werden meistens im Rahmen einer **Hausordnung** getroffen, deren „Aufstellung" (d.h. eine entsprechende Beschlussfassung) jeder Miteigentümer verlangen kann (§ 21 Abs. 5 Nr. 1 WEG).[93] Die Hausordnung ist eine Zusammenstellung von Gebrauchsregelungen, deren Zweck es ist, ein geordnetes und störungsfreies Zusammenleben der Wohnungseigentümer zu ermöglichen, das Gemeinschaftseigentum zu pflegen und die allgemeine Sicherheit und Ordnung innerhalb der Wohnanlage zu gewährleisten. Wie alle Gebrauchsregelungen konkretisieren auch die Regelungen der Hausordnung die Art und Weise des zulässigen Gebrauchs des Sonder- und Gemeinschaftseigentums. Eine gesetzliche Definition des Begriffs oder (Mindest-)Inhalts der „Hausordnung" gibt es nicht; Hausordnungen gab es schon immer, und bei Schaffung des WEG im Jahr 1951 wurde der Begriff „Hausordnung" als bekannt vorausgesetzt. Aus dem Begriff sind auch keine Rechtsfolgen abzuleiten; rechtlich ist nicht „die Hausordnung" von Bedeutung, sondern die einzelnen darin enthaltenen (Gebrauchs-)Regelungen.

309 Normaler Weise muss die Hausordnung, damit sie wirksam wird, von den Wohnungseigentümern beschlossen werden. Sie kann demnach später – wie jeder Beschluss – durch erneuten Beschluss auch wieder **geändert** ändern. Manchmal sieht die Gemeinschaftsordnung vor, dass die Aufstellung der Hausordnung dem Verwalter übertragen wird;[94] auch in diesem Fall kann die Gemeinschaft die Hausordnung jederzeit durch Mehrheitsbeschluss ändern oder sie von vornherein anstelle des Verwalters beschließen.[95] Manchmal sind einzelne Bestimmungen mit „Hausordnungscharakter" oder gleich eine ganze Hausordnung (formeller) Bestandteil der Teilungserklärung; auch dann können die Regelungen durch Beschluss geändert werden.[96] Im Einzelfall kann es ausnahmsweise aber sein (das ist durch Auslegung zu ermitteln), dass einzelne Bestimmungen der Gemeinschafts-

---

91 OLG Hamm v. 11.11.2004 – 15 W 351/04, ZMR 2005, 400. Die Entscheidung ist m.E. zutreffend; der Widerspruch zu den vorstehenden Entscheidungen ist allerdings evident.
92 LG Berlin v. 25.6.2013 – 85 S 143/12, ZWE 2013, 406.
93 Ausführlich *M. Schmid*, Die Hausordnung in Miete und Wohnungseigentum, NJW 2013, 2145.
94 Nach h.M. möglich; m.E. unwirksam, weil die Gemeinschaft ihre Beschlüsse selber fassen muss.
95 BayObLG v. 23.8.2001 – 2Z BR 96/01, ZMR 2002, 64 Rn 11; h.M., m.E. ist die Ermächtigung aber unwirksam.
96 BayObLG v. 5.12.1991 – 2Z BR 154/91, WuM 1992, 157.

ordnung, obwohl sie materiell Hausordnungsbestimmungen sind, erkennbar „Vereinbarungscharakter" haben; in diesem Fall können sie nur durch Vereinbarung und nicht durch Beschluss geändert werden (siehe Rn 6).

Wie oben (siehe Rn 303) erwähnt, sind **ordnungswidrige** Gebrauchsregelungen (hier: Hausordnungsbeschlüsse) grundsätzlich „nur" rechtswidrig, nicht aber nichtig. Nichtig sind sie bei Vorliegen eines der allgemeinen Nichtigkeitsgründe. 310

Beispiel 311
Nichtig wegen Unbestimmtheit ist folgende Regelung: „Der Verwalter ist verpflichtet, „grobe Verstöße gegen die Hausordnung gerichtlich zu ahnden". (Zu den Rechtsfolgen bei Unbestimmtheit allgemein siehe Rn 182.)[97]

Ob beschlossene Regelungen nichtig, rechtswidrig oder rechtmäßig sind, ist letztlich eine Frage des Einzelfalles. Streitige und praxisrelevante Fälle werden nachfolgend dargestellt. Beachte: Dass eine beschlossene Regelung rechtswidrig oder nichtig ist, bedeutet nicht, dass sie nicht mit gleichem Inhalt wirksam in der Gemeinschaftsordnung enthalten sein könnte. 312

2. Einzelfälle

Blumenkästen. Siehe das Stichwort bei den baulichen Veränderungen (siehe Rn 430). 313

Grillen im Garten oder auf Balkonen kann erhebliche Geruchsbelästigungen mit sich bringen und ist eine häufige Quelle des Streits zwischen Nachbarn und insbesondere in Mehrfamilienhäusern. Eine Beschränkung des Grillens ist deshalb rechtmäßig,[98] ebenso die vollständige Untersagung des „Grillens mittels offener Flamme",[99] wozu Feuerstellen und Holzkohlegrills gehören. Von Elektrogrills gehen hingegen weniger große Belästigungen aus, sodass ein undifferenziertes komplettes Grillverbot nicht rechtmäßig sein dürfte. Umgekehrt wurde ein Beschluss, wonach das Grillen auf dem Balkon ohne Einschränkung gestattet ist, konsequenter Weise und zutreffend für ungültig erklärt.[100] **Ohne** Regelung in der Hausordnung hängt es vom Einzelfall (Lage und Größe des Gartens bzw. der sonstigen Örtlichkeiten, Häufigkeit, verwendetes Grillgerät usw.) ab, ob das Grillen gar nicht, uneingeschränkt oder zeitlich und/oder örtlich begrenzt oder ohne Einschränkung hinzunehmen ist.[101] Die ältere Rspr. ist teilweise (zu) großzügig: Demnach sei „Grillen ist in den Sommermonaten üblich"[102] und dreimaliges Grillen auf der Terrasse kein Nachteil i.S.v. § 14 Nr. 1 WEG.[103] Wer das behauptet, wohnt selbst vermutlich in einem Einfamilienhaus mit Garten; für ein Mehrfamilienhaus sind diese Überlegungen unpassend. 314

Hundehaltung. siehe auch Stichwort Tierhaltung. Beschränkungen nach Zahl und Art sind rechtmäßig; ein generelles Verbot der Hundehaltung ohne Rücksicht auf den Einzelfall ist es aber nicht. Richtiger Ansicht nach ist ein entsprechender Beschluss sogar – aus denselben Gründen wie ein generelles Tierhalteverbot (siehe Rn 324) – nichtig.[104] Besonderes gilt für Kampfhunde: Das gene- 315

---

[97] BayObLG v. 13.12.2001 – 2 Z BR 156/01, ZMR 2002, 526.
[98] OLG Zweibrücken v. 6.4.1993 – 3 W 50/93, WE 1999, 22 billigte sogar die vollständige Untersagung.
[99] LG München I v. 10.1.2013 – 36 S 8058/12, ZMR 2013, 475.
[100] LG Düsseldorf v. 9.11.1990 – 25 T 435/90, ZMR 1991, 234.
[101] OLG Frankfurt v. 10.4.2008 – 20 W 119/06, NZM 2008, 736. – Im Mietrecht sind weitere Entscheidungen zum Grillen ergangen, auf die hier nicht näher eingegangen wird.
[102] LG München I v. 12.1.2004 – 15 S 22735/03, WuM 2004, 368.
[103] LG Stuttgart v. 14.8.1996 – 10 T 359/96, ZMR 1996, 624.
[104] So auch BeckOK WEG/*Dötsch*, § 15 Rn 87.3. A.A. OLG Frankfurt v. 17.1.2011 – 20 W 500/08, ZWE 2011, 363, Rn 49, das aber darauf verweist, dass die Geltendmachung des Verbots im Einzelfall gegen Treu und Glauben verstoßen könne.

relle Verbot der Kampfhundehaltung ist rechtmäßig.[105] Ein Leinenzwang auf dem Gemeinschaftsgelände ist rechtmäßig[106] und ergibt sich auch ohne entsprechenden Hausordnungsbeschluss direkt aus dem Rücksichtnahmegebot des § 14 Nr. 1 WEG.[107] **Wenn** eine Regelung zum Aufenthalt von Hunden auf Gemeinschaftsflächen beschlossen wird, dann muss sie vollständig sein: Mindestens Leinenzwang, Verbot der Nutzung der Gartenfläche als Hundetoilette und Verpflichtung des Hundehalters, etwaigen Hundekot umgehend zu beseitigen.[108]

316 **Kehrwoche, Winterdienste, Gartenpflege usw.** Verbreitet sind Hausordnungsbestimmungen, wonach die „Kehrwoche" und/oder die Winterdienste von den Wohnungseigentümern im Turnus nach einem im Voraus festgelegten Plan erledigt werden müssen. Die rechtliche Zulässigkeit dieser Praxis war umstritten. Süddeutsche Gerichte und ein Teil der Literatur[109] waren der Auffassung, dass derartige Pflichten zur „tätigen Mithilfe" beschlossen werden können, soweit es um Arbeiten geht, die typischer Weise Gegenstand einer Hausordnung sind. Das gilt namentlich für die Reinigung gemeinschaftlicher Flächen (Treppenhaus,[110] Kellerräume) und den Winterdienst (Räum- und Streupflicht). Der BGH vertritt aber im Einklang mit der überwiegenden Literatur die Auffassung, dass solche Beschlüsse nicht einmal bei typischen Hausordnungsarbeiten zulässig und mangels Beschlusskompetenz nichtig sind.[111] Daraus folgt, dass derartige – nun einmal unvermeidliche – Arbeiten zwingend fremd zu vergeben sind; wird ein entsprechender Beschlussantrag abgelehnt, ist der Ablehnungsbeschluss rechtswidrig. Obwohl die Rechtslage infolge des „Machtworts" des BGH nun für die Praxis entschieden ist, soll die Kritik daran nicht verschwiegen werden: Die h.M. geht an den Bedürfnissen der Praxis vorbei, übergeht den sonst zu Recht hoch gehaltenen Beurteilungsspielraum der Gemeinschaft und führt zu einer Verteuerung der Betriebskosten. Gegen die h.M. sprechen nicht nur diese unerfreulichen Ergebnisse; auch die Begründung ist nicht überzeugend.[112] So ist speziell bei den Winterdiensten zu berücksichtigen, dass die Pflicht zum Tätigwerden nicht durch einen Eigentümerbeschluss konstituiert wird, sondern bereits aufgrund öffentlichen Rechts besteht; durch einen Beschluss zum Winterdienst wird lediglich die im Außenverhältnis ohnehin bestehende Räum- und Streupflicht im Innenverhältnis organisiert. Für Winterdienste wie für „Kehrwochendienste" gilt außerdem gleichermaßen, dass der einzelne Miteigentümer sie nicht selbst und persönlich erbringen muss, sondern damit auch einen anderen beauftragen (und ggf. dafür bezahlen) kann.

317 Unstreitig ist allerdings, dass Tätigkeitspflichten, die *nicht* zum typischen Regelungsinhalt einer Hausordnung gehören, ohne oder gar gegen die Zustimmung des oder der Betroffenen nicht wirksam per Beschluss begründet werden können. Solange die Zustimmung noch nachgeholt werden kann, ist der Beschluss nach h.M. schwebend unwirksam (siehe Rn 189). Das gilt z.B. für die Gartenpflege oder das Herausstellen der Abfallbehälter.[113]

---

105 KG v. 23.6.2003 – 24 W 38/03, ZMR 2004, 704.
106 LG Lüneburg v. 15.5.2012 – 9 S 73/11, ZMR 2012, 728.
107 AG München v. 21.3.2013 – 484 C 18498/12, ZMR 2013, 573; AG München v. 19.9.2011 – 485 C 1864/11, MietRB 2012, 388. M. E. zutreffend, aber sehr weitgehend und deshalb str.
108 OLG Köln v. 28.7.2008 – 16 Wx 116/08, ZMR 2009, 310; OLG München v. 20.8.2007 – 2 Wx 72/07, ZMR 2008, 151.
109 Z.B. *Bärmann/Merle*, § 21 Rn 99.
110 LG Stuttgart v. 25.3.2010 – 2 S 43/09, ZMR 2010, 723 (allerdings ohne Problembewusstsein).
111 BGH v. 9.3.2012 – V ZR 161/11, ZMR 2012, 646.
112 Berechtigte Kritisch auch jüngst wieder bei *Moosheimer*, ZMR 2013, 590, 594.
113 OLG Köln v. 12.11.2004 – 16 Wx 151/04, ZMR 2004, 229; OLG Düsseldorf v. 1.10.2003 – 3 Wx 393/02, NZM 2004, 107. Auch wenn man mit der h.M. die Beschlusskompetenz zur Begründung von Leistungspflichten verneint, ist die Übertragung der Gartenpflege etc. auf hierzu bereite Miteigentümer rechtmäßig möglich (OLG Köln a.a.O.), denn das ist sachlich nicht anders zu behandeln wie die Beauftragung eines Dritten.

Kinderwagen. Es ist im Allgemeinen zulässig, dass Kinderwägen (Rollatoren usw.) im Treppenhaus, Flur usw. abgestellt werden, sofern ein Abstellraum fehlt.[114] Der freie Durchgang darf aber aus Brandschutzgründen nicht beeinträchtigt werden – was in den meisten Fällen dazu führt, dass das Abstellen eben doch nicht zulässig ist. Eine ausreichend bestimmte Regelung zu formulieren, ist ebenfalls fast unmöglich, sodass es sich empfiehlt, auf den Beschluss einer Regelung zu verzichten.

318

Musikausübung; Ruhezeiten. Ein vollständiges Musizierverbot (oder ein diesem gleichkommendes Gebot, nur in Zimmerlautstärke zu musizieren) ist rechtswidrig; Ruhezeiten sind aber zulässig. Das Problem besteht darin, die in der Ruhezeit unzulässigen Handlungen objektivierbar zu fassen. Nichtig soll z.B. die folgende (so oder ähnlich) weit verbreitete Klausel sein: „Das Singen und Musizieren ist nur von 8 bis 12 Uhr und von 14 bis 20 Uhr und nur in nicht belästigender Weise und Lautstärke gestattet. Rundfunk- und Fernsehgeräte usw. dürfen nur in der Lautstärke betrieben werden, dass die Mitbewohner nicht belästigt werden. ... Alle unnötigen Geräusche, z.B. das Zuwerfen der Türen ... sind im Interesse der Hausbewohner zu vermeiden". Grund: Die Beschreibung als „unnötig" oder „nicht belästigend" wird als zu unbestimmt angesehen.[115] Enthält eine Hausordnung eine (z.B. wegen Unbestimmtheit) unwirksame Klausel, bedeutet das aber nicht, dass beliebiger Krach erlaubt wäre; Beschränkungen ergeben sich dann vielmehr direkt aus der Generalklausel des § 14 Nr. 1 WEG, wonach vermeidbare Störungen des Zusammenlebens zu unterlassen sind. Weil das gesetzliche Gebot der Unterlassung „vermeidbarer" Störungen letztlich genau so unbestimmt wie die vorerwähnte Hausordnungsklausel, müsste man eigentlich entweder das Gesetz für nichtig oder entsprechende Hausordnungsbestimmungen für wirksam halten; das soll hier aber nicht vertieft werden.

319

Die Festlegung der Ruhezeiten fällt in den Ermessensspielraum der Gemeinschaft. Die in der nachfolgenden Klausel vorgeschriebenen Zeiten hält die Rechtsprechung jedenfalls für rechtmäßig.[116] Die Ermessensgrenze für Ruhezeitregelungen verläuft erst dort, wo ein Beschluss entweder ein völliges Musizierverbot oder eine dem praktisch gleichzusetzende Reglementierung enthält.[117] Außerhalb der Ruhezeiten führt die Beschränkung des Musizierens auf Zimmerlautstärke (zum Begriff siehe Rn 329) zum völligen Ausschluss eines Musizierens, weshalb eine solche Regelung für rechtswidrig gehalten wurde.[118] Auch Berufsmusiker können keine Ausnahmen (längere Übungszeiten) verlangen.[119] Erlaubt die Gemeinschaftsordnung nur Wohnnutzung, ist die Erteilung von Musikunterricht (= gewerbliche Nutzung) in einer Wohnung vollständig unzulässig.[120]

320

---

114 OLG Hamm v. 3.7.2001 – 15 W 444/00, ZMR 2001, 1006; OLG Hamburg v. 28.10.1992 – 2 Wx 10/91, ZMR 1993, 126.
115 BGH v. 10.9.1998 – V ZB 11/98, ZMR 1999, 41; OLG Düsseldorf v. 19.8.2009 – 3 Wx 233/08, NJW 2009, 3377.
116 BGH v. 10.9.1998 (Vornote); OLG Frankfurt v. 6.8.2003 – 20 W 22/02, NZM 2004, 31. 120 Minuten täglich – auch an Sonn- und Feiertagen – hält OLG Düsseldorf v. 19.12.2005 – 9 U 32/05 für zulässig. Ausführlich *Skauradszun*, Musiker als Emittenten, ZMR 2010, 657.
117 BGH v. 10.9.1998 – V ZB 11/98, ZMR 1999, 41 m.w.N.
118 BayObLG v. 23.8.2001 – 2Z BR 96/01, ZMR 2002, 64. M.E. ist von Nichtigkeit auszugehen.
119 Zutreffend OLG Frankfurt v. 6.8.2003 – 20 W 22/02, NZM 2004, 31; ebenso im Mietrecht BGH v. 10.4.2013 – VIII ZR 213/12, IMR 2013, 232. A.A. aber BayObLG v. 28.2.2002 – 2Z BR 141/01, ZMR 2002, 605 für einen Fall, in dem die Gemeinschaftsordnung die beliebige gewerbliche Nutzung und Ausübung eines freien Berufes erlaubte; m.E. kann aber auch ein Musiker keine Sonderbehandlung zwecks lärmintensiver Nutzung verlangen, sofern seine Einheit keine Zweckbestimmung als Musikstudio hat.
120 LG Hamburg v. 25.11.2011 – 317 S 55/11, ZMR 2012, 354.

321 **Muster 3.1: Klausel zu Ruhezeiten**

Ruhezeiten sind zwischen 12 und 14 Uhr und zwischen 20 und 8 Uhr. In den Ruhezeiten ist jeglicher über Zimmerlautstärke hinaus gehender Lärm zu vermeiden. Insbesondere ist Musizieren, Gesang oder der Betrieb von Radios, Musikanlagen usw. über Zimmerlautstärke nicht zulässig. Außerhalb der Ruhezeiten ist Musizieren, Gesang oder der Betrieb von Radios, Musikanlagen usw., soweit dabei Zimmerlautstärke überschritten wird, längstens 1 ½ Stunden täglich zulässig.

322 **Rauchen** auf Balkonen oder an geöffneten Fenstern stellt für die Nutzer der darüber befindlicher Wohnungen eine Störung dar, die im Prinzip derjenigen infolge Grillens (siehe das Stichwort) entspricht. Trotzdem tut sich die h.M. (noch) schwer mit der Abwehr störenden Rauchverhaltens; Rspr. erging bislang überwiegend im Mietrecht.[121]

323 **Tätige Mithilfe.** Siehe Kehrwoche.

324 **Tierhaltung.** Siehe auch Stichwort „Hundehaltung". Beschränkungen der Tierhaltung sind rechtmäßig, z.B. derart, dass pro Wohneinheit höchstens 1 Hund bzw. 1 Katze gehalten werden darf.[122] Ein genereller Verbotsbeschluss ist nach Auffassung des BGH zwar rechtswidrig, aber nicht nichtig und kann deshalb bestandskräftig werden.[123] Dem ist nicht zuzustimmen: Zwar besteht, wie der BGH betont, eine Beschlusskompetenz für Regelungen zur Tierhaltung; jedoch ist ein generelles Tierhalteverbot deswegen nichtig, weil es ohne Abwägung im Einzelfall und somit unzulässig in das Nutzungsrecht des Sondereigentümers (§ 13 Abs. 1 WEG) eingreift.[124] Im Mietrecht hat der BGH zu Recht entschieden, dass ein Tierhalteverbot (oder das Gebot der Vermieterzustimmung) eine umfassende Abwägung der Interessen der Beteiligten erfordert, die nicht allgemein, sondern nur im Einzelfall erfolgen könne.[125] Deshalb ist eine mietvertragliche Regelung, die „jede Tierhaltung, insbesondere von Hunden und Katzen, mit Ausnahme von Ziervögeln und Zierfischen", generell unter den Vorbehalt der Zustimmung des Verwalters stellt,[126] oder wonach die Haltung von Katzen und Hunden generell verboten ist, unwirksam;[127] im WEG-Recht muss es m.E. genauso sein. – Unabhängig davon, ob die Hausordnung dazu eine Regelung enthält, ist die übermäßige Haustierhaltung auch ohne konkrete Störungen außerhalb der Wohnung eine unzulässige Nutzung.[128] Zu weit geht hingegen die Auffassung, unabhängig von Gefahren oder Störungen könne alleine wegen eines „nachvollziehbaren Unbehagens" die Haltung von Tieren untersagt werden,

---

121 Störungen durch rauchende Mitmieter als Mangel der Mietwohnung: LG Berlin v. 30.4.2013 – 67 S 307/12, NZM 2013, 727; LG Hamburg v. 15.6.2012 – 311 S 92/10, IMR 2013, 11. Zum WEG-Recht AG Frankfurt/M. v. 2.10.2013 – 33 C 1922/13, IMR 2014, 79: Rauchen auf dem Balkon ist zu unterlassen, wenn auf einem anderen Balkon geraucht werden kann, wo es die Nachbarn weniger stört.

122 OLG Celle v. 31.1.2003 – 4 W 15/03, ZMR 2003, 440; OLG Schleswig v. 27.11.2003 – 2 W 165/03, ZMR 2004, 940.

123 BGH v. 4.5.1995 – V ZB 5/95, ZMR 1995, 416. Trotz des sachlich überholten Bezugs in der Begründung auf die Zulässigkeit einer „Ersatzvereinbarung" durch Zitterbeschluss ist die Entscheidung immer noch aktuell; ihr folgend OLG Schleswig v. 27.11.2003 – 2 W 165/03, ZMR 2004, 940 und OLG Düsseldorf v. 10.12.2004 – 3 Wx 311/04, ZMR 2005, 303.

124 So zutreffend OLG Saarbrücken v. 2.11.2006 – 5W 154/06, NZM 2007, 168 und auch schon OLG Stuttgart v. 4.3.1982 – 8 W 8/82, WuM 1985, 93.

125 BGH v. 20.3.2013 – VIII ZR 168/12, WuM 2013, 295.

126 BGH v. 14.11.2007 – VIII ZR 340/06, ZMR 2008, 111.

127 BGH v. 20.3.2013 – VIII ZR 168/12, WuM 2013, 295.

128 OLG Zweibrücken v. 24.8.1999 – 3 W 164/99, ZMR 1999, 853; OLG Köln v. 26.9.1995 – 16 Wx 134/95, ZMR 1996, 97.

"wenn diese nach tradierten soziokulturellen Vorstellungen der Allgemeinheit keine übliche oder typische Haustierhaltung darstellt".[129]

Treppenhaus. Die Verkehrssicherungspflicht rechtfertigt Vorkehrungen zur Verhütung von Unfällen im Treppenhaus; insbesondere müssen die zunehmend strengen öffentlich-rechtlichen Brandschutzbestimmen beachtet werden. Eine Regelung, die das Abstellen von Gegenständen, insbesondere von Blumenkübeln verbietet, ist daher rechtmäßig, und eine Regelung, die das Abstellen von Gegenständen im Treppenhaus unter Missachtung dieser Vorgaben erlaubt, rechtswidrig. Wenn aber der Brandschutz nicht entgegen steht und Platz vorhanden ist, ist m.E. eine Regelung, die übliche Verhaltensweisen geordnet erlaubt (Aufhängen von Bildern, Aufstellen kleiner Garderoben, Schuhschränke usw.) nicht zu beanstanden (siehe auch Rn 289).[130] Auch ist die Gemeinschaft nicht verpflichtet, übliche und nachvollziehbare Verhaltensweisen von Hausbewohnern (z.B. das Abstellen von Schuhen im Treppenhaus) in der Hausordnung zu unterbinden, um alle möglichen denkbaren Gefahren von Treppenhausbenutzern abzuwenden, denen diese bei der verkehrsüblichen und zumutbaren eigenen Sorgfalt ohne weiteres entgehen können.[131] Rauchen im Treppenhaus kann untersagt werden (siehe Rn 301). 325

Türen verschließen. Das Verbot, die Haustür abzuschließen, ist aus Brandschutzgründen (Fluchtmöglichkeit) rechtmäßig. Rechtmäßig und sinnvoll ist auch das Gebot, „die Brandschutztüren und Rauchschutztüren in den Fluren vor den Wohnungen sind stets **geschlossen zu halten** und dürfen auch nicht kurzzeitig blockiert werden".[132] 326

Verwalterzustimmung. Siehe Zustimmungsvorbehalt. 327

Waschmaschine, Wäschewaschen und -trocknen. Unwirksam: Verbot des „sichtbaren Aufhängens und Auslegen von Wäsche, Betten usw. auf Balkonen, Terrasse, im Gartenbereich und in den Fenstern usw.", da gleichbedeutend mit einem generellen Verbot des Wäschetrocknens im Freien.[133] Verbot des Betriebs einer Waschmaschine in der Wohnung; die Existenz einer Waschküche ändert nichts, weil insoweit lediglich ein zusätzliches Angebot für die Hausbewohner vorliegt, das nicht zu einem Benutzungszwang führen darf.[134] Wirksam: Zeitliche Begrenzung der Nutzung eines Waschraumes (oder einer Waschmaschine in der Wohnung) aus Gründen der Hausruhe.[135] 328

Zimmerlautstärke. Der Begriff ist zwar im Rechtssinne nicht unbestimmt, aber gleichwohl schillernd. Der BGH stellt zutreffend nicht auf einen bestimmten Lautstärkewert **innerhalb**, sondern auf die Wahrnehmbarkeit **außerhalb** der eigenen Wohnung ab.[136] Dabei kommt es aber nicht (nur) auf die gemessenen Dezibelwerte, sondern auch und insbesondere auf die Lästigkeit der Geräusche an, was im Streitfall eine tatrichterliche Augen- bzw. „Ohren"-scheinseinnahme erfordert (siehe dazu auch Rn 327). Nach allgemeiner Auffassung ist die Zimmerlautstärke nicht schon dann überschritten, wenn Geräusche überhaupt außerhalb der emittierenden Wohnung wahrnehmbar sind, 329

---

129 LG Stuttgart v. 19.12.2011 –2 S 21/11, ZWE 2012, 290: 3 Hasen und 1 Meerschweinchen gehe i.O., 1 Schwein oder Ratten hingegen nicht.
130 A.A. OLG München v. 15.3.2006 – 34 Wx 160/05, 34 Wx 160/05, ZMR 2006, 713: Garderobenaufstellung sei bauliche Veränderung und laufe auf ein Sondernutzungsrecht an der betreffenden Fläche hinaus.
131 OLG Hamm 20.4.1988 – 15 W 169/88, ZMR 1988, 270.
132 OLG Frankfurt v. 20.3.2006 – 20 W 430/04, NJW-RR 2007, 377. Darüber hinaus muss die Hausordnung nicht im Einzelnen vorgeben, welche Handlungsweisen zu unterlassen sind, um die Einhaltung des Gebots zu gewährleisten.
133 OLG Düsseldorf v. 1.10.2003 – 3 Wx 393/02, ZMR 2005, 142.
134 OLG Frankfurt v. 4.12.2000 – 20 W 414/99, NZM 2001, 1136.
135 OLG Köln v. 3.12.1999 – 16 Wx 165/99, ZMR 2000, 564.
136 BGH v. 10.9.1998 – V ZB 11/98, ZMR 1999, 41.

sondern erst dann, wenn die Lautstärke in den anderen Wohnungen mehr als „kaum wahrnehmbar" oder über „normale Wohngeräusche" hinausgehend ist.[137]

330 **Zustimmungsvorbehalt.** Häufig wird eine bestimmte Nutzung unter einen Zustimmungsvorbehalt gestellt; das ist rechtmäßig. Beispiel: „Das Halten von Haustieren ist nur mit schriftlicher Zustimmung des Verwalters zulässig." Die Zustimmung ist aber nur eine formale vorgeschaltete Bedingung der betreffenden Nutzung; sie bedeutet nicht, dass die Nutzung alleine deswegen rechtmäßig ist. Ein Miteigentümer kann trotz der Zustimmung Unterlassung verlangen. Die Zulässigkeit der Nutzung wird dann ungeachtet der Verwalterzustimmung im Unterlassungsverfahren überprüft.[138] (Ausführlich zum Thema – unter dem Gesichtspunkt baulicher Maßnahmen – siehe Rn 421.)

E. Vorgehen gegen Störungen

I. Störungen durch Miteigentümer

1. Allgemeines

331 Eine „Störung" liegt vor, wenn ein Eigentümer seine Rechte bei der Nutzung von Gemeinschafts- oder Sondereigentum überschreitet. Dabei kann es sich um eine zweckbestimmungswidrige Nutzung des Sondereigentums oder um einen zweckbestimmungswidrigen oder sonstigen unbefugten Gebrauch des Gemeinschaftseigentums handeln. Da die Hausordnung eine Sammlung von Regelungen für die Nutzung des Sonder- und Gemeinschaftseigentums ist, stellt auch jeder Verstoß gegen die Hausordnung eine unzulässige Nutzung („Störung") im weiteren Sinne dar. Die den **Verwalter** im Hinblick auf die Hausordnung treffenden Pflichten werden unten (Rn 1476) behandelt. Störungen durch unzulässige **bauliche Veränderungen** werden unten (siehe Rn 476) und die Differenzierung zwischen Handlungs- und Zustandsstörer unten (siehe Rn 484) behandelt.

332 Jeder Miteigentümer, der von einer unzulässigen Störung selber beeinträchtigt wird (i.F.: „der Gestörte") hat gem. §§ 15 Abs. 3 WEG, 1004 BGB einen eigenen und „direkten" Anspruch gegen den „Störer" auf **Unterlassung** der Störung. Der Gestörte ist also nicht auf die Mitwirkung oder Beschlussfassung der Eigentümergemeinschaft angewiesen, wenn er den Störer auf Unterlassung in Anspruch nehmen will.

333 *Beispiel*
Miteigentümer A lässt im gemeinschaftlichen Keller gelegentlich einen Kampfhund (American Staffordshire Terrier) ohne Leine und Maulkorb frei laufen. Miteigentümer B nimmt A gerichtlich auf Unterlassung in Anspruch. – Mit Erfolg. Das Herumlaufenlassen des Kampfhundes stellt eine nicht zu duldende Störung i.S.d. § 1004 BGB dar, die das gem. § 13 Abs. 2 WEG bestehende Recht zum Mitgebrauch des gemeinschaftlichen Eigentums überschreitet. Aus § 15 Abs. 3 WEG folgt, dass jeder Wohnungseigentümer – im Fall also auch B – alleine und ohne einen Mehrheitsbeschluss den Störer unmittelbar auf Unterlassung in Anspruch nehmen kann.[139] Aber Vorsicht: Sobald sich die Gemeinschaft per Beschluss mit der Angelegenheit befasst, endet die Anspruchsbefugnis des einzelnen Miteigentümers (str., siehe Rn 346).

---

[137] LG Hamburg v. 12.7.1995 – 317 T 48/95, WuM 1996, 159; LG Berlin v. 19.10.1987 – 13 O 2/87, NJW-RR 1988, 909.
[138] OLG Frankfurt v. 13.9.2005 – 20 W 87/03, ZWE 2006, 80.
[139] BGH v. 30.3.2006 – V ZB 17/06, ZMR 2006, 457. Fall nach KG v Berlin. 22.7.2002 – 24 W 65/02, ZMR 2002, 970; ebenso für Rottweiler auf Gemeinschaftsfläche OLG Düsseldorf v. 23.8.2006 – 3 Wx 64/06, NZM 2006, 826 bzw. für Bernhardiner im Garten OLG Karlsruhe v. 16.1.2008 – 14 Wx 22/08, NZM 2008, 776.

Bei der Formulierung des Anspruchs (der Klage) ist zu beachten, dass der Anspruch nur auf Unterlassung der Störung und nicht auf das Verbot und Gebot bestimmten Verhaltens gerichtet wird; denn dem Störer muss grundsätzlich selbst überlassen bleiben, welche Mittel er einsetzt, um den Anspruch zu erfüllen.[140] Das Muster einer **Unterlassungsklage** findet sich im Abschnitt über das gerichtliche Verfahren (siehe Rn 1744). Wie immer kann bei dringendem Handlungsbedarf auch im Wege des einstweiligen Rechtsschutzes eine vorläufige Regelung erwirkt werden. Für Klagen (bzw. im e.V.-Verfahren: für Anträge) gegen Miteigentümer ist das Amtsgericht gem. § 43 Nr. 1 WEG zuständig. Falls der Schuldner gegen die titulierte Unterlassungsverpflichtung verstößt, erfolgt die **Zwangsvollstreckung** gem. § 890 ZPO durch Beantragung und Festsetzung eines Ordnungsgeldes.[141]

334

Nicht anspruchsberechtigt sind **Mieter**, obwohl diese faktisch natürlich genauso unter einer Störung leiden können wie ein selbstnutzender Eigentümer. Mieter müssen ihre Rechte in diesem Fall auf dem „Umweg" über ihren Vermieter geltend machen, indem sie die ihnen nach dem Mietrecht zustehenden Mängelansprüche geltend machen. Der vermietende Eigentümer kann einen dadurch entstehenden Schaden beim Störer geltend machen.

335

2. Ruhestörungen

Ruhestörungen sind der praktisch häufigste Fall „innerhäuslicher Probleme" und werden hier deshalb besonders erörtert. Zwar sind gewisse Wohngeräusche von den Miteigentümern hinzunehmen, weil und soweit sie auch bei einem „geordneten Zusammenleben" i.S.v. § 14 Nr. 1 WEG üblich und unvermeidlich sind. Eine nicht mehr hinzunehmende Störung liegt aber z.B. vor, wenn der Nutzer einer Wohnung Schuhe mit harten Absätzen (z.B. „High Heels") auf dem nicht dämpfenden Boden gebraucht.[142] Kinderlärm ist i.d.R. hinzunehmen,[143] jedoch gibt es auch hier Grenzen: Geschrei, laute Musik, Springen und Trampeln auf der Treppe, Möbelrücken und Türenknallen gehen zu weit, wenn es sich um wiederholte Vorgänge einigen Gewichts und/oder nicht unerheblichen Ausmaßes und/oder einiger Dauer handelt.[144] Ob die Hausordnung Ruhestörungen wirksam untersagt (was häufig wegen Unbestimmtheit nicht der Fall sein wird, siehe Rn 412, 419) ist nicht entscheidend, denn vermeidbare Ruhestörungen sind schon nach § 14 Nr. 1 WEG zu unterlassen.[145]

336

Der Gestörte muss im Streitfall (der Unterlassungsklage) nachweisen, dass es sich bei den Störungen um solche handelt, die mit dem „geordneten Zusammenleben" nicht zu vereinbaren sind, also um wiederholte Vorgänge einigen Gewichts. Anders als bei Störungen nach einem Umbau (siehe Rn 270) kommt es nicht darauf an, ob bestimmte technische Richtwerte (z. B TA Lärm oder DIN 4109) überschritten werden, auch wenn das von den Störern und manchen Gerichten immer wieder behauptet wird; entscheidend ist vielmehr, ob die Störungen von einem verständen Durchschnittsmenschen lästig und als unzumutbar empfunden würden.[146] Dazu ist substantiierter Vortrag erforderlich. Während hierfür früher die Vorlage eines detaillierten „**Lärmprotokolls**" für unverzicht-

337

---

140 BVerfG v. 6.10.2009 – 2 BvR 693/09, WuM 2009, 757. Etwas anderes kann allenfalls dann gelten, wenn lediglich eine konkrete Handlung oder Unterlassung geeignet ist, das störende Verhalten abzustellen.
141 400 EUR – 600 EUR je Verstoß können angemessen sein: AG Reutlingen v. 3.9.2013 – 9 C 1190/12, ZMR 2014, 163 (betr. Störungen durch brummenden Whirlpool). Antragsmuster finden sich in den gängigen Formularbüchern.
142 LG Hamburg v. 15.12.2009 – 316 S 14/09, IMR 2010, 198.
143 Siehe nur *Dötsch*, ZfIR 2012, 747: „Kinderlärm ist Zukunftsmusik". Nach zutreffender Auffassung des BGH im Urt. v. 13.7.2012 – V ZR 204/11, NZM 2012, 687 strahlen die Wertungen des § 22 Abs. 1a BImSchG auch in das Wohnungseigentumsrecht aus.
144 OLG Düsseldorf v. 19.8.2009 – 3 Wx 233/08, ZMR 2010, 52.
145 OLG Düsseldorf v. 19.8.2009 (Vornote), Rn 29 ff.
146 AG Reutlingen v. 26.10.2012 – 9 C 1190/12, ZWE 2013, 169.

bar gehalten wurde, hat der BGH die Anforderungen inzwischen deutlich gelockert: Bei wiederkehrenden gleichartigen Störungen genügt auch eine Beschreibung der Art der Störungen und die Angabe, zu welchen Tageszeiten, über welche Zeitdauer und in welcher Frequenz diese ungefähr auftreten.[147] Trotzdem ist eine gründliche Dokumentation immer noch das Sicherste, mag auch die Protokollführung noch so „kleinkariert" erscheinen. Das Gericht muss sodann durch Zeugenaussagen oder eigene Wahrnehmung bei einem Ortstermin vom Vorliegen und von der Unzumutbarkeit der Störungen überzeugt werden.[148] Der Kläger hat also häufig einen langen und mühsamen Weg bis zum Unterlassungstitel vor sich.

338 Die Formulierung des **Unterlassungsantrags** steht vor dem Problem, dass für die Beurteilung von Ruhestörungen nicht allein die Lautstärke maßgebend ist und sich die Unterlassungspflicht somit nicht messtechnisch begrenzen lässt. Auch ist es kaum möglich, das Maß unzulässiger Lärmentfaltung so zu bestimmen, dass der Beeinträchtigte hinreichend geschützt wird und nicht schon eine geringfügige Änderung der Einwirkung trotz einer fortdauernden nicht zu duldenden Belästigung das Verbot hinfällig macht. Deshalb kann der Antrag sich auf die Unterlassung allgemein beschriebener Störungen bestimmter Art beschränken.[149]

▼

339 Muster 3.2: Klageantrag auf Unterlassung von Ruhestörungen

1. Der Beklagte wird verurteilt es zu unterlassen, sein Wohnungseigentum Nr. 5 in einer Weise zu gebrauchen, dass dadurch dem Kläger über das bei einem geordneten Zusammenleben unvermeidliche Maß hinaus ein Nachteil erwächst, insbesondere durch Geräuschentwicklung wie Geschrei, laute Musik, Springen und Trampeln, Möbelrücken, Türenknallen. **Oder**:

Der Beklagte wird verurteilt es zu unterlassen, in seinem Wohnungseigentum Nr. 5 in den Ruhezeiten (zwischen 12 und 14 Uhr und zwischen 20 und 8 Uhr) und außerhalb der Ruhezeiten länger als 1 $\frac{1}{2}$ Stunden täglich Klavier zu spielen.

2. Dem Beklagten wird für jeden Fall der Zuwiderhandlung ein Ordnungsgeld von bis zu 25.000,00 EUR, ersatzweise Ordnungshaft, angedroht.

▲

340 Dass sich bei einem in dieser Weise allgemein gehaltenen und an den Gesetzeswortlaut angelehnten Titel der Streit über die Wesentlichkeit von Lärmimmissionen ggf. in das Vollstreckungsverfahren verschiebt, ist hinzunehmen. Über die Gründe des Unterlassungstitels erhält der Vollstreckungsrichter (§ 890 ZPO) Anhaltspunkte dafür, von welchem Maßstab sich das Prozessgericht leiten ließ.

3. Ausübungsbefugnis und Beschlussfassung der Gemeinschaft

341 Da es sich bei dem Unterlassungsanspruch um einen Individualanspruch handelt, steht er nicht der **Wohnungseigentümergemeinschaft** (dem Verband) zu.[150] Die Gemeinschaft kann aber mehrheitlich beschließen, die den einzelnen Miteigentümern zustehenden Ansprüche **gemeinschaftlich** geltend zu machen. Die Beschlusskompetenz folgt sowohl aus § 10 Abs. 6 S. 1 WEG, weil die Übertragung der Rechte zur Abwehr von Störungen des Gemeinschaftsverhältnisses zum „Erwerb von

---

[147] BGH v. 20.6.2012 – VIII ZR 268/11, ZMR 2012, 24 und öfters für das Mietrecht; das muss im WEG-Recht genauso gelten.
[148] OLG Köln v. 20.2.2004 – 16 Wx 240/03, ZMR 2004, 462.
[149] OLG Düsseldorf v. 19.8.2009 – 3 Wx 233/08, ZMR 2010, 52; unstr.
[150] BGH v. 30.3.2006 – V ZB 17/06, ZMR 2006, 457.

Rechten im Rahmen der gesamten Verwaltung" gehört, als auch aus § 10 Abs. 6 S. 3 WEG, weil es um die Geltendmachung „sonstiger Pflichten der Wohnungseigentümer, die gemeinschaftlich geltend gemacht werden können", geht. Werden nicht alle, sondern einzelne Miteigentümer gestört, entspricht der Beschluss zur gemeinschaftlichen Geltendmachung nur dann ordnungsmäßiger Verwaltung, wenn auch diese gegen die Störung vorgehen wollen; falls aber gerade die Miteigentümer, die von den Störungen betroffen sind, sie hinnehmen wollen, wäre ein (sie „bevormundender") Beschluss des gemeinschaftlichen Vorgehens anfechtbar.

Die Miteigentümer können beschließen, ob sie sich der Angelegenheit gemeinschaftlich annehmen wollen und **wer** ggf. die Ansprüche geltend machen soll: 342

- Alle Miteigentümer außer dem Antragsgegner (ungünstig);
- einer oder mehrere Miteigentümer[151] oder auch Dritte[152] (gleich ob auf eigene Rechnung oder auf Rechnung der Gemeinschaft);
- nicht mehr: Der Verwalter. Infolge der mit der Rechtsfähigkeit einhergehenden Prozessfähigkeit der Gemeinschaft ist eine gewillkürte Prozessstandschaft des Verwalters nicht notwendig und somit unzulässig;[153]
- die **Gemeinschaft**. Das ist der Normalfall. Die Gemeinschaft wird dadurch zur Prozessstandschafterin, da sie im eigenen Namen die individuellen Rechte der gestörten Miteigentümer geltend macht.[154] Richtiger Weise impliziert schon der Beschluss des gemeinschaftlichen Vorgehens, dass die Gemeinschaft die Rechte der Miteigentümer zur Ausübung „an sich zieht"; da aber teilweise eine ausdrückliche „Vergemeinschaftung" gefordert wird,[155] ist diese Förmelei sicherheitshalber bei der Formulierung des Beschlusstextes zu empfehlen.

▼

Muster 3.3: Beschluss zur Abmahnung von Störungen 343

Miteigentümer A wird aufgefordert es zu unterlassen, Hunde, insbesondere seinen American Staffordshire Terrier, im gemeinschaftlichen Keller ohne Leine und Maulkorb laufen zu lassen (zum Fall siehe Rn 333). **Oder**: Künftige Verstöße gegen die Hausordnung, insbesondere gegen die Regelungen zum Musizieren und zu den Ruhezeiten, die von der Wohnung Nr. 4 ausgehen, werden gemeinschaftlich verfolgt. Die Gemeinschaft zieht hierfür die Ansprüche der Miteigentümer an sich.

Wenn dem Verwalter weitere Verstöße gemeldet werden, soll er einen Rechtsanwalt mit der Wahrnehmung der Interessen der Gemeinschaft beauftragen. Der Verwalter darf nach seinem pflichtgemäßen Ermessen eine Stundenlohn- oder Streitwertvereinbarung analog § 27 Abs. 2 Nr. 4 WEG mit dem Rechtsanwalt abschließen. Der Rechtsanwalt soll die zur Unterlassung der Störungen und Durchsetzung der Hausordnung erforderlichen Maßnahmen gegen den Mieter und/oder gegen den Wohnungseigentümer ergreifen; gerichtlichen Schritten wird zugestimmt.

Für die voraussichtlichen Kosten der Rechtsverfolgung wird eine Sonderumlage von 1.000,00 EUR beschlossen. Diese wird auf alle Miteigentümer außer dem Eigentümer der Woh-

---

151 LG Frankfurt/M. v. 8.6.2011 – 23 S 33/10, ZMR 2012, 121; unstr.
152 BGH v. 28.5.2009 – VII ZR 206/07, ZMR 2010, 779 (für Mängelansprüche).
153 BGH v. 28.1.2011 – V ZR 145/10, NZM 2011, 278.
154 BGH v. 15.1.2010 – V ZR 72/09, NZM 2010, 285, Rn 7; OLG München v. 3.8.2010 – 21 U 2666/09, ZMR 2010, 222.
155 LG Hamburg v. 2.5.2012 – 318 S 79/11, ZMR 2012, 811.

nung 4 nach dem angepassten Verhältnis der Miteigentumsanteile verteilt. Sie wird vom Verwalter bei Bedarf angefordert und ist binnen 10 Tagen nach der Anforderung zur Zahlung fällig.

▲

344 Da die Beschlussfassung eine entsprechende Ankündigung in der **Tagesordnung** der nächsten ordentlichen Versammlung – oder womöglich die Einberufung einer außerordentlichen Versammlung – voraussetzt, stellt sich häufig die Frage, ob der Verwalter hierzu von sich aus verpflichtet ist, wenn ihm Störungen bekannt geworden sind; dies lässt sich nicht generell, sondern nur im Einzelfall beantworten. Entsprechend einzelfallabhängig ist auch die Frage, ob ein „gestörter" Miteigentümer beanspruchen kann, dass der Verwalter das betreffende Thema in der Tagesordnung aufführt (siehe Rn 775). Es gibt zwar selten einen Grund dafür, dass der Verwalter aktuelle Probleme **nicht** auf die Tagesordnung nehmen sollte. Wenn sich aber z.B. nur ein einziger Miteigentümer gestört fühlt, kann es ordnungsgemäßer Verwaltung entsprechen, wenn ihn der Verwalter auf die Möglichkeit der individuellen Geltendmachung seiner Ansprüche verweist und die Angelegenheit nicht auf die Tagesordnung nimmt.

345 Der vorstehende Musterbeschluss regelt mehrere Punkte: In förmlicher Hinsicht zieht die Gemeinschaft damit die individuellen Ansprüche der Miteigentümer an sich („Vergemeinschaftung"). Materiell beinhaltet der Beschluss zum einen eine **Abmahnung** (indem er zum Ausdruck bringt, dass die Miteigentümer mit dem beanstandeten Verhalten nicht einverstanden sind), zum anderen die **Vorbereitung** gerichtlicher Schritte. Mit alledem ist der Betroffene i.d.R. nicht einverstanden, weil er sich im Recht fühlt; häufig wird er den Beschluss deswegen anfechten. Das ist ein Fehler: Ein Abmahn- und **Vorbereitungsbeschluss** ist nämlich **nicht** mit der Begründung **anfechtbar**, der Unterlassungsanspruch bestehe materiell nicht; das wird ggf. erst in dem nachfolgenden Unterlassungsverfahren geprüft. Der Abmahnbeschluss muss die Vorwürfe nur hinreichend genau bezeichnen; tut er das, ist er rechtmäßig und kann allenfalls wegen Formfehlern der Beschlussfassung erfolgreich angefochten werden.[156] Denn es entspricht ordnungsmäßiger Verwaltung, Ansprüche geltend zu machen, sofern diese nicht offensichtlich nicht bestehen (siehe Rn 695). Die Gemeinschaft darf nur nicht den Fehler machen, statt einer „Aufforderung" die „Pflicht zur Unterlassung" zu beschließen; dafür besteht nämlich keine Beschlusskompetenz (siehe Rn 142), sodass Nuancen der Formulierung für die Gültig- und Rechtmäßigkeit des Beschlusses entscheidend sind.

346 Wenn die Gemeinschaft per Beschluss die Ausübung der individuellen Rechte an sich gezogen hat, kann sie über diese Rechte verfügen. Es stellt sich die Frage, ob infolgedessen die nicht ermächtigten (aber gleichwohl gestörten) Miteigentümer ihre **individuelle Anspruchsbefugnis** verlieren. Besonders drängend wird die Frage dann, wenn die Gemeinschaft womöglich nach der Vergemeinschaftung beschließt, *nicht* mehr gegen die Störungen vorzugehen oder die Störungen (u.U. gegen den Willen einzelner Miteigentümer) im Wege eines Vergleichs teilweise zu akzeptieren.[157] Strukturell verhält es sich hier genauso wie bei der Verfolgung der gemeinschaftsbezogenen Mängelrechte gegen den Bauträger (siehe Rn 637). Also sollte man annehmen, dass die individuelle Anspruchsbefugnis endet, sobald der Beschluss zur gemeinschaftlichen Verfolgung gefasst wird.[158] Erstaunlicher Weise kommt ein Teil der Rechtsprechung aber zum gegenteiligen Ergebnis: Demnach könne der Anspruch vom einzelnen Wohnungseigentümer trotz eines Beschlusses zur ge-

---

[156] BGH v. 30.11.2012 – V ZR 234/11, NZM 2013, 195, Rn 15; BGH v. 15.1.2010 – V ZR 114/09, WuM 2010, 175, Rn 7; LG München I v. 10.6.2010 – 36 S 3150/10, ZMR 2010, 877; LG München I v. 14.6.2010 – 1 S 25652/09, ZMR 2010, 800. A.A. BGH v. 9.4.2013 – II ZR 3/12 für das Personengesellschaftsrecht.

[157] So betr. baulische Veränderungen im Fall LG München I v. 31.3.2011 – 36 S 1580/11, ZWE 2012, 99. S.a. AG Reutlingen v. 22.3.2013 – 9 C 1614/12, ZMR 2013, 579 (rechtswidriger „Okkupationsbeschluss").

[158] So auch z.B. LG München I v. 9.2.2012 – 36 S 7324/11, ZMR 2012, 579 (ausführlich und m.w.N.) und die h.M. in der Lit.

meinschaftlichen Verfolgung weiterhin individuell geltend gemacht werden;[159] die Entscheidungen betreffen zwar den Anspruch auf Beseitigung einer unzulässigen baulichen Veränderung, für Hausordnungsverstöße und sonstige Störungen kann aber nichts anderes gelten. Dass eine Sperrung der individuellen Rechtsverfolgung nur für Mängelrechte gegen den Bauträger, nicht aber für sonstige Rechte i.S.v. § 10 Abs. 6 S. 3 WEG gelten soll, ist freilich ein offensichtlicher Widerspruch, den letztlich wohl nur eine Entscheidung des BGH auflösen kann.

> *Tipp*
> Einem Wohnungseigentümer, der gegen eine unzulässige Störung vorgehen will, ist ein „mehrgleisiges" Vorgehen zu empfehlen: Zunächst wird der Störer – zweckmäßiger Weise in Textform mit Zugangsnachweis – unter Fristsetzung aufgefordert, die (genau bezeichneten) Störungen zu unterlassen. Zugleich wird der Verwalter – zweckmäßiger Weise unter Beifügung einer Kopie des an den Störer gerichteten Anspruchsschreibens – aufgefordert, den Störer ebenfalls abzumahnen. Haben diese Maßnahmen keinen Erfolg, muss der Gestörte entscheiden, ob er alleine und aus eigenem Recht direkt gegen den Störer vorgehen oder ob er die Störung zur Sache der Eigentümergemeinschaft machen will. Im Allgemeinen (vor allem dann, wenn keine Eilbedürftigkeit besteht) wird Letzteres im Interesse des Gestörten liegen; wenn sich die Mehrheit sein Anliegen zu eigen macht, ist das für ihn (nicht nur finanziell) besser als ein „Zweikampf". Falls sein Beschlussantrag in der Wohnungseigentümerversammlung abgelehnt wird, hat der Gestörte wiederum zwei Handlungsalternativen: a) Entweder erhebt er eine Regelungsklage gegen seine Miteigentümer und setzt auf diesem Weg seinen Anspruch auf ordnungsmäßige Verwaltung (in Form des Tätigwerdens der Gemeinschaft gegen die Störungen) durch. b) Oder er verfolgt auf eigene Rechnung seinen Direktanspruch gegen den Störer gerichtlich weiter. – Da sich ein Eigentümer i.d.R. nicht mit der Mehrheit seiner Miteigentümer streiten will (sofern dies noch vermeidbar ist) und zudem unsicher sein kann, ob das Gericht den begehrten Anspruch auf Einschreiten der Gemeinschaft bejaht, wird sich normaler Weise Letzteres empfehlen.

347

II. Störungen durch Mieter und andere Nutzer

1. Ansprüche gegen den vermietenden Eigentümer

Gem. § 14 Nr. 2 WEG hat jeder Wohnungseigentümer für die Einhaltung der Pflichten durch die Personen zu sorgen, denen er die Benutzung seines Wohnungseigentums überlässt. Diese „Sorge- und Einwirkungspflicht" führt im **Ergebnis** dazu, dass der **Eigentümer** für störende Handlungen seines Mieters **haftet**. Der Eigentümer kann sich zunächst (im „Erkenntnisverfahren") nicht damit verteidigen, dass er sich bereits erfolglos darum bemüht habe, die Störungen abzustellen; das spielt erst im Rahmen der Zwangsvollstreckung eine Rolle. Verstößt also z.B. ein Mieter gegen die Hausordnung oder überschreitet seine Nutzung den Rahmen des Bestimmungszwecks der betreffenden Wohnungs- oder Teileigentumsfläche, kann der vermietende Miteigentümer als (mittelbarer) Störer auf Unterlassung in Anspruch genommen werden.

348

---

159 OLG Hamburg v. 24.10.2008 – 2 Wx 115/08, ZMR 2009, 306; OLG München v. 16.11.2007 – 32 Wx 111/07, ZMR 2008, 234. I. E. auch OLG Hamm v. 5.11.2009 – 15 Wx 15/09, ZWE 2010, 44 in analoger Anwendung der §§ 265, 325 ZPO.

349 *Beispiele*
Der Mieter hält bei der Nutzung des Teileigentums die Ladenschlusszeiten nicht ein.[160] Oder: Er nutzt das gemietete Sondereigentum in einer Weise, die der Zweckbestimmung der Teilungserklärung/Gemeinschaftsordnung widerspricht, z.B. ein „Ladenlokal" als „Pizza-Imbissstube" oder als „Spielothek" (siehe Rn 286) oder die Nutzung als Wohnraum im Hobbyraum bzw. im Dachboden (siehe Rn 284 und 296).[161] Oder: Er hat sich unrechtmäßig an den Kabelanschluss anderer Einheiten angehängt und in den Fenstern seiner Einheit störende Werbefolien angebracht.[162] Oder: Er betreibt in den gemieteten Räumen eine defekte und deshalb brandgefährliche Lüftungsanlage (siehe Rn 267).

350 Der **Antrag** (bei einer Klage oder einem einstweilige-Verfügungs-Verfahren) gegen den vermietenden Wohnungseigentümer ist auf Unterlassung der konkret bezeichneten Störung zu richten. Ein Anspruch auf Vornahme bestimmter Maßnahmen – wie z.B. die Kündigung des Mietvertrags – besteht nicht. (Siehe auch Rn 334.)[163]

▼

351 **Muster 3.4: Klageantrag gegen den vermietenden Miteigentümer auf Unterlassung von Störungen**

Miteigentümer A wird verurteilt, die Nutzung des Teileigentums Nr. 1 durch den Betrieb des Spielsalons außerhalb der Ladenschlusszeiten **oder** die Nutzung und Vermietung des Teileigentums Nr. 1 als Wohnraum zu unterlassen.[164] Für jeden Fall der Zuwiderhandlung wird ein Ordnungsgeld in Höhe von 1.000,00 EUR angedroht.

▲

352 Die **Zwangsvollstreckung** der titulierten Unterlassungsverpflichtung erfolgt gem. § 890 ZPO (Androhung und ggf. Verurteilung zu Ordnungsgeld oder Ordnungshaft für jeden Fall der Zuwiderhandlung). Der vermietende Miteigentümer kann dadurch in eine „Zwickmühle" geraten, wenn er z.B. seinem Mieter die beanstandete Nutzung im Mietvertrag gestattet hat. Dessen ungeachtet muss er in jedem Fall alle ihm zumutbaren tatsächlichen und rechtlichen Schritte unternehmen, um die Störungen durch den Mieter abzustellen; welche konkreten Maßnahmen (Abmahnung, Kündigung, Klage usw.) er dazu ergreift, ist seine Sache. Ob er sich ausreichend um die Erfüllung seiner Unterlassungsverpflichtung bemüht, wird im Rahmen der Zwangsvollstreckung geprüft, wenn der oder die Miteigentümer (Gläubiger) einen entsprechenden Vollstreckungsantrag stellen. Im Allgemeinen wird der vermietende Miteigentümer verpflichtet sein, auch eine wenig aussichtsreiche Klage gegen seinen Mieter zu erheben und/oder diesem finanzielle Mittel zur freiwilligen Umsetzung der betreffenden Maßnahmen anzubieten; unterlässt er das, kann gegen ihn ein Ordnungsgeld verhängt werden.[165] Das strukturell gleiche Problem stellt sich auch bei der Vollstreckung einer

---

160 OLG Stuttgart v. 30.9.1992 – 8 W 256/92, ZMR 1992, 553.
161 OLG Frankfurt/M. v. 27.7.2011 bzw. für Dachboden LG Hamburg v. 24.4.2013 – 318 S 49/12, ZMR 2013, 632.
162 OLG Düsseldorf v. 13.2.2006 – 3 Wx 181/05, ZMR 2006, 461.
163 OLG Schleswig v. 12.8.2002 – 2 W 21/02, ZMR 2003, 709, Rn 8. Trotzdem verurteilte LG Braunschweig v. 2.3.2012 – 6 S 360/11, ZMR 2012, 570 den vermietetenden Eigentümer zur Räumung vom Mieter voll gestellter Flächen; m.E. hätte der Eigentümer zur Unterlassung der Belegung der Flächen verurteilt werden müssen.
164 Manchmal wird formuliert „... es zu unterlassen, das Teileigentum als Wohnraum zu nutzen **oder nutzen zu lassen**"; die Ergänzung „zu lassen" ist m.E. aber überflüssig.
165 OLG Stuttgart v. 30.9.1992 – 8 W 256/92, ZMR 1992, 553, wobei zu berücksichtigen sein soll, dass die Miteigentümer „mit größeren Erfolgsaussichten ... unmittelbar gegen den Mieter vorgehen könnten" (was aber keineswegs immer zutrifft); OLG München v. 27.4.2005, 3 U 4087/04, DWE 2005, 88 (betr. Arztpraxis in Büro). Ausführlich zur Vollstreckung *J.-H. Schmidt*, ZMR 2009, 325, 333.

Rückbauverpflichtung, wenn der vom Rückbau betroffene Bereich vermietet oder verkauft ist (siehe Rn 491).

2. Ansprüche gegen den störenden Mieter

Nach ganz h.M. können die Gemeinschaft oder gestörte einzelne Miteigentümer – alternativ zur Inanspruchnahme des vermietenden Eigentümers oder gleichzeitig – **direkt** gegen einen störenden **Mieter** vorgehen und gem. § 1004 BGB Unterlassung von Störungen beanspruchen.[166] Es gilt der Grundsatz, dass der Mieter keine weitergehenden Befugnisse als sein Vermieter haben kann und der Eigentümergemeinschaft gegenüber denselben Beschränkungen wie dieser unterliegen muss.

353

Gegen diese Auffassung erhebt sich in der Literatur Kritik, die im Kern auf dem Einwand beruht, dass eine vereinbarungs- oder hausordnungswidrige Nutzung von Sondereigentum nicht unbedingt eine Beeinträchtigung des Eigentums i.S.v. §§ 1004, 823 BGB darstelle;[167] vereinzelt hat sich die Rechtsprechung dieser Auffassung angeschlossen.[168] Die Kritik an der h.M. ist m.E. letztlich nicht begründet: So ist es im **Nachbarschaftsrecht** zu Recht unstreitig, dass der Inhalt des Eigentumsrechts von den einschlägigen Gesetzesverordnungen (z.B. TA – Luft, TA Lärm usw.) ausgeformt wird; Einwirkungen, welche die zulässigen Werte dieser Verordnungen überschreiten, begründen eine unzulässige Beeinträchtigung des Eigentums, die gem. § 1004 BGB abgewehrt werden kann. Das **Wohnungseigentum** wird demgegenüber durch Vereinbarungen und gebrauchsregelnde Beschlüsse ausgeformt, die – ebenso wie die TAs – zwar nicht durch ein Gesetz im formellen Sinne, aber auf der Grundlage einer gesetzlichen Ermächtigung erlassen werden. Daher kann der Wohnungseigentümer vom Mieter im selben Haus ebenso die Unterlassung von Störungen verlangen, wie er dies vom Grundstücksnachbarn verlangen kann; nur dass sich der Maßstab dafür, was eine unzulässige Störung ist, im Fall des Mieters nicht nach dem öffentlichen Nachbarrecht, sondern nach dem WEG-internen „Recht" (der beschlossenen Hausordnung) richtet.

354

Auf eventuelle Rechte, die sich aus seinem Mietvertrag ergeben, kann sich der Mieter den Miteigentümern bzw. der Gemeinschaft gegenüber nicht berufen. Dass der Vermieter seinem Mieter gegenüber u.U. schadensersatzpflichtig ist, sofern letzterem eine mietvertraglich zulässige Nutzung von der Gemeinschaft untersagt wird, steht auf einem anderen Blatt.

355

Für die gerichtliche Durchsetzung von Ansprüchen der Miteigentümer/der Gemeinschaft gegen den Mieter ist das **Prozessgericht** zuständig. Es handelt sich weder um eine Wohnungseigentumssache, noch um eine Wohnraummietsache; hinsichtlich der sachlichen und örtlichen Zuständigkeit gelten also die allgemeinen Bestimmungen der ZPO. Nach Auffassung des OLG München können der Mieter und der vermietende Eigentümer in einem einheitlichen Verfahren als Streitgenossen in Anspruch genommen werden.[169] Im Übrigen bestehen keine Besonderheiten im Vergleich zur Titulierung gegen einen störenden Miteigentümer.

356

---

166 LG Hamburg v. 25.11.2011 – 317 S 55/11, ZMR 2012, 354; KG v. 13.12.2004 – 24 W 298/03, ZMR 2005, 977 (Rn 10); OLG Stuttgart v. 30.9.1992 (Vornote); *Bonifacio*, Gemeinschaftswidriges Verhalten des Mieters, ZWE 2013, 196; *Jacoby*, Ahndung von Verstößen eines Mieters gegen Gebrauchsregelungen, ZWE 2012, 70.
167 *Kümmel*, ZWE 2008, 273; *Armbrüster/Müller*, ZWE 2007, 277.
168 LG Nürnberg-Fürth v. 31.7.2009 – 19 S 2183/09, ZWE 2010, 26. Im Fall wurde die Klage der Gemeinschaft gegen den Mieter auf Entfernung eines nach der in der Gemeinschaft geltenden Hausordnung unerlaubten Hundes abgewiesen.
169 OLG München v. 24.6.2008 – 31 AR 74/08, NZM 2008, 777. Dass für die Berufung unterschiedliche Gerichte zuständig sein können, soll nicht entgegenstehen.

357 *Tipp*
Normalerweise ist es effektiver, wenn die Gemeinschaft unmittelbar gegen den Mieter vorgeht statt gegen den Vermieter; die Möglichkeiten des Vermieters zur Abstellung von Störungen sind beschränkt, wie die obigen Ausführungen zur Zwangsvollstreckung gegen ihn zeigen. Trotzdem sollten in jedem Fall sowohl der Mieter, als auch der Vermieter unter Fristsetzung zur Abstellung der Störungen aufgefordert (und dadurch in Verzug gesetzt) werden, bevor gerichtliche Schritte gegen den Mieter ergriffen werden. Wenn der Mieter kostenpflichtig zur Unterlassung verurteilt wurde, zur Erstattung der festgesetzten Verfahrenskosten aber wegen Zahlungsunfähigkeit nicht in der Lage ist, ist m.E. der Vermieter der Gemeinschaft zur Erstattung als Verzugsschaden verpflichtet (Zug um Zug gegen Abtretung der Ansprüche der Gemeinschaft gegen den Mieter auf Kostenerstattung).

III. Einwände: Verjährung, Verwirkung, Ungleichbehandlung

358 Für Unterlassungsansprüche gilt seit dem 1.1.2002 die allgemeine **Verjährungsfrist** von **drei Jahren** (§ 195 BGB). Sie beginnt mit dem Schluss des Jahres, in dem der Anspruch entstanden ist und der Gläubiger von den den Anspruch begründenden Umständen und der Person des Schuldners **Kenntnis** erlangt oder ohne grobe Fahrlässigkeit erlangen müsste (§ 199 Abs. 1 BGB). Ob sich die Wohnungseigentümer die Kenntnis oder grob fahrlässige Unkenntnis des Verwalters analog § 166 Abs. 1 BGB zurechnen lassen, ist streitig (siehe Rn 494). **Aber Achtung**: Von einer vordringenden, mittlerweile wohl h.M. wird vertreten, dass bei Dauerverstößen wie z.B. einer zweckbestimmungswidrigen Nutzung **keine Verjährung** eintritt, da der Unterlassungsanspruch mit jeder Zuwiderhandlung erneut entsteht bzw. der Verstoß nicht im Beginn, sondern in der Fortdauer der unzulässigen Nutzung liegt.[170] Liegt kein Dauerverstoß vor, sondern wechselnde Verstöße, kommt Verjährung gerade deshalb nicht in Betracht, weil jeder Verstoß den Unterlassungsanspruch begründet.

359 Wie jedem Anspruch kann auch dem Anspruch auf Unterlassung einer Störung im Einzelfall der Einwand der **Verwirkung** entgegengehalten werden. Voraussetzung ist das Verstreichen einer längeren Zeit (Zeitmoment) und das Hinzutreten besonderer Umstände, die die verspätete Geltendmachung des Anspruchs als gegen Treu und Glauben verstoßend erscheinen lassen (Umstandsmoment). Erforderlich ist dazu, dass sich der zur Unterlassung Verpflichtete aufgrund des gesamten Verhaltens des Berechtigten darauf einrichten durfte und auch eingerichtet hat, dieser werde das Recht auch in Zukunft nicht mehr geltend machen.[171] Die einmal eingetretene Verwirkung eines Rechts muss ein der Eigentümergemeinschaft später beigetretener **Rechtsnachfolger** des oder der (ehemals) Anspruchsberechtigten gegen sich gelten lassen.[172] Die Verwirkung spielte vor der Schuldrechtsreform 2001 eine große Rolle, weil die bis dahin geltende Verjährungsfrist für Unterlassungsansprüche von 30 Jahren praktisch nie relevant wurde und die Gerichte deshalb eher geneigt waren, die Verwirkung von Rechten anzunehmen. Das ist seit der Schuldrechtsreform bislang anders: Die Verwirkung wird von einem in Anspruch genommenen Störer zwar regelmäßig behauptet, aber kaum jemals bejaht. Nachdem sich aber inzwischen die Auffassung durchgesetzt hat, wonach Unterlassungsansprüche de facto nicht verjähren (siehe vorstehend), wird die Verwirkung wohl wieder eine größere Rolle spielen.

---

170 BGH v. 16.6.2011 – V ZA 1/11, ZMR 2011, 967, Rn 7; LG Hamburg v. 24.4.2013 – 318 S 49/12, ZMR 2013, 633; OLG München v. 23.2.2009 – 19 U 5448/08, ZWE 2010, 36; ausführlich BeckOK WEG/*Dötsch*, § 15 Rn 143.
171 BGH v. 25.3.2010 – V ZR 159/09, ZWE 2010, 266; BGH v. 15.9.2010 – XII ZR 148/09, WuM 2011, 232, Rn 23; Palandt/*Grüneberg*, § 242 Rn 87.
172 OLG Celle v. 22.8.2006 – 4 W 101/06, Info M 2006, 304; OLG Hamburg v. 26.7.2005 – 2 Wx 9/05, ZMR 2005, 805. Das Ergebnis leuchtet ein, die Begründung ist schwierig.

Der von einem Störer häufig vorgebrachte Einwand der **Ungleichbehandlung** (konkret: andere Miteigentümer würden ihrerseits gegen diese oder jene Rechtspflicht verstoßen) ist unbeachtlich. Es gibt keinen Grundsatz, wonach nur derjenige Rechte geltend machen kann, der sich selbst rechtstreu verhalten hat; eine „Aufrechnung" unzulässiger Nutzungen findet nicht statt („**keine Gleichheit im Unrecht**"), ebenso bei baulichen Veränderungen (siehe Rn 500).[173] Allerdings soll die Gemeinschaft sich am Gleichbehandlungsgrundsatz orientieren, wenn das Vorgehen gegen Miteigentümer beschlossen wird (siehe Rn 696). Insofern spielt die Gleichbehandlung zwar bei der Frage eine Rolle, ob der Beschluss, gegen einen Miteigentümer vorzugehen, ordnungsmäßiger Verwaltung entspricht (und ggf. auf Anfechtung hin aufzuheben ist); ist der Beschluss aber gefasst, kann seiner Durchsetzung nicht der Gleichheitsgrundsatz entgegen gehalten werden.

360

IV. Die Entziehung des Wohnungseigentums

1. Grundlagen

Hat sich ein Miteigentümer so **schwerwiegender Pflichtverletzungen** schuldig gemacht, dass den anderen Miteigentümern die Fortsetzung der Gemeinschaft mit ihm nicht mehr zugemutet werden kann, kann die Gemeinschaft von ihm die Veräußerung seines Wohnungseigentums verlangen (§ 18 Abs. 1 WEG). Die Generalklausel des Abs. 1 wird in § 18 Abs. 2 WEG beispielhaft konkretisiert; die Entziehungsvoraussetzungen liegen demnach insbesondere vor, wenn

361

- der Miteigentümer sich mit der Erfüllung seiner Zahlungspflichten in Höhe eines Betrags, der 3 % des Einheitswerts der Wohnung übersteigt, in Rückstand befindet (diese Variante wird im Kapitel „Hausgeldinkasso" behandelt, siehe Rn 1231), oder
- er trotz Abmahnung wiederholt gröblich gegen die ihm gem. § 14 Nr. 1 WEG obliegenden Pflichten verstößt.

Die Entziehung des Wohnungseigentums ist der **schwerste Eingriff** in die Rechtsstellung des Wohnungseigentümers; entsprechend hoch sind die Anforderungen an die Feststellung der Unzumutbarkeit der Fortsetzung der Gemeinschaft. Das Entziehungsverfahren kommt (angeblich) nur dann in Betracht, wenn weniger schwere rechtliche Maßnahmen ausgeschöpft sind oder nicht in Frage kommen;[174] dem Gesetz sind diese Beschränkungen freilich nicht zu entnehmen.

362

Die subjektive Vorwerfbarkeit i.S.v. § 276 BGB ist trotz des Wortlauts des § 18 Abs. 1 WEG („schuldig gemacht") nicht erforderlich, weil es für die Frage der Zumutbarkeit der Fortsetzung der Gemeinschaft darauf nicht unmittelbar ankommt.

363

> *Beispiele*
>
> - Aus der Wohnung eines **psychisch kranken** Miteigentümers dringen andauernde, stechend-beißende Fäkalgerüche.[175]
> - **Fortlaufend unpünktliche Erfüllung** von Wohngeld- und anderen Zahlungsansprüchen. Es ist der Gemeinschaft nicht zumutbar, ihre Beitragsforderungen jahrelang immer wieder einklagen zu müssen.[176]

364

---

173 KG v. 22.12.2006 – 24 W 126/05, ZMR 2007, 299; OLG Zweibrücken v. 24.8.1999 – 3 W 164/99, ZMR 1999, 853.
174 BGH v. 19.1.2007 – V ZR 26/06, ZMR 2007, 465; LG Stuttgart v. 4.12.1996 – 5 S 477/95, NJW-RR 1997, 589; LG Aachen v. 15.10.1992 – 2 S 298/91, ZMR 1993, 233. In den beiden LG-Fällen wurde die Unzumutbarkeit der Fortsetzung trotz einer Vielzahl von Störungen verneint.
175 LG Tübingen v. 22.9.1994 – 1 S 39/94, ZMR 1995, 179.
176 BGH v. 19.1.2007 – V ZR 26/06, ZMR 2007, 465.

365 Der Pflichtenverstoß kann auch darin bestehen, dass der vermietende Eigentümer sich entgegen § 14 Nr. 2 WEG nicht darum kümmert, die von seinen **Mietern** ausgehenden Störungen abzustellen.

366
Beispiel
Trotz Abmahnungen unternimmt der Vermieter nichts gegen gravierende **Störungen des Hausfriedens** durch seinen Mieter.[177] Der Auszug des Mieters kann den einmal entstandenen Entziehungsanspruch richtiger Ansicht nach nicht wieder beseitigen.[178]

367 Mancher **Querulant** bringt die Gemeinschaft mit serienmäßigen **Beschlussanfechtungen** in Schwierigkeiten; das rechtfertigt aber keine Entziehung des Wohnungseigentums.[179]

2. Abmahnung und Entziehungsbeschluss

368 Der Anspruch auf Entziehung setzt „wiederholte gröbliche Verstöße **trotz Abmahnung**" voraus. Inhaltlich soll die Abmahnung dem Wohnungseigentümer „ein bestimmtes beanstandetes Fehlverhalten vor Augen zu führen, verbunden mit der Aufforderung, dieses Verhalten ... aufzugeben oder zu ändern" und ihn vor dem drohenden Entziehungsbeschluss warnen.[180] Das Gesetz regelt nicht, *wer* die Abmahnung aussprechen darf oder muss. Die Gemeinschaft ist dafür auf jeden Fall zuständig;[181] sie kann die Abmahnung per **Mehrheitsbeschluss**[182] aussprechen. Die Beschlussfassung ist in der Tagesordnung anzukündigen.

▼

369 **Muster 3.5: Abmahnbeschluss**

Die Gemeinschaft beschließt, Herrn A wegen folgender Vorfälle abzumahnen: (genaue Bezeichnung der Vorfälle, z.B. Beleidigungen der Miteigentümer, Ruhestörungen, unzulässige Nutzung der Wohnung oder der Gemeinschaftsflächen, fortlaufend unpünktliche Zahlungen usw.). Bei weiteren Verstößen behält sich die Gemeinschaft die zwangsweise Entziehung des Wohnungseigentums vor.

▲

370 Den Abmahnbeschluss kann der Abgemahnte zwar (wie jeden Beschluss) per **Anfechtungsklage** überprüfen lassen; überprüft wird aber nur, ob formelle Mängel der Beschlussfassung vorliegen, nicht die sachliche Berechtigung der Abmahnung.[183]

---

177 AG Augsburg v. 11.2.2004 – 12 C 536/03, ZMR 2004, 538.
178 So aber LG Augsburg v. 25.8.2004 – 7 S 1401/04, ZMR 2005, 230 entgegen AG Augsburg als Vorinstanz (Vornote). Wie hier auch LG Köln v. 10.5.2001 – 29 S 90/00, ZMR 2002, 227 und z.B. *Riecke*, in: *Riecke/Schmid*, § 18 Rn 15.
179 OLG Köln v. 20.2.2004 – 16 Wx 7/04, NZM 2004, 260.
180 BGH v. 8.7.2011 – V ZR 2/11, ZMR 2011, 978, Rn 8.
181 Das ist unstreitig und ergibt sich schon aus § 18 Abs. 1 S. 2 WEG, wonach das Entziehungsrecht der Gemeinschaft zusteht.
182 Der „normale" Mehrheitsbeschluss genügt; die besonderen Bestimmungen des § 18 Abs. 3 WEG gelten nicht für den Abmahnbeschluss: OLG Hamburg v. 7.4.2003 – 2 Wx 9/03, ZMR 2003, 596.
183 BGH v. 8.7.2011 – V ZR 2/11, ZMR 2011, 978; allgemein zum Vorbereitungsbeschluss BGH v. 30.11.2012 – V ZR 234/11, ZMR 2013, 288, Rn 15; LG München v. 22.9.2008 – 1 S 6883/08, ZWE 2009, 35. Das LG München a.a.O. ist der Auffassung, ein Abmahnbeschluss sei wegen „Formfehlern" für ungültig zu erklären, wenn das abgemahnte Verhalten nicht ausreichend bestimmt bezeichnet und außerdem nicht „generell geeignet" sei, als Grundlage für ein Entziehungsverfahren dienen zu können; das hat m.E. allerdings nichts mit der formellen Rechtmäßigkeit der Beschlussfassung zu tun. Eine Mindermeinung (Deutsches Ständiges Schiedsgericht v. 10.1.2011, ZWE 2011, 291 mit zustimmender Anmerkung von *F. Schmidt*) postuliert neuerdings die materiell-rechtliche Überprüfung des Abmahnbeschlusses, m.E. zu Unrecht.

Auch der **Verwalter** kann die Abmahnung aussprechen;[184] dagegen gibt es keinen Rechtsschutz.[185] Sogar die Abmahnung durch einzelne Miteigentümer soll als Voraussetzung des Entziehungsverfahrens genügen;[186] dem ist mit Rücksicht auf Sinn und Zweck der Abmahnung nicht zu folgen.

371

Weitere Voraussetzung der Entziehung des Wohnungseigentums ist ein entsprechender, der Abmahnung nachfolgender **Beschluss** der Gemeinschaft. Diesen darf sie fassen, wenn der betreffende Wohnungseigentümer erneut die abgemahnten Pflichten versäumt, und sei es auch nur einmal.[187]

372

▼
Muster 3.6: Entziehungsbeschluss

373

Herrn A soll das Wohnungseigentum entzogen werden. Die Verwaltung soll im Namen der Gemeinschaft einen Rechtsanwalt mit den zur Durchsetzung erforderlichen gerichtlichen Schritten beauftragen. (Sonderumlage mit der Maßgabe, dass die Umlage gem. § 18 WEG nach dem allgemeinen Schlüssel erfolgt, so dass auch der von der Entziehung betroffenen Miteigentümer daran zu beteiligen ist, siehe Rn 650).

▲

Für die Beschlussfassung gilt gem. § 18 Abs. 3 WEG Folgendes: Die Beschlussfähigkeit ist (in Abweichung von § 25 Abs. 3 WEG) nur gegeben, wenn „eine Mehrheit von mehr als der Hälfte der stimmberechtigten Wohnungseigentümer" anwesend oder vertreten ist.[188] Der von der Entziehung betroffene Wohnungseigentümer unterliegt dem Stimmverbot des § 25 Abs. 5 WEG und zählt deshalb nicht zu den „stimmberechtigten Wohnungseigentümern". Weil das Gesetz auf die „Wohnungseigentümer" abstellt, wird bei der Mehrheitsermittlung nach Köpfen gerechnet, und zwar auch dann, wenn die Gemeinschaftsordnung im Übrigen das Stimmrecht anders, z.B. nach Miteigentumsanteilen, regelt. Beschlussfähigkeit und Beschlussfassung erfordern also die **absolute Mehrheit** der (stimmberechtigten) Wohnungseigentümer.[189] Gibt es z.B. 23 Wohnungseigentümer („Köpfe"), verbleiben abzüglich des Betroffenen 22 stimmberechtigte „Köpfe", sodass der Beschluss die Zustimmung von mindestens 12 erfordert.

374

Wie der Abmahnbeschluss wird auch der Entziehungsbeschluss im **Beschlussanfechtungsverfahren** nur auf formelle Mängel überprüft, wozu die Frage gehört, ob ihm eine ausreichende Abmahnung vorangegangen ist. Erst im Verfahren der Entziehungsklage wird darüber entschieden, ob ein die Entziehung rechtfertigender Grund vorliegt; der Eigentümerbeschluss soll das Entziehungsverfahren in Gang bringen und stellt lediglich eine besondere Prozessvoraussetzung für die Klage dar.[190]

375

In der **Zweiergemeinschaft** steht die Ausübung des Entziehungsrechts dem jeweils anderen Miteigentümer zu (§ 18 Abs. 1 S. 2, § 19 Abs. 1 S. 2 WEG). Ein Entziehungsbeschluss ist entbehrlich, weil die dafür erforderliche absolute Mehrheit ohnehin nicht erreicht werden kann; stattdessen kann direkt die Klage auf Veräußerung erhoben werden. Erfolg kann die Klage aber nur haben,

376

---

184 BGH v. 8.7.2011 – V ZR 2/11, ZMR 2011, 978, ohne Begründung; LG Berlin v. 15.12.2009 – 55 S 102/09, ZWE 2010, 217.
185 BayObLG v. 9.3.2004 – 2Z BR 19/04, NZM 2004, 383.
186 BGH v. 8.7.2011 – V ZR 2/11, ZMR 2011, 978, ohne Begründung.
187 BGH v. 19.1.2007 – V ZR 26/06, ZMR 2007, 465.
188 Eine Heraufsetzung des Quorums in der Teilungserklärung auf 2/3 soll wirksam sein: LG Hamburg v. 14.12.2011 – 318 S 42/11, ZWE 2013, 23; m.E. nicht richtig.
189 BGH v. 22.1.2010 – V ZR 75/09, ZWE 2010, 179; OLG Rostock v. 3.11.2008 – 3 W 5/08, ZMR 2009.
190 BGH v. 8.7.2011 – V ZR 2/11, NJW 2011, 3026; LG Berlin v. 15.12.2009 – 55 S 102/09, ZWE 2010, 217.

wenn der Kläger nicht ebenso wie der Beklagte gegen seine Pflichten verstößt, sodass die Klage auch mit umgekehrten Parteirollen möglich wäre.[191]

3. Durchsetzung der Entziehung

377 Wenn die materiellen und formellen Voraussetzungen des § 18 Abs. 1–3 WEG (Unzumutbarkeit der Fortsetzung der Gemeinschaft, Abmahnung und Entziehungsbeschluss) vorliegen, ist der Anspruch auf Entziehung des Wohnungseigentums entstanden. Durchgesetzt wird er mit der **Klage auf Entziehung des Wohnungseigentums** und anschließender Zwangsversteigerung. Im Zuge der Klage auf Entziehung wird geprüft, ob die Voraussetzungen der Entziehung vorliegen. Zuständig ist das Amtsgericht (§ 43 Nr. 1 WEG),[192] Klägerin ist die Gemeinschaft. Die Prozesskosten sind gem. § 16 Abs. 7 WEG i.V.m. § 16 Abs. 2 WEG von allen Miteigentümern zu finanzieren; der verklagte Wohnungseigentümer muss sich also an den Kosten der gegen ihn gerichteten Klage beteiligen, auch wenn die Klage von vornherein aussichtslos war und schließlich abgewiesen wird.[193] Dieses Ergebnis ist insbes. in der Zweiergemeinschaft unerträglich.[194]

▼

378 **Muster 3.7: Klage auf Entziehung von Wohnungseigentum**

(Rubrum siehe Rn 1141)

Die Beklagten werden verurteilt, ihr Wohnungseigentum Nr. 8, X-Straße in Y-Stadt, Grundbuch von Y-Stadt Blatt 2543, zu veräußern.

Begründung:

(Vortrag zu den materiellen und formellen Voraussetzungen des § 18 Abs. 1–3 WEG).

▲

379 Das stattgebende Urteil berechtigt die Gemeinschaft sowie jeden Miteigentümer zur **Zwangsversteigerung** entsprechend den Vorschriften des Zwangsversteigerungsgesetzes (§ 19 Abs. 1 WEG). (Wegen der Durchführung der Zwangsversteigerung siehe Rn 1175.)

---

191 BGH v. 22.1.2010 – V ZR 75/09, ZWE 2010, 179.
192 BGH v. 10.10.2013 – V ZR 281/12, NZM 2013, 863.
193 So in dem der Entscheidung des BGH v. 10.10.2013 (Vornote) zugrunde liegenden Fall.
194 An der Anwendbarkeit des § 16 Abs. 7 WEG in der Zweiergemeinschaft äußert *M. Schmid*, MietRB 2014, 13 deshalb berechtigte Zweifel.

§ 4 Bauliche Maßnahmen (bauliche Veränderungen, Instandhaltung, Modernisierung)

A. Überblick über die gesetzliche Regelung

I. Die drei Kategorien baulicher Maßnahmen

Die Regelung der baulichen Maßnahmen in § 22 WEG ist auch nach der Novellierung im Zuge der WEG-Reform schwer verständlich. Sie behandelt drei Kategorien baulicher Maßnahmen am Gemeinschaftseigentum. Innerhalb der räumlichen Grenzen des Sondereigentums bestehen im Rahmen des § 14 WEG keine Einschränkungen; daher ist z.B. das Einziehen einer Zwischendecke oder Galerie innerhalb der Wohnung nicht zustimmungsbedürftig (siehe Rn 588). 380

- Erste Kategorie: Bauliche Maßnahmen (Veränderungen und Aufwendungen), die der **Instandhaltung** oder Instandsetzung des gemeinschaftlichen Eigentums dienen (§ 21 Abs. 5 Nr. 2 WEG); hierher gehört auch der Unterfall der „modernisierenden Instandsetzung" (§ 22 Abs. 3 WEG). 381
- Zweite Kategorie: Bauliche Maßnahmen, die nicht der Instandhaltung, aber der **Modernisierung** des gemeinschaftlichen Eigentums dienen (§ 22 Abs. 2 WEG).
- Dritte Kategorie: Bauliche Maßnahmen (**Veränderungen** und Aufwendungen), die weder der Instandhaltung, noch der Modernisierung des gemeinschaftlichen Eigentums dienen – also **sämtliche anderen** denkbaren baulichen Maßnahmen (§ 22 Abs. 1 WEG).

II. Bauliche Maßnahmen ohne Eigentümerbeschluss

Vor der WEG-Reform war es allgemeine Meinung, dass (inbes. von einzelnen Miteigentümern durchgeführte) bauliche Maßnahmen am Gemeinschaftseigentum auch dann rechtmäßig sein konnten, wenn die Gemeinschaft zuvor nicht damit befasst wurde, insbesondere wenn kein zustimmender Beschluss vorlag; es kam (zusammen gefasst) nur darauf an, ob die Maßnahme für die anderen Miteigentümer nachteilig war oder nicht. Daran wurde durch die WEG-Reform nichts geändert. Allerdings „krankt" die Rechtslage daran, dass der Reformgesetzgeber ausweislich der Gesetzesbegründung widersprüchliche Ziele verfolgte: Einerseits sollte die zuvor geltende Rechtslage kaum verändert, sondern nur klarer gefasst werden. Andererseits sah der Gesetzgeber Änderungsbedarf für das Problem, dass es nach der früheren Rechtslage für einen Wohnungseigentümer vorteilhaft sein konnte, durch eigenmächtigen Vollzug einer baulichen Veränderung vollendete Tatsachen zu schaffen, anstatt zuvor für einen legitimierenden Beschluss zu werben. In der Gesetzesbegründung wird demnach ausgeführt, dass eine vorherige Beschlussfassung möglich und sinnvoll sei, weil sie den Wohnungseigentümern die größere Rechtssicherheit gebe, und dass das Gesetz dies nunmehr als Regel vorsehe.[1] Das Ziel, die Rechtslage in § 22 Abs. 1 WEG klarer zu fassen und sie gegenüber dem früheren Recht nicht zu ändern und gleichzeitig doch zu ändern, ist gründlich misslungen. Dass die Rechtslage im jetzigen § 22 Abs. 1 WEG klar geregelt sei, lässt sich nicht behaupten. Das erwogene bzw. als Regelfall angestrebte Erfordernis einer vorherigen Beschlussfassung wurde *nicht* in das Gesetz aufgenommen; den von der WEG-Reform in § 22 Abs. 1 WEG eingefügten Worten, wonach bauliche Veränderungen „verlangt werden können", ist ein solches Erfordernis nicht zu entnehmen. Demnach gilt (nach wie vor der WEG-Reform): Wenn einzelne Miteigentümer eine bauliche Maßnahme durchführen wollen, liegt eine vorherige Befassung der Eigentümergemeinschaft mit der Maßnahme und eine entsprechende Beschlussfassung zwar im In- 382

---

1 BT-Drucks 16/887, 28 f.

teresse der Gemeinschaft, ist aber nicht zwingend. Nach zutreffender h.M.[2] ist eine bauliche Maßnahme ohne (bestandskräftigen) Beschluss vielmehr in folgenden zwei Fällen **rechtmäßig**:

383
- Entweder beeinträchtigt sie keinen der übrigen Miteigentümer in einer Weise, die über das bei einem geordneten Zusammenleben unvermeidliche Maß hinaus geht (§ 22 Abs. 1 S. 1 i.V.m. § 14 Nr. 1 WEG). In anderen Worten: Die betreffende Maßnahme stört entweder von vornherein überhaupt nicht oder sie ist als sozialadäquat und somit unvermeidlich hinzunehmen;
- oder die Maßnahme beeinträchtigt zwar die Miteigentümer, es haben ihr aber (ohne besondere Beschlussfassung) alle (beeinträchtigten) Eigentümer zugestimmt.

384 Der BGH hat die Frage zuletzt offen gelassen.[3] Aus einer früheren Entscheidung ergibt sich aber, dass er sich der h.M. wohl anschließen wird: Der BGH hat nämlich entschieden, dass eine Baumaßnahme nicht alleine deshalb rückgängig gemacht werden muss, weil ein Zustimmungsbeschluss fehlt. Wenn der „Bauherr" einen Anspruch auf den Zustimmungsbeschluss hat (weil die Maßnahme materiell rechtmäßig ist), ist das im Ergebnis also so gut, wie wenn der Zustimmungsbeschluss vorläge.[4]

III. Beschlüsse über bauliche Maßnahmen

385 Für bauliche Maßnahmen besteht eine **Beschlusskompetenz**. Für Instandhaltungsmaßnahmen folgt das aus § 21 Abs. 5 Nr. 2 WEG, für Modernisierungsmaßnahmen aus § 22 Abs. 2 WEG und für alle übrigen baulichen Maßnahmen aus § 22 Abs. 1 WEG. Der Wortlaut des § 22 Abs. 1 WEG ist allerdings insofern – wie auch schon der frühere Gesetzeswortlaut – irreführend. Die Formulierung, „bauliche Veränderungen ... **können** beschlossen werden, **wenn** jeder Wohnungseigentümer zustimmt usw." scheint darauf hinzudeuten, dass ein Beschluss über Maßnahmen der oben sog. dritten Kategorie ohne das erforderliche Quorum nicht möglich, also nichtig sei. Das ist aber nicht der Fall: Der Gesetzgeber wollte mit der Formulierung „können beschlossen werden" vielmehr ausdrücklich die schon nach der früheren Rechtslage anerkannte[5] Beschlusskompetenz für bauliche Maßnahmen i.S.v. § 22 Abs. 1 WEG (sog. dritte Kategorie, siehe oben Rn 381) festschreiben.[6] Wenn ein solcher Beschluss gefasst wird, ohne dass alle dazu erforderlichen Zustimmungen vorliegen, ist er also anfechtbar, aber nicht unwirksam;[7] bauliche Veränderungen stellen somit den Hauptanwendungsfall für „**Zitterbeschlüsse**" dar. Die durch bestandskräftigen Beschluss geregelte bauliche Maßnahme darf durchgeführt bzw. muss nicht rückgängig gemacht werden.[8] Nur eine Mindermeinung stellt dies mit der Begründung in Frage, ein bestandskräftiger Beschluss könne die fehlenden Zustimmungen nicht ersetzen; teilweise wird der Beschluss zwar für wirksam erachtet, seine Vollziehbarkeit aber davon abhängig gemacht, dass darüber hinaus alle noch fehlenden Zustimmungen vorliegen. Diese Auffassungen sind jedoch weder in der Begründung noch im Ergebnis überzeugend.

---

2 *Häublein*, ZMR 2007, 409, 419 und NZM 2007, 752, 753; *Jennißen/Hogenschurz*, § 22, Rn 13. A.A. (Erfordernis vorheriger Beschlussfassung für jede bauliche Maßnahme) z.B. NKV/*Vandenhouten*, § 22 WEG Rn 5; LG Hamburg v. 6.2.2013 – 318 S 20/12, ZMR 2013, 462, Rn 14.
3 BGH v. 07.02.2014 – V ZR 25/13, Rn 10.
4 BGH v. 21.10.2011 – V ZR 265/10, NZM 2012, 239, Rn 6. Anders ist es in den Fällen, in denen eine Maßnahme im Ausgangspunkt materiell rechtswidrig ist und nur aufgrund besonderer Umstände ein Anspruch auf Zustimmung – ggf. unter Auflagen – besteht, wie insbesondere bei den Parabolantennen: Da führt der fehlende Zustimmungsbeschluss ohne weiteres zur Rückbaupflicht (s. Rn 469).
5 BGH v. 20.9.2000 – V ZB 58/99, ZMR 2000, 771; OLG Düsseldorf v. 2.11.2004 – 3 Wx 234/04, ZMR 2005, 143.
6 BT-Drucks 16/887, 28.
7 LG München I v. 28.2.2011 – 1 S 19089/10, ZMR 2011, 504; h.M.
8 BGH v. 11.11.2011 – V ZR 65/11, ZMR 2012, 213, Rn 8 drückt es so aus: Der bestandskräftige Beschluss ist gültig. Folge ist eine Duldungspflicht, nicht aber eine Fiktion der Zustimmung.

Für die **Rechtmäßigkeit** von Beschlüssen über bauliche Maßnahmen gelten unterschiedliche Anforderungen:

Beschlüsse über Instandhaltungsmaßnahmen können (selbstverständlich) mehrheitlich gefasst werden. Für Modernisierungsmaßnamen ist ein besonderes Quorum erforderlich. In beiden Fällen handelt es sich um Verwaltungsmaßnahmen i.S.v. § 21 Abs. 3 WEG, die sich mithin am Maßstab der „Ordnungsmäßigkeit" messen lassen müssen. Beschlüsse über „ordnungswidrige" (also z.B. überflüssige oder überteuerte) Instandhaltungs- oder Modernisierungsmaßnahmen sind nicht nichtig, sondern „nur" rechtswidrig – wie jeder Beschluss, der ordnungsmäßiger Verwaltung widerspricht. 386

Beschlüsse über alle übrigen baulichen Maßnahmen (sog. dritte Kategorie, siehe Rn 381) sind gem. § 22 Abs. 1 WEG rechtmäßig, wenn ihnen alle Miteigentümer zugestimmt haben, deren Rechte durch die Veränderung über das in § 14 Nr. 1 WEG bestimmte Maß hinaus beeinträchtigt werden (was der Fall ist, wenn die bauliche Maßnahme über das bei einem geordneten Zusammenleben unvermeidliche Maß hinaus geht). 387

I.d.R. ist die Zustimmung **aller** Miteigentümer erforderlich. Liegen die erforderlichen Zustimmungen vor, ist der Beschluss rechtmäßig, ohne dass es auf die Frage der Ordnungsmäßigkeit noch ankommt. Liegen nicht alle erforderlichen Zustimmungen vor, ist der Beschluss – wie erwähnt – zwar wirksam, aber anfechtbar. (Empfehlungen zur Beschlussfassung siehe unten Rn 565.) 388

IV. Abweichende Systematisierungen

Während in der obigen Darstellung Instandhaltungs- und Modernisierungsmaßnahmen als Unterfälle des Oberbegriffs der „baulichen Maßnahme" eingeordnet werden, wird in Rechtsprechung und Literatur üblicher Weise eine andere Systematik verwendet. Demnach werden die das Gemeinschaftseigentum umgestaltenden Maßnahmen **entweder** als „bauliche Veränderungen i.S.v. § 22 Abs. 1 WEG" **oder** als „Maßnahmen ordnungsmäßiger Verwaltung" eingeordnet, so dass letztere keinen Unterfall, sondern das Gegenstück baulicher Veränderungen darstellen. Die unterschiedliche Systematik gewinnt praktische Bedeutung, wenn es um Maßnahmen geht, die zwar begrifflich bauliche Veränderungen darstellen und weder Instandhaltungs- noch Modernisierungsmaßnahmen sind, gleichwohl aber nicht nach dem Maßstab des § 22 Abs. 1 WEG beurteilt werden sollen, weil dies in den betreffenden Fällen nicht dem Sinn und Zweck der Vorschrift entspräche. 389

Beispiele 390
- Bauliche Maßnahmen, die der erstmaligen Herstellung des Gebäudes entsprechend Teilungserklärung, Aufteilungsplan und Baubeschreibung, der Erfüllung öffentlich-rechtlicher Pflichten oder der Mangelbeseitigung dienen (siehe hierzu auch Rn 533).[9]
- Einbau von Kaltwasserzählern zur Umsetzung einer beschlossenen verbrauchsabhängigen Abrechnung.[10]
- Maßnahmen zur Umsetzung der Barrierefreiheit i.S.v. § 554a BGB, z.B. Rollstuhlrampe, Treppenlift etc.
- Fällen umsturzgefährdeter Bäumen (siehe Rn 435).
- Umsetzung öffentlich-rechtlicher Verpflichtungen, insbesondere betr. die **Verkehrssicherungspflicht**. Beispiele: Rückbau einer Teichanlage[11] oder Errichtung eines Zaunes vor ei-

---

[9] Sie werden unstreitig wie Instandhaltungs- und Instandsetzungsmaßnahmen behandelt: OLG München v. 9.3.2007 – 34 Wx 4/07, ZMR 2007, 991; OLG Hamm v. 26.3.2007 – 15 W 131/06, ZMR 2008, 227; BayObLG v. 23.6.2004 – 2Z BR 20/04, ZMR 2005, 383.
[10] Nach BGH v. 25.9.2003 – V ZB 21/03, ZMR 2003, 937 (Kaltwasserentscheidung) handelt es sich dabei nicht um eine bauliche Veränderung, sondern um eine Maßnahme ordnungsgemäßer Verwaltung.
[11] OLG Frankfurt v. 30.6.2003 – 20 W 254/01, unveröffentlicht.

nem über das Grundstück fließenden Bach,[12] jeweils zum Schutz kleiner Kinder. Solche Maßnahmen sind unter dem Gesichtspunkt ordnungsmäßiger Verwaltung geboten (siehe Rn 689).

391 Die vorstehenden Maßnahmen qualifiziert die h.M. nicht als bauliche Veränderungen i.S.d. § 22 Abs. 1 WEG, um sie dem Mehrheitsbeschluss gem. § 21 Abs. 3 WEG zugänglich zu machen. Das zweckgerichtete „Herausdefinieren" baulicher Maßnahmen aus dem Anwendungsbereich des § 22 Abs. 1 WEG trägt aber zur „Verunklarung" dieser ohnehin schon problematischen Bestimmung bei. Stattdessen sollte man die Maßnahmen als das bezeichnen, was sie tatsächlich sind – bauliche Veränderungen nämlich – und am Tatbestandsmerkmal der „nachteiligen Beeinträchtigung" (§ 22 Abs. 1 S. 1 i.V.m. § 14 Nr. 1 WEG) ansetzen. Richtiger Ansicht nach stellen demnach z.B. Maßnahmen zur Herstellung der Barrierefreiheit zwar bauliche Veränderungen i.S.v. § 22 Abs. 1 WEG dar; der darauf angewiesene Eigentümer kann aber einen Anspruch darauf haben, dass ihm auf entsprechenden Antrag hin per Beschluss die Zustimmung erteilt wird.[13] Wenn man mit der h.M. eine Beschlussfassung nicht für zwingend hält (siehe Rn 382), führt die rechtliche Bewertung zu dem Ergebnis, dass die anderen Eigentümer durch die Maßnahme nicht „nachteilig" betroffen sind und somit ihre Zustimmung entbehrlich ist, sofern die Maßnahme ordnungsgemäß ausgeführt wird.[14] (Zur Barrierefreiheit siehe auch Rn 554.) Für die übrigen oben erwähnten Maßnahmen gilt Entsprechendes.

V. Abweichende Regelungen in der Gemeinschaftsordnung

392 Die Beschränkungen des § 22 WEG sind disponibel und können durch Vereinbarung (d.h. in der Praxis: durch die Gemeinschaftsordnung) geändert werden. Häufig wird z.B. im Rahmen einer Öffnungsklausel bestimmt, dass über bauliche Veränderungen mit (qualifizierter) Mehrheit **Beschluss** gefasst werden kann. In **Mehrhausanlagen** sind Sonderregelungen üblich: Bei Reihenhäusern sieht die Gemeinschaftsordnung regelmäßig vor, dass jeder Wohnungseigentümer hinsichtlich „seines" Hauses und „seiner" Sondernutzungsflächen wie ein Alleineigentümer zu stellen ist. Entsprechendes gilt bei Mehrhausanlagen: Dort wird das Erfordernis der Mitwirkung an baulichen Maßnahmen häufig auf die Miteigentümer der einzelnen Häuser beschränkt (siehe Rn 1710). Zwischen den Miteigentümern gilt dann nur das öffentliche Bau- und Nachbarrecht.[15]

B. Bauliche Veränderungen i.S.v. § 22 Abs. 1 WEG

I. Begriff der baulichen Veränderung

393 Bauliche Veränderung ist jede auf Dauer angelegte gegenständliche Veränderung realer Teile des gemeinschaftlichen Eigentums, die von dem im Aufteilungsplan vorgesehenen Zustand abweicht.[16] Maßnahmen ohne bauliche Tätigkeit im engeren Sinne oder ohne Eingriff in die Bausubstanz, wie z.B. die Änderung der Farbgestaltung oder Oberflächenstruktur der Außenwände oder die lose Anbringung oder Aufstellung von Gegenständen im Außenbereich (z.B. einer Parabolantenne), stellen richtiger Ansicht nach keine baulichen Veränderungen dar, werden aber nach den-

---

12 BayObLG v. 17.2.2000 – 2Z BR 180/99, ZMR 2000, 394.
13 LG Köln v. 30.6.2011 – 29 S 246/10, ZMR 2013, 65, Rn 31; OLG München v. 22.2.2008 – 34 Wx 66/07, NZM 2008, 848, Rn 29.
14 So die inzwischen h.M., siehe AG Bonn v. 28.2.2011 – 27 C 202/10, ZWE 2011, 291; OLG München v. 12.7.2005 – 32 Wx 051/05, NZM 2008, 848 (betr. Treppenlift).
15 LG Itzehoe v. 10.3.2009 – 11 S 30/08, NZM 2011, 886.
16 OLG Düsseldorf v. 11.8.1997 – 3 Wx 227/97, ZMR 1997, 657.

selben Grundsätzen beurteilt: Maßgeblich ist allein das erzielte Ergebnis, nicht mit welchen Mitteln es erreicht wurde.[17]

II. Bauliche Veränderungen durch den Bauträger

Mitunter stammt eine Veränderung schon vom teilenden Eigentümer selber, so dass der teilungserklärungswidrige Zustand schon bei **Beginn** der (werdenden) Eigentümergemeinschaft besteht.

394

> *Beispiel*
> Auf Wunsch des Erwerbers A baut der Bauträger noch vor dem Bezug des Hauses entgegen der Teilungserklärung den zum Sondereigentum an der Wohnung des A gehörenden Dachboden zum Wohnraum aus (Installation von Heizung, Dachflächenfenstern usw.). Miteigentümer B verlangt von A den Rückbau und die Herstellung des Dachbodens entsprechend der Teilungserklärung. Zu Recht?

Der Bauträger ist nicht „Störer" seines eigenen Eigentums. Solange ihm die alleinige Herrschaftsmacht über das Sonder- und Gemeinschaftseigentum zusteht – und das ist der Fall, bis die **werdende Wohnungseigentümergemeinschaft** entsteht (konkret also: ab dem Einzug des ersten Erwerbers, siehe Rn 12), können seine Handlungen nicht als Störung im Sinne einer Eigentumsverletzung angesehen werden. Richtiger Weise ist aber A als Störer anzusehen. Störer ist nämlich auch derjenige, die Veränderung **mittelbar verursacht** hat, was im Einzelfall in wertender Betrachtung festzustellen ist; entscheidend ist, ob es Sachgründe dafür gibt, dem in Anspruch genommenen Miteigentümer die Verantwortlichkeit für das Geschehen aufzuerlegen.[18] Weil A den Bauträger zu den baulichen Maßnahmen veranlasst hat, ist er als mittelbarer Störer dafür verantwortlich. Wann die Maßnahmen durchgeführt wurden, ist nicht entscheidend, sondern nur das Ergebnis: Die Abweichung vom Aufteilungsplan. Außerdem ist A im Beispielsfall als Zustandsstörer anzusehen, weil die Aufrechterhaltung der baulichen Maßnahme maßgeblich von seinem Willen getragen wird (siehe Rn 486). A ist also zum Rückbau verpflichtet.

395

Die h.M. ist bislang anderer Auffassung. Sie steht auf dem Standpunkt, dass der Bestandsschutz des § 22 WEG überhaupt erst nach dem Entstehen der werdenden Gemeinschaft eingreifen könne und bauliche Veränderungen erst danach nach § 22 Abs. 1 WEG zu beurteilen sein.[19] Demnach ist der Zeitpunkt der baulichen Maßnahme entscheidend. Nimmt der Bauträger diese vor dem Entstehen der werdenden Gemeinschaft vor, übernehmen die Miteigentümer das Sonder- und Gemeinschaftseigentum in dieser Form. Nach h.M. hat B also keinen Anspruch gegen A auf Rückbau, obwohl es letztlich der A war, der die Abweichung von der Teilungserklärung veranlasst hat.[20]

396

Das Ergebnis der h.M. schließt andere Ansprüche der „beeinträchtigten" Miteigentümer (im Beispielsfall: B) allerdings nicht aus, sondern zieht sie zwangsläufig nach sich. Zum einen verstößt der Bauträger durch die baulichen Maßnahmen gegen seine Verpflichtung, dem Erwerber Sonder- und Gemeinschaftseigentum so zu verschaffen, wie es nach der dem Bauträgervertrag zugrunde liegenden Teilungserklärung beschaffen sein müsste; die üblichen Änderungsvollmachten sind regelmäßig unwirksam. Der Erwerber kann also **Mängelrechte** geltend machen, z.B. den Rückbau durchsetzen oder die Rückabwicklung des Erwerbsvertrags verlangen (siehe Rn 261).

397

---

17 BGH v. 22.1.2004 – V ZB 51/03, ZMR 2004, 438; OLG Hamburg v. 17.1.2005 – 2 Wx 103/04, WuM 2005, 357.
18 LG Hamburg v. 5.4.2012 – 318 S 180/11, ZWE 2013, 33, Rn 14; BGH v. 1.12.2006 – V ZR 112/06, ZMR 2007, 188, Rn 14.
19 OLG Frankfurt v. 24.7.2007 – 20 W 538/05, NZM 2008, 322; ausführlich OLG Hamm v. 21.6.1993 – 15 W 386/92.
20 OLG Frankfurt v. 24.7.2007, Vornote; KG v. 19.7.2004 – 24 W 318/02, ZMR 2005, 75; BayObLG v. 8.5.2003 – 2Z BR 26/03, ZMR 2003, 857.

§ 4 Bauliche Maßnahmen (bauliche Veränderungen, Instandhaltung, Modernisierung)

398 Zum anderen kann die Eigentümergemeinschaft beschließen, das Gemeinschaftseigentum (erstmals) entsprechend der Teilungserklärung herzustellen, die Durchführung des **Rückbaus** also nicht von A zu verlangen, sondern **auf Gemeinschaftskosten** vorzunehmen und den A zur **Duldung** zu verpflichten (siehe Rn 484). Die erstmalige mangelfreie Herstellung entsprechend der Teilungserklärung gilt als Instandhaltungsmaßnahme und ist dem Mehrheitsbeschluss zugänglich (siehe Rn 390); im Einzelfall kann ein einzelner Miteigentümer auch einen Anspruch gegen die anderen Miteigentümer auf entsprechende Beschlussfassung haben. Es verhält sich hier im Prinzip nicht anders als in den sonstigen Fällen, in denen der Bauträger vertragswidrig von der Teilungserklärung abweicht. Der Beschluss muss allerdings ordnungsmäßiger Verwaltung entsprechen,[21] wobei man sich fragen muss, welchen Vorteil die Gemeinschaft davon hat, den Rückbau (auf eigene Kosten) zu vollziehen. Letztlich ist die Rechtmäßigkeit eines Rückbaubeschlusses – wie immer – eine Frage des Einzelfalls, die sich in den meisten Fällen allerdings deswegen nicht stellen wird, weil die Gemeinschaft die mit dem Rückbau verbundenen Kosten scheut.

399 Kommt es im obigen Beispielsfall (siehe Rn 394) nicht zum Rückbau, erfordert die Vergrößerung der Wohnfläche aber eine Änderung des **Kostenverteilungsschlüssels**, ggf. auch eine besondere Regelung der Instandhaltungskosten für die entgegen der Teilungserklärung neu geschaffenen, nur vom begünstigten Erwerber (im Fall: A) genutzten Teile des Gemeinschaftseigentums. Hinsichtlich der Betriebskosten (die den größten Teil der regelmäßig anfallenden gemeinschaftlichen Kosten ausmachen) kann der Kostenverteilungsschüssel gem. § 16 Abs. 3 WEG geändert werden. Im Übrigen kann sich ein Anspruch auf Anpassung der Gemeinschaftsordnung **theoretisch** aus § 10 Abs. 2 WEG ergeben, was allerdings in den meisten Fällen nicht weiter helfen wird (siehe Rn 232).

III. Beeinträchtigung (Nachteil) und Zustimmung

1. Der Nachteil

400 Eine bauliche Veränderung des Gemeinschaftseigentums ist zustimmungsbedürftig, wenn sie die übrigen Miteigentümer in einer Weise beeinträchtigt, die über das bei einem geordneten Zusammenleben unvermeidliche Maß hinaus geht. Man spricht in diesem Zusammenhang auch häufig von „Nachteil". Als Nachteil in diesem Sinne wird jede nicht ganz unerhebliche Beeinträchtigung verstanden. Dabei entscheidet nicht das subjektive Empfinden; vielmehr kommt es darauf an, ob sich ein Wohnungseigentümer in der betreffenden Lage in objektiv verständiger Weise beeinträchtigt fühlen kann.[22] Die **Eingriffsschwelle** ist **niedrig** anzusetzen; nur ganz geringfügige Beeinträchtigungen bleiben außer Betracht.[23] Ein nicht hinzunehmender Nachteil i.S.v. § 14 Nr. 1 WEG kann vor allem in folgenden Fällen vorliegen:

401 ■ Es erfolgt ein Eingriff in Gebäudeteile, die für Sicherheit und Statik von Bedeutung sind (tragende Wände, Dach usw.;
■ der optische Gesamteindruck der Wohnanlage wird verändert;[24]
■ die bauliche Veränderung ermöglicht eine intensivere Nutzung der Räumlichkeiten (z.B durch den Einbau von Fenstern oder infolge Vergrößerung der Wohnfläche).[25]

---

21 So BayObLG v. 8.5.2003 – 2Z BR 26/03, ZMR 2003, 857 und öfter, in casu als nicht entscheidungserheblich offen gelassen.
22 BGH v. 21.10.2011 – V ZR 265/10, NZM 2012, 239.
23 BVerfG v. 22.12.2004 – 1 BvR 1806/04, ZMR 2005, 634; BGH v. 24.1.2014 – V ZR 48/13, NZM 2014, 201.
24 BGH v. 14.12.2012 – V ZR 224/11, NZM 2013, 193, Rn 5; BGH v. 22.1.2004 – V ZB 51/03, ZMR 2004, 438 („Parabolantenne"). Was die Miteigentümer nicht sehen können, ist zustimmungsfrei.
25 BGH v. 6.11.2009 – V ZR 73/09, ZMR 2010, 210; OLG München v. 5.10.2006 – 32 Wx 121/06, ZMR 2007, 69; OLG Hamburg v. 11.1.2006 – 2 Wx 28/04, ZMR 2006, 467; st. Rspr. Auf den tatsächlichen Umfang der Wohnnutzung oder die daraus resultierenden Störungen kommt es nicht an.

Wird in diesen Fällen eine Beeinträchtigung/ein Nachteil bejaht, ist die betreffende bauliche Maßnahme nur rechtmäßig, wenn ihr **alle** Miteigentümer zustimmen, denn von der Änderung der Statik, Optik oder Nutzungsintensität sind im Normalfall alle betroffen. Es ist jedoch in jedem Einzelfall zu prüfen, ob die bauliche Veränderung tatsächlich eine Beeinträchtigung der Miteigentümer zur Folge hat (oder i.a.W. für sie nachteilig ist). Diese Kriterien eröffnen nämlich einen **Bewertungs-** bzw. **Ermessensspielraum** in tatsächlicher und rechtlicher Hinsicht, bei dem allerdings ein **Regel-Ausnahme-Verhältnis** zu beachten ist: Regelmäßig sind bauliche Veränderungen nachteilig, die Ausnahme ist besonders zu begründen.[26]

402

In **tatsächlicher Hinsicht** ist es Sache des Tatrichters zu beurteilen, ob eine bauliche Maßnahme „nachteilig" bzw. „beeinträchtigend" ist oder nicht. **Nicht jeder Eingriff** in das Gemeinschaftseigentum ist für die Miteigentümer nachteilig;[27] und selbst erhebliche Eingriffe begründen nicht zwingend einen Nachteil, wenn sie fachgerecht vorgenommen werden.

403

Beispiel 1
Miteigentümer A hat das Sondernutzungsrecht an einem Dachbodenraum. Er ersetzt die vorhandenen **Dachflächenfenster** ohne Zustimmung der anderen Miteigentümer B und C durch etwas größere. – Die Maßnahme stellt zwar eine bauliche Veränderung dar; weil nach Auffassung der Tatsacheninstanz aber weder eine nachteilige Veränderung der Optik, noch eine gegenüber den früheren Fenstern erhöhte Wartungs- und Reparaturanfälligkeit vorliegt, bedurfte es der Zustimmung der anderen Miteigentümer nicht. Der Fall darf nicht mit dem Einbau von Dachflächenfenstern in ein zuvor geschlossenes Dach verwechselt werden (siehe dazu Rn 433).[28] Daran hat sich – trotz der Bedenken des Gesetzgebers (siehe oben Rn 382) – durch die WEG-Reform nichts geändert; und natürlich gibt es bei dieser Rechtslage für einen bauwilligen Wohnungseigentümer wenig Anlass, die Gemeinschaft bzw. die Miteigentümer vor der Ausführung der Maßnahme um Erlaubnis zu fragen.

404

Beispiel 2
Bei der **Zusammenlegung** von zwei Wohnungen beseitigt Miteigentümer A ohne Zustimmung der anderen Miteigentümer tragende Wände. Ein Nachteil für die anderen Wohnungseigentümer ist aber ausgeschlossen, weil A nachweisen kann, dass kein vernünftiger Zweifel daran besteht, dass kein wesentlicher Eingriff in die Substanz des Gemeinschaftseigentums vorliegt und insbesondere keine Gefahr für die konstruktive Stabilität des Gebäudes und dessen Brandsicherheit geschaffen wurde.[29]

405

Bei Maßnahmen, welche die **Optik** des Gebäudes verändern, muss der Tatrichter feststellen, ob sich nach der Verkehrsanschauung ein Wohnungseigentümer in einer vergleichbaren Lage verständlicher Weise beeinträchtigt fühlen kann.[30] Im Prinzip sind dabei objektive Maßstäbe anzulegen, und jedenfalls bei einer „erheblichen" optischen Veränderung ist ein Nachteil regelmäßig anzunehmen: Denn ob eine erhebliche optische Veränderung des Gebäudes ein Vorteil oder ein Nachteil ist, können im Regelfall auch verständige Wohnungseigentümer unterschiedlich bewer-

406

---

26 BVerfG v. 22.12.2004 – 1 BvR 1806/04, ZMR 2005, 634.
27 LG Hamburg v. 14.4.2010 – 318 S 183/09, ZMR 2010, 788 für eine vom Sondereigentümer umgebaute Ladeneingangstür. Siehe auch die folgenden Beispiele.
28 BGH v. 19.12.1991- V ZB 27/90, ZMR 1992, 167.
29 BGH v. 21.12.2000 – V ZB 45/00, ZMR 2001, 289; ebenso BGH v. 14.10.2011 – V ZR 56/11, WuM 2012, 52, Rn 15.
30 So der Standardsatz der st. Rspr., siehe nur BGH v. 8.4.2011 – V ZR 210/10, ZMR 2011, 734, Rn 5; LG Hamburg v. 30.5.2012 – 318 S 176/11, ZMR 2012, 808, Rn 27.

ten, und die Minderheit muss sich dem Geschmack der Mehrheit nicht fügen.[31] In vielen Fällen wird letzten Endes unvermeidlich aber doch das persönliche architektonisch-ästhetische Empfinden des Amtsrichters ausschlaggebend sein, wenn es um die Beurteilung geht, ob z.B. die Änderung der Fassadenfarbe[32] oder der Anbau einer „filigranen Freitreppe" in den Garten[33] zu einer Störung der Optik führt oder nicht. Ist die Beurteilung bzw. Beweiswürdigung des Amtsgerichts (als Tatsachengericht erster Instanz) fehlerfrei zustande gekommen ist, sind die Berufungs- und ggf. Revisionsinstanz daran gebunden.[34]

407 Je größer der **Umfang der Baumaßnahme** ist, desto größer sind die Anforderungen an die Tatsachenermittlung und Beweiswürdigung bei einer von der Regel abweichenden Beurteilung als optisch neutrale oder gar verbessernde Gestaltung.

408 *Beispiel*
*Der Bau eines **Wintergartens** (oder eines Gartenhäuschens) auf einer als Sondernutzungsrecht zugewiesenen Terrasse ist ein „Musterfall" einer zustimmungsbedürftigen baulichen Veränderung. Will ein Gericht diese Maßnahme wegen ihrer optisch positiven Gestaltung ausnahmsweise* nicht *als nachteilig bewerten, sind an die Begründung sehr hohe Anforderungen zu stellen.*[35]

409 Das Gericht muss sich einen **eigenen Eindruck** von der Maßnahme verschaffen. Häufig wird zwar vertreten, dass dafür nicht zwingend die Einnahme eines Augenscheins erforderlich sei, sondern auch die Vorlage **aussagekräftiger Bilder** genüge.[36] Das kann aber allenfalls ausnahmsweise in eindeutigen Fällen richtig sein. Im Normalfall ist zur Beurteilung ein eigener, vor Ort gewonnener Eindruck erforderlich.[37]

410 In **rechtlicher Hinsicht** sind bei der Auslegung des Tatbestandsmerkmals „Nachteil" Wertungen außerhalb des WEG – insbesondere die **Grundrechte** – zu berücksichtigen. Das kann dazu führen, eine „an sich" gegebene Beeinträchtigung und damit eine Zustimmungspflicht aus Rechtsgründen zu verneinen. Dies hat die Rechtsprechung insbesondere bei der Aufstellung von Parabolantennen im Hinblick auf das Grundrecht der Informationsfreiheit entschieden, ebenso für das in § 554a BGB verankerte Recht auf Barrierefreiheit (siehe Rn 390). Die Berücksichtigung anderer Wertungen ist denkbar.

411 Schließlich ist eine bauliche Veränderung in jedem Fall dann unzulässig, wenn sie gegen eine die Gestaltung des Gebäudes betreffende Bestimmung der **Gemeinschaftsordnung**[38] oder gegen einen die Gestaltung des Gebäudes betreffenden bestandskräftigen **Mehrheitsbeschluss**[39] verstößt. Es kommt dann nicht darauf an, ob die Maßnahme für die übrigen Wohnungseigentümer nachteilig

---

31 BGH v. 14.12.2012 – V ZR 224/11, ZMR 2013, 292, Rn 5.
32 LG München I v. 20.9.2012 – 36 S 1982/12, ZMR 2013, 137; OLG Hamburg v. 17.1.2005 – 2 Wx 103/04, ZMR 2005, 394.
33 LG Hamburg v. 22.7.2008 – 318 T 228/06, ZMR 2009, 141.
34 OLG Celle v. 24.2.2012 – 4 W 1/12, ZMR 2012, 569; im Prinzip unstr.
35 BVerfG v. 22.12.2004 – 1 BvR 1806/04, ZMR 2005, 634 für den Wintergarten; OLG München v. 19.9.2005 – 34 Wx 76/05, ZMR 2006, 68 für erhebliche Veränderungen des Außenbereichs.
36 OLG Köln v. 1.12.2004 – 16 Wx 204/04, NZM 2005, 463 m.w.N.
37 OLG Zweibrücken v. 25.9.2006 – 3 W 213/05, NZM 2006, 937; OLG Schleswig v. 20.9.2004 – 2 W 93/04, ZMR 2005, 816.
38 OLG München v. 31.3.2006 – 34 Wx 111/05, MietRB 2006, 191; OLG München v. 5.4.2005 – 32 Wx 019/05, ZMR 2005, 726; OLG Frankfurt/M. v. 15.3.2005 – 20 W 471/02, NZM 2005, 947. Beispiel: Nach der Gemeinschaftsordnung sind bauliche Veränderungen nur zulässig, wenn ein (einstimmiger) Beschluss der Eigentümerversammlung vorliegt.
39 OLG Düsseldorf v. 9.2.2005 – 3 Wx 314/04, WuM 2005, 795. Für den sachlich gleichgelagerten Fall einer unzulässigen Nutzung des Sondereigentums BGH v. 13.7.2012 – V ZR 204/11, NZM 2012, 687, Rn 9.

ist oder nicht; der Verstoß gegen die Gemeinschaftsordnung oder den Beschluss alleine begründet im Rechtssinne einen Nachteil.

2. Die Zustimmung

a) Zustimmung durch die Wohnungseigentümer

„Zustimmungsfragen" stellen sich nur bei baulichen Maßnahmen **einzelner Miteigentümer**; gemeinschaftliche bauliche Maßnahmen werden nämlich aufgrund eines Eigentümerbeschlusses vorgenommen, weshalb es auf gesonderte Zustimmungen nicht ankommt. Nach h.M. ist eine nachteilige bauliche Veränderung rechtmäßig, wenn ihr alle Eigentümer zugestimmt haben, deren Rechte von ihr betroffen sind. Die Zustimmung muss nicht (in Beschlussform oder anders) in einer Eigentümerversammlung erklärt werden. Das ist allerdings seit der WEG-Reform streitig (siehe Rn 382); und da die „Mindermeinung" (wonach in jedem Fall eine *Beschlussfassung* der Eigentümergemeinschaft nötig ist) nicht gerade wenige Anhänger hat und eine höchstrichterliche Klärung noch aussteht, kann die Rechtslage nicht als völlig sicher bezeichnet werden. Wer als Bauwilliger vor Ausführung der Maßnahme uneingeschränkte Rechtssicherheit haben möchte, muss deshalb einen Zustimmungsbeschluss herbeiführen und ggf. durchsetzen (siehe Rn 420).

412

Auf Basis der h.M. gilt Folgendes: Die Zustimmungen müssen „nur" tatsächlich vorliegen. Sie sind an **keine Form** gebunden und können mündlich, schriftlich oder konkludent erteilt werden. Im Streitfall ist für das Vorliegen der Zustimmungen derjenige beweispflichtig, der die bauliche Veränderung durchgeführt hat. Eine schriftliche Zustimmung ist (durch Vorlage des Schriftstücks) leicht zu beweisen; eine mündliche Zustimmung ist hingegen schwer zu beweisen (vor allem dann, wenn sich der Zustimmende daran nicht erinnern will oder kann). Dem Bauwilligen ist also zu empfehlen, zu seiner Sicherheit Zustimmungen in Textform von möglichst allen Miteigentümern (damit nicht womöglich eine erforderliche Zustimmung fehlt) zu dem (möglichst konkret beschriebenen) Bauvorhaben einzuholen. Ein **Anspruch** auf die Zustimmung besteht (außerhalb einer Beschlussfassung) allerdings nicht: Ein Miteigentümer, der nicht in eigenen Rechten beeinträchtigt ist, muss nicht zustimmen, weil es auf seine Zustimmungserklärung nicht ankommt; wer hingegen in eigenen Rechten beeinträchtigt ist, muss eben darum nicht zustimmen. (Das ist insofern schwer zu verstehen, als die Miteigentümer in der ersten Alternative, wenn sie also nicht beeinträchtigt werden, einem entsprechenden in der Eigentümerversammlung gestellten Beschlussantrag sehr wohl zustimmen müssten; sie sind nur nicht verpflichtet, außerhalb der Beschlussfassung eine Erklärung abzugeben. So ist nun einmal das Gesetz).

413

Beispiel
Miteigentümer A will auf der ihm zur Sondernutzung zugewiesenen Dachterrasse ein weithin sichtbares Gartenhäuschen aufstellen. Er wendet sich in einem Rundschreiben (oder einer E-Mail) an seine Miteigentümer, in dem er sein Vorhaben unter Beifügung einer Planskizze erläutert und um Zustimmung bittet. Dem Schreiben ist eine vorformulierte Zustimmungserklärung (ggf. nebst frankiertem Rückumschlag) beigefügt. A wartet den Rücklauf der Zustimmungserklärungen ab und achtet darauf, dass auch wirklich *alle* Erklärungen eintreffen; z.B. müssen bei Ehegatten-Miteigentümern beide zustimmen, bei Mitgliedern einer Erbengemeinschaft alle Miterben usw. Liegen alle Zustimmungserklärungen vor, ist die Baumaßnahme nach h.M. rechtmäßig. Dieses Vorgehen ist auch dann ein sichererer Weg, wenn sich die „Mindermeinung" durchsetzen sollte, wonach ausnahmslos ein Beschluss Voraussetzung der Baumaßnahme sein soll. Denn wenn alle Miteigentümer zustimmen, kommt es praktisch schon gar nicht zum Streit über die Maßnahme; und falls doch, müsste man A unter diesen Umständen einen Anspruch auf positive Beschlussfassung zubilligen.

414

§ 4 Bauliche Maßnahmen (bauliche Veränderungen, Instandhaltung, Modernisierung)

415 Meistens wird die **Eigentümerversammlung** als Forum zur Debatte und Genehmigung der Maßnahme dem schriftlichen Verfahren vorgezogen. Häufig wird dann sogar ein Zitterbeschluss gefasst (zum Begriff siehe Rn 169), so dass es (mit Bestandskraft des Beschlusses) auf die einzelnen Zustimmungen nicht mehr ankommt. Die Beschlussfassung ist aber, wie gesagt, nicht zwingend. Der bauwillige Miteigentümer kann auch (mit oder ohne Ankündigung auf der Tagesordnung) sein Bauvorhaben in der Versammlung vorstellen, anschließend ohne Beschlussfassung die Zustimmungen der anwesenden Miteigentümer einholen und die Erklärungen (wenn der Verwalter dazu bereit ist) im Versammlungsprotokoll festhalten lassen. Die fehlenden Zustimmungen der nicht anwesenden Miteigentümer kann er auch noch später einholen.

416 Eine **konkludente Zustimmung** ist die Ausnahme. Sie kann nur angenommen werden, wenn das Verhalten des Miteigentümers einen entsprechend eindeutigen Erklärungswert hat. Das ist z.B. der Fall, wenn ein Miteigentümer bei der baulichen Veränderung tatkräftig mithilft.[40] Bloßes Dulden, Schweigen oder Nichtstun eines Miteigentümers haben einen solchen Erklärungswert demgegenüber nicht.

417 *Beispiel*
A stellt in der Eigentümerversammlung unter Vorlage detaillierter Zeichnungen seinen geplanten Dachgeschossausbau vor. Alle Miteigentümer sind anwesend und zeigen sich begeistert bis auf B, der den Vorgang lediglich interessiert zur Kenntnis nimmt. Nach vollzogenem Ausbau (Kosten 150.000,00 EUR) verlangt B von A den Rückbau. – Zu Recht, weil das passive Verhalten des B keine konkludente Zustimmung beinhaltet.

418 Die Zustimmung kann unter **Bedingungen** oder **Auflagen** erteilt werden, was sogar fast ausnahmslos zu empfehlen ist. Die wichtigste Bedingung ist die, dass der Zustimmende an den Kosten der Maßnahme nicht beteiligt wird (sofern der Bauwillige nicht von vornherein klarstellt, dass er auf eigene Kosten tätig wird) und dass Folgekosten zu Lasten des Bauwilligen gehen (siehe Rn 506 ff.). Beispiele für Auflagen finden sich bei Rn 571. Die Zustimmung ist **widerruflich**, solange der Bauwillige mit der baulichen Veränderung noch nicht begonnen oder diesbezügliche Dispositionen getroffen hat (Architektenauftrag, Materialeinkauf usw.);[41] danach kann sie (selbstverständlich) nicht mehr widerrufen werden.

419 Ein Wohnungseigentümer, der erst nach Durchführung einer baulichen Veränderung in die Gemeinschaft eingetreten ist, ist an die vom **Voreigentümer** erteilte Zustimmung gebunden, selbst wenn diese nur „formlos" erfolgte: Er kann nämlich keine weitergehenden Rechte haben als sein Rechtsvorgänger. Das gilt aber nur, wenn im Zeitpunkt der Rechtsnachfolge die bauliche Veränderung bereits – zumindest teilweise – vorhanden war, denn nur in diesem Fall sieht der Erwerber die durchgeführte Baumaßnahme und kann sich entscheiden, ob er sein Wohnungseigentum so erwerben will oder nicht.[42]

b) Klage auf Zustimmung bzw. auf Feststellung, dass keine Zustimmung erforderlich ist

420 Ein bauwilliger Eigentümer kann von seinen Miteigentümern die rechtlich verbindliche Klärung seiner Berechtigung verlangen. Er muss sich nicht darauf einlassen, zunächst die bauliche Maßnahme durchzuführen, um sie dann – im Falle einer erfolgreichen Beseitigungsklage der übrigen Eigentümer – wieder rückbauen zu müssen. Nun könnte man meinen, dass er hierzu eine **Feststel-**

---

40 BayObLG v. 5.2.1998 – 2Z BR 110/97, ZMR 1998, 359.
41 OLG Düsseldorf v. 10.3.2006 – 3 Wx 16/06, ZMR 2006, 624; in der Begründung und im Detail str.
42 OLG Hamburg v. 11.1.2006 – 2 Wx 28/04, ZMR 2006, 4566; KG v. 19.7.2004 – 24 W 318/02, ZMR 2004, 75; unstr.

lungsklage gem. § 256 ZPO des Inhalts erheben könne, dass er die beabsichtigte Baumaßnahme ohne Zustimmung der übrigen Miteigentümer durchführen dürfe.[43] Indes ist eine solche Klage **unzulässig**. Denn sonst könnte es passieren, dass die Miteigentümer plötzlich verklagt werden, ohne dass sie zuvor Gelegenheit hatten, sich mit der Frage überhaupt zu beschäftigen. Der richtige und vom Gesetz vorgegebene Weg zur Rechtssicherheit besteht vielmehr darin, einen **Zustimmungsbeschluss** herbeizuführen. Dazu muss der bauwillige Miteigentümer zunächst in der Wohnungseigentümerversammlung einen entsprechenden Antrag stellen. (Erst) wenn die Gemeinschaft erfolglos mit dem Anliegen befasst wurde, kann der Antragsteller die beschlussweise Zustimmung mit gerichtlicher Hilfe durchsetzen und eine Regelungsklage (siehe Rn 715) auf **Beschlussersetzung** erheben;[44] sicherheitshalber wird der betreffende Miteigentümer zugleich den ablehnenden (Negativ-)Beschluss anfechten. Da es nicht um eine Klage auf Zustimmung, sondern um eine Klage auf Beschlussersetzung geht, steht fest, gegen wen sich die Klage richten muss: Gegen alle Miteigentümer, nicht nur gegen diejenigen, die dem Beschluss nicht zugestimmt haben.

c) Zustimmung durch den Verwalter

Häufig bestimmt die Teilungserklärung, dass bauliche Veränderungen der **Zustimmung des Verwalters** bedürfen.[45] (Zum Zustimmungsvorbehalt bei der Nutzung von Sondereigentum siehe Rn 278, im Rahmen der Hausordnung siehe Rn 330.) Nur ausnahmsweise, wenn die Regelung es deutlich erkennen lässt, ist damit gemeint, dass der Verwalter die alleinige Letztentscheidungsbefugnis haben soll. Im Normalfall handelt es sich lediglich um ein **Vorschalterfordernis**, das eigenmächtiges Handeln eines Wohnungseigentümers (der meint, dass niemand beeinträchtigt sei) verhindern soll.[46] Die Konsequenzen für den Rechtsschutz des Bauwilligen bzw. der übrigen Miteigentümer werden nachfolgend dargestellt.

421

Perspektive des Bauwilligen: Der (gewerbliche) Verwalter darf von einer eigenen Entscheidung nur dann absehen und diese der Eigentümerversammlung übertragen, wenn ernstliche Zweifel daran bestehen, ob die Voraussetzungen der beantragten Zustimmung gegeben sind.[47] Die unrechtmäßige Verweigerung der Zustimmung verpflichtet den Verwalter zum Schadensersatz. Ferner kann der Bauwillige die Zustimmung gem. § 43 Nr. 3 WEG einklagen.[48] Dabei sollte er auf eine Beiladung (§ 48 Abs. 1. S. 1 WEG) seiner Miteigentümer drängen, sonst würde ein obsiegendes Urteil gegen den Verwalter die Miteigentümer nicht binden, sodass das gerichtliche Verfahren gegen den Verwalter geradezu zwecklos wäre. Kommt es **vor** einer gerichtlichen Entscheidung zu einer Beschlussfassung der Gemeinschaft, muss der Bauwillige/Kläger die Klage gegen den Verwalter für erledigt erklären und ggf. in einem weiteren Verfahren den Beschluss anfechten. Hat die Klage gegen den Verwalter Erfolg, indem dieser zur Abgabe der Zustimmungserklärung verurteilt wird, kann der Bauwillige nicht sicher sein, dass es dabei bleibt; denn die Gemeinschaft kann jederzeit durch Beschluss abweichend entscheiden. Deshalb wird es sich für den Bauwilligen i.d.R. empfehlen, bei einer Ablehnung durch den Verwalter keine Klage gegen ihn zu erheben, sondern einen Eigentümerbeschluss herbeiführen. Die Gemeinschaft kann und muss ihre Entscheidung frei und unabhängig davon treffen, wie der Verwalter zuvor entschieden hat. Sie muss insbesondere nicht den Verwalter zur Erteilung der Zustimmung anweisen (oder seine Ablehnung bestätigen),

422

---

43 So auch – ohne Problematisierung – das Beschlussmuster im Formularbuch WEG-Recht/*Weber*, L. I. 11.
44 LG München v. 16.11.2009 – 1 S 4964/09, ZWE 2010, 98.
45 Ausführlich *Abramenko*, Zustimmung des Verwalters zu baulichen Veränderungen, ZMR 2013, 241.
46 LG München I v. 16.4.2012 – 1 S 11654/11, ZMR 2013, 748; OLG Schleswig v. 2.9.2004 – 2 W 94/04, ZMR 2005, 816.
47 BGH v. 21.12.1995 – V ZB 4/94, ZMR 1996, 274.
48 BGH v. 13.5.2011 – V ZR 166/10, ZMR 2011, 813, Rn 8 für den vergleichbaren Fall der Veräußerungszustimmung.

sondern kann und sollte „direkt" die Zustimmung zur baulichen Maßnahme beschließen (oder ablehnen). Gegen den zustimmenden oder ablehnenden Beschluss kann per Anfechtungsklage die gerichtliche Entscheidung herbeigeführt werden, im Fall der Anfechtung durch den Bauwilligen verbunden mit dem Antrag auf Beschlussersetzung.

423 **Perspektive des beeinträchtigten Miteigentümers**: Für die Miteigentümer des Bauwilligen ist die Verwalterzustimmung irrelevant, weil sie eine erforderliche Zustimmung der Miteigentümer nicht ersetzt. Deshalb kann jeder Miteigentümer gegen die betreffende bauliche Veränderung vorgehen und geltend machen, durch sie beeinträchtigt zu sein. Hat die Eigentümerversammlung auf Antrag des Verwalters oder des Bauwilligen die Zustimmung erteilt, erfolgt die gerichtliche Klärung im Wege der Anfechtungsklage.

IV. Einzelfälle baulicher Veränderungen

424 **Vorbemerkung:** In den folgenden Fällen wurden bauliche Maßnahmen – soweit nicht anderes vermerkt ist – als nachteilig und **zustimmungsbedürftig** beurteilt. Hierfür war aber letztlich die **einzelfallbezogene** tatrichterliche Würdigung ausschlaggebend, sodass nicht alle Fälle zwingend verallgemeinerungsfähig sind. Im Einzelfall können Maßnahmen außerdem zugleich auch solche der Modernisierung und demnach einer entsprechenden Beschlussfassung zugänglich sein.

425 **Aufstockung** (Dachgeschossausbau mit Dacherhöhung): Keine Modernisierung, sondern bauliche Veränderung.[49]

426 **Außeneingang** (Mauerdurchbruch für gesonderten Zugang zu Teileigentum): Kann wegen der Optik und/oder wegen der Möglichkeit der intensiveren Nutzung zustimmungsbedürftig sein.[50]

427 **Balkonverglasung.** „Klassischer Fall", meistens auch nicht als Modernisierung rechtmäßig (siehe Rn 553).

428 **Barrierefreiheit.** Siehe Treppenlift.

429 **Baum/Bäume.** Siehe Garten.

430 **Blumenkästen.** Gerichtsentscheidungen zur Zulässigkeit unter dem Gesichtspunkt der baulichen Veränderung sind nicht bekannt. Das dürfte daran liegen, dass die Frage der nachteiligen Beeinträchtigung der Optik der Wohnanlage (um die allein es in diesem Zusammenhang gehen kann) ganz vom Einzelfall abhängt. Ein (Hausordnungs-)Beschluss ist rechtmäßig, der die Anbringung von Blumenkästen auf der Außenseite von Balkonen untersagt. (Im Mietrecht ist es genauso: Wenn vernünftige Gründe gegen die Anbringung auf der Balkonaußenseite sprechen, kann der Vermieter sie untersagen.[51] Zum Blumengießen siehe Rn 269).[52]

431 **Bodenbelag.** Ist Sondereigentum, daher nicht nach § 22 WEG zu beurteilen (siehe Rn 42). Zum Problem von Störungen nach Bodenbelagswechsel siehe Rn 270.

432 **Carport.** Siehe Garage.

433 **Dachflächenfenster, Dachgeschossausbau zu Wohnzwecken.** Der Fenstereinbau wurde in der älteren Rechtsprechung wegen der veränderten Gebäudeoptik und wegen der unterstellten Erhöhung der Wartungs- und Reparaturanfälligkeit des Daches (insbesondere im Bereich der Randanschlüs-

---

[49] LG Hamburg v. 16.12.2009 – 318 S 49/09, ZMR 2010, 550.
[50] OLG Frankfurt v. 14.9.2009 – 20 W 305/03, GuT 2006, 268.
[51] LG Berlin v. 3.7.2012 – 65 S 40/12, IMR 2013, 8; str.
[52] BayObLG v. 23.12.2003 – 2Z BR 236/03, ZMR 2004, 359; inzidenter auch OLG Hamm v. 29.5.2007 – 15 W 16/07, ZMR 2007, 880.

se) immer als nachteilig angesehen.[53] Inzwischen beurteilt die Rechtsprechung die Sache zu Recht differenzierter: Die durch den Einbau veränderte Optik führt nämlich nicht zwangsläufig zu einer Verschlechterung des Gesamteindrucks des Gebäudes, sofern sie überhaupt nennenswert wahrnehmbar ist, und moderne Fenster erhöhen nicht unbedingt die Gefahr von Undichtigkeit usw.; jedenfalls ist das eine im Einzelfall durch Sachverständigen zu klärende Frage.[54] Die Gefahr von Folgekosten – und damit ein Nachteil – kann dadurch beseitigt sein, dass Kosten und Folgekosten im Zustimmungsbeschluss dem „Bauherren" auferlegt werden (Muster siehe Rn 506).[55] Nachteilig und damit zustimmungspflichtig ist der Fenstereinbau aber jedenfalls dann, wenn er zur Wohnflächenvergrößerung und einer damit verbundenen intensiveren Nutzung führt (siehe Rn 401).

Garage. Der Umbau eines Sammelgaragenstellplatzes zu einer Einzelgarage durch Anbringung eines Rolltores,[56] die Umwandlung eines Stellplatzes in einen Carport.[57] Die Zustimmungspflicht der anderen Miteigentümer ist auch dann nicht entbehrlich, wenn an der betreffenden Fläche ein Sondernutzungsrecht besteht.[58]   434

Garten. Die gärtnerische Gestaltung einer im Aufteilungsplan ausgewiesenen gemeinschaftlichen Gartenfläche ist dem Mehrheitsbeschluss zugänglich und *keine* bauliche Veränderung, solange sie nicht mit einer „gegenständlichen Veränderung des Grundstücks" verbunden ist. Eine bauliche Veränderung ist anzunehmen, wenn die betreffende Maßnahme die gärtnerische Gestaltung des gemeinschaftlichen Grundstücks so nachhaltig beeinflusst, dass sie den optischen Eindruck der Wohnanlage maßgeblich prägt oder den Charakter der Außenanlage deutlich verändert. Das gilt insbes. beim Fällen von **Bäumen** (oder eines einzelnen Baumes)[59] bzw. beim Rückschnitt oder der Beseitigung von **Hecken**.[60] Geht von Bäumen eine Gefahr durch Wurzelwerk oder fehlende Standsicherheit aus (was i.d.R. nur durch sachverständige Begutachtung zu klären ist), kann ihre Entfernung als Maßnahme der ordnungsgemäßen Instandhaltung mehrheitlich beschlossen werden. Es ist dann auch nicht nötig, dass zugleich über eine Neubepflanzung beschlossen wird.[61]   435

Gartenhäuschen, Geräteschuppen auf Sondernutzungsfläche. „Klassischer Fall".[62] Siehe auch Garage.   436

Gasleitung. Die unterirdische Verlegung zur Heizungsanlage eines Gebäudes in einer Mehrhausanlage ist zwar eine bauliche Veränderung, die aber die Eigentümer des anderen Gebäudes nicht beeinträchtigt.[63]   437

Gitter vor Fenstern und Türen sind zwar bauliche Veränderungen, im Einzelfall aber nicht unbedingt nachteilig (z.B. bei erhöhter Einbruchsgefahr, insbesondere wenn sie nach vorangegangenem   438

---

53 OLG Düsseldorf v. 19.12.2007 – 3 Wx 89/07, ZMR 2008, 395; OLG Köln v. 12.1.2000 – 16 Wx 149/99, ZMR 2000, 638.
54 OLG Schleswig v. 18.9.2002 – 2 W 66/02, WuM 2002, 686.
55 LG Itzehoe v. 12.7.2011 – 11 S 51/10, ZMR 2012, 219, Rn 48.
56 OLG Köln v. 26.5.1999 – 16 Wx 13/99, NZM 1999, 865.
57 BayObLG v. 14.11.2002 – 2Z BR 107/02, ZMR 2003, 363; BayObLG v. 2.7.1999 – 2Z BR 30/99, WuM 2001, 90.
58 BayObLG v. 14.11.2002 (Vornote).
59 LG Hamburg v. 29.5.2013 – 318 S 5/13, ZMR 2013, 742; OLG München v. 5.4.2006 – 32 Wx 4/06, ZMR 2006, 799; AG Düsseldorf v. 7.9.2009 – 290a 6777/08, ZMR 2010, 234.
60 Z.B. ist bei Sichtschutzfunktion der Hecke deren Beseitigung oder zu starker Rückschnitt eine bauliche Veränderung (BayObLG v. 18.3.2004 – 2Z BR 249/03, ZMR 2005, 378), die den so Handelnden zum Schadensersatz verpflichten kann (LG Hamburg v. 30.6.2010 – 318 S 105/09).
61 OLG Köln v. 29.1.1999 – 16 Wx 208/98, ZMR 1999, 660.
62 BayObLG v. 21.4.1992 – 2Z BR 20/92, ZMR 1992, 310.
63 OLG München v. 6.9.2007 – 34 Wx 33/07, ZMR 2007, 998.

Einbruch angebracht werden,[64] oder wenn sie von den anderen Miteigentümern nicht gesehen werden können[65]).

439 **Hecke.** Siehe Garten.

440 **Heizkörper.** Stehen (neuerdings) im Sondereigentum (siehe Rn 55), weshalb ein nachträglicher Ein- oder Ausbau jedenfalls keine bauliche Veränderung darstellt.

441 **Heizung**: Abkoppelung einer Wohnung von der gemeinsamen Heizanlage und Installation eines eigenen Heizkessels.[66]

442 **Kamin.** Die Anbringung eines Außenkamins ist eine bauliche Veränderung.[67]

443 **Markise.** Die nachträgliche Anbringung ist eine bauliche Veränderung, die aber auch im ausgezogenen Zustand nicht unbedingt eine optische Beeinträchtigung des Gebäudes darstellt.[68] (Siehe auch Rn 59)

444 **Mauern.** Siehe Wanddurchbruch.

445 **Mobilfunkantenne.** Die Errichtung einer Mobilfunksendeanlage (bzw. die Überlassung der Dachfläche an einen Mobilfunkbetreiber zu diesem Zweck) auf dem gemeinschaftlichen Dach ist eine zustimmungsbedürftige bauliche Veränderung.[69] Auch in einer Mehrhausanlage können die Eigentümer eines Hauses nicht ohne Mitwirkung der Eigentümer der anderen Häuser wirksam die Installation auf „ihrem" Dach beschließen.[70] Der BGH sieht darin keinen Widerspruch zu seiner früheren Entscheidung,[71] wonach Grundstücksnachbarn bei Einhaltung der gesetzlichen Grenzwerte Mobilfunksendeanlagen hinnehmen müssen und sich nicht auf die Gefahr der Gesundheitsgefährdung berufen können: das Zusammenleben in einer Wohnungseigentumsanlage verlange ein stärkeres Maß an Rücksichtnahme untereinander als unter Grundstücksnachbarn.[72]

446 **Parabolantenne.** (Siehe Rn 463)

447 **Parkbügel** zur Unterbindung von „Fremdparken" auf Stellplätzen.[73]

448 **Pergola.**[74]

449 **Rauchwarnmelder.**[75] (Siehe auch Rn 62.) Ob und mit welchen Mehrheiten der Einbau innerhalb von Wohnungen beschlossen werden kann, war lange streitig. Der BGH lässt den einfachen Mehrheitsbeschluss zu, wenn das Landesrecht eine entsprechende eigentumsbezogene Pflicht vorsieht.[76] Also ist zu prüfen, ob die Landesgesetze, die Nachrüstpflichten für den Bestandsbau vorsehen,[77] eigentumsbezogen sind oder nicht. Ist nur der Besitzer (= Bewohner), nicht aber der

---

64 OLG Köln v. 1.12.2004 – 16 Wx 204/04, NZM 2005, 463; KG v. 17.7.2000 – 24 W 8114/99, ZMR 2000, 58.
65 OLG Köln v. 1.12.2004 – 16 Wx 204/04, NZM 2005, 463.
66 OLG Düsseldorf v. 8.10.1997 – 3 Wx 352/97, ZMR 1998, 185; fragwürdig und Einzelfallfrage.
67 OLG Köln v. 11.2.2000 – 16 Wx 9/00, NZM 2000, 764.
68 OLG Zweibrücken v. 2.2.2004 – 3 W 251/03, ZMR 2004, 465; BayObLG v. 1.6.1995 – 2Z BR 34/95, ZMR 1995, 420.
69 BGH v. 24.1.2014 – V ZR 48/13, NZM 2014, 201.
70 OLG München v. 13.12.2006 – 34 Wx 109/06, WuM 2007, 34.
71 BGH v. 13.2.2004 – V ZR 217/03, ZMR 2004, 415.
72 BGH v. 24.1.2014 – V ZR 48/13, NZM 2014, 201, Rn. 12. M.E. besteht sehr wohl ein Widerspruch.
73 LG Düsseldorf v. 14.3.2013 – 19 S 55/12, NZM 2013, 427.
74 OLG München v. 10.7.2006 – 34 Wx 33/06, ZMR 2006, 801.
75 Ausführlich und instruktiv Wall, WuM 2013, 3 ff.; *Abramenko*, ZWE 2013, 117.
76 BGH v. 8.2.2013 – V ZR 238/11, ZMR 2013, 642.
77 So nach den jeweiligen Landesbauordnungen derzeit in Bayern (bis 31.12.2017), Bremen (bis 31.12.2015), Hamburg, Hessen (bis 31.12.2014), Mecklenburg-Vorpommern, Niedersachsen (bis 31.12.2015), Nordrhein-Westfalen (bis 31.12.2016), Rheinland-Pfalz, Sachsen-Anhalt (bis 31.12.2015), Schleswig-Holstein.

Eigentümer zum Einbau verpflichtet, besteht keine Beschlusskompetenz. (Nach hier vertretener, vom BGH aber nicht geteilter Auffassung kann keine Beschlusskompetenz der Gemeinschaft bestehen, wenn sich die Einbaupflicht nicht an die Gemeinschaft, sondern an die einzelnen Wohnungseigentümer, womöglich noch unter Aussparung der Teileigentümer, richtet[78]). Teilweise wird vertreten, dass der Einbau innerhalb der Wohnungen auch dann mit einfacher Mehrheit beschlossen werden könne, wenn er nicht gesetzlich gefordert sei;[79] dass es sich zugleich um eine Modernisierungsmaßnahme handele, führe nicht dazu, dass das Quorum des § 22 Abs. 2 WEG erreicht werden müsste.[80] Ob die Einbaukosten als Modernisierungsmaßnahme gem. § 554 Abs. 2 BGB auf Mieter umgelegt werden können, ist streitig.[81] Die Folgekosten des Einbaus sind mietrechtlich umlagefähige Betriebskosten; das ist aber nicht der Fall, wenn die Rauchwarnmelder gemietet und regelmäßig ausgetauscht werden.[82]

Rollläden und Außenjalousien. Die spätere Anbringung ist eine bauliche Veränderung.[83]   450

Solaranlagen. Ob Sonnenkollektoren zur Warmwasserbereitung, Fotovoltaik zur Stromerzeugung oder anderweitige Anlagen zur alternativen Energieerzeugung: Es handelt sich zwar im Ausgangspunkt um bauliche Veränderungen; sie können aber als Modernisierungsmaßnahmen mit qualifizierter Mehrheit beschlossen werden (siehe Rn 553).   451

Teppichklopfstange. Ihre Entfernung soll als bauliche Veränderung nicht per Mehrheitsbeschluss möglich sein.[84]   452

Terrasse. Die Vergrößerung ist grundsätzlich eine nachteilige bauliche Veränderung,[85] ebenso die Ersetzung eines Fensters durch eine Terrassentür.[86]   453

Treppenlift. Diese und andere zur Herstellung der Barrierefreiheit erforderliche Maßnahmen bedürfen weder der Zustimmung noch eines Beschlusses der Miteigentümer, sofern sie so ausgeführt werden, dass die Störungen das unvermeidliche Maß nicht überschreiten (siehe Rn 390). Eine Beschlussfassung ist gleichwohl empfehlenswert.   454

Unterteilung. Soll ein Sondereigentum in mehrere Einheiten unterteilt werden, ist für den rechtlichen Vollzug (im Grundbuch) weder die Zustimmung der anderen Miteigentümer, noch die der Grundpfandgläubiger erforderlich.[87] (Zu den Folgen der Unterteilung für das Stimmrecht siehe Rn 837.) Erforderlich ist die Vorlage neuer Abgeschlossenheitsbescheinigungen für jede der aus   455

---

78 *Abramenko*, ZWE 2013, 117, 119 ff; *Schultz*, ZWE 2011, 21, 23; ZWE 2011, 288.
79 LG Hamburg v. 5.10.2011 – 318 S 245/10, ZWE 2012, 55; OLG Frankfurt/M. v. 17.7.2008 – 20 W 325/06, ZMR 2009, 864; str.
80 So *Schmidt/Breiholdt/Riecke*, ZMR 2008, 343; str.
81 Dagegen z.B. Hamburg-Altona v. 7.9.2011 – 316 C 241/11, NZM 2012, 306.
82 So aber LG Magdeburg v. 27.9.2011 – 1 S 171/11, NZM 2012, 305: Anmietkosten sind sonstige Betriebskosten i.S.v. § 2 Nr. 17 BetrKV. A.A. vielfach die Lit,. siehe nur *Wall*, WuM 2013, 3, 23.
83 OLG Düsseldorf v. 30.10.2000 – 3 Wx 318/00, ZMR 2001, 130. Der zur Instandhaltung der Fenster verpflichtete Wohnungseigentümer darf aber als modernisierende Instandsetzung die Gurtführung der Rollläden gegen einen Rollladenmotor austauschen (OLG Saarbrücken. v. 4.10.1996 – 5 W 286/95-50, ZMR 1997, 31; OLG Zweibrücken v. 24.10.2002 – 3 W 182/02, ZWE 2003, 274). Die Anfechtung eines die Anbringung einer Jalousie gestattenden Beschlusses kann treuwidrig sein, wenn das optische Gesamtbild der Anlage schon zuvor aufgegeben wurde (OLG Köln v. 11.4.2003 – 16 Wx 89/03, WuM 2003, 474).
84 LG Karlsruhe v. 21.4.2009 – 11 S 85/08, ZWE 2009, 327. M.E. eine überzogene Bevormundung der Miteigentümer.
85 OLG Frankfurt/M. v. 24.7.2007 – 20 W 538/05, NZM 2008, 322; OLG Hamburg v. 11.1.2006 – 2 Wx 28/04, ZMR 2006, 465.
86 LG Hamburg v. 11.1.2012 – 318 S 32/11, ZMR 2012, 810, Rn 17.
87 BGH v. 7.10.2004 – V ZB 22/04, ZMR 2004, 834; OLG München v. 5.7.2013 – 34 Wx 155/13, ZWE 2013, 355.

der Unterteilung hervorgehenden Wohnungen,[88] nicht hingegen ein neuer Aufteilungsplan.[89] Sofern die Unterteilung aber mit baulichen Veränderungen (z.B. weiterer Eingang) einhergeht, sind diese nach Maßgabe des § 22 Abs. 1 WEG gesondert zu beurteilen.[90]

456 **Wäschespinne.** Die Errichtung einer Wäschespinne kann zwar eine bauliche Veränderung darstellen; das ist aber nicht der Fall, wenn sie nicht fest und dauerhaft installiert ist, sondern nur bei Bedarf in ein im Boden eingelassenes Führungsrohr geschoben wird.[91]

457 **Wanddurchbruch.** Dient er dazu, einen bislang nicht vorhandenen Ausgang zu schaffen, ist er zustimmungspflichtig (siehe Stichwort „Terrasse"). Abgesehen davon erfolgt der Durchbruch einer tragenden Wand meistens zum Zweck der **Zusammenlegung** (Verbindung) zweier neben- oder untereinanderliegender Wohnungen. Hierzu ist die Zustimmung der anderen Wohnungseigentümer grundsätzlich nicht erforderlich (siehe Rn 405). Ein Beschluss, durch den die Zusammenlegung genehmigt wird, ist jedenfalls nicht nichtig.[92] Wenn die Eigentümer der zusammengelegten Wohnungen beim Grundbuchamt beantragen, die Vereinigung der Wohnungen im Grundbuch durch Anlegung eines neuen Grundbuchblattes zu vollziehen, darf das Grundbuchamt nicht die Vorlage einer neuen Abgeschlossenheitsbescheinigung verlangen.[93] Richtet sich die Verwaltervergütung nach der Anzahl der Wohnungen, verringert sich diese ab Eintragung der Änderung im Grundbuch entsprechend.[94]

458 **Wasserzähler.** (Siehe Rn 71, 490)

459 **Werbeschild**, Praxisschild usw. Es handelt sich zwar um eine bauliche Veränderung; bei zulässiger gewerblicher Nutzung hat der Sondereigentümer aber einen Anspruch auf Zustimmung zur Anbringung/Aufstellung eines Schildes in angemessener Größe am Haus- und Wohnungseingang, das also von den Miteigentümern zu dulden ist.[95]

460 **Zaun**, Hecke und andere Abgrenzungen. Grundsätzlich ist die Aufstellung aller Arten von Abgrenzungen eine bauliche Veränderung. Zur Abgrenzung von Sondernutzungsflächen stellt die Anbringung einer üblichen Abgrenzung aber keinen erheblichen Nachteil dar, wobei es letztlich auf den Einzelfall ankommt.[96]

461 **Wintergarten.** Es gilt das Gleiche wie bei beim Stichwort Balkonverglasung.

462 **Zusammenlegung** von Sondereigentumseinheiten. Siehe Wanddurchbruch.

---

88 OLG München v. 27.5.2011 – 34 Wx 161/10, ZWE 2011, 267.
89 OLG Bremen v. 27.11.2001 – 3 W 52/01, ZWE 2002, 229.
90 I. d. R. wird keine rechtlich relevante Beeinträchtigung vorliegen, sodass die Zustimmung der anderen Miteigentümer entbehrlich ist. Das kann im Einzelfall aber anders sein. Schwierig wird es vor allem, wenn man mit der Mindermeinung für alle baulichen Veränderungen einen Zustimmungsbeschluss verlangt.
91 OLG Zweibrücken v. 23.12.1999 – 3 W 198/99, ZMR 2000, 256.
92 OLG Hamburg v. 19.1.2004 – 2 Wx 78/01, WuM 2004, 364.
93 OLG Hamburg v. 18.3.2004 – 2 Wx 2/03, ZMR 2004, 529.
94 AG Aachen v. 10.12.2008 – 119 C 49/08, WuM 2009, 255.
95 OLG Köln v. 31.5.2006 – 16 Wx 11/06, GuT 2006, 270; KG v. 8.6.1994 – 24 W 5760/93, WuM 1994, 494.
96 Hecke bis 0,80 m Höhe ist i.d.R. zulässig (BayObLG v. 18.3.2004 – 2Z BR 249/03, ZMR 2005, 377). Nicht dagegen ein 1,60 m hoher Holzflechtzaun (KG v. 10.2.1997 – 24 W 6582/96, ZMR 1997, 315), erst recht nicht eine 2,30 m hohe und 4 m lange Holzwand (OLG Hamburg v. 4.4.2002 – 2 Wx 91/98, ZMR 2002, 621). Unzulässig auch eine grüne Kunststoff-Sichtschutzmatte hinter Maschendrahtzaun (BayObLG v. 20.4.2000 – 2Z BR 9/00, ZMR 2001, 906) oder die Ersetzung eines Maschendrahtzauns durch eine Holztrennwand bei Abgrenzung von Stellplätzen (OLG München v. 13.3.2006 – 34 Wx 1/06, ZMR 2006, 641). Ein Rankgerüst behandelt BayObLG v. 4.3.2003 – 2Z BR 115/02, WuM 2003, 229; Holzzaun mit Torbogen bei OLG Hamburg v. 4.3.2003 – 2 Wx 102/99, ZMR 2003, 524.

V. Sonderfälle: Parabolantenne und Kabelanschluss

1. Parabolantenne

Die Parabolantenne („Satellitenschüssel") ist ein häufiger Streitpunkt, weshalb ihr hier ein eigener Abschnitt gewidmet ist. Im Wesentlichen hat sich die Problematik mit dem technischen Fortschritt aber inzwischen erledigt (siehe Rn 471).

463

Die Installation einer Parabolantenne (am Balkon, vor dem Fenster, auf der Dachterrasse, an der Außenwand usw.) stellt zwar nicht unbedingt eine bauliche Veränderung im Wortsinne von § 22 Abs. 1 WEG dar, jedenfalls wenn damit kein Eingriff in die Substanz des gemeinschaftlichen Eigentums verbunden ist; die Rechtsprechung hält aber zutreffend nicht den Substanzeingriff, sondern das optische Ergebnis für entscheidend. Wenn eine Parabolantenne den optischen Gesamteindruck des Gebäudes (nachteilig) verändert (was eine Frage des Einzelfalls ist), ist sie nach den für bauliche Veränderungen geltenden Grundsätzen zu beurteilen;[97] und das heißt: Sie bedarf der **Zustimmung aller Wohnungseigentümer**.

464

Wenn nicht die **Gemeinschaftsordnung** die Aufstellung von Parabolantennen generell verbietet,[98] kommt im Einzelfall ein **Anspruch auf Zustimmung** zur Installation (oder Duldung) gegen die übrigen Wohnungseigentümer in Betracht. Grundlage können das aus Art. 2 Abs. 1 GG abgeleitete Grundrecht auf Wahrung der kulturellen Identität, das Grundrecht auf Informationsfreiheit und Informationsvielfalt (Art. 5 Abs. 1 GG), sowie die Berufsausübungsfreiheit (Art. 12 GG) sein. Voraussetzung ist, dass **nur** durch die Installation der Parabolantenne diese Grundrechte befriedigt werden können. Demnach gelten folgende Grundsätze:

465

Wenn ein Haus **nicht** über einen **Kabelanschluss** verfügt, hat grundsätzlich jeder Miteigentümer das Recht zur Installation einer Parabolantenne.

466

Ist ein **Kabelanschluss vorhanden**, wird dadurch das Informationsbedürfnis inländischer, insbesondere deutschsprachiger Wohnungsnutzer im Normalfall ausreichend befriedigt, so dass diese eine Parabolantenne grundsätzlich nicht aufstellen dürfen. Im Einzelfall kann aber das Informationsinteresse einzelner Wohnungsnutzer unabhängig von ihrem Beruf und ihrer Muttersprache den Empfang weiterer Programme erfordern; dann können sie nicht ausschließlich auf den Kabelanschluss verwiesen werden.[99]

467

Ausländische Wohnungsnutzer haben einen Anspruch auf Installation der Parabolantenne, um Sender in der eigenen Muttersprache empfangen zu können, solange und soweit die in das Kabelnetz eingespeisten ausländischen Programme dem Informationsbedürfnis nicht genügen (was eine Frage des Einzelfalls ist).[100] Bei der Heranziehung älterer Rechtsprechung ist zu berücksichtigen, dass diese aus einer Zeit stammt, als lediglich das Kabelnetz zum Empfang (weniger) weiterer Programme zur Verfügung stand. **Wenn** ein Anspruch auf Installation einer Parabolantenne besteht, dann steht er nicht nur ausländischen Wohnungseigentümern zu, sondern auch Wohnungseigentümern mit ausländischen Mietern oder **ausländischen Mitbewohnern**.[101] Das ist schon deshalb erforderlich, um das Ergebnis zu vermeiden, dass zwar dem Mieter gegen den ihm vermietenden Wohnungseigentümer ein Anspruch auf Zustimmung zur Aufstellung einer Parabolantenne zu-

468

---

97 BGH v. 22.1.2004 – V ZB 51/03, ZMR 2004, 438. LG Hamburg v. 15.7.2009 – 318 S 151/08, ZMR 2010, 61 (typischer Fall: Antenne ragt über die Balkonbrüstung).
98 Was zulässig ist, siehe nur OLG Zweibrücken v. 25.9.2006 – 3 W 213/05, ZMR 2007, 143.
99 BGH v. 13.11.2009 – V ZR 10/09, WuM 2009, 760; OLG Zweibrücken v. 25.9.2006 (Vornote).
100 BVerfG v. 31.3.2013 – 1 BvR 1314/11, IMR 2013, 230; BGH v. 22.1.2004 – V ZB 51/03, ZMR 2004, 438.
101 OLG Celle v. 19.5.1994 – 4 W 350/93, NJW-RR 1994, 977.

steht, der betreffende Vermieter/Eigentümer diesen Anspruch gegenüber den anderen Wohnungseigentümern aber nicht durchsetzen könnte.

469 Wenn ein Miteigentümer gemäß den vorstehenden Kriterien einen Anspruch auf Anbringung einer Parabolantenne hat, heißt das nicht, dass er sie sogleich nach seinem Belieben installieren dürfte. Die Rechte der anderen Miteigentümer müssen gewahrt werden: Deshalb ist die **vorhergehende Zustimmung der Wohnungseigentümergemeinschaft** erforderlich. Eine **eigenmächtig installierte** Antenne muss alleine wegen der fehlenden Vorbefassung der Miteigentümer entfernt werden, auch wenn materiell ein Anspruch auf Gestattung besteht.[102] Der Miteigentümer, der eine Antenne anbringen möchte, muss sein Anliegen also zunächst in einer Eigentümerversammlung zur Beschlussfassung bringen. Eine Klage auf Zustimmung zur Installation ohne vorangegangene Befassung der Miteigentümer ist unzulässig.[103] Im **Gestattungsbeschluss** kann die Gemeinschaft verlangen, dass die Parabolantenne an einem Ort installiert wird, an dem sie den optischen Gesamteindruck des Gebäudes möglichst wenig stört. Diesen Ort darf die Gemeinschaft bestimmen[104] und die Gestattung zudem mit einem Widerrufsvorbehalt wegen veränderter Umstände[105] sowie mit Auflagen und Bedingungen verbinden, wobei dies auch erhebliche (aber keine unzumutbaren) Kosten verursachen darf.[106] Für ein generelles Verbot von Parabolantennen besteht keine Beschlusskompetenz.[107]

▼

470 **Muster 4.1: Beschluss zur Gestattung einer Parabolantenne**

Dem Wohnungseigentümer A wird die Errichtung einer Parabolantenne mit maximal ▒▒▒ cm Durchmesser auf seinem Balkon gestattet (**optional:** ▒▒▒ sofern dies baurechtlich und denkmalschutzrechtlich zulässig ist). Die Antenne wird an der Wand ▒▒▒ in einer Höhe von ▒▒▒ mit einem Abstand von ▒▒▒ (**möglichst genaue Beschreibung des Ortes der Aufstellung**) installiert. Die Installation hat unter größtmöglicher Schonung des Gemeinschaftseigentums durch eine Fachfirma zu erfolgen. Herr A haftet für eventuelle Schäden und Folgeschäden am Gemeinschaftseigentum, die infolge der Installation der Parabolantenne entstehen.

Die Zustimmung erfolgt mit Rücksicht auf den Umstand, dass die Wohnung derzeit von ausländischen Mitbürgern benutzt wird und derzeit keine ausreichenden technischen Möglichkeiten zur Verfügung stehen, mittels derer in der Wohnung genügend Fernseh- und Rundfunkprogramme empfangen werden können, auf die der Nutzer Anspruch hat. Wenn sich diese Umstände ändern, ist der jeweilige Eigentümer der Wohnung verpflichtet, die Parabolantenne auf eigene Kosten wieder zu entfernen und die am Gemeinschaftseigentum entstandenen Schäden fachgerecht beseitigen zu lassen, sofern die Eigentümergemeinschaft das beschließt. (**Optional:** Als Sicherheit für die Kosten eines eventuell vorzunehmenden Rückbaus zahlt Herr A eine Kaution von 500,00 EUR auf das Gemeinschaftskonto, fällig 1 Woche nach Anbringung der Antenne. Die Kaution wird zusammen mit der Instandhaltungsrücklage verwahrt).

▲

---

102 BGH v. 13.11.2009 – V ZR 10/09, NZM 2010, 85; LG Frankfurt v. 28.5.2010 – 2–09 S 47/08, ZMR 2010, 965; LG München I v. 14.3.2008 – 1 T 11576/07, ZMR 2008, 573.
103 OLG Celle v. 10.7.2006 – 4 W 89/06, ZfIR 2006, 739.
104 OLG München v. 6.11.2007 – 32 Wx 146/07, ZMR 2008, 659.
105 LG Berlin v. 16.7.2012 – 67 S 507/11, MietRB 2012, 347.
106 OLG Frankfurt v. 2.12.2004 – 20 W 186/03, NZM 2005, 427.
107 BayObLG v. 15.4.2004 – 2Z BR 71/04, ZMR 2004, 688.

B. Bauliche Veränderungen i.S.v. § 22 Abs. 1 WEG § 4

Der technische Fortschritt lässt die Bedeutung der Parabolantenne schwinden. Wie erwähnt besteht nur dann ein Duldungsanspruch, wenn **nur** durch die Installation der Parabolantenne die Grundrechte (Informationsfreiheit usw.) befriedigt werden können. Soweit hingegen durch die über Kabel eingespeisten Programme,[108] **Zusatzgeräte** (Decoder usw.), **digitale Technik** oder auf andere Weise, insbesondere über das **Internet** ausreichend (ausländische) Sender empfangen werden können, besteht **kein Anspruch** auf Duldung einer Parabolantenne. Dafür muss der Nutzungswillige auch gewisse Kosten auf sich nehmen, sofern diese nicht so hoch sind, dass sie ihn „typischerweise" davon abhalten könnten, die betreffende Leistung zu beziehen.[109] Die Darlegungspflicht dafür, welche alternativen Empfangsmöglichkeiten bestehen bzw. nicht bestehen, liegt nicht bei der Gemeinschaft, sondern bei demjenigen, der Anbringung der Parabolantenne beansprucht.[110] Da heutzutage via Internet an den meisten Orten fast beliebig viele Sender empfangen werden können, sind kaum noch Fälle vorstellbar, in denen ein Anspruch auf Duldung einer Parabolantenne bestehen kann.[111]

471

2. Kabelanschluss

Die **Ersetzung** eines vorhandenen **Kabelanschlusses** durch eine gemeinschaftliche Parabolantenne ist problematisch. Zum einen liefert die Parabolantenne zwar im Allgemeinen mehr Programme als der Kabelanschluss, u.U. aber nicht genau dieselben. Das bedeutet, dass mit dem Wegfall des Kabelanschlusses im Einzelfall auch ein Verlust von Programmen verbunden ist. Zum anderen beinhaltet die Ersetzung gleich zwei bauliche Veränderungen: Die Stilllegung des Kabelanschlusses stellt die erste bauliche Veränderung dar (dies ist allerdings streitig[112]), die Installation der Parabolantenne (z.B. auf dem gemeinschaftlichen Dach) die zweite. Falls die Ersetzung keine Modernisierungsmaßnahme i.S.v. § 555b Nr. 4 BGB darstellt (Frage des Einzelfalls), bedarf die Beschlussfassung also der Zustimmung aller Miteigentümer.

472

Die **Ersetzung** einer (nicht reparaturbedürftigen) gemeinschaftlichen **Antennenanlage** durch den Anschluss an das Breitbandkabelnetz ist aus den gleichen Gründen problematisch, da sie „eigentlich" der Zustimmung aller bedarf. „Ergebnisorientiert" wird teilweise vertreten, dass ein entsprechender Beschluss als „Maßnahme ordnungsmäßiger Verwaltung" mit einfacher Mehrheit gefasst werden könne.[113]

473

Weniger problematisch ist die Situation, wenn eine bislang verwendete Antennenanlage **reparaturbedürftig** ist und durch den Anschluss an das Breitbandkabelnetz ersetzt werden soll. (Der umgekehrte Fall dürfte praktisch kaum vorkommen, weil ein Kabelanschluss keinem normalen Verschleiß unterliegt.) Dann liegt eine modernisierende Instandsetzung (§ 22 Abs. 3 WEG) vor mit der

474

---

108 6 – 7 Programme werden für ausreichend gehalten, siehe nur LG München I v. 15.2.2010 – 1 S 15854/09, ZMR 2010, 796.
109 BVerfG v. 24.1.2005 – 1 BvR 1953/00, WuM 2005, 235; im Fall wurden monatlich 8,00 EUR für zumutbar gehalten; LG Wuppertal v. 26.1.2012 – 9 S 28/11, NZM 2012, 725 zum Internetangebot „TV Online"; LG Hamburg v. 24.6.2009 – 318 S 150/08, ZMR 2009, 872: Anschaffungskosten bis 830,00 EUR (DVB-C-Receivers oder TRT-Digitalpaket oder Set-Top-Box) sind zumutbar.
110 So jedenfalls LG Frankfurt v. 28.5.2010 – 2/ 9 S 47/08, ZMR 2010, 965.
111 BGH v. 14.5.2013 – VIII ZR 268/12, NZM 2013, 647; LG Frankfurt v. 21.5.2013 – 13 S 75/12, WuM 2013, 631; LG Wuppertal v. 26.1.2012 – 9 S 28/11, NZM 2012, 725; LG Berlin v. 16.7.2012 – 67 S 507/11, MietRB 2012, 347. Teilweise ergingen die Entscheidungen im Mietrecht; sie haben aber wegen der gleichgelagerten Problematik im WEG-Recht ebenfalls Bedeutung.
112 Voraussetzung wäre, dass „der Kabelanschluss" Teil des nach der Teilungserklärung vorgesehenen Gemeinschaftseigentums ist; das ist fraglich. Zu Recht stellt auch *Wenzel*, Umstellung des Fernsehempfangs – bauliche Veränderung?, ZWE 2007, 179 die h.M. diesbezüglich in Frage. Zur Frage der Beschlusskompetenz für den Abschluss von Verträgen mit dem Kabelnetzbetreiber OLG München v. 27.6.2006 – 32 Wx 72/06, ZMR 2006, 799.
113 LG Frankfurt v. 3.11.2011 – 13 S 43/10, DWE 2012, 37; *Bärmann/Merle*, § 22 Rn 71.

Folge, dass die Beschlussfassung (nur) der einfachen Mehrheit bedarf.[114] Wenn es nicht um die Ersetzung, sondern um ein **zusätzliches** Angebot durch Anschluss an das Breitbandkabelnetz geht, liegt eine dem (qualifizierten) Mehrheitsbeschluss zugängliche Modernisierungsmaßnahme vor.[115]

475 Wenn (nur) **einzelne Miteigentümer** die Nutzung des **Breitbandkabelnetzes** in ihrer Einheit wünschen, dürfen sie nach einer Entscheidung des OLG Düsseldorf den hierfür erforderlichen Anschluss im Keller auch ohne Beschluss der Gemeinschaft anbringen lassen. Dadurch wird zwar Gemeinschaftseigentum in Anspruch genommen, die Maßnahme stellt für die übrigen Miteigentümer aber keinen Nachteil dar, so dass deren Zustimmung entbehrlich ist; ob „der Anschluss" im Sonder- oder Gemeinschaftseigentum steht, kann offen bleiben.[116] Allerdings ist zu beachten, dass seit der WEG-Reform teilweise vertreten wird, dass bauliche Maßnahmen in jedem Fall (auch wenn sie für andere Miteigentümer nicht störend sind) der vorherigen gemeinschaftlichen Beschlussfassung bedürfen (siehe Rn 382). Wird der Kabelanschluss – ob mit oder ohne Beschlussfassung – von einzelnen Miteigentümern verlegt, sind die nicht zustimmenden oder nicht gefragten Miteigentümer schon gem. § 16 Abs. 6 WEG nicht die an den Anschluss- und Instandhaltungskosten beteiligt. Die Nutzungsgebühren sind als Kosten des Sondereigentums nur von den Einheiten zu tragen, die den Anschluss nutzen (siehe Rn 973).

VI. Vorgehen gegen unzulässige bauliche Veränderungen: Der Beseitigungs- und Duldungsanspruch

476 **Vorbemerkung**: Das Vorgehen gegen eine unzulässige bauliche Veränderung entspricht im Prinzip dem Vorgehen gegen eine unzulässige Nutzung von Sonder- oder Gemeinschaftseigentum; ergänzend zu den nachfolgenden Ausführungen wird deshalb auf den Abschnitt „Vorgehen gegen Störungen" (siehe Rn 331) verwiesen.

1. Allgemeines

477 *Beispiel*
Miteigentümer A hat ohne Zustimmung der anderen Miteigentümer in seiner Dachgeschosswohnung ein Dachflächenfenster eingebaut. Die anderen Miteigentümer fragen nach ihren Rechten.

478 Jeder Miteigentümer kann den **Rückbau** einer unzulässigen baulichen Maßnahme, d.h. im Beispielsfall die Beseitigung des Fensters und die Wiederherstellung des ursprünglichen Zustands verlangen (außer wenn der den Rückbau verlangende Miteigentümer – oder sein Rechtsvorgänger – dem Fenstereinbau selber zugestimmt hatte[117]). Anspruchsgrundlage sind die §§ 1004, 823, 249 BGB, weil die unzulässige bauliche Veränderung eine Störung und Verletzung des Miteigentums darstellt. Die Ansprüche stehen jedem Miteigentümer zur alleinigen Geltendmachung zu; die Mitwirkung oder Beschlussfassung der anderen Eigentümer ist nicht erforderlich.[118] Das gilt auch dann, wenn die Beseitigung einer baulichen Maßnahme verlangt wird, die auf Gemeinschaftsfläche

---

114 LG Berlin v. 13.7.2001 – 85 T 42/01 WEG, ZMR 2002, 160.
115 Und zwar sogar dann, wenn im Gebäude bereits terrestrisches Digitalfernsehen zur Verfügung steht (BGH v. 20.7.2005 – VIII ZR 253/04, NJW 2005, 2995 – für das Mietrecht).
116 OLG Düsseldorf v. 13.2.2006 – 3 Wx 181/05, ZMR 2006, 461.
117 BayObLG v. 26.4.2001 – 2Z BR 4/01, ZMR 2001, 827, Rn 11.
118 BGH v. 7.2.2014 – V ZR 25/13, Rn 6; LG München I v. 3.8.2009 – 1 T 13291/05, ZMR 2010, 152.

vorgenommen wurde und die Gemeinschaftseigentum okkupiert; dann wird der Beseitigungsanspruch in Kombination mit dem Herausgabeanspruch gem. § 985 BGB geltend gemacht (str.).[119] Aber Vorsicht: Hat sich die Gemeinschaft per Beschluss mit der Angelegenheit befasst, endet die Anspruchsbefugnis des einzelnen Miteigentümers (str., siehe nachfolgend). Die **Zwangsvollstreckung** der titulierten Beseitigungs- oder Rückbauverpflichtung erfolgt, weil und soweit es um eine vertretbare Handlung geht, gem. § 887 ZPO im Wege der gerichtlichen Ermächtigung zur Ersatzvornahme. Der Streitwert der Zwangsvollstreckung soll mit 1/4 des Hauptsachewerts (Rückbaupflicht) anzusetzen sein.[120]

2. Beschlussfassung der Gemeinschaft

Da es sich bei dem Beseitigungsanspruch um einen Individualanspruch handelt, steht er nicht der Wohnungseigentümergemeinschaft (dem Verband) zu. Die Gemeinschaft kann aber **mehrheitlich beschließen**, die den einzelnen Miteigentümern zustehenden Beseitigungsansprüche **gemeinschaftlich** geltend zu machen.[121] (Zu Voraussetzungen und Rechtsfolgen der „Vergemeinschaftung" siehe Rn 341 ff.) Auch kann der Verwalter per Beschluss mit der Beseitigung einer unzulässigen baulichen Veränderung beauftragt werden.[122] Wenn die Gemeinschaft gegen bauliche Veränderungen vorgehen möchte, sollte sie den Verursacher zunächst zur Beseitigung **auffordern** und vorsorglich gerichtliche Schritte **vorbereiten**. Ein solcher Beschluss muss (wie immer) ausreichend **bestimmt** sein.

479

> *Beispiel*
> Ein Eigentümerbeschluss hat folgenden Wortlaut: „Miteigentümer A wird aufgefordert, die von ihm vorgenommene Erweiterung der Treppe zurückzubauen." – Aus dem Beschluss geht der ursprüngliche Zustand der Treppe und das Ausmaß ihrer Erweiterung nicht hervor. Er ist deshalb wegen fehlender inhaltlicher Bestimmtheit nichtig, zumindest aber rechtswidrig und stellt mangels Vollstreckbarkeit jedenfalls keine tragfähige Grundlage für einen gerichtlichen Antrag dar.[123] (Allgemein zur Unbestimmtheit von Beschlüssen siehe Rn 182.)

480

Eine **konstitutive Begründung** der Beseitigungspflicht durch Mehrheitsbeschluss ist richtiger Ansicht nach nicht möglich (siehe Rn 142). Wenn trotzdem (wie es häufig vorkommt) beschlossen wird, dass der betreffende Miteigentümer zum Rückbau „verpflichtet" ist bzw. oder wird, sind Auslegungsfragen die Folge: Soll damit die Beseitigungspflicht konstitutiv begründet werden (rechtlich höchst zweifelhaft) oder „nur" eine Aufforderung zum Rückbau erfolgen und die gemeinschaftliche Rechtsverfolgung vorbereitet werden? Nur letzteres ist zu empfehlen und sollte im Beschlusstext unmissverständlich ausgedrückt werden.

481

---

119 Zutr. *Lehmann-Richter*, in: Elzer/Fritsch/Meier, § 3 Rn 76 unter Hinweis auf die „Verwandtschaft" der Ansprüche aus § 985 und § 1004. A.A. OLG München v. 26.10.2010 – 32 Wx 26/10, 32, ZMR 2011, 316, das die Ansprüche auf Beseitigung eines Überbaus und Herausgabe der Grundstücksfläche für originär gemeinschaftsbezogen hält.
120 LG Hamburg v. 3.9.2004 – 318 T 111/04, ZMR 2005, 79.
121 LG München I v. 31.3.2011 – 36 S 1580/11, ZMR 2011, 835, Rn 11.
122 OLG München v. 29.6.2005 – 34 Wx 49/05, ZWE 2005, 447.
123 OLG München v. 20.6.2006 – 32 Wx 125/05, ZMR 2006, 718. Eine „Bitte" um Rückbau soll „mangels rechtserheblichen Inhalts der Beschlussanfechtung entzogen sein" (LG Düsseldorf v. 14.3.2013 – 19 S 55/12, NZM 2013, 427); das ist falsch: Ein wirkungsloser Beschluss ist anfechtbar und muss für ungültig erklärt werden.

§ 4 Bauliche Maßnahmen (bauliche Veränderungen, Instandhaltung, Modernisierung)

▼

482 **Muster 4.2: Beschluss: Aufforderung zum Rückbau baulicher Veränderungen**

A wird aufgefordert, bis zum ▨▨▨ den Ausbau des über seiner Wohnung Nr. 8 befindlichen Dachbodens zu Wohnraum wieder rückgängig zu machen, insbesondere folgende Baumaßnahmen: (z.B.: Einbau von Dachflächenfenstern, Heizkörpern und Sanitäreinrichtung, Zwischenwänden usw.). Der ursprüngliche Zustand als unausgebauter Dachboden ist ordnungsgemäß wiederherzustellen. Der Verwalter wird beauftragt, nach Fristablauf die Erledigung festzustellen. Sollte dies nach seiner Einschätzung nicht oder nicht vollständig erfolgt sein, soll er im Namen der Gemeinschaft ein Rechtsanwaltsbüro mit der Durchsetzung des Rückbaus beauftragen.

▲

483 Der zum Rückbau aufgeforderte Miteigentümer ist meistens der Meinung, dass er dazu gar nicht verpflichtet ist. Dann stellt sich die Frage, ob er einen Vorbereitungsbeschluss mit dieser Begründung **anfechten** kann. Dagegen spricht, dass der Vorbereitungsbeschluss mangels konstitutiver Wirkung keine für den Verpflichteten nachteilige Wirkung hat; die Frage, ob er der Rückbaupflicht nachkommen muss oder nicht, kann im Rückbauprozess geklärt werden. Dementsprechend kann bei einem sonstigen Abmahnbeschluss (der nicht bauliche Maßnahmen zum Gegenstand hat) eine Beschlussanfechtung nicht materiell, sondern nur mit Formfehlern begründet werden (siehe Rn 345, 370). Auf der anderen Seite wurde derartigen Vorbereitungs- oder Verpflichtungsbeschlüssen im Bereich baulicher Veränderungen teilweise eben doch (wenn auch fälschlicher Weise) eine konstitutive Wirkung zugesprochen. Weil der Verpflichtete diesbezüglich nicht das Risiko tragen soll, dass ihm womöglich die Bestandskraft des Beschlusses entgegengehalten wird, wurde ihm teilweise ein Anfechtungsrecht zugesprochen, um die materielle Rechtmäßigkeit des Beschlusses überprüfen zu lassen.[124] Als Richtschnur kann somit gelten: Je deutlicher der „Aufforderungscharakter" des Beschlusses ist, desto weniger wird man eine (materiell begründete) Anfechtbarkeit zulassen. Der vorstehende Musterbeschluss kann daher allenfalls wegen Formfehlern, nicht aber mit materieller Begründung angefochten werden.

3. Der Verpflichtete: Handlungs- und Zustandsstörer

484 Zur Beseitigung verpflichtet (passivlegitimiert) ist jedenfalls derjenige Miteigentümer (bzw. dessen Erben[125]), der die Maßnahme durchgeführt oder veranlasst hat; er haftet als sog. **Handlungsstörer**, und zwar auch dann, wenn er womöglich schon längst aus der Gemeinschaft ausgeschieden ist. Differenziert zu betrachten ist die Frage der Haftung eines Sonderrechtsnachfolgers, i.d.R. also eines **Erwerbers**. Dieser ist ein sog. **Zustandsstörer**: Er hat die bauliche Veränderung nicht selbst durchgeführt, sondern hält den beeinträchtigenden Zustand nur aufrecht. Nach früher h.M. war der Zustandsstörer niemals zur Beseitigung verpflichtet, sondern „nur" zur **Duldung**.

485 *Beispiel*
Miteigentümer A hat seine Wohnung mit einem bereits vorhandenen unzulässigen Dachflächenfenster erworben. – A ist weder Handlungs- noch Zustandsstörer noch Schädiger. Er ist also nicht verpflichtet, etwaige Beseitigungsmaßnahmen selber durchzuführen, muss sie aber dulden.[126] Die Gemeinschaft kann den Rückbau auf Gemeinschaftskosten beschließen und die

---

124 KG v. 18.5.2009 – 24 W 17/08, ZMR 2009, 790.
125 LG München I v. 9.10.2009 – 1 S 4851/09, ZWE 2010, 46.
126 LG München I v. 3.8.2009 – 1 T 13291/05, ZMR 2010, 152; OLG Düsseldorf v. 9.4.2008 – 3 Wx 3/08, ZMR 2008, 731; KG v. 19.3.2007 – 24 W 317/06, ZMR 2007, 639 (betr. Bodenbelagswechsel).

Duldung des A erzwingen. Dabei enthält die Verurteilung zur Duldung unausgesprochen auch die Verpflichtung zu einem positiven Tun (z.B. eine Tür zu öffnen o. ä), wenn A anderenfalls seiner Duldungspflicht nicht nachkommen kann.[127]

Die Rspr. hat die Haftung des **Zustandsstörers** erweitert. Demnach kann in besonders gelagerten Fällen auch der Zustandsstörer auf Beseitigung in Anspruch genommen werden. Das ist der Fall, wenn die Störung, die von seinem Sondereigentum oder von seinem Sondernutzungsrecht ausgeht, „bei wertender Betrachtung durch seinen maßgeblichen Willen zumindest aufrechterhalten wird" und ihm die Beseitigung tatsächlich und rechtlich möglich ist. Das wurde z.B. dann bejaht, wenn der Eigentümer wild wuchernde Pflanzen, die der Voreigentümer gesetzt hatte, nicht zurück schneiden wollte,[128] aber auch bei baulichen Maßnahmen (Dachfenster, Kellerabteil[129]). Teilweise wird die Haftung des Zustandsstörers auf Beseitigung nur subsidiär bejaht, nämlich nur dann, wenn der Handlungsstörer nicht in Anspruch genommen werden kann.[130]

486

Wenn ein Voreigentümer als **Handlungsstörer** auf Rückbau in Anspruch genommen wird, ist es seine Sache, sich um eine eventuell erforderliche Duldung durch den aktuellen Wohnungseigentümer (der als Zustandsstörer nur auf Duldung haftet) zu kümmern; die klagenden Miteigentümer sind nicht verpflichtet, diese Duldung gesondert zu erzwingen.

487

> *Beispiel*
> Im vorstehenden Beispielsfall (siehe Rn 485) verklagt die Gemeinschaft den Voreigentümer erfolgreich auf Beseitigung des unzulässigen Dachfensters; ein Duldungstitel gegen den jetzigen Wohnungseigentümer A wird nicht erstritten. Die Zwangsvollstreckung gegen den Voreigentümer erfolgt jetzt nicht gem. § 887 ZPO, weil keine vertretbare Handlung vorliegt. Zwar kann jeder beliebige Dritte das Dachflächenfenster beseitigen; die Beseitigung hängt aber rechtlich von der Duldung des A ab, die der zum Rückbau verpflichtete Voreigentümer als unvertretbare Handlung erwirken muss. Die Zwangsvollstreckung gegen den Voreigentümer richtet sich also nach § 888 ZPO (Androhung und Verurteilung zu Zwangsgeld). Der Voreigentümer muss alles in seiner Macht stehende tun, um die Mitwirkung des aktuellen Eigentümers (A) herbeizuführen, z.B. durch das Angebot einer angemessenen Zahlung.[131] Es verhält sich im Prinzip genauso wie bei der nachfolgend erörterten Vollstreckung gegen den Eigentümer bei Störungen durch dessen Mieter.

488

4. Besonderheiten bei vermieteter Wohnung

Wenn eine unzulässige bauliche Veränderung von einem Mieter vorgenommen wurde, kann die Gemeinschaft diesen **direkt** auf Rückbau in Anspruch nehmen; denn der Mieter hat keine weitergehenden Rechte als der Eigentümer. Bauliche Veränderungen stellen unstreitig Beeinträchtigungen des Eigentums dar, sodass die in der Literatur gegen die direkte Inanspruchnahme von Mietern vorgebrachte Kritik (siehe Rn 354) sich nicht auf den Fall baulicher Veränderungen bezieht. Bei der gerichtlichen Klage richtet sich die örtliche und sachliche Zuständigkeit nach den allgemeinen ZPO-Bestimmungen; es handelt sich weder um eine WEG-Sache gem. §§ 43 WEG, 23 Nr. 2a GVG, noch um eine Wohnraummietsache gem. § 23 Nr. 2a GVG. Wegen der Einzelheiten wird auf die Ausführungen im Abschnitt „Ansprüche gegen den störenden Mieter" (siehe Rn 353) verwie-

489

---

127 LG Hamburg v. 29.2.2012 – 318 T 9/12, ZMR 2012, 574.
128 BGH v. 4.3.2010 – V ZB 139/09, NZM 2010, 365.
129 LG Hamburg v. 6.2.2013 – 318 S 57/12, DWE 2013, 75, Rn 90 (Dachfenster); LG München I v. 12.9.2013 – 36 S 23656/12, IMR 2013, 466 (Kellerabteil).
130 LG München I v. 14.6.2010 – 1 S 25652/09, ZMR 2010, 800.
131 OLG Stuttgart v. 26.7.2005 – 5 W 36/05, MDR 2006, 293.

sen. Der Mieter haftet aber **nicht** auf Rückbau, wenn er die bauliche Maßnahme nicht selber vorgenommen oder veranlasst, sondern von seinem Vermieter lediglich übernommen hat; dann muss er als Zustandsstörer den Rückbau nur **dulden**.[132] Die Gemeinschaft kann die Duldungspflicht gegen den Mieter titulieren lassen, muss das aber nicht; sie kann dies auch dem vermietenden Eigentümer überlassen.

490 Wenn der Mieter eine unzulässige bauliche Veränderung vorgenommen hat, ist gem. § 14 Nr. 1 WEG **auch** der **vermietende Miteigentümer** zum Rückbau verpflichtet.

> *Beispiel*
> Miteigentümer A hat seine Gewerbeeinheit zur Nutzung als Bistro vermietet. Ohne Zustimmung der anderen Miteigentümer installiert der Mieter mittels eines Mauerwerksdurchbruches an der Hausrückseite eine **Lüftungsanlage**. – Auf Antrag der Gemeinschaft wird A gerichtlich zum Rückbau verurteilt.[133]

491 Der Vermieter ist (selbstverständlich) auch dann zum Rückbau verpflichtet, wenn er selber – und nicht der Mieter – die unzulässige bauliche Maßnahme veranlasst hat. Dass die Wohnung vermietet ist, ändert an der Rückbaupflicht nichts; der Mieter ist auch in diesem Fall verpflichtet, den Rückbau zu dulden (siehe Rn 489). Die **Zwangsvollstreckung** gegen den zum Rückbau verurteilten Eigentümer ist aber ein Problem für sich. Im Ausgangspunkt handelt es sich beim Rückbau (Beseitigung einer baulichen Maßnahme) zwar um eine vertretbare Handlung, die gem. § 887 ZPO (Ermächtigung zur Ersatzvornahme) vollstreckt wird. Die Ersatzvornahme klappt aber nur, wenn der Mieter sein Einverständnis damit erklärt oder der Gläubiger (hier: WEG) einen eigenen Duldungstitel gegen ihn erwirkt hat. Fehlt es daran – was der Regelfall sein dürfte –, scheidet eine Vollstreckung nach § 887 ZPO aus; die vertretbare Handlung wird zur unvertretbaren und ist nach § 888 Abs. 1 ZPO (Zwangsgeld gegen den Schuldner) durchzuführen.[134]

492 > *Tipp*
> Vor Einleitung der Zwangsvollstreckung gegen den Vermieter fordert die WEG den Mieter unter Fristsetzung dazu auf, sein Einverständnis mit dem Rückbau zu erklären. Erteilt der Mieter sein Einverständnis, erfolgt die Zwangsvollstreckung gegen den Vermieter gem. § 887 ZPO; anderenfalls nach § 888 ZPO.

493 Bei der Vollstreckung nach § 888 ZPO hat der zum Rückbau verurteilte vermietende Eigentümer (im Beispielsfall: A) seinerseits keinen unmittelbaren Zugriff auf seine Einheit. Zur Abwendung des Zwangsgelds muss er also mit allen geeigneten rechtlichen Maßnahmen auf seinen Mieter einwirken, damit dieser bei der Beseitigung mitwirkt.[135]

---

132 BGH v. 1.12.2006 – V ZR 112/06, NJW 2007, 432; AG München v. 24.10.2011 – 424 C 12307/11, IMR 2012, 18; OLG Düsseldorf v. 9.4.2008 – 3 Wx 3/08, ZMR 2008, 731. Das überzeugt allerdings nicht: Entgegen der Behauptung des BGH ist der Mieter kein Störer i.S.v. § 1004 BGB (Lehmann-Richter, Duldungspflichten des Mieters bei Baumaßnahmen der WEG, WuM 2013, 82, 83).
133 OLG Köln v. 14.4.2000 – 16 Wx 58/00, ZMR 2001, 65.
134 BGH v. 27.11.2008 – I ZB 46/08, ZMR 2009, 347. Die vom BGH andeutungsweise empfohlene Kombination von Haupt- und Hilfsantrag erscheint allerdings weder ausgereift noch praxistauglich.
135 LG Hamburg v. 3.9.2004 – 318 T 111/04, ZMR 2005, 79; LG Berlin v. 14.9.2012 – 63 T 169/12, WuM 2012, 640 für den umgekehrten Fall, dass der Mieter Ansprüche (im Fall: Herstellung ausreichender Trittschalldämmung) gegen den Sondereigentümer vollstreckt.

5. Einwände: Verjährung, Verwirkung, Unverhältnismäßigkeit, Ungleichbehandlung

Für die Ansprüche auf Rückbau oder auf Unterlassung von Störungen gilt seit dem 1.1.2002 die **regelmäßige Verjährungsfrist** von **3 Jahren** (§ 195 BGB), beginnend ab Kenntnis bzw. grob-fahrlässiger Unkenntnis der streitigen Maßnahme. Ob sich die Miteigentümer bzw. die Gemeinschaft die (Un-)Kenntnis der Verwalters zurechnen lassen müssen (z.B. analog § 166 BGB), ist streitig und noch nicht ausdiskutiert.[136] Die **Verwirkung**, an deren Vorliegen strenge Voraussetzungen zu stellen sind, kann vor Ablauf dieser kurzen Verjährungsfrist praktisch nicht eintreten (siehe auch Rn 359).[137] Die Verjährung wirft einige Rechtprobleme auf, die das nachfolgende Beispiel erläutert.

494

> *Beispiel*
> Der Rechtsvorgänger des Miteigentümers A errichtete im Jahr 1984 auf der im Gemeinschaftseigentum stehenden Terrasse vor seiner Wohnung einen Wintergarten. Im Jahr 2014 verklagt die Gemeinschaft A auf **Duldung** des Rückbaus.
> **Variante 1:** Die Gemeinschaft verklagt A auf **Rückbau**.
> **Variante 2:** Die Baumaßnahme erfolgte auf einer Fläche fremden Sondereigentums oder auf Gemeinschaftsfläche, an der dem A kein Sondernutzungsrecht zusteht (**Überbau**). – A wendet Verjährung ein. Zu Recht?

495

Im Beispielsfall ist nach h.M. **keine Verjährung** eingetreten. Die Begründungen sind im Detail unterschiedlich, gehen letztlich aber alle darauf zurück, dass gem. § 902 Abs. 1 BGB „Ansprüche aus dem Eigentum" nicht der Verjährung unterliegen. Insbesondere unterliegt der Anspruch auf Herausgabe (des Gemeinschafts- oder Sondereigentums) gem. § 985 BGB keiner Verjährung.[138] Teilweise wird die Unverjährbarkeit des Duldungsanspruch deshalb damit begründet, dass es sich um ein „Minus" des Herausgabeanspruchs gem. § 985 BGB handele.[139] Teilweise wird auch vertreten, dass der Duldungsanspruch als Anspruch auf Unterlassung einer andauernden Störung des Mitgebrauchs am Gemeinschaftseigentum immer wieder neu entstehe und deshalb nicht verjähren könne.[140] Der vom Rechtsvorgänger des A geschaffene Zustand bleibt ungeachtet einer etwaigen Verjährung des Beseitigungsanspruches rechtswidrig (WEG-rechtlicher **Schwarzbau**) und muss von den Miteigentümern nicht geduldet werden; diese können vielmehr beschließen, die Störung auf Gemeinschaftskosten zu beseitigen.[141] Im Ausgangsfall muss die Duldungsklage gegen A deshalb erfolgreich sein.

496

In der **Variante 1** stellt sich (vor der Verjährungsfrage) zunächst die Frage, ob A, der lediglich „Zustandsstörer" ist, überhaupt zur **Beseitigung** der von seinem Rechtsvorgänger stammenden Baulichkeiten verpflichtet sein kann; diese Frage wird zunehmend bejaht (siehe Rn 486). Bejaht man in diesem Sinne einen aus § 1004 BGB folgenden Beseitigungsanspruch gegen A, unterliegt

497

---

136 Dafür AG Wiesbaden v. 10.2.2012 – 92 C 5584/11, ZMR 2012, 406. Dagegen *Jennißen/Hogenschurz* § 22 Rn 55b; *M. Schmid*, Aktuelle Verjährungsfragen im WEG-Recht, DWE 2012, 92.
137 LG München I v. 12.9.2013 – 36 S 23656/12 IMR 2013, 466; OLG Frankfurt v. 10.7.2009 – 20 W 243/07, MietRB 2010, 145.
138 LG München I v. 29.3.2010 – 1 S 17989/09, ZMR 2010, 794 für den Anspruch des Sondernutzungsberechtigten auf Herausgabe eines Kellerraums; unstr.
139 OLG München v. 16.11.2007 – 32 Wx 111/07, NZM 2008, 87.
140 LG Hamburg v. 22.12.2010 – 318 S 207/09, ZMR 2011, 583; OLG Karlsruhe v. 16.5.2008 – 14 Wx 55/07, ZWE 2008, 398.
141 BGH v. 28.1.2011 – V ZR 141/10, NZM 2011, 327; LG Hamburg v. 6.2.2013 – 318 S 20/12, ZMR 2013, 462; AG Rosenheim v. 20.3.2012 – 12 C 1082/11, ZMR 2012, 589.

dieser nach h.M. trotz § 902 Abs. 1 BGB der Verjährung.[142] In der Variante des Beispielsfalls begann die Verjährungsfrist somit am 1.1.2002 und endete 31.12.2004, sodass der Beseitigungsanspruch gegen A **verjährt** ist.[143] Die dadurch entstehende Situation beschreibt das OLG Düsseldorf so: „Ein Wohnungseigentümer, der im Hinblick auf eine von ihm vorgenommene bauliche Veränderung beseitigungspflichtig ist, aber aufgrund Verjährung von den übrigen Eigentümern auf diese Beseitigung nicht mehr in Anspruch genommen werden kann, erlangt eine Rechtsposition nur dergestalt, dass die übrigen Eigentümer diesen Zustand **faktisch dulden** müssen".[144] Rechtmäßig wird die bauliche Maßnahme dadurch nicht.

498 In der **Variante 2** steht wie im Ausgangsfall fest, dass A zur Duldung verpflichtet ist, wenn die Gemeinschaft den Rückbau durchführen möchte. Ferner lässt sich wie in Variante 1 vertreten, dass A auch zur Beseitigung verpflichtet ist. Anders als in Variante 1 ist der Beseitigungsanspruch in Variante 2 nach Auffassung des LG München I aber **nicht verjährt**: Denn die zu beseitigende Baulichkeit befindet sich auf einer nicht im Eigentum des A stehenden Fläche, an der ihm auch kein (Sonder-)Nutzungsrecht zusteht. Aus dem (unverjährbaren) Herausgabeanspruch gem. § 985 BGB folgt in diesem Fall auch die Beseitigungspflicht.[145] Dem ist allerdings zu widersprechen: Aus § 985 BGB folgt nur die Pflicht zur Besitzaufgabe; die Auffassung des LG München I führt zur Gleichsetzung mit § 1004 BGB und dazu, dass der Anspruch auf Beseitigung eines Überbaus entgegen der übrigen Rpr. in keinem Fall verjähren würde.[146]

499 Ein zum Rückbau Verpflichteter beruft sich häufig auf den Einwand der **Unverhältnismäßigkeit**, wenn der Rückbau für ihn mit hohen Kosten verbunden ist. Dieser Einwand wird aber jedenfalls dann nicht anerkannt, wenn der Verpflichtete die bauliche Maßnahme durchgeführt hat, ohne sich zuvor um die erforderliche Zustimmung der übrigen Wohnungseigentümer zu kümmern. Dann hat er im Bewusstsein des damit verbundenen Risikos gehandelt, so dass das Rückbauverlangen nicht wegen Unverhältnismäßigkeit missbräuchlich ist.[147]

500 Häufig wird der Einwand der Ungleichbehandlung erhoben. Bis vor kurzem war unstreitig, dass der in Anspruch genommene Miteigentümer dem Beseitigungs- oder Duldungsanspruch nicht entgegen halten konnte, dass andere oder gleichartige bauliche Maßnahmen anderer Miteigentümer bislang unbeanstandet blieben. Es galt der Grundsatz: Der Störer hat **keinen Anspruch auf Gleichbehandlung**, weil es keinen Anspruch auf „Gleichbehandlung im Unrecht" gibt (siehe auch Rn 360).[148] Der BGH bejahte nunmehr aber überraschend einen Anspruch auf Gleichbehandlung.[149] Wenn es also mehrere vergleichbare unzulässige Baumaßnahmen gibt, ist ein Beschluss, der die Beseitigung (oder Duldung der Beseitigung) bezweckt, nur rechtmäßig, wenn er gegen alle in Betracht kommenden Miteigentümer gerichtet ist. Auf die auf Grundlage eines Beschlusses vorgenommenen Maßnahmen (Beseitigungs- oder Duldungsklage) wirkt sich der Gleichbehandlungsgrundsatz aber nicht aus, solange der zugrunde liegende Beschluss nicht gerichtlich aufgehoben wird.

---

142 BGH v. 28.1.2011 – V ZR 141/10, NZM 2011, 327; str. und m.E. unzutreffend.
143 OLG Hamm v. 4.12.2008 – 15 Wx 198/08, ZMR 2009, 386 mit Anm. *Schmid*, NZM 2009, 605 betr. Gartenhäuschen auf gemeinschaftlicher Gartenfläche und Schuhregal im Treppenhaus; LG Hamburg v. 22.12.2010 – 318 S 207/09, ZMR 2011, 583 betr. Schallstörungen nach Parkettverlegung.
144 OLG Düsseldorf v. 26.6.2008 – 3 Wx 217/07, NZM 2009, 442 betr. Errichtung einer Funkantenne auf einer Sondernutzungsfläche.
145 LG München I v. 12.9.2013 – 36 S 23656/12, IMR 2013, 466.
146 Siehe nur OLG OLG Koblenz v. 9.9.2013 – 3 U 222/13, ZfIR 2013, 746: Der Anspruch auf Beseitigung eines Überbaus von einem Grundstück auf das andere unterliegt der dreijährigen Verjährung.
147 OLG München v. 31.3.2006 – 34 Wx 111/05, MietRB 2006, 191.
148 OLG Köln v. 3.7.2008 – 16 Wx 51/08, WuM 2008, 744; OLG Schleswig v. 2.9.2004 – 2 W 94/04, ZMR 2005, 816; OLG Hamburg v. 4.2.2004 – 2 Wx 99/01, ZMR 2004, 454.
149 BGH v. 30.11.2012 – V ZR 234/11, ZMR 2013, 288, Rn 19; fragwürdig.

C. Die Kosten und Folgekosten baulicher Maßnahmen

I. Bauliche Maßnahmen einzelner Miteigentümer

1. Kostentragung bei Maßnahmen ohne Beschlussfassung

Wer selbst eine bauliche Maßnahme durchführt, muss selbstverständlich auch selbst die **Baukosten** tragen und kann keine finanzielle Beteiligung der Miteigentümer verlangen. Ob andere Miteigentümer der Maßnahme zugestimmt haben oder nicht, ist dafür unerheblich. Verwirrung könnte hier allenfalls § 16 Abs. 6 WEG stiften: „Ein Wohnungseigentümer, der einer Maßnahme nach § 22 Abs. 1 nicht zugestimmt hat, ist nicht ... verpflichtet, Kosten, die durch eine solche Maßnahme verursacht sind, zu tragen;" denn das könnte so aussehen, als ob die Frage der Kostentragung etwas mit der Zustimmung zu hat. Aus § 16 Abs. 6 WEG ist aber nicht im Umkehrschluss herzuleiten, dass ein Miteigentümer dann, wenn er der Baumaßnahme eines Einzelnen zugestimmt hat (egal ob im Rahmen einer gemeinschaftlichen Beschlussfassung oder ohne Beschluss), an deren Kosten zu beteiligen ist. § 16 Abs. 6 WEG hat nur Bedeutung, wenn es um gemeinschaftliche Maßnahmen geht; dann ist alles ganz anders (und viel schwieriger, siehe Rn 510). Soweit in diesem Buch empfohlen wird, die eigene Kostenfreiheit bei Erklärung der Zustimmung deutlich zu machen (siehe Rn 506), erfolgt das rein vorsorglich. An den **Folgekosten** wollen die Miteigentümer natürlich so wenig wie an den Baukosten beteiligt werden. Davon handelt das folgende

501

Beispiel: Folgekosten individueller Baumaßnahmen
Miteigentümer A baute vor Jahren ohne Zustimmung (**Variante**: mit Zustimmung, aber ohne Beschluss) der Miteigentümer ein Dachflächenfenster in seine Wohnung ein. Es sei dahin gestellt, ob diese Maßnahme (wie meistens) rechtswidrig oder ausnahmsweise rechtmäßig war; jedenfalls sei ein eventueller Rückbauanspruch verjährt. Nun wird eine Reparatur (oder ein Austausch) des Fensters erforderlich. Wer ist für die Durchführung und Finanzierung der Maßnahme zuständig? – Das Dachflächenfenster steht zwingend im Gemeinschaftseigentum, weshalb eine Kompetenz und Pflicht der Gemeinschaft zur Instandhaltung besteht; dieses Zwischenergebnis dürfte für die Miteigentümer eine (unliebsame) Überraschung sein. Richtiger Ansicht nach (bislang aber obergerichtlich noch nicht bestätigt) müssen sich die Miteigentümer entsprechend § 16 Abs. 6 WEG aber nicht an den Folgekosten des Fenstereinbaus beteiligen.[150] Die Reparaturkosten sind daher zwar gemeinschaftlich vorzufinanzieren, in der Einzelabrechnung aber nur dem A zu belasten. Weil A somit „ohne weiteres" alleine die Kosten tragen muss, kommt es nicht darauf an, ob die Kostenverlagerung auch durch gesonderten Beschluss gem. § 16 Abs. 4 WEG möglich wäre. In der **Variante** dürfte sich nichts ändern: Man sollte die Zustimmung so interpretieren, dass sie unter der (stillschweigenden) Bedingung steht, nicht mit Folgekosten belastet zu werden.

502

Zum vorstehenden Fall sind schwierige Varianten denkbar: Muss auch ein eventueller **Rechtsnachfolger** des A die Kosten und Folgekosten übernehmen? Muss A (oder sein Rechtsnachfolger) als Folgekosten auch die **Mehrkosten** übernehmen, wenn z.B. eine Dachsanierung infolge des Dachflächenfensters teurer wird, als es ohne dieses der Fall gewesen wäre? Richtiger Weise sind beide Fragen zu bejahen.[151] Sicherheit gibt es für die Gemeinschaft aber nur, wenn die bauliche Maßnahme aufgrund eines Beschlusses erfolgte, der die Kostenfragen regelt; darum geht es im Folgenden.

503

---

150 AG Pinneberg v. 17.12.2004 – 68 II 65/04, ZMR 2005, 662.
151 OLG Düsseldorf v 4.11.2005 – 3 Wx 92/05, NZM 2006, 109: Der Beschluss mit der impliziten Regelung betr. die Folgekosten wirkt auch gegen Rechtsnachfolger. KG v. 30.11.1992 – 24 W 4734/92, ZMR 1993, 430: Wer für Folgekosten einzustehen hat, haftet für spätere Schäden am Gemeinschaftseigentum auch ohne Verschulden.

§ 4 Bauliche Maßnahmen (bauliche Veränderungen, Instandhaltung, Modernisierung)

2. Kostentragung bei Maßnahmen mit Beschlussfassung

504 Wenn die Gemeinschaft per Beschluss einer baulichen Maßnahme zustimmt, die ein einzelner Miteigentümer plant oder durchgeführt hat, **kann** sie gem. § 16 Abs. 4 WEG eine **Kostenregelung** mitbeschließen, **muss** das aber nicht. Erschöpft sich der Beschluss darin, der Maßnahme zuzustimmen (oder sie zu genehmigen), bleibt es dabei, dass der Miteigentümer, der die Maßnahme beabsichtigt oder bereits durchgeführt hat, die Baukosten selber tragen muss. Weil nicht die Gemeinschaft die Maßnahme durchführen will, gibt es nicht einmal einen Ansatzpunkt dafür, dass sie für die Kosten aufzukommen hätte. Schwieriger ist es mit den **Folgekosten**. Zwar wird überwiegend vertreten, dass ein Beschluss, mit dem Maßnahmen im Individualinteresse zugestimmt wird, stets unter der stillschweigenden Bedingung steht, dass die Miteigentümer/Gemeinschaft nicht mit Folgekosten belastet wird;[152] doch sollte man sich darauf nicht verlassen. Für die Auferlegung der Folgekosten auf den „Bauherren" besteht nach h.M. eine Beschlusskompetenz gem. § 16 Abs. 4 WEG.[153] (Zu den besonderen Anforderungen dieser Vorschrift, insbes. zum qualifizierten Quorum, siehe Rn 514; allgemeine Empfehlungen zur Beschlussfassung siehe Rn 565.)

505 *Tipp*
Bauliche Veränderungen, die nur einzelnen Eigentümern zugute kommen (z.B. Anbringung einer Markise, Balkonverglasung, Bau eines Carports usw.), sollen i.d.R. auch nur von diesen Eigentümern bezahlt werden. Wenn die Gemeinschaft der Maßnahme durch Beschluss zustimmt, sollte ausdrücklich die Pflicht der betreffenden Eigentümer zur Tagung der Kosten und Folgekosten mitbeschlossen werden. Generell gilt: **Kein Beschluss** über bauliche Maßnahmen **ohne Kostenregelung!**

▼

506 **Muster 4.3: Zustimmungsbeschluss zu baulicher Maßnahme**

Die Gemeinschaft ist damit einverstanden, dass der Eigentümer der Einheit Nr. 5, Herr A, auf eigene Kosten folgende bauliche Maßnahme ausführt: ▬ (nähere Beschreibung, siehe Rn 571). Hierfür gelten folgende Auflagen: ▬ (hier zunächst die von Rn 571 aufführen). Herr A trägt sämtliche Folgekosten der Maßnahme, insbes. die Kosten der Instandhaltung und Instandsetzung. Er wird der Gemeinschaft ferner für etwaige Schäden am Gemeinschaftseigentum infolge der Maßnahme Ersatz leisten; das Gleiche gilt, falls Arbeiten am Gemeinschaftseigentum wegen der Rücksichtnahme auf die mit diesem Beschluss gestattete bauliche Maßnahme teurer werden. Ist streitig, ob ein Schaden am Gemeinschaftseigentum oder anderweitige gemeinschaftliche Kosten infolge der Maßnahme entstanden sind, trifft Herrn A die Beweislast. Die Auflagen dieses Beschlusses gelten auch für Rechtsnachfolger des Herrn A.

▲

507 Eine elegante und rechtssichere Alternative zu den vorstehenden Auflagen gem. § 16 Abs. 4 WEG besteht darin, den Zustimmungsbeschluss unter eine **auflösende Bedingung** zu stellen. Dann kann die Kostenfolge sogar mit einfacher Mehrheit (statt mit der qualifizierten Mehrheit des § 16 Abs. 4 WEG) beschlossen werden.

---

152 NKV/*Niedenführ*, § 16 Rn 105 f.; OLG Düsseldorf v 4.11.2005 – 3 Wx 92/05, NZM 2006, 109 (betr. Errichtung eines Wintergarten auf Terrasse durch den Sondernutzungsberechtigten, wobei die Zustimmung „unter Verwahrung gegen die Kosten" erfolgt war).
153 LG Itzehoe v. 12.7.2011 – 11 S 51/10, ZMR 2012, 219, Rn 51 m.w.N.

Muster 4.4: Zustimmungsbeschluss unter auflösender Bedingung 508

Die Gemeinschaft ist damit einverstanden, dass ▓▓▓▓▓ usw. (Einleitungssatz und Auflagen zunächst wie im vorstehenden Muster). Der Beschluss steht unter einer auflösenden Bedingung: Diese tritt ein, wenn der jeweilige Sondereigentümer der Einheit Nr. 5 verlangt, dass die Gemeinschaft (Folge-)Kosten für Betrieb, Wartung, Instandhaltung oder Instandsetzung für die im Zuge der Ausührung der Maßnahme ein- oder angebauten Gegenstände übernehmen soll; sobald dies verlangt wird, ist die Zustimmung hinfällig und der Sondereigentümer zum Rückbau und zur Wiederherstellung des ursprünglichen Zustandes verpflichtet.

II. Bauliche Maßnahmen der Gemeinschaft

1. Allgemeines

Gemeinschaftliche Baumaßnahmen werden grundsätzlich nur dann beschlossen, wenn es um Maßnahmen der Instandhaltung (§ 21 Abs. 3 WEG), modernisierenden Instandsetzung (§ 22 Abs. 3 WEG) oder Modernisierung (§ 22 Abs. 2 WEG) geht. Wenn in diesen Fällen keine Kostenregelung beschlossen wird, sind die Ausgaben gem. § 16 Abs. 2 WEG nach MEA oder nach einem etwaigen anderen nach der Gemeinschaftsordnung geltenden Schlüssel zu verteilen. 509

Dass die Gemeinschaft (absichtlich) über gemeinschaftliche **bauliche Veränderungen** i.S.v. § 22 Abs. 1 WEG Beschluss fasst, kommt praktisch kaum vor; man muss sich schon anstrengen, um hierfür überhaupt einen Anwendungsfall konstruieren zu können. Bauliche Veränderungen i.S.v. § 22 Abs. 1 WEG werden nämlich i.d.R. von einzelnen Miteigentümern beantragt und durchgeführt. Eine (rechtmäßige) bauliche Veränderung, die nicht dem Einzelnen überlassen, sondern von der Gemeinschaft durchgeführt wird, kann z.B. im Fall der Herstellung der Barrierefreiheit auf Gemeinschaftsflächen vorliegen. Während der absichtliche Beschluss einer gemeinschaftlichen baulichen Veränderung also die Ausnahme ist, kommt es immer wieder vor, dass die Gemeinschaft eine bauliche Maßnahme in der Annahme beschließt, es handele sich um eine Instandhaltung, modernisierende Instandsetzung oder Modernisierung, obwohl das gar nicht der Fall ist; es wird also in Wahrheit (versehentlich) über eine bauliche Veränderung Beschluss gefasst. Wenn dann nichts anderes beschlossen wurde, kommt eine überraschende und ungerechte Kostenregelung zum Tragen: Gem. § 16 Abs. 6 WEG ist ein Wohnungseigentümer, der der Maßnahme nach § 22 Abs. 1 WEG nicht zugestimmt hat, nicht verpflichtet Kosten, die durch eine solche Maßnahme verursacht sind, zu tragen; die Kosten müssen nur die Eigentümer tragen, die dem Beschluss zugestimmt haben, und zwar nach dem entsprechend angepassten Verhältnis der Miteigentumsanteile. 510

> *Beispiel: Bauliche Veränderung ohne Kostenregelung* 511
> Der Umbau des gemeinschaftlichen Schwimmbads wird mehrheitlich beschlossen, wobei die Wohnungseigentümer davon ausgehen, es liege eine Instandhaltungsmaßnahme vor; tatsächlich gehen die Baumaßnahmen deutlich über eine Instandhaltung hinaus, sodass gem. § 22 Abs. 1 WEG die Zustimmung aller Wohnungseigentümer erforderlich gewesen wäre. Miteigentümer A ficht den Beschluss erfolgreich an; die Entscheidung liegt erst nach Vollendung des Umbaus vor. – Die vom Gemeinschaftskonto finanzierten Umbaukosten dürfen nicht nach MEA verteilt werden, weil keine Instandhaltungsmaßnahme vorliegt. Sie müssen vielmehr gem. § 16 Abs. 6 S. 1, 1. Hs. WEG nur auf die Eigentümer verteilt werden, die für den Beschluss gestimmt haben. Wenn diese nicht namentlich erfasst wurden, wird es schwierig. Noch schwieriger bzw.

praktisch nicht umsetzbar ist die Regelung des § 16 Abs. 6 S. 1, 2. Hs. WEG, wonach die nicht zustimmenden (und nicht zahlungspflichtigen) Miteigentümer „keinen Anteil an den Nutzungen, die auf der Maßnahme beruhen, beanspruchen können".

Variante: Miteigentümer A hat gegen den Beschluss gestimmt, ihn aber nicht angefochten. Als er in der Jahresabrechnung gemäß seinem Miteigentumsanteil an den Baukosten beteiligt wird, ficht er den Abrechnungsbeschluss an: Gem. § 16 Abs. 6 WEG müsse er keine Kosten der Maßnahme tragen, da er nicht für sie gestimmt habe. – Vor dem BGH hat A mit dieser Argumentation Erfolg.[154] Die praktischen Folgen dieser Entscheidung sind gravierend: Denn so wird die Frage der rechtlichen Einordnung einer Baumaßnahme (Instandhaltung oder bauliche Veränderung?) nicht etwa durch Anfechtung des Baubeschlusses, sondern erst bei der Anfechtung der Jahresabrechnung „aufgerollt".[155] Doch weist die BGH-Entscheidung auch einen Ausweg aus diesem Dilemma: „Die Problematik kann nämlich nur entstehen, wenn der Beschluss keine abschließende Regelung der Kostenverteilung enthält". Deshalb gilt:

512

Tipp:
Jeder **Beschluss** über eine bauliche Maßnahme sollte eine **ausdrückliche Kostenregelung** enthalten. Bei gemeinschaftlich durchzuführenden Maßnahmen wird i.d.R. die Verteilung nach MEA richtig sein, wenn nicht die Gemeinschaftsordnung eine andere Kostenverteilung vorgibt oder gem. § 16 Abs. 4 WEG ein abweichender Schlüssel gewählt wird. Wird der Baubeschluss nicht angefochten und mitsamt der Kostenregelung **bestandskräftig**, ist eine spätere Anfechtung der Jahresabrechnung mit der Begründung, der Verteilerschlüssel für die Baukosten sei falsch, **ausgeschlossen**.

513 Wird ein „Baubeschluss", der mit abweichender Kostentragung gem. § 16 Abs. 4 gefasst wurde, **angefochten**, kann es sein, dass die Maßnahme selber zwar rechtmäßig ist, die Kostenregelung aber nicht. Dann stellt sich die Frage, ob der ganze Beschluss oder nur die Kostenregelung für ungültig zu erklären ist. Das richtet sich nach § 139 BGB: Wenn anzunehmen ist, dass der Beschluss ohne die besondere Kostenverteilung nicht gefasst worden wäre, ist er zur Gänze aufzuheben; ansonsten wird nur die Kostenregelung aufgehoben. Wird von vornherein nur die Kostenregelung angefochten, kann auch nur diese aufgehoben werden. In beiden Fällen tritt der allgemeine Kostenverteilungsschlüssel oder, wenn es um eine bauliche Veränderung i.S.v. § 22 Abs. 1 WEG gehen sollte, die Regelung des § 16 Abs. 6 WEG an die Stelle der aufgehobenen Kostenverteilungsregelung. Wenn die Gemeinschaft die bauliche Maßnahme unter diesen Voraussetzungen nicht beschlossen hätte, kann sie den Beschluss durch Zweitbeschluss wieder aufheben (was natürlich nur sinnvoll ist, solange er noch nicht ausgeführt ist).

2. Abweichende Kostenverteilung gem. § 16 Abs. 4 WEG

514 Nach dem mit der WEG-Reform eingeführten § 16 Abs. 4 WEG kann „im Einzelfall zu baulichen Veränderungen oder Aufwendungen im Sinne des § 22 Abs. 1 und 2 durch Beschluss die Kostenverteilung abweichend von § 16 Abs. 2 WEG geregelt werden, wenn der abweichende Maßstab dem Gebrauch oder der Möglichkeit des Gebrauchs durch die Wohnungseigentümer Rechnung trägt. Der Beschluss zur Regelung der Kostenverteilung bedarf einer Mehrheit von $^3/_4$ aller stimmberechtigten Wohnungseigentümer und mehr als der Hälfte aller Miteigentumsanteile". Bedeutung hat diese Beschlusskompetenz nur bei gemeinschaftlich durchzuführenden baulichen Maßnahmen, nicht bei Beschlüssen, mit denen lediglich Maßnahmen zugestimmt wird, die einzelne Miteigentü-

---

[154] BGH v. 11.11.2011 – V ZR 65/11, ZMR 2012, 213.
[155] M.E. zutreffend, aber anders als der BGH hatte das LG München I (v. 28.2.2011 – 1 S 19089/10, NZM 2011, 168) dem A die Bestandskraft des Umbaubeschlusses entgegen gehalten.

mer selber ausführen wollen. Weil bauliche Veränderungen i.S.v. § 22 Abs. 1 normalerweise nicht gemeinschaftlich beschlossen werden, hat § 16 Abs. 4 WEG zunächst bei Maßnahmen der Modernisierung Bedeutung, die die Gemeinschaft durchführt, die aber nur einzelnen (oder jedenfalls nicht allen) Miteigentümern zugute kommen; ferner gilt die Regelung über ihren Wortlaut hinaus auch für **Instandhaltungsmaßnahmen**. Wenn das erforderliche Quorum erreicht wird (zur Berechnung siehe Rn 559), können die Kosten baulicher Maßnahmen also ohne Rücksicht auf die Miteigentumsanteile verteilt werden und ohne Rücksicht darauf, wer der Maßnahme zugestimmt hat.

> *Beispiel: Balkonsanierung und Kostenverteilung nach § 16 Abs. 4 WEG* **515**
> An einem älteren Gebäude sind alle Balkone undicht geworden und sanierungsbedürftig. Die Gemeinschaft beschließt die Durchführung der Balkonsanierungen und trifft mit der qualifizierten Mehrheit des § 16 Abs. 4 WEG eine Kostenregelung, wonach Kosten nur auf die Eigentümer verteilt werden, zu deren Wohnungen die Balkone gehören. – Der Beschluss über die Balkonsanierung ist als Instandhaltungsmaßnahme gem. § 21 Abs. 5 Nr. 2 WEG rechtmäßig, sofern die allgemeinen Anforderungen an Beschlüsse über Instandhaltungsmaßnahmen eingehalten wurden. Der Beschluss über die Kostenverteilung ist gem. § 16 Abs. 4 WEG rechtmäßig, weil die Balkone nur dem Gebrauch der Miteigentümer unterliegen, zu deren Wohnungen sie jeweils gehören.[156]

Man kann im Einzelfall darüber streiten, wann ein Bauteil i.S.v. § 16 Abs. 4 WEG dem Gebrauch nur einzelner Wohnungseigentümer unterliegt. Für **Fenster** und Pkw-**Stellplatzbleche** in Doppelparkern ist das grundsätzlich anerkannt. Bei einer **Mehrhausanlage** hingegen können nicht alle Instandhaltungskosten gem. § 16 Abs. 4 WEG den Eigentümern des jeweiligen Hauses zugeordnet werden; so unterliegt das **Dach** des Gebäudes einer Mehrhausanlage nicht dem Gebrauch „seiner" Wohnungseigentümer.[157] **516**

Will sich eine Gemeinschaft an eine abweichende Kostenverteilung gem. § 16 Abs. 4 WEG wagen, stellt sich in formeller Hinsicht die Frage, ob dies in der **Tagesordnung** angekündigt werden muss. Das wird teilweise für erforderlich gehalten mit der Begründung, dass ein Miteigentümer bei der bloßen Ankündigung der Beschlussfassung über eine bauliche Maßnahme ohne besonderen Hinweis nicht damit rechnen müsse, dass der allgemeine Verteilerschlüssel geändert werde.[158] M.E. ist demgegenüber die Ankündigung des Gegenstands der Beschlussfassung ausreichend; ein Miteigentümer muss sehr wohl damit rechnen, dass über die Kostenverteilung besonders Beschluss gefasst wird, zumal das Gesetz eine solche Beschlussfassung ausdrücklich vorsieht. Teilweise wird sogar die nachträgliche Beschlussfassung im Zuge der Jahresabrechnung für möglich gehalten, sofern die Jahresabrechnung mit der erforderlichen ¾-Mehrheit beschlossen wird.[159] Sicherheitshalber empfiehlt es sich aber, vorsorglich im Zusammenhang mit der Ankündigung der Beschlussfassung über bauliche Maßnahmen auch die Möglichkeit abweichender Kostenverteilung gem. § 16 Abs. 4 WEG anzukündigen. Zur „Parallelfrage", ob die Beschlussfassung von Modernisierungsmaßnahmen gem. § 22 Abs. 2 WEG besonders angekündigt werden muss, siehe Rn 561. Der BGH hat allerdings inzwischen den Anwendungsbereich des § 16 Abs. 4 WEG derart eingeschränkt, dass die Vorschrift in der Praxis **bedeutungslos** geworden ist. Das zeigt das folgende Beispiel: **517**

---

156 BGH v. 15.1.2010 – V ZR 114/09, ZMR 2010, 542, Rn 26 (obiter dictum); AG Oldenburg v. 19.2.2008 – 10 10016/07, ZMR 2008, 495; in der Lit. teilweise str.
157 BGH v. 18.6.2010 – V ZR 164/09, ZMR 2010, 866.
158 LG Hamburg v. 25.5.2011 – 318 S 21/11, ZMR 2011, 824, Rn 18.
159 *Bärmann/Becker*, § 16 Rn 146. Ablehnend LG Hamburg v. 25.5.2011 – 318 S 21/11, ZMR 2011, 824, Rn 18.

§ 4 Bauliche Maßnahmen (bauliche Veränderungen, Instandhaltung, Modernisierung)

518 *Beispiel: Verbot der Selbstbindung für die Zukunft*
Im vorstehenden Beispiel sind nicht alle Balkone sanierungsbedürftig, sondern nur einige. Die Gemeinschaft beschließt die Sanierung dieser Balkone und gem. § 16 Abs. 4 WEG die Umlage der Kosten auf die betreffenden Wohnungseigentümer. – Die Kostenverteilung ist nach Auffassung des BGH rechtswidrig. Denn die für den Einzelfall beschlossene Änderung des Kostenverteilungsschlüssels würde einen Anspruch der betroffenen Wohnungseigentümer auf Gleichbehandlung in künftigen Fällen auslösen, was den allgemeinen Kostenverteilungsschlüssel unterlaufe.[160] – Die Entscheidung überzeugt nicht.[161] Es spricht nichts dagegen, dass die Gemeinschaft den einmal eingeschlagenen Weg, Instandhaltungskosten individuell gem. § 16 Abs. 4 WEG zuzuweisen, zwecks Vermeidung künftiger Ungleichbehandlungen künftig fortsetzt; ob künftige Beschlüsse unter diesem Gesichtspunkt rechtmäßig sind oder nicht, mag dann beurteilt werden, wenn es dazu kommt. Die Auffassung des BGHs hat zur Folge, dass der Anwendungsbereich des § 16 Abs. 4 WEG sich auf die Fälle **beschränkt**, in denen (zufällig) gerade einmal **alle** betreffenden Gegenstände **gleichzeitig** sanierungsbedürftig sind. Das ist in den praxisrelevanten Fällen (Balkonen, Stellplätze in Doppelparkern, Fenster) normalerweise nicht der Fall.

519 Wenn der Versammlungsleiter (versehentlich oder absichtlich) den Beschluss einer Kostenregelung gem. § 16 Abs. 4 WEG verkündet, obwohl das erforderliche Quorum **nicht erreicht** wurde, ist der Beschluss – da eine Beschlusskompetenz besteht – nicht nichtig, sondern „nur" rechtswidrig; unterbleibt eine Anfechtung, wird er bestandskräftig. Daher ist auch im Anwendungsbereich des § 16 Abs. 4 WEG ein **Zitterbeschluss** möglich.

520 Ein **Anspruch auf abweichende Kostenverteilung** besteht normaler Weise nicht.

Beispiel: Der Miteigentümer ohne Balkon
Im vorstehenden Beispielsfall (siehe Rn 515) wird die Balkonsanierung mehrheitlich beschlossen. A, der selber keinen Balkon hat, stellt den Antrag, dass die Kosten nur von den Eigentümern mit Balkon getragen werden. Dieser Antrag findet nicht die gem. § 16 Abs. 4 WEG erforderliche Mehrheit; beschlossen wird vielmehr die Kostenverteilung nach MEA. A will erreichen, dass er an den Kosten nicht beteiligt wird. – A kann den Negativbeschluss anfechten und parallel dazu eine Regelungsklage gem. §§ 21 Abs. 4, 21 Abs. 8 WEG (siehe Rn 715) erheben. Seine Klage wird aber keinen Erfolg haben. Zwar entspräche die abweichende Kostenverteilung ordnungsmäßiger Verwaltung; alleine deshalb kann A sie aber nicht beanspruchen. Vielmehr müssen die in § 10 Abs. 2 S. 3 WEG für die generelle Änderung eines Kostenverteilungsschlüssels genannten Voraussetzungen ebenfalls vorliegen; denn für die erzwungene Änderung können keine unterschiedlichen Voraussetzungen gelten, je nach dem, ob sie für einen konkreten Einzelfall oder generell Bestand haben soll. A hat deshalb nur dann einen Änderungsanspruch, wenn ein Festhalten an der geltenden Regelung aus schwerwiegenden Gründen unter Berücksichtigung aller Umstände des Einzelfalls, insbesondere der Rechte und Interessen der anderen Wohnungseigentümer, unbillig erscheint. Das ist nicht der Fall, denn es ist der gesetzliche Normalfall, dass alle Miteigentümer die Instandsetzung des Gemeinschaftseigentums finanzieren, wobei es keine Rolle spielt, ob sie es selber nutzen können oder nicht.[162]

---

160 BGH v. 18.6.2010 – V ZR 164/09, ZMR 2010, 866.
161 Kritik auch bei *Häublein*, ZWE 2013, 160; *Bärmann/Becker*, § 16 Rn 130; *Bonifacio*, ZMR 2011, 771.
162 BGH v. 15.1.2010 – V ZR 114/09, IMR 2010, 150.

D. Maßnahmen der Instandhaltung und Instandsetzung

I. Instandhaltungsmaßnahmen – allgemein

1. Grundlagen

Maßnahmen der Instandhaltung und Instandsetzung bezwecken die **Erhaltung** des bestehenden bzw. die **(Wieder-)Herstellung** des früheren, nach der Teilungserklärung gewollten Zustands des **Gemeinschaftseigentums**. Eine Differenzierung zwischen **Instandhaltung** und **Instandsetzung** ist (leider) im Gesetzeswortlaut angelegt (§§ 22 Abs. 1, 27 Abs. 1 Nr. 2 WEG), deshalb dürfen die anerkannten begrifflichen Definitionen hier nicht fehlen: Nach allg. M.[163] bezweckt die Instandhaltung die Erhaltung des bestimmungsgemäßen Gebrauchs, Kosten zur Beseitigung der Mängel durch Abnutzung, Alterung und Witterung, die Instandsetzung hingegen Reparatur und Wiederbeschaffung (z.B. Austausch defekter Gebäudeteile). Die Differenzierung schafft aber nur Probleme: Praktisch ist eine trennscharfe Abgrenzung nicht möglich, und rechtlich ist sie nicht nötig, weil, weil zwischen Instandhaltung und Instandsetzung im Ergebnis kein Unterschied besteht:[164] Die Gemeinschaft ist in der Pflicht, ganz gleich, ob es um Instandhaltung oder Instandsetzung geht. Die Differenzierung wird in diesem Buch deshalb soweit möglich nicht fortgeführt: Wenn von Instandhaltung die Rede ist, ist die Instandsetzung mitgemeint; das entspricht dem allgemeinen Sprachgebrauch. Gerade deshalb macht die Differenzierung aber Schwierigkeiten: Wenn in einer Gemeinschaftsordnung einmal „nur" von der Instandhaltung die Rede ist, stellt sich sogleich die Frage, ob das Wort „Instandsetzung" nur versehentlich oder absichtlich weggelassen wurde (siehe dazu Rn 75).

521

Zur Instandhaltung gehören auch Maßnahmen zur **Überprüfung** des baulichen Zustands der Anlage oder sonstige **vorbeugende** Maßnahme; ordnungsgemäß sind solche Maßnahmen aber nur, wenn Anhaltspunkte für eine Schadensanfälligkeit vorliegen.[165] Zur Instandhaltung gehört ferner die Beseitigung von Baumängeln; siehe dazu ausführlich unten Rn 533. Die Instandhaltung des **Sondereigentums** fällt hingegen nicht in die Zuständigkeit der Gemeinschaft; Beschlüsse, die Maßnahmen am Sondereigentum zum Gegenstand haben, sollen mangels Beschlusskompetenz sogar **nichtig** sein.[166] Für Maßnahmen an Gegenständen des Gemeinschaftseigentums, deren Instandhaltung aufgrund einer entsprechenden Regelung der Gemeinschaftsordnung einzelnen Miteigentümern obliegt, gilt das Gleiche (siehe Rn 76, dort auch zur Kritik).

522

Maßnahmen der ordnungsmäßigen Instandhaltung des gemeinschaftlichen Eigentums gehören zur ordnungsmäßigen Verwaltung (§ 21 Abs. 5 Nr. 2 WEG) und können bzw. müssen deshalb mehrheitlich **beschlossen** werden. Oft wird verkannt, dass der Verwalter aus eigenem Recht nicht zur Beauftragung von Instandhaltungsmaßnahmen befugt ist (siehe Rn 1481); es bedarf eines vorhergehenden Beschlusses. Da jeder Wohnungseigentümer einen Anspruch auf ordnungsmäßige Verwaltung und entsprechende Beschlussfassung hat, besteht im Ergebnis nicht hinsichtlich des „ob", sondern nur hinsichtlich des „wie" der Instandhaltung ein Ermessen der Gemeinschaft. Die **Kosten** werden nach Miteigentumsanteilen verteilt (§ 16 Abs. 2 WEG), sofern nicht mit qualifizierter Mehrheit gem. § 16 Abs. 4 WEG im Einzelfall ein anderer Maßstab, der dem Gebrauch oder der Möglichkeit des Gebrauchs Rechnung trägt, beschlossen wird (siehe dazu Rn 514).

523

---

163 BGH v. 2.3.2012 – V ZR 174/11, ZMR 2012, 641, Rn 9; BGH v. 6.4.2005 – XII ZR 158/01, ZMR 2005, 844.
164 So auch BGH v. 22.4.1999 – V ZB 28/98, ZMR 1999, 647.
165 BayObLG v. 20.3.1991 – 2Z BR 8/91, NJW-RR 1991, 976.
166 BGH v. 8.2.2013 – V ZR 238/11, ZMR 2013, 642, Rn 14.

2. Vorbereitung und Beschlussfassung

524 Ob ein Beschluss über Instandhaltungsmaßnahmen ordnungsmäßiger Verwaltung entspricht und somit **rechtmäßig** ist, ist letztlich eine Frage des Einzelfalls. Es gibt gleichwohl einige allgemeine Grundsätze, die nachfolgend dargestellt werden.

525 Entgegen verbreiteter Meinung gibt es weder im Gesetz, noch in der Rechtsprechung den Grundsatz, dass vor jeder Auftragsvergabe mehrere **Angebote** einzuholen wären. Vor allem bei kleineren Aufträgen kann darauf verzichtet werden, auch wenn Verwalter dies nicht als „Freibrief" missverstehen sollten. Zwingend (und somit Voraussetzung rechtmäßiger Beschlussfassung) ist eine Mehrzahl von Angeboten nur bei größeren Maßnahmen (siehe Rn 532); bei „mittleren" Maßnahmen ist es jedenfalls sinnvoll, wenn mehr als nur ein Angebot vorliegt. Das Gleiche für die Frage, ob verschiedene Maßnahmen geprüft und vorgeschlagen werden sollen.

526 Nach ausdrücklicher gesetzlicher Anordnung sollen das oder die Angebote (im Gesetz „Kostenanschläge" genannt) vor der Beschlussfassung vom **Verwaltungsbeirat** geprüft und mit einer Stellungnahme versehen werden (§ 29 Abs. 3 WEG). Das wird oft übergangen, und der Verstoß ist folgenlos: Der Beschluss über die Auftragsvergabe ist nicht alleine wegen einer fehlenden Stellungnahme des Verwaltungsbeirats anfechtbar.[167]

527 Die Gemeinschaft hat einen **Beurteilungsspielraum** zwischen mehreren möglichen Alternativen. Sie muss weder die aufwändigste noch die kostengünstigste ergreifen[168] (näher zum Beurteilungsspielraum siehe Rn 689); die Ausführung muss aber den allgemein anerkannten Regeln der Technik entsprechen, somit zumindest DIN-konform sein.[169] Auch die Übertragung von Arbeiten auf einzelne Miteigentümer gegen übliche Bezahlung ist nicht zu beanstanden, sofern eine mangelfreie Ausführung erwartet werden kann. Wirksam ist der Beschluss aber nur bei Zustimmung der betroffenen Miteigentümer (siehe Rn 189).[170] Damit die Eigentümer ihr Ermessen fehlerfrei ausüben können, muss der Verwalter sie ausreichend **informieren** und ihnen vor der Beschlussfassung die wesentlichen Entscheidungsgrundlagen bekannt geben.[171] Dazu müssen nicht unbedingt sämtliche Unterlagen als Kopie mit der Einladung zur Versammlung mitgeschickt werden; aber dann müssen die Informationen anderweitig, wenigstens im Anschreiben zusammengefasst mitgeteilt und nicht erst als „Tischvorlage" ausgelegt werden.[172]

528 Im Ausgangspunkt müssen die Miteigentümer (die Gemeinschaft) selber über die Auftragsvergabe entscheiden und dürfen die Entscheidung nicht auf den Verwalter (und/oder Beirat) **delegieren** (siehe auch Rn 1428). Hiergegen wird in der Praxis häufig verstoßen: Oft liegen zum Zeitpunkt der Versammlung noch keine ausreichenden Ausschreibungsergebnisse oder Angebote vor; damit keine nachfolgende Extra-Versammlung stattfinden muss, wird gleichwohl die Maßnahme dergestalt beschlossen, dass der Verwalter noch weitere Angebote einholen und das günstigste (ggf. im Einvernehmen mit dem Beirat, siehe hierzu auch Rn 1429) beauftragen soll. Derartige Beschlüsse sind i.d.R. anfechtbar.[173] Das Problem lässt sich nur durch gründliche Vorbereitung der Versammlung vermeiden. Eine Delegation kann allenfalls dann rechtmäßig sein, wenn die „Eckdaten" (Gegen-

---

167 OLG München v. 20.3.2008 – 34 Wx 46/07, ZMR 2009, 64; KG v. 25.8.2003 – 24 W 110/02, NZM 2003, 901.
168 BayObLG v. 14.8.2003 – 2Z BR 112/03, ZMR 2003, 951.
169 BGH v. 24.5.2013 – V ZR 182/12, ZWE 2013, 360, Rn 25.
170 BayObLG v. 28.8.1997 – 2Z BR 75/97, WE 1998, 154.
171 BayObLG v. 28.7.2004 – 2Z BR 043/04, ZMR 2004, 927.
172 LG Hamburg v. 28.3.2012 – 318 S 17/11, ZMR 2012, 654, Rn 52.
173 Siehe nur AG Hamburg-Blankenese v. 24.2.2010 – 539 C 43/09, ZMR 2010, 563.

stand und Kostenrahmen) präzise vorgegeben werden,[174] vor allem, wenn es um keine große Investition geht.[175]

Bei größeren Maßnahmen kann sich zunächst ein **Vorbereitungsbeschluss** empfehlen, wonach z.B. ein Architekt oder Sachverständiger die später zu beschließende Auftragsvergabe vorbereiten soll. Steht die Notwendigkeit der Maßnahme bereits fest, kann zusammen mit dem Vorbereitungsbeschluss auch ein **Grundlagenbeschluss** (synonym Grundbeschluss) gefasst werden, der das „ob" der Maßnahme verbindlich festlegt (Muster siehe Rn 536).[176] Die Ausgestaltung, z.B. der Beschluss über die Beauftragung konkreter Angebote usw., bleibt dann Folgebeschlüssen vorbehalten; diese können nicht mit Gründen angefochten werden, die sich schon dem Grunde nach gegen die Durchführung der Maßnahme richten.[177] Stehen zahlreiche Arbeiten an, kann die Gemeinschaft auch eine **Prioritätenliste** aufstellen und abarbeiten, ohne dass ein Miteigentümer einen Anspruch auf Vorziehen bestimmter Maßnahmen hat;[178] sie kann sich aber auch darauf beschränken, von Fall zu Fall die unmittelbar erforderlichen Einzelmaßnahmen zu beschließen.[179] 529

Der Beschluss muss – wie immer – ausreichend **bestimmt** sein (siehe Rn 182).[180] Die Rspr. lässt es leider auch nicht zu, die Entscheidung über Details der Ausführung auf später zu verschieben bestimmten Personen oder Gremien zu überlassen.[181] 530

Sinnvoll ist es, wenn der Beschluss die **Finanzierung** und die Kostenverteilung regelt. Richtiger Ansicht ist die Regelung der Finanzierung jedenfalls bei größeren Baumaßnahmen sogar als zwingend ansehen; ohne sie entspricht ein Beschluss nicht ordnungsmäßiger Verwaltung und ist alleine deshalb bei Anfechtung aufzuheben.[182] Das ist allerdings bislang nicht h.M. Falls der Beschluss seine Finanzierung nicht regelt, gilt nicht etwa „automatisch" eine Sonderumlage als beschlossen.[183] Umgekehrt darf nicht schon im Voraus eine Sonderumlage beschlossen werden, bevor ein Beschluss über die auszuführende Maßnahme gefasst wird.[184] Wenn eine von dem Schlüssel MEA abweichende Kostenverteilung nach § 16 Abs. 4 WEG beschlossen werden soll, ist das vorsorglich in der Einladung anzukündigen (siehe Rn 517). Ob die Maßnahme statt über eine Sonderumlage (ganz oder teilweise) aus der Rücklage finanziert wird, steht im Ermessen der Gemeinschaft (siehe Rn 1026). Bei der Höhe der Finanzierung muss die Gemeinschaft bedenken, dass der „Unternehmer eines Bauwerks", also der Bauhandwerker oder Bauunternehmer gem. § 648a BGB **Sicherheit i.H.v. 110 %** des Auftragsvolumens verlangen kann;[185] die Gemeinschaft muss also vor Auftragserteilung nicht nur mindestens die voraussichtlichen Baukosten, sondern 10 % mehr parat haben. 531

---

174 LG München v. 10.11.2008 – 1 T 4472/08, ZMR 2009, 398.
175 LG Landshut v. 26.6.2008 – 64 T 3268/07, ZMR 2009, 145. Im Fall wurde die Verwaltung beauftragt, weitere Angebote zum Austausch von Thermostatventilen einzuholen und danach in Absprache mit dem Beirat den Auftrag zu erteilen.
176 LG Hamburg v. 25.5.2011 – 318 S 208/09, ZMR 2012, 290, Rn 31; OLG Frankfurt v. 8.1.2009 – 20 W 320/05, ZWE 2009, 285.
177 *Abramenko*, ZMR 2012, 403.
178 OLG Hamburg v. 7.10.2009 – 2 Wx 58/09, ZMR 2010, 129. Das gilt nicht schrankenlos: Die Prioritätenliste muss eine verbindliche Zeitplanung enthalten, damit einzelne Miteigentümer nicht endlos „hingehalten" werden.
179 BGH v. 9.3.2012 – V ZR 161/11, ZMR 2012, 646: Kein Anspruch auf Aufstellung eines verbindlichen Sanierungsplans.
180 LG Hamburg v. 28.3.2012 – 318 S 17/11, ZMR 2012, 654, Rn 50. Ungenügend z.B.: „Die Wohnungseingangstüren werden durch schmalere ersetzt", wenn unklar ist, welche Mindestdurchgangsbreite verbleiben soll (OLG Düsseldorf v. 26.5.2008 – 3 Wx 44/08, ZMR 2009, 55).
181 LG Dortmund v. 28.2.2013 – 11 S 232/12, ZMR 2013, 555.
182 LG Hamburg v. 28.3.2012 – 318 S 17/11, ZMR 2012, 654, Rn 47 und v. 10.4.2013 – 318 S 87/12, ZMR 2013, 654.
183 OLG Köln v. 27.2.1998 – 16 Wx 30/98, NZM 1998, 877.
184 OLG Hamm v. 3.6.2008 – 15 Wx 15/08, NZM 2008, 808.
185 Gilt z.B. für substanzerhaltende Fassaden- oder Dachsanierungsarbeiten, nicht aber für einen Anstrich.

Sonst können teure Folgen eintreten: Der Unternehmer kann gem. § 648a Abs. 5 BGB ohne Vorwarnung eine (kurze) Frist zur Beibringung der Sicherheit setzen (z.B. zwei Wochen), nach Fristablauf den Vertrag kündigen und (mindestens!) 5 % der vereinbarten Vergütung verlangen.

532 Beschlüsse über **größere Instandhaltungsmaßnahmen** müssen über die vorstehenden Grundsätze hinaus besonderen Anforderungen genügen:

- Zuvor ist der Schadensumfang festzustellen und der **Instandhaltungsbedarf** zu ermitteln;[186] hierfür können auch die Feststellungen eines Fachunternehmens genügen.[187]
- Sodann sind mehrere **Konkurrenzangebote** einzuholen.[188] Dass es immer unbedingt (mindestens) drei sein müssen, wird zwar verschiedentlich vertreten,[189] ist aber als irrationale Mystik abzulehnen; die Angebote und deren Anzahl sind kein Selbstzweck, es kommt auf den Einzelfall an.[190] Bei der Beauftragung eines Bauingenieurs oder Architekten müssen keine Angebote eingeholt werden, weil das Honorar ohnehin weitestgehend durch die HOAI vorgegeben ist.[191] Nach der seit dem 17.7.2013 geltenden Fassung der HOAI kann zwar der Umbauzuschlag (der bei Arbeiten an einer WEG-Anlage immer anfallen wird) frei vereinbart werden (§ 6 Abs. 2 HOAI), was einen gewissen Spielraum der Gemeinschaft eröffnet; alleine deshalb werden m.E. aber trotzdem nicht mehrere „Angebote" erforderlich.

3. Die Beseitigung von Baumängeln und der Anspruch auf erstmalige mangelfreie Herstellung

533 Zu den Instandhaltungsmaßnahmen i.S.v. § 21 Abs. 5 Nr. 2 WEG gehört die Herstellung eines erstmaligen ordnungsmäßigen und mangelfreien Zustands der Wohnanlage entsprechend der Teilungserklärung und dem Aufteilungsplan,[192] vor allem also die Beseitigung von **Baumängeln** und Planungsfehlern.[193] Die hierzu erforderliche Beschlussfassung kann im Grundsatz jeder Wohnungseigentümer verlangen (§ 21 Abs. 4 WEG); das gilt m.E. allerdings dann nicht schrankenlos, wenn der Bauträger in die Pflicht genommen werden kann. Die Durchsetzung des Anspruchs auf Durchführung bestimmter Baumaßnahmen wird (ergänzend zum Thema „Baumängel" siehe Rn 667) und ergänzend zur Erläuterung der Regelungsklage (siehe Rn 715) nachfolgend dargestellt.

---

186 LG München I v. 9.5.2012 – 36 S 11929/10, ZMR 2012, 816; LG Hamburg v. 5.4.2012 – 318 S 180/11, ZMR 2012, 723, Rn 18.
187 So zutreffend LG Hamburg v. 1.6.2010 – 318 T 154/07, ZMR 2010, 791.
188 LG Hamburg v. 18.1.2012 – 318 S 164/11, ZMR 2012, 388; LG München I v. 28.6.2007 – 1 T 2063/07, ZMR 2008, 488. LG Karlsruhe v. 16.6.2009 – 11 S 25/09, Rn 55 (n.v.) ist der Auffassung, ein Beschluss über die Vergabe eines größeren Auftrags könne nicht allein deshalb für ungültig erklärt werden, weil nicht mehrere Angebote eingeholt wurden, sondern nur wenn tatsächlich überhöhte Preise gezahlt wurden; dem kann aber nicht zugestimmt werden, weil eben schon der „Verfahrensfehler", d.h. die fehlende Information vor der Beschlussfassung, ordnungsmäßiger Verwaltung widerspricht.
189 LG Karlsruhe v. 27.9.2011 – 11 S 219/09, ZWE 2012, 103.
190 Bei der Verwalterwahl ließ der BGH (Urt. v. 22.6.2012 – V ZR 190/11, NZM 2012, 654, Rn 10) – durchaus verallgemeinerungsfähig –, zwei Angebote genügen und betonte, die Miteigentümer könnten im Rahmen ihres Beurteilungsspielraums selbst die Anzahl der erforderlichen Alternativangebote festlegen.
191 OLG München v. 17.2.2009 – 32 Wx 79/08, ZMR 2009, 630 mit der Maßgabe, dass sich das angebotene Honorar „überschlägig im Rahmen des HOAI-Mindestsatzes bewegt".
192 LG Berlin v. 5.5.2013 – 55 S 52/12, ZWE 2014, 40 betr. die Herstellung des nach der TE vorgesehenen Müllplatzes; AG Andernach v. 30.10.2008 – 60 C 417/08 WEG, Info M 2009, 278 betr. die Herstellung des bauordnungsrechtlich geforderten Kinderspielplatzes.
193 BGH v. 15.1.2010 – V ZR 80/09, WuM 2010, 172; BGH v. 5.12.2003 – V ZR 447/01, ZMR 2004, 206; OLG Hamburg v. 8.1.2008 – 2 Wx 25/01, ZMR 2008, 315; OLG München v. 26.4.2006 – 34 Wx 168/05, ZMR 2006, 715.

D. Maßnahmen der Instandhaltung und Instandsetzung §4

Beispiel 534
In einer Ecke des Schlafzimmers der Wohnung von Miteigentümer A bildet sich ständig Schimmel. A hat bereits per Sachverständigengutachten eine Wärmebrücke als Ursache ausgemacht und möchte, dass die Gemeinschaft den Mangel behebt.

Zuerst muss A versuchen, eine Beschlussfassung der Gemeinschaft zu erreichen. Dazu muss der Gegenstand auf der Tagesordnung angekündigt sein, was A beim Verwalter beantragen und erforderlichenfalls erzwingen muss. Idealer Weise erkennt der Verwalter seine in diesem Fall bestehenden Pflichten und holt von sich aus Angebote zur Mangelbeseitigung ein, über die auf der Versammlung abgestimmt werden kann. Ist das nicht der Fall, muss A einen entsprechend angepassten Antrag stellen, wonach die Mangelbeseitigung im Grundsatz beschlossen und dem Verwalter die Einholung der dazu erforderlichen Angebote aufgegeben wird: 535

▼

Muster 4.5: Beschluss zur Vorbereitung von Instandhaltungsmaßnahmen 536

Die Wärmebrücke (▓▓▓ nähere Bezeichnung ▓▓▓) soll beseitigt werden. Die Verwaltung soll für die erforderlichen Arbeiten Angebote einholen, über die auf der nächsten Versammlung beschlossen wird.

▲

Wird der Beschlussantrag abgelehnt, kann A den ablehnenden Negativbeschluss anfechten (muss das aber nicht) und die Anfechtungsklage mit einer Regelungsklage (gegen die Miteigentümer und nicht gegen den Verband) auf positive Beschlussfassung im Wege der gerichtlichen **Beschlussersetzung** verbinden.[194] 537

▼

Muster 4.6: Anträge bei Anfechtungs- und Regelungsklage gem. §§ 21 Abs. 8, 43 Nr. 1 und 4 WEG 538

1. Der Beschluss der Wohnungseigentümerversammlung vom 12.5.2014 zu TOP 5 wird für ungültig erklärt.
2. Im Wege gerichtlicher Beschlussersetzung wird beschlossen: ▓▓▓ (Text des abgelehnten Antrags).

▲

Häufig, nach hiesiger Auffassung aber verfehlt, sind die Urteile, mit denen die beklagten Miteigentümer zu irgendwelchen Handlungen oder Erklärungen verurteilt werden, z.B. „gemeinsam mit der Klägerin die im Sachverständigengutachten festgestellten Schäden an der Betonplatte ... zu beseitigen";[195] oder „... einer Überprüfung der Bauteile ... zuzustimmen";[196] oder „den Abschluss der erforderlichen Verträge mit Dritten durch den Verband Wohnungseigentümergemeinschaft zu beschließen".[197] Derartige Entscheidungen sind kaum vollstreckbar und geben dem Kläger „Steine statt Brot". Vor allem dann, wenn beschlussreife Angebote bereits vorliegen, sollte nicht die „Verpflichtung" zum Vertragsabschluss, sondern direkt die Beauftragung beantragt und gerichtlich zugesprochen werden (siehe Rn 717). 539

---

194 LG Berlin v. 5.5.2013 – 55 S 52/12, ZWE 2014, 40; OLG München v. 22.12.2009 – 32 Wx 082/09, ZMR 2010, 395 für den Beispielsfall; LG München I v. 27.6.2011 – 1 S 1062/11, ZMR 2012, 44 für Feuchtigkeit im Dach.
195 LG Köln v. 4.10.2012 – 29 S 91/12,
196 LG München I v. 27.6.2011 – 1 S 1062/11, ZMR 2012, 44.
197 OLG München v. 22.12.2009 – 32 Wx 082/09, ZMR 2010, 395.

540 Der aus § 21 Abs. 4 WEG folgende Anspruch auf Mangelbeseitigung (Instandsetzung) bzw. auf Herstellung des erstmaligen mangelfreien Zustands entsteht ständig neu und unterliegt deshalb **nicht** der **Verjährung**.[198] Das entspricht der Unverjährbarkeit des Anspruchs auf Unterlassung von Störungen durch teilungserklärungswidrige Nutzungen (siehe Rn 358) und der Unverjährbarkeit des Mangelbeseitigungsanspruchs des Mieters im Mietrecht.[199] Ob der Anspruch durch bestandskräftigen Beschluss, von der Mangelbeseitigung abzusehen, dauerhaft ausgeschlossen werden kann, ist fraglich (siehe Rn 679).

II. Modernisierende Instandsetzung

541 Instandhaltungsmaßnahmen müssen sich grundsätzlich darauf beschränken, den vorhandenen Zustand des Gebäudes zu erhalten. Wenn der Zustand des Gebäudes durch bauliche Maßnahmen nicht nur erhalten, sondern verändert werden soll, müssen im Prinzip alle Eigentümer zustimmen. Besonderheiten gelten aber, wenn Teile des Gebäudes in der Weise saniert werden sollen, dass etwas Anderes, Moderneres an die Stelle des Ursprünglichen tritt. Um einen überzogenen Bestandsschutz zu vermeiden, ließ die Rechtsprechung seit jeher als sog. „modernisierende Instandsetzung" ein Hinausgehen über die bloße Reproduktion des früheren Zustandes im Wege des Mehrheitsbeschlusses zu, wenn die betreffende Maßnahme die **technisch bessere** und **wirtschaftlich sinnvollere** Lösung war. In der Zeit *vor* Einführung des § 22 Abs. 2 WEG (der eine Beschlusskompetenz für Modernisierungsmaßnahmen begründet), war die Rechtskonstruktion der „modernisierenden Instandsetzung" erforderlich, damit Modernisierungsmaßnahmen überhaupt rechtmäßig (mehrheitlich) beschlossen werden konnten. Der Gesetzgeber der WEG-Novelle hat die „modernisierende Instandsetzung" trotz Einführung des § 22 Abs. 2 WEG nicht verabschiedet, sondern mit dem neuen § 22 Abs. 3 WEG ausdrücklich eine **Beschlusskompetenz** dafür begründet. Die zur modernisierenden Instandsetzung vor der WEG-Reform ergangene, umfangreiche Rechtsprechung ist also auch weiterhin zu berücksichtigen.

542 Da es nunmehr „Modernisierungsmaßnahmen" (§ 22 Abs. 2 WEG) und „Maßnahmen der modernisierenden Instandsetzung" (§ 22 Abs. 3 WEG) gibt, stellt sich die Frage nach den Gemeinsamkeiten und Unterschieden. Die Gemeinsamkeit besteht im Begriff der Modernisierung: Er ist in beiden Fällen derselbe. Der Unterschied ergibt sich aus dem Begriff der Instandsetzung: Die modernisierende Instandsetzung setzt einen Instandsetzungsbedarf voraus; eine Modernisierung aus Anlass eines vorhandenen Instandsetzungsbedarfs ist daher eine modernisierende Instandsetzung gem. § 22 Abs. 3 WEG. Eine Modernisierung ohne (sowieso bestehenden) Instandsetzungsbedarf unterfällt hingegen § 22 Abs. 2 WEG. Die **Rechtsfolgen** der Unterscheidung sind erheblich: Die Beschlussfassung ist bei der „modernisierenden Instandsetzung" nämlich viel leichter als bei Modernisierungsmaßnahmen gem. § 22 Abs. 2 WEG. Maßnahmen der „modernisierenden Instandsetzung" können gem. § 21 Abs. 3 WEG mit **einfacher Mehrheit** beschlossen werden, während für „Modernisierungsmaßnahmen" das von § 22 Abs. 2 WEG geforderte höhere Quorum gilt. Die Frage, ob und wie die Beschlussfassung angekündigt und durchgeführt wird, wird unten (siehe Rn 559) erörtert.

543 Das Vorliegen eines Instandsetzungsbedarfs und die Absicht zur Durchführung einer Modernisierungsmaßnahme führen alleine noch nicht zur **Rechtmäßigkeit** des Beschlusses einer Maßnahme der modernisierenden Instandsetzung. Die Rechtsprechung entscheidet vielmehr im Einzelfall da-

---

[198] So zutreffend (und vom Verf. schon in der Vorauflage für richtig gehalten) BGH v. 27.4.2012 – V ZR 177/11, ZMR 2012, 713. Die früher h.M. war a.A., siehe nur OLG Braunschweig v. 8.2.2010 – 3 W 1/10, ZMR 2010, 626.
[199] BGH v. 17.2.2010 – VIII ZR 104/09, NZM 2010, 235.

rüber, wo die Grenze zwischen der dem Mehrheitsbeschluss zugänglichen „ordnungsmäßigen (modernisierenden) Instandsetzung" und der von der Zustimmung aller abhängigen baulichen Veränderung liegt. Dabei spielen u.a. folgende Gesichtspunkte eine Rolle: Die Funktionsfähigkeit der bisherigen Anlage, der finanzielle Aufwand und der zu erwartende wirtschaftliche Erfolg der beabsichtigten Maßnahme, die künftigen laufenden Kosten und die Umweltverträglichkeit. Wenn die Maßnahme gesetzlich gefordert oder gefördert wird, spricht dies grundsätzlich für eine modernisierende Instandsetzung. Insgesamt ist der Maßstab eines „vernünftigen, wirtschaftlich denkenden und erprobten Neuerungen gegenüber aufgeschlossenen Eigentümers" anzulegen. Nach h.M. wird darüber hinaus gefordert, dass mittels einer **Kosten-Nutzen-Analyse** nachzuweisen sei, dass die Mehrkosten der Maßnahme (also der „Modernisierungsanteil") sich in einem bestimmten Zeitraum (ca. 10 Jahre) **amortisieren;**[200] derartige Vorgaben sind vom Gesetz aber nicht gedeckt. Praktisch bedeutsame **Einzelfälle** werden nachfolgend aufgeführt:

Balkonsanierung. Die Installation von Leichtmetallgeländern anstelle von massiven Balkonbrüstungen kann eine modernisierende Instandsetzung darstellen.[201]

544

Dachsanierung. Die Instandsetzung erfordert nicht zwingend die Beibehaltung der alten technischen Baukonzeption. Die Abgrenzung ist unter Berücksichtigung technischer Neuerungen und gestiegener Anforderungen an die Wirtschaftlichkeit (insbesondere unter Berücksichtigung der zu erwartenden Heizkostenersparnis) zu ziehen. Die Gemeinschaft hat einen Ermessensspielraum, ob eine billigere Lösung mit kurzer Lebensdauer oder eine aufwändigere mit längerer Lebensdauer gewählt wird. Zulässig ist deshalb z.B. die Sanierung eines Flachdaches durch Anbringung eines Pultdaches aus Kupferblech.[202]

545

Fassadendämmung. Die Anbringung einer zusätzlichen Wärmedämmung im Zuge einer Fassadensanierung ist modernisierende Instandsetzung,[203] ohne dass es auf eine Kosten-Nutzen-Analyse ankommt, weil die Dämmung ohnehin gesetzlich gefordert ist.[204] Überzogen ist die Annahme, eine Fassadendämmung sei nur dann modernisierende Instandsetzung, wenn schwerwiegende Mängel der Fassade bereits größere Reparaturen oder ihre Erneuerung erforderten.[205] Eine komplette (statt teilweiser) Dämmung zwecks Vermeidung von Feuchtigkeit und Schimmelbildung ist ordnungsmäßig, auch wenn Probleme nur in einzelnen Wohnungen auftraten.[206]

546

Fernsehen, Umstellung auf Breitbandkabelanschluss (siehe Rn 472).

547

Heizungsanlage. Modernisierende Instandsetzung: Nachträglicher Einbau einer automatischen Regulierungsanlage für die Zentralheizung; Umrüstung einer sanierungsbedürftigen Ölheizung auf Gasbefeuerung;[207] Ersetzung einer nur mit unverhältnismäßigem Kostenaufwand reparaturfähigen zentralen Heizungsanlage (Wärmepumpenanlage) durch eine kostengünstigere Gasheizung;[208] Umstellung einer erneuerungsbedürftigen Ölheizung auf Fernwärme.[209] **Bauliche Veränderung**:

548

---

200 So leider BGH v. 14.12.2012 – V ZR 224/11, ZMR 2013, 292, Rn 17.
201 OLG München v. 14.11.2005 – 34 Wx 105/05, ZMR 2006, 302.
202 BayObLG v. 6.2.1990 – 2Z BR 104/89, WuM 1990, 234.
203 OLG Hamm v. 18.9.2006 – 15 W 88/06, ZMR 2007, 131; OLG Düsseldorf v. 8.11.2002 – 3 Wx 258/02, WuM 2003, 43.
204 BayObLG v. 25.9.2001 – 2Z BR 95/01, ZMR 2002, 209.
205 So aber OLG Schleswig v. 8.12.2006 – 2 W 111/06, ZMR 2007, 562.
206 OLG Frankfurt v. 15.11.2010 – 20 W 138/08, ZMR 2011, 737.
207 LG Koblenz v. 26.5.2009 – 2 S 52/08, ZWE 2009, 282; BayObLG v. 31.1.2002 – 2Z BR 165/01, ZWE 2002, 315.
208 KG v. 27.6.1994 – 24 W 7640/93, NJW-RR 1994, 1358.
209 LG Nürnberg/Fürth v. 28.7.2010 – 14 S 437/10, ZMR 2011, 750.

Die Umstellung von Fernwärme auf Zentralheizung[210] oder umgekehrt die Umstellung einer funktionstüchtigen Ölzentralheizung auf Fernwärme.[211]

E. Modernisierungsmaßnahmen

I. Grundlagen

549 Das vor der WEG-Novelle geltende Recht zementierte den baulichen status quo einer Eigentümergemeinschaft und verhinderte eine Anpassung an veränderte Umstände, weil es keine Beschlusskompetenz für Modernisierungsmaßnahmen gab. Diesen unerwünschten Zustand korrigierte die Rechtsprechung schon früh durch die Rechtskonstruktion der „modernisierenden Instandsetzung", die vom Reformgesetzgeber mit dem heutigen § 22 Abs. 3 WEG aufgegriffen wurde. Außerdem brachte die WEG-Novelle mit § 22 Abs. 2 WEG eine **Beschlusskompetenz** für „Maßnahmen, die der Modernisierung entsprechend § 555b Nr. 1 bis 5 BGB oder der Anpassung des gemeinschaftlichen Eigentums an den Stand der Technik dienen" – im Folgenden kurz „**Modernisierungsmaßnahmen**" genannt. Das Gesetz unterscheidet (leider) nicht zwischen Maßnahmen im **Allgemeininteresse** und solchen im **Individualinteresse**, die nur einzelnen Miteigentümern zugute kommen; die Beschlusskompetenz besteht in beiden Fällen. Der Unterschied zwischen „Modernisierungsmaßnahmen" und „Maßnahmen der modernisierenden Instandsetzung" besteht auf der Tatbestandsseite nur darin, dass letztere einen Instandsetzungsbedarf voraussetzen, auf der Rechtsfolgenseite darin, dass eine modernisierende Instandsetzung viel leichter beschlossen werden kann als eine Modernisierung, nämlich mit einfacher statt mit qualifizierter Mehrheit; das wurde oben (siehe Rn 542) schon erörtert. Die praktische Bedeutung der Beschlusskompetenz für Modernisierungsmaßnahmen gem. § 22 Abs. 3 WEG ist daher nicht besonders groß: Meistens steht eine Modernisierung nicht „aus heiterem Himmel" an, sondern wird aus Anlass eines ohnehin bestehenden Instandhaltungsbedarfs beschlossen; dann genügt für die Beschlussfassung die einfache Mehrheit gem. § 22 Abs. 3 WEG.

550 Eine vom allgemeinem Schlüssel des § 16 Abs. 2 WEG (Verteilung nach (Miteigentumsanteilen) abweichende **Kostenverteilung** ist nach Maßgabe des § 16 Abs. 4 WEG möglich, wenn dadurch dem unterschiedlichen Gebrauch durch die Wohnungseigentümer Rechnung getragen wird (siehe Rn 514).

551 Der **Begriff der Modernisierung** ergibt sich aus der Verweisung auf die Regelung in § 555b Nr. 1 bis 5 BGB,[212] wobei das Wort „Mietsache" im WEG als „Gebäude" oder „Wohnung" zu verstehen ist. Demnach sind Modernisierungsmaßnahmen solche baulichen Maßnahmen,
1. durch die in Bezug auf die Mietsache Endenergie oder nicht erneuerbare Primärenergie nachhaltig eingespart wird (energetische Modernisierung),
2. durch die auf sonstige Weise nicht erneuerbare Primärenergie nachhaltig eingespart oder das Klima nachhaltig geschützt wird,
3. durch die der Wasserverbrauch nachhaltig reduziert wird,
4. durch die der Gebrauchswert der Mietsache nachhaltig erhöht wird,
5. durch die die allgemeinen Wohnverhältnisse auf Dauer verbessert werden,

552 Die Variante der „Anpassung des gemeinschaftlichen Eigentums an den **Stand der Technik**" hat keinen nennenswerten eigenständigen Anwendungsbereiches. Es sind kaum Maßnahmen denkbar, die dem Stand der Technik entsprechen, ohne zugleich Modernisierungsmaßnahmen i.S.v. § 555b

---

210 OLG Frankfurt v. 30.12.1986 – 20 W 134/86, DWE 1987, 51.
211 OLG Düsseldorf v. 8.10.1997 – 3 Wx 352/97, ZMR 1998, 185.
212 In der Fassung des Mietrechtsänderungsgesetzes vom 13.12.2012, gültig seit dem 1.5.2013.

Nr. 1 bis 5 BGB zu sein. Der Gesetzgeber wollte aber sicherstellen, dass auch technische Verbesserungen des Hauses ohne konkret fassbare Erhöhung des Gebrauchswerts für alle Nutzer beschlossen werden könnten. Die Gesetzesbegründung führt als Beispiele die Installation von Parabolantennen an.[213] Als Anpassung an den Stand der Technik dürfte auch die Anbringung einer Sonnenschutz-Markise gelten.[214]

> *Beispiele* 553
> **Modernisierung**: Aufstellen eines Fahrradständers; Installation einer Gegensprechanlage;[215] Einbau eines Fahrstuhls;[216] Einbau neuer Kunststoff- bzw. Isolierglasfenster;[217] Anbau von Balkonen.[218] Nachdem § 555b Nr. 2 BGB seit dem 1.5.2013 auch Maßnahmen zur Einsparung nicht erneuerbarer Primärenergie bzw. generell klimaschützende Maßnahmen als Modernisierung einstuft, gehören dazu auch Blockheizkraftwerke (die nicht nur Wärme produzieren, sondern auch elektrischen Strom)[219] und Photovoltaikanlagen auf dem Dach.[220]
> **Keine Modernisierung**: Balkonverglasung bzw. Umbau zu Wintergarten.[221]

Maßnahmen zur Herstellung der **Barrierefreiheit** (siehe auch Rn 391) sind demgegenüber nach der Vorstellung des Gesetzgebers kein Anwendungsfall der Modernisierung gem. § 22 Abs. 2 WEG, da sie von vornherein nicht zustimmungspflichtig sind und daher auch keiner Beschlussfassung bedürfen.[222] Allerdings wird teilweise vertreten, dass bauliche Maßnahmen immer einen Eigentümerbeschluss erfordern; aus diesem Grund und zwecks präventiver Streitvermeidung ist einem Miteigentümer, der derartige Maßnahmen durchführen will, die Herbeiführung eines vorherigen Eigentümerbeschlusses anzuraten. Maßnahmen, die der Erfüllung öffentlich-rechtlicher Vorgaben dienen (z.B. nach der **EnEV**) gehören zur ordnungsmäßigen Verwaltung und nicht zu den Modernisierungsmaßnahmen (siehe Rn 689). 554

Allgemeine Fragen der **Beschlussfassung** (Vorbereitung, Finanzierung usw.) werden oben (siehe Rn 524) behandelt. Die **Durchführung** der Modernisierungsmaßnahmen müssen **Mieter** (nur dann) **dulden**, wenn die Maßnahmen ordnungsgemäß angekündigt wurden (§ 554 Abs. 3 BGB). Im Ausgangspunkt ist es Sache eines vermietenden Wohnungseigentümers dafür zu sorgen, dass die von der WEG beschlossenen Modernisierungsmaßnahmen von seinem Mieter nicht blockiert werden können; also muss der vermietende Wohnungseigentümer ihm die Modernisierung ordnungsgemäß ankündigen. Das stellt ihn in der Praxis meistens vor Probleme, denn die Details der Maßnahmen sind ihm regelmäßig nicht bekannt. Der WEG ist im Interesse einer reibungslosen Durchführung zu raten, die vermietenden Wohnungseigentümer dabei zu unterstützen. Dazu muss natürlich bekannt sein und ggf. erfragt werden, welche Wohnungen vermietet sind. Die WEG kann sodann den Verwalter beauftragen, die für die Ankündigung erforderlichen Daten zusammen- 555

---

213 BT-Drucks 16/887, 30.
214 Nach neuem Recht noch nicht entschieden.
215 LG München v. 29.7.1987 – 14 S 7397/87, WuM 1989, 27 (für das Mietrecht).
216 LG München v. 29.7.1987 (Vornote).
217 LG Düsseldorf v. 6.6.2012 – 25 S 8/12, ZMR 2012, 805: Bei einem Alter von 30 Jahren spricht bereits die allgemeine Erfahrung dafür, dass die beschlossene Gesamterneuerung aller Fenster ordnungsgemäßer Verwaltung entspricht; LG München I v. 27.4.2009 – 1 S 20171/08, ZMR 2009, 945.
218 AG Hannover v. 26.10.2010 – 483 C 3145/10, ZMR 2011, 334.
219 AG Pinneberg v. 26.4.2013 – 60 C 40/10, ZMR 2014, 160. Anders lautende Rspr. aus der Zeit vor der Mietrechtsreform ist überholt. Ausführlich *Greupner*, Das Blockheizkraftwerk in der WEG-Praxis, ZMR 2013, 1.
220 Ausführlich z.B. *Derleder*, Energetische Modernisierung, ZWE 2012, 65, 68.
221 AG Charlottenburg v. 26.10.2012 – 73 C 220/10, IMR 2013, 75. Es handelt sich um eine geradezu „klassische" bauliche Veränderung.
222 BT-Drucks 16/887, 30.

zustellen oder – zweckmäßiger Weise unter Hinzuziehung fachlicher Hilfe (Architekt, Rechtsanwalt) – ein Muster der Modernisierungsankündigung zu entwerfen und diese Unterlagen den vermietenden Wohnungseigentümern zur weiteren Verwendung zur Verfügung zu stellen. Die WEG kann stattdessen auch die Ansprüche der vermietenden Wohnungseigentümer durch Beschluss gem. § 10 Abs. 6 S. 3 Alt. 2 WEG an sich ziehen und die Maßnahmen anschließend selber gegenüber den Mietern ankündigen.[223]

II. Rechtmäßigkeitsvoraussetzungen

1. Materiell

556 Allgemein muss ein Beschluss über Modernisierungsmaßnahmen – wie alle Beschlüsse – ordnungsmäßiger Verwaltung entsprechen. Hier ist nach der Rspr. des BGH ein **großzügiger Maßstab** anzulegen: Es genügt, dass die Maßnahme aus der Sicht eines vernünftigen, wirtschaftlich denkenden und erprobten Neuerungen gegenüber aufgeschlossenen Wohnungseigentümers („Karlsruher Durchschnittseigentümer") eine sinnvolle Neuerung darstellt, die zur Erreichung der vorerwähnten Modernisierungsziele „voraussichtlich" geeignet ist.[224] Das für eine modernisierende Instandsetzung geltende Erfordernis der „Wirtschaftlichkeit", wonach sich die Maßnahme in überschaubarer Zeit amortisieren muss, gilt für Modernisierungsmaßnahmen nicht; allerdings dürfen die „Kosten bzw. Merkosten nicht außer Verhältnis zu dem erzielbaren Vorteil stehen",[225] was auch immer das genau bedeuten soll. Es ist nicht erforderlich, dass die Maßnahme aus der Rücklage finanziert werden kann. Der Schutz einer womöglich finanziell überforderten Minderheit wird im Einzelfall durch die nachfolgend dargestellten Regelungen sichergestellt.

Des Weiteren gelten gem. § 22 Abs. 2 WEG **besondere Rechtmäßigkeitsvoraussetzungen**.

557 Modernisierungsmaßnahmen dürfen die **Eigenart** der Wohnanlage **nicht ändern**. – Ob eine unzulässige Änderung der Eigenart der Wohnanlage vorliegt, ist immer eine Frage des Einzelfalls. Die Gesetzesbegründung[226] führt einige Beispiele von Maßnahmen auf, die nach Meinung des Gesetzgebers unzulässig sein **können**: Anbau oder Abriss von Gebäudeteilen, z.B. eines Wintergartens; Aufstockung des Hauses; Ausbau eines Dachbodens zu Wohnraum; „Luxussanierung" eines Hauses von bislang einfacher Wohnqualität; Asphaltierung einer größeren Grünfläche zur Herstellung von Stellplätzen. Diese Beispiele sind freilich wenig überzeugend. Aufstockung und Luxussanierung fallen schon kaum unter den Begriff der Modernisierung; der Dachbodenausbau und die Grünflächenasphaltierung überschreiten den von der Teilungserklärung vorgegebenen Bestimmungszweck, was auch Modernisierungsmaßnahmen nicht dürfen. Dass hingegen gerade der Anbau eines Wintergartens – eine beliebte und sinnvolle Modernisierung – als Beispiel möglicher Unzulässigkeit aufgeführt wird, ist bedenklich: Wenn die dadurch eintretende Änderung der Gebäudeoptik in den Vordergrund gestellt wird, wird der Spielraum für Modernisierungsmaßnahmen entgegen dem gesetzgeberischen Willen sehr eng.[227]

558 Modernisierungsmaßnahmen dürfen keinen Wohnungseigentümer gegenüber anderen **unbillig beeinträchtigen**. Dabei sind alle Umstände des Einzelfalls unter Berücksichtigung objektiver und subjektiver (personenbezogener) Gesichtspunkte zu gewichten. Umstände, die zwangsläufig mit

---

223 *Lehmann-Richter*, Duldungspflichten des Mieters bei Baumaßnahmen der WEG, WuM 2013, 82.
224 BGH v. 14.12.2012 – V ZR 224/11, ZMR 2013, 292, Rn 10; BGH v. 18.2.2011 – V ZR 82/10, NJW 2011, 1221.
225 BGH v. 14.12.2012 (Vornote).
226 Beispiele nach der Begründung des Gesetzentwurfs a.a.O. (Vornote).
227 Das AG Konstanz (Urt. v. 13.3.2008 – 12 C 17/07, ZMR 2008, 494) hob unter Hinweis auf den Gesetzgeber einen entsprechenden Modernisierungsbeschluss (Wintergarten, Außenaufzug u.a.) auf, mit der ergänzenden Begründung, die Gebrauchswerterhöhung der Wohnungen sei nicht nachhaltig.

der Modernisierung verbunden sind, sind grundsätzlich hinzunehmen.[228] Zwar ist die Schwelle, ab der der bauliche Veränderungen als erhebliche Beeinträchtigung anzusehen sind, niedrig anzusetzen (siehe Rn 400); diese Schwelle soll nach dem ausdrücklichen gesetzgeberischen Willen bei Modernisierungsmaßnahmen aber **heraufgesetzt** werden. Das gilt richtiger Ansicht nach auch für die mit der Maßnahme verbundenen Kosten; auch die finanzielle Überforderung eines Miteigentümers kann keine „Unbilligkeit begründen.[229]

2. Formell, insbesondere: Die Beschlussfassung

Für Beschlüsse über Modernisierungsmaßnahmen gilt ein besonderes Quorum: Es muss eine **Mehrheit von 3/4** aller stimmberechtigten Wohnungseigentümer i.S.d. § 25 Abs. 2 WEG und mehr als der Hälfte aller Miteigentumsanteile zustimmen. Die Mehrheit von 3/4 aller stimmberechtigten Wohnungseigentümer ist – vorbehaltlich der nachfolgend erörterten Ausnahme – nach dem „Kopfprinzip" (zum Kopfprinzip siehe Rn 828) zu ermitteln:[230] Demnach hat jeder Miteigentümer eine Stimme (auch wenn ihm mehrere Wohnungen gehören). Bei der Anzahl „aller Wohnungseigentümer" bzw. „aller Miteigentumsanteile" kommt es auf die tatsächliche Gesamtzahl und nicht auf die in der Versammlung vertretenen Eigentümer/Miteigentumsanteile an. Ist ein Wohnungseigentümer vom Stimmrecht ausgeschlossen (z.B. weil er selber mit der Durchführung der Maßnahme beauftragt werden soll, § 25 Abs. 5 WEG), ist er nicht mitzuzählen. Gilt bei einer Mehrhausanlage ein Blockstimmrecht (siehe Rn 1170), ist für die Berechnung des Quorums nur auf dessen Inhaber abzustellen. Fraglich ist, ob die Beschlussfassung über eine Modernisierungsmaßnahme als solche besonders **anzukündigen** ist.

559

Beispiel
Eine Wärmedämmung der Fassade soll durchgeführt werden. Ob die Fassade sanierungsbedürftig ist (= Voraussetzung der modernisierenden Instandhaltung), ist Ansichtssache und nicht eindeutig zu beurteilen.

560

Für die Ankündigung der Beschlussfassung in der **Tagesordnung** genügt der Gegenstand der Beschlussfassung, also im Beispielsfall der TOP: „Wärmedämmung der Fassade". Es muss nicht angekündigt werden, ob oder dass der dazu erforderliche Beschluss eine Modernisierung oder eine modernisierende Instandsetzung darstellt und welche Mehrheiten dazu erforderlich sind. Wenn aber (anders als im Beispiel) schon feststeht, dass es sich um eine Modernisierung handelt, sind Erläuterungen im Einladungsschreiben hinsichtlich der erforderlichen Mehrheiten **sinnvoll**, und zwar schon deshalb, um die Miteigentümer zu zahlreichem Erscheinen zu motivieren.

561

Bei der **Abstimmung** über die Maßnahme sollte der Verwalter **im Voraus** klarstellen, ob sie eine Modernisierung gem. § 22 Abs. 2 WEG oder eine modernisierende Instandhaltung gem. § 22 Abs. 3 WEG zum Gegenstand hat. Das liegt in seinem eigenen Interesse, weil er ansonsten bei der Entscheidung, ob der Beschluss zustande gekommen ist oder nicht, alleine die Verantwortung für die zutreffende rechtliche Einordnung der Maßnahme übernehmen würde: Denn er muss ja entscheiden, ob der Beschluss zustande gekommen ist oder nicht. Das Fehlen einer vorhergehenden

562

---

228 BGH v. 18.2.2011 – V ZR 82/10, NJW 2011, 1221.
229 So zutreffend *Jennißen/Hogenschurz*, § 22, Rn 74; AG München v. 19.2.2009 –483 C 1226/08, Rn 25: „Die Entscheidung der Sanierung und Finanzierung von Gemeinschaftseigentum nach dem WEG hängt nicht davon ab, ob die Mitglieder der WEG Geld haben. Ggf. müssen sie Kredite aufnehmen". Die Lit. ist teilweise a.A. bzw. unklar. Die Gesetzesbegründung erwähnt leider ausdrücklich, eine Modernisierung könne unbillig sein, wenn „ein Miteigentümer wegen der Kosten von Modernisierungsmaßnahmen gezwungen würde, sein Wohnungseigentum zu veräußern"; das ist aber widersprüchlich und nicht ausschlaggebend.
230 LG Köln v. 4.10.2012 – 29 S 91/12, ZMR 2013, 134, Rn 28; LG Stuttgart v. 29.6.2011 – 10 S 19/10, ZMR 2012, 399; unstr.

Klarstellung ist aber für sich genommen kein zur Anfechtung berechtigender Formfehler. Wenn im vorstehenden Beispielsfall die Ja-Stimmen das Quorum des § 22 Abs. 2 WEG erreichen, kann der Verwalter das Zustandekommen des Beschlusses verkündigen und offen lassen, ob es sich um eine Modernisierung oder modernisierende Instandsetzung handelt; denn so oder so ist die erforderliche Mehrheit erreicht.

563 Wenn das Quorum für eine Modernisierung gem. § 22 Abs. 2 WEG im Beispielsfall in einem ersten Wahlgang *nicht* erreicht wurde, darf der Verwalter nicht einfach auf § 22 Abs. 1 oder Abs. 3 WEG „umswitchen" und, weil eine einfache Mehrheit erreicht wurde, einen „Zitterbeschluss" verkünden. Vielmehr sollte er eine weitere Abstimmung zum gleichen Gegenstand durchführen, die diesmal aber explizit als modernisierende Instandhaltung bezeichnet wird. Um einem Haftungsrisiko zu entgehen, sollte der Verwalter darauf hinweisen, dass nicht mit Sicherheit gesagt werden kann, ob die rechtlichen Voraussetzungen der modernisierenden Instandhaltung vorliegen. Wenn sich in der Abstimmung dann eine (einfache) Mehrheit für die Maßnahme ausspricht, hat er das Zustandekommen des Beschlusses zu verkünden. Da sich die Gemeinschaft nicht sicher ist, ob der Beschluss rechtmäßig ist oder nicht, handelt sich gewissermaßen um einen „potentiellen Zitterbeschluss".

564 Die vorstehende Variante leitet zu der Frage über, ob ein Beschluss über eine Modernisierungsmaßnahme, der das erforderliche Quorum verfehlt, **anfechtbar** oder **nichtig** ist, sprich: Ob eine Modernisierung als „Zitterbeschluss" möglich ist, der nach Ablauf der Anfechtungsfrist bestandskräftig wird. Das ist nach zutreffender h.M. zu bejahen.[231] Nach der Gegenauffassung wird die Beschlusskompetenz nur unter der zwingenden Voraussetzung des Erreichens des Quorums gewährt, sodass der Beschluss nichtig ist.[232]

F. Sonderfragen

I. Empfehlungen zur Beschlussfassung bei baulichen Veränderungen

565 Beschlüsse über bauliche Veränderungen der oben (siehe Rn 381) sog. dritten Kategorie (die der Zustimmung aller Miteigentümer bedürfen) kommen i.d.R. nicht rechtmäßig zustande. Die meistens erforderliche Allstimmigkeit scheitert häufig schon daran, dass an der Eigentümerversammlung nicht sämtliche Miteigentümer teilnehmen. Die vorherige Beschlussfassung liegt trotzdem häufig im Interesse der Beteiligten. Das liegt auf der Hand, wenn es um Maßnahmen geht, die die Gemeinschaft durchführen will, denn solche sind ohne entsprechenden Beschluss gar nicht möglich. Das gilt aber auch für den nachfolgend besprochenen Beschluss der Baumaßnahmen, die ein einzelner Miteigentümer im Eigeninteresse durchführen will.

566 *Beispiel*
Miteigentümer A will auf der ihm zur Sondernutzung zugewiesenen Gartenfläche ein **Gartenhäuschen** aufstellen. Dies stellt keine Modernisierungsmaßnahme i.S.v. § 22 Abs. 2 WEG dar und bedürfte deshalb der Zustimmung aller Miteigentümer. A beantragt in der Eigentümerversammlung einen zustimmenden Beschluss, der mehrheitlich gefasst wird. Der Beschluss wird mit einigen Auflagen verbunden, die u.a. den Ort, die Größe und die Ausführung des Gartenhäuschens betreffen. – Der Beschluss ist zwar rechtswidrig („Zitterbeschluss"), aber nicht nichtig und für alle Beteiligten sinnvoll. Die Gemeinschaft, die mehrheitlich keine prinzipiellen

---

[231] LG München I v. 20.9.2010 – 36 S 12740/10, ZWE 2011, 102.
[232] LG Hamburg v. 24.6.2009 – 318 S 150/08, ZMR 2009, 872; *Derleder*, ZWE 2008, 253, 258.

Einwände gegen die Maßnahme hat, kann dadurch auf die Ausführung Einfluss nehmen. Und A hat den Vorteil, dass seine Baumaßnahme bei Bestandskraft des Beschlusses dauerhaft rechtmäßig wird.

Der bauwillige Miteigentümer muss sich aber gut überlegen, ob er einen Zustimmungsbeschluss zu seiner beabsichtigten Baumaßnahme beantragt. Es droht ein „Eigentor", wenn sein Antrag **abgelehnt** wird: Mit Bestandskraft des Ablehnungsbeschlusses steht die Rechtswidrigkeit der Maßnahme fest (siehe Rn 411). Baut er hingegen ohne Beschluss, müssten Miteigentümer, die sich davon gestört fühlen und den Rückbau verlangen, aktiv werden und vor Gericht ziehen; das kostet Zeit und Geld und ist – wie jede gerichtliche Klage – mit Risiko verbunden. Kommt im Rückbauprozess heraus, dass die Maßnahme materiell rechtmäßig war und der „Bauherr" einen Anspruch auf Zustimmung hat, wird die Rückbauklage abgewiesen (siehe Rn 384). Erfahrungsgemäß nehmen die Miteigentümer auch zweifelhafte oder rechtswidrige Maßnahmen lieber hin, als sich auf einen Rechtsstreit einzulassen; das ist genau die Rechtslage, die der Gesetzgeber eigentlich ändern wollte (es aber nicht getan hat, siehe Rn 382). Auf der anderen Seite geht der „Bauherr" bei Durchführung der Maßnahme ohne Beschluss das Risiko ein, kostenpflichtig zum Rückbau verurteilt zu werden; erst nach Ablauf der Verjährungsfrist (siehe Rn 494) hat er Rechtssicherheit.

567

Wenn ein Miteigentümer einen Zustimmungsbeschluss zu einer geplanten baulichen Maßnahme erwirken möchte, muss das Thema auf die **Tagesordnung** der nächsten WEG-Versammlung. Der Verwalter muss dem entsprechenden Antrag des Eigentümers nachkommen und kann ihn nicht statt dessen darauf verweisen, außerhalb der Eigentümerversammlung die erforderlichen Zustimmungen einzuholen; denn es kann ja sein, dass der Miteigentümer gem. § 22 Abs. 1 WEG einen Anspruch auf den Zustimmungsbeschluss hat. Steht das Thema – egal aus welchen Gründen – nicht auf der Tagesordnung, kann der bauwillige Miteigentümer noch in der Versammlung per Geschäftsordnungsbeschluss eine Ergänzung der Tagesordnung herbeiführen. Die Rechtmäßigkeit der Beschlussfassung hängt dann jedenfalls nicht von der (fehlenden) Ankündigung ab und zwar aus folgendem Grund: Sind sämtliche Eigentümer in der Versammlung anwesend und stimmen zu, ist der Beschluss wegen des wirksamen Formverzichts (siehe Rn 736) auch ohne Ankündigung rechtmäßig. Sind nicht alle Eigentümer anwesend, ist der Beschluss schon wegen der fehlenden Allstimmigkeit rechtswidrig, ohne dass es auf die fehlende Ankündigung ankommt.

568

Teilweise wird die Ansicht vertreten, der Versammlungsleiter dürfe das **Zustandekommen eines Beschlusses** nur bei dessen Rechtmäßigkeit feststellen (allgemein dazu siehe Rn 863). Bei baulichen Veränderungen müssten also die Zustimmungen aller Miteigentümer – soweit erforderlich – vorliegen. Wenn das nicht der Fall ist, müsste der Verwalter nach dieser Auffassung gar kein Beschlussergebnis oder – trotz Stimmenmehrheit – die Ablehnung des Beschlussantrags feststellen, um es gar nicht erst zu einem „Zitterbeschluss" kommen zu lassen.[233] Diese Auffassung ist jedoch abzulehnen und hat sich auch nicht durchgesetzt.

569

Tipp
Will die Gemeinschaft per (Zitter-)Beschluss einer baulichen Maßnahme zugunsten eines einzelnen Miteigentümers zustimmen, ist eine sorgfältige Vorbereitung erforderlich.

570

---

233 BGH v. 23.8.2001 – V ZB 10/01, ZMR 2001, 809, obiter dictum; LG München I v. 27.4.2009 – 1 S 19129/08, ZMR 2009, 874.

571 *Übersicht*

a) Die Maßnahme ist **genau zu bezeichnen**. Wenn sich weder aus dem Protokoll, noch aus Anlagen zum Protokoll (Planskizzen, Architektenplan, usw.) Ort, Art und Ausmaß der baulichen Veränderung ergeben, ist der Gestattungsbeschluss schon aus diesem Grund wegen fehlender Bestimmtheit nichtig[234] oder rechtswidrig.[235] Nur wenn die Maßnahme bereits für jeden sichtbar durchgeführt wird und durch den Beschluss nur noch „legalisiert" werden soll, sollen an die Beschreibung keine hohen Anforderungen zu stellen sein.[236]

b) Im Beschluss ist vorzusehen, dass der betreffende Miteigentümer die mit der baulichen Maßnahme verbundenen **Kosten und Folgekosten** trägt (siehe Rn 506).

c) Die Durchführung der baulichen Maßnahme ist mit **Auflagen** zu verbinden, z.B. folgende:
- Bezugnahme auf eine Skizze oder Architektenplan;
- Vorlage einer Baugenehmigung oder anderweitigen fachlichen Bestätigung (z.B. vom Architekten oder Statiker), dass die Baumaßnahme ohne Gefahr für das Haus durchgeführt werden kann;
- Einhaltung aller öffentlich-rechtlichen Vorgaben;
- Abschluss einer ausreichenden Versicherung gegen alle durch den Ausbau verursachten Schäden am Gemeinschaftseigentum sowie dem Sondereigentum der anderen Miteigentümer;
- Beweissicherung vor Baubeginn sowie nach Beendigung der Bauarbeiten durch einen öffentlich bestellten Sachverständigen;
- Vorlage eines Bauzeitenplans; Festlegung der zulässigen Arbeitszeiten; Pflicht zur Reinigung der Gemeinschaftsflächen;
- Recht und Pflicht des Verwalters, die Einhaltung der Auflagen zu überwachen.

572 *Tipps für Verwalter*
- Um einem Haftungsrisiko zu entgehen, sollte der Verwalter an einem Zitterbeschluss nur mitwirken, wenn er die Miteigentümer vorher auf das Anfechtungsrisiko hingewiesen hat und diese trotzdem auf der Abstimmung bestehen; ob dieser Hinweis auch noch im Protokoll vermerkt werden sollte (mit dem Risiko, dass dadurch eine Beschlussanfechtung überhaupt erst „provoziert" wird) ist Anschauungssache.
- Im Protokoll ist namentlich festzuhalten, wer der baulichen Maßnahme zugestimmt hat.

II. Bauliche Maßnahmen und öffentliches Baurecht

1. Bauliche Maßnahmen am Gemeinschaftseigentum

573 Die Vorschriften des **öffentlichen Baurechts** (konkret: die Landesbauordnungen, insbesondere die Vorschriften über die Abstandsflächen) finden **keine** unmittelbare **Anwendung**, wenn es um die Rechtmäßigkeit baulicher Maßnahmen oder bestimmter Nutzungen innerhalb einer Eigentümergemeinschaft geht. Daher steht den Miteigentümern gegen die einem Wohnungseigentümer erteilte **Baugenehmigung** kein öffentlich-rechtlicher Rechtsschutz zu.

---

234 LG Berlin v. 5.5.2013 – 55 S 52/12, ZWE 2014, 40.
235 OLG München v. 30.11.2005 – 34 Wx 56/05, ZMR 2006, 230.
236 OLG Düsseldorf v. 2.11.2004 – 3 Wx 234/04, ZMR 2005, 143; str. und abzulehnen.

Beispiel 574
Miteigentümer A beantragt und erhält für seine Gewerbeeinheit die (Bau-)Genehmigung des Baurechtsamtes für die Nutzungsänderung von einem Laden in eine Gaststätte. Miteigentümer B legt gegen die Baugenehmigung Widerspruch ein und erhebt nach dessen Zurückweisung Anfechtungsklage zum Verwaltungsgericht. – Ohne Erfolg. **Klage** und **Widerspruch** sind mangels Klage- bzw. Widerspruchsbefugnis **unzulässig**. Das Wohnungseigentumsgesetz schließt öffentlich-rechtliche Nachbarschutzansprüche innerhalb der Eigentümergemeinschaft aus.[237] (Zum selben Problem unter dem Gesichtspunkt der zulässigen Nutzung siehe Rn 294. Das Ergebnis ist nicht überzeugend; der effektive Rechtsschutz bleibt in der Praxis aufgrund letztlich formal-dogmatischer Argumentation auf der Strecke.) Über die Rechtmäßigkeit von baulichen Veränderungen, störenden Nutzungen oder Nutzungsänderungen entscheidet im Streitfall allein das Wohnungseigentumsgericht. Daran ändert die bestandskräftige Baugenehmigung nichts: Da sie unbeschadet der Rechte Dritter ergeht, kann sich B im WEG-Verfahren gegen ihre Ausnutzung wehren.[238]

Damit ist das öffentliche Baurecht innerhalb der Gemeinschaft aber nicht bedeutungslos. Der notwendige Schutz der Wohnungseigentümer untereinander muss vielmehr im Rahmen des § 22 Abs. 1 WEG sichergestellt werden: Bei der Frage, ob eine bauliche Veränderung einen **Nachteil** i.S.v. § 22 Abs. 1 WEG begründet (oder nicht), kommt den öffentlich-rechtlichen Bestimmungen **besondere Bedeutung** zu.[239] Das merkwürdige Ergebnis ist somit, dass im (WEG-internen) Streitfall das Amtsgericht fachfremd die materielle Rechtmäßigkeit von Bauvorhaben nach den Landesbauordnungen überprüfen muss.[240] Das gilt auch dann, wenn bei einer **Mehrhausanlage** die einzelnen Häuser nach der Teilungserklärung so behandelt werden sollen, als ob sie durch eine Realteilung getrennt wären: Dann sind bauliche Maßnahmen zustimmungsfrei möglich, die öffentlich-rechtlich zulässig wären, wenn es sich um zwei nebeneinander liegende Grundstücke handeln würde.[241] 575

2. Bauliche Maßnahmen auf dem Nachbargrundstück

Nachbarn im Sinne der Landesbauordnungen sind alle Miteigentümer; es ist nicht die Gemeinschaft. Nachbarbezogene **Zustellungen** (z.B. die Genehmigung des nachbarlichen Bauvorhabens) sind also nicht an die Gemeinschaft, sondern an die Miteigentümer zu richten;[242] der Verwalter ist insoweit zur Entgegennahme von Erklärungen und Zustellungen befugt (§ 27 Abs. 2 Nr. 1 WEG, siehe Rn 1524). 576

Wenn sich ein Sondereigentümer von der Baumaßnahme auf dem Nachbargrundstück gestört fühlt, z.B. weil die Fenster seiner Wohnung dadurch verschattet werden, stellt sich die Frage, ob er alleine (ohne Mitwirkung der Gemeinschaft) gegen die Baugenehmigung vorgehen kann. Nach allgemeinen öffentlich-rechtlichen Grundsätzen muss er dazu die Verletzung eigener subjektiver Rechte geltend machen; die bloße (Mit-)Betroffenheit als Miteigentümer genügt nicht. Die nach Ansicht des Sondereigentümers durch die Baugenehmigung verletzte Vorschrift darf also nicht nur dem Schutz des Gemeinschaftseigentums dienen, sondern muss – zumindest auch – den **Schutz** 577

---

237 BVerwG v. 12.3.1998 – 4 C 3/97, NVwZ 1998, 954; OVG Koblenz v. 10.7.2007 – 8 A 10279/07, NZM 2007, 776; VG Hamburg v. 5.4.2011 – 11 K 1866/10, ZWE 2012, 147; VG München v. 10.1.2011 – M 8 K 10.3187, ZWE 2011, 294.
238 VGH Bayern v. 8.3.2013 – 15 CE 13.236, IMR 2013, 247.
239 BVerfG v. 22.12.2004 – 1 BvR 1806/04, ZMR 2005, 634.
240 BayObLG v. 12.8.2004 – 2Z BR 148/04, ZWE 2005, 220; BayObLG v. 19.5.2004 – 2Z BR 67/04, ZMR 2004, 212.
241 LG Itzehoe v. 10.3.2009 – 11 S 30/08, ZMR 2009, 480.
242 BGH v. 12.12.2006 – I ZB 83/06, NZM 2007, 164.

des **Sondereigentums** bezwecken, wie es z.B. bei der Verletzung von Abstandsflächenvorschriften i.d.R. der Fall ist. (Nur) dann ist der Sondereigentümer aus eigenem Recht zum Widerspruch oder zur öffentlich-rechtlichen Nachbarklage befugt.[243] In allen anderen Fällen ist es **Sache der Gemeinschaft**, gegen die Baugenehmigung vorzugehen und die Verletzung nachbarschützender Bestimmungen des öffentlichen Baurechts geltend zu machen;[244] für diese Angelegenheit der Verwaltung des gemeinschaftlichen Eigentums besteht Beschlusskompetenz.

578 Durch Beschluss der Gemeinschaft können individuelle Rechte des Sondereigentümers nicht eingeschränkt werden; dafür bestünde keine Beschlusskompetenz. Auch ein Beschluss zur Übernahme einer **Baulast** auf das gemeinschaftliche Grundstück zugunsten des Nachbargrundstücks (z.B. wegen fehlender Abstandsfläche, sog. Bauwich, zum Nachbarbauwerk) wäre mangels Beschlusskompetenz nichtig; eine Baulast kann nur durch Erklärung aller Miteigentümer übernommen werden.[245]

III. Ersatzansprüche von Miteigentümern nach baulichen Veränderungen

579 Mitunter werden nützliche bauliche Maßnahmen am Gemeinschaftseigentum von einzelnen Eigentümern „**gutgläubig**" auf eigene Kosten vorgenommen. Ursache dafür kann schlichte Rechtsunkenntnis oder ein vor der Entscheidung des BGH vom 20.9.2000 (siehe Rn 127) gefasster Beschluss der Gemeinschaft sein, der nach jetziger Erkenntnis nichtig ist. Insbesondere der **Fenstertausch** ist ein regelrechter „Regressklassiker".

580 *Beispiel*
Im Jahr 1983 wird in einer Gemeinschaft folgender Beschluss gefasst: „Die Instandhaltung und ggf. der Austausch von Fenstern ist von den Wohnungseigentümern auf eigene Kosten zu veranlassen, in deren räumliche Bereich sich die Fenster befinden". In den folgenden Jahren lässt A die verrotteten alten Holzfenster seiner Wohnung gegen neue Isolierglasfenster auswechseln. Im Jahr 2008 verlangt A von der Gemeinschaft Kostenersatz; per Beschluss wird ihm eine Pauschalzahlung bewilligt. Zu Recht?

581 Der Beschluss, dass Fenster vom jeweiligen Sondereigentümer auf eigene Kosten ausgetauscht werden, ist **nichtig**.[246] Leider und entgegen immer noch verbreiteter Übung gibt es keine Möglichkeit, per Beschluss die Instandhaltungslast für Teile des Gemeinschaftseigentums auf die einzelnen Wohnungseigentümer zu verlagern. Die anderen Miteigentümer sind durch den Einbau der Fenster in das Gemeinschaftseigentum also ohne Rechtsgrund bereichert (§§ 812, 946, 951 BGB), sofern feststeht, dass die Fenster erneuerungsbedürftig waren.[247] Dem A sind die objektiv erforderlichen Kosten des Fenstereinbaus zu ersetzen, weil die Gemeinschaft in dieser Höhe eigene Kosten erspart hat.[248] Falls die Gemeinschaft den Einbau aufgrund besonderer Umstände günstiger hätte bewirken können, sind nur diese Kosten erspart und zu ersetzen.[249] Der Anspruch richtet sich zwar

---

243 VGH München v. 12.7.2012 – 2 B 12.1211, IMR 2013, 42, Rn 21; VG München v. 14.11.2011 – M 8 K 10.5417, ZWE 2012, 294.
244 VGH München v. 8.7.2013 – 2 CS 13.807, ZWE 2013, 382 betr. den „Gebietserhaltungsanspruch" (str.).
245 Zutreffend OLG Hamm v. 13.11.1990 – 15 W 330/90, NJW-RR 1991, 338. BGH v. 6.11.2009 – V ZR 73/09, ZMR 2010, 210 hielt einen solchen Beschluss analog § 22 Abs. 1 WEG lediglich für anfechtbar; zutreffende Kritik bei *Hügel*, ZMR 2011, 182.
246 BGH v. 26.10.2012 – V ZR 7/12, ZWE 2013, 49, Rn 19; OLG München v. 23.8.2006 – 34 Wx 90/06, ZMR 2006, 952; AG Nürtingen v. 8.10.2012 – 19 C 972/12, ZWE 2013, 184; s.a. die Folgenoten.
247 Ein verfrühter Fensteraustausch hat keine Ersatzansprüche zur Folge (OLG Hamburg v. 4.12.2009 – 2 Wx 34/09, ZMR 2010, 388).
248 BayObLG v. 14.8.2003 – 2Z BR 112/03, ZMR 2003, 951.
249 OLG Hamburg v. 21.3.2002 – 2 Wx 103/99, ZMR 2002, 618.

formal gegen die Miteigentümer und nicht gegen die Gemeinschaft (siehe Rn 1622); es entspricht aber ordnungsmäßiger Verwaltung, wenn die Gemeinschaft darüber Beschluss fasst, ob und in welcher Höhe dem A Kosten aus Gemeinschaftsmitteln erstattet werden.[250] Insbesondere sind Pauschalzahlungen rechtmäßig, weil die Gemeinschaft dadurch aufwändige Feststellungen spart und zur Befriedung des Gemeinschaftsverhältnisses beiträgt.[251] Das gilt auch vor dem Hintergrund, dass die Ersatzansprüche des A bereits **verjährt** sind. (Die gem. § 199 Abs. 1 BGB für den Verjährungsbeginn maßgebliche Kenntnis vom Anspruch dürfte in zeitlicher Nähe der BGH-Entscheidung vom 20.9.2000 (siehe Rn 127) anzusiedeln sein; daher sind Ersatzansprüche grundsätzlich schon seit dem 1.1.2004 verjährt.) Denn die Gemeinschaft **muss** sich nicht auf die Verjährung berufen; die Berufung wäre sogar treuwidrig.[252]

Anders verhält es sich, wenn eine bauliche Maßnahme (insbesondere **Sanierungsmaßnahmen**) in Kenntnis des fehlenden Rechtsgrundes oder in sonstiger Weise **eigenmächtig** vorgenommen wurde.

582

Beispiele
a) In der Wohnung des A sind einige Fenster dringend sanierungsbedürftig. Der Verwalter weigert sich, tätig zu werden. A lässt die Fenster auf eigene Kosten austauschen.

b) *Variante:* A lässt nach Feuchtigkeitsschäden in seiner Wohnung Sanierungsmaßnahmen am Gemeinschaftseigentum durchführen.

c) *Variante:* A stellt in seiner – zu einem Altbau gehörenden – Wohnung eine bislang fehlende Trittschallisolierung her. Er verlangt anschließend von den Wohnungseigentümern Kostenersatz. – In allen Varianten ohne Erfolg. I.d.R. ist nämlich davon auszugehen, dass die Wohnungseigentümer von ihrem Recht Gebrauch machen wollen, an Entscheidungen über Instandsetzungsmaßnahmen beteiligt zu werden, so dass eigenmächtige Instandhaltungsmaßnahmen nicht ihrem mutmaßlichen Willen entsprechen.[253] Soweit also nicht ausnahmsweise die Voraussetzungen der **Notgeschäftsführung** (§ 21 Abs. 2 WEG; siehe Rn 1632) zur Abwehr eines dem Gemeinschaftseigentum unmittelbar drohenden Schadens vorliegen (was von A darzulegen und zu beweisen wäre), kann für eigenmächtig getroffene Baumaßnahmen **kein Ersatz verlangt** werden.[254] A hätte die Sanierungsmaßnahmen auf einer – ggf. eigens zu diesem Zweck einberufenen – Eigentümerversammlung zur Beschlussfassung stellen müssen.

Für einen unrechtmäßigen **Ausbau gemeinschaftlicher Räumlichkeiten** kann ebenfalls kein Ersatz verlangt werden; im Gegenteil müssen die Räumlichkeiten sowie die gezogenen Nutzungen an die Gemeinschaft herausgegeben werden (siehe Rn 589).

583

IV. Der nachträgliche Ausbau von Dachgeschossen

Vor allem ältere Häuser verfügen häufig über einen nicht ausgebauten Dachboden oder Speicher (im Falle eines Steildachs auch „Spitzboden" genannt). Wird ein solches Haus (nachträglich) nach dem WEG aufgeteilt, kann am Dachboden kein gesondertes Wohnungseigentum begründet werden, weil die dafür erforderlichen, die Führung eines Haushalts ermöglichenden Ausstattungs-

584

---

250 AG Neuss v. 9.11.2001 – 27 C II 205/01, NZM 2002, 31.
251 OLG Düsseldorf v. 26.5.2008 – 3 Wx 271/07, ZMR 2008, 732.
252 OLG Düsseldorf v. 5.12.2008 – 3 Wx 158/08, ZMR 2009, 303.
253 OLG Hamburg v. 24.7.2006 – 2 Wx 4/05, ZMR 2006, 791.
254 Die rechtlichen Begründungen sind vielfältig. Zu a) KG v. 10.1.2005 – 24 W 283/03, ZMR 2005, 402; zu b) OLG Hamburg v. 24.7.2006 (Vornote) und BayObLG v. 4.11.1999 – 2Z BR 106/99, ZMR 2000, 187; zu c) OLG Hamburg v. 16.11.2006 – 2 Wx 35/05, ZMR 2007, 129; OLG Celle v. 2.2.2005 – 4 W 4/05, NZM 2005, 379.

merkmale fehlen. Um einen späteren Ausbau zur Wohnung zu ermöglichen und die „ausbaufähigen" Räume veräußern zu können, begründet der aufteilende Eigentümer häufig Teileigentum an den zum Ausbau geeigneten Räumlichkeiten und sieht in der Teilungserklärung ein **Ausbaurecht** vor. Zum Ausbaurecht ist in Kürze Folgendes zu erwähnen: Es sollte möglichst detailliert ausgestaltet sein, denn je pauschaler und undifferenzierter die Regelung ist, desto größer ist die Gefahr, dass sie ihren Zweck verfehlt und bestimmte Maßnahmen nicht abdeckt.[255] Zu regeln ist die bauliche Veränderung als solche, das Nutzungsrecht (inkl. der erforderlichen Änderung der Zweckbestimmung, d.h. die Umwandlung von Teil- in Wohnungseigentum), die Folgekosten sowie ggf. die Anpassung des Kostenverteilungsschlüssels. In den einschlägigen Formularbüchern gibt es Muster, auf die hier verwiesen wird.[256] (Muster zur „Legalisierung" einer Wohnungsvergrößerung in das Treppenhaus siehe Rn 216.) Unklare Regelungen (z.B. Ausbaurecht „im Rahmen der baurechtlichen Bestimmungen nach noch einzuholender Baugenehmigung" sorgen hier (wie immer) für (Auslegungs-)Schwierigkeiten.[257] Auch wenn die Regelung der Teilungserklärung keine Aussage dazu trifft, sollen etwaige bauliche **Folgekosten** eines zulässigen Ausbaus den ausbauenden Wohnungseigentümer treffen;[258] ergänzend kann ein entsprechender Beschluss gem. § 16 Abs. 4 WEG gefasst werden. Und wenn die Teilungserklärung keine Aussage zur **Anpassung** des **Kostenverteilungsverteilungsschlüssels** trifft, kommt ein Anspruch der übrigen Miteigentümer auf Änderung der Gemeinschaftsordnung in Betracht (siehe Rn 232); besser sind aber in jedem Fall klare Regelungen in der Gemeinschaftsordnung hierzu.

585 Oftmals sieht die Teilungserklärung/ Gemeinschaftsordnung aber kein Ausbaurecht und trifft überhaupt **keine Regelung** zum Dachboden. Das ist vor allem dann misslich, wenn der Dachboden räumlich und/oder rechtlich nur einer Wohnung zugeordnet ist und zum Ausbau geradezu „einlädt"; manchmal wird eine Wohnung in solchen Fällen trotz fehlenden Ausbaurechts sogar „mit ausbaufähigem Dachboden" verkauft. (Zur Haftung des Verkäufers in solchen Fällen siehe Rn 1721.) Der **eigenmächtige**, aber auch der erlaubte oder nachträglich genehmigte **Dachgeschossausbau** können zahlreiche Probleme aufwerfen, die in den nachfolgenden Beispielsfällen erörtert werden.

586 **Grundfall: Rückbau und Unterlassung.**

Über der Dachgeschosswohnung des A befindet sich ein Spitzboden, der weder in der Teilungserklärung erwähnt noch im Aufteilungsplan gesondert ausgewiesen ist; er ist ausschließlich von der Wohnung des A aus zugänglich. A baut den Spitzboden eigenmächtig aus (Treppe, Dachflächenfenster, Heizung, Bad). Die Miteigentümer verlangen den Rückbau in den ursprünglichen Zustand und die Unterlassung der Nutzung als Wohnraum. *Variante*: Der Ausbau zugunsten des A erfolgte schon durch den Rechtsvorgänger des A, z.B. durch den Bauträger. – Im Ausgangsfall sind die Ansprüche der Miteigentümer berechtigt. Der Spitzboden steht im **Gemeinschaftseigentum**, weil er nicht dem Sondereigentum zugewiesen wurde (§ 1 Abs. 5 WEG).[259] A hat daran auch kein Sondernutzungsrecht „aus der Natur der Sache" heraus, obwohl der Spitzboden nur von seiner Wohnung aus zugänglich ist. Der Ausbau zum Wohnraum erfordert die Zustimmung der anderen

---

[255] *Häublein*, Regelungen zum nachträglichen Dachausbau in der Gemeinschaftsordnung, AnwZert MietR 18/2012, Anm. 1.

[256] *Hügel*, Nachträglicher Ausbau von Dachgeschossen – Teilungserklärung und Umsetzung in der Praxis, PiG 72 (2006), 117 ff.; *Kreuzer*, in: Münchener Vertragshandbuch, Band 6, 6. Aufl. 2010, Teil VIII.

[257] OLG München v. 5.7.2013 – 34 Wx 155/13, ZWE 2013, 355.

[258] BayObLG v. 16.3.2000 – 2Z BR 181/99, ZWE 2000, 526: Die Übernahme der Kosten und der Folgekosten eines zulässigen Ausbaus entspricht „allgemeinen Grundsätzen".

[259] OLG München v. 22.2.2006 – 34 Wx 133/05, ZMR 2006, 388; OLG Köln v. 28.12.2000 – 16 Wx 163/00, ZMR 2001, 570.

Miteigentümer; er stellt einen **Nachteil** für die übrigen Miteigentümer dar, weil dadurch eine intensivere (und damit auch störendere) Nutzungsmöglichkeit geschaffen wird.[260] Es genügt, dass die Baumaßnahmen geeignet sind, den Spitzboden wohnungsähnlich und damit intensiver als erlaubt nutzen zu können, ohne dass es noch darauf ankommt, ob er auch tatsächlich zu Wohnzwecken genutzt wird. A muss also die Wohnnutzung unterlassen (siehe Rn 284) und die Baumaßnahmen beseitigen.[261] In der *Variante* ist A zwar nicht verpflichtet, die Beseitigung selber durchzuführen; er muss eine gemeinschaftlich beschlossene Beseitigung aber **dulden** (siehe auch Rn 395).[262]

Mitbenutzungs- und Betretensrecht des Miteigentümers. Im vorstehenden Beispielsfall wollen die Miteigentümer B und C den Spitzboden mitbenutzen. Weil dafür die Wohnung des A betreten werden muss, hält dieser den Schutz seiner Privatsphäre dagegen. – Nach einer formal konsequenten Auffassung darf A den Spitzboden – der seiner Zweckbestimmung nach als gemeinschaftlicher Abstellraum dienen soll – nicht alleine nutzen; vielmehr sind die Miteigentümer B und C zum Mitgebrauch berechtigt (§ 13 Abs. 2 S. 1 WEG), so dass A ihnen aus diesem Grund zumindest einen gelegentlichen Zutritt ermöglichen muss.[263] Angesichts der besonderen Bedeutung, die die Wohnung als Lebensmittelpunkt und Bereich der Privatsphäre hat (Art. 13 GG) ist dies dem A aber nicht zumutbar;[264] es verbleibt beim Betretungsrecht in den (engen) Grenzen des § 14 Nr. 4 WEG. 587

Sonderfall Galeriewohnung. A gehört eine Galeriewohnung, die als solche auch im Aufteilungsplan verzeichnet ist. A baut die Galerie, die über eine Innentreppe von der „Hauptwohnung" aus erschlossen wird, zu Wohnraum aus. Die Miteigentümer betrachten zumindest die obersten Teile der „Galerie" als gemeinschaftlichen Spitzbodenraum und verlangen den Rückbau. – Ohne Erfolg. Die Galerie gehört zum Sondereigentum an der Wohnung. Es handelt sich also um eine zulässige Gestaltung und Nutzung des Sondereigentums und nicht um eine bauliche Veränderung des Gemeinschaftseigentums.[265] Infolge des Ausbaus hat sich aber die Wohnfläche der Wohnung vergrößert,[266] was im Rahmen der Betriebskostenumlage – jedenfalls bei den Heizkosten (siehe Rn 983) – zu berücksichtigen ist und ggf. einen Anspruch der übrigen Miteigentümer auf Anpassung des Umlageschlüssels der Gemeinschaftsordnung begründet (siehe Rn 232). 588

Bereicherungsansprüche der Miteigentümer nach eigenmächtigem Ausbau. Miteigentümer A baut im Jahr 1990 gemeinschaftliche Dachräume zu Wohnraum aus und vermietet sie seitdem. Im Jahr 2000 verlangen die Miteigentümer die Herausgabe der Räumlichkeiten und der von A erzielten Mieteinnahmen von rund 80.000,00 EUR. – Überwiegend zu Recht. A hätte durch einen Blick in die Teilungserklärung feststellen können, dass die Räumlichkeiten im Gemeinschaftseigentum stehen. Als bösgläubiger unrechtmäßiger Besitzer ist er gem. § 985 BGB zur Herausgabe der Räumlichkeiten und gem. §§ 988, 812 zur Herausgabe der Nutzungen verpflichtet; er kann nicht 589

---

260 LG München I v. 18.7.2013 – 36 S 20429/12, ZMR 2014, 53; st. Rspr. Weitere Nachweise s. Folgenoten und bei Rn 401. Ausnahmen sind dann denkbar, wenn die Wohnanlage aus selbstständigen Reihenhäusern besteht (OLG München v. 19.10.2005 – 34 Wx 28/05, ZMR 2006, 301).
261 OLG Köln v. 28.12.2000 – 16 Wx 163/00, ZMR 2001, 570 (Vorlage für den Beispielsfall). Die Beseitigung einer Spindeltreppe, die den Spitzboden erschließt, verlangt zutreffend BayObLG v. 29.7.1993 –2Z BR 67/93, WuM 1993, 752.
262 OLG Düsseldorf v. 9.4.2008 – 3 Wx 3/08, ZMR 2008, 731.
263 BayObLG v. 14.2.2001 – 2Z BR 3/01, ZMR 2001, 562.
264 So auch OLG Hamburg v. 20.9.2004 – 2 WX 122/01, ZMR 2005, 68. In der Tendenz auch OLG München v. 22.2.2006 – 34 Wx 133/05, ZMR 2006, 388.
265 LG München II v. 22.12.2000 – 6 T 919/97, ZMR 2001, 482.
266 Dabei kommt es insbesondere nicht darauf an, ob die Galerie die bauordnungsrechtlichen Kriterien für Wohnraum erfüllt; so für das Mietrecht BGH v. 16.12.2009 – VIII ZR 39/09, ZMR 2010, 430.

einmal die Kosten des Ausbaus abziehen.[267] M.E. muss A aber nicht die vollen Mieteinnahmen herausgeben, weil er diese nur teilweise „auf Kosten" der Miteigentümer erlangt hat; weitgehend sind sie eine Folge der von ihm vorgenommenen Investitionen. Herauszugeben ist daher nur der (ggf. sachverständig zu ermittelnde) Mietwert der unausgebauten Dachräume.[268]

590 **Trittschallschutz.** A baut ihm gehörende Dachgeschossräumlichkeiten zur Wohnung aus, wozu er nach der Teilungserklärung berechtigt ist. B, der Eigentümer der darunter liegenden Wohnung, verlangt von A die Herstellung einer ausreichenden Schallisolierung. – Zu Recht. Bei einem (zulässigen) Dachgeschossausbau müssen die allgemeinen Regeln der Technik beachtet werden. Insbesondere muss der Trittschallschutz den zum Zeitpunkt der Umbauarbeiten geltenden Vorschriften genügen; es kommt nicht auf die zum Zeitpunkt der Errichtung des Gebäudes geltenden niedrigeren Anforderungen an. (Wenn nur ein Bodenbelagswechsel stattfindet, sind die Anforderungen an den Trittschallschutz geringer, siehe Rn 270).[269]

591 **Wirkungen eines nachträglichen Genehmigungsbeschlusses.** A baut den nur von seiner Wohnung aus zugänglichen, zum Gemeinschaftseigentum gehörenden Spitzboden zu Wohnraum aus. Der Ausbau wird im Jahr 2003 durch Beschluss der Eigentümerversammlung genehmigt. Im Jahr 2005 verlangt Miteigentümer B Rückbau und Unterlassung. – Die ursprünglich rechtswidrigen baulichen Maßnahmen sind durch den bestandskräftigen Genehmigungsbeschluss rechtmäßig geworden; **Rückbau** kann also nicht verlangt werden. Ob B die **Unterlassung der Wohnnutzung** verlangen kann, hängt davon ab, ob die Bestandskraft des Beschlusses über die Ausbaugenehmigung die damit bezweckte Nutzungsänderung legitimiert. Dagegen spricht, dass die Wohnnutzung mit der Zweckbestimmung des Dachbodens nicht zu vereinbaren ist und die Teilungserklärung durch Beschluss nicht geändert werden kann;[270] dann wäre zwar der Ausbau zu Wohnraum, nicht aber die Nutzung als Wohnraum rechtmäßig – ein ungereimtes Ergebnis. Die Rechtsprechung betont daher die Dauerwirkung des Ausbaubeschlusses und akzeptiert die der Teilungserklärung widersprechende Nutzung.[271] (Zum Verjährungsproblem siehe auch Rn 497).

---

267 OLG Düsseldorf v. 3.6.2005 – 3 Wx 13/05, ZMR 2005, 802.
268 So auch KG v. 1.3.2004 – 24 W 158/02, ZMR 2004, 377. Ausführlich *Greiner,* Die Haftung auf Verwendungsersatz, 2000, 297 ff. A.A. OLG Düsseldorf v. 3.6.2005 (Vornote): Mieteinnahmen sind vollständig herausgeben.
269 OLG Frankfurt/M. v. 28.6.2004 – 20 W 95/01, NZM 2005, 68; BayObLG v. 9.5.2005 – 32 Wx 30/05, ZMR 2005, 650 (differenzierend); BGH v. 6.10.2004 – VIII ZR 355/03, ZMR 2005, 108 (für das Mietrecht).
270 Insbesondere besteht keine Beschlusskompetenz für die Umwidmung des Dachbodens zu Wohnzwecken (KG v. 24.5.2004 – 24 W 83/03, ZMR 2005, 223).
271 OLG Düsseldorf v. 2.11.2004 – 3 Wx 234/04, ZMR 2005, 143.

§ 5 Der Kauf vom Bauträger

A. Der Bauträgervertrag

Der Neubau durch den Bauträger ist der dem folgenden Abschnitt zugrunde liegende „Normalfall" der Entstehung einer Eigentümergemeinschaft. Auseinandersetzungen von Erwerbern mit dem Bauträger sind häufig. Geht es anfangs meistens um das Problem der Verzögerung von Baubeginn und Fertigstellung, steht in den ersten Jahren nach dem Bezug des Hauses das Thema „Baumängel" immer wieder – im übertragenen Sinne oder tatsächlich – auf der Tagesordnung. Dabei greift die Problematik über den Rahmen des Wohnungseigentumsrechts hinaus. Die Verquickung mit dem privaten Bau- und Bauträgerrecht hat eine praktisch wie rechtlich komplizierte und in vielen Details umstrittene Gemengelage zur Folge. Das vorliegende Buch kann und will die einschlägige baurechtliche Spezialliteratur nicht ersetzen, wohl aber einen (häufig wohl ausreichenden) Überblick mit Schwerpunkt auf den spezifisch WEG-rechtlichen Bezügen geben.

592

I. Rechtsnatur, Form und Inhalt des Bauträgervertrags

Obwohl die meisten Bauträgerverträge den Titel „Wohnungseigentumskaufvertrag" tragen und man auch vom „Kauf vom Bauträger" spricht, ist der Bauträgervertrag in der Hauptsache kein Kaufvertrag. Der Bauträger „verkauft" nur das Grundstück und verpflichtet sich im Übrigen zur Herstellung der Wohnanlage. Der Bauträgervertrag ist also ein gemischter Vertrag, wobei die werkvertragliche Komponente deutlich überwiegt. Um den Unterschied zum reinen Kaufvertrag zu verdeutlichen, nennt man den Vertragspartner des Bauträgers meistens „Erwerber" (und nicht „Käufer"). Insbesondere richten sich die Ansprüche der Erwerber bei Baumängeln nach dem **Werkvertragsrecht des BGB**,[1] und zwar sogar dann, wenn der Vertrag bis zu 2 ½ Jahren nach Fertigstellung der Wohnung abgeschlossen wurde (siehe Rn 605). Beim sanierten Altbau haftet der Bauträger für das gesamte Gebäude (einschließlich der nicht von Umbauarbeiten berührten Altbausubstanz) nach Werkvertragsrecht, wenn die vereinbarten Bauleistungen nach Umfang und Bedeutung Neubauarbeiten vergleichbar sind.[2] Die VOB/B[3] „passt" für den Bauträgervertrag nicht und kann dort nach h.M. nicht wirksam als Ganzes vereinbart werden.

593

Der Bauträgervertrag bedarf gem. § 311b Abs. 1 BGB der **notariellen Beurkundung**, muss also vom Notar vollumfänglich verlesen werden (§ 13 BeurkG). Das gilt auch und insbesondere für die **Baubeschreibung**, weil diese die Herstellungsverpflichtung des Bauträgers konkretisiert. Demnach sind Verträge nichtig, die das Objekt nur unzulänglich mit Formeln beschreiben „wie es steht und liegt" oder „gemäß den dem Käufer bekannten Plänen".[4] Die Beurkundungsverpflichtung besteht unabhängig davon, ob und inwieweit der Bauträger das Objekt zum Zeitpunkt des Vertragsabschlusses bereits ausgeführt hat, gilt also auch bei fertig gestellten Häusern oder sanierten Altbauten.[5] Weil die Baubeschreibung häufig umfangreich ist, ist auch eine Bezugnahme (auf eine **Bezugs-** oder **„Mutterurkunde"**) gem. § 13a BeurkG möglich. Trotz der notariellen Beurkundung sind Bauträgerverträge praktisch ausnahmslos und vollständig Formularverträge (**AGB**).[6]

594

---

1 BGH v. 9.1.2003 – VII ZR 408/01, WuM 2003, 1438.
2 BGH v. 26.4.2007 – VII ZR 210/05, NZM 2007, 519; OLG Brandenburg v. 13.6.2013 – 12 U 162/12, BauR 2013, 1734, Rn 97. Gegensatz: Lediglich punktuelle Eingriffe in die Altbausubstanz.
3 Allgemeine Vertragsbedingungen für die Ausführung von Bauleistungen.
4 BGH v. 6.4.1979 – V ZR 72/74, NJW 1979, 1496.
5 BGH v. 10.2.2005 – VII ZR 184/04, NJW 2005, 1356.
6 BGH v. 27.11.2003 – VII ZR 53/03, NJW 2004, 502; OLG Brandenburg v. 13.6.2013 – 12 U 162/12, BauR 2013, 1734, Rn 108.

§ 5 Der Kauf vom Bauträger

595 Der Bauträgervertrag verschafft dem Erwerber einen Anspruch auf mangelfreie Herstellung des Werkes (§§ 631 Abs. 1, 633 Abs. 1 BGB). Dabei schuldet der Bauträger nicht nur die mangelfreie Herstellung des Sondereigentums; vielmehr hat der Erwerber einen eigenen Anspruch darauf, dass auch das **Gemeinschaftseigentum** vollständig und mangelfrei ausgeführt wird (siehe Rn 636). Eine Klausel, die den Bauträger ohne triftige Gründe zu einer **Änderung der Bauausführung** gegenüber der Baubeschreibung ermächtigt, ist nichtig (siehe Rn 262).

II. Die Vergütung des Bauträgers

596 Zum Schutz der Erwerber muss der Bauträger die öffentlich-rechtlichen Bestimmungen der **Makler- und Bauträgerverordnung** (MaBV) beachten und darf Zahlungen nur unter den in § 3 oder § 7 MaBV aufgeführten Voraussetzungen entgegennehmen. Üblich ist die Ratenzahlung gem. § 3 MaBV. Diese setzt zunächst voraus, dass die Durchführung des Vertrags sichergestellt ist; gem. § 3 Abs. 1 MaBV muss dafür unter anderem die Baugenehmigung, die Eintragung einer Eigentumsübertragungsvormerkung zugunsten des Erwerbers im Grundbuch sowie eine Freistellungserklärung der Inhaber von Grundpfandrechten (d.h. praktisch der finanzierenden Bank des Bauträgers) vorliegen. Gem. § 3 Abs. 2 MaBV darf der Bauträger seine Vergütung sodann in maximal 7 Raten entsprechend dem Baufortschritt entgegennehmen; welche Raten nach welchem Bautenstand zulässig sind, ist in der Verordnung detailliert geregelt. (Zu der bei Bezugsfähigkeit fälligen Rate siehe Rn 600). Die Schlussrate (3,5 %) „nach vollständiger Fertigstellung" setzt nach überwiegender Meinung nicht voraus, dass alle (ggf. auch erst nach der Abnahme entdeckten) wesentlichen Mängel beseitigt sind, sondern nur die Beseitigung der „Protokollmängel" (also der in einem Abnahmeprotokoll festgehaltenen Mängel).[7] Hat ein Erwerber auf Druck des Bauträgers Raten bezahlt, ohne dass die Voraussetzungen dafür vorlagen (was vor allem bei den letzten beiden Raten gelegentlich vorkommt), stellt das zum einen eine vom Gewerbeaufsichtsamt zu verfolgende Ordnungswidrigkeit dar;[8] zum anderen ist der Bauträger dem Erwerber gem. § 812 Abs. 1 BGB zur Rückzahlung der betreffenden Raten und zum Ersatz des Zinsschadens verpflichtet.[9]

597 Die Bestimmungen der MaBV gelten zwar nicht unmittelbar für den (zivilrechtlichen) Bauträgervertrag; die im Bauträgervertrag vereinbarten Zahlungsmodalitäten müssen aber damit im Einklang stehen. Eine Ratenzahlungsvereinbarung ist insgesamt **nichtig**, wenn sie zu Lasten des Erwerbers von der **MaBV abweicht**. In diesem Fall tritt an die Stelle der nichtigen Ratenzahlungsvereinbarung die gesetzliche Regelung; konkret: § 641 Abs. 1 BGB, wonach die Vergütung bei der Abnahme fällig wird. Der Bauträger kann folglich gar keine Raten verlangen, sondern erhält die gesamte Vergütung erst nach Abnahme des Gesamtwerkes, d.h. nach vollständiger Herstellung der Anlage.[10]

598 Weniger verbreitet ist die Stellung einer **Bürgschaft** gem. § 7 MaBV. Stellt der Bauträger eine solche Bürgschaft „zur Sicherung etwaiger Ansprüche des Erwerbers auf Rückgewähr oder Auszahlung seiner Vermögenswerte", darf er Zahlungen unabhängig von den Voraussetzungen des § 3

---

7 OLG Hamm v. 3.7.2007 – 21 U 14/07, IBR 2008, 273; str.
8 Die aus unerfindlichen Gründen aber praktisch nie sanktioniert wird.
9 BGH v. 22.3.2007 – VII ZR 268/05, NZM 2007, 453; OLG Karlsruhe v. 26.10.2010 – 8 U 170/09, BauR 2011, 567 (betr. fehlerhafte Freistellungserklärung).
10 BGH v. 22.3.2007 (Vornote) für den Fall, dass die erste Rate unabhängig vom Baufortschritt „nach Vertragsschluss" fällig sein sollte; OLG Schleswig v. 7.5.2010 – 4 U 126/08, BauR 2012, 545 für eine Regelung, wonach auch die Schlussrate bei Besitzübergabe fällig wird, und der Bauträger ab da nur zur Stellung einer Bürgschaft in Höhe von 3,5 % bis zur vollständigen Fertigstellung verpflichtet ist.

MaBV entgegennehmen. Er darf den Erwerber aber trotzdem nicht zu Zahlungen unabhängig vom Baufortschritt verpflichten,[11] sodass der Bürgschaft praktische Bedeutung nur dann zukommt, wenn der Erwerber aus bestimmten (meistens steuerlichen) Gründen im voraus bezahlen **will**, oder in denen die Voraussetzungen des § 3 Abs. 1 MaBV nicht vorliegen. Den Sicherungsumfang der Bürgschaft hat der BGH in mehreren Entscheidungen abgesteckt. Demnach sichert die Bürgschaft in dem Fall, dass der Erwerber Zahlungen unabhängig vom Baufortschritt leistete (und somit nicht die Möglichkeit hatte, Mängelrechte im Wege des Zurückbehaltungsrechts geltend zu machen), nicht nur die Rückzahlung der geleisteten Bauträgervergütung im Falle der Rückabwicklung, sondern alle Geldansprüche, die sich aus mangelhafter oder unterlassener Erfüllung ergeben, also z.B. auch Kostenvorschuss, Schadens- und Aufwendungsersatz usw.[12] Bezahlte der Erwerber aber nach Baufortschritt, sichert die Bürgschaft keine Mängelrechte, sondern nur Ansprüche im Zuge der Rückabwicklung.[13]

B. Die Abnahme

I. Allgemeine Voraussetzungen und Rechtsfolgen

Gem. § 640 Abs. 1 BGB ist der Besteller verpflichtet, das vertragsmäßig hergestellte Werk abzunehmen. Auch der Erwerber beim Bauträgervertrag ist zur Abnahme berechtigt und verpflichtet. Im Normalfall[14] hat die Abnahme **zwei Voraussetzungen**: Die Übergabe des Werkes (objektives Kriterium) und die Abnahmeerklärung des Erwerbers (subjektives Kriterium). 599

Die **Übergabe** des Werkes erfolgt bei einem Haus oder einer Wohnung i.d.R. in Form einer gemeinsamen Begehung mit Schlüsselübergabe. Die Wohnung kann aber auch ohne korrespondierende Abnahme übergeben werden. Der Bauträger ist nämlich stets an einer möglichst frühen Wohnungsübergabe interessiert: Zum einen hat er häufig einen bestimmten Termin der Bezugsfertigkeit zugesichert, den er zur Meidung einer Schadensersatzhaftung einhalten will; zum anderen geht es ihm um die „nach **Bezugsfertigkeit** und Zug um Zug gegen Besitzübergabe" fällig werdende Rate seiner Vergütung.[15] Die Bezugsfertigkeit ist nicht mit der Abnahmereife gleichzusetzen,[16] so dass der Erwerber nicht verpflichtet ist, die Abnahme des Sondereigentums zu erklären, wenn ihm die Wohnung vom Bauträger übergeben wird. Ist die Wohnung nicht abnahmereif, kann der Erwerber die Abnahme verweigern; allerdings wird ihm der Bauträger die Wohnung dann nicht übergeben. 600

Die **Abnahmeerklärung** des Erwerbers beinhaltet die Aussage, dass er das Werk im Wesentlichen als vertragsgemäß anerkennt („billigt"). Sie bedarf keiner Form und kann also auch konkludent erfolgen. Der Einzug in die Wohnung kann eine **konkludente Abnahme** des Sondereigentums darstellen, wenn über einen längeren Zeitraum (ca. 6 Monate) keine Mängel gerügt werden,[17] nicht 601

---

11 BGH v. 2.5.2002 – VII ZR 178/01, NZM 2002, 754 legte die Frage ergebnislos dem EuGH vor, danach wurde die Revision zurück genommen.
12 BGH v. 10.4.2008 – VII ZR 102/07, NZM 2008, 455.
13 BGH v. 9.12.2010 – VII ZR 206/09, NZM 2011, 128.
14 Hinsichtlich möglicher Besonderheiten, z.B. der fiktiven Abnahme gem. § 640 Abs. 1 S. 3 BGB, wird auf die baurechtliche Spezialliteratur verwiesen.
15 Eine solche Rate wird meistens i.H.v. (12 % von 70 % =) 8,4 % der Gesamtvergütung vereinbart, was gem. § 3 Abs. 2, 10. Spiegelstrich MaBV zulässig ist.
16 Nach Nr. 3.3.2. der allgemeinen Verwaltungsvorschrift zur MaBV ist eine Wohnung dann bezugsfertig, wenn den Bewohnern zugemutet werden kann, sie zu beziehen; wann das der Fall ist, ist im Einzelnen streitig. Die Fertigstellung des Treppenhauses und – jedenfalls im Winter – des Wärmedämmputzes gehört z.B. dazu (OLG Hamm v. 31.5.2007 – 24 U 150/04, NZM 2007, 813).
17 BGH v. 26.9.2013 – VII ZR 220/12, NJW 2013, 3513 (betr. Abnahme von Architektenleistungen).

aber, wenn der Erwerber zuvor die Abnahme aufgrund von Mängeln verweigert hat.[18] Außerdem kann der Einzug allenfalls eine konkludente Abnahme des Sondereigentums beinhalten, nicht aber des – zum Zeitpunkt des Bezugs regelmäßig noch nicht fertiggestellten – Gemeinschaftseigentums;[19] denn eine konkludente Abnahme durch Entgegennahme der Leistung kommt regelmäßig nicht in Betracht, wenn die Leistung noch nicht vollständig erbracht ist.[20] Die widerspruchslose Zahlung der Schlussrechnung des Bauträgers beinhaltet regelmäßig die konkludente Abnahme von Sonder- und Gemeinschaftseigentum. Das gilt aber nicht, wenn der Erwerber davon ausgeht, dass die Abnahme für ihn bereits anderweitig erfolgt sei.[21]

602 Die Abnahme hat wichtige **Rechtsfolgen**:
- Beginn der 5-jährigen **Verjährungsfrist** für Mängelansprüche (§ 634a Abs. 2 BGB);
- **Beweislastumkehr**. Vor der Abnahme hat der Bauträger die Mangelfreiheit seines Werkes zu beweisen, danach muss der Erwerber etwaige Mängel beweisen.[22] Diese Beweislastverteilung wirkt sich für den Erwerber im Passivprozess günstig aus, wenn er sich gegenüber der Restvergütungsforderung des Bauträgers auf Mängel beruft. Der Erwerber (oder die Gemeinschaft) kann Mängelrechte aber auch schon im Stadium vor der Abnahme aktiv geltend machen;[23] auch dann kommt es ihm zugute, dass die Beweislast für die Mangelfreiheit den Bauträger trifft. Das gilt auch schon im Hinblick auf die Kosten der Beweisaufnahme (siehe Rn 644);
- die **Gefahrtragung** geht auf den Erwerber über (§ 644 BGB);
- **Fälligkeit** der Vergütung (§ 641 BGB). Das spielt beim Bauträgervertrag im Normalfall keine Rolle, weil abweichend von der gesetzlichen Fälligkeitsregelung Ratenzahlung nach Maßgabe der MaBV vereinbart ist.

II. Die Abnahme von Sonder- und Gemeinschaftseigentum

1. Überblick

603 Das nach dem Bauträgervertrag geschuldete „vertragsmäßig hergestellte Werk" i.S.v. § 640 Abs. 1 BGB ist die vollständige Herstellung der gesamten Wohnanlage. Vorher ist der Erwerber im Grundsatz nicht zur Abnahme verpflichtet, insbesondere nicht zu einer **Teilabnahme**. Teilabnahmen in der Weise, dass zuerst das **Sondereigentum** an der Wohnung (gemeint ist damit meistens: das Sondereigentum *und* die im räumlichen Bereich der Wohnung befindlichen Teile des Gemeinschaftseigentums) und später das (übrige) Gemeinschaftseigentum abgenommen wird, sind aber zulässig und üblich. **Verpflichtet** ist der Erwerber dazu aber **nur**, wenn dies im Bauträgervertrag so vereinbart ist. Wenn die Teilabnahme des Sondereigentums vereinbart wurde, ist hierfür – selbstverständlich – jeder Erwerber einzeln **zuständig.**[24]

604 Da jeder Erwerber einen aus seinem Vertrag mit dem Bauträger folgenden eigenen Anspruch auf Herstellung des **Gemeinschaftseigentums** hat, muss dieses – vorbehaltlich abweichender Vereinbarungen oder Beschlussfassung der Gemeinschaft – auch von **jedem Erwerber individuell** abge-

---

18 BGH v. 21.2.1985 – VII ZR 72/84, NJW-RR 1999, 1246.
19 BGH v. 15.4.2004 – VII ZR 130/03, ZMR 2004, 682; OLG Stuttgart v. 19.12.1979 – 13 U 779, MDR 1980, 495.
20 BGH v. 27.1.2011 – VII ZR 175/09, BauR 2011, 876.
21 OLG Karlsruhe v. 27.9.2011 – 8 U 106/10; OLG München v. 15.12.2008 – 9 U 4149/08, BauR 2009, 1444. Typischer Weise geht der Erwerber in diesen Fällen von der Wirksamkeit einer (in Wahrheit unwirksamen) Abnahmeklausel aus.
22 BGH v. 6.2.2014 – VII ZR 160/12, Rn. 17.
23 MüKo BGB/*Busche*, 12. Aufl. 2012, § 534 Rn 4; h.M. BGH v. 27.10.2011 – VII ZR 84/09, NZM 2012, 616, Rn 14 hat die Frage offen gelassen.
24 BGH v. 15.4.2004 – VII ZR 130/03, ZMR 2004, 682; st. Rspr.

nommen werden. Das geschieht üblicherweise in Form einer gemeinsamen Begehung der Anlage und anschließender Aufstellung und Unterzeichnung eines Abnahmeprotokolls (wobei letzteres nicht zwingend ist, da es nur auf die – formlose – Abnahmeerklärung des Erwerbers ankommt). Vor der vollständigen Fertigstellung der Anlage (inklusive Außenanlagen, bei einer Mehrhausanlage erst mit Fertigstellung des letzten Bauabschnitts[25]) ist der Erwerber nicht zur Abnahme des Gemeinschaftseigentums verpflichtet. Komplett erfolgt ist die Abnahme des Gemeinschaftseigentums erst dann, wenn *jeder Erwerber* sie vollzogen hat. Das gilt auch für einen „**Nachzügler**", der seine Wohnung später als die anderen Eigentümer und ggf. sogar erst nach Fertigstellung des Hauses erwirbt.

> *Beispiel*
> Eine Wohnanlage wird 2010 fertig gestellt und von den Erwerbern widerspruchslos bezogen, mit Ausnahme einer Wohnung, die zunächst leer steht und erst 2012 von A erworben wird. Eine einheitliche Abnahme des Gemeinschaftseigentums ist nicht vorgesehen und findet auch nicht statt. Wegen Feuchtigkeitsschäden an Balkonen verlangt A 2016 Nacherfüllung vom Bauträger; dieser wendet Verjährung ein. Zu Recht? – Die Sachmängelansprüche des A richten sich nach Werkvertragsrecht, obwohl er seine Wohnung erst zwei Jahre nach Errichtung der Wohnungsanlage erworben hat; auch das gilt als Vertrag über eine „neu errichtete" Eigentumswohnung. Die Verjährung der Mängelansprüche beginnt mit der Abnahme (§ 634a Abs. 2 BGB). Im Fall geht es um undichte Balkone und mithin um Mängel am Gemeinschaftseigentum. Wenn man unterstellt, dass die 2010 eingezogenen Erwerber das Gemeinschaftseigentum im gleichen Jahr abgenommen haben, sind ihre Mängelansprüche im Jahr 2016 schon verjährt. Die Abnahme des Gemeinschaftseigentums durch die übrigen Erwerber muss A aber nicht gegen sich gelten lassen. Die Verjährung seiner Ansprüche wegen Mängeln am Gemeinschaftseigentum beginnt erst mit der von ihm selbst erklärten Abnahme, die frühestens bei seinem Erwerb 2012 erfolgt sein kann. 2016 sind seine Mängelansprüche demnach noch nicht verjährt. Seine Ansprüche beziehen sich dabei nicht nur auf „seinen" (den zu seiner Wohnung gehörenden) Balkon, sondern auf alle Balkone; er kann die **vollen Mängelbeseitigungskosten** geltend machen, obwohl die Ansprüche der übrigen Wohnungseigentümer verjährt sind.[26]

605

2. Vertragliche Regelungen zur Abnahme des Gemeinschaftseigentums

Um divergierende Abnahmetermine und insbesondere die vorstehend erörterte „Nachzüglerproblematik" zu vermeiden, ist der Bauträger daran interessiert, dass das Gemeinschaftseigentum **einheitlich** mit Wirkung für und gegen alle Eigentümer abgenommen wird. Wenn nicht die Gemeinschaft per Beschluss die Abnahme erklärt (was der Bauträger nicht erzwingen kann und wovon der Gemeinschaft nur abzuraten ist, siehe Rn 612), bedarf es hierzu einer entsprechenden Regelung in den jeweiligen Erwerbsverträgen. In vielen Bauträgerverträgen wird die Abnahme deshalb dem Verwalter oder einem von der Architektenkammer zu bestimmenden Sachverständigen übertragen oder in die Zuständigkeit der Eigentümergemeinschaft verlagert, wobei jeweils eine entsprechende Kompetenz in der Gemeinschaftsordnung verankert wird. Die Zulässigkeit derartiger Regelungen, die das eigene Abnahmerecht des Erwerbers verdrängen sollen, ist generell stark **umstritten**, wobei wegen der Einzelheiten auf weiterführende Literatur an anderer Stelle verwiesen sei.[27] Im Folgenden werden nur die wichtigsten Gesichtspunkte angesprochen.

606

---

25 OLG Nürnberg v. 12.12.2006 – 9 U 429/06, IBR 2009, 585.
26 BGH v. 21.2.1985 – VII ZR 72/84, WuM 1986, 31; OLG München v. 3.7.2012 – 13 U 2506/11, ZWE 2012, 380, Rn 20.
27 *Basty*, Nachzüglerproblematik, BauR 2012, 316 ff.; *Hogenschurz*, Die Abnahme usw., MietRB 2012, 120; *Ott*, Abnahme vom Bauträger, ZWE 2013, 253; *O. Vogel*, Die Abnahme usw., NZM 2010, 380.

607 Für die Erwerber ist die Beteiligung eines unabhängigen **Sachverständigen** vorteilhaft. Nur ein seriöser Bauträger sieht die damit einhergehende gründliche und neutrale Prüfung seiner Leistungen von vornherein vor. Der Sachverständige ist aber nicht neutral, wenn er vom Bauträger beauftragt wird, sodass in diesem Fall eine vom Sachverständigen erklärte Abnahme unwirksam ist.[28] Wird diese „Klippe umschifft" und der Sachverständige nicht vom Bauträger beauftragt, stellt sich das weitere rechtliche Problem, dass die Übertragung der rechtsgeschäftlichen Abnahme auf einen Sachverständigen nach einer in der Literatur vertretenen und m.E. zutreffenden Ansicht dem Anwendungsbereich des Rechtsdienstleistungsgesetzes unterfällt.[29] Wenn das richtig ist, ist die Abnahme durch den Sachverständigen unwirksam, sofern dieser nicht über die erforderliche Erlaubnis verfügt; die Ausnahme des § 5 RDG ist m.E. nicht einschlägig.[30] Rechtsprechung dazu liegt noch nicht vor. Unbedenklich (und bei erfahrenen Sachverständigen üblich) ist es demgegenüber, wenn der Sachverständige nur die „technische" Abnahme (also die Abnahmereife) erklärt und die rechtsgeschäftliche Abnahmeerklärung den Erwerbern überlässt.

608 Die Befassung des **Verwalters** mit der Abnahme ist in jedem Fall problematisch, da er für die Angelegenheit weder zuständig noch kompetent ist. Die Abnahme von Sonder- oder Gemeinschaftseigentum gehört aus guten Gründen nicht zu den Verwalterpflichten nach dem Wohnungseigentumsgesetz. Der Abnahme muss die Prüfung vorausgehen, ob das Werk im Wesentlichen vertragsgerecht und mangelfrei hergestellt ist. Um das zu beurteilen, müsste der Verwalter zum einen über fundierte baufachliche Kenntnisse verfügen und zum anderen sämtliche Erwerbsverträge kennen, um die Übereinstimmung der jeweiligen Baubeschreibung, etwaigen Zusicherungen usw. mit der tatsächlichen Bauausführung prüfen zu können. Sinnvoll ist eine Abnahme durch den Verwalter schon wegen des für ihn bestehenden Haftungsrisikos daher allenfalls dann, wenn er (auf Kosten der Gemeinschaft) einen Sachverständigen hinzuziehen kann. Aus Verwaltersicht ist zudem darauf zu achten, dass die Frage seiner Vergütung für diese Zusatztätigkeit geregelt wird, was meistens nicht der Fall ist. In rechtlicher Hinsicht ist zudem wiederum der Konflikt mit dem Rechtsdienstleistungsgesetz problematisch; insoweit gilt Entsprechendes wie bei der Abnahme durch einen Sachverständigen.[31] Schließlich ist die Abnahme trotz entsprechender vertraglicher Regelung jedenfalls dann **unwirksam**, wenn der mit der Abnahme betraute Erstverwalter zugleich der **Bauträger** des Objekts oder mit diesem wirtschaftlich verflochten oder anderweitig abhängig ist, wobei es schon genügen kann, wenn er vom Bauträger „eingesetzt" wurde.[32] Das würde nämlich darauf hinaus laufen, dass der Bauträger das von ihm hergestellte Werk selber abnimmt.

609 Selbst wenn eine „einheitliche Abnahme" wirksam stattgefunden haben sollte, ist es nicht möglich, einen **Nachzügler** formularvertraglich daran zu binden: Ein Erwerber kann nicht gezwungen werden, frühere, vor seinem Erwerb geschehene Rechtshandlungen zu genehmigen oder gelten zu lassen.[33]

---

28 Allg. M. Daher ist z.B. die verbreitete Klausel „Die Abnahme erfolgt für die einzelnen Käufer durch einen vereidigten Sachverständigen, den der Verkäufer auf seine Kosten beauftragt" unwirksam (LG München v. 2.7.2008 – 18 O 21458/07, BauR 2009, 1444; OLG Karlsruhe v. 27.9.2011 – 8 U 106/10, NZM 2012, 35). A.A. zu Unrecht OLG Dresden v. 8.1.2010 – 1 U 1371/09, IBR 2013, 82 für eine Klausel, wonach eine TÜV-GmbH im Auftrag des Bauträgers die Abnahme erklären soll.
29 *Häublein*, DNotZ 2002, 608 (noch zum Rechtsberatungsgesetz).
30 A.A. *O. Vogel*, NZM 2010, 377, 379; *Pauly*, ZMR 2011, 534, jew. m.w.N.
31 Einen Verstoß gegen das RDG bejaht z.B. *Elzer*, in: Deckert, ETW, Gr. 3, Rn 566.
32 BGH v. 12.9.2013 – VII ZR 308/12, NZM 2013, 738; OLG Brandenburg v. 13.6.2013 – 12 U 162/12, Rn 106.
33 OLG Frankfurt v. 30.9.2013 – 1 U 18/12, NZM 2013, 772; LG Hamburg v. 11.3.2010 – 328 O 179/09, BauR 2010, 1953, Rn 96. A.A. OLG Koblenz v. 8.4.2013 – 2 U 1123/12, ZMR 2013, 912 für den Fall, dass die Erwerbsverträge erst 2 – 3 Jahre nach Fertigstellung der Anlage geschlossen wurden. Ausführlich *Basty*, BauR 2012, 322 ff.

3. Beschlussfassung der Gemeinschaft

Mitunter wird die Befugnis zur Abnahme des Gemeinschaftseigentums in den Erwerbsverträgen und in der Gemeinschaftsordnung „der Eigentümergemeinschaft" übertragen. Es kommt auch vor, dass die Eigentümergemeinschaft sich ohne besondere Zuweisung einer entsprechenden Kompetenz mit der Abnahme des Gemeinschaftseigentums befasst. Das geschieht insbesondere dann, wenn in den Erwerbsverträgen keine Regelungen zur Abnahme enthalten sind und die Wohnungseigentümer sich fragen, wann denn die Abnahme des Gemeinschaftseigentums eigentlich erfolgt ist und wann demnach der Lauf der Verjährung begonnen hat. Obwohl die Abnahmewirkungen dem Bauträger zugute kommen und es deshalb **nur** in seinem Interesse (nicht in dem der WEG) liegt, für eine einheitliche Abnahme zu sorgen, möchten die Wohnungseigentümer oftmals selber klare Verhältnisse schaffen und die Abnahme zu einer Sache der Gemeinschaft machen.

610

Ob mit oder ohne entsprechende Kompetenzzuweisung stellt sich die Frage, ob die Gemeinschaft überhaupt **wirksam** die Abnahme des Gemeinschaftseigentums erklären kann. Das wurde vor der WEG-Reform zu Recht überwiegend verneint. Nach der WEG-Reform stellt sich die Frage neu, insbesondere vor dem Hintergrund der BGH-Rechtsprechung, wonach die Gemeinschaft gem. § 10 Abs. 6 WEG per Beschluss die Verfolgung von auf das Gemeinschaftseigentum bezogenen Mängelrechten an sich ziehen kann (siehe Rn 630). Da Mängelrechte und Abnahmepflicht ihre Grundlage gleichermaßen in den individuellen Erwerbsverträgen haben, wird daraus teilweise gefolgert, dass die Gemeinschaft auch die Abnahmeerklärung an sich ziehen könne.[34] Die wohl h.M. in der Literatur[35] sieht das allerdings zu Recht anders. Selbst wenn man die Auffassung teilt, wonach die Gemeinschaft per Beschluss die Abnahme des Gemeinschaftseigentums erklären *kann*, heißt noch lange nicht, dass ihr das zu empfehlen ist: Abgesehen davon, dass von der Abnahme nur der Bauträger einen Nutzen hat, fehlt der Gemeinschaft die fachliche Kompetenz zur Überprüfung der Mangelfreiheit.

611

Tipp
Falls die Bauträgerverträge nicht bereits die Hinzuziehung eines Sachverständigen vorsehen, ist es sinnvoll und rechtmäßig, wenn die Gemeinschaft per Beschluss einen Sachverständigen mit der Prüfung der Mangelfreiheit des Gemeinschaftseigentums – man könnte auch sagen: mit der „**technischen Abnahme**" – beauftragt. Die „rechtsgeschäftliche Abnahme" kann und sollte hingegen den einzelnen Miteigentümern überlassen bleiben.

612

Unter der (streitigen und diesseits nicht geteilten) Prämisse, die Gemeinschaft habe eine Kompetenz, die Abnahme des Gemeinschaftseigentums zu beschließen, stellt sich in der Praxis die Frage, ob eine **Delegation** der Abnahme ordnungsmäßiger Verwaltung entspricht.

613

Beispiel
Auf einer Eigentümerversammlung wird folgender Beschluss gefasst: „Der Verwaltungsbeirat wird beauftragt, zusammen mit dem Verwalter eine Hausbegehung durchzuführen und etwaige Mängel festzustellen. Der Verwalter hat den Bauträger zur Beseitigung der Mängel aufzufordern. Nach Beseitigung der restlichen Mängel soll der Verwaltungsbeirat (**Variante**: der Verwalter) die Abnahme des Gemeinschaftseigentums erklären." Die Bauträgerverträge und die Teilungserklärung enthalten für die Abnahme des Gemeinschaftseigentums keine Regelung. Miteigentümer A hat dem Beschluss nicht zugestimmt und fragt nach der Rechtslage. – Gegen die gemeinschaftliche Feststellung etwaiger Baumängel und die Ermächtigung des Verwalters,

---

[34] LG München I v. 16.1.2013 – 18 O 1668/11, IMR 2013, 253; AG München v. 7.7.2010 – 482 C 287/10, NZM 2011, 554; *Bärmann/Klein*, Anhang, § 10 Rn 56.

[35] *Popescu*, Gemeinschaftsbezogene Abnahme, ZWE 2014, 109; *Ott*, Abnahme vom Bauträger, ZWE 2013, 253.

deren Beseitigung vom Bauträger zu verlangen, bestehen keine Bedenken. Die Delegation der Abnahme auf den Verwaltungsbeirat begegnet m.E. aber durchgreifenden Bedenken. Angesichts der weitreichenden Rechtsfolgen der Abnahmeerklärung kann eine Delegation – ebenso wie beim Abschluss von Verträgen (siehe Rn 528) – nur in engen, vorher fixierten Grenzen ordnungsmäßig sein. Die Feststellung der Mängel ebenso wie die Feststellung der Beseitigung kann schwierige Fragen aufwerfen, über die nur die Gemeinschaft selber entscheiden darf. Der Beschluss entspricht deshalb m.E. nicht ordnungsmäßiger Verwaltung.

Zur Variante: Die Delegation auf den Verwalter ist aus denselben Gründen nicht ordnungsgemäß. Dazu kommen aus Sicht des Verwalters weitere Bedenken: Da es sich bei der Abnahme nicht um eine originäre Verwalteraufgabe handelt, muss der Verwalter einen solchen Beschluss bzw. Auftrag der Gemeinschaft nur dann ausführen, wenn er ihn angenommen hat (außer wenn er bereits nach seinem Verwaltervertrag dazu verpflichtet ist). Die Annahme des Auftrags ist ihm nur zu empfehlen, wenn ihm die Hinzuziehung eines Sachverständigen und außerdem ein angemessenes Honorar bewilligt wird.

C. Mängelrechte und Beschlussfassung der Gemeinschaft

I. Überblick

614 Wird dem Erwerber vom Bauträger eine mangelhafte oder unvollständige Leistung übergeben, hat er die in § 634 BGB aufgeführten Rechte des Auftraggebers beim **Werkvertrag**.[36] Ist die Baubeschreibung Bestandteil des Bauträgervertrags, stellt schon eine hiervon abweichende Bauausführung einen Mangel dar.[37] Ein Gewährleistungsausschluss ist auch im notariellen Individualvertrag unwirksam.[38] Das gilt insbesondere für die früher gebräuchliche „Subsidiaritätsklausel" des Inhalts, dass der Bauträger erst haftet, wenn der Erwerber sich erfolglos bemüht hat, die ihm abgetretenen Gewährleistungsansprüche des Bauträgers gegen die anderen am Bau Beteiligten durchzusetzen". Unwirksam ist auch eine Klausel, wonach die Verjährung von Mängelansprüchen bereits mit der Übergabe der Wohnung an den Erwerber beginnt,[39] ferner der Ausschluss der Rückabwicklung (siehe Rn 623).[40]

615 Die **Verjährungsfrist** für Mängelansprüche beträgt 5 Jahre, beginnend mit der Abnahme. Sie wird durch Verhandlungen (§ 203 BGB)[41] und durch gerichtliche Schritte gehemmt (§ 204 Abs. 1 Nr. 7 BGB); letzterenfalls aber nur, wenn die gerichtlichen Schritte vom Berechtigten eingeleitet werden: Eine Klage wegen Mängeln des Gemeinschaftseigentums, die ohne vorhergehenden „Ver-

---

36 Alle gängigen Bücher zum privaten Baurecht befassen sich in besonderen Abschnitten mit den spezifischen Problemen des Bauträgerkaufs. Grundsätzlich können Mängelrechte zwar erst nach Abnahme geltend gemacht werden (OLG Köln v. 12.11.2012 – 11 U 146/12; vom BGH noch offen gelassen); ausnahmsweise aber auch dann, wenn der Erwerber die Abnahme wegen Mängeln verweigert.
37 OLG Stuttgart v. 17.10.2002 – 2 U 37/02, BauR 2003, 1394.
38 BGH v. 8.3.2007 – VII ZR 130/05, NZM 2007, 654. Ausnahme (die wohl nie vorliegen wird): Wenn die Freizeichnung mit dem Erwerber unter ausführlicher Belehrung über die einschneidenden Rechtsfolgen eingehend erörtert wurde: OLG Köln v. 23.2.2011 – 11 U 70/10, BauR 2011, 1010.
39 BGH v. 15.4.2004 – VII ZR 130/03, ZMR 2004, 682.
40 BGH v. 21.3.2002 – VII ZR 493/00, WuM 2002, 1555; OLG Dresden v. 7.7.2010 – 1 U 1570/09, IBR 2012, 87, Rn 22.
41 Zur verjährungshemmenden Wirkung von Verhandlungen, die der Verwalter für den Verband mit dem Bauträger führt, siehe BGH v. 19.8.2010 – VII ZR 113/09, ZMR 2011, 54, Rn 34; KG v. 23.11.2010 – 7 U 8/09, IBR 2012, 26, Rn 52.

C. Mängelrechte und Beschlussfassung der Gemeinschaft §5

gemeinschaftsbeschluss" (siehe Rn 631) eingereicht wird, entfaltet keine verjährungshemmende Wirkung.[42] Das kann durch einen nachfolgenden Beschluss nicht rückwirkend geheilt werden.[43] Wenn der Verwalter also wirklich vor der Beauftragung eines Rechtsanwalts keine Zeit mehr zur Einberufung einer Versammlung haben sollte, sollte er die Einreichung der Klage im Namen der Miteigentümer (statt der Gemeinschaft) beauftragen; diese Klage könnten die Eigentümer durch Mehrheitsbeschluss zunächst (mit Rückwirkung) genehmigen und gleichzeitig die Vergemeinschaftung beschließen.

Bei Mängeln am **Sondereigentum** gibt es keine (WEG-rechtlichen) Besonderheiten; zuständig für die Beseitigung und zur Geltendmachung der Mängelrechte befugt ist nur der jeweilige Sondereigentümer. Das Gleiche gilt für den (nachfolgend nicht mehr besonders erwähnten) Sonderfall, dass die Gemeinschaftsordnung die **Instandhaltungslast** für Teile des Gemeinschaftseigentums auf den Sondereigentümer verlagert. (Zu Instandhaltungsklauseln siehe Rn 72).[44] 616

Im Folgenden geht es nur um Mängel am **Gemeinschaftseigentum**. Hier überlagern sich das Werkvertrags- und das Wohnungseigentumsrecht in einer komplexen Gemengelage. Als **Grundsatz** gilt, dass jeder Erwerber die Ansprüche der „Erfüllungsebene" (also die auf Mangelbeseitigung gerichteten Mängelrechte) ohne Mitwirkung der Gemeinschaft geltend machen kann, sofern und solange kein abweichender Beschluss der Wohnungseigentümer vorliegt. Die in § 10 Abs. 6 WEG begründete Ausübungsbefugnis der Gemeinschaft hinsichtlich gemeinschaftsbezogener Rechte steht dem nicht entgegen, solange die Gemeinschaft von ihrer Beschlusskompetenz keinen Gebrauch gemacht hat. 617

> *Beispiel* 618
> In einer neu errichteten Wohnanlage ist der laut Baubeschreibung geschuldete Kinderspielplatz[45] auch 1 Jahr nach Bezug noch nicht fertiggestellt; des Weiteren ist die Fassade mangelhaft. Der Mehrheit der Eigentümer ist das gleichgültig. Erwerber A fragt nach den Ansprüchen, die er ohne Mitwirkung der Gemeinschaft geltend machen kann.

A hat aus seinem Vertrag mit dem Bauträger einen **eigenen individuellen Anspruch** auf mangelfreie Werkleistung auch in Bezug auf das gesamte Gemeinschaftseigentum.[46] Er kann vom Bauträger gem. § 635 BGB **Nacherfüllung** (also Fertigstellung oder Nachbesserung) verlangen und diesen Anspruch ggf. selbstständig gerichtlich geltend machen. 619

A kann unter den Voraussetzungen des § 637 BGB **Kostenvorschuss** zur Mangelbeseitigung geltend machen, und zwar unabhängig von der Größe seines Miteigentumsanteils in voller Höhe. Soweit die vorhergehende Setzung einer **Frist zur Nacherfüllung** nicht bereits aus bestimmten Gründen[47] entbehrlich ist, ist A zur Fristsetzung alleine und ohne Beschlussfassung der Gemeinschaft berechtigt, und zwar auch dann, wenn die Gemeinschaft die Mängelrechte bereits „vergemeinschaftet" (durch Beschluss an sich gezogen) haben sollte.[48] Der Entscheidung der Gemeinschaft, 620

---

42 OLG Dresden v. 31.3.2010 – 1 U 1446/09, ZMR 2011, 312, Rn 87; OLG München v. 11.12.207 – 9 U 2893/07, ZWE 2008, 351; *Kniffka/Koeble*, Kompendium des Baurechts, 3. Aufl. 2008, Teil 11 Rn 327.
43 Allgemein Palandt/*Ellenberger*, BGB, 72. Aufl. 2013, § 204 Rn 11.
44 OLG München v. 23.5.2007 – 32 Wx 30/07, ZMR 2007, 725.
45 Der Erwerber kann die Herstellung des Spielplatzes auch dann verlangen, wenn alle anderen Erwerber ihn als überflüssig ablehnen (VG Gelsenkirchen v. 25.3.2009 – 10 K 1826/08).
46 St. Rspr., vgl. nur BGH v. 12.4.2007 – VII ZR 50/06, Rn 55, ZMR 2007, 630; BGH v. 21.7.2005 – VII ZR 304/03, WuM 2005, 599; OLG Stuttgart v. 21.5.2007 – 5 U 201/06, NZM 2007, 848.
47 Vgl. §§ 637 Abs. 2, 323 Abs. 2 BGB (Erfüllungsablehnung, Interessefortfall, sonstige Unzumutbarkeit usw.).
48 BGH v. 19.8.2010 – VII ZR 113/09, NJW 2010, 3089; BGH v. 8.12.2009 – XI ZR 181/08, NJW 2010, 1284. Die Entscheidungen ergingen zwar zu § 633 Abs. 3 BGB a.F., wonach „Verzug mit der Mangelbeseitigung" Voraussetzung war, sind aber auf die Fristsetzung nach neuem Recht zu übertragen bzw. „erst recht" anzuwenden.

ob Nacherfüllung oder Kostenvorschuss (Schadensersatz, Minderung usw.) verlangt wird, wird durch die Fristsetzung nicht vorgegriffen, weil der Nacherfüllungsanspruch auch nach Ablauf der gesetzten Frist fortbesteht. (Zum Sonderfall, dass die Gemeinschaft die Nacherfüllung abgelehnt haben sollte, siehe Rn 636.) Für den Bauträger ist die Wirksamkeit der Fristsetzung durch einzelne Eigentümer demgegenüber gefährlich, weil er mit Fristablauf sein Nacherfüllungsrecht nicht nur dem einzelnen, sondern allen Miteigentümern gegenüber verliert (siehe auch Rn 634).[49] Beim **Klageantrag** ist zu beachten, dass **Zahlung an die Gemeinschaft** verlangt werden muss, sofern kein abweichender Beschluss der Gemeinschaft vorliegt.[50] Damit soll sichergestellt werden, dass der Kostenvorschuss an die Gemeinschaft fließt und zweckentsprechend verwendet wird. Wenn A Zahlung an die Gemeinschaft verlangt, steht sein Kostenvorschussanspruch nicht im Gegenseitigkeitsverhältnis zu eventuellen Ansprüchen des Bauträgers gegen ihn auf Zahlung restlicher Vergütung; deshalb kann A damit nicht aufrechnen.[51] Die Aufrechnungslage entsteht aber dann, wenn die Gemeinschaft ihn per Beschluss ermächtigt, Zahlung an sich zu verlangen (str., siehe Rn 657).

621 Wenn A, statt Kostenvorschuss zu verlangen, die Mängel auf eigene Kosten beseitigen (bzw. unfertige Leistungen fertigstellen) ließ, kann er anschließend **Aufwendungsersatz** (Kostenerstattung) geltend machen. In diesem Fall kann er Zahlung an sich selbst fordern.[52]

622 A ist zur Ausübung eines angemessenen **Zurückbehaltungsrechts** an der Vergütung des Bauträgers berechtigt;[53] angemessen ist i.d.R. das Doppelte der Mangelbeseitigungskosten (§ 641 Abs. 3 BGB). Ob etwas anderes gilt, wenn außer A noch weitere Erwerber Einbehalte machen (Folge: dem Bauträger fehlt nicht nur der drei-, sondern der vielfache Betrag der Mangelbeseitigungskosten), ist in der Rechtsprechung jenseits vager Hinweise auf die Verhältnismäßigkeit[54] noch nicht geklärt. Das Zurückbehaltungsrecht besteht auch nach einer „Vergemeinschaftung" der Mängelrechte durch WEG-Beschluss weiter.[55]

623 A kann die Rückabwicklung des Bauträgervertrags als **Schadensersatz statt der Leistung** („großer Schadensersatz") verlangen, sofern die Mängel „nicht unerheblich" sind (§ 281 Abs. 1 S. 3 BGB).[56] Durch AGB kann die Rückabwicklung nicht ausgeschlossen oder auf den Fall grober Fahrlässigkeit oder Vorsatzes beschränkt werden.[57] Im Zuge der Rückabwicklung kann der Käufer den Kaufpreis sowie seine Finanzierungsaufwendungen ersetzt verlangen, muss sich aber erzielte

---

49 Zum Verlust des Nachbesserungsrechts bei Fristablauf allgemein BGH v. 27.2.2003 – VII ZR 338/01, WuM 2003, 1439; OLG Koblenz v. 27.3.2014 – 3 U 944/13. Ob sich die Gemeinschaft auf die Fristsetzung des Einzelnen berufen kann, ist allerdings noch nicht höchstrichterlich entschieden; dafür z.B. OLG Hamm v. 15.3.2011 – 19 W 38/10, IMR 2011, 202; *Elzer*, in: Deckert, ETW, Gr. 3, Rn 566, dagegen *Bärmann/Klein*, Anhang § 10 Rn 26.
50 Vor der WEG-Reform musste Zahlung „an alle Eigentümer" verlangt werden (BGH v. 23.6.2005 – VII ZR 200/04, ZMR 2005,799, Rn 30); das ist heute i.S. einer Zahlung an den Verband zu verstehen (BeckOK-WEG/*Dötsch*, § 10 Rn 22; h.M.).
51 BGH v. 12.4.2007 – VII ZR 50/06, ZMR 2007, 630, Rn 75.
52 BGH v. 21.7.2005 – VII ZR 304/03, ZMR 2005, 888.
53 BGH v. 27.10.2011 – VII ZR 84/09, NZM 2012, 616.
54 OLG Düsseldorf v. 2.3.2010 – 21 W 8/10, ZWE 2010, 267, Rn 19.
55 OLG Düsseldorf v. 2.3.2010 (Vornote); offen gelassen bei OLG Stuttgart v. 3.7.2012 – 10 U 33/12, NZM 2013, 36, Rn 59.
56 Bei der Beurteilung der Erheblichkeit kommt es nicht darauf an, ob und wie sich ein Mangel des Gemeinschaftseigentums gerade in der Wohnung des A auswirkt; maßgeblich ist die Auswirkung auf das ganze Haus oder die ganze Anlage (KG v. 23.11.2010 – 7 U 8/09, IBR 2011, 740). Arglistig verschwiegene Mängel sind stets erheblich (BGH v. 12.3.2010 – V ZR 147/09, WuM 2010, 311; BGH v. 24.3.2006 – V ZR 173/05, WuM 2006, 339, dort auch allgemein zur „Erheblichkeit" eines Mangels).
57 BGH v. 28.9.2006 – VII ZR 303/04, NZN 2006, 902; BGH v. 27.7.2006 – VII ZR 276/05, NJW 2006, 3275; KG v. 3.12.2010 – 21 U 16/09, IBR 2012, 27.

C. Mängelrechte und Beschlussfassung der Gemeinschaft §5

Mieteinnahmen anspruchsmindernd anrechnen lassen.[58] Der Anspruch auf großen Schadensersatz bedarf nicht der Mitwirkung der Gemeinschaft und kann auch nicht durch Beschluss der Gemeinschaft beschränkt werden.[59] Allerdings ist höchste Vorsicht geboten, wenn der Bauträger nicht zweifelsfrei zahlungsfähig ist. Fällt der Bauträger nämlich in die Insolvenz, wird der Anspruch des A auf Rückzahlung der von ihm geleisteten Zahlungen zur (wirtschaftlich i.d.R. wertlosen) Insolvenzforderung. Der Insolvenzverwalter kann davon ungerührt die Herausgabe der Wohnung und die Löschung der Auflassungsvormerkung verlangen. A kann sich demgegenüber nicht wegen seines Anspruchs auf Rückzahlung auf ein Zurückbehaltungsrecht berufen.[60]

A kann im eigenen Namen ein **Beweisverfahren** gegen den Bauträger führen. (Sonderfall: Er kann auch einem von der Gemeinschaft bereits geführten Beweisverfahrens als Nebenintervenient beitreten[61]). Er kann selbstverständlich auch einen Privatgutachter beauftragen. Die dadurch entstehenden Kosten kann er als Schadensersatz gem. §§ 280, 634 Nr. 4, 636 BGB ersetzt verlangen; er benötigt nicht die Mitwirkung der Gemeinschaft und kann Zahlung an sich verlangen.[62]

624

Im Übrigen kann A **nicht** ohne vorangehende Beschlussfassung der Gemeinschaft Schadensersatz („**kleiner Schadensersatz**"[63]) oder **Minderung** verlangen; näher dazu im folgenden Text.

625

II. Folgen der Gemeinschaftsbezogenheit der Ansprüche wegen Mängeln des Gemeinschaftseigentums

1. Überblick

Ansprüche wegen Mängeln des Gemeinschaftseigentums sind **gemeinschaftsbezogen**. Wenn die Erfüllungsebene verlassen werden soll, müssen die Mängelrechte der Erwerber zum Schutz des Bauträgers und der Miteigentümer koordiniert werden. Für die Geltendmachung der **sekundären Gewährleistungsrechte** der Erwerber ist deshalb die Wohnungseigentümergemeinschaft zuständig.[64]

626

---

58 BGH v. 12.3.2009 – VII ZR 26/06, NJW 2009, 1870. Wenn A die Wohnung nicht vermietet, sondern selbst bewohnt, muss er sich einen (linear zeitanteilig zu ermittelnden) Nutzungsvorteil anrechnen lassen (BGH v. 6.10.2005 – VII ZR 325/03, ZMR 2006, 216; OLG Karlsruhe v. 20.2.2009 – 8 U 159/08, IBR 2011, 411). Etwaige Steuervorteile des Käufers bleiben grundsätzlich außer Betracht, weil und soweit sie ihm nach vollzogener Rückabwicklung vom Fiskus wieder genommen werden; eine Vorteilsausgleichung findet nicht statt (BGH v. 26.1.2012 – VII ZR 154/10, NJW 2012, 1573; BGH v. 1.3.2011 – XI ZR 96/09, NZM 2011, 888). Weitere Einzelheiten der Rückabwicklung bei BGH v. 12.3.2009 – VII ZR 26/06, NJW 2009, 1870.

59 BGH v. 23.2.2006 – VII ZR 84/05, ZMR 2006, 537; st. Rspr. Wenn die Gemeinschaft z.B. einen Vergleich mit dem Bauträger abschließt, wonach gegen Zahlung eines Ausgleichsbetrags sämtliche Mängelansprüche erledigt sein sollen, steht das der Rückabwicklung nicht entgehen (so im Fall BGH v. 27.7.2006 – VII ZR 276/05, NJW 2006, 3275).

60 BGH v. 22.1.2009 – IX ZR 66/07, ZMR 2009, 668; *Kniffka/Koeble*, Kompendium des Baurechts, 3. Aufl. 2008, 11. Teil, Rn 97.

61 LG Berlin v. 19.4.2011 – 18 OH 11/09, BauR 2011, 1381.

62 OLG Dresden v. 7.2.2001 – 18 U 1303/00, NZM 2001, 773.

63 Beim „kleinen Schadensersatz" behält der Erwerber seine Wohnung und verlangt Ersatz des durch die Mangelhaftigkeit verursachten Schadens, der nach der mangelbedingten Wertminderung oder nach den Schadensbeseitigungskosten berechnen werden kann. Zum ersatzfähigen Schaden können auch Hotelkosten oder eine Entschädigung für Nutzungsausfall gehören, wenn die Wohnung nicht genutzt werden konnte (OLG Brandenburg v. 23.11.2011 – 4 U 91/10, IBR 2012, 205; allg. M.).

64 St. Rspr., Nachweise in den Folgenoten. Nach BGH v. 19.8.2010 – VII ZR 113/09, NZM 2010, 745, Rn 20 stehen die Ansprüche „von vornherein nur" der Gemeinschaft zu; das ist so nicht richtig, denn es bleiben Ansprüche der Miteigentümer, nur die Ausübungsbefugnis steht von vornherein der Gemeinschaft zu (§ 10 Abs. 6 S. 3, 1. Alt. WEG).

627 *Beispiel*
Die Trittschalldämmung in einer Wohnanlage mit 20 Einheiten ist mangelhaft. Die Gemeinschaft hat zu der Angelegenheit noch keinen Beschluss gefasst. 5 Wohnungseigentümer A–E verlangen Minderung, die übrigen Mangelbeseitigung. – Die Geltendmachung von Minderung durch A–E ist unzulässig, eine Klage müsste mangels Prozessführungsbefugnis abgewiesen werden. Es kann nicht sein, dass der Bauträger den Wohnungseigentümern A–E Geld für den Minderwert der Wohnungen bezahlen und trotzdem die Mängel beseitigen muss. Die Entscheidung, ob die Erfüllungsebene verlassen werden, konkret: dass statt der Nacherfüllung **Minderung** oder (kleiner) **Schadensersatz** verlangt werden soll, ist **Beschlussfassung** der Eigentümergemeinschaft vorbehalten. A–E müssten also zunächst einen Eigentümerbeschluss herbeiführen, der sie zur Geltendmachung der Minderung ermächtigt. Der Ermächtigungsbeschluss kann aber – auch während eines schon laufenden Gerichtsverfahrens und sogar noch nach einer verlorenen ersten Instanz – wirksam nachgeholt werden, allerdings ohne Rückwirkung der Verjährungshemmung (siehe Rn 615).[65]

628 Von diesem Grundsatz gibt es **Ausnahmen**, wenn die Interessen der Gemeinschaft an der Durchsetzung der gemeinschaftsbezogenen Ansprüche und die Interessen des Schuldners an einer übersichtlichen Haftungslage nicht berührt sind. Das ist vor allem dann der Fall, wenn ein einzelner Erwerber seinen Vertrag (im Wege des großen Schadensersatzes oder des Rücktritts) rückabwickeln möchte; dafür ist er nicht auf die Mitwirkung der Gemeinschaft angewiesen (siehe Rn 622). Das Gleiche gilt für die Geltendmachung von Mangelfolgeschäden (z.B. Gutachterkosten, siehe Rn 624). Im Übrigen hat der BGH einmal entschieden, dass ein Eigentümer dann, wenn sich der Mangel **ausschließlich in seinem Sondereigentum** auswirke, sämtliche Rechte ohne vorhergehende Beschlussfassung der Eigentümergemeinschaft geltend machen könne;[66] Gleiches wurde entschieden im Fall einer 2-Einheiten-WEG (Doppelhaus) mit dem Bauträger als anderem Mitglied der werdenden WEG.[67] Es handelt sich aber um nicht verallgemeinerungsfähige Einzelfälle. Auch und insbesondere **bauphysikalische Mängel** (Schall-, Wärme-, Feuchtigkeits- und Brandschutz) betreffen grundsätzlich Gemeinschaftseigentum, weshalb die Mängelrechte gemeinschaftsbezogen sind. Dass solche Mängel sich häufig nicht in allen Wohnungen gleich stark auswirken und dass sich die Folgen manchmal durch Maßnahmen am Sondereigentum mildern lassen (Innendämmung; Vorsatzschalen[68]), ändert an diesem Befund nichts. Eine Ausnahme dürfte der Mangel der unzureichenden Entlüftung einer Wohnung (Verstoß gegen DIN 1946-6) sein: Weil die (luftdichte) Ausführung der Wände und des Gemeinschaftseigentums für sich genommen mangelfrei ist, dürfte hier ein Mangel des Sondereigentums vorliegen (der durch den Einbau einer wohnungsbezogenen Entlüftungsanlage behoben werden kann).

2. Beschlussfassung der Gemeinschaft

629 Das Erfordernis der Beschlussfassung bei gemeinschaftsbezogenen Mängelrechten wirft eine Reihe von Rechtsfragen auf, die anhand des folgenden Beispiels erörtert werden.

---

65 BGH v. 28.10.1999 – VII ZR 284/98, ZMR 2000, 183.
66 BGH v. 15.2.1990 – VII ZR 269/88, ZMR 1990, 227 für Geruchsbelästigung aus einem Kamin.
67 BGH v. 7.6.2001 – VII ZR 420/00, WuM 2001, 2343.
68 A.A. OLG Hamm v. 11.3.2010 – 21 U 148/09, NZM 2011, 814: Weil die Schallschutzmängel durch Einbau von Vorsatzschalen behoben werden konnten, wurde die Befugnis des Sondereigentümers zur Geltendmachung von Schadensersatz bejaht.

C. Mängelrechte und Beschlussfassung der Gemeinschaft § 5

Beispiel
Die Trittschalldämmung eines Gebäudes ist mangelhaft, fristbewehrte Mangelbeseitigungsaufforderungen einzelner Erwerber blieben erfolglos. Auf einer Versammlung, an der teilweise „Ersterwerber" (die wiederum teilweise noch nicht im Grundbuch eingetragen sind) und teilweise „Zweiterwerber" (die ihre Wohnung nicht vom Bauträger, sondern von einem Ersterwerber gekauft haben) teilnehmen, wird daraufhin mehrheitlich der Beschluss gefasst: „Die Gemeinschaft zieht die Mängelrechte der Miteigentümer an sich. Weitere Nachbesserungsversuche des Bauträgers werden abgelehnt. Rechtsanwalt X wird beauftragt, Schadensersatz statt der Leistung geltend zu machen". Miteigentümer A, der gegen den Beschluss gestimmt hat, weil er gegen den Bauträger bereits eine Klage auf Nacherfüllung führt, fragt nach der Rechtslage.

Schon vor dem Inkrafttreten der WEG-Reform war eine **Beschlusskompetenz** der Gemeinschaft, die Verfolgung der Mängelrechte ihrer Miteigentümer an sich zu ziehen, überwiegend anerkannt. Eine dogmatisch haltbare Begründung war dafür allerdings nur schwer zu finden. Zwar gehört die Beseitigung von Mängeln am Gemeinschaftseigentum zur ordnungsmäßigen Verwaltung (§ 21 Abs. 5 Nr. 2 WEG), so dass die Beschlusskompetenz für konkrete Mangelbeseitigungsmaßnahmen außer Frage steht; eine Kompetenz, einzelnen Erwerbern deren individuelle Mängelrechte „abzunehmen", folgt alleine daraus aber nicht. Teilweise wurde daher – dogmatisch konsequent – die Zuständigkeit einer „Erwerbergemeinschaft" postuliert; jedoch konnten die Vertreter dieser Auffassung das Problem nicht befriedigend lösen, dass es keine praktikable Art und Weise gibt, wie diese Gemeinschaft aktiv werden könnte. Der Gesetzgeber der WEG-Reform hat die dogmatischen Fragen zwar nicht beantwortet, das praktische Problem aber mit Einführung des § 10 Abs. 6 S. 3 WEG gelöst. Ihre innere Rechtfertigung findet die gesetzliche Lösung letztlich in **Praktikabilitätserwägungen**, da sich die Beschlussfassung in der Eigentümerversammlung zur Koordinierung der Mängelrechte besonders eignet und es außerdem letztlich Sache der Wohnungseigentümergemeinschaft – und nicht der Erwerber – ist, über die Art und Weise der Mangelbeseitigung zu entscheiden.[69] Demnach gilt:

630

Gem. § 10 Abs. 6 S. 3 WEG kann die Wohnungseigentümergemeinschaft (genauer: die „werdende Wohnungseigentümergemeinschaft") die Durchsetzung der auf die ordnungsgemäße Herstellung des Gemeinschaftseigentums gerichteten Rechte der Erwerber wegen Mängeln des Gemeinschaftseigentums **an sich ziehen**; für den Beschluss besteht also eine **Beschlusskompetenz.**[70] Es ist nicht erforderlich, dass der Beschluss ausdrücklich das „An-sich-ziehen der Mängelrechte" erwähnt. M. E. werden mit dem Beschluss des gemeinschaftlichen Vorgehens zwangsläufig (konkludent) die Mängelrechte der Miteigentümer an den Verband gezogen.[71] Jedoch wird teilweise verlangt, dass vor allen weiteren Beschlüssen ein ausdrücklicher „An-sich-Ziehen-Beschluss" gefasst wird,[72] weshalb dies „zur Sicherheit" zu empfehlen ist. Es ist aber nicht erforderlich zu erwähnen, die Ansprüche **welcher** Miteigentümer erfasst sein sollen. Nach zutreffender Auffassung des BGH ist ein solcher Beschluss bei verständiger Würdigung dahin auszulegen, dass sämtliche Ansprüche der Miteigentümer zur Ausübung auf die Wohnungseigentümergemeinschaft übergeleitet werden sollten, die auf die ordnungsgemäße Herstellung des Gemeinschaftseigentums gerichtet sind. Darunter fallen die auf das Gemeinschaftseigentum bezogenen Erfüllungs-, Nacherfüllungs- und pri-

631

---

69 Daher wäre es konsequent gewesen, von vornherein auch für die primären Erfüllungsansprüche die alleinige Ausübungsbefugnis der Gemeinschaft zu begründen; diesen Weg ist die Rspr. jedoch nicht gegangen.
70 BGH v. 15.1.2010 – V ZR 80/09, WuM 2010, 172; OLG Köln v. 23.10.2013 – 11 U 109/13, ZWE 2014, 27.
71 So auch (für eine andere Fallgestaltung) BGH v. 12.4.2013 – V ZR 103/12, ZMR 2013, 730, Rn 6.
72 OLG München v. 3.7.2012 – 13 U 2506/11, ZWE 2012, 380; m.E. überzogen.

mären Mängelrechte. Das gilt selbst dann, wenn nur noch **ein einziger Miteigentümer** anspruchsberechtigt ist.[73]

3. Die Problematik der Einbeziehung von Zweiterwerbern und Nicht-Anspruchsberechtigten

632 Die Beschlusskompetenz besteht auch dann, wenn die Wohnungseigentümergemeinschaft – wie im Beispielsfall (siehe Rn 629) – nicht mehr personell identisch mit der ursprünglichen Gemeinschaft der „Ersterwerber" ist; das ist der Normalfall. Die Wohnungseigentümergemeinschaft kann allerdings nur solche Ansprüche an sich ziehen, die ihren Mitgliedern zustehen. Wenn ein anspruchsberechtigter Ersterwerber seine aus dem Bauträgervertrag resultierenden Mängelrechte nicht an den Zweiterwerber abgetreten haben sollte, verbleiben die Ansprüche beim Ersterwerber. Abgesehen davon, dass es in einer (werdenden) Gemeinschaft im Normfall immer einige (oder mindestens einen) anspruchsberechtigte Erstwerber gibt, stellt sich das Problem der Zweiterwerber auch noch aus einem anderen Grund in der Praxis nicht. Dem Zweiterwerber werden im Kaufvertrag i.d.R. nämlich die Mängelrechte des Ersterwerbers gegen den Bauträger abgetreten. Damit die Eigentümergemeinschaft dies nicht in jedem Fall besonders überprüfen muss, hat die Rechtsprechung zudem einen praxistauglichen Grundsatz aufgestellt: Es ist regelmäßig zu **vermuten**, dass die späteren Erwerber von den Ersterwerbern **stillschweigend** zur Geltendmachung von Mängelrechten **ermächtigt** wurden.[74]

633 An der Beschlussfassung dürfen im Übrigen **alle Miteigentümer** teilnehmen: Auch die, die aus bestimmten Gründen (Verjährung, Vergleich, Verzicht, oder weil sie nicht-anspruchsberechtigte Zweiterwerber sind) keine Mängelrechte gegen den Bauträger (mehr) haben. Das ist eine zwingende Folge des Umstands, dass für den Beschluss überhaupt eine Beschlusskompetenz besteht. Denn wenn ein Beschluss gefasst wird, können und müssen an dieser Verwaltungsmaßnahme sämtliche (werdenden) Miteigentümer teilnehmen können.

4. Die Fristsetzung

634 Im obigen Beispielsfall (siehe Rn 629) hat die Gemeinschaft beschlossen, Nachbesserungsversuche des Bauträgers abzulehnen. Dies kann ohne Rechtsverlust nur nach Ablauf einer angemessenen Frist zur Nacherfüllung erfolgen, so dass sich die Frage stellt, ob die Gemeinschaft sich eine etwaige durch **einzelne Erwerber** erfolgte Fristsetzung **zu Eigen** machen kann. Die Frage ist zu bejahen, weil die Fristsetzung eines einzelnen Miteigentümers nach verbreiteter und zutreffender Auffassung zugunsten aller wirkt (siehe Rn 620); das ist aber noch nicht höchstrichterlich abgesichert.

635 *Tipp*
Der sicherste Weg besteht darin, auf der Grundlage eines ermächtigenden Eigentümerbeschlusses (ggf. nochmals) eine Frist zur Nacherfüllung zu setzen und erst anschließend die Rechte auszuüben, die den Fristablauf voraussetzen.

636 Umgekehrt stellt sich die Frage, ob der einzelne Erwerber noch eine Frist zur Mangelbeseitigung setzen kann, nachdem die Gemeinschaft bereits beschlossen hat, Nachbesserung abzulehnen. Der Einzelne ist auf die Fristsetzung angewiesen, um bspw. nach Fristablauf die Rückabwicklung ver-

---

[73] BGH v. 15.1.2010 – V ZR 80/09, WuM 2010.
[74] BGH v. 19.12.1996 – VII ZR 233/95, ZMR 1997, 312; OLG Düsseldorf v. 27.10.2003 – 3 Wx 156/03, ZMR 2004, 279.

langen zu können; der Bauträger kann aber nicht mehr erfüllen. Die Fristsetzung des Erwerbers ist in diesem Fall unwirksam; die daraus resultierende Einschränkung seines Rückabwicklungsanspruchs ist als „systemimmanent" hinzunehmen.[75]

5. Konsequenzen der gemeinschaftlichen Beschlussfassung

Die Beschlussfassung begründet für die gemeinschaftsbezogenen Ansprüche die alleinige Zuständigkeit (Ausübungsbefugnis) der Gemeinschaft.[76] Bereits entstandene Ansprüche einzelner Miteigentümer auf Aufwendungsersatz nach Ersatzvornahme, Ersatz von Mangelfolgeschäden (z.B. Gutachterkosten) oder auf Rückabwicklung[77] bleiben davon aber unberührt. Die Beschlussfassung hat zur Folge, dass der einzelne Erwerber nicht mehr befugt ist, die ihm zustehenden Mängelrechte weiter geltend zu machen (**Verlust** der Klage- bzw. **Prozessführungsbefugnis**).[78] Im obigen Beispielsfall (siehe Rn 629) kann A also nicht mehr Nacherfüllung vom Bauträger verlangen; infolge der dadurch eintretenden Erledigung der Hauptsache bleibt ihm nach h.M. nichts anders übrig, als seine Klage gegen den Bauträger für erledigt zu erklären.[79] Das ist freilich alles andere als prozessökonomisch, weil der bisherige – möglicher Weise schon weit gediehene – Prozess auf diese Weise völlig vergeblich (aber leider nicht umsonst) wird. Deshalb vertritt das OLG Hamm – gut gemeint, aber dogmatisch heikel – die Auffassung, dass der Anspruchsinhaber (im Beispiel: A) ein begonnenes Verfahren analog der §§ 265, 326 ZPO fortsetzen könne.[80]

637

> *Tipp*
> Wenn ein Erwerber schon eine Klage führt, muss sich die Gemeinschaft gut überlegen, ob sie ihm durch das „Ansichziehen der Mängelrechte" die Prozessführungsbefugnis nehmen (und selber bei Null anfangen) will. Sie kann den Beschluss stattdessen einfach unterlassen, oder aber dem bereits klagenden Miteigentümer als Nebenintervenient beitreten.[81]

638

Ab der Beschlussfassung werden die Mängelrechte der Erwerber **von der Gemeinschaft ausgeübt** (§ 10 Abs. 6 WEG). Es ist also Sache der Gemeinschaft zu entscheiden, wer die Mängelrechte wie geltend machen soll. Normalerweise wird beschlossen, dass die Gemeinschaft (die selber nicht Inhaber der Mängelrechte ist) in Ausübung der Mängelrechte gegenüber dem Bauträger tätig werden soll; dann liegt ein Fall der gesetzlichen **Prozessstandschaft** (= Geltendmachung fremder Rechte im eigenen Namen) vor:[82] Die Gemeinschaft macht die Rechte der Erwerber – im Beispielsfall auch die Rechte des A – im eigenen Namen geltend. Wenn A damit nicht einverstanden sein sollte, ändert das nicht, weil er an den Mehrheitsbeschluss gebunden ist (§ 10 Abs. 5 WEG).

639

---

75 BHG v. 6.3.2014 – VII ZR 266/13, NJW 2014, 1377.
76 BGH v. 15.1.2010 – V ZR 80/09, WuM 2010, 172.
77 OLG Köln v. 23.10.2013 – 11 U 109/13, ZWE 2014, 27, Rn 8.
78 LG München v. 31.1.1995 – 8 O 17363/94, NJW-RR 1996, 333. A.A. Teile der Lit., wonach ein Erwerber weiterhin anspruchsbefugt bleiben soll, siehe nur *Schmid*, NJW 2010, 935.
79 *Bärmann/Wenzel*, § 10 Rn 256 m.w.N.
80 OLG Hamm v. 5.11.2009 – 15 Wx 15/09, ZWE 2010, 44; str.
81 So der Vorschlag von *Briesemeister*, ZWE 2010, 92.
82 BGH v. 15.1.2010 – V ZR 80/09, WuM 2010, 172.

III. Überlegungen und Vorschläge zum Beschlussfassung

640 Wenn Mängel am Gemeinschaftseigentum auftreten, stellt sich den Miteigentümern eine Reihe von Fragen.

(1) Soll die Ausübung der Mängelrechte zu einer Angelegenheit der Gemeinschaft gemacht werden?
(2) Soll ein Rechtsanwalt hinzugezogen werden?
(3) Soll ein Privatgutachter beauftragt oder ein gerichtliches Beweisverfahren durchgeführt werden?
(4) Welche Mängelrechte sollen geltend gemacht werden?
(5) Soll gegenüber dem Bauträger die Gemeinschaft auftreten oder ist es besser, einzelne Miteigentümer, den Verwaltungsbeirat oder den Verwalter zu bevollmächtigen?
(6) Darf der Bauträger, wenn er noch Miteigentümer ist, bei der Beschlussfassung mitwirken? Muss er sich an den Kosten gemeinschaftlicher Maßnahmen beteiligen?

641 Frage 1 ist eindeutig zu bejahen. Das gemeinschaftliche Vorgehen hat fast nur Vorteile. Die Bündelung der Einzelinteressen vermeidet widersprüchliches Vorgehen und ist letztlich kostengünstiger als mehrere separate Maßnahmen einzelner Miteigentümer. Für den Einzelnen ist zudem bei gemeinschaftlichem Vorgehen die individuelle Kostenbelastung viel geringer, als wenn er alleine auf eigene Rechnung gegen den Bauträger vorginge. Außerdem müssen die zur Mangelbeseitigung erforderlichen Arbeiten am Gemeinschaftseigentum i.d.R. von der hierfür zuständigen Gemeinschaft entweder beauftragt oder zumindest überwacht werden, so dass eine Befassung der Gemeinschaft mit der Baumängelproblematik letztlich ohnehin fast unausweichlich ist.

642 Im Normalfall sind die Miteigentümer **verpflichtet**, rechtliche Schritte gegen den Bauträger zu beschließen. Die gemeinschaftliche Rechtsverfolgung entspricht ordnungsgemäßer Verwaltung; davon darf nur abgesehen werden, wenn dies durch besondere Gründe gerechtfertigt ist.[83] Das Thema „Baumängel" muss daher beim Auftreten derselben auf alle Fälle zur Beschlussfassung auf die **Tagesordnung** der nächsten Eigentümerversammlung gesetzt werden. Wenn die Gemeinschaft Rechte wegen Mängeln am Gemeinschaftseigentum verfolgt, kann sie auch gleich noch die Geltendmachung von Rechten wegen Mängeln des **Sondereigentums** mit übernehmen,[84] was manchmal sinnvoll ist, damit nicht einzelne Wohnungseigentümer parallel zur Gemeinschaft einen eigenen Prozess führen müssen.

643 Frage 2 (siehe Rn 640) ist ebenfalls eindeutig zu bejahen. Erfahrungsgemäß lassen Beschlüsse, die ohne anwaltliche Beratung gefasst werden, allzu oft die erforderliche (juristische) Präzision missen und stellen dann keine geeignete Basis für das weitere Vorgehen dar. Das liegt regelmäßig nicht einmal am fehlenden Bemühen des Verwalters, sondern an der Schwierigkeit der Materie. Zwar ist der WEG-Verwalter generell verpflichtet, eine Beschlussfassung sorgfältig vorzubereiten; man kann aber nicht erwarten, dass ein Verwalter ohne Hinzuziehung eines Rechtsanwaltes einen juristisch ausgefeilten, „hieb- und stichfesten" Beschlussvorschlag unterbreitet, zumal die Geltendmachung von Mängelrechten der Erwerber gar nicht zu seinen Verwalterpflichten gehört (siehe Rn 671). Der Verwalter sollte deshalb im eigenen und im Interesse der Gemeinschaft zu einem möglichst frühen Zeitpunkt einen Rechtsanwalt – zunächst in beratender Funktion – hinzuziehen. Idealer Weise wird der Anwalt bereits zu der Eigentümerversammlung eingeladen, auf der über

---

[83] BGH v. 15.1.2010 – V ZR 80/09, WuM 2010, 172. So auch schon OLG Düsseldorf v. 26.6.2008 – 3 Wx 180/07, NZM 2008, 844.
[84] BGH v. 12.4.2007 – VII ZR 236/05, ZMR 2007, 627, Rn 24. Der Beschluss sollte vorsehen, dass etwaige Mehrkosten zu Lasten des oder der betreffenden Sondereigentümer gehen (wobei die Ermittlung schwierig sein und eine erhebliche Mehrarbeit für den Rechtsanwalt mit sich bringen kann).

eventuelle Maßnahmen gegen den Bauträger Beschluss gefasst werden soll, um dort die Rechtslage erläutern und einen auf die konkrete Situation abgestimmten Beschlussvorschlag mitbringen zu können. Diese Empfehlung gilt auch dann, wenn der Verwaltervertrag es dem Verwalter nicht gestatten sollte, ohne vorangegangenen Beschluss der Gemeinschaft einen Rechtsanwalt auf Rechnung der Gemeinschaft zu beauftragen. Der Verwalter muss den Rechtsanwalt ggf. darauf hinweisen, dass er zunächst ohne Auftrag und somit auf eigenes finanzielles Risiko handelt. Über die Teilnahme des Rechtsanwalts und seine Vergütung kann zu Beginn der Versammlung ein Beschluss gefasst werden. Im Normalfall ist eine Gemeinschaft mit einer derartigen Vorbereitung der Versammlung durch den Verwalter dankbar einverstanden.

Zu Frage 3 (siehe Rn 640): Zu Beginn einer Streitigkeit über Baumängel ist es grundsätzlich sinnvoll, die bekannten oder vermuteten Mängel sachverständig feststellen zu lassen. Hierfür ist im Normalfall die Beauftragung eines öffentlich bestellten und vereidigten **Sachverständigen** außerhalb eines gerichtlichen Verfahrens der richtige Weg.[85] Wenn Mängel festgestellt werden, muss der Bauträger i.d.R. die Kosten des Privatgutachters als selbständige Schadensposition erstatten, selbst wenn anschließend noch ein selbstständiges gerichtliches Beweisverfahren durchgeführt wird.[86] Auf der Basis des Sachverständigengutachtens empfiehlt es sich normalerweise, den Bauträger (nochmals) unter Fristsetzung zur Mangelbeseitigung aufzufordern; erst wenn das keinen Erfolg hat, folgen gerichtliche Schritte. Die Einleitung gerichtlicher Schritte *ohne* vorangegangene privatsachverständige Begutachtung ist demgegenüber vor allem dann angezeigt, wenn es auf die dadurch bewirkte Hemmung der Verjährung ankommt. Wenn es vor Gericht geht, ist der Erhebung einer Klage jedenfalls dann, wenn noch keine (vollständige) Abnahme erfolgt ist, der Vorzug gegenüber einem vorgelagerten Beweisverfahren zu gebe. Das hat einen rein finanziellen Grund: Die (meistens teure) Beweiserhebung im Zuge eine Klage muss der Bauträger, der mangels Abnahme die Beweislast für die Mangelfreiheit trägt, zumindest hälftig (richtiger Weise ganz) finanzieren, d.h. den Kostenvorschuss für den gerichtlichen Sachverständigen bezahlen;[87] die Kosten der Beweisaufnahme im Zuge eines von der WEG geführten selbstständigen Beweisverfahrens muss demgegenüber alleine die WEG als Antragstellerin in voller Höhe tragen.

644

Zu Frage 4 (siehe Rn 640): Als Faustregel kann gelten, dass die **Erfüllungsebene** nicht verlassen und deshalb entweder Mangelbeseitigung, Kostenvorschuss zur Mangelbeseitigung oder Aufwendungsersatz verlangt werden sollte. Zur Geltendmachung von (kleinem) Schadensersatz oder Minderung besteht demgegenüber nur dann Anlass, wenn die Mangelbeseitigung unmöglich oder unverhältnismäßig sein sollte, was aber praktisch bzw. rechtlich fast nie der Fall ist. Insbesondere der Kostenvorschussanspruch bietet überragende Vorteile. Führt die Gemeinschaft die Mangelbeseitigung während des laufenden Prozesses durch, kann sie ohne weiteres die Klage umstellen und statt Kostenvorschuss Aufwendungsersatz verlangen.[88] Hat die Gemeinschaft aber erst einmal Kostenvorschuss zur Mangelbeseitigung erlangt, kann sie später immer noch beschließen, das Geld statt zur Mangelbeseitigung z.B. zur Aufstockung der Instandhaltungsrücklage zu verwenden. Denn einem etwaigen Verlangen des Bauträgers auf Abrechnung des Vorschusses kann sie die Auf-

645

---

85 Zutreffend OLG Stuttgart v. 21.11.2006 – 12 U 11/06, Rn 47: Dem gerichtlichen Beweisverfahren ist nicht generell der Vorzug zu geben.
86 BGH v. 27.2.2003 – VII ZR 338/01, NJW 2003, 1526; OLG Stuttgart v. 25.5.2011 – 9 U 122/10, NZM 2012, 354 Rn 70.
87 Viele Gerichte verteilen den Kostenvorschuss mit der Begründung hälftig auf WEG und Bauträger, dass letzterer nur für das (Nicht-)Vorliegen von Mängeln, die WEG aber für die Höhe der ggf. zu ermittelnden Mangelbeseitigungskosten die Beweislast trage.
88 Keine Klageänderung, sondern Antragsanpassung, daher auch in der Berufungsinstanz noch möglich: BGH v. 26.11.2009 – VII ZR 133/08, BauR 2010, 494.

rechnung mit dem Schadensersatzanspruch entgegenhalten.[89] Hat die Gemeinschaft die Mangelbeseitigung durchgeführt, den Vorschuss dabei aber nicht vollständig verbraucht, kann sie den Abrechnungs- und Rückzahlungsanspruch des Bauträgers auf diese Weise ebenso zu Fall bringen. Das erstaunliche (und wenig bekannte, sicherlich auch nicht ganz unstreitige) Ergebnis ist somit, dass der Vorschuss letztlich einen Mindestbetrag darstellt, den die Gemeinschaft nach ihrer Wahl zur Mangelbeseitigung oder anderweitig verwenden kann; verwendet sie ihn zur Mangelbeseitigung, kann sie – wenn er nicht ausreiche – nachfordern, einen etwaigen Überschuss hingegen behalten.

646 **Zu Frage 5** (siehe Rn 640): Wenn die (werdenden) Wohnungseigentümer durch entsprechende Beschlussfassung die Ausübung der Mängelrechte zur gemeinschaftlichen Angelegenheit machen, können sie zugleich entscheiden, *wer* die Rechte im weiteren Verfahren geltend machen soll (siehe Rn 342). Im Normalfall sollte es die **Gemeinschaft** sein. Die früher nicht unübliche Prozessstandschaft durch den **Verwalter** ist seit der Anerkennung der Rechtsfähigkeit der WEG nicht mehr zulässig,[90] ein dahin gehender Beschluss ist deshalb anfechtbar. Entsprechendes gilt im Normalfall für die Prozessstandschaft durch **einzelne Miteigentümer** oder durch den **Verwaltungsbeirat**. Ist der Beschluss aber gefasst, ist die Ermächtigung (Prozessstandschaft) wirksam.[91] Nur ausnahmsweise kann es einmal sinnvoll sein, **einzelne Miteigentümer** zur Ausübung der Mängelrechte gegen den Bauträger zu ermächtigen. Wenn z.B. wenn ein Mangel am Gemeinschaftseigentum nicht alle Miteigentümer betrifft und deshalb die Gemeinschaft mehrheitlich an der Mangelbeseitigung kein gesteigertes Interesse hat, ist zu überlegen, die Ausübung der Mängelrechte dem beeinträchtigten Miteigentümer zu überlassen; das gilt erst recht, wenn ein einzelner Miteigentümer bereits „vorgeprescht" ist und gerichtliche Schritte gegen den Bauträger eingeleitet hat. Wenn die Anspruchsverfolgung aber statt auf Rechnung der Gemeinschaft auf Rechnung des betreffenden Miteigentümers gehen soll, ist der Beschluss nur mit dessen Zustimmung rechtmäßig; denn jeder Miteigentümer kann verlangen, dass die Gemeinschaft sich (auf Gemeinschaftskosten) um die Mangelbeseitigung kümmert, auch wenn der Mangel sich nicht bei allen auswirkt (siehe Rn 665). Der einzige wirklich relevante Fall, in dem die Ermächtigung einzelner Miteigentümer zur Ausübung der Mängelrechte eindeutig zu empfehlen ist, liegt somit dann vor, wenn es um die Herstellung der Aufrechnungslage zwecks Nutzbarmachung von Einbehalten geht (siehe Rn 657).

647 Wenn nicht die Gemeinschaft, sondern einzelne Miteigentümer auf der Basis eines entsprechenden Gemeinschaftsbeschlusses gegenüber dem Bauträger gemeinschaftsbezogene Mängelrechte geltend machen (Kostenvorschuss, kleiner Schadensersatz oder Minderung), können sie jeweils den vollen zur Mangelbeseitigung erforderlichen Betrag (und nicht etwa nur eine Quote entsprechend dem Miteigentumsanteil) verlangen.[92] Der Antrag muss auf **Zahlung an die Gemeinschaft** gestellt werden (siehe Rn 620), sofern der Gemeinschaftsbeschluss sie nicht ermächtigt, Zahlung an sich selber zu verlangen.

648 **Zu Frage 6** (siehe Rn 640): Der Bauträger wird in der ersten Zeit nach der Gebäudeerrichtung häufig noch Eigentümer unverkaufter Wohnungen sein. Er muss in diesem Fall genauso wie die anderen (werdenden) Eigentümer zu den Versammlungen der (faktischen) Eigentümergemeinschaft eingeladen werden. Bei der Abstimmung über die **Einleitung eines Rechtsstreits** gegen sich selber ist er aber nicht stimmberechtigt (**Stimmrechtsausschluss** gem. § 25 Abs. 5 WEG). Das gilt

---

[89] BGH v. 14.1.2010 – VII ZR 108/08, NJW 2010, 1192. Im Fall wurde der Vorschuss allerdings tatsächlich zur Mangelbeseitigung eingesetzt.
[90] BGH v. 28.1.2011 – V ZR 145/10, NZM 2011, 278.
[91] OLG Hamm v. 7.5.2010 – 19 U 68/09, IBR 2012, 151.
[92] BGH v. 15.4.2004 VII ZR 130/03, NJW-RR 2004, 949 = ZMR 2004, 682; BGH v. 6.6.1991 – VII ZR 372/89, ZMR 1991, 400; BGH v. 21.2.1985 – VII ZR 72/84, WuM 1986, 31. Ausführlich *Greiner*, ZfBR 2001, 439, 442 ff.

C. Mängelrechte und Beschlussfassung der Gemeinschaft § 5

auch für einen Wohnungseigentümer, der zwar nicht selbst der Bauträger, mit diesem aber rechtlich, wirtschaftlich oder verwandtschaftlich verbunden ist.[93] Zur Einleitung oder Erledigung eines Rechtsstreits im Sinne von § 25 Abs. 5 WEG gehören auch das selbstständige Beweisverfahren sowie vorprozessuale Maßnahmen, z.B. die Beauftragung eines Rechtsanwalts oder die Erhebung einer Sonderumlage, also alle Maßnahmen, die im unmittelbaren Zusammenhang mit dem Rechtsstreit stehen.[94] An der **Finanzierung** gemeinschaftlich beschlossener Maßnahmen muss sich der Bauträger-Miteigentümer beteiligen, da es sich um Kosten der Verwaltung des gemeinschaftlichen Eigentums handelt „und die Beseitigung von Mängeln des gemeinschaftlichen Eigentums oder die dafür zu leistende Gewähr auch ihm zugute kommt".[95]

Zur **Beschlussfassung:** Die Rechtsprechung ist zu Recht meistens nicht kleinlich, wenn es um die Beurteilung von Beschlüssen zum gemeinschaftlichen Vorgehen wegen Mängeln am Gemeinschaftseigentum geht. Bei einer Auslegung unter verständiger Würdigung des Gemeinten, wie vom BGH in den einschlägigen Fällen verlangt (siehe Rn 631), kann auch ein Beschluss, „rechtliche Schritte gegen den Bauträger einzuleiten",[96] oder „die Verwaltung wird beauftragt, die Schäden an den Fenstern gegenüber dem Bauträger geltend zu machen"[97] ordnungsmäßiger Verwaltung entsprechen. Trotzdem ist es besser, den Beschlusstext präziser zu fassen. Die Befugnisse eines beauftragten Rechtsanwalts sollten gleichwohl nicht zu sehr eingeschränkt werden, sonst müssten sich die Miteigentümer vor jedem weiteren Verfahrensschritt erneut zur Beschlussfassung versammeln. Im Beschluss **kann** die Gemeinschaft festlegen, welches Mängelrecht geltend gemacht werden soll, **muss** das m.E. aber nicht unbedingt.[98] Die nachfolgenden Beschlussmuster stellen einige Vorschläge zur Wahl; diese sind als Alternativen zu verstehen.

649

▼

Muster 5.1: Beschlüsse bei Mängeln am Gemeinschaftseigentum

650

■ Die Mängel am Gemeinschaftseigentum (nähere Bezeichnung) werden als gemeinschaftliche Angelegenheit verfolgt. Die Gemeinschaft zieht die Mängelrechte der Miteigentümer an sich. Rechtsanwalt X wird beauftragt und bevollmächtigt, die Gemeinschaft zwecks Durchsetzung der Mängelrechte außergerichtlich und gerichtlich zu vertreten. Er hat bei wesentlichen Entscheidungen mit dem Verwalter und dem Verwaltungsbeirat Rücksprache zu halten.

Zur Deckung der Kosten dieses Beschlusses wird eine nach Miteigentumsanteilen zu verteilende Sonderumlage von 2.000,00 EUR erhoben. Sie ist fällig 1 Monat nach Beschlussfassung und wird von der Verwaltung per Lastschrift eingezogen. Die Sonderumlage wird der Instandhaltungsrücklage zugeführt; die Finanzierung der Maßnahmen soll aus der Instandhaltungsrücklage erfolgen [Grund: siehe Rn 1097].

---

[93] BayObLG v. 9.10.1997 – 2Z BR 84/97, ZMR 1998, 44.
[94] BayObLG v. 9.10.1997 – 2Z BR 84/97, ZMR 1998, 44.
[95] LG München I v. 13.5.2013 – 1 S 10826/12, NZM 2013, 684, Rn 14 f.; allg. M.
[96] Denn daraus ergebe sich als Mindestinhalt, dass ein Rechtsanwalt zunächst damit beauftragt werden solle, eine bestimmte Rechtsverfolgung auf ihre Erfolgsaussicht hin zu prüfen und nur bejahendenfalls diese Rechtsverfolgung – typischerweise durch Erhebung einer Klage – auch zu beginnen (OLG Düsseldorf v. 26.6.2008, 3 Wx 180/07, NZM 2008, 844).
[97] LG Köln v. 13.12.2012 – 29 S 47/12, ZWE 2013, 263.
[98] Im Beschlussmuster bspw. von *Elzer*, Durchsetzung der Mängelrechte gegen einen Bauträger, MietRB 2012, 165 (166) werden „sämtliche Mängelansprüche" der Gemeinschaft übertragen und wird der Verwalter zur Abgabe „zweckdienlicher Erklärungen" usw. ermächtigt.

§ 5 Der Kauf vom Bauträger

- [Zuerst wie vorstehendes Muster] Rechtsanwalt X soll im Namen der Gemeinschaft einen Bausachverständigen mit der Begutachtung des Gemeinschaftseigentums beauftragen. Der Sachverständige soll insbesondere folgende Mängel begutachten: [Aufzählung der bereits bekannten Mängel]. Die Eigentümer können der Verwaltung weitere Punkte mitteilen, welche ihrer Auffassung nach der Begutachtung bedürfen; diese werden nach dem Ermessen des Rechtsanwalts in die Begutachtung einbezogen.
Zur Deckung der der Kosten dieses Beschlusses wird eine Sonderumlage von 4.000,00 EUR erhoben. [Fortsetzung wie oben].
- Die Gemeinschaft verlangt von der Schlechtbau GmbH die Beseitigung folgender Mängel: [Aufzählung]. Hierfür wird eine (Nach-)Frist zum 19.9.2014 gesetzt. Für den Fall, dass die Mängel nicht fristgerecht beseitigt werden, wird schon jetzt Folgendes beschlossen:
Hinsichtlich folgender Mängel werden weitere Nachbesserungsarbeiten durch die Schlechtbau GmbH abgelehnt: [Mängel, deren Beseitigung keinen Aufschub duldet, z.B. ein undichtes Dach]. Diesbezüglich wird die Verwaltung beauftragt, mindestens 2 Angebote einzuholen und anschließend im Einvernehmen mit dem Verwaltungsbeirat die zur Mangelbeseitigung erforderlichen Aufträge zu vergeben. (Der Verzicht auf die Einberufung einer weiteren Versammlung, auf der nach Vorlage der Angebote die Auftragserteilung beschlossen wird, ist zwar üblich, aber anfechtbar; siehe Rn 528).
Hinsichtlich sämtlicher bis zum Fristablauf nicht beseitigten Mängel soll Kostenvorschuss bzw. Aufwendungsersatz für die Mangelbeseitigung geltend gemacht werden. (Zunächst wird Klage auf Kostenvorschuss erhoben; wenn die Arbeiten durchgeführt sind, wird der Antrag auf Zahlung von Aufwendungsersatz umgestellt. Das ist keine Klageänderung, sondern eine auch noch in der Berufungsinstanz zulässige Antragsanpassung, siehe Rn 645.)
Rechtsanwalt X wird mit der außergerichtlichen und gerichtlichen Wahrnehmung der Interessen der Gemeinschaft beauftragt und entsprechend bevollmächtigt; mit der Einleitung gerichtlicher Schritte ist die Gemeinschaft einverstanden.
Für die Durchführung der Beschlüsse wird eine Sonderumlage in Höhe von 5.000,00 EUR erhoben. [weiter wie oben]. **Informativ**: In die Berechnung der Sonderumlage sind die voraussichtlichen Kosten der Rechtssache mit 2.000,00 EUR und die voraussichtlichen Kosten der Mangelbeseitigungsarbeiten mit 3.000,00 EUR eingeflossen.
- Miteigentümer A wird ermächtigt, die Mängel am Gemeinschaftseigentum [nähere Bezeichnung] auf Rechnung der Gemeinschaft im eigenen Namen geltend zu machen. [Sonderumlage wie oben].

651 Vollständige Muster für **außergerichtliche Rechtsanwaltsschreiben** würden schon wegen der Vielfalt der möglichen Fallkonstellationen den Rahmen dieses Buches sprengen. Nur eine immer wiederkehrende Problematik sei hier erörtert: Es geht um **unangekündigte Arbeiten** des Bauträgers. Bauträger kümmern sich nämlich häufig wenig darum, dass die Verfügungsgewalt über das von ihnen stammende Gebäude ab dem Entstehen der faktischen Eigentümergemeinschaft auf diese übergegangen ist. Wenn Mängel aufgetreten sind, lassen sie diese (wenn überhaupt) gerne unmittelbar vor einer sachverständigen Begutachtung bearbeiten, ohne den Verwalter (oder einen von der Gemeinschaft beauftragten Rechtsanwalt) hierüber in Kenntnis zu setzen. Das ist aus mehrfachen Gründen problematisch: Unter anderem kann kein Vertreter der Gemeinschaft kontrollieren, ob die Arbeiten fachgerecht ausgeführt oder ob dabei womöglich noch weitere Schäden angerichtet wurden. Generell ist Skepsis angebracht, denn der Bauträger verfolgt nicht unbedingt das Ziel, die Wohnungseigentümer zufrieden zu stellen, aber naturgemäß stets eigene Interessen; und

C. Mängelrechte und Beschlussfassung der Gemeinschaft §5

da kann das Vertuschen oder „Verschlimmbessern" von Mängeln dazu gehören. Gerne wendet der Bauträger auch nach dem Vorliegen eines gerichtlich eingeholten Sachverständigengutachtens gegenüber der Kostenvorschussklage der Gemeinschaft ein, der eine oder andere Mangel sei inzwischen beseitigt worden („Einwand der heimlichen Nachbesserung"). Die dadurch bezweckte Prozessverschleppung in Gestalt einer Fortsetzung der sachverständigen Beweisaufnahme müsste zwar scheitern, denn die angebliche Nachbesserung darf im Prozess nicht anspruchsmindernd berücksichtigt werden, wenn sie ohne Zustimmung der Gemeinschaft zu einem Zeitpunkt erfolgte, zu dem der Bauträger sein Nachbesserungsrecht schon verloren hatte.[99] Aber es ist trotzdem besser, eigenmächtige Arbeiten von vornherein zu verhindern.

▼

Muster 5.2: Schreiben (Mangelbeseitigungsaufforderung) an Bauträger 652

Am Haus wurden zahlreiche Baumängel festgestellt; die Einzelheiten sind dem beigefügten Gutachten des Sachverständigen X zu entnehmen. Namens und in Vollmacht meiner Mandantin fordere ich Sie dazu auf, die darin aufgeführten Mängel bis zum ▓▓▓ zu beseitigen.

Vorsorglich weise ich auf Folgendes hin: Dass Sie zur Nacherfüllung berechtigt und verpflichtet sind, bedeutet nicht, dass Sie nach Belieben Arbeiten am Haus durchführen dürften; vielmehr müssen Sie Ihre Leistungen meiner Mandantin zunächst **anbieten**, konkret: Jegliche Arbeiten sind rechtzeitig (mindestens 2 Kalendertage) im Voraus in Textform bei der Verwaltung anzukündigen, wobei anzugeben ist, was in welcher Weise gemacht werden soll. Arbeiten dürfen nicht ausgeführt werden, bevor die WEG-Verwaltung hierzu ihre Zustimmung erteilt hat, die – rechtzeitige Ankündigung vorausgesetzt – kurzfristig erfolgen wird. Ein Vertreter der Verwaltung oder der Eigentümergemeinschaft muss bei Arbeitsbeginn vor Ort sein können, damit die Arbeiten besprochen und kontrolliert werden können. Außerdem ist nach Abschluss der Arbeiten ein (Teil-)Abnahmetermin (bezogen auf die jeweils erledigten Mängel) durchzuführen. Eigenmächtige, unangemeldete Arbeiten sind unzulässig und können den Straftatbestand des Hausfriedensbruchs erfüllen.

Sollten Sie die oben genannte Frist hinsichtlich einzelner Mängel nicht einhalten können, teilen Sie dies bitte unter Angabe der Gründe und Angabe des voraussichtlichen Fertigstellungstermins rechtzeitig vor Fristablauf hierher mit. Meine Mandantin wird dann entscheiden, ob sie die Nacherfüllung auch nach Fristablauf annehmen will oder nicht.

▲

▼

Muster 5.3: Unterlassungsaufforderung nach eigenmächtigen Arbeiten 653

Im Schreiben vom ▓▓▓ hatte ich Sie dazu aufgefordert, Mangelbeseitigungsarbeiten bei der WEG-Verwaltung anzukündigen, damit sie überwacht werden können. Diese Aufforderung wurde missachtet: (▓▓▓ ausführen ▓▓▓). Weder der WEG-Verwaltung, noch mir, noch den Wohnungsmietern oder den Wohnungseigentümern wurde zuvor oder danach eine entsprechende Mitteilung gemacht.

Vorsorglich sei klargestellt: Mangelbeseitigungsarbeiten sind trotz des Ablaufs der Ihnen hierzu gesetzten Frist grundsätzlich nach wie vor erwünscht; jedoch dürfen sie nicht eigenmächtig ausgeführt werden. Die Gemeinschaft, vertreten durch die Hausverwaltung und durch mich,

---

[99] LG Marburg v. 30.1.2006 – 1 O 231/03, BauR 2006, 1192, Rn 107; OLG Nürnberg v. 28.7.2005 – 13 U 896/05, NZBau 2006, 514.

entscheidet im Einzelfall, ob und welche Arbeiten zugelassen werden. Da Sie gleichwohl eigenmächtig Arbeiten am Haus ausführen ließen und daher Wiederholungsgefahr besteht, hat mich die WEG-Verwaltung damit beauftragt, dagegen rechtliche Schritte einzuleiten.

Ich fordere Ihre Mandantin deshalb dazu auf, die beigefügte Unterlassungs- und Verpflichtungserklärung unverzüglich, längstens bis zum ▓▓▓▓ unterschrieben hierher zu übersenden. Bei fruchtlosem Fristablauf würde ich meiner Mandantin die sofortige Einleitung gerichtlicher Schritte, konkret die Erwirkung einer einstweiligen Unterlassungsverfügung, anraten.

▲

IV. Sonderfragen

1. Einbehalte und Aufrechnung

654 *Beispiel*
A – E sind Erwerber und (werdende) Wohnungseigentümer mit einem Miteigentumsanteil von je 200/1.000 eines vom Bauträger errichteten Hauses mit Tiefgarage. Die Einfahrt zur Tiefgarage ist für übliche Mittelklasse-Pkw zu klein. D und E haben aus diesen und anderen Gründen hohe Einbehalte von der Bauträgervergütung vorgenommen. A verlangt vom Bauträger Kostenvorschuss zur Mangelbeseitigung (Verbreiterung der Einfahrt). Der Bauträger erklärt die Aufrechnung mit seinen restlichen Vergütungsansprüchen gegenüber D und E. – Zu Recht?

655 Dem Bauträger fehlen infolge der Einbehalte durch D – E erhebliche Mittel, die in der Summe die Mangelbeseitigungskosten weit übersteigen können. Aus seiner Sicht erschiene es berechtigt, den Miteigentümer A auf diese Einbehalte verweisen zu können, anstatt weiter in Vorleistung zu treten; gleichwohl ist er dazu nicht berechtigt. Die von A geltend gemachten Ansprüche wegen Mängeln am Gemeinschaftseigentum stehen wegen ihrer Gemeinschaftsbezogenheit nämlich nicht im Gegenseitigkeitsverhältnis mit den Zahlungsansprüchen des Bauträgers gegen D und E; es **fehlt** deshalb an der **Aufrechnungslage**. Daraus folgt: „Die Wohnungseigentümer dürfen Zahlung an den Verwalter fordern, ohne darauf verwiesen werden zu können, einzelne oder auch sämtliche Eigentümer schuldeten noch restliche Vergütung aus ihrem jeweiligen Vertrag mit dem Bauträger".[100]

656 *Beispiel*
Im vorstehenden Beispielsfall ist der Bauträger zahlungsunfähig. Die Miteigentümer wollen deshalb zur Mangelbeseitigung das von D und E einbehaltene Geld verwenden. Was ist zu tun?

657 Die Erwerber D und E müssen in die Lage versetzt werden, die gegen sie bestehenden Restforderungen des Bauträgers durch Aufrechnung mit Zahlungsansprüchen wegen der Mängel zum Erlöschen zu bringen. Die Gemeinschaftsbezogenheit der Mängelrechte steht aber auch hier der Aufrechnung zunächst entgegen: „Ein Erwerber kann gegen eine von ihm geschuldete restliche Vergütung nicht ohne weiteres mit einem auf Leistung an die Gemeinschaft gerichteten, nach den Mängelbeseitigungskosten berechneten Anspruch wegen Mängeln am Gemeinschaftseigentum aufrechnen".[101] Eine Möglichkeit zur Lösung des Problems besteht darin, dass D und E die Man-

---

100 BGH v. 26.9.1991 – VII ZR 291/90, NJW 1992, 435; KG v. 13.8.2010 – 6 U 85/09, MietRB 2011, 121. Ausführlich *Greiner*, Mängel am Gemeinschaftseigentum und Aufrechnung einzelner Erwerber gegen Restforderungen des Bauträgers, ZfBR 2001, 439.
101 BGH v. 12.4.2007 – VII ZR 50/06, ZMR 2007, 630. Das OLG München v. 22.5.2007 – 9 U 3081/06 ist zwar der Auffassung, dass der Erwerber ohne weiteres aus eigenem Recht die Aufrechnung erklären könne (und anschließend den Aufrechnungsbetrag an die Gemeinschaft auskehren müsse); das ist mit der BGH-Rechtsprechung aber nicht zu vereinbaren. Die Entscheidung des OLG München hat gleichwohl in Teilen der Lit. Zustimmung gefunden (z.B. *Pause*, Rn 900).

gelbeseitigung beauftragen, bezahlen und anschließend mit ihrem jeweiligen Aufwendungsersatzanspruch aufrechnen. Bei größeren Mängeln will der einzelne Miteigentümer aber i.d.R. nicht in die Rolle des Bauherren schlüpfen, sondern dies lieber der Gemeinschaft überlassen. Eine andere Möglichkeit besteht deshalb darin, dass D und E per Beschluss der Eigentümergemeinschaft dazu ermächtigt werden, wegen der Mängel des Gemeinschaftseigentums Zahlung an sich zu verlangen, wodurch die Aufrechnungslage hergestellt wird.[102]

▼

Muster 5.4: Beschluss Ermächtigung einzelner Miteigentümer zur Geltendmachung gemeinschaftsbezogener Mängelrechte im eigenen Namen

658

(Zuerst: „Vergemeinschaftung" der Mängelrechte, soweit noch nicht geschehen)

Die Miteigentümer D und E werden ermächtigt, im eigenen Namen folgende Ansprüche gegen den Bauträger geltend zu machen und Zahlung an sich zu verlangen [Ansprüche wegen Mängeln des Gemeinschaftseigentums, Ansprüche auf Kostenerstattung für bisherige gemeinschaftliche Rechtsverfolgung, usw.   ]. Die Ermächtigung wird für D in Höhe von   EUR, für E in Höhe von   EUR erteilt [einzusetzen sind die von D und E jeweils einbehaltenen Beträge]. Im Gegenzug verpflichten sich D und E, die von der Bauträgervergütung einbehaltenen Beträge (D: EUR; E: EUR) an die Gemeinschaft zu bezahlen. Die Zahlungen sind 3 Wochen nach jeweiliger Eintragung als Wohnungseigentümer im Grundbuch fällig und durch Überweisung auf das Gemeinschaftskonto zu leisten. D und E verpflichten sich, gegenüber dem Bauträger die Umschreibung des Eigentums (außergerichtlich und erforderlichenfalls gerichtlich) durchzusetzen. Die damit verbundenen Kosten werden von der Gemeinschaft getragen und nach Miteigentumsanteilen umgelegt. (Sonderumlage, siehe Rn 650).

▲

Bei drohender **Insolvenz** des Bauträgers sollte der Beschluss **so früh wie möglich** gefasst werden, weil nach Eintritt der Insolvenz die aufrechnungsbeschränkenden Bestimmungen des § 96 Abs. 1 Nr. 2, 3 InsO eingreifen. M.E. bleibt die Aufrechnung einzelner Miteigentümer mit gemeinschaftsbezogenen Ansprüchen zwar auch dann möglich, wenn der Ermächtigungsbeschluss erst nach dem Eintritt der Insolvenz gefasst wird;[103] die Frage ist jedoch streitig und noch nicht höchstrichterlich entschieden. Wenn der ermächtigende Gemeinschaftsbeschluss fehlt (oder zwar vorliegt, die darauf gestützte Aufrechnung aber als unzulässig erachtet wird, weil der Beschluss nach Eintritt der Insolvenz gefasst wurde), sind die Folgen gravierend. Der Insolvenzverwalter kann Bezahlung der einbehaltenen restlichen Bauträgervergütung verlangen, ohne dass die betreffenden Eigentümer dieser Forderung Gegenrechte wegen der Mängel am Gemeinschaftseigentum entgegenhalten können. Ein Zurückbehaltungsrecht besteht nicht mehr, weil der hierfür als Grundlage erforderliche Nacherfüllungsanspruch gem. § 103 Abs. 2 InsO kraft Gesetzes zur Schadensersatzforderung wurde.[104]

659

---

102 So z.B. bei OLG Hamm v. 15.3.2011 – 19 W 38/10, ZWE 2011, 225. Aber Vorsicht: OLG Stuttgart v. 3.7.2011 – 10 U 33/12, NZM 2013, 36 hielt einen solchen Ermächtigungsbeschluss zu Unrecht für eine Abtretung, die es – m.E. wiederum zu Unrecht – für unwirksam hielt, sodass die Aufrechnung im Ergebnis mangels Gegenseitigkeit scheiterte (aber wenigstens in ein Zurückbehaltungsrecht umgedeutet wurde); berechtigte Kritik hieran z.B. von Weyer, NZBau 2012, 775, 776 und Ott, MietRB 2013, 328.
103 Greiner, ZfBR 2001, 439, 442.
104 Sofern der Insolvenzverwalter – wie üblich – die Vertragserfüllung abgelehnt hat.

Die Aufrechnung mit der Schadensersatzforderung ist wegen ihrer Gemeinschaftsbezogenheit ohne Beschluss der Gemeinschaft nicht möglich.[105]

660
Tipp
Zur **Auflassung** (Übereignung der Wohnung) ist der **Insolvenzverwalter** unabhängig von etwaigen Ansprüchen auf Zahlung restlicher Bauträgervergütung verpflichtet, sofern der Erwerber die ersten Raten gezahlt hat (die wertmäßig auf die Übereignung des Grundstücks bzw. der Wohnung und nicht auf die Bauleistungen entfallen). Denn die Insolvenz des Bauträgers führt zur Aufspaltung des Bauträgervertrages in Grundstückskaufvertrag einerseits und Werkvertrag andererseits.[106]

661 Obwohl der Eigentümergemeinschaft nach alldem nur empfohlen werden kann, sich frühzeitig um die gemeinschaftliche „Nutzung" der von einzelnen Miteigentümern vorgenommenen Einbehalte zu kümmern, können die betreffenden Miteigentümer zur Mitwirkung nicht gezwungen werden (siehe Rn 667). Der obige Musterbeschluss (siehe Rn 658) setzt daher die **Zustimmung** derjenigen Eigentümer voraus, die das von ihnen einbehaltene Geld der Gemeinschaft zur Mangelbeseitigung zur Verfügung stellen sollen. Solange diese Zustimmung fehlt, ist der Beschluss schwebend unwirksam.

2. Vergleiche mit dem Bauträger

662 Bei einem gemeinschaftlichen Vorgehen wegen Mängeln des Gemeinschaftseigentums (Gemeinschaft oder per Beschluss bevollmächtigte einzelne Erwerber als Kläger) gibt es wenig Besonderheiten: Wird ein Vergleich abgeschlossen, ist dieser für alle Miteigentümer verbindlich.[107] (Zu der fragwürdigen Folge, dass ein Mangel dadurch für immer hinzunehmen sein kann, siehe Rn 680.) Ganz anders verhält es sich, wenn **einzelne Wohnungseigentümer** einen **Vergleich** mit dem Bauträger abschließen, bei dem auch Mängel am Gemeinschaftseigentum einbezogen werden.

663
Beispiel
Grundfall
Im obigen Beispielsfall (siehe Rn 654) klagt der Bauträger seinen Anspruch auf restliche Vergütung von den Erwerbern D und E ein. Letztere machen demgegenüber Mängel am Gemeinschafts- und Sondereigentum geltend. Das gerichtliche Verfahren endet mit einem Vergleich, wonach D und E einen Teil der eingeklagten Forderungen bezahlen und damit alle gegenseitigen Forderungen erledigt sein sollen. Kurz danach verlangt Erwerber A vom Bauträger Kostenvorschuss zur Beseitigung der Mängel am Gemeinschaftseigentum. Der Bauträger ist der Auffassung, dass von der Forderung des A ein der Miteigentumsquote von D und E entsprechender Anteil in Abzug gebracht werden müsse. Zu Recht? – Nein. Einzelne Erwerber sind ohne Beschlussfassung der Gemeinschaft nicht zur Verfügung über gemeinschaftsbezogene Ansprüche befugt. Der zwischen dem Bauträger und den Erwerbern geschlossene Vergleich ist den übrigen Erwerbern gegenüber **unwirksam**, soweit er sich auf Mängel am Gemeinschaftseigentum bezieht.[108] Der Bauträger hat durch den Vergleich also nur Nachteile, weil er (wirksam) auf einen

---

[105] Das Problem der Gemeinschaftsbezogenheit hat übrigens nichts damit zu tun, dass trotz § 95 Abs. 1 S. 3 InsO die Aufrechnung mit Mängelansprüchen zulässig ist, wenn diese erst nach Eröffnung der Insolvenz fällig wurden (so BGH v. 22.9.2005 – VII ZR 117/03, NJW 2005, 3574).

[106] OLG Koblenz v. 10.7.2006 – 12 U 711/05, NZM 2007, 607; OLG Stuttgart v. 18.8.2003 – 5 U 62/03, ZfIR 2005, 58. Zum Ganzen *Kniffka/Koeble*, Kompendium des Baurechts, 3. Aufl. 2008 11. Teil Rn 92 ff.

[107] OLG Köln v. 23.10.2013 – 11 U 109/13, ZWE 2014, 27; *Bärmann/Klein*, Anh. § 10 Rn 24, 37; str.

[108] KG v. 7.1.2004 – 24 W 210/02, NZM 2004, 303; OLG Hamm v. 18.6.2001 – 17 U 167/99, NZM 2001, 1144.

C. Mängelrechte und Beschlussfassung der Gemeinschaft § 5

Teil seiner Vergütung verzichtet, den anderen Erwerbern gegenüber aber unverändert zur vollen Gewährleistung verpflichtet bleibt.

Variante Insolvenz 664
Im obigen Beispielsfall (siehe Rn 654) fällt der Bauträger in die Insolvenz. Der Insolvenzverwalter verweigert die Vertragserfüllung. Die dadurch gem. § 103 Abs. 2 InsO entstehenden Schadensersatzansprüche der Erwerber A–C sind – da kaum eine Quote zu erwarten ist – wirtschaftlich wertlos. Im Gegensatz zu A–C haben die Erwerber D und E durch den mit dem Bauträger vereinbarten Nachlass eine Entschädigung für die Mängel am Gemeinschaftseigentum erhalten. A–C möchten auf dieses Geld zur Finanzierung der Mangelbeseitigung zugreifen. – Die Gemeinschaft kann die Verfolgung der Mängelrechte an sich ziehen und durch Beschluss den zwischen D und E mit dem Bauträger geschlossenen Vergleich **genehmigen**. Dadurch wird die „Verfügung", die E und D hinsichtlich der gemeinschaftsbezogenen Mängel zunächst als Nichtberechtigte getroffen haben, wirksam. Infolgedessen müssen E und D gem. § 816 Abs. 1 S. 1 BGB den aus dem Vergleichsschluss erlangten Vorteil an die Gemeinschaft herausgeben, konkret: Den Betrag der jeweils vereinbarten „Kaufpreisreduzierung" (soweit diese auf Mängeln des Gemeinschaftseigentums beruht) an die Gemeinschaft bezahlen. Der Vorteil, den sich D und E durch den Vergleich verschafft haben, wird ihnen aber dadurch im Ergebnis nicht genommen. Die Zahlungen werden ihnen nämlich als Vorschuss auf die auch sie anteilig treffenden Kosten der nachfolgenden gemeinschaftlichen Mangelbeseitigung angerechnet.[109]

3. Handlungspflicht der Gemeinschaft bei Baumängeln

Die Beseitigung von Baumängeln gehört zur mangelfreien Ersthersteltung (Fertigstellung) des Gemeinschaftseigentums und somit zu den Maßnahmen der „ordnungsmäßigen Instandhaltung und Instandsetzung des gemeinschaftlichen Eigentums" i.S.v. § 21 Abs. 5 Nr. 2 WEG (siehe Rn 490). Die hierzu erforderliche **Beschlussfassung** kann im Grundsatz jeder Wohnungseigentümer **verlangen** (§ 21 Abs. 4 WEG). 665

Beispiel 666
Eine Wohnung im Untergeschoss eines Neubaus ist ständig feucht. Miteigentümer A verlangt Maßnahmen der Gemeinschaft. Die anderen Miteigentümer verweigern die Beschlussfassung aus zwei Gründen: Zum einen sind sie von der Feuchtigkeit selber nicht betroffen. Zum anderen hat A einen so großen Einbehalt von der Bauträgervergütung vorgenommen, dass er die Mangelbeseitigung selber finanzieren und anschließend mit seinem Aufwendungsersatzanspruch gegen den Restvergütungsanspruch des Bauträgers aufrechnen könnte.

Nach h.M. kann Miteigentümer A im Beispielsfall verlangen, dass die Gemeinschaft den Baumangel beseitigen lässt. Dass die anderen Miteigentümer von dem Mangel nicht betroffen sind, ändert ebenso wenig wie die komplementäre Verantwortlichkeit des Bauträgers. A kann die Mangelbeseitigung von der Gemeinschaft unabhängig von seinen individuellen Rechten gegenüber dem Bauträger verlangen. Selbst wenn er mit Ersatzansprüchen wegen Mängeln am Gemeinschaftseigentum aufrechnen kann, muss er dies nicht;[110] sogar dann, wenn er wegen der Mängel eine Minderung vom Bauträger erhalten hat, kann er verlangen, dass die Gemeinschaft die Mängel beseitigt.[111] Die erforderliche Beschlussfassung kann A gerichtlich erzwingen (siehe Rn 715). 667

---

109 KG v. 7.1.2004 – 24 W 210/02, NZM 2004, 303.
110 OLG München v. 22.5.2007 – 9 U 3081/06. Differenzierend *Pause*, Rn 957.
111 OLG Hamburg v. 7.10.2009 – 2 Wx 58/09, ZMR 2010, 129, 131.

668 M.E. kann das aber dann nicht uneingeschränkt gelten, wenn der Bauträger in die Pflicht genommen werden kann und die Gemeinschaft das beabsichtigt. Nachdem der BGH entschieden hat, dass bei Baumängeln die gemeinschaftliche Rechtsverfolgung ordnungsgemäßer Verwaltung entspricht und davon nur ausnahmsweise abgesehen werden darf (siehe Rn 642), wäre es wenig sinnvoll, wenn die Gemeinschaft gleichzeitig zur Mangelbeseitigung verpflichtet wäre. Also dürfte es (entsprechend der bei Rn 529 erwähnten „Prioritätenliste") rechtmäßig sein, wenn die Gemeinschaft von der eigenen Mangelbeseitigung vorläufig absieht, sofern und solange sie stattdessen den Bauträger haftbar macht.

669 Vereinzelt wird auch vertreten, dass die (häufig anzutreffende) Kombination von hohen Kosten der Mangelbeseitigung, unzureichender Rücklage und insolventem Mehrheitseigentümer/Bauträger dem Anspruch auf Beschluss der Mangelbeseitigung durch die WEG entgegen stehe;[112] das kann aber allenfalls in Extremfällen und nur vorübergehend gelten.

670 **Verzögert** die Gemeinschaft die Sanierung, steht dem Geschädigten ein Schadensersatzanspruch zu (Beispielsfall, siehe Rn 1622).

D. Die Pflichten des Verwalters bei Baumängeln am Gemeinschaftseigentum

671 Der Verwalter hat **nicht** die Pflicht,
- sich um die Abnahme von Sonder- oder Gemeinschaftseigentum zu kümmern,
- die Mängelansprüche der Erwerber durchzusetzen,

außer wenn er dies freiwillig übernommen hat. Das ist z.B. der Fall, wenn er einen Verwaltervertrag abgeschlossen hat, der ihn zur Mitwirkung an der Abnahme verpflichtet.

672 Der Verwalter hat vielmehr **Kontroll- und Informationspflichten**. Diese gründen sich darauf, dass die Baumängelbeseitigung zu den Maßnahmen ordnungsmäßiger Instandhaltung des gemeinschaftlichen Eigentums gehört und der Verwalter „die hierfür erforderlichen Maßnahmen" zu treffen hat (§ 27 Abs. 1 Nr. 2 WEG). Zu diesen Maßnahmen gehört es nicht, aus eigenem Antrieb rechtliche Schritte gegen den Bauträger zu ergreifen oder eine Ersatzvornahme in Auftrag zu geben. Es ist Sache der Wohnungseigentümer, für die Behebung der Baumängel zu sorgen (§ 21 Abs. 1 u. Abs. 5 Nr. 2 WEG). Deshalb beschränkt sich die Verpflichtung des Verwalters darauf, Baumängel festzustellen (Kontrollpflicht), die Wohnungseigentümer darüber zu informieren und eine Entscheidung der Wohnungseigentümerversammlung über das weitere Vorgehen herbei zu führen.[113] Besonderes Augenmerk muss der Verwalter dabei dem Problem der **Verjährung** der Mängelansprüche widmen. (Wegen der Einzelheiten siehe Rn 1482.)

673 *Tipp*
Hat der Verwalter Mängel festgestellt, sollte er als erste Maßnahme den Bauträger zu deren Beseitigung aufzufordern und dazu eine Frist zu setzen; das schadet in keinem Fall und ist immer nützlich.[114] Eine dahingehende Rechtspflicht des Verwalters besteht allerdings nicht.

674 Zur Erfüllung der **Informationspflicht** muss der Verwalter erforderlichenfalls die Beschlussfassung der Gemeinschaft herbeiführen. Das gilt insbesondere dann, wenn eine vorangegangene Mangelbeseitigungsaufforderung keinen Erfolg hatte. Ob damit bis zur nächsten ordentlichen Eigentü-

---

112 LG Köln v. 12.4.2010 – 29 T 72/09, ZMR 2010, 793 für fehlende Wärmedämmung der Fassade.
113 LG Stuttgart v. 18.11.2010 – 13 U 198/09; OLG Hamm v. 17.12.1996 – 15 W 212/96, NJW-RR 1997, 908; st. Rspr. Weitere Nachweise in den Folgenoten.
114 Vgl. KG v. 10.3.1993 – 24 W 5506/92, WuM 1993, 306.

merversammlung gewartet werden kann oder die Einberufung einer außerordentlichen Versammlung nötig ist, hängt vom Einzelfall ab. Die Beschlussfassung muss – wie üblich – vorbereitet werden. Ob es dazu gehört, bereits Vergleichsangebote für Sanierungsmaßnahmen, Stellungnahmen von Sachverständigen usw. einzuholen, erscheint fraglich. Eine sinnvolle Vorbereitungsmaßnahme besteht i.d.R. darin, einen Rechtsanwalt zur Information der Eigentümer zur Versammlung einzuladen (siehe Rn 643).

Theoretisch hat der Verwalter in **Eilfällen** das Recht und die Pflicht, ohne Beschluss der Gemeinschaft tätig zu werden (§ 27 Abs. 3 Nr. 2 WEG). Praktisch kann es zu einer derartigen Eile aber nicht kommen, wenn der Verwalter seine Kontrollpflichten vorher ernst genommen hat, weshalb das Notgeschäftsführungsrecht entgegen verbreiteter Auffassung fast nie vorliegt (siehe Rn 1523).   675

E. Gemeinschaftliche Verwendung der vom Bauträger erhaltenen Mittel

Wenn die Gemeinschaft wegen Baumängeln Geld erhalten hat, muss sie über die Verwendung des Geldes Beschluss fassen. Der Beschluss muss (wie immer) ordnungsmäßiger Verwaltung entsprechen. Und weil die Beseitigung von Baumängeln ordnungsmäßiger Verwaltung entspricht, wird i.d.R. nur der Beschluss rechtmäßig sein, das Geld zur **Mangelbeseitigung** einzusetzen. Dabei muss sich die Gemeinschaft nicht sklavisch an die Mangelbeseitigungsvorschläge halten, die in einem etwaigen vorangegangenen Prozess vom Gerichtssachverständigen gemacht wurden. Wenn es gute Gründe gibt, die Baumängel mit anderen zweckmäßigen Maßnahmen zu beseitigen, dürfen auch diese ausgeführt werden.[115] Zur Vorbereitung der Beschlussfassung muss der Verwalter Angebote einholen (siehe Rn 532) und nach der Beschlussfassung im Namen der Gemeinschaft die beschlossenen Arbeiten beauftragen.   676

Insbesondere dann, wenn die Gemeinschaft **Kostenvorschuss** zur Mangelbeseitigung erhalten hat, entspricht nur der Beschluss, das Geld entsprechend zu verwenden, ordnungsmäßiger Verwaltung; denn der Kostenvorschuss muss nach Abschluss der Arbeiten auf Verlangen des Bauträgers ihm gegenüber **abgerechnet** werden. Ein eventueller Überschuss ist nur theoretisch an den Bauträger auszukehren; tatsächlich kann die Gemeinschaft den Überschuss behalten, indem sie mit dem aus dem Mangel resultierenden Schadensersatzanspruch aufrechnet (siehe Rn 645). Hat der Vorschuss nicht ausgereicht, kann nachgefordert werden.   677

Wenn die Gemeinschaft das Geld vom Bauträger als **Schadensersatz** oder im Wege des **Vergleichs** erhielt, besteht dem Bauträger gegenüber keine Verpflichtung, das Geld zur Mangelbeseitigung zu verwenden; nur der Kostenvorschuss muss ihm gegenüber abgerechnet werden. Dass die Gemeinschaft dem Bauträger gegenüber in der Mittelverwendung frei ist, ändert aber nichts daran, dass sie unter dem Gesichtspunkt ordnungsmäßiger Verwaltung das Geld grundsätzlich zur Mangelbeseitigung einsetzen muss. Nur ausnahmsweise kann ein Beschluss rechtmäßig sein, per Vergleich erlangtes Geld nicht zur Mangelbeseitigung einzusetzen, sondern es an die Miteigentümer auszukehren oder der Instandhaltungsrücklage zuzuführen; das kann insbesondere dann der Fall sein, wenn es um einen optischen Mangel geht oder wenn der Mangel im Verstoß gegen bestimmte technische Regelwerke besteht und sich aktuell nicht auswirkt und eventuell nie auswirken wird.[116]   678

Wenn die Gemeinschaft **Minderung** geltend machte und entsprechendes Geld vom Bauträger erhielt, gilt im Prinzip das Gleiche wie vorstehend: Dem Bauträger gegenüber ist die Gemeinschaft in der Mittelverwendung frei, WEG-intern muss der Beschluss ordnungsmäßiger Verwaltung ent-   679

---

115 BGH v. 21.11.2013 – VII ZR 275/12, Rn 15.
116 LG Nürnberg-Fürth v. 13.2.2013 – 14 S 4070/12, ZMR 2013, 481.

sprechen. Auch jetzt ist zu beachten, dass grundsätzlich nur die Mangelbeseitigung ordnungsmäßiger Verwaltung entspricht; das Gesetz verlangt nun einmal die Instandsetzung des Gemeinschaftseigentums und sieht es nicht vor, dass die Miteigentümer gegen Zahlung einer Minderung mit Mängeln leben müssen. Deshalb ist es jedenfalls rechtmäßig, wenn beschlossen wird, einen als Minderung erhaltenen Betrag zur Mangelbeseitigung zu verwenden. Ob die Gemeinschaft hingegen ohne weiteres von der Mangelbeseitigung abgesehen darf, ist fraglich. Soweit es in einer älteren Enscheidung des BGH heißt, die Entscheidung über die Mittelverwendung stehe im Ermessen der Gemeinschaft, eine vom Bauträger gezahlte Minderung könne an die betroffenen Miteigentümer als Ausgleich für den Minderwert ihrer Wohnungen ausgezahlt werden,[117] ist das „mit Vorsicht zu genießen". Richtiger Weise kann ein Beschluss, von der Mangelbeseitigung abzusehen, nur ausnahmsweise ordnungsmäßiger Verwaltung entsprechen, z.B. in den vorstehend erwähnten Fällen (optischer Mangel, Verstoß gegen technische Regelwerke ohne aktuelle Auswirkung) oder wenn die Mangelbeseitigung technisch nicht möglich sein sollte und/oder der Minderungsbetrag für andere Maßnahmen eingesetzt wird, durch welche die Baumängel gelindert oder ausgeglichen werden. Wenn aber die Gemeinschaft beschließt (ob rechtmäßig oder nicht), eine vom Bauträger erlangte Zahlung als Minderung zu verwenden, beinhaltet das nach bislang h.M. den (endgültigen) **Verzicht auf die Mangelbeseitigung**.

680

Beispiel
Der **Schallschutz** ist im Bereich der Haupttreppe eines Hauses mangelhaft. Die Wohnungseigentümer verlangen Mängelbeseitigung vom Bauträger. Das gerichtliche Verfahren endet durch einen **Vergleich**, wonach der Bauträger zur Abgeltung des Mangels 100.000,00 EUR bezahlt. In der Eigentümerversammlung gibt der Verwalter laut Protokoll „den Hinweis, dass im Ergebnis eine nachträgliche Minderung des Kaufpreises eintritt". Daraufhin wird bestandskräftig beschlossen: „Der nach Abzug der Verfahrenskosten verbleibende Betrag wird an die Wohnungseigentümer im Verhältnis ihrer Anteile ausgezahlt". Miteigentümer A, der durch die Schallschutzmängel besonders gestört wird, verlangt später von der Gemeinschaft die Beseitigung der Mängel auf Gemeinschaftskosten. – Nach Auffassung des BayObLG ohne Erfolg. Zwar entspricht die Beseitigung von Baumängeln ordnungsmäßiger Verwaltung. Nachdem der Verwalter aber – wenn auch rechtlich unzutreffend – auf die angeblich eingetretene Kaufpreisminderung hingewiesen hatte, konnte der Eigentümerbeschluss nur so ausgelegt werden, dass mit der Verteilung des als Minderung betrachteten Geldbetrags zugleich beschlossen wurde, die Mängel der Schallisolierung nicht beheben zu lassen. Dieser bestandskräftige Beschluss soll dem Anspruch des A entgegen stehen: „Der Anspruch auf erstmalige Herstellung eines ordnungsmäßigen Zustands des Gemeinschaftseigentums kann nicht mehr geltend gemacht werden, wenn die Wohnungseigentümer bestandskräftig beschlossen haben, von einer Beseitigung der Mängel abzusehen".[118] – Das Ergebnis ist fragwürdig: Zum einen kommt dem (Negativ-)Beschluss, die Mangelbeseitigung abzulehnen, nur beschränkte Bestandskraft zu (siehe Rn 1789). Zum anderen kann der Ausschluss der Mangelbeseitigung nicht (mehr) im Falle eines Eigentümerwechsels gelten: Spätere Eigentümer müssen die Mangelbeseitigung verlangen können, ohne dass ihnen der frühere Beschluss entgegen gehalten werden kann, denn der Anspruch auf erstmalige mangelfreie Herstellung entsteht ständig neu und unterliegt z.B. nicht der Verjährung (siehe Rn 540).

---

117 BGH v. 15.2.1990 – VII ZR 269/88, ZMR 1990, 227, obiter dictum.
118 BayObLG v. 28.6.1989 – 2Z BR 57/89, WuM 1989, 526; BayObLG v. 25.11.1998 – 2Z BR 98/98, ZMR 1999, 267.

§ 6 Die Verwaltung durch die Wohnungseigentümer

A. Die ordnungsmäßige Verwaltung

I. Grundlagen; Gegenstand der Verwaltungsmaßnahmen

Für das Wohnungseigentum gilt der Grundsatz der Selbstverwaltung. Die Wohnungseigentümer können „eine der Beschaffenheit des gemeinschaftlichen Eigentums entsprechende ordnungsmäßige[1] Verwaltung durch Stimmenmehrheit beschließen" (§ 21 Abs. 3 WEG). Die somit eröffnete Verwaltung durch **(Mehrheits-)Beschluss** ist der Normalfall. Zwar stellt § 21 Abs. 1 WEG den Grundsatz auf, dass die Verwaltung den Wohnungseigentümern „gemeinschaftlich" (im Sinne von allstimmig) zustehe; die „gemeinschaftliche Verwaltung" spielt aber praktisch keine Rolle. Sie steht den Wohnungseigentümern auch nur zu, „sofern nicht in diesem Gesetz etwas anderes bestimmt ist"; das aber ist durch die Möglichkeit des Mehrheitsbeschlusses gem. § 21 Abs. 3 WEG der Fall.

681

Zu den **Verwaltungsangelegenheiten** i.S.v. § 21 Abs. 1 und Abs. 3 WEG gehören alle Maßnahmen, die in tatsächlicher oder rechtlicher Hinsicht auf die Erhaltung, Sicherung oder Nutzung des gemeinschaftlichen Eigentums abzielen oder sich sonst als Geschäftsführung zugunsten der Wohnungseigentümer in Bezug auf das gemeinschaftliche Eigentum darstellen, wobei kein enger Maßstab anzulegen ist.[2] „Insbesondere" zählen dazu die in § 21 Abs. 5 WEG aufgeführten Maßnahmen. Aus dem Wort „insbesondere" folgt, dass der Katalog nicht abschließend ist. Verschiedene Verwaltungsmaßnahmen werden unten (siehe Rn 690) aufgeführt. Für Maßnahmen ohne Bezug zum gemeinschaftlichen Eigentum besteht keine Beschlusskompetenz.

682

> *Beispiel*
> In der Eigentümerversammlung wird beschlossen, aus Gemeinschaftsmitteln 1.000,00 EUR an einen gemeinnützigen Verein zu spenden, der sich um die Wiederherstellung eines nahe gelegenen städtischen Spielplatzes kümmert. – Der Beschluss ist m.E. mangels Beschlusskompetenz nichtig, weil er nicht die Verwaltung des Gemeinschaftseigentums betrifft.

683

Durch die Rechtsfähigkeit der Gemeinschaft ist die Trennlinie zwischen Verwaltungsmaßnahmen mit und ohne „Bezug zum gemeinschaftlichen Eigentum" unscharf geworden. Denn weil die Gemeinschaft praktisch unbeschränkt rechtsfähig ist und somit jede Maßnahme im Außenverhältnis vollziehen kann (siehe Rn 19), gebietet es schon der Schutz des Rechtsverkehrs, die Wirksamkeit der betreffenden Rechtsgeschäfte nicht dadurch infrage zu stellen, dass der ihnen zugrunde liegende Beschluss als nichtig qualifiziert wird. Aktuell wird diese Problematik insbesondere beim **Immobilienerwerb** durch die Gemeinschaft.

684

> *Beispiel: Wohnungserwerb im eigenen Objekt*
> Die Wohnungseigentümer beschließen, eine Wohnung im Haus zu kaufen und gemeinschaftlich (z.B. als Hausmeisterwohnung) zu nutzen. Nach Abschluss des Kaufvertrags verweigert das Grundbuchamt die Eintragung der Gemeinschaft als Eigentümerin mit der Begründung, dies sei schon allgemein rechtlich nicht zulässig und außerdem entspreche die Maßnahme nicht ordnungsmäßiger Verwaltung. Gegen die Ablehnung der Eintragung legt die Gemeinschaft Beschwerde ein. – Mit Erfolg. Die Rechtsfähigkeit der Gemeinschaft schließt nach h.M. deren Grundbuchfähigkeit und somit die Möglichkeit des Erwerbs von Immobiliareigentum ein. Ob

685

---

[1] Grammatikalisch richtig und dem allgemeinen Wortgebrauch entsprechend müsste es eigentlich „ordnungsgemäße" heißen; das hat leider auch die WEG-Novelle nicht korrigiert.
[2] BGH v. 11.12.1992 – V ZR 118/91, ZMR 1993, 173; BayObLG v. 23.4.1998 – 2Z BR 65/97, ZMR 1998, 509.

der Erwerb ordnungsgemäßer Verwaltung entspricht, wird ggf. im Rahmen eines Beschlussanfechtungsverfahrens überprüft (siehe Rn 700); das Grundbuchamt hat es nicht zu entscheiden.[3]

686 Die Verwaltung einer „Verbandswohnung" im eigenen Objekt wirft viele Fragen auf, die nicht alle sachgerecht und schlüssig beantwortet werden können; dieser Befund gibt durchaus Anlass, den Ausgangspunkt der h.M. – Zulässigkeit des Selbsterwerbs – grundsätzlich zu hinterfragen.[4] Vorliegend wird angesichts der (noch) geringen Praxisrelevanz des Selbsterwerbs wegen der weiterführenden Fragen auf Spezialliteratur verwiesen.[5]

687 *Beispiel: Immobilienerwerb außerhalb des eigenen Objekts*
Die Gemeinschaft beschließt den Erwerb eines Nachbargrundstücks, um dort zur Linderung der auf dem WEG-Grundstück problematischen Parkplatzsituation Stellplätze einzurichten. Ist der Beschluss wirksam und die Eigentumsumschreibung im Grundbuch zu vollziehen? – Die Frage wird überwiegend bejaht.[6] M.E. ist der Beschluss aber mangels Beschlusskompetenz nichtig, weil der Kauf einer Immobilie außerhalb des eigenen Objekts keinen ausreichenden Bezug zur Verwaltung des Gemeinschaftseigentums hat. Sonst müsste man auch den Erwerb von Ferienwohnungen im Ausland oder den Kauf von Lotterielosen als Verwaltungsmaßnahmen anerkennen. Der Rechtsverkehr wird dadurch nicht beeinträchtigt, weil der fehlende Bezug zur Verwaltung des Gemeinschaftseigentums offenkundig ist. **Variante**: Vor der WEG-Reform kam es gelegentlich vor, dass nicht der Verband, sondern einzelne Personen (treuhänderisch) Parkplätze auf dem Nachbargrundstück erwarben; diese wurden dann durch entsprechende Beschlüsse der Gemeinschaft wie Gemeinschaftseigentum verwaltet. Solche Beschlüsse waren und sind mangels Beschlusskompetenz nichtig, weil sie nicht die Verwaltung des Gemeinschaftseigentums betreffen.[7]

II. Ordnungsmäßigkeit und Beurteilungsspielraum

688 Das Gesetz verlangt eine **ordnungsmäßige** Verwaltung. Beschlüsse, die nicht „ordnungsmäßiger" Verwaltung entsprechen, sind zwar nicht nichtig, aber anfechtbar (zur analogen Problematik ordnungswidriger Gebrauchsregelungen siehe Rn 304). Was unter „ordnungsmäßig" zu verstehen ist, lässt sich aus § 21 Abs. 4 WEG ableiten: Ordnungsmäßig ist, was dem geordneten Zusammenleben in der Gemeinschaft dient, den Interessen der Gesamtheit der Wohnungseigentümer nach billigem Ermessen entspricht und der Gemeinschaft nützt,[8] wobei für die Beurteilung der Zeitpunkt der Beschlussfassung maßgeblich ist.[9] Dabei ist vom Standpunkt eines vernünftigen und wirtschaftlich denkenden Menschen auszugehen.

689 Der Gemeinschaft steht bei der Beurteilung der Frage, was ihr nützt, ein aus ihrer Verwaltungsautonomie folgender Beurteilungs- bzw. **Ermessensspielraum** zu.[10] Dieser ist bei der gericht-

---

3 OLG Hamm v. 4.5.2010 – 15 W 382/09, ZMR 2010, 785; OLG Celle v. 26.2.2008 – 4 W 213/07, ZMR 2008, 310.
4 So *Bonifacio*, Die WEG als Wohnungseigentümerin im eigenen Objekt?, ZMR 2009, 257.
5 *Häublein*, Der Erwerb von Sondereigentum durch die Wohnungseigentümergemeinschaft, FS Seuß 2007, 125; *Abramenko*, Die Wohnungseigentümergemeinschaft als Eigentümerin in der derselben Wohnanlage, ZWE 2010, 193; *Jennißen/Jennißen*, § 10 Rn 67.
6 LG Deggendorf v. 19.5.2008 – 1 T 59/08, ZMR 2008, 909; *Hügel/Elzer*, NZM 2009, 457, 459.
7 OLG Frankfurt/M v. 30.11.2005 – 20 W 449/02 und v. 21.12.2005 – 20 W 304/05, ZWE 2006, 341 mit Anm. *Demharter* zur grundbuchrechtlichen Problematik.
8 OLG Dresden v. 30.10.2008 – 3 W 845/08, ZMR 2009, 301; OLG Köln v. 9.7.1990 – 16 Wx 173/89, NJW 1991, 1302.
9 OLG Köln v. 20.10.2006 – 16 Wx 189/06, NZM 2007, 603, unstr.
10 BGH v. 22.6.2012 – V ZR 190/11, ZMR 2012, 885 (betr. Verwalterwahl); LG München I v. 10.1.2013 – 36 S 8058/12, ZMR 2013, 475 (betr. Hausordnungsregelung – Grillen).

lichen Überprüfung zu respektieren; es ist nicht Aufgabe der Gerichte, eigene Wertungen uneingeschränkt an die Stelle der Wertung der Wohnungseigentümergemeinschaft zu setzen. Das spielt nicht nur bei der Frage eine Rolle, ob ein bestimmter Beschluss rechtmäßig ist (ordnungsmäßiger Verwaltung entspricht), sondern auch und insbesondere bei der Frage, ob die Gemeinschaft verpflichtet ist, bestimmte Beschlüsse zu fassen; der Anspruch auf Beschlussfassung wird unten (siehe Rn 713) erörtert. Die Erfüllung **öffentlich-rechtlicher Pflichten** und Aufgaben entspricht nach h.M. stets ordnungsmäßiger Verwaltung (Anwendungsfälle siehe Rn 390)[11] und kann mit einfacher Mehrheit beschlossen werden, selbst wenn damit bauliche Maßnahmen verbunden sind, die – wie z.B. die Schließung einer Müllabwurfanlage[12] oder die Einhaltung der Vorgaben der EnEV[13] – „an sich" einer qualifizierten Mehrheit oder gar der Zustimmung aller Miteigentümer bedurft hätten.

B. Einzelfälle (nicht) ordnungsmäßiger Verwaltung

Die folgende Übersicht zeigt, ob die zum jeweiligen Gegenstand gefassten Beschlüsse ordnungsmäßiger Verwaltung (abgekürzt: „o.V.") entsprechen. **690**

Bauliche Maßnahmen. O.V.: Herstellung eines erstmaligen ordnungsmäßigen und mangelfreien Zustands der Wohnanlage entsprechend der Teilungserklärung und dem Aufteilungsplan (siehe Rn 533). Dementsprechend auch Beschlüsse zur gemeinschaftlichen Verfolgung von Ansprüchen auf Rückbau nach unzulässigen baulichen Veränderungen. **691**

Betriebsgesellschaft, der die Vermietung, Verwaltung und Instandhaltung der Anlage übertragen wird. Nicht o.V.: WEG-Jahresabrechnung, die die Ausgaben der Betriebsgesellschaft als solche der WEG abrechnet.[14] **692**

Energieausweis. Gem. § 16 Abs. 2 EnEV 2014 muss der Verkäufer beim Verkauf eines Wohnungs- oder Teileigentums dem potenziellen Käufer einen Energieausweis vorlegen. Weil sich der Energieausweis auf das ganze Gebäude und nicht nur auf das einzelne Sondereigentum bezieht, dürfte eine originäre Wahrnehmungskompetenz bzw. –verpflichtung der Gemeinschaft i.S.v. § 10 Abs. 6 S. 3, 1. Hs. WEG bestehen (siehe Rn 27). Der Beschluss über die Erstellung eines Energieausweises entspricht jedenfalls o.V.;[15] auf die Beschlussfassung dürfte sogar ein Anspruch jedes Eigentümers bestehen. Für die dadurch anfallenden Kosten kann der Verteilerschlüssel gem. § 16 Abs. 3 WEG beschlossen werden;[16] ob aber ein anderer Verteilerschlüssel als MEA ordnungsmäßiger Verwaltung entspricht, erscheint fraglich. **693**

Entlastung. O.V., sofern keine Ansprüche gegen den Verwalter bestehen oder erkennbar in Betracht kommen (siehe Rn 1590). **694**

Forderungen. O.V.: Die (gerichtliche) Geltendmachung eines Schadensersatzanspruchs oder anderweitiger Forderungen z.B. gegen den früheren Verwalter, gegen Miteigentümer (Muster eines Beschlusses zur Geltendmachung siehe Rn 1020), den Bauträger, den Nachbarn (auf Beseitigung eines Überbaus[17]) oder andere Dritte, außer wenn der Anspruch offenkundig nicht in Betracht **695**

---

11 BGH v. 19.9.2002 – V ZB 37/02, ZMR 2002, 936, Rn 20; OLG München v. 25.1.2006 – 34 Wx 114/05, ZMR 2006, 311.
12 AG Bonn v. 17.8.2012 – 27 C 218/11, ZWE 2013, 275.
13 AG Hannover v. 18.9.2009 – 481 C 7986/09, ZMR 2010, 238.
14 BGH v. 22.7.2011 – V ZR 245/09, ZMR 2011, 981, Rn 51 für den Fall, dass ein Miteigentümer nicht Gesellschafter der Betriebsgesellschaft ist: Abrechnungsbeschluss ist nichtig.
15 Einschlägige Rechtsprechung ist noch nicht bekannt.
16 AG München v. 30.6.2011 – 483 C 31786/10, ZMR 2012, 54. Entgegen dem AG München handelt es sich um Verwaltungskosten und nicht um Betriebskosten des Sondereigentums; i.E. macht das aber keinen Unterschied.
17 OLG München v. 26.10.2010 – 32 Wx 26/10, ZWE 2011, 37.

kommt. Generell steht es der Ordnungsmäßigkeit eines Beschlusses über rechtliche Schritte nicht entgegen, dass diese auch scheitern können, solange der Misserfolg nicht von vornherein fest steht.[18] In aller Regel entspricht es dem Interesse der Gesamtheit der Wohnungseigentümer nach billigem Ermessen, auch zweifelhafte Fälle gerichtlich klären zu lassen.[19] Aber auch der Erlass einer Forderung (z.B. im Wege des Vergleichs) kann ordnungsmäßiger Verwaltung entsprechen.[20] Siehe auch das Stichwort „Rechtsanwaltsbeauftragung".

696 **Gleichbehandlungsgrundsatz.** Dieser ist nach einer jüngeren BGH-Entscheidung bei der Beschlussfassung dergestalt zu beachten, dass die Gemeinschaft nicht **willkürlich** gegen einen Miteigentümer Ansprüche durchsetzen darf, während sie gegen andere nicht vorgeht.[21] Eine Auseinandersetzung mit dem sonst geltenden Grundsatz „keine Gleichbehandlung im Unrecht" (siehe Rn 360, 500) lässt der BGH missen.

697 **Hausrecht.** O.V.: Ein Hausverbot gegen Personen, die sich unbefugt im Haus aufhalten und keine Besucher oder Kunden von Miteigentümern sind. Nicht aber gegen Miteigentümer oder deren als störend empfundenen Besucher; dafür gibt es schon keine Beschlusskompetenz.[22]

698 **Heizung.** O.V.: Beschluss, wonach in einer (nicht ausgebauten, leer stehenden) Einheit die Heizung für eine Mindestbeheizung in Betrieb genommen werden muss, sofern die fehlende Beheizung für die anderen Miteigentümer einen nicht unerheblichen Nachteil bedeutet.[23]

699 **Herstellung** des Gebäudes. Siehe „bauliche Maßnahmen" (vgl. Rn 691).

700 **Immobilienerwerb.** Nicht o.V: Erwerb von Wohnungen zahlungsunfähiger Miteigentümer im eigenen Objekt zur Lösung der finanziellen Probleme der Gemeinschaft.[24]

701 **Klage**, gerichtliche. Siehe Forderungen.

702 **Kreditaufnahme.** Die lange streitige Frage, ob eine Beschlusskompetenz zur Kreditaufnahme besteht, hat der BGH unlängst bejaht.[25] Ob der Beschluss ordnungsmäßiger Verwaltung entspricht, ist eine andere Frage. Zu deren Beantwortung kann die früher h.M., wonach die Kreditaufnahme allenfalls bei Maßnahmen geringen Umfangs (z.B. zur vorübergehenden Abdeckung von Liquiditätsengpässen) als ordnungsmäßig gelten konnte, nicht mehr herangezogen werden. Vielmehr kommt die Kreditaufnahme nach dem BGH auch zur Finanzierung von Instandsetzungsmaßnahmen in Betracht. Der BGH lässt die Tendenz erkennen, dass es in den Beurteilungsspielraum der Gemeinschaft fällt, ob ein Finanzbedarf (welcher Art auch immer) durch einen Rückgriff auf vorhandene Rücklagen, durch die Erhebung von Sonderumlagen oder durch die Aufnahme von Darlehen gedeckt werden soll.[26] Letztlich kommt es auf den Einzelfall an. Dabei spielt unter anderem eine Rolle, dass staatliche Förderprogramme für energetische Sanierungen häufig in Form zinsvergünstigter Darlehen mit Zuschüssen angeboten werden, die sich die Gemeinschaft zunutze machen kann, einzelne Miteigentümer mangels Kreditwürdigkeit hingegen nicht. Das LG Düsseldorf hielt eine Kreditaufnahme für ordnungsmäßig, weil die zu finanzierende Maßnahme (Fassadensanie-

---

18 BGH v. 30.11.2012 – V ZR 234/11, ZMR 2013, 288.
19 LG Karlsruhe v. 9.1.2012 – 11 S 61/09, ZWE 2012, 138; OLG München v. 9.2.2010 – 32 Wx 114/09, ZMR 2010, 469; OLG Frankfurt v. 30.9.2008 – 20 W 9/08, ZMR 2009, 462.
20 OLG Hamburg v. 26.10.2007 – 2 Wx 110/02, ZMR 2008, 152.
21 BGH v. 30.11.2012 – V ZR 234/11, ZMR 2013, 288, Rn 19.
22 BVerfG v. 6.10.2009 – 2 BvR 693/09, WuM 2009, 757. A.A. LG Koblenz v. 21.6.2011 – 2 S 19/10, ZWE 2011, 460. Ausführlich zum Hausrecht in WEG-Anlagen *Reichert*, ZWE 2009, 289.
23 Nur mittelbar entschieden: OLG Hamm v. 31.3.2005 – 15 W 298/04, ZMR 2006, 148; BayObLG v. 27.3.1990 – 1 bZ BR 17/89, WuM 1990, 315.
24 OLG Hamm v. 12.8.2010 – 15 Wx 63/10, ZMR 2011, 403. Str. und nicht verallgemeinerungsfähig.
25 BGH v. 28.9.2012 – V ZR 251/11, ZMR 2013, 127.
26 BGH v. 28.9.2012 (Vornote) Rn 7.

rung) dringend erforderlich war, um Personen- und Sachschäden zu vermeiden, und zudem der Bankkredit binnen 5 Jahren getilgt werden sollte.[27] Offen ist, ob Eigentümer, die zur Zahlung einer Sonderumlage in der Lage sind, die „Selbstzahlung" beanspruchen und von der Rückführung des gemeinschaftlichen Kredits ausgenommen werden können. Dagegen spricht, dass die Umsetzung solcher Ausnahmen, insbes. die Verbuchung sehr schwierig wird, besonders nach einem Eigentümerwechsel. (Zur Verwalterbefugnis bei der Kreditaufnahme siehe Rn 1495.)

Lastschriftverfahren. O.V. (siehe Rn 1458). 703

Okkupationsbeschluss. Wenn ein Wohnungseigentümer bereits gerichtlich gegen eine bauliche Maßnahme vorgeht, entspricht ein Beschluss, durch den die betreffende bauliche Maßnahme genehmigt wird (Zweck: die schon rechtshängige Klage wird unbegründet, weil der Genehmigungsbeschluss bis zu seiner Aufhebung wirksam ist) nicht o.V.[28] 704

Rechtsanwaltsbeauftragung. O.V.: Die Beauftragung zur rechtlichen Beratung im konkreten Einzelfall[29] sowie zur Durchsetzung von Ansprüchen. Letzterenfalls ist die Beauftragung rechtmäßig, wenn die Gemeinschaft das Bestehen des Anspruchs für plausibel halten darf;[30] nicht aber, wenn die Durchsetzung der Ansprüche von vornherein aussichtslos ist.[31] Ob der Anspruch tatsächlich besteht, ist für den Beschluss der Rechtsanwaltsbeauftragung nicht entscheidend (siehe „Forderungen", siehe Rn 695). **Nicht** o.V.: Die Hinzuziehung eines Rechtsanwalts zur allgemeinen Beratung in der Eigentümerversammlung; das ist allerdings streitig (siehe dazu Rn 846). 705

Schadensersatz, Geltendmachung. O.V., siehe „Forderungen" (vgl. Rn 695). 706

Schlüssel. O.V.: Der Austausch einer Schließanlage wegen eines ungeklärten Schlüsselverlusts.[32] 707

Unterlassungsanspruch. O.V.: Einstweilige Verfügung gegen einen Miteigentümer, der (u.a. durch Diskutieren) den Vollzug einer beschlossenen Sanierungsmaßnahme stört.[33] Auch denkbar für anderweitige Störungen der Verwaltung. 708

Verbrauchserfassung. O.V.: Einbau von Kaltwasserzählern (siehe Rn 975). Verplombung sämtlicher vorhandenen Warm- und Kaltwasserzähler, um die ordnungsgemäße Verbrauchserfassung sicherzustellen.[34] Einbau eines Zwischenzählers zur Erfassung des von der Heizungsanlage verbrauchten Betriebsstroms (siehe Rn 994). 709

Videoüberwachung.[35] **Allgemein**: Sie stellt einen Eingriff in das allgemeine Persönlichkeitsrecht des Gefilmten dar, der selbst über die Preisgabe und Verwendung seiner persönlichen Daten zu bestimmen hat und ist unzulässig, sofern nicht im Rahmen der Abwägung ein überwiegendes Interesse des Betreibers der Anlage bejaht werden kann.[36] **Konkret**: Soweit ausschließlich der Bereich 710

---

27 LG Düsseldorf v. 12.6.2013 – 25 S 152/12, ZMR 2013, 823.
28 AG Reutlingen v. 22.3.2013 – 9 C 1614/12, ZMR 2013, 579.
29 OLG Hamm v. 28.10.2003 – 15 W 203/02, ZMR 2004, 699; allg. M.
30 OLG München v. 9.2.2010 – 32 Wx 114/09, ZMR 2010, 469; OLG München v. 25.1.2006, 34 Wx 114/05, ZMR 2006, 311.
31 So im Fall des KG v. 19.7.2004 – 24 W 349/02, ZMR 2005, 224.
32 BayObLG v. 7.3.2005 – 2Z BR 182/04, ZMR 2006, 137.
33 LG Berlin v. 16.6.2010 – 85 S 74/09 WEG, ZMR 2010, 978.
34 KG v. 24.5.2004 – 24 W 83/03, ZMR 2005, 223.
35 Ausführlich zum Thema *Brink*, ZWE 2013, 73; *Elzer*, NJW 2013, 3537.
36 BGH v. 16.3.2010 – VI ZR 176/09, NZM 2010, 373.

des Sondereigentums/Sondernutzungsrechtes überwacht wird, ist das für die anderen Miteigentümer kein Nachteil und daher hinzunehmen[37] Ein Nachteil wurde auch bei Installation einer Kameraattrappe verneint, die keine Überwachung ermögliche, aber entsprechende Befürchtungen auslöste.[38] Ein „Videoauge" im Klingelbrett kann ordnungsgemäßer Verwaltung entsprechen, wenn das Videobild nur vom Wohnungseigentümer gesehen werden kann, bei dem geklingelt wurde.[39] Die permanente Überwachung gemeinschaftlicher Flächen (gleichgültig ob durch einen einzelnen Miteigentümer oder durch die Gemeinschaft) kann rechtmäßig sein, wenn ein berechtigtes Überwachungsinteresse der Gemeinschaft das Interesse des einzelnen Wohnungseigentümers und von Dritten, deren Verhalten mitüberwacht wird, überwiegt **und** wenn die Ausgestaltung der Überwachung unter Berücksichtigung von § 6b BDSG inhaltlich und formell dem Schutzbedürfnis des Einzelnen ausreichend Rechnung trägt.[40] Wenn kein Beschluss vorliegt, der den Betrieb der Videoüberwachung entsprechend diesen Anforderungen rechtmäßig regelt, darf die Überwachungsanlage nicht betrieben werden und ist ggf. stillzulegen; das wird meistens der Fall sein, weil die wenigsten Beschlüsse den Anforderungen gerecht werden dürften.

711 **Zähler.** Siehe Verbrauchserfassung.

712 **Zahlung.** Nicht o.V.: Bezahlung einer Werklohnforderung, die wegen mangelhafter Bauausführung erkennbar nicht oder nicht in *der* verlangten Höhe besteht.[41]

C. Der Anspruch auf ordnungsmäßige Verwaltung und seine Durchsetzung

I. Allgemeines

713 Gem. § 21 Abs. 4 WEG kann jeder Wohnungseigentümer[42] eine Verwaltung verlangen, die den Vereinbarungen und Beschlüssen und, soweit solche nicht bestehen, dem Interesse der Gesamtheit der Wohnungseigentümer nach billigem Ermessen entspricht. Dasselbe bestimmt § 15 Abs. 3 WEG für Gebrauchsregelungen. Man könnte deshalb meinen, dass die Gemeinschaft auf Verlangen eines Wohnungseigentümers verpflichtet wäre, jegliche Beschlüsse zu fassen, die ordnungsmäßiger Verwaltung entsprechen. Das Problem dabei ist, dass es ebenso ordnungsmäßiger Verwaltung entsprechen kann, einen Beschluss **nicht** zu fassen, auch wenn er rechtmäßig wäre; und es liegt in der Verwaltungsautonomie bzw. dem Beurteilungsspielraum der (Mehrheit der) Wohnungseigentümer, die Entscheidung zwischen zwei rechtmäßigen Varianten (Beschluss fassen/Beschluss nicht fassen) zu treffen. Schon bislang bestand deshalb im Grundsatz Einigkeit darüber, dass ein **Anspruch** auf Beschlussfassung nur dann besteht, wenn der begehrte Beschluss für das Zusammenleben der Wohnungseigentümer **dringend geboten** ist. Die Rspr. hat die Anforderungen in letzter Zeit aber noch verschärft und die Bedeutung des Beurteilungsspielraums betont: Die Ge-

---

37 BGH v. 21.10.2011 – V ZR 265/10, NZM 2012, 239. Das praktische Problem besteht meistens darin, wie der gestörte Miteigentümer feststellen und beweisen soll, dass die Kamera nicht doch seine Flächen erfasst. M. E. steht ihm deshalb ein Anspruch auf Einsicht in die Aufnahmen zwecks Überprüfung zu.
38 LG Frankfurt/Main v. 11.11.2013 – 13 S 24/13, ZWE 2014, 98. Im Fall war die Attrappe am Balkon eines Eigentümers installiert. Berechtigte Kritik bei *Abramenko*, IMR 2014, 118.
39 BGH v. 8.4.2011 – V ZR 210/10, ZWE 2011. Nach der überraschenden Entscheidung, die sich wenig um anders lautende Literatur und Rechtsprechung kümmert, soll der einzelne Wohnungseigentümer sogar einen Anspruch darauf haben, ein Videoauge installieren zu dürfen.
40 BGH v. 24.5.2013 – V ZR 220/12, ZWE 2013, 363. A.A. (stets unzulässig) noch AG Kassel v. 12.11.2009 – 800 C 612/08, ZMR 2010, 485.
41 KG v. 27.8.2007 – 24 W 88/07, ZMR 2008, 474.
42 Wenn ein Wohnungseigentum mehreren gemeinsam gehört: Auch jeder der Bruchteils-Miteigentümer alleine (BayObLG v. 26.1.1999 – 2Z BR 130/98, NZM 1999, 767).

meinschaft ist unter dem Gesichtspunkt ordnungsmäßiger Verwaltung nur dann zu bestimmten Beschlüssen verpflichtet, wenn das Absehen von der Beschlussfassung **„unvertretbar"** ist.[43] Demnach soll sie z.B. nicht zwangsläufig verpflichtet sein, einen Verwalter abzuberufen, auch wenn ein wichtiger Grund dafür vorliegt (siehe Rn 1315). Auch wenn Schadensersatzansprüche gegen den Verwalter bestehen, soll die Gemeinschaft zu deren Geltendmachung nicht zwangsläufig verpflichtet sein; aus dem Beurteilungsspielraum folge ein **„Verzeihungsermessen"**.[44] Dieser „Linie" kann nicht zugestimmt werden: Der Beurteilungsspielraum wird dadurch überstrapaziert und der Anspruch auf ordnungsmäßige Verwaltung entwertet. Das Gleiche gilt für eine in der Lit. vertretene Auffassung, wonach ein Anspruch auf Beschlussfassung nur bestehe, wenn der begehrte Beschluss „unverzichtbar" sei. Würde man damit Ernst machen, könnte eine ordnungsmäßige Verwaltung kaum jemals durchgesetzt werden; denn was ist schon wirklich unverzichtbar? Bspw. existieren zahllose Gemeinschaften jahrelang unter Verstoß gegen jegliche Bestimmungen des WEG; also ist – wenn man so will – das gesamte WEG verzichtbar. Soll daraus folgen, dass ein Wohnungseigentümer nicht verlangen kann, dass ein Verwalter bestellt, ein Wirtschaftsplan aufgestellt, das Gebäude repariert wird usw.?

Wenn ein Miteigentümer zur Erreichung der von ihm gewünschten „ordnungsmäßigen Verwaltung" auf die Beschlussfassung der Eigentümergemeinschaft **nicht angewiesen** ist, dürfte (auch nach hier vertretener Auffassung) klar sein, dass er darauf keinen Anspruch hat.

714

Beispiel
Miteigentümer B hält sich nicht an die Ruhezeiten der Hausordnung und hat einen unzulässigen Carport auf seinem Stellplatz errichtet. Miteigentümer A stellt in der Eigentümerversammlung den Antrag, gemeinsam Unterlassung der Ruhestörungen und Rückbau des Carports von B zu verlangen. Der Antrag findet keine Mehrheit. – Eine Klage des A auf gerichtliche Ersetzung des Beschlusses müsste abgewiesen werden. Wenn die Mehrheit die Störungen durch B klaglos hinnehmen will, ist das ihr gutes Recht: Das Gemeinschaftseigentum ist nicht gefährdet und A kann auch ohne Beschlussfassung der Gemeinschaft aus eigenem Recht gegen die Störungen vorgehen.[45]

II. Die Regelungsklage

Wenn gem. § 21 Abs. 4 WEG ein Anspruch auf „ordnungsmäßige Verwaltung" besteht, bedeutet das, dass eine entsprechende Beschlussfassung verlangt werden kann. Wie aber wird dieser Anspruch gerichtlich durchgesetzt? Das Gesetz gibt dazu leider keine klaren Antworten. Es war aber schon vor der WEG-Reform anerkannt, dass zur Durchsetzung des Anspruchs die **gerichtliche Ersetzung** eines Beschlusses möglich ist. Die darauf gerichtete Klage nennt man in der heute gebräuchlichen Terminologie **Regelungsklage** oder **Gestaltungsklage**. An der Möglichkeit der Beschlussersetzung hat die WEG-Reform nach zutreffender h.M. nichts geändert; jedoch haben sowohl der Gesetzeswortlaut als auch die Gesetzesbegründung Schwierigkeiten aufgebaut, die im Wege der Auslegung zu überwinden sind. § 21 Abs. 8 WEG bestimmt: „Treffen die Wohnungseigentümer eine nach dem Gesetz erforderliche Maßnahme nicht, so kann an ihrer Stelle das Gericht in einem Rechtsstreit gem. § 43 WEG nach billigem Ermessen entscheiden." Dem Gesetzgeber schwebte als Musterfall einer solchen Klage die Durchsetzung eines fehlenden Wirtschaftsplans oder einer fehlenden Jahresabrechnung vor. Tatsächlich sind die Beschlüsse über Jahresabrechnung und Wirtschaftsplan die einzigen im Gesetz ausdrücklich und unverzichtbar ge-

715

---

[43] BGH v. 10.2.2012 – V ZR 105/11, ZMR 2012, 565.
[44] LG Hamburg v. 25.5.2011 – 318 S 208/09, ZMR 2012, 290.
[45] In diesem Sinne LG Itzehoe v. 24.1.2012 – 11 S 16/11, ZMR 2012, 390, Rn 9.

forderten Verwaltungsmaßnahmen. Aber gerade zu ihrer Durchsetzung ist die Regelungsklage wenig (bzw. im Fall der Jahresabrechnung gar nicht) geeignet.

716   *Beispiel*
Verwalter X legt in der Eigentümerversammlung 2014 weder eine Jahresabrechnung für 2013 noch einen Wirtschaftsplan für 2014 vor; der Eigentümermehrheit ist das gleichgültig. Miteigentümer A erhebt Klage gegen seine Miteigentümer mit dem Antrag: „Das Gericht beschließt nach seinem Ermessen die Jahresabrechnung 2013 und den Wirtschaftsplan für 2014". – Das Gericht wird einen Wirtschaftsplan aufstellen müssen, um die Liquidität der Gemeinschaft zu sichern.[46] Das erfordert freilich die Vorlage umfangreicher Unterlagen und stellt den Richter vor eine Aufgabe, für die er nicht ausgebildet ist. Hingegen kann A m.E. nicht die Aufstellung und den Beschluss der Jahresabrechnung verlangen:[47] Ein Amtsrichter ist nicht in der Lage, anstelle des WEG-Verwalters eine Jahresabrechnung aufzustellen; aus gutem Grund gilt die Aufstellung der Abrechnung als unvertretbare Handlung (siehe Rn 1373). Vor diesem Hintergrund ist jedenfalls das Rechtsschutzbedürfnis für die gerichtliche Entscheidung zu verneinen: Es ist einfacher, den untätigen Verwalter abzuberufen und – ggf. mit gerichtlicher Hilfe – einen anderen Verwalter zu bestellen, der dann die Jahresabrechnung aufstellt; das gilt im Prinzip für den fehlenden Wirtschaftsplan genauso.

717   Aufgrund der vorstehend skizzierten Ungereimtheiten ist es inzwischen anerkannt, dass der Anwendungsbereich der Regelungsklage nicht auf die Beschlüsse über Jahresabrechnung und Wirtschaftsplan beschränkt sein kann. Vielmehr sind gerichtliche Ermessensentscheidungen in allen denjenigen Fällen eröffnet, in denen die Gemeinschaft ihr Selbstorganisationsrecht nicht wahrnimmt, also allgemein zur Durchsetzung des **Anspruchs auf ordnungsmäßige Verwaltung** gem. § 21 Abs. 4 WEG.[48] § 21 Abs. 8 WEG ist also wie folgt zu lesen: „Treffen die Wohnungseigentümer eine Maßnahme nicht, die unter dem Gesichtspunkt ordnungsmäßiger Verwaltung erforderlich ist, kann an ihrer Stelle das Gericht nach billigem Ermessen entscheiden". Das Gericht trifft die fehlende Maßnahme selbst, sodass im Urteil keine Verurteilung der Miteigentümer zur Beschlussfassung erfolgen muss, sondern das Gericht anstelle der Wohnungseigentümer nach billigem Ermessen entscheidet, also den Beschluss „erlässt" bzw. durch sein Urteil **ersetzt**.[49] Es ist nicht erforderlich, die Zustimmung der Miteigentümer zu einer bestimmten Maßnahme bzw. zu dem abgelehnten Beschlussantrag geltend zu machen, obwohl genau das ungeachtet der vorstehenden Ausführungen weithin gängige Praxis ist.[50] Sicherheitshalber sollte der Kläger deshalb einen gerichtlichen Hinweis zur Antragstellung erbitten.

718   Der Vorteil der Regelungsklage gem. § 21 Abs. 8 WEG besteht darin, dass der Kläger nicht an einen bestimmten Klageantrag gebunden ist; er kann ja nicht im voraus wissen, welche Maßnahme mit welcher Formulierung das Gericht letztlich für erforderlich hält. Bei der Antragstellung muss

---

46 *Bärmann/Becker*, § 28 Rn 54.
47 In der Lit. wird ein Anspruch auf Beschlussersetzung der Jahresabrechnung nicht thematisiert, sondern nur ein gem. § 887 ZPO zu vollstreckender (praxisferner) Anspruch gegen den Verwalter auf Aufstellung der Jahresabrechnung; siehe nur *Bärmann/Becker*, § 28 Rn 107.
48 *Bärmann/Merle*, § 21 Rn 204.
49 Zutreffend LG Berlin v. 5.5.2013 – 55 S 52/12, ZWE 2014, 40, Rn 65. BGH v. 26.10.2012 – V ZR 7/12, ZWE 2013, 49, Rn 17 nennt es „abändernde Beschlussfassung durch gerichtliche Entscheidung". siehe ferner OLG Düsseldorf v. 31.8.2007 – 3 Wx 85/07, WuM 2007, 593; *Schmid*, Ersatzvornahme erforderlicher Maßnahmen durch das Gericht, DWE 2010, 114.
50 So z.B. BGH v. 2.3.2012 – V ZR 174/11, ZMR 2012, 641: „Die Beklagten werden verurteilt, folgenden Maßnahmen zuzustimmen: Die Dachflächenfenster sind auf Kosten der Gemeinschaft auszubauen ... usw.". Ganz verfehlt LG Köln v. 4.10.2012 – 29 S 91/12, ZMR 2013, 134, Rn 21: „Die Beklagten werden verurteilt, gemeinsam mit der Klägerin Schäden ... auf Kosten der WEG zu beseitigen". Siehe ferner Rn 539.

C. Der Anspruch auf ordnungsmäßige Verwaltung und seine Durchsetzung § 6

der Kläger die begehrte Regelung deshalb nicht unbedingt als konkreten Antrag formulieren, sondern kann sie auch dem **gerichtlichen Ermessen** überlassen; er muss aber jedenfalls sein Rechtsschutzziel deutlich machen. Am einfachsten ist es, wenn er die gleichen Anträge stellt wie die, die in der Wohnungseigentümerversammlung abgelehnt wurden; dies aber verbunden mit dem Hinweis, dass das Gericht den Antrag nach seinem Ermessen übernehmen oder ändern kann.

Der Ermessensentscheidung entspricht die **Kostenentscheidung**: Auch diese erfolgt nach billigem Ermessen (§ 49 Abs. 1 WEG), wobei es i.d.R. billigem Ermessen entsprechen wird, bei einem Erfolg der Klage den Beklagten die Kosten aufzuerlegen.

Neben der Regelungsklage gem. § 21 Abs. 8 WEG, welche die Entscheidung in der Sache und die Kostenentscheidung in das Ermessen des Gerichts stellt, ist auch noch eine „**ermessensfreie** Regelungsklage" direkt gem. § 24 Abs. 4 WEG möglich; also eine Klage auf Beschlussersetzung mit einem bestimmten Klageantrag, der **nicht** in das Ermessen des Gerichts gestellt wird. Dieser Weg war vor der WEG-Reform der einzig mögliche und muss durch die Einführung des § 21 Abs. 8 WEG nicht versperrt sein. Die teilweise auch noch diskutierte, konstruktiv-dogmatisch wie praktisch äußerst schwierige Variante einer Verurteilung der Miteigentümer zur Beschlussfassung (wobei die entsprechenden Willenserklärungen gem. § 894 ZPO mit Rechtskraft des Urteils als abgegeben gelten würden) soll hier demgegenüber nicht weiter erörtert werden. Der Vorteil einer „ermessenfreien Regelungsklage", die dann in Betracht kommt, wenn die fehlende Maßnahme zweifelsfrei bestimmt werden kann und deshalb eine „Ermessensreduzierung auf 0" vorliegt, besteht für den Kläger vor allem darin, dass die Kostenentscheidung dem Ermessen des Gerichts entzogen ist. Obsiegt er, **muss** das Gericht den Beklagten die Kosten auferlegen.

719

Das Verhältnis zwischen der (ermessensfreien) Regelungsklage „direkt" gem. § 21 Abs. 4 WEG und der Regelungsklage gem. § 21 Abs. 8 WEG ist wenig geklärt; oft wird beides nicht auseinander gehalten. Im Normalfall ist – schon wegen des geringeren Begründungsaufwands – die Regelungsklage gem. § 21 Abs. 8 WEG zu **empfehlen**. Der Kläger sollte jedenfalls deutlich machen, ob er eine Ermessensentscheidung gem. § 21 Abs. 8 WEG beantragt oder nicht. Im Übrigen gelten die folgenden Ausführungen für beide Arten der Regelungsklage.

720

Die Regelungsklage hat eine **besondere Zulässigkeitsvoraussetzung**: Sie ist nur zulässig, wenn der Kläger zuvor im Rahmen des Möglichen und Zumutbaren versucht hat, die **Beschlussfassung der Gemeinschaft** zu erreichen. Die Notwendigkeit der **Vorbefassung** der Gemeinschaft folgt aus dem Grundsatz des Selbstorganisationsrechts (Verwaltungsautonomie) der Miteigentümer. Vom Versuch der Beschlussfassung in der Gemeinschaft kann nur dann abgesehen werden, wenn mit an Sicherheit grenzender Wahrscheinlichkeit davon ausgegangen werden kann, dass der Antrag in der Eigentümerversammlung nicht die erforderliche Mehrheit finden wird, so dass die Befassung der Versammlung eine unnötige Förmelei wäre.[51] (Zum Erfordernis der Vorbefassung der Gemeinschaft bei der Verwalterabberufung siehe Rn 1317.) Wer also eine bestimmte Maßnahme durchsetzen will, muss grundsätzlich die nächste Eigentümerversammlung abwarten oder die Einberufung einer außerordentlichen Versammlung beantragen (und nötigenfalls durchsetzen); und er muss darauf achten, dass sein Anliegen in der Tagesordnung zu Beschlussfassung angekündigt ist. Erst wenn die Miteigentümer die Beschlussfassung verweigern oder den Antrag ablehnen, ist eine Regelungsklage zulässig. Wenn es nicht (ausnahmsweise) nur eine einzige „richtige" Beschlussfassung gibt, sollte der Antragsteller (spätere Kläger) aber mehrere Varianten seines Begehrens zur Beschlussfassung stellen; wenn er sich auf einen einzigen Antrag (von mehreren theoretisch möglichen) beschränkt, riskiert er die Abweisung seiner Klage als unzulässig mit der Begründung, er

721

---

51 BGH v. 10.2.2012 – V ZR 105/11, ZWE 2012, 221, Rn 4; BGH v. 15.1.2010 – V ZR 114/09, NZM 2010, 205; LG Köln v. 26.7.2004 – 29 T 72/04, ZMR 2005, 311.

habe sich nicht ausreichend um eine Beschlussfassung der Miteigentümer bemüht.[52] Es werden also mitunter reichlich hohe (m.E. praxisferne) Hürden aufgebaut, die bis zu einer gerichtlichen Entscheidung zu überwinden sind.

722 Aus dem Vorstehenden folgt, dass der Regelungsklage grundsätzlich der erfolglose Versuch einer (positiven) Beschlussfassung voran gehen muss; somit liegt, falls die Beschlussfassung nicht komplett verweigert wird, zwangsläufig ein ablehnender **(Negativ-)Beschluss** vor. Weil dieser keine materielle Bindungswirkung entfaltet (siehe Rn 1789), ist seine **Anfechtung keine Voraussetzung** der Regelungsklage[53] und deshalb „eigentlich" überflüssig. Sie ist sicherheitshalber aber trotzdem zu empfehlen: Denn anderenfalls besteht zumindest faktisch das Risiko, dass die Bestandskraft des abgelehnten Beschlusses dem Kläger entgegengehalten wird. Der Streitwert erhöht sich dadurch nicht (keine Wertaddition der beiden Anträge), weil es sich um einen einheitlichen Lebenssachverhalt handelt.[54]

723 Es stellt sich noch die Frage nach der **Passivlegitimation**, d.h. nach dem richtigen Beklagten. Für die Anfechtung des Negativbeschlusses gibt § 46 Abs. 1 WEG die Antwort: Die Klage ist immer gegen die übrigen Wohnungseigentümer zu richten. Beim Antrag auf Beschlussersetzung (d.h. bei der „eigentlichen" Regelungsklage) könnte man hingegen überlegen, ob die Klage nicht sinnvoller Weise gegen den Verband statt gegen die übrigen Wohnungseigentümer zu richten wäre, da es ja der Verband ist, der letztlich die begehrte Maßnahme durchführen muss.[55] De lege lata ist allerdings der Gesichtspunkt der Beschlussersetzung ausschlaggebend: Da es die Eigentümer sind, deren Beschlussfassung ersetzt werden soll, ist die Regelungsklage – genauso wie die Anfechtungsklage – (nur) gegen die übrigen Miteigentümer zu richten.[56]

724 Zur **gerichtlichen Entscheidung**: Bei der Regelungsklage gem. § 21 Abs. 8 WEG entscheidet das Gericht nach eigenem Ermessen, was der Gemeinschaft nützt. Dabei sollen Maßnahmen nur insoweit angeordnet werden dürfen, „als dies zur Gewährleistung eines effektiven Rechtsschutzes unbedingt notwendig ist. Es ist daher stets zu prüfen, ob und ggf. auf welche Weise es den Wohnungseigentümern ermöglicht werden kann, noch selbst in eigener Regie eine Entscheidung zu treffen".[57] Die gerichtliche Entscheidung **ersetzt** den (zustimmenden) Beschluss der Eigentümergemeinschaft. Trotzdem wird die Entscheidung – anders als ein Wohnungseigentümerbeschluss – nicht schon bei ihrem Erlass, sondern erst mit Eintritt der Rechtskraft **wirksam**.[58] Eine sofort wirksame Regelung kann per **einstweiligem Rechtsschutz** erwirkt werden; ein Muster hierfür (unter dem Aspekt der gerichtlichen Verwaltereinsetzung) findet sich im Folgenden (siehe Rn 1389). (Muster für die Anträge einer Regelungsklage zwecks Beauftragung erforderlicher Instandhaltungsarbeiten, siehe Rn 538.)

---

52 LG Berlin v. 26.2.2013 – 85 S 189/12, ZMR 2013, 820.
53 LG Berlin v. 2.4.2013 – 85 S 179/12, ZMR 2013, 653; LG Hamburg ZMR 2012, 470, Rn 36. A.A. NKV/*Kümmel*, § 23 Rn 58, der vor Klageerhebung eine erneute Befassung der Eigentümergemeinschaft mit dem Antrag für nötig hält.
54 OLG Celle v. 14.1.2010 – 4 W 10/10, ZWE 2010, 190.
55 In diesem Sinne die Passivlegitimation des Verbands bejahend OLG München v. 26.10.2010 – 32 Wx 26/10, ZWE 2011, 37; LG Nürnberg-Fürth v. 29.7.2009 – 14 S 1895/09, ZMR 2009, 950; *Schmid* DWE 2011, 114, 117; *Briesemeister* ZWE 2009, 312.
56 BGH v. 18.6.2010 – IV ZR 193/09, WuM 2010, 526, Rn 13; LG Hamburg v. 25.4.2012 – 318 S 109/11, ZMR 2012, 892, Rn 51.
57 BGH v. 24.5.2013 – V ZR 182/12, NZM 2013, 582, Rn 31.
58 BGH v. 24.5.2013 – V ZR 182/12, NZM 2013, 582, Rn 21.

D. Das Betretungsrecht und die Pflicht zur Duldung von Eingriffen

Gem. § 14 Nr. 4 WEG hat jeder Wohnungseigentümer das Betreten und die Benutzung der im Sondereigentum stehenden Gebäudeteile zu gestatten, soweit dies zur Instandhaltung und Instandsetzung. (zum (Un-)Sinn der Differenzierung zwischen Instandhaltung und -setzung siehe Rn 521) des gemeinschaftlichen Eigentums erforderlich ist; auch Vorbereitungsmaßnahmen sind erforderlichenfalls zu dulden. Der Wohnungseigentümer muss auch **Eingriffe in sein Sondereigentum** (oder in die seinem Sondernutzungsrecht unterliegenden Gebäudeteile) dulden, soweit dies zur Durchführung der Instandsetzungsarbeiten am gemeinschaftlichen Eigentum erforderlich ist.[59] Die daraus ggf. resultierenden Ersatzansprüche werden unten (siehe Rn 730) behandelt. Weil durch das Betretungsrecht und die Duldungspflichten der in Art. 13 GG geschützte Bereich der Privatwohnung betroffen ist, sind an das Vorliegen der Voraussetzungen **strenge Anforderungen** zu stellen.

725

Beispiel
Durch die Wohnung von A verläuft die (im Gemeinschaftseigentum stehende) Steigleitung der Heizwasserversorgung. In der darüber liegenden Wohnung wurde die durchgerostete Leitung bereits ausgewechselt. A ist angesichts des Schadensbildes der Auffassung, dass das Heizungsrohr in seiner Wohnung von dem Rostproblem nicht betroffen sein könne. Die Gemeinschaft will es genauer wissen und klagt gegen den widerstrebenden A auf Durchsetzung des Betretungsrechts – Ohne Erfolg. Ein Wohnungseigentümer muss zwar das Betreten seiner Wohnung nicht nur zur Durchführung von Instandsetzungsarbeiten gestatten, sondern (selbstverständlich) auch für **Vorbereitungsmaßnahmen**, durch die zunächst festgestellt werden soll, ob Maßnahmen der Instandsetzung überhaupt in Betracht kommen. Voraussetzung ist aber, dass ausreichende Anhaltspunkte für die Notwendigkeit solcher Maßnahmen vorliegen, wobei strenge Anforderungen zu stellen sind.[60] Im Fall hätte die Gemeinschaft angesichts der schlüssigen Darlegung des A zunächst sachverständigen Rat einholen müssen; da dies nicht erfolgt war, fehlte es an ausreichenden Anhaltspunkten für die Reparaturbedürftigkeit der Rohre in der Wohnung des A.[61]

726

Die bloße Kontrolle ohne besonderen Anlass, ob Instandhaltungsmaßnahmen erforderlich sind, stellt keinen ausreichenden Grund für das Betreten von Wohnungen dar. **Klauseln** in der **Teilungserklärung** oder im Verwaltervertrag, die dem Verwalter aus Kontrollgründen ein generelles Betretungsrecht gewähren, sind deshalb unwirksam (siehe Rn 1421). Auch wenn ein Sachverständiger in Ausführung einer gerichtlich angeordneten Beweisaufnahme eine Wohnung betreten muss, muss das deren Eigentümer nicht dulden, wenn er selbst nicht Partei des Zivilrechtsstreits ist.[62]

727

Wenn das Betretungsrecht besteht und ausgeübt werden soll, ist dem davon betroffenen Wohnungseigentümer der Termin eine ausreichend lange Zeit im Voraus **anzukündigen**; eine Frist von 3 Werktagen hielt das BayObLG für zu kurz.[63] Wenn aber der (ausreichend angekündigte) Termin scheitert und das Betretungsrecht gerichtlich durchgesetzt werden soll, ist davon abzuraten, im ge-

728

---

59 BayObLG v. 26.2.2004 – 2Z BR 2/04, ZMR 2004, 762.
60 OLG München v. 22.2.2006 – 34 Wx 133/05, ZMR 2006, 388; OLG Hamburg v. 14.3.2000 – 2 Wx 31/98, ZMR 2000, 479. Siehe auch die Folgenoten.
61 Fall nach BayObLG v. 27.6.1996 – 2Z BR 16/96, WuM 1996, 584.
62 BGH v. 16.5.2013 – VII ZB 61/12, ZMR 2013, 818.
63 BayObLG v. 27.6.1996 – 2Z BR 16/96, WuM 1996, 584.

richtlichen Antrag die Duldung nochmals von einer „rechtzeitigen Ankündigung" abhängig zu machen. Eine solche Bedingung im Tenor der Entscheidung kann erhebliche Vollstreckungsprobleme nach sich ziehen (vgl. § 726 ZPO). Der verurteilte Eigentümer dürfte demgegenüber jenseits der üblichen Vollstreckungsankündigung durch den Gerichtsvollzieher keinen Anspruch mehr auf besondere Ankündigung der Betretung haben.

▼

729 **Muster 6.1: Klageantrag zur Durchsetzung des Betretungsrechts**

Der Beklagte wird bei Meidung eines Ordnungsgeldes bis zu 5.000,00 EUR für jeden Fall der Zuwiderhandlung, ersatzweise Ordnungshaft bis zu vier Wochen, verpflichtet, das Betreten seiner Wohnung Nr. 8 im Haus Heinestraße 12, 75234 Musterstadt durch einen Mitarbeiter der Verwaltung, zusammen mit den Mitarbeitern des Sanitär-Fachunternehmens Fa. X zu dulden und diesen Personen den Zugang zur Wohnung zu verschaffen, damit in der Wohnung festgestellt werden kann, ob die dort verlaufende Steigleitung der Heizung instandsetzungsbedürftig ist und damit sie gegebenenfalls sogleich instand gesetzt werden kann.

▲

Der früher übliche Zusatz „Dies gilt zugleich als Durchsuchungsanordnung i.S.v. Art. 13 Abs. 2 GG" ist entbehrlich (siehe Rn 1225).

E. Der Aufopferungsanspruch bei Instandsetzungsarbeiten am Gemeinschaftseigentum

730 Gem. § 14 Nr. 4 2. Halbsatz WEG hat der Sondereigentümer Anspruch auf Ersatz des Schadens, den er als Folge von Instandsetzungsarbeiten am Gemeinschaftseigentum erleidet (sog. Aufopferungsanspruch). Für den Sondernutzungsberechtigten gilt dasselbe.

731 *Beispiele*
- Der zur Wohnung des A gehörende undichte Balkon muss saniert werden, wobei die im Sondereigentum stehenden **Fliesen** zerstört werden.[64]
- A hat das Sondernutzungsrecht am Vorgarten. Beim Aufbau eines Baugerüstes zur Dachsanierung werden die im Vorgarten stehenden **Pflanzen** des A zerstört.[65]
- Nach der Teilungserklärung obliegt dem A die Instandhaltung der zu seiner Wohnung gehörenden **Fenster**. Diese werden im Zuge einer Fassadensanierung beschädigt.[66]

A kann in allen Fällen jeweils Ersatz der Kosten für die Wiederherstellung verlangen, ggf. unter Vornahme eines Abzugs „Neu für Alt".[67]

732 Zu ersetzen sind auch **Folgeschäden**. Dazu gehören insbesondere Vermögensschäden infolge entgangener oder gekürzter Miete sowie Räumungs- und Lagerkosten.[68] Ersatz für den **Nutzungsausfall** (oder Hotelkosten) kann nur verlangt werden, wenn die Störung zum Entzug der ganzen Woh-

---

[64] BayObLG v. 19.3.1998 – 2Z BR 18/98, WuM 1998, 369.
[65] OLG Düsseldorf v. 22.11.2005 – 3 Wx 140/05, ZMR 2006, 459.
[66] OLG Schleswig v. 13.7.2006 – 2 W 32/06, NZM 2007, 46. Die Besonderheit dieser Variante besteht darin, dass die beschädigten Fenster formal nicht Sonder-, sondern Gemeinschaftseigentum sind.
[67] Abzug Neu für Alt verneint vom BayObLG v. 19.3.1998 – 2Z BR 18/98, WuM 1998, 369 für die Fliesenneuverlegung auf einer Dachterrasse aufgrund der langen Lebensdauer von Fliesen. Ersatzanspruch zur Gänze verneint von LG Köln v. 20.2.2001 – 29 T 190/00, ZMR 2001, 923, wenn der Bodenbelag nicht dem Sondereigentum zugewiesen und eigenmächtig angebracht wurde (str.).
[68] BGH v. 11.12.2002 – IV ZR 226/01, ZMR 2003, 209; OLG Frankfurt v. 17.1.2006 – 20 W 362/04, ZMR 2006, 625.

E. Der Aufopferungsanspruch bei Instandsetzungsarbeiten am Gemeinschaftseigentum § 6

nung führt oder diesem Ergebnis zumindest nahe kommt.[69] Auf diesen Schäden muss die Gemeinschaft aber nicht „sitzen" bleiben; vielmehr ist insoweit die Haus- und Grundbesitzer-**Haftpflichtversicherung** einstandspflichtig.[70]

Schuldner des Aufopferungsanspruchs ist nach zutreffender h.M. der Verband, nicht die übrigen Miteigentümer (siehe Rn 28).[71] Eine Kürzung des Anspruchs um den Eigenanteil des Geschädigten erübrigt sich, weil der Geschädigte bei Umlage der aus dem Verbandsvermögen erfolgten Zahlung nach MEA gem. § 16 Abs. 2 WEG „automatisch" daran beteiligt wird.

733

---

69 OLG Frankfurt/M. v. 22.2.2005 – 20 W 131/02, NZM 2006, 348; AG Hamburg v. 30.6.2010 – 102B C 20/09, ZMR 2011, 249.
70 Der Risikoausschluss „Schäden am Gemeinschafts- und Sondereigentum" nimmt nur den unmittelbaren Sachschaden, nicht jedoch Folgeschäden von der Leistungspflicht der Haftpflichtversicherung aus (BGH v. 11.12.2002 – IV ZR 226/01, ZMR 2003, 209).
71 LG Hamburg v. 17.5.2011 – 9 S 54/10, IMR 2011, 506; AG Hamburg v. 30.6.2010 – 102B C 20/09, ZMR 2011, 249; *Bärmann/Klein*, § 14 Rn 75.

§ 7 Die Wohnungseigentümerversammlung

A. Allgemeines

Für das Wohnungseigentum gilt das Recht der **Selbstverwaltung** (§ 21 WEG). Die Verwaltung erfolgt in der Regel durch Beschlussfassung auf einer Eigentümerversammlung (§ 23 Abs. 1 WEG). Diese muss **mindestens einmal im Jahr** stattfinden (§ 24 Abs. 1 WEG), weil jährlich der Wirtschaftsplan und die Jahresabrechnung zu beschließen sind. Die jährliche Versammlung nennt man meistens die „ordentliche", und eventuelle weitere Versammlungen im selben Jahr „außerordentlich"; das Gesetz kennt diese Unterscheidung aber nicht, rechtlich ist sie daher ohne Bedeutung.

734

Theoretisch könnte man auf eine Eigentümerversammlung auch verzichten und alle Entscheidungen im schriftlichen **Umlaufverfahren** treffen. Mehrheitsentscheidungen sind dann aber nicht möglich, weil ein schriftlicher Beschluss ohne Versammlung nur gültig ist, wenn alle Wohnungseigentümer ihre Zustimmung erteilen (siehe Rn 168); das kommt in der Praxis allenfalls in kleineren Gemeinschaften vor.

735

Auch ohne förmliche Einberufung können die Miteigentümer rechtmäßig Beschlüsse fassen, wenn eine **Vollversammlung** (oder **Universalversammlung**) vorliegt: Die Anwesenheit **sämtlicher** Wohnungseigentümer heilt alle Einberufungsmängel, sofern die Miteigentümer erklären, dass sie auf die Einhaltung der Formvorschriften verzichten, was auch konkludent durch Beschlussfassung geschehen kann.[1] Ob das jeweilige Ergebnis der Willensbildung in einer solchen Vollversammlung dann einen Beschluss oder eine Vereinbarung darstellt, ist Auslegungsfrage im Einzelfall (siehe Rn 152).

736

Allerdings stellt nicht jede (zufällige) **Zusammenkunft** von Wohnungseigentümern – z.B. das Verbleiben einzelner Eigentümer nach dem Ende der offiziellen Eigentümerversammlung[2] – eine Eigentümerversammlung i.S.v. § 23 Abs. 1 WEG dar, selbst wenn es sich um eine Vollversammlung handelt.[3] Auch wenn die Einberufung durch einen „beliebigen Dritten" erfolgte, liegt keine Eigentümerversammlung i.S.v. § 23 Abs. 1 WEG vor. Aber Vorsicht: Eine Eigentümerversammlung i.S.d. WEG liegt vor, wenn die Einberufung durch eine „lediglich unzuständige" (Gegensatz: „beliebige") Person erfolgte. Wirklich verlässliche Kriterien für die Abgrenzung zwischen „formell rechtswidrigen Wohnungseigentümerversammlungen" und „Nichtversammlungen" gibt es nicht; es kommt auf den Einzelfall an.

737

Beschlüsse, die auf Versammlungen gefasst wurden, die nicht als Eigentümerversammlung i.S.d. WEG qualifiziert werden können, sind als sog. **Nicht- oder Scheinbeschlüsse** nichtig.

738

> *Beispiel*
> Wenn eine Versammlung durch den Rechtsanwalt eines Miteigentümers einberufen wurde, können dort keine wirksamen Beschlüsse gefasst werden. Erfolgte die Einberufung aber durch den Verwalter nach Ablauf seiner Bestellungszeit, können wirksam Beschlüsse gefasst werden. Die Beschlüsse sind dann zwar wegen des Formfehlers bei der Einladung anfechtbar, weil der Verwalter nach Ablauf der Bestellungszeit für die Einberufung nicht mehr zuständig war, werden aber bei Nichtanfechtung bestandskräftig.

739

---

1 BayObLG v. 24.1.2001 – 2Z BR 112/00, ZMR 2001, 366; BGH v. 10.6.2011 – V ZR 222/10, ZMR 2011, 892.
2 So bei BayObLG v. 30.7.1998 – 2Z BR 54/98, NZM 1998, 1010.
3 Nach BayObLG v. 14.11.2002 – 2Z BR 107/02, ZMR 2003, 363 ist z.B. das „zwanglose Zusammentreffen" aller Miteigentümer keine Versammlung i.S.v. § 23 Abs. 1 WEG, so dass das dort erzielte Einverständnis mit der Errichtung von Carports eine Vereinbarung und keinen Beschluss darstellte.

B. Einberufung

I. Grundlagen

1. Verwalterpflichten

740 Die Einberufung (und ggf. auch die Absage[4]) ist Aufgabe des (im Zeitpunkt des Versands der Einladung wirksam bestellten) **Verwalters** (§ 24 Abs. 1 WEG). Er **muss** die Versammlung mindestens einmal im Jahr einberufen (siehe Rn 734). Er muss sie ferner dann einberufen, wenn es nach den Grundsätzen ordnungsmäßiger Verwaltung erforderlich ist.

741 *Beispiele*
- Nach dem Vorliegen eines Sachverständigengutachtens über Baumängel muss über das weitere Vorgehen (rechtliche Schritte und Sanierung) Beschluss gefasst werden, was wegen der Gefahr der Verjährung und wegen der Art der Bauschäden keinen Aufschub bis zur nächsten ordentlichen Versammlung duldet.
- Ein Wohnungseigentümer stellt kurz nach der letzten Versammlung die Hausgeldzahlungen ein; ein Beschluss über die Verhängung einer Versorgungssperre soll gefasst werden.
- Wegen des Vorwurfs schwerwiegender Pflichtverletzungen des Verwalters, die nicht für längere Zeit ungeklärt im Raum stehen bleiben dürfen, soll über eine etwaige vorzeitige Verwalterabberufung und eine Verwalterneuwahl Beschluss gefasst werden.[5]

742 Der Verwalter **muss** eine Versammlung auch dann einberufen, wenn **mehr als ein Viertel** der Wohnungseigentümer es schriftlich unter Angabe des Zwecks verlangt (§ 24 Abs. 2 WEG). Dieses **Minderheitenquorum** kann nicht einmal durch die Gemeinschaftsordnung abgeändert (i.S.v. erschwert) werden (siehe Rn 135). Der Verwalter muss einem formell ordnungsgemäß gestellten **Einberufungsverlangen** binnen angemessener Zeit nachkommen; ein materielles Prüfungsrecht steht ihm, von Missbrauchsfällen abgesehen, nicht zu.[6] Für die Berechnung des Minderheitenquorums gilt das Kopfprinzip (siehe Rn 828). Schriftform bedeutet, dass die Wohnungseigentümer das Einberufungsverlangen eigenhändig unterschreiben müssen (§ 126 BGB).

▼

743 **Muster 7.1: Einberufungsverlangen an den Verwalter**

Sehr geehrter Herr X,

hiermit fordern wir Sie auf, eine Wohnungseigentümerversammlung mit folgender Tagesordnung einzuberufen:

TOP 1: Abberufung des Verwalters und Kündigung des Verwaltervertrags aus wichtigem Grund.

TOP 2: Wahl eines Verwalters und Abschluss eines Verwaltervertrags.

TOP 3: Ermächtigung des neuen Verwalters zur Geltendmachung und Durchsetzung der Ansprüche der WEG auf Herausgabe der Verwaltungsunterlagen und auf Rechnungslegung, ggf. Beauftragung eines Rechtsanwalts hierfür.

---

4 BGH v. 10.6.2011 – V ZR 222/10, ZMR 2011, 892.
5 LG Hamburg v. 18.8.2010 – 318 S 77/09, ZMR 2011, 744; OLG Köln v. 15.3.2004 – 16 Wx 245/03, NZM 2004, 305.
6 LG Hamburg v. 18.8.2010 (Vornote); OLG München v. 21.6.2006 – 34 Wx 28/06, ZMR 2006, 719.

TOP 4: Weiteres Vorgehen hinsichtlich der Baumängel, insbesondere: Begutachtung durch Sachverständigen; Einleitung rechtlicher Schritte gegen den Bauträger.

TOP 5: Übernahme der den Unterzeichnern entstandenen Kosten für anwaltliche Beratung.

Die Versammlung soll spätestens in der 17. Kalenderwoche stattfinden. Wir schlagen folgende Termine vor: ▓▓▓▓. Die Versammlung soll nicht in Ihren Räumlichkeiten, sondern an einem „neutralen" Ort stattfinden. Bitte bestätigen Sie bis zum ▓▓▓▓ hierher, dass Sie der Aufforderung Folge leisten und die Versammlung mit vorstehenden Tagesordnungspunkten einberufen werden. Vorsorglich weisen wir darauf hin, dass die Einberufung ordnungsmäßiger Verwaltung entspricht, sodass Sie dazu verpflichtet sind, obwohl das Einberufungsverlangen nicht von ¼ aller Miteigentümer gestellt wird (▓▓▓▓ hier können die bei Rn 741 zitierten Gerichtsentscheidungen angegeben werden).

Unterschriften ▓▓▓▓

▲

2. Die Einberufung bei Weigerung oder Fehlen des Verwalters

Die Miteigentümer haben folgende Möglichkeiten: 744

Fehlt der Verwalter oder verweigert er die Einberufung, obwohl er aus einem der vorstehend aufgeführten Gründe dazu verpflichtet wäre, kann der Vorsitzende des **Verwaltungsbeirats** oder dessen Stellvertreter die Versammlung einberufen (§ 24 Abs. 3 WEG). Praktische Voraussetzung ist hierfür natürlich, dass ein Verwaltungsbeirat bestellt ist und dass er über eine Eigentümer- und Adressliste verfügt. Hat der Verwaltungsbeirat keinen Vorsitzenden (weil weder bei der Wahl, noch später einer der Beiräte dazu bestimmt wurde), ist die Einberufung jedenfalls dann rechtmäßig, wenn alle drei Beiratsmitglieder sie unterschrieben haben;[7] richtiger Ansicht nach genügt sogar die Unterzeichnung durch zwei Beiräte.[8] Eine **Weigerung** des Verwalters liegt nicht nur bei ausdrücklicher Ablehnung, sondern auch dann vor, wenn die Aufforderung kommentarlos ignoriert wird. Folgt der Verwalter der Aufforderung, lädt aber nicht zu dem geforderten Termin, sondern z.B. für eine Woche später ein, ist das noch von dem ihm terminlich zukommenden Ermessensspielraums gedeckt.[9]

Jeder Miteigentümer kann den **Verwalter** im Wege der Klage gem. § 43 Nr. 3 WEG per Gerichtsurteil zur Einberufung **verpflichten** lassen.[10] 745

Jeder **Miteigentümer** kann sich vom Amtsgericht gem. § 43 Nr. 1 WEG zur Einberufung **ermächtigen** lassen.[11] Die dogmatische Fundierung ist umstritten. M.E. ergibt sich der Anspruch des klagenden Eigentümers als Annex, Hilfsanspruch oder Minus aus dem Anspruch auf eine Beschlussfassung.[12] Daraus ergibt sich, dass – wie generell beim Anspruch auf Beschlussfassung gem. § 21 Abs. 4 WEG (siehe Rn 724) – Antrag und Ergebnis in der gerichtlichen Beschlussersetzung bestehen (und nicht darin, die Miteigentümer zur Zustimmung zu verurteilen[13]). Infolge der Geltung 746

---

7 OLG Köln v. 29.12.1999 – 16 Wx 181/99, ZMR 2000, 566; unstr.
8 Weil zwei Beiräte stets mehrheitlich einen von ihnen als Vorsitzenden wählen könnten. So auch *Riecke*, in: Riecke/Schmid, § 24 Rn 10.
9 LG München I v. 28.6.2012 – 36 S 17241/11, ZMR 2012, 819, Rn 4.
10 H.M., siehe nur LG Frankfurt v. 31.7.2013 – 13 S 60/13, ZMR 2013, 983. M.E. ist fraglich, wie ein solcher Individualanspruch zu begründen ist.
11 OLG Zweibrücken v. 16.9.2010 – 3 W 132/10, ZWE 2010, 464; i.E. unstr.
12 So auch NKV/*Vandenhouten*, § 24 Rn 3; *Briesemeister*, NZM 2009, 64.
13 So aber die h.M.: LG Frankfurt v. 31.7.2013 – 13 S 60/13, ZMR 2013, 983; *Elzer*, MietRB 2011, 299, 301.

§ 7 Die Wohnungseigentümerversammlung

der ZPO für WEG-Streitigkeiten besteht die nach früherem Recht anerkannte Möglichkeit, den klagenden Wohnungseigentümer analog §§ 37 Abs. 2 BGB, 122 Abs. 2 AktG, 45 Abs. 3 GenG im Verfahren der freiwilligen Gerichtsbarkeit zur Einberufung einer Versammlung zu ermächtigen, nicht mehr.[14] Erforderlich ist, weil es um eine interne Angelegenheit geht, leider ein Verfahren gegen alle übrigen Miteigentümer – und nicht gegen die WEG. Die pflichtwidrige Weigerung des Verwalters hat aber zur Folge, dass ihm gem. § 49 Abs. 2 WEG die Prozesskosten aufzuerlegen sind. Eine „gewöhnliche" Klage ist nicht anzuraten: Das begehrte Gestaltungsurteil würde wohl erst mit Eintritt der Rechtskraft (nach eventuell zwei Instanzen) wirksam werden,[15] was lange dauern kann. Zu empfehlen ist vielmehr ein Antrag auf Erlass einer **einstweiligen Regelungsverfügung**.[16]

▼

747 **Muster 7.2: Antrag auf einstweilige Verfügung zwecks Einberufungsermächtigung**

(Rubrum siehe Rn 1744)

1. Der Antragsteller wird ermächtigt, für die Wohnungseigentumsanlage Heinestraße 12, 75234 Musterstadt eine Wohnungseigentümerversammlung mit folgender Tagesordnung einzuberufen und zu eröffnen:

TOP: ▓▓▓▓▓ (siehe oben Rn 743).

2. Die WEG-Verwalterin, X-Immobilien GmbH, vertreten durch den Geschäftsführer Xaver Xentis, Zentraße 5, 75234 Musterstadt, trägt die Kosten des Rechtsstreits.

▲

748 *Tipp*
Will ein einzelner Wohnungseigentümer die Einberufung einer Versammlung durchsetzen, muss er sich in jedem Fall zunächst mit einer entsprechenden Aufforderung an den Verwalter wenden (wenn es einen gibt); andernfalls würde für gerichtliche Schritte das Rechtsschutzbedürfnis fehlen. Kommt der Verwalter der Aufforderung nicht nach, sollte der Wohnungseigentümer als nächstes versuchen, genügend Miteigentümer für ein förmliches Verlangen nach § 24 Abs. 2 WEG zu gewinnen, um den Verwalter auf diesem Weg zur Einberufung zu veranlassen. Wenn auch das keinen Erfolg hat, ist der Vorsitzende des Verwaltungsbeirats (wenn es einen gibt) zur Einberufung aufzufordern. Scheitert auch das, weil dieser von seinem Einberufungsrecht – aus welchen Gründen auch immer – keinen Gebrauch macht, ist der Weg frei, um die Einberufung der Versammlung mit gerichtlicher Hilfe zu erzwingen. Oder man verzichtet auf die Versammlung und versucht, die gewünschten Beschlüsse sogleich per Regelungsklage gerichtlich zu erwirken.

3. Einstweiliger Rechtsschutz gegen eine unberechtigte Einberufung

749 Wurde eine Wohnungseigentümerversammlung durch eine hierfür unzuständige Person einberufen, sind die auf der Versammlung gefassten Beschlüsse nichtig oder anfechtbar; außerdem kann Verwirrung eintreten, wenn verschiedene Personen womöglich parallele Versammlungen einberu-

---

14 LG München v. 17.4.2013 – 36 T 7524/13, ZMR 2013, 748. A.A. insoweit und daher die Zuständigkeit des Rechtspflegers bejahend AG Köpenick v. 22.1.2010 – 70 C 71/09, ZMR 2010, 569.
15 Noch nicht gerichtlich entschieden und zweifelhaft. Für sofortige Vollziehbarkeit *Riecke*, in: Riecke/Schmid, § 24 Rn 11a.
16 So auch *Briesemeister*, Bestellung des WEG-Verwalters durch einstweilige Verfügung, NZM 2009, 64; anerkannt bei BGH v. 10.6.2011 – V ZR 222/10, ZMR 2011, 892.

fen. Damit es gar nicht so weit kommt, können die Miteigentümer (ggf. auch der rechtmäßig amtierende Verwalter) einstweiligen Rechtsschutz gegen die Abhaltung einer solchen Versammlung beantragen. (Wegen der Details des Verfahrens siehe Rn 191; wie die passenden Anträge lauten, ist den unten zitierten Entscheidungen zu entnehmen.)

> *Beispiel* 750
> In einer Eigentümerversammlung wurde der Verwalter fristlos abberufen, aber kein neuer gewählt. Miteigentümer A, der nicht Vorsitzender des Verwaltungsbeirats ist, beruft ohne gerichtliche Ermächtigung eine neue Versammlung zwecks Verwalterwahl ein. Miteigentümer B beantragt beim Amtsgericht, dem A im Wege der einstweiligen Verfügung zu untersagen, die Eigentümerversammlung durchzuführen (**Durchführungsverbot**) und die Ladung gegenüber den Miteigentümern zu widerrufen. – Mit Erfolg. Jeder Miteigentümer ist berechtigt, gegen eine unbefugte Einberufung schon vor dem Versammlungstermin gerichtlich vorzugehen.[17] In der Praxis genügt es, die Untersagung gegen denjenigen durchzusetzen, der zur Versammlung eingeladen hat, statt gegen sämtliche Miteigentümer.

II. Die Adressaten der Einberufung

Zur Versammlung sind die Personen einzuladen, die daran teilnehmen dürfen; das sind: 751
- Immer alle Miteigentümer,
- ergänzend sonstige Personen, die in Sonderfällen anstelle des Eigentümers stimmberechtigt sind.

1. Die Miteigentümer

Einzuladen sind die zum Zeitpunkt der Ladung[18] im **Grundbuch eingetragenen** Eigentümer. Ausnahme: Bei der **werdenden** (faktischen) **WEG** sind die „werdenden Wohnungseigentümer" einzuladen; der Bauträger nur dann und insoweit, als es für Wohnungen keine „werdenden Eigentümer" gibt (siehe Rn 11). 752

Einzuladen sind auch die Miteigentümer, die (bei allen oder einigen Beschlussgegenständen) einem **Stimmrechtsausschluss** gem. § 25 Abs. 5 WEG unterliegen werden: Das aus der Eigentümerstellung folgende Teilnahmerecht bleibt nämlich auch dann bestehen, wenn im Einzelfall kein Stimmrecht besteht.[19] Nicht einmal die Gemeinschaftsordnung kann wirksam bestimmen, dass z.B. Hausgeldrückstände zum Verlust des Teilnahmerechts führen (siehe Rn 135). 753

Bei einer **Mehrheit** von Eigentümern einer Einheit (Erbengemeinschaft, Ehegatten usw.) sind alle einzuladen. Wenn und soweit diese Bruchteils-Miteigentümer unter derselben Anschrift wohnen, ist es zur Vermeidung sinnloser Papier- und Portokosten aber üblich und m.E. auch rechtmäßig, nur **eine** an alle Empfänger adressierte Einladung zu verschicken (z.B. an die „Eheleute A und B") und keine getrennten (z.B. je gesondert an Frau A und Herrn B).[20] Wenn die Sondereigentümer 754

---

17 AG Charlottenburg v. 25.9.2012 – 73 C 1005/12, ZWE 2013, 41; AG Recklinghausen v. 23.4.2012 – 90 C 24/12; AG Hamburg v. 15.12.2009 – 102 d C 127/09, ZMR 2010, 477.
18 Ein Eigentümerwechsel zwischen Einberufung und Versammlung führt nicht dazu, dass die Einberufung wiederholt werden müsste oder der nicht geladene Erwerber die Beschlüsse anfechten könnte (KG v. 8.1.1997 – 24 W 5678/96, ZMR 1997, 318).
19 OLG Zweibrücken v. 21.11.2002 – 3 W 179/02, ZMR 2004, 60.
20 A.A. teilweise die Lit., offen gelassen von KG v. 27.3.1996 – 24 W 5414/95, WuM 1996, 364. Auch im Mietrecht wird für z.B. für die Kündigungserklärung gegenüber mehreren, in der Wohnung wohnenden, Mietern nicht verlangt, dass jeder sein eigenes Kündigungsschreiben erhält. Es kommt auf den Zugang der an alle gerichteten Erklärung an, nicht auf die Anzahl der Exemplare.

dem Verwalter einen Vertreter, insbesondere einen **Ladungsbevollmächtigten** benannt haben, ist nur dieser einzuladen; eine gute Gemeinschaftsordnung legt zwingend fest, dass eine Mehrheit von Eigentümern einer Einheit einen gemeinsamen Vertreter benennt.

755 Bei einem geschäftsunfähigen Miteigentümer (z.B. einem Minderjährigen) oder einer juristischen Person ist der jeweilige **gesetzliche Vertreter** zu laden (beim Minderjährigen: mindestens ein Elternteil; beim Betreuten: der Betreuer; bei der GmbH: der Geschäftsführer; bei der GbR: der oder die geschäftsführenden Gesellschafter, ggf. alle Gesellschafter (siehe Rn 832).

2. Sonderfälle

756
- **Nießbrauch.** Nur der (allein stimmberechtigte, siehe Rn 836) Eigentümer ist einzuladen.
- **Zwangsverwaltung.** Sowohl der Zwangsverwalter als auch der Eigentümer sind einzuladen. Stimmberechtigt ist zwar (nur) der Zwangsverwalter (siehe Rn 839), der Eigentümer ist nach h.M. aber zur Teilnahme berechtigt.[21]
- **Nachlassverwaltung, Testamentsvollstreckung.** Sowohl der Verwalter/Vollstrecker als auch der Erbe (= Eigentümer) sind einzuladen.[22]
- **Insolvenz eines Wohnungseigentümers.** Sowohl der Insolvenzverwalter, als auch der Eigentümer sind einzuladen (siehe Rn 1684).
- Der **Verwalter** ist im Normalfall der Versender, nicht der Adressat der Einladung. Aber auch und insbesondere dann, wenn infolge seiner Untätigkeit an seiner Stelle der Beiratsvorsitzende eine Versammlung einberuft, muss der Verwalter dazu nicht eingeladen werden. (Zum Teilnahmerecht siehe Rn 792).[23]

3. Praktische Probleme

757 Die Einberufung der Wohnungseigentümerversammlung kann den Verwalter im Einzelfall aufgrund der unzulänglichen gesetzlichen Regelung vor praktisch unlösbare **Probleme** stellen.

Im Falle eines **Eigentümerwechsels** sind von Gesetzes wegen weder das Grundbuchamt, noch der Verkäufer oder der Erwerber zu einer Mitteilung an den Verwalter verpflichtet, so dass dieser davon häufig nichts erfährt. In der Literatur wird dem Verwalter deshalb teilweise empfohlen, vor jeder Einberufung das Grundbuch einzusehen und den kompletten Eigentümerbestand abzugleichen. Der Verwalter hat ohne konkreten Anlass aber grundsätzlich kein Recht und keine Pflicht zu derart aufwändigen Ermittlungen; mit dem Versand an die letzte ihm bekannte Anschrift hat er alles Erforderliche getan.[24] Wenn ein neuer Miteigentümer dem Verwalter von seinem Erwerb keine Mitteilung gemacht hat, deshalb nicht zur Versammlung geladen wird und nicht daran teilnimmt, stellt sich die Frage, ob er zur Beschlussanfechtung berechtigt ist. Die Frage wird – letztlich unter dem Gesichtspunkt von Treu und Glauben oder salopp gesprochen nach dem Motto „selbst schuld" – zutreffend verneint.[25]

758 Nach dem Gesetz ist ein Miteigentümer auch nicht verpflichtet, dem Verwalter eine **Änderung** seiner **Anschrift** mitzuteilen oder bei der Post einen Nachsendeantrag zu stellen. Soweit ersichtlich

---

21 A.A. LG Berlin v. 19.9.2008 – 85 T 404/07, ZMR 2009, 474.
22 So auch *Riecke,* in: *Riecke/Schmid,* § 24 Rn 46. Im Einzelnen je nach Umfang der Verwaltungsbefugnis des Testamentsvollstreckers str. Zur Haftung für Hausgeldschulden siehe Rn 1099.
23 A.A. LG Düsseldorf v. 3.11.2011 – 19 S 45/11, ZMR 2012, 384.
24 LG München I v. 22.2.2013 – 36 T 1970/13, NJW-Spezial 2013, 355; AG Aachen v. 25.2.2009 – 119 C 80/08, NZM 2011, 79. So auch *M. Schmid,* ZWE 2011, 443, 444. Eine entsprechende Regelung im Verwaltervertrag ist dem Verwalter sicherheitshalber trotzdem zu empfehlen (siehe Muster im Anhang 1, dort § 3 Nr. 1).
25 BGH v. 5.7.2013 – V ZR 241/12, ZWE 2013, 368 Rn 18; LG München I v. 22.2.2013 – 36 T 1970/13, NJW-Spezial 2013, 355.

wird gleichwohl nirgends gefordert, der Verwalter müsse vor jeder Einberufung einen Datenabgleich mit sämtlichen in Betracht kommenden Einwohnermeldeämtern durchführen. Also ist es nicht zu vermeiden, dass mitunter eine Ladung einen Miteigentümer, der seine Adressänderung nicht mitgeteilt hat, nicht erreicht. Dann liegt ein Ladungsfehler vor, der den betroffenen Miteigentümer aus den vorstehend erwähnten Gründen aber nicht zur Anfechtung berechtigt.

Die Ladung muss dem Empfänger innerhalb der Ladungsfrist zugehen. Für den **Zugang** ist die Gemeinschaft im Streitfall beweispflichtig. Weil Einladungen in der Praxis schon aus Kostengründen nicht per Einschreiben/Rückschein oder gegen Empfangsbekenntnis versandt werden, ist der Nachweis des Zugangs meistens praktisch unmöglich. **759**

Von den Sonderfällen „Adressänderung" und „Eigentümerwechsel" abgesehen führen **Ladungsfehler** dazu, dass ein nicht erschienener Wohnungseigentümer die auf der Versammlung gefassten Beschlüsse anfechten kann; er muss im Wesentlichen nur behaupten, keine Ladung erhalten zu haben (Beispiel siehe Rn 1792). Vor diesem Problem können sich die Miteigentümer, da ihnen das Gesetz nicht hilft, nur durch die Vereinbarung vernünftiger organisatorischer Regelungen schützen. Bestandteil einer guten Gemeinschaftsordnung sind daher Klauseln, die eine **Zugangsfiktion**[26] und eine **Mitteilungspflicht** statuieren. **760**

III. Form und Frist der Einberufung, Ort und Zeit der Versammlung

Die Einberufung muss in **Textform** erfolgen (§ 24 Abs. 4 S. 1 WEG, § 126b BGB[27]). Das bedeutet gegenüber der Schriftform wesentliche Erleichterungen. **761**

- Die eigenhändige Unterschrift ist nicht erforderlich. Der Verwalter kann z.B. seinen Namen maschinenschriftlich unter die Ladung setzen oder seine Unterschrift darunter kopieren. Der gebräuchliche Zusatz „dieser Brief wird automatisch erstellt und ist auch ohne Unterschrift gültig" ist nicht erforderlich, aber unschädlich. **762**

- Auch eine Einladung per Telefax und insbesondere per E-Mail genügt der Textform. Diese Möglichkeit der schnellen und kostengünstigen Korrespondenz wird von Verwaltern erstaunlich wenig genutzt.

Die Frist der Einberufung (**Ladungsfrist**) soll, sofern nicht ein Fall besonderer Dringlichkeit vorliegt, mindestens **2 Wochen** betragen (§ 24 Abs. 4 S. 2 WEG). In dringenden Fällen kann die Ladungsfrist je nach den Umständen des Einzelfalls auch sehr stark verkürzt werden, z.B. auf einen Tag oder eine Stunde (wenn die Miteigentümer im Extremfall so kurzfristig erreicht werden können). Für die Fristberechnung gilt gem. §§ 187 Abs. 1, 188 Abs. 2 BGB Folgendes: Die Frist endet nach zwei Wochen mit dem Ablauf des Tages, der durch seine Benennung dem Tag entspricht, an dem der Eigentümer die Ladung erhalten hat; die Versammlung darf erst auf den darauf folgenden Tag anberaumt werden. **763**

> *Beispiel*
> Am 19.5.2014, einem Montag, erhalten die Wohnungseigentümer per Post die Einladung. Die zweiwöchige Ladungsfrist endet am Montag 2.6.2014. Die Eigentümerversammlung darf frühestens am Dienstag 3.6.2014 stattfinden. **764**

---

26 Ausreichend ist z.B. die übliche Klausel: „Für die Ordnungsmäßigkeit genügt die Absendung an die vom Sondereigentümer zuletzt mitgeteilte Anschrift": LG Hamburg v. 1.2.2011 – 318 T 5/11, ZWE 2012, 55.
27 § 126b BGB: Die Erklärung muss in einer Urkunde (= auf Papier) oder auf andere zur dauerhaften Wiedergabe in Schriftzeichen geeignete Weise abgegeben, die Person des Erklärenden genannt und der Abschluss der Erklärung durch Nachbildung der Namensunterschrift oder anders erkennbar gemacht werden.

765 Die Bestimmung von **Ort, Tag** und **Uhrzeit** der Versammlung steht im pflichtgemäßen Ermessen der für die Einberufung zuständigen Person. Hierzu gibt es viel Einzelfallrechtsprechung.

766 **Ort:** Damit allen Wohnungseigentümern die Teilnahme ermöglicht und nicht erschwert wird, muss der Versammlungsort verkehrsüblich zu erreichen und den Wohnungseigentümern zumutbar sein.[28] Er muss dazu nicht unbedingt in dem Stadtteil liegen, in dem sich die Wohnanlage befindet.[29] Im Hinblick auf den Grundsatz der Nichtöffentlichkeit (siehe Rn 793) muss der Versammlungsraum eine gewisse Abgeschlossenheit gewährleisten.

767 **Tag:** Die Einladung auf einen Samstag ist rechtmäßig, problematisch sind nur Sonn- und Feiertage.[30] Schulferien stehen der Versammlung nicht zwingend entgegen; es kommt auf die Umstände des Einzelfalls an.[31]

768 **Zeit:** Auch der Zeitpunkt muss verkehrsüblich und zumutbar sein, was im Einzelfall eine Abwägung der Belange aller Wohnungseigentümer erfordert. Überwiegend wird angenommen, dass mit Rücksicht auf die Belange berufstätiger Personen der Versammlungsbeginn i.d.R. werktags nicht schon um 14.00 Uhr[32] oder 17.00 Uhr[33] angesetzt werden dürfe. Demgegenüber hat das OLG Köln zu Recht entschieden, dass (mit Rücksicht auf weit entfernt wohnende Teilnehmer) eine Versammlung rechtmäßig auch um 15.00 Uhr beginnen dürfe.[34] Allgemeine Aussagen sind aber problematisch; es kommt auf den Einzelfall an.

IV. Inhalt der Einladung

1. Allgemeines

769 Die Einladung muss Ort und Beginn der Versammlung sowie die Tagesordnung mitteilen; mehr nicht. Hinweise auf das geltende Stimmrecht, Stimmrechtsbeschränkungen usw. sind nicht erforderlich (wenn auch ggf. sinnvoll). Die Ankündigung einer **Tagesordnung** wird von § 23 Abs. 2 WEG gefordert: Demnach ist es „zur Gültigkeit eines Beschlusses erforderlich, dass der Gegenstand bei der Einberufung bezeichnet ist". Diese „Bezeichnung" erfolgt üblicher Weise unter der Überschrift „Tagesordnung", wobei die Verwendung dieses Begriffs nicht zwingend ist. Die Tagesordnung muss erkennen lassen, was der Gegenstand der vorgesehenen Beschlussfassung ist. Der geladene Miteigentümer soll vor Überraschungen geschützt werden und sich überlegen können, ob er an der Versammlung teilnimmt und ob und wie er sich ggf. darauf vorbereitet. Dafür reicht eine **schlagwortartige** Bezeichnung des Beschlussgegenstandes aus. Es muss vor allem nicht jeder Beschlussgegenstand im Einzelnen erläutert und begründet werden. Man kann sich von folgendem Grundsatz leiten lassen: Je größer die Bedeutung und je kleiner der Wissensstand der Eigentümer ist, desto genauer ist der Gegenstand in der Einladung zu bezeichnen.[35] Da nur der Gegenstand der Beschlussfassung anzukündigen ist, müssen die beabsichtigten Beschlüsse nicht vorformuliert

---

28 BGH v. 7.3.2002, V ZB 24/01, ZMR 2002, 441.
29 H.M. A.A. aber z.B. OLG Köln v. 6.1.2006 – 16 Wx 188/05, ZMR 2006, 384: Versammlungen müssen im näheren Umkreis der Wohnanlage stattfinden, auch wenn die Mehrzahl der Wohnungseigentümer anderorts wohnt.
30 OLG Stuttgart v. 18.12.1985 – 8 W 338/85, NJW-RR 1986, 315 hält Sonntag ab 11 Uhr für rechtmäßig; BayObLG v. 25.6.1987 – 2Z BR 68/86, WuM 1987, 329 hält den Sonntagvormittag jedenfalls dann für unzulässig, wenn einzelne Wohnungseigentümer damit nicht einverstanden sind.
31 LG Karlsruhe v. 25.10.2013 – 11 S 16/13, ZWE 2014, 93; LG München I v. 28.6.2012 – 36 S 17241/11, ZMR 2012, 819, Rn 4.
32 AG Hamburg-Wandsbek v. 4.9.2003 – 715 II 91/02, ZMR 2004, 224.
33 AG Köln v. 22.3.2004 – 202 II 309/02, ZMR 2004, 546.
34 OLG Köln v. 13.9.2004 – 16 Wx 168/04, ZMR 2005, 77.
35 BGH v. 13.1.2012 – V ZR 129/11, ZWE 2012, 125; LG Karlsruhe v. 11.5.2010 – 11 S 9/08, ZMR 2011, 588 Rn 53.

werden, wenngleich das im Einzelfall sinnvoll sein kann. Werden bestimmte Beschlussanträge angekündigt, sind diese unverbindlich und die Wohnungseigentümer daran nicht gebunden. Sie können beliebig davon abzuweichen, sofern nur der gefasste Beschluss von der Ankündigung umfasst ist.[36]

Ob **Unterlagen** beizufügen sind, die eine inhaltliche Befassung mit dem Gegenstand der Beschlussfassung ermöglichen, ist eine Frage des Einzelfalls;[37] bei größeren Instandhaltungsmaßnahmen oder bei Jahresabrechnung/Wirtschaftsplan wird die Notwendigkeit der Vorabinformation allgemein bejaht (siehe Rn 527 und 930). Ein besonderer Hinweis darauf, dass zu den angekündigten Tagesordnungspunkten Beschlüsse gefasst werden können, ist nicht erforderlich, weil damit immer zu rechnen ist.[38] Ebenso entbehrlich, wenngleich in der Praxis üblich, ist die Ankündigung von Tagesordnungspunkten mit Geschäftsordnungscharakter wie „Feststellung der Beschlussfähigkeit". Unter dem Tagesordnungspunkt „**Verschiedenes**" oder „**Sonstiges**" darf nur beraten werden; eine Beschlussfassung ist grundsätzlich unzulässig. Teilweise wird zwar vertreten, dass unter „Sonstiges" Beschlüsse über Gegenstände von untergeordneter Bedeutung gefasst werden dürften,[39] aber diese Auffassung ist umstritten und die Grenzziehung zwischen bedeutenden und unbedeutenden Gegenständen schwierig.

770

Zuständig für die Aufstellung der Tagesordnung ist der Verwalter. In der Praxis geben sich die Verwalter damit oft erstaunlich wenig Mühe und nehmen viel zu wenige Punkte – und diese häufig noch ungenau bezeichnet – auf. Die Folge sind Beschlüsse ohne (hinreichende) Ankündigung und das damit einhergehende Risiko erfolgreicher Anfechtungsklagen.

771

Tipp
Um zu erfahren, was den Eigentümern am Herzen liegt und was zur Aussprache und ggf. Beschlussfassung ansteht, muss der Verwalter die Kommunikation mit den Eigentümern suchen und pflegen; vom „grünen Tisch" aus lässt sich keine gute Tagesordnung aufstellen. Sinnvoll ist jedenfalls die Rücksprache mit dem Verwaltungsbeirat (üblicher Weise bei Gelegenheit der Rechnungsprüfung), obwohl dieser keine formelle Kompetenz zur Mitwirkung an der Tagesordnung hat.

772

Auch bei guter Vorbereitung kommt es vor, dass sich erst nach dem Versand der Einladung Miteigentümer beim Verwalter mit der Bitte um **Ergänzung der Tagesordnung** melden. Eine Ergänzung ist selbstverständlich möglich, muss aber – genauso wie die Einladung – allen Adressaten form- und fristgerecht zugehen, was Zeit und Geld kostet. Ob der Verwalter die Tagesordnung ergänzt, steht in seinem pflichtgemäßen Ermessen. Ist die Ladungs- bzw. Ankündigungsfrist nicht mehr einzuhalten und liegt kein Fall besonderer Dringlichkeit vor, scheidet die Ergänzung grundsätzlich aus. Wegen der Fristverkürzung ist auch eine Ergänzung der Tagesordnung in der Versammlung unzulässig; wenn zu dem nachträglich „ergänzten" Punkt Beschlüsse gefasst werden, sind sie anfechtbar.[40] Wenn die Miteigentümer gleichwohl auf der Beschlussfassung bestehen, mithin einen Zitterbeschluss fassen wollen, darf der Verwalter seine Mitwirkung aber nicht verweigern (str., siehe Rn 863).

773

---

36 LG Düsseldorf v. 14.3.2013 – 19 S 88/12, ZMR 2013, 821, Rn 20.
37 BGH v. 13.1.2012 – V ZR 129/11, ZWE 2012, 125.
38 BayObLG v. 12.2.2004 – 2 Z BR 261/03, ZMR 2005, 460; unstr.
39 Z.B. BayObLG v. 8.4.2004 – 2Z BR 233/03, NZM 2005, 462.
40 OLG München v. 19.9.2005 – 34 Wx 76/05, ZMR 2006, 68.

2. Anspruch auf Aufnahme bestimmter Tagesordnungspunkte

774 Der Verwalter **muss** (ohne weiteres) einen bestimmten Punkt auf die Tagesordnung nehmen, wenn es **ein Viertel der Wohnungseigentümer** schriftlich verlangt (§ 24 Abs. 2 WEG analog). Grund: Weil dieses Quorum genügt, um die Einberufung einer Versammlung verlangen zu können (siehe Rn 742), genügt es erst recht zur Erzwingung einzelner Tagesordnungspunkte.[41]

775 Unabhängig davon kann auch ein **einzelner Miteigentümer** gem. § 21 Abs. 4 WEG die Aufnahme eines bestimmten Tagesordnungspunktes verlangen. Bei Verwaltern besteht zwar gelegentlich die Fehlvorstellung, dass sie einem solchen Antrag **nur** dann nachkommen müssten, wenn er von mindestens einem Viertel der Wohnungseigentümer gestellt werde; das ist aber ebenso unzutreffend wie die Annahme, es stünde im freien Belieben des Verwalters, dem Antrag nachzukommen oder ihn zu übergehen. Zwar liegt die Entscheidung über die Aufnahme oder Ablehnung von Tagesordnungspunkten, sofern das Minderheitenquorum nicht erreicht wird, im pflichtgemäßen Ermessen des Verwalters; das pflichtgemäße Ermessen muss aber zur Aufnahme eines beantragten Tagesordnungspunktes führen, wenn die Erörterung des Themas **ordnungsmäßiger Verwaltung** entspricht. Das wird – von Ausnahmen abgesehen – normalerweise der Fall sein, da die Eigentümerversammlung für die Eigentümer im Grunde die einzige Möglichkeit darstellt, ihre Anliegen vorzubringen und hierüber Entscheidungen herbeizuführen.[42]

776 *Beispiel*
Ein Anspruch auf Aufnahme in die Tagesordnung wurde bei folgenden Themen bejaht: Geltendmachung von Mängelansprüchen; Vorlage eingeholter Gutachten zu Mängeln des Gebäudes; Einbau von Kalt- und Warmwasserzählern; Eintreibung gemeinschaftlicher Forderungen.[43] Neuwahl des Verwaltungsbeirats; Überprüfung der Hausmeistervergütung;[44] Einregelung der Vorlauftemperatur der Heizung.[45]

777 Wenn der Verwalter sich pflichtwidrig weigert, einen bestimmten Tagesordnungspunkt aufzunehmen, kann auch der **Verwaltungsbeiratsvorsitzende** mit einem Schreiben an alle Miteigentümer bestimmte Tagesordnungspunkte ankündigen (§ 24 Abs. 3 WEG analog).[46] Teilweise wird deshalb vertreten, dass einer Verpflichtungsklage gegen den Verwalter das Rechtsschutzbedürfnis fehle, wenn der Kläger nicht zuvor erfolglos die Hilfe des Beiratsvorsitzenden gesucht hat; das geht m.E. aber zu weit. Rechtswidriges darf vom Verwalter nicht verlangt werden: Wenn die **Ladungsfrist** des § 24 Abs. 4 S. 2 WEG nicht mehr gewahrt werden (und darauf auch nicht ausnahmsweise verzichtet werden) kann, entfällt der Anspruch.[47]

778 *Tipp*
Der Wunsch, ein Thema auf die Tagesordnung zu nehmen, sollte beim Verwalter möglichst frühzeitig (nach Erhalt der Einladung zur Versammlung ist meistens es zu spät), in Textform und unter Fristsetzung angemeldet werden („... bitte ich Sie um Bestätigung bis zum 10.06., dass Sie das Thema auf die Tagesordnung nehmen werden"). Bestätigt der Verwalter die Aufnahme nicht, kann als nächstes sicherheitshalber versucht werden, den Verwaltungsbeiratsvorsitzenden dazu zu bringen, in einem eigenen Schreiben den betreffenden Punkt anzukündigen.

---

41 OLG Hamm v. 2.9.1996 – 15 W 138/96, ZMR 1997, 49; unstr.
42 LG Hamburg v. 27.6.2012 – 318 S 196/11, ZMR 2013, 62. Weitere Nachweise in den Folgenoten.
43 OLG Saarbrücken v. 24.3.2004 – 5 W 268/03, ZMR 2004, 533.
44 LG München I v. 30.8.2011 – 36 T 6199/11, ZWE 2012, 144.
45 LG München I v. 16.5.2011 – 1 S 5166/11, ZMR 2011, 839.
46 OLG Frankfurt v. 18.8.2008 – 20 W 426/05, ZMR 2009, 133.
47 LG München I v. 16.5.2011 – 1 S 5166/11, ZMR 2011, 839. Zur Ergänzung der Tagesordnung siehe Rn 773.

Erscheint das aussichtslos oder macht der Beiratsvorsitzende nicht mit, kann gerichtliche Hilfe in Anspruch genommen werden.[48]

▼

Muster 7.3: Klage gegen den Verwalter auf Ankündigung von Tagesordnungspunkten 779

Namens und in Vollmacht von

Achim Acker, Heinestraße 12, 75234 Musterstadt,

– Kläger –

erhebe ich

Klage gem. § 43 Nr. 2 WEG

gegen

X-Immobilien GmbH, vertreten durch den Geschäftsführer Xaver Xentis, Zenstraße 5, 75234 Musterstadt,

– Beklagte –

und werde beantragen:

Der Beklagte wird verpflichtet, in der Einladung zur nächsten Eigentümerversammlung der WEG Heinestraße 12, 75234 Musterstadt folgende Themen auf die Tagesordnung zu nehmen:

Streitwert (vorläufig geschätzt): 1.000,00 EUR

Gerichtskosten i.H.v. 159,00 EUR werden mit dem beiliegenden Verrechnungsscheck entrichtet.

Begründung:

▲

Weil das Gericht über die Hauptsacheklage normaler Weise nicht vor dem Termin der Eigentümerversammlung entscheiden wird, stellt sich die Frage, ob die Aufnahme von Tagesordnungspunkten per **einstweiliger Verfügung** durchgesetzt werden kann. Dem steht m.E. nichts prinzipiell entgegen: Mit der Ergänzung der Tagesordnung sind keinerlei Nachteile für den Verwalter verbunden (und auch nicht für die Miteigentümer, worauf es hier aber nicht ankommt); deshalb wäre der Verweis auf das Verbot der Vorwegnahme der Hauptsache ein sachlich nicht begründeter Formalismus. Trotzdem wird der Erlass einer einstweiligen Verfügung von den Gerichten überwiegend abgelehnt.[49] Somit ist es vor allem eine Frage des „Geldbeutels", ob der Versuch gleichwohl unternommen wird. 780

Ist einstweiliger Rechtsschutz nicht zu erlangen und eine rechtzeitige Entscheidung über eine Hauptsacheklage nicht zu erwarten, ist der Anspruch auf Aufnahme von Tagesordnungspunkten nur im ersten Schritt leer gelaufen. In einem „zweiten Schritt" bzw. über einen „Umweg" kann er auch nach erfolgter Eigentümerversammlung noch durchgesetzt werden: Denn durch seine Weigerung machte sich der WEG-Verwalter **schadensersatzpflichtig**; und der Schadensersatzanspruch 781

---

48 LG München I v. 16.5.2011 (Vornote): Geht der Verwalter auf das Verlangen nicht innerhalb der gesetzten Frist ein, kann der Wohnungseigentümer sofort auf Aufnahme des TOP klagen.
49 So LG München I v. 30.8.2011 – 36 T 6199/11, ZWE 2012, 144 sowie LG München I v. 16.5.2011 – 1 S 5166/11, ZMR 2011, 839.

des Miteigentümers besteht in einem Anspruch gegen den Verwalter auf Einberufung einer außerordentlichen Eigentümerversammlung unter Ankündigung der begehrten Themen auf Kosten des Verwalters.[50] Die Klage auf Ergänzung der Tagesordnung sollte bei Bedarf also unbedingt eingereicht werden. Wenn sie wegen Zeitablaufs keinen Erfolg mehr haben kann, wechselt der Kläger im Wege der Klageänderung das Klageziel und verlangt die Einberufung einer außerordentlichen Versammlung unter Ankündigung des ursprünglich streitigen Tagesordnungspunktes; der bisherige Klageantrag wird für erledigt erklärt. Zugleich wird der Kläger die Ankündigung des neuen Tagesordnungspunktes „fristlose Abberufung der Verwaltung" verlangen; denn diese dürfte in einer solchen Situation regelmäßig angezeigt sein.

V. Die Wiederholungsversammlung nach beschlussunfähiger Erstversammlung

782   Ist eine Versammlung nicht beschlussfähig, muss gem. § 25 Abs. 4 WEG eine neue Versammlung mit dem gleichen Gegenstand einberufen werden (Wiederholungs- oder Zweitversammlung). Die **Wiederholungsversammlung** ist ohne Rücksicht auf die Höhe der vertretenen Anteile beschlussfähig; hierauf ist in der Einberufung hinzuweisen.[51] Wenn die Belehrung unterblieben ist oder neue Punkte auf der Tagesordnung stehen, ist die Wiederholungsversammlung insoweit als Erstversammlung zu behandeln.[52]

783   Die gesetzliche Regelung geht an den Bedürfnissen der Praxis häufig vorbei, woran leider auch die WEG-Novelle nichts geändert hat. Das Problem besteht in dem Zeit- und Kostenaufwand für die ergebnislose Erstversammlung. Der Zwang, die Erstversammlung erst „abzublasen" und dann eine Wiederholungsversammlung einzuberufen, erscheint besonders dann fragwürdig, wenn die Beschlussunfähigkeit der Erstversammlung schon im Vorfeld absehbar ist, was bei älteren und größeren Gemeinschaften oft der Fall ist. Daher wird in der Praxis gerne eine die Einladung zur „Erstversammlung" ergänzende **„Eventualeinladung** zur Zweitversammlung" ausgesprochen.

784   *Beispiel*
Eine Eigentümerversammlung wird auf den 25.4., 20.00 Uhr einberufen. Die Ladung enthält den Zusatz: „Für den Fall, dass keine Beschlussfähigkeit erreicht werden sollte, wird hiermit zu einer weiteren Eigentümerversammlung mit gleicher Tagesordnung eingeladen. Diese findet am 25.4. um 20.30 Uhr statt und ist ohne Rücksicht auf die Höhe der vertretenen Anteile beschlussfähig."

785   Die Eventualeinladung nach Art des vorstehenden Beispiels ist **rechtswidrig**: Sie verstößt gegen § 25 Abs. 4 WEG mit der Folge, dass die auf der Zweitversammlung gefassten Beschlüsse mangels rechtmäßiger Einladung und ggf. wegen fehlender Beschlussfähigkeit anfechtbar sind. Das gilt auch dann, wenn die Eventualeinladung nicht auf denselben Tag wie die „Erstversammlung" erfolgt, sondern zwischen dem ersten und dem zweiten Termin der gesetzliche Mindestzeitraum von zwei Wochen liegt, weil das Gesetz nun einmal ein schrittweises Vorgehen vorsieht.[53] Es hilft auch nichts, wenn die Praxis der Eventualeinladung einmal durch einen Grundsatzbeschluss zur Ergänzung der Gemeinschaftsordnung eingeführt wurde, weil ein solcher gesetzesändernder Beschluss nichtig ist;[54] eine Dauerregelung kann nur durch Änderung der Gemeinschaftsordnung wirksam

---

50   LG München I v. 16.5.2011 – 1 S 5166/11, ZMR 2011, 839.
51   Gemeint ist die Einberufung der Wiederholungsversammlung, nicht der Erstversammlung; str.
52   In diesem Fall sind die Beschlüsse bei fehlender Beschlussfähigkeit also anfechtbar.
53   LG Berlin v. 19.4.1985, 191 T 60/84, ZMR 1985, 278.
54   LG München I v. 10.6.2010 – 36 S 3150/10, ZMR 2010, 877 Rn 6; unstr.

eingeführt werden. Wenn die Eventualeinladung zur Zweitversammlung aber nicht als Dauerregelung, sondern für den Einzelfall (die nächste Versammlung) beschlossen wird, ist der Beschluss entgegen der h.M. wirksam und kann bestandskräftig werden.[55]

C. Der Verlauf der Wohnungseigentümerversammlung

I. Vorsitz (Versammlungsleitung)

Den Vorsitz in der Versammlung führt der **Verwalter**, falls die Miteigentümer nichts anderes beschließen (§ 24 Abs. 5 WEG). Dem Vorsitzenden obliegt die **Versammlungsleitung**. Er hat für einen geordneten, gesetzmäßigen, reibungslosen und zügigen Versammlungsablauf zu sorgen.[56] Was dazu im Einzelnen gehört, wird unten (Rn 824) dargestellt.

786

Der Verwalter muss die Versammlungsleitung grundsätzlich **in eigener Person** erbringen und darf sich dabei nicht vertreten lassen. Er kann sich aber durch Hilfspersonen unterstützen lassen (Mitarbeiter, Ehegatten usw.), was häufig sinnvoll ist; diese Hilfspersonen sind dann auch teilnahmeberechtigt.[57] Ist der Verwalter eine juristische Person oder rechtsfähige Personengesellschaft, muss im Ausgangspunkt deren organschaftlicher Vertreter den Vorsitz führen; aus pragmatischen Gründen lässt die Rechtsprechung aber auch einen rechtsgeschäftlich bevollmächtigten Vertreter (i.d.R. den zuständigen Sachbearbeiter) zu.[58]

787

Die Versammlung kann jederzeit per Geschäftsordnungsbeschluss oder konkludent statt des Verwalters einen **anderen Versammlungsleiter** wählen. Das ist z.B. dann angezeigt, wenn der Verwalter abgewählt werden soll oder die Gemeinschaft Ansprüche gegen ihn geltend machen will, weil dem Verwalter in solchen Fällen die nötige Neutralität fehlt. Der gewählte Versammlungsleiter, der nicht zugleich der Verwalter ist, dürfte keiner Haftung für von ihm zu verantwortende Formfehler der Beschlussfassung unterliegen; es fehlt an einer Anspruchsgrundlage. Durch die Wahl des Versammlungsleiters darf nicht der Grundsatz der Nichtöffentlichkeit (siehe Rn 793) verletzt werden; jedenfalls auf Basis der bislang h.M. muss die gewählte Person also zum Kreis der Teilnahmeberechtigten zählen. (M.E. muss hingegen der mehrheitlich gewählte Versammlungsleiter immer zur Teilnahme berechtigt sein[59]).

788

II. Beschlussfähigkeit

Die Versammlung ist beschlussfähig, wenn die erschienenen stimmberechtigten Miteigentümer **mehr als die Hälfte der Miteigentumsanteile** vertreten (§ 25 Abs. 3 WEG). Ein Verzicht auf dieses Quorum, sodass z.B. jede Eigentümerversammlung unabhängig von der Anzahl der erschienenen und vertretenen Eigentümer und Miteigentumsanteile beschlussfähig ist, ist (nur) in der Gemeinschaftsordnung zulässig.[60] Erschienen im Sinne des Gesetzes sind auch diejenigen Miteigentümer, die zwar nicht anwesend sind, aber ordnungsgemäß vertreten werden. Die Be-

789

---

55 Zutr. AG München v. 14.8.2013 – 482 C 14260/12, ZMR 2014, 248 mit Hinweis auf *Spielbauer/Then*, § 25 Rn 25.
56 KG v. 15.9.2000 – 24 W 3301/00, ZMR 2001, 223.
57 KG v. 15.9.2000 – 24 W 3301/00, ZMR 2001, 223; BayObLG v. 11.4.2001 – 2Z BR 27/01, ZMR 2001, 826; unstr.
58 OLG München v. 11.12.2007 – 34 Wx 91/07, ZMR 2008, 236, Rn 30: Die Vorlage einer dem Sachbearbeiter erteilten Vollmacht in der Versammlung sei nicht erforderlich; OLG Schleswig v. 4.12.1996 – 2 W 85/96, MDR 1997, 821; str.
59 So auch *Riecke,* in: Riecke/Schmid, § 24 Rn 69. Offen gelassen bei OLG München v. 7.6.2005 – 32 Wx 32/05, ZMR 2005, 728. Im Fall hatte ein Rechtsanwalt die Versammlung geleitet; die Beschlussanfechtung wurde zurückgewiesen, da ein – offen gelassener – Verstoß gegen den Grundsatz der Nichtöffentlichkeit jedenfalls nicht kausal für die Beschlussfassung geworden war.
60 OLG München v. 1.12.2005 – 32 Wx 93/05, ZMR 2006, 231.

schlussfähigkeit muss nicht nur am Anfang der Versammlung, sondern bei der Abstimmung **zu jedem einzelnen Tagesordnungspunkt** gegeben sein.[61] Das wird häufig übersehen oder missachtet, wenn z.B. im Laufe der Versammlung der eine oder andere Miteigentümer die Versammlung schon vor deren Ende verlässt, sodass eine anfangs nur knapp erreichte Beschlussfähigkeit verloren geht.

790 Wer einem **Stimmverbot** unterliegt, wird bei der Feststellung der Beschlussfähigkeit nicht mitgezählt.[62] Das kann dazu führen, dass bei einem bestimmten Tagesordnungspunkt das Quorum der Beschlussfähigkeit gar nicht erreicht werden **kann**, weil zu viele Stimmen ausgeschlossen sind. In diesem Sonderfall kann auch ohne Erreichen der Beschlussfähigkeit rechtmäßig abgestimmt werden.

791 *Beispiel*
In der Eigentümerversammlung sind 4 Eigentümer mit jeweils 100/1.000el anwesend; dem Verwalter V wurden Vollmachten von 500/1.000el Anteilen übertragen. Nun wird unter der Leitung von Miteigentümer A über die außerordentliche Abberufung des Verwalters abgestimmt. Die anwesenden 4 Eigentümer sind dafür, V dagegen; A verkündet als Ergebnis die Abwahl des Verwalters. Hat A das richtige Abstimmungsergebnis verkündet? – Bei der Abstimmung über seine außerordentliche Abberufung war V nicht stimmberechtigt und durfte daher auch die ihm übertragenen **Vollmachten** nicht ausüben.[63] Die Anteile der 4 Miteigentümer erreichen nicht das für die Beschlussfähigkeit erforderliche Quorum; folglich wäre der Beschluss normalerweise anfechtbar. Hier liegt aber der **Sonderfall** vor, dass die Hälfte oder mehr der Stimmanteile einem Stimmrechtsverbot unterlag. Deshalb finden die Vorschriften über die Beschlussfähigkeit keine Anwendung.[64] Der Beschluss über die Abberufung wurde somit einstimmig gefasst; A hat das richtige Ergebnis verkündet.

III. Teilnahmerecht und Nichtöffentlichkeit

1. Grundlagen

792 Wer teilnahmeberechtigt ist, muss zur Versammlung eingeladen werden; der teilnahmeberechtigte Personenkreis wurde daher schon beim Abschnitt „Adressaten der Ladung" erörtert (siehe Rn 751). Ergänzend ist der **Verwalter** zu erwähnen, der nicht der Adressat, sondern der Versender der Ladung ist. Er ist nur teilnahmeberechtigt, wenn und solange er die Versammlung leitet; ohne Vorsitz hat er nach zutreffender h.M. kein Teilnahmerecht.[65] Wenn es z.B. um seine Abberufung geht und die Versammlungsleitung zu diesem Punkt einer anderen Person übertragen wurde, darf der Verwalter nicht mehr im Versammlungsraum bleiben. Der faktische Verwalter ist im Rechtssinne keiner und hat deshalb kein Teilnahmerecht.[66]

793 Für die Versammlung gilt der Grundsatz der **Nichtöffentlichkeit:**[67] Nur die teilnahmeberechtigten Personen dürfen teilnehmen. Dadurch sollen die Miteigentümer in die Lage versetzt werden, Angelegenheiten der Gemeinschaft in Ruhe und ohne Einflussnahme Außenstehender zu erörtern.

---

61 OLG Karlsruhe v. 27.5.2002 – 14 Wx 91/01, ZMR 2003, 289; OLG Düsseldorf v. 16.11.1998 – 3 Wx 393/98, ZMR 1999, 274.
62 OLG Düsseldorf v. 16.11.1998 – 3 Wx 393/98, ZMR 1999, 274.
63 OLG Zweibrücken v. 7.3.2002 – 3 W 184/01, ZMR 2002, 786.
64 LG Itzehoe v. 9.9.2008 – 11 S 6/08, ZMR 2009, 142; KG v. 10.11.1993 – 24 W 6297/92, NJW-RR 1994, 659; allg. M.
65 A.A. LG Hamburg v. 3.11.2011 – 19 S 45/11, ZMR 2012, 384, unter Hinweis auf *Jennißen/Elzer*, § 24 Rn 50, 60: Verwalter sei immer zu laden und teilnahmeberechtigt.
66 LG München I v. 10.1.2013 – 36 S 8058/12, ZWE 2013, 415. M.E. völlig überzogen.
67 BGH v. 29.1.1993 – V ZB 24/92, ZMR 1993, 287.

Dieser gesetzlich nicht vorgesehene, sondern von der Rechtsprechung entwickelte Grundsatz eröffnet den Miteigentümern freilich nicht nur das *Recht* zur ungestörten Beratung, sondern bürdet ihnen auch die entsprechende *Pflicht* auf, weil Ausnahmen (angeblich) nicht zur Disposition der Eigentümerversammlung stehen. Damit greift der Grundsatz der Nichtöffentlichkeit (m.E. viel zu weitgehend und die Wohnungseigentümer unzulässig „bevormundend") in die Organisationsfreiheit der Eigentümerversammlung ein und provoziert Beschlussanfechtungsverfahren wegen des Formfehlers der Nichtöffentlichkeit, da es in der Praxis (i.d.R. aus guten Gründen) häufig zur Teilnahme „Außenstehender" kommt. Richtiger Ansicht nach ist es aber Sache der Gemeinschaft, nach dem Maßstab ordnungsmäßiger Verwaltung (§ 21 Abs. 4 WEG) durch Geschäftsordnungsbeschluss darüber zu entscheiden, ob Außenstehende zugelassen bzw. ausgeschlossen werden sollen oder nicht;[68] dabei hat die Gemeinschaft einen weiten Beurteilungsspielraum. Der bislang hochgehaltene Grundsatz der Nichtöffentlichkeit wird in der Rechtsprechung nicht konsequent angewandt, wie nachfolgend deutlich werden wird.

Die Nichtöffentlichkeit ist durch die Wahl eines **geeigneten Versammlungsortes** sicherzustellen. Ein ungeeigneter Ort hat aber nicht ohne weiteres die Anfechtbarkeit der Beschlüsse zur Folge (siehe Rn 1796).

2. Teilnahme außenstehender Dritter (Externer) – allgemein

Es ist die Aufgabe des Versammlungsleiters (i.d.R. also des Verwalters), für die Nichtöffentlichkeit der Versammlung zu sorgen. Er hat deshalb schon bei der Begrüßung der Teilnehmer oder bei der Feststellung der Beschlussfähigkeit das Teilnahmerecht etwa erschienener Nichteigentümer zu prüfen. Wenn nicht teilnahmeberechtigte Personen erschienen sind, gibt es zwei Reaktionsmöglichkeiten:

- Der Verwalter kann die Teilnahme **stillschweigend** hinnehmen. Regt sich aus dem Kreis der Versammlung kein Widerspruch, bleibt der Verstoß gegen den Grundsatz der Nichtöffentlichkeit folgenlos, denn es kann vom zumindest konkludent erklärte Einverständnis der übrigen Teilnehmer ausgegangen werden (siehe Rn 1791).

- Die Versammlung entscheidet per **Geschäftsordnungsbeschluss** über die Teilnahme. Der Verwalter wird häufig von sich aus diesen Geschäftsordnungsbeschluss herbeiführen; er muss es tun, wenn ein Teilnahmeberechtigter einen entsprechenden Antrag stellt.

Entscheidet sich die Mehrheit **gegen** die Zulassung, hat der Versammlungsleiter dafür zu sorgen, dass der Externe den Versammlungsort verlässt; entscheidet sich die Mehrheit *für* die Zulassung, kann der Externe bleiben. Gegen den Geschäftsordnungsbeschluss als solchen gibt es keinen **Rechtsschutz** (siehe Rn 163). Das verkürzt den Rechtsschutz der überstimmten Minderheit aber nicht, denn der Geschäftsordnungsbeschluss entscheidet verbindlich nur über die **Tatsache** der Teilnahme oder des Ausschlusses, nicht über die **Rechtmäßigkeit**. Weil die Zulassung Externer (ungeachtet des dahingehenden Geschäftsordnungsbeschlusses) den Grundsatz der Nichtöffentlichkeit verletzt, kann ein Miteigentümer darauf die Anfechtung der auf der Versammlung gefassten Beschlüsse stützen. Ob die Anfechtung letztlich Erfolg hat, ist allerdings eine andere Frage: Dabei ist zu prüfen, ob die Teilnahme des Externen ausnahmsweise gerechtfertigt war oder – falls das nicht der Fall ist – ob sich der Formfehler auf die Beschlussfassung ausgewirkt hat. Das ist z.B. der Fall, wenn der Externe durch seine Wortbeiträge die Entscheidungsfindung beeinflusst, nicht hingegen, wenn er sich still verhält und nicht in die Versammlung einmischt.[69]

---

68 In diesem Sinne auch *Schmid,* Nichtöffentlichkeit der Versammlung, ZWE 2012, 480.
69 Letzteres war der Fall bei OLG Hamm v. 14.6.1996 – 15 W 15/96, ZMR 1996, 677.

3. Teilnahme bevollmächtigter Vertreter

798 Jeder Miteigentümer kann sich durch eine beliebige Person[70] (oder mehrere[71]) bei der Teilnahme an der Versammlung und bei Abstimmungen (ganz oder teilweise) vertreten lassen. Durch die Teilnahme eines Vertreters wird nicht gegen den Grundsatz der Nichtöffentlichkeit verstoßen.[72] Die dem Vertreter erteilte **Vollmacht**[73] kann allgemein gehalten und unbeschränkt sein; der vertretene Miteigentümer kann seinem Vertreter aber auch konkrete **Weisungen** erteilen.[74] Der Versammlungsleiter muss derartige Weisungen bei Entgegennahme der Vollmacht zu Beginn der Versammlung vermerken, damit er bei den betreffenden Tagesordnungspunkten prüfen kann, ob sich der Vertreter bei der Abstimmung an den von der Vollmacht gesteckten Rahmen hält.[75] (Zur Vertretung bei einer Eigentümermehrheit und zur Untervollmacht siehe Rn 809 f.)

799 Die Vertretungsvollmacht bedarf im Ausgangspunkt keiner **Form**, außer wenn dies in der Teilungserklärung vorgesehen ist. Dann muss sie auf Verlangen **nachgewiesen** werden.

800 *Beispiel*
*Die Teilungserklärung bestimmt: „Ein Miteigentümer kann sich ... vertreten lassen. Die Vollmacht bedarf der Schriftform." A behauptet, mehrere nicht anwesende Miteigentümer zu vertreten. B will die Vollmachten **einsehen**, was A unter Hinweis darauf verweigert, diese seien der Verwaltung bekannt und dort hinterlegt. Trotz des Widerspruchs des B nimmt A an den Abstimmungen teil und beeinflusst das Ergebnis. B ficht die Beschlüsse an. – Mit Erfolg. Denn jeder Miteigentümer hat das Recht, Vollmachten einzusehen.[76] Wenn auf Verlangen auch nur eines Versammlungsteilnehmers das Original der Vollmachtsurkunde nicht vorgelegt wird, ist vom Nichtbestand der Vollmacht auszugehen.[77]*

801 Besagt die Teilungserklärung nichts anderes, kann die Vollmacht auch (fern-)**mündlich** gegenüber dem Bevollmächtigten oder gegenüber dem Verwalter erteilt werden. Die mündlich erteilte Vollmacht wirft in Theorie und Praxis einige Fragen auf, da sie unter Umständen zurückgewiesen werden **kann** (nicht **muss**). Im Einzelnen:

802 Während der Verwalter die Teilnahme „Externer" stillschweigend übergehen kann (siehe Rn 796), ist dies (vom Sonderfall der Ehegatten abgesehen) bei der Teilnahme eines Vertreters nicht mög-

---

70 Obwohl selbstverständlich, sei vorsorglich – da in der Praxis manchmal bestritten – erwähnt, dass die bevollmächtigte Person auch ein Rechtsanwalt sein kann (LG Köln v. 27.9.2012 – 29 S 61/12, ZMR 2013, 218).
71 BGH v. 30.3.2012 – V ZR 178/11, ZMR 2012, 644, Rn 10. Dass auf diese Weise statt *eines* Wohnungseigentümers eine prinzipiell unbegrenzte Vielzahl von Vertretern dieses Wohnungseigentümers die Versammlung bevölkern können soll, halte ich für falsch, wird vom BGH aber nicht problematisiert.
72 OLG München v. 7.6.2005 – 32 Wx 32/05, ZMR 2005, 728; unstr.
73 Gesetzlicher Fachausdruck (§ 166 Abs. 2 BGB) für die hier interessierende rechtsgeschäftlich erteilte Vertretungsmacht.
74 Im Normalfall wird der bevollmächtigte Vertreter durch eine Weisung nicht zum „Boten" (der eine fremde Willenserklärung lediglich „überbringt"), so zutreffend *Häublein*, ZWE 2012, 1, 5.
75 Im Normalfall muss die Weisung nämlich Außenwirkung und begrenzt die Vertretungsmacht (so zutreffend zutreffend *Häublein*, ZWE 2012, 1, 6, 12); str. Teilweise wird demgegenüber angenommen, die weisungswidrige Stimmabgabe sei wirksam und habe ggf. nur Ersatzansprüche des Vetretenen zur Folge (AG Merseburg v. 25.4.2008 – 21 C 4/07, ZMR 2008, 747; *Müller*, Praktische Fragen, 8. Teil Rn 90).
76 OLG München v. 31.10.2007 – 34 Wx 60/07, ZMR 2008, 657.
77 OLG München v. 11.12.2007 – 34 Wx 91/07, ZMR 2008, 236. Zur Klausel „Eine Vollmacht ist schriftlich zu erteilen und zu den Akten des Verwalters zu übergeben" siehe OLG München v. 1.12.2005 – 32 Wx 93/05, ZMR 2006, 231. Allerdings darf die Einhaltung der Schriftform nicht überraschend erstmals verlangt werden, wenn zuvor jahrelang anders verfahren wurde (LG Mainz v. 15.8.2011 – 306 T 129/08, ZWE 2011, 462); zum Parallelfall bei der Anwendung einer Vertreterklausel siehe Rn 812.

lich, weil die Vertretungsbefugnis schon bei der Feststellung der Beschlussfähigkeit, spätestens aber bei der ersten Abstimmung geklärt sein muss.

Bei Ehegatten als Miteigentümern einer Einheit darf und muss der Verwalter ohne weiteres davon ausgehen, dass diese sich gegenseitig bevollmächtigt haben (siehe Rn 809). 803

Behauptet der erschienene Vertreter eine mündlich erteilte Vollmacht, darf der Verwalter ihn zulassen, wenn er von der Vollmacht überzeugt ist. Wenn ein Miteigentümer dagegen Einwände erhebt, ist dem Verwalter zu empfehlen, per Geschäftsordnungsbeschluss über die Teilnahme abstimmen zu lassen. Ist der Verwalter von der Vollmacht *nicht* überzeugt, kann er die Stimmabgabe des Vertreters mangels Vorlage einer Vollmachtsurkunde zurückweisen (§ 174 S. 1 BGB[78]) und kann bzw. muss dem Vertreter somit von vornherein die Teilnahme an der Versammlung verweigern. 804

Etwas anderes gilt, wenn der vertretene Wohnungseigentümer selber den Verwalter von der Bevollmächtigung bzw. der „Entsendung" eines Vertreters in Kenntnis gesetzt hat (§ 174 S. 2 BGB), was wiederum (fern-)mündlich geschehen kann. Erscheint der Vertreter in diesem Fall ohne schriftliche Vollmacht, darf weder der Verwalter dessen Teilnahme (Stimmabgabe) zurück weisen, noch darf dies per Geschäftsordnungsbeschluss geschehen. 805

Zusammengefasst: Die Vollmacht bedarf zwar nicht der Schriftform; der Verwalter kann den ohne schriftliche Vollmacht erschienenen Vertreter aber zurückweisen, sofern ihm nicht der Vollmachtgeber die Bevollmächtigung selber mitgeteilt hat. 806

Auf Antrag eines Miteigentümers kann der Vertreter trotz Zurückweisung durch den Verwalter von der Eigentümerversammlung per Geschäftsordnungsbeschluss zugelassen werden. In Zweifelsfällen ist dem Verwalter stets zu empfehlen, von sich aus einen Geschäftsordnungsbeschluss über die Zulassung oder den Ausschluss eines Vertreters herbeizuführen. 807

Viele Verwalter verlangen im Einberufungsschreiben die Vorlage einer schriftlichen Vollmacht, z.B. mit dem Hinweis: „Eine Vertretungsvollmacht kann nur akzeptiert werden, wenn sie dem Verwalter vor der Versammlung schriftlich vorgelegt wird". Diese Bedingung ist rechtlich bedeutungslos (falls sie nicht auf einer entsprechenden Klausel der Gemeinschaftsordnung beruht): Nach den vorstehend dargestellten Grundsätzen kann auch die mündliche Vollmacht ausreichen. 808

Bei einer **Mehrheit** von Eigentümern einer Einheit (Bruchteils-, Erben- oder Gütergemeinschaft) spricht kein Anscheinsbeweis dafür, dass der erschienene Eigentümer zur Vertretung der übrigen befugt ist.[79] Der Versammlungsleiter muss deshalb beim Erscheinen nur eines von mehreren Mitberechtigten dessen Vollmacht prüfen, wobei er sich entsprechend den vorstehend dargestellten Grundsätzen häufig mit einer mündlich behaupteten Vollmacht begnügen wird (aber eben nicht **muss**). Nur bei **Ehegatten** lässt die Rechtsprechung aus Praktikabilitätsgründen eine Ausnahme zu: Erscheint nur ein Ehegatte in der Versammlung, gilt er ohne weiteres als legitimiert, das Stimmrecht für seinen Mitinhaber (Ehegatten) auszuüben; der Versammlungsleiter kann nur in Zweifelsfällen die Vorlage einer Vollmacht verlangen.[80] Diese praxisfreundliche Auffassung sollte 809

---

78 So jedenfalls die h.M., vgl. *Bärmann/Merle*, § 25 Rn 62. M.E. ist demgegenüber nicht der Verwalter, sondern die Eigentümerversammlung für eine eventuelle Zurückweisung zuständig (so auch *Lehmann-Richter*, Zur Zurückweisung eines Stellvertreters in der Eigentümerversammlung, ZMR 2007, 741 ff.). Noch weiter gehend wird sogar die Auffassung vertreten, **jeder** Miteigentümer könne die Vorlage der Originalvollmacht verlangen und sei zur Ausübung des Zurückweisungsrechts befugt (*Häublein*, Die Vertretung von Wohnungseigentümern durch den Verwalter, ZWE 2012, 1, 3; LG Landau v. 24.6.2013 – 3 S 177/12, ZMR 2013, 998).
79 *Riecke*, in: Riecke/Schmid, § 25 Rn 54. A.A. LG Köln v. 4.10.2012 – 29 S 91/12, ZMR 2013, 134, Rn 28.
80 LG München I v. 31.3.2011 – 36 S 1580/11, ZMR 2011, 835. Jeder Mitberechtigte kann auch alleine einem Dritten die lt. Teilungserklärung erforderliche schriftliche Vollmacht zur Stimmabgabe erteilen (OLG Düsseldorf v. 19.4.2005 – 3 Wx 317/04, NZM 2005, 459; str.). Kritisch *Häublein*, ZWE 2012, 1, 2. Ausführlich *Merle*, Zur Vertretung beim gemeinschaftlichen Stimmrecht, FS *Seuß* 2007, 193.

der Verwalter nur als Notbehelf, nicht als sicheren Grundsatz betrachten; sicherer und somit besser ist es, wenn er bei einer Mehrheit von Eigentümern – auch bei Ehegatten – schon vor einer Versammlung darauf hinwirkt, dass diese einen von sich (oder sich gegenseitig) generell bevollmächtigen.

810 Mitunter erscheint statt des bevollmächtigten Vertreters eine andere Person als **Untervertreter**. Der Untervertreter leitet seine Befugnis zur Vertretung des Eigentümers nicht direkt von diesem, sondern aus einer ihm vom Vertreter erteilte **Untervollmacht** ab. Ob das zulässig ist, hängt davon ab, ob die vom Eigentümer dem Vertreter erteilte Vollmacht („Hauptvollmacht") die Erteilung einer Untervollmacht gestattet. Nur vereinzelt wird hierfür eine ausdrückliche Gestattung in der Hauptvollmacht verlangt.[81] Überwiegend wird angenommen, dass dann, wenn die Hauptvollmacht (wie meistens) keine Aussage trifft, die Zulässigkeit der Unterbevollmächtigung durch Auslegung zu ermitteln ist, wobei zu fragen ist, ob ein Interesse des Vollmachtgebers an der persönlichen Wahrnehmung durch den (Haupt-)Bevollmächtigten besteht oder nicht. Wenn die Auslegung aber (was ebenfalls meistens der Fall sein wird) zu keinem eindeutigen Ergebnis führt, gilt: Im Zweifel ist die Erteilung einer Untervollmacht zulässig.[82] Die Untervollmacht ist auch dann zulässig, wenn der Hauptvertreter einem Stimmverbot unterliegt (siehe Rn 847). Sie darf aber keine Weisungen enthalten, die nicht bereits Gegenstand der Hauptvollmacht sind.[83]

811 Viele Gemeinschaftsordnungen enthalten Klauseln zur **Beschränkung der Stellvertretung** (sog. „**Vertreterklauseln**" die etwa folgenden Inhalt haben: „In der Eigentümerversammlung dürfen sich die Wohnungseigentümer nur durch den Ehegatten, einen anderen Wohnungseigentümer oder den Verwalter vertreten lassen." Solche die Wohnungseigentümer bevormundenden Klauseln stammen i.d.R. vom Bauträger, der dadurch vor allem im eigenen Interesse Rechtsanwälte und andere Berater aus Versammlungen fern halten will. Sie sind zwar nicht empfehlenswert, nach h.M. aber wirksam[84] und erfassen nicht nur die Stimmabgabe, sondern jede aktive Beteiligung,[85] in anderen Worten: Das Teilnahmerecht. Wenn der Verwalter allerdings einen (nach der Vertreterklausel an sich ausgeschlossenen) Vertreter nicht zurückweist und aus der Versammlung heraus niemand die Einhaltung der Vertreterklausel verlangt, ist die Stimmabgabe des Vertreters gültig.[86]

812 Auf **nichteheliche Lebensgefährten** ist eine Vertreterklausel nicht anzuwenden.[87] Ferner sind im Einzelfall nach Treu und Glauben **Ausnahmen** von einer Vertreterklausel wegen **Unzumutbarkeit** zuzulassen.[88] Bei einer **juristische Person** wird es als unzumutbar angesehen, wenn sie wegen einer Vertreterklausel zwingend ihren gesetzlichen Vertreter entsenden müsste (z.B. die AG ein Vor-

---

81 OLG Zweibrücken v. 14.5.1998 – 3 W 40/98, NZM 1998, 671
82 LG Köln v. 27.9.2012 – 29 S 61/12, ZMR 2013, 218.
83 OLG Zweibrücken v. 14.5.1998 – 3 W 40/98, NZM 1998, 671; OLG Karlsruhe v. 27.5.2002 – 14 Wx 91/01, ZMR 2003, 289.
84 BGH v. 11.11.1986 – V ZB 1/86, WuM 1987, 92. A.A. zu Recht *Lüke*, WE 1993, 260 und *Schmid*, ZWE 2012, 480, 482: Nichtig.
85 BGH v. 29.1.1993 – V ZB 24/92, ZMR 1993, 287.
86 Die Vertretungsbeschränkung ist nach KG v. 20.7.1994 – 24 W 3942/94, ZMR 1994, 524 in diesem Fall „ohne Bedeutung".
87 OLG Köln v. 8.12.2003 – 16 Wx 200/03, ZMR 2004, 378. Voraussetzung: Dauerhaftes Zusammenleben mit Kindern in der betreffenden Wohnung.
88 So der generelle Hinweis bei BGH v. 11.11.1986 – V ZB 1/86, WuM 1987, 92. Nachfolgend einige Anwendungsfälle, in denen trotz Vertreterklausel die Vertretung durch Externe für zulässig erachtet wurde: OLG Hamburg v. 24.1.2007 – 2 Wx 93/06, ZMR 2007, 477: Der Eigentümer lebt in England, kann kein Deutsch und will sich durch seine in der Wohnung lebende Schwester vertreten lassen (ebenso LG Nürnberg-Fürth v. 21.2.2002 – 14 T 7744/01, NZM 2002, 619). OLG Düsseldorf v. 19.10.1998 – 3 Wx 332/98, ZMR 1999, 195 und LG Hamburg v. 20.7.2006 – 318 T 267/05, ZMR 2006, 967: Der Ehegatte des Eigentümers ist krank, der Verwalter neu und die Gemeinschaft zerstritten.

standsmitglied); sie kann sich auch durch einen Handlungsbevollmächtigten vertreten lassen.[89] Soll eine vertretungsbeschränkende Klausel entgegen langjähriger Übung erstmals angewandt werden, hat der Verwalter die Miteigentümer darauf rechtzeitig (z.B. im Einberufungsschreiben) hinzuweisen. Unterbleibt der gebotene Hinweis und wird die Vertretungsbeschränkung **überraschend** angewandt, sind die (ohne Mitwirkung des ausgeschlossenen Vertreters) gefassten Beschlüsse nichtig.[90]

4. Teilnahme von Beratern, Rechtsanwälten, Dolmetschern usw.

Wegen des Gebots der Nichtöffentlichkeit ist es grundsätzlich unzulässig, wenn **einzelne Miteigentümer** Berater oder sonstige Begleiter zur Versammlung mitbringen. Eine Verschwiegenheitsverpflichtung des Beraters ändert nichts; deshalb darf sich ein Miteigentümer im Normalfall auch nicht von einem Rechtsanwalt begleiten lassen.[91] Ausnahmsweise kann ein beratender Begleiter aber zulässig sein, sodass sein unberechtigter Ausschluss die Anfechtbarkeit der Beschlüsse begründen würde; die Rechtsprechung hat das in folgenden Fällen bejaht:[92]   813

- Hohes Alter oder geistige Gebrechlichkeit des Miteigentümers;   814
- Schwierigkeit der anstehenden Beratungsgegenstände oder deren besondere Bedeutung für den begleiteten Miteigentümer;
- Fehlende Sprachkenntnis des Miteigentümers: ein Dolmetscher ist zulässig;[93]
- Anderen Begleitpersonen wird die Anwesenheit gestattet; in diesem Fall besteht ein Anspruch auf Gleichbehandlung;
- **Kein Grund: Zerstrittenheit** der Wohnungseigentümer untereinander.

Tipp für Verwalter   815
Der generelle Ausschluss von Beratern einzelner Miteigentümer ist nicht sachgerecht; die Rechtsprechung überspannt den Grundsatz der Nichtöffentlichkeit. Gute Berater stören nicht, sondern machen sich nützlich und können in emotional angespannten Situationen zur Versachlichung beitragen. Sofern keine Störungen zu erwarten sind, sollte ein Berater also zunächst einmal stillschweigend oder durch Geschäftsordnungsbeschluss zugelassen werden. Nur wenn der Berater die Versammlung stört, ist er auszuschließen.

Tipp für Miteigentümer   816
Der Miteigentümer, der einen Berater zur Versammlung hinzugezogen hat, kann zunächst per Geschäftsordnungsantrag die Entscheidung der Gemeinschaft herbeiführen, falls der Verwalter seinen Berater nicht zulassen will. Entscheidet sich die Mehrheit gegen die Zulassung, kann er seinen Berater mit der Vertretung beauftragen und bevollmächtigen; als Vertreter ist der Berater nämlich teilnahmeberechtigt, sofern die Gemeinschaftsordnung keine beschränkende Vertreterklausel enthält. Dann hat der Eigentümer allerdings selber kein Teilnahmerecht mehr und muss die Versammlung verlassen.

---

89 So *Riecke*, in: Riecke/Schmid § 24 Rn 55; BayObLG v. 7.7.1981 – 2Z BR 54/80, MDR 1982, 58.
90 OLG Köln v. 7.12.2004 – 16 Wx 191/04, ZMR 2005, 809; im Ergebnis ebenso AG Kerpen v. 9.5.2005 – 15 II 3/05, ZMR 2005, 824. Richtige Vorgehensweise beim Fehlen eines rechtzeitigen Hinweises: Abbruch und Wiederholung der Versammlung, damit sich die Wohnungseigentümer auf die neue Situation einstellen können.
91 OLG Köln v. 6.8.2007 – 16 Wx 106/07, WuM 2009, 547; BayObLG v. 16.5.2002, 2Z BR 32/02, ZMR 2002, 844.
92 Beispiele nach OLG Köln v. 6.8.2007 – 16 Wx 106/07, WuM 2009, 547; BayObLG v. 16.5.2002, 2Z BR 32/02, ZMR 2002, 844.
93 AG Wiesbaden v. 27.7.2012 – 92 C 217/11, ZWE 2013, 285. Der Dolmetscher muss sich jeder eigenen Stellungnahme enthalten.

§ 7 Die Wohnungseigentümerversammlung

817 Die Teilnahme von **Beratern der Gemeinschaft** (z.B. Rechtsanwälten oder Architekten) ist nach allgemeiner Meinung (nur dann) zulässig, wenn der Verwalter sie **im Interesse der Gesamtheit** der Wohnungseigentümer zu bestimmten Tagesordnungspunkten heranzieht. Die Bezugnahme auf das „Interesse der **Gesamtheit der Wohnungseigentümer**" ist allerdings ungenau und problematisch: Zumindest seit der Anerkennung der Rechtsfähigkeit der WEG kommt es auf das Interesse und den Auftrag der *rechtsfähigen Gemeinschaft* an. Die Teilnahme eines (zulässigen) Beraters muss nicht besonders angekündigt werden.[94]

818 Zu der in der Praxis häufigen Hinzuziehung eines **Rechtsanwalts** durch den Verwalter ist vielfach folgender Grundsatz zu lesen: „Der Verwalter darf im Interesse der Gesamtheit der Wohnungseigentümer zu bestimmten Tagesordnungspunkten einen Rechtsanwalt als Berater zur Information und Meinungsbildung heranziehen, solange nicht ein konkreter Interessengegensatz zwischen einem einzelnen Wohnungseigentümer und der Gesamtheit der übrigen Wohnungseigentümer hervorgetreten ist und kein Wohnungseigentümer der Anwesenheit widerspricht.[95] Im Detail ist an diesem „Grundsatz" allerdings manches fragwürdig und streitig:

819 Teilweise wird vertreten, dass die Teilnahme des Rechtsanwalts zwecks „allgemeiner rechtlicher Absicherung von Beschlüssen" (also ohne konkreten Anlass) unzulässig sei;[96] das ist nicht überzeugend. Vielmehr ist es sinnvoll und entspricht somit ordnungsmäßiger Verwaltung, wenn für die die Gemeinschaft betreffenden Rechtsfragen ein rechtlicher Berater hinzugezogen wird.[97] Wenn es z.B. um bauliche Fragen geht, ist die Teilnahme eines Architekten ja auch unproblematisch. Jedenfalls wird man keine hohen Anforderungen an den „konkreten Anlass" stellen dürfen. Wenn z.B. in der Vergangenheit schon mehrfach Beschlüsse (über Sanierungsarbeiten) wegen mangelnder Bestimmtheit angefochten wurden, ist das ein ausreichender Anlass, um einen Rechtsanwalt zwecks Formulierungshilfe hinzuzuziehen.[98]

820 Ist die Teilnahme eines Rechtsanwaltes nach den vorstehenden Grundsätzen zulässig, kommt es nicht darauf an, ob „kein Wohnungseigentümer widerspricht", sondern darauf, ob eine Mehrheit per Geschäftsordnungsbeschluss den Ausschluss des Rechtsanwalts verlangt.[99] Verfehlt ist schließlich auch die Annahme, die Teilnahme eines Rechtsanwalts sei nur zulässig, solange nicht ein konkreter Interessengegensatz zwischen einem einzelnen Wohnungseigentümer und der Gesamtheit der übrigen Wohnungseigentümer hervorgetreten sei. Im Gegenteil muss die Teilnahme auch und gerade dann zulässig sein, wenn ein Interessenkonflikt zwischen einem Wohnungseigentümer und der „Gesamtheit" (genauer: der Gemeinschaft bzw. dem Verband) bereits vorhanden und Gegenstand der Beauftragung des Rechtsanwalts ist; sonst hätten die Miteigentümer keine Möglichkeit, sich von dem beauftragten Rechtsanwalt in einer Versammlung über laufende oder beabsichtigte Rechtsstreitigkeiten mit einem Miteigentümer informieren zu lassen.[100]

821 Unabhängig von der Frage des Teilnahmerechts an einer Versammlung müssen Rechtsanwälte berufsrechtlich das **Verbot widerstreitender Interessen** beachten. Stellt sich erst nach einer Beauf-

---

[94] LG Frankfurt/M. v. 21.9.2011 – 13 S 118/10, ZWE 2012, 46; allg. M.

[95] OLG Köln v. 22.6.2009 – 16 Wx 266/08, ZMR 2009, 869; OLG Hamm v. 28.10.2003 – 15 W 203/02, ZMR 2004, 699; OLG München v. 18.9.2006 – 34 Wx 89/06, ZMR 2006, 960.

[96] So OLG Hamm v. 28.10.2003 – 15 W 203/02, ZMR 2004, 699.

[97] LG Karlsruhe v. 11.5.2010 – 11 S 9/08, ZMR 2011, 588.

[98] So bei OLG Köln v. 22.6.2009 – 16 Wx 266/08, ZMR 2009, 869. Zustimmung bei *Hogenschurz*, ZMR 2011, 928, 929.

[99] LG Karlsruhe v. 11.5.2010 – 11 S 9/08, ZMR 2011, 588 hält es bei Widerspruch für ausschlaggebend, ob sich die Mehrheit – ggf. stillschweigend – für den Verbleib ausspricht, was i.d.R. zum gleichen Ergebnis führen wird.

[100] So auch LG Frankfurt/M. v. 21.9.2011 – 13 S 118/10, ZWE 2012, 46: Rechtsanwalt darf in der Versammlung über eine Beschlussanfechtungsklage berichten und die beklagten Wohnungseigentümer beraten; AG Hamburg v. 28.9.2011 – 102d C 41/11, ZMR 2012, 225.

C. Der Verlauf der Wohnungseigentümerversammlung § 7

tragung heraus, dass in der Gemeinschaft widerstreitende Interessen bestehen, muss der Rechtsanwalt auf eine Mandatstrennung achten.[101] In der Regel wird diese Mandatstrennung freilich gar nicht erforderlich sein, weil der Interessenwiderstreit zwischen dem Verband und einem Miteigentümer von vornherein besteht und Gegenstand des Mandats ist. Obwohl es sich von selbst versteht, sollte der Rechtsanwalt in solchen Fällen sicherheitshalber deutlich machen, dass er den Verband und somit nicht „alle Wohnungseigentümer" vertritt – jedenfalls nicht den Miteigentümer, der auf der „Gegenseite" steht. Das Problem des Interessenkonflikts bei der Beratung und Vertretung einer WEG ist insgesamt noch wenig geklärt und wird nicht selten praxisfern und mit „anwaltsfeindlicher Tendenz" beurteilt.

Beispiele 822

■ In der Eigentümerversammlung soll über eine größere Sanierung Beschluss gefasst werden. Verwalter X zieht Rechtsanwalt R zur Versammlung hinzu, der die anwesenden Miteigentümer umfassend berät. Anschließend werden bestimmte Sanierungsmaßnahmen beschlossen. Miteigentümer A ficht den Beschluss mit der Begründung an, es sei gegen den Grundsatz der Nichtöffentlichkeit verstoßen worden. X beauftragt R mit der Wahrnehmung der Interessen der beklagten Miteigentümer. A erhebt daraufhin bei der Rechtsanwaltskammer eine Beschwerde mit der Begründung, R verstoße gegen das Verbot der Wahrnehmung **widerstreitender Interessen** (§ 43a BRAO, § 3 BORA, § 356 StGB). Wie ist die Rechtslage? – Aus den vorstehend genannten Gründen dürften weder die Beschlussanfechtung noch die Beschwerde Erfolg haben.[102]

■ Im vorhergehenden Beispielsfall soll in der Eigentümerversammlung über das weitere Vorgehen wegen Baumängeln Beschluss gefasst werden; insbesondere geht es um die Einleitung rechtlicher Schritte gegen den Bauträger. Dieser ist zugleich einer der Miteigentümer und widerspricht der von der Mehrheit gewünschten Teilnahme von R. Später ficht er die Beschlüsse an und beschwert sich bei der Rechtsanwaltskammer über die Vertretung der Mehrheitseigentümer durch R im Beschlussanfechtungsverfahren. Zu Recht? – Der Widerstreit mit den Individualinteressen des Bauträger-Miteigentümers kann nach Sinn und Zweck des Gebots der Nichtöffentlichkeit nicht den Ausschluss von R zur Folge haben, da die Tätigkeit des R im Gemeinschaftsinteresse liegt. Ein Interessenkonflikt besteht der Sache nach nicht zwischen den Wohnungseigentümern untereinander, sondern zwischen diesen und dem Bauträger in seiner Eigenschaft als außenstehender Dritter (der nur zufällig zugleich Miteigentümer ist). Die Eigentümermehrheit muss also das Recht haben, sich von R in der Versammlung beraten zu lassen. Ebenso wenig kann R in einem nachfolgenden Beschlussanfechtungsverfahren von der Vertretung der Mehrheitseigentümer ausgeschlossen sein: Sein Auftraggeber bei der beratenden Tätigkeit in der Versammlung waren nicht die Mehrheitseigentümer, sondern war die rechtsfähige Gemeinschaft.[103]

---

101 BayObLG v. 19.2.2004 – 2Z BR 212/03, ZMR 2004, 603.
102 Ein Erfolg der berufsrechtlichen Beschwerde ist allerdings nicht auszuschließen. Nach Kenntnis des Verf. sind verschiedene Rechtsanwaltskammern der (unzutreffenden) Auffassung, die beratende Mitwirkung an der Beschlussfassung verbiete einem Rechtsanwalt a priori die spätere Mitwirkung an einem Beschlussanfechtungsverfahren. Näher zur Problematik des Interessenwiderstreits z.B. *Offermann-Burckart*, Interessenkollision – Jeder Fall ist anders, AnwBl 2009, 729 (wobei die WEG-Fälle m.E. unzutreffend beurteilt werden); *Kleine-Cosack*, Parteiverrat bei Mehrfachvertetung, AnwBl 2005, 338.
103 Trotz seiner Praxisrelevanz ist dieser rechtlich knifflige Fall noch nicht Gegenstand veröffentlichter Rechtsprechung; entsprechende Vorsicht ist also angezeigt.

823 *Tipp*
Wenn die Wohnungseigentümerversammlung sich bei der Beschlussfassung über Maßnahmen gegen einzelne Miteigentümer anwaltlich beraten lassen will, der betroffene (oder ein anderer) Miteigentümer aber der Teilnahme des anwesenden Rechtsanwalts widerspricht, kommt folgender Ausweg in Betracht: Per Geschäftsordnungsbeschluss wird die Versammlung für eine bestimmte Zeit (z.B. für 1/2 Stunde) **unterbrochen**. Nun lassen sich die Mehrheitseigentümer ungestört anwaltlich beraten; der Miteigentümer, um den es geht (bzw. der der Teilnahme des Rechtsanwalts widersprochen hat), wird nun seinerseits darum gebeten, den Raum zu verlassen. Anschließend wird die Wohnungseigentümerversammlung ordnungsgemäß ohne Rechtsanwalt fortgesetzt. Wenn sich das Problem schon vor der Versammlung abzeichnet, kann der Rechtsanwalt auch von vornherein zu einer der Wohnungseigentümerversammlung vorgeschalteten „Beratungsversammlung" einladen, an der nur die daran interessierten (und insbesondere nicht der auf der „Gegenseite" stehende) Miteigentümer teilnehmen. An der anschließenden Wohnungseigentümerversammlung braucht der Rechtsanwalt dann nicht mehr teilzunehmen.

IV. Ablauf und Ordnung

824 Der Ablauf der Versammlung liegt weitgehend im Ermessen des Versammlungsleiters. Das ist gem. § 24 Abs. 5 WEG im Normalfall der Verwalter, weshalb nachfolgend vereinfacht „Verwalter" und „Versammlungsleiter" gleichgesetzt werden. Die Letztentscheidungskompetenz in allen Fragen des Ablaufs hat aber die Eigentümerversammlung, die darüber per **Geschäftsordnungsbeschluss** entscheiden kann. Der (empfohlene) Ablauf der Versammlung wird nachfolgend dargestellt:

825
- Der Verwalter erscheint rechtzeitig (ca. 1/2 Stunde) vor Beginn der Versammlung mit den **Abrechnungsunterlagen** vor Ort, um den Miteigentümern (oder deren Vertretern, kurz: den Teilnehmern) Gelegenheit zur Einsicht zu geben (siehe Rn 933). Sinnvoller Weise wurden die Miteigentümer im Einberufungsschreiben über diese Möglichkeit informiert.
- Sämtliche Teilnehmer tragen sich zu Beginn in eine vorbereitete **Anwesenheitsliste** ein. Diese kann ggf. später in Kopie zusammen mit dem Protokoll versandt werden.
- Der Verwalter prüft das **Teilnahmerecht** der erschienenen Personen, insbesondere also (mündlich erklärte oder in Text-/Schriftform vorgelegte) **Vollmachten**. Er prüft ferner die **Beschlussfähigkeit**.
- Er **eröffnet** die Versammlung. Auf die übliche „Feststellung der ordnungsgemäßen Einberufung" kann verzichtet werden.
- Die **Tagesordnung** wird abgearbeitet. Deren Reihenfolge ist einzuhalten, wenn sie nicht durch Geschäftsordnungsbeschluss geändert wurde.[104]
- Anträge zur **Geschäftsordnung** sind jederzeit zulässig und i.d.R. vor den Sachanträgen zu behandeln. Die Beschlussfassung darüber erfolgt wie sonst auch, insbesondere genügt die einfache Mehrheit.
- Der Verwalter leitet die **Diskussionen** und **Abstimmungen** (Beschlussfassungen).
- Jeder Teilnehmer hat das Recht zu reden und Anträge zu stellen. Grundsätzlich soll der Verwalter jedem Teilnehmer, der sich zu Wort meldet, auch tatsächlich das Wort erteilen. Eine (durch Geschäftsordnungsbeschluss festgelegte) sinnvolle Beschränkung der **Redezeit** ist aber recht-

---
[104] BayObLG v. 18.3.1999 – 2Z BR 151/98, ZMR 1999, 570.

mäßig.[105] Der Gleichbehandlungsgrundsatz kann ein Einschreiten gebieten, wenn ein Teilnehmer durch weitschweifige Ausführungen den Versammlungsablauf stört.
- Über die Zulässigkeit von **Essen** entscheidet im Streitfall die Versammlung durch Geschäftsordnungsbeschluss. Das **Rauchen** ist aufgrund der damit verbundenen gesundheitlichen Gefahren des Passivrauchens auf Antrag eines Teilnehmers in jedem Fall zu untersagen.[106]
- Wenn ein Teilnehmer nachhaltig und trotz Androhung des Ausschlusses die Versammlung stört, kann er **ausgeschlossen** werden.[107] Das sollte durch Geschäftsordnungsbeschluss geschehen. Der Verwalter ist berechtigt und verpflichtet, für die Entfernung der ausgeschlossenen Person aus dem Versammlungsraum zu sorgen.[108] Das kann und muss zur Not mit Gewalt geschehen. Der Einsatz von Zwangsmitteln ist unter dem Gesichtspunkt der Notwehr zivil- und strafrechtlich gerechtfertigt (§§ 227 BGB, 32 StGB): Der Verbleib eines ausgeschlossenen Miteigentümers im Versammlungsraum stellt einen rechtswidrigen Angriff auf das Hausrecht bzw. einen Hausfriedensbruch i.S.v. § 123 StGB dar.
- Das **Ende** der Versammlung wird vom Verwalter förmlich erklärt, wenn alle Tagesordnungspunkte behandelt sind oder wenn die Versammlung die Vertagung beschließt. Die **Vertagung** ist sinnvoll, wenn die Versammlung über die Dauer von 6 Stunden hinausgeht.
- Nach der Versammlung sorgt der Verwalter für die Fertigung des **Protokolls** und für die Eintragung der Beschlüsse in die **Beschluss-Sammlung**.

D. Die Beschlussfassung

I. Grundlagen

Der Beschluss hat folgende Voraussetzungen: 826
- Es gibt einen Gegenstand der Beschlussfassung; sinnvoller Weise liegt ein „Antrag" vor.
- Der Antrag findet die Mehrheit der stimmberechtigten Stimmen.
- Der Vorsitzende stellt das Beschlussergebnis fest und verkündet es.

Die Einzelheiten werden nachfolgend erörtert.

II. Das Stimmrecht

1. Grundlagen

Das **Stimmrecht** steht grundsätzlich jedem Wohnungseigentümer zu; einige Sonderfälle werden nachfolgend noch dargestellt. Stellvertretung bei der Stimmrechtsabgabe ist möglich (siehe die Ausführungen zum Teilnahmerecht Rn 798). Das Stimmrecht kann im Einzelfall ausgeschlossen sein (siehe Rn 840). 827

Für die Berechnung der Stimmenmehrheit bei Beschlussfassungen kommt es auf die „Wertigkeit" des Stimmrechts an (sog. **Stimmkraft**). Wenn die Gemeinschaftsordnung nichts anderes bestimmt, gilt bei der Stimmkraft das **Kopfprinzip**: Jeder Wohnungseigentümer hat eine Stimme (§ 25 Abs. 2 S. 1 WEG). 828

---

[105] OLG Stuttgart v. 30.4.1986 – 8 W 531/85, ZMR 1986, 370; AG Koblenz v. 18.5.2010 – 133 C 3201/09, ZMR 2011, 591.
[106] LG Dortmund v. 19.11.2013 – 1 S 296/12, IMR 2014, 170. Wird das Rauchverbot verweigert und verlässt daraufhin ein Eigentümer aus Gesundheitsgründen die Versammlung, kann er sämtliche Beschlüsse anfechten (OLG Köln v. 16.8.2000 – 16 Wx 87/00, ZMR 2000, 866).
[107] BGH v. 10.12.2010 – V ZR 60/10, ZMR 2011, 397.
[108] So unverändert richtig *Korff*, Hausrecht des Verwalters in Wohnungseigentümerversammlungen, WE 1982, 80: Verwalter hat die Rechte als „Sitzungspolizei".

829 *Beispiel*
In einer aus 3 Einheiten bestehenden Eigentümergemeinschaft gehören die Wohnungen Nr. 1 und Nr. 2 dem A, die Wohnung Nr. 3 gehört dem B. Wie sind die Mehrheitsverhältnisse? – Patt! Sofern die Gemeinschaftsordnung nichts anderes bestimmt, haben A und B jeweils eine Stimme.[109]

830 In vielen Teilungserklärungen wird vom gesetzlichen Kopfstimmrecht abgewichen. Häufig richtet sich das Stimmrecht z.B. nach **Miteigentumsanteilen** („**Wertprinzip**"), was bei knappen Abstimmungsergebnissen zu aufwändiger Rechenarbeit führen kann. Verbreitet ist auch das **Objektstimmrecht**, wonach jeder Einheit unabhängig von Größe oder Miteigentumsanteil eine Stimme zukommt. Steht ein Wohnungseigentum **mehreren gemeinschaftlich** zu, können sie das Stimmrecht nur einheitlich ausüben (§ 25 Abs. 2 S. 2 WEG).

831 *Beispiel*
In einer aus 3 Einheiten bestehenden Eigentümergemeinschaft gehört die Wohnung Nr. 1 den Eheleuten A 1 und A 2 gemeinsam, Wohnung Nr. 2 dem A 1 alleine und Wohnung Nr. 3 dem B. Wie sind (bei Geltung des Kopfprinzips) die Stimmverhältnisse? Was ist bei der Abstimmung zu beachten? – Die Stimmverhältnisse haben sich gegenüber dem vorhergehenden Beispielsfall zu Lasten des B geändert. A 1 und A 2 haben jetzt nämlich insgesamt 2 Stimmen: In Bezug auf die Wohnung Nr. 1 haben A 1 und A 2 gemeinsam eine Stimme („der Wohnungseigentümer" i.S.v. § 25 Abs. 2 S. 1 WEG kann nämlich auch eine Mehrheit von Personen sein, wie sich aus Satz 2 der Norm ergibt). In Bezug auf die Wohnung Nr. 2 hat A 1 alleine eine weitere Stimme. A 1 und A 2 können B also mit 2:1 Stimmen überstimmen.[110] Soweit es um die Ausübung des Stimmrechts geht, das A 1 und A 2 in Bezug auf die Wohnung Nr. 1 gemeinsam zusteht, müssen sich A 1 und A 2 untereinander verständigen, wie abgestimmt werden soll (oder einen von ihnen zur Stimmabgabe bevollmächtigen); ansonsten ist die Stimmabgabe durch nur einen der beiden Bruchteilsmiteigentümer unwirksam.[111]

2. Das Stimmrecht in Sonderfällen

832 **Gesellschaft bürgerlichen Rechts (GbR).** Ist die GbR selber im Grundbuch eingetragen,[112] üben der oder die lt. Gesellschaftsvertrag zur Geschäftsführung berechtigten Vertreter, ohne besondere Regelung alle Gesellschafter gemeinsam (§ 709 Abs. 1 BGB) das Stimmrecht aus. Sind die Gesellschafter selber im Grundbuch als Miteigentümer eingetragen, gibt es gegenüber sonstigen Eigentümermehrheiten keine Besonderheiten.

833 **Insolvenzverwalter.** Nur er ist stimmberechtigt. Ganz anders der *vorläufige* Insolvenzverwalter: Er hat kein Stimmrecht und auch sonst keine Rechte und Pflichten gegenüber der WEG (siehe Rn 1863).

834 **Mehrhausanlage** und Vorratsteilung. Der Eigentümer von Einheiten, die nach der Teilungserklärung vorgesehen, aber noch nicht errichtetet sind, ist stimmberechtigt (siehe Rn 1703).

---

109 OLG München v. 23.8.2006 – 34 Wx 58/06, ZMR 2006, 951; unstr.
110 OLG Düsseldorf v. 3.2.2004 – 3 Wx 364/03, ZMR 2004, 696. Es ist auch nicht rechtsmissbräuchlich, wenn die Eheleute A die Wohnung Nr. 2 nur deshalb auf A 1 alleine übertragen hätten, um sich das Stimmenübergewicht in der Gemeinschaft zu sichern (OLG München v. 23.8.2006 – 34 Wx 58/06, ZMR 2006, 951). Im Sonderfall, dass ein Miteigentümer an mehreren Wohnungen jeweils mehrheitlich beteiligt ist, soll er nach LG Hamburg v. 16.5.2008 – 318 T 54/07, ZMR 2008, 827 nur als ein Kopf gelten, da er sonst de facto entgegen dem Kopfprinzip mehrere Stimmen hätte; sehr str., m.E. unzutreffend.
111 OLG Düsseldorf v. 9.7.2003 – 3 Wx 119/03, ZMR 2004, 53.
112 Zulässig nach BGH v. 4.12.2008 – V ZB 74/08, NJW 2009, 594. Ausführlich *F. Schmidt*, Die rechtsfähige GbR und das Wohnungseigentum, ZWE 2011, 297.

Minderjährige werden von ihren Eltern vertreten (§ 1629 Abs. 1 S. 2 BGB). 835

Nießbrauch. Wirtschaftlich gesehen steht der Nießbraucher der Wohnung zwar näher als der Eigentümer. Trotzdem ist **nur** letzterer stimmberechtigt; das Stimmrecht geht auch hinsichtlich einzelner Beschlussgegenstände nicht auf den Nießbraucher über (**keine Aufspaltung**). Ferner muss der Wohnungseigentümer sein Stimmrecht weder allgemein, noch in einzelnen Angelegenheiten gemeinsam mit dem Nießbraucher ausüben. Der Wohnungseigentümer kann im Einzelfall gegenüber dem Nießbraucher verpflichtet sein, bei der Stimmabgabe dessen Interessen zu berücksichtigen, nach dessen Weisungen so handeln oder ihm eine Stimmrechtsvollmacht zu erteilen. Dadurch wird die Gültigkeit der Beschlussfassung jedoch nicht berührt.[113] 836

Unterteilung. Beim Wertprinzip versteht es sich von selbst, dass die Unterteilung keinen Einfluss auf die Stimmkraft hat.[114] Aber auch bei Geltung des Objekt- oder Kopfprinzips hat die Entstehung weiterer Sondereigentumseinheiten infolge Unterteilung keine Vermehrung der Stimmrechte zur Folge. Das zuvor auf die ungeteilte Einheit entfallende Stimmrecht wird entsprechend der Zahl der neu entstandenen Einheiten nach Bruchteilen aufgespalten und diesen selbstständig zugewiesen.[115] Wird eine Einheit z.B. in zwei Einheiten geteilt, hat daher jede der neu entstandenen Einheiten ½ Stimme, die unabhängig von der anderen halben Stimme eingesetzt werden kann (keine analoge Geltung von § 25 Abs. 2 S. 2 WEG); Abstimmungsergebnisse wie z.B. 12,5:8,5 sind möglich. Für den Versammlungsleiter wird die Stimmauszählung dadurch schwieriger, weil er nicht nur die Anzahl der Stimmen, sondern auch deren Wertigkeit feststellen muss. 837

Werdender Wohnungseigentümer. Nur er – nicht (auch nicht ergänzend) der Bauträger – ist stimmberechtigt.[116] 838

Zwangsverwaltung. Durch die Beschlagnahme geht das Verwaltungs- und somit auch das Stimmrecht auf den Zwangsverwalter über, soweit die Beschlussfassung zwangsverwaltungsrelevante Gegenstände betrifft;[117] Letzteres ist grundsätzlich zu vermuten.[118] Stehen mehrere Wohnungen einer WEG unter Zwangsverwaltung, hat der Zwangsverwalter auch bei Geltung des Kopfprinzips nicht nur eine Stimme, sondern mehrere (gilt also nicht als „ein Kopf").[119] 839

3. Stimmrechtsausschlüsse

Es gibt (leider) keinen allgemeinen Stimmrechtsausschluss wegen **Interessenkollision**.[120] Nur in den folgenden Fällen ist ein Wohnungseigentümer vom Stimmrecht ausgeschlossen (Stimmverbot, Stimmrechtsausschluss): 840

Die Beschlussfassung betrifft die Vornahme eines **Rechtsgeschäfts** mit ihm (§ 25 Abs. 5 WEG). 841

---

113 BGH v. 7.3.2002 – V ZB 24/01, ZMR 2002, 441.
114 Siehe nur OLG Frankfurt/M. v. 15.12.2011 – 20 W 70/11, ZWE 2012, 272.
115 Zum Objektprinzip: BGH v. 7.10.2004 – V ZB 22/04, ZMR 2004, 834; dazu kritisch *Briesemeister*, Das Stimmrecht bei unterteiltem Wohnungseigentum, FS *Seuß* 2007, 39. Zum Kopfprinzip: BGH v. 27.4.2012 – V ZR 211/11, ZMR 2012, 639; die überwiegende Lit. war a.A., siehe nur *Riecke*, in: *Riecke/Schmid*, § 25 Rn 59.
116 BGH v. 11.5.2012 – V ZR 196/11, WuM 2012, 392.
117 LG Berlin v. 19.9.2008 – 85 T 404/07, ZMR 2009, 474; BayObLG v. 5.11.1998 – 2Z BR 131/98, ZMR 1999, 121; h.M. Ausführlich *Häublein*, ZfIR 2005, 337.
118 KG v. 14.3.1990 – 24 W 4243/89, WuM 1990, 324. Das KG vertritt auch die Auffassung, das Stimmrecht des Zwangsverwalters sei auf die zwangsverwaltungsrelevanten Gegenstände beschränkt.
119 KG v. 19.7.2004 – 24 W 322/02, NZM 2004, 878.
120 Das Stimmverbot ist eng auszulegen: BGH v. 14.10.2011 – V ZR 56/11, WuM 2012, 52.

§ 7 Die Wohnungseigentümerversammlung

Beispiele
- Miteigentümer A soll als Hausmeister angestellt werden; er darf dabei nicht mitstimmen.
- Miteigentümer A ist Verwalter (oder Beirat); beim Beschluss über seine Entlastung darf er nicht mitstimmen, weil in der Entlastung ein Rechtsgeschäft in Gestalt eines Verzichtsvertrags steckt (siehe Rn 1590).
- Auch bei dem Beschluss über die eigene fristlose Abberufung als Verwalter und die damit verbundene außerordentliche Kündigung des Verwaltervertrags darf ein Miteigentümer nicht mitstimmen (siehe Rn 1303).
- *Aber:* Beim Beschluss über die eigene Bestellung oder (ordentliche) Abberufung als Verwalter oder Verwaltungsbeirat unterliegt ein Miteigentümer keinem Stimmrechtsausschluss (siehe Rn 1257, 1296).

842 Die Beschlussfassung betrifft die Einleitung oder Erledigung eines **Rechtsstreits** gegen ihn (§ 25 Abs. 5 WEG), gleichgültig, ob die Gemeinschaft (als Verband) oder die übrigen Miteigentümer auf der Gegenseite (Kläger- oder Beklagtenseite) stehen: Der Prozessgegner soll in keinem Fall auf das Ob und Wie der gegen ihn gerichteten Prozessführung Einfluss nehmen.[121]

Beispiele
Binnenstreitigkeiten (Beschlussanfechtung, Regelungsklage); Beitreibung von Hausgeld; Geltendmachung von Schadensersatz; Einleitung eines Beweisverfahrens gegen den Miteigentümer-Bauträger (siehe Rn 648). Der Stimmrechtsausschluss besteht auch schon beim Beschluss über die Beauftragung eines Rechtsanwalts als vorprozessuale Maßnahme. Richtet sich der beabsichtigte Rechtsstreit gleichzeitig gegen mehrere Eigentümer, sind diese sämtlich vom Stimmverbot betroffen.[122]

843 Der Wohnungseigentümer ist gem. § 18 WEG rechtskräftig zur **Veräußerung seines Wohnungseigentums** verurteilt (§ 25 Abs. 5 WEG).

844 Nicht: Wenn die Gemeinschaftsordnung einen Stimmrechtsausschluss (oder ein Ruhen des Stimmrechts) bei **Zahlungsrückstand** vorsieht; solche Klauseln hat der BGH für nichtig erklärt.[123]

845 **Stimmrechtsmissbrauch.** Dieser Ausnahmefall wird meistens im Zusammenhang mit der Verwalterbestellung diskutiert, wenn ein Mehrheitseigentümer sein Stimmenübergewicht rücksichtslos durchsetzt, um einen ihm genehmen Verwalter zu installieren (**Majorisierung**). Dies alleine stellt aber keinen zum Stimmrechtsausschluss führenden Rechtsmissbrauch dar (siehe Rn 1277). Überhaupt ist der „Stimmrechtsmissbrauch" m.E. kein Anwendungsfall eines Stimmrechtsausschlusses; rücksichtsloses Verhalten zum Schaden der Gemeinschaft wirkt sich nicht auf das Stimmrecht aus, sondern bei der Überprüfung eines Beschlusses unter dem Gesichtspunkt der ordnungsmäßigen Verwaltung.

846 Die einem Stimmrechtsausschluss unterliegenden Stimmen werden bei der Abstimmung **nicht berücksichtigt.**[124] Das gilt auch für die Feststellung, ob für die betreffende Angelegenheit die Beschlussfähigkeit gegeben ist (siehe Rn 789). Dem Verwalter (Versammlungsleiter) kommt in diesem Zusammenhang hohe Verantwortung zu: Er muss bei jeder Abstimmung prüfen, ob die ihm vorgelegten Vollmachten und Untervollmachten etwaige Beschränkungen beinhalten und ob ein Fall des Stimmrechtsausschlusses vorliegt; vor allem letzteres kann im Einzelfall schwer zu ent-

---

[121] BGH v. 6.12.2013 – V ZR 85/13, IMR 2014, 164.
[122] LG München I v. 22.11.2010 – 1 S 11024/10, ZWE 2011, 100: Bei gleichzeitiger Beschlussfassung über mehrere Rechtsstreite vergrößert sich die Zahl der Stimmrechtsausschlüsse gegenüber Einzelabstimmungen.
[123] BGH v. 10.12.2010 – V ZR 60/10, NZM 2011, 246; nicht überzeugend und entgegen der bis dato h.M.
[124] BGH v. 19.9.2002 – V ZB 30/02, ZMR 2002, 930; s.a. die Fundstellen in den Folgenoten.

scheiden sein, so dass er das Abstimmungsergebnis für den Fall späterer Überprüfung namentlich dokumentieren sollte. Verkennt er einen Stimmrechtsausschluss und verkündet ein falsches Ergebnis (wie z.B. im nachfolgenden Beispiel, kann jeder Miteigentümer per Beschlussanfechtung **Rechtsschutz** erlangen (siehe Rn 1784).

Wenn ein Miteigentümer vom Stimmrecht ausgeschlossen ist, kann er keine andere Person zur Ausübung seines Stimmrechts bevollmächtigen.[125] Er darf auch nicht als **Vertreter** anderer Miteigentümer an der Abstimmung teilnehmen. Ein Vertreter wiederum darf nicht mitstimmen, wenn er bei der betreffenden Abstimmung als Miteigentümer einem Stimmrechtsausschluss unterliegen würde; das betrifft im Wesentlichen den **Verwalter**. In Angelegenheiten, in denen er als Miteigentümer einem Stimmverbot unterläge (z.B. wenn es um seine Entlastung oder fristlose Abberufung geht), darf er auch nicht als Vertreter abstimmen. Bei seiner Wahl darf er aber als Vertreter mitstimmen (siehe Rn 1258).[126]

847

> *Beispiel*
> In einer 20-köpfigen Gemeinschaft gilt bei Abstimmungen das Kopfprinzip. In der Versammlung sind 15 Eigentümer anwesend. 5 Eigentümer haben dem Verwalter eine Vertretungsvollmacht erteilt. Die Abstimmung über den Antrag auf **Entlastung** des Verwalters ergibt 11 Ja-Stimmen (darunter die 5 des Verwalters) und 9 Nein-Stimmen. Der Verwalter verkündet als Ergebnis die Annahme des Antrags. – Die Feststellung ist falsch, der verkündete Beschluss ist rechtswidrig. Der Verwalter durfte bei dem Beschluss über seine Entlastung nicht mitstimmen (§ 25 Abs. 5 WEG analog), weshalb seine Ja-Stimmen nicht mitgezählt werden dürfen. Es lagen also nur 6 zu berücksichtigende Ja-Stimmen gegenüber 9 Nein-Stimmen vor. (Zum Rechtsschutz gegen die fehlerhafte Feststellung siehe Rn 1784.)[127]

848

Wenn ein Vertreter (praktisch meistens der Verwalter) zu einem bestimmten Beschlussgegenstand einem Stimmrechtsausschluss unterliegt, stellt sich die Frage, ob er das Stimmrecht durch Erteilung einer **Untervollmacht** an eine andere Person übertragen kann, die dann keinem Stimmverbot unterliegt. Voraussetzung hierfür ist zunächst, dass die Hauptvollmacht die Erteilung einer Untervollmacht gestattet, was i.d.R. nicht der Fall ist.[128] Ist das der Fall, ist die Untervollmacht auch nur dann wirksam, wenn sie nicht mit einer Weisung verbunden ist, die dem Stimmrechtsverbot zuwider läuft;[129] z.B. könnte der Verwalter im vorstehenden Beispielsfall keine wirksame Untervollmacht mit der Weisung erteilen, dass für seine Entlastung gestimmt werden muss.

849

---

125 BGH v. 6.12.2013 – V ZR 85/13, IMR 2014, 164, Rn 18: Man kann keine Rechtsmacht zur Ausübung übertragen, die einem selbst nicht zusteht.
126 OLG Düsseldorf v. 3.2.2004 – 3 Wx 364/03, ZMR 2004, 696; OLG Karlsruhe v. 27.5.2002 – 14 Wx 91/01, ZMR 2003, 289; h.M. A.A. OLG München v. 15.9.2010 – 32 Wx 16/10, ZMR 2011, 148. Offen gelassen bei BGH v. 19.9.2002 – V ZB 30/02, ZMR 2002, 930.
127 OLG Karlsruhe v. 27.5.2002 – 14 Wx 91/01, ZMR 2003, 289; AG Hannover v. 20.5.2004 – 71 II 172/04, ZMR 2004, 787.
128 Vereinzelt wird die Auffassung vertreten, dass die Erteilung einer Untervollmacht gerade dann dem unausgesprochenen Willen des Vollmachtgebers entspreche – und deshalb zulässig sei –, wenn der Hauptbevollmächtigte einem Stimmverbot unterliege, weil sonst das Stimmrecht gar nicht ausgeübt werden könne (*Häublein*, ZWE 2012, 1, 16 m.w.N.). Dem ist zu widersprechen: Normalerweise wird der Vollmachtgeber den Fall des Stimmverbots nicht bedacht haben; und wenn er ihn bedacht hätte, ist eher anzunehmen, dass er eine andere Person bevollmächtigt, als dass er der Erteilung einer Untervollmacht zugestimmt hätte (die im praktischen Ergebnis ja doch auf das Gleiche hinaus laufen wird, wie wenn der Hauptbevollmächtigte selber abstimmt).
129 OLG Zweibrücken v. 14.5.1998 – 3 W 40/98, NZM 1998, 671.

III. Feststellung und Bekanntgabe des Beschlussergebnisses

1. Das Abstimmungsverfahren

850 Ein Beschluss setzt voraus, dass eine **einfache Mehrheit** der anwesenden und stimmberechtigten Stimmen für einen Antrag gestimmt hat. Es müssen mehr Ja-Stimmen als Nein-Stimmen vorliegen; **Enthaltungen** sind neutral und werden nicht gezählt.[130] Das Verfahren wird nachfolgend dargestellt.

851 Es muss ein klarer **Antrag** (Beschlusstext) vorliegen. Wenn es nicht um Routinebeschlüsse (z.B. die Genehmigung der Jahresabrechnung oder des Wirtschaftsplans) geht, wird der Beschlusstext am besten schriftlich fixiert und vor der Abstimmung verlesen. Demgegenüber wird in der Praxis oft – insbesondere nach längeren Diskussionen – über irgendetwas (quasi „der Spur nach") abgestimmt, was der Verwalter dann erst im Protokoll zusammenfasst und formuliert.[131] Ein solches Vorgehen ist rechtswidrig und kann gravierende Folgen haben: Entweder wird in solchen Fällen überhaupt kein Beschluss – oder jedenfalls nicht mit dem protokollierten Inhalt – gefasst, so dass ggf. eine Klage auf Protokollberichtigung (oder auf Feststellung des richtigen Beschlussinhalts) die Folge ist. Oder der Beschluss ist wegen fehlender inhaltlicher Bestimmtheit nichtig oder anfechtbar. Eine Beschlussfassung ohne Antrag und Abstimmung (durch **konkludentes Handeln**) gibt es jedenfalls nicht;[132] nur die förmliche Feststellung des Beschlussergebnisses kann konkludent erfolgen.

852 Das Abstimmungsverfahren ist Teil der Versammlungsleitung und steht im Ermessen des Vorsitzenden, sofern die Versammlung nicht per Geschäftsordnungsbeschluss einen bestimmten Modus festlegt. Üblich ist die Abstimmung durch **Handzeichen**. Eine **schriftliche** Abstimmung ist bei auch bei Wahlen (Verwalter, Verwaltungsbeirat usw.) nicht zwingend vorgeschrieben, aber häufig sinnvoll. Die Wahl des Verwalters wird unten besonders behandelt (siehe Rn 1254). Ein **Widerruf** der einmal abgegebenen und dem Versammlungsleiter zugegangenen Stimme ist nicht möglich.[133]

853 *Checkliste Vorgehen bei der Abstimmung durch Handzeichen*
- Der Verwalter prüft, ob Stimmrechtsausschlüsse bestehen;
- der Antrag wird verlesen;
- der Verwalter fragt „Wer ist dafür? Wer ist dagegen? Wer enthält sich?" und notiert nach jeder Frage das Ergebnis;
- der Verwalter stellt das Ergebnis der Abstimmung fest (bei Objektstimmrecht z.B.: „12 Ja-Stimmen, 3 Nein-Stimmen, 5 Enthaltungen"; bei Stimmrecht nach Miteigentumsanteilen z.B.: „630/1.000 Ja-Stimmen, 250/1.000 Nein-Stimmen, 120/1.000 Enthaltungen") und gibt die daraus resultierende Folge bekannt: „Damit ist der Antrag angenommen".[134]

854 Der Verwalter darf sich auch darauf beschränken, von den drei Stimmkategorien (Ja, Nein, Enthaltung) nur zwei abzufragen und den Wert der dritten Kategorie zu errechnen (sog. **Subtraktionsverfahren**).[135] Auf diese Weise kann der Verwalter den Miteigentümern in den vielen Fällen, in denen Beschlüsse mehr oder weniger einstimmig zustande kommen, das lästig erscheinende „Handheben

---

[130] BGH v. 25.1.1982 – II ZR 164/81, NJW 1982, 1585. Folge: 1 Ja-Stimme bei z.B. 20 Enthaltungen und 0 Nein-Stimmen führt zu einem 1-stimmigen Beschluss i.S. einer Antragsannahme.
[131] Vgl. LG München I v. 21.6.2010 – 1 S 2763/10, ZWE 2011, 101: Das bloße Abnicken allgemeiner Ausführungen des Versammlungsleiters ist kein Abstimmen über einen Beschlussantrag.
[132] Zutr. LG Dortmund v. 19.11.2013 – 1 S 296/12, ZWE 2014, 127, Rn 6.
[133] BGH v. 13.7.2012 – V ZR 254/11, NZM 2012, 811.
[134] Hier kommt es nicht auf den Wortlaut an, sodass Varianten zulässig sind, wie z.B.: „Damit ist die Jahresabrechnung angenommen" und dgl.
[135] Zulässig nach BGH v. 19.9.2002 – V ZB 37/02, ZMR 2002, 936.

bei Ja", ersparen. Das Verfahren kann aber auch missbraucht werden, indem der Verwalter mehr oder weniger unvermittelt fragt: „Wer ist dagegen, wer enthält sich?" Noch bevor sich alle anwesenden Miteigentümer über den genauen Gegenstand der Abstimmung im Klaren sind und dazu entschließen könnten, die Hand zu heben, ist die Abstimmung auch schon vorbei und verkündet der Verwalter das im Wege des Subtraktionsverfahrens gewonnene Ergebnis: „Damit ist der Beschluss angenommen". Von einer solchen Vorgehensweise (und m.E. generell vom Subtraktionsverfahren) ist abzuraten: Es ist besser, die Miteigentümer nicht in die Passivität zu drängen, sondern ihnen abzuverlangen, für die für richtig gehaltene Entscheidung wenigstens aktiv die Hand zu heben.

In vielen Fällen (insbesondere bei **Routinebeschlüssen** wie z.B. über Jahresabrechnung und Wirtschaftsplan) fällt das Abstimmungsergebnis eindeutig aus; seine genaue Ermittlung ist aber trotzdem mehr oder weniger aufwändig, wenn nach Miteigentumsanteilen abgestimmt wird: Genau genommen müssen dann nämlich die Miteigentumsanteile der Ja- und Nein-Stimmen und Enthaltungen festgestellt und addiert werden. Bei eindeutigen Abstimmungsergebnissen halte ich aber eine Ausnahme für zulässig: Nämlich dann, wenn feststeht, dass die Nein-Stimmen selbst dann, wenn sie die größten im Objekt vorhandenen Miteigentumsanteile repräsentieren, den Ja-Stimmen unterlegen sind. 855

Beispiel 856
Die Gemeinschaft besteht aus 20 Einheiten; die größten Einheiten haben Miteigentumsanteile von 150/1.000el, die kleinsten solche von 50/1.000el. In der Versammlung sind 15 Einheiten vertreten. Die Abstimmung hat das Ergebnis: 12 Ja-Stimmen, 2 Nein-Stimmen, 1 Enthaltung. Hier ist es üblich und zulässig, sich auf die Feststellung und Protokollierung dieser Werte und des Beschlussergebnisses „Antrag angenommen" zu beschränken und von der Ermittlung der jeweiligen Miteigentumsanteile abzusehen.

In folgenden Fällen ist es erforderlich, über die Feststellung des genauen Abstimmungsergebnisses hinaus das Abstimmungsverhalten der Miteigentümer **einzeln** und **namentlich** zu dokumentieren. 857
- Es bestehen Zweifel am Stimmrecht einzelner Miteigentümer und das Ergebnis fällt knapp aus. Ohne namentliche Dokumentation des Abstimmungsverhaltens kann die Rechtmäßigkeit des Beschlusses später nicht überprüft werden.
- Es wird ein Zitterbeschluss über eine gemeinschaftliche bauliche Maßnahme gefasst. Bei Ungültigerklärung nach erfolgreicher Anfechtung müssen nur die zustimmenden Eigentümer die Maßnahme bezahlen (§ 16 Abs. 6 WEG, siehe Rn 510), die deswegen namentlich bekannt sein müssen. Teilweise wird aus diesem Grund vertreten, dass die namentliche Abstimmung bei **allen** Beschlüssen über Baumaßnahmen geboten sei; das ist m.E. übertrieben.
- Eine Maßnahme ordnungsmäßiger Verwaltung wird abgelehnt (z.B. die Genehmigung eines ausreichenden Wirtschaftsplans oder die Beseitigung eines Baumangels. Die „Mehrheitseigentümer" haben sich eventuell schadensersatzpflichtig gemacht (siehe Rn 1622) und müssen namentlich bekannt sein, wenn der Geschädigte sie in die Haftung nehmen will.
- **Faustformel**: Immer wenn das Ergebnis knapp ausfällt.

2. Die Feststellung und Bekanntgabe des Beschlussergebnisses

Für das Zustandekommen eines Beschlusses kommt es nicht darauf an, wie die Abstimmung tatsächlich ausgefallen ist. Entscheidend ist, welches Ergebnis der Verwalter festgestellt und bekannt gegeben (verkündet) hat. Der BGH hat diese früher streitige Frage mit den Worten entschieden: „Der **Feststellung** und **Bekanntgabe** des Beschlussergebnisses durch den Vorsitzenden der Wohnungseigentümerversammlung kommt grundsätzlich **konstitutive Bedeutung** zu. Es handelt sich im Regelfall um eine Voraussetzung für das rechtswirksame Zustandekommen eines Eigentümer- 858 beschlusses".[136] Der Versammlungsleiter ist zur Feststellung und Bekanntgabe **verpflichtet**, außer wenn er sich hierzu wegen „tatsächlicher oder rechtlicher Schwierigkeiten" bei der Bewertung des Abstimmungsergebnisses außer Stande sieht;[137] dazu dürfte es aber bei einem Berufsverwalter jedenfalls bei ordnungsgemäßer Vorbereitung der Versammlung nicht kommen.

859 In der Praxis unterbleibt die Feststellung und Bekanntgabe des Beschlussergebnisses oft. Wenn das Abstimmungsergebnis eindeutig ist, bleibt das folgenlos; dann ist nämlich von einer **konkludenten** Feststellung und Bekanntgabe des Beschlusses auszugehen.[138]

> *Beispiel*
> Zur Abstimmung steht die Jahresabrechnung. Alle sind dafür. Der Verwalter sagt „Danke" und geht zum nächsten Tagesordnungspunkt über. Angesichts des eindeutigen Ergebnisses schadet die fehlende Bekanntgabe nicht; der Beschluss ist konkludent festgestellt und bekannt gegeben worden und damit wirksam.[139]

860 Die Feststellung und Verkündung des Beschlussergebnisses muss nicht in das **Protokoll** der Versammlung aufgenommen werden. Allein aus dem Fehlen einer Beschlussfeststellung im Protokoll lässt sich also noch nicht schließen, dass ein Beschluss nicht zustande gekommen ist. Nach der Rechtsprechung soll sogar „im Zweifel" oder gar „in der Regel" bei einem protokollierten klaren Abstimmungsergebnis von einer **konkludenten Beschlussfeststellung** auszugehen sein.[140] Das konterkariert freilich im Ergebnis den Ausgangspunkt, also die Annahme, dass die Feststellung des Beschlussergebnisses konstitutiv für die Beschlussfassung sei.

861 > *Tipp*
> Ein sorgfältiger Verwalter wird Zweifelsfälle vermeiden und ausnahmslos das Beschlussergebnis bekannt geben und die Bekanntgabe im Protokoll vermerken.

862 Ein infolge Durchführung der Abstimmung „vorbereiteter", aber nicht (auch nicht konkludent) verkündeter Beschluss ist nach Auffassung des BGH **schwebend unwirksam.** (Das kann dogmatisch nicht überzeugen, denn wenn man die Beschlussfeststellung für konstitutiv hält, liegt ohne sie kein schwebend unwirksamer, sondern gar kein Beschluss vor; siehe auch Rn 190.) Fehlt es an der Beschlussfeststellung, kann sie (theoretisch) im Wege der **Klage** nachgeholt werden (siehe Rn 894).

3. Rechtswidrige Beschlüsse

863 Der Versammlungsleiter muss auch **rechtswidrige Beschlüsse** feststellen und verkünden (str.).

> *Beispiel*
> Abgestimmt wird über die Installation einer Videokamera im Eingangsbereich der Anlage. Die Mehrheit ist dafür. Welches Ergebnis verkündet der Verwalter?

864 Ob die Installation einer Videokamera **ordnungsmäßiger Verwaltung** entspricht oder nicht, wird in Literatur und Rechtsprechung nicht einheitlich beurteilt und hängt zudem vom Einzelfall ab (siehe Rn 710). Soll nun der Verwalter die Frage der Ordnungsmäßigkeit entscheiden, indem er – je nach seiner Beurteilung der Sach- und Rechtslage – den Beschluss feststellt und verkündet (wenn er ihn für ordnungsmäßig hält) oder dies ablehnt (wenn er ihn für nicht ordnungsmäßig hält)? Das

---

136 BGH v. 23.8.2001 – V ZB 10/01, ZMR 2001, 809.
137 So BGH v. 23.8.2001 – V ZB 10/01, ZMR 2001, 809.
138 BGH v. 23.8.2001 – V ZB 10/01, ZMR 2001, 809.
139 AG Bremen v. 7.12.2007 – 29 C 29/07, NZM 2008, 454.
140 BGH v. 23.8.2001 – V ZB 10/01, ZMR 2001, 809; LG Hamburg v. 29.2.2012 – 318 S 96/11, ZWE 2013, 33; LG Düsseldorf v. 16.3.2011 – 25 S 56/10, ZMR 2011, 898, Rn 40.

ist nicht seine Aufgabe. Bei der Abstimmungsleitung ist er Funktionsgehilfe der Eigentümerversammlung; ob der Beschluss ordnungsmäßig ist oder nicht, hat im Streitfall das Gericht zu entscheiden – und nicht schon im Vorfeld der Verwalter, indem er die Verkündung vermeintlich ordnungswidriger Beschlüsse verhindert. Es ist Sache der Eigentümer, ob sie innerhalb ihrer Beschlusskompetenz einen eventuell rechtswidrigen, aber gleichwohl wirksamen Beschluss fassen wollen.[141] Der Verwalter darf seine Mitwirkung an der Abstimmung also nicht verweigern und auch nicht das Beschlussergebnis offen lassen; diese Möglichkeit hätte er nur ausnahmsweise dann, wenn er sich zur Beschlussfeststellung wegen tatsächlicher oder rechtlicher Schwierigkeiten bei der Bewertung des Abstimmungsergebnisses außer Stande sähe (siehe Rn 858), was im Beispiel nicht der Fall ist. Kommt es nach der Beschlussfassung zu einer (erfolgreichen) Anfechtung, dürfen dem Verwalter folglich nicht mit der Begründung Verfahrenskosten auferlegt werden, er habe das Zustandekommen des rechtswidrigen Beschlusses verhindern müssen.[142]

Häufiger noch als die Frage nach der materiellen Ordnungsmäßigkeit stellt sich die Frage nach dem **erforderlichen Quorum**. So kann es z.B. schwierig zu entscheiden sein, ob eine bauliche Maßnahme in die Kategorie der modernisierenden Instandsetzung fällt (einfache Mehrheit genügt, § 22 Abs. 3 WEG) oder ob sie eine Modernisierung darstellt (qualifizierte Mehrheit erforderlich, § 22 Abs. 2 WEG). Noch schwieriger kann die Beurteilung bei sonstigen baulichen Veränderungen i.S.v. § 22 Abs. 1 WEG sein, wenn die Frage zu entscheiden ist, welche Miteigentümer nachteilig betroffen sind und dem Beschluss zustimmen müssen (und welche nicht).

865

> *Beispiel*
> Abgestimmt wird über den Antrag eines Miteigentümers auf Zustimmung zu einer baulichen Maßnahme, z.B. Bau eines Gartenhäuschens (so im obigen Fall, siehe Rn 566), Anbringung eines Balkons oder einer Markise. Die (einfache) Mehrheit ist dafür. Welches Ergebnis verkündet der Verwalter?

866

Das erforderliche Quorum für einen (rechtmäßigen) Beschluss hängt davon ab, ob die Maßnahme eine Modernisierung darstellt; falls diese Frage verneint wird, stellt sich die Folgefrage wer von der Maßnahme nachteilig betroffen sein könnte. Wenn diese Fragen (wie üblich) nicht eindeutig zweifelsfrei zu beantworten sind, muss und darf der Verwalter die Beschlussfeststellung davon nicht eigenmächtig abhängig machen. Er muss vielmehr **vor** der Abstimmung klarstellen, welches Quorum für ihn Voraussetzung dafür ist, den Beschluss als gefasst festzustellen. Unter Umständen will die Gemeinschaft sogar einen **Zitterbeschluss** fassen; auch das liegt in ihrer Beschlusskompetenz. Das Ergebnis ist somit das Gleiche wie bei einem eventuell ordnungswidrigen Beschluss: Wenn das vor der Abstimmung festgelegte Quorum erreicht wird (und wenn keines festgelegt wurde: beim Vorliegen der einfachen Mehrheit), muss der Verwalter das Zustandekommen des Beschlusses feststellen und verkünden.

867

---

141 AG Oberhausen v. 22.12.2009 – 34 C 55/09, ZMR 2011, 76; *Bonifacio,* DWE 2011, 9 (ausführlich und lesenswert); h.M. A.A. LG München I v. 27.4.2009 – 1 S 19129/08, ZMR 2009, 874.
142 H.M. (siehe Vornote). Ein grobes Verschulden und damit eine Schadenersatzpflicht verneinen LG Karlsruhe v. 15.9.2011 – 11 T 302/11, ZWE 2012, 184; LG Berlin v. 17.2.2009 – 55 T 34/08 WEG, ZMR 2009, 393 (betr. bauliche Veränderung). A.A. (übertrieben) LG Köln v. 10.3.2008 – 29 T 159/07, ZMR 2008, 485, wonach der Verwalter auf die Anfechtbarkeit und deren Folgen eindringlich hinweisen müsse.

E. Das Protokoll

I. Bedeutung, Inhalt und Form

868 Über die in der Versammlung gefassten Beschlüsse ist gem. § 24 Abs. 6 WEG eine Niederschrift (üblich gewordener Begriff hierfür: Protokoll) aufzunehmen. Das Protokoll dient vor allem der **Information** der Eigentümer; sein **Beweiswert** ist – theoretisch – beschränkt. Es erbringt vor allem keinen Beweis für die Richtigkeit seines Inhalts; als Privaturkunde i.S.d. § 416 ZPO beweist es nur, dass sein Inhalt von den Unterzeichnern herrührt. Für die Frage, ob und mit welchem Inhalt ein Beschluss zustande gekommen ist, kommt es alleine auf das tatsächliche Geschehen an und nicht darauf, was im Protokoll steht.[143] Im Rahmen der freien Beweiswürdigung gem. § 286 ZPO kommt dem Protokoll in der Praxis jedoch ein erheblicher Beweiswert zu. Vielfach wird ihm sogar eine im Streitfall zu widerlegende „Vermutung der Richtigkeit" beigemessen; grundsätzlich sei „von dem protokollierten Wortlaut der Beschlüsse auszugehen".[144] Das geht in dieser Allgemeinheit aber zu weit.[145] Beschlussprotokolle werden in der Praxis regelmäßig nachträglich gefertigt, wobei der Text häufig sprachlich und inhaltlich erst noch „ausgefeilt" (d.h. konkret: abweichend vom gefassten Beschluss formuliert) wird.

869 Das Gesetz bestimmt nicht, **wer** das Protokoll führen soll. Nach allgemeiner Meinung ist das die Aufgabe des Vorsitzenden. Er kann die Protokollierung auf Hilfspersonen oder Miteigentümer delegieren, was häufig sinnvoll ist, damit er sich ungestört der Versammlungsleitung widmen kann. Ein Geschäftsordnungsbeschluss ist hierfür nicht erforderlich, weil die Person des Protokollführers letztlich ohne Bedeutung ist; entscheidend ist, dass überhaupt ein Protokoll gefertigt wird. Rechtsverbindlichkeit erlangt es erst infolge der Unterzeichnung durch die hierfür zuständigen Personen.

870 Als **Protokollinhalt** verlangt das Gesetz (lediglich) ein Ergebnis- bzw. **Beschlussprotokoll**. Daraus ergibt sich folgender Mindestinhalt:

871 *Checkliste*
- Name der Eigentümergemeinschaft
- Tag, Zeit und Ort der Versammlung
- Wortlaut der Anträge
- Angaben zum Abstimmungsergebnis
- Beschlussergebnis. Empfehlenswert: Hinweis auf die Bekanntgabe des Beschlussergebnisses

872 Vor allem für die nicht anwesenden Miteigentümer ist es von Interesse, Informationen über die auf der Versammlung erörterten Angelegenheiten zu erhalten; der Versammlungsverlauf erschöpft sich ja nicht in der Beschlussfassung. Es ist deshalb sinnvoll und üblich, über den Mindestinhalt hinaus ein **Verlaufsprotokoll** zu fertigen. Manchmal ist der Verwalter nach der Gemeinschaftsordnung oder nach seinem Verwaltervertrag sogar dazu verpflichtet; anderenfalls steht es in seinem Ermessen, ob und wie er ein Verlaufsprotokoll fertigt.[146] In jedem Fall muss das Verlaufsprotokoll ordnungsmäßiger Verwaltung entsprechen und daher ausgewogen und neutral sein (siehe Rn 883). Ein Wohnungseigentümer hat aber keinen Anspruch auf Aufnahme bestimmter Diskussionsbeiträge.[147] Wenn die Gemeinschaftsordnung verlangt, dass „eine Niederschrift über die Versammlung

---

143 LG Hamburg v. 30.1.2013 – 318 S 127/11, ZMR 2013, 984, Rn 75.
144 BGH v. 15.1.2010 – V ZR 72/09, ZMR 2010, 378, Rn 9.
145 Richtig und ausführlich *Becker*, Die Feststellung des Inhalts fehlerhaft protokollierter Beschlüsse, ZMR 2006, 489.
146 Ausführlich dazu OLG Hamm v. 25.4.1989 – 15 W 353/87, MDR 1989, 914.
147 BayObLG v. 3.12.2003 – 2Z BR 188/03, ZMR 2004, 443.

und die darin gefassten Beschlüsse zu fertigen" ist, ist zumindest eine Wiedergabe aller gestellten Anträge erforderlich, auch wenn darüber nicht abgestimmt wird.[148]

Unter das Protokoll müssen gem. § 24 Abs. 6 S. 2 WEG drei (verschiedene[149]) Personen ihre **Unterschriften** leisten und damit dessen inhaltliche Richtigkeit bestätigen: 873

- Der Vorsitzende der Versammlung.
- Der Vorsitzende des Verwaltungsbeirats (oder dessen Stellvertreter).
- „Ein Wohnungseigentümer". Das Gesetz schreibt nicht vor, durch wen und wie der betreffende Wohnungseigentümer bestimmt wird. Üblich und zulässig ist es, ihn zu Beginn der Versammlung mehr oder weniger formlos zu bestimmen („Wer unterschreibt das Protokoll?"). Wenn die Versammlung keinen Wohnungseigentümer bestimmt, kann die Unterschrift (nach Wahl des Verwalters) durch einen beliebigen Miteigentümer (der an der Versammlung teilgenommen hat) geleistet werden.[150]

Die **Wirksamkeit der Beschlussfassung** hängt nicht davon ab, dass die Unterschriften unter dem Protokoll stehen; die Unterschriften erhöhen lediglich den Beweiswert des Protokolls.[151] Etwas anderes gilt, wenn die **Gemeinschaftsordnung** besondere **Formerfordernisse** aufstellt; dann führt das Fehlen erforderlicher Unterschriften i.d.R. zur **Anfechtbarkeit** der Beschlüsse. 874

Beispiel 875

Die Gemeinschaftsordnung enthält folgende (nicht empfehlenswerte[152]) Klausel: „In Ergänzung von § 23 WEG wird bestimmt, dass zur Gültigkeit eines Beschlusses der Wohnungseigentümerversammlung außer den dort genannten Bestimmungen die Protokollierung des Beschlusses erforderlich ist. Das Protokoll ist vom Verwalter und von zwei von der Eigentümerversammlung bestimmten Wohnungseigentümern zu unterzeichnen." Das Protokoll wird nur vom Verwalter unterschrieben und verschickt. 2 Monate (**Variante**: 2 Wochen) nach Beschlussfassung beantragt Miteigentümer A wegen der fehlenden Unterschriften bei Gericht die Ungültigerklärung der gefassten Beschlüsse. – Im Ausgangsfall bleibt die Anfechtung wegen Verfristung ohne Erfolg. Aus der Formulierung „Ergänzung von § 23 WEG" wird gefolgert, dass die „ergänzenden" Anforderungen für die Beschlussfassung nicht konstitutiv sind, so dass ein Verstoß dagegen lediglich die Anfechtbarkeit der Beschlussfassung zur Folge hat. (Welche Auswirkung die Nachholung der Unterschrift(en) für eine laufende Anfechtungsklage hat, ist wenig geklärt; siehe auch Rn 1798.)[153] Das ist einleuchtend, weil ein Verstoß gegen das in § 23 Abs. 2 WEG statuierte „Gültigkeitserfordernis" (Ankündigung der Beschlussfassung in der Tagesordnung) unstreitig auch nur die Anfechtbarkeit, nicht aber die Nichtigkeit zur Folge hat. In der **Variante** (fristgemäße Anfechtung) hat die Anfechtung Erfolg, sofern die fehlenden Unter-

---

148 BayObLG v. 3.12.2003 – 2Z BR 188/03, ZMR 2004, 443.
149 BGH v. 30.3.2012 – V ZR 178/11, ZMR 2012, 644, Rn 17. Es genügt demnach z.B. nicht, dass *ein* Verwaltungsbeirat zweimal unterschreibt (einmal in seiner Funktion als Beirat als und einmal Wohnungseigentümer (so noch OLG Düsseldorf v. 22.2.2010 – 3 Wx 263/09, ZMR 2010, 548).
150 Wenn „der Miteigentümer" zugleich Verwaltungsbeirat ist und mit dem Zusatz „Beirat" unterschreibt, schadet das natürlich nicht (OLG Hamm v. 8.7.2011 – 15 W 183/11, WuM 2011, 535); entscheidend ist, dass in der Summe drei (verschiedene) Unterschriften vorliegen. Wenn zwei zuerst angefragte Miteigentümer die Unterschrift verweigern und anschließend zwei andere Miteigentümer unterschreiben, begründet das nach (m.E. unzutreffender) Auffassung des LG Dortmund v. 6.8.2013 – 1 S 298/12, IMR 2013, 465 die Anfechtbarkeit.
151 BGH v.3.7.1997 – V ZB 2/97, ZMR 1997, 531.
152 Richtiger Weise ist die Klausel sogar als nichtig zu betrachten (*Lüke*, JZ 1998, 417, 420); diese Auffassung hat sich aber nicht durchgesetzt.
153 BGH v. 30.3.2012 – V ZR 178/11, ZMR 2012, 644, Rn 16; OLG Frankfurt v. 17.1.2011 – 20 W 500/08, ZWE 2011, 363; LG Saarbrücken v. 27.10.2010 – 5 S 7/10, ZWE 2011, 47.

schriften nicht noch bis zum Zeitpunkt der letzten mündlichen Verhandlung nachgeholt werden;[154] letzterenfalls kann A den Rechtsstreit für erledigt erklären. So oder so hat der Verwalter die Kosten des Rechtsstreits zu tragen.[155]

876 Wenn die Gemeinschaftsordnung zur Gültigkeit eines Beschlusses die Unterschrift von „**durch die Eigentümerversammlung bestimmten**" Wohnungseigentümern verlangt, muss im Protokoll vermerkt werden, wer diese Personen sind. Dazu folgendes

877 *Beispiel*
Im vorstehenden Beispielsfall (siehe Rn 875) werden zu Beginn der Eigentümerversammlung durch Beschluss zwei Miteigentümer bestimmt, die das Protokoll unterzeichnen sollen und das später auch tun. Das Protokoll vermerkt den Ermächtigungsbeschluss aber nicht. Miteigentümer A ficht deshalb die auf der Versammlung gefassten Beschlüsse fristgerecht an. – Mit Erfolg. Der Ermächtigungsbeschluss bedarf zu seiner Wirksamkeit seinerseits der in der Gemeinschaftsordnung vorgeschriebenen Form; mangels Protokollierung ist er für ungültig zu erklären, infolgedessen ist auch die Unterzeichnung durch die beiden Miteigentümer ungültig.[156] Die ordnungsgemäße Protokollierung kann hier auch nicht mehr nachgeholt werden.

Variante:
In der Versammlung ist nur der Verwalter und ein mit ausreichend Vollmachten ausgestatteter Nicht-Wohnungseigentümer als **Vertreter** anwesend. Das Protokoll trägt nur dessen Unterschrift und die des Verwalters. – Bei sinnvoller Auslegung der Protokollierungsklausel genügt das in diesem Fall, weil die Versammlung sonst gar keine rechtmäßigen Beschlüsse fassen könnte.[157]

II. Frist zur Bereithaltung oder Versendung

878 Nach dem Gesetz ist der Verwalter zur Versendung des Protokolls **nicht verpflichtet**; er muss es lediglich zur Einsichtnahme durch die Wohnungseigentümer bereithalten (§ 24 Abs. 6 S. 3 WEG). Diese praxisferne Regelung wird heutzutage regelmäßig durch die Gemeinschaftsordnung oder den Verwaltervertrag dahingehend geändert, dass der Verwalter Kopien des Protokolls an die Eigentümer verschicken muss.

879 Viele Verwalter lassen sich oft (zu) lange Zeit mit der Erstellung des Protokolls. Haben sie es endlich erstellt, schicken sie es an die zur Unterschrift bestimmten Personen, bei denen es dann nochmals mehr oder weniger lange herumliegt, so dass es die Miteigentümer häufig erst nach Ablauf der Anfechtungsfrist erhalten. Eine solche Praxis ist rechtswidrig. Nach der Rechtsprechung muss das Protokoll so rechtzeitig erstellt und zur Einsichtnahme bereit gehalten werden, dass den Miteigentümern bis zum Ablauf der Anfechtungsfrist ein Zeitraum von **einer Woche** verbleibt.[158] Wenn der Verwalter – wie üblich – nach dem Verwaltervertrag oder der Gemeinschaftsordnung zur Versendung verpflichtet ist, muss das Protokoll den Miteigentümern innerhalb der vorgenannten Frist zugehen.

---

154 OLG München v. 7.8.2007 – 34 Wx 3/05, ZMR 2007, 883.
155 BGH v. 3.7.1997 – V ZB 2/97, ZMR 1997, 531. Inzwischen ergibt sich dies aus § 49 Abs. 2 WEG.
156 So OLG Schleswig v. 24.3.2006 – 2 W 230/03, ZMR 2006, 721 und wohl auch BGH v. 3.7.1997 – V ZB 2/97, ZMR 1997, 531; m.E. zu weitgehend.
157 OLG Hamm v. 3.6.2008 – 15 Wx 15/08, ZMR 2009. Entsprechendes muss im Fall gelten, dass der Verwalter fehlt.
158 BayObLG v. 20.3.2001 – 2Z BR 101/00, ZMR 2001, 815; st. Rspr.

Tipp für Verwalter 880
Das Protokoll sollte spätestens eine Woche nach der Versammlung an die zur Unterzeichnung bestimmten Personen versandt werden. Kommt es von dort nicht rechtzeitig zurück, ist es ohne die Unterschrift(en) zu kopieren und mit einem entsprechenden Vermerk an alle Miteigentümer zu versenden. Das Fehlen von Unterschriften rechtfertigt keine Verzögerung des Protokollversands.

Der rechtzeitige Erhalt des Protokolls ist für die Wohnungseigentümer zwar im Hinblick auf die Prüfung einer eventuellen Beschlussanfechtung von Bedeutung; trotzdem bleibt eine **verspätete Vorlage** rechtlich meistens ohne Konsequenz. Wenn ein Miteigentümer an der Versammlung teilgenommen hat, wird von ihm erwartet, dass er auch ohne Protokoll weiß, welche Beschlüsse gefasst wurden; außerdem kann er Einsicht in die Beschluss-Sammlung nehmen. Wenn ein Miteigentümer demgegenüber nicht an der Eigentümerversammlung teilgenommen hat und daher für eine eventuelle Beschlussanfechtung erfahren muss, welche Beschlüsse überhaupt gefasst wurden, muss er Einsicht in die Beschluss-Sammlung nehmen.[159] Sollte das keinen Erfolg haben (weil der Verwalter pflichtwidrig keine Auskunft gibt oder keine Beschluss-Sammlung führt), hat ein Miteigentümer zwei Möglichkeiten: 881

- Aus Gründen der **Fristwahrung** ist er zur vorsorglichen Anfechtung aller Beschlüsse (**Totalanfechtung**) berechtigt. Er kann die Anfechtung nach Vorliegen des Protokolls auf einzelne Punkte beschränken oder ganz zurück nehmen. Soweit die Anfechtung zurückgenommen wird, sind dem Verwalter in der Regel die Kosten des Verfahrens aufzuerlegen, da er es durch seine Pflichtverletzung verschuldet hat (§ 49 Abs. 2 WEG).[160] 882
- Er kann den Beschlussanfechtungsantrag innerhalb von zwei Wochen nach Erhalt des Protokolls einreichen, verbunden mit einem Antrag auf **Wiedereinsetzung in den vorigen Stand** gem. §§ 46 Abs. 1 S. 3 WEG, 233 ZPO wegen des Ablaufs der Anfechtungsfrist.[161]

III. Anspruch auf Protokollberichtigung oder Feststellung des richtigen Beschlussinhalts

1. Fehlerhafte Protokollierung des Versammlungsverlaufs

Wenn der Verwalter sich nicht auf die Protokollierung der Beschlüsse beschränkt, muss seine Wiedergabe des Versammlungsverlaufs ausgewogen und neutral sein. Mit Rücksicht auf den Persönlichkeitsschutz der Wohnungseigentümer sind insbesondere überzogene Wertungen, Schärfen, Bloßstellungen und Diskriminierungen unzulässig. Überschreitet der Verwalter den Ermessensspielraum, der ihm bei der Gestaltung des Verlaufsprotokolls zusteht und genügt das Protokoll den vorgenannten Anforderungen nicht, hat jeder Miteigentümer einen Anspruch auf Berichtigung, Ergänzung oder Streichung.[162] 883

---

159 LG Hamburg v. 19.8.2010 – 318 T 57/10, ZMR 2010, 990; LG München v. 6.2.2008 – 1 T 22613/07, NZM 2008, 410.
160 BayObLG v. 20.3.2001 – 2Z BR 101/00, ZMR 2001, 815 spricht in diesem Fall allerdings lediglich von der Pflicht zur Tragung der Gerichtskosten. Weitere einschlägige Rechtsprechung ist bislang nicht veröffentlicht.
161 KG v. 9.1.2002 – 24 W 91/01, ZMR 2002, 548.
162 Für das Verlaufsprotokoll OLG Hamm v. 25.4.1989 – 15 W 353/87, MDR 1989, 914. Allgemein zum Anspruch auf Protokollberichtigung BayObLG v. 18.4.2005 – 2Z BR 232/04, WuM 2005, 604; BayObLG v. 9.2.2005 – 2Z BR 235/04, ZWE 2005, 345.

§ 7 Die Wohnungseigentümerversammlung

884 Dieser Anspruch richtet sich zunächst gegen den Versammlungsleiter (insoweit unstreitig), richtiger Ansicht nach aber auch gegen die weiteren Personen, die mit ihrer Unterschrift die angebliche Richtigkeit des Protokolls bestätigt haben.[163] Diese Personen müssen das Original des Protokolls berichtigen, die Berichtigung unterzeichnen und für einen Versand des berichtigten Protokolls sorgen. **Unzuständig** ist hingegen die **Eigentümergemeinschaft**: Ein Beschluss, der die Abänderung und Ergänzung des Protokolls zum Inhalt hat, ist rechtswidrig[164] oder nichtig.[165]

885 Der Berichtigungsanspruch ist zunächst außergerichtlich geltend zu machen; andernfalls kann das **Rechtsschutzbedürfnis** für gerichtliche Maßnahmen fehlen. Haben die außergerichtlichen Bemühungen keinen Erfolg, kann gem. § 43 Nr. 1 und Nr. 2 WEG Klage gegen die für die Berichtigung zuständigen Personen erhoben werden. Die übrigen Miteigentümer sind vom Gericht im Wege der Beiladung (§ 48 Abs. 1 WEG) an dem Verfahren zu beteiligen. Eine Frist zur Geltendmachung besteht nicht.

▼

886 **Muster 7.4: Klage auf Protokollberichtigung**

Namens und in Vollmacht von

Achim Acker, Heinestraße 12, 75234 Musterstadt

– Kläger –

erhebe ich

Klage

gegen

1. Xaver Xentis, Zenstraße 5, 75234 Musterstadt [= Verwalter bzw. Versammlungsleiter],
2. Berthold Berger, Heinestraße 12, 75234 Musterstadt [= Protokollunterzeichner],
3. Zacharias Zeller, wohnhaft daselbst [= Protokollunterzeichner],

– Beklagte –

und werde beantragen:[166]

1. Der Beklagte Ziff. 1 wird dazu verpflichtet, das Protokoll der Eigentümerversammlung vom 7.9.2010 in folgenden Punkten zu berichtigen: ▬▬▬▬.
2. Die Beklagten Ziff. 1–3 werden verpflichtet, das gem. Ziff. 1 berichtigte Protokoll zu unterzeichnen.
3. Der Beklagte Ziff. 1 wird verpflichtet, das gem. Ziff. 1 und 2 berichtigte und unterzeichnete Protokoll allen Miteigentümern zu übermitteln.

▲

---

163 BayObLG v. 12.9.2002 – 2Z BR 28/02, ZMR 2002, 951; *Becker*, Die Feststellung des Inhalts fehlerhaft protokollierter Beschlüsse, ZMR 2006, 489.
164 BayObLG v. 12.9.2002 – 2Z BR 28/02, ZMR 2002, 951.
165 AG Kassel v. 28.4.2004 – 800 II 114/2003 WEG, ZMR 2004, 711.
166 Anträge in Anlehnung an den Fall des BayObLG v. 18.4.2005 – 2Z BR 232/04, WuM 2005, 604.

2. Fehlerhafte Protokollierung von Beschlüssen

Bei **inhaltlich** fehlerhafter Protokollierung von Beschlüssen hat jeder Miteigentümer einen Berichtigungsanspruch gegen die Protokollunterzeichner; die vorstehenden Ausführungen zum fehlerhaften Verlaufsprotokoll gelten entsprechend. Es ist also eine Klage auf Protokollberichtigung entsprechend dem vorstehenden Klagemuster möglich. Vorzugswürdig ist aber eine **Feststellungsklage** („Beschlussberichtigungsklage") gem. §§ 256 ZPO, 43 Abs. 1 Nr. 4 WEG.[167] Diese richtet sich nach h.M. gegen die übrigen Miteigentümer (siehe zur Passivlegitimation aber auch Rn 28).

887

▼

Muster 7.5: Antrag bei Klage auf Feststellung des Beschlussinhalts

888

Es wird festgestellt, dass in der Eigentümerversammlung vom 8.9.2014 zu TOP 5 folgender Beschluss gefasst wurde:

▲

Stellt das Gericht den vom Protokoll abweichenden Inhalt des Beschlusses rechtskräftig fest, sind alle beteiligten Miteigentümer und ihre Sondernachfolger daran gebunden; eine gesonderte Protokollberichtigung erübrigt sich.

889

Bei der Klage auf Berichtigung einer fehlerhaften Beschlussprotokollierung oder auf Feststellung des richtigen Beschlussinhalts gibt es ein **Fristproblem**.

890

> *Beispiel*
> Auf der Eigentümerversammlung am 8.9.2014 steht zu TOP 3 die Jahresabrechnung 2013 zur Abstimmung; es gilt der Abstimmungsmodus nach Köpfen. Der Versammlungsleiter stellt Folgendes fest: „6 Ja-Stimmen, 7-Nein-Stimmen, 2 Enthaltungen; Jahresabrechnung abgelehnt." Am 1.10.2014 erhält Miteigentümer A das Protokoll. Darin ist zu TOP 3 lesen: „7 Ja-Stimmen, 6-Nein-Stimmen, 2 Enthaltungen; Jahresabrechnung genehmigt." Am 9.10.2010 beantragt A beim Amtsgericht die Feststellung des richtigen Beschlussinhalts (oder die Berichtigung des Protokolls). – Der Erfolg der Klage hängt davon ab, ob für den Feststellungs-/Berichtigungsanspruch die Monatsfrist analog § 46 Abs. 1 WEG gilt. Das wird von einigen Gerichten mit der Begründung vertreten, dass es der Sinn der Vorschrift sei, innerhalb einer festen Zeit Rechtssicherheit über den Bestand eines Beschlusses zu schaffen; daher müssten alle Streitigkeiten über den Inhalt eines Beschlusses binnen Monatsfrist oder – bei verspätetem Erhalt des Protokolls – wenigstens innerhalb der 2-wöchigen Wiedereinsetzungsfrist bei Gericht anhängig gemacht werden.[168] Nach dieser Auffassung ist die Klage des A (der keinen Antrag auf Wiedereinsetzung in den vorigen Stand gestellt hat) verfristet. Die inzwischen wohl h.M.[169] hält die analoge Anwendung von § 24 Abs. 4 WEG auf den Berichtigungsanspruch aber unter anderem mit Hinweis darauf für falsch, dass für den Inhalt des Beschlusses die Feststellung und Bekanntgabe des Beschlussergebnisses durch den Versammlungsleiter entscheidend ist und nicht das Protokoll. Diese Auffassung ist m.E. de lege lata zutreffend. Das für sich genommen berechtigte Anliegen, alle Streitigkeiten „rund um den Beschluss" innerhalb einer festen Zeit zu klären, kann demgegenüber nur de lege ferenda eingeführt werden (denkbar wäre z.B. eine Monatsfrist für die Feststellungsklage/Klage auf Protokollberichtigung, die ab dem Erhalt des Protokolls zu laufen beginnt). Solange das Gesetz aber eine Frist zur Protokollberichtigung

---

167 LG Hamburg v. 14.12.2011 – 318 S 248/10, ZMR 2012, 217. Ausführlich *Becker*, ZMR 2006, 491.
168 LG Hamburg v. 14.12.2011 (Vornote); AG Wiesbaden v. 3.12.2007 – 92 C 4116/07, ZMR 2008, 165. Offen gelassen von OLG München v. 26.6.2006 – 34 Wx 3/06, ZWE 2006, 456.
169 *Bärmann/Merle*, § 24 WEG Rn 143, § 23 Rn 53; *Jennißen/Suilmann*, § 46 Rn 74; *Dötsch*, MietRB 2013, 27, 29.

nicht vorsieht, muss der Berichtigungs-/Feststellungsanspruch fristungebunden geltend gemacht werden können.

891 Die (isolierte) Klage auf Protokollberichtigung/Feststellung des Beschlussinhalts ist meistens nicht der richtige Weg, wenn im Protokoll etwas Falsches steht. Wenn der Verwalter nämlich ein **materiell falsches Ergebnis** feststellt und verkündet (und sich dieses Ergebnis dann im Protokoll wiederfindet), ist vielmehr die **Beschlussanfechtung** der richtige Rechtsbehelf.

892 *Beispiel*
Im vorstehenden Beispielsfall verzählt sich der Verwalter (absichtlich oder versehentlich) und verkündet das Ergebnis: „7 Ja-Stimmen, 6-Nein-Stimmen, 2 Enthaltungen; Jahresabrechnung genehmigt". So steht es später auch im Protokoll. Das Ergebnis ist falsch, weil tatsächlich 7 Nein-Stimmen und 6 Ja-Stimmen dazu führten, dass der Beschluss abgelehnt wurde. Das Protokoll ist aber richtig, weil es wiedergibt, was der Verwalter in der Versammlung verkündet hat. Und für die Frage, ob und mit welchem Inhalt ein Beschluss zustande gekommen ist, kommt es allein auf die Feststellung und Verkündung des Versammlungsleiters nach Abschluss der Abstimmung an, weil die Wohnungseigentümer im Interesse der Rechtssicherheit auf das festgestellte und verkündete Beschlussergebnis vertrauen müssen.[170] Die fehlerhafte Beschlussfeststellung ist im Beschlussanfechtungsverfahren zu korrigieren.

893 Für die Klage auf Protokollberichtigung muss (wie für jede Klage) ein **Rechtsschutzbedürfnis** bestehen. Daran kann es z.B. fehlen, wenn die Zahl der abgegebenen Ja-Stimmen zwar falsch protokolliert ist, sich die Unrichtigkeit auf das Abstimmungsergebnis aber nicht auswirkt.[171] Unter dem Gesichtspunkt des Rechtsschutzbedürfnisses werden ferner vom anfechtungswilligen Miteigentümer zunächst außergerichtliche Bemühungen zur Korrektur verlangt; da der Berichtigungsanspruch aber nach h.M. fristgebunden ist, dürfen daran keine überzogenen Anforderungen gestellt werden. Ein Miteigentümer muss das Protokoll nach Erhalt zunächst prüfen, wofür ihm eine nicht zu knapp bemessene Zeit zuzubilligen ist. In den meisten Fällen dürfte danach – jedenfalls innerhalb der Anfechtungs- oder Wiedereinsetzungsfrist – keine Zeit mehr für außergerichtliche Bemühungen zur Berichtigung verbleiben.

3. Unterbliebene Beschlussfeststellung

894 Ein infolge Durchführung der Abstimmung „vorbereiteter", aber nicht verkündeter Beschluss kann durch (nicht fristgebundene) **Klage auf Beschlussfeststellung** gem. § 43 Nr. 4 WEG vervollständigt und in Geltung gesetzt werden.[172] Das kommt aber schon deswegen nicht allzu häufig vor, weil die Rechtsprechung sehr großzügig zur Annahme konkludenter Beschlussfeststellungen neigt (siehe Rn 859). Die Klage soll gleichwohl nicht übergangen werden. Sie hat folgende Voraussetzungen:

895 - Die (ausdrückliche) Feststellung und Bekanntgabe des Beschlussergebnisses in der Eigentümerversammlung ist unterblieben (ob versehentlich oder infolge einer Weigerung des Versammlungsleiters);
- die Beschlussfeststellung ist auch nicht konkludent erfolgt.

---

170 OLG Frankfurt v. 17.4.2008 – 20 W 13/07, ZMR 2009, 56 mit Hinweis auf BGH v. 23.8.2001 – V ZB 10/01, ZMR 2001, 809.
171 BayObLG v. 28.2.1991 – 2Z BR 144/90, WuM 1991, 310.
172 BGH v. 23.8.2001 – V ZB 10/01, ZMR 2001, 809; AG Hamburg-Blankenese v. 17.9.2008 – 539 C 27/08, ZMR 2008, 1001; siehe auch die Nachweise in den Folgenoten.

896 Es handelt sich genau genommen nicht um eine Feststellungs-, sondern um eine Gestaltungsklage, weil das Gericht die fehlende Feststellung und Bekanntgabe des Wohnungseigentümerbeschlusses durch seine Entscheidung erst noch vollzieht.[173] Trotzdem sollen der **Antrag** und die gerichtliche Entscheidung nach allg. M. ebenso lauten wie bei der Klage auf Feststellung des Beschlussinhalts, sodass auf das obige Muster (siehe Rn 888) verwiesen werden kann.

897 Es ist streitig, ob das Gericht das beantragte Urteil nur dann erlassen darf, wenn der gefasste Beschluss **rechtmäßig** ist. Richtiger Ansicht nach muss das Gericht auch ordnungswidrige oder aus sonstigen Gründen rechtswidrige Beschlüsse feststellen, da solche Beschlüsse ohne Anfechtung nun einmal gültig sind.[174] Auf Basis dieser Auffassung beginnt die Anfechtungsfrist (bezogen auf den Beschluss, nicht auf das gerichtliche Urteil) mit Rechtskraft des Urteils, weil dieses ja die unterbliebene Feststellung durch den Versammlungsleiter ersetzt. Die wohl überwiegende Meinung betont aber den Gesichtspunkt der Prozessökonomie und hält das Gericht für verpflichtet, bei der Klage auf Beschlussfeststellung die materielle Rechtmäßigkeit des Beschlusses zu prüfen; dann muss das Gericht die Klage auf Beschlussfeststellung abweisen, wenn es den Beschluss für rechtswidrig hält.[175]

F. Die Beschluss-Sammlung

I. Allgemeines

898 Der Verwalter muss nicht nur eine „Niederschrift" der in einer Eigentümerversammlung gefassten Beschlüsse fertigen (das sog. Protokoll); er muss darüber hinaus auch eine Beschluss-Sammlung führen (§ 24 Abs. 7 und Abs. 8 WEG). Diese im Zuge der WEG-Novelle entgegen vielfacher Warnungen eingeführte Pflicht gilt für die ab dem 1.7.2007 gefassten Beschlüsse und gerichtlichen Entscheidungen. Beschlüsse aus der Zeit vor dem 1.7.2007 muss der Verwalter nicht nachträglich in die Beschluss-Sammlung aufnehmen. Verstöße gegen die Pflicht zur ordnungsmäßigen Führung der Beschluss-Sammlung werden vom Gesetz mit überzogener Härte geahndet: Schon der einmalige Verstoß soll regelmäßig die **Abberufung des Verwalters** aus wichtigem Grund rechtfertigen (§ 26 Abs. 1 S. 3 WEG; siehe Rn 1321). Praktisch droht diese Gefahr aber nur bei Versäumnis der Eintragungsfrist. Denn die meisten Detailfragen zur Führung der Beschluss-Sammlung sind in der Literatur mehr oder weniger umstritten, und Rechtsprechung gibt es kaum. Es kann nicht zu Lasten des Verwalters gehen, dass er sich im Detail für die eine oder andere Ansicht entscheiden muss.

899 Die Beschluss-Sammlung hat den Zweck, „einem Erwerber von Wohnungseigentum, den Wohnungseigentümern selbst und dem Verwalter in übersichtlicher Form Kenntnis von der aktuellen Beschlusslage der Gemeinschaft und damit zusammen hängenden gerichtlichen Entscheidungen" zu geben.[176] Deshalb bestimmt § 24 Abs. 7 Satz 8 WEG: „Einem Wohnungseigentümer oder einem Dritten, den ein Wohnungseigentümer ermächtigt hat, ist auf sein Verlangen **Einsicht** in die Beschluss-Sammlung zu geben"; das Recht auf **Erhalt von Kopien** ist inbegriffen (siehe Rn 1541). Tatsächlich ist die Beschluss-Sammlung vor allem die Reaktion des Gesetzgebers auf die im Gesetzgebungsverfahren erhobene Forderung, die Eintragung solcher Beschlüsse in das Grundbuch zu ermöglichen, die auf der Basis einer Öffnungsklausel die Teilungserklärung ändern. Dieser Forderung wurde – vor allem aus fiskalischen Gründen (d.h. zur Entlastung der Grundbuchämter und

---

173 So z.B. AG Hamburg-Blankenese v. 17.9.2008 – 539 C 27/08, ZMR 2008, 1001; *Dötsch*, Beschlussfeststellungsverfahren, MietRB 2013, 27, 28.
174 AG Oberhausen v. 22.12.2009 – 34 C 55/09, ZMR 2011, 76, Rn 28; AG Hamburg-Blankenese v. 17.9.2008 – 539 C 27/08, ZMR 2008, 1001.
175 Z.B. *Abramenko*, in: *Riecke/Schmid*, § 43 Rn 20; NKV/*Niedenführ*, § 43 Rn 89.
176 BT-Drucks 16/887, 33.

entsprechender Kosteneinsparung) – nicht entsprochen (siehe Rn 256). Klarheit über die innerhalb der Gemeinschaft geltende „Rechtslage" soll somit statt des Grundbuchs (oder jedenfalls in Ergänzung desselben) die Beschluss-Sammlung bringen. Es ist freilich zu konstatieren, dass sich dieses Institut **nicht bewährt** hat. Die Beschluss-Sammlung hat einen erheblichen bürokratischen Aufwand zur Folge, wirft zahlreiche Zweifelsfragen auf und zeitigt kaum einen erkennbaren Nutzen. Von einer „übersichtlichen" Information kann bei der vom Gesetz geforderten unterschiedslosen Sammlung aller Beschlüsse keine Rede sein: Die wenigen wichtigen Beschlüsse mit Dauerwirkung werden überlagert von der Vielzahl an Beschlüssen, die lediglich der laufenden Verwaltung dienen (wie z.B. Jahresabrechnung/Wirtschaftsplan) und die spätestens nach 1, 2 Jahren niemanden mehr interessieren. Komplettiert wird die Überfrachtung durch die Aufnahme des jeweils vollständigen Tenors von Zahlungsurteilen oder Vollstreckungsbescheiden. Die herkömmliche Sammlung der WEG-Protokolle war und ist für Miteigentümer und Kaufinteressenten wesentlich aufschlussreicher als die Beschluss-Sammlung nach dem Muster der WEG-Novelle.

900
> *Tipp*
> Durch Vereinbarung (Ergänzung der Gemeinschaftsordnung) kann die Pflicht zur Führung der Beschluss-Sammlung **abgeschafft** werden.[177] Das ist jeder Gemeinschaft zu empfehlen (wird erfahrungsgemäß aber allenfalls in kleineren Gemeinschaften klappen).

II. Einzelheiten

1. Der Verpflichtete

901 § 24 Abs. 8 WEG sieht Folgendes vor: „Die Beschluss-Sammlung ist von dem **Verwalter** zu führen. Fehlt ein Verwalter, so ist der Vorsitzende der Wohnungseigentümerversammlung verpflichtet, die Beschluss-Sammlung zu führen, sofern die Wohnungseigentümer durch Stimmenmehrheit keinen anderen für diese Aufgabe bestellt haben." Wenn es – wie üblich – einen Verwalter gibt, ist die Verantwortlichkeit klar: Sie trifft den Verwalter. Hingegen ist die gesetzliche Regelung für den Fall des Fehlens eines Verwalters nach einhelliger Auffassung verfehlt und jedenfalls nicht praktikabel. Geht es um kleine Gemeinschaften ohne Verwalter, geht die Zuständigkeitszuweisung auf den „Vorsitzenden der Wohnungseigentümerversammlung" ins Leere: Denn kleine Gemeinschaften pflegen sich ohne förmliche Bestimmung eines Versammlungsleiters zu treffen, sodass es mangels Versammlungsleiters keinen Adressaten für die Pflicht zur Führung der Beschluss-Sammlung gibt. Wird in einer Versammlung aber ad hoc ein Versammlungsleiter gewählt, kann dieser die ihn treffende Pflicht gar nicht umsetzen, selbst wenn er es wollte: Denn wie könnte eine Person, die ausschließlich zur Leitung einer Versammlung gewählt wurde, die Beschluss-Sammlung (ein über alle Versammlungen seit dem 1.7.2007 hin fortlaufendes Werk) „führen"? Das ist nicht möglich. Der Versammlungsleiter kann nur das Protokoll der von ihm geleiteten Versammlung erstellen, aber nicht eine Sammlung führen, die ihm gar nicht vorliegt. Erst recht ist fraglich, wie die Beschluss-Sammlung zu führen ist, wenn der Versammlungsvorsitz während des Laufs der Versammlung wechselt.

2. Form

902 In welcher Form die Beschluss-Sammlung zu führen ist, schreibt das Gesetz nicht vor. Zwingend ist nach der Bestimmung in § 24 Abs. 7 WEG lediglich, dass die Beschlüsse und gerichtlichen Entscheidungen **fortlaufend** (d.h. in chronologischer Reihenfolge) **einzutragen** und zu **nummerieren** sind. Es kann sich bei der Beschluss-Sammlung daher um ein Buch, um eine Sammlung von Blät-

---

[177] H.M., siehe nur *Bärmann/Merle*, § 24 Rn 133.

tern in einem Hefter oder auch um ein elektronisches Dokument handeln. Entscheidend ist, dass die Sammlung zweckmäßig und übersichtlich geführt wird. In jedem Fall muss sie ein eigenständiges Werk sein; es genügt nicht, lediglich die Versammlungsprotokolle zu sammeln und geordnet aufzubewahren.

Da selbstverständlich der Wortlaut der gefassten Beschlüsse im Versammlungsprotokoll und in der Beschluss-Sammlung derselbe sein muss, ist der Unterschied zwischen einer „Sammlung der Versammlungsprotokolle" und der „Beschluss-Sammlung" nur gering. Er wird noch geringer, wenn das Versammlungsprotokoll nicht als Verlaufsprotokoll geführt wird, sondern sich – der gesetzlichen Mindestanforderung (§ 24 Abs. 6 S. 1 WEG) entsprechend – auf die „Niederschrift der in der Versammlung gefassten Beschlüsse" beschränkt. Daher kann sich der Verwalter, obwohl das Protokoll und die Beschluss-Sammlung zwei unterschiedliche Aufgaben sind, die Arbeit durch sinnvolle Vorbereitung und parallele Bearbeitung erleichtern. Am wichtigsten ist es, die Beschlüsse so vorzubereiten und beschließen zu lassen, dass es einen klaren und eindeutigen Beschlusstext gibt. Dieser Text kann dann sowohl im Versammlungsprotokoll verwendet werden (dort ggf. noch mit Zusatzinformationen zu den Hintergründen der Beschlussfassung und zum Versammlungsverlauf), als auch in die Beschluss-Sammlung eingetragen werden (dort mit fortlaufender Nummerierung). Wird so verfahren, erübrigt sich sogar die Anschaffung eines besonderen **Programmes** zur Führung der Beschluss-Sammlung: Die EDV ermöglicht es, die Beschlüsse aus dem Versammlungsprotokoll heraus in die Beschluss-Sammlung hinein zu kopieren.

903

Die Beschluss-Sammlung kann nach **Sachgebieten** geordnet werden. Z.B. können Beschlüsse und gerichtliche Entscheidungen jeweils separat gesammelt werden, was zwecks Übersichtlichkeit zu empfehlen ist. Die fortlaufende Nummerierung erfolgt dann innerhalb dieser Sachgebiete. Letzteres wird zwar in der Literatur zwar vereinzelt bestritten;[178] jedoch ist nicht zu erkennen, inwiefern die Nummerierung innerhalb von Sachgebieten dem Zweck der fortlaufenden Nummerierung (Indiz für die Vollständigkeit der Beschluss-Sammlung) entgegenstehen könnte. Ebenso möglich ist die Nummerierung in Verbindung mit der Jahreszahl (z.B.: 2009/13). Diese Nummerierung gibt dem Leser gleich die nützliche Information nach dem Alter des Beschlusses und vermeidet außerdem die ansonsten im Laufe der Jahre zwangsläufig eintretende Vergrößerung der Ziffernfolge.

904

3. Frist für die Eintragung

Gem. § 24 Abs. 7 Satz 7 WEG sind „die Eintragungen, Vermerke und Löschungen **unverzüglich** zu erledigen und mit Datum zu versehen." Dass „unverzüglich" nach der Legaldefinition des § 121 Abs. 1 BGB „ohne schuldhaftes Zögern" bedeutet, hilft dem Rechtsanwender wenig weiter. Nach der Auffassung des Gesetzgebers[179] sind die Eintragungen „im Regelfall unmittelbar im Anschluss an die Verkündung in der Versammlung einzutragen". Das ist (mal wieder) nicht praktikabel: Man kann vom Verwalter nicht erwarten, dass er nach der Versammlung (die normalerweise außerhalb seines Büros und am Abend stattfindet) noch in sein Büro fährt, um Eintragungen in die Beschluss-Sammlung vorzunehmen. Nach allgemeiner Meinung bedeutet „unverzüglich" im Zusammenhang mit der Beschluss-Sammlung vielmehr Folgendes: Die Eintragung soll grundsätzlich an dem auf die Versammlung folgenden Arbeitstag erfolgen, spätestens aber innerhalb von **drei Arbeitstagen**. Eintragungen, die erst nach Ablauf von einer Woche nach der Beschlussfassung vorgenommen werden, sind jedenfalls nicht mehr unverzüglich.[180] Daraus ergibt sich, dass der Verwalter mit der Eintragung in die Beschluss-Sammlung nicht die Fertigung des Protokolls und dessen Unterzeich-

905

---

178 *Jennißen/Elzer*, § 24, Rn 164.
179 BT-Drucks 16/887, siehe 34.
180 A.A. LG Berlin v. 7.10.2010 – 85 S 101/08, ZWE 2010, 224.

nung durch die hierfür zuständigen Miteigentümer abwarten darf. Verlangen die betreffenden Miteigentümer berechtigte Korrekturen des protokollierten Beschlusstextes, müssen diese Korrekturen in der Beschluss-Sammlung nachgetragen werden.

4. Was ist einzutragen?

a) Allgemeines

906 Zum Inhalt der Beschluss-Sammlung enthält das Gesetz einige detaillierte Vorgaben, wobei sich der Gesetzgeber offensichtlich vom Grundbuch inspirieren ließ. Gem. § 24 Abs. 7 WEG enthält die Beschluss-Sammlung den Wortlaut der

907
- in der Eigentümerversammlung verkündeten Beschlüsse mit Angabe von Ort und Datum der Versammlung,
- schriftlichen Beschlüsse mit Angabe von Ort und Datum der Verkündung,
- Urteilsformeln der gerichtlichen Entscheidungen in einem Rechtsstreit gem. § 43 WEG mit Angabe von Datum, Gericht und Parteien.

908 Anzugeben sind **Datum** und **Ort** sowohl der Beschlussfassung, als auch der Eintragung in die Beschluss-Sammlung. Während hinsichtlich des Datums der Beschlussfassung noch ein gewisses Informationsinteresse angenommen werden kann, trifft dies auf die übrigen Angaben nicht zu: Es interessiert z.B. einen Wohnungskäufer nicht, an welchem Ort Beschlüsse gefasst, und erst recht nicht, wann sie in die Beschluss-Sammlung eingetragen wurden. Gleichwohl: Ob sinnvoll oder nicht, die vom Gesetz geforderten Angaben sind einzutragen.

909 Ein einzutragender Beschluss liegt vor, wenn über einen Antrag abgestimmt wurde und der Versammlungsleiter das Beschlussergebnis verkündet hat. Ob der Beschluss in einer „ordentlichen" oder „außerordentlichen" Versammlung (das Gesetz kennt diese Differenzierung nicht) gefasst wurde, ist ebenso unerheblich wie die Bezeichnung des Tagesordnungspunktes in der Einladung. Also sind auch Beschlüsse einzutragen, die (rechtswidrig) unter dem Punkt „Sonstiges" (oder: Verschiedenes) gefasst wurden, oder zu einem Tagesordnungspunkt, der den Gegenstand der Beschlussfassung nicht ausreichend angekündigt hat. Generell spielt es für die Eintragungsfähigkeit keine Rolle, ob der Beschluss **rechtswidrig** ist. Wenn ein Antrag abgelehnt wurde, ist auch das einzutragen; denn dann liegt ein Negativ-Beschluss vor. Wird über einen Antrag hingegen gar nicht abgestimmt, liegt ein Nicht-Beschluss vor, sodass es keinen Gegenstand der Eintragung gibt.

910 Ein Beschluss ist „sinnvoll" so einzutragen, dass der Leser seinen **Inhalt** erfährt.

> *Beispiel*
> - Der Antrag lautet: Die Jahresabrechnung 2013 (Gesamt- und Einzelabrechnungen) werden genehmigt. Die Abstimmung ergibt: 6 Ja-Stimmen, 2 Nein-Stimmen, 3 Enthaltungen. Der Verwalter verkündet das Ergebnis: Damit ist der Antrag angenommen.
> - **Variante**: Die Abstimmung ergibt: 2 Ja-Stimmen, 6 Nein-Stimmen, 3 Enthaltungen. Der Verwalter verkündet das Ergebnis: Damit ist der Antrag abgelehnt.

911 Im Beispiel ist in die Beschluss-Sammlung nicht einzutragen „Der Antrag ist angenommen", sondern: „Die Jahresabrechnung 2013 (Gesamt- und Einzelabrechnungen) werden genehmigt". Das Ergebnis der Stimmauszählung (wie viele Ja/Nein/Enthaltungen) muss hingegen nicht in die Beschluss-Sammlung (wohl aber in das Versammlungsprotokoll). Welchen Inhalt die Jahresabrechnung bzw. die Einzelabrechnungen haben, muss der Beschluss-Sammlung nicht zu entnehmen sein. Es ist daher nicht erforderlich, die Jahresgesamt- und Einzelabrechnungen als Anlage beizuheften oder anderweitig deren Inhalt wiederzugeben; wer diesbezüglich Näheres wissen will, kann deren Vorlage verlangen und Einsicht nehmen. In der Variante (Negativ-Beschluss) ist zunächst der Wortlaut des Antrags und dann erst das Ergebnis „Der Antrag wird abgelehnt" einzutragen; denn ohne den Antrag erfährt man nichts vom Gegenstand des Negativbeschlusses.

b) Beschlüsse

Nur Beschlüsse sind einzutragen, **nicht Vereinbarungen**. Die Abgrenzung zwischen Beschluss und Vereinbarung kann schwierig sein. Will der Verwalter hier nicht in die Schwierigkeit kommen, erst nach der Versammlung entscheiden zu müssen, ob ein Beschluss gefasst oder eine Vereinbarung getroffen wurde, muss er den Gegenstand der Abstimmung schon vorher festlegen. Diese Klarheit sollte zwar ohnehin eine Selbstverständlichkeit sein, sie gewinnt aber wegen der Notwendigkeit der Führung der Beschluss-Sammlung eine neue Bedeutung. 912

Die Behandlung von **Geschäftsordnungsbeschlüssen** ist streitig. Es wird vertreten, dass eine Eintragung in die Beschluss-Sammlung erfolgen müsse, da ein fehlerhafter Geschäftsordnungsbeschluss zur Anfechtbarkeit anderer in der Versammlung gefassten Beschlüsse führen könne. Dagegen spricht aber der mit der Beschluss-Sammlung verfolgte Zweck, einem Wohnungskäufer Kenntnis von dem in der Gemeinschaft geltenden „Rechtszustand" zu verschaffen: Vor diesem Hintergrund sind Geschäftsordnungsbeschlüsse ohne Interesse, da sie definitionsgemäß mit Ablauf der Versammlung ihre Wirkung verlieren. Etwaige die Rechtmäßigkeit von Beschlüssen betreffenden Umstände der Beschlussfassung, namentlich also Geschäftsordnungsbeschlüsse, sind deshalb nur im Versammlungsprotokoll aufzuführen, nicht aber in der Beschluss-Sammlung. 913

Die Hervorhebung von Beschlüssen, welche auf der Grundlage einer entsprechenden Öffnungsklausel die Teilungserklärung/Gemeinschaftsordnung ändern (**vereinbarungsändernde Beschlüsse**) ist vom Gesetz nicht vorgesehen, aber nach Sinn und Zweck der Beschluss-Sammlung zu empfehlen. 914

Schriftliche Beschlüsse gem. § 23 Abs. 3 WEG (sog. Umlaufbeschlüsse) werden mit der Verkündung des Beschlussergebnisses durch den Verwalter existent. **Wie** die Verkündung erfolgt (Rundschreiben an alle Miteigentümer, Aushang am „schwarzen Brett o. Ä.) ist eine Frage für sich (siehe Rn 168). **Wann** die Verkündung abgeschlossen und der Beschluss somit in die Beschluss-Sammlung einzutragen ist, ist die nächste Frage. Teilweise wird auf das Datum der „Verkündungshandlung" abgestellt (also z.B. auf den Tag des Versands des Rundschreibens oder auf den Tag, an dem der Aushang angebracht wurde), teilweise auf den späteren Zeitpunkt, zu dem die Empfänger nach üblicher Postlaufzeit von der Verkündung Kenntnis erlangen können. An sich ist es müßig, sich im Zusammenhang mit der Beschluss-Sammlung mit dieser Frage zu befassen; denn nach dem Sinn der Beschluss-Sammlung ist es ziemlich gleichgültig, ob ein früherer oder späterer Tag der Verkündung eingetragen wird. 915

Zu **Beschlussanfechtungen** bestimmt § 24 Abs. 7 S. 4 WEG Folgendes: „Sind sie (die Beschlüsse) angefochten oder aufhoben worden, so ist dies anzumerken. Im Falle einer Aufhebung kann von einer Anmerkung abgesehen und die Eintragung gelöscht werden." Daraus folgt: Ob ein Beschluss angefochten wurde oder nicht, ist zunächst ohne Bedeutung; er ist in jedem Fall in die Beschluss-Sammlung einzutragen. Das gilt natürlich erst recht, wenn eine Anfechtung von einem Miteigentümer lediglich angekündigt wurde. Kommt es zur Anfechtung, ist in der Beschluss-Sammlung bei dem betreffenden Beschluss eine entsprechende Anmerkung vorzunehmen. 916

c) Gerichtliche Entscheidungen

Nach dem Wortlaut des Gesetzes sind die „Urteilsformeln der gerichtlichen Entscheidungen in einem Rechtsstreit gem. § 43 WEG" einzutragen. Zu diesen Rechtsstreitigkeiten gehören zum einen die „typischen" WEG-Binnenstreitigkeiten" (Beschlussanfechtungen, Streit mit dem Verwalter oder unter den Wohnungseigentümern usw.), zum anderen „Klagen Dritter, die sich gegen die WEG richten ..." (§ 43 Nr. 6 WEG) sowie Hausgeldklagen. 917

Gerichtliche Entscheidungen sind nach allg. M. – obwohl das Gesetz von „Urteilsformeln" spricht – nicht nur Endurteile, sondern auch **verfahrensbeendende** gerichtliche Beschlüsse (z.B. 918

die Zurückweisung einer Berufung durch Beschluss gem. § 522 ZPO) oder anderweitige Rechtshandlungen (z.B. eine Klagerücknahme oder Erledigterklärung).

919 Die **Urteilsformel** (auch „Tenor" genannt) ist ein vom Prozessrecht (§ 313 Abs. 1 Nr. 4 ZPO) definierter Begriff. Dazu gehören die Sachentscheidung („Der Beschl. v. 21.5.2014 wird für ungültig erklärt") und die Nebenentscheidungen, das sind die Kostenentscheidung („Die Beklagten tragen als Gesamtschuldner die Kosten des Rechtsstreits") sowie die Entscheidung über die Vollstreckbarkeit („Das Urteil ist vorläufig vollstreckbar"). Man kann bezweifeln, dass der Gesetzgeber der WEG-Novelle bei der Verwendung des Begriffs „Urteilsformel" an die Nebenentscheidungen gedacht hat. Denn es ist nicht ersichtlich, welchen Sinn die Eintragung der Kostenentscheidung und der Entscheidung über die Vollstreckbarkeit haben könnten. Eine an Sinn und Zweck des Gesetzes orientierte Auslegung kann deshalb nur zu dem Ergebnis kommen, dass diese Nebenentscheidungen des Urteils nicht eingetragen werden müssen; eine h.M. hat sich zu dieser Frage aber noch nicht herausgebildet. Demgegenüber ist es allgemeine Meinung, dass die (vom Gesetz nicht geforderte) Angabe des gerichtlichen Aktenzeichens sinnvoll ist.

920 Auch **klageabweisende** Urteile sind einzutragen. Die Eintragung alleine der Urteilsformel „Die Klage wird abgewiesen" ist allerdings ebenso sinnlos wie die Eintragung eines Beschlusses „Der Antrag wird abgelehnt/angenommen". Entsprechend dem Beschlussantrag beim Negativbeschluss ist also bei der Klageabweisung zu Informationszwecken der (in der letzten mündlichen Verhandlung gestellte) Klageantrag in die Beschluss-Sammlung einzutragen.

921 Zu den Verfahren nach § 43 WEG gehören auch **Rechtsstreitigkeiten unter den Wohnungseigentümern**. Dazu gehört z.B. der Fall, dass A den B auf Rückbau der von B angebrachten Markise oder auf Unterlassung von Ruhestörungen verklagt. Der Verwalter ist an solchen Prozessen nicht beteiligt; er muss weder hinzugezogen (beigeladen), noch darüber informiert werden. Es ist daher völlig sinnlos, dass ihm das Gesetz die Pflicht auferlegt, auch solche Verfahren in die Beschluss-Sammlung einzutragen. Die Parteien des Rechtsstreits wären nicht einmal dann zur Information des Verwalters über den Inhalt des Rechtsstreits verpflichtet, wenn dieser unter Hinweis auf seine Pflicht zur Eintragung in die Beschluss-Sammlung danach fragen würde. Auch hier hilft nur eine Auslegung und Anwendung des Gesetzes nach Sinn und Zweck; d.h.: (Nur) wenn und soweit der Verwalter Kenntnis von derartigen Rechtsstreitigkeiten erlangt, z.B. infolge entsprechender Information seitens einer der Parteien, hat er diese Informationen zur Eintragung zu bringen. Eine Erkundigungs- oder Nachforschungspflicht des Verwalters besteht hingegen nicht.

922 **Hausgeldklagen** sind Streitigkeiten gem. § 43 Nr. 1 WEG und demnach in die Beschluss-Sammlung einzutragen. Natürlich kann man sich fragen, welchen Sinn die Eintragung in die Beschluss-Sammlung haben soll: Mit dem vom Gesetzgeber angegebenen Zweck der Information über „... mit der aktuellen Beschlusslage zusammen hängenden gerichtlichen Entscheidungen" haben Hausgeldklagen jedenfalls nichts zu tun. Sogar der Inhalt von **Vollstreckungsbescheiden** ist einzutragen, da ein Vollstreckungsbescheid einem vorläufig für vollstreckbar erklärten Versäumnisurteil gleich steht (§ 700 Abs. 1 ZPO). Die Eintragungsfähigkeit wird in der Literatur zwar teilweise bestritten; wenn man jedoch die Eintragungsfähigkeit von Zahlungsurteilen bejaht, kann man diejenige von Vollstreckungsbescheiden nicht verneinen.

923 Problematisch und umstritten ist auch die Eintragung von **Vergleichen**. Gegen die Eintragungsfähigkeit spricht formal gesehen die Tatsache, dass Vergleiche keine „Urteilsformel" enthalten. Zudem ist es ganz allgemein nicht geklärt und jedenfalls vom Einzelfall abhängig, inwieweit Rechtsnachfolger an den Inhalt von Vergleichen gebunden sind, sodass die Eintragung in der Beschluss-Sammlung bei unbedarften Käufern den evtl. unzutreffenden Eindruck erwecken könnte, sie seien an den Vergleich gebunden. Auf der anderen Seite schließen Vergleiche wie ein rechts-

kräftiges Urteil ein gerichtliches Verfahren endgültig ab und prägen somit die Rechtslage innerhalb der Gemeinschaft. Die besseren Gründe sprechen somit für die Eintragung von Vergleichen.

Ein gerichtliches Verfahren findet mit dem Erlass einer Entscheidung in erster Instanz nicht zwangsläufig sein Ende; es gibt auch eine **zweite Instanz**. Insoweit gilt für Beschlüsse und gerichtliche Entscheidungen gem. § 24 Abs. 7 S. 4 WEG das Gleiche: „Werden sie (die gerichtlichen Entscheidungen) angefochten oder aufgehoben, so ist dies anzumerken. Im Falle einer Aufhebung kann von einer Anmerkung abgesehen und die Eintragung gelöscht werden."   924

5. Nachträgliche Änderungen/Fehlerkorrektur

Abgesehen davon, das die Anfechtung oder Aufhebung von Beschlüssen/gerichtlichen Entscheidungen in der Beschluss-Sammlung „anzumerken" oder die Eintragung zu löschen ist, kann eine Eintragung generell auch dann gelöscht werden, wenn sie aus einem anderen Grund für die Wohnungseigentümer keine Bedeutung mehr hat (§ 24 Abs. 7 S. 6 WEG). Das ist z.B. der Fall, wenn sie durch eine spätere Regelung überholt wird oder sich durch Zeitablauf erledigt hat. Weil die Bewertung schwierig sein kann, ist die Löschung nicht zwingend, wie sich aus der Formulierung als Kann-Bestimmung ergibt. Dem Verwalter kann von einer Löschung nur abgeraten werden. Durch Eintragung einer (unverbindlichen) Anmerkung erweist er der Gemeinschaft schon einen ausreichenden Dienst; und nicht einmal dazu ist er verpflichtet. Im Übrigen sieht das Gesetz weder Anmerkungen noch eine Fehlerkorrektur vor. Beides ist nach allgemeiner Meinung aber zulässig und je nach Fall geboten. Stellt der Verwalter die Fehlerhaftigkeit einer Eintragung fest, muss er sie korrigieren und die Korrektur mit Eintragungsdatum vermerken.   925

§ 8 Jahresabrechnung und Wirtschaftsplan

A. Die Jahresabrechnung

I. Allgemeines

1. Grundlagen

Einmal im Jahr muss die Gemeinschaft über die **gemeinschaftlichen Einnahmen und Ausgaben** des Vorjahres abrechnen. Das geschieht, indem über die Jahresabrechnung Beschluss gefasst wird. Die „Aufstellung", d.h. die Vorlage eines beschlussfähigen Entwurfs der Abrechnung, ist gem. § 28 Abs. 3 WEG Aufgabe des Verwalters. Eine (fälligkeitsbegründende) Frist ist hierfür im Gesetz nicht vorgesehen. Schon weil die Abrechnung für einzelne Miteigentümer zur Fertigung ihrer fristgebundenen Steuererklärung erforderlich sein kann, entspricht nur eine Vorlage bis längstens Juni des Folgejahres ordnungsgemäßer Verwaltung.[1]

926

Bei der Vorbereitung der Jahresabrechnung und des Wirtschaftsplanes wird der Verwalter vom **Verwaltungsbeirat** unterstützt und kontrolliert. § 29 Abs. 3 WEG sieht vor, dass „der Wirtschaftsplan, die Abrechnung über den Wirtschaftsplan, Rechnungslegungen und Kostenanschläge vom Verwaltungsbeirat geprüft und mit einer Stellungnahme versehen werden sollen, bevor die Wohnungseigentümerversammlung darüber beschließt". Der Eigentümerversammlung soll also stets eine **Rechnungsprüfung** durch den Beirat vorausgehen. Wenn es keinen Beirat gibt oder er seiner Aufgabe nicht nachkommt, entfällt die Rechnungsprüfung; einen Anfechtungsgrund stellt das nicht dar.[2]

927

Erst in letzter Zeit hat sich die Erkenntnis durchgesetzt, dass es „die Jahresabrechnung" (als „Einzelstück") nicht gibt; es handelt sich vielmehr um ein Rechenwerk mit **mehreren Teilen**.[3] Grund dafür sind die **verschiedenen Funktionen** der Jahresabrechnung: Sie dient zum einen der Information der Wohnungseigentümer (und damit zugleich der Kontrolle des Verwalters) hinsichtlich der Mittelverwendung; insofern erfüllt der Verwalter mit der Aufstellung der Jahresabrechnung seine Pflicht zur Rechnungslegung. Diesem Zweck dient zunächst die **Gesamtabrechnung** aller Einnahmen und Ausgaben (Ist-Zahlungen), ferner die Darstellung, wie sich das Geldvermögen entwickelt hat (Kontenabgleich) und wie die Instandhaltungsrücklage. Zum anderen dient die Jahresabrechnung der Verteilung der gemeinschaftlichen Einnahmen und Ausgaben im Innenverhältnis der Miteigentümer und der Abrechnung der von ihnen gezahlten Hausgeldbeiträge; diesen Zweck erfüllen die **Einzelabrechnungen** (oder Hausgeldabrechnungen). In den Einzelabrechnungen wird für jede Position der abgerechneten („verteilungsrelevanten") gemeinschaftlichen Einnahmen und Ausgaben der auf die einzelne Wohnung entfallende Anteil ausgewiesen. Bei der Ermittlung des Abrechnungsergebnisses stehen sich **zwei Meinungen** gegenüber: Nach einer (vordringenden und hier geteilten) Auffassung wird dem Saldo der auf die betreffende Wohnung entfallenden Einnahmen und Ausgaben das **Beitragssoll** gegenübergestellt, also die Zahlungen, die der Wohnungseigentümer für das Abrechnungsjahr zu leisten hatte;[4] das ist dogmatisch vorzugswürdig und ver-

928

---

1 OLG Celle v. 8.6.2005 – 4 W 107/05, ZMR 2005, 718; h.M. Für die Abhaltung der Eigentümerversammlung ist der Ansatz eines weiteren Zeitraumes gerechtfertigt. 9 Monate bis zur Eigentümerversammlung hält *Jennißen*, Verwalterabrechnung, Rn 700 für noch ordnungsgemäß – m.E. zu lang.
2 OLG Frankfurt/M. v. 20.12.2004 – 20 W 337/01, OLGR Frankfurt 2005, 932; BayObLG v. 23.12.2003 – 2Z BR 189/03, ZMR 2004, 358.
3 BGH v. 17.2.2012 – V ZR 251/10, ZMR 2012, 372 (betr. Heizkosten und Gesamtabrechnung); BGH v. 4.12.2009 – V ZR 44/09, WuM 2010, 178 (betr. Rücklage).
4 *Häublein*, ZWE 2010, 237; *Casser/Schultheis*, ZMR 2011, 85, 92.

einfacht im Fall des Eigentümerwechsels den Umgang mit Hausgeldrückständen (siehe Rn 946). Nach der „herkömmlichen" Auffassung werden dem Ausgabensaldo die für das Wirtschaftsjahr erbrachten tatsächlichen Beitragszahlungen (verteilungsrelevante **Ist-Zahlungen**) gegenüber gestellt.[5] Im Ergebnis ergibt sich dann entweder eine Überzahlung (**Guthaben**) oder ein Fehlbetrag (**Nachzahlung** bzw. Abrechnungsspitze). Das Guthaben ist dem Wohnungseigentümer auszuzahlen[6] (sofern nichts anderes beschlossen wird, bspw. eine Verrechnung mit den nächsten Hausgeldzahlungen[7]), die Nachzahlung hat der Wohnungseigentümer zu leisten. Die Einzelabrechnungen können **nicht** vollständig aus der Gesamtabrechnung der Ist-Zahlungen abgeleitet werden, weil es zwangsläufig gewisse Abweichungen gibt (siehe Rn 941). Die nachstehend verwendete Reihenfolge der verschiedenen Abrechnungsbestandteile ist ebenso wenig zwingend wie deren Bezeichnung; eine allgemein anerkannte Terminologie liegt noch in weiter Ferne.

929 *Übersicht: Die Bestandteile einer vollständigen Jahresabrechnung*
Teil 1: Gesamtabrechnung (Ist-Zahlungen): Tatsächliche Zahlungsflüsse im Abrechnungsjahr.
Teil 2: Hausgeldabrechnungen (Einzelabrechnungen).
Teil 3: Kontenentwicklung (Kontenabgleich). Evtl. ergänzt durch einen „Status" – optional und derzeit nicht zwingend.
Teil 4: Entwicklung der Instandhaltungsrücklage.

2. Abrechnungsentwurf, Beschlussfassung und Einsichtnahmerecht

930 Eine ordnungsmäßige Beschlussfassung setzt die Ankündigung des Gegenstands in der Einladung zur Versammlung (Tagesordnung) voraus (§ 23 Abs. 2 WEG). Normalerweise ist es nicht erforderlich, vorab mit der Einladung den beabsichtigten Beschlusstextes mitzuteilen. Jedoch wird zunehmend betont, dass die Wohnungseigentümer vor der Beschlussfassung über die wesentlichen **Entscheidungsgrundlagen informiert** sein müssen. Deshalb ist es nicht nur üblich, sondern nach allg. M. auch erforderlich, dass der vom Verwalter aufgestellte Entwurf der Jahresabrechnung mit der Einladung übersandt wird. Die beschlossene Jahresabrechnung muss aber nicht 100 %ig dem Entwurf entsprechen, vielmehr sind kleinere **Änderungen** möglich, die jedoch nicht so umfangreich werden dürfen, dass die Wohnungseigentümer den Gegenstand der Beschlussfassung letztlich nicht mehr durchschauen.[8] Liegt bei der Beschlussfassung eine neue Fassung der Jahresabrechnung (mit kleineren Änderungen gegenüber der verschickten) vor, genügt es, diese (im Beschluss mit neuem Erstellungsdatum konkret zu benennende) neue Fassung zu beschließen, ohne dass die Änderungen gegenüber der verschickten Fassung besonders erwähnt werden müssen.

931 Was genau (rechtlich betrachtet) **Gegenstand der Beschlussfassung** über die Jahresabrechnung ist, ist streitig; hier findet sich der tiefere Grund für die beiden oben (Rn 928) schon angesprochenen Auffassungen dazu, wie das Nachzahlungsergebnis einer Einzelabrechnung zu ermitteln ist. Nach zutreffender und wohl h.M. erschöpft sich die Wirkung der Beschlussfassung darin, über den Wirtschaftsplan hinaus gehende Zahlungspflichten zu begründen, also in der Festlegung der **Abrechnungsspitzen** der Einzelabrechnungen,[9] während alle anderen Bestandteile der Abrechnung lediglich **Informationen** über Tatsachen (tatsächliche Zahlungsflüsse usw.) enthalten, die man nur zur Kenntnis nehmen, aber nicht beschließen kann. Deshalb ist die Reichweite des Abrechnungs-

---

5 *Bärmann/Becker*, § 28 Rn 135, 146 f; *Spielbauer/Then*, § 28 Rn 62a u. ZWE 2011, 149.
6 Fällig, wenn nichts anderes beschlossen wird, sofort: *Bärmann/Becker*, § 28 Rn 184; h.M.
7 BGH v. 11.10.2013 –V ZR 271/12, ZMR 2014, 2284, Rn 15.
8 *Spielbauer/Then*, § 21 Rn 23.
9 Die „Abrechnungsspitze" ist die Differenz zwischen den Sollvorauszahlungen gemäß Wirtschaftsplan und den tatsächlichen Kosten gemäß Abrechnung.

beschlusses entsprechend beschränkt; er kann nicht „verbindlich festlegen", ob und welche Zahlungen der Wohnungseigentümer geleistet hat (siehe Rn 1103).

Der Beschluss muss unter dem Gesichtspunkt der Bestimmtheit erkennen lassen, auf welche Abrechnung (genau) er sich bezieht; das gilt nicht nur (aber vor allem) dann, wenn es mehrere Versionen gibt.[10] Die Beschlussfassung muss außerdem ausdrücklich auch die **Einzelabrechnungen** erfassen; wird die Erwähnung der Einzelabrechnungen im Beschlusstext vergessen, ist kein Wohnungseigentümer zur Leistung einer Nachzahlung verpflichtet bzw. zur Auszahlung eines Guthabens berechtigt. Es ist ein grober, gleichwohl verbreiteter Verwalter-Fehler, wenn der Beschluss (nur) lautet: „Die Jahresabrechnung wird genehmigt". Richtig lautet der Beschluss z.B. so:

▼

Muster 8.1: Beschluss über Jahresabrechnung 932

Die mit Datum 17.5.2014 versandte Jahresabrechnung (Gesamtabrechnung und Einzelabrechnungen) des Jahres 2013 wird beschlossen (**oder**: genehmigt). **Oder**: ▓▓▓▓▓ wird mit folgenden Änderungen ▓▓▓▓▓ [im Einzelnen aufzuführen] beschlossen.

▲

Merkwürdig, aber anerkanntermaßen zulässig ist es, dass jedem Wohnungseigentümer i.d.R. nur 933 seine eigene (Einzel-)Jahresabrechnung vorliegt, so dass er bei der Beschlussfassung über „die Einzelabrechnungen" (seiner eigenen und derjenigen der Miteigentümer) den Gegenstand seiner Willenserklärung gar nicht vollständig kennt. Der Verwalter ist jedenfalls grundsätzlich nicht verpflichtet, den Miteigentümern sämtliche Einzelabrechnungen (und Einzelwirtschaftspläne[11]) zu übersenden oder in der Versammlung vorzulegen.[12] Unabhängig davon muss jeder Miteigentümer die Chance haben, zu kontrollieren, ob in den Einzelabrechnungen der anderen zu hohe Guthaben oder zu niedrige Nachzahlungen zu Lasten der Gemeinschaft und damit mittelbar zum eigenen Nachteil eingesetzt sind; deshalb hat jeder Miteigentümer das Recht auf **Einsicht in sämtliche Abrechnungsunterlagen** und insbesondere in die Einzelabrechnungen aller Miteigentümer (siehe Rn 1540). Der Verwalter kommt seiner Abrechnungspflicht nur dann hinreichend nach, wenn er die Voraussetzungen für eine effektive und zumutbare Wahrnehmung dieses Überprüfungsrechts schafft.[13] In der Rechtsprechung wird daraus teilweise die etwas übertriebene Forderung abgeleitet, dass die Einsichtnahme stets unmittelbar vor und auch während der Versammlung möglich sein müsse. Demnach muss der Verwalter mit den Abrechnungsunterlagen so zeitig am **Versammlungsort** sein, dass für den einzelnen Eigentümer ausreichend Zeit bleibt, die Einzelabrechnungen aller zu prüfen; die Möglichkeit und das Angebot, die Unterlagen im Verwalterbüro einzusehen, sollen nicht genügen. Beim Verstoß gegen diese Grundsätze soll der Abrechnungsbeschluss anfechtbar sein.[14]

---

10 Zutreffend AG Hamburg-Altona v. 15.03.2013 – 303a C 20/12, ZMR 2013, 568. Wenn bis zur Versammlung nur eine Version vorlag, soll nach *M. Schmid*, ZWE 2013, 442, 443 davon auszugehen sein, dass diese beschlossen wurde. Das ändert m.E. aber an der Unbestimmtheit (und Rechtswidrigkeit) des Beschlusses nichts, weil man dem Beschlusstext nicht entnehmen kann, ob es (nur) eine oder mehrere Versionen gab.
11 BGH v. 7.6.2013 – V ZR 211/12, NZM 2013, 650, Rn 11 f.
12 LG Itzehoe v. 9.9.2008 – 11 S 6/08, ZMR 2009, 142. Die Auffassung von *Jennißen/Jennißen*, § 28 Rn 129, zu den unverzichtbaren Bestandteilen der Abrechnung gehöre auch eine Saldenliste mit den Abrechnungsergebnissen aller Miteigentümer, hat sich nicht durchgesetzt.
13 LG Itzehoe v. 17.9.2013 – 11 S 93/12, ZMR 2014, 144.
14 OLG Köln v. 24.8.2005 – 16 Wx 80/05, NZM 2006, 66; im Wesentlichen auch LG Karlsruhe v. 17.2.2009 – 11 S 13/07, ZWE 2009, 325. A.A. mit guten Argumenten LG Itzehoe v. 9.9.2008 – 11 S 6/08, ZMR 2009, 142. Auch die Lit. ist teilweise weniger streng.

§ 8 Jahresabrechnung und Wirtschaftsplan

934 *Tipp für Verwalter:*
Die Einladung zur Versammlung enthält den Passus: „Der Verwalter wird sich mit den Abrechnungsunterlagen schon 1 Stunde vor Versammlungsbeginn im Versammlungsraum einfinden. In dieser Zeit ist für alle Miteigentümer die Einsichtnahme und Prüfung der Unterlagen möglich." Wenn – wie regelmäßig zu erwarten ist – niemand zu diesem Zweck erscheint, kann der Verwalter die Zeit anderweitig nutzen (Vorbereitung auf die Versammlung, Fachzeitschriften lesen usw.).

935 Nach h.M. kann die Zuständigkeit für die Beschlussfassung in der Gemeinschaftsordnung auf den **Verwaltungsbeirat** verlagert werden.[15] Eine **Zustimmungsfiktion** wie z.B. „Die dem Beirat vorgelegte/den Miteigentümern übersandte Abrechnung gilt als anerkannt, wenn gegen sie nicht binnen 14 Tagen schriftlich begründeter Widerspruch eingelegt wird" kann aber nicht einmal in der Gemeinschaftsordnung wirksam vorgesehen werden (siehe Rn 135) und erst recht nicht im Verwaltervertrag.[16] Außerdem ist der Verwalter nicht gezwungen, von einer Zustimmungsfiktion Gebrauch zu machen, und kann die Jahresabrechnung daher wie sonst auch von der Gemeinschaft beschließen lassen.[17]

II. Gesamt- und Einzelabrechnung

1. Muster

936 Die nachfolgenden Muster dienen der Erläuterung und Veranschaulichung des Textes und sind im Übrigen nur als Anregungen zu verstehen. Vollständige Jahresabrechnungen sind umfangreicher, zumal sinnvoller Weise zu diversen Positionen (z.B. Heizkosten, Instandhaltungen, Hausgeldzahlungen) die Einzelwerte ausgewiesen bzw. das Buchungskonto ausgedruckt wird. Außerdem gibt es verschiedene Varianten der Darstellung.[18] Sinnvoll ist z.B. eine kombinierte Gesamt- und Einzelabrechnung, aus der hervorgeht, welche („verteilungsrelevanten") Positionen der Gesamtabrechnung sich wo und wie in der Hausgeldabrechnung bzw. den Einzelabrechnungen wiederfinden. Das ist vorliegend allerdings schon aus Platzgründen nicht möglich.

▼

937 **Muster 8.2: Gesamtabrechnung (Gemeinschaftliche Ausgaben und Einnahmen)**
1.1.–31.12.2013

Ausgaben	
Heizung und Wasser	21.901,36 €
Hausmeistervergütung	5.574,84 €
Pflege Außenanlage	1.103,54 €
Allgemeinstrom	670,00 €
Müllgebühren	2.458,00 €
Versicherung (Elementar, Leitungswasser)	1.458,89 €
Versicherung (Haftpflicht)	83,51 €

---

15 OLG Hamm v. 19.3.2007 – 340/06, ZMR 2008, 63. M.E. ist eine solche Regelung aber nichtig; so auch *F. Schmidt*, ZWE 2007, 348. Jedenfalls ist sie ungünstig: Z.B. hat jeder materielle Fehler der Abrechnung die Nichtigkeit zur Folge, weil Beschlüsse des Verwaltungsbeirats nicht in Bestandskraft erwachsen können.

16 OLG München v. 25.9.2008 – 34 Wx 118/08, ZMR 2009, 138 (AGB-rechtlich begründet).

17 OLG München v. 20.3.2008 – 34 Wx 46/07, ZMR 2009, 64.

18 Zwei Muster, die unter Mitwirkung ausgewiesener Praktiker entstanden, sind hervorzuheben: *Casser/Schultheis*, ZMR 2011, 85; *Stadt*/Hausbank München, ZMR 2012, 247.

A. Die Jahresabrechnung §8

Wartung Aufzug	1.882,31 €
Kabel-TV	1.572,50 €
Verwaltervergütung	5.202,60 €
Mahngebühren	11,60 €
Rechtsstreit	1.457,00 €
Kosten des Geldverkehrs	122,75 €
Instandhaltung (Vordach)	1.338,07 €
Erstattung von Hausgeldguthaben aus JA 2012	1.500,00 €
Ausgaben 2013	**46.336,97 €**

Einnahmen	
Miete für Stellplatz Nr. 7	360,00 €
Habenzinsen aus Girokonto	23,00 €
Sonstige	540,00 €
Hausgeld (ohne Rücklage) gem. WP 2011	39.768,00 €
Nachzahlungen aufgrund früherer Jahresabrechnungen	759,00 €
Einnahmen 2013	**41.450,00 €**

Rücklagen	
Zuführungen	9.507,53 €
Zinsen abzgl. Steuern u. Soli	935,81 €
Entnahmen	-1.338,07 €

Muster 8.3: Hausgeldabrechnung 01.01.–31.12.2013, Wohnung Nr. 8, Eigentümer: A   938

	Gesamtbetrag	Umlageschlüssel	Ihr Anteil
Ausgaben (auf Mieter umlagefähig)			
Heizung und Wasser nach Verbrauch	21.601,36 €	HeizkVO	1.152,00 €
Hausmeistervergütung	5.574,84 €	Miteigen.Anteil	321,56 €
Pflege Außenanlage	1.103,54 €	Miteigen.Anteil	63,65 €
Allgemeinstrom	670,00 €	Miteigen.Anteil	38,65 €
Müllgebühren	2.458,00 €	Miteigen.Anteil	141,78 €
Versicherung (Elementar, Leitungswasser)	1.458,89 €	Miteigen.Anteil	84,15 €
Versicherung (Haftpflicht)	83,51 €	Miteigen.Anteil	4,82 €
Wartung Aufzug	1.882,31 €	Miteigen.Anteil	108,57 €
Kabel-TV	1.572,50 €	Nutzer	74,88 €
Ausgaben (nicht auf Mieter umlagefähig)			
Heizung und Wasser (nicht verbrauchte Ausgaben)	300,00 €	Miteigen.Anteil	17,30 €
Verwaltervergütung	5.202,60 €	Einheiten	226,20 €
Mahngebühren	11,60 €	direkt	11,60 €
Rechtsstreit	1.457,00 €	Beteiligte	66,23 €
Kosten des Geldverkehrs	122,75 €	Miteigen.Anteil	7,08 €
Instandhaltung (Vordach)	1.338,07 €	Miteigen.Anteil	77,18 €
Finanzierung aus der Rücklage	-1.338,07 €	Miteigen.Anteil	-77,18 €
Ausgaben Gesamt	**43.498,90 €**		**2.318,46 €**

§ 8 Jahresabrechnung und Wirtschaftsplan

Einnahmen		
Miete für Stellplatz Nr. 7	360,00 €	20,76 €
Habenzinsen aus Girokonto	23,00 €	1,33 €
Sonstige	540,00 €	31,15 €
Einnahmen Gesamt	923,00 €	53,24 €
Gesamtergebnis (Ausgaben abzl. Einnahmen)	42.575,90 €	2.265,22 €
Hausgeld-Soll (ohne Rücklage) gem. WP 2013	39.768,00 € individuell	2.400,00 €
Fehlbetrag (bei neg. Vorzeichen) / Guthaben	-2.807,90 €	134,78 €

Erläuterungen:

Es gibt 21 Wohnungen und 2 Gewerbeeinheiten. Ihr Miteigentumsanteil beträgt 57,68/1.000.

Kabel-TV wird auf 21 Einheiten verteilt.

Die Kosten des Rechtsstreits (Klage der Gemeinschaft gegen die Miteigentümer X und Y) werden auf die auf Klägerseite stehenden 21 Einheiten verteilt.

▲

2. Allgemeine Anforderungen an Darstellung und Inhalt

939 Die Jahresabrechnung (Gesamtabrechnung) muss eine geordnete und übersichtliche, inhaltlich zutreffende und vollständige Gegenüberstellung der tatsächlichen Einnahmen und Ausgaben enthalten. Sie muss für einen Wohnungseigentümer auch ohne Hinzuziehung fachlicher Unterstützung verständlich sein. Die Darstellung muss die Wohnungseigentümer in die Lage versetzen, die Vermögenslage der Wohnungseigentümergemeinschaft zu erfassen und auf ihre Plausibilität hin zu überprüfen. Die Wohnungseigentümer müssen nachvollziehen können, was mit den eingezahlten Mitteln geschehen ist, insbesondere ob sie entsprechend den Vorgaben des Wirtschaftsplans eingesetzt worden sind.[19] Die Ausgaben und Einnahmen müssen ausreichend aufgeschlüsselt werden, wobei es eine Frage des Einzelfalls ist, inwieweit die **Zusammenfassung von Einzelpositionen**[20] und **Saldierungen**[21] zulässig sind. Die erforderliche Übersichtlichkeit ist nicht gewahrt, wenn der einzelne Wohnungseigentümer die Abrechnung und den Vermögensstatus erst aufgrund einer erläuternden Darstellung des Verwalters durch eine Vielzahl von Zu- und Abrechnungen errechnen muss. Es gibt zahlreiche Entscheidungen, in welchen Jahresabrechnungen wegen Unvollständigkeit oder fehlender Nachvollziehbarkeit für ungültig erklärt wurden (siehe im Einzelnen Rn 1063). Oft genug liegt die Fehlerhaftigkeit nicht am mangelnden Bemühen der Verwalter, sondern an der verwendeten Abrechnungs-Software. Das entlastet einen Verwalter aber nicht: Wenn eine fehlerhafte Abrechnung auf den Einsatz einer Software zurückzuführen ist, die den Anforderungen einer ordnungsgemäßen Abrechnung nicht genügt, rechtfertigt das keine abweichende rechtliche Beurteilung. Es ist Sache des Verwalters, eine zutreffende Abrechnung vorzulegen.[22]

---

19 BGH v. 11.10.2013 – V ZR 271/12, ZMR 2014, 228, Rn 6.
20 OLG Karlsruhe v. 5.12.2002 – 11 Wx 6/02, ZMR 2003, 290 verlangt z.B. eine Aufgliederung der Kostenposition "Hausmeister/Putzhilfe" getrennt nach den einzelnen beschäftigten Personen unter Angabe der Namen; das ist deutlich übertrieben. LG Karlsruhe v. 27.7.2011 – 11 S 70/09, IMR 2011, 243 verlangt die separate Ausweisung des bezahlten Verwaltersonderhonorars.
21 Saldierung bedeutet, dass unter Verrechnung von Ausgaben und Einnahmen nur das Ergebnis ausgewiesen wird. LG Lübeck v. 26.1.2010 – 12 T 4/09, ZMR 2011, 747 hob eine Abrechnung auf, weil ohne entsprechenden Beschluss die Einnahmen aus der Waschmaschinennutzung mit den Ausgaben (Wasser, Strom usw.) saldiert wurden.
22 So BGH v. 1.4.2011 – V ZR 162/10, NZM 2011, 514, Rn 16.

A. Die Jahresabrechnung § 8

Nach h.M. ist die Jahresabrechnung keine Bilanz und keine Gewinn- und Verlustrechnung, sondern eine „einfache" **Einnahmen- und Ausgabenrechnung**, die die im Abrechnungszeitraum tatsächlich angefallenen Beträge zu erfassen hat (sog. **Abflussprinzip**). **Rechnungsabgrenzungen**[23] sind demnach grundsätzlich unzulässig. Allerdings sind weder das Prinzip der „Einnahmen-/Ausgabenrechnung" noch das Verbot der Rechnungsabgrenzung dem Gesetz zu entnehmen; und dass die Abrechnung „einfach" sein müsse oder auch nur könne, ist eine längst überholte Mär. Die Rechtsprechung hat diese Grundsätze entwickelt, um die gebotene Übersichtlichkeit und leichte Nachvollziehbarkeit sicherstellen. Es ist zu bezweifeln, dass diese für sich genommen berechtigten Anliegen es rechtfertigen, derart grundlegende und detaillierte Vorgaben für das Rechnungswesen aufzustellen, wie die Rechtsprechung es tut, zumal die Gerichte nicht immer die Vereinbarkeit ihrer Vorgaben mit finanzwirtschaftlichen Grundsätzen überprüfen. 940

Immerhin ist inzwischen anerkannt, dass sich das Gebot der reinen Ausgaben-/Einnahmenrechnung nur auf die Gesamtabrechnung bezieht, während in der Hausgeldabrechnung (Einzelabrechnung) Abgrenzungen zumindest bei periodenfremden Zahlungen zwingend und rechtmäßig sind; dazu gehören Guthabenzahlungen der Gemeinschaft an Eigentümer (Ausgaben) und Zahlungen von Eigentümern an die Gemeinschaft (Einnahmen) im Abrechnungsjahr, die sich auf das Vorjahr beziehen (siehe Rn 951). Früher wurde auch bei den **Heizkosten** eine Abgrenzung anerkannt; das gilt nun nicht mehr uneingeschränkt, weil die Differenz zwischen Ausgaben und verteilungsrelevanten Kosten ebenfalls verteilt werden muss (siehe Rn 990). 941

Die **Unterschiede** zwischen der Gesamtabrechnung (Ist-Zahlen) und der Hausgeldabrechnung (den Einzelabrechnungen) sind an geeigneter Stelle nachvollziehbar zu **erläutern**.[24] 942

Die Vorlage einer „Gesamtabrechnung" (Ist-Zahlungen) neben der Hausgeldabrechnung (den Einzelabrechnungen) ist erst seit der BGH–Entscheidung vom 17.2.2012[25] zwingend. Früher genügte die Ausweisung der tatsächlichen Zahlungsflüsse im Rahmen des Kontenabgleichs. Die BGH-Entscheidung ist zu begrüßen, weil die Gesamtabrechnung (Ist-Zahlen) der Transparenz dient und eine problemlose Schlüssigkeitsprüfung ermöglicht. Zu erwähnen ist aber, dass der BGH in diesem Zuge die gebräuchliche Terminologie änderte: Denn früher verstand man unter der **Gesamtabrechnung** entweder das gesamte, aus mehreren Teilen bestehende Rechenwerk, oder aber die Hausgeldabrechnung (Aufstellung der auf das Abrechnungsjahr bezogenen Ausgaben und Einnahmen), aus deren Zahlen die Einzelabrechnungen abgeleitet wurden. (So lautete ein ehedem eherner Grundsatz der WEG-Rechnungswesens: „Aus der Gesamtabrechnung werden die Einzelabrechnungen abgeleitet"[26]). Die Einzelabrechnungen werden jetzt aber nicht mehr, jedenfalls nicht unverändert, aus der „Gesamtabrechnung" i.S.d. neuen BGH-Terminologie abgeleitet. Um die begriffliche Verwirrung in Grenzen zu halten, sollte der Begriff der Gesamtabrechnung nicht isoliert verwendet, sondern sinnvoller Weise mit einem Zusatz ergänzt werden, der klarstellt, ob damit die Gesamtdarstellung der Ist-Zahlen oder die Hausgeldabrechnung (Gesamtdarstellung der verteilungsrelevanten Ausgaben/Einnahmen) gemeint ist. 943

---

23 Darunter versteht man die dem Leistungsprinzip entsprechende periodengerechte Verteilung von Ausgaben oder Einnahmen, d.h.: Ein Geldfluss wird (teilweise) nicht in dem Kalenderjahr abgerechnet, in dem er erfolgte. Beispiel einer üblichen, aber unzulässigen Abgrenzung: Die WEG bezahlt die Kosten zur Behebung eines Wasserschaden Ende 2013, Anfang 2014 erfolgt die Erstattung durch die Versicherung; der Verwalter rechnet sowohl die Ausgabe (insoweit richtig) als auch die sie neutralisierende Einnahme (insoweit unzulässige Abgrenzung) in der Jahresabrechnung 2013 ab.
24 BGH v. 17.2.2012 – V ZR 251/10, ZMR 2012, 372, Rn 16.
25 BGH v. 17.2.2012 – V ZR 251/10, ZMR 2012, 372.
26 OLG Düsseldorf v. 3.8.2007 – 3 Wx 84/07, NZM 2007, 81.

3. Unberechtigte Ausgaben

944 Vielfach wird verkannt, dass auch unberechtigte Ausgaben in der Jahresabrechnung enthalten sein müssen: Entscheidend ist nur, ob tatsächlich eine Zahlung aus Gemeinschaftsmitteln erfolgte, und nicht, ob dies zu Recht geschah.[27] Eine Anfechtung des Abrechnungsbeschlusses mit der Begründung, eine bestimmte in der Abrechnung enthaltene Ausgabe sei rechtswidrig (überflüssig, überteuert oder von einem Dritten verschuldet) gewesen, kann keinen Erfolg haben. Die Genehmigung der Jahresabrechnung betrifft nämlich nur die rechnerische Richtigkeit und enthält keine Billigung der zugrunde liegenden Ausgaben oder des entsprechenden Verwalterhandelns.[28] (Zu den Konsequenzen (Ersatzansprüche) nach unberechtigten Zahlungen siehe Rn 1531.)

4. Ausweis von Hausgeldzahlungen

945 In der **Gesamtabrechnung** (Ist-Zahlungen) müssen alle im abgerechneten Wirtschaftsjahr eingegangenen Zahlungen der Miteigentümer, also insbesondere die Beiträge nach dem Wirtschaftsplan (die Hausgeldzahlungen), angegeben werden;[29] es handelt sich dabei ja um den größten Posten auf der Einnahmenseite. Wenn diese Angabe **fehlt**, muss der Abrechnungsbeschluss in Gänze für ungültig erklärt werden, denn die Gesamtabrechnung ist dann nicht vollständig und damit das gesamte Rechenwerk nicht prüfbar.[30] Eine Aufschlüsselung der Hausgeldzahlungen, aus der die Abrechnungszeiträume hervorgehen, für die sie geschuldet waren, ist in der Gesamtabrechnung aber nicht geschuldet.[31]

946 Bei den **Einzelabrechnungen** führen die oben (siehe Rn 928) schon erwähnten beiden Auffassungen zu verschiedenen Arten der Darstellung. Nach der einen Auffassung, die insbes. früher üblich war, sind in der Einzelabrechnung die vom Eigentümer **tatsächlich geleisteten** Zahlungen auszuweisen und ist das Ergebnis nach dem Schema zu ermitteln: Anteilige Kosten abzügl. geleisteter Hausgeldzahlungen = Abrechnungsergebnis bzw. Nachzahlung. Wenn geschuldete Beiträge nicht geleistet wurden, wirkt sich das bei dieser Darstellung auf das Ergebnis der Einzelabrechnung aus, indem z.B. eine Nachzahlung entsprechend höher ausfällt; die Nachzahlung setzt sich dann aus der Abrechnungsspitze (= Differenz zwischen den Sollvorauszahlungen und tatsächlichen Kosten) und den Rückständen zusammen. Diese Praxis stieß auf dogmatische und praktische Einwände: Dogmatisch ist es inzwischen anerkannt, dass die bereits per Wirtschaftsplan beschlossenen Beitragsverpflichtungen nicht nochmals begründet werden können (auch wenn bislang noch überwiegend vertreten wird, der Beschluss über die Jahresabrechnung würde, wenn im Ergebnis der Einzelabrechnung bereits beschlossene Beitragspflichten enthalten sind, diese nur „verstärken"). Praktisch führt die Gegenüberstellung der anteiligen Kosten zu den tatsächlichen Zahlungen beim Eigentümerwechsel zu dem Problem, dass der Erwerber, der nur auf die Abrechnungsspitze (nicht aber für Beitragsrückstände des Voreigentümers) haftet, mangels Ausweisung der Abrechnungsspitze nicht erkennen kann, was er eigentlich zu zahlen hat.

947 Richtiger Weise sind daher statt der Ist-Zahlungen die **Soll-Zahlungen** auszuweisen. Gibt es keine Beitragsrückstände (Normalfall) weist die Abrechnungsspitze das zu zahlende Endergebnis aus (Nachzahlung oder Guthaben – Muster siehe Rn 938); gibt es Beitragsrückstände, sind diese infor-

---

27   BGH v. 4.3.2011 – V ZR 156/10, ZMR 2011, 573.
28   BGH v. 4.3.2011 – V ZR 156/10, ZMR 2011, 573; BayObLG v. 10.3.2004 – 2Z BR 274/03, ZMR 2004, 606. Anders nur dann, wenn man in der Genehmigung der Jahresabrechnung eine stillschweigende Entlastung des Verwalters sähe, was zu Recht kaum noch vertreten wird, siehe Rn 1593.
29   BGH v. 11.10.2013 – V ZR 271/12, ZMR 2014, 2284, Rn 9.
30   LG Berlin v. 20.11.2009 – 85 S 5/09, ZMR 2010, 711.
31   BGH v. 11.10.2013 – V ZR 271/12, ZMR 2014, 2284, Rn 9.

A. Die Jahresabrechnung § 8

matorisch mitzuteilen (siehe Rn 953). Unabhängig davon, welcher Auffassung man insoweit folgt, sollte jeder Einzelabrechnung eine **separate Aufstellung aller Zahlungen** des betreffenden Wohnungseigentümers im Abrechnungsjahr beigefügt werden,[32] z.B. ein Ausdruck des im Abrechnungsprogramm geführten „Personenkontos". Anderenfalls könnte der Wohnungseigentümer nicht überprüfen, ob die von ihm im abgerechneten Wirtschaftsjahr erbrachten Zahlungen erfasst und richtig verbucht wurden.

Wiederum unabhängig davon, welcher der vorstehend geschilderten Auffassung man folgt, ist jedenfalls die Verquickung des Abrechnungsergebnisses mit dem **offenen Saldo eines Kontoauszugs** zu unterlassen. 948

Beispiel (nicht empfohlen)

Die Einzeljahresabrechnung für Miteigentümer A endet wie folgt:
Ihr Anteil an den Gemeinschaftskosten 2013:	2.265,22 EUR
Vereinbarte (oder gezahlte) Kostenvorschüsse 2013:	– 2.400,00 EUR
Saldo für 2013 (Guthaben)	– 134,78 EUR
Offener Saldo gem. beigefügtem Kontoauszug:	340,00 EUR
Nachzahlung:	– 205,22 EUR

Diese Einzeljahresabrechnung ist rechtswidrig.[33] Denn der „offene Saldo lt. Kontoauszug" kann verschiedenste (bei dieser Darstellung nicht offen gelegte) Ursachen haben: Nicht geleistete Nachzahlungen aus früheren Abrechnungszeiträumen, nicht geleistete Hausgelder aus dem abgerechneten Zeitraum, Sonderbelastungen usw. Nach früher h.M. konnte eine solche Abrechnung zwar bei Nichtanfechtung bestandskräftig werden (sofern kein Eigentümerwechsel erfolgte) mit der Folge, dass trotz fehlender Aufschlüsselung der beschlossene Gesamtbetrag der Nachzahlung geschuldet war.[34] Das ist aber überholt. Richtiger Weise ist eine Abrechnung, der sich die Zusammensetzung des Abrechnungssaldos nicht entnehmen lässt, von vornherein wirkungslos (siehe Rn 1104). Außerdem ist ein Beschluss nichtig, soweit er bereits beschlossene Rückstände zum Gegenstand hat (siehe Rn 957). 949

5. Verbuchung von Zahlungen, insbes. Nach- und Teilzahlungen

Bei der **Verbuchung von Zahlungen** ist gem. § 366 Abs. 1 BGB eine vom Zahlenden getroffene **Tilgungsbestimmung** zu beachten.[35] Fraglich ist, wie Zahlungen zu verbuchen sind, die von Wohnungseigentümern **ohne Tilgungsbestimmung** geleistet werden, wenn mehrere Forderungen der WEG offen stehen. Im Prinzip gilt hierfür die Regelung des § 366 Abs. 2 BGB:[36] Demnach wird zunächst die fällige Schuld, unter mehreren fälligen Schulden diejenige, welche dem Gläubiger geringere Sicherheit bietet, unter mehreren gleich sicheren die dem Schuldner lästigere, unter mehreren gleich lästigen die ältere Schuld und bei gleichem Alter jede Schuld verhältnismäßig getilgt. Im **Normalfall** ist davon auszugehen, dass die aktuellen Hausgeldforderungen aufgrund des lau- 950

---

32 Zutreffend AG Aachen v. 22.2.2008 – 86 C 1/07, ZMR 2008, 833. BGH v. 11.10.2013 – V ZR 271/12, ZMR 2014, 2284, Rn 9 hält einen solchen Nachweis offenbar nicht für erforderlich, wobei sich die Begründung nur auf die Gesamtabrechnung und nicht auf die Einzelabrechnungen bezieht; für die Gesamtabrechnung braucht man die Information tatsächlich nicht, sehr wohl aber zur Prüfung der Einzelabrechnung.
33 A.A. nur LG Berlin v. 19.9.2008 – 85 T 404/07, ZMR 2009, 474 mit der Begründung, die Soll-Zahlungen könnten aus der Abrechnung wieder herausgerechnet werden.
34 BayObLG v. 3.12.2003 – 2Z BR 164/03, ZMR 2004, 355.
35 Verfassungsgerichtshof des Landes Berlin v. 29.11.2011 – 41/09, GE 2012, 122.
36 LG München I v. 30.11.2009 – 1 S 5342/09, ZWE 2010, 229. Zum Ganzen *Merle*, Zur Verrechnung von Zahlungen der Wohnungseigentümer, ZWE 2011, 237.

fenden Wirtschaftsplans getilgt werden sollen,[37] sodass der Verwalter nicht berechtigt ist, Zahlungen ohne weiteres auf Fehlbeträge aus dem Vorjahr zu verrechnen.[38] Umgekehrt sind aber Extrazahlungen eines Wohnungseigentümers auf offene Rückstände früherer Abrechnungen (und nicht als Zahlung auf den aktuellen Wirtschaftsplan) zu verbuchen, wenn das laufende Hausgeld bezahlt wird.[39] Ob eine fehlerhafte Verbuchung durch Beschluss der Einzelabrechnung in Bestandskraft erwachsen kann, ist streitig (siehe Rn 1103).

951 **Nachzahlungen** auf schon beschlossene Jahresabrechnungen der Vorjahre müssen in der Gesamtabrechnung „Ist-Zahlungen" enthalten sein, haben in der Hausgeldabrechnung (Einzelabrechnung) aber nichts verloren. Das ist nur dann anders, wenn man meint, in der Hausgeldabrechnung alle im Abrechnungsjahr tatsächlich geleisteten Hausgeldzahlungen (auch die nicht verteilungsrelevanten) aufführen zu müssen; dann liegt ein unvermeidlicher Fall der Rechnungsabgrenzung vor: Denn die periodenfremden Zahlungen dürfen in der Hausgeldabrechnung (Einzelabrechnung) nicht wirksam werden, weil diese sonst materiell unrichtig würde.[40] Die Zahlungen sind in diesem Fall zunächst als Einnahme, zugleich aber zwecks „Neutralisierung" als Abzugsposten (negativ) in gleicher Höhe auszuweisen. Ein solches Vorgehen ist aber, wie gesagt, überholt: Es ist stets eine gesonderte „Gesamtabrechnung der Ist-Zahlungen" vorzulegen; dadurch erübrigt (oder besser: verbietet sich) eine „Einstellung und Neutralisierung" nicht-verteilungsrelevanter Zahlungen in der Einzelabrechnung. Wenn man der hier für richtig gehaltenen Auffassung folgt und in die Einzelabrechnungen nicht die tatsächlichen, sondern die Soll-Zahlungen einstellt, sind Nachzahlungen erst recht kein Problem der Hausgeldabrechnung. Abgesehen davon, dass sämtliche Hausgeldzahlungen (inklusive Nachzahlungen) Gegenstand der Gesamtabrechnung sein müssen, sollten sie zudem zur Information des einzelnen Wohnungseigentümers in einer separaten individuellen Aufstellung ausgewiesen sein (siehe Rn 947).

952 Die monatliche Hausgeldzahlung enthält zwei Bestandteile: Zum einen eine Zahlung auf die voraussichtlichen gemeinschaftlichen Ausgaben (sog. Bewirtschaftungskosten), zum anderen eine Zahlung (Zuführung) zu den **Rücklagen**. Beides muss gesondert erfasst und dargestellt werden, sodass die einheitliche Zahlung buchhalterisch aufzusplitten ist; dies schon deswegen, weil der für die Rücklage bestimmte Betrag mit dem Eingang auf dem Gemeinschaftskonto der Zweckbindung unterliegt (siehe Rn 1028). Die Notwendigkeit der Splittung wirft bei **Teilzahlungen** erneut die Frage nach der richtigen Verbuchung auf. Sie ist leider streitig. Teilweise wird vertreten, dass zwingend die Verrechnungsvorschrift des § 366 Abs. 2 BGB gelte, sodass Teilzahlungen verhältnismäßig (anteilig) auf die Ausgaben (Bewirtschaftungskosten) einerseits und auf die Zuführung zur Instandhaltungsrücklage andererseits zu verbuchen seien.[41] Teilweise wird vertreten, es müsse vorrangig auf die Bewirtschaftungskosten verbucht werden, weil diese die „lästigere Schuld" i.S.v. § 366 Abs. 2 BGB darstellten,[42] sodass ggf. für die Instandhaltungsrücklage nur der Rest (oder nichts) verbleibt. M. E. ist § 366 Abs. 2 BGB nach der Interessenlage hier aber nicht anwendbar, sodass der Verwalter – solange weder eine Tilgungsbestimmung, noch ein WEG-Beschluss vorliegen – selber über die Verbuchung entscheiden kann. Ein Beschluss gem. § 21 Abs. 7 WEG, der die Verbuchung von Teilleistungen ausdrücklich regelt, ist aber jedenfalls möglich und ratsam (Muster

---

37 LG Nürnberg-Fürth v. 18.11.2009 – 14 S 5724/09, ZMR 2010, 315.
38 Insoweit zutreffend BayObLG v. 4.7.2002 – 2Z BR 139/01, ZMR 2002, 946.
39 LG München I v. 30.11.2009 – 1 S 5342/09, ZWE 2010, 229.
40 LG München I v. 11.4.2013 – 36 S 13242/12, ZMR 2013, 659; *Spielbauer/Then*, § 28 Rn 48 ff., mit zutreffender Kritik an BayObLG v. 4.7.2002 – 2Z BR 139/01, ZMR 2002, 946.
41 LG Köln v. 9.2.2012 – 29 S 181/11, ZWE 2012, 280, Rn 23.
42 *Häublein*, Von Abrechnungsspitzen und Soll-Rücklagen, ZWE 2010, 237, 244.

A. Die Jahresabrechnung § 8

siehe Rn 1119).[43] M. E. ist ein solcher Beschluss materiell rechtmäßig, ganz gleich, für welche Variante der Verbuchung die Gemeinschaft sich entscheidet, weil die gesetzliche Verrechnungsregel – wie erwähnt – hier gar nicht passt. Trotzdem wurden schon Beschlüsse gerichtlich aufgehoben, mit denen der Verwalter angewiesen wurde, Teilzahlungen vorrangig auf die Instandhaltungsrücklage zu verbuchen.[44]

6. Zahlungsrückstände

a) Zahlungsrückstände im abgerechneten Wirtschaftsjahr

Bleibt ein Wohnungseigentümer Hausgeldzahlungen schuldig, stellt sich die Frage, ob und wie sich das auf seine Einzelabrechnung (Hausgeldabrechnung) auswirkt. Wie oben schon dargestellt wurde (siehe Rn 928), stehen sich insoweit zwei Auffassungen gegenüber. Wenn man der Auffassung folgt, wonach sich das Ergebnis der Einzelabrechnung aus der Gegenüberstellung zu den Ist-Zahlungen errechnet, führen Hausgeldrückstände zu einer Änderung des Abrechnungsergebnisses, konkret zu einer Erhöhung der Nachzahlung. (Zur Behandlung einer solchen Abrechnung im Hausgeldprozess siehe Rn 1103.) Nach hier vertretener Auffassung, die auch dem obigen Muster einer Einzelabrechnung zugrunde liegt, soll der Beschluss der Einzelabrechnung aber gar nicht die Hausgeldrückstände umfassen, sondern nur die Abrechnungsspitze. Denn die Pflicht zur Zahlung der Hausgeldrückstände besteht bereits auf der Grundlage des Wirtschaftsplans und muss (besser: kann) deshalb nicht nochmals beschlossen werden. Der Wohnungseigentümer soll seiner Abrechnung aber entnehmen können, was er der Gemeinschaft tatsächlich (insgesamt) schuldet. Deshalb sollten, wenn die Einzelabrechnung nur die Abrechnungsspitze ausweist, die Hausgeldrückstände **informatorisch** mitgeteilt werden.

▼

Muster 8.4: Darstellung der Beitragsrückstände

Fehlbetrag lt. Hausgeldabrechnung 2013: 134,78 EUR.

Nachrichtlich:

Beitragsrückstände 2013, Zuführung Instandhaltungsrücklage: 48,09 EUR

Beitragsrückstände 2013, Bewirtschaftungskosten: 280,00 EUR

Offene Forderung der Gemeinschaft (Nachzahlung gesamt): 462,87 EUR

▲

b) Rückstände und Guthaben aus früheren Jahresabrechnungen

Der Abrechnungsbeschluss darf Rückstände früherer Kalenderjahre **nicht umfassen**, weil nur die Ausgaben und Einnahmen des abgelaufenen Jahres abzurechnen sind. Dagegen wurde/wird in der Praxis häufig verstoßen, indem Rückstände in den Abrechnungsbeschluss einbezogen werden.

Beispiel (nicht empfohlen)

Die Einzeljahresabrechnung für Miteigentümer A endet wie folgt:

Ihr Anteil an den Gemeinschaftskosten 2013:	2.265,22 EUR
Abzüglich Vorauszahlungen in 2013:	– 2.200,00 EUR
Rückstand aus der Jahresabrechnung 2012:	540,00 EUR
Saldo (Nachzahlung):	640,00 EUR

---

43 So auch *Merle*, ZWE 2011, 237, 239; *Bärmann/Becker*, § 28 Rn 92. Aber nur mit Wirkung für die Zukunft!
44 LG Köln v. 13.12.2012 – 29 S 95/12, MietRB 2013, 82; LG Köln v. 9.2.2012 – 29 S 181/11, ZWE 2012, 280.

§ 8 Jahresabrechnung und Wirtschaftsplan

957 Die Konsequenzen aus der Einbeziehung der Rückstände nach Art des vorstehenden Beispiels waren früher streitig. Überwiegend versuchte man die Beschlüsse entgegen ihrem klaren Wortlaut und Zweck mit dem Ergebnis „hinzubiegen" (auszulegen), die Rückstände seien nur informatorisch mitgeteilt.[45] (Zu diesem Motto, „dass nicht sein kann, was nicht sein darf" siehe auch Rn 1049.) Inzwischen hat der BGH aber zutreffend entschieden, dass die Einbeziehung von Rückständen schon beschlossener Abrechnungszeiträume **nichtig** ist; denn es besteht generell keine Beschlusskompetenz dafür, bereits entstandene, aber noch nicht erfüllte Zahlungsverpflichtungen eines Miteigentümers neu zu begründen.[46]

958 *Tipp:*
Rückstände (Fehlbeträge) oder Guthaben aus früheren Jahresabrechnungen werden den Miteigentümern (ausdrücklich nur) **informatorisch** mitgeteilt.

III. Verteilerschlüssel und Einzelfragen zu diversen Kostenpositionen

1. Der Verteilerschlüssel – allgemein

959 Für die Verteilung der gemeinschaftlichen Kosten i.S.v. § 16 Abs. 2 WEG auf die Miteigentümer gilt allgemein Folgendes:
- Grundsätzlich ist der in der Teilungserklärung/**Gemeinschaftsordnung** vorgegebene Umlageschlüssel anzuwenden.[47]
- Soweit die Teilungserklärung keine Aussagen zum Umlageschlüssel trifft, gilt § 16 Abs. 2 i.V.m. Abs. 1 S. 2 WEG. Demnach sind die „Lasten des gemeinschaftlichen Eigentums sowie die Kosten der Instandhaltung, sonstigen Verwaltung und eines gemeinschaftlichen Gebrauchs des gemeinschaftlichen Eigentums" nach **Miteigentumsanteilen** zu verteilen.
- Für **Betriebskosten** des gemeinschaftlichen Eigentums oder des Sondereigentums im Sinne des § 556 Abs. 1 BGB, die nicht unmittelbar gegenüber Dritten abgerechnet werden, kann durch einfachen **Mehrheitsbeschluss** festgelegt werden, dass sie nach **Verbrauch** oder **Verursachung** erfasst und nach diesem oder einem anderen Maßstab verteilt werden, soweit dies ordnungsmäßiger Verwaltung entspricht (§ 16 Abs. 3 WEG; siehe Rn 961).
- Für die Verteilung der **Heiz- und Warmwasserkosten** gilt die von der Heizkostenverordnung vorgegebene Kostenverteilung (siehe Rn 977).

960 **Sonstiges**: Bestimmt die Gemeinschaftsordnung eine Umlage nach **Wohnfläche**, ist damit auch die Nutzfläche von Teileigentumseinheiten gemeint.[48] (Zur Frage der Verbindlichkeit von Flächenangaben in der Gemeinschaftsordnung für die Heizkostenabrechnung siehe Rn 984.) – Der **Leerstand** von Einheiten ändert nichts an der Beitragspflicht nach dem jeweils geltenden Umlageschlüssel und begründet i.d.R. keinen Anspruch auf Anpassung.[49] – Die Beitragspflicht gilt, wenn die Teilungserklärung nichts anderes vorsieht, auch für noch gar nicht gebaute Einheiten, insbeson-

---

45 Angeblich sei nämlich grundsätzlich davon auszugehen, dass sich die Eigentümer bei ihrer Beschlussfassung rechtmäßig verhalten wollen, so LG München I v. 20.12.2010 – 1 S 4319/10, WuM 2011, 308; LG Nürnberg-Fürth v. 30.11.2009 – 14 S 5724/09, ZWE 2010, 134; NKV/*Niedenführ* § 28 Rn 97.
46 BGH v. 9.3.2012 – V ZR 147/11, NZM 2012, 565.
47 Und zwar auch dann, wenn er materiell „falsch" sein sollte; er gilt, solange er nicht geändert ist (OLG Schleswig v. 1.3.2007 – 2 W 196/06, ZMR 2008, 664; OLG Karlsruhe v. 25.2.2004 – 11 Wx 66/03, MietRB 2004, 241).
48 LG München v. 3.12.2007 – 1 T 14033/06, ZMR 2008, 915. Der Umlageschlüssel ist auch dann ausreichend bestimmt, wenn die Gemeinschaftsordnung keine Flächenangaben enthält (OLG Frankfurt v. 20.9.2006 – 20 W 241/05, ZMR 2007, 291).
49 Bislang nur für das Mietrecht entschieden (BGH v. 31.5.2006 – VIII ZR 159/05, ZMR 2006, 758); im WEG-Recht muss es genauso sein.

dere bei einer **Mehrhausanlage** (siehe Rn 1704). – Werden **mehrere Einheiten** eines Eigentümers in einer Abrechnung zusammengefasst, ist die betreffende Einzelabrechnung anfechtbar, aber nicht nichtig.[50]

2. Der Verteilerschlüssel für Betriebs- und Verwaltungskosten und die Möglichkeit seiner Änderung

Der mit der WEG-Reform eingeführte § 16 Abs. 3 WEG begründet eine **Beschlusskompetenz** zur Erfassung und Verteilung von **Betriebskosten** i.S.v. § 556 Abs. 1 BGB sowie von „Kosten der Verwaltung". Die Verweisung auf den Betriebskostenbegriff des BGB-Wohnraummietrechts soll der Rechtsvereinheitlichung und Vereinfachung dienen.[51] Der von § 16 Abs. 3 WEG in Bezug genommene § 556 Abs. 1 BGB verweist seinerseits auf die **Betriebskostenverordnung**;[52] Betriebskosten i.S.d. § 16 Abs. 3 WEG sind also (nur) die in der Betriebskostenverordnung aufgeführten. Diese ist allgemein bekannt, weil die meisten Mietverträge auf sie Bezug nehmen; (nur) die darin aufgeführten Betriebskosten dürfen auf Mieter umgelegt werden. Zu den Betriebskosten gehören u.a. die Kosten für Heizung, Warm- und Kaltwasser, Abwasser, Aufzug, Straßen- und Gebäudereinigung, Müllbeseitigung, Gartenpflege, Beleuchtung und Allgemeinstrom, Versicherungen, Hausmeister, Antenne/Kabelanschluss. Man kann zwischen Betriebskosten, die auf dem Gebrauch des Gemeinschaftseigentums beruhen (z.B. Gartenpflege, Allgemeinstrom), und Betriebskosten, die auf dem Gebrauch des Sondereigentums beruhen (z.B. Wasser- und Stromverbrauch in der Wohnung, Kabel, Abfall), unterscheiden; die Beschlusskompetenz des § 16 Abs. 3 WEG besteht aber ausdrücklich für beide Arten. Sie umfasst allerdings nicht solche Betriebskosten, die der Sondereigentümer (bzw. der Wohnungsnutzer) aufgrund eigener Verträge unmittelbar mit dem Lieferanten abrechnet, wie z.B. den Gas- und Stromverbrauch in der Wohnung. Besondere Bedeutung kommt der Unterscheidung zwischen Betriebskosten des Sonder- bzw. Gemeinschaftseigentums heute nicht mehr zu.[53] Wenn die Betriebskosten des Sondereigentums aufgrund eines gemeinschaftlichen Liefervertrags im Außenverhältnis von der Gemeinschaft bezahlt werden, müssen sie im Innenverhältnis unter den Miteigentümern verteilt werden. Zu den Kosten der Verwaltung gehören insbes. die Verwaltervergütung, ferner Bankgebühren, Beratungskosten, usw.

961

Die Beschlusskompetenz ist **unabdingbar** (§ 16 Abs. 5 WEG); daher kann nicht nur der „gesetzliche", sondern auch ein in der Gemeinschaftsordnung enthaltener Umlageschlüssel geändert werden.[54] Die Möglichkeit zur Veränderung des Kostenverteilungsschlüssels geht nach Auffassung des BGH aber nicht so weit, dass ein Miteigentümer an Betriebskosten beteiligt wird, die er nach der Gemeinschaftsordnung gerade nicht tragen soll.[55]

962

---

50 OLG München v. 12.3.2007 – 34 Wx 114/06, ZMR 2007, 721.
51 Das ist wegen der unterschiedlichen Regelungsgegenstände (Umlagebegrenzung im Mietrecht, Verteilerschlüssel im WEG-Recht) allerdings missglückt. Näher z.B. *Becker*, Verteilung der Betriebskosten gem. § 16 Abs. 3 WEG, ZWE 2012, 393.
52 § 556 BGB: (1) Die Vertragsparteien können vereinbaren, dass der Mieter Betriebskosten trägt. Betriebskosten sind die Kosten, die dem Eigentümer ... durch das Eigentum ... am Grundstück oder durch den bestimmungsmäßigen Gebrauch des Gebäudes, der Nebengebäude, Anlagen, Einrichtungen und des Grundstücks laufend entstehen. Für die Aufstellung der Betriebskosten gilt die Betriebskostenverordnung vom 25. November 2003.
53 Das war in der Zeit vor der WEG-Reform anders, weil Kosten des Sondereigentums auch damals schon ohne Bindung an § 16 Abs. 2 WEG verteilt werden konnten (BGH v. 25.9.2003 – V ZB 21/03, ZMR 2003, 937, „Kaltwasserentscheidung"); der BGH verlangte nicht einmal einen vorhergehenden Grundsatzbeschluss.
54 BGH v. 9.7.2010 – V ZR 202/09, ZMR 2010, 775; LG Hamburg v. 30.6.2010 – 318 S 138/09, ZWE 2011, 284.
55 BGH v. 1.6.2012 – V ZR 225/11, ZMR 2012, 709. Damit wird der Anwendungsbereich des § 16 Abs. 3 WEG ohne zwingenden Grund und m.E. entgegen Sinn und Zweck der Norm eingeschränkt.

§ 8 Jahresabrechnung und Wirtschaftsplan

963 Wenn die Gemeinschaft gem. § 16 Abs. 3 WEG für eine Betriebskostenart einen neuen Verteilerschlüssel einführen will, genügt es nicht, diesen einfach in die Jahresabrechnung oder den Wirtschaftsplan einzusetzen; vielmehr ist ein vorhergehender, ausdrücklicher und als solcher angekündigter „**Grundsatzbeschluss**" zur Änderung des Kostenverteilerschlüssels erforderlich.[56] Das wird in der Praxis häufig ignoriert; so fehlt z.B. für die verbreitete Umlage der Verwaltervergütung oder der Kabelgebühren nach Einheiten statt nach MEA regelmäßig ein entsprechender Änderungsbeschluss.

964 Das Erfordernis eines vorhergehenden Beschlusses gilt nicht nur für eine auf Dauer angelegte Änderung der Verteilerschlüssels, sondern auch den einmaligen Beschluss über eine Jahresabrechnung oder einen Wirtschaftsplan; solange keine Änderung erfolgte, ist der nach Gesetz oder Teilungserklärung geltende Schlüssel anzuwenden.[57]

965 Für den Änderungsbeschluss reicht die **einfache Stimmenmehrheit** der in der Versammlung anwesenden oder vertretenen Miteigentümer. Wenn die Gemeinschaftsordnung ein vom gesetzlichen „Kopfprinzip" abweichendes Stimmprinzip (z.B. MEA oder Objektprinzip) vorsieht, ist dieses anzuwenden; die früher teilweise vertretene Theorie vom Vorrang des Kopfprinzips hat sich nicht durchgesetzt.

966 Der neu eingeführte **Verteilerschlüssel** muss ordnungsmäßiger Verwaltung entsprechen; das ist eine in § 16 Abs. 3 WEG besonders hervorgehobene Selbstverständlichkeit. Dabei ist der Gemeinschaft aufgrund ihres Selbstorganisationsrechts ein **weiter Gestaltungsspielraum** eingeräumt: Der neue Verteilerschlüssel darf zwar nicht zu einer ungerechtfertigten Benachteiligung Einzelner führen oder willkürlich sein; ansonsten aber darf die Gemeinschaft ihn frei festlegen.[58] Bei Betriebskosten, die nach Verbrauch oder Verursachung erfasst werden, entspricht eine Änderung allerdings nur dann ordnungsmäßiger Verwaltung, wenn sie zur **verbrauchsabhängigen Abrechnung** führt, weil das dem Verursacherprinzip Rechnung trägt und als Anreiz zur Sparsamkeit zu deutlichen Einsparungen führt.[59] Die Einzelheiten werden im nächsten Abschnitt bei den jeweiligen Kostenarten erörtert.

967 Die Gemeinschaft *kann*, muss aber nicht unbedingt von ihrer Beschlussmacht Gebrauch machen und neue Verteilerschlüssel einführen. Ein **Anspruch** auf Beschluss einer **Änderung** besteht nur unter den (engen) Voraussetzungen, die § 10 Abs. 2 S. 3 WEG für den Anspruch auf Änderung der Gemeinschaftsordnung vorsieht (siehe Rn 232): Demnach muss der die Änderung beanspruchende Miteigentümer durch den geltenden Verteilungsschlüssel um mindestens 25 % gegenüber dem begehrten Schlüssel mehrbelastet sein; außerdem sind „die gesamten Umstände" abzuwägen, was sichere Prognosen zu den Erfolgsaussichten einer Regelungsklage auf Beschlussersetzung zur Änderung erschwert.

968 Mit einer **Rückwirkung** gibt es a priori kein Problem, wenn die beschlossene Änderung erst mit Beginn des nächsten Abrechnungsjahres wirksam werden soll. Oft will eine Gemeinschaft aber bei

---

56 BGH v. 9.7.2010 – V ZR 202/09, NZM 2010, 622, Rn 16. Das ist in dieser Allgemeinheit verfehlt: Für Kosten des Sondereigentums gilt von vornherein nicht der Schlüssel MEA (BGH v. 25.9.2003 – V ZB 21/03, ZMR 2003, 937, „Kaltwasserentscheidung"), sodass gar kein neuer Schlüssel eingeführt werden muss, sondern in jedem Einzelfall festgelegt werden kann.

57 Auch das ist m.E. verfehlt: Jeder Miteigentümer muss damit rechnen, dass im Zuge von Jahresabrechnung/Wirtschaftsplan Beschlüsse zur abweichenden Kostenverteilung gem. § 16 Abs. 3 WEG gefasst werden, da das Gesetz hierfür nun einmal eine Beschlusskompetenz eröffnet.

58 BGH v. 16.9.2011 – V ZR 3/11, NZM 2012, 28. Im Fall wurde der Schlüssel von MEA auf Wohnfläche umgestellt. Weil die MEA nicht dem Verhältnis der Wohn-/Nutzflächen entsprachen, führte das zu einer Mehrbelastung der klagenden Einheiten um bis zum 6-fachen; jedoch waren die MEA ungerecht, die Umlage nach Fläche aber gerecht, sodass die Änderung rechtmäßig war.

59 BGH v. 25.9.2003 – V ZB 21/03, ZMR 2003, 937.

Gelegenheit der Beschlussfassung über die Jahresabrechnung des Vorjahres per Grundsatzbeschluss eine Änderung sowohl für die Zukunft einführen, als auch sogleich anwenden, d.h. für das laufende und das vorhergehende Wirtschaftsjahr. Nach der Rspr. besteht **kein absolutes Verbot** der Rückwirkung, sondern „grundsätzlich" nur dann, wenn die Rückwirkung zu einer „nachträglichen Neubewertung eines bereits abgeschlossenen Sachverhalts führen" würde. Und selbst bei einem Eingriff in einen „bereits abgeschlossenen Sachverhalt" kann die Rückwirkung hingenommen werden, wenn „besondere Umstände" vorliegen; zu solchen „besonderen Umständen" zählt es, wenn der bisherige Schlüssel unbrauchbar oder unpraktikabel ist oder zu grob unbilligen Ergebnissen führt.[60] Nach Maßgabe dieser Grundsätze ist die Rückwirkung meistens rechtmäßig: Richtiger Weise kann sie ohnehin nur bei verbrauchsabhängigen Betriebskosten rechtswidrig sein, weil und soweit sich ein durch die Änderung benachteiligter Miteigentümer darauf berufen könnte, dass er bei Kenntnis der Änderung sein Verbrauchsverhalten geändert (und weniger verbraucht) hätte. Das kommt z.B. dann in Betracht, wenn die Verteilung der Abfallgebühren von MEA auf Personen umgestellt wird, nicht aber dann, wenn z.B. der Umlageschlüssel für Kabel- und Verwaltergebühren von MEA auf Einheiten geändert wird; denn die Höhe der letztgenannten Kosten kann der einzelne Miteigentümer nicht steuern. Selbst bei verbrauchsabhängigen Betriebskosten (wie Müllgebühren) ist die Rückwirkung zulässig, wenn der Änderungsbeschluss nur eine bisherige Praxis „legalisiert" und auch zuvor schon nach dem beschlossenen Verteilerschlüssel abgerechnet wurde, denn dann vertrauten die Miteigentümer bis dahin gerade nicht auf den „eigentlich" anzuwendenden Schlüssel MEA.[61] Dass Vorauszahlungen auf der Grundlage des Wirtschaftsplans mit dem bislang geltenden Verteilungsschlüssel geleistet wurden, begründet in keinem Fall ein der Rückwirkung entgegen stehendes schutzwürdiges Vertrauen.[62]

3. Einzelne Betriebskostenarten

Grundstücksbezogene Betriebskosten. Die meisten beim Gebrauch des Gemeinschaftseigentums anfallenden Betriebskosten sind „grundstücksbezogen", z.B. gemeinschaftliches Wasser/Abwasser, Allgemeinstrom, Gebäudereinigung, Winterdienst, Hausmeister, Versicherungen usw. Diese Ausgaben wird man trotz des weiten Ermessensspielraums der Gemeinschaft jedenfalls bei der **„Einhausanlage"** unverändert nach dem allgemeinen Kostenverteilungsschlüssel umlegen müssen; allenfalls kann man einen der üblichen generell-abstrakten Schlüssel wie MEA oder Wohnfläche einführen.[63] Denn ein Beschluss zur Änderung des allgemeinen Kostenverteilungsschlüssels muss ordnungsmäßiger Verwaltung entsprechen; und da der individuelle Anteil am gemeinschaftlichen „Verbrauch" der vorerwähnten Betriebskosten nicht erfasst werden kann, wird es meistens wohl keinen anderen rechtmäßigen Umlageschlüssel als den in der Gemeinschaftsordnung vorgesehenen geben.[64] (Zur Problematik des Umlageschlüssels „Einheiten" siehe Rn 1444.) Anders verhält es sich bei der **Mehrhausanlage**: Hier kann gem. § 16 Abs. 3 WEG die hausweise Kostenverteilung beschlossen werden (siehe Rn 1701).

969

Abfallgebühren. Abfallgebühren sind zu einem kleinen Teil Betriebskosten des Gemeinschaftseigentums, nämlich soweit gemeinschaftliche Abfälle z.B. bei bei der Hausreinigung anfallen, im Übrigen Betriebskosten des Sondereigentums. Die Verteilung nach einem verbrauchsunabhängigen Schlüssel widerspricht dem Verursacherprinzip und läuft erfahrungsgemäß den Zielen der Abfall-

970

---

60 BGH v. 1.4.2011 – V ZR 162/10, ZMR 2011, 652, Rn 12; LG Itzehoe v. 24.1.2012 – 11 S 16/11, ZMR 2012, 390.
61 LG Hamburg v. 22.2.2013 – 318 S 32/12, ZMR 2013, 465, Rn 22: Wohnfläche statt MEA.
62 A.A. LG Berlin v. 13.8.2013 – 85 S 177/12, IMR 2014, 30.
63 LG Hamburg v. 22.2.2013 – 318 S 32/12, ZMR 2013, 465, Rn 18.
64 LG Nürnberg-Fürth v. 25.3.2009 – 14 S 7627/08, NZM 2009, 363; AG Hannover v. 4.4.2008 – 481 C 1989/08, ZMR 2009, 558; LG München I v. 10.6.2009 – 1 S 10155/08, ZMR 2010, 66.

wirtschaftsgesetze (Müllvermeidung, Mülltrennung) zuwider, sodass sich die Frage stellt, welches verbrauchsabhängige Umlagesystem gem. § 16 Abs. 3 WEG eingeführt werden kann. Am einfachsten ist es, wenn nicht die Gemeinschaft, sondern die jeweiligen Wohnungsnutzer selber ihre Mülltonnen anmelden und bezahlen würden (wie z.B. auch den in der Wohnung verbrauchten elektrischen Strom); dann fallen keine gemeinschaftlichen Kosten an und stellt sich das Problem der Umlage nicht. Das geht aber nur in kleineren Gemeinschaften, in denen genügend Platz für separate Tonnen vorhanden ist, und zudem muss der Entsorgungsbetrieb „mitmachen"; weil es aber für den Entsorger einfacher ist, wenn er nur die Gemeinschaft veranlagt (siehe hierzu Rn 1525), wird die Möglichkeit der individuellen Entsorgung in den einschlägigen Abfallgebührensatzungen häufig beschränkt.[65] Manche Entsorgungsbetriebe verlangen zwar die Abrechnung über die Gemeinschaft, ermöglichen es aber, dass jede Wohnung ihre eigene Mülltonne hat, die in der Abfallgebührenrechnung des Entsorgers gesondert aufgeführt wird; dann ist eine verbrauchsabhängige Kostenverteilung möglich. Wo aus Platzgründen keine separaten Tonnen je Wohnung möglich sind, kann trotzdem gem. § 16 Abs. 3 WEG eine nach Einheiten getrennte Verbrauchserfassung und entsprechende Kostenumlage beschlossen werden, indem ein Erfassungssystem für den Mülleinwurf eingeführt wird; zumindest für größere Wohnanlagen werden hierfür zahlreiche Systeme angeboten. Die häufig gewünschte Umlage nach „Köpfen" bzw. **Personen** (die generell schon unter dem Gesichtspunkt der Bestimmtheit problematisch ist) oder nach Wohnungen stellt hingegen keine Verbrauchserfassung dar und ist daher nicht rechtmäßig.[66] Die Haftung der Miteigentümer für die Abfallgebühren im **Außenverhältnis** wird unten (siehe Rn 1647) behandelt.

971 **Abwasser.** Für die Verteilung der Kosten des Abwassers gilt im Prinzip dasselbe wie für das Kaltwasser (siehe Rn 974). Allerdings setzen sich die Abwasserkosten in manchen Städten aus einer Kombination separat berechneter Komponenten für „Schmutzwasser" und Niederschlagswasser zusammen, wobei für letzteres nicht der Frischwasserverbrauch, sondern die versiegelte Fläche die Gebührenbemessungsgrundlage darstellt. Das kann bei der WEG-internen Umlage in der Weise berücksichtigt werden, dass für das Niederschlagswasser ein anderer Kostenverteilungsschlüssel angesetzt wird.

972 **Aufzug.** Hier lässt sich der unterschiedliche Gebrauch und eine entsprechend differenzierende Umlage diskutieren, weil die Eigentümer von Wohnungen im Erdgeschoss ihn zwangsläufig weniger nutzen als die Eigentümer der darüber liegenden Geschosse. Eine Differenzierung der Kostenverteilung nach Stockwerken wurde deshalb als rechtmäßig beurteilt.[67] Das ist allerdings nicht unumstritten: Denn durch das Stockwerk allein wird nicht festgelegt, von welchen Wohnungen aus in welchem Umfang der Aufzug tatsächlich genutzt wird, zumal die Nutzungshäufigkeit auch dadurch beeinflusst wird, wie viele Personen in einer Wohnung leben und wie oft am Tag sie das Haus verlassen.[68] Wenn aber der Aufzugsstrom – der den Großteil der Betriebskosten des Aufzugs ausmacht – nicht separat erfasst wird, ist die Änderung des Kostenverteilungsschlüssels weitgehend sinnlos.[69] Der Änderungsbeschluss darf sich nicht auf Instandhaltungskosten beziehen, weil diese gar nicht zu den Betriebskosten i.S.v. § 556 BGB gehören (§ 1 Abs. 2 Nr. 2 BetrKV). Vollwartungsverträge beinhalten auch Reparaturen und den Ersatz von Verschleißteilen (= Instand-

---

[65] Ausführlich zu Rechtsfragen der Abfallgebühren in WEGs *Greiner*, ZMR 2000, 717.
[66] Betr. „Köpfe" siehe OLG Köln v. 1.3.2006 – 16 Wx 223/05, ZMR 2007, 68; betr. Wohnungen siehe AG Hannover v. 14.6.2008 – 71 II 207/06, ZMR 2007, 75. Kein Problem mit der Umlage nach Personen haben aber offenbar LG Hamburg v. 22.2.2013 – 318 S 32/12, ZMR 2013, 465, Rn 18; AG Recklinghausen v. 17.2.2009 – 90 C 89/08, ZMR 2010, 242.
[67] LG Nürnberg-Fürth v. 25.3.2009 – 14 S 7627/08, NZM 2009, Rn 23.
[68] In diesem Sinne kritisch AG Nürnberg v. 27.10.2010 – 30 C 40157/10, ZMR 2011, 594.
[69] Und damit rechtswidrig, so AG Nürnberg v. 27.10.2010 – 30 C 40157/10, ZMR 2011, 594.

haltung); der Verteilungsschlüssel für die Kosten eines Vollwartungsvertrags darf also nicht gem. § 16 Abs. 3 WEG geändert werden. Es ist mithin reichlich schwierig, einen hinreichend bestimmten und materiell rechtmäßigen neuen Verteilerschlüssel zu finden. In der Praxis werden „verbrauchsabhängige" (insbes. nach Stockwerken differenzierende) Änderungsbeschlüsse noch aus einem anderen Grund die Ausnahme bleiben: Ein Anspruch der EG-Eigentümer darauf besteht nicht,[70] und freiwillig wird ein entsprechender Mehrheitsbeschluss nur selten zustande kommen.

Kabelanschluss. Es ist üblich und anerkannt, dass der Umlageschlüssel „Einheiten" beschlossen werden kann;[71] das ist indes hier ebenso wie den Verwaltergebühren zu bestreiten (siehe Rn 1588). Wenn die Umlage nach Einheiten beschlossen wird, sollte sie sich nicht auf alle, sondern nur auf die *angeschlossenen* Einheiten beziehen. Fraglich ist, ob ein einzelner Wohnungseigentümer den Kabelanschluss nachträglich in seiner Wohnung abklemmen (stilllegen) lassen und anschließend den Beschluss verlangen kann, dass er an den Kabelkosten künftig nicht mehr beteiligt wird. Die Frage ist zu bejahen: Es handelt sich um Kosten des Sondereigentums; es beruht auf reinen Zweckmäßigkeitserwägungen, wenn die WEG im Außenverhältnis den Vertrag abgeschlossen hat. Wenn in einer Wohnung keine Kabelkosten anfallen, darf man den Wohnungseigentümer auch nicht damit belasten. Es besteht keine Pflicht zur Beteiligung am Kabelempfang. Ob die Kabelkosten für die übrigen Miteigentümer (je Einheit) durch den Wegfall einer Wohnung höher werden oder nicht, ist ohne Bedeutung. Es kommt also auch nicht darauf an, ob oder wann der Kabelvertrag preislich an den Wegfall einer Wohnung angepasst werden kann.[72]

973

Kaltwasser. Wenn (wie es in den Bauordnungen einiger Bundesländer vorgeschrieben ist) Kaltwasserzähler (Wasseruhren) vorhanden sind, ist **nur** die Abrechnung nach dem gemessenen Verbrauch rechtmäßig. Die h.M. müsste hierfür eigentlich einen vorhergehenden Grundlagenbeschluss fordern (siehe Rn 963); das wird allgemein ignoriert. Idealer Weise werden die Kaltwasserkosten als gesonderte Ausgabenposition aufgeführt; tatsächlich werden sie aber meistens zusammen mit den Heiz- und Warmwasserkosten in einer Position zusammengefasst. Sofern die (normalerweise separat vorgelegte) Heizkostenabrechnung die Verteilung der Kaltwasserkosten zutreffend und nachvollziehbar vornimmt, dürfte dagegen nichts einzuwenden sein (wenn auch der in der Jahresabrechnung mit „HeizkV" angegebene Verteilerschlüssel insofern nicht ganz zutreffend ist). Teilweise wurde vertreten, dass die verbrauchsabhängige Abrechnung eine Abgrenzung erfordere, weil während des abgerechneten Kalenderjahres „nur" Abschlagszahlungen geleistet werden, die endgültigen Kosten hingegen erst durch die im anschließenden Kalenderjahr erfolgende Abrechnung des Versorgers feststehen (oder weil der Wasserrechnung ein vom Kalenderjahr abweichender Abrechnungszeitraum zugrunde liegt).[73] Das ist allerdings unzutreffend. Die Abrechnung ist auch dann verbrauchsabhängig, wenn die im Kalenderjahr erfolgten Zahlungen (Abschlagszahlungen und Nachzahlung für das Vorjahr) entsprechend dem gemessenen Verbrauch umgelegt werden. Sie verteilt dann zwar nicht die Kosten des im Abrechnungsjahr verbrauchten Wassers; das ist aber auch nicht zwingend. Eine Abrechnung nach dem Leistungsprinzip (Kosten des Verbrauchs im Abrechnungsjahr) ist nur bei den Heizkosten, nicht aber bei Kaltwasser vorgeschrieben, auch soweit es um „Kaltwasser für Warmwasser" geht (siehe Rn 985).

974

Sofern in einer Gemeinschaft noch keine Kaltwasser**zähler** vorhanden sind, die Gemeinschaft aber eine verbrauchsabhängige Abrechnung des Kaltwassers **einführen** möchte, besteht auch hierfür

975

---

70 LG Hamburg v. 12.5.2010 – 318 S 190/09, DWE 2010, 147. Auch im Mietrecht wurde entschieden, dass der EG-Mieter keine Freistellung von den Aufzugkosten verlangen kann (BGH v. 20.9.2006 – VIII ZR 103/06, ZMR 2006, 919).
71 LG Nürnberg-Fürth v. 25.3.2009 – 14 S 7627/08, ZMR 2009, 638.
72 Rspr. dazu ist nicht bekannt, tiefschürfende Lit. ebenfalls nicht.
73 So z.B. OLG Köln v. 30.12.2004 – 16 Wx 110/04, ZMR 2005, 649, Rn 13.

§ 8 Jahresabrechnung und Wirtschaftsplan

eine aus § 16 Abs. 3 WEG folgende Beschlusskompetenz.[74] Nach fragwürdiger Auffassung der Rspr. entspricht der Beschluss über die Anschaffung von Wasserzählern nur dann ordnungsmäßiger Verwaltung, wenn sich die damit verbundenen Investitionen voraussichtlich in überschaubarer Zeit amortisieren, wobei die Rechtsprechung einen 10-Jahres-Zeitraum ansetzt und davon ausgeht, dass alleine die Verbrauchserfassung zu einer Verbrauchsreduktion von 15 % führt.[75] Richtiger Weise ist die Anschaffung unter dem Gesichtspunkt der ordnungsmäßigen Verwaltung aber nicht nur rechtmäßig, sondern sogar geboten, weil jede andere Abrechnungsmethode (insbesondere die Umlage nach Miteigentumsanteilen) i.d.R. zu grob unbilligen Ergebnissen führt.[76] Dass die zur verbrauchsabhängigen Abrechnung erforderlichen Wasserzähler im räumlichen Bereich des Sondereigentums installiert werden müssen, steht der Beschlussfassung nicht entgegen. Die Kosten der Installation sind nach Miteigentumsanteilen zu verteilen, weil die Wasserzähler Gemeinschaftseigentum werden (siehe Rn 71).

976 **Verwaltervergütung.** Hier lässt die ganz h.M. (m.E. zu Unrecht) eine Verteilung nach Einheiten zu (siehe Rn 1444).

4. Heiz- und Warmwasserkosten

977 Für die Abrechnung der Heizkosten gelten die **zwingenden** Bestimmungen der **Heizkostenverordnung**,[77] von denen durch Beschlüsse und Vereinbarungen der Wohnungseigentümer nicht abgewichen werden kann (§§ 1 Abs. 2 Nr. 3, 2 HeizkV).[78] Das primäre Regelungsziel der HeizkV besteht in der verbrauchsabhängigen Kostenverteilung (§ 6 HeizkV). Daher sind die Wohnungseigentümer verpflichtet, die Wohnungen mit **Verbrauchserfassungsgeräten** (Heizkostenverteiler und Warmwasserzähler) auszustatten (§ 4 HeizkV). (Zum Haus mit nur 2 Wohnungen siehe Rn 1717.) Die Anschaffung von Heizkostenverteilern auf Funkbasis entspricht ordnungsmäßiger Verwaltung;[79] die Nutzungsmodalitäten (Anzahl der gespeicherten Messwerte, Häufigkeit und Datensicherheit der Übertragung) müssen (vor dem Hintergrund des Datenschutzrechts) aber klar geregelt werden.[80] (Zur Frage, ob die Geräte gekauft oder gemietet werden, siehe Rn 993). Das gilt nicht, wenn einer der **Ausnahmetatbestände** des § 11 HeizkV vorliegt (z.B. Räume in Altersheimen oder in Passivhäusern oder wenn die Beheizung auf regenerativer Energieerzeugung beruht). In der Praxis spielt vor allem der Ausnahmetatbestand der „**unverhältnismäßig hohen Kosten**" (§ 11 Abs. 1 Nr. 1b HeizkV) eine Rolle, der vorliegt, wenn die Kosten (für die Installation der Messgeräte sowie für deren Wartung und Ablesung) sich nicht durch die zu erwartenden Einsparungen innerhalb von 10 Jahren amortisieren. Zur Berechnung: Man kann davon ausgehen, dass die Installation von Verbrauchserfassungsgeräten zu einer Kostenersparnis i.H.v. 15 % der Gesamtheizkosten führt; eine zu erwartende Erhöhung der Energiepreise kann berücksichtigt werden.[81]

---

74 So im Anschluss an die „Kaltwasserentscheidung" (BGH v. 25.9.2003 – V ZB 21/03, ZMR 2003, 937) die Gesetzesbegründung zu § 16 Abs. 3 WEG, BT-Drucks 16/887, 23; OLG Düsseldorf v. 23.7.2009 – 3 Wx 28/09, WuM 2009, 600.
75 BGH v. 25.9.2003 – V ZB 21/03, ZMR 2003, 937; OLG Düsseldorf v. 23.7.2009 – 3 Wx 28/09, WuM 2009, 600. Zum 10-Jahres-Zeitraum s.a. Rn 977.
76 OLG Düsseldorf v. 23.7.2009 – 3 Wx 28/09, WuM 2009, 600.
77 Ausführlich *Jennißen*, Heizkosten in der Abrechnung, ZWE 2011, 153.
78 Allgemein zur unmittelbaren Geltung der HeizKV BGH v. 17.2.2012 – V ZR 251/10, ZMR 2012, 372.
79 AG Dortmund v. 26.11.2013 – 512 C 42/13, ZWE 2014, 99. Ebenso für das Mietrecht (betr. die Duldungspflicht des Mieters) BGH v. 28.09.2011 – VIII ZR 326/10, ZMR 2012, 97.
80 Und zwar richtiger Ansicht nach bereits im Anschaffungsbeschluss, so zutr. *Brink*, ZWE 2014, 75.
81 OLG Köln v. 5.9.2006 – 16 Wx 154/06, WuM 2007, 86; BayObLG v. 30.6.2004 – 2Z BR 118/04, WuM 2004, 737.

A. Die Jahresabrechnung §8

Gem. §§ 7 und 8 HeizkV sind die Heiz- und Warmwasserkosten zu mindestens 50 % und zu höchstens 70 % nach dem erfassten Verbrauch abzurechnen; dieser **Verteilungsschlüssel** geht § 16 Abs. 2 WEG vor. Die Kosten der Versorgung mit Warmwasser gehören nur insoweit zu den Heizkosten, als es um die Aufheizung des Wassers geht. Der Wasserverbrauch als solcher wird zu 100 % nach Verbrauch abgerechnet, während für die Verteilung der im Warmwasser steckenden Heizkosten der Maßstab des § 8 HeizkV gilt. Wenn Heizungswasser und Brauchwasser wie üblich in einer einheitlichen Heizungsanlage erwärmt werden, sind die einheitlich entstandenen Kosten des Betriebs aufzuteilen. Zu diesem Zweck muss der Anteil der zur Warmwasserbereitung aufgewendeten Energie erfasst werden, was seit dem 1.1.2014 mittels eines Wärmezählers erfolgen muss (§ 9 Abs. 2 S. 1 HeizkV). Bis dahin (und darüber hinaus, wenn der Einbau eines Wärmezählers aus baulichen oder technischen Gründen unverhältnismäßig hohe Kosten verursachen würde) erfolgt die Erfassung nach Maßgabe der Formel und weiteren Bestimmungen des § 9 HeizkV.

978

Die Ablesungen und die die darauf beruhende Heizkostenabrechnung macht der Verwalter meistens nicht selbst, sondern beauftragt namens der Gemeinschaft ein darauf spezialisiertes Messdienst- und **Abrechnungsunternehmen**. Die Ergebnisse übernimmt der Verwalter in die WEG-Jahresabrechnung und fügt die separate Heizkostenabrechnung als Anlage bei. Die Beauftragung eines Abrechnungsunternehmens erfordert einen entsprechenden Eigentümerbeschluss, zumindest aber eine entsprechende Befugnis im Verwaltervertrag; beides fehlt häufig.[82] Der Verwalter muss dem Abrechnungsunternehmen die richtigen, insbesondere die von der Gemeinschaft beschlossenen Vorgaben (dazu nachstehend) machen und die vorgelegte Heizkostenabrechnung auf Einhaltung dieser Vorgaben und auf Plausibilität (nicht aber jedes Detail) prüfen; darüber hinaus ist er für etwaige Fehler des Abrechnungsunternehmens nicht verantwortlich.[83] Für die Wohnungseigentümer ist die Heizkostenabrechnung oft **schwer nachvollziehbar**; das liegt i.d.R. aber in der Natur der Sache (d.h. an dem von der HeizkV vorgeschriebenen Verfahren) und führt nicht zur Anfechtbarkeit des Abrechnungsbeschlusses. Für das Mietrecht wurde bereits zutreffend entschieden, dass der Vermieter im Rahmen der Heizkostenabrechnung den (normalerweise juristisch nicht geschulten) Mieter auf die Vorschrift des § 9 Abs. 2 HeizkV weder hinweisen, noch ihm die darin enthaltene Berechnungsformel verständlich machen muss. Muss der Vermieter eine gesetzlich vorgeschriebene Abrechnungsweise anwenden, sind ihm die sich daraus ergebenden Verständnisprobleme nicht zuzurechnen.[84] Das gilt im Wohnungseigentumsrecht genauso.

979

Innerhalb des von der HeizkV vorgegebenen Rahmens kann und muss die Eigentümergemeinschaft einige **Entscheidungen** treffen:

Die **Höhe** des **verbrauchsabhängigen Anteils** muss festgelegt werden. Soweit die Festlegung sich im Rahmen zwischen 50 % und 70 % hält, besteht dafür eine Beschlusskompetenz. Oft wird diese Festlegung schon in der Teilungserklärung getroffen; sie kann aber durch Beschluss gem. § 16 Abs. 3 WEG geändert werden (siehe Rn 986). Wenn die Teilungserklärung keine Vorgaben enthält, kann die Gemeinschaft den Schlüssel vorbehaltlich der folgenden Ausführungen nach freiem Ermessen festlegen (zur Beschlussfassung und den Möglichkeiten späterer Änderungen siehe Rn 986). Den sachgerechten Schlüssel für das jeweilige Haus zu finden ist freilich eine Wissenschaft für sich, auf die vorliegend nicht eingegangen werden kann. Seit dem 1.1.2009 gelten gem.

980

---

82 Nach *M. Schmid*, Anbringung und Ablesung von Verbrauchszählern im Wohnungseigentum, DWE 2011, 44, 48, ist die Beauftragung von Drittfirmen so allgemein üblich, dass man davon ausgehen müsse, dass der Beschluss über die Verwendung von Messgeräten die Ermächtigung zur Beauftragung beinhalte. Dem ist zu widersprechen, zumal es einen ausdrücklichen Beschluss über die „Verwendung von Messgeräten" kaum geben wird.
83 Das Abrechnungsunternehmen ist nicht Erfüllungsgehilfe des Verwalters: AG Halle (Saale) v. 16.10.2012 – 120 C 1995/12, ZMR 2013, 221.
84 BGH v. 26.10.2011 – VIII ZR 268/10, WuM 2012, 25, Rn 13.

§ 7 HeizkV zudem gewisse Vorgaben: Bei mit Öl oder Gas beheizten Gebäuden, die nicht der WärmeschutzVO von 1994 gerecht werden und deren freiliegenden Leitungen der Wärmeverteilung überwiegend gedämmt sind, muss ein Umlagemaßstab von 70 % für den Verbrauchskostenanteil festgelegt werden.[85] In Gebäuden, in denen die freiliegenden Leitungen der Wärmeverteilung überwiegend ungedämmt sind und deswegen ein wesentlicher Anteil des Wärmeverbrauchs nicht erfasst wird (das betrifft insbesondere **Einrohrheizungs**systeme), kann (nicht: muss) der Wärmeverbrauch „nach den anerkannten Regeln der Technik" erfasst werden;[86] hierfür muss – nach entsprechender Beschlussfassung der Gemeinschaft – das Messdienstunternehmen oder ein Sachverständiger beauftragt werden. Wenn allerdings nicht nur ein „wesentlicher Anteil", sondern der größte Anteil des Wärmeverbrauchs über die Heizleitungen abgegeben wird und an den Heizkörpern nur noch 20 % und weniger des Gesamtverbrauchs gemessen werden (was wiederum insbesondere bei Einrohrheizungssysteme oft der Fall ist), liegen die Voraussetzungen für eine verbrauchsabhängige Abrechnung nicht mehr vor und muss statt dessen nach einem verbrauchsunabhängigen Schlüssel (MEA oder Wohnfläche) abgerechnet werden.[87]

981 Eine Regelung in der Teilungserklärung oder eine Vereinbarung, die den verbrauchsabhängigen Anteil unter 50 % festlegt, ist unwirksam. Zulässig ist gem. § 10 HeizkV aber die Festlegung eines höheren Anteils als 70 % (bis zu 100 %), allerdings nicht durch Beschluss, sondern nur durch Vereinbarung.[88] Gerecht ist die 100 %ig verbrauchsabhängige Kostenverteilung aber nicht, weil sie den Lagevorteil innen liegender Wohnungen („Mitheizeffekt") und die Leitungsverluste (bis zu 40 %) nicht berücksichtigt.[89]

982 Sodann muss der **Maßstab** für die Ermittlung des verbrauch**s**unabhängigen Anteils festgelegt werden, wobei zwischen Heiz- und Warmwasserkosten differenziert wird.

983 Für die **Heizkosten** gilt § 7 Abs. 1 HeizkV: „Die übrigen (= verbrauchsunabhängigen) Kosten sind nach der Wohn- oder Nutzfläche oder nach dem umbauten Raum zu verteilen; es kann auch die Wohn- oder Nutzfläche oder der umbaute Raum der beheizten Räume zugrunde gelegt werden."

984 Die Unterscheidung zwischen **Wohn-** und **Nutzfläche** bezieht sich nur darauf, dass Gewerbeflächen begrifflich nicht über Wohnfläche, sondern über Nutzfläche verfügen. Wenn den Einheiten in der Teilungserklärung (und nicht nur im Aufteilungsplan) Flächenangaben zugewiesen werden, sind diese maßgeblich, so lange die Gemeinschaft keine anderen beschließt.[90] Enthält die Teilungserklärung keine i.s.v. § 7 Abs. 1 HeizkV einschlägigen Angaben, hat die Gemeinschaft zunächst ein Auswahlermessen, ob sie als Maßstab die Flächen oder den umbautem Raum heranzieht. Letzteres ist schon wegen der schwierigeren Berechnung nur ausnahmsweise dann sinnvoll, wenn sich die Raumhöhen im Haus wesentlich unterscheiden. Sodann hat die Gemeinschaft ein Auswahlermessen, ob sie nur die beheizten oder auch weitere Räume in die Anteilsberechnung einbeziehen möchte. Die HeizkV macht hierzu keinerlei Vorgaben, so dass die Entscheidung der

---

85 Die Regelung ist zwingend und geht daher auch der Gemeinschaftsordnung vor, falls diese einen geringeren Anteil festlegt). Sie ist aber widersinnig, da bei Häusern mit schlechter Wärmedämmung und alten Heizungstechnik eine Verteilung von 50:50 sachgerecht wäre (so *Wall*, WuM 2009, 3, 6 mit umfangreichen Nachweisen).
86 Damit ist das „Verfahren zur Berücksichtigung von Rohrwärmeverlusten" gem. Beiblatt zur Richtlinie VDI 2077 (auch sog. Bilanzverfahren) gemeint (BT-Drucks 570/08, 14; allg. M.).
87 LG Landau (Pfalz) v. 4.10.2013 – 3 S 188/12, ZWE 2014, 97; AG Neuss v. 14.6.2012 –84 C 5219/11, ZMR 2013, 235; AG Lichtenberg v. 14.9.2011 – 119 C 14/11, ZMR 2012, 145.
88 OLG Düsseldorf v. 16.3.2001 – 3 Wx 51/01, ZMR 2001.
89 BGH v. 16.7.2010 – V ZR 221/09, ZMR 2010, 970.
90 Die Auffassung, dass die Flächenangaben nicht durch Mehrheitsbeschluss geändert werden könnten (so OLG Schleswig v. 1.3.2007 – 2 W 196/06, ZMR 2008, 664; Bärmann/Becker § 16 Rn 46), ist nicht mit dem zwingenden Charakter der HeizKV zu vereinbaren (so auch *M. Schmid*, Festlegung von Flächen im Wohnungseigentum, ZWE 2008, 371, 372).

Gemeinschaft nur nach dem Maßstab der ordnungsgemäßen Verwaltung zu beurteilen ist. Dass Räume außerhalb der Wohnung (insbesondere Keller- und Dachbodenräume) außer Betracht bleiben, ist selbstverständlich. Innerhalb der Wohnung ist es grundsätzlich sinnvoll, auch die Räume **ohne** Heizkörper mit einzubeziehen, weil diese indirekt durch die benachbarten Räume mitbeheizt werden. Außenbereiche wie Balkone und Terrassen haben demgegenüber außer Betracht zu bleiben.[91] Insbesondere wegen der Außenbereiche ist es nicht sachgerecht, die in der Teilungserklärung oder den Bauplänen enthaltenen Flächenangaben zugrunde zu legen (auch wenn dies in der Praxis absolut üblich ist), weil diese im Normalfall nach Maßgabe der Wohnflächenverordnung (früher: §§ 42 ff. II. BV) berechnet wurden und somit auch Freiflächen anteilig berücksichtigen.[92] Im Übrigen gibt es weder in der HeizkV noch andernorts zwingende Vorschriften zur Flächenberechnung, so dass der Gemeinschaft auch insoweit hinsichtlich der Details ein Ermessen eingeräumt ist. Allerdings wird in aller Regel nur die Orientierung an der Wohnflächenverordnung ordnungsgemäßer Verwaltung entsprechen.

Für die **Warmwasserkosten** (Kosten der Wassererwärmung[93]) gilt § 8 Abs. 1 HeizkV, wonach der verbrauchsunabhängige Anteil „nach der Wohn- oder Nutzfläche zu verteilen" ist. Die für Heizung vorgesehene Alternative des „umbauten Raumes" (ggf. nur der beheizten Räume) steht hier nicht zur Verfügung. Zur Festlegung der Wohn- oder Nutzfläche gelten die vorstehenden Ausführungen zur Heizung entsprechend.   985

Wenn die Teilungserklärung keine Regelung enthält oder diese geändert werden soll (letzteres str.), muss die (werdende) Eigentümergemeinschaft ihre Entscheidungsbefugnisse (betr. Höhe des verbrauchsabhängigen Anteils und betr. den Maßstab für dessen Ermittlung) durch einen **besonderen (Dauer-)Beschluss** gem. §§ 3 HeizkostenV, 16 Abs. 3 WEG ausüben.[94] Eigentlich muss dieser Beschluss schon in der ersten Versammlung nach dem Bezug des Hauses gefasst werden, damit für die erste und alle folgenden Heizkostenabrechnungen die Grundlagen gelegt sind; in der Praxis ist das aber eher die Ausnahme als die Regel. Meistens wird ohne weiteres mit der ersten Jahresabrechnung die von der Verwaltung (bzw. von einem Heizkostenabrechnungsdienst) vorgelegte Heizkostenabrechnung mit den darin enthaltenen Schlüsseln mitbeschlossen. Dieser Beschluss beinhaltet dann konkludent die (erstmalige) Festlegung des Schlüssels (z.B. 70:30) sowie den Maßstab für die Ermittlung des verbrauchsunabhängigen Anteils. Bindungswirkung kommt aber weder dem erstmaligen, noch den folgenden Abrechnungsbeschlüssen zu, in denen die erwähnten Parameter stets (konkludent) erneut beschlossen werden. Schlimmer noch: Wenn man die BGH-Entscheidung zur Notwendigkeit eines ausdrücklichen Beschlusses[95] ernst nimmt, ist eine Heizkostenabrechnung, die nicht auf einem solchen (Dauer-)Beschluss aufbaut, alleine deswegen anfechtbar.[96] Sofern noch nicht vorhanden, sollte eine WEG den erforderlichen Dauerbeschluss also bei nächster Gelegenheit nachholen.   986

Änderungen der einmal beschlossenen Abrechnungsmaßstäbe sind (auch mehrmals) zum nächstfolgenden Abrechnungszeitraum möglich. Mögliche Gründe werden in § 6 Abs. 4 HeizkV auf-   987

---

91 *Schmidt-Futterer/Lammel*, Mietrecht, 11. Aufl. 2013, § 7 HeizKV Rn 19.
92 Etwas anderes gilt, wenn die Flächenangaben in der Teilungserklärung ausdrücklich dazu bestimmt sind, als Verteilerschlüssel bei der Heiz- und Warmwasserkostenabrechnung zu dienen; dann ist der Schlüssel anzuwenden, solange er nicht durch Vereinbarung geändert wurde (OLG Schleswig v. 1.3.2007 – 2 W 196/06, ZMR 2008, 664).
93 Die Kosten des (erwärmten Kalt-)Wassers können, aber müssen nicht nach der HeizkostenV abgerechnet werden (§ 8 Abs. 2 S. 1 HeizkostenV: „ . . . soweit sie nicht gesondert abgerechnet werden").
94 BGH v. 17.2.2012 – V ZR 251/10, ZMR 2012, 372, Rn 9.
95 BGH v. 17.2.2012 (Vornote).
96 M. E. zwar zu Recht, allerdings unvereinbar mit der BGH-Rechtsprechung vertritt demgegenüber *M. Schmid*, ZWE 2012, 214 die Auffassung, alleine wegen des Fehlens einer ausdrücklichen Dauerregelung könne der Abrechnungsbeschluss nicht rechtswidrig sein.

geführt: Die Einführung einer Vorerfassung nach Nutzergruppen, die Durchführung baulicher Maßnahmen, die nachhaltig Energie einsparen oder allgemein „sachgerechte Gründe".

988 Die Verwendung **ungeeichter Zähler** ist gem. § 25 Abs. 1 Nr. 1a EichG zwar verboten und stellt eine Ordnungswidrigkeit dar[97] (Eichfristen siehe Rn 994); sie ist trotzdem verbreitet, insbes. wenn und weil die Zähler noch funktionstüchtig sind. Das wird durch zwei Umstände begünstigt: Zum einen scheinen die Eichämter die Ordnungswidrigkeit in der Praxis nie zu verfolgen; zum anderen ermuntert die Rspr. geradezu zur Verwendung ungeeichter Zähler: Denn die Abrechnung wird dadurch nicht zwangsläufig unrichtig und anfechtbar; den Werten kommt nur keine Richtigkeitsvermutung mehr zu.[98] Im Prozess (z.B. Zahlungsklage des Vermieters gegen den Mieter oder Anfechtungsklage eines Wohnungseigentümers) muss die Richtigkeit der abgelesenen Werte zur Überzeugung des Tatrichters nachgewiesen werden. Dafür verlangt die Rspr. nicht viel: „Dabei mag ggf. der Vortrag geeigneter Grundlagen zur tatrichterlichen Schätzung nach § 287 ZPO genügen, wie etwa die Vorlage der Verbrauchswerte der letzten unbeanstandeten Abrechnungsperiode".[99] Es kann auch der Prüfbericht einer staatlich anerkannten Prüfstelle für Messgeräte für Wasser genügen, die die Einhaltung der sog. Verkehrsfehlergrenzen bestätigt; auf die Einhaltung der (engeren) Eichfehlergrenzen kommt es dann nicht an.

989 Bei einem **Geräteausfall** (der auch vorliegt, wenn der am Heizkörper abgelesene Messwert „aus zwingenden physikalischen Gründen nicht dem tatsächlichen Verbrauchswert entsprechen kann"[100]) gilt § 9a HeizkV („Kostenverteilung in Sonderfällen"): Dann ist der Verbrauch auf der Grundlage des Verbrauchs der betroffenen Räume in vergleichbaren Zeiträumen oder des Verbrauchs vergleichbarer anderer Räume im jeweiligen Abrechnungszeitraum oder des Durchschnittsverbrauchs des Gebäudes oder der Nutzergruppe zu ermitteln". Da in diesem Fall eine verbrauchsabhängige Abrechnung vorliegt, hat der Mieter kein Kürzungsrecht gem. § 12 Abs. 1 HeizkV. Die Schätzmöglichkeit des § 9a HeizkV besteht hingegen **nicht**, wenn die Erfassungsgeräte (nicht ausfallen, sondern von vornherein) ganz oder teilweise **fehlen**;[101] streitig ist in diesem Fall, nach welchem Maßstab dann abzurechnen ist. Nach einer Auffassung ist zwingend einer der Maßstäbe des § 7 Abs. 1 HeizkV (Wohnfläche oder umbauter Raum) anzuwenden.[102] Nach anderer Ansicht ist zwingend nach dem „allgemeinen Verteilerschlüssel" der Gemeinschaftsordnung, subsidiär gem. § 16 Abs. 2 WEG nach Miteigentumsanteilen abzurechnen.[103] In jedem Fall steht dem Mieter, da nicht verbrauchsabhängig abgerechnet wird, gem. § 12 Abs. 1 HeizkV ein Kürzungsrecht (15 %) zu; nicht aber dem Wohnungseigentümer! **Messdifferenzen** (z.B. bei Warmwasser oder Fernwärme), wenn die Summe der Einzelzählerwerte mit dem Ergebnis des Hauptzählers nicht übereinstimmt, sind bis zu 20 oder 25 % unvermeidlich und bleiben unberücksichtigt; maßgeblich für die Kostenverteilung ist das Verhältnis der Einzelzählerwerte zu den Gesamtkosten. Wird die Toleranz überschritten, hängen die Folgen von der Ursache und vom Ausmaß ab; das kann hier nicht vertieft werden.

---

97 BayOLG v. 23.3.2005 – 2Z BR 236/04, ZMR 2005, 969.
98 OLG München v. 6.9.2012 – 32 Wx 32/12, NZM 2012, 688; BGH v. 17.11.2010 – VIII ZR 112/10 (betr. Mietrecht).
99 OLG München und BGH (Vornote). Wenig überzeugend: Die letzten Verbrauchswerte besagen nichts über den Verbrauch in folgenden Abrechnungsperioden.
100 BGH v. 5.3.2013 – VIII ZR 310/12, ZMR 2013, 793.
101 *Lammel*, WuM 2011, 502 m.w.N. A.A. zu Unrecht LG Berlin v. 1.4.2011 – 63 S 409/10, GE 2011, 612.
102 LG Lübeck v. 26.1.2010 – 12 T 4/09, ZMR 2011, 747; wohl auch OLG Düsseldorf v. 1.12.2006 – 3 Wx 194/06, ZMR 2007, 379.
103 LG Itzehoe v. 23.11.2010 – 11 S 55/09, ZMR 2011, 236; OLG Köln v. 17.6.2002 – 16 Wx 73/02, NJW-RR 2002, 1308.

Gem. § 7 Abs. 2 HeizkV müssen in der Hausgeldabrechnung (Einzelabrechnung) die Kosten der "verbrauchten Brennstoffe" abgerechnet werden. Abzurechnen sind zunächst also (periodengerecht, leistungsbezogen) die Kosten des **Jahresverbrauchs**, nicht die tatsächlichen Ausgaben.[104] Die im abgerechneten Jahr tatsächlich geflossenen Ausgaben für die Beheizung sind Gegenstand der Gesamtabrechnung (Ist-Zahlungen). Wenn das Gebäude über eine mit Brennstoffen oder Fernwärme betriebene Zentralheizung versorgt wird, gibt es zwangsläufig Differenzen, denn die Zahlungen für Heizkosten entsprechen niemals genau den Verbrauchskosten.

990

> *Beispiel:*
> a) Für Gas- oder Fernwärmelieferungen bezahlt die WEG im Jahr 2013 monatliche Abschlagszahlungen, außerdem (z.B. im Mai) die Schlussrechnung des Jahres 2012. Wie hoch die Heizkosten des Jahres 2013 waren, steht erst 2014 bei Vorlage der Schlussrechnung für 2013 fest, die der Versorger auf Grundlage der Verbrauchsablesungen zu Anfang und Ende des Jahres 2013 berechnet. Die Summe der 2013 geleisteten Zahlungen (i.d.R. 11 Abschlagszahlungen und eine Nachzahlung/Guthabenerstattung für 2012) entspricht nicht den Verbrauchskosten gemäß der Schlussrechnung des Lieferanten für 2013.
> b) Im Jahr 2013 füllt die WEG den Tank ihrer Ölzentralheizung auf, indem sie für 20.000,00 EUR Öl einkauft. Verbraucht wurde aber nur Öl im Wert von 15.000,00 EUR. (Die Verbrauchsermittlung erfolgt nach gemessenem Anfangs- und Endbestand, die Bewertung nach dem Grundsatz des "first in – first out"[105]).

991

Die Differenz zwischen den Heizkosten in der Hausgeldabrechnung (Einzelabrechnung) einerseits und der Gesamtabrechnung andererseits muss in einer für den einzelnen Wohnungseigentümer nachvollziehbaren Weise ausgewiesen und ggf. **erläutert** werden; wo und wie das erfolgt, ist dem Verwalter überlassen.[106] In der Praxis stellt sich die Frage, wie der Differenzbetrag zwischen Ausgaben und Verbrauch in der Gesamtabrechnung bezeichnet werden kann; hier bietet sich der Name "Ausgleich tatsächliche Ausgaben"[107] an (statt "Abgrenzungsbetrag" o.Ä.). Außerdem muss der **Differenzbetrag** in der Hausgeldabrechnung **verteilt** werden. Wenn im abgerechneten Jahr **mehr ausgegeben als verbraucht** wurde, verbleibt eine (Rest-)Ausgabe, die nach dem allgemeinen Kostenverteilungsschlüssel auf alle Miteigentümer zu verteilen ist.[108] Damit Einnahmen und Ausgaben über die Jahre dauerhaft aufgehen, müssen die nicht verbrauchten Mehrausgaben im jeweiligen Folgejahr ausgeglichen werden. Hier unterscheidet sich die Ölheizung, bei der Brennstoff gekauft wird, von der Gas- und Fernwärmeheizung: Bei der Ölheizung erfolgt im Folgejahr eine Gutschrift der Mehrausgaben des Vorjahres;[109] der Ort der Gutschrift (z.B. bei der Position Heizkosten oder vor dem Endsaldo) ist nicht vorgeschrieben. Bei der Gas- bzw. Fernwärmeheizung erübrigt sich eine Gutschrift, weil eine Erstattung der Mehrkosten real vom Versorger erfolgt; die betreffende Einnahme ist dann (selbstverständlich) nach MEA umzulegen. Wurde **mehr verbraucht als ausgegeben**, sind keine buchhalterischen Ausgleichsmaßnahmen erforderlich. Die Einzelabrechnungen ergeben einen Überschuss über die Ausgaben, der im Folgejahr wieder als Einnahme auf alle verteilt wird.

992

---

104 BGH v. 17.2.2012 – V ZR 251/10, ZMR 2012, 372.
105 Einzelheiten können hier nicht vertieft werden. Näher z.B. *Jennißen*, Verwalterabrechnung, Teil V Rn 286 ff; LG Hamburg v. 20.11.2008 – 307 S 87/08, ZMR 2009, 530, Rn 9 (für das Mietrecht).
106 BGH v. 17.2.2012 – V ZR 251/10, ZMR 2012, 372, Rn 16.
107 So z.B. bei *Wilhelmy*, Praktische Darstellung der Heizkosten in der Jahresabrechnung im Anschluss an BGH V ZR 251/10, ZMR 2013, 246.
108 BGH v. 17.2.2012 – V ZR 251/10, ZMR 2012, 372, Rn 17.
109 *Spielbauer*, Heizkosten in der Jahresabrechnung, ZWE 2013, 237. Weitere nützliche Hinweise bei *Lang*, Umsetzung der BGH-Vorgaben zur Heizkostenabrechnung, ZMR 2013, 861.

§ 8 Jahresabrechnung und Wirtschaftsplan

993 Die Kosten der **Anschaffung**, Wartung und Erneuerung der **Erfassungsgeräte** sind außerhalb der Heizkostenabrechnung nach dem allgemeinen Kostenverteilungsschlüssel abzurechnen, weil es sich dabei um Verbandseigentum (nach h.M. Gemeinschaftseigentum) handelt (siehe Rn 71); eine abweichende Kostenverteilung (je Wohnung die dafür angeschafften Geräte) ist nach § 16 Abs. 4 WEG möglich. Statt der Anschaffung kommt auch die **Miete** der Geräte in Betracht; die Kosten der Miete zählen – im Gegensatz zu denen der Anschaffung – gem. § 7 Abs. 2 HeizkV zu den Heizkosten und sind daher im Rahmen der Heizkostenabrechnung nach dem danach geltenden Umlageschlüssel zu verteilen, was für den vermietenden Eigentümer den Vorteil der Umlagefähigkeit auf seinen Mieter mit sich bringt. Über die Art der anzuschaffenden Erfassungsgeräte sowie über die Frage „Miete oder Kauf" kann die Gemeinschaft per Beschluss entscheiden.[110] Die Miete der Geräte ist allerdings insofern heikel, als ihre Zulässigkeit an sich die Beteiligung aller Nutzer – also auch diejenige der Mieter – erfordert (§ 4 Abs. 2 HeizkV); darüber geht die Praxis freilich grundsätzlich hinweg.[111]

994 Zu den Kosten des Betriebs der Heizungsanlage gehören die Kosten der **Eichung**[112] der Erfassungsgeräte (§ 7 Abs. 2 HeizkV) sowie die Kosten des **Betriebsstroms** (§ 7 Abs. 2 HeizkV). Der Betriebsstrom müsste demnach über einen gesonderten Stromzähler erfasst werden, weil er – im Gegensatz zum sonstigen „Allgemeinstrom", für welchen der allgemeine Verteilungsschlüssel gilt – nach dem für die Heizkosten geltenden Verteilungsschlüssel umzulegen ist. Meistens wird der Betriebsstrom aber nicht gesondert erfasst und entweder im Rahmen des Allgemeinstroms abgerechnet oder im Wege der Schätzung daraus heraus gerechnet. Die erstgenannte Variante – also die Umlage als Allgemeinstrom – ist jedenfalls rechtswidrig;[113] also bleibt (wenn der Zwischenzähler fehlt) unvermeidlich nur die Schätzung. Für das Mietrecht hat der BGH entschieden, dass bei fehlendem Zwischenzähler eine Abrechnung des Betriebsstroms nach geschätztem Verbrauch nur rechtmäßig ist, wenn die Grundlagen der Schätzung offen gelegt werden;[114] das wird im WEG-Recht genauso gelten müssen. Wie allerdings eine sachgerechte Schätzung vorzunehmen ist, hat der BGH seinerseits nicht einmal andeutungsweise offen gelegt und ist auch sonst öffentlich zugänglichen Quellen nicht verlässlich zu entnehmen.[115] Der einzig sichere Weg besteht somit in der Installation eines Zwischenzählers zur Erfassung des Betriebsstromverbrauchs, wozu die Gemeinschaft als Maßnahme ordnungsmäßiger Verwaltung ohnehin verpflichtet ist.[116]

995 Bei einem **Nutzerwechsel** hat „der Gebäudeeigentümer" eine **Zwischenablesung** vorzunehmen (§ 9b HeizkV). Diese Pflicht trifft den die Eigentümer insoweit vertretenden Verwalter, der sie allerdings bei vermietetem wie bei selbstgenutztem Wohnungseigentum nur erfüllen kann, wenn ihm

---

110 Den hierbei bestehenden Beurteilungsspielraum betont OLG Düsseldorf v. 23.6.2008 – 3 Wx 77/08, WuM 2008, 570.
111 Nach *Schmid* in: Riecke/Schmid, § 4 HeizKV Rn 41 ist die gesetzliche Regelung „nach Treu und Glauben" einschränkend so anzuwenden, dass der Mieter von seinem Vermieter zwar informiert werden müsse, aber nur in Fällen grober Unbilligkeit (wenn der WE-Beschluss anfechtbar gewesen wäre) ein Widerspruchsrecht habe.
112 Gemäß Eichordnung gelten folgende Fristen: Wärmemengen- und Warmwasserzähler alle 5 Jahre, Kaltwasserzähler alle 6 Jahre, Heizkostenverteiler alle 10 Jahre. Zu den Folgen der Verwendung ungeeichter Zähler siehe Rn 988.
113 Anders noch BayObLG v. 23.12.2003 – 2Z BR 236/03, ZMR 2004, 359: Beim Fehlen des (an sich erforderlichen) Zwischenzählers könne der Betriebsstrom geschätzt oder nach dem allgemeinen Umlageschlüssel abgerechnet werden.
114 BGH v. 20.2.2008 – VIII ZR 27/07, WuM 2008, 285.
115 Um der Pflicht zur Offenlegung der Schätzung in der Jahresabrechnung nachkommen zu können, muss ein WEG-Verwalter m.E. das Abrechnungsunternehmen zu einer begründeten Stellungnahme auffordern; mehr kann man von ihm und der Jahresabrechnung nicht erwarten.
116 So schon BayObLG v. 23.12.2003 – 2Z BR 236/03, ZMR 2004, 359. Dass der Zähler erforderlich ist, ergibt sich auch aus der zum Mietrecht ergangenen Entscheidung des BGH v. 20.2.2008 – VIII ZR 27/07, WuM 2008, 285. Die Installation ist normalerweise nicht besonders teuer (200,00 EUR – 300,00 EUR).

der Nutzerwechsel angezeigt wird (was häufig unterbleibt). Im Ergebnis ist die Vornahme der Zwischenablesung außerdem nur für den vom Nutzerwechsel betroffenen Wohnungseigentümer von Interesse; die WEG-Jahresabrechnung bleibt auch ohne Zwischenablesung vollständig und richtig, weil sie wohnungs- und nicht nutzerbezogen ist. Da die Nichterfüllung der Pflicht durch den Verwalter zudem keine Sanktionen für ihn nach sich zieht,[117] ist es nicht zu beanstanden, wenn er die Vornahme etwaiger Zwischenablesungen den jeweiligen Eigentümern überlässt. Es ist auch nicht erforderlich, eine Zwischenablesung durch eine Wärmedienstfirma vornehmen zu lassen, vielmehr genügt die Angabe der Zählerstände durch den Wohnungseigentümer oder Mieter. Auf der Grundlage der Zwischenablesung erfolgt eine zeitanteilige Aufteilung der Heizkosten auf die jeweiligen Nutzer. Für das Wirtschaftsjahr, in welchem der Nutzerwechsel statt fand, gibt es somit zwei (oder mehr) Heizkostenabrechnungen. In die Einzeljahresabrechnung der betreffenden Wohnung wird aber der Gesamtbetrag der Heizkosten aufgenommen; es werden nicht etwa zwei zeitanteilige WEG-Einzelabrechnungen gefertigt. Wer die **Kosten einer Zwischenablesung** bzw. die Mehrkosten der Fertigung weiterer Einzel-Heizkostenabrechnungen zu tragen hat, ist im Mietrecht geklärt: Es ist der Vermieter.[118] Im Wohnungseigentumsrecht ist die Frage noch offen. M. E. müssen die Kosten, wenn nichts anderes beschlossen wurde, nach Miteigentumsanteilen verteilt werden.[119] Gerechter und möglich ist aber ein (Dauer-)Beschluss gem. § 21 Abs. 7 WEG, wonach sie nur dem veräußernden Eigentümer berechnet werden. Wenn dieser sie nicht bezahlt, kann der Erwerber dafür nicht in Anspruch genommen werden; es verhält sich wie mit anderen Hausgeldrückständen des Verkäufers. Ein Beschluss, wonach die Kosten der Zwischenablesung „der Wohnung" – also gewissermaßen dem **jeweiligen** Eigentümer – zur Last fallen sollen, dürfte deshalb rechtswidrig oder nichtig sein, denn der Erwerber kann nicht wirksam mit Kosten belastet werden, die schon vor seinem Eintritt in die Gemeinschaft entstanden (unter dem Gesichtspunkt der Kosten einer Veräußerungszustimmung siehe Rn 1459).

Sind zwei oder **mehrere Heizungsanlagen** vorhanden, was bei einer **Mehrhausanlage** der Fall sein kann, können diese gem. § 16 Abs. 3 WEG gesondert (hausweise) abgerechnet werden; das ist m.E. infolge der nach der HeizkV bestehenden Pflicht zur verbrauchsabhängigen Abrechnung sogar zwingend.[120]

996

Viele **Gemeinschaftsordnungen** enthalten **Bestimmungen zur Betriebskostenabrechnung**, die auch Heizkosten betreffen können. Auslegungsfragen sind entsprechend häufig Gegenstand gerichtlicher Entscheidungen.

997

Beispiele
- Eine (übliche) Klausel in der Gemeinschaftsordnung lautet: „Soweit laufende Kosten für jede Einheit durch Messvorrichtungen oder in anderer Weise einwandfrei festgestellt werden können, trägt jeder Eigentümer die für sein Sondereigentum anfallenden Kosten allein." – Diese Regelung erfasst *nicht* die Heizkosten, weil diese (wie Untersuchungen belegen) bis zu 30 % unabhängig vom Verbrauch anfallen und deshalb gerade nicht „einwandfrei" durch Messvorrichtungen erfasst werden können.[121]

---

117 Probleme bekommen allenfalls der vermietende Eigentümer bei der Betriebskostenabrechnung mit dem Mieter oder die Parteien eines Eigentumswechsels bei der internen Kostenabgrenzung.
118 BGH v. 14.11.2007 – VIII ZR 19/07, WuM 2008, 85. Da es sich lt. BGH mangels laufender Entstehung nicht um „Betriebskosten" handelt, ist entgegen der dahin gehenden Andeutung im Urteil eine vertragliche Umlage auf den Mieter jedenfalls im Wohnraummietrecht nicht möglich.
119 KG v. 26.6.2002 – 24 W 309/01, ZMR 2002, 864 hielt die Umlage nach MEA jedenfalls für rechtmäßig.
120 So für das Mietrecht: AG Hamburg v. 6.11.1986 – 37b C 1046/86, WuM 1987, 89. A.A. BayObLG v. 27.10.1993 – 2Z BR 17/93, WuM 1994, 105 und KG v. 1.11.2004 – 24 W 221/03, ZMR 2005, 568 für das WEG-Recht.
121 OLG Hamm v. 21.1.2004 – 15 W 24/03, ZMR 2005, 73.

- Hat die Abrechnung der Heizungs- und Warmwasserkosten nach der Gemeinschaftsordnung „auf der Grundlage der jeweiligen Wohnungsfläche unter Berücksichtigung eventuell vorhandener Verbrauchszähler" zu erfolgen, bedeutet dies nach Auffassung des BayObLG, dass die Kosten unter Heranziehung der Heizkostenverordnung zu 50 % nach der Wohnfläche und zu 50 % nach Verbrauch zu verteilen sind.[122]
- Sieht die Gemeinschaftsordnung einen bestimmten Verteilerschlüssel für die Heizkosten vor, kann dieser – im Rahmen der Heizkosten VO – durch Mehrheitsbeschluss geändert werden.[123]

Wegen weiterer Einzelfragen zur Heizkostenabrechnung, die keinen speziellen Bezug zum Wohnungseigentum haben, wird auf die mietrechtliche Rechtsprechung und Literatur verwiesen.

5. Gerichtliche Verfahren

998 Die Kosten gerichtlicher Verfahren, die von der Gemeinschaft gegen außerhalb stehende Personen geführt werden (z.B. Handwerker, Lieferanten, ausgeschiedene Wohnungseigentümer, den aktiven oder ehemaligen Verwalter usw.) oder umgekehrt von diesen Personen gegen die Gemeinschaft, sind als Verwaltungskosten ohne Besonderheiten nach dem allgemeinen Kostenverteilungsschlüssel (gem. § 16 Abs. 2 WEG das Verhältnis der Miteigentumsanteile, sofern nicht in der Gemeinschaftsordnung abweichend geregelt) zu verteilen. Das gilt auch bei Streitigkeiten mit dem Bauträger, der zugleich Wohnungseigentümer ist. Denn auch in diesem Fall handelt es sich um eine gemeinschaftliche Angelegenheit der Wohnungseigentümer, da der Bauträger als Außenstehender in Anspruch genommen wird und nur zufällig zugleich Wohnungseigentümer ist (siehe Rn 648). Als Verwaltungskosten sind kraft ausdrücklicher gesetzlicher Anordnung in § 16 Abs. 7 WEG die Kosten eines Entziehungsverfahrens gem. § 18 WEG und die Mehrkosten aufgrund einer Vergütungsvereinbarung, die der Verwalter mit einem Rechtsanwalt getroffen hat (siehe Rn 1515) zu verteilen.

999 Abgesehen von den vorerwähnten Fällen gehören die Kosten gerichtlicher Verfahren in **Wohnungseigentumssachen** (§ 43 WEG) gem. § 16 Abs. 8 WEG nicht zu den gemeinschaftlichen Verwaltungskosten. Insbesondere sind die Kosten einer **Hausgeldklage** keine Verwaltungskosten, da diese Streitigkeit unter § 43 Nr. 2 WEG fällt; es wäre auch nicht einzusehen, weshalb ein Miteigentümer eine Klage gegen sich selber mit finanzieren sollte. Dies sieht eine zunehmende Gegenauffassung unter Hinweis darauf, dass nicht „die Miteigentümer", sondern der Verband die Hausgeldklage führen, zwar anders;[124] das kann aber schon angesichts des Gesetzeswortlauts und des Willens des Gesetzgebers nicht überzeugen. Der praktische Umgang mit den Kosten gerichtlicher Verfahren wird (auf der Basis der h.M.) anhand der folgenden Beispielsfälle erläutert.

1000 *Beispiel*
In der aus den Miteigentümern A–D bestehenden Gemeinschaft ficht A im Jahr 2014 den Beschluss über die Jahresabrechnung 2013 an. Der Verwalter beauftragt einen Rechtsanwalt mit der Wahrnehmung der Interessen der auf Beklagtenseite stehenden Miteigentümer B–D; eine über die gesetzliche Vergütung hinausgehende Vergütungsvereinbarung wird nicht getroffen. Der Rechtsanwalt stellt eine Rechnung. Darf X die Rechnung vom Gemeinschaftskonto bezahlen? Wie ist die Ausgabe in der Abrechnung des Jahres 2014 abzurechnen?

---

122 BayObLG v. 7.11.2002 – 2Z BR 77/02, ZMR 2003, 277.
123 BGH v. 16.7.2010 – V ZR 221/09, ZMR 2010, 970.
124 LG München I v. 13.5.2013 – 1 S 10826/12, ZMR 2013, 832, Rn 14 f.; LG Bonn v. 17.8.2011 – 5 S 77/11, ZWE 2012, 139; *Bärmann/Becker*, § 16 Rn 171 ff.

A. Die Jahresabrechnung § 8

Nach h.M. beinhaltet § 16 Abs. 8 WEG kein Verbot der Finanzierung durch gemeinschaftliche Mittel, sondern nur eine Regelung zur Verteilung der Verfahrenskosten mit dem Ziel, dass die gerichtliche Kostenentscheidung nicht durch Anwendung des allgemeinen Kostenverteilungsschlüssels umgangen wird. Die den Mehrheitseigentümern entstehenden Kosten des Rechtsanwalts darf der Verwalter also vom **Gemeinschaftskonto vorfinanzieren**.[125] Die Ausgabe muss (selbstverständlich) in der Jahresabrechnung auftauchen, darf aber nicht (wie andere gemeinschaftliche Kosten) nach dem allgemeinen Kostenverteilungsschlüssel unter Einbeziehung des Klägers (im Beispiel: A) umgelegt werden. Vielmehr wird sie nur auf die auf Beklagtenseite stehenden Miteigentümer verteilt. Als **Verteilerschlüssel** ist hierfür der (angepasste) allgemeine Kostenverteilungsschlüssel unter Herausnahme des Klägers, also gem. § 16 Abs. 2 WEG das Verhältnis der Miteigentumsanteile (falls nicht in der Gemeinschaftsordnung abweichend geregelt) anzuwenden.[126] Die früher vereinzelt vertretene Gegenauffassung, wonach die Kosten analog § 100 ZPO nach Kopfteilen zu verteilen sein sollten, ist überholt. Wenn eine **gerichtliche Kostenentscheidung** vorliegt, ändert sich erstaunlicher Weise am vorstehend dargestellten Abrechnungsprinzip nichts.

1001

> *Beispiel*
> Die WEG Heinestraße 12 lässt im Jahr 2014 durch einen Rechtsanwalt rückständiges Hausgeld gegen Miteigentümer A gerichtlich geltend machen. Anfang des Jahres 2015 wird A weitgehend antragsgemäß verurteilt. Nach der gerichtlichen Kostenentscheidung muss er außerdem 3/4 der Kosten des Rechtsstreits (Gerichtskosten und Rechtsanwaltskosten beider Seiten) tragen. Wie ist abzurechnen?

1002

Die Gemeinschaft muss ¼ der von ihr verauslagten Rechtsanwalts- und Gerichtskosten tragen. Damit A daran nicht sinnwidrig beteiligt wird, müssen jedenfalls diese Kosten unter Aussparung des A auf die auf Klägerseite stehenden Miteigentümer verteilt werden. Man könnte nun meinen, dass die übrigen ¾ dem A in seiner Einzelabrechnung auferlegt werden müssen.[127] Das wird m.E. aber von § 16 Abs. 8 WEG nicht gefordert und würde nur zu Schwierigkeiten führen.

1003

Zum einen wären die Ausgleichsansprüche der WEG nach erfolgter Kostenfestsetzung gem. §§ 103 ff. ZPO gleichsam „doppelt tituliert" (nämlich durch die Einzelabrechnung **und** durch den Kostenfestsetzungsbeschluss). Zum anderen wäre die Einstellung in die Einzelabrechnung jedenfalls dann rechtswidrig, wenn A seine Wohnung veräußert und zum Zeitpunkt der Beschlussfassung sein Rechtsnachfolger Miteigentümer geworden ist.[128] Richtig ist es demgegenüber, wenn die von der WEG verauslagten Kosten nicht nur zu ¼, sondern vollständig auf die auf Klägerseite stehenden Miteigentümer verteilt werden (zum Verteilerschlüssel siehe Rn 1001). Der von A zu tragende ¾-Anteil wird im gerichtlichen Kostenfestsetzungsverfahren tituliert und auf der Grundlage des Kostenfestsetzungsbeschlusses gesondert beigetrieben. Zahlungen auf den Kostenfestsetzungsbeschluss werden als Einnahmen auf alle Miteigentümern außer A verteilt, und zwar nach demselben Schlüssel wie die entsprechenden Ausgaben; lediglich eine etwaige Zahlung von Zinsen ist nach MEA auf alle inkl. A zu verteilen.[129] Kurz gesagt:

1004

---

125 LG Bonn v. 17.8.2011 – 5 S 77/11, ZWE 2012, 139; LG Berlin v. 10.10.2008 – 85 S 17/08, Info M 2009, 228; allg. M. in der Rspr., und zwar auch schon zum (insoweit inhaltsgleichen) § 16 Abs. 5 WEG; in der Lit. teilweise str.
126 BGH v. 15.3.2007 – V ZB 1/06, ZMR 2007, 623.
127 So wohl in der Tat die allgemeine Meinung.
128 Der Rechtsnachfolger kann durch die Einzelabrechnung nämlich nicht mit den von seinem Rechtsvorgänger herrührenden Verfahrenskosten belastet werden (OLG Frankfurt/M. v. 11.8.2005 – 20 W 56/03, NZM 2006, 302). Es gilt das Gleiche wie für Hausgeldrückstände des Voreigentümers beim Eigentümerwechsel.
129 BGH v. 11.10.2013 – V ZR 271/12, ZMR 2014, 2284, Rn 7.

§ 8   Jahresabrechnung und Wirtschaftsplan

1005   Die gerichtliche Kostenentscheidung spielt für die WEG-Abrechnung **keine Rolle**; die Ausgaben und Einnahmen der WEG werden nur auf die Mehrheitseigentümer nach dem angepassten Schlüssel der Miteigentumsanteile verteilt.

6. Haushaltsnahe Dienstleistungen

1006   § 35a EStG gewährt eine Steuerermäßigung bei Aufwendungen für haushaltsnahe Beschäftigungsverhältnisse und für die Inanspruchnahme haushaltsnaher Dienstleistungen. Darunter fallen auch Aufwendungen für Renovierungs-, Erhaltungs- und Modernisierungsmaßnahmen des Wohnraums in Privathaushalten. Auch die Mitglieder von Wohnungseigentümergemeinschaften können für die von der Gemeinschaft beauftragten Aufwendungen die Steuerermäßigungen geltend machen. Einzelheiten regelt das sehr ausführliche (somit zur Lektüre empfohlene) **Anwendungsschreiben** des Bundesministeriums der Finanzen (BMF) zu § 35a EStG vom 10.1.2014;[130] die Sonderregelungen für Wohnungseigentümergemeinschaften finden sich dort unter Rn 47. Nur mit diesen auf das Gemeinschaftseigentum bezogenen Ausgaben der Eigentümergemeinschaft befassen sich die nachfolgenden Ausführungen. Natürlich können die Wohnungseigentümer für die in ihrem Sondereigentum anfallenden steuerbegünstigten Ausgaben ggf. ebenfalls Steuerermäßigungen beantragen. Bei der Ermäßigung für Aufwendungen der WEG haben die Wohnungseigentümer ein Wahlrecht, ob sie diese in der Steuererklärung für das Jahr der Zahlung durch den Verwalter oder für das Jahr der Genehmigung der Jahresabrechnung geltend machen wollen.[131]

1007   In § 35a EStG sind drei Tatbestände der Steuerermäßigung aufgeführt (Beispiele gemäß BMF-Anwendungsschreiben):

- § 35a Abs. 1 EStG: Geringfügige Beschäftigung in Privathaushalten i.S.v. § 8a SGB IV. Diese Variante ist bei einer WEG **nicht anwendbar**.[132] Eine WEG kann nicht am Haushaltsscheckverfahren teilnehmen; Minijobs im Auftrag der WEG sind nur gem. Abs. 2 begünstigt. Die Ermäßigung nach Abs. 1 können die Miteigentümer also ggf. mit ihren eigenen Haushaltshilfen unabhängig von der WEG (bis max. 520,00 EUR Steuerermäßigung) geltend machen.
- § 35a Abs. 2 EStG: Andere haushaltsnahe Beschäftigungsverhältnisse oder haushaltsnahe Dienstleistungen, die keine Handwerkerleistungen nach Absatz 3 sind. Beispiele: Ein von der Gemeinschaft beauftragter Hausmeister; Gartenpflegearbeiten. Steuerermäßigung 20 % der Aufwendungen (für Arbeitskosten, nicht für das Material), höchstens 4.000,00 EUR.
- § 35a Abs. 2 S. 2 EStG: Handwerkerleistungen für Renovierungs-, Erhaltungs- und Modernisierungsmaßnahmen (mit Ausnahme der KfW-geförderten Maßnahmen). Steuerermäßigung i.H.v. 20 % der Aufwendungen (für Arbeitskosten, nicht für das Material), höchstens 1.200,00 EUR. Beispiele: Reparatur der Heizungsanlage, Schornsteinfegergebühren, Beseitigung kleinerer Schäden, Erneuerung des Bodenbelags, Erneuerung von Fenstern, Garten- und Wegebauarbeiten auf dem Grundstück usw.

1008   Der einzelne Miteigentümer möchte i.d.R. den auf ihn entfallenden Anteil an den steuerbegünstigten Ausgaben der Gemeinschaft im Rahmen seiner Steuererklärung geltend machen. Dazu muss er die Voraussetzung der Steuerermäßigung wie folgt nachweisen:

- Die unbar bezahlten Beträge für die steuerbegünstigten Ausgaben sind jeweils gesondert (entsprechend der drei Tatbestände des § 35a EStG) aufzuführen.
- Der Anteil der steuerbegünstigten Kosten (Arbeits- und Fahrkosten) ist gesondert auszuweisen.
- Der Anteil des jeweiligen Wohnungseigentümers an den Ausgaben ist auszuweisen.

---

130   Zu finden z.B. unter www.bundesfinanzministerium.de (Service, Publikationen, BMF-Schreiben).
131   Anwendungsschreiben v. 10.1.2014, Rn 48.
132   *Lang*, ZMR 2013, 951; dort auch weitere nützliche Hinweise.

Das muss glücklicherweise nicht innerhalb der WEG-Jahresabrechnung erfolgen (die sonst zu unübersichtlich würde). Das Finanzministerium hat vielmehr eine Sonderregelung für Wohnungseigentümergemeinschaften getroffen: Demnach kann der Nachweis durch eine **Bescheinigung des Verwalters** geführt werden, welche die Vorlage anderer Belege (Rechnungskopien, Zahlungsbelege) ersetzt. Vom Abdruck eines Musters dieser Bescheinigung kann hier abgesehen werden, da das erwähnte BMF-Anwendungsschreiben als Anlage ein Muster enthält. Die Bescheinigung gehört nicht „automatisch" zu einer vollständigen Jahresabrechnung. Wenn der Verwaltervertrag ihre Erstellung nicht zu den mit der Grundvergütung abgedeckten Tätigkeiten zählt, ist der Verwalter nicht verpflichtet, sie ohne besonderes Entgelt zu fertigen. Allerdings ist ein berechtigtes Interesse der Miteigentümer an der Bescheinigung anzuerkennen. Die Gemeinschaft kann deshalb, sofern sie ihm dafür eine Vergütung bezahlt, nach allg. M. vom Verwalter per Beschluss deren Erstellung verlangen. Umgekehrt darf sie aber auch per Beschluss darauf verzichten, wenn sich der Aufwand nicht „rechnet"; der einzelne Miteigentümer hat keinen Anspruch darauf, dass die Gemeinschaft die Bescheinigungen beauftragt.[133] Eine Vergütung bis zu 25,00 EUR (netto) jährlich pro Einheit begegnet keinen Bedenken.[134]

1009

> *Tipp*
> Da nur die Kosten für Arbeit und Fahrten, nicht aber für Material steuerbegünstigt und daher in der Bescheinigung gesondert nachzuweisen sind, muss der Verwalter für eine entsprechende Kostentrennung in den Rechnungen der Unternehmer sorgen und sollte hierauf schon bei der Auftragserteilung hinweisen, z.B. mit dem Satz: „Die Rechnung ist nur dann zur Zahlung fällig, wenn sie gem. § 35a EStG die anteiligen Lohn- und Fahrtkosten (brutto) ausweist." Das gilt vor allem bei den Handwerkerleistungen. Bei Wartungsverträgen kann der Anteil der Arbeitskosten pauschal ausgewiesen werden, was aber aus einer Anlage zu Rechnung hervorgehen muss.

1010

7. Umsatzsteuer

Miteigentümer, die ihr Sondereigentum gewerblich nutzen (sei es selber, sei es durch Vermietung an einen gewerblich tätigen Mieter), erwarten vom WEG-Verwalter häufig eine Jahresabrechnung, die den Vorsteuerabzug ermöglicht. Das ist im Prinzip möglich: Denn die hier interessierenden umsatzsteuerpflichtigen Leistungen (Heizung, Handwerkerrechnungen, Verwaltervergütung) werden von der Gemeinschaft gegenüber den Miteigentümern erbracht, sodass die Gemeinschaft eine (Ab-)Rechnung mit Umsatzsteuerausweis stellen kann. Sie ist dazu von Gesetzes wegen aber nicht verpflichtet (§ 4 Nr. 12 UStG), sondern wird dies erst, wenn sie auf die Steuerfreiheit verzichtet (§ 9 UStG), also zur Umsatzsteuer **optiert**. Eine solche Optionsausübung ist WEGs mit gewerblichen Einheiten grundsätzlich zu **empfehlen**; die Beschlusskompetenz besteht jedenfalls nach § 21 Abs. 7 WEG.[135]

1011

▼

Muster 8.5: Beschluss über Option zur Umsatzsteuer in gemischt genutztem Objekt
Die Wohnungseigentümergemeinschaft verzichtet auf die Umsatzsteuerbefreiung für ihre Lieferungen und Leistungen, die sie an solche Miteigentümer erbringt, die zum Vorsteuerabzug berechtigt sind. Die betreffenden Miteigentümer haben ihre Vorsteuerabzugsberechtigung

1012

---

133 LG Bremen v. 19.5.2008 – 4 T 438/07, WuM 2008, 425.
134 KG v. 16.4.2009 – 24 W 93/08, ZMR 2009, 709: 17,00 EUR im ersten Jahr, 8,50 EUR in den Folgejahren. LG Düsseldorf v. 8.2.2008 – 9 T 489/07, WuM 2008, 173: Netto 25,00 EUR.
135 *Kahlen*, WEG-Verwalter: Verpflichtung zum Mehrwertsteuer-Ausweis?, ZMR 2009, 101.

§ 8 Jahresabrechnung und Wirtschaftsplan

dem Verwalter unverzüglich in Textform anzuzeigen, ebenso Änderungen bei der Abzugsberechtigung. Die den Vorsteuerabzug nutzenden Miteigentümer haben die übrigen Miteigentümer, die entweder nicht vorsteuerabzugsberechtigt sind oder ihrerseits nicht auf die Steuerbefreiung ihrer Vermietungsumsätze verzichtet haben, von eventuellen Mehrkosten und einer eventuellen Haftung auf die Steuerschulden infolge der Umsatzsteueroption freizustellen.

▲

1013 Der Nachteil besteht in einem gewissen Verwaltungsaufwand: Der Verwalter muss Umsatzsteuerjahresmeldungen beim Finanzamt einreichen (worauf die Finanzämter allerdings oft verzichten) und die Umsatzsteuer in den Einzelabrechnungen für die „gewerblichen" Miteigentümer ausweisen. Vorauszahlungen nach dem Wirtschaftsplan sind hingegen umsatzsteuerfrei, da es sich nicht um Rechnungen im Sinne des UStG handelt und Abschlagszahlungen nicht einer Umsatzsteuerpflicht unterliegen. Der Aufwand ist aber im Verhältnis zum Nutzen gering und kann (wie im vorstehenden Muster vorgeschlagen) gem. § 16 Abs. 3 WEG den „begünstigten" Miteigentümern auferlegt werden. Allem Vorteil zum Trotz zeigt die Praxis, dass Finanzämtern und Steuerberatern das Thema bislang reichlich fremd ist.

8. Zahlungspflichten einzelner Miteigentümer und „direkte Zuordnung" (Einzelbelastung)

1014 Bei den sog. **direkt zugeordneten** Positionen geht es um Ausgaben der Gemeinschaft, die (nur) einem Wohnungseigentümer in die Einzelabrechnung eingestellt werden. Unproblematisch ist das nur in den Fällen, in denen der Umlageschlüssel „direkte Belastung" für die betreffende Ausgabe schon von vornherein feststeht, wenn z.B. die Gemeinschaftsordnung vorsieht, dass bestimmte Kosten nur von einzelnen Wohnungseigentümern zu tragen sind,[136] oder wenn es einen entsprechenden Beschluss gem. § 21 Abs. 7 WEG gibt (siehe Rn 1119). In den anderen Fällen beruht die „direkte Belastung" darauf, dass man den betroffenen Eigentümer für ersatzpflichtig hält.

1015 *Beispiele*
a) Miteigentümer A hält seine Wohnung an einem festgelegten Tag nicht für Sanierungsarbeiten am Gemeinschaftseigentum zugänglich und verursacht dadurch eine kostenpflichtige zweite Anreise der Handwerker.[137]
b) Arbeiten, die das Sondereigentum des A betreffen (z.B. im Zuge einer Balkonsanierung oder der Beseitigung eines Wasserschadens), werden vom Verwalter aus Gemeinschaftsmitteln bezahlt.[138]
c) Die Gemeinschaftsordnung schreibt vor, dass die Kosten bestimmter Instandhaltungsmaßnahmen am Gemeinschaftseigentum (z.B. Glas- oder Fensterreparaturen, siehe Rn 73) zu Lasten des Sondereigentümers gehen.[139]

1016 Anstatt die streitigen Ausgaben zunächst nach dem allgemeinen Kostenverteilungsschlüssel umzulegen und den Ersatzanspruch anschließend gesondert (in den Beispielsfällen: gegen A) geltend zu machen und ggf. titulieren zu lassen, werden sie bei „direkter Belastung" in die Einzelabrechnung des Ersatzpflichtigen eingestellt, was – gewissermaßen im Wege der „Selbstjustiz" – einen einfachen und in der Praxis auch üblichen Weg der „Titulierung" darstellt. Rechtmäßig ist die Einzel-

---

136 BGH v. 4.3.2011 – V ZR 156/10, ZMR 2011, 573 für die verbreitete Glasschadensklausel wie im Beispiel Rn 73.
137 BayObLG v. 17.11.2004 – 2Z BR 178/04, ZMR 2005, 463.
138 OLG Hamburg v. 4.6.2009 – 2 Wx 30/08, ZMR 2009, 781; OLG Hamm v. 25.8.2009 – 15 Wx 16/09, ZMR 2010, 131.
139 BGH v. 4.3.2011 – V ZR 156/10, ZMR 2011, 573, Rn 10.

belastung aber nur, „wenn der Anspruch **tituliert** ist oder sonst **feststeht**, etwa weil er von dem betreffenden Wohnungseigentümer anerkannt worden ist" oder sich die Kostentragung aus der Teilungserklärung ergibt.[140] Das ist lediglich in der Beispielsvariante c) der Fall; in den Varianten a) und b) ist der Abrechnungsbeschluss wegen des Verstoßes gegen den allgemeinen Kostenverteilungsschlüssel rechtswidrig[141] (aber nicht nichtig; str.) und muss bei Anfechtung ohne Prüfung der materiellen Berechtigung der Belastung aufgehoben werden. Wird der Beschluss hingegen bestandskräftig, ist der belastete Wohnungseigentümer mit Einwendungen gegen die Belastung ausgeschlossen.

Der Verwalter muss gut überlegen, ob er eine „Sonderbelastung" vornimmt oder nicht. Wenn die Zahlungspflicht des betroffenen Wohnungseigentümers nicht sicher oder aus anderen Gründen mit Widerstand des Wohnungseigentümers zu rechnen ist, kann die „Sonderbelastung" in einer Einzelabrechnung die Anfechtung des Abrechnungsbeschlusses provozieren, was für den Verwalter und für die Miteigentümer über den eigentlichen Streitpunkt hinaus nachteilig ist. Wenn eine Anfechtung dann auch noch erfolgreich ist, wird die Gemeinschaft häufig dem Verwalter die Schuld geben: Denn er war es ja, der die Abrechnung aufgestellt und somit die alleinige Zahlungspflicht der anfechtenden Miteigentümers suggeriert hat. Auf der anderen Seite muss die Gemeinschaft auf diesem Weg über die Sonderbelastung ihren Anspruch nicht aktiv durchsetzen. Vielmehr muss der Belastete aktiv werden (und Geld für das Anfechtungsverfahren ausgeben), wenn er die Zahlungspflicht abwenden will; und die Erfahrung zeigt, dass man immer auf den Eintritt der Bestandskraft hoffen kann. 1017

Tipp 1018
Zweifelhafte Fälle der Sonderbelastung gehören nicht in die Einzeljahresabrechnung.

Stellt der Verwalter die Sonderbelastung **nicht** in die Einzelabrechnung ein, muss er dafür Sorge tragen, dass der (mutmaßlich) Verantwortliche seiner Zahlungspflicht anderweitig nachkommt. Die Angelegenheit muss also auf die Tagesordnung genommen werden, damit die Gemeinschaft per (nahezu unanfechtbarem, siehe Rn 695) Beschluss die Zahlung anfordern und eine etwaige streitige Durchsetzung vorbereiten kann; oder eben auch nicht. Jedenfalls übernimmt die Gemeinschaft auf diese Weise die (bewusste) Verantwortung für das weitere Vorgehen (und kann einen etwaigen Misserfolg nicht dem Verwalter „in die Schuhe schieben"). 1019

▼

Muster 8.6: Beschluss zur Geltendmachung einer Zahlungsforderung gegen Miteigentümer 1020

A wird aufgefordert, der Gemeinschaft den Betrag von 467,00 EUR zu erstatten, der dadurch angefallen ist, dass (▨ z.B.: A seine Wohnung für die Sanierungsarbeiten ▨ nicht zugänglich machte und dadurch eine kostenpflichtige zweite Anreise der Handwerker verursachte ▨). Wenn die Zahlung nicht bis zum ▨ auf dem Gemeinschaftskonto eingetroffen ist, soll die Verwaltung im Namen der Gemeinschaft einen Rechtsanwalt mit der Durchsetzung beauftragen; gerichtlichen Schritten wird zugestimmt.

▲

---

140 BGH v. 4.3.2011 (Vornote). Die Begründung ist – wie so oft in jüngeren BGH-Entscheidungen – (allzu) knapp.
141 BayObLG v. 17.11.2004 – 2Z BR 190/04 (unveröffentlicht); OLG Köln v. 14.7.2003 – 16 Wx 124/03, ZMR 2004, 298.

§ 8 Jahresabrechnung und Wirtschaftsplan

IV. Kontenentwicklung und Status

1021 Eine (vollständige) Jahresabrechnung muss den Stand und die Entwicklung der gemeinschaftlichen Konten ausweisen (sog. Kontenabstimmung oder Kontenabgleich). Das bedeutet: Angabe der **Kontenstände** zu Beginn und am Ende des Abrechnungszeitraums (also i.d.R. zum 1.1. und 31.12.), und was sich dazwischen getan hat, und zwar nach dem Schema: Kontenanfangsbestand + Einnahmen ./. Ausgaben = Kontenendbestand. Werden die tatsächlichen Einnahmen und Ausgaben in der Abrechnungsperiode nämlich vollständig in die Abrechnung aufgenommen, so stimmt deren Differenz mit der Differenz der Anfangs- und Endbestände der Bankkonten und ggf. der Barkasse überein, über die diese Umsätze getätigt wurden. (Nur) auf diese Weise wird die Mittelverwendung und die rechnerische Schlüssigkeit der Gesamtabrechnung vollständig und nachprüfbar nachgewiesen,[142] weshalb das Fehlen des Kontenabgleichs bei Anfechtung zwangsläufig zur Aufhebung führen muss (siehe Rn 1063). Früher wurde der Kontenabgleich aus der Hausgeldabrechnung entwickelt; dann ging er nur auf, wenn die nicht in der Hausgeldabrechnung (Einzelabrechnungen) enthaltenen Zahlungsvorgänge, d.h. die Abgrenzungen, eingestellt wurden. Seit gemäß der neuen BGH-Vorgabe stets eine Gesamtabrechnung der Ist-Zahlungen vorzulegen ist, ist die Kontenabgleich leicht, denn die Gesamtabrechnung enthält alle Zahlungsflüsse und keine Abgrenzungen.

▼

1022 **Muster 8.7: Kontenabgleich**

Girokonto Nr. 123 bei X-Bank, Bestand am 1.1.2013	5.000,00 EUR
Festgeldkonto Nr. 345 bei X-Bank, Bestand am 1.1.2013	37.356,39 EUR
Sparbuch Nr. 789 bei Y-Bank, Bestand am 1.1.2013	19.529,67 EUR
Gesamt 1.1.2013	61.886,06 EUR
Ausgaben gem. Gesamtabrechnung 2013	– 46.336,97 EUR
Einnahmen gem. Gesamtabrechnung 2013	41.450,00 EUR
Zuführung Rücklage (+ Zinsen)	10.533,33 EUR
Gesamt 31.12.2013	67.532,42 EUR
Girokonto Nr. 123 bei X-Bank, Bestand am 13.12.2013	1.541,09 EUR
Festgeldkonto Nr. 345 bei X-Bank, Bestand am 13.12.2013	42.459,04 EUR
Sparbuch Nr. 789 bei Y-Bank, Bestand am 31.12.2013	23.532,29 EUR
	67.532,42 EUR

▲

1023 Viele Verwalter (bzw. deren Programme) legen häufig auch noch einen sog. (Vermögens-)**Status** vor.[143] Darunter versteht man Informationen über die wirtschaftliche Situation der Gemeinschaft, wozu auch Forderungen und Verbindlichkeiten der Gemeinschaft gegenüber Miteigentümern oder außenstehenden Dritten gehören. In der Verwaltungspraxis früherer Jahre enthielten Jahresabrechnungen oftmals weder einen Kontenabgleich noch eine gesonderte Darstellung der Rücklagenentwicklung, sondern statt dessen einen bilanzartiger Status nach folgendem Schema: Geldbestände + Forderungen/aktive Rechnungsabgrenzungsposten ./. Verbindlichkeiten/passive Rechnungsabgrenzungsposten = Reinvermögen. Obwohl gegen einen solchen Status nichts einzuwenden ist, genügt

---

[142] BGH v. 17.7.2003 – V ZB 11/03, ZMR 2003, 942; LG Berlin v. 19.10.2012 – 55 S 346/11, ZWE 2013, 374, Rn 6; LG Düsseldorf v. 18.5.2011 – 25 S 79/10, ZMR 2011, 987; LG Hamburg v. 3.11.2010 – 318 S 110/10, ZWE 2011, 129.

[143] Ausführlich *Niedenführ*, Vermögensstatus in der Abrechnung, ZWE 2011, 65; *Jennißen/Jennißen*, § 28 Rn 126.

er den geltenden Anforderungen an die WEG-Jahresabrechnung nicht und kann insbesondere den Kontenabgleich und die Darstellung der Rücklagenentwicklung nicht ersetzen. Wenn die letzteren Punkte aber ordnungsgemäß dargestellt werden, ist ein Vermögensstatus zur Ergänzung der Jahresabrechnung **sinnvoll**. Denn die wirtschaftliche Situation der Gemeinschaft wird nur unzureichend abgebildet, wenn Forderungen (insbes. Hausgeldrückstände), Verbindlichkeiten (z.B. aus Darlehen) und ggf. der Heizölbestand nicht mitgeteilt werden. Für einen Teilbereich der Jahresabrechnung, nämlich die Rücklagenentwicklung, verlangt der BGH inzwischen die Ausweisung der offenen Forderungen der Gemeinschaft (siehe Rn 1033), was einen Schritt in Richtung Vermögensstatus bedeutet. Abgesehen von diesem Teilbereich ist ein Vermögensstatus aber **kein zwingender Bestandteil** der Jahresabrechnung.[144] Der Verwalter **kann** einen Status vorlegen, **muss** es aber (sofern nicht im Verwaltervertrag vorgesehen) nicht.

V. Zur Instandhaltungsrückstellung

1. Allgemeines zur Instandhaltungsrückstellung

Die Ansammlung einer angemessenen Instandhaltungs- und Modernisierungsrückstellung (üblicherweise als Instandhaltungsrücklage oder kurz als **Rücklage** bezeichnet) gehört gem. § 21 Abs. 5 Nr. 4 WEG zu einer ordnungsmäßigen Verwaltung, auf die jeder Wohnungseigentümer einen Anspruch hat (§ 21 Abs. 4 WEG).[145] Die Zuführungen zur Rücklage werden im Rahmen des Wirtschaftsplanes beschlossen (§ 28 Abs. 1 Nr. 3 WEG). Der Zweck der Rücklage ist im Ausgangspunkt die Finanzierung künftiger Instandhaltungsmaßnahmen; die Bildung von Sonderrücklagen für andere Zwecke (z.B. Heizöleinkäufe, gerichtliche Verfahren) ist aber möglich.[146] Die Rücklage soll nicht auf dem gemeinschaftlichen Girokonto „herumliegen", sondern ist vom Verwalter verzinslich anzulegen (siehe Rn 1492).

1024

Welche **Höhe** der Rücklage „angemessen" und wie viel ihr jährlich zuzuführen ist, hängt vom Einzelfall ab, insbesondere vom Alter und der Art des Gebäudes. Anhaltspunkte ergeben sich aus § 28 Abs. 2 der II. BerechnungsVO, wonach in der Kostenmiete bei öffentlich geförderten Wohnungen für die Instandhaltung je nach Alter des Gebäudes Beträge zwischen 7,10 EUR und 11,50 EUR je qm jährlich angesetzt werden dürfen. Die Gemeinschaft hat hinsichtlich der Höhe der Beiträge zur Rückstellung einen weiten Ermessensspielraum, der in der Praxis freilich meistens nicht „bewusst" ausgeübt wird; vielmehr folgt die Gemeinschaft i.d.R. dem Vorschlag des Verwalters, der nicht auf einer konkreten Einzelfallkalkulation, sondern auf „Erfahrung" beruht. Der Ermessensspielraum rechtfertigt aber nicht „wesentlich überhöhte Ansätze";[147] vielmehr ist ein Wirtschaftsplan anfechtbar, soweit unvertretbar hohe Zuführungen zur Rücklage vorgesehen sind. Ob und wofür die Rücklage **verwendet** wird, wird mehrheitlich entschieden.

1025

Beispiel
Die Wohnungseigentümer beschließen eine Sanierung der Balkonverkleidungen. Die Kosten sollen zur Hälfte der Instandhaltungsrücklage entnommen werden; der Rest wird über eine **Sonderumlage** erhoben. Miteigentümer A ficht den Beschluss hinsichtlich der Sonderumlage mit der Begründung an, die Rücklage reiche ohne weiteres zur Finanzierung der ganzen Maßnahme (was zutrifft). – Die Anfechtung wird keinen Erfolg haben, weil der Beschluss recht-

1026

---

144 BGH v. 11.10.2013 – V ZR 271/12, ZMR 2014, 2284, Rn 16; h.M. OLG München v. 20.7.2007 – 32 Wx 93/07, WuM 2007, 539 verlangte ihn allerdings im Rahmen der Rechnungslegung vom ausgeschiedenen Verwalter; das müsste konsequenter Weise auch für die Abrechnung des amtierenden Verwalters gelten.
145 BayObLG v. 22.9.2004 – 2Z BR 142/04, NZM 2005, 747; str.
146 *Lehmann-Richter*, Sonderrücklagen, ZWE 2014, 105. A.A. LG Itzehoe 28.6.2013 – 11 S 31/12, ZMR 2013, 924.
147 OLG Hamm v. 18.5.2006 – 15 W 25/06, ZMR 2006, 879, Rn 37.

> mäßig ist. Ob Reparaturarbeiten ganz oder teilweise aus der Instandhaltungsrücklage oder per Sonderumlage bezahlt werden, liegt im **Ermessen** der Wohnungseigentümer. Es besteht kein Anspruch darauf, immer zunächst die Rücklage auszuschöpfen.[148]

1027 Bei der Frage, ob die Rücklage auch für **andere Zwecke** als für Maßnahmen der Instandhaltung verwendet werden darf (z.B. zur Finanzierung von gerichtlichen Verfahren, Heizöleinkäufen usw.), ist zu differenzieren. **Ohne** besonderen Beschluss der Gemeinschaft darf der Verwalter vorn vornherein nicht auf Rücklage zugreifen, egal zu welchem Zweck.[149] **Mit** Beschluss der Gemeinschaft ist grundsätzlich alles möglich: Die Gemeinschaft kann und darf ohne weiteres eine Änderung des Bestimmungszwecks ihres Geldvermögens beschließen, d.h. einen Beschluss fassen, wonach eine bestimmte Maßnahme aus der Rücklage finanziert werden soll. Der Sache nach beinhaltet ein solcher Beschluss die (zumindest buchhalterische) Bildung und den Verbrauch einer Sonderrücklage, was zulässig ist (siehe Rn 1024). Wie immer muss aber der konkrete Beschluss ordnungsgemäßer Verwaltung entsprechen, wozu nach h.M. die Sicherstellung eines Mindestbetrags der Rücklage gehört: „Der Beschluss, nach dem eine Instandhaltungsrücklage anderweitig Verwendung finden soll, entspricht nur dann ordnungsgemäßer Verwaltung, wenn eine **„eiserne Reserve"** der Instandhaltungsrücklage verbleibt";[150] m.E. greift verstößt diese Vorgabe aber unzulässig gegen den der Gemeinschaft zustehenden Beurteilungsspielraum.

1028 Die Geldbeträge, die die Wohnungseigentümer auf der Grundlage des Wirtschaftsplans als Zuführung zur Rücklage einzahlen, unterliegen ab dem Eingang auf dem Gemeinschaftskonto der **Zweckbindung**.[151] Der Verwalter darf das Geld der Rücklage deshalb ohne Beschluss der Gemeinschaft nicht angreifen. Das setzt zunächst voraus, dass der Verwalter überhaupt Klarheit darüber hat, welches Geld zur Rücklage gehört. Das wurde früher nicht so streng gesehen: Insbesondere bei größeren Gemeinschaften wurde die Rücklage nicht als separater Geldbestand geführt, sondern mit dem Verwaltungsvermögen der Gemeinschaft gleichgesetzt; zwischen dem Girokonto für die laufenden Zahlungsvorgänge und verschiedenen Geldanlagekonten fanden vielfältige Zahlungsbewegungen statt, und zwar aus dem sinnvollen Grund, kein Geld unnötig (da nicht zinsbringend) auf dem Girokonto zu belassen. Diese Praxis ist nach jetziger Rechtslage aber nicht mehr vertretbar. Die Rücklage muss – mindestens buchhalterisch, besser noch tatsächlich – als separater Geldbestand geführt werden.

1029 Infolge der Zweckbindung der Rücklage stellt sich die Frage, wie mit dem Problem fehlender **Liquidität** umzugehen ist. Theoretisch gilt Folgendes: Ist die Liquidität der Gemeinschaft gefährdet, muss der Verwalter eine außerordentliche Versammlung einberufen, die dann entweder die Erhebung einer Sonderumlage oder die (ggf. vorübergehende) Verwendung der Rücklage beschließen kann. Da es aber immer wieder vorkommt und vor allem zu Beginn des Kalenderjahres fast unvermeidlich ist, dass das „allgemeine" Girokonto der Gemeinschaft nicht über ausreichende Liquidität verfügt, ist es in der Praxis naheliegend und üblich, dass der Verwalter ohne weiteres „Anleihen" bei der Rücklage macht, um fällige Verbindlichkeiten der Gemeinschaft bedienen zu können. Sinnvoller Weise wird diese Praxis auf eine rechtliche Grundlage gestellt, die eine Beschlussfassung im Einzelfall erübrigt. Hierzu wird teilweise die Bildung einer besonderen Liquiditätsrücklage vorgeschlagen. Einfacher und deshalb zu empfehlen ist es aber, den Zugriff auf die Instandhaltungs-

---

148 BayObLG v. 27.3.2003 – 2 Z BR 37/03, ZMR 2003, 694.
149 Nicht einmal zur Bezahlung seines Verwalterhonorars: OLG Düsseldorf v. 25.1.2005 – 3 Wx 326/04, ZMR 2005, 468.
150 LG Köln v. 24.11.2011 – 29 S 111/11, ZWE 2012, 279; OLG München v. 20.12.2007 – 34 Wx 76/07, ZMR 2008, 410.
151 Das ergibt sich aus BGH v. 4.12.2009 – V ZR 44/09, ZMR 2010, 300, Rn 15; allg. M.

rücklage zur Behebung von **Liquiditätsengpässen** per Beschluss gem. § 21 Abs. 7 WEG zu ermöglichen[152] (Muster siehe Rn 1119).

2. Die Darstellung in der Jahresabrechnung

a) Zahlungen (Zuführungen) zur Rücklage

Ein Teil des von den Miteigentümern bezahlten Hausgelds ist als Zuführung zur Instandhaltungsrücklage bestimmt. Weil die Jahresabrechnung alle im Abrechnungsjahr erfolgten Zahlungen der Miteigentümer als Einnahmen ausweisen muss, wurde nach **früher** h.M. das „gesamte" Hausgeld inklusive des darin für die Rücklage bestimmten Teils als Einnahme eingestellt. Der Einnahme „Zuführung zur Rücklage" steht aber keine tatsächliche Ausgabe gegenüber; ohne „buchhalterische Gegenmaßnahmen" hätte das zur Folge, dass die Zuführung im Zuge der Abrechnung (Einnahmen ./. Ausgaben) wieder zurückgezahlt werden müsste. Die buchhalterische Gegenmaßnahme bestand bzw. besteht darin, den Soll-Betrag der Zuführung zur Instandhaltungsrücklage im Hauptteil der Jahresabrechnung (Einnahmen-/Ausgabendarstellung) als Ausgabe einzustellen;[153] dann sind Einnahmen und Ausgaben wieder im Lot. Soweit die tatsächlichen Zuführungen (die Ist-Beträge) dahinter zurückbleiben, war eine entsprechende Rechnungsabgrenzung bei der Darstellung der Instandhaltungsrücklage erforderlich.[154]

1030

Der BGH hat dieser Praxis mit Urt. v. 4.12.2009 ein Ende bereitet.[155] **Jetzt** gilt Folgendes: Die Zahlungen der Wohnungseigentümer auf die Instandhaltungsrücklage dürfen in der Jahresgesamt- und -einzelabrechnung weder als Ausgabe noch als sonstige Kosten gebucht und ausgewiesen werden; der Zahlungszufluss ist ausschließlich bei der Darstellung der Rücklagenentwicklung auszuweisen. Insoweit geht es freilich um eine lediglich formale Frage der „Betitelung"; denn es lässt sich nicht wegdiskutieren, dass Zahlungen auf die Instandhaltungsrücklage tatsächlich Einnahmen der Gemeinschaft darstellen. Außerdem müssen die Einnahmen aus Hausgeldzahlungen der Miteigentümer nach Bewirtschaftungskosten einerseits und Zuführung zur Rücklage andererseits aufgesplittet werden (siehe Rn 952).

1031

b) Ausgaben, die aus der Rücklage finanziert wurden

Wird der Rücklage Geld entnommen, ist dies in der Rücklagendarstellung auszuweisen (Muster siehe Rn 1035). Außerdem müssen die Ausgaben, die aus Mitteln der Rücklage bezahlt wurden (Renovierungsarbeiten usw.), auch in der Gesamt- und in der Hausgeldabrechnung auftauchen. Dort sollen die Ausgaben der Gemeinschaft ja vollständig ausgewiesen werden; und eine Ausgabe bleibt eine Ausgabe, auch wenn das Geld dafür aus der Rücklage stammt. In der Hausgeldabrechnung muss die Entnahme aus der Rücklage zugleich als „ergebnisneutrale" Einnahme aufgeführt werden, sonst geht die Abrechnung nicht auf.[156] Die oben (siehe Rn 1031) erwähnte Entscheidung des BGH vom 4.12.2009 steht dem nicht entgegen, auch wenn sie insoweit Zweifel gesät hat. Die nicht seltene Praxis, Ausgaben, die mit Mitteln der Instandhaltungsrückstellung finanziert wurden, **nur** bei der Rücklagendarstellung als „Abgang Rücklage" auszuweisen, ist und bleibt jedenfalls rechtswidrig.[157]

1032

---

152 Zutreffend AG Brühl v. 7.4.2011 – 23 C 583/10, ZMR 2011, 756; *Jennißen*, Verwalterabrechnung, Rn 468.
153 OLG Hamm v. 3.5.2001 – 15 W 7/01, ZMR 2001, 1001.
154 LG Köln v. 9.8.2004 – 29 T 96/03, ZMR 2005, 150.
155 BGH v. 4.12.2009 – V ZR 44/09, ZMR 2010, 300.
156 *H. Müller*, ZWE 2011, 200, 202; LG München I v. 29.4.2010 – 36 S 9595/09, ZMR 2010, 797.
157 So LG München I v. 30.11.2009 – 1 S 23229/08, ZWE 2010, 138 und Urt. v. 10.11.2008 – 1 T 4472/08, ZMR 2009, 398, Rn 58. A.A. AG Düsseldorf v. 22.10.2012 – 290a C 6117/12, ZMR ZMR 2013, 313 mit zutreffender Kritik von *Jennißen*, MietRB 2013, 85.

c) Die Entwicklung der Rücklage

1033 Der 3. Teil der Jahresabrechnung besteht in einer gesonderten Darstellung des **Bestands** und der **Entwicklung** der **Instandhaltungsrücklage**. Dies dient der Information der Wohnungseigentümer über die Vermögenslage der Gemeinschaft. Erforderlich sind die Darstellung der tatsächlich geleisteten Zuführungen sowie des tatsächlich vorhandenen Geldvermögens, also die **Ist-Werte**.[158] Auch die **Soll-Werte** sind anzugeben, um eine eventuelle Differenz zwischen den Zuführungsbeträgen laut Wirtschaftsplan und dem tatsächlichen Zuwachs der Instandhaltungsrücklage abgleichen zu können. In anderen Worten: Man muss sehen können, ob und ggf. in welchem Umfang die Wohnungseigentümer mit ihren Zahlungen auf die Rücklage im Rückstand sind. Genügt die Rücklagendarstellung diesen Anforderungen nicht, ist der Beschluss der Jahresabrechnung bei Anfechtung insoweit (teilweise) für ungültig zu erklären.

1034 **Zinsen**, die mit den Mitteln der Rücklage erwirtschaftet wurden, sind nach h.M. in der Gesamtabrechnung (Ist-Zahlungen) *und* in der Rücklagendarstellung auszuweisen. Sie können nach allg. M. aber auch ohne besonderen Beschluss in der Rücklage verbleiben.[159] Dazu, wie einer **Kreditaufnahme** (hier und im Kontenabgleich) darzustellen ist, gibt es verschiedene Vorschläge, die hier aus Platzgründen nicht erörtert werden können.[160]

▼

1035 Muster 8.8: Entwicklung der Instandhaltungsrücklage

Festgeldkonto Nr. 345 bei X-Bank, 01.01.2013	37.356,39 €	
Sparbuch Nr. 789 bei Y-Bank, 01.01.2013	19.529,67 €	
Gesamtbestand am 01.01.2013	56.886,06 €	
Zinsen in 2013	1.686,81 €	
Zuführung durch Beitragszahlungen	9.507,53 €	
Gesamtzuführung 2013	11.194,34 €	
Steuern, Solizuschlag	-751,00 €	
Entnahme für Reparatur Hausvordach	-1.338,07 €	
Gesamtentnahme 2013	-2.089,07 €	
Festgeldkonto Nr. 345 bei X-Bank, 13.12.2013	42.459,04 €	
Sparbuch Nr. 789 bei Y-Bank, 31.12.2013	23.532,29 €	
Gesamtbestand am 31.12.2013	65.991,33 €	
Beitragsrückstände		**Ihr Anteil**
Gesamtbestand am 01.01.2013	56.886,06 €	
Soll-Zuführung gem. Wirtschaftsplan 2013	9.959,00 €	550,00 €
Soll-Gesamtbestand am 31.12.2013	-451,47 €	
Ist-Zuführungen 2013	9.507,53 €	501,91 €
Fehlbeträge 2013	-451,47 €	-48,09 €

▲

---

158 BGH v. 4.12.2009 – V ZR 44/09, WuM 2010, 178; OLG Saarbrücken v. 19.12.2005 – 5 W 166/05, NZM 2006, 228.
159 *Elzer*, Zinsen in der Abrechnung, ZWE 2011, 112; im Ergebnis auch LG München I v. 10.11.2008 – 1 T 4472/08, ZMR 2009, 398, Rn 58; *Spielbauer/Then*, § 28 Rn 40.
160 Muster bei *Casser/Schultheiß*, ZMR 2013, 788; *Dötsch*, MietRB 2014, 27.

VI. Die Abrechnung nach einem Eigentümerwechsel

1. Grundsätze: Fälligkeitstheorie und Abrechnungsspitze

Es wäre sinnvoll, wenn bei einem Eigentümerwechsel während des Wirtschaftsjahres in der Jahresabrechnung eine zeitanteilige Aufteilung der Kosten zwischen dem Voreigentümer und dem Erwerber erfolgen würde (Aufteilungstheorie).[161] (Zum Problem der Aufteilung unter dem Gesichtspunkt der Zahlungspflicht des Zwangsverwalters siehe Rn 1166 bzw. des Insolvenzverwalters siehe Rn 1687.) Eine solche Abgrenzung entspräche dem inneren Zusammenhang von Nutzen und Lasten; im Mietrecht ist sie (beim Mieterwechsel) selbstverständlich. Die h.M. im Wohnungseigentumsrecht folgt aber anderen Grundsätzen: Demnach gibt es auch beim Eigentümerwechsel nur **eine** Einzelabrechnung für das **ganze Wirtschaftsjahr**.[162] Verpflichtet wird daraus **nur** derjenige, der im Zeitpunkt der Beschlussfassung Eigentümer ist.[163] Begründet wird das mit der Behauptung, Beschlüsse der Eigentümergemeinschaft könnten nur die jeweiligen Miteigentümer verpflichten. Für die Zahlungspflichten gegenüber der Gemeinschaft (gemäß Wirtschaftsplan, Nachzahlungen gem. Jahresabrechnung oder Sonderumlagen) gilt die **Fälligkeitstheorie**:[164] Die Zahlungspflicht trifft immer denjenigen, der zum Zeitpunkt der Fälligkeit der jeweiligen Zahlung als Miteigentümer zur Gemeinschaft gehört. Die einmal entstandene Zahlungspflicht gemäß Wirtschaftsplan entfällt durch den Beschluss der Jahresabrechnung nicht. Der Beschluss über die Jahresabrechnung **ersetzt nicht** den Beschluss über den Wirtschaftsplan, sondern lässt nur den „Korrekturvorbehalt", unter dem die Vorschusszahlungen stehen, entfallen; die mit dem Wirtschaftsplan begründeten Beitragsforderungen bleiben also wirksam.[165] Die „eigene" Wirkung des Abrechnungsbeschlusses besteht darin, dass durch ihn die **Abrechnungsspitze**[166] als originäre neue Schuld begründet wird. Diese Schuld trifft gemäß der Fälligkeitstheorie denjenigen, der im Zeitpunkt der Beschlussfassung Eigentümer ist, beim Eigentumswechsel also den Erwerber.[167]

1036

Beispiel
V verkauft seine Wohnung zum Jahresende 2013 an A. V hat das Hausgeld jeden Monat vollständig bezahlt. Weil die Vorauszahlungen (wie so oft) zu niedrig angesetzt waren, endet die im Folgejahr 2014 beschlossene Abrechnung für das Jahr 2013 mit einer Nachzahlung (Abrechnungsspitze). – Die Nachzahlung muss **nur** A leisten. (Das Ergebnis ist nicht sachgerecht, weil A im Jahr 2013 mit der Wohnung noch nichts zu tun hatte.)

1037

---

161 Dafür mit überzeugenden Gründen *Jennißen/Jennißen*, § 16 Rn 177 ff.; *Rau*, Zur Beitragspflicht des ausgeschiedenen Wohnungseigentümers, ZMR 2000, 337; *ders.* MDR 2005, 124; *ders.*, als AG Kerpen v. 14.8.2012 – 26 C 74/11, ZMR 2013,226, mit Besprechung *Schmid*, ZWE 2013, 258. Entgegen *Rau* muss der anteilig haftende Veräußerer m.E. zwar ein Teilnahme- und Anfechtungs-, aber kein Stimmrecht bei der Beschlussfassung über die Jahresabrechnung haben.
162 BGH v. 23.9.1999 – V ZB 17/99, ZMR 1999, 834. Die übliche Angabe „Abrechnungszeitraum von – bis" ist daher genau genommen überflüssig, weil der Abrechnungszeitraum immer den Zeitraum 1.1.–31.12. umfassen muss.
163 Es schadet aber nicht, wenn in der Abrechnung noch der Voreigentümer genannt ist, z.B. weil der Verwalter von der Eigentumsumschreibung keine Kenntnis erlangt hat. Für alle Beteiligten ist nämlich erkennbar, dass sich die Abrechnung auf die Wohnung und somit auf den jeweils eingetragenen Eigentümer bezieht (BGH v. 23.9.1999 – Vornote; LG Köln v. 7.10.2010 – 29 S 57/10, ZMR 2011, 165). Das soll sogar dann der Fall sein, wenn die Abrechnung in voller Kenntnis der Veräußerung (fehlerhaft) zwischen Veräußerer und Erwerber aufgeteilt wurde (siehe Rn 1042).
164 BGH v. 2.12.2011 – V ZR 113/1123, ZWE 2012, 90; LG München I v. 20.12.2010 – 1 S 4319/10, ZWE 2011, 233.
165 BGH v. 1.6.2012 – V ZR 171/11, NZM 2012, 562.
166 Als Abrechnungsspitze wird die Differenz (Nachzahlung) zwischen den Sollvorauszahlungen gemäß Wirtschaftsplan und den tatsächlichen Kosten gemäß Abrechnung bezeichnet.
167 BGH v. 2.12.2011 – V ZR 113/1123, ZWE 2012, 90; LG München I v. 20.12.2010 – 1 S 4319/10, ZWE 2011, 233; LG Bonn v. 28.1.2009 – 8 T 33/08, ZMR 2009, 476.

1038 Die den Erwerber treffende Haftung auf die Abrechnungsspitze wird „auf die Spitze getrieben", wenn es **keinen Wirtschaftsplan** gab oder dieser gerichtlich für ungültig erklärt wurde.

> *Beispiel*
> Bauträger V verkauft und übergibt ab dem Jahr 2000 Wohnungen. Die Käufer zahlen auf der Grundlage des von V im Wege des „Einmann-Beschlusses" aufgestellten Wirtschaftsplans, von dessen Unwirksamkeit (siehe Rn 166) sie nichts ahnen. V zahlt für die noch nicht verkauften Einheiten Nr. 10–15 nichts. Mitte 2002 wird A als Eigentümer der Einheiten Nr. 10–15 eingetragen; wenig später werden die Jahresabrechnungen 2000 und 2001 beschlossen. A werden in seinen Einzelabrechnungen sämtliche Rückstände auferlegt. Er ficht an. – Ohne Erfolg. Mangels eines wirksamen Wirtschaftsplanes besteht die „Abrechnungsspitze" aus den kompletten Rückständen.[168] (Dass A einen internen Ausgleichsanspruch gegen V hat, spielt für die Beitragsforderung der WEG keine Rolle; und dem A nützt der Ausgleichsanspruch nichts, weil der V in solchen Fällen meistens insolvent ist).

1039 Da der Erwerber gemäß der Fälligkeitstheorie voll auf die Abrechnungsspitze (Nachzahlung) haftet, steht konsequenter Weise auch ein eventuelles **Guthaben** nur dem Erwerber zu. Der Abrechnungsbeschluss hat für den aus der Gemeinschaft ausgeschiedenen Veräußerer keine Rechtswirkung;[169] er hat folglich auch keinen Anspruch darauf, dass überhaupt abgerechnet wird.[170]

1040 Eine **dingliche Erwerberhaftung** besteht nach Auffassung des BGH nicht.[171] Eine solche Haftung wurde vielfach (m.E. zu Recht) aus der Privilegierung der Hausgeldansprüche in der Rangklasse 2 des § 10 ZVG abgeleitet: Die privilegierten Hausgeldrückstände wurden als eine auf dem Wohnungseigentum ruhende dingliche Last betrachtet (siehe Rn 1214). Nachdem der BGH dieser Auffassung jedoch eine Absage erteilt hat, ist sie für die Praxis erledigt. Damit erübrigen sich auch entsprechende Hinweispflichten der Notare und eine Pflicht des Verwalters zur Ausstellung von „Hausgeldschuldenfreiheitsbescheinigungen"; auf die Möglichkeit der Erwerberhaftung für Hausgeldrückstände muss nur hingewiesen werden, wenn die Gemeinschaftsordnung eine Erwerberhaftung vorsieht. Ein Eingreifen des Gesetzgebers zur Stärkung des Vorrechts für Hausgeldansprüche ist nun allerdings dringend angezeigt.[172]

2. Hausgeldrückstände und Erwerberhaftung

1041
> *Beispiel*
> Miteigentümer V muss laut Wirtschaftsplan im Jahr 2013 monatlich 250,00 EUR Hausgeld (inkl. 50,00 EUR Zuführung zu den Rücklagen) bezahlen. Seit Mai 2013 (einschließlich) zahlt er kein Hausgeld mehr. Außerdem besteht ein Rückstand aus der Jahresabrechnung für 2012 i.H.v. 500,00 EUR. Am 20.6.2013 verkauft V seine Wohnung an A. Als Zeitpunkt für den Übergang von Besitz, Nutzungen und Lasten wird im Kaufvertrag der 1.7.2013 vereinbart. Am 20.7.2013 wird A im Grundbuch als Eigentümer eingetragen. A beginnt erst im September mit den Hausgeldzahlungen. – Wer haftet in welcher Höhe? Wie sieht eine rechtmäßige Abrechnung aus?

---

168 OLG Köln v. 15.1.2008 – 16 Wx 141/07, ZMR 2008, 478 unter Verteidigung der Fälligkeitstheorie gegen alle Einwände; OLG München v. 24.5.2007 – 34 Wx 27/07, ZMR 2007, 805, 812.
169 LG Frankfurt (Oder) v. 23.12.2011 – 6a S 75/11, ZWE 2012, 433.
170 KG v. 31.1.2000 – 24 W 7617/99, ZMR 2000, 399, Rn 11.
171 BGH v. 13.9.2013 – V ZR 209/12, NZM 2013, 733; hier auch Nachweise zu den abweichenden Meinungen.
172 Ausführlich *Schneider*, ZWE 2014, 61, 75.

In der Praxis sind für diese und ähnliche Fälle mannigfache Varianten rechtswidriger Abrechnungen anzutreffen. Eine den Vorgaben der Rechtsprechung entsprechende Einzelabrechnung muss demgegenüber folgende **Grundsätze** beherzigen:

Es darf nur **eine** Abrechnung (und nicht zwei zeitanteilige) geben. Adressat der Abrechnung ist A, der im Zeitpunkt der Beschlussfassung Eigentümer ist. A haftet somit voll auf die Abrechnungsspitze (siehe Rn 1037). Was aber gilt, wenn (wie in der Praxis üblich) zwei zeitanteilige Abrechnungen – eine für V, eine für A – beschlossen werden? M. E. ist die an V adressierte (Teil-)Abrechnung nichtig, die an A adressierte rechtswidrig. Die Rechtsprechung ist aber großzügig: Sie behandelt die Teilabrechnungen wie eine einzige, deren Gesamtergebnis (wohnungsbezogen) zu Lasten des A (Erwerbers) geht.[173]

1042

A haftet auch für seine eigenen Beitragsrückstände. Seine Pflicht zur Zahlung der Hausgeldraten entsteht, sofern Zahlungen auf den Wirtschaftsplan wie üblich in monatlichen Raten zu leisten sind, mit dem nächsten auf den Eigentumswechsel folgenden Fälligkeitstermin, im Beispielsfall also im August 2013. Die Regelung im Kaufvertrag hat nur für den internen Ausgleich zwischen V und A Bedeutung, nicht für die Zahlungspflicht gegenüber der Gemeinschaft.

1043

A haftet nicht für die Beitragsrückstände des Voreigentümers V aus dem Jahr 2013; insoweit ist und bleibt V der alleinige Schuldner.[174] Die WEG kann ihre Ansprüche auch nach dem Ausscheiden des V aus der Eigentümergemeinschaft gegen ihn gerichtlich geltend machen. Anspruchsgrundlage ist der Wirtschaftsplan für das Jahr 2013. Hier wirkt es sich praktisch aus, dass der Beschluss über die Jahresabrechnung die mit dem Wirtschaftsplan begründeten Zahlungspflichten nicht ersetzt (siehe Rn 1036).

1044

Rückstände aus früheren Jahresabrechnungen (im Beispiel: 2012) sollen schon grundsätzlich nicht nochmals mitbeschlossen werden (siehe Rn 955), und erst nicht im Falle eines Eigentümerwechsels zu Lasten des Erwerbers (im Beispiel: A). Sie brauchen nicht einmal informatorisch mitgeteilt werden, denn A ist für die Zahlung der Rückstände aus der Zeit vor seiner Eigentümerstellung nicht zuständig, weshalb im Rahmen seiner Einzelabrechnung diesbezüglich kein Informationsbedarf besteht. Auch hinsichtlich dieser Rückstände kann (und sollte) die WEG ihre Ansprüche gegen V geltend machen. Anspruchsgrundlage ist die jeweilige Jahresabrechnung, in der die Rückstände beschlossen wurden.

1045

Verwalter führen gegen die „rechtsprechungsgemäße" Abrechnung beim Eigentümerwechsel häufig die Unzulänglichkeit der **Verwaltungssoftware** ins Feld. Tatsächlich gibt es Software, die bei Eingabe eines unterjährigen Eigentümerwechsels entgegen der seit Jahrzehnten unveränderten Anforderungen der Rechtsprechung automatisch zwei Einzelabrechnungen mit zeitanteiliger Abgrenzung auswirft. Das Problem lässt sich aber leicht lösen:

1046

Tipp für Verwalter
Der Eigentümerwechsel wird im Abrechnungsprogramm überhaupt nicht eingegeben. Stattdessen wird der Name des Eigentümers geändert, konkret: Der Name des Verkäufers wird durch den Namen des Käufers ersetzt.

1047

Ferner wird häufig geltend gemacht, dass die Aufsplittung der Jahresabrechnung (nach Maßgabe der Vereinbarungen im Kaufvertrag) von den Eigentümern regelmäßig gewünscht werde. Diesem Wunsch kann und soll der Verwalter freilich ohne weiteres nachkommen, ohne gegen die Abrechnungsgrundsätze zu verstoßen: Er kann dem Erwerber nämlich zusätzlich zu der (in der Eigentü-

1048

---

173 BGH v. 2.12.2011 – V ZR 113/1123, ZWE 2012, 90; LG Köln v. 7.10.2010 – 29 S 57/10, ZMR 2011, 165.
174 BGH v. 30.11.1995 – V ZB 16/95, ZMR 1996, 215; LG München I v. 20.12.2010 – 1 S 4319/10, ZWE 2011, 233.

merversammlung zur Beschlussfassung zu bringenden) Einzelabrechnung zwei zeitanteilig abgegrenzte **Extra-Abrechnungen** vorlegen, damit Erwerber und Veräußerer wissen, wer von beiden dem anderen Teil auf der Grundlage des Kaufvertrags intern einen Kostenausgleich schuldet.[175]

1049 Folgt man der Auffassung, dass die Einzelabrechnung nur die Abrechnungsspitze ausweisen muss (siehe Rn 947), verursachen Hausgeldrückstände beim Eigentümerwechsel keine Abrechnungsprobleme, denn die Abrechnungsspitze errechnet sich unabhängig von den tatsächlichen Zahlungen und etwaigen Rückständen; dem Erwerber sind lediglich informatorisch seine eigenen, nach dem Eigentumswechsel aufgelaufenen Zahlungsrückstände mitzuteilen. Folgt man aber der Auffassung, wonach sich das Ergebnis der Einzelabrechnung aus der Gegenüberstellung von (anteiligen) Kosten und tatsächlichen Zahlungen ergibt, entsteht ein **Darstellungsproblem**: Denn der Nachzahlungsbetrag (Abrechnungssaldo) beinhaltet dann sowohl die „normale" Abrechnungsspitze, als auch die Beitragsrückstände des Voreigentümers und/oder des Erwerbers. Es ist in diesem Fall eine separate Erläuterung der Einzelabrechnung zu empfehlen, aus der hervorgeht, wie sich der Nachzahlungsbetrag zusammensetzt und wie viel der Adressat der Abrechnung (Erwerber) davon tatsächlich bezahlen muss; in anderen Worten sind die im Nachzahlungssaldo enthaltenen Rückstände des Voreigentümers auszuweisen und mit dem Hinweis zu verbinden, dass der Erwerber sie nicht bezahlen muss. Manchen Gemeinschaften/Verwaltern erscheint es demgegenüber gerade sinnvoll, die Rückstände des Voreigentümers in der Nachzahlungsschuld des Erwerbers „unauffällig" aufgehen zu lassen, also den ganzen Saldo als Nachzahlung zu beschließen, ohne die darin enthaltenen Rückstände des Voreigentümers auszuweisen. Weil die meisten Erwerber die Abrechnung zumindest in diesem Punkt nicht durchschauen und die Abrechnung nicht anfechten, scheint die Gemeinschaft auf diese Weise den Erwerber als neuen Schuldner der Beitragsrückstände gewinnen zu können. Das klappt aber nicht: Der BGH hat diese früher übliche Praxis schon im Jahr 1999 unterbunden, seinerzeit noch mit der (nicht überzeugenden) Begründung, dass man davon ausgehen müsse, „dass die zu einer gesetzmäßigen Verwaltung verpflichteten Wohnungseigentümer einen rechtswidrigen Beschluss nicht fassen wollen";[176] man müsse den Abrechnungsbeschluss so auslegen, dass er Rückstände nicht umfasse. (Zu diesem Motto, dass nicht sein kann, was nicht sein darf, siehe Rn 957). Neuerdings stützt der BGH die fehlende Haftung des Erwerbers auf die Rückstände zutreffend auf den Gesichtspunkt fehlender Beschlusskompetenz: Die Gemeinschaft *kann* dem Erwerber Beitragsrückstände seines Vorgängers gar nicht durch Beschluss auferlegen; der Beschluss ist insoweit **nichtig**.[177] Übersieht der Erwerber das und bezahlt den vollen Saldo, ist der Gemeinschaft damit nicht dauerhaft geholfen; denn der Erwerber kann nach Bereicherungsrecht die Rückzahlung verlangen (siehe Rn 1166 für den Zwangsverwalter, sachlich aber genauso auf den Erwerber anzuwenden).

1050 *Praxistipp*
Eine Haftung des Erwerbers für Rückstände des Voreigentümers kann nur durch Vereinbarung, nicht durch Mehrheitsbeschluss begründet werden.

---

175 Weil dieser Sonderservice nicht zu den Verwalterpflichten gehört, spricht nichts dagegen, hierfür ein besonderes Entgelt zu vereinbaren.
176 BGH v. 23.9.1999 – V ZB 17/99, ZMR 1999, 834. Motto
177 BGH v. 9.3.2012 – V ZR 147/11, ZMR 2012, 642.

VII. WEG-Jahresabrechnung und Betriebskostenabrechnung bei vermieteter Wohnung

Der Eigentümer einer vermieteten Wohnung muss gegenüber seinem Mieter jährlich die Betriebskosten abrechnen. Diese millionenfach praktizierte Routinesache ist leider nicht etwa unproblematisch, sondern teilweise hoch umstritten. Ursache sind die **Unterschiede** zwischen der WEG-Jahresabrechnung und der mietrechtlichen Betriebskostenabrechnung. So können der Abrechnungszeitraum, die Abrechnungsfrist und vor allem der Umlagemaßstab verschieden sein, denn im Wohnraummietrecht gilt nicht der Umlageschlüssel „Miteigentumsanteile" gem. § 16 Abs. 2 WEG, sondern „Wohnfläche" gem. § 556a BGB. Dazu kommt, dass die in der WEG-Jahresabrechnung erfassten Ausgaben in der Mieter-Betriebskostenabrechnung nicht vollständig umlagefähig sind. Die ehedem gravierendste Divergenz ist allerdings seit einiger Zeit Rechtsgeschichte: Nach früher h.M. galt im Mietrecht das **Leistungsprinzip;** nach dem Leistungsprinzip sind die im Abrechnungszeitraum erbrachten Leistungen ohne Rücksicht auf den Zeitpunkt der Bezahlung der dazu gehörigen Rechnung abzurechnen. Für die WEG-Jahresabrechnung gilt aber das **Abflussprinzip**. Dieser Grundkonflikt ist aufgelöst, seit der BGH auch im Mietrecht eine Abrechnung nach dem Abflussprinzip grundsätzlich zulässt.[178]

1051

Damit der vermietende Eigentümer die umlagefähigen Betriebskosten möglichst 1:1 aus der Jahresabrechnung übernehmen kann, muss er im Mietvertrag **vereinbaren**, dass für die Betriebskostenabrechnung die **gleichen Maßstäbe** gelten wie für die Jahresabrechnung; das ist im Grundsatz rechtlich unbedenklich.[179] Nun steht der Vermieter aber vor dem Problem, dass die WEG gem. § 16 Abs. 3 WEG Änderungen der Verteilerschlüssel beschließen könnte; die geänderten Verteilerschlüssel möchte der Vermieter natürlich auch in den Mietvertrag „überführen". Pauschale „dynamische Verweisungen", die den Mieter auch an etwaige künftige Änderungen der Umlageschlüssel binden („Der Mieter trägt die umlagefähigen Betriebskosten gemäß der WEG-Jahresabrechnung"), sind nach h.M. aber zumindest bei Wohnraummietverträgen unwirksam.[180] Eine gewisse Aussicht auf „Haltbarkeit" dürfte demgegenüber die folgende Klausel haben:

1052

Muster: Umlagevereinbarung für Betriebskosten bei vermieteter Eigentumswohnung

Soweit Betriebskosten der Wohnungseigentümergemeinschaft (WEG) gegenüber entstehen (z.B. Gebäudeversicherung, Heizkosten usw.), werden sie auf der Grundlage der Jahresabrechnung der WEG abgerechnet. Das bedeutet, dass diese Betriebskosten grundsätzlich (mit Ausnahme insbesondere der Heiz- und Warmwasserkosten) nach dem Abflussprinzip abgerechnet werden: Abgerechnet werden die im Abrechnungsjahr erfolgten Ausgaben (bezahlte Rechnungen). Der Vermieter wird die Betriebskosten nach demselben Umlageschlüssel an den Mieter weiter berechnen, zu welchem sie ihm innerhalb der WEG berechnet werden. Welche Umlageschlüssel aktuell gelten, ist der WEG-Abrechnung des Jahres zu entnehmen, die diesem Vertrag als Anlage beigefügt ist. Etwaige von der WEG künftig beschlossenen Änderungen der Umlageschlüssel sind für den Mieter nur verbindlich, wenn er dadurch nicht unbillig benachteiligt wird.

1053

In der Praxis erwarten die vermietenden Wohnungseigentümer als selbstverständlich, dass die Jahresabrechnung sie bei der Erstellung der Betriebskostenabrechnung unterstützt. Das geschieht in

1054

---

178 BGH v. 20.2.2008 – VIII ZR 27/07, WuM 2008, 285. Details (Verfahren bei einem Mieterwechsel usw.) sind teilweise noch streitig.
179 Ausführlich *Beyer*, Die vermietete Eigentumswohnung – Betriebskostenabrechnung usw., ZMR 2013, 933, 940; h.M.
180 LG Hamburg v. 26.6.2008 – 307 S 34/08, ZMR 2009, 288. Ausführlich *Emmerich*, Disharmonie WEG und Mietrecht – Unterschiedliche Abrechnungsschlüssel, ZWE 2012, 245, 249; *Riecke* in: Riecke/Schmid, Anh. zu § 16 Rn 17.

erster Linie dadurch, dass in der WEG-Abrechnung die mietrechtlich (gem. Betriebskostenverordnung) umlagefähigen Kosten von den übrigen Kosten abgesetzt werden. (Selbstverständlich sind die in der Jahresabrechnung als umlagefähig ausgewiesenen Kosten aber nur dann vom Mieter zu tragen, wenn mietvertraglich eine entsprechende Umlagevereinbarung besteht – was oft verkannt wird). Ohne gesonderte Vereinbarung ist der Verwalter dazu aber **nicht verpflichtet**.

1055 Der vermietende Wohnungseigentümer wird zwar in aller Regel die WEG-Jahresabrechnung zur Grundlage seiner Betriebskostenabrechnung machen; er *muss* das aber nicht: Die Betriebskostenabrechnung ist gegenüber der Jahresabrechnung ein **aliud**, hängt nicht von ihr ab und setzt nicht voraus, dass es eine Jahresabrechnung überhaupt gibt. Der Betriebskostenabrechnung muss daher auch nicht eine Kopie der WEG-Jahresabrechnung beigefügt werden. Es ist auch ohne Bedeutung, ob der Abrechnungsbeschluss der WEG angefochten wird. Dies gilt – letztlich aus Praktikabilitätsgesichtspunkten – auch dann, wenn die Betriebskostenabrechnung tatsächlich auf der Grundlage und ggf. unter Beifügung der Jahresabrechnung erfolgte (str.).

1056 Um die Kontrollrechte des Mieters zu wahren, muss der Vermieter ihm die Möglichkeit der Belegeinsicht geben und kann ihn zu diesem Zweck – ungeachtet der Bestandskraft des Abrechnungsbeschlusses der WEG – zur **Einsichtnahme** in die Abrechnungsunterlagen des Verwalters bevollmächtigen. – Wegen weiterer Einzelheiten der Betriebskostenabrechnung wird auf die mietrechtliche Literatur verwiesen.

VIII. Anfechtung des Abrechnungsbeschlusses und gerichtliche Entscheidung

1. Teilweise oder gänzliche Ungültigerklärung?

1057 Der Beschluss über die Jahresabrechnung ist – wie jeder andere Beschluss auch – auf Anfechtung hin für ungültig zu erklären, wenn er **rechtswidrig** ist (ordnungsmäßiger Verwaltung widerspricht). Die Rechtswidrigkeit kann sich aus formellen Fehlern der Beschlussfassung oder aus materiellen Fehlern der Jahresabrechnung ergeben. Materielle Mängel der Jahresabrechnung müssen nicht zwangsläufig zur Ungültigerklärung des (ganzen) Genehmigungsbeschlusses führen. Die Anfechtung kann auf **einzelne Positionen** beschränkt werden, wenn es sich um einen rechnerisch selbstständigen und abgrenzbaren Teil der Abrechnung handelt und wenn der Abrechnungsfehler keine Auswirkung auf andere Rechnungspositionen hat; in diesem Fall kann das Gericht den Genehmigungsbeschluss auch nur im Umfang der Anfechtung für ungültig erklären (siehe Rn 1766). Auch **ohne Beschränkung** des Anfechtungsantrags kann und muss nach h.M. das Gericht entsprechend § 139 BGB den Genehmigungsbeschluss bei abgrenzbaren Fehlern nur teilweise für ungültig erklären.

1058 *Beispiel*
In einer Jahresabrechnung werden die meisten Positionen entgegen der Teilungserklärung nach dem Schlüssel „Wohnfläche" statt „Miteigentumsanteile" verteilt; oder: Die Verwaltervergütung wird fehlerhaft nach Einheiten statt nach MEA umgelegt. A beantragt ohne Einschränkung die Ungültigerklärung des Genehmigungsbeschlusses. – Das Gericht muss entsprechend § 139 BGB entscheiden, ob die Gemeinschaft den Abrechnungsbeschluss auch bei Kenntnis seiner Teilnichtigkeit gefasst hätte oder nicht. I.d.R. wird es dem Willen der Beteiligten entsprechen, den im Vordergrund stehenden überwiegenden (nicht zu beanstandenden) Teil des Geschäfts (Beschlusses) aufrecht zu erhalten, wenn nur ein geringfügiger Teil unwirksam (oder für ungültig zu erklären) ist. Demnach ist im Fall der angefochtene Beschluss nicht insgesamt, sondern nur in Bezug auf die fehlerhaften Positionen für ungültig zu erklären bzw. der unzu-

treffende Verteilerschlüssel zu korrigieren.[181] Die Teilungültigerklärung muss sich (anders als in den Entscheidungen nach altem Recht) auf die **Kostenentscheidung** auswirken: Weil und soweit der Kläger nur teilweise (gegenüber der beantragten Gesamtungültigererklärung) obsiegt hat, sind ihm die Verfahrenskosten entsprechend anteilig aufzuerlegen.[182]

Die teilweise Aufhebung einer Jahresabrechnung kommt, wie erwähnt, nur bei einzelnen Fehlern bzw. Positionen in Betracht. Der Abrechnungsbeschluss ist hingegen **insgesamt** für ungültig zu erklären, wenn die Abrechnung rechnerisch unschlüssig, mit durchgehenden Mängeln behaftet oder hinsichtlich wesentlicher Bestandteile lückenhaft ist;[183] oder mit Blick auf den „Verbraucher" formuliert: Wenn sie für einen durchschnittlichen Wohnungseigentümer nicht mehr nachvollziehbar ist[184] (näher dazu sogleich Rn 1062). Wird die **Gesamtabrechnung** aufgehoben, sind auch die **Einzelabrechnungen** für ungültig zu erklären; diese werden aus der Gesamtabrechnung entwickelt und können nicht isoliert bestandskräftig werden.[185]

1059

Die – erstaunlicher Weise kaum erörterten – **Rechtsfolgen** einer Teilungültigerklärung stellen sich wie folgt dar: Der Abrechnungsbeschluss inklusive der Einzelabrechnungen bleibt mit Ausnahme der für ungültig erklärten Teile in Kraft. Die Miteigentümer müssen also im Ausgangspunkt selber ausrechnen, wie hoch ihr Guthaben oder ihre Nachzahlung unter Berücksichtigung der Korrekturen ausfällt. Das wird praktisch allerdings nur den (oder die) Anfechtungskläger betreffen; denn wer nicht angefochten hat, wird entsprechend der ursprünglichen Abrechnung gezahlt (bzw. Guthaben erstattet erhalten) haben. Über die korrigierten Positionen ist unter Berücksichtigung der gerichtlichen Vorgaben erneut Beschluss zu fassen; das muss nicht sofort, sondern kann auf der nächsten ordentlichen WEV erfolgen. Es würde aber mehr zur Verwirrung als zur Klärung beitragen, wenn tatsächlich nur isoliert einzelne Positionen abgerechnet und beschlossen würden. Sinnvoller ist es, wenn der Verwalter die betreffende Jahresabrechnung in korrigierter Fassung vorlegt und beschließen lässt. Diese Empfehlung steht zwar vor dem dogmatischen Problem, dass über bestandskräftig beschlossene Abrechnungen nicht nochmals Beschluss gefasst werden soll bzw. kann (siehe hierzu Rn 955 betr. Rückstände aus früheren Abrechnungszeiträumen); das ist aber kein durchgreifende Hinderungsgrund. Es schadet nämlich nicht, wenn der neue Beschluss mit Ausnahme der korrigierten Positionen nichtig ist. Abgesehen davon lässt sich die Wirkung der Beschlussfassung auf die korrigierten Positionen beschränken:

1060

▼

Muster 8.9: Beschluss einer korrigierten Jahresabrechnung

1061

Die Jahresabrechnung 2012 (Gesamt – und Einzelabrechnungen) wird in der Fassung des mit Datum 20.3.2014 verschickten Entwurfs erneut beschlossen. Der Beschluss soll nur insoweit Rechtswirkung haben, als Änderungen gegenüber der am 12.3.2013 beschlossenen Abrechnung 2012 vorliegen. Soweit keine Änderungen vorliegen, hat die jetzt beschlossene Abrechnung nur informativen Charakter.

▲

---

181 BGH v. 11.5.2012 – V ZR 193/11, NZM 2012, 566; OLG München v. 6.9.2012 – 32 Wx 32/12, NZM 2012, 688; LG München I v. 29.4.2010 – 36 S 9595/09, ZMR 2010, 797.
182 So zutreffend OLG Stuttgart v. 12.3.2012 – 5 W 32/11, ZMR 2012, 560; LG München I v. 29.4.2010 – 36 S 9595/09, ZMR 2010, 797; ausführlich *Suilmann*, MietRB 2013, 24.
183 Vgl. OLG München v. 20.2.2008 – 34 Wx 65/07, ZMR 2008. Im Fall des OLG München wurde aber – sehr zweifelhaftes Ergebnis – eine vielfältig mangelhafte Abrechnung nur teilweise für ungültig erklärt.
184 So zutreffend LG München I v. 30.11.2009 – 1 S 23229/08, ZWE 2010, 138; LG Hamburg v. 3.11.2010 – 318 S 110/10, ZWE 2011, 129; im Ergebnis ebenso BGH v. 11.5.2012 – V ZR 193/11, NZM 2012, 566.
185 LG Hamburg v. 3.11.2010 (Vornote), Rn. 16.

2. Insbesondere: Die Unvollständigkeit der Jahresabrechnung

1062 Jahresabrechnungen sind häufig unvollständig, indem z.B. der Kontenabgleich, die Rücklagendarstellung, einzelne Einnahmen- oder Ausgabenpositionen oder deren ausreichende Aufschlüsselung fehlen. Eine darauf gestützte Anfechtung führte nach **früher** h.M. nicht zwangsläufig zur Ungültigerklärung des Genehmigungsbeschlusses; soweit die fehlenden Angaben ohne Einfluss auf das Ergebnis der (Einzel-)Abrechnungen waren, wurde lediglich ein Anspruch auf entsprechende **Ergänzung** der Abrechnung durch den Verwalter und deren Genehmigung durch einen weiteren Eigentümerbeschluss anerkannt.[186] (Der Beschluss über die Entlastung des Verwalters war und ist in solchen Fällen hingegen in jedem Fall auf Anfechtung hin für ungültig zu erklären, siehe Rn 1595). Als Grund für das Absehen von der Ungültigerklärung wurde die praktische Erwägung angeführt, dass für die Gemeinschaft eine unvollständige Jahresabrechnung besser sei als gar keine, da sonst bis zum Beschluss einer neuen Abrechnung keine Beitragspflichten bestünden. Diese Überlegung war und ist allerdings schon deswegen nicht überzeugend, weil die Gemeinschaft nach einer Ungültigerklärung der Abrechnung in jedem Fall kurzfristig eine neue Abrechnung beschließen kann und muss; und weil die Wirkung einer Ungültigerklärung erst mit Rechtskraft eintritt, hat die Gemeinschaft/Verwaltung ab Kenntnis des Urteils einen Monat Zeit für die Erstellung und den Beschluss einer neuen Abrechnung, bevor es dazu kommt, dass mangels Abrechnungsbeschluss keine Beitragspflichten bestehen.

1063 Inzwischen hat sich zu Recht die Auffassung durchgesetzt, dass es entscheidend darauf ankommt, ob die Abrechnung prüffähig, also **nachvollziehbar rechnerisch schlüssig** ist. Ist sie das – wie **zwangsläufig** bei einem **fehlendem Kontenabgleich** – nicht, ist der Genehmigungsbeschluss insgesamt für ungültig zu erklären[187] und kann der Kläger nicht auf einen Ergänzungsanspruch verwiesen werden. Das gleiche Ergebnis muss auch dann gelten, wenn die vorgelegte Abrechnung zwar in sich schlüssig ist, aber wesentliche Bestandteile fehlen (z.B. Beschluss einer Gesamtabrechnung, wenn keine Einzelabrechnungen vorliegen; zu fehlenden Einzelwirtschaftsplänen siehe Rn 1072[188]), insbesondere solche, die der Kontrolle des Verwalters dienen (z.B. die Rücklagendarstellung[189] oder die Gesamtabrechnung). Denn es entspricht nicht ordnungsmäßiger Verwaltung, eine unvollständige Abrechnung zu beschließen;[190] und auch sonst ist es anerkannt, dass alleine die unzureichende Information der Miteigentümer über den Gegenstand der Beschlussfassung zur Ungültigerklärung von Beschlüssen führen kann (z.B. beim Beschluss von Baumaßnahmen, siehe Rn 527). Weil die Unvollständigkeit der Jahresabrechnung i.d.R. zu ihrer Ungültigerklärung führen wird, kann dahin gestellt bleiben, dass die früher h.M., die den Anfechtungskläger bei Unvollständigkeit auf einen Ergänzungsanspruch verwies, plausible Antworten auf die Frage schuldig blieb, wie dieser Ergänzungsanspruch geltend zu machen sei.[191] Man muss einem Wohnungseigentümer jetzt auch nicht mehr zumuten, bei unvollständiger Jahresabrechnung „sicher-

---

186 OLG Schleswig v. 26.4.2007 – 2 W 216/06, ZMR 2008, 665.
187 LG Berlin v. 28.5.2013 – 55 S 73/12, ZMR 2013, 918 (fehlende Darstellung der Einnahmen); LG Frankfurt/Main v. 9.1.2014 – 13 S 27/13, ZWE 2014, 137; LG München I v. 6.10.2011 – 36 S 17150/10, ZMR 2012, 140; AG Berlin-Charlottenburg v. 6.1.2012 – 73 C 124/11, ZMR 2012, 402 (jeweils fehlender Kontenabgleich); LG München I v. 30.11.2009 – 1 S 23229/08, ZWE 2010, 138 und Urt. v. 10.11.2008 – 1 T 4472/08, ZMR 2009, 398 (mangelnde Schlüssigkeit).
188 *Jennißen/Jennißen*, § 28 Rn 157. A.A. OLG München v. 20.7.2007 – 32 Wx 93/07, WuM 2007, 539 und *Bärmann/Becker*, § 28 Rn 168: Hinsichtlich der nicht beschlossenen Einzelabrechnungen bestehe ein Ergänzungsanspruch.
189 Zu den Folgen des vollständigen Fehlens der Rücklagenentwicklung gibt es noch keine aktuelle Rspr.
190 So auch *M. Schmid*, Ende der bloßen Ergänzung bei Unvollständigkeit?, MietRB 2012, 342.
191 Siehe OLG Hamm v. 25.4.1998 – 15 W 13/98, ZMR 1998, 715: Hilfsantrag im Rahmen der Beschlussanfechtungsklage – was aber unzulässig ist, siehe nur *Becker*, ZWE 2012, 142; KG v. 27.6.1997 – 24 W 2353/96, ZMR 1997, 541: Eigenständiger weiterer Antrag neben der Beschlussanfechtung.

heitshalber" noch in der Versammlung zu versuchen, einen Beschluss über die Ergänzung herbeizuführen,[192] zumal dies eine reine Förmelei wäre: Wenn die Mehrheit eine unschlüssige Jahresabrechnung beschließt (anstatt sie abzulehnen), wird sie auch nicht einsehen, warum vom Verwalter eine Ergänzung verlangt werden sollte.

B. Der Wirtschaftsplan

I. Grundlagen und Muster

Für die Ausgaben der Gemeinschaft wird laufend Geld benötigt, das die Miteigentümer zur Verfügung stellen müssen. Grundlage der Zahlungspflicht ist der Wirtschaftsplan, den der Verwalter einmal im Jahr jeweils für ein Kalenderjahr aufstellen muss. Der Wirtschaftsplan enthält die **voraussichtlichen Einnahmen und Ausgaben** sowie den Betrag, der der **Instandhaltungsrücklage** zugeführt werden soll (§ 28 Abs. 1 WEG). Nach Ablauf des Wirtschaftsjahres wird abgerechnet. Statt der zunächst geschätzten werden die tatsächlichen Ausgaben und Einnahmen zusammengestellt und den Vorauszahlungen nach dem Wirtschaftsplan gegenüber gestellt; das ist Gegenstand der Hausgeldabrechnung bzw. der Einzelabrechnungen (Teil II der Jahresabrechnung). Wurde bei der Aufstellung des Wirtschaftsplans gut kalkuliert, gibt es keine großen Nachzahlungen oder Guthaben; hat der Verwalter sich verschätzt oder kamen unerwartete Ausgaben oder Einnahmen dazu, sind entsprechend hohe Differenzen die Folge.

Aus dem Gesamtwirtschaftsplan werden die **Einzelwirtschaftspläne** abgeleitet. In ihnen werden die anteilsmäßigen Verpflichtungen der Wohnungseigentümer am Gesamtbetrag des Wirtschaftsplans ausgewiesen (§ 28 Abs. 1 Nr. 2 WEG). Die Einzelwirtschaftspläne gehören zu den unverzichtbaren Bestandteilen des Wirtschaftsplanes; nur sie lassen die Zahlungspflicht der Wohnungseigentümer entstehen.[193] Auf die Vorlage eines gesonderten Gesamtwirtschaftsplans wird aber meistens verzichtet, weil und soweit der Gesamtplan in den Einzelwirtschaftsplänen enthalten ist.

Die voraussichtlichen **Einnahmen** und **Ausgaben** sind übersichtlich und aufgegliedert darzustellen; die Anforderungen an die Nachvollziehbarkeit sind dieselben wie bei der Jahresabrechnung. Mit den voraussichtlichen Einnahmen sind nicht die Hausgeldzahlungen gemeint: Es ist gerade der Sinn des Wirtschaftsplans, den Hausgeldbedarf zu ermitteln, sodass die voraussichtlichen bzw. erforderlichen Hausgeldzahlungen nicht als erwartete Einnahmen ausgewiesen werden (müssen), sondern als Ergebnis des Wirtschaftsplans.[194] Üblicher Weise wird der Wirtschaftsplan als Fortschreibung der jeweils letzten Hausgeldabrechnung aufgestellt, wobei vorhersehbare Änderungen (Teuerungen, Sonderausgaben oder Sondereinnahmen) berücksichtigt werden. Bei der Prognose steht den Miteigentümern ein **Ermessensspielraum** zu. Wenn sie z.B. ernsthaft damit rechnen, dass gegen die Gemeinschaft eine Forderung erhoben wird, kann diese als voraussichtliche Ausgabe eingestellt werden.[195] Wenn sie damit rechnen, dass einzelne Miteigentümer ihren Zahlungspflichten nicht nachkommen werden, können (bzw. müssen) sie die Ansätze des Wirtschaftsplans um eine entsprechende Liquiditätsreserve erhöhen.[196] Generell kann die Gemeinschaft großzügig kalkulieren (mit der Folge, dass die Jahresabrechnung des betreffenden Jahres wahrscheinlich mit einem Guthaben enden wird), oder knapp (mit der Folge wahrscheinlicher Nachzahlungen).[197]

---

192 Das hielt BayObLG v. 17.8.2005 – 2Z BR 229/04, NZM 2005, 62 für eine Voraussetzung der gerichtlichen Geltendmachung des Ergänzungsanspruchs.
193 BGH v. 7.6.2013 – V ZR 211/12, NZM 2013, 650, Rn 13.
194 BGH v. 7.6.2013 – V ZR 211/12, NZM 2013, 650, Rn 13.
195 Auch wenn die Forderung strittig ist, BayObLG v. 23.5.1990 – 2Z BR 44/90, NJW-RR 1990, 1107.
196 BGH v. 7.6.2013 – V ZR 211/12, NZM 2013, 650, Rn 15.
197 BayObLG v. 20.3.2001 – 2Z BR 101/00, ZMR 2001, 815.

Nur wenn der Wirtschaftsplan zu erwartende Einnahmen oder Ausgaben völlig außer Betracht lässt und damit zu wesentlich überhöhten Beiträgen oder zu erheblichen Nachzahlungen führt, widerspricht er ordnungsmäßiger Verwaltung und ist anfechtbar.[198] Im Ergebnis sieht der Wirtschaftsplan also ganz ähnlich aus wie die Hausgeldabrechnung; der Hauptunterschied besteht darin, dass seine Zahlen „glatt" (da gerundet geschätzt) und meistens (mit Rücksicht auf die Inflation) höher sind als die Zahlen der vorhergehenden Jahresabrechnung. Selbstverständlich ist der richtige **Umlageschlüssel** zu verwenden; insoweit wird auf die Ausführungen zur Jahresabrechnung verwiesen. Ein fehlerhafter Umlageschlüssel im Wirtschaftsplan bindet die Miteigentümer aber nicht für die Jahresabrechnung; dazu das folgende

1067

Beispiel
Die Gemeinschaft beschließt die Sanierung einiger Balkone. Im Wirtschaftsplan werden die voraussichtlich benötigten Sanierungskosten nur auf die Miteigentümer verteilt, deren Balkon betroffen ist, obwohl die Teilungserklärung keine diesbezügliche Regelung enthält. – Der Beschluss ist und bleibt mangels Anfechtung gültig und ist nicht etwa nichtig. Die „benachteiligten" Miteigentümer müssen die in ihren Einzelwirtschaftsplänen beschlossenen Beiträge leisten. In der Jahresabrechnung muss aber der richtige Verteilungsschlüssel (MEA) verwendet werden; dass der Wirtschaftsplan bestandskräftig einen anderen Verteilerschlüssel enthielt, ist ohne Bedeutung[199] (siehe auch Rn 1096).

1068 Muster 8.10: Wirtschaftsplan 1.1.–31.12.2014, Wohnung Nr. 8, Eigentümer: A

	Gesamtbetrag	Umlageschlüssel	Ihr Anteil
Ausgaben (auf Mieter umlagefähig)			
Heizung und Wasser	23.000,00 €	HeizkVO	1.250,00 €
Hausmeistervergütung	5.800,00 €	Miteigen.Anteil	334,54 €
Pflege Außenanlage	1.200,00 €	Miteigen.Anteil	69,22 €
Allgemeinstrom	700,00 €	Miteigen.Anteil	40,38 €
Müllgebühren	2.700,00 €	Miteigen.Anteil	155,74 €
Vers. Feuer, Element, Leitungswasser	1.600,00 €	Miteigen.Anteil	92,29 €
Versicherung Haftpflicht	85,00 €	Miteigen.Anteil	4,90 €
Wartung Aufzug	2.000,00 €	Miteigen.Anteil	115,36 €
Kabel-TV	1.600,00 €	Nutzer	76,19 €
Ausgaben (nicht auf Mieter umlagefähig)			
Verwaltervergütung	5.202,60 €	Einheiten	226,20 €
Kosten des Geldverkehrs	122,75 €	Miteigen.Anteil	7,08 €
Instandhaltung (Kleinreparaturen)	2.000,00 €	Miteigen.Anteil	115,36 €
Ausgaben gesamt	46.010,35 €		2.487,25 €
Einnahmen			
Miete für Stellplatz Nr. 7	360,00 €	Miteigen.Anteil	20,76 €
Habenzinsen aus Girokonto	23,00 €	Miteigen.Anteil	1,33 €
Einnahmen gesamt	383,00 €		
Gesamtergebnis (Ausgaben abzl. Einnahmen)	45.627,35 €		2.631,79 €

---

198 BayObLG v. 10.7.1986 – 2Z BR 41/86, MDR 1986, 1031.
199 BayObLG v. 18.4.1974 – BReg 2 Z 8/74, NJW 1974, 1910; *Bärmann/Becker*, § 28 Rn 38; allg. M.

B. Der Wirtschaftsplan § 8

Rücklagen
Zuführung zur Rücklage   9.500,00 €   Miteigen.Anteil   547,96 €

Gesamtbedarf   55.127,35 €   Miteigen.Anteil   3.179,75 €
Ihr monatliches Hausgeld (gerundet)   **264,98 €**

▲

II. Einzelfragen

1. Aufstellung und Beschluss des Wirtschaftsplans

Der Wirtschaftsplan wird vom Verwalter „aufgestellt", d.h. beschlussfähig vorbereitet. (Zum Rechtsschutz bei Untätigkeit siehe Rn 716). Üblicher und sinnvoller Weise wird der Wirtschaftsplan (genauer: der **Entwurf** des Wirtschaftsplans) nach der **Prüfung durch den Verwaltungsbeirat** (siehe Rn 1603) als Anlage der Einladung zur Eigentümerversammlung zusammen mit dem Entwurf der Jahresabrechnung an die Miteigentümer verschickt. Dabei genügt es, jedem Miteigentümer „seinen" Wirtschaftsplan zu schicken; die Übersendung oder Vorlage sämtlicher Einzelwirtschaftspläne ist nicht erforderlich.[200] Die Eigentümerversammlung kann selbstverständlich den vom Verwalter vorgelegten Gesamtwirtschaftsplan bei der Beschlussfassung **abändern** (z.B. höhere oder niedrigere Kostenansätze oder weitere Positionen einstellen).[201] Solange die Änderungen nicht so umfassend sind, dass ihre Auswirkungen auf die bei Beschlussfassung vorliegenden Einzelwirtschaftspläne nicht mehr nachvollziehbar sind, muss deswegen keine neue Eigentümerversammlung stattfinden; es gilt das Gleiche wie bei der Jahresabrechnung (siehe Rn 930). Im Einzelfall kann es aber nach Änderungen sinnvoll sein, dass der Verwalter zusammen mit dem Protokoll der Versammlung die entsprechend der Beschlussfassung aktualisierten Einzelwirtschaftspläne an die Eigentümer verschickt.

1069

Über den Wirtschaftsplan wird **mehrheitlich** Beschluss gefasst (§ 28 Abs. 5 WEG).[202] Erst durch die Beschlussfassung wird der Wirtschaftsplan wirksam. Wie bei der Jahresabrechnung (siehe Rn 931) müssen die Einzelwirtschaftspläne bei der Beschlussfassung nicht nur vorliegen, sondern auch (möglichst ausdrücklich) mit beschlossen werden.[203]

1070

▼

Muster 8.11: Beschluss des Wirtschaftsplans

1071

Der mit Datum 17.5.2014 versandte Wirtschaftsplan (Gesamt- und Einzelwirtschaftspläne) für den Zeitraum 1.1.2014 – 31.12.2014 wird [ggf.: mit folgenden Änderungen   ] beschlossen.

▲

---

[200] BGH v. 7.6.2013 – V ZR 211/12, NZM 2013, 650, Rn 11 f.
[201] BGH v. 2.6.2005 – V ZB 32/05, ZMR 2005, 547.
[202] Die Gemeinschaftsordnung kann dies in die Zuständigkeit des Verwaltungsbeirats verlagern: OLG Hamm v. 19.3.2007 – 340/06, ZMR 2008, 63.
[203] OLG München v. 20.3.2008 – 34 Wx 46/07, ZMR 2009, 64, Rn 24.

§ 8   Jahresabrechnung und Wirtschaftsplan

1072   Werden keine **Einzelwirtschaftspläne** vorgelegt oder wird ihre Erwähnung im Beschluss vergessen, ist das ein schwerwiegender Verwaltungsfehler. Der Beschluss eines Wirtschaftsplans ohne Einzelwirtschaftspläne ist anfechtbar;[204] schlimmer noch ist der Umstand, dass die Wohnungseigentümer dann keine Vorauszahlungen schulden, was sich spätestens bei dem – zwangsläufig erfolglosen – Versuch der gerichtlichen Beitreibung herausstellt. Problematisch ist deshalb die mitunter anzutreffende Praxis, den Beschluss über den Wirtschaftsplan darauf zu beschränken, die **bisherigen Hausgeldzahlungen** weiterhin für verbindlich zu erklären. Den oben dargestellten Anforderungen an einen Wirtschaftsplan genügt ein solcher Beschluss nicht; er dürfte zudem mangels Bestimmtheit anfechtbar sein.[205] Ob er wenigstens wirksam ist und eine ausreichende Grundlage für das Hausgeldinkasso darstellt, ist zweifelhaft.

2. Wirtschaftsjahr und Geltungsdauer des Wirtschaftsplans

1073   Die meisten Gemeinschaftsordnungen legen das **Wirtschaftsjahr** nicht besonders fest, so dass es bei der Regelung in § 28 Abs. 1 und Abs. 3 WEG bleibt, wonach es „das Kalenderjahr" (= Zeitraum 1.1.–31.12.) ist. Abweichend hiervon definieren manche Gemeinschaften (oder vielmehr: deren Verwalter) das Wirtschaftsjahr anders, z.B. als den Zeitraum vom 1.5. bis 30.4. Hintergrund ist meistens das Bestreben der Verwalter, die jährlichen Versammlungen nicht für alle von ihnen verwalteten Gemeinschaften im gleichen Zeitraum abhalten zu müssen. Die Abweichung vom Kalenderjahr erfolgt entweder durch einen in der Vergangenheit gefassten „Grundsatzbeschluss", oder indem die Jahresabrechnung und der Wirtschaftsplan jährlich neu mit diesem Abrechnungszeitraum beschlossen werden. Im einen wie im anderen Fall sind die Beschlüsse über Jahresabrechnung und Wirtschaftsplan rechtswidrig.[206] Ein vorangegangener „Grundsatzbeschluss" ist nichtig, weil zur Änderung des § 28 Abs. 1 WEG (Wirtschaftszeitraum = Kalenderjahr) keine Beschlusskompetenz besteht. Auch eine nicht das ganze Kalenderjahr umfassende Jahresberechnung ist anfechtbar.[207]

1074   *Tipp*
Das Wirtschaftsjahr sollte dem Gesetz entsprechend das Kalenderjahr sein. Eine abweichende Abrechnungspraxis ist schleunigst zu ändern. (Nur) bei der Umstellung ist einmalig ein „Restkalenderjahr" als Wirtschaftszeitraum unvermeidlich und rechtmäßig.[208]

1075   Der Beschluss über den Wirtschaftsplan muss selbstverständlich festlegen, auf welches Kalenderjahr er sich bezieht. Dabei gibt es zwei Möglichkeiten: Entweder gilt er für das bei Beschlussfassung bereits **laufende** oder für das **darauf folgende** Jahr. Letzteres ist zu empfehlen.

Beispiel
Auf der Eigentümerversammlung im April 2014 wird der Wirtschaftsplan für das Jahr 2015 beschlossen. Auf der Eigentümerversammlung im April 2015 wird der Wirtschaftsplan für das Jahr 2016 beschlossen.

---

204   BGH v. 2.6.2005 – V ZB 32/05, ZMR 2005, 547, Rn 54. A.A. OLG München v. 20.3.2008 (Vornote), Rn 27: Folge sei nicht die Anfechtbarkeit des Abrechnungsbeschlusses, sondern ein Ergänzungsanspruch.
205   So bei OLG Düsseldorf v. 2.6.2003 – 3 Wx 75/03, ZMR 2003, 767, Rn 21.
206   LG Konstanz v. 9.1.2008 – 62 T 134/07, ZMR 2008, 328 Rn 74; OLG Düsseldorf v. 11.7.2003 – 3 Wx 77/03, WuM 2003, 590. A.A. jedoch (Mehrheitsbeschluss genügt) LG Berlin v. 30.10.2001 – 85 T 158/01, ZMR. Beachte auch noch LG München I v. 10.11.2008 – 1 T 4472/08, ZMR 2009, 398, bestätigt durch OLG München v. 17.2.2009 – 32 Wx 164/08, ZMR 2009, 630: Wer jahrelang keine Einwände erhebt, handelt treuwidrig, wenn er „aus heiterem Himmel" die Jahresabrechnung mit Begründung anficht, sie weiche vom Kalenderjahr ab.
207   OLG Düsseldorf v. 29.6.2006 – 3 Wx 120/06, ZMR 2007, 128.
208   LG München I v. 4.5.2009 – 1 S 237/09, ZMR 2009, 947.

B. Der Wirtschaftsplan § 8

Ein Nachteil bei der Vorgehensweise gemäß dem vorstehenden Beispiel besteht darin, dass die dem Wirtschaftsplan zugrunde liegende Prognose der Ausgabenentwicklung langfristiger ist, als wenn der Plan für das laufende Jahr beschlossen wird; konkret: Der Wirtschaftsplan für das Jahr 2015 baut bei Beschlussfassung im Jahr 2014 auf der Jahresabrechnung des Jahres 2013 auf, so dass man die Kostensteigerung von 2013 bis 2015 kalkulieren muss. Dieser Nachteil ist aber nicht von ausschlaggebender Bedeutung, weil der Wirtschaftsplan erforderlichenfalls durch eine neue Beschlussfassung **aktualisiert** werden kann. 1076

> *Beispiel*
> Bei der Eigentümerversammlung im April 2014 steht fest, dass der im Vorjahr beschlossene Wirtschaftsplan 2014 zu knapp kalkuliert ist und nicht ausreicht. Es kann eine ab dem auf die Beschlussfassung folgenden Monat wirksam werdende Änderung des laufenden Wirtschaftsplans 2014 beschlossen werden.

Verbreiteter ist aber die Praxis, den Wirtschaftsplan (rückwirkend zum Jahresbeginn) jeweils für das **laufende Kalenderjahr** zu beschließen. 1077

> *Beispiel*
> Auf der Eigentümerversammlung im April 2014 wird der Wirtschaftsplan für das Jahr 2014 beschlossen. Auf der Eigentümerversammlung im April 2015 wird der Wirtschaftsplan für das Jahr 2015 beschlossen.

Wenn so verfahren wird, muss eine **Fortgeltungsklausel** („Der Wirtschaftsplan bleibt bis zum Beschluss eines neuen Wirtschaftsplans gültig") mitbeschlossen werden, sonst fehlt es zu Beginn des Folgejahres an einem Wirtschaftsplan. Im vorstehenden Beispiel ist mangels Wirtschaftsplan im Zeitraum Januar – April 2015 kein Wohnungseigentümer zur Zahlung von Hausgeld verpflichtet;[209] erst mit Beschlussfassung im April 2015 wird eine Pflicht zur Zahlung von Hausgeld begründet. Daher entspricht, wenn der Wirtschaftsplan für das laufende Jahr gelten soll, nur ein Beschluss *mit* Fortsetzungsklausel ordnungsmäßiger Verwaltung.[210] Nach zutreffender h.M. kann die Fortgeltungsklausel auch Gegenstand eines Dauerbeschlusses gem. § 21 Abs. 7 WEG sein[211] (Muster siehe Rn 1119). 1078

Wenn der neue Wirtschaftsplan – wie üblich – höher ausfällt als der letzte, werden für die bei Beschlussfassung bereits zurück liegenden Monate (im vorstehenden Beispiel Januar bis April 2014), für die noch Zahlungen nach dem alten Wirtschaftsplan zu leisten waren, **Nachzahlungen** fällig. Das ließe sich zwar vermeiden, indem die sich aus dem neuen Wirtschaftsplan ergebenden Hausgeldzahlungen erst ab dem auf die Beschlussfassung folgenden Monat gelten sollen; dann geht aber die Kalkulation des auf das ganze Jahr bezogenen Wirtschaftsplans nicht auf, weshalb die Nachzahlung grundsätzlich nicht ausgeschlossen werden sollte. Eine eindeutige Regelung im Beschluss ist in jedem Fall zu empfehlen; auch ein Dauerbeschluss gem. § 21 Abs. 7 WEG ist möglich (Muster siehe Rn 1119). 1079

---

209 BayObLG v. 12.12.2002 – 2Z BR 117/02, ZMR 2003, 279; h.M. A.A. z.B. OLG Hamburg v. 23.8.2003 – 2 Wx 4/99, ZMR 2002, 964: Auch ohne ausdrückliche Erwähnung könne die Fortgeltung des Wirtschaftsplanes durch konkludente Beschlussfassung geregelt sein, weil nur die fortlaufende Fälligkeit des Hausgelds ordnungsgemäßer Verwaltung entspreche.
210 KG v. 7.1.2004 – 24 W 326/01, ZMR 2005, 222.
211 *Bärmann/Becker*, § 28 Rn 39. A.A. LG Itzehoe v. 17.9.2013 – 11 S 93/12, ZMR 2014, 144, Rn 12; *Merle*, ZWE 2014, 134.

§ 8 Jahresabrechnung und Wirtschaftsplan

3. Fälligkeit der Hausgeldforderung und Zahlungsmodalitäten

1080 Weil der Wirtschaftsplan für ein Kalenderjahr aufgestellt wird, endet er mit einem Jahresbetrag. Hierauf müssen die Wohnungseigentümer „Vorschüsse" leisten (§ 28 Abs. 2 WEG), für die sich der Begriff **Hausgeld** eingebürgert hat.[212] Eine trennscharfe Begriffsdefinition für „das Hausgeld" existiert allerdings nicht; je nach Fall kann man auch (Nach-)Zahlungen auf eine Jahresabrechnung dazu rechnen[213] oder generell alle Zahlungen, die ein Wohnungseigentümer an die WEG leisten muss (auch „Beiträge" genannt, siehe Rn 1098). Das Hausgeld wird im Prinzip als Jahresbetrag mit der Beschlussfassung fällig; üblich und zweckmäßig ist aber die Fälligstellung in Monatsraten. Das kann auf mehrere Weise erfolgen:[214]

1081
- Die Gemeinschaftsordnung bestimmt die Zahlung in Monatsraten;
- die Einzelwirtschaftspläne enden (wie das Muster oben Rn 1068) mit einem Monatsbetrag. Dann wird mit dem Beschluss über den Wirtschaftsplan auch die Zahlung monatlicher Raten beschlossen;
- die Gemeinschaft beschließt die Zahlung monatlicher Raten als Ergänzung des Beschlusses über den Wirtschaftsplan oder als Dauerbeschluss gem. § 21 Abs. 7 WEG;
- wenn keine der vorstehenden Varianten zutrifft, kann der Verwalter gem. § 28 Abs. 2 WEG die Zahlung von Vorschüssen – auch in monatlichen Raten – anfordern.

1082 Empfehlenswert ist eine **Vorfälligkeitsklausel** (auch Verfallsklausel genannt), um im Falle des „Dauerverzugs" gleich den gesamten restlichen Jahresbetrag des Hausgelds eintreiben zu können. Die Klausel sollte unter eine auflösende Bedingung für den Fall gestellt werden, dass es zum Eigentumswechsel oder zur Zwangsverwaltung kommt. Ist das Hausgeld für das gesamte Wirtschaftsjahr nämlich schon beim Verkäufer fällig geworden, besteht für das betreffende Wirtschaftsjahr keine Zahlungspflicht des Erwerbers oder Zwangsverwalters mehr; damit wäre der Gemeinschaft nicht gedient, denn gerade der (veräußernde) Wohnungseigentümer hat sich ja als zahlungsunwillig oder -unfähig erwiesen.

1083 Die Vorfälligkeitsklausel und andere **Zahlungsmodalitäten** können für den Einzelfall oder durch einen **Dauerbeschluss** § 21 Abs. 7 WEG geregelt werden. Letzteres ist zur Vereinfachung der Verwaltung zu empfehlen (**Muster** siehe Rn 1119).

III. Anfechtung des Wirtschaftsplanbeschlusses

1084 Der Beschluss über den Wirtschaftsplan widerspricht ordnungsmäßiger Verwaltung, wenn er **viel zu hoch** oder **viel zu niedrig** kalkuliert ist. Abgesehen davon kann er – genauso wie der Beschluss über die Jahresabrechnung – auch wegen sonstiger materieller Fehler sowie wegen formeller Mängel der Beschlussfassung angefochten werden. Bei formellen Mängeln der Beschlussfassung ist die *gleichzeitige* Anfechtung (und Ungültigerklärung) von Wirtschaftsplan *und* Jahresabrechnung eher die Regel als die Ausnahme. Bei materiellen Fehlern des Wirtschaftsplans (falscher Verteilerschlüssel, unzulässiger Wirtschaftszeitraum, Höhe der Ansätze usw.) ist aber in zweifacher Hinsicht besondere **Vorsicht** geboten: Der Anfechtung mit der Begründung, der Wirtschaftsplan sei **zu niedrig** angesetzt, wird teilweise das Rechtsschutzinteresse abgesprochen, sofern nicht zugleich eine Gestaltungsklage mit dem Ziel erhoben wird, einen Wirtschaftsplan mit höheren Ansätzen zu

---

212 Gelegentlich wird auch die Bezeichnung „Wohngeld" verwendet (siehe BGH v. 4.12.2009 – V ZR 44/09, ZMR 2010, 300: „Wohn- oder Hausgeld") verwendet, was aber wegen der Gleichnamigkeit mit dem von der öffentlichen Hand nach dem Wohngeldgesetz zu zahlenden Wohngeld weniger sinnvoll erscheint.
213 OLG Hamm v. 29.5.2008 – 15 Wx 43/08, ZMR 2009, 61.
214 Zusammenfassend BGH v. 21.7.2011 – IX ZR 120/10, ZWE 2013, 43.

erreichen;[215] denn bei ersatzlosem Wegfall des Wirtschaftsplans bestünde überhaupt keine Zahlungspflicht, was dem Klageziel noch weniger dienlich sei als ein Wirtschaftsplan mit zu niedrigen Ansätzen. Dieser Ansicht ist aber zu widersprechen: Die Regelungsklage wäre ohne Vorbefassung der Gemeinschaft unzulässig; und eine Vorbefassung der Gemeinschaft hat erst Sinn, wenn das Gericht der Klage statt gibt und für die Miteigentümer damit fest steht, dass sie höhere Ansätze beschließen müssen. Die Aufhebung des Wirtschaftsplans wird erst mit Rechtskraft des Urteils wirksam; das ist Zeit genug, damit ein neuer Wirtschaftsplan beschlossen werden kann. Ferner bleibt die Anfechtung i.d.R. ohne Erfolg, wenn sich die geltend gemachten Fehler auf das Ergebnis des (Einzel-)Wirtschaftsplans **nur unerheblich** auswirken.

> *Beispiel* 1085
> Im Wirtschaftsplan werden die voraussichtlichen Heizkosten vollständig nach dem Umlageschlüssel „Wohnflächenverhältnis" verteilt. Miteigentümer A ficht den Beschluss mit der (für sich genommen zutreffenden) Begründung an, die Heizkosten müssten zu mindestens 50 % nach dem voraussichtlichen Verbrauch und nur im Übrigen nach der Wohnfläche verteilt werden. – Die Anfechtung bleibt ohne Erfolg. Den Vorauszahlungen liegt immer eine mehr oder weniger genaue Schätzung der tatsächlich entstehenden Kosten zugrunde. Der Ansatz des richtigen Verteilerschlüssels würde nur zu einer geringen Herabsetzung der von A geschuldeten Vorauszahlungen führen; ihm kann deshalb zugemutet werden, die Jahresabrechnung abzuwarten[216] (zumal der falsche Verteilerschlüssel im Wirtschaftsplan für die Jahresabrechnung nicht bindend ist, siehe Rn 1067).

Im Übrigen bestehen keine prinzipiellen Unterschiede zwischen der Anfechtung von Wirtschaftsplan und Jahresabrechnung, so dass auf den Abschnitt über die Anfechtung der Jahresabrechnung (siehe Rn 1057) verwiesen wird. 1086

Wird während des laufenden Anfechtungsverfahrens für den betreffenden Zeitraum die **Jahresabrechnung** bestandskräftig beschlossen, hat das **keine Auswirkung**.[217] Denn die bereits mit dem Beschluss des Wirtschaftsplans begründeten Ansprüche bleiben vom Beschluss der Jahresabrechnung unberührt; durch ihn wird nur die Abrechnungsspitze neu begründet. Nur wenn man davon ausgeht, der Abrechnungssaldo einer Jahresabrechnung könne bestandskräftig werden und damit „die Zahlungspflichten des Anfechtungsklägers endgültig feststellen" (siehe Rn 1103), besteht mit Bestandskraft des Abrechnungsbeschlusses kein Rechtsschutzbedürfnis für die Anfechtung der Wirtschaftsplans mehr. Diese Auffassung wurde früher überwiegend vertreten; Ausnahmen wurden nur gemacht, wenn der Kläger aus der Eigentümergemeinschaft ausgeschieden war oder wenn über sein Vermögen das Insolvenzverfahren oder über sein Wohnungseigentum die Zwangsverwaltung angeordnet wurde.[218] Das ist aber **überholt**. 1087

---

215 *Jennißen/Jennißen*, § 28 Rn 70.
216 LG Landau (Pfalz) v. 4.10.2013 – 3 S 188/12, ZWE 2014, 97, Rn 24: Mehrbelastung von von ca. 280 € jährlich sei hinzunehmen; OLG München v. 17.2.2009 – 32 Wx 164/08, ZMR 2009, 630. A.A. OLG Hamm v. 3.1.2008 – 15 W 214/07, ZMR 2009, 58: Verteilerschlüssel i.d.R. zwingend zu beachten.
217 LG Landau (Pfalz) v. 4.10.2013 – 3 S 188/12, ZWE 2014, 97, Rn 23; *Moosheimer*, ZMR 2013, 590, 600; h.M.
218 OLG Hamm v. 18.5.2006 – 15 W 25/06, ZMR 2006, 879; OLG Köln v. 20.12.2004 – 16 Wx 110/04, ZMR 2005, 649.

IV. Die Sonderumlage

1088 Wenn die Ansätze des Wirtschaftsplanes unrichtig waren oder durch neue Tatsachen überholt wurden, kann als Nachtrag zum Jahreswirtschaftsplan eine Sonderumlage beschlossen werden.[219]

> *Beispiel*
> Die Durchführung von Sanierungsarbeiten ist teurer als geplant. *Oder:* Im Haus tritt plötzlich ein Wasserschaden auf. Die Durch- bzw. Fortführung der erforderlichen Arbeiten muss beschlossen und finanziert werden.

1089 Häufiger wird eine Sonderumlage aber in Ergänzung eines zeitgleich beschlossenen „regulären" Wirtschaftsplans zur Finanzierung **außergewöhnlicher** größerer Ausgaben beschlossen, obwohl die Ausgaben nicht auf einem unvorhergesehenen Ereignis beruhen; die Sonderumlage soll in diesem Fall den „außerordentlichen Charakter" der betreffenden Ausgaben verdeutlichen. Obwohl es hier möglich wäre, die Ausgaben als besondere Positionen in den Wirtschaftsplan aufzunehmen, ist der Beschluss einer Sonderumlage nicht rechtswidrig.[220]

1090 > *Beispiel*
> Größere Sanierungsarbeiten oder die Einleitung eines Rechtsstreits gegen den Bauträger wegen Mängeln des Gemeinschaftseigentums stehen an.

1091 Schließlich ist eine Sonderumlage auch zur Schaffung von Liquidität rechtmäßig und geboten, um Einnahmeausfälle infolge von **Zahlungsrückständen** einzelner Eigentümer auszugleichen, sofern die Forderungen der Gemeinschaft (insbesondere wegen Insolvenz der betreffenden Eigentümer) vorübergehend oder dauernd uneinbringlich sind.[221] In die Erhebung einer solchen **Liquiditätssonderumlage** ist auch derjenige Wohnungseigentümer einzubeziehen, der den Ausfall verursacht hat.[222] Bei absehbarer weiterer Zahlungsunfähigkeit des betreffenden Eigentümers kann (und sollte) die Sonderumlage sogleich um den entsprechenden Fehlbetrag erhöht werden.[223]

1092 Für die **Rechtmäßigkeit** der Sonderumlage gelten dieselben Regeln wie für den Wirtschaftsplan. Im Beschluss müssen der **Gesamtbetrag** der Sonderumlage und der **Verteilungsschlüssel** festgelegt werden.[224] Die Höhe der Sonderumlage ist am geschätzten Finanzbedarf auszurichten; bei der hierzu erforderlichen Prognose steht den Wohnungseigentümern ein weiter Ermessensspielraum zu. Eine Sonderumlage „ins Blaue hinein" für Sanierungsmaßnahmen ist aber nicht rechtmäßig (siehe Rn 551).[225] Sind einzelne Miteigentümer bekanntermaßen zahlungsunfähig, dürfen (oder besser: müssen) die zu erwartenden Zahlungsausfälle berücksichtigt und die Sonderumlage entsprechend höher angesetzt werden;[226] es verhält sich nicht anders, als bei der vorerwähnten Liquiditätssonderumlage. Ob der Finanzbedarf auf einer Maßnahme ordnungsmäßiger Verwaltung

---

219 BGH v. 13.1.2012 – V ZR 129/11, ZWE 2012, 125.
220 A.A. teilweise die Lit. (z.B. *Einsiedler,* Die Sonderumlage: Voraussetzungen, Abrechnung, Eigentümerwechsel, ZMR 2009, 573, 574); m.E. zu dogmatisch und praxisfern.
221 BGH v. 15.6.1989 – V ZB 22/88, NJW 1989, 3018; OLG Celle v. 5.1.2004 – 4 W 217/03, ZMR 2004, 525; AG Moers v. 15.8.2006 – 63 II 13/06 WEG, NZM 2007, 51. Zum Thema „Sonderumlage bei Insolvenz eines Wohnungseigentümers" siehe Rn 1688.
222 BGH v. 15.6.1989 (Vornote).
223 KG v. 26.3.2003 – 24 W 177/02, ZMR 2003, 603.
224 BGH v. 15.6.1989 – V ZB 22/88, NJW 1989, 3018. Entgegen teilweise „großzügiger" Rechtsprechung (z.B. OLG München v. 13.8.2007 – 34 Wx 75/07, ZMR 2008, 232) kann jedenfalls seit der WEG-Reform nicht mehr mit der Begründung auf den Verteilerschlüssel verzichtet werden, dass im Zweifel der „allgemeine Umlageschlüssel" MEA gelte.
225 BGH v. 1.4.2011 – V ZR 96/10, MietRB 2011, 213.
226 BGH v. 13.1.2012 – V ZR 129/11, ZWE 2012, 125.

beruht oder ob die Maßnahme überflüssig/vermeidbar war/ist oder nicht, ist für die Sonderumlage unerheblich; es kommt nur darauf an, ob bzw. dass ein Finanzbedarf besteht.[227] Bei der Umlage wird i.d.R. nur der „allgemeine" Kostenverteilungsschlüssel rechtmäßig sein. Das gilt auch für den Fall, dass die Sonderumlage zur Deckung von Einnahmeausfällen beschlossen wird; daher muss auch der Eigentümer, der die Sonderumlage verschuldet hat, in sie einbezogen werden. Ist dieser Eigentümer insolvent, trifft der auf ihn entfallende Teil der Sonderumlage den Insolvenzverwalter als Masseverbindlichkeit[228] bzw. – falls Zwangsverwaltung angeordnet ist – den Zwangsverwalter als Teil der Verwaltungsausgaben (siehe Rn 1166).

Die anteilige Beitragsverpflichtung der einzelnen Miteigentümer (**Einzelbelastung**) muss demgegenüber nicht unbedingt betragsmäßig ausgewiesen und beschlossen werden, weil und soweit sie jeder Miteigentümer aus dem Gesamtbetrag der Sonderumlage in Verbindung mit dem Verteilungsschlüssel selber ausrechnen kann.[229] Trotzdem ist es grundsätzlich zu empfehlen, die konkreten Zahlungspflichten der einzelnen Miteigentümer ausdrücklich festzulegen und in den Beschluss aufzunehmen; und wenn der allgemeine Verteilerschlüssel aus bestimmten Gründen nicht zur Anwendung kommt (und deswegen das „selber ausrechnen" nicht funktionieren kann), ist das sogar zwingend.[230]

1093

Die Pflicht zur Zahlung der Sonderumlage trifft denjenigen, der im Zeitpunkt ihrer **Fälligkeit** Miteigentümer ist, wobei es der Eigentümergemeinschaft prinzipiell freisteht, die Zahlung mit Beschlussfassung oder zu einem späteren Zeitpunkt fällig zu stellen. Wurde der Sonderumlagenbeschluss *vor* einem **Eigentümerwechsel** gefasst, die Fälligkeitsstellung aber auf einen **späteren** Zeitpunkt vorgenommen, trifft die Zahlungspflicht also den neuen Eigentümer.[231] Dies eröffnet die Möglichkeit taktisch kluger Beschlussfassung (wenn ein Eigentümerwechsel, eine Zwangsverwaltung oder eine Zwangsversteigerung bekanntermaßen bevorstehen).

1094

In der Verwendung der Sonderumlage sind die Wohnungseigentümer frei (**keine Zweckbindung**). Auch wenn die Sonderumlage – wie üblich – für bestimmte Gegenstände erhoben wurde, können die Wohnungseigentümer später eine andere Verwendung beschließen. Hier gilt das Gleiche wie bei der Rücklage (siehe Rn 1027).[232]

1095

In der **Jahresabrechnung** müssen die als Sonderumlage geleisteten Einzahlungen wie die übrigen Einnahmen der Gemeinschaft eingestellt werden; die Ausgaben, zu deren Finanzierung die Sonderumlage erhoben worden war, werden ebenfalls bei den übrigen gemeinschaftlichen Ausgaben abgerechnet. Dabei ist (selbstverständlich) der richtige Umlageschlüssel zu verwenden; es besteht auch insoweit **keine Bindung** an den Beschluss über die Sonderumlage. Hier gilt dasselbe wie beim Verhältnis Wirtschaftsplan/Jahresabrechnung (siehe Rn 1067).[233] Eine gesonderte **Abrechnung** (außerhalb der Jahresabrechnung) der mit Mitteln der Sonderumlage geleisteten Zahlungen

1096

---

227 LG München I v. 17.5.2010 – 1 T 13364/09, ZMR 2011, 239.
228 BGH v. 15.6.1989 – V ZB 22/88, NJW 1989, 3018; str. Zweifelnd obiter dictum BGH (Insolvenzrechtssenat) v. 18.4.2002 – IX ZR 161/01, NJW-RR 2002, 42. A.A. OLG Stuttgart v. 21.2.1978 – 8 W 405/77, Rpfleger 1978, 383; *Hintzen/Alff*, ZinsO 2008, 480, 481.
229 OLG Hamm v. 29.5.2008 – 15 Wx 43/08, ZMR 2009, 61; OLG Braunschweig. 29.5.2006 – 3 W 9/06, ZMR 2006, 787.
230 Andernfalls ist der Sonderumlagenbeschluss auf Anfechtung hin für ungültig zu erklären, so z.B. bei LG München I v. 10.1.2006 – 1 T 13749/05, ZMR 2006, 648.
231 H.M., siehe nur LG Saarbrücken v. 27.5.2009 – 5 S 26/08, ZWE 2009, 326 betr. den Erwerber in der Zwangsversteigerung; OLG Karlsruhe v. 17.11.2004 – 14 Wx 82/03, ZMR 2005, 310; OLG Celle v. 5.1.2004 – 4 W 217/03, ZMR 2004, 525.
232 KG v. 22.11.2004 – 24 W 233/03, ZMR 2005, 309.
233 LG München I v. 17.5.2010 – 1 T 13364/09, ZMR 2011, 239.

erfolgt nicht.²³⁴ Wenn die Sonderumlage nicht vollständig im Jahr ihrer Einzahlung verbraucht wurde (z.B. weil sich eine Sanierung über einen längeren Zeitraum erstreckt), ist eine Abgrenzung erforderlich (str.); sonst müsste der „Überschuss" aus dem Jahr der Erhebung an die Eigentümer ausgezahlt – und sogleich wieder erneut beschlossen und eingezogen – werden.²³⁵

1097
Tipp
Zur Finanzierung einer größeren Maßnahme (Sanierung, Rechtsstreit usw.), die sich über mehr als ein Kalenderjahr erstreckt, kann im Beschluss über die Erhebung der Sonderumlage geregelt werden, diese der Instandhaltungsrücklage zuzuführen. Zugleich wird beschlossen, dass die betreffende Maßnahme aus der Instandhaltungsrücklage bezahlt wird (siehe das Muster Rn 650). Dann entfallen die Abgrenzungsprobleme.

C. Die Beitragsforderung (Hausgeld)

I. Grundlagen

1098 Der Begriff **Beiträge** bezeichnet die vom Wohnungseigentümer zu zahlenden Vorschüsse gemäß dem Wirtschaftsplan (Hausgeld), die Nachzahlungen gemäß der Jahresabrechnung sowie etwaige Sonderumlagen. Die Hausgeldforderung gemäß Wirtschaftsplan entsteht mit dessen Beschluss; fällig wird sie – wenn der Beschluss das so vorsieht – in monatlichen Raten (siehe Rn 1081). Die Nachzahlungsforderung gemäß Jahresabrechnung entsteht ebenfalls durch deren Beschluss; fällig wird sie – wenn nicht anderes beschlossen wird – mit Beschlussfassung (siehe Rn 928); die Problematik von Rückständen wird unten (siehe Rn 1102) behandelt.

1099 **Beitragsgläubiger** ist die rechtsfähige Gemeinschaft. **Beitragsschuldner** ist der zum Zeitpunkt der Fälligkeit im Grundbuch eingetragene Eigentümer; nur im Entstehungsstadium der Gemeinschaft ist es statt des im Grundbuch eingetragenen Bauträgers der Käufer als „werdender Eigentümer" (siehe Rn 13). Falls das Grundbuch unrichtig sein sollte, ist der „wahre" Eigentümer Beitragsschuldner. Zu einer unrichtigen Grundbucheintragung kann es kommen, wenn ein Erwerber Kaufvertrag und Übereignung erfolgreich angefochten hat; dann schuldet er als „Bucheigentümer" (Scheineigentümer) kein Hausgeld und kann bezahlte Beiträge zurückverlangen,²³⁶ (zur fehlenden Anfechtungsbefugnis des Bucheigentümers siehe Rn 1934) wenn nicht Treu und Glauben (z.B. bei jahrelanger Eigennutzung durch den Bucheigentümer) eine Ausnahme gebieten.²³⁷ Gehört ein Wohnungseigentum mehreren Personen (z.B. Ehegatten, Miterben oder GbR-Gesellschaftern), haften sie als **Gesamtschuldner** (§ 421 BGB),²³⁸ d.h. jeder auf das Ganze. Für den **Erben** sind Hausgeldschulden des Verstorbenen Nachlassverbindlichkeiten, was die Beschränkung der Haftung auf den Nachlass ermöglicht.²³⁹ Nach dem Erbfall fällig werdende Hausgeldschulden sind

---

234 Allg. M., vgl. nur KG v. 22.11.2004 – 24 W 233/03, ZMR 2005, 309.
235 Nach *Einsiedler*, ZMR 2009, 573 ff. soll in solchen Fällen zwar in „ergänzender Auslegung" des Beschlusses nach Treu und Glauben die Nicht-Auszahlung anzunehmen sein; das ist wohl „gut gemeint", aber m.E. unzulässig.
236 BGH v. 6.10.1994 – V ZB 2/94, ZMR 1995, 37; KG v. 28.2.2001 – 24 W 6976/00, ZMR 2001, 728.
237 So im Fall des OLG Stuttgart v. 13.7.2005 – 8 W 170/05, ZMR 2005, 983.
238 LG Saarbrücken v. 13.4.2010 – 5 T 303/09, MietRB 2011, 124; OLG Stuttgart v. 8.5.2005 – 8 W 39/05, NJW-RR 2005, 812 (Rn 12); unstr.
239 AG Düsseldorf v. 29.2.2012 – 291a C 6680/11, ZMR 2012, 583. Der Testamentsvollstrecker haftet dafür gem. § 2213 Abs. 1 BGB mit dem Nachlass, nicht mit dem Privatvermögen: BGH v. 4.11.2011 – V ZR 82/11, NZM 2012, 90.

hingegen regelmäßig Eigenverbindlichkeiten des Erben (ohne die Möglichkeit der Haftungsbeschränkung).²⁴⁰

Bei einem **Eigentümerwechsel** schuldet der bisherige Eigentümer die Beiträge, die noch zum Zeitpunkt seiner Eigentümerstellung fällig wurden (Fälligkeitstheorie, siehe Rn 1036); auf den im Kaufvertrag vereinbarten Zeitpunkt für den Übergang von Besitz, Nutzen und Lasten kommt es im Verhältnis zur Eigentümergemeinschaft nicht an.

1100

> *Tipp:*
> Meistens bekommt der Verwalter den genauen Zeitpunkt eines Eigentumswechsel gar nicht mit; solange das Hausgeld regelmäßig bezahlt wird, braucht es ihn aber auch nicht zu interessieren, von *wem* es bezahlt wird (ob vom Verkäufer oder vom Erwerber). Den Einzug beim bisherigen Eigentümer muss er erst einstellen, wenn ihm der Eigentumswechsel mitgeteilt wird.²⁴¹ Nur wenn das Hausgeld ausbleibt, muss der Verwalter durch Einholung eines Grundbuchauszugs den Zeitpunkt der Eigentumsumschreibung herausfinden. Die bis zum Eigentumswechsel fällig gewordenen Hausgeldraten muss er dann vom Voreigentümer, die danach fällig gewordenen Raten vom Erwerber eintreiben (Beispiel siehe Rn 1041).

1101

II. Nachzahlungssaldo und Rückstände im Prozess

Endet die **Einzeljahresabrechnung** mit einer **Nachzahlung**, stellt sich die Frage, ob bei der gerichtlichen Geltendmachung die Vorlage (nur) diese Einzelabrechnung (nebst Versammlungsprotokoll) genügt. Das kommt darauf an. Wenn keine Betragsrückstände bestehen, also im **Normalfall**, besteht die Nachzahlung nur aus der Abrechnungsspitze. Dann gibt es keine Besonderheit und kein Problem: Der Anspruch auf die Nachzahlung ergibt sich aus der Einzelabrechnung; nur diese ist vorzulegen. Gibt es aber **Beitragsrückstände** des abgerechneten Jahres, hängt die Rechtslage davon ab, welcher der beiden Varianten zur Aufstellung einer Einzelabrechnung (siehe Rn 946 f.) man folgt. Umfasst die Einzelabrechnung ausdrücklich nur die Abrechnungsspitze, müssen für die Geltendmachung etwaiger Beitragsrückstände selbstverständlich auch der betreffende Wirtschaftsplan und das Protokoll, in dem er beschlossen wurde, vorgelegt werden. Wird das Ergebnis der Einzelabrechnung durch Gegenüberstellung mit den tatsächlichen „Ist-Zahlungen" ermittelt, gilt Folgendes:

1102

Nach Auffassung der Rechtsprechung lässt der Beschluss über die Jahresabrechnung nur die Abrechnungsspitze originär neu entstehen. Die Forderungen aus dem Wirtschaftsplan werden durch ihn **nicht** ersetzt (keine novierende oder schuldumschaffende Wirkung, siehe Rn 1036). Daher wäre es konsequent, wenn man zur gerichtlichen Geltendmachung des Nachzahlungssaldos (der sich in diesem Fall aus Beitragsrückständen und der Abrechnungsspitze zusammen setzt) sowohl den Einzelwirtschaftsplan, als auch die Einzelabrechnung vorlegen müsste. Ferner wäre es konsequent, wenn etwaige **Fehler** bei der Berechnung des Nachzahlungssaldos (z.B. **nicht berücksichtige Beitragszahlungen** oder berücksichtigte Zahlungen, die gar nicht erfolgten) ungeachtet der Rechtskraft des Abrechnungsbeschlusses später noch korrigiert werden könnten.²⁴² Die (untergerichtliche) Rechtsprechung sieht das überwiegend aber anders: Demnach hat der Beschluss über

1103

---

240 BGH v. 5.7.2013 – V ZR 81/12, NZM 2013, 735. Die vom BGH Rn. 16 thematisierten denkbaren Ausnahmefälle sind dogmatisch nicht zu begründen und abzulehnen, siehe nur *Riecke*, ZMR 2014, 223. Ausführlich *Herzog*, Haftung des Erben für Miet- und WEG-Schulden, NZM 2013, 175.
241 So zutr. AG Bonn v. 7.6.2013 – 27 C 43/13.
242 So AG Kerpen v. 22.10.2007 – 15 II 36/06, ZMR 2008, 84; LG Hamburg v. 6.4.2005 – 318 T 239/04, ZMR 2006, 77; *Jacoby*, Unberücksichtigte Beitragszahlungen und berücksichtigte Nichtzahlungen in der Abrechnung, ZWE 2011, 61; *Häublein*, ZWE 2010, 237, 240 f; NKV/*Niedenführ*, § 28 Rn 102.

die Jahresabrechnung, sofern zwischen der Beschlussfassung über den Wirtschaftsplan und der Beschlussfassung über die Jahresabrechnung kein Eigentümerwechsel stattfand, anspruchsbegründende (oder wenigstens „rechtsverstärkende") Wirkung auch hinsichtlich möglicher Beitragsrückstände;[243] ferner soll er bei Bestandskraft Nachforderungen der Gemeinschaft ausschließen: „Mangels Anfechtung stellt der Abrechnungsschluss die Zahlungsverpflichtungen der Eigentümer für das Abrechnungsjahr bindend fest".[244] Das bedeutet: Die **Vorlage der Einzelabrechnung genügt** (bislang). Allerdings: Dieses Ergebnis vereinfacht zwar die Praxis, ist mit den anerkannten Grundsätzen der Jahresabrechnung aber unvereinbar und wird wohl nicht die Billigung des BGH finden (der bei der Frage der Verjährung den unterschiedlichen Gegenstand und Geltungsgrund von Beitragsansprüchen gem. Wirtschaftsplan und Abrechnungsspitze betont, siehe Rn 1108).

1104 Enthält die Nachzahlung auch **Beitragsrückstände aus früheren Abrechnungszeiträumen**, gilt Folgendes: Sind die betreffenden Rückstände separat ausgewiesen, werden sie i.d.R. nur informatorisch mitgeteilt. Sollte der Abrechnungsbeschluss aber so zu verstehen sein, dass er die Rückstände erneut umfassen und fällig stellen soll, ist er insoweit nichtig (siehe Rn 957). So oder so können die Rückstände nicht auf der Grundlage des „neuen" Beschlusses geltend gemacht werden, sondern müssen aus der Nachzahlung herausgerechnet werden. Werden die Beitragsrückstände aber nicht separat ausgewiesen, und lässt sich die Zusammensetzung des Abrechnungssaldos daher nicht ermitteln, darf das Gericht überhaupt nichts zusprechen: Denn die Zuerkennung eines Hausgeldanspruchs setzt die Feststellung voraus, welcher Teilbetrag der Gesamtforderung welcher Jahresabrechnung bzw. welchem Wirtschaftsplan zuzuordnen ist.[245]

III. Hausgeldrückstände und nachfolgende Jahresabrechnung

1105 Werden Hausgeldansprüche gemäß **Wirtschaftsplan** eingeklagt, wird die Klage durch eine **nachfolgende Jahresabrechnung** weder unzulässig noch unbegründet.

1106 *Beispiel*
Die WEG klagt rückständiges Hausgeld für den Zeitraum Januar – November 2013 ein. Im Februar 2014 wird die Jahresabrechnung 2013 beschlossen, im März 2014 findet die mündliche Verhandlung statt. – Die mit dem Wirtschaftsplan begründeten Beitragsforderungen bleiben wirksam; sie werden lediglich der Höhe nach auf das Ergebnis der Jahresabrechnung **beschränkt**. Das bedeutet: Auch nach Genehmigung der Jahresabrechnung kann weiterhin Zahlung aufgrund des Wirtschaftsplans verlangt werden und muss die Klage nicht auf die Anspruchsgrundlage „Jahresabrechnung" umgestellt werden. Wenn sich aus der Jahresabrechnung ergibt, dass die tatsächlichen Kosten geringer waren als im Wirtschaftsplan kalkuliert, muss der Klageantrag entsprechend angepasst (reduziert) und die Klage insoweit für erledigt erklärt werden.[246] (Ausnahme: Die WEG macht Hausgeldrückstände gegen einen früheren Eigentümer geltend; dieser nimmt nicht an der Begrenzung seiner Zahlungspflicht durch die nach Eintragung des Erwerbers beschlossene Jahresabrechnung teil.[247]) Endet die Jahresabrechnung hingegen mit einer Abrechnungsspitze, kann die Klage erweitert werden.

---

243 OLG Hamm v. 22.1.2009 – 15 Wx 208/08, ZMR 2009, 467.
244 BayObLG v. 8.4.2004 – 2Z BR 193/03, ZMR 2005, 65.
245 OLG Hamm v. 3.3.2009 – 15 Wx 298/08, ZMR 2009, 937.
246 OLG Hamm v. 3.3.2009 – 15 Wx 298/08, ZMR 2009, 937.
247 LG Frankfurt (Oder) v. 23.12.2011 – 6a S 75/11, ZMR 2012, 571.

IV. Verzug und Verjährung

Für den **Verzug** gelten die allgemeinen Bestimmungen des BGB. Wenn für das Hausgeld – wie üblich – ein kalendermäßig bestimmter Zahlungstermin (z.B monatliche Zahlung) beschlossen oder in der Gemeinschaftsordnung vereinbart wurde, tritt der Verzug mit Ablauf des Zahlungstermins ein (§ 286 Abs. 2 BGB); ansonsten bedarf es einer Mahnung des Verwalters (§ 286 Abs. 1 BGB). Bei Verzug muss der säumige Miteigentümer Zinsen i.H.v. 5 Prozentpunkten über dem Basiszinssatz auf die Rückstände bezahlen (§ 288 Abs. 1 BGB). Der Beschluss über die Jahresabrechnung lässt die zuvor bereits entstandenen Zinsansprüche unberührt.[248] Per Beschluss kann auch ein höherer als der gesetzliche Zinssatz festgelegt werden (§ 21 Abs. 7 WEG[249]).

1107

Hausgeldansprüche unterliegen der **Verjährung**.[250] Die Verjährungsfrist beträgt **drei Jahre** und beginnt mit dem Ende des Kalenderjahres, in dem der Anspruch entstanden ist und Kenntnis davon besteht (§§ 196, 199 BGB). Der Beschluss über die Jahresabrechnung begründet die Hausgeldansprüche nicht neu, soweit sie schon auf dem Wirtschaftsplan beruhen.

1108

> *Beispiel:*
> A bleibt 2009 Hausgeld (Beiträge gem. Wirtschaftsplan) schuldig. Die 2010 beschlossene Jahresabrechnung errechnet die Nachzahlung durch Gegenüberstellung der anteiligen Ausgaben mit den geleisteten Hausgeldzahlungen endet deshalb mit einer entsprechend hohen Nachzahlung (siehe Rn 946, 1049). 2013 klagt die WEG die Nachzahlung ein, A wendet hinsichtlich der in der Nachzahlung steckenden Hausgeldrückstände Verjährung ein. – Die Einrede der Verjährung ist begründet; die Hausgeldansprüche sind mit Ablauf des 31.12.2012 verjährt. Der Beschluss über die Jahresabrechnung hebt nur den im Beschluss über den Wirtschaftsplan steckenden „Korrekturvorbehalt" auf und schafft keine neue Anspruchsgrundlage.[251]

1109

V. Rückforderung von Beitragszahlungen

Die Rückforderung von Beitragszahlungen (Hausgeldzahlungen) mit der Begründung, die anspruchsbegründenden **Beschlüsse** seien materiell **falsch** gewesen, kann keinen Erfolg haben.

1110

> *Beispiel*
> Die Gemeinschaft beschließt im Jahr 1999 eine Änderung des Umlagemaßstabs, der bei den folgenden Abrechnungen zugrunde gelegt wird. Im Jahr 2013 verlangt der dadurch benachteiligte A von der Gemeinschaft gem. § 812 BGB die Rückzahlung von 7.000,00 EUR mit der Begründung, der Beschluss zur Änderung des Umlagebeschlusses sei nichtig und seine Zahlungen seien somit ohne Rechtsgrund erfolgt. – Ohne Erfolg. Der Änderungsbeschluss des Jahres 1993 ist zwar tatsächlich mangels Beschlusskompetenz nichtig, die darauf beruhenden Abrechnungsbeschlüsse sind es aber nicht. Die Zahlungen des A auf die (bestandskräftigen) Abrechnungsbeschlüsse erfolgten daher mit Rechtsgrund.[252]

1111

Irrtümliche Zahlungen (z.B. Doppelzahlungen) oder rechtsgrundlose Zahlungen, die nicht als Hausgeldzahlungen geleistet wurden, können ohne Besonderheiten zurück gefordert werden. Etwas anderes gilt für Zahlungen, die aufgrund einer Jahresabrechnung oder eines Wirtschaftsplans

1112

---

248 OLG Frankfurt/M. v. 19.5.2005 – 20 W 225/03, MietRB 2006, 71.
249 Gesetzesbegründung BT-Drucks 16/887, 27.
250 BGH v. 24.6.2005 – V ZR 350/03, ZMR 2005, 884; OLG Hamburg v. 24.7.2006 – 2 Wx 4/05, ZMR 2006, 791. Aus prinzipiellen Erwägungen zu Recht ablehnend *Jennißen*, Verwalterabrechnung, Teil 15, Rn 1046.
251 BGH v. 1.6.2012 – V ZR 171/11, NZM 2012, 562. Im Fall ging es um die Haftung des Erwerbers aufgrund einer in der Gemeinschaftsordnung verankerten Erwerberhaftung, was aber in der Sache nichts ändert.
252 OLG München v. 30.3.2006 – 32 Wx 40/06, ZMR 2006, 553.

geleistet wurden: Hier muss der Berechtigte die **Jahresabrechnung** abwarten; direkte Zahlungsansprüche sind ausgeschlossen.

1113

Beispiel
Miteigentümer A bezahlt von Januar bis Mai 2013 monatlich Hausgeld, obwohl für diesen Zeitraum kein Wirtschaftsplan vorlag (z.B. weil der Wirtschaftsplan nur für 2012 ohne Fortgeltungsklausel beschlossen worden war; oder: weil noch nie ein wirksamer Beschluss über einen Wirtschaftsplan gefasst wurde; oder: Weil der Beschluss über den Wirtschaftsplan 2013 nach Anfechtung für ungültig erklärt wurde). A verlangt von der Gemeinschaft die Rückzahlung. – Die Zahlungen sind zwar ohne Rechtsgrund erfolgt, so dass die Voraussetzungen des § 812 BGB an sich vorliegen. Bereicherungsansprüche sind aber a priori ausgeschlossen; das gesetzlich vorgegebene Instrument für den Innenausgleich der Wohnungseigentümer ist die Jahresabrechnung, die durch „Direktansprüche" der Wohnungseigentümer untereinander unzulässig gestört würde.[253] A muss also die Jahresabrechnung abwarten. **Variante**: Ändert sich etwas, wenn A im Mai 2013 aus der Gemeinschaft ausgeschieden ist? – Nein. A hat zwar keine Möglichkeit, die Jahresabrechnung zu erzwingen, ein eventuelles Guthaben stünde aber ohnehin nicht ihm, sondern dem Erwerber zu (siehe Rn 1039). Seine Zahlungen sind somit für ihn endgültig unwiederbringlich.[254]

D. Beschlüsse in Geldangelegenheiten gem. § 21 Abs. 7 WEG

I. Überblick

1114 Nach dem mit der WEG-Novelle eingeführten § 21 Abs. 7 WEG können die Wohnungseigentümer die Regelung der Art und Weise von Zahlungen, der Fälligkeit und der Folgen des Verzugs sowie der Kosten für eine besondere Nutzung des gemeinschaftlichen Eigentums oder für einen besonderen Verwaltungsaufwand mit Stimmenmehrheit beschließen.[255] Einige Fragen zur Art und Weise von Zahlungen, der Fälligkeit und der Folgen des Verzugs wurden oben im Abschnitt über den Wirtschaftsplan schon erörtert (siehe Rn 1078 ff.); die Varianten „Kosten für eine besondere Nutzung des gemeinschaftlichen Eigentums oder für einen besonderen Verwaltungsaufwand" werden nachfolgend (siehe Rn 1116 ff.) behandelt.

1115 Beschlüsse gem. § 21 Abs. 7 WEG können zwar auch ohne besondere Ankündigung jeweils im Einzelfall im Zusammenhang mit der zu regelnden Thematik gefasst werden; jeder Gemeinschaft ist jedoch zu empfehlen, „ein für alle Mal" einen (entsprechend angekündigten) **Dauerbeschluss** mit sämtlichen in Betracht kommenden sinnvollen Regelungen zu fassen (Muster nachfolgend unter IV.). Ein solcher Dauerbeschluss dient nicht nur der Transparenz, sondern lässt auch die Notwendigkeit entfallen, bestimmte wiederkehrende Regelungen z.B. bei der Jahresabrechnung, dem Wirtschaftsplan oder einem neuen Verwaltervertrag immer wieder neu zu beschließen. Etwaige Doppelregelungen (im Dauerbeschluss einerseits, im Verwaltervertrag oder in anderen Beschlüssen andererseits) schaden nicht, sofern sie sich nicht widersprechen.

---

253 H.M., siehe nur LG Düsseldorf v. 7.11.2013 – 19 S 77/12, ZMR 2014, 237. A.A. AG Neuss v. 19.12.2012 – 91 C 3589/12, ZMR 2013, 392, wonach nach Aufhebung des Abrechnungsbeschlusses die darauf geleistete Nachzahlung (Abrechnungsspitze) zurück gefordert wird. Ausführlich zum Thema *M. Schmid*, ZWE 2013, 391.
254 Zutreffend AG Augsburg v. 17.4.2013 – 30 C 5735/12, ZWE 2013, 423.
255 Ausführlich *Abramenko*, Beschlüsse gem. § 21 Abs. 7 WEG, ZWE 2012, 386.

II. Kosten für eine besondere Nutzung des Gemeinschaftseigentums

Diese Beschlusskompetenz wirft zahlreiche Fragen auf, die sämtlich kontrovers erörtert werden. Fraglich ist zunächst, was unter „Kosten" zu verstehen ist. Richtiger Ansicht geht es nicht um die Verteilung von Kosten im Sinne konkret anfallender „Ausgaben", sondern um ein „Entgelt" im Sinne einer Gegenleistung für die Inanspruchnahme des Gemeinschaftseigentums.[256] Fraglich ist sodann, wann eine „besondere" Nutzung des Gemeinschaftseigentums vorliegt. Nach der Rechtsprechung und der überwiegenden Literatur sind solche Nutzungen „besondere", die mit einer gesteigerten Inanspruchnahme des Gemeinschaftseigentums einhergehen und zumindest bei typisierender Betrachtung den Anfall besonderer Kosten wahrscheinlich machen.[257] Das ist freilich eine Tautologie, indem das Wort „besonders" durch das Wort „gesteigert" erklärt wird. Die Frage ist, wie der Maßstab des „durchschnittlichen" Gebrauchs festgelegt werden könnte, von dem ausgehend man beurteilen könnte, was ein „gesteigerter" Gebrauch ist; diese Frage kann eigentlich nicht beantwortet werden. Nun ist zwar ist für die Praxis von der BGH-Rechtsprechung auszugehen; doch soll nicht unerwähnt bleiben, dass nach anderer und m.E. zutreffender Auffassung von dem Grundsatz auszugehen wäre, dass jeder Miteigentümer unabhängig von der Größe seines Miteigentumsanteils zum Mitgebrauch berechtigt ist, sodass die zweckbestimmungsgemäße Nutzung kostenfrei ist. Dem steht nicht entgegen, dass im Rahmen von Gebrauchs- und Verwaltungsregelungen allgemeine Entgelte für die Nutzung z.B. von Stellplätzen oder einer Sauna usw. möglich sind. Nach hier vertretener Ansicht (Mindermeinung) verbleiben für die „besondere Nutzung" also nur die Fälle unzulässiger Nutzung,[258] wodurch der Anwendungsbereich der Norm sehr klein würde; wenn aber der Gesetzgeber – wie in diesem Fall – eine undurchdachte Regelung geschaffen hat, ist deren restriktive Auslegung die gebotene Folge.

1116

Als Anwendungsfall einer besonderen Nutzung des Gemeinschaftseigentums i.S.v. § 21 Abs. 7 WEG wird häufig die **Umzugskostenpauschale** genannt, die als pauschaler Ersatz für mögliche Schäden am Gemeinschaftseigentum vom Ausziehenden oder seinem Vermieter zu bezahlen ist. Die h.M. hält sie für zulässig.[259] M.E. ist sie es nicht, weil der Umzug erlaubt ist und die damit einhergehende Nutzung des Gemeinschaftseigentums kostenfrei sein muss.[260]

1117

III. Kosten für einen besonderen Verwaltungsaufwand

Kosten für einen besonderen Verwaltungsaufwand entstehen der Gemeinschaft insbes. dann, wenn eine im Verwaltervertrag vereinbarte Sondervergütung für bestimmte Verwaltungstätigkeiten zum Tragen kommt. Da es sich um Verwaltungskosten handelt, ergibt sich die Beschlusskompetenz zur Regelung der Kostenverteilung auch aus § 16 Abs. 3 WEG; daher überschneidet sich der Anwendungsbereich beider Vorschriften. Eine eigenständige Bedeutung hat die Beschlusskompetenz des § 21 Abs. 7 WEG in den Fällen, in denen die Kosten erst durch den Beschluss begründet werden. Hauptanwendungsfall sind die Mehraufwandspauschale bei Nichtteilnahme am Lastschriftverfahren oder die Überbürdung sonstiger Verwalterextrakosten auf den Verursacher.

1118

---

256 So zutreffend z.B. *Müller*, Praktische Fragen, 7. Teil Rn 120.
257 BGH v. 1.10.2010 – V ZR 220/09, WuM 2010, 716; *Bärmann/Merle*, § 21 Rn 181.
258 So *Müller*, Praktische Fragen, 7. Teil Rn 124.
259 BGH v. 1.10.2010 – V ZR 220/09, WuM 2010, 716.
260 So nunmehr auch *Drabek* in: Riecke/Schmid § 21 Rn 299.

§ 8 Jahresabrechnung und Wirtschaftsplan

IV. Muster für einen Dauerbeschluss

▼

1119 Muster 8.12: Regelungen zur Art und Weise von Zahlungen, der Fälligkeit und der Folgen des Verzugs sowie der Kosten für einen besonderen Verwaltungsaufwand

1. Zahlungen allgemein, Jahresabrechnung, Wirtschaftsplan, Instandhaltungsrücklage

Für die Rechtzeitigkeit von Zahlungen der Eigentümer kommt es auf den Eingang auf dem Gemeinschaftskonto an. Die Eigentümer sind verpflichtet, dem Verwalter für alle von der Gemeinschaft beschlossenen Forderungen eine Lastschrifteinzugsermächtigung zu erteilen; liegt eine solche vor, wird der Verwalter zum Fälligkeitstermin davon Gebrauch machen.

Zahlungen aufgrund von Einzelabrechnungen oder Sonderumlagen sind innerhalb von 10 Kalendertagen nach der Beschlussfassung fällig, sofern im Einzelfall nichts anderes beschlossen wird. Guthaben aus Einzelabrechnungen sind innerhalb von 10 Kalendertagen nach der Beschlussfassung zur Auszahlung fällig, sofern der anspruchsberechtigte Miteigentümer dem Verwalter seine Bankverbindung mitgeteilt hat.

Die nach einem beschlossenen Wirtschaftsplan geschuldeten Hausgeldzahlungen sind in 12 gleichen Beträgen jeweils zum dritten Werktag eines Monats zur Zahlung fällig. Gilt der Wirtschaftsplan für das laufende Jahr, sind Nachzahlungen für die zum Zeitpunkt des Beschlusses schon zurück liegenden Monate zum nächsten Zahlungstermin fällig; für Überzahlungen gilt das Gleiche mit der Maßgabe, das sie mit der nächsten Zahlung verrechnet werden.

Ein beschlossener Wirtschaftsplan bleibt so lange in Kraft, bis ein neuer beschlossen wird.

Ist ein Wohnungseigentümer mit der Zahlung von Hausgeld in Höhe von insgesamt mindestens 2 monatlichen Raten in Rückstand, wird die gesamte für das jeweilige Wirtschaftsjahr zu zahlende Restsumme auf einmal fällig. Scheidet der Wohnungseigentümer während des Wirtschaftsjahres aus der Gemeinschaft aus, lebt die monatliche Zahlungsverpflichtung für den Rechtsnachfolger wieder auf; der ausgeschiedene Wohnungseigentümer ist in diesem Fall verpflichtet, die Hausgeldraten bis zum Monat seines Ausscheidens zu bezahlen. Die monatliche Zahlungspflicht lebt auch dann wieder auf, wenn während des Wirtschaftsjahres das Zwangsverwaltungs- oder Insolvenzverfahren eröffnet wird.

Teilzahlungen auf das nach dem jeweiligen Wirtschaftsplan geschuldete Hausgeld sind vorrangig als Zuführung zur Instandhaltungsrücklage zu verbuchen.

Zinsen, die aus dem Geld der Instandhaltungsrücklage erwirtschaftet werden, sollen dieser zugeführt werden.

Gelder der Instandhaltungsrücklage darf der Verwalter ohne vorhergehenden Beschluss der Gemeinschaft nach folgender Maßgabe zur Überbrückung von Liquiditätsengpässen verwenden (siehe hierzu Rn 1029): Bis maximal zur Höhe von $1/4$ des Gesamtvolumens des Wirtschaftsplans für das laufende Jahr und maximal so viel, dass in der Instandhaltungsrücklage noch ein Betrag in Höhe von $1/4$ ihres am Jahresanfang vorhandenen Bestands verbleibt.

2. Kostentragung einzelner Miteigentümer für besonderen Verwaltungsaufwand

Soweit im Verwaltervertrag Ansprüche auf Mahngebühren, sonstige Sondervergütungen oder Aufwendungsersatz für Tätigkeiten vereinbart sind, die gegenüber einzelnen Miteigentümern erbracht oder von diesen veranlasst wurden, oder wenn ein Miteigentümer aus anderen Gründen einen besonderen Verwaltungsaufwand verursacht hat (z.B. Rücklastschriftgebühren beim

D. Beschlüsse in Geldangelegenheiten gem. § 21 Abs. 7 WEG   § 8

Hausgeldeinzug infolge mangelnder Kontendeckung), haben die betreffenden Miteigentümer die dadurch anfallenden Kosten der Gemeinschaft zu erstatten. Die Gemeinschaft kann diese Kosten als gesonderten Schaden geltend machen oder sie den betreffenden Miteigentümern in der nächsten Jahresabrechnung als direkte Position (Einzelbelastung) berechnen; die Einzelbelastung in der Jahresabrechnung unterbleibt, wenn der erstattungspflichtige Miteigentümer im Zeitpunkt der Beschlussfassung aus der Gemeinschaft ausgeschieden ist.

▲

§ 9 Hausgeldinkasso

A. Titulierung

I. Einleitung des Verfahrens

Als Hausgeldinkasso wird hier die Gesamtheit der Maßnahmen zur (zwangsweisen) Durchsetzung von Geldforderungen der Gemeinschaft gegen einzelne Miteigentümer bezeichnet. Das „Inkassoverfahren" beginnt mit der Anmahnung der Forderung durch den Verwalter und führt über die gerichtliche Titulierung zur Zwangsvollstreckung oder zum Einsatz von „Druckmitteln" wie Versorgungssperre oder Insolvenzantrag. Die Entziehung des Wohnungseigentums gehört ebenfalls hierher. **1120**

Eine **Mahnung** durch den Verwalter ist nicht Voraussetzung der Klageerhebung; auch zur Begründung des Verzugs ist sie normaler Weise nicht erforderlich (siehe Rn 1107). Trotzdem ist die (außergerichtliche) Anmahnung offener Forderungen durch den Verwalter sinnvoll, wenn ein Miteigentümer die Hausgeldzahlungen einstellt oder die Zahlungen gemäß Jahresabrechnung oder Sonderumlage schuldig bleibt. Der Verwalter ist im Rahmen seiner Pflicht zur „Anforderung von Kostenbeiträgen" gem. § 27 Abs. 1 Nr. 4 WEG zur Anmahnung verpflichtet. Mehr als zwei Mahnungen sind aber nicht angebracht. Die erste erfolgt in dem Monat, in dem eine Zahlung erstmals ausbleibt, die zweite im Folgemonat unter Setzung einer letzten Zahlungsfrist. Spätestens nach **drei Monaten** Zahlungsausstand sollte der Verwalter die Titulierung in Auftrag geben. Bei verzögerter Beitreibung droht die Haftung (siehe Rn 1584). **1121**

Gläubigerin ist die rechtsfähige Wohnungseigentümergemeinschaft. Der Mahnantrag oder die Klage sind daher namens der WEG zu stellen bzw. einzureichen. Eine Prozessstandschaft des Verwalters ist nicht erforderlich und somit grundsätzlich unzulässig.[1] Der **Verwalter** bedarf für die Einleitung gerichtlicher Schritte einer entsprechenden **Befugnis**, die sich i.d.R. aus dem Verwaltervertrag ergibt; sie umfasst dann auch die Beauftragung eines Rechtsanwalts (siehe Rn 1250). Wenn ein Verwaltervertrag fehlt (oder zwar vorhanden ist, aber eine entsprechende Befugnis fehlt), ist der Verwalter zur gerichtlichen Geltendmachung der Hausgeldforderung nicht befugt und muss vorher einen ermächtigenden Eigentümerbeschluss herbeiführen. **1122**

Der beauftragte Rechtsanwalt benötigt im Vorfeld der gerichtlichen Geltendmachung i.d.R. Kopien folgender **Unterlagen**: **1123**

Übersicht
- Unbeglaubigter Grundbuchauszug betreffend die Schuldnerwohnung
- Teilungserklärung/Gemeinschaftsordnung
- Verwaltervertrag oder Verwaltervollmacht
- (Einzel-)Jahresabrechnung und/oder (Einzel-)Wirtschaftsplan, auf welche die Ansprüche gestützt werden
- Protokoll der Eigentümerversammlung, in welcher die Jahresabrechnung und/oder der Wirtschaftsplan beschlossen wurden
- **Nicht:** Die Eigentümerliste (die früher stets erforderlich war, als die Rechtsfähigkeit der WEG noch nicht anerkannt war)

I.d.R. müssen der Klage nur die Einzelabrechnung/der Einzelwirtschaftsplan nebst dazugehörigem Versammlungsprotokoll beigefügt werden. Die übrigen Unterlagen sind vom Rechtsanwalt zunächst nur zu prüfen, wenn er auf diese Prüfung nicht – nach seinem Ermessen – verzichtet. **1124**

---

1 BGH v. 28.1.2011 – V ZR 145/10, NZM 2011, 278.

§ 9 Hausgeldinkasso

1125 Für das gerichtliche Verfahren ist gem. § 43 Nr. 1 WEG das örtliche **Amtsgericht** zuständig, und zwar auch dann, wenn es um Ansprüche gegen einen aus der Gemeinschaft bereits ausgeschiedenen Wohnungseigentümer geht (siehe Rn 1730).

1126 Häufig ist im Verwaltervertrag eine **Sondervergütung** für die Mitwirkung des Verwalters im gerichtlichen Verfahren vereinbart (zu damit zusammen hängenden Fragen siehe Rn 1454).

II. Unbeachtliche Einwände des Schuldners

1127 Anspruchsgrundlage für die Forderungen der Gemeinschaft sind die jeweiligen Eigentümerbeschlüsse über die Jahresabrechnung, den Wirtschaftsplan oder eine Sonderumlage, durch welche die gem. § 16 Abs. 2 WEG bestehende Pflicht jedes Wohnungseigentümers zur anteiligen Kostentragung konkretisiert wird.[2] Nicht selten erhebt ein zahlungspflichtiger Miteigentümer im Prozess Einwände gegen die Beschlüsse.

1128 *Beispiele*
- Es wird eingewandt, das Ergebnis der (Einzel-)Jahresabrechnung sei falsch berechnet.
- Die Jahresabrechnung beinhalte eine Ausgabe, die aufgrund eines inzwischen für ungültig erklärten Beschlusses erfolgt sei.
- Eine Sonderumlage sei ungerecht und überflüssig.
- Der Umlageschlüssel sei materiell fehlerhaft und müsse geändert werden.
- Die Beschlüsse seien angefochten.

1129 Diese Einwände sind **unbeachtlich**. Auch fehlerhafte Beschlüsse begründen eine Zahlungsverpflichtung, solange sie nicht nichtig oder gerichtlich für ungültig erklärt sind.[3]

1130 Manchmal verteidigt sich der in Anspruch genommene Miteigentümer mit der Erklärung einer **Aufrechnung** oder der Geltendmachung eines **Zurückbehaltungsrechts**; beides muss regelmäßig scheitern. Gegenüber den Ansprüchen der Gemeinschaft auf Zahlung von Hausgeld ist die Aufrechnung nur sehr eingeschränkt zulässig. Zulässig ist sie im Wesentlichen nur dann, wenn die Gegenforderung von der Gemeinschaft anerkannt oder rechtskräftig festgestellt ist oder wenn sie auf einer Notgeschäftsführung beruht;[4] Entsprechendes gilt für ein Zurückbehaltungsrecht.[5] Wenn nichts anderes beschlossen wird, kann darüber hinaus selbst ein bestandskräftig anerkanntes Abrechnungsguthaben einer Jahresabrechnung nicht gegen Beitragsforderungen aus dem laufenden Wirtschaftsjahr aufgerechnet werden, weil die Beitragsvorschüsse („Hausgeld") der Gemeinschaft tatsächlich zur Verfügung stehen müssen.

III. Das gerichtliche Mahnverfahren

1131 Das (inzwischen nur noch elektronische) gerichtliche Mahnverfahren stellt, wenn kein Widerspruch eingelegt wird, den **schnellsten** und billigsten Weg zur Titulierung dar. Dieser Weg wird eingeschlagen, wenn mit Widerstand des Schuldners nicht zu rechnen ist. Zuständig ist das Amts-

---

2 BGH v. 2.6.2005 – V ZB 32/05, ZMR 2005, 547; BayObLG v. 10.10.1999 – 2Z BR 76/96, ZMR 1997, 42.
3 LG Itzehoe v. 24.1.2012 – 11 S 16/11, ZMR 2012, 390 u. OLG Schleswig v. 1.3.2007 – 2 W 196/06, ZMR 2008, 664 (beide betr. unbilligen Verteilerschlüssel); OLG Hamburg v. 24.7.2006 – 2 Wx 4/05, Rn 34, ZMR 2006, 791; OLG München v. 30.3.2006 – 32 Wx 40/06, ZMR 2006, 553.
4 OLG Hamm v. 3.3.2009 – 15 Wx 298/08, ZMR 2009, 937; KG v. 15.9.1995 – 24 W 5988/94, NJW-RR 1996, 465. siehe auch die Folgenoten.
5 BGH v. 1.6.2012 – V ZR 171/11, NZM 2012, 562, Rn 15; OLG München v. 13.7.2005 – 34 Wx 61/05, ZMR 2005, 729.

gericht am Ort der Wohnanlage (§ 43 Nr. 6 WEG), außer wenn es – wie üblich – aufgrund landesrechtlicher Bestimmungen ein zentrales Mahngericht gibt.

Das Ausfüllen des im Internet bereit gestellten Mahnantrags (online-mahnantrag.de) bereitet mitunter Schwierigkeiten. So kann die Bezeichnung der **Forderung** problematisch sein, wenn sie sich aus mehreren Teilbeträgen für verschiedene Zeiträume zusammensetzt (Rückstände aus mehreren Jahresabrechnungen, Sonderumlagen, laufendes Hausgeld, sonstige Forderungen), und womöglich noch Teilzahlungen des Schuldners zu berücksichtigen sind. Obwohl i.d.R. für jeden Monat Verzugszinsen anfallen, empfiehlt es sich nicht unbedingt, die Ansprüche separat je Monat aufzuführen, was sehr aufwändig wäre. Vielmehr können sie als zusammengefasster Gesamtbetrag geltend gemacht werden; als „Ausgleich" für die entgangenen Zinsen kann man überlegen, einen höheren Zinssatz geltend zu machen (nur faktisch, nicht rechtlich möglich). Damit der Schuldner weiß, wie sich die Forderungen zusammensetzen, kann auf eine (ihm bereits vorliegende) Mahnung oder auf ein (ihm noch gesondert zu übersendendes) Anspruchsschreiben verwiesen werden, in dem sie aufgeschlüsselt werden. Unverzichtbar ist aber die Differenzierung der Forderungen nach Kalenderjahren und ggf. – wenn es um mehrere Einheiten geht – nach Einheiten.

1132

> *Tipp*
> Damit der Vollstreckungsbescheid als Grundlage der Immobiliarvollstreckung dienen kann, ist der Objektbezug (auf welche Wohnung sich der Anspruch bezieht) und der Bezugszeitraum (auf welchen Zeitraum, d.h. auf welches Kalenderjahr, sich die Forderung bezieht) anzugeben (siehe Rn 1181).

1133

Das Mahnbescheid-online-Formular stellt zur näheren Bezeichnung der Forderung zwei Felder („Nähere Angaben zum Anspruch" und „Rechnungsnr. o.ä.") zur Verfügung. Hier kann man **beliebige Angaben** machen. Im Mahn- und Vollstreckungsbescheid erscheinen die Feldbezeichnungen nämlich (fast) nicht; dort wird vielmehr (fast[6]) nur der eingegebene Text (Feldinhalt) abgedruckt. Es kommt nur darauf an, dass der Vollstreckungsbescheid **im Ergebnis** die erforderlichen Angaben enthält, z.B.: „Hauptforderung: gem. Mahnung vom 17.10.2014, Jahresabrechnung 2013 für WE Nr. 8, vom 1.1.2013 bis 31.12.2013, 347,00 EUR." Die folgenden Vorschläge zum Ausfüllen des online-Mahnantrags geben Hilfestellung für ein erfolgreiches Mahnverfahren ohne Monierung. Den Ausführungen liegen beispielhaft Hausgeldforderungen entsprechend dem unten (siehe Rn 1141) folgenden Klagemuster zugrunde; nicht erklärungsbedürftige Punkte (z.B. Angaben zum Antragsgegner) werden nicht aufgeführt.

1134

Antragsteller. Sonstige; WEG. Der gesondert anzugebende Name der WEG ist identisch mit der Adresse, muss aber – weil vom Formular so gefordert – gesondert eingegeben werden.

1135

Gesetzlicher Vertreter. Hier ist es neuerdings (endlich) möglich, auch Verwaltungsgesellschaften einzutragen.

1136

1. Katalogisierbarer Anspruch. *Katalognummer* 90 („Wohn-/Hausgeld für WEG"). *Nähere Angaben zum Anspruch:*[7] Mahnung vom 17.10.2014. (Wenn der Bezug auf eine Mahnung/ein Begleitschreiben zur Information des Schuldners nicht erforderlich erscheint, kann das Feld auch leer bleiben). *Rechnungsnr. o. Ä.*: Jahresabrechnung 2013 – WE Nr. 8. *Vom* 1.1.2013 *bis* 31.12.2013. *Betrag*: 347,00 EUR.

1137

---

6   Im Mahn- bzw. Vollstreckungsbescheid steht an Stelle des Feldes „Nähere Angaben zum Anspruch" das Wort „gem.".
7   Im Ausdruck des Antrags erscheint stattdessen noch der frühere Text: „Mitteilungsform". Zum Text auf dem Mahn-/Vollstreckungsbescheid siehe Vornote.

§ 9 Hausgeldinkasso

1138 **2. Katalogisierbarer Anspruch.** *Katalognummer* 90 („Wohn-/Hausgeld für WEG"). *Nähere Angaben zum Anspruch:* (siehe oben Rn 1137). *Rechnungsnr. o. Ä.*: Wirtschaftsplan 2014 – WE Nr. 8. *Vom* 1.1.2014 *bis* 30.11.2014. *Betrag*: 860,00 EUR.

1139 **Zinsen.** Wie oben erwähnt, kann sich bei laufenden Hausgeldrückständen eine „ungenaue", aber einfache Handhabung empfehlen. Da nicht einzelne Beitragsforderungen mit ihren jeweiligen Zinsläufen ab Fälligkeit, sondern eine einheitliche Forderung als Gesamtbetrag geltend gemacht wird, kann man als „Ausgleich" den Zinssatz etwas anheben und z.B. „6 % p.a. aus der Hauptforderung ab Zustellung des Mahnbescheids" beantragen. Falls das Mahnverfahren in das streitige Verfahren übergeht, kann der Zinsantrag korrigiert werden; die vorhergehende Angabe im Mahnantrag hat dann aber nicht geschadet. Ergeht hingegen auf der Grundlage des Mahnantrags ein Vollstreckungsbescheid, ist die Aufstellung der Forderungsberechnung erleichtert, weil es um nur eine (oder wenige) Hauptforderungen geht.

1140 **Nebenforderungen.** Hierzu zählen Mahnkosten des Verwalters, Bankrücklastkosten, vorgerichtliche Rechtsanwaltskosten usw. Im Mahnbescheidsformular kann man die Nebenforderungen gesondert unter dieser Bezeichnung angeben, was aber nicht unproblematisch ist: a) In der Zwangsversteigerung fallen diese Forderungen nicht in Rangklasse 2. b) Die Rechtsanwalts-Forderungsberechnungsprogramme sehen hierfür i.d.R. keine eigene Kategorie vor: Es gibt die „festgesetzten Kosten", zu denen die hier interessierenden Nebenforderungen aber nicht gehören. Oder die „unverzinsliche Kosten"; wenn man im Mahnantrag aber die Verzinsung beantragt, hat man später das Problem, dass man die „Nebenforderungen" des Vollstreckungsbescheids nicht (oder jedenfalls nicht mit Zinslauf) in das Forderungsberechnungsprogramm eingeben kann, das hierfür keine verzinsliche Kategorie vorsieht. Die einfachste Lösung dieser Probleme besteht in einer Art „Etikettenschwindel": Die Nebenforderungen werden im Mahnantrag gar nicht in der Kategorie „Nebenforderungen" aufgeführt, sondern ohne besondere Erwähnung einer der Hauptforderungen (Jahresabrechnung oder aktuelles Hausgeld) zugeschlagen. Damit der Schuldner sich nicht wundert, weshalb die Hausgeldrückstände laut Mahnantrag auf einmal höher sind, als sie es laut Jahresabrechnung oder Wirtschaftsplan sein dürften, muss er über die Zusammensetzung der Forderung informiert werden. Das ist i.d.R. schon vor Einleitung des gerichtlichen Mahnverfahrens geschehen, indem der Verwalter oder Rechtsanwalt in einem Mahnschreiben alle Außenstände unter besonderer Erwähnung der Nebenforderungen aufgeführt haben. Hierauf kann im Mahnantrag entsprechend der obigen Empfehlung Bezug genommen werden. Wird gegen den Mahnbescheid Widerspruch eingelegt, muss und kann die Gesamtforderung aufgeschlüsselt werden; die Zusammenfassung im Mahnantrag unter der Bezeichnung „Hausgeld" hat dann aber nicht geschadet. Ergeht hingegen antragsgemäß der Vollstreckungsbescheid, steht verbindlich fest, dass es sich bei der Forderung komplett um „Hausgeld" handelt, das in Rangklasse 2 fällt.[8] – Eine Variante besteht darin, den Gesamtbetrag der „Nebenforderungen" als separate Hausgeldforderung geltend zu machen (Katalog-Nr. 90, Mitteilungsform: Mahnung v. 12.5.2010, Rechnungs-Nr.o.ä: Nebenforderungen). Dieses Vorgehen erleichtert die Nachvollziehbarkeit der Forderungen, birgt aber eine gewisse Gefahr in sich, dass später trotz der Hauptbezeichnung als „Hauptforderung" und „Hausgeld" die Einordnung in Rangklasse 2 bestritten wird.

---

[8] Bei der Zwangsversteigerung ist das Vollstreckungsgericht hieran gebunden (LG Mönchengladbach v. 4.11.2008 – 5 T 239/08, Rpfleger 2009, 257).

IV. Klagemuster (Hausgeldklage) mit Erläuterungen

Muster 9.1: Hausgeldklage

1141

Namens und in Vollmacht der

Wohnungseigentümergemeinschaft Heinestraße 12, 75234 Musterstadt,

vertreten durch die WEG-Verwalterin X-Immobilien GmbH, diese vertreten durch den Geschäftsführer Xaver Xentis, Zenstraße 5, 75234 Musterstadt

– Klägerin –

erhebe ich

Klage gem. § 43 Nr. 1 WEG

gegen

1. Anna Acker, Heinestraße 12, 75234 Musterstadt,
2. Achim Acker, wohnhaft daselbst

– Beklagte –

und werde beantragen:

Die Beklagten werden als Gesamtschuldner verurteilt, an die Klägerin 1.207,00 EUR nebst Zinsen hieraus in Höhe von 5 Prozentpunkten über dem Basiszinssatz ab Klagezustellung zu bezahlen.

Gerichtskosten i.H.v. 195,00 EUR werden mit dem beiliegenden Verrechnungsscheck entrichtet.

Begründung:

1.

Die Beklagten sind je zur Hälfte Miteigentümer der Wohnung Nr. 3 im Haus der Klägerin.

Auf der Eigentümerversammlung am 27.6.2014 wurde unter TOP 3 die Jahresabrechnung (Gesamt- und Einzelabrechnungen) für den Zeitraum 1.1.–31.12.2013 beschlossen. Unter TOP 5 wurde der Wirtschaftsplan (Gesamt- und Einzelwirtschaftspläne) für das Jahr 2014 beschlossen.

Beweis: Protokoll der Eigentümerversammlung vom 27.6.2014, Anlage K 1

Nach der Einzelabrechnung für das Jahr 2013 ergibt sich für die Beklagten eine Nachzahlung von 347,00 EUR.

Beweis: Einzelabrechnung, Anlage K 2

Für die Monate Januar bis Juni 2014 galt noch der Wirtschaftsplan 2013. Dieser sollte nämlich bis zum Beschluss eines neuen Wirtschaftsplans in Kraft bleiben.

Beweis: Protokoll der Eigentümerversammlung vom 23.4.2013, Anlage K 3

Nach dem Einzelwirtschaftsplan für 2013 hatten die Beklagten ein monatliches Hausgeld von 210,00 EUR zu bezahlen.

Beweis: Einzelwirtschaftsplan für 2013, Anlage K 4

§ 9 Hausgeldinkasso

Nach dem Einzelwirtschaftsplan für 2014 haben die Beklagten ab dem 1.7.2014 ein monatliches Hausgeld von 220,00 EUR zu bezahlen.

Beweis: Einzelwirtschaftsplan für 2014, Anlage K 5

2.

Die Beklagten haben die Nachzahlung für 2013 überhaupt nicht und das Hausgeld 2014 nicht regelmäßig bezahlt. Sie überwiesen am 17.2., am 15.4. und am 15.10.2014 je 500,00 EUR. Mehrere Mahnungen der Verwalterin – die erforderlichenfalls nachgereicht werden – blieben erfolglos. Schließlich wurden die Beklagten mit Schreiben der Verwalterin vom 17.10.2014 nochmals aufgefordert, die Forderungen der WEG bis längstens 27.11.2014 zu begleichen.

Beweis: Schreiben der X-Immobilien GmbH vom 17.10.2014, Anlage K 6

Auch dieses Schreiben blieb erfolglos. Die Klage ist deshalb geboten.

3.

Die Klage ist begründet, weil die Beklagten auf der Grundlage der Jahresabrechnung und der Einzelwirtschaftspläne zur Zahlung verpflichtet sind. Der Klagebetrag setzt sich wie folgt zusammen:

Nachzahlung Jahresabrechnung 2013:	347,00 EUR
Hausgeld Januar – Juni 2014 (auf der Basis des Wirtschaftsplans für 2013, 6 Monate á 210,00 EUR):	1.260,00 EUR
Hausgeld Juli – November 2014 (auf der Basis des Wirtschaftsplans für 2014, 5 Monate á 220,00 EUR):	1.100,00 EUR
Abzüglich Zahlungen der Beklagten:	– 1.500,00 EUR
	1.207,00 EUR

Der Anspruch auf die Zinsen folgt aus § 291 BGB.

(Rechtsanwalt)

▲

1142 Die Klage ist in (mindestens) **zweifacher Ausfertigung** unterschrieben einzureichen: Ein Exemplar („Original") für das Gericht und eines („beglaubigte Abschrift") für den Beklagten; bei mehreren Beklagten (wie im vorstehenden Muster) entsprechend mehr Abschriften. Wenn der Beklagte anwaltlich vertreten ist, ist nur für den/die Prozessvertreter ein Exemplar („beglaubigte Abschrift") einzureichen, nicht aber darüber hinaus noch weitere Abschriften für den/die Beklagten. Letzteres ist zwar bislang noch üblich, gesetzlich aber nicht vorgeschrieben (§ 133 ZPO). Die bisher übliche Praxis, neben der für den Prozessvertreter bestimmten sog. „beglaubigten Abschrift" eines Schriftsatzes noch „einfache Abschriften" für die Partei zu übersenden, erzeugt vermeidbare Portokosten und Papiermüll, weil ein Rechtsanwalt Schriftstücke heutzutage i.d.R. per E-Mail oder Fax an seine Mandanten weiter leitet und die für seine Partei bestimmte Abschrift im Papierkorb landet.

1143 Anträge auf Ausspruch der **vorläufigen Vollstreckbarkeit** und der Verpflichtung der Beklagten zur Kostentragung sind zwar üblich, aber entbehrlich, weil darüber von Amts wegen entschieden wird. Entbehrlich sind auch Beweisantritte zur Eigentümerstellung der Beklagten, zur Befugnis zur Klageerhebung und zu den berücksichtigten Zahlungen (Vorlage eines Grundbuchauszugs, der Teilungserklärung, des Verwaltervertrags, von Kontoauszügen usw.): Diese Tatsachen sind normalerweise unstreitig; und falls sie von Beklagtenseite doch einmal bestritten werden, kann immer noch entsprechend vorgetragen und vorgelegt werden.

Zinsen hat der Schuldner i.d.R. nicht erst ab Klageerhebung, sondern schon ab der üblicherweise kalendermäßig bestimmten Fälligkeit der Hausgeldforderungen zu zahlen (§ 286 Abs. 2 Nr. 1 BGB), im Übrigen natürlich nach einer Mahnung (§ 286 Abs. 2 BGB). Ob man deshalb die Mühe auf sich nimmt, im Klageantrag jede Hausgeldrate einzeln mit separatem Zinslauf aufzuführen, muss im Einzelfall entschieden werden. Wenn – wie im obigen Muster – **Teilzahlungen** erfolgt sind, wird es mit der Darstellung der „Hauptforderungen" nebst separater Zinsläufe schwierig. Denn (Teil-)Zahlungen müssen „eigentlich" – sofern keine anderweitige Tilgungsbestimmung erfolgt – in der von §§ 366 Abs. 2, 367 BGB vorgeschriebenen Reihenfolge verbucht werden (erst Kosten, dann Zinsen, dann Hauptleistung, bei letzterer beginnend mit der ältesten Forderung). Die Hausverwaltungsprogramme berechnen üblicherweise aber keine Zinsen; und nicht alle Programme verbuchen Zahlungen nach der Vorgabe des § 367 BGB (wonach die älteste Forderung zuerst getilgt wird). Am einfachsten ist es, auf die Zinsen (vor Rechtshängigkeit) zu verzichten und den offenen Gesamtbetrag im Wege der **Saldoklage** geltend zu machen (so das obige Muster): Eine Saldoklage liegt vor, wenn der Klagebetrag sich als Saldo zwischen den (unstreitigen bzw. erwiesenen) Forderungen und den darauf geleisteten Zahlungen ergibt. Die Saldoklage ist im Mietrecht zulässig, sofern die Forderungsberechnung aus sich heraus verständlich oder andernfalls in einer Weise erläutert wird, dass deutlich wird, welche Forderungen (insbesondere für welches Kalenderjahr) Gegenstand der Klage sind;[9] für das WEG-Recht kann nichts anderes gelten.[10] Will man die Zinsen berechnen und geltend machen, wird das nur unter Einsatz eines Forderungsberechnungsberechnungsprogramms möglich sein, wie es bei der Zwangsvollstreckung üblich (und beim Rechtsanwalt vorhanden) ist. Dann kann die Saldoklage auch unter Bezugnahme und Vorlage auf eine entsprechende Forderungsberechnung eingereicht werden.

1144

Häufig bleibt der Schuldner nach Klageeinreichung **weitere Hausgeldbeiträge** (ganz oder teilweise) schuldig, sodass sich die Frage stellt, ob, wann und wie diese tituliert werden sollen. Wenn die bislang zur Titulierung beantragten Beträge die Einleitung der Immobiliarzwangsvollstreckung ermöglichen (also mehr als 3 % des Einheitswerts betragen, siehe Rn 1182), könnte man sich auf den Standpunkt stellen, dass die Titulierung weiterer Rückstände nicht nötig sei, weil die Gemeinschaft ihre Ansprüche in der Zwangsversteigerung auch ohne Titulierung anmelden kann. Sicherer und deshalb zu **empfehlen** ist aber grundsätzlich die **Titulierung aller Rückstände** (siehe Rn 1201). Kommt es nach der ersten Klageerhebung nicht zu einem Versäumnisurteil im schriftlichen Vorverfahren, sondern wird ein Termin zur mündlichen Verhandlung anberaumt, können die nach Klageeinreichung fällig gewordenen Hausgeldvorauszahlungen im Wege der Klageerweiterung in das laufende Verfahren einbezogen werden sollen; die Klageerweiterung sollte aber nicht erst in der mündlichen Verhandlung erfolgen, sondern – um eine Verzögerung des Verfahrens zu vermeiden – so rechtzeitig, dass der Schriftsatz dem Beklagten mindestens eine Woche vor der mündlichen Verhandlung zugestellt werden kann (§ 132 ZPO). Hausgeldraten, die zwischen Klageerweiterung und mündlicher Verhandlung fällig werden, sowie alle weiteren später fällig werdenden Zahlungen sind entweder zu gegebener Zeit gesondert zu titulieren, oder es wird schon im Ausgangsverfahren ein Antrag gem. § 259 ZPO auf Zahlung künftiger Hausgeldbeiträge gestellt. Im Mietrecht ist die Klage auf Zahlung künftig fällig werdender Nutzungsentschädigungen zulässig;[11] das muss für die

1145

---

9 BGH v. 9.1.2013 – VIII ZR 94/12, ZMR 2013, 271; LG Frankfurt (Oder) v. 28.3.2013 – 15 S 132/11, ZMR 2013, 801.
10 So auch ausführlich *Junglas*, ZMR 2009, 673. Rspr. ist nicht bekannt.
11 BGH v. 4.5.2011 – VIII ZR 146/10, ZMR 2011, 709.

§ 9 Hausgeldinkasso

Hausgeldbeiträge im WEG-Recht ebenso gelten,[12] wobei Zahlungen sinnvoller Weise bis zum Ende des laufenden Wirtschaftsjahres geltend gemacht werden.

▼

1146 **Muster 9.2: Antrag bei Klage auf künftig fällende Hausgeldbeiträge**

Der Beklagte wird verurteilt, vom 1.3.2014 bis zum 31.12.2014 monatlich bis zum 3. Werktag eines jeden Monats 220,00 EUR an die Klägerin zu bezahlen.

▲

B. Zwangsvollstreckung – Allgemeines

1147 Nach der Titulierung sind unverzüglich Maßnahmen der Zwangsvollstreckung einzuleiten. Verzögerungen können zur Schadensersatzhaftung von Rechtsanwalt und Verwalter führen (siehe Rn 1584). „Traditionell" wird als erste Zwangsvollstreckungsmaßnahme der Gerichtsvollzieher mit der Mobiliarpfändung oder mit der Abnahme der Vermögensauskunft (802 ZPO) beauftragt. Häufig wird sich dabei herausstellen, dass der Hausgeldschuldner zahlungsunfähig ist und „pfändungsfrei" lebt. Weil diese Umstände meistens schon vorher absehbar sind (normalerweise stellt der Schuldner die Zahlungen ja deswegen ein, weil er kein Geld mehr hat), sind solche Vollstreckungsmaßnahmen regelmäßig (r)eine Zeit- und Geldverschwendung. Ist die Schuldnerwohnung vermietet, kann die Mietpfändung versucht werden; diese kann aber aus verschiedenen Gründen scheitern und ist zudem mit einem hohen und häufig unübersichtlichen Aufwand für die Verbuchung der Zahlungen verbunden. Die vorgenannten Vollstreckungsmaßnahmen haben zudem alle einen wesentlichen Nachteil: Die dadurch anfallenden Kosten gehören nach h.M. nicht zu den Kosten der dinglichen Rechtsverfolgung und fallen bei einer etwaigen nachfolgenden Zwangsversteigerung nicht in Rangklasse 2 (siehe Rn 1193). Bleiben die Aufträge zur Mobiliar- oder Mietpfändung erfolglos, erhält die Gemeinschaft für die dafür aufgewandten Kosten endgültig keinen Ersatz, auch wenn sie anschließend erfolgreich die Zwangsversteigerung betreibt.

1148 Daher empfiehlt sich als Regelfall sogleich die **Immobiliarvollstreckung**. Dazu gehören die Zwangsverwaltung, die Zwangsversteigerung und die Sicherungshypothek, wobei diese Vollstreckungsmaßnahmen je für sich alleine, hintereinander oder gleichzeitig durchgeführt werden können (§ 866 Abs. 2 ZPO). Auf die Sicherungshypothek kann meistens verzichtet werden. Fast immer sinnvoll sind demgegenüber die Zwangsversteigerung (zur Realisierung der Rückstände) und die Zwangsverwaltung (zur Sicherstellung der laufenden Hausgeldzahlung), ggf. in Kombination mit einer Versorgungssperre. Aus Mitleid mit dem Schuldner oder von dem Argument, es werde „mit Kanonen auf Spatzen geschossen", sollte sich die Gemeinschaft davon nicht abhalten lassen. Namentlich die Zwangsversteigerung geschieht nicht „von heute auf morgen" und verursacht zunächst (vor Einholung des Verkehrswertgutachtens) nur verhältnismäßig geringe Kosten; der Schuldner hat es in der Hand, die Versteigerung durch Bezahlung der Rückstände abzuwenden. Ist er dazu aber trotz des drohenden Verlustes seiner Wohnung nicht in der Lage, hat die Gemeinschaft gut daran getan, die Einleitung der erforderlichen Maßnahmen nicht verzögert zu haben.

1149 Seit (im Sinne der vorstehenden Empfehlungen) die Immobiliarvollstreckung, insbesondere die Zwangsversteigerung von Wohnungseigentum zunehmend zum „Normalfall" der Zwangsvollstreckung wurde, ist dieses Rechtsgebiet in den Fokus eines größeren Kreises von Anwendern gelangt. Bislang kannten sich mit den Feinheiten dieser außerordentlich **schwierigen** und **eigenständigen**

---

12 So auch AG Heilbronn v. 27.5.2009 – 17 C 976/09, ZMR 2010, 325, Rn 26; *Elzer* in: Beck'sches Prozessformularbuch, 12. Aufl. 2013, Teil II, H.1 Anm. 17 zu §§ 257, 258 ZPO, Anm. 35 zu § 259 ZPO.

Materie im Wesentlichen nur die damit ständig befassten Rechtspfleger der Amtsgerichte aus. Zu der „allgemeinen Schwierigkeit" des Rechtsgebiets kommt hinzu, dass Neuerungen der WEG-Reform zahlreiche Zweifelsfragen mit sich bringen, deren Aufarbeitung in Literatur und Rechtsprechung noch nicht abgeschlossen ist. Die nachfolgenden Ausführungen dürften für den „Alltagsgebrauch" zwar ausreichen, können Spezialliteratur aber jedenfalls dann nicht ersetzen, wenn es zu Problemen und Abweichungen vom „Normalverlauf" kommt. Es kann nachfolgend schon aus Platzgründen nicht auf sämtliche möglichen „Fallstricke" eingegangen werden.

C. Zwangsverwaltung

I. Überblick

Die Zwangsverwaltung ist zur Sicherstellung der **laufenden Hausgeldzahlungen** seit jeher eine sinnvolle Maßnahme. Schon vor der WEG-Reform musste der Zwangsverwalter die nach Anordnung der Zwangsverwaltung fällig werdenden Ausgaben der Verwaltung „vorweg" bezahlen („Rangklasse 0", § 155 Abs. 1 ZVG), wozu nach allgemeiner Meinung auch Beitragsforderungen der Gemeinschaft gehörten. An dieser Rechtslage wollte der Gesetzgeber der WEG-Novelle nichts ändern. Gem. § 156 Abs. 1 S. 2 ZVG sind „die laufenden Beträge der aus dem Wohnungseigentum fälligen Ansprüche auf Zahlung der Beiträge zu den Lasten und Kosten des gemeinschaftlichen Eigentums oder des Sondereigentums, die nach § 16 Abs. 2, § 28 Abs. 2 und 5 WEG geschuldet werden", ohne weiteres Verfahren zu berichtigen. Somit hat sich an dem vor der WEG-Reform anerkannten Grundsatz nichts geändert.[13]

1150

Eine Realisierung von **Hausgeldrückständen** ist bei der Zwangsverwaltung hingegen kaum möglich. Denn aus den Überschüssen der Zwangsverwaltung werden zunächst die „Ansprüche auf laufende wiederkehrende Leistungen" bedient (§ 155 Abs. 2 ZVG), und d.h. im Klartext: Die Zinsansprüche der Grundpfandgläubiger. Danach bleibt normalerweise nichts mehr übrig.

1151

Als Maßnahme der Immobiliarvollstreckung setzt die Zwangsverwaltung einen vollstreckbaren **Zahlungstitel** gegen den Wohnungseigentümer[14] voraus. Dieser Titel muss keine i.S.v. § 10 Abs. 1 Nr. 2 S. 1 ZVG bevorrechtigten Hausgeldforderungen zum Gegenstand haben (auch wenn dies der dem folgenden Muster entsprechende Regelfall sein dürfte); er kann vielmehr auf einem beliebigen Rechtsgrund beruhen und beliebig alt sein. Es ist nicht möglich, die Zwangsverwaltung aus **Rangklasse 2** zu betreiben; sie muss aus Rangklasse 5 (persönliche Ansprüche) betrieben werden (und wird, wenn der Antrag nichts anderes aussagt, ohne weiteres so eingeordnet).[15]

1152

Die **Kosten** der Zwangsverwaltung werden aus den Einnahmen bezahlt (§ 155 Abs. 1 ZVG). Die Gemeinschaft als Antragstellerin wird mit eventuellen (über die im folgenden Antragsmuster erwähnten Gerichts- und Zustellgebühren hinausgehenden) Kosten i.d.R. also nur dann konfrontiert, wenn der Zwangsverwalter (noch) keine (Miet-)Einnahmen erzielt. Dann kann er bei der Gemeinschaft einen **Vorschuss** auf die Ausgaben der Verwaltung anfordern. Den Vorschuss benötigt der Zwangsverwalter zum einen zur Bezahlung des Hausgelds (das somit anschließend an die Gemeinschaft „zurückfließt"), zum anderen z.B. für Investitionen, die zur Vermietung der Wohnung erfor-

1153

---

13 BGH v. 15.10.2009 – V ZB 43/09, WuM 2010, 53; *Wedekind/Wedekind*, Zwangsverwaltung, 2011, Rn 1352. Die Frage war bis zur BGH-Entscheidung heftig umstritten.

14 Ein Titel gegen den (nur) „faktischen" Wohnungseigentümer genügt nicht (BGH v. 23.9.2009 – V ZB 19/09, NZM 2009, 912), wodurch die Gemeinschaft bei fehlender Auflassung durch den Bauträger rechtlos wird.

15 *Alff*, ZWE 2010, 117. Der schwer verständliche Grund: Gem. § 155 Abs. 2 ZVG werden in RK 2 nur laufende wiederkehrende Leistungen berücksichtigt; gem. § 13 ZVG sind die titulierten Beträge ab der Beschlagnahme definitionsgemäß Rückstände. Der Gemeinschaft kann es gleichgültig sein, das die Zwangsverwaltung aus RK 5 statt aus RK 2 betrieben wird, da sie jedenfalls nur laufende Zahlungen und keine Rückstände erhält.

derlich sind. Wird der Vorschuss nicht bezahlt, wird die Zwangsverwaltung aufgehoben (§ 161 ZVG). Erzielt der Zwangsverwalter Einnahmen, erhält die Gemeinschaft etwaige von ihr geleistete Vorschüsse, die der Objekterhaltung oder -verbesserung dienten (also insbesondere die für die Vermietung des Objekts getätigten Investitionen), entweder vorab (siehe Rn 1161) oder nach Aufstellung des Teilungsplans verzinst zurück, da sie in Rangklasse 1 des § 10 Abs. 1 ZVG fallen. Sollte der Zwangsverwalter keine Einnahmen erzielen, kann die Gemeinschaft ihre Investitionen bei einer Zwangsversteigerung des Objekts in Rangklasse 1 anmelden und dadurch zurück erhalten.

1154 Die Zwangsverwaltung ist insbesondere dann sinnvoll, wenn die Wohnung **vermietet** ist. Der Zwangsverwalter tritt gem. § 152 Abs. 2 ZVG in den Mietvertrag ein und zieht die Mieten ein. Eine etwaige Abtretung oder Pfändung der Miete ist wirkungslos: Die Zwangsverwaltung „bricht" nämlich eine Mietpfändung oder Vorausabtretung (§ 1124 BGB). Problematisch sind aber angebliche Absprachen zwischen Mietern und Eigentümern, wonach der Mieter den Gegenwert bestimmter von ihm erbrachter Leistungen „mietfrei abwohnen" können soll (meistens als sog. Baukostenzuschuss). Auch wenn solche Absprachen noch so offensichtlich kollusiven Charakter haben, sind sie nach der Rspr. des BGH wirksam und müssen beachtet werden;[16] dann kann der Zwangsverwalter keine Einnahmen erwirtschaften, was die Zwangsverwaltung sinnlos macht.

1155 Wenn die Wohnung im Zeitpunkt der Antragstellung zwar nicht vermietet ist, aber **leer steht**, ist die Zwangsverwaltung ebenfalls sinnvoll. Denn dann kann (und muss) der Zwangsverwalter sie vermieten (§§ 5, 6 ZwVwV).

1156 Auch bei einer vom Schuldner **eigengenutzten Gewerbeeinheit** kann die Zwangsverwaltung sinnvoll sein. Für den Schuldner gilt grundsätzlich das Benutzungsverbot des § 148 Abs. 2 ZVG; er hat die Einheit also zu räumen.[17] Der Zwangsverwalter kann sie ihm aber gegen Mietzahlung überlassen, wobei gem. § 6 Abs. 1 ZwVwV ein schriftlicher Mietvertrag abzuschließen ist. Kommt kein Mietvertrag zustande und bezahlt der Schuldner auch keine Nutzungsentschädigung, kann und muss der Verwalter ihn außer Besitz setzen (also die Einheit räumen lassen), so dass anschließend eine Vermietung erfolgen kann.

1157 Die **Privatwohnung** ist dem selbstnutzenden Schuldner gem. § 149 Abs. 1 ZVG kostenlos zu belassen. Ihm kann gem. § 149 Abs. 2 ZVG die Räumung aufgegeben werden, wenn er die Wohnung oder deren Verwaltung gefährdet; die Anordnung einer solchen Zwangsräumung steht aber vor hohen (verfassungsrechtlichen) Hürden.[18] Insbes. liegt eine „Gefährdung" i.S.v. § 149 Abs. 1 ZVG nicht schon deshalb vor, weil der Schuldner das Hausgeld nicht bezahlt.[19] Bei eigengenutzter Privatwohnung ist die Zwangsverwaltung also nur sinnvoll, wenn eine Versorgungssperre technisch möglich ist und beschlossen wird (was sogar während der Zwangsverwaltung möglich ist, siehe Rn 1226). Hat die Versorgungssperre die erwünschte Folge, dass der Schuldner die Wohnung verlässt, kann der Zwangsverwalter sie vermieten.

---

16 BGH v. 15.2.2012 – VIII ZR 166/10, ZMR 2012, 432. Ausführlich und zu Recht kritisch *Dötsch*, Der „Baukostenzuschuss" und sonstige Mietvorauszahlungen in Veräußerungskonstellationen, NZM 2012, 296.
17 Räumungstitel ist der gerichtliche Anordnungsbeschluss. Bei Drittgewahrsam ist i.d.R. ein gesonderter Räumungstitel erforderlich.
18 BVerfG v. 7.1.2009 – 1 BvR 312/08, NZM 2009, 289.
19 BGH v. 24.1.2008 – V ZB 99/07, ZMR 2008, 471.

II. Antragsmuster und Erläuterung

▼

Muster 9.3: Antrag der Gemeinschaft auf Anordnung der Zwangsverwaltung 1158

An das Amtsgericht –Vollstreckungsgericht–

In der Zwangsvollstreckungssache

WEG Heinestraße 12, 75234 Musterstadt,

vertreten durch die WEG-Verwalterin X-Immobilien GmbH, diese vertreten durch den Geschäftsführer Xaver Xentis, Zenstraße 5, 75234 Musterstadt

– Gläubiger –

gegen

Achim Acker, Heinestraße 12, 75234 Musterstadt,

– Schuldner –

hat der Gläubiger Ansprüche gegen den Schuldner aus dem beigefügten Vollstreckungsbescheid des Amtsgerichts Musterstadt vom 8.1.2014, Az.: 14–9634711–0-8, die unter Bezugnahme auf anliegende Forderungsaufstellung wie folgt spezifiziert werden:

(Hauptforderung, ausgerechnete Zinsen auf die Hauptforderung, verzinsliche und unverzinsliche Kosten,[20] Summe, weiterlaufende Zinsen)

Der Schuldner ist Eigentümer des Wohnungseigentums Nr. 3 im Haus des Gläubigers, eingetragen im Wohnungsgrundbuch von Musterstadt, Blatt 371. Die Bescheinigung gem. § 17 Abs. 2 ZVG ist beigefügt.[21]

Wegen der obigen Ansprüche sowie wegen der weiterlaufenden Zinsen und der weiteren Vollstreckungskosten beantrage ich namens und in Vollmacht des Gläubigers, die Zwangsverwaltung des vorgenannten Wohnungseigentums Nr. 3 anzuordnen.

Die Wohnung ist derzeit an ▓▓▓▓ vermietet.[22]

Die Rechtsanwaltsgebühren für diesen Beschluss werden wie folgt berechnet:

Gegenstandswert: 3.000,00 EUR

0,4-Verfahrensgebühr Nr. 3311/3 VV:	75,60 EUR
Post- und Telekommunikationsdienstleistungen Nr. 7002 VV:	15,12 EUR
Zwischensumme netto:	90,72 EUR
19 % USt.:	14,52 EUR
Gesamt:	105,24 EUR

(Rechtsanwalt)

▲

---

20 Eine Beschränkung auf die in RK 2 fallenden Positionen ist hier anders als bei der Zwangsversteigerung nicht nötig, weil die Zwangsverwaltung immer aus RK 5 angeordnet wird, siehe Rn 1152.
21 Nur erforderlich, wenn das Vollstreckungsgericht und das Grundbuchamt nicht demselben Amtsgericht angehören, siehe Rn 1187.
22 Diese Angabe ist nicht zwingend, erleichtert aber dem Zwangsverwalter die Aufnahme der Arbeit.

§ 9 Hausgeldinkasso

1159 Zuständig ist das Amtsgericht (Vollstreckungsgericht), in dessen Bezirk die Wohnungseigentumsanlage sich befindet (§ 1 Abs. 1 ZVG). Häufig ist durch landesrechtliche Verordnungen für mehrere Gerichtsbezirke die Zuständigkeit eines bestimmten Amtsgerichts begründet, damit nicht jedes kleine Amtsgericht mit der schwierigen Materie befasst wird (§ 1 Abs. 2 ZVG). Ist das angerufene örtliche Amtsgericht aus diesem Grund nicht zuständig, wird es den Antrag an das zuständige Amtsgericht weiter leiten, sodass sich der Antragsteller darüber nicht unbedingt Gedanken machen muss.

1160 Die **Gerichtskosten** für die Anordnung der Zwangsverwaltung betragen (nur) 100,00 EUR (Nr. 2220 GKG KV). Dazu kommen Zustellkosten, deren Höhe gem. Kostenverzeichnis Nr. 9002 entweder pauschal 3,50 EUR beträgt, oder weniger, wenn die tatsächlichen Auslagen des Gerichts geringer sind. Eine Vorauszahlung der Verfahrenskosten ist weder nötig noch sinnvoll; das Gericht fordert sie nach Erlass und Zustellung des Anordnungsbeschlusses an. Je Kalenderjahr der Zwangsverwaltung fällt dann noch eine 0,5-Gerichtsgebühr (Nr. 2212 GKG KV) an, die aber dem Erlös entnommen wird und die Gemeinschaft deshalb i.d.R. nicht interessiert.

III. Verteilung der Einnahmen des Zwangsverwalters

1161 Die (Miet-)Einnahmen hat der Zwangsverwalter gem. §§ 155, 156 ZVG nach einer bestimmten Reihenfolge zu verteilen. Vorab, d.h. in eigener Kompetenz und ohne Aufstellung eines Teilungsplans („Rangklasse 0"):
- Vergütung und Auslagen des Zwangsverwalters;
- Verwaltungskosten, die der Zwangsverwalter zur Versicherung, Erhaltung und notwendigen Verbesserung der Einheit aufwenden muss;
- laufendes Hausgeld in Rangklasse 2;
- Grundsteuern.

1162 Bleibt danach von den Einnahmen noch etwas übrig, handelt es sich um **Überschüsse**, die der Zwangsverwalter dem Gericht anzeigen muss (§ 11 Abs. 2 S. 2 ZwVwV). Das Gericht bestimmt daraufhin einen Termin zur Aufstellung eines **Teilungsplans** für die Dauer des Zwangsverwaltungsverfahrens (§ 156 Abs. 2 ZVG). Die Verteilung erfolgt nach den Rangklassen des § 10 Abs. 1 ZVG, allerdings mit der maßgeblichen Besonderheit des § 155 Abs. 2 S. 2 ZVG, dass in der zweiten, dritten und vierten Rangklasse nur Ansprüche auf laufende wiederkehrende Leistungen sowie auf diejenigen Beträge berücksichtigt werden, die zur allmählichen Tilgung einer Schuld als Zuschlag zu den Zinsen zu entrichten sind. Die titulierten Beträge, aufgrund derer die Gemeinschaft die Zwangsverwaltung betreibt, kommen somit praktisch nicht zum Zuge. Weil der Zwangsverwalter aber i.d.R. vor Ablauf eines Jahres keine Verteilung (Auszahlung) der Einnahmen vornimmt, kann die Gemeinschaft häufig doch noch einen Großteil der Einnahmen an sich ziehen, wenn sie vorher trickreich aktiv wird:

1163 *Tipp:*
Ist die Gemeinschaft der einzige die Zwangsverwaltung betreibende Gläubiger, kann sie jederzeit den Zwangsverwaltungsantrag zurück nehmen und den Anspruch des Schuldners gegen den Zwangsverwalter auf **Auszahlung des Überschusses pfänden**. *Das ist dann Erfolg versprechend, wenn ein Überschuss zu erwarten ist und noch keine Verteilung erfolgte.*

1164 Von Bedeutung für die Gemeinschaft ist allenfalls noch die Rangklasse 1, nämlich die Ansprüche des betreibenden Gläubigers „auf Ersatz seiner **Ausgaben zur Erhaltung** oder nötigen Verbesserung des Grundstücks". Zu solchen Ausgaben kann es kommen, wenn die antragstellende Gemeinschaft Vorschüsse entrichten muss, um z.B. die Wohnung in einen vermietbaren Zustand zu versetzen.[23] Früher wurde darüber hinaus teilweise die Auffassung vertreten, in die Rangklasse 1 fielen alle mit der Zwangsverwaltung entstehenden Kosten, weil eine ordnungsgemäß durchgeführte Zwangsverwaltung dem Grundstück insgesamt zwangsläufig zugute komme. Der BGH hat aber entschieden, dass es auf die objekterhaltende oder -verbessernde Wirkung der Vorschüsse im Einzelfall ankommt, sodass Vorschüsse zur Bezahlung des Hausgelds nicht in Rangklasse 1 fallen.[24] Da sie aber in Rangklasse 2 fallen, erhält sie die Gemeinschaft hierüber zurück.

IV. Hausgeldzahlung durch den Zwangsverwalter

Für die Zahlungspflichten des Zwangsverwalters gelten dieselben Grundsätze wie beim Eigentümerwechsel (siehe Rn 1036), wobei der Zwangsverwalter dem Erwerber gleichsteht. Das bedeutet konkret: Der Zwangsverwalter muss (nur) das **nach** Anordnung der Zwangsverwaltung fällig werdende **Hausgeld** bezahlen, keine Rückstände.[25] Wird die Zwangsverwaltung statt von der WEG von einem anderen Gläubiger betrieben, muss der Zwangsverwalter von diesem entsprechende Vorschüsse anfordern und kann die Zahlung nicht wegen Massearmut verweigern.[26] Betreibt die WEG die Zwangsverwaltung, ist sie ebenfalls vorschusspflichtig (siehe Rn 1153); allerdings sieht ein aktuell nicht zahlungsfähiger Zwangsverwalter in der Praxis meistens ohne weiteres von der Hausgeldzahlung ab, um das „Hin- und Herzahlen" zu vermeiden. Des Weiteren besteht die Zahlungspflicht nur insoweit, als das Hausgeld der Bewirtschaftung des Anlage dient; dies wird z.B. hinsichtlich der Zuführungen zur Instandhaltungsrücklage verschiedentlich bezweifelt, da es sich insoweit nur um eine Vermögensverschiebung, nicht aber um eine Ausgabe handelt. Bislang werden die einzelnen Positionen eines Wirtschaftsplan von den Zwangsverwaltern meistens zwar nicht hinterfragt, das kann aber durchaus passieren.

1165

Die vom Zwangsverwalter zu erbringenden „laufenden Beträgen" i.S.v. § 156 Abs. 1 S. 2 ZVG umfassen nicht nur das „laufende Hausgeld" (Vorschüsse gem. Wirtschaftsplan), sondern auch Nachzahlungen auf eine nach Anordnung der Zwangsverwaltung beschlossene **Jahresabrechnung** oder **Sonderumlage.** im Grundsatz und im Detail streitig.[27] Demnach muss der Zwangsverwalter auch solche **Sonderumlagen** bezahlen, die zur Deckung der Hausgeldausfälle des von der Zwangsverwaltung betroffenen Wohnungseigentums beschlossen wurden, obwohl damit der Sache nach eine (Mit-)Haftung für Rückstände verbunden ist. Endet eine **Jahresabrechnung** mit einer Nachzahlung, ist der Zwangsverwalter zur Bezahlung der (vollen) Abrechnungsspitze verpflichtet.[28] Setzt sich – wie in solchen Fällen üblich – der Nachzahlungsbetrag aus der Abrechnungsspitze und aus Beitragsrückständen zusammen, muss der Zwangsverwalter nur die Abrechnungsspitze, nicht aber die Beitragsrückstände bezahlen. Hat der Zwangsverwalter übersehen, dass in „seiner" Einzelabrechnung auch Rückstände enthalten waren und bezahlt er deshalb den vollen Schuldsaldo, kann er auch ohne Anfechtung des Abrechnungsbeschlusses die rechtsgrundlos geleisteten Zahlungen von der Eigentümergemeinschaft als ungerechtfertigte Bereicherung zurückverlangen.[29]

1166

---

23 Exemplarisch LG Wuppertal v. 10.2.2004 – 1 O 305/03, ZMR 2005, 818.
24 BGH v. 10.4.2003 – IX ZR 106/02, ZMR 2005, 637.
25 BGH v. 9.12.2011 – V ZR 131/11, ZMR 2012, 460, Rn 12.
26 Das ergibt sich aus BGH v. 15.10.2009 – V ZB 43/09, WuM 2010, 53.
27 BT-Drucks 16/887, 48; *Hügel/Elzer,* NZM 2009, 457, 473; *Wedekind/Wedekind,* Zwangsverwaltung, 2011, Rn. 1397 ff.; AG Langenfeld v. 15.4.2009 – 64 C 156/08, ZMR 2009, 879; h.M.
28 LG Köln v. 16.10.2008 – 6 T 437/08, NZM 2008, 936; OLG München v. 12.3.2007 – 34 Wx 114/06, ZMR 2007, 721.
29 OLG München v. 12.3.2007 (Vornote).

1167 Obwohl er zur Bezahlung der Rückstände nicht verpflichtet ist, kann der Zwangsverwalter durch eine **Versorgungssperre** faktisch dazu gezwungen werden; das Zurückbehaltungsrecht, das die Gemeinschaft dazu berechtigt, wird ihr durch die Zwangsverwaltung nämlich nicht genommen.[30] Die Zahlungspflicht des Zwangsverwalters besteht sogar ungeachtet der Versorgungssperre weiter. Dieses Vorgehen wirft freilich eine Reihe von Zweifelsfragen auf, denen hier nicht weiter nachgegangen werden kann.

1168 Bezahlt der Zwangsverwalter berechtigte Forderungen der Gemeinschaft nicht (indem er z.B. zu Unrecht das Hausgeld kürzt und stattdessen Zahlungen an andere Gläubiger leistet), haftet er der Gemeinschaft persönlich auf **Schadensersatz**.[31]

1169 Für die Beitragsansprüche der Gemeinschaft ist der Zwangsverwalter nicht alleine oder ausschließlich zuständig; daneben besteht die **Haftung des** (werdenden) **Wohnungseigentümers** weiter.[32]

> *Beispiel*
> Das Wohnungseigentum des noch nicht im Grundbuch eingetragenen Erwerbers A steht unter Zwangsverwaltung, die von der Gläubigerin der (noch bestehenden) Globalgrundschuld betrieben wird. Die Gemeinschaft verklagt A erfolgreich auf Zahlung von Hausgeld. Die Anordnung der Zwangsverwaltung ändert nichts an der Zahlungspflicht des A; A kann sich lediglich auf die schuldbefreiende Wirkung von eventuellen Zahlungen des Zwangsverwalters berufen.[33]

V. Zwangsverwaltung und WEG-Verwaltung

1170 Die **Jahresabrechnung** bleibt von der Zwangsverwaltung prinzipiell unberührt. Sie ist objektbezogen, weshalb es nicht entscheidend darauf ankommt, wer als Adressat genannt wird. Richtiger Adressat ist und bleibt der Eigentümer; zu übersenden ist sie an beide (Zwangsverwalter *und* Eigentümer). Problematisch ist die Darstellung des Abrechnungssaldos, wenn dieser sich aus rückständigen Beiträgen und einer Abrechnungsspitze zusammen setzt; diesbezüglich gilt das Gleiche wie bei einem Eigentümerwechsel (siehe Rn 1049).

1171 Zur **Eigentümerversammlung** sind nach h.M. beide einzuladen: Zwangsverwalter *und* Eigentümer (siehe Rn 756); stimmberechtigt ist aber (nur) der Zwangsverwalter (siehe Rn 839).

1172 Zur **Beschlussanfechtung** sind ebenfalls beide befugt (str.).[34] Beim Zwangsverwalter folgt das Anfechtungsrecht aus seinem Stimmrecht, beim Eigentümer aus seiner fortbestehenden materiellen Betroffenheit.

VI. Zwangsverwaltung und Insolvenz

1173 Nach Auffassung des BGH hindert ein laufendes Insolvenzverfahren über das Vermögen des Wohnungseigentümers die Gemeinschaft nicht an der Beantragung der Zwangsverwaltung. Wird der Antrag nämlich auf **privilegierte Ansprüche** der Rangklasse 2 des § 10 Abs. 1 ZVG gestützt, ist die Zwangsverwaltung ungeachtet der Insolvenz ohne weiteres zulässig; die dinglichen Forderungen der Gemeinschaft aus Rangklasse 2 überwinden das Vollstreckungsverbot des § 89 InsO.[35]

---

30 OLG Dresden v. 12.6.2007 – 3 W 82/07, ZMR 2008, 140; *Wedekind*, ZfIR 2008, 600; str.
31 BGH v. 5.2.2009 – IX ZR 21/07, NZM 2009, 243.
32 OLG Zweibrücken v. 27.7.2005 – 3 W 167/04, NZM 2005, 949.
33 Fall nach LG Dresden v. 30.8.2005 – 2 T 68/05, ZMR 2006, 77.
34 *Häublein*, ZfIR 2005, 337; *Drasdo*, ZWE 2006, 68, 78; KG v. 9.11.2005 – 24 W 60 und 67/05, ZMR 2006, 221. A.A. (nur Zwangsverwalter darf anfechten) die h.M., LG Berlin v. 19.9.2008 – 85 T 404/07, ZMR 2009, 474; *Bärmann/Klein*, § 46 Rn 35.
35 BGH v. 12.2.2009 – IX ZB 112/06, WuM 2009, 324, Rn 13.

Dies steht allerdings im Widerspruch dazu, dass die Zwangsverwaltung aus Rangklasse 2 nicht möglich ist (siehe Rn 1152).[36]

Wenn die Gemeinschaft **anderweitige Ansprüche** (insbesondere ältere Rückstände) geltend macht, ist die Zwangsverwaltung während eines laufenden Insolvenzverfahrens des Wohnungseigentümers jedenfalls unzulässig. In der Insolvenz fällt das Wohnungseigentum nämlich unter das Vollstreckungsverbot des § 89 Abs. 1 InsO. Das Verbot gilt für Zwangsvollstreckungen in die Insolvenzmasse und in das sonstige Vermögen des Schuldners. Das gilt auch nach der Freigabe durch den Insolvenzverwalter/Treuhänder: Denn dadurch ist es aus der Insolvenzmasse ausgeschieden und in die Verwaltungs- und Verfügungsbefugnis der Schuldnerin zurück gelangt, somit Teil des sonstigen Vermögens der Schuldnerin im Sinne von § 89 Abs. 1 InsO.[37] (Zur Freigabe siehe auch Rn 1689.)

1174

D. Zwangsversteigerung

I. Überblick

Vor der WEG-Novelle war die Zwangsversteigerung keine sinnvolle Option für eine Gemeinschaft. Die Gemeinschaft konnte ihre Hausgeldforderungen nur als dinglich nicht gesicherte „persönliche Ansprüche" in der Rangklasse 5 des § 10 Abs. 1 ZVG geltend machen. Bei der (nach der Reihenfolge der Rangklassen des § 10 Abs. 1 ZVG erfolgenden) Verteilung des Erlöses aus einer Zwangsversteigerung gingen die in Rangklasse 4 fallenden Rechte der dinglich gesicherten Gläubiger (meistens Banken) den Hausgeldforderungen somit im Rang vor. Weil eine Wohnung in den zur Zwangsversteigerung führenden Fällen i.d.R. überschuldet ist (d.h. dass die valutierenden Rechte[38] der dinglichen Gläubiger den Verkehrswert übersteigen), blieb für die Gemeinschaft am Ende nichts übrig. Zudem scheiterte der Versuch der Zwangsversteigerung oft schon daran, dass überhaupt kein dem Erfordernis des geringsten Gebots (§ 44 ZVG) genügendes Angebot zur Ersteigerung abgegeben wurde.

1175

Die WEG-Novelle hat die Rechtslage für Zwangsversteigerungsverfahren seit dem 1.7.2007 grundlegend geändert.[39] **Hausgeldansprüche** der letzten 2 Jahre fallen bis zur Höhe von 5 % des Verkehrswertes der versteigerten Wohnung in die **Rangklasse 2** des § 10 Abs. 1 Nr. 2 ZVG (näher siehe Rn 1192). Sie sind insofern gegenüber den Ansprüchen der Grundpfandgläubiger bevorrechtigt **(privilegiert)**. Bei einer Versteigerung aus Rangklasse 2 (nur darum geht es im Folgenden) fallen nur noch die Kosten des Versteigerungsverfahrens und ein eventueller Anspruch der Gemeinschaft auf Ersatz der Ausgaben zur Erhaltung und Verbesserung des Wohnungseigentums (§ 10 Abs. 1 Nr. 1 ZVG) in das geringste Gebot. Dieses ist daher so niedrig, dass es (falls es nicht zu einer Ablösung kommt, dazu nachstehend) praktisch immer zu einer Versteigerung der Wohnung kommen wird. Sollte sich ausnahmsweise einmal kein Erwerber für die Einheit finden, kann die Gemeinschaft sogar – bevor sie es zur Einstellung des Verfahrens kommen lässt – die betreffende Wohnung selber ersteigern, da ihr der Immobilienerwerb möglich ist (siehe 685). Weil bei der Erlösverteilung nur noch die Verfahrenskosten und eventuelle Erhaltungskosten den privilegierten Hausgeldrückständen vorgehen, kann die Gemeinschaft grundsätzlich deren Begleichung erwarten;

1176

---

36 In diesen Sinne *Alff*, ZWE 2010, 117: Solange das Wohnungseigentum zur Insolvenzmasse gehöre (und auch nach einer Freigabe), könne die WEG keine Zwangsverwaltung beantragen.
37 BGH v. 12.2.2009 – IX ZB 112/06, WuM 2009, 324.
38 „Valutierend" bedeutet: Die gesicherten Darlehensforderungen stehen nicht nur (in Gestalt der Grundschuld) auf dem Papier, sondern bestehen (in Gestalt nicht zurückgeführter Darlehen) tatsächlich noch.
39 Ausführlich *Schneider* in: Harz/Kääb/Riecke/Schmid, Kap. 33 Rn 186 ff.; *Schneider*, Zur dinglichen Wirkung persönlicher Hausgeldansprüche, ZWE 2014, 61.

allerdings nur, soweit die Außenstände nicht die **5 %-Verkehrswert-Grenze** überschreiten. Nachteilig ist lediglich, dass die Gemeinschaft, wenn sie die Zwangsversteigerung selber betreibt, die Kosten des Versteigerungsverfahrens vorauszahlen muss. Ins Gewicht fallen dabei die Kosten für das gem. § 74a Abs. 5 ZVG einzuholende **Verkehrswertgutachten**, die im Normalfall zwischen 1.000,00 EUR und 1.500,00 EUR betragen; vor dem Versteigerungstermin sind auch noch die Kosten der Veröffentlichung vorzuschießen, die erstaunlicher Weise mit regelmäßig über 1.000,00 EUR zu Buche schlagen.

1177   *Tipp*
Die Zwangsversteigerung ist – bei vermieteter Wohnung in Kombination mit einem Antrag auf Zwangsverwaltung – eine grundsätzlich aussichtsreiche und daher empfehlenswerte Vollstreckungsmaßnahme.

1178   Oft wird ein nachrangiger (Grundpfand-)Gläubiger die privilegierte (und titulierte) Forderung der Gemeinschaft **ablösen**, d.h. bezahlen, um die Versteigerung unter Wert zu verhindern und den Weg zur freihändigen Veräußerung freizumachen. Die Ablösung ist nur vollständig, wenn sie auch die der Gemeinschaft entstandenen Kosten des Zwangsversteigerungsverfahrens umfasst.[40] Durch die Ablösung geht die privilegierte Forderung der Gemeinschaft nicht unter, sondern gem. § 268 Abs. 3 S. 1 BGB auf den Ablösenden über, der dadurch in die (ehemalige) Rechtsstellung der Gemeinschaft in Rangklasse 2 einrückt.[41] Der Ablösende kann das Verfahren einstellen, anstatt es zu Ende zu führen. Dann hat die Gemeinschaft Nachteile: Zum einen bleibt sie auf ihren Verfahrenskosten „sitzen", falls diese nicht im Zuge der Ablösung bezahlt wurden; zum anderen wird sie den zahlungsunfähigen Wohnungseigentümer nicht los. Sie kann insbesondere, wenn der betreffende Wohnungseigentümer weiterhin kein Hausgeld bezahlt, dem Verfahren nicht mit zwischenzeitlich titulierten Ansprüchen beitreten, sofern und soweit das Rangklassenprivileg bereits ausgeschöpft wurde (siehe Rn 1195). Trotzdem kann sich die Gemeinschaft gegen eine Ablösung nicht wehren. Die laufende Hausgeldzahlung muss ggf. per Zwangsverwaltung durchgesetzt werden.

II. Antragsvoraussetzungen

1179   Der mit der Zwangsversteigerung beauftragte Rechtsanwalt muss sich zunächst um die Beschaffung der nachfolgend erörterten Unterlagen kümmern.

1. Titel

1180   Die Zwangsversteigerung erfordert einen vollstreckbaren Titel (Vollstreckungsbescheid, Urteil, Vergleich usw.). Um das Verfahren aus Rangklasse 2 in Gang zu bringen, müssen die titulierten Ansprüche in Rangklasse 2 fallen und die Wertgrenze von 3 % des Einheitswerts übersteigen (siehe Rn 1182). Wenn schon höhere Rückstände aufgelaufen sind, könnte die Gemeinschaft sich also darauf **beschränken**, nur so viel zu titulieren, dass gerade 3 % des Einheitswerts überschritten werden; was nicht tituliert wurde, kann im laufenden Zwangsversteigerungsverfahren auch ohne Titel angemeldet werden (siehe Rn 1198). Schon wegen der verhältnismäßig geringen Kosteneinsparung lohnt sich eine Beschränkung der Titulierung allerdings kaum, zumal die Kosten der Titulierung ihrerseits in Rangklasse 2 fallen und daher aus dem Versteigerungserlös bedient werden (soweit die 5 %-Verkehrswertgrenze nicht überschritten wird). Für eine vollständige Titulierung der privilegierten Außenstände spricht auch der Umstand, dass nur titulierte Forderungen zu berücksichti-

---

40   BGH v. 12.9.2013 – V ZB 161/12, ZfIR 2013, 869.
41   Ausführlich *Schneider*, Zahlung rückständiger Hausgelder während der vom Verband WEG betriebenen Zwangsversteigerung, ZMR 2010, 340.

gen sind, wenn es zwecks Abwendung der Zwangsversteigerung zur Ablösung kommt. Wurde die titulierte Forderung vor Einleitung der Zwangsversteigerung **teilweise beglichen**, kann die WEG dem Zwangsversteigerungsantrag ohne weiteres die verbliebene Restforderung zugrunde legen (sofern diese die 3 %-Einheitswertgrenze übersteigt), ohne eine Gesamtabrechnung vorlegen zu müssen. Wenn der Schuldner meint, seine auf den Titel erfolgten Zahlungen seien nicht (richtig) berücksichtigt worden, muss er Vollstreckungsgegenklage (§ 767 ZPO) erheben; diese Frage ist jedenfalls nicht vor dem Vollstreckungsgericht zu klären.[42]

Der Rechtspfleger, dem bei der Immobiliarzwangsvollstreckung die funktionelle Zuständigkeit zugewiesen und der daher „das Vollstreckungsgericht" ist (§ 3 Nr. 1i RPflG), muss prüfen können, ob die dem Versteigerungsantrag zugrunde liegenden Forderungen in die Rangklasse 2 fallen. Deshalb bestimmt § 10 Abs. 3 ZVG, dass aus dem Titel „die Verpflichtung des Schuldners zur Zahlung, die Art und der Bezugszeitraum des Anspruchs sowie seine Fälligkeit zu erkennen sind. Soweit die Art und der Bezugszeitraum des Anspruchs sowie seine Fälligkeit nicht aus dem Titel zu erkennen sind, sind sie in sonst geeigneter Weise **glaubhaft zu machen**". Bei einem streitigen Urteil ergeben sich die erforderlichen Angaben aus den Gründen. Bei einem Anerkenntnis- oder Versäumnisurteil müssen zur Glaubhaftmachung die Klageschrift und ggf. weitere prozessuale Schriftsätze oder auch eine eidesstattliche Versicherung vorgelegt werden, denen zu entnehmen ist, wie sich der titulierte Betrag zusammensetzt. Einem Vollstreckungsbescheid muss aus sich heraus die Zuordnung zu Rangklasse 2 zu entnehmen sein, worauf schon bei der Antragstellung zu achten ist; der Antrag muss die Bezugsjahre der einzelnen Forderungen und die Zuordnung zur Schuldnerwohnung ausweisen, damit der daraufhin ergehende Vollstreckungsbescheid entsprechend lautet (siehe Rn 1133). Zur Not kann der Objektbezug auch durch eine eidesstattliche Versicherung des Verwalters glaubhaft gemacht werden.

1181

2. Einheitswertbescheinigung (3 %-Wertgrenze)

Die Anordnung der Zwangsversteigerung oder der Beitritt zu einem laufenden Verfahren sind nur zulässig, wenn die Forderungen 3 % des Einheitswertes übersteigen (§ 10 Abs. 3 S. 1 ZVG). Damit soll die Zwangsversteigerung wegen Bagatellforderungen verhindert werden. Tatsächlich wird die Grenze aber schnell überschritten: Beim Einheitswert handelt sich nämlich um eine von der Finanzverwaltung nach Maßgabe des Bewertungsgesetzes zum Zweck der Besteuerung festgesetzte Größe, die völlig unabhängig vom Verkehrswert ist und immer weit darunter liegt. Erfahrungsgemäß wird die 3 %-Wertgrenze schon überschritten, wenn nur **zwei Monate Hausgeld** rückständig sind.

1182

Das Übersteigen der Wertgrenze ist dem Vollstreckungsgericht nachzuweisen. Dazu genügt eine entsprechende **Mitteilung** bzw. Bescheinigung,[43] die das **Finanzamt** der betreibenden Gemeinschaft ohne Verstoß gegen das Steuergeheimnis erteilen kann, sofern ein vollstreckbarer Titel vorliegt (§ 10 Abs. 3 ZVG). Die Mitteilung wird in der Praxis problemlos erteilt, wobei den meisten Finanzämtern zu Recht die Vorlage einer Kopie des Titels (statt des Originals) genügt oder auch nur die Angabe, dass die Bescheinigung zwecks Einleitung der Immobiliarvollstreckung benötigt wird. Tritt die Gemeinschaft einem laufenden Versteigerungsverfahren zu einem Zeitpunkt bei, zu dem der Verkehrswert des Versteigerungsobjekts bereits rechtskräftig festgesetzt wurde, muss die

1183

---

42 BGH v. 11.3.2010 – V ZA 17/09.
43 Der BGH verlangte ursprünglich – über das Ziel hinausschießend – die „Vorlage des Einheitswertbescheids"; davon ist er inzwischen abgerückt. Den Bescheid selber übersendet das Finanzamt nämlich nicht.

Gemeinschaft keine Einheitswertbescheinigung mehr vorlegen, sofern die Forderung 3 % des Verkehrswerts übersteigt.[44]

1184 **Muster 9.4: Antrag auf Mitteilung des Einheitswerts**

An das Finanzamt[45]

Einheitswert für Wohnung Nr. 3, Heinestraße 12, 75234 Musterstadt, Grundbuch von Musterstadt Blatt 4711

Eigentümer: Anna und Achim Acker

Sehr geehrte Damen und Herren,

wir vertreten die Wohnungseigentümergemeinschaft Heinestraße 12, 75234 Musterstadt. Unserer Mandantin stehen titulierte Hausgeldansprüche gegen die o.g. Wohnungseigentümer zu; zur Glaubhaftmachung ist der Vollstreckungsbescheid vom 7.1.2014 in Kopie beigefügt. Zum Zweck der Immobiliarzwangsvollstreckung benötigt unsere Mandantin die Mitteilung des Einheitswertes des o.g. Wohnungseigentums, die hiermit hierher erbeten wird. Gem. § 10 Abs. 3 WEG steht § 30 AO der Mitteilung nicht entgegen.

3. Grundbuchzeugnis gem. § 17 Abs. 2 ZVG

1185 Die Zwangsversteigerung darf (selbstverständlich) nur angeordnet werden, wenn der Schuldner als Eigentümer der Wohnung im Grundbuch eingetragen ist (§ 17 Abs. 1 ZVG). Gem. § 17 Abs. 2 ZVG ist die Eintragung durch ein (möglichst aktuelles) Zeugnis des Grundbuchamtes nachzuweisen. Dieses wird dem Gläubigervertreter vom zuständigen Grundbuchamt auf Antrag kurzfristig erteilt; Kosten: 20,00 EUR (Nr. 17004 KV-GNotKG). Anders als beim Antrag auf Mitteilung des Einheitswertes ist ein vollstreckbarer Titel nicht erforderlich; das Zeugnis kann deshalb – wenn man es eilig hat – auch schon beantragt werden, bevor der Titel vorliegt.

1186 **Muster 9.5: Antrag auf Übersendung des Zeugnisses gem. § 17 Abs. 2 ZVG**

An das Grundbuchamt

wir vertreten die Wohnungseigentümergemeinschaft Heinestraße 12, 75234 Musterstadt. [Falls schon zutreffend: Unserer Mandantin stehen titulierte Hausgeldansprüche gegen den o.g. Wohnungseigentümer zu; zur Glaubhaftmachung ist der Vollstreckungsbescheid vom 7.1.2014 in Kopie beigefügt.] Zum Zweck der Immobiliarzwangsvollstreckung benötigt unsere Mandantin das Zeugnis gem. § 17 Abs. 2 ZVG, um dessen Übersendung hierher wir bitten.

1187 Gehören das Vollstreckungsgericht und das Grundbuchamt demselben Amtsgericht an (wie es außerhalb Baden-Württembergs der Fall ist), muss das Zeugnis nicht vorgelegt werden; gem. § 17 Abs. 2 S. 2 ZVG genügt dann vielmehr die **Bezugnahme auf das Grundbuch** (unter Angabe der Nummer des Grundbuchheftes bzw. – gleichbedeutend – Grundbuchblattes). Wenn der Gemein-

---

44 BGH v. 2.4.2009 – V ZB 157/08, ZMR 2009, 701.
45 Zuständig ist das Finanzamt, in dessen Bezirk sich die Wohnanlage befindet. Die Adresse lässt sich per Internet leicht herausfinden.

schaft bzw. dem beauftragten Rechtsanwalt kein aktueller Grundbuchauszug vorliegt, dem die Grundbuchheftnummer entnommen werden könnte, kann zwecks Bezugnahme ein unbeglaubigter Grundbuchauszug angefordert werden (Kosten: 10,00 EUR).

III. Antragsmuster und Erläuterung

▼

Muster 9.6: Antrag auf Zwangsversteigerung   1188

[Anschrift, Rubrum, Forderungsaufstellung und weiterer Text wie bei beim Antrag auf Zwangsverwaltung Rn 1158. Die Forderungsaufstellung darf hier nur in Rangklasse 2 fallende Positionen beinhalten.]

Wegen der obigen Ansprüche sowie wegen der weiterlaufenden Zinsen und der weiteren Vollstreckungskosten beantrage ich namens und in Vollmacht des Gläubigers, die Zwangsversteigerung des vorgenannten Wohnungseigentums Nr. 3 anzuordnen.

Der Titel hat Hausgeldforderungen i.S.v. § 10 Abs. 1 Nr. 2 ZVG zum Gegenstand. Das ergibt sich aus den Gründen des Urteils. *Oder:* Das ergibt sich aus der Bezeichnung der Ansprüche im Vollstreckungsbescheid. *Oder [bei Anerkenntnis- bzw. Versäumnisurteil]:* Das ergibt sich aus der zur Glaubhaftmachung beigefügten Klageschrift/Anspruchsbegründung vom 10.12.2013.

Die titulierten Ansprüche übersteigen, wie von § 10 Abs. 3 ZVG gefordert, die Höhe des Verzugsbetrags gem. § 18 Abs. 2 Nr. 2 WEG (3 % des Einheitswertes des Wohnungseigentums des Schuldners).

Glaubhaftmachung: Einheitswertbescheinigung des Finanzamts Musterstadt vom 10.1.2014

Der Schuldner ist Eigentümer des streitgegenständlichen Wohnungseigentums. Das Zeugnis nach § 17 Abs. 2 ZVG ist beigefügt. *Oder:* Wird im Parallelverfahren „Zwangsverwaltung" vorgelegt.

Die Rechtsanwaltsgebühren für diesen Beschluss werden wie folgt berechnet:

(0,4 Verfahrensgebühr gem. Nr. 3311/1 RVG-VV, Auslagenpauschale, USt.)

▲

Zuständig ist das Amtsgericht (Vollstreckungsgericht), in dessen Bezirk die Wohnungseigentumsanlage sich befindet (siehe Rn 1159).   1189

Die **Gerichtskosten** für die Anordnung der Zwangsversteigerung betragen 100,00 EUR (Nr. 2210 GKG KV). Dazu kommen Zustellkosten, deren Höhe gem. Nr. 9002 GKG KV entweder pauschal 3,50 EUR beträgt, oder weniger, wenn die tatsächlichen Auslagen des Gerichts geringer sind. Eine Vorauszahlung der Verfahrenskosten ist weder nötig noch sinnvoll; das Gericht fordert sie nach Erlass und Zustellung des Anordnungsbeschlusses an. Bis zum Abschluss des Verfahrens fallen noch bis zu 2 weitere Gerichtsgebühren (Nr. 2211 – 2216 GKG KV) an, die aber dem Erlös entnommen werden und die Gemeinschaft deshalb i.d.R. nicht interessieren.   1190

Rechtsanwaltsgebühren. Abgesehen von der schon im Antrag aufgeführten „Grundgebühr" fällt für die spätere Tätigkeit im Verteilungsverfahren noch eine 0,4-Verfahrensgebühr gem. Nr. 3311/2 RVG VV an; hierfür genügt die (nochmalige) Anmeldung der Forderungen der Gemeinschaft. In der Summe verdient der Rechtsanwalt also eine 0,8-Gebühr. Wenn man bedenkt, dass ein Zwangsversteigerungsverfahren mit zahlreichen Schwierigkeiten und Haftungsrisiken verbunden ist und von der Antragstellung bis zum Abschluss regelmäßig eine mehr oder weniger umfangreiche Akte   1191 füllt, muss man die gesetzliche Vergütung – die selbst von der im (unvergleichlich viel einfacheren) gerichtlichen Mahnverfahren anfallenden Vergütung weit entfernt ist – als völlig unzureichend bezeichnen.

IV. Was fällt in Rangklasse 2?

1192 In Rangklasse 2 (§ 10 Abs. 1 Nr. 2 ZVG) fallen „die fälligen Ansprüche auf Zahlung der Beiträge zu den Lasten und Kosten des gemeinschaftlichen Eigentums oder des Sondereigentums, die nach den §§ 16 Abs. 2, 28 Abs. 2 und 5 WEG geschuldet werden, einschließlich der Vorschüsse und Rückstellungen sowie die Rückgriffsansprüche einzelner Wohnungseigentümer". Die zuletzt genannte Alternative betrifft Zweier-Gemeinschaften und wird hier nicht weiter erörtert. Bevorrechtigt sind also:

1193
- **Vorauszahlungen** auf den Wirtschaftsplan und Nachzahlungen auf Jahresabrechnungen, ferner die darauf entfallenden Verzugszinsen (ob tituliert oder nicht).[46]
- **Titelbeschaffungskosten** (weil zur dinglichen Vollstreckung der persönliche Zahlungstitel genügt).[47]
- Die Kosten der „**dinglichen Rechtsverfolgung**" (also die Kosten und Gebühren der Immobiliarvollstreckung, inkl. z.B. Kosten für Grundbuchauszüge), nicht hingegen die Kosten (anderer) bisheriger Vollstreckungsmaßnahmen.

1194 Das Vorrecht erfasst die laufenden und die rückständigen Beträge aus dem Jahr der Beschlagnahme und den letzten 2 Jahren", begrenzt auf 5 % des Verkehrswerts der Wohnung. Im Einzelnen:

1195 Bei der **5 %-Verkehrswert-Grenze** gilt der Grundsatz der **Einmaligkeit**. Wenn also ein nachrangiger Gläubiger die privilegierte Hausgeldforderung der WEG ablöst (siehe Rn 1178), kann die WEG jedenfalls im laufenden Versteigerungsverfahren das Vorrecht wegen zwischenzeitlich aufgelaufener weiterer Hausgeldrückstände nicht erneut beanspruchen.[48] Wenn hingegen der Schuldner selber Zahlungen auf die privilegierten Forderungen leistet, kann die Gemeinschaft trotzdem und weiterhin (noch bestehende) Hausgeldforderungen bis zu 5 % des Verkehrswertes in Rangklasse 2 geltend machen; denn die 5-%-Grenze soll die nachrangigen Gläubiger, nicht den Schuldner schützen.[49]

1196 Der **Bezugszeitraum** der „letzten 2 Jahre" erfasst die beiden letzten Kalenderjahre vor dem Jahr der Beschlagnahme (§ 13 ZVG).[50] Die Beschlagnahme erfolgt entweder dadurch, dass der Anordnungsbeschluss beim Grundbuchamt eingeht (sofern die Eintragung demnächst erfolgt), oder dadurch, dass er dem Schuldner zugestellt wird (§ 22 Abs. 1 ZVG); entscheidend ist der frühere der beiden Zeitpunkte.[51] Ob die Rückstände sich wirtschaftlich auf den Bezugszeitraum beziehen müssen, oder ob sie „nur" im Bezugszeitraum fällig geworden sein müssen, ist eine offene Frage, die sich insbesondere bei der Jahresabrechnung stellt: Denn eine Abrechnungsspitze wird mit Beschlussfassung fällig (Rn 1036), bezieht sich aber auf das vorhergehende Kalenderjahr. Die Ant-

---

46 So zutreffend *Schneider*, ZMR 2011, 421; *Alff* ZWE 2010, 106. Im Ergebnis (mit falscher Begründung) ebenso LG Bonn v. 17.8.2011 – 5 S 77/11, ZMR 2011, 985.
47 H.M., siehe nur *Alff*, ZWE 2010, 106; *Schneider*, ZMR 2011, 421 m.w.N. (Anm. zu AG Bonn v. 4.3.2011 – 104 C 351/10, das a.A. ist). Diese „Nebenforderungen" können aber (nach Erfüllung der Hauptforderung) nicht isoliert in RK 2 geltend gemacht werden; bei der Bemessung der „3 %-Wertgrenze (siehe Rn 1182) bleiben sie folglich außer Betracht (LG Berlin v. 26.3.2010 – 82 T 236/10, ZMR 2010, 629).
48 BGH v. 4.2.2010 – V ZB 129/09, ZMR 2010, 383. Offen gelassen ist die Frage, was gilt, wenn nach der Beendigung des Verfahrens ein neues Zwangsversteigerungsverfahren anhängig wird.
49 BGH v. 14.6.2012 – V ZB 194/11, ZMR 2012, 798.
50 LG Arnsberg v. 28.10.2009 – 32 T 475/09, ZWE 2010, 99; unstr.
51 BGH v. 22.7.2010 – V ZB 178/09, ZMR 2011, 51.

wort ist umstritten;[52] und eine gut vertretene Gemeinschaft wird es nicht darauf ankommen lassen, sondern rechtzeitig zur Titulierung schreiten.

Damit der Rechtspfleger prüfen kann, ob die geltend gemachten Beträge in Rangklasse 2 fallen, müssen die Ansprüche **glaubhaft** gemacht werden (siehe Rn 1181). Endet z.B. eine Jahresabrechnung mit einer Nachzahlung, dürfen darin keine Rückstände vergangener (nicht privilegierter) Jahre enthalten sein. Wenn der Rechtspfleger hieran Zweifel hat, kann er zur Glaubhaftmachung die Aufschlüsselung des Abrechnungsbetrags verlangen. Im Übrigen ist es aber nicht Aufgabe des Rechtspflegers, in eine materielle Prüfung der einzelnen Positionen einer beschlossenen Jahresabrechnung einzutreten; es ist vielmehr Sache der materiell Beteiligten (des Schuldners oder eines nachrangigen Gläubigers) sich mit einem Widerspruch (§ 115 ZVG) gegen eine Zuteilung auf rechtlich zweifelhafte Ansprüche zu wehren.[53]

1197

V. Anmeldung oder Beitritt zu einem laufenden Verfahren; Nachtitulierung

Außer den titulierten Ansprüchen, aus denen die Gemeinschaft die Zwangsversteigerung betreibt, kann es noch weitere Hausgeldrückstände geben. Es ist sogar die Regel, dass nach der (ersten) Titulierung weitere Außenstände auflaufen. Die Gemeinschaft muss die weiteren Außenstände nicht zwangsläufig titulieren lassen. Denn bei der Erlösverteilung werden **alle** (nicht nur die titulierten) in Rangklasse 2 fallenden Hausgeldrückstände bis zur 5 %-Verkehrswertgrenze berücksichtigt; die Gemeinschaft muss die Ansprüche nur **anmelden** und **glaubhaft machen** (§ 45 Abs. 3 ZVG). Die titulierten Ansprüche, wegen denen die Zwangsversteigerung betrieben wird, gelten bereits als angemeldet und müssen daher später nicht mehr angemeldet und glaubhaft gemacht werden; es ist aber sinnvoll, sie in der Anmeldung nochmals mit aufzuführen. Die übrigen Ansprüche müssen gesondert angemeldet und glaubhaft gemacht werden, was in Form und Inhalt einer Klagebegründung entspricht.[54] Die Anmeldung muss bis spätestens im Versteigerungstermin vor der Aufforderung zur Abgabe von Geboten erfolgen (§§ 37 Nr. 4, 110 ZVG). Der passende Zeitpunkt ist aber vorher, z.B. nach Erhalt der Mitteilung des Vollstreckungsgerichts gem. § 41 Abs. 2 ZVG.[55]

1198

▼

Muster 9.7: Anmeldung von Ansprüchen in einem Zwangsversteigerungsverfahren

1199

9 K 26/14, Zwangsversteigerungsverfahren gegen Achim Acker

In o.g. Angelegenheit melde ich für unsere Mandantin, die WEG Heinestraße 12, 75234 Musterstadt, folgende Ansprüche in Rangklasse 2 (§ 10 Abs. 1 Nr. 2 ZVG) an:

1. Mit dem Antrag/Beitritt bereits angemeldete Forderungen gem. Vollstreckungsbescheid des Amtsgerichts Musterstadt vom 8.1.2014, Az.: 14–9634711–0-8

(Hauptforderung, ausgerechnete Zinsen aus der Hauptforderung – üblicherweise berechnet zum Stichtag 2 Wochen nach dem Versteigerungstermin –, verzinsliche Kosten, Zinsen aus den verzinsliche Kosten)

---

52 Ausführlich BGH v. 21.7.2011 – IX ZR 120/10, IMR 2011, 431 (Rn 32 ff.) m.w.N., dort als nicht entscheidungserheblich offen gelassen. M.E. kommt es auf den Bezugszeitraum an.
53 So *Alff*, ZWE 2010, 109.
54 Mit dem einzigen Unterschied, dass der Rechtsanwalt im Fall der Anmeldung nur eine 0,4- statt einer 1,3-Gebühr erhält.
55 § 41 Abs. 2 ZVG lautet: Im Laufe der vierten Woche vor dem Termin soll den Beteiligten mitgeteilt werden, auf wessen Antrag und wegen welcher Ansprüche die Versteigerung erfolgt.

§ 9 Hausgeldinkasso

2. Jahresabrechnung 2013, Nachzahlung für die Wohnung Nr. 3 des Schuldners: 500,00 EUR.

Glaubhaftmachung: Einzeljahresabrechnung 2013 – Anlage A 1

Protokoll der WEG-Versammlung vom 27.5.2014, in welcher die Jahresabrechnung beschlossen wurde – Anlage A 2

3. Hausgeld (Vorauszahlungen auf den Wirtschaftsplan) für die Monate Januar – Mai 2014, 5 Monate á 125,00 EUR: 625,00 EUR

Glaubhaftmachung: Einzelwirtschaftsplan 2014 – Anlage A 3

Protokoll der WEG-Versammlung vom 27.5.2013, in welcher der Wirtschaftsplan 2014 beschlossen wurde – Anlage A 4

4. Rechtsanwaltsgebühren gemäß nachfolgender Berechnung:

Streitwert: ▓▓▓▓ EUR (= Summe der angemeldeten Forderungen)

(0,4-Gebühr gem. 3311/1 VV für die Tätigkeit im Zwangsversteigerungsverfahren bis zur Einleitung des Verteilungsverfahrens und eine weitere 0,4-Gebühr gem. Nr. 3311/2 VV für die Tätigkeit im Verteilungsverfahren)

▲

1200 Komfortabel erscheint die Situation für die Gemeinschaft, wenn **andere Gläubiger** die Zwangsversteigerung betreiben. Die Gemeinschaft könnte sich dann darauf beschränken, die aufgelaufenen Hausgeldansprüche anzumelden. Das ist aber nicht ratsam, denn die bloße Anmeldung hat einige **Nachteile**. Zunächst kann es sein, dass die Versteigerung erfolglos bleibt, weil und soweit die in das geringste Gebot fallenden Ansprüche höher als die Gebote sind. Betreibt hingegen (auch) die Gemeinschaft aus Rangklasse 2 die Zwangsversteigerung, kommt es (ggf. erst im zweiten Termin) normalerweise immer zu einer Versteigerung. Vor allem aber kann die Gemeinschaft eine **Antragsrücknahme** durch den betreibenden Gläubiger nicht verhindern. Eine solche kommt nicht selten vor, denn betreibender Gläubiger und Schuldner können die Wohnung außerhalb des Versteigerungsverfahrens einvernehmlich („freihändig") veräußern oder zumindest darauf hinarbeiten. Dann gibt es keine Erlösverteilung und somit auch keine Möglichkeit der Anmeldung; die Gemeinschaft fällt aus (weil der Erlös i.d.R. in voller Höhe dem betreibenden Gläubiger zufließt). Aber auch wenn die Gemeinschaft das Verfahren selber betreibt, kann sie sich auf die Möglichkeit der Anmeldung nicht verlassen. Denn häufig kommt es zur Ablösung (siehe Rn 1178) und anschließenden Einstellung der Zwangsversteigerung, wobei der Ablösende nur die dem Zwangsversteigerungsverfahren zugrunde liegenden titulierten Forderungen bezahlen muss, sodass die Gemeinschaft mit ihren nicht titulierten Forderungen (die sie anmelden wollte) ausfällt.

1201 Der Gemeinschaft ist deshalb zu empfehlen, alle noch nicht titulierten Hausgeldrückstände, seien diese vor oder nach der Anordnung der Zwangsversteigerung angefallen, regelmäßig **zu titulieren** und anschließend jeweils den **Beitritt** zum laufenden Verfahren (§ 27 ZVG) zu erklären; Voraussetzung ist lediglich wieder, dass die Ansprüche jeweils die 3 %-Einheitswert-Grenze übersteigen. Die mit dem Beitritt verbundenen Kosten sind nicht allzuhoch und vor dem Hintergrund des ansonsten drohenden Ausfalls gerechtfertigt. Durch den Beitritt erlangt die Gemeinschaft die gleichen Rechte und Pflichten wie derjenige Gläubiger, zu dessen Gunsten die Anordnung erfolgte. Wenn ein anderer Gläubiger das Verfahren eingeleitet hat, werden (für die Gemeinschaft erfreulich) die Verfahrenskosten, soweit sie nicht ohnehin schon angefallen sind, in der Praxis weiterhin von dem zuerst betreibenden Gläubiger erhoben. Wenn die Gemeinschaft selbst bislang das Verfahren betrieben hat, kann sie ihrem eigenen Verfahren beitreten. Für den Beitritt fallen Gerichts- und Rechtsanwaltskosten in derselben Höhe an wie beim Antrag auf Zwangsversteigerung.

Muster 9.8: Antrag auf Zulassung des Beitritts zum Zwangsversteigerungsverfahren

An das Amtsgericht (Vollstreckungsgericht)

▓▓▓▓ Parteienbezeichnung, Eingangsformel und Forderungsaufstellung wie im Antrag auf Zwangsverwaltung bzw. -versteigerung (siehe Rn 1188) mit der Maßgabe, dass sich im Normalfall die Vorlage des Zeugnisses gem. § 17 ZVG erübrigt ▓▓▓▓

Wegen der obigen Ansprüche beantrage ich namens und in Vollmacht des Gläubigers, den Beitritt zu der mit Beschl. v. 10.3.2013, Az. 9 K 184/13 angeordneten Zwangsversteigerung des Wohnungseigentums Nr. 3 zuzulassen.

Die Kosten für diesen Beschluss werden wie folgt berechnet: ▓▓▓▓ (wie oben, siehe Rn 1188)

Rechtsanwalt

VI. Versteigerungstermin und Erlösverteilung

Die **Teilnahme** am Versteigerungstermin durch einen Vertreter der WEG (d.h. im Normalfall: Durch einen Rechtsanwalt) ist im Prinzip nicht nötig. Der WEG kann es gleichgültig sein, wer den Zuschlag erhält, solange nur der Erlös ausreicht, um die Verfahrenskosten und die privilegierten Forderungen der WEG zu decken; das ist praktisch immer der Fall, weil diese Beträge verhältnismäßig gering sind. Ohne Teilnahme am Termin muss die WEG allerdings ein Risiko infolge der (schwer verständlichen) Bestimmung des § 85a Abs. 3 ZVG in Kauf nehmen. Worum es geht, zeigt das folgende

> *Beispiel*
> Die WEG macht privilegierte RK-2-Hausgeldforderungen i.H.v. 5.000,00 EUR geltend; der Verkehrswert der Wohnung beträgt 100.000,00 EUR, die erstrangige Grundschuld der X-Bank beläuft sich auf 80.000,00 EUR, die Gerichtskosten 3.000,00 EUR. Im Versteigerungstermin erscheint der Vertreter der X-Bank, bietet 3.000,00 EUR und erhält den Zuschlag! Grund: Der X-Bank gehen 8.000,00 EUR vor. Sie fällt also in voller Höhe ihrer Forderung (80.000,00 EUR) aus. Die Summe von Gebot und Ausfall ergibt 83.000,00 EUR, also mehr als die Hälfte des Verkehrswerts; in diesem Fall kann und muss gem. § 85a Abs. 3 ZVG der Zuschlag erfolgen. Die X-Bank fällt zwar mit ihrer Forderung aus, im Gegenzug erhält sie aber die Wohnung fast kostenlos; die WEG fällt aus.[56]

Oft wird dieser Fall nicht vorkommen, denn i.d.R. werden anwesende andere Bieter zumindest so weit mitbieten, dass aus dem Erlös die Ansprüche der WEG bedient werden. Will die WEG sich darauf nicht verlassen, kann sie zunächst versuchen, eine Absprache mit dem zuständigen Rechtspfleger zu treffen: Denn dieser muss den Zuschlag nicht sofort im Termin erteilen, sondern kann dies auch später tun und der Gemeinschaft erforderlichenfalls die Information und Möglichkeit geben, die Einstellung des Verfahrens zu bewilligen, bevor die Wohnung gem. § 85a Abs. 3 ZVG zugeschlagen wird. Lässt sich der Rechtspfleger darauf nicht ein, muss sich die Gemeinschaft im Termin vertreten lassen. Denn der Vertreter kann bis zum Schluss der Bietstunde (diese endet mit dem Aufruf des letzten Gebots „zum Ersten, zum Zweiten und zum Dritten", § 73 Abs. 2 ZVG) die Einstellung des Verfahrens gem. § 30 ZVG bewilligen. Und selbst nach diesem Zeitpunkt kann der

---

[56] Siehe auch die Beispiele bei *Hock/Klein/Hilbert/Deimann*, Teil 1 Rn 526 ff.

Vertreter die Versagung des Zuschlags gem. § 33 ZVG beantragen, spätestens bevor der Rechtspfleger den Zuschlag erteilt. Abgesehen davon könnte der Vertreter auch selber mitbieten; wenn er aber für die WEG mitbieten soll, erfordert das nicht unerhebliche Vorarbeiten.

1206
Tipp
Bislang ist nicht bekannt geworden, dass ein Bankenvertreter gem. § 85a Abs. 3 ZVG „zugeschlagen" hätte. Die WEG wird deshalb i.d.R. davon absehen, alleine wegen dieses Risikos einen Vertreter in den Versteigerungstermin zu entsenden.

1207
Der erfolgreichen Versteigerung der Wohnung folgt die **Erlösverteilung**, die nach der Reihenfolge der Rangklassen des § 10 Abs. 1 ZVG vorgenommen wird. Die Gemeinschaft erhält auf diese Weise zunächst ihre Auslagen für die Zwangsversteigerung (Gerichtskosten und Sachverständigenvorschuss) zurück, ferner in Rangklasse 1 etwaige in einem parallelen Zwangsverwaltungsverfahren gezahlte und noch nicht erstattete Vorschüsse (die natürlich angemeldet werden müssen, sonst können sie nicht berücksichtigt werden); und schließlich in Rangklasse 2 die Hausgeldrückstände und Rechtsanwaltskosten. Die Auszahlung auf die Ansprüche aus Rangklasse 2 darf aber 5 % des Verkehrswertes der Wohnung nicht übersteigen; das ist das Maximum des Auszahlungsbetrags. Zu einem Ausfall kann es normaler Weise nur dann kommen, wenn für die Wohnung schon vor der Anordnung der Zwangsversteigerung hohe Rückstände aufgelaufen sind, und wenn während des Zwangsversteigerungsverfahrens kein Hausgeld gezahlt wird, aber Verbrauchskosten anfallen, kurz: bei Eigennutzung durch einen Nichtzahler. Die Gemeinschaft muss in einem solchen Fall die Entwicklung der Rückstände beobachten und – solange das Verkehrswertgutachten nicht vorliegt – den Verkehrswert der Wohnung selber abschätzen, um näherungsweise beurteilen zu können, ob wegen Überschreitung der Wertgrenze ein Ausfall zu befürchten ist.

1208
Tipp
Wenn nach Anordnung der Zwangsversteigerung die Rückstände weiter anwachsen, ist das so lange nicht beunruhigend, als sie in der Summe bis zum voraussichtlichen Versteigerungstermin nicht die 5 %-Verkehrswert-Grenze überschreiten. Nur wenn dies zu befürchten ist, sollte die Gemeinschaft handeln und die weitere Eigennutzung der Wohnung durch Verhängung einer Versorgungssperre unterbinden.

1209
Soweit die Ansprüche der Gemeinschaft die 5 %-Verkehrswert-Grenze übersteigen, werden sie bei der Erlösverteilung automatisch in Rangklasse 5 berücksichtigt, dabei aber meistens nicht zum Zuge kommen, weil die **vorrangigen Grundschulden** den Erlös ausschöpfen. Manchmal liegt den Grundschulden aber gar keine entsprechende Forderung mehr zugrunde (Fachjargon: sie **valutieren** nicht mehr in voller Höhe), wenn nämlich der (ehemalige) Wohnungseigentümer das grundschuldgesicherte Darlehen schon mehr oder weniger weit zurück gezahlt hat. Dann ist der Grundschuldgläubiger (im Folgenden: „die Bank") übersichert; dem Schuldner steht ein Anspruch auf Rückgewähr der Grundschuld zu, der aus dem (der Grundschuld zugrunde liegenden) Sicherungsvertrag abgeleitet wird.[57] Hier eröffnet sich der Gemeinschaft eine Möglichkeit zur Realisierung ihrer Forderungen: Sie kann und sollte (vorsorglich) alle in Betracht kommenden Ansprüche **pfänden.**[58]

---

57 BGH v. 19.4.2013 – V ZR 47/12, NJW 2013, 2894, Rn 12.
58 *Nahlenz*, Zwangsvollstreckung gegen säumige Wohnungseigentümer, ZWE 2013, 189, 191; NKV/*Kümmel* § 16 Rn 263 ff.; Beck'sches Formularbuch Zwangsvollstreckung, 2. Aufl. 2012, Form. I. VII.98.

D. Zwangsversteigerung § 9

▼

Muster 9.9: Pfändung des Anspruchs auf Grundschuldrückgewähr und Mehrerlös 1210

(Im Vorspann steht der übliche Text für einen Antrag auf Erlass eines Pfändungs- und Überweisungsbeschlusses)

Wegen dieser Ansprüche sowie wegen der Kosten dieses Beschlusses und seiner Zustellung werden die nachfolgend aufgeführten angeblichen Ansprüche des Schuldners gegen die X-Bank (nähere Bezeichnung) gepfändet und dem Gläubiger zur Einziehung überwiesen:

1. auf Rückgewähr der auf dem Wohnungseigentum Nr. 7 im Haus der Antragstellerin lastenden Buchgrundschuld (Grundbuch von Musterstadt, Heft Nr. 3445, Abteilung III lfd. Nr. 3) i.H.v. 33.000,00 EUR nebst 15 % Jahreszinsen seit dem   und der sonstigen Nebenleistungen durch Übertragung, Aufhebung oder Verzicht,
2. auf Berichtigung des Grundbuchs durch Umschreibung der Buchgrundschuld in eine Eigentümergrundschuld,
3. auf die dem Schuldner gegenwärtig oder zukünftig zustehende Eigentümergrundschuld,
4. auf Auszahlung des Mehrerlöses, der nach Erteilung des Zuschlags im Zwangsversteigerungsverfahren (Az.) betreffend das in Ziff. 1 genannte Wohnungseigentum verbleibt (indem der Drittschuldner für die in Ziff. 1 genannte Grundschuld einen Betrag erlöst, der die durch die Grundschuld gesicherten Ansprüche des Drittschuldners gegen den Schuldner übersteigt).

▲

Nr. 1–3 des vorstehenden Musters treffen Vorsorge für den Fall, dass die Bank vor dem Verteilungstermin dem Rückgewähranspruch des Schuldners nachkommen sollte. Sie hat dabei ein Wahlrecht (§ 262 BGB); in Betracht kommen die Abtretung an den Schuldner, der Verzicht oder die Aufhebung der Grundschuld. Tritt die Bank z.B. den nicht valutierenden Teil der Grundschuld an den Schuldner ab, müsste eine entsprechende Zuteilung an den Schuldner erfolgen. Infolge der Pfändung und Überweisung muss statt an den Schuldner an die Gemeinschaft bezahlt werden. Wichtig ist es in diesen Fällen, nach Erlass des Pfändungs- und Überweisungsbeschlusses für die Eintragung im Grundbuch zu sorgen, weil die Pfändung sonst nicht wirksam wird (§ 830 Abs. 1 S. 1 ZPO). 1211

Nr. 4 des Musters betrifft den Fall, dass die Bank (was aufgrund entsprechender Klauseln im Sicherungsvertrag der Regelfall sein dürfte) bei der Erlösverteilung den Nennbetrag der Grundschuld anmeldet (und ausgezahlt erhält). Dann erzielt sie einen Mehrerlös, dessen Auszahlung der Schuldner (ehemalige Wohnungseigentümer) beanspruchen kann. (Das ergibt sich aus dem Rückgewähranspruch des Schuldners: Da die Grundschuld durch den Zuschlag nach § 91 Abs. 1 ZVG erlischt, setzt sich der Rückgewähranspruch am Versteigerungserlös fort, soweit dieser auf die Grundschuld entfällt[59]). Infolge der Pfändung und Überweisung muss die Bank den Mehrerlös an die Gemeinschaft (statt an den Schuldner) zahlen. 1212

VII. Zwangsversteigerung und Insolvenz

Die in § 10 ZVG aufgeführten Ansprüche, die „ein Recht auf Befriedigung aus dem Grundstück gewähren", berechtigen die Gläubiger bei der Insolvenz des Schuldners gem. § 49 InsO zur **abgesonderten Befriedigung** aus dem Grundstück nach Maßgabe des Gesetzes über die Zwangsver- 1213

---

59 BGH v. 21.2.1991 – IX ZR 64/90, NJW-RR 1991, 1197.

steigerung und die Zwangsverwaltung. Kurz gesagt: Die Immobiliarzwangsvollstreckung ist trotz Insolvenz möglich.[60]

1214 Hat die WEG beim Eintritt der Insolvenz bereits einen Zahlungstitel gegen den Gemeinschuldner, kann sie den Titel analog § 727 ZPO auf den Insolvenzverwalter **umschreiben** lassen, beschränkt „auf die Pflicht zur Duldung der Zwangsvollstreckung in das Wohnungseigentum",[61] und anschließend die Zwangsversteigerung beantragen. Hat die WEG beim Eintritt der Insolvenz noch **keinen Titel**, gilt Folgendes: Betreibt schon ein anderer Gläubiger die Zwangsversteigerung, gibt es keine Besonderheit; die WEG kann ihre privilegierten Ansprüche (auch ohne Titel) anmelden (siehe Rn 1198). Läuft aber noch kein Zwangsversteigerungsverfahren, scheint die WEG rechtlos zu sein: Ohne Titel kann sie keine Zwangsversteigerung beantragen, eine Titulierung gegen den Gemeinschuldner ist aber nicht mehr möglich: Gem. § 87 InsO sind Forderungen im Insolvenzverfahren geltend zu machen, also zur Tabelle anzumelden. Die WEG fiele mit ihren privilegierten Hausgeldforderungen aus, was dem Zweck der Privilegierung widerspräche. Das Ergebnis wäre somit eine vom Zufall abhängige gespaltene Rechtslage: Betreibt schon ein anderer Gläubiger die Zwangsversteigerung, kann die WEG durch Anmeldung ihrer Forderungen volle Befriedigung erlangen; anderenfalls fiele sie aus (bzw. erhielte die Insolvenzquote, was i.d.R. auf das Gleiche hinausläuft). Um dieses ungereimte Ergebnis zu vermeiden und dem Recht zur abgesonderten Befriedigung der privilegierten Ansprüche Geltung zu verschaffen, kann die WEG vom Insolvenzverwalter die Duldung der Zwangsversteigerung verlangen. Zunächst sollte die WEG ihn dazu auffordern, sich in einer notariellen Urkunde (§ 794 Abs. 1 Nr. 5 ZPO) der sofortigen Zwangsvollstreckung in das betroffene Wohnungseigentum zu unterwerfen. Ist der Insolvenzverwalter hierzu nicht bereit, ist eine Klage gegen ihn auf Duldung der Zwangsversteigerung in Rangklasse 2 bis max. 5 % des Verkehrswerts zulässig und begründet.[62] Liegt der Duldungstitel vor, kann die WEG daraus die Zwangsversteigerung betreiben. Die Berechnung des privilegierten 2-Jahres-Zeitraums (siehe Rn 1196) knüpft in diesem Fall abweichend vom Wortlaut des § 10 Abs. 2 Nr. 2 ZVG nicht am Zeitpunkt der Beschlagnahme des Grundstücks an, sondern am Zeitpunkt der Eröffnung des Insolvenzverfahrens.[63] Im Ergebnis werden die privilegierten Hausgeldrückstände somit im Insolvenzverfahren wie eine auf dem Wohnungseigentum ruhende dingliche Belastung behandelt, quasi als Grundpfandrecht ohne Eintragung. Es wäre konsequent und richtig (gewesen), diesen im ZVG angelegten dinglichen Charakter der Hausgeldansprüche zu einer allgemeinen Erwerberhaftung weiter zu entwickeln; das lehnt der BGH aber ab.[64]

1215 Wenn der Insolvenzverwalter die Wohnung „**freihändig**" veräußert, bevor die Gemeinschaft sie im Wege der Zwangsversteigerung beschlagnahmen konnte, stellt sich die Frage, ob und wie das Absonderungsrecht abzugelten ist: Hat es die Wirkung, dass die Gemeinschaft die Bezahlung der privilegierten Hausgeldrückstände aus dem Verkaufserlös verlangen kann, gewissermaßen als dingliche Surrogation? Der BGH hat diese Frage ausdrücklich offen gelassen.[65]

---

60 BGH v. 21.7.2011 – IX ZR 120/10, ZMR 2012, 788 Rn 19.
61 Wenn eine Titelumschreibung möglich ist, ist eine Klage „direkt" auf Duldung der Zwangsvollstreckung unzulässig: LG Stuttgart v. 9.4.2010 –10 S 51/09, ZWE 2010, 276.
62 BGH v. 21.7.2011 – IX ZR 120/10, ZMR 2012, 788; AG Koblenz v. 10.12.2009 – 133 C 1461/09, WuM 2010, 104; LG Berlin v. 22.7.2009 – 85 S 18/09, ZMR 2010, 142; *Becker*, Beitragsforderungen in der Insolvenz des Wohnungseigentümers, ZWE 2013, 7.
63 BGH v. 21.7.2011 – IX ZR 120/10, ZMR 2012, 788, Rn 34.
64 BGH v. 13.9.2013 – V ZR 209/12, NZM 2013, 733. Dagegen ausführlich und überzeugend insbes. *Schneider*, Zur dinglichen Wirkung persönlicher Hausgeldansprüche, ZWE 2014, 61.
65 BGH v. 13.9.2013 – V ZR 209/12, NZM 2013, 733, Rn 29.

E. Sicherungshypothek

Die Eintragung einer Sicherungshypothek gem. § 867 ZPO (auch sog. **Zwangshypothek**) ist bei Forderungen ab 750,00 EUR[66] möglich. Dadurch kann die WEG ihre titulierte „persönliche" Forderung dinglich mit Rang vor späteren Rechten am Grundstück sichern. Nachdem Hausgeldrückstände seit der WEG-Reform über ihre Einordnung in Rangklasse 2 des § 10 Abs. 1 ZVG privilegiert sind, stellt sich die Frage nach dem Sinn einer Sicherungshypothek; denn die privilegierten Forderungen werden im Falle der Zwangsversteigerung eines Wohnungseigentums (ggf. auf Betreiben der Gemeinschaft) in jedem Fall bedient werden. Teilweise wurde deshalb vertreten, dass die Eintragung einer Sicherungshypothek für diese Forderungen als unnötige Übersicherung unzulässig sei; die Rspr. lässt sie aber nach wie vor zu.[67] So oder so: Jedenfalls ist die Sicherungshypothek zur Realisierung der privilegierten Hausgeldforderungen nicht nötig und der Gemeinschaft stattdessen die Zwangsversteigerung oder der Beitritt zu einem laufenden Verfahren zu empfehlen.

1216

Von Bedeutung ist die Sicherungshypothek somit nur in Bezug auf ältere Hausgeldrückstände, die nicht in den privilegierten Zeitraum fallen. Kommt es allerdings zur Zwangsversteigerung des Wohnungseigentums (ob auf Betreiben der WEG oder anderer Gläubiger), wird die Hypothek der WEG oftmals nicht bedient werden können; jedenfalls in den „Problemfällen" reicht der Versteigerungserlös nach Abzug der Verfahrenskosten nicht einmal dazu aus, die früher eingetragenen und somit vorrangigen Rechte der übrigen dinglichen Gläubiger zu befriedigen. Die Eintragung der Sicherungshypothek ist gleichwohl ratsam; Grund: In den „Problemfällen" betreibt i.d.R. früher oder später eine Bank die Immobiliarvollstreckung. Diese bemüht sich häufig im Einvernehmen mit dem Eigentümer darum, die Wohnung außerhalb des Zwangsversteigerungsverfahrens zu veräußern; denn bei „freihändiger" Veräußerung wird meistens ein höherer Erlös als bei der Zwangsversteigerung erzielt, ganz abgesehen von der Einsparung der Verfahrenskosten. Der Veräußerung steht aber die auf der Wohnung lastende Sicherungshypothek im Wege; und die WEG ist grundsätzlich nicht verpflichtet, auf ihre Sicherheit zu verzichten, um dadurch die bessere Verwertung der Wohnung zu ermöglichen. Die Chancen stehen also gut, dass die Bank der WEG für die nicht in Rangklasse 2 fallenden Forderungen eine Art „Lästigkeitsgebühr" bezahlt, damit die WEG auf ihre Rechte aus der Sicherungshypothek verzichtet.[68]

1217

▼

Muster 9.10: Antrag auf Eintragung einer Sicherungshypothek

1218

An das Grundbuchamt[69]

(▨▨▨ Parteienbezeichnung wie beim Antrag auf Zwangsverwaltung Rn 1158 ▨▨▨)

hat der Gläubiger Ansprüche gegen den Schuldner aus dem beigefügten Vollstreckungsbescheid des Amtsgerichts Musterstadt vom 8.1.2014, Az.: 10–9634711–0-8 über eine Gesamtsumme von 2.823,23 EUR. Dazu kommen laufende Zinsen i.H.v. 5 Prozentpunkten über dem Basiszinssatz aus 2.324,00 EUR ab dem 9.5.2010.

---

66 Mindestbetrag (ohne Zinsen) gem. § 866 Abs. 3 ZPO.
67 BGH v. 20.7.2011 – V ZB 300/10, NZM 2012, 176.
68 Wenn Banken ihren Kunden auf diese Weise Schwierigkeiten machen, wird das allerdings verschiedentlich nach Treu und Glauben als unzulässig angesehen, siehe nur *Tetzlaff*, Lästigkeitsprämien für nachrangige Grundpfandgläubiger, ZInsO 2012, 726; OLG Schleswig v. 23.2.2011 – 5 W 8/11, ZInsO 2011, 1745. Eine fragwürdige Tendenz (ablehnend auch *Schmidberger*, ZfIR 2012, 677).
69 Zuständig gem. § 867 Abs. 1 ZPO.

§ 9 Hausgeldinkasso

Der Schuldner ist Eigentümer des Wohnungseigentums Nr. 3 im Haus des Gläubigers, eingetragen im Wohnungsgrundbuch von Musterstadt, Blatt 371.[70]

Wegen der obigen Ansprüche **beantrage** ich namens und in Vollmacht des Gläubigers, eine Zwangshypothek auf dem Wohnungseigentum des Schuldners einzutragen, und zwar die Gesamtsumme als Hauptforderung, laufende Zinsen als Nebenforderung.[71]

Die Kosten für diesen Beschluss werden wie folgt berechnet:[72]

Gegenstandswert: 3.000,00 EUR

0,3-Verfahrensgebühr § 18 Abs. 1 Nr. 11 RVG, Nr. 3309 VV:	56,70 EUR
Post- und Telekommunikationsdienstleistungen Nr. 7002 VV:	11,34 EUR
Zwischensumme netto:	68,04 EUR
19 % USt.:	12,92 EUR
Zwischensumme Rechtsanwaltsgebühren:	80,96 EUR
Gerichtskosten, 1,0-Gebühr gem. Nr. 14121 KV-GNotKG:	33,00 EUR
Gesamt:	113,96 EUR

(Rechtsanwalt)

▲

1219 Der **Eintragungsantrag** kann von denjenigen gestellt werden, die im Titel als Vertreter der WEG ausgewiesen sind, also i.d.R. sowohl vom Verwalter als auch von dem mit der Titulierung beauftragten Rechtsanwalt; besondere Formvorschriften gelten insoweit nicht. Die **Löschung** der Hypothek nach vollständiger Zahlung erfolgt in der Praxis nicht durch Erklärung der Löschungsbewilligung, sondern im Wege der **löschungsfähigen Quittung**,[73] die der **Verwalter** erteilt.[74] Die Erklärung bedarf der notariellen Beglaubigung; die Gemeinschaft ist nicht verpflichtet, die dafür anfallenden Kosten zu übernehmen oder auch nur vorzuschießen und kann deshalb den (ehemaligen) Schuldner darauf verweisen, die Erklärung auf eigene Kosten bei einem Notar unterschriftsreif vorbereiten zu lassen. Außerdem muss der Verwalter dem Grundbuchamt seine Verwaltereigenschaft nachweisen (siehe hierzu Rn 1545).

F. Versorgungssperre

I. Überblick

1220 Als Druckmittel zur Bezahlung von Rückständen oder um zu verhindern, dass ein Miteigentümer weiterhin Leistungen bezieht, ohne dafür zu bezahlen, kommt für die Eigentümergemeinschaft die Verhängung einer Versorgungssperre in Betracht. Im Normalfall wird nämlich jede Wohnung unter anderem mit Wasser und Wärme (Heizenergie) versorgt. Das sind Leistungen, die der Wohnungseigentümer nicht direkt vom Lieferanten bezieht, sondern die die Gemeinschaft „liefert"; die Kos-

---

[70] Die Vorlage eines Zeugnisses nach § 17 ZVG erübrigt sich.
[71] Eine derartige ausdrückliche Differenzierung zwischen Haupt- und Nebenforderung wird teilweise verlangt, wobei die im Vollstreckungsbescheid ausgerechneten Zinsen kapitalisiert und somit der Hauptforderung zuzurechnen sind, vgl. OLG Hamm v. 8.1.2009 – 15 Wx 291/08, Rpfleger 2009, 447.
[72] Diese Kosten sind nicht eintragungsfähig, die Wohnung haftet dafür aber kraft Gesetzes (§ 867 Abs. 1 S. 3 ZPO). Die Berechnung erfolgt deshalb außerhalb des eigentlichen Eintragungsantrags, dient lediglich der Information und kann auch weggelassen werden.
[73] BayObLG v. 24.1.2001 – 2Z BR 140/00, ZMR 2001, 369; st. Rspr.
[74] H.M., vgl. *Hock/Klein/Hilbert/Deimann*, 5. Teil Rn 2360; str. Nach Meinung des LG Frankfurt v. 21.10.2005 – 2/13 T 205/05, RNotZ 2006, 63 ist dafür eine besondere Vollmachterteilung durch alle Miteigentümer nötig.

ten werden über Wirtschaftsplan und Jahresabrechnung abgerechnet. Selbst der elektrische Strom wird unter Nutzung der im Gemeinschaftseigentum stehenden Stromleitungen in die einzelne Wohnung geleitet, sodass insoweit eine Leistung der Gemeinschaft angenommen wird (obwohl der Stromverbrauch vom Wohnungseigentümer direkt mit dem Versorger abgerechnet wird).[75] Kommt ein Wohnungseigentümer seinen Pflichten nicht nach, ist die Gemeinschaft gem. § 273 BGB berechtigt, ein Zurückbehaltungsrecht auszuüben und den Säumigen vom weiteren Leistungsbezug auszuschließen.[76] Dieses Verfahren wird als Versorgungssperre (oder salopp als Ausfrieren/Austrocknen) bezeichnet und hat nach der Rechtsprechung folgende **Voraussetzungen**:

- Erheblicher Zahlungsrückstand in Höhe eines Betrags, der mehr als 6 Monatsbeträge des Hausgelds ausmacht.[77] Ob das aktuelle Hausgeld laufend bezahlt wird oder nicht, ist unerheblich.[78] Die Titulierung der Rückstände ist keine Voraussetzung.[79]
- Androhung der Maßnahme und anschließend mindestens 2 Wochen Wartezeit. Als Androhung genügt die Beschlussfassung, wenn der betreffende Wohnungseigentümer dabei anwesend ist, andernfalls die Übersendung des Beschlussprotokolls. Dem Mieter braucht die Versorgungssperre nicht vorher angedroht werden (str.).
- Beschlussfassung der Eigentümergemeinschaft.

▼

Muster 9.11: Beschluss der Versorgungssperre (Einzelfall)

Aufgrund der Zahlungsrückstände des Eigentümers A (derzeit 4.753,00 EUR) wird beschlossen, die Wohnung Nr. 4 von der Heiz-, Warmwasser- sowie Kaltwasserversorgung abzutrennen. Die Verwaltung gibt die Arbeiten bei einer Fachfirma in Auftrag, sofern Herr A nicht innerhalb der nächsten 2 Wochen (*oder*, wenn A nicht in der Versammlung anwesend ist: innerhalb von 2 Wochen, nachdem ihm das Protokoll dieser Versammlung zugegangen ist) seine Rückstände bezahlt.

Die Versorgungssperre wird durch die Verwaltung nach ihrem Ermessen aufgehoben, wenn keine Zahlungsrückstände mehr bestehen, oder wenn die Rückstände regelmäßig und nachhaltig abgezahlt werden, oder wenn ein Eigentumswechsel stattfindet. Im Falle des Auszugs von Herrn A wird die Verwaltung beauftragt, die Zwangsverwaltung der Wohnung zu beantragen. Bei Vermietung im Wege der Zwangsverwaltung ist die Versorgungssperre ebenfalls aufzuheben.

Die Kosten für die Durchführung dieses Beschlusses werden aus der Instandhaltungsrücklage vorfinanziert und nachfolgend von Herrn A – notfalls gerichtlich – eingefordert. Sollte die Wohnung nur vom Sondereigentum aus mit Sperrvorrichtungen versehen werden können und sollte Herr A das Betreten der Wohnung durch die beauftragte Fachfirma zusammen mit einem Vertreter der Verwaltung zum Zwecke der Installierung der Sperrvorrichtungen verweigern, soll die Betretungsbefugnis gerichtlich erzwungen werden.

---

[75] LG München I v. 8.11.2010 – 1 S 10608/10, ZMR 2011, 326 hält daher eine Stromsperre für zulässig; ebenso (betr. Mietrecht) *Lehmann-Richter*, ZMR 2014, 188. A.A. zu Recht AG Bremen v. 6.12.2010 – 16 C 424/10, ZMR 2011, 726; *Suilmann*, Versorgungssperren, ZWE 2012, 111, 113.
[76] BGH v. 10.6.2005 – V ZR 235/04, ZMR 2005, 880.
[77] *Bonifacio*, ZMR 2012, 330, 331 kritisiert zu Recht, dass es für diese Voraussetzung keine stimmige Begründung gibt und sie außerdem nicht mit der Schwelle „3 % vom Einheitswert" im Einklang steht, die gem. § 18 Abs. 2 WEG für die (noch einschneidendere) Zwangsversteigerung bei Zahlungsrückstand gilt.
[78] OLG Dresden v. 12.6.2007 – 3 W 82/07, ZMR 2008, 140.
[79] Die Ansprüche müssen aber „fällig sein und zweifelsfrei bestehen" (OLG Frankfurt/M. v. 21.2.2006 – 20 W 56/06, NZM 2006, 869).

Soweit zur Durchführung dieses Beschlusses rechtliche Schritte erforderlich werden, soll die Verwaltung Rechtsanwalt R beauftragen.

▲

1223 Weil der Verwalter generell durch Beschluss ermächtigt werden kann, Hausgeldrückstände gerichtlich geltend zu machen, entspricht auch ein Beschluss, der ihn generell zu (anderen als gerichtlichen) Zwangsmaßnahmen ermächtigt, ordnungsmäßiger Verwaltung. Die Androhung einer Versorgungssperre kann daher auch als **Dauerregelung** wirksam beschlossen werden,[80] was bei größeren Anlagen mit häufig auftretenden Zahlungsausfällen sinnvoll sein kann.

▼

1224 **Muster 9.12: Beschluss der Versorgungssperre (Dauerregelung)**

Die Verwaltung wird ermächtigt, bei Hausgeldrückständen eines Miteigentümers, die 1.500,00 EUR übersteigen, die betreffende Einheit durch eine Fachfirma von der Heiz-, Warmwasser- sowie Kaltwasserversorgung abtrennen zu lassen. Die Versorgungssperre ist dem betreffenden Wohnungseigentümer mindestens zwei Wochen vorher anzukündigen. ... (Rest wie bei Rn 1222 Abs. 2–4).

▲

▼

1225 **Muster 9.13: Antrag bei Klage zur Durchsetzung der Versorgungssperre**

Der Beklagte wird verurteilt, das Betreten seiner Wohnung Nr. 4 im Haus Heinestraße 12, 75234 Musterstadt durch einen Mitarbeiter der WEG-Verwaltung X-Immobilien GmbH zusammen mit den Mitarbeitern des Sanitär-Fachunternehmens Saniglück GmbH zu dulden und diesen Personen den Zugang zur Wohnung zu verschaffen, damit in der Wohnung Vorrichtungen zur Unterbrechung der Versorgung mit Heiz-, Warm- und Kaltwasser installiert werden können.[81]

▲

II. Besonderheiten bei selbstgenutzter Wohnung

1226 Wenn die Wohnung vom Schuldner/Miteigentümer selber genutzt wird, hat die Versorgungssperre regelmäßig zum Ziel, ihn aus der Wohnung zu „vertreiben". Wenn er angesichts des drohenden Verlusts der Wohnung nicht sogar doch noch Geld „auftreiben" kann (wie es sich in der Praxis manchmal herausstellt), hat die Versorgungssperre dann nämlich zumindest den Erfolg, dass der Schuldner nicht mehr auf Kosten der Gemeinschaft Heizung, Warm- und Kaltwasser beziehen und die gemeinschaftlichen Einrichtungen nutzen kann. Damit alleine ist der Gemeinschaft aber nicht genügend gedient. Vielmehr ist die Versorgungssperre vor allem in Kombination mit der **Zwangsverwaltung** sinnvoll. Sowie der Schuldner die Wohnung verlassen hat (genau genommen sogar schon vorher, siehe Rn 1167), kann die Zwangsverwaltung beantragt werden, wodurch die laufende Zahlung des Hausgelds sichergestellt wird. Auf dieser Kombination von Maßnahmen beruht auch der obige Beschlussvorschlag.

---

[80] KG v. 8.8.2005 – 24 W 112/04, WuM 2005, 600.
[81] Der früher übliche Zusatz „Dies gilt zugleich als Durchsuchungsanordnung i.S.v. Artikel 13 Abs. 2 GG" ist entbehrlich, weil der BGH den Zutritt zur Wohnung zwecks Durchsetzung einer Versorgungssperre nicht als „Durchsuchung" qualifiziert (BGH v. 10.8.2006 – I ZB 126/05, NJW 2006, 3352). Die Zwangsvollstreckung der Duldungspflicht erfolgt nach §§ 890, 892 ZPO; ausführlich *Lehmann-Richter* für den vergleichbaren Fall der „Vollstreckung des Duldungsanspruchs aus § 554 BGB", WuM 2010, 729.

III. Besonderheiten bei vermieteter Wohnung

Die Versorgungssperre ist auch dann **zulässig**, wenn die Wohnung vermietet ist.[82] Ob sie dann sinnvoll ist, ist eine andere Frage: Im Normalfall ist nämlich die Kombination von Zwangsverwaltung und Zwangsversteigerung der erfolgversprechendste Weg zur Realisierung der Rückstände und laufenden Zahlungen. Nur in besonderen Fällen (z.B. wenn der Mieter im Haus stört oder seinerseits zahlungsunwillig ist oder wenn die realistische Aussicht auf Zahlung besteht) sollte über die Versorgungssperre nachgedacht werden. In diesem Zusammenhang wird die Gemeinschaft auch eine **Mietpfändung** (d.h. die Pfändung der Ansprüche des Miteigentümers gegen seinen Mieter auf Zahlung von Miete) prüfen.[83] Diese wird jedoch gerade in den „Problemfällen" häufig ins Leere gehen, weil die Ansprüche bereits von anderen Gläubigern gepfändet oder an diese schon im voraus abgetreten sind; außerdem droht die Gefahr, dass sich die Gemeinschaft bzw. ihr Rechtsanwalt bei der Beitreibung und Verbuchung der Forderungen und Ausgaben „verheddern", wenn nach der Mietpfändung womöglich die gerichtliche Beitreibung und Zwangsvollstreckung der Miete nötig werden. Wenn die Gemeinschaft also (ohne den „Umweg" über die Zwangsverwaltung) auf den Mieter zugreifen möchte, sollte sie statt einer Mietpfändung versuchen, den Mieter unter Androhung der Versorgungssperre zu Zahlungen an die Gemeinschaft zu bewegen.

1227

▼

Muster 9.14: Androhung einer Versorgungssperre gegenüber dem Mieter

1228

Sehr geehrter ▬▬▬ (Mieter),

wir sind mit der Verwaltung nach dem Wohnungseigentumsgesetz des von Ihnen bewohnten Hauses betraut. Ihr Vermieter, Herr A, kommt seinen Zahlungsverpflichtungen gegenüber der Wohnungseigentümergemeinschaft (WEG) nicht nach. Derzeit hat er gegenüber der WEG Verbindlichkeiten in Höhe von rund 4.700,00 EUR. Die von Ihnen geleisteten Mietzahlungen werden leider nicht zur Begleichung der Rückstände und auch nicht zur Bezahlung des laufenden Hausgelds verwendet. Sie werden verstehen, dass dieser Zustand für die WEG nicht länger tragbar ist. Wir müssen Sie deshalb auffordern, die Miete ab sofort an die WEG zu bezahlen (Konto Nr. 123 456, Volksbank Musterstadt, BLZ 987 654). (**Variante**, die bei zahlungskräftigen Mietern in Betracht kommt: ▬▬▬ aufzufordern, den vorbezeichneten Betrag an Hausgeldrückständen ▬▬▬ zu bezahlen). Wenn Sie dieser Aufforderung nicht nachkommen, werden wir der WEG den Vorschlag machen, Sie von der Heiz-, Warm- und Kaltwasserversorgung abzutrennen (Versorgungssperre); dazu wäre die WEG nach ständiger Rechtsprechung berechtigt.

▲

Der Mieter muss überlegen, ob er im Verhältnis zu seinem Vermieter zu Direktzahlungen an die WEG (statt an den Vermieter) berechtigt ist. Das ist normaler Weise der Fall: Durch die Zahlung an die Gemeinschaft tilgt der Mieter Verbindlichkeiten seines Vermieters und erwirbt einen entsprechenden Erstattungsanspruch gegen diesen; allerdings kann der Verrechnung mit seinen eigenen Mietzahlungspflichten ein im Mietvertrag vereinbartes Aufrechnungsverbot oder die Abtre-

1229

---

82 KG v. 26.11.2001 – 24 W 7/01, ZMR 2002, 458; allg. M. A.A. AG Bremen v. 6.12.2010 – 16 C 424/10, ZMR 2011, 726. Dass die Versorgungssperre gegenüber dem Mieter keine unzulässige Besitzstörung darstellt, hat der BGH im Mietrecht ausdrücklich entschieden (BGH v. 6.5.2009 – XII ZR 137/07, NZM 2009, 482). Ausführlich *Scheidacker,* Versorgungssperren im Miet- und WEG-Recht, NZM 2010, 103; *Suilmann,* ZWE 2012, 111.

83 Nach zutreffender h.M. kann der Anspruch auf Zahlung der Bruttogesamtmiete – also insbesondere auch der Anspruch auf Vorauszahlung von Betriebskosten – gepfändet werden (*Schmidt-Futterer/Langenberg,* Mietrecht 11. Aufl. 2013 § 556 BGB Rn 271).

tung oder Pfändung der Miete entgegen stehen. Unabhängig davon ist der Mieter unter den Voraussetzungen des § 536a Abs. 2 BGB oder Abs. 3 zur Abwendung der Versorgungssperre auf Kosten des Vermieters berechtigt: Denn die Versorgungssperre begründet einen Sachmangel der Mietsache, und deren Androhung einen Rechtsmangel.[84]

1230 Kommt der Mieter der Zahlungsaufforderung nicht nach, kann die Eigentümergemeinschaft die Realisierung der Versorgungssperre versuchen. Das ist allerdings **praktisch unmöglich**, wenn dazu das Betreten der Wohnung erforderlich ist, denn im Gegensatz zum Eigentümer ist der Mieter nicht verpflichtet, das Betreten seiner Wohnung zu diesem Zweck zu dulden (str.).[85] In solchen Fällen kann die (außerhalb der Wohnung einzurichtende) **Stromsperre** das Mittel der Wahl sein.

G. Die Entziehung des Wohnungseigentums

1231 § 18 Abs. 2 Nr. 2 WEG gibt der Gemeinschaft einen Anspruch auf Entziehung des Wohnungseigentums, wenn ein Miteigentümer sich mit seinen Beitragszahlungen „in Höhe eines Betrages, der mehr als drei vom Hundert des Einheitswerts seines Wohnungseigentums überschreitet, länger als drei Monate in Verzug befindet". Auch die fortlaufend unpünktliche Erfüllung von Wohngeld- und anderen Zahlungsansprüchen kann die Fortsetzung der Gemeinschaft mit dem säumigen Wohnungseigentümer unzumutbar machen (siehe Rn 364).

1232 Der **Einheitswert** ist eine vom Finanzamt zum Zweck der Besteuerung nach Maßgabe des Bewertungsgesetzes festgestellte Größe. Das Finanzamt ist gem. § 18 Abs. 2 Nr. 2 WEG verpflichtet, der Gemeinschaft zum Zweck der Entziehung des Wohnungseigentums Auskunft über die Höhe des Einheitswertes zu erteilen (Muster für die parallele Situation bei der Zwangsversteigerung, siehe Rn 1184). Der Einheitswert ist völlig unabhängig vom Verkehrswert der Wohnung und liegt immer weit darunter; die 3 %-Grenze wird erfahrungsgemäß schon bei einem Rückstand mit nur zwei Hausgeldraten überschritten.[86] In der niedrigen Schwelle steckt aber auch ein Problem, denn die Regelung des § 18 Abs. 2 Nr. 2 WEG ist in sich widersprüchlich: Ein Verzug mit ca. 2 Hausgeldraten kann schwerlich die Fortsetzung der Gemeinschaft unzumutbar machen. Deshalb ist zweifelhaft, ob die Norm mit der Eigentumsgarantie (§ 14 GG) vereinbar ist.[87] An sich ist hier wegen des Auseinanderklaffens von Einheits- und Verkehrswert schon lange eine Neuregelung durch den Gesetzgeber erforderlich, der die Problematik im Rahmen der WEG-Novelle aber nicht thematisiert hat. Die rechtstheoretischen Probleme der Norm sind für den Rechtsanwender freilich ohne Bedeutung.

1233 Im Ergebnis läuft die Entziehung auf eine Zwangsversteigerung der Wohnung hinaus. Weil aber das Entziehungsurteil keine Geldforderung zum Gegenstand hat, ist unklar, ob das Verfahren aus einer der Rangklassen des § 10 Abs. 1 ZVG betrieben wird und ggf. aus welcher; und davon hängt es ab, welche Rechte in das geringste Gebot aufzunehmen sind und somit letztlich der Erfolg des Verfahrens. Teilweise wird – der Absicht der Gesetzgebers folgend – vertreten, dass die Vollstreckung in Rangklasse 5 des § 10 Abs. 1 ZVG erfolge; teilweise wird vertreten, der Entziehungsanspruch sei nicht rangfähig, sodass sämtliche im Grundbuch eingetragenen Rechte in das gerings-

---

84 *Suilmann*, ZWE 2012, 111, 114.
85 So zutreffend z.B. KG v. 26.1.2006 – 8 U 208/05, ZMR 2006, 379; *Bonifacio*, Einzelaspekte der Versorgungssperre, ZMR 2012, 331, 332. A.A. z.B. *Briesemeister*, ZMR 2007, 661; BeckOK WEG/*Dötsch*, § 14 Rn 168.
86 Bei AG Erlangen v. 3.11.2003 – 10 UR II 58/02, ZMR 2004, 539 genügte ein Verzug mit 600,00 EUR.
87 Eine Entscheidung des BVerfG hierzu gibt es noch nicht; und solange die Verfassungswidrigkeit nicht vom BVerfG festgestellt ist, ist die Norm gültig.

te Gebot aufzunehmen seien.[88] So oder so wird das geringste Gebot so hoch ausfallen, dass nicht unbedingt mit einer erfolgreichen Versteigerung zu rechnen ist; daher hat das Entziehungsverfahren wegen Hausgeldrückständen auch nach der WEG-Novelle kaum Bedeutung erlangt. Im Übrigen wird die praktische Umsetzung des Entziehungsanspruchs oben (siehe Rn 361) dargestellt.

---

[88] Ausführlich *Schneider*, in: Harz/Kääb/Riecke/Schmid Kap. 33 Rn 456, 461; *Schmidberger*, Das ZVG und § 19 WEG, ZMR 2012, 169.

§ 10 Der Verwalter

A. Begründung und Beendigung der Verwalterstellung

I. Allgemeines

1. Bedeutung des Verwalters

Schon in der Gesetzesbegründung von 1951 heißt es, der Verwalter sei nach der Wohnungseigentümerversammlung das wichtigste Organ der Wohnungseigentümergemeinschaft. In der Praxis ist der Verwalter aber meistens sogar noch wichtiger. Die Vorstellung des Gesetzgebers vom Primat der Wohnungseigentümerversammlung ist Theorie: Die Wohnungseigentümerversammlung tagt regelmäßig nur einmal im Jahr und beschließt meistens (nicht mehr und nicht weniger als) das, was der Verwalter vorschlägt. Die Auswahl eines fachlich qualifizierten und persönlich geeigneten Verwalters ist für die Wohnungseigentümer deshalb von grundlegender Bedeutung. Das Wohnungseigentumsgesetz geht davon aus, dass jede Eigentümergemeinschaft einen Verwalter bestellt. Hierauf hat jeder Miteigentümer gem. § 21 Abs. 4 WEG einen Anspruch; die Bestellung kann nicht ausgeschlossen werden (§ 20 Abs. 2 WEG). Trotzdem ist sie **nicht zwingend**, solange sie von keinem Miteigentümer beantragt wird. Insbesondere kleinere Gemeinschaften verzichten häufig auf einen förmlich bestellten Verwalter, wogegen nichts einzuwenden ist, solange alle Eigentümer damit einverstanden sind. Zumindest für größere Objekte ist aber die Bestellung eines professionellen Verwalters zu empfehlen. Ihn trifft eine große Verantwortung, da er hohe Sach- und Vermögenswerte verwaltet. Er benötigt weit gefächerte Kenntnisse, insbesondere im Bereich des Rechnungswesens und des Rechts. Die Durchführung von Eigentümerversammlungen verlangt ferner Durchsetzungsvermögen und psychologisches Geschick. Die Auswahl des richtigen Verwalters ist eine entscheidende Weichenstellung dafür, ob eine Gemeinschaft harmonisch zusammenleben kann und der gemeinsame Grundbesitz im Wert erhalten wird – oder nicht.

1234

2. Bestellung und Verwaltervertrag

Das Gesetz nennt den Vorgang, durch den eine Person Verwalter wird, „Bestellung"; man könnte auch von „Wahl" sprechen. Es handelt sich um ein **zweiseitiges Rechtsgeschäft**, an dem beide Seiten mitwirken müssen (Angebot und Annahme). Abgesehen vom Sonderfall der Bestellung des Erstverwalters durch die Teilungserklärung ist dafür ein **Beschluss** der Gemeinschaft erforderlich (§ 26 Abs. 1 WEG): Sie muss beschließen, einer bestimmten Person das Amt des Verwalters anzubieten. Die im Beschluss enthaltene oder nachfolgende entsprechende rechtsgeschäftliche Erklärung muss von der betreffenden Person angenommen werden, damit die Wirkung der Bestellung eintritt. Zur Annahme einer angetragenen Bestellung ist niemand verpflichtet, und deshalb kann niemand gegen (genauer: ohne) seinen Willen zum Verwalter bestellt werden.

1235

Nach h.M. ist die Bestellung des Verwalters ein „**körperschaftlicher** (oder organschaftlicher) **Akt**" und vom Abschluss des Verwaltervertrags unabhängig (**Trennungstheorie**).[1] Es wird betont, man müsse zwischen dem organschaftlichen Bestellungsverhältnis und dem schuldrechtlichen Anstellungsrechtsverhältnis des Verwalters strikt trennen. Die h.M. betont aber auch den Abstimmungsbedarf (Gleichlauf) zwischen Bestellung und Anstellung (Verwaltervertrag); auf diesen inneren Widerspruch wird noch verschiedentlich zurückzukommen sein. Überzeugend ist die gekünstelt wirkende Trennungstheorie nicht. Sie ist auch im „sonstigen" Gesellschaftsrecht nicht unumstritten. Schon die Gegenüberstellung von „organschaftlich" bzw. „körperschaftlich" (betr.

1236

---

1 BGH v. 20.6.2002 – V ZB 39/01, ZMR 2002, 766.

die Bestellung) und „schuldrechtlich" (betr. Anstellung/Verwaltervertrag) ist schief: Ein Rechtsverhältnis ist immer „schuldrechtlich" in dem Sinne, dass daraus wechselseitige Rechte und Pflichten folgen. Auch das „organschaftliche Rechtsverhältnis" wird rechtsgeschäftlich begründet, denn es beruht darauf, dass beide Parteien (der „Besteller" und der „Bestellte") die Bestellung wollen. Nach hier vertretener Auffassung fallen Bestellung und Verwaltervertrag stets zusammen und sind als Einheit (Bestellungsrechtsverhältnis) zu betrachten; man kann diese Auffassung als **Einheitstheorie** bezeichnen.[2] Dass ein (ausführlicher, schriftlicher) Verwaltervertrag häufig erst separat nach der Wahl/Bestellung abgeschlossen wird, steht nicht entgegen: Wenn der Verwalter auf Basis bestimmter „Eckdaten" bestellt wurde, ist ein später abgeschlossener Verwaltervertrag als Änderung bzw. nähere Ausgestaltung des schon bestehenden Vertragsverhältnisses zu betrachten, die jederzeit einvernehmlich möglich ist.

1237 Auf der Basis der herrschenden Trennungstheorie wird das Thema „Bestellung" üblicher Weise gesondert vom Thema „Verwaltervertrag" abgehandelt. Trotz des hier vertretenen, von der herrschenden Dogmatik grundsätzlich abweichenden Ansatzes wird auch nachfolgend so verfahren. Die gesonderte Behandlung ist nämlich deshalb sinnvoll, weil es jedenfalls im Normalfall stets einen besonderen (schriftlichen) Verwaltervertrag gibt, dessen spezifische Probleme (zulässiger Vertragsinhalt usw.) unabhängig von den „Grundproblemen" der Bestellung erörtert werden können.

3. Gesellschaften als Verwalter

1238 Die Rechtsprechung hat den Grundsatz aufgestellt, dass die Verwaltung aus Gründen der Klarheit der Verantwortlichkeit nur einer einzelnen Person übertragen werden dürfe. Ein Beschluss, durch den z.B. „die Miteigentümer A und B" zum Verwalter bestellt werden, ist daher **nichtig**. Dasselbe gilt, wenn sich mehrere Personen zu einer **Gesellschaft bürgerlichen Rechts** (GbR) zusammengeschlossen haben und die GbR zum Verwalter bestellt wird.[3] Diese Rechtsprechung kann allerdings grundsätzlich und im Ergebnis nicht überzeugen. Abgesehen von dem grundlegenden Einwand, dass die (fehlende) gesetzliche Grundlage es nicht rechtfertigt, die Wohnungseigentümer so weitgehend zu „bevormunden", besteht in Bezug auf die GbR ein handfester Wertungswiderspruch: Seit der Grundsatzentscheidung des BGH aus dem Jahr 2001 ist nämlich die Rechtsfähigkeit der (Außen-)GbR anerkannt, sofern sie durch die Teilnahme am Rechtsverkehr eigene Rechte und Pflichten begründet;[4] demnach muss sie auch Verwalterin sein können.[5]

1239 Die Bestellung einer **juristischen Person** ist hingegen **möglich**: Z.B. eine Kapitalgesellschaft, insbesondere eine **GmbH**; ebenso eine **Unternehmergesellschaft** (haftungsbeschränkt), die deutsche Alternative zur englischen „Private Company Limited by shares", kurz: Ltd;[6] ebenso einer **Personengesellschaft** des Handelsrechts (**OHG**,[7] **KG**). Das ist zwar praxisgerecht, aber mit dem vorerwähnten BGH-Grundsatz, die Verwaltung dürfe aus Gründen der Klarheit usw. nur einer einzelnen Person übertragen werden, schwer vereinbar: Bei Verwaltungsgesellschaften ist nur die „rechtliche" Verantwortung (im Sinne der Haftung für Fehlleistungen) sichergestellt, nicht aber die „praktische" Klarheit der Verantwortung; vielmehr tritt gerade bei den Verwaltungsgesellschaften nicht selten das Problem auf, dass es entweder keinen eindeutig zuständigen Sachbearbeiter gibt

---

2 Ausführlich BeckOGK WEG/*Greiner*, § 26 Rn 8 ff.
3 BGH v. 26.1.2006 – V ZB 132/05, ZMR 2006, 375; BGH v. 28.5.2009 – VII ZR 206/07, ZMR 2009, 779.
4 BGH v. 29.1.2001 – II ZR 331/00, NJW 2001, 1056.
5 Ebenso *Armbrüster*, Verbände als WEG-Verwalter, NZM 2012, 369, 370.
6 BGH v. 22.6.2012 – V ZR 190/11, NZM 2012, 654, Rn 13. Die UG (haftungsbeschränkt) gem. § 5a GmbHG muss lediglich mit einem Stammkapital von 500,00 ausgestattet werden.
7 Aus der BGH-Entscheidung zur GbR ist zu folgern, dass die OHG nur bei Eintragung im Handelsregister Verwalter sein kann.

A. Begründung und Beendigung der Verwalterstellung § 10

oder die Sachbearbeitung wechselnden Personen überlassen wird. Sogar die entscheidenden „Organe" einer Verwaltergesellschaft (Geschäftsführer, Vorstand) können wechseln, erst recht die Gesellschafter/Aktionäre (siehe Rn 1243), ohne dass die Gemeinschaft gefragt werden müsste. Nur mit dem Verlust der Rechtsfähigkeit (vollendete Liquidation) **endet** die Verwalterstellung einer Verwaltergesellschaft.

Streitig ist das Schicksal der Verwalterstellung bei **Rechtsformänderungen**, insbesondere infolge von **Umwandlungen** nach dem Umwandlungsgesetz (UmwG). Richtiger Ansicht kommt es darauf an, ob die rechtliche Existenz der Verwaltergesellschaft endet oder ob sie sich in einem anderen Rechtsträger fortsetzt. Ob das der Fall ist, richtet sich nicht nach Wohnungseigentums-, sondern nach Gesellschaftsrecht, insbes. nach dem UmwG; und deshalb ist regelmäßig von einem Übergang der Verwalterstellung auf den übernehmenden Rechtsträger auszugehen.[8] Dieser Sichtweise hat sich der BGH für einen Fall der Verschmelzung angeschlossen: Das Umwandlungsgesetz bezwecke einen Rechtsübergang auf den übernehmenden Rechtsträger, was auch für die Organstellung des Verwalters gelte;[9] die Gründe beanspruchen über den Sonderfall der Verschmelzung hinaus Geltung in allen Umwandlungsfällen. Die BGH-Entscheidung korrigiert die bis dahin einhellig anders lautende Instanzrechtsprechung; bis dato stellte die Rspr. nämlich die (vermeintliche) Schutzbedürftigkeit der Wohnungseigentümer in den Vordergrund und lehnte den Übergang der Verwalterstellung in Umwandlungsfällen grundsätzlich ab: „Das Verwalteramt ist an die **Person des Verwalters** gebunden; die Wohnungseigentümer müssen sich keinen anderen Verwalter aufdrängen lassen".[10] Getreu diesem Motto ließ die Rspr. **bislang** in den folgenden Beispielsfällen keinen Übergang der Verwalterstellung auf den verbleibenden/übernehmenden Rechtsträger zu; das ist **überholt**.

1240

Beispiele
- Eine **Verschmelzung** findet statt (z.B. eine Verwaltungs-GmbH mit einer eG). Diesen Fall hat der BGH entschieden: Die Organstellung und der Verwaltervertrag **gehen** im Wege der Gesamtrechtsnachfolge auf den übernehmenden Rechtsträger **über**.[11]
- Eine größere Immobilien-GmbH gliedert durch **Spaltungsvertrag** den verwaltenden Unternehmensteil (Teilbetrieb „WEG-Verwaltung") aus und überträgt ihn auf eine schon bestehende oder neu gegründete Verwaltungs-GmbH. Der übertragene Teilbetrieb geht gem. § 131 Abs. 1 Nr. 1 UmwG im Wege der Gesamtrechtsnachfolge auf den übernehmenden Rechtsträger über, nach bisheriger Rspr. aber nicht die Verwalterstellung.[12] Nach den vom BGH für die Verschmelzung aufgestellten und von der Lit. seit jeher propagierten Grundsätzen ist aber auch in diesem Fall von einem Übergang der Verwalterstellung auszugehen; das Gleiche gilt für die beiden folgenden Fallgestaltungen.
- Bei einer GmbH & Co. KG scheidet der einzige Kommanditist aus. Dadurch erlischt die KG unter **Anwachsung** ihres Vermögen bei der GmbH (Gesamtrechtsnachfolge gem. § 142 HGB).[13]

1241

---

8 So z.B. auch *M. Becker*, FS Merle (2010), 51; *Armbrüster*, NZM 2013, 369, der zu Recht die „kontinuitätsfeindliche Rechtsprechung" kritisiert.
9 BGH v. 21.2.2014 – V ZR 164/13, Rn 8.
10 LG Landau (Pfalz) v. 17.5.2013 – 3 S 134/13, ZMR 2013, 744; st. (ältere) Rspr.
11 BGH v. 21.2.2014 – V ZR 164/13, Rn. 8. Die anders lautende Entscheidung des LG Landau (Pfalz) v. 17.5.2013 (Vornote) wurde aufgehoben.
12 LG München I v. 10.1.2013 – 36 S 8058/12, ZWE 2013, 415; LG Frankfurt (Oder) v. 27.11.2012 – 6a S 98/11, ZMR 2013, 981.
13 OLG Köln v. 9.2.2006 – 2 Wx 5/06, ZMR 2006, 385; OLG Düsseldorf v. 28.5.1990 – 3 Wx 159/90, NJW-RR 1990, 1299.

- Der einzige Kommanditist der X-Verwaltungs-KG scheidet aus, wodurch sie zu einem **Einzelunternehmen** wird.[14]

4. Delegation der Verwaltertätigkeit

1242 Aus dem vorstehend schon erwähnten Grundsatz (das Verwalteramt ist an die Person des Verwalters gebunden usw.) zieht die h.M. den Schluss, dass der Verwalter die geschuldete Tätigkeit **in eigener Person** erbringen muss. Er darf sich zwar der Unterstützung durch Hilfspersonen bedienen, seine Befugnisse und Aufgaben aber nicht ohne Zustimmung der Wohnungseigentümer ganz oder teilweise auf einen Dritten übertragen. „Die mit der besonderen Vertrauensstellung des Verwalters verbundene **Höchstpersönlichkeit** seines Amtes verlangt, dass er für den Kernbereich seiner Tätigkeit verantwortlich bleiben muss und schließt eine vollständige Delegation auf eine andere Person aus".[15] Die unzulässige Delegation der Verwalteraufgaben kann einen wichtigen Grund zur Abberufung darstellen (siehe Rn 1339). An der Wahrnehmung der „Kernaufgaben" kann es fehlen, wenn der Verwalter z.B. bei den Eigentümerversammlungen nicht anwesend ist oder die gerichtliche Vertretung der Gemeinschaft nicht selber wahrnimmt.[16] Dabei ist die Ausgestaltung des Innenverhältnisses zwischen dem bestellten Verwalter und der die Verwaltung tatsächlich wahrnehmenden Person ohne Bedeutung; die Aufgabendelegation ist unzulässig, auch wenn dem Verwalter noch „offiziell" die „rechtliche Verantwortlichkeit" verbleibt.[17] Der Verwalter darf sich auch nicht im Verwaltervertrag vorbehalten, seine Aufgaben oder gleich die ganze Verwalterstellung auf einen anderen zu übertragen; derartige Klauseln sind nichtig.[18] – Allerdings krankt die vorstehend dargestellte h.M. daran, dass sie auf den Verwalter als „1-Mann-Betrieb, der persönliches Vertrauen in Anspruch nimmt" zugeschnitten ist und nur in diesem Fall halbwegs „passt"; das undifferenzierte Verbot der Aufgabendelegation ist nach hiesiger Auffassung verfehlt.[19]

5. Verkauf von Verwaltungen

1243 Der Verkauf von **Verwaltungsgesellschaften** ist problemlos möglich, indem die Gesellschaftsanteile verkauft und übertragen werden. Der Bestand der Gesellschaft bleibt vom Wechsel der Gesellschafter unberührt. Wenn z.B. bei einer Verwaltungs-GmbH die Gesellschafter oder die Geschäftsführer wechseln, muss die Gemeinschaft nicht gefragt werden; es liegt kein Verwalterwechsel vor, die Verwalterstellung wird nicht berührt.[20] Der „Verkauf", bzw. genauer: die **Übertragung der Verwalterstellung** oder des Verwaltungsbestandes vom bestellten Verwalter auf einen anderen, ist hingegen ohne Mitwirkung der Gemeinschaft (Bestellung des neuen Verwalters durch Beschluss) nicht möglich.[21] Gleichwohl kommt es immer wieder vor, dass sich einer Gemeinschaft plötzlich eine ganz andere als die bestellte Person bzw. Gesellschaft als „der neue Verwalter" vorstellt. In Wahrheit ist in einem solchen Fall der „alte" Verwalter noch der Bestellte, die nicht gewählte Person/Gesellschaft hingegen ein „nicht bestellter", also im Rechtssinne über-

---

14 BayObLG v. 6.2.1987 – BReg 2 Z 6/87, ZMR 1987, 230.
15 LG Karlsruhe v. 7.8.2012 – 11 S 180/11, ZMR 2013, 376. Sachlich ebenso KG v. 11.3.2002 – 24 W 310/01, ZMR 2002, 695, Rn 7.
16 So *Jennißen/Jennißen*, § 26 Rn 10. Rechtsprechung und Praxis sehen das bislang freilich zu Recht nicht so eng.
17 BayObLG v. 20.6.1990 – BReg 2 Z 60/90, WuM 1990, 406.
18 LG Lübeck RPfleger 1985, 232; AG Kerpen WuM 1998, 507; BayObLGZ 1975, 327.
19 Zu Recht weist z.B. *Heinemann*, MietRB 2012, 359 auf den Widerspruch hin, dass eine Verwaltungs-GmbH problemlos und rechtmäßig das tun kann, was dem Einzelverwalter verwehrt wird: Die Arbeit auf mehrere Personen verteilen.
20 BGH v. 21.02.2014 – V ZR 164/13, Rn 19 (obiter dictum); *Spielbauer/Then*, § 26 Rn 5; *Jennißen/Jennißen*, § 26 Rn 14.
21 LG Frankfurt/M. v. 20.8.2012 – 2–09 S 97/11, NZM 2012, 656.

haupt kein Verwalter. Oft nimmt eine Gemeinschaft die Tätigkeit des „Neuen" aber widerspruchslos hin, wodurch dieser zum „faktischen Verwalter" wird (siehe Rn 1463). Ein Ende findet diese Konstellation nur dadurch, dass der „Neue" durch Beschluss zum Verwalter bestellt wird, was nach h.M. mindestens konkludent die Abberufung des bisherigen Verwalters beinhaltet. Wenn wie üblich der (noch nicht bestellte) „neue Verwalter" eine Versammlung einberuft und sich darin zum Verwalter wählen lässt, liegt an sich ein **Ladungsmangel** vor; es ist allerdings fraglich (und vom Einzelfall abhängig), ob der Formfehler für das Beschlussergebnis kausal wird und der Beschluss alleine deswegen erfolgreich angefochten werden kann.[22]

II. Bestellung durch Beschluss der Wohnungseigentümer

1. Vorbereitung der Beschlussfassung

Es ist nicht Aufgabe des amtierenden Verwalters, **Interessenten** für die Übernahme der Verwaltung (aus seiner Perspektive: Konkurrenten) zu suchen. Wenn seine Bestellungszeit dem Ende zugeht, wird er deshalb keine Angebote anderer Verwalter einholen und auch keine Bewerber zur Versammlung einladen; erst recht dann nicht, wenn er selber zur Fortführung der Verwaltung bereit ist. Steht in der entscheidenden Versammlung nur der bisherige Verwalter zur Wahl, hat die fehlende **Auswahl** auf die Rechtmäßigkeit der Bestellung keinen Einfluss: Die Verwalterwahl entspricht grundsätzlich auch dann ordnungsgemäßer Verwaltung, wenn nur der bisherige Verwalter zur Wahl steht.[23] Und wenn sich die Mehrheit mit dem amtierenden Verwalter als einzigen Kandidaten begnügt, kann ein einzelner Miteigentümer nicht einmal durchsetzen, dass von ihm eingeladene andere Kandidaten auch nur angehört werden.[24]

1244

Anders ist es, wenn ein neuer Verwalter gewählt werden soll: Dann setzt eine ordnungsgemäße Wahl die vorhergehende Einholung von **Alternativangeboten** anderer Verwalter und deren Übersendung an die Wohnungseigentümer voraus.[25] Der amtierende Verwalter ist dafür nicht zuständig (siehe Rn 1244); weil oder wenn er – wie meistens – sein Amt weiter ausüben will, kann er sich passiv verhalten. Strebt die Gemeinschaft also einen Verwalterwechsel an oder will sie, dass bei der Beschlussfassung über die Verwalterwahl eine Auswahl von Kandidaten zur Verfügung steht, muss die **Initiative** dazu von den Wohnungseigentümern ausgehen.[26] Dasselbe gilt, wenn schon bekannt ist, dass der amtierende Verwalter sein Amt nicht fortführen will; dann gehört zur Vorbereitung der Versammlung die Sorge dafür, dass überhaupt jemand für das Amt des Verwalters zur Verfügung steht.

1245

Die **Vorbereitung** sollte **frühzeitig** beginnen. Läuft der Verwaltervertrag z.B. bis zum 31.12.2017, wird sinnvoller Weise schon 2016 das Thema „Vorbereitung der Verwalterwahl 2017" auf die Tagesordnung genommen werden, damit zweckdienliche „Vorbereitungsbeschlüsse" gefasst werden können. Üblich und sinnvoll ist es, den Verwaltungsbeirat oder einzelne Wohnungseigentümer mit der Vorbereitung und **Vorauswahl** zu betrauen. Eine Vorauswahl durch den Beirat ist aber auch dann zulässig, wenn es keinen entsprechenden Beschluss gibt; eine Verwalterbestellung ist nicht mit der Begründung anfechtbar, dass zur entscheidenden Versammlung nur diejenigen und keine

1246

---

22 BayObLG v. 7.2.2002 – 2Z BR 161/01, NZM 2002, 346 Rn 14 sieht in der Einberufung durch den neuen faktischen Verwalter keinen die Anfechtbarkeit begründenden Formfehler; LG Frankfurt (Oder) v. 27.11.2012 – 6a S 98/11, ZMR 2013, 981 kommt zum gegenteiligen Ergebnis.
23 BGH v. 1.4.2011 – V ZR 96/10, ZMR 2011, 735.
24 OLG München v. 7.9.2007 – 32 Wx 109/07, ZMR 2007, 1000.
25 BGH v. 1.4.2011 – V ZR 96/10, ZMR 2011, 735. LG Landau (Pfalz) v. 17.5.2013 – 3 S 134/12, ZMR 2013, 744, Rn 20 verlangt diesbezüglich die magische Zahl „3" (siehe dazu Rn 532).
26 OLG Hamm v. 3.1.2008 – 15 W 240/07, ZMR 2009, 58, Rn 23.

anderen Kandidaten eingeladen waren, die der Beirat aufgrund seiner Vorauswahl für geeignet hielt.[27]

▼

1247 **Muster 10.1: Beschluss zur Vorbereitung der Verwalterneuwahl**

Zur Vorbereitung der im Jahr 2017 anstehenden Verwalterwahl wird der Verwaltungsbeirat beauftragt, mehrere Angebote von Verwaltern einzuholen. Der Verwaltungsbeirat soll eine Vorauswahl treffen, so dass in der Eigentümerversammlung 2017 zwei oder drei Bewerber – abgesehen vom jetzigen Verwalter – zur Wahl stehen.

▲

1248 Wird der Beirat entsprechend dem vorstehenden Muster beauftragt, wird er mit verschiedenen Verwaltern Kontakt aufnehmen und eine Objektbegehung mit anschließender Besprechung organisieren. Die zwei oder drei interessantesten Bewerber werden schließlich gebeten, ein **Angebot in Textform** abzugeben, zweckmäßigerweise in Gestalt eines Vertragsentwurfs. **Wenn** solche Angebote vorliegen (was sinnvoll, aber nicht zwingend ist), müssen die Miteigentümer vor der Beschlussfassung über deren Inhalt informiert werden: „Es bedarf keiner näheren Erläuterung, dass vor einer Abstimmung über die Bestellung zum Verwalter die Eigentümer in Anbetracht seiner weitreichenden Befugnisse über Qualifikation und Bedingungen des zu bestellenden Verwalters so umfassend wie möglich unterrichtet werden müssen".[28] Müssen deshalb (ob Wiederwahl oder Neubestellung) die Angebote der Bewerber kopiert und (z.B. zusammen mit der Einladung) an alle Miteigentümer **verschickt** werden? Das wäre zwar ideal und wurde vereinzelt auch schon verlangt,[29] ist aber nicht zwingend.[30] Es genügt, wenn die erforderlichen Informationen erst in der Eigentümerversammlung mitgeteilt werden, indem die Angebote als Tischvorlage ausliegen[31] oder der Inhalt referiert wird. Letztlich kommt es auf den Einzelfall an: Wenn die Miteigentümer einen umfangreichen Vertrag erstmals in der Versammlung zu sehen bekommen, kann darüber nur dann rechtmäßig beschlossen werden, wenn zumindest der Verwaltungsbeirat (oder andere Miteigentümer) ihn vorab prüfen und darüber berichten konnten. Anderenfalls ist der Gemeinschaft zu raten, sich im Beschluss auf die Eckdaten der Bestellung zu beschränken und den Vertragsabschluss zu delegieren (siehe Rn 1404) oder auf die nächste Versammlung zu verschieben.

1249 Die Beschlussfassung muss – wie immer – in der **Tagesordnung** zur Eigentümerversammlung angekündigt werden, und zwar (selbstverständlich) spätestens in dem Jahr, in welchem die laufende Bestellungszeit abläuft. Daran sollte der Verwalter auch ohne besonderen Antrag seitens der Eigentümer denken; er muss dafür sorgen, dass die Gemeinschaft rechtzeitig über die Verwalterneuwahl beschließen kann. An die Ankündigung dürfen keine überzogenen **Anforderungen** gestellt werden. Z.B. ist die Ankündigung „Wahl eines neuen Verwalters" ausreichend, und zwar sowohl für die Bestellung, als auch für die Beschlussfassung über die Vergütung des Verwalters oder über den Verwaltervertrag.[32] Sicherheitshalber wird aber beides angekündigt.

---

27 OLG Düsseldorf v. 14.9.2001 – 3 Wx 202/01, ZMR 2002, 213.
28 OLG Köln v. 14.4.2005 – 16 Wx 23/05, ZMR 2005, 811.
29 LG Köln v. 31.1.2013 – 29 S 135/12, ZMR 2013, 379 Rn 26.
30 OLG München v. 20.3.2008 – 34 Wx 46/07, NZM 2009, 548 Rn 32.
31 *Jennißen/Schmidt/Schmidt*, WEG-Verwalter, Teil A, Rn 180.
32 OLG München v. 20.3.2008 – 34 Wx 46/07, ZMR 2009, 64, Rn 32; OLG Schleswig v. 20.1.2006 – 2 W 24/05, ZMR 2006, 803.

▼

Muster 10.2: Ankündigung in der Tagesordnung　　　　　　　　　　　　　　　　1250

TOP 3: Verwalterbestellung und Verwaltervertrag

▲

2. Die Beschlussfassung

a) Wahlverfahren

Für die Beschlussfassung gelten die **allgemeinen Regeln**. Demnach setzt ein (positiver) Beschluss 　1251
voraus, dass mehr Ja- als Nein-Stimmen auf den Antrag bzw. Bewerber entfallen (**einfache Mehrheit**).[33] Stehen bei gleichzeitiger Abstimmung zwei Bewerber zur Wahl, ist der „Sieger", auf den mehr Ja-Stimmen als auf den „Verlierer" entfallen, gewählt, denn die auf den „Verlierer" entfallenden Stimmen gelten in Bezug auf den „Sieger" als Nein- Stimmen, sodass letzterer mehr Ja- als Nein-Stimmen erlangt. Stehen bei gleichzeitiger Abstimmung mehr als zwei Bewerber zur Wahl, genügt die **relative Mehrheit nicht**.[34] Ja-Stimmen für Zweit- und Drittplatzierte usw. sind Nein-Stimmen für den Bestplatzierten; Letzterer ist deshalb nur dann gewählt, wenn die Anzahl der auf ihn entfallenden Stimmen die Summe der auf die Nachplatzierten entfallenden Stimmen übersteigt.

> *Beispiel:*　　　　　　　　　　　　　　　　　　　　　　　　　　　　　　　　　　　　　1252
> Anwesend oder vertreten sind 30 Eigentümer. Es gilt das Kopfstimmrecht, jeder Eigentümer hat also 1 Stimme. Zur Wahl stehen die Bewerber A, B und C, über die gleichzeitig abgestimmt wird. **Variante 1**: A erhält 15 Stimmen, B 10 und C 5. A hat nicht mehr Stimmen als B und C zusammen. Ergebnis: Keiner ist gewählt. **Variante 2**: A erhält 10 Stimmen, B 5 und C 4; 11 Eigentümer enthalten sich. Ergebnis: A hat mehr Stimmen als seine Mitbewerber zusammen und ist deshalb gewählt.

Die Abstimmung muss weder **geheim** noch schriftlich erfolgen; beides ist aber oftmals sinnvoll. 　1253
Die Stimmen sind (ganz „normal", siehe Rn 828) nach dem gesetzlichen oder einem etwaigen abweichenden in der Gemeinschaftsordnung vorgesehenen **Stimmkraftprinzip** zu bewerten.[35] Verkündet der Versammlungsleiter ein falsches Ergebnis, indem er z.B. einen von mehreren Bewerbern als gewählt ansieht, obwohl dieser nur die relative Mehrheit erreichte, ist der Wahlbeschluss zwar anfechtbar, aber nicht nichtig.[36] Ein bestimmtes Wahlverfahren, wenn mehrere Kandidaten zur Wahl stehen, ist nicht vorgeschrieben. Da es verschiedene Möglichkeiten gibt, sollte der Versammlungsleiter das von ihm beabsichtigte Wahlverfahren vorab erläutern. Mögliche Varianten werden nachfolgend dargestellt.

> *Beispiel*　　　　　　　　　　　　　　　　　　　　　　　　　　　　　　　　　　　　　1254
> Es stehen drei Bewerber zur Wahl: A, B und C. (Jeweils auf der Grundlage bestimmter Konditionen gem. den unten aufgeführten Mustern, siehe Rn 1261.)

---

[33] Das kann auch die Gemeinschaftsordnung nicht erschweren. Sieht diese ein Quorum von ³/₄ vor, ist die Regelung nichtig: OLG München v. 5.4.2011 – 32 Wx 1/11, ZWE 2011, 262.

[34] BayObLG v. 13.3.2003 – 2Z BR 85/02, ZMR 2004, 125; unstr.

[35] Teilweise wurde vertreten, es müsse zwingend das Kopfprinzip gelten, auch wenn die Gemeinschaftsordnung das Wertprinzip vorsehe, weil anderenfalls eine gem. § 26 Abs. 1 S. 5 WEG unzulässige Erschwerung der Verwalterwahl gegeben sei; dem sind die h.M. und die Rechtsprechung nicht gefolgt (*Greiner*, ZWE 2011, 118; BGH v. 8.10.2011 – V ZR 253/10, ZMR 2012, 282).

[36] OLG Düsseldorf v. 6.5.2002 – 3 Wx 244/01, ZMR 2002, 614; *Bärmann/Merle*, § 26 Rn 36; allg. M.

371

1255 **Variante 1 (nicht zu empfehlen):** Es wird nacheinander über jeden der drei Kandidaten einzeln abgestimmt: „1. Wer ist für A? Wer ist gegen A? Wer enthält sich? 2. Wer ist für B? Wer ist gegen B? usw." Die Reihenfolge der Abstimmung ist bei diesem Verfahren von einer gewissen Bedeutung, denn wenn bereits Bewerber A die Stimmenmehrheit erzielt, wird über die Bewerber B und C gar nicht mehr abgestimmt. Vielleicht hätten aber auch B oder C die Mehrheit der Stimmen erzielt, wenn über sie als erstes abgestimmt worden wäre.[37]

1256 **Variante 2 (empfehlenswert):** Die Wohnungseigentümer müssen sich in einem ersten Beschluss für einen der drei Kandidaten entscheiden („Wer ist für A? Wer ist für B? Wer ist für C? Wer enthält sich?"). Erhält nicht sogleich einer der Kandidaten die erforderliche Mehrheit, folgt im zweiten Durchgang eine Stichwahl zwischen den beiden Kandidaten mit den besten Ergebnissen.

b) Stimmrechtsausschlüsse

1257 Stellt sich ein **Wohnungseigentümer** zur Wahl, ist er **nicht** analog § 25 Abs. 5 WEG vom **Stimmrecht** ausgeschlossen; die Wahrnehmung mitgliedschaftlicher Rechte soll durch diese Vorschrift nämlich nicht verhindert werden. Daran ändert sich nichts, wenn zugleich über den Verwaltervertrag (oder dessen Eckdaten) abgestimmt wird. Zwar ist der Abschluss des Verwaltervertrags ein Rechtsgeschäft, weshalb der daran beteiligte Wohnungseigentümer gem. § 25 Abs. 5 WEG an sich einem Stimmverbot unterläge; die Bestellung zum Verwalter und der Abschluss des Verwaltervertrags sind aber wirtschaftlich und rechtlich untrennbar miteinander verbunden, sodass eine Ausnahme geboten ist, damit das hinsichtlich der Bestellung bestehende Stimmrecht eines kandidierenden Miteigentümers nicht leer läuft.[38] Auf der Basis der hier vertretenen Auffassung (Einheit von Bestellung und Verwaltervertrag) versteht sich das Ergebnis von selbst.

1258 Der **Verwalter**, dem von Miteigentümern **Stimmrechtsvollmachten** erteilt wurden, darf bei seiner (Wieder-)Wahl mitstimmen.

1259 *Beispiel*
Verwalter V ist nicht Miteigentümer. Bei der Abstimmung über die Verlängerung seines Verwaltervertrags (= Verlängerung der Bestellungszeit) macht er von den ihm erteilten Stimmrechtsvollmachten Gebrauch, so dass der Antrag eine Mehrheit findet. Miteigentümer A ficht den Beschluss mit der Begründung an, V habe einem Stimmrechtsausschluss gem. § 25 Abs. 5 WEG unterlegen. – Die Anfechtung ist nach h.M. unbegründet. Die Vollmachtgeber selber unterlagen keinem Stimmverbot, und eine analoge Anwendung des § 25 Abs. 5 WEG ist nicht geboten. Allen Beteiligten, vor allem den Vollmachtgebern, war klar, dass der bevollmächtigte Verwalter sich selber für den besten Kandidaten halten und dementsprechend die Vollmachten im Sinne seiner Wiederwahl ausüben würde; mit der Erteilung der Stimmrechtsvollmacht brachten die Vollmachtgeber daher in zulässiger Weise ihr Einverständnis mit der Eigenwahl des amtierenden Verwalters zum Ausdruck.[39] – Ich bin anderer Meinung: Die **Ausnahme**, dass eine Person entgegen § 25 Abs. 5 WEG bei dem Beschluss über ihre eigene Bestellung und Vertrag mitwirken, darf, gilt nur für Miteigentümer; eine Ausnahme ist eng zu fassen, sie kann und soll nicht per se dem Verwalter zugute kommen. Lässt man den Verwalter als Bevollmächtigten über seine Wiederwahl mitstimmen, verstößt das eklatant gegen den Zweck des Stimmverbots. M. E. müsste ein Miteigentümer, der an einer Versammlung (in der das Thema Wiederwahl

---

37 Das Verfahren ist gleichwohl rechtmäßig: OLG Düsseldorf v. 31.8.1990 – 3 Wx 257/90, NJW-RR 1991, 594.
38 BGH v. 19.9.2002 – V ZB 30/02, ZMR 2002, 931, Rn 24; OLG Hamm v. 20.7.2006 – 15 W 142/05, ZMR 2007, 63.
39 OLG Köln v. 8.11.2006 – 16 Wx 165/06, ZMR 2007, 715, Rn 21; OLG Schleswig v. 20.1.2006 – 2 W 24/05, ZMR 2006, 803; OLG Hamm v. 20.7.2006 – 15 W 142/05, ZMR 2007, 63. Die häufig zu lesende Begründung, ein Stimmrechtsausschluss bestimme sich „nach der Person des Vertretenen, nicht des Vertreters", ist in dieser Allgemeinheit nicht zutreffend.

ansteht), nicht teilnehmen kann, der aber bewusst die Wiederwahl des amtierenden Verwalters mit seiner Stimme ermöglichen möchte, eine andere Person als den Verwalter bevollmächtigen; hierauf müsste der Verwalter schon bei der Einberufung der Versammlung hinweisen. (Nur) auf diese Weise lässt sich der vielfach beklagte Missstand abstellen, dass Verwalter sich mit Hilfe von Vollmachten (die nicht selten von desinteressierten und unzureichend informierten Miteigentümern routinemäßig erteilt werden) immer wieder selber wählen.

c) Inhalt des Bestellungsbeschlusses

Der Verwalter **kann** bestellt werden, **ohne** irgendwelche weiteren **Regelungen** zu treffen. Dann liegt eine Bestellung auf unbestimmte Zeit vor und ist die übliche Vergütung zu zahlen. Sinnvoll ist ein isolierter Bestellungsbeschluss, der nicht einmal die essentialia negotii (Vergütung und Laufzeit) regelt, aber nicht. Er widerspricht ordnungsmäßiger Verwaltung (str.).[40] In der Praxis wird häufig lediglich der Abschluss oder die Verlängerung des **Verwaltervertrags** beschlossen, ohne das Wort „Bestellung" auch nur zu erwähnen; die Bestellung ist bei sinnvoller Auslegung aber selbstverständlich mitgemeint.[41]

1260

▼

Muster 10.3: Mindestinhalt 1

1261

X-Immobilien GmbH wird ab dem 1.8.2014 zum Verwalter bestellt. Die Bestellung endet am 31.12.2017. Die Vergütung beträgt monatlich netto 230,00 EUR zzgl. Umsatzsteuer (oder: je Wohnung monatlich netto 17,00 EUR, je Stellplatz netto 4,00 EUR usw.).

▲
▼

Muster 10.4: Mindestinhalt 2, wenn bei der Beschlussfassung kein annahmereifer Verwaltervertrag vorliegt

(Zuerst wie Muster 1) Mit der Annahme der Bestellung durch den Verwalter kommt ein Verwaltervertrag zwischen der Gemeinschaft und dem Verwalter zustande, dessen Inhalt sich zunächst nach den gesetzlichen Bestimmungen richtet. Der Verwaltungsbeirat wird bevollmächtigt, mit dem Verwalter einen schriftlichen Verwaltervertrag auszuhandeln und schriftlich abzuschließen und dem Verwalter eine Vollmachtsurkunde auszustellen.

▲
▼

Muster 10.5: Mindestinhalt 3, wenn ein annahmereifer Verwaltervertrag vorliegt

X-Immobilien GmbH wird ab dem 1.8.2014 zum Verwalter bestellt. Die Bestellung erfolgt auf der Grundlage des vorliegenden Angebots eines Verwaltervertrags vom 20.5.2014. Mit der Annahme der Bestellung durch den Verwalter kommt der Verwaltervertrag in dieser Form zustande. Der Verwaltungsbeirat wird bevollmächtigt, diesen Vertrag namens der Wohnungseigentümergemeinschaft zu unterzeichnen und gegenzeichnen zu lassen und dem Verwalter eine Vollmachtsurkunde auszustellen.

▲

---

40 OLG Hamm v. 4.6.2002 – 15 W 66/02, ZMR 2003, 51. Tendenziell wie hier auch BGH v. 22.6.2012 – V ZR 190/11, NZM 2012, 654, Rn 12, wonach die Bestellung „jedenfalls dann" nicht zu beanstanden sei, wenn in derselben Versammlung auch der Verwaltervertrag erörtert und beschlossen werde.
41 OLG Schleswig v. 20.1.2006 – 2 W 24/05, ZMR 2006, 803, Rn 20.

§ 10 Der Verwalter

1262 Mit dem Bestellungsbeschluss nimmt die Gemeinschaft i.d.R. das in der Versammlung vorgetragene **Angebot** des Bewerbers auf Übernahme der Bestellung an. Die Willenserklärung der Gemeinschaft (**Annahme**) muss dem Bewerber zugehen. Erfolgt die Wahl in seiner Gegenwart, genügt dafür die Verkündung des Abstimmungsergebnisses durch den Sitzungsvorsitzenden;[42] anderenfalls muss dem Bewerber anschließend seine Wahl bekannt gegeben, also im Rechtssinne der Zugang die Erklärung der Gemeinschaft bewirkt werden. Letzten Endes ist es aber ohne Bedeutung, wer das „Angebot" und wer die „Annahme" erklärt hat; es müssen nur im Ergebnis übereinstimmende Willenserklärungen vorliegen. Werden entsprechend den vorstehenden Mustern gewisse Eckdaten (Laufzeit, Vergütung, ggf. spezielle Leistungen) beschlossen, liegt dem Beschluss i.d.R. ein zuvor vom Bewerber erklärtes entsprechendes Angebot zugrunde, einen Verwaltervertrag mit diesen Eckdaten abzuschließen; dann kommt die Bestellung mit Beschlussfassung mit diesen Eckdaten zustande. Gab es kein entsprechendes Angebot des Bewerbers, unterbreitet es ihm die Gemeinschaft mit der Beschlussfassung; vollendet ist die Bestellung mit diesen Eckdaten dann mit der Annahme durch den Verwalter. Der entsprechende Hinweis im Muster 2 hat daher lediglich deklaratorische Funktion. Wird im Bestellungsbeschluss statt gewisser Eckdaten sogleich der ganze Verwaltervertrag beschlossen (so im Muster 3, siehe Rn 1261), kommt auch dieser zugleich mit der Bestellung zustande. Im Übrigen wird der Abschluss des Verwaltervertrags unten (siehe Rn 1399) noch eingehend behandelt.

d) Empfehlungen beim Verwalterwechsel

1263 Sofern mehrere Kandidaten zur Wahl stehen und ein Verwalterwechsel möglich erscheint, sollte die Verwalterwahl der **letzte Tagesordnungspunkt** sein. Wird der amtierende Verwalter nämlich abgewählt, ist er – zum Schaden aller – erfahrungsgemäß nicht mehr zu einer vernünftigen weiteren Versammlungsleitung motiviert. Er sollte bei der Verwalterwahl auch nicht die **Versammlungsleitung** ausüben; per Geschäftsordnungsbeschluss ist hierfür eine geeignete andere (teilnahmeberechtigte) Person – üblich ist der Vorsitzende des Verwaltungsbeirats – zu bestimmen.

1264 Wenn irgend möglich sollten die Bewerber sich in der Versammlung **persönlich vorstellen**. Das hat zum einen den Vorteil, dass sich jeder Miteigentümer ein eigenes Bild von ihnen und von ihren Konditionen machen kann; zum anderen kann der ausgewählte Bewerber nach der Beschlussfassung sogleich die Annahme der Bestellung erklären. Schon mit Rücksicht auf die Nichtöffentlichkeit der Versammlung dürfen die Bewerber aber weder vor noch nach ihrer Vorstellung im Versammlungsraum anwesend sein. Sie sollten daher ab einer bestimmten Uhrzeit in eine nahe gelegene andere Örtlichkeit (i.d.R. in den Hauptraum einer Gaststätte) als „Warteraum" gebeten werden, wo sie die Zeit vor und nach ihrer Vorstellung verbringen können.

1265 Der Vorstellungsrunde folgen **Aussprache** und Diskussion, bevor schließlich die Abstimmung stattfindet. Sofern die Bewerber zu diesem Zeitpunkt noch verfügbar sind, wird ihnen das Ergebnis sogleich bekannt gegeben; andernfalls wird eine Person bestimmt (i.d.R. der Versammlungsleiter), die sie später vom Wahlausgang informiert. Die Unterzeichnung des Verwaltervertrags erfolgt später.

3. Laufzeit der Bestellung

1266 Der **Beginn** der Bestellungszeit sollte selbstverständlich so bestimmt werden, dass sich die neue Bestellung an die laufende lückenlos anschließt. Wenn ein Verwalter zu einem Zeitpunkt wiedergewählt wird, zu dem seine bisherige Bestellungszeit bereits abgelaufen war (oder wenn seine frühe-

---

42 *Bärmann/Merle*, § 26 Rn 29; *Greiner*, ZWE 2008, 454, 455; *Abramenko*, ZWE 2010, 193, 196; *Jenißen/Schmidt*, WEG-Verwalter, Teil A X, Rn 173 (betr. den Verwaltervertrag).

re Bestellung aus bestimmten Gründen gar nicht erst wirksam wurde), wird der Beginn der Bestellungszeit häufig mit **Rückwirkung** beschlossen; damit wird dem Verwalter für die Vergangenheit ein Anspruch auf Vergütung zugesprochen. Soweit dem Beschluss darüber hinaus die Bedeutung beigelegt wird, dass „die Wohnungseigentümer eine in der Vergangenheit tatsächlich ausgeübte Verwaltertätigkeit billigen",[43] ist dem in dieser Allgemeinheit zu widersprechen: Die Wohnungseigentümer billigen nur, dass der Verwalter in der Vergangenheit tätig war (das „ob"), aber nicht seine konkreten Tätigkeiten (das „wie"). Eine Genehmigung etwaiger vollmachtloser Vertragsabschlüsse kann in die rückwirkende Bestellung i.d.R. nicht hinein interpretiert werden.

Eine Bestellung auf **unbestimmte Zeit** ist möglich, aber unüblich; meistens erfolgt sie für eine **feste Laufzeit**. Diese liegt schon dann vor, wenn der Bestellungsbeschluss **befristet** ist, also ausdrücklich das Ende der Bestellungszeit fixiert.[44] Die Vereinbarung der festen Laufzeit der Bestellung muss nicht direkt im Bestellungsbeschluss enthalten sein, sondern kann sich auch aus dem **Verwaltervertrag** ergeben, der der Bestellung zugrunde gelegt wird.[45] Während der festen Laufzeit kann der Verwalter **nur aus wichtigem Grund** abberufen/gekündigt werden, sofern die Möglichkeit der vorzeitigen ordentlichen Kündigung nicht ausdrücklich vereinbart wurde. Die Laufzeit (ob unbestimmt oder fest) darf bzw. kann bei der Erstverwalterbestellung 3 Jahre, im Übrigen **5 Jahre** nicht überschreiten (§ 26 Abs. 1 S. 2 WEG). Da das Gesetz so lange Laufzeiten vorsieht, ist dagegen auch AGB-rechtlich nichts einzuwenden.[46] Soweit der Beschluss die zulässige Höchstdauer überschreitet, ist er gem. § 139 BGB nur insoweit (teil-)nichtig, d.h. dass die Bestellungszeit ohne weiteres nach Ablauf der Höchstdauer endet.[47]

Eine Bestellung mit **Verlängerungsklausel** ist möglich und rechtmäßig.[48] Die Verlängerung darf bzw. kann aber jeweils 1 Jahr (§ 309 Nr. 9b BGB) und im Ergebnis die zwingende Höchstdauer von 5 Jahren nicht überschreiten. Nach fünf Jahren endet die Bestellung, sofern kein neuer Beschluss erfolgte, zwangsläufig;[49] insofern hat der letzte Satz des folgenden Musters lediglich deklaratorische Funktion.

▼

Muster 10.6: Verlängerungsklausel

Der Verwalter wird zunächst vom 1.1.2015 bis zum 31.12.2016 bestellt. Die Bestellung verlängert sich stillschweigend um jeweils ein weiteres Jahr, wenn sie nicht mit einer Frist von mindestens 6 Monaten zum Jahresende von einer Seite gekündigt wird. Sie endet spätestens am 31.12.2019.

▲

---

43 OLG Hamm v. 19.4.1995 – 15 W 26/95, WE 1996, 33, Rn 117.
44 BGH v. 10.2.2012 – V ZR 105/11, ZMR 2012, 565, 347 Rn 5.
45 LG Düsseldorf v. 28.2.2005 – 25 T 195/04, ZMR 2005, 740; offen gelassen von OLG Düsseldorf v. 18.8.2005 – 3 Wx 89/05, ZMR 2006, 57, Rn 49; *Jennißen/Jennißen*, § 26 Rn 143.
46 BGH v. 20.6.2002 – V ZB 39/01, ZMR 2002, 766. § 26 Abs. 1 siehe 2 WEG hat als speziellere Vorschrift Vorrang vor § 309 Nr. 9a BGB.
47 Bei Anfechtung erfolgt daher nur eine Teilungültigerklärung: OLG München v. 8.3.2007 – 34 Wx 2/07, ZMR 2007, 989, Rn 23.
48 BayObLG v. 14.12.1995 – 2Z BR 94/95, WuM 1996, 650; *Bärmann/Merle*, § 26 Rn 68. Nicht aber, wenn die Verlängerungsklausel nicht beschlossen wurde, sondern Gegenstand des Verwaltervertrags ist, dessen Abschluss delegiert wurde: so zutr. AG Kerpen v. 13.2.1998 – 15 II 5/97, WuM 1998, 507.
49 *Jennißen/Jennißen*, § 26 Rn 52; *Bärmann/Merle*, § 26 Rn 68.

4. Die erneute Bestellung des Verwalters (Wiederwahl)

1270 Die wiederholte Bestellung eines Verwalters ist selbstverständlich **möglich** (§ 26 Abs. 2 WEG). Es ist unschädlich, wenn der Beschluss – wie üblich – der juristischen Trennung von Bestellung und Verwaltervertrag nicht Rechnung trägt; es genügt z.B. „die Verlängerung des Verwaltervertrags vom ... bis zum ..." (siehe Rn 1260). Die Wiederwahl ist die Regel, nicht die Ausnahme. Erfahrungsgemäß trennt sich eine Gemeinschaft ungern von dem einmal bestellten Verwalter, wofür freilich oft nur eine gewisse Trägheit ursächlich ist. In vielen Fällen wird die Wiederbestellung quasi „durchgewunken", weil ohnehin nur der bisherige Verwalter zur Wahl steht. Obwohl es dann an Konkurrenzangeboten und somit an einer „Auswahl" fehlt, entspricht die Bestellung grundsätzlich auch in einem solchen Fall ordnungsmäßiger Verwaltung (siehe Rn 1244).

1271 Die erneute Bestellung (Wiederwahl) darf **frühestens** 1 Jahr vor Ablauf der Bestellungszeit beschlossen werden (§ 26 Abs. 2 2. Hs. WEG), damit nicht durch eine frühzeitige Verlängerung der Bestellungszeit der Normzweck des § 26 Abs. 1 S. 2 WEG (keine Bindung der Eigentümer über 3 bzw. 5 Jahre hinaus) unterlaufen wird. Ein entgegen § 26 Abs. 2 2. Halbsatz WEG verfrüht gefasster Beschluss ist nichtig. Das gilt entgegen dem Wortlaut allerdings wiederum nicht, wenn tatsächlich keine Bindung über fünf Jahre hinaus eintritt, indem z.B. die Wiederwahl entweder sofort oder spätestens innerhalb eines Jahres nach Beschlussfassung wirksam wird.[50]

III. Die Anfechtung des Bestellungsbeschlusses

1. Überblick

1272 Wie jeder Beschluss kann auch der Bestellungsbeschluss angefochten werden. Mit der Anfechtungsklage kann geltend gemacht werden, dass Formfehler der Beschlussfassung vorlagen oder dass der Beschluss aus materiellen Gründen **ordnungsmäßiger Verwaltung** (§ 21 Abs. 3 WEG) **widerspricht**. Letzteres ist nach einer in ständiger Rspr. geübten Formel der Fall, „wenn unter Berücksichtigung aller, nicht notwendig vom Verwalter verschuldeter Umstände nach Treu und Glauben eine Zusammenarbeit mit ihm unzumutbar ist, insbes. wenn bereits im Zeitpunkt der Bestellung Interessengegensätze offenkundig sind und deshalb von vornherein nicht mit der Begründung eines unbelasteten, für die Tätigkeit des Verwalters erforderlichen Vertrauensverhältnisses zu den anderen Wohnungseigentümern zu rechnen ist",[51] wobei es im Einzelfall auch ausreichen kann, wenn die nachhaltige Störung des Vertrauensverhältnisses nicht gegenüber der „Gesamtheit" der Wohnungseigentümer, sondern nur gegenüber einzelnen Wohnungseigentümern oder einer Gruppe von ihnen besteht.[52] Der Beschluss widerspricht außerdem und insbes. dann ordnungsmäßiger Verwaltung, wenn ein wichtiger Grund vorliegt, der (sogar) die vorzeitige, **außerordentliche Abberufung** des Verwalters rechtfertigen würde.[53] Somit sind alle Gründe, aus denen die Rspr. die Abberufung eines Verwalters für rechtmäßig hält (siehe Rn 1321), auch bei der Anfechtung des Bestellungsbeschlusses zu verwerten.

1273 Der Gemeinschaft kommt bei der Beurteilung der Frage, was ordnungsmäßiger Verwaltung entspricht, ein Ermessens- bzw. **Beurteilungsspielraum** zu, der bei gerichtlicher Überprüfung zu respektieren ist (siehe Rn 689). Die h.M. zieht aus diesem Grundsatz die Schlussfolgerung, der Bestel-

---

50 BGH v. 23.2.1995 – III ZR 65/94; LG Itzehoe v. 25.10.2011 – 11 S 9/11, ZWE 2012, 145; BGH v. 17.7.2012 – II ZR 55/11 für die inhaltlich gleichlautende Bestimmung in § 84 Abs. 1 S. 2 AktG.
51 LG Hamburg v. 30.11.2011 – 318 S 201/10, ZMR 2012, 385; OLG Karlsruhe v. 31.7.2007 – 14 Wx 41/06, ZMR 2008, 408. Siehe auch die Folgenoten.
52 BayObLG v. 20.3.2001 – 2Z BR 101/00, NZM 2001, 754, Rn 62.
53 BGH v. 22.6.2012 – V ZR 190/11, ZMR 2012, 885.

lungsbeschluss könne nur dann für ungültig erklärt werden, wenn ein **wichtiger Grund gegen die Bestellung** vorliegt. Außerdem soll bei der Beurteilung der Frage, ob ein wichtiger Grund gegen die Bestellung vorliege, ein **schärferer Maßstab** anzulegen sein als bei der Beurteilung der Frage, ob ein wichtiger Grund für die Abberufung vorliegt, weil sich bei der Bestellung im Gegensatz zur Abberufung eine Mehrheit der Wohnungseigentümer für den Verwalter ausgesprochen habe.[54] „Die Bestellung des Verwalters widerspricht den Grundsätzen ordnungsmäßiger Verwaltung erst, wenn die Wohnungseigentümer ihren Beurteilungsspielraum überschreiten, das heißt, wenn es objektiv **nicht mehr vertretbar** erscheint, dass sie den Verwalter ungeachtet der gegen ihn sprechenden Umstände bestellen".[55] – **Kritik**: Die Überbetonung des Beurteilungsspielraums und die damit einhergehende Schmälerung des Rechtsschutzes überstimmter Miteigentümer ist zwar derzeit für die Praxis maßgeblich, kann aber nicht überzeugen. Die Prüfungsmaßstäbe „wichtiger Grund" oder „objektiv nicht mehr vertretbar" sind schon vom Ansatz her verfehlt; die Anlegung ungleicher Maßstäbe für die Prüfung von Abberufungsbeschlüssen einerseits und Bestellungsbeschlüssen andererseits ist erst recht nicht einleuchtend. Richtig ist vielmehr, dass ein Bestellungsbeschluss dann, wenn sogar ein (wichtiger) Grund für eine fristlose Abberufung vorliegt, immer ordnungsmäßiger Verwaltung widerspricht; die Überprüfung des Bestellungsbeschlusses kann aber auch unterhalb der Schwelle des „wichtigen Grundes" zum Ergebnis führen, dass die Bestellung rechtswidrig ist (wenn sie nämlich bei objektiver Betrachtung nicht im Interesse der Gemeinschaft liegt). Nach dem Gesetz wird im Anfechtungsverfahren geprüft, ob ein Beschluss ordnungsmäßiger Verwaltung entspricht und nicht, ob ein (schwerwiegender) wichtiger Grund gegen ihn spricht.[56]

Die Anfechtung kann nur auf solche Verfehlungen des Verwalters gestützt werden, die zeitlich vor seiner (Wieder-)Wahl liegen. Ein **Nachschieben von Gründen** im Sinne einer Berücksichtigung von Vorkommnissen, die nach der Wahl stattgefunden haben, ist nicht zulässig.[57] Diese Beschränkung ist dadurch begründet, dass dem Beschluss über die (Wieder-)Wahl des Verwalters immer eine Prognose über dessen künftige Fähigkeiten und Leistungen zugrunde liegt. Die Rechtmäßigkeit des Beschlusses ist ex ante zu beurteilen; der Beschluss wird nicht dadurch fehlerhaft, dass sich die Prognose aus später bekannt werdenden Gründen (ex post) als unzutreffend erweist.

1274

Gem. § 23 Abs. 4 S. 2 WEG ist ein Beschluss gültig, solange er nicht durch rechtskräftiges Urteil für ungültig erklärt ist. Sofern ihm die Tätigkeit nicht per einstweiliger Verfügung gerichtlich untersagt wird (siehe Rn 1285), ist der gewählte Verwalter deshalb ungeachtet einer Anfechtung nach Gesetz und Verwaltervertrag **zur Amtsführung berechtigt** und **verpflichtet** und darf seine Tätigkeit nicht etwa bis zur gerichtlichen Entscheidung ruhen lassen.[58] Seine Handlungen sind und bleiben auch bei einer etwaigen Ungültigerklärung des Bestellungsbeschlusses wirksam (siehe Rn 1283).

1275

Der Vollzug eines Beschlusses führt nach neuerer Rspr. zwar normalerweise nicht zum Wegfall des Rechtsschutzinteresses (siehe Rn 1776). Beim Bestellungsbeschluss ist es aber anders: Dessen Ungültigerklärung würde sich **nach Ablauf der Bestellungszeit** nicht mehr auf das Rechtsverhältnis zwischen der Eigentümergemeinschaft und dem Verwalter auswirken, denn sie entfaltet keine Rückwirkung (siehe Rn 1282). Deshalb entfällt mit Ablauf der Bestellungszeit das Rechtsschutz-

1276

---

54 LG Düsseldorf v. 18.10.2013 – 25 S 7/13, ZMR 2014, 234, Rn 58; h.M.
55 BGH v. 22.6.2012 – V ZR 190/11, ZMR 2012, 885, Rn 8.
56 So auch *Ott*, ZMR 2007, 584, 586; Abramenko in: *Riecke/Schmid*, § 26 Rn 12; *Jennißen/Jennißen*, § 26 Rn 64.
57 LG Düsseldorf v. 18.10.2013 – 25 S 7/13, ZMR 2014, 234, Rn 58.
58 BGH v. 6.3.1997 – III ZR 248/95, NJW 1997, 2106, Rn 19, allerdings zu Unrecht beschränkt auf die Wahrnehmung „zumindest der in den §§ 27, 28 WEG niedergelegten gesetzlichen Aufgaben und Befugnisse".

bedürfnis für eine Anfechtung; eine noch rechtshängige Anfechtungsklage wird unzulässig.[59] Prozessuale Reaktion des Klägers: Er muss die Erledigung der Hauptsache erklären.

2. Einzelne Gründe für die Anfechtung des Bestellungsbeschlusses

a) Interessenkollision bei Selbstbestellung, Stimmrechtsmissbrauch

1277 Von **Majorisierung** spricht man, wenn ein Eigentümer seine Stimmenmehrheit bei der Beschlussfassung zum eigenen Nutzen einsetzt, im Falle der Verwalterwahl also: um sich selbst oder eine Person seines Vertrauens zum Verwalter zu bestellen. Obwohl in dieser Situation immer eine **Interessenkollision** vorliegt, führt sie alleine **nicht** zur Unzulässigkeit der Stimmabgabe und zur Anfechtbarkeit des Beschlusses. Auch ein Wohnungseigentümer kann nämlich zum Verwalter bestellt werden; daran darf sich nicht nur deshalb etwas ändern, weil er zugleich der Mehrheitseigentümer ist. Kann aber der Mehrheitseigentümer bewirken, dass er selber zum Verwalter gewählt wird, dann ist er genauso berechtigt, mit der Mehrheit seiner Stimmen zur Bestellung eines Verwalters beizutragen, mit dem er persönlich oder wirtschaftlich verbunden ist oder zu dem er besonderes Vertrauen hat.[60] Erst recht unterliegen andere Miteigentümer (die nicht die Stimmenmehrheit haben) nicht deshalb einem Stimmverbot, weil sie mit dem zu bestellenden Verwalter wirtschaftlich oder persönlich eng verflochten sind.[61]

1278 Nach der Rspr. ist die Majorisierung erst dann **rechtsmissbräuchlich**, wenn bestimmte weitere Umstände hinzutreten. Will ein überstimmter Wohnungseigentümer den Bestellungsbeschluss erfolgreich anfechten, muss er also mehr vortragen als die bloße Ausnutzung des Stimmenübergewichts des Mehrheitseigentümers. Die Stimmabgabe für den bestellten Verwalter muss sich als „Verstoß gegen die Pflicht zur Rücksichtnahme auf die Interessen der Gemeinschaft" darstellen.[62] Das ist der Fall bei Verschaffung unangemessener Vorteile oder bei der Bestellung eines persönlich ungeeigneten oder fachlich unfähigen Verwalters.[63] Ob solche Umstände vorliegen, ist bei Majorisierung durch den Mehrheitseigentümer „**besonders kritisch** zu prüfen";[64] das gilt erst recht in der Konstellation der Zweiergemeinschaft, bei der ein Miteigentümer die Stimmenmehrheit hat.[65] Verhält sich ein Wohnungseigentümer bei Ausübung seines Stimmrechts rechtsmissbräuchlich, so ist die von ihm abgegebene Stimme unwirksam und bei der Feststellung des Beschlussergebnisses **nicht zu berücksichtigen**.[66] – Die Rechtskonstruktion des Stimmrechtsmissbrauchs ist allerdings abzulehnen; die Überprüfung des Beschlusses sollte wie stets nach dem Maßstab der ordnungsmäßigen Verwaltung erfolgen.

b) Verwalter betätigt sich als Verkaufsmakler

1279 Viele gewerblich tätige Verwalter betätigen sich zugleich als Makler und vermitteln dabei auch Wohnungen aus dem eigenen Bestand der WEG-Verwaltung. Häufig sieht aber die Teilungserklärung vor, dass die Veräußerung einer Wohnung der Zustimmung des Verwalters gem. § 12 WEG bedarf. Dann gerät der Verwalter in einen Interessenkonflikt: Einerseits verfolgt er sein Provisions-

---

59 OLG Köln v. 10.1.2006 – 16 Wx 216/05, ZMR 2006, 471, Rn 7.
60 OLG Saarbrücken. v. 10.10.1997 – 5 W 60/97, ZMR 1998, 50. Im Fall setzte der Mehrheitseigentümer die Wahl seiner Ehefrau durch.
61 OLG Frankfurt/M. v. 13.10.2004 – 20 W 133/03, MietRB 2005, 234.
62 BayObLG v. 3.5.2005 – 2Z BR 143/04, ZMR 2006, 139; AG Viersen v. 25.10.2012 – 30 C 31/10, ZWE 2013, 95.
63 BGH v. 19.2.2002 – V ZB 30/02, ZMR 2002, 930; LG Frankfurt (Oder) v. 18.9.2012 – 16 S 9/12, ZMR 2013, 368, Rn 32.
64 LG Hamburg v. 30.11.2011 – 318 S 201/10, ZMR 2012, 385, Rn 38.
65 LG Karlsruhe. v. 23.6.2010 – 11 S 60/09, ZWE 2011, 44.
66 BGH v. 19.2.2002 – V ZB 30/02, ZMR 2002, 930, Rn 38.

interesse, das ihn zur Veräußerung der Wohnung motiviert, anderseits soll er bei der Prüfung der Frage, ob er der Veräußerung zustimmt, die Interessen der Eigentümergemeinschaft wahren, die im Einzelfall gegen die Veräußerung sprechen können. Dieser Interessenkonflikt führt zum einen dazu, dass der makelnde Verwalter im Regelfall trotz eines erfolgreichen Verkaufs seinen Provisionsanspruch gegenüber dem Kunden verliert (sofern nicht ein von einer Maklerleistung unabhängiges Provisionsversprechen vorliegt.[67] Zum anderen führt der Interessenkonflikt dazu, dass das erforderliche Vertrauensverhältnis zur Gemeinschaft nicht zu erwarten ist, weshalb das BayObLG die Wiederbestellung allein aus diesem Grund für ungültig erklärte.[68] Ob diese – nach hiesiger Auffassung zutreffende – strenge Sichtweise nach den jüngeren Vorgaben des BGH noch Gültigkeit hat, ist fraglich: Nach den jetzt anzulegenden Kriterien ist entscheidend, ob die Wahl des Verwalters trotz des Interessenkonflikts „objektiv nicht mehr vertretbar erscheint" (siehe Rn 1273). Ob das zu bejahen ist, lässt sich mangels bekannter Maßstäbe für das „objektiv noch Vertretbare" nicht prognostizieren.

c) Sonstige Einzelfälle

Ordnungsmäßige Verwaltung (Bestellungsbeschluss rechtmäßig): 1280

- Bestellung des **Bauträgers** zum (Erst-)Verwalter, **sofern** sich noch **kein** Interessenkonflikt wegen Baumängeln manifestiert hat (zur Problematik siehe Rn 1290, 1336).
- Der Verwalter hat in der Vergangenheit **kleinere Pflichtverletzungen** zu verantworten (z.B. kein ordnungsgemäßes Protokoll der letzten Eigentümerversammlung, Fehler der Jahresabrechnung usw.).[69]
- Streitig: Der Verwalter verlangt eine doppelt so hohe **Vergütung** wie ein seriöser Konkurrent. Das ist nach einer Auffassung generell rechtmäßig,[70] nach anderer (m.E. zutreffender) Auffassung nur dann, wenn dafür sachliche Gründe vorliegen.[71]

Keine ordnungsmäßige Verwaltung (Bestellungsbeschluss anfechtbar): In den folgenden Fällen wurde der Bestellungsbeschluss als rechtswidrig (ordnungsmäßiger Verwaltung widersprechend) beurteilt und für ungültig erklärt. Auf der Basis der neueren BGH-Rspr. ist heute aber stets ergänzend zu fragen, ob die Wahl trotz der Verfehlungen des Verwalters „objektiv nicht mehr vertretbar erscheint". 1281

- Wiederwahl des **Bauträgers** als Verwalter, **obwohl** sich ein Interessenkonflikt wegen Baumängeln manifestiert hat. (Zum „Bauträgerverwalter" siehe auch Rn 1290, 1336)[72]
- Der Verwalter (bzw. der Geschäftsführer einer Verwaltergesellschaft) ist einschlägig (d.h. wegen Vermögensdelikten im Zusammenhang mit Wohnungseigentumsverwaltung) **vorbestraft**.[73]

---

67 BGH v. 6.2.2003 – III ZR 287/02, ZMR 2003, 359; OLG Köln v. 10.9.2002 – 24 U 32/02, ZMR 2003, 276.
68 BayObLG v. 7.5.1997 – 2Z BR 135/96, WuM 1997, 397.
69 BayObLG v. 20.3.2001 – 2Z BR 101/00, ZMR 2001, 815.
70 OLG Hamburg v. 25.10.2004 – 2 Wx 145/01, ZMR 2005, 71 meint, der einzelne Wohnungseigentümer habe keinen Anspruch auf Bestellung eines „billigen Jakob" zum WEG-Verwalter. Kritik: Ein „seriöser Konkurrent" ist gerade kein „billiger Jakob".
71 LG Köln v. 24.11.2011 – 29 S 130/11, ZMR 2012, 576; OLG München v. 7.9.2007 – 32 Wx 109/07, ZMR 2007, 1000.
72 OLG Karlsruhe v. 31.7.2007 – 14 Wx 41/06, ZMR 2008, 408; BayObLG v. 19.12.2001 – 2Z BR 15/01, ZMR 2002, 527.
73 OLG Köln v. 30.4.2008 – 16 Wx 262/07, ZMR 2008, 734; differenzierend AG Bremen-Blumenthal v. 16.3.2011 – 44 C 1197/10, ZMR 2012, 667; LG Itzehoe v. 16.7.2002 – 1 T 200/01, ZMR 2003, 295: Etwas anderes kann bei einer günstigen Zukunftsprognose gelten, die aber zur Voraussetzung hat, dass der Verwalter vor seiner Wahl vollständig über die Vorstrafen informiert.

- Der Verwalter war in einer kleineren Gemeinschaft an persönlichen **Streitereien** beteiligt.[74] *Oder*: Er ließ sich bei der Versammlungsleitung derartig von seinen Aversionen gegen einen Miteigentümer leiten, dass elementare Mitwirkungsrechte unterlaufen wurden und deshalb die gefassten Beschlüsse nichtig waren.[75] *Oder*: Er hielt trotz angespannter Beziehungen zwischen ihm und einzelnen Miteigentümern die Versammlung in seinem Wohnwagen ab, und das auch noch zwischen Weihnachten und Neujahr ohne Rücksicht auf abwesende Wohnungseigentümer.[76]
- Der Verwalter beruft über mehrere Jahre keine **Eigentümerversammlung** ein und legt weder Jahresabrechnungen noch Wirtschaftspläne vor.[77] Dabei kommt es nicht darauf an, ob die Mehrheit der Wohnungseigentümer das Vorgehen des Verwalters gutheißt oder auch nur toleriert.
- **Abrechnungswesen**. Nicht jeder Abrechnungsfehler rechtfertigt die Annahme einer so groben Pflichtverletzung, dass eine Wiederwahl des Verwalters als rechtswidrig angesehen werden müsste. Derart grobe Fehler wurden aber angenommen, wenn in der letzten Jahresabrechnung die Einnahmen nicht gesondert ausgewiesen wurden und der Kontenabgleich fehlte;[78] wenn der Abrechnung ein der Teilungserklärung widersprechender Schlüssel zugrunde gelegt wurde;[79] wenn der Verwalter gravierende Mängel der Jahresabrechnung auch in der nachfolgenden Abrechnungsperiode nicht korrigierte und außerdem rechtsgrundlos alle Miteigentümer mit den Kosten einer erfolglosen Klage des Beiratsvorsitzenden gegen einen Miteigentümer belastete.[80]
- Der Verwalter erstellte ein in wesentlichen Punkten **unrichtiges Protokoll** einer Eigentümerversammlung.[81]
- Der Verwalter schloss in der Vergangenheit ohne Kenntnis und Ermächtigung der Gemeinschaft weitreichende **Verträge**, wobei es nicht darauf ankam, ob diese für die Gemeinschaft vorteilhaft waren oder nicht.[82]
- Streitig: Erneute Wahl eines zuvor **gerichtlich abberufenen** Verwalters.[83]
- Fragwürdig: Verwalter hat **keine Ausbildung** in der Immobilienverwaltung und keine selbständige Erfahrungen als WEG-Verwalter.[84]

3. Rechtsfolgen erfolgreicher Anfechtung

1282 Widerspricht der Bestellungsbeschluss ordnungsmäßiger Verwaltung, erklärt das Gericht ihn für ungültig. Gegen das Urteil kann auch der Verwalter **Berufung** einlegen und sich auf diese Weise gegen den Verlust seines Amtes wehren.[85] **Wirksam** wird die Entscheidung erst mit Eintritt der

---

74 OLG Hamburg v. 14.10.2002 – 2 Wx 69/02, ZMR 2003, 127.
75 OLG Köln v. 17.12.2004 – 16 Wx 191/04, ZMR 2005, 809.
76 OLG Hamm v. 12.12.2000 – 15 W 109/00, ZMR 2001, 383.
77 OLG München v. 5.6.2007 – 34 Wx 143/06, ZMR 2007, 807.
78 OLG Köln v. 8.6.2005 – 16 Wx 53/05, WuM 2006, 169.
79 OLG Köln v. 6.3.1998 – 16 Wx 8/98, NZM 1999, 128.
80 OLG Düsseldorf v. 21.9.2005 – 3 Wx 123/05, ZMR 2006, 144.
81 BayObLG v. 17.9.2003 – 2Z BR 135/03, NZM 2004, 108. Im Fall dokumentierte das Protokoll Beschlussfassungen über Hausgeldabrechnungen und einen Wirtschaftsplan, die gar nicht stattgefunden hatten.
82 OLG München v. 6.3.2006 – 34 Wx 29/05, ZWE 2006, 360.
83 *Bärmann/Merle*, § 26 Rn 45 hält die Wiederwahl zutreffend für rechtswidrig; ebenso AG Wiesbaden v. 21.06.2013 – 92 C 6354/12, ZMR 2014, 73. AG Koblenz v. 12.7.2012 – 133 C 3305/11, ZMR 2013, 229 ließ die Frage offen.
84 LG Düsseldorf v. 18.10.2013 – 25 S 7/13, ZMR 2014, 234. Das kann nicht überzeugen; „Neulinge" oder „Hobbyverwalter" könnten dann nie rechtmäßig bestellt werden.
85 BGH v. 21.6.2007 – V ZB 20/07, NZM 2007, 645.

Rechtskraft (§ 23 Abs. 4 S. 2 WEG). Die rechtskräftige Ungültigerklärung des Bestellungsbeschlusses entfaltet theoretisch **Rückwirkung** (ex tunc) – ein unpraktisches Ergebnis. Es ist deshalb ungeachtet der Schwierigkeit der dogmatischen Begründung unstreitig, dass die Ungültigerklärung nur (ex nunc) für die Zukunft wirkt. Im Einzelnen:

- Die Aufhebung des Bestellungsbeschlusses hat nicht zur Folge, dass der **Verwaltervertrag** rückwirkend unwirksam wird. Vielmehr bleibt der auf der Grundlage einer noch nicht bestandskräftigen Verwalterbestellung abgeschlossene Verwaltervertrag unabhängig vom Ausgang des gerichtlichen Verfahrens über die Gültigkeit der Bestellung **für die Zwischenzeit rechtswirksam.**[86] Dem Verwalter steht für diese Zeit daher insbesondere die vereinbarte Vergütung zu.[87]

1283

- Für die **Zukunft** (ab dem Eintritt der Rechtskraft der Ungültigerklärung des Bestellungsbeschlusses) **entfällt** der **Verwaltervertrag**. Grund dafür ist eine bei Vertragsschluss stillschweigend vereinbarte auflösende Bedingung, wonach eine Rechtsbindung für die Zukunft nur eintritt, wenn der Bestellungsbeschluss bestandskräftig ist.[88]

- **Verträge** und sonstige Rechtshandlungen, die der Verwalter während seiner Tätigkeit für die Gemeinschaft vorgenommen hat, sind **wirksam**; der Verwalter wird nicht rückwirkend zum Vertreter ohne Vertretungsmacht.[89]

- Beschlüsse, die auf einer vom Verwalter einberufenen **Eigentümerversammlung** gefasst wurden, sind nicht wegen eines Einberufungsmangels (Einladung durch eine dazu nicht befugte Person) anfechtbar.[90]

- Ausnahme: Die **Verwalterzustimmung** zur Veräußerung einer Wohnung gem. § 12 WEG. Wird dem Grundbuchamt die rechtskräftige Entscheidung über die Ungültigerklärung der Verwalterbestellung vorgelegt, kann und muss es die Eintragung des Eigentumswechsels versagen (str.).[91]

4. Einstweiliger Rechtsschutz

Die Ungültigerklärung der Bestellung wird gem. § 23 Abs. 4 WEG erst mit Rechtskraft des Urteils wirksam. Das gerichtliche Verfahren kann sich aber über Monate und Jahre hinziehen, erst recht dann, wenn der Verwalter alle Rechtsmittel ausschöpft. Da die Bestellung und der Verwaltervertrag vorläufig als rechtmäßig zu behandeln sind, kann der Verwalter also trotz der Anfechtung des Bestellungsbeschlusses unter Umständen noch jahrelang weiter im Amt bleiben. Das kann mit einstweiligem Rechtsschutz verhindert werden: Die Möglichkeit der Suspendierung des Bestellungsbeschlusses im Wege der einstweiligen Verfügung gem. §§ 935, 940 ZPO ist zu Recht anerkannt[92] (allgemein zur Beschlusssuspendierung siehe Rn 191). Für die Dauer des Anfechtungsverfahrens (betr. die Verwalterwahl) kann gerichtlich ein (Not-)Verwalter eingesetzt werden. Die einstweilige Verfügung wird im Gegensatz zum Urteil mit ihrer **Verkündung wirksam**.[93]

1284

---

86 BGH v. 6.3.1997 – III ZR 248/95, ZMR 1997, 308.
87 BGH v. 6.3.1997 (Vornote); OLG München v. 21.6.2006 – 34 Wx 28/06, NZM 2006, 631.
88 BGH v. 6.3.1997 – III ZR 248/95, ZMR 1997, 308; KG v. 18.8.2004 – 24 W 291/03, NZM 2005, 21.
89 BGH v. 6.3.1997 (Vornote); LG Karlsruhe 7.8.2012 – 11 S 180/11, ZMR 2013, 376, Rn 6.
90 OLG Hamburg v. 24.7.2006 – 2 Wx 4/05, ZMR 2006, 791, Rn 27.
91 KG v. 31.3.2009 – 1 W 209/05, ZMR 2009, 784. A.A. zu Recht *Merle*, ZWE 2010, 88.
92 BGH v. 10.6.2011 – V ZR 146/10, ZMR 2011, 893, Rn. 11; LG Hamburg v. 10.3.2011 – 318 S 180/10, ZMR 2011, 661; AG Hamburg v. 4.2.2010 – 102d C 11/10, ZMR 2010, 477; *Hogenschurz*, MietRB 2011, 361.
93 BGH v. 10.6.2011 – V ZR 146/10, ZMR 2011, 893, Rn 8.

§ 10 Der Verwalter

1285 Muster 10.7: Einstweilige Verfügung: Entziehung der Verwalterstellung

An das Amtsgericht

In Sachen
1. Anna Acker, Heinestraße 12, 75234 Musterstadt,
2. Achim Acker, wohnhaft daselbst,

– Antragsteller –

gegen

alle übrigen Miteigentümer der Wohnungseigentümergemeinschaft Heinestraße 12, 75234 Musterstadt, namentlich aufgeführt in der beigefügten (*oder*: nachzureichenden) Eigentümerliste,

– Antragsgegner –

WEG-Verwalterin (Beizuladende): X-Immobilien GmbH, vertreten durch den Geschäftsführer Xaver Xentis, Zenstraße 5, 75234 Musterstadt

Ersatzzustellungsvertreter: Berthold Berger, Heinestr. 12, 75234 Musterstadt

beantrage ich namens der Antragsteller gem. § 940 ZPO den Erlass folgender einstweiliger Verfügung:

1. Der Beschluss der Eigentümerversammlung vom 10.6.2014 zu TOP 3 (Bestellung der X-Immobilien GmbH zum Verwalter) wird einstweilen bis zum Vorliegen einer rechtskräftigen Entscheidung über die Anfechtungsklage Az. ▓▓▓ außer Kraft gesetzt und der X-Immobilien GmbH die Verwalterstellung vorläufig entzogen.
2. ▓▓▓ (Antrag auf einstweilige gerichtliche Verwalterbestellung, Muster siehe Rn 1389)

Begründung:

IV. Bestellung in der Teilungserklärung/Gemeinschaftsordnung

1. Allgemeines

1286 Der erste Verwalter wird üblicherweise vom teilenden Grundstückseigentümer (im Folgenden: Bauträger) bestellt, indem die Person des Verwalters schon in der Gemeinschaftsordnung festgelegt wird. Obwohl in diesem Fall nicht „die Wohnungseigentümer mit Stimmenmehrheit beschließen", wie es § 26 Abs. 1 WEG vorsieht, ist die Erstverwalterbestellung auf diese Weise nach ganz h.M. **möglich**.[94] (Zum Vertragsabschluss siehe Rn 1394.)

1287 Nach h.M.[95] kann sich der Bauträger auch die Befugnis zur Bestellung (oder Benennung) des ersten Verwalters in der Gemeinschaftsordnung **vorbehalten** („Ein Verwalter wird heute noch nicht bestellt. Dies behält sich der Grundstückseigentümer ausdrücklich vor"). Das ist aber fraglich (und nach hier vertretener Auffassung abzulehnen). Es gibt jedenfalls keine Gerichtsentscheidungen,

---

[94] BGH v. 20.6.2002 – V ZB 39/01, NZM 2002, 788, Rn 29. Dagegen zu Recht *Drasdo*, RNotZ 2008, 87 und *Deckert*, FS Bub, 2007, 37 sowie ausführlich BeckOGK WEG/*Greiner*, § 26 Rn 90 ff.
[95] *Bärmann/Merle*, § 26 Rn 77; NKV/*Niedenführ*, § 26 Rn 28.

die das Ergebnis eindeutig tragen. Häufig wird zwar eine Entscheidung des BayObLG zitiert, in welcher es darum ging, dass der Bauträger einen Verwalter erst nach dem Bezug der ersten Wohnungen bestellte; das Gericht hielt die Bestellung für unwirksam, weil ein vorbehaltenes Bestellungsrecht **nach** dem Entstehen der **werdenden Gemeinschaft nicht** mehr ausgeübt werden könne.[96] Letzteres ist jedenfalls zutreffend. Ob das vorbehaltene Bestellungsrecht aber **vor** diesem Zeitpunkt ausgeübt werden könnte, war im Fall des BayObLG nicht entscheidungserheblich und wurde nicht diskutiert. Hält man das für möglich, kann der Bauträger sich aber jedenfalls gem. § 181 BGB nicht selber zum Verwalter bestellen.

Klauseln, mit denen der Erstverwalter bestellt wird oder die dem Bauträger das Bestellungsrecht vorbehalten, werden „nur formeller Bestandteil" der Gemeinschaftsordnung bzw. stellen „Vereinbarungen in Beschlussangelegenheiten" dar (siehe Rn 6). Deshalb bedarf eine etwaige Änderung keiner Vereinbarung. Vielmehr kann ein vom Bauträger bestellter Verwalter ggf. auch durch **Mehrheitsbeschluss** der Gemeinschaft vorzeitig und außerordentlich abberufen werden. 1288

Es ist **sinnvoll**, in der Teilungserklärung für die Verwalterbestellung Sorge zu tragen. Ab dem Bezug der ersten Wohnung besteht nämlich zumindest eine faktische Eigentümergemeinschaft und damit Verwaltungsbedarf. Ohne Verwalter wäre die Gemeinschaft im Anfangsstadium handlungsunfähig. Es würde insbesondere an einer zur Einberufung der (ersten) Eigentümerversammlung befugten Person fehlen. Gem. § 24 Abs. 3 WEG sind zwar auch der Vorsitzende des Verwaltungsbeirats oder dessen Vertreter zur Einberufung einer Versammlung befugt, wenn ein Verwalter fehlt; vor der ersten Eigentümerversammlung kann aber kein Verwaltungsbeirat existieren. Allerdings ist es entgegen bislang üblicher Praxis gar nicht erforderlich, den Verwalter in der Gemeinschaftsordnung zu bestellen. Ausreichend wäre eine Regelung in der Gemeinschaftsordnung, wonach eine bestimmte Person (zweckmäßiger Weise der Bauträger selber, der über die erforderlichen Daten verfügt) lediglich zur Einberufung der ersten Versammlung der (werdenden) Wohnungseigentümer ermächtigt wird. Dieses Vorgehen hätte zahlreiche Vorteile: Die Wohnungseigentümer könnten ggf. eigene Kandidaten zur Wahl stellen, zugleich mit der Bestellung könnte ein Verwaltervertrag beschlossen werden und gegen die Bestellung und ggf. gegen den Verwaltervertrag wäre der reguläre Rechtsschutz der Anfechtungsklage gegeben. 1289

Die Erstverwalterbestellung durch den teilenden Grundstückseigentümer (praktisch meistens den Bauträger) ist für die WEG **nicht vorteilhaft**, wenn der **Bauträger sich selbst** oder eine ihm wirtschaftlich oder persönlich verbundene Person oder Gesellschaft bestellt; und das ist eher die Regel als die Ausnahme. Oft genug will der Bauträger mit der Wohnungseigentumsverwaltung eigentlich gar nichts zu tun haben und delegiert die Verwaltungstätigkeit deshalb von vornherein soweit möglich weiter. Warum bemüht er sich dann überhaupt um die Erstverwaltung? Nicht deshalb, weil er mit der Anlage schon so gut vertraut sei und die Übernahme der Verwaltung durch ihn deshalb im Interesse der WEG liege (das wird den Erwerbern weisgemacht), sondern vor allem deshalb, um in Sachen „**Baumängel**" die eigenen Interessen besser wahren zu können. Das ist das Problem: Der Bauträger-Verwalter befindet sich zwangsläufig im **Interessenwiderstreit**, sobald Baumängel auftreten.[97] Dabei gehört die Bearbeitung von Baumängeln gerade in den ersten Jahren einer WEG zu den wesentlichen Aufgaben des Verwalters: Er muss Baumängel soweit möglich aufdecken und deren Beseitigung durch den gewährleistungspflichtigen Bauträger einfordern, die Wahrnehmung der Mängelrechte durch die Gemeinschaft organisieren und erforderlichenfalls rechtliche Schritte gegen den Bauträger vorbereiten (siehe Rn 1485). Ist der Verwalter zugleich der Bauträger (oder 1290

---

96 BayObLG v. 3.3.1994 – 2Z BR 142/93, ZMR 1994, 483. Ebenso KG v. 11.3.2002 – 24 W 310/01, ZMR 2002, 695, Rn 6.
97 So zutreffend schon BGH v. 21.10.1976 – VII ZR 193/75, BGHZ 67, 232.

von ihm abhängig usw.), ist ihm erfahrungsgemäß **nicht** daran gelegen, diese Aufgabe engagiert zu erfüllen.

2. Laufzeit

1291 Gem. § 26 Abs. 1 S. 2, 2. Hs. WEG darf die erste Verwalterbestellung nach der Begründung von Wohnungseigentum die **Höchstdauer** von **3 Jahren** nicht überschreiten. Die für Anschlussbestellungen geltende Höchstgrenze von 5 Jahren wäre bei der Erstverwalterbestellung nicht sachgerecht, weil sie mit der 5-jährigen Gewährleistungszeit für Baumängel praktisch zusammenfiele. Eine (Erstverwalter-)Bestellung für einen längeren Zeitraum als 3 Jahre ist nicht unwirksam, **endet** aber **automatisch** mit dem Ablauf der 3-Jahres-Frist;[98] dasselbe gilt für eine Bestellung auf unbestimmte Zeit.

1292 Wie bei einer Bestellung durch Beschluss, ist es auch bei der Bestellung in der Teilungserklärung sinnvoll, wenn **Beginn** und **Ende** der Bestellungszeit eindeutig geregelt werden. Vor allem die Festlegung des Starttermins fehlt allerdings häufig, so insbes. in der häufigen Klausel „zum Verwalter wird auf die Dauer von 3 Jahren die ... Verwaltungs-GmbH bestellt". Nach h.M. beginnt die „Amtszeit" in einem solchen Fall, in dem nicht anderes geregelt ist, mit dem Zeitpunkt, zu dem der Verwalter seine Tätigkeit aufnehmen muss, d.h. mit dem Entstehen der faktischen (werdenden) Gemeinschaft.[99] Dieser Zeitpunkt lässt sich einigermaßen verlässlich ermitteln: Es ist i.d.R. der Tag, an dem der Bauträger die erste Wohnung ihrem Käufer übergibt.

1293 Wenn die Bestellungsklausel einen bestimmten Starttermin festlegt, bspw. eine Bestellung „ab dem Zeitpunkt der **bezugsfertigen Herstellung der Wohnanlage**", ist dieser maßgeblich. Zwar ist das Abstellen auf die „bezugsfertige Herstellung" kaum geeignet, einen objektiv nachprüfbaren genauen Termin festzulegen, sodass ein Bestellungsbeschluss mit entsprechendem Inhalt wegen Unbestimmtheit anfechtbar wäre; für die Bestellung in der Teilungserklärung reicht eine solche Klausel aber aus. Man bei einem solchen unklaren Bestellungsbeginn dann allerdings Schwierigkeiten, das Ende der Bestellungslaufzeit (z.B. 3 Jahre nach Beginn) zu bestimmen, sofern hierzu keine gesonderte Regelung getroffen wird.

V. Die Abberufung des Verwalters ohne wichtigen Grund

1294 Die Begriffe **Kündigung** und **Abberufung** bezeichnen dasselbe, nämlich einseitige Erklärungen mit dem Ziel der Beendigung eines Dauerschuldverhältnisses. Die h.M. (Trennungstheorie) sieht das allerdings anders: Nach h.M. bezieht sich die Abberufung als „Organisationsakt" nur auf die Organstellung und hat (theoretisch!) keine unmittelbare Auswirkung auf den (separat zu kündigenden) Verwaltervertrag. Aber auch die Vertreter der Trennungstheorie müssen anerkennen, dass die Gemeinschaft mit der Erklärung der Abberufung ausnahmslos zugleich den **Verwaltervertrag** beenden will; meistens wird bei der Beschlussfassung zwischen der Bestellung und dem Verwaltervertrag überhaupt nicht unterschieden. Auch die h.M. kommt deshalb zu dem Ergebnis, dass eine wirksame Abberufung zugleich den Verwaltervertrag beendet (siehe Rn 1308).

Die Abberufung des Verwalters ist **auch ohne wichtigen** Grund möglich, wie sich aus § 26 Abs. 1 S. 3 WEG ergibt: Weil darin ausdrücklich die Möglichkeit erwähnt wird, die Abberufung auf das Vorliegen eines wichtigen Grundes zu beschränken, wird die Möglichkeit der Abberufung ohne wichtigen Grund offensichtlich vorausgesetzt. Sie kommt aber nur **selten** vor. Die Praxis macht

---

[98] OLG München v. 8.3.2007 – 34 Wx 2/07, ZMR 2007, 989, Rn 23 (noch zur bis zur WEG-Reform 2007 geltenden Höchstdauer von 5 Jahren, auf die jetzige Höchstdauer von 3 Jahren aber genauso anwendbar); allg. M.

[99] Siehe nur *Bärmann/Merle*, § 26 Rn 59; str.

von der Möglichkeit der Beschränkung auf das Vorliegen eines wichtigen Grundes nämlich regelmäßig Gebrauch. Schon die Vereinbarung einer **festen Laufzeit**, ja sogar die bloße Befristung des Verwaltervertrags hat die Bedeutung, dass eine vorzeitige Abberufung ohne wichtigen Grund ausgeschlossen ist (siehe Rn 1267).

In den seltenen Fällen, in denen weder der Bestellungsbeschluss, noch der Verwaltervertrag Vorgaben zu Laufzeit oder Kündigungsfrist (die ggf. natürlich zu beachten sind) enthalten, stellt sich die Frage, ob für die dann mögliche „ordentliche" Abberufung eine gesetzliche **Frist** (und ggf. welche) gilt. Das WEG erwähnt keine Frist, woraus die h.M. den Schluss zieht, die Abberufung sei **jederzeit** (fristlos) möglich.[100] Dem ist jedoch zu widersprechen: Nachdem das WEG keine besondere Regelung trifft (im Gegensatz zu § 38 GmbHG und § 24 Abs. 2 S. 3 GenG, die ausdrücklich bestimmen, dass die Bestellung des Geschäftsführers/Vorstands jederzeit widerruflich ist), richtet sich die Frist zur Beendigung des Bestellungsrechtsverhältnisses nach den Bestimmungen des BGB; für den Verwaltervertrag als Geschäftsbesorgungsbetrag ist die Frist des § 621 Nr. 3 BGB einschlägig (siehe Rn 1462).

1295

Wenn der Verwalter zugleich **Miteigentümer** ist, unterliegt er bei der Beschlussfassung über seine ordentliche Abberufung **keinem Stimmverbot** und kann also ggf. mit seinen Stimmen die eigene Abberufung verhindern. Das gilt auch dann, wenn – wie es ohnehin ausnahmslos der Fall ist – zugleich der Verwaltervertrag gekündigt wird. Zwar wäre der Wohnungseigentümer-Verwalter bei „isolierter" Betrachtung der Kündigung des mit ihm bestehenden Verwaltervertrags gem. § 25 Abs. 5 WEG nicht stimmberechtigt; sein Stimmrecht bei der Beschlussfassung ist aber erforderlich, damit seine Mitgliedschaftsrechte nicht leer laufen.[101] Bei der Abberufung aus wichtigem Grund ist der Wohnungseigentümer-Verwalter hingegen nicht stimmberechtigt (siehe Rn 1303). Es verhält sich strukturell genauso wie bei der Bestellung (siehe Rn 1363).

1296

Der Abberufungsbeschluss (genauer: die durch ihn konstituierte Abberufungserklärung) muss dem Verwalter **zugehen**; mit dem Zugang **endet die Organstellung** (das Amt) des Verwalters[102] und zugleich sein Verwaltervertrag. Eine „Annahme" der Abberufung durch den Verwalter ist (wie stets bei einer Vertragskündigung) nicht erforderlich. Jeder Miteigentümer sowie der Verwalter selber können den Abberufungsbeschluss per **Anfechtungsklage** gerichtlich überprüfen lassen.

1297

Ein Beschluss über die Bestellung eines **neuen Verwalters** soll „automatisch" die Abberufung des bisherigen Verwalters enthalten.[103] Das ist aber schon im Hinblick auf den Grundsatz, dass ein Beschluss nach seinem Wortlaut (in dem von Abberufung nicht die Rede ist) auszulegen ist, offensichtlich unzutreffend.[104]

VI. Die Abberufung des Verwalters aus wichtigem Grund

1. Allgemeines

Auch bei fester Laufzeit der Bestellung kann der Verwalter außerordentlich fristlos abberufen werden, wenn ein **wichtiger Grund** dafür vorliegt. Ein solcher wichtiger Grund liegt nach st. Rspr. vor, wenn den Wohnungseigentümern unter Berücksichtigung aller, nicht notwendig vom Verwalter verschuldeter Umstände nach Treu und Glauben eine weitere Zusammenarbeit mit dem Verwal-

1298

---

100 *Spielbauer/Then*, § 26 Rn 21.
101 BGH v. 19.9.2002 – V ZB 30/02, ZMR 2002, 930.
102 KG v. 19.7.2004 – 24 W 45/04, ZMR 2004, 858, Rn 23; OLG Zweibrücken v. 16.12.2002 – 3 W 202/02, ZMR 2004, 63, Rn 8.
103 LG Köln v. 31.1.2013 – 29 S 135/12, ZMR 2013, 379; h.M.
104 Ausführlich BeckOGK WEG/*Greiner*, § 26 Rn 280.

ter nicht mehr zuzumuten ist, insbes. wenn das erforderliche **Vertrauensverhältnis** zerstört ist.[105] Richtiger Weise ist zwar seit Anerkennung der Rechtsfähigkeit nicht auf „die Wohnungseigentümer", sondern auf die Gemeinschaft (den Verband) abzustellen; aber ein Verband kann keine Gefühle und kein Vertrauen haben, weshalb es letztlich eben doch auf die Miteigentümer ankommt, wenn auch nicht zwangsläufig auf alle. Vielmehr liegt ein wichtiger Grund auch dann vor, wenn das Vertrauensverhältnis nur gegenüber **einzelnen Wohnungseigentümern** zerstört ist.[106]

1299 Die Gründe müssen im **Zeitpunkt** der Abberufung/Kündigung vorliegen;[107] sie müssen aber im Abberufungsbeschluss nicht unbedingt genannt werden oder bei Beschlussfassung auch nur bekannt sein. Es ist zulässig, Gründe, die bei der Beschlussfassung über die Abberufung vorlagen, erstmals im gerichtlichen Verfahren **nachzuschieben**.[108]

1300 Mindestens **ein** Grund muss entweder **nach der Bestellung** des Verwalters entstanden oder der Wohnungseigentümergemeinschaft erst danach bekannt geworden sein; wurde der Verwalter nämlich in **Kenntnis** der gegen ihn sprechenden Umstände bestellt, so kann ein Antrag auf Abberufung nur dann auf die bereits bekannten früheren Umstände gestützt werden, wenn zumindest **ein** neuer wichtiger Grund angeführt wird, der im Zeitpunkt der Bestellung noch nicht vorlag.[109] Denn die schon früher bekannten Umstände hätten im Wege der Anfechtung des Bestellungsbeschlusses geltend gemacht werden können und müssen. Aus den gleichen Gründen kann die Abberufung auch nicht auf Gründe gestützt werden, auf die sich eine dem Verwalter erteilte **Entlastung** erstreckt.[110]

1301 An den **Beschlusstext** sind keine hohen Anforderungen zu stellen, insbesondere muss nicht zwischen der Kündigung des Verwaltervertrags und der Abberufung unterschieden oder beides erwähnt werden, auch wenn das folgende Muster dies „sicherheitshalber" tut.

▼

1302 **Muster 10.8: Beschluss der außerordentlichen Abberufung des Verwalters**

X-Immobilien GmbH wird als Verwalter mit sofortiger Wirkung abberufen und der Verwaltervertrag fristlos gekündigt. *Oder die Kurzfassung*: Der Verwalter wird fristlos gekündigt.

▲

1303 Ein besonderes Quorum ist bei der Beschlussfassung nicht erforderlich, die **einfache Mehrheit** genügt. Ist ein Wohnungseigentümer Verwalter (oder mit diesem wirtschaftlich so stark verbunden ist, dass man sie interessengemäß als Einheit betrachten kann), unterliegt er bei der Abstimmung über die außerordentliche Abberufung einem **Stimmverbot** (§ 25 Abs. 5 WEG). Das Stimmverbot gilt auch dann, wenn der Verwalter pflichtwidrig statt über seine fristlose Abberufung über die Verlängerung des Verwaltervertrags abstimmen lässt.[111] Grund des Stimmverbots ist der allgemeine

---

105 BGH v. 20.6.2002 – V ZB 39/01, ZMR 2002, 766.
106 OLG Rostock v. 20.5.2009 – 3 W 181/08, ZMR 2010, 223, Rn 45; OLG Frankfurt v. 18.8.2003 – 20 W 302/2001, ZfIR 2004, 444.
107 OLG Hamburg v. 15.8.2005 – 2 Wx 22/99, ZMR 2005, 974; h.M.
108 BGH v. 20.6.2002 – V ZB 39/01, ZMR 2002, 766.
109 BayObLG v. 5.5.2004 – 2Z BR 066/04, ZMR 2004, 840; OLG Düsseldorf v. 17.4.2002 – 3 Wx 8/02, ZMR 2002, 855.
110 AG Wedding v. 13.2.2009 – 15a C 147/08, ZMR 2009, 881, Rn 31, das allerdings zu Unrecht die Auffassung vertritt, das gälte nicht gegenüber einem Wohnungseigentümer, der erst nach der Verwalterbestellung in die Gemeinschaft eingetreten sei.
111 Sonst könnte das Stimmverbot durch eine trickreiche Manipulation der Tagesordnung umgangen werden: LG Saarbrücken v. 20.8.2008 – 5 T 363/07, ZWE 2009, 49.

Rechtsgedanke, dass ein Mitglied einer Personenvereinigung nicht beteiligt sein soll, wenn es um Maßnahmen der Gemeinschaft ihm gegenüber aus wichtigem Grund geht.[112] Der Stimmrechtsausschluss besteht sogar unabhängig davon, wenn sich später herausstellt, dass der wichtige Grund, auf den der Beschluss gestützt war, tatsächlich nicht vorlag.[113] Der Verwalter unterliegt dem Stimmverbot auch dann, wenn er zwar nicht selber Miteigentümer ist, aber von Miteigentümern zur **Vertretung** bevollmächtigt wurde. In Angelegenheiten, in denen er als Miteigentümer einem Stimmverbot unterläge, darf er nämlich auch nicht als Vertreter abstimmen.[114] Der Verwalter soll in einem solchen Fall aber befugt sein, die ihm erteilten Vollmachten im Wege der Untervollmacht weiter zu übertragen, sofern die Untervollmacht nicht mit einer Weisung verbunden ist, die dem Stimmrechtsausschluss zuwider läuft[115] (konkret: mit der Weisung, gegen seine Abberufung zu stimmen); diese Auffassung ist indes als lebensfremd abzulehnen.[116]

Die Abberufung (und die darin auch ohne besondere Erwähnung enthaltene Kündigung des Verwaltervertrags) wird (erst) mit dem **Zugang** der Abberufungserklärung wirksam.[117] Wenn der Verwalter nicht an der entscheidenden Versammlung teilgenommen hat, muss ihm die Erklärung deshalb anschließend übermittelt werden. Es ist es nicht erforderlich, dass das schriftlich geschieht, obwohl die Übersendung des Beschlussprotokolls eine geeignete Möglichkeit darstellt. Die Gemeinschaft sollte per Beschluss eine zuverlässige Person als Boten mit der Übermittlung der Erklärung beauftragen. Die Wirksamkeit der Übermittlung setzt nicht voraus, dass sich der Bote dem Verwalter gegenüber durch eine Vollmacht besonders legitimiert.[118]

1304

▼

Muster 10.9: Beschluss über Beauftragung eines Boten zur Übermittlung der Abberufungserklärung

1305

Herr A wird beauftragt, der X-Immobilien-GmbH [= Verwalter] den Abberufungsbeschluss schriftlich oder per Fax mitzuteilen. Wenn möglich, soll er die X-Immobilien GmbH schon vorab telefonisch oder per E-Mail informieren.

▲

---

112 BGH v. 19.9.2002 – V ZB 30/02, ZMR 2002, 930, Rn 34.
113 So die h.M. im sonstigen Gesellschaftsrecht, siehe nur OLG Stuttgart v. 19.12.2012 – 14 U 10/12, Rn 164; BGH v. 27.4.2009 – II ZR 167/07, NJW 2009, 2300, Rn 29; str. A.A. z.B. *Roth/Altmeppen*, GmbHG, 7. Aufl. 2012, § 38 Rn 48 ff.
114 OLG Karlsruhe v. 27.5.2002 – 14 Wx 91/01, ZMR 2003, 289; OLG Zweibrücken v. 11.3.2002 – 3 W 184/01, NZM 2002, 345; AG Hannover v. 20.5.2004 – 71 II 172/04, ZMR 2004, 787. Die Entscheidungen ergingen teilweise zur Entlastung, gelten sachlich aber auch hier. A.A., den Zweck des Stimmverbots verkennend, OLG München v. 15.9.2010 – 32 Wx 16/10, WuM 2011, 253: Kein Stimmverbot des Verwalters. Berechtigte Kritik hieran z.B. bei *Häublein*, ZWE 2012, 1, 14.
115 So OLG Karlsruhe v. 27.5.2002 und OLG Zweibrücken. v. 14.5.1998 (Vornote).
116 Zutreffend weist *Jennißen*, WEG-Verwalter, Rn 340, darauf hin, dass der Verwalter in einer solchen Situation die Vollmacht nur an solche Personen weiterreichen wird, bei denen er sicher ist, dass sie in seinem Sinne abstimmen; außerdem ist es praktisch nicht zu beweisen, ob er eine Weisung erteilt hat.
117 BGH v. 1.12.1988 – V ZB 6/88, NJW 1989, 1087, 1089 – obiter dictum; KG v. 19.7.2004 – 24 W 45/04, NZM 2004, 913; OLG Zweibrücken v. 16.12.2002 – 3 W 202/02, ZMR 2004, 63 Rn 8.
118 LG Düsseldorf v. 13.12.2000 – 19 T 442/00, ZWE 2001, 501.

§ 10 Der Verwalter

▼

1306 **Muster 10.10: Mitteilung an den abberufenen Verwalter**

Sehr geehrter Herr X, hiermit teile ich Ihnen im Auftrag der WEG Heinestraße 12, 75234 Musterstadt mit, dass die Eigentümerversammlung am 5.6.2014 beschlossen hat, Sie als Verwalter mit sofortiger Wirkung abzuberufen und den Verwaltervertrag fristlos zu kündigen. [Falls das Protokoll schon vorliegt:] Das Versammlungsprotokoll ist zu Ihrer Kenntnis beigefügt. Mit freundlichen Grüßen, Miteigentümer A.

▲

1307 *Tipp*

Um einen zweifelsfreien Nachweis des Zugangs sicherzustellen, ist dem Boten die Wahl mehrerer unabhängiger Zugangswege zu empfehlen. Z.B. kann der Bote beim Verwalter persönlich (bei einer Verwaltungsgesellschaft: beim Sachbearbeiter oder beim gesetzlichen Vertreter) anrufen und das Ergebnis mündlich mitteilen und ihn außerdem noch per Schreiben (das mit Normalpost und mit Einschreiben/Rückschein versandt wird) und/oder per E-Mail informieren. Der Einwurf in den Briefkasten des Verwalters ist ebenso gut; das gilt natürlich auch für die Zustellung durch den Gerichtsvollzieher.

2. Der Zusammenhang von Abberufung und Kündigung des Verwaltervertrags

1308 Ebenso wie „Bestellung und Verwaltervertrag" hängen auch „Abberufung und Kündigung des Verwaltervertrags" **untrennbar** miteinander **zusammen** – entgegen der von der h.M. formal hochgehaltenen Trennungstheorie. Dieser innere Zusammenhang hat insbesondere folgende **Konsequenzen**:

- Beschließen die Wohnungseigentümer die (vorzeitige) Abberufung des Verwalters und teilen ihm diesen Beschluss mit, ist damit zugleich der Verwaltervertrag gekündigt, auch wenn eine entsprechende Erklärung in dem Beschluss nicht ausdrücklich enthalten ist.[119]
- Umgekehrt gilt das Entsprechende: Wird die (fristlose) Kündigung des Verwaltervertrags beschlossen, ist dieser Beschluss so auszulegen, dass der Verwalter damit zugleich abberufen wird.[120]
- Die Maßstäbe für den zur vorzeitigen Abberufung und außerordentlichen Kündigung erforderlichen wichtigen Grund sind dieselben.[121] Anders ausgedrückt: Liegt ein Grund zur vorzeitigen Abberufung vor, ist auch eine außerordentliche Kündigung des Verwaltervertrags gerechtfertigt und umgekehrt.[122]
- Ist der Abberufungsbeschluss bestandskräftig geworden, kann der Verwalter kein Verwalterhonorar mehr verlangen (str., siehe Rn 1349).

3. Abmahnung und Frist

1309 **Abmahnung.** Meistens sind (behauptete) Pflichtverletzungen des Verwalters der Grund für den zur Abberufung führenden Vertrauensverlust auf Seiten der Gemeinschaft. Für Dauerschuldverhältnisse generell bestimmt § 314 Abs. 2 BGB, dass eine auf Pflichtverletzungen gestützte Kündigung erst nach erfolglosem Ablauf einer zur Abhilfe bestimmten Frist oder nach erfolgloser Ab-

---

119 BGH v. 20.6.2002 – V ZB 39/01, ZMR 2002, 767. Im Ergebnis auch LG Köln v. 31.1.2013 – 29 S 135/12, ZMR 2013, 379, Rn 29 (Vertragskündigung ohne Abberufung sei „rechtsmissbräuchlich").
120 KG v. 19.7.2004 – 24 W 45/04, ZMR 2004, 858; BayObLG v. 30.4.1999 – 2Z BR 3/99, ZMR 1999, 575.
121 BGH v. 20.6.2002 – V ZB 39/01, ZMR 2002, 767.
122 OLG München v. 22.2.2006 – 34 Wx 118/05, ZMR 2006, 637.

mahnung zulässig ist. Demensprechend wird in Rspr. und Lit. teilweise (und oftmals ohne Problematisierung) vertreten, dass der außerordentlichen Kündigung jedenfalls bei weniger schwerwiegenden oder einmaligen Pflichtverletzungen oder bei Untätigkeit eine „Abmahnung zur Erfüllung der Verwalterpflichten" vorausgehen müsse.[123] Dem ist zu widersprechen. Das Abmahngebot des § 314 Abs. 2 BGB kann schon wegen der praktischen Schwierigkeit der Willensbildung auf Seiten der Wohnungseigentümer im vorliegenden Zusammenhang (Verhältnis zwischen Verband und Organ bzw. zwischen WEG und Verwalter) nicht oder jedenfalls nicht ohne Einschränkung angewandt werden. Zudem kann der durch Pflichtverletzungen einmal eingetretene Vertrauensverlust auch durch eine Abmahnung nicht mehr rückgängig gemacht werden. Es ist deshalb grundsätzlich **nicht erforderlich**, dass der Abberufung eine Abmahnung voraus geht.[124] Ausnahmen sind möglich: Wenn sich die Miteigentümer z.B. noch nie über den Verwalter beschwert haben, kann die Fortsetzung der Verwaltertätigkeit nicht plötzlich unzumutbar sein, außer wenn der Abberufung ein besonders wichtiger Anlass zugrunde liegt.

> *Tipp* 1310
> Der Gemeinschaft ist „sicherheitshalber" zu empfehlen, Pflichtverletzungen des Verwalters „aktenkundig" zu machen. Möglichkeiten dafür sind: Eine förmliche Abmahnung in Beschlussform auf der Eigentümerversammlung; die Aufnahme in den Bericht des Verwaltungsbeirats und dessen Wiedergabe im Protokoll; die Aussprache unter dem TOP „Sonstiges" und Aufnahme in das Protokoll; Beschwerdebriefe einzelner Miteigentümer an den Verwalter (näher zur Abmahnung siehe Rn 368).[125]

Frist zum Ausspruch der Abberufung/Kündigung. Gem. § 626 BGB kann die außerordentliche 1311 Kündigung eines Dienstvertrags nur innerhalb von zwei Wochen ausgesprochen werden, gerechnet ab dem Zeitpunkt, zu dem der Kündigungsberechtigte von den für die Kündigung maßgebenden Tatsachen Kenntnis erlangt hat (§ 626 Abs. 2 S. 1 und 2 BGB). Diese Vorschrift ist auf die Abberufung des Verwalters **nicht anzuwenden**;[126] es gilt Entsprechendes wie bei der Abmahnung. § 26 WEG lässt keinen Raum für die durch Anwendung des § 626 BGB eintretende Beschränkung der Abberufungsmöglichkeit. Auch passt die Regelung nicht zu den Besonderheiten der Willensbildung und Entscheidungsfindung in einer Wohnungseigentümergemeinschaft; u.a. ist fraglich, auf wessen Kenntnis abzustellen sein sollte. Das bedeutet aber nicht, dass eine Abberufung aus wichtigem Grund unbegrenzt lange Zeit nach den dafür maßgeblichen Ereignissen erfolgen dürfte: Es entspricht einem allgemeinen Grundsatz (§ 314 Abs. 3 BGB), dass die Kündigung/Abberufung aus wichtigem Grund innerhalb **angemessener Frist** erfolgen muss. Wie lange die „angemessene Frist" konkret dauern darf, ist letztlich eine Frage des Einzelfalls, wobei die Rechtsprechung zur Recht nicht kleinlich ist.

4. Der Anspruch auf Abberufung und seine Durchsetzung

Liegt ein wichtiger Grund für eine außerordentliche Abberufung des Verwalters vor, sind bis zu 1312 deren Realisierung einige Hürden zu nehmen. Als erstes muss jemand aus den Reihen der Miteigentümer die **Initiative** ergreifen, sonst bleibt ein Verwalter im Amt, egal was er sich zuschulden kommen lässt: Es gibt keine Aufsicht oder Behörde, die der Gemeinschaft von außen zu Hilfe

---

123 BGH v. 20.6.2002 – V ZB 39/01, ZMR 2002, 766, Rn 28; LG Düsseldorf v. 27.1.2010 – 16 S 45/09, ZMR 2010, 713, Rn 9; AG Bonn v. 7.4.2011 – 27 C 21/10, ZMR 2011, 904.
124 LG Hamburg v. 8.6.2011 – 318 S 149/10, ZMR 2012, 465, Rn 37; NKV/*Niedenführ*, § 26 Rn 114. Ausführlich BeckOGK WEG/*Greiner*, § 26 Rn 294.
125 *Abramenko*, Die Abmahnung des Verwalters usw., ZWE 2012, 250.
126 OLG Hamburg v. 15.8.2005 – 2 Wx 22/99, ZMR 2005, 974, Rn 27; AG Bonn v. 3.11.2009 – 27 C 44/09, ZMR 2010, 320; NKV/*Niedenführ*, § 26 Rn 115.

kommen könnte. Oft wird die Initiative dem Verwaltungsbeirat überlassen; jedoch kann jeder Miteigentümer aktiv werden. Meistens sind es diejenigen Miteigentümer, die sich – anders als die „schweigende Mehrheit" – für die Verwaltung engagiert und dabei schlechte Erfahrungen mit dem Verwalter gemacht haben.

1313 Im Vorfeld der Abberufung ist jede Form der Abmahnung zu empfehlen (siehe Rn 1310). Setzt der Verwalter das beanstandete Verhalten trotzdem fort oder ist eine vorzeitige Abberufung auch ohne Abmahnung gerechtfertigt, muss eine **Eigentümerversammlung** einberufen werden, die über den Antrag auf Abberufung des Verwalters entscheidet. Der die Abberufung betreibende Miteigentümer muss den Verwalter also unter Angabe des Zwecks zur Einberufung einer außerordentlichen Eigentümerversammlung auffordern (sofern nicht die nächste ordentliche Eigentümerversammlung unmittelbar bevorsteht). Ein Muster für das Einberufungsverlangen (auf dem die folgenden Beschlussmuster basieren) findet sich oben Rn 743. Dies muss **frühzeitig** geschehen, weil ein zögerliches Betreiben der Abberufung entgegenstehen kann (siehe Rn 1311). Nicht zwingend erforderlich, aber am sichersten ist es, wenn die Aufforderung zur Einberufung von einem Viertel der Wohnungseigentümer schriftlich unterstützt wird, weil der Verwalter dann gem. § 24 Abs. 2 WEG in jedem Fall dazu verpflichtet ist. Die geplante Neuwahl eines Verwalters setzt gewisse „Vorarbeiten" voraus, die oben (Rn 1244) bereits behandelt wurden. Kommt der Verwalter dem Einberufungsverlangen nach, ist bei der Durchführung der Versammlung die Beachtung der bei Rn 1263 aufgeführten Empfehlungen ratsam.

▼

1314 **Muster 10.11: Beschlüsse im Zuge der außerordentlichen Kündigung der Verwaltung**

Zu TOP 1: Die X Immobilien GmbH wird als Verwalterin aus wichtigem Grund fristlos abberufen und der Verwaltervertrag fristlos gekündigt. Sie wird aufgefordert, binnen drei Tagen die Verwaltungsunterlagen zusammenzustellen und zur Abholung bereit zu halten, die Abrechnung des letzten vollständigen Wirtschaftsjahres sowie die Rechnungslegung (zum Stand heute) zu fertigen und zusammen mit den Unterlagen vorzulegen.

Zu TOP 2: (Wahl eines neuen Verwalters, Muster siehe Rn 1261)

Zu TOP 3: Die Rechtsanwaltskanzlei Dr. Schlau wird mit der Beratung sowie der außergerichtlichen und gerichtlichen Vertretung der Gemeinschaft beauftragt. Ziel ist die Durchsetzung der Ansprüche der Gemeinschaft im Zuge des Verwalterwechsels, insbesondere die Herausgabe des Gemeinschaftsvermögens und der Verwaltungsunterlagen, die Rechnungslegung und ggf. die Zahlung von Schadensersatz. Die dadurch entstehenden Kosten werden aus der Instandhaltungsrücklage finanziert und sollen beim Vorverwalter geltend gemacht werden, soweit dies nach der Beurteilung der beaufragten Rechtsanwälte aussichtsreich ist.

Zu TOP 4: (siehe Rn 650)

Zu TOP 5: Der Vorsitzenden des Verwaltungsbeirates, Frau A, werden die ihr im Zusammenhang mit der Verwalterneuwahl entstandenen Auslagen ersetzt (Kosten des Einberufungsschreibens, Rechtsanwaltskosten usw.). Finanzierung aus der Instandhaltungsrücklage.

▲

1315 Wird der Antrag auf Abberufung in der Eigentümerversammlung **abgelehnt**, kann jeder Miteigentümer versuchen, seinen **Anspruch auf ordnungsmäßige Verwaltung** (§ 21 Abs. 4 WEG) mit gerichtlicher Hilfe durchzusetzen. Wenn nämlich nur die Abberufung des Verwalters ordnungsmäßiger Verwaltung entspricht, kann sie mit der **Regelungsklage** gem. § 21 Abs. 4 oder Abs. 8 WEG erzwungen werden. Der ablehnende (Negativ-)Beschluss muss dazu nicht angefochten werden, weil er keine Bindungswirkung entfaltet (siehe Rn 722); seine Anfechtung ist sicherheitshalber trotzdem zu empfehlen. Ein Erfolg der Klage auf Abberufung ist nach neuerer Rechtsprechung aber leider nicht einmal dann sicher, wenn ein wichtiger Grund für die Abberufung vorliegt, denn: Abberufen **können** heißt **nicht müssen**! Zwar entschied der BGH noch im Jahr 2011 im Einklang mit der h.M.: „Jeder Wohnungseigentümer kann nach § 21 Abs. 4 WEG die Abberufung eines untauglichen Verwalters verlangen".[127] Im Jahr 2012 schränkte der BGH diesen Grundsatz aber ein und stellte den **Beurteilungsspielraum** der Wohnungseigentümer in den Vordergrund: „Ein einzelner Wohnungseigentümer kann die Abberufung des Verwalters nicht schon deshalb verlangen, weil ein wichtiger Grund im Sinne von § 26 Abs. 1 S. 3 und 4 WEG hierfür besteht; den Wohnungseigentümern steht insoweit ein Beurteilungsspielraum zu, der erst dann überschritten ist, wenn die Ablehnung der Abberufung aus objektiver Sicht **nicht vertretbar erscheint**" (zum Anspruch auf Beschlussfassung allgemein siehe Rn 1713).[128] Diese Einschränkung entspricht dem strukturell gleich gelagerten Fall der Anfechtung einer Verwalterbestellung; auch die Verwalterbestellung ist (nur dann) für ungültig zu erklären, wenn sie „objektiv nicht mehr vertretbar erscheint" (siehe Rn 1273). – Die BGH-Rspr. erscheint insoweit aber ihrerseits objektiv nicht vertretbar, sondern entwertet den Anspruch auf ordnungsmäßige Verwaltung: Es ist eben „objektiv nicht vertretbar", an einem Verwalter festzuhalten, der einen wichtigen (!) Grund zu seiner Abberufung gegeben hat.

Kommt der Verwalter dem **Einberufungsverlangen nicht nach** oder setzt den Beschlussgegenstand „Abberufung des Verwalters" nicht auf die Tagesordnung, ist das für den abberufungswilligen Miteigentümer nicht unbedingt ein Nachteil, weil die pflichtwidrige Weigerung regelmäßig einen (weiteren) wichtigen Grund für die vorzeitige Abberufung darstellt. Allerdings ist dadurch alleine noch nicht der Weg zum Gericht eröffnet, denn eine ungeschriebene Voraussetzung der Regelungsklage gem. § 21 Abs. 4 oder Abs. 8 WEG ist die **Vorbefassung** der Gemeinschaft: Vor der Anrufung des Gerichts muss der Versuch unternommen worden sein, den begehrten Beschlusspunkt auf die Tagesordnung zu bekommen und eine Beschlussfassung der Gemeinschaft zu erreichen (zu den Möglichkeiten siehe Rn 774); sonst ist eine Klage wegen fehlenden Rechtsschutzbedürfnisses unzulässig (siehe Rn 721). Es gibt aber Ausnahmen. Das Rechtsschutzbedürfnis ist trotz fehlender Vorbefassung gegeben, wenn der klagende Wohnungseigentümer mit seinem Verlangen, seine Anträge auf die Tagesordnung einer Eigentümerversammlung zu nehmen, nicht durchgedrungen ist oder wenn ihm die vorherige Einberufung der Versammlung nicht zugemutet werden kann, weil in Anbetracht der Mehrheitsverhältnisse ein Mehrheitsbeschluss **nicht** (BGH: mit an Sicherheit grenzender Wahrscheinlichkeit nicht) **zu erwarten** oder die vorherige Anrufung der Eigentümerversammlung **nicht zumutbar** ist.[129] Wann diese Umstände vorliegen, ist eine Frage des Einzelfalls.

1316

Beispiel
Miteigentümer A hat in der Vergangenheit schon öfters verschiedene Anträge gestellt, die stets auf Empfehlung der Verwaltung mit großer Mehrheit abgelehnt wurden. Aus gegebenem Anlass möchte er jetzt die Abberufung der Verwaltung erwirken. Sein in Textform gestellter Antrag an den Verwalter, eine Versammlung mit dem Tagesordnungspunkt „Abwahl der Verwaltung" einzuberufen, wird ignoriert. Einen Verwaltungsbeirat gibt es nicht (oder: Dessen Vorsitzender und sein Stellvertreter winken ab). A fragt sich, ob eine direkte Klage auf Abberufung zulässig ist oder ob er stattdessen erst einen Antrag an das Gericht stellen muss, um sich zur Einberufung einer Versammlung ermächtigen zu lassen. – Unter diesen Umständen ist es dem A nicht zuzumuten, erst noch die (erheblichen) Mühen einer separaten Klage auf Ermäch-

1317

---

127 BGH v. 10.6.2011 – V ZR 146/10, ZMR 2011, 893.
128 BGH v. 10.2.2012 – V ZR 105/11, ZMR 2012, 565. So auch schon OLG Schleswig v. 8.11.2006 – 2 W 137/06, ZMR 2007, 485.
129 BGH v. 10.2.2012 (Vornote), Rn 4; OLG Rostock v. 20.5.2009 – 3 W 181/08, ZMR 2010, 223, Rn 37.

§ 10 Der Verwalter

tigung zur Einberufung und anschließend der Einberufung und Leitung einer Versammlung auf sich zu nehmen; eine sofortige Klage auf Abberufung ist zulässig.

▼

1318 **Muster 10.12: Klage auf Abberufung des Verwalters**

(Eingangsformel mit Parteienbezeichnung wie bei Rn 1382 mit der Maßgabe, dass es hier um eine „Klage gem. § 43 Nr. 1, 3 und 4 WEG" geht)

Beizuladen: X-Immobilien GmbH, vertreten durch den Geschäftsführer Xaver Xentis, Zenstraße 5, 75234 Musterstadt.
1. Der Beschluss der Eigentümerversammlung vom 1.7.2014 zu TOP 1 (Ablehnung des Antrags auf außerordentliche Abberufung der X-GmbH) wird für ungültig erklärt.[130]
2. X-Immobilien GmbH wird als Verwalter der WEG Heinestraße 12, 75234 Musterstadt mit sofortiger Wirkung abberufen und der Verwaltervertrag fristlos gekündigt.
3. Der Kläger wird ermächtigt, eine Wohnungseigentümerversammlung mit dem Zweck der Verwalterneuwahl einzuberufen und zu leiten.

▲

1319 Der im vorstehenden Muster vorgeschlagene Antrag Nr. 3 soll dafür Sorge tragen, dass die Gemeinschaft im Falle des Erfolgs der Klage den **verwalterlosen Zustand** wieder beenden kann. Der Antrag ist aber natürlich fakultativ; der Kläger ist nicht verpflichtet, die erheblichen Unannehmlichkeiten der Einberufung und Leitung einer Versammlung auf sich zu nehmen und kann auch abwarten, ob insoweit seine Miteigentümer aktiv werden. Eine andere Möglichkeit zur Vermeidung des verwalterlosen Zustands besteht darin, von vornherein parallel zum Abberufungsverfahren, oder nach dem Vorliegen der (die Abberufung aussprechenden) gerichtlichen Entscheidung im Wege **einstweiliger Verfügung** die Einsetzung eines Notverwalters[131] zu erwirken. Bis eine Klage auf Abberufung rechtskräftig entschieden ist, kann nämlich viel Zeit vergehen. Wenn die Erfolgsaussichten bei summarischer Prüfung vorliegen und die zur außerordentlichen Abberufung führenden Gründe so gewichtig sind, dass ein Abwarten des Ergebnisses der Abberufungsklage (und des Eintritts der Rechtskraft) der Gemeinschaft zum Schaden gereichen würde, kommt einstweiliger Rechtsschutz in Betracht, indem dem aktuellen Verwalter sein Amt vorläufig entzogen und einstweilen ein neuer Verwalter eingesetzt wird. Die Sach- und Rechtslage entspricht derjenigen bei Anfechtung der Verwalterwahl, weshalb wegen der Einzelheiten dorthin verwiesen wird (siehe Rn 1284).

1320 *Praxistipp*
Ob der Anfechtungskläger ergänzend einstweiligen Rechtsschutz beantragt, ist vor allem eine Kostenfrage, weil das Verfahren der einstweiligen Verfügung auch gebührenrechtlich eine eigene Angelegenheit darstellt.

5. Stichwortverzeichnis der Gründe für eine vorzeitige Abberufung/Kündigung

a) Allgemeines

1321 Wenn Gründe vorliegen, die die Anfechtung des Bestellungsbeschlusses rechtfertigen, ist die außerordentliche Abberufung ebenso gerechtfertigt (siehe auch Rn 1277 ff.).

---

130 Dieser Antrag entfällt natürlich, falls keine Versammlung vorangegangen ist oder es aus anderen Gründen keinen entsprechenden Negativbeschluss gibt.
131 Die Verwendung des aus der Zeit vor der WEG-Reform stammenden Terminus „Notverwalter" soll die Vorläufigkeit der Verwalterbestellung verdeutlichen.

Wenn der Verwalter die **Beschluss-Sammlung** (§ 24 Abs. 7 WEG) nicht ordnungsmäßig führt, stellt dies gem. § 26 Abs. 1 S. 4 WEG „regelmäßig" einen wichtigen Grund für seine vorzeitige Abberufung dar.[132] Zu dieser im Zuge der WEG-Novelle eingeführten Bestimmung ist in der Gesetzesbegründung[133] Folgendes zu lesen:

*„Eine schwere Pflichtwidrigkeit des Verwalters ist zu bejahen, wenn er entgegen seiner Pflicht gemäß § 24 Abs. 8 S. 1 WEG (neu) die Beschluss-Sammlung nicht ordnungsmäßig führt, insbesondere den Anforderungen des § 24 Abs. 7 WEG (neu) nicht entspricht. Ihm ist in einem solchen Fall in der Regel ein schwerer Vorwurf schon bei einer einmaligen Verletzung zu machen. Die Beschluss-Sammlung stellt nämlich einerseits keine besonderen Anforderungen an den Verwalter, sie ist vielmehr ohne größeren Aufwand zu führen. Ihr kommt aber andererseits erhebliche Bedeutung zu, und zwar sowohl für den Erwerber einer Eigentumswohnung als auch für die Wohnungseigentümer und den Verwalter selbst. Eine nicht ordnungsmäßig geführte Sammlung lässt im Übrigen generell negative Rückschlüsse auf die Art der Verwaltung zu. Mit Rücksicht darauf konkretisiert § 26 Abs. 1 S. 4 WEG (neu) den dort genannten Pflichtverstoß als **Regelbeispiel** eines wichtigen Grundes und betont damit die Bedeutung der ordnungsmäßigen Führung der Beschluss-Sammlung."*

In seiner praktischen Bedeutung erscheint der (einmalige) Verstoß gegen die Beschluss-Sammlungs-Vorschriften zwar gegenüber vielen der sonstigen denkbaren Pflichtverstöße als geringfügig; nachdem der Verstoß gegen die Beschluss-Sammlungs-Vorschriften nun aber das Regelbeispiel eines wichtigen Grundes darstellt, sind die an den Verwalter zu stellenden Anforderungen gegenüber dem früherem Recht (vor der WEG-Reform) deutlich gestiegen. Dementsprechend müsste die Rechtsprechung die Schwelle für den wichtigen Grund zur Abberufung niedriger ansetzen als bislang.[134] Das geschieht aber nicht; stattdessen wird das Regelbeispiel meistens verwässert. Und vor allem wird ihm die Wirkung dadurch genommen, dass Verstöße regelmäßig nicht dazu führen, dass die Abberufung erzwungen werden könnte: Die Wohnungseigentümer **können** beim Vorliegen des Regelbeispiels zwar abberufen, **müssen** i.d.R. aber nicht. So betrachtete schon das LG Berlin § 26 Abs. 1 S. 4 WEG als „widerlegbares Regelbeispiel"; es müsse nicht jeder Verstoß zwingend zur Abberufung des Verwalters führen, vielmehr sei „unverändert eine **umfassende Abwägung** aller Umstände maßgeblich".[135] Inzwischen betont auch der BGH, wie oben schon dargestellt (siehe Rn 1315), den Beurteilungsspielraum der Gemeinschaft: Wenn der wichtige Grund auf Mängeln in der Führung der Beschluss-Sammlung bestehe, könnten die Wohnungseigentümer nachvollziehbare Motive dafür haben, von der Abberufung Abstand zu nehmen. Es gibt somit kaum Urteile, die einer Klage auf Abberufung wegen Mängeln in der Führung der Beschluss-Sammlung stattgaben.[136]

Streitereien. Die vertrauensvolle Zusammenarbeit zwischen Verwalter und **Verwaltungsbeirat** ist gestört.[137] Der Verwalter legt der Einladung zu einer Versammlung ein Schreiben an den Beiratsvorsitzenden bei, in dem dieser als „klassisch psychologischer Fall" bezeichnet wird;[138] Oder: Er

1322

---

132 LG Karlsruhe v. 21.2.2012 – 11 S 46/11, ZWE 2013, 36; AG Charlottenburg v. 18.1.2013 – 73 C 98/12, ZWE 2013, 274.
133 BT-Drucks 16/887, 35.
134 So auch AG Hamburg-Blankenese v. 17.9.2008 – 539 C 27/08, ZMR 2008, 1001.
135 LG Berlin ZWE 2010, 224. Ebenso AG München ZMR 2009, 644 Rn 41.
136 So aber bei LG Karlsruhe v. 21.2.2012 – 11 S 46/11, ZWE 2013, 36: Der Verwalter hatte gegen ihn selber ergangene Entscheidungen nicht in die Beschlusssammlung aufgenommen; es genügte bereits die einmalige Pflichtverletzung.
137 LG Frankfurt (Oder) v. 2.10.2012 – 16 S 11/12, ZWE 2013, 219.
138 BayObLG v. 15.1.2004 – 2Z BR 240/03, ZMR 2004, 923.

beleidigt einen Wohnungseigentümer als **Querulanten**.[139] Der Beirat bzw. beleidigte Wohnungseigentümer darf das Zerwürfnis aber nicht in vorwerfbarer Weise herbeigeführt haben.[140] *Oder*: Innerhalb einer aus nur drei Einheiten bestehenden „Familien-WEG" besteht zwischen zwei Wohnungseigentümern – einer davon ist der Verwalter – ein massiver Konflikt (wechselseitige Strafanzeigen, finanzielle Forderungen usw.).[141]

1323 Der Verwalter verschweigt, dass er für den Abschluss von Versicherungsverträgen für die Gemeinschaft von der Versicherungsgesellschaft **Provisionen** erhalten hat. Außerdem handelt er Weisungen der Wohnungseigentümergemeinschaft zuwider und leistet einem wiederholten Verlangen der Wohnungseigentümer nach Einberufung einer Eigentümerversammlung nicht Folge.[142]

1324 Der Verwalter beruft über mehr als 12 Monate keine **Eigentümerversammlung** ein.[143]

1325 Der Verwalter weigert sich pflichtwidrig, den TOP „**Kündigung des Verwalters** aus wichtigem Grund" auf die Tagesordnung zu nehmen.[144]

1326 **Vorstrafen** im Zusammenhang mit der Verwaltung einer anderen Wohnungseigentümergemeinschaft,[145] sofern sie nicht bereits im Bundeszentralregister gelöscht sind.[146]

1327 **Desolate Vermögensverhältnisse** des Verwalters.[147]

1328 Eigenmächtige **Vertragsabschlüsse** (Auftragserteilungen) ohne Beschluss der Gemeinschaft, zB: Umstellung der Beheizung von Öl auf Fernwärme;[148] diverse (teilweise fragwürdige) Verkehrssicherungsmaßnahmen (Zäune, Absperrungen, Prüfungen usw.).[149]

1329 Verletzung der **Informationspflicht** bei Rechtstreit.[150]

1330 Fehlende **Neutralität**, Verfolgung von Eigeninteressen.[151]

b) Rechnungswesen

1331 **Nichtvorlage** der Jahresabrechnung für insgesamt drei aufeinander folgende Wirtschaftsjahre, selbst wenn der Verwaltervertrag zuvor zu einem Zeitpunkt verlängert wurde, als bereits zwei Jahresabrechnungen ausstanden.[152]

---

139 LG Lüneburg v. 25.10.2011 – 5 S 36/11, ZMR 2012, 133: Ein Verwalter muss auch mit „schwierigen" Wohnungseigentümern umgehen können, ohne diese zu beleidigen.
140 BayObLG v. 21.10.1999 – 2Z BR 97/99, ZWE 2000, 77.
141 OLG Hamm v. 27.11.2001 – 15 W 326/01, ZMR 2002, 540.
142 OLG Düsseldorf v. 21.1.1998 – 3 Wx 492/97, ZMR 1998, 306.
143 AG Hamburg-Blankenese v. 17.9.2008 – 539 C 27/08, ZMR 2008, 1001.
144 OLG Frankfurt v. 19.5.1988 – 20 W 206/87, ZMR 1988, 348.
145 OLG Köln v. 25.5.2001 – 16 Wx 15/01, ZMR 2002, 152 (Untreue in 19 Fällen mit 2 Jahren Freiheitsstrafe auf Bewährung); BayObLG v. 12.3.1998 – 2Z BR 8/98, ZMR 1998, 446.
146 Dann dürfen sie nicht mehr berücksichtigt werden, um die Resozialisierung des Verurteilten nicht zu gefährden: KG v. 20.3.1989 – 24 W 4238/88, NJW-RR 1989, 842.
147 OLG Oldenburg v. 21.12.2006 – 5 W 9/06, ZMR 2007, 306; AG Wedding v. 13.2.2009 – 15a C 147/08, DWE 2009, 74.
148 KG v. 7.7.2010 – 24 W 25/09, ZMR 2010, 974.
149 LG Frankfurt (Oder) v. 2.10.2012 – 16 S 11/12, ZWE 2013, 219.
150 AG Bonn v. 3.11.2009 – 27 C 44/09, ZMR 2010, 320. Der Verwalter informierte die Miteigentümer erst nach der mündlichen Verhandlung von der Klage des Grundstücksnachbarn.
151 AG Hamburg-Blankenese v. 30.4.2008 – 539 C 2/08, ZMR 2008, 841. Der Verwalter hatte Wohnungseigentümer in der Nachbar-WEG aus bestimmten Eigeninteressen zu Beschlussanfechtungen aufgefordert.
152 OLG Düsseldorf v. 17.4.2002 – 3 Wx 8/02, NZM 2002, 487.

Verspätete Vorlage der Jahresabrechnung, Unterdeckung des Gemeinschaftskontos infolge nach- 1332
lässiger Beitreibung von Hausgeldaußenständen, kurz: **ungeordnete finanzielle Verhältnisse.**[153]

Mehrfache unvollständige oder sonst **nicht ordnungsgemäße** Jahresabrechnungen; die Eigentü- 1333
mer müssen nicht noch weitere „Probeabrechnungen" abwarten und überprüfen.[154]

Verstoß gegen das Verbot der **Vermögenstrennung**; Geld der Gemeinschaft befindet sich (teilwei- 1334
se) auf einem Eigenkonto des Verwalters.[155]

Unberechtigte Zahlung an sich selbst. Bei der Honorierung der eigenen Tätigkeit ist der Verwal- 1335
ter nämlich zur Wahrung besonderer Sorgfalt verpflichtet.[156]

c) Das Stadium nach dem Erstbezug

Interessenkollision des Bauträger-Verwalters. Die generelle Interessenkollision, in welcher sich 1336
der zum Verwalter bestellte Bauträger in Bezug auf Baumängel befindet, stellt für sich genommen
noch keinen wichtigen Grund zur Abberufung dar.[157] Teilweise wird deshalb der konkrete Nachweis verlangt, dass der Bauträger-Verwalter im Einzelfall die Interessen der Wohnungseigentümer
seinen eigenen Interessen untergeordnet hat.[158] Richtiger Ansicht nach liegt ein wichtiger Grund
aber schon dann vor, wenn sich die generelle Interessenkollision im konkreten Fall lediglich zu-
spitzt bzw. konkretisiert. Das ist z.B. der Fall, wenn es wegen Baumängeln zu **erheblichen Meinungsverschiedenheiten** zwischen der Gemeinschaft und dem Bauträger-Verwalter gekommen ist
(zur gleichen Problematik bei der Anfechtung der Bestellung siehe Rn 1281).[159] Gleiches gilt,
wenn der für die Bauträger-Verwalterin handelnde Ehemann nach dem Auftreten von Feuchtig-
keitsproblemen kritische Fragen der Eigentümer, welche die Einleitung eines Beweisverfahrens er-
wogen, **abwiegelt**; dabei konkretisiert sich die prinzipielle Interessenkollision auch ohne den
Nachweis eines konkreten Fehlverhaltens bei der Verfolgung der Mängelrechte bereits derart, dass
den Eigentümern die weitere Zusammenarbeit mit dem Bauträger nicht zuzumuten und ein wichtiger Grund für die Abberufung gegeben ist.[160]

Der Verwalter beruft nach Entstehung der Eigentümergemeinschaft eineinhalb Jahre lang **keine Ei-** 1337
gentümerversammlung ein.[161]

Der Verwalter kommt einem Antrag von Wohnungseigentümern gem. § 24 Abs. 2 WEG auf **Ein-** 1338
berufung einer Versammlung zum Zweck der Beschlussfassung über die Fertigstellung des Hauses, Mängelbeseitigung usw.[162] oder seiner eigenen Abwahl[163] nicht nach.

Der Bauträger setzt sich für die ersten 5 Jahre selber zum Verwalter ein, **delegiert** aber Buchfüh- 1339
rung und Rechnungswesen auf ein anderes Unternehmen zur eigenverantwortlicher Erledigung.[164]
(Zur Delegation allgemein siehe Rn 1242).

---

153 OLG Karlsruhe v. 10.9.1997 – 4 W 71/97, NZM 1998, 768.
154 OLG Düsseldorf v. 12.7.2005 – 3 Wx 46/05, ZMR 2006, 293.
155 OLG Rostock v. 20.5.2009 – 3 W 181/08, ZMR 2010, 223, Rn 38.
156 OLG Köln v. 18.2.2008 – 16 Wx 219/07, ZMR 2008, 904.
157 OLG Frankfurt/Main v. 13.10.2004 – 20 W 133/03, MietRB 2005, 234.
158 OLG Köln v. 8.11.1996 – 16 Wx 215/96, WuM 1997, 996.
159 AG Solingen v. 19.10.2000 – 18 II 45/99 WEG, NZM 2001, 149.
160 OLG Hamm v. 8.4.2004 – 15 W 17/04, ZMR 2004, 702.
161 BayObLG v. 30.4.1999 – 2Z BR 3/99, ZMR 1999, 575.
162 OLG Düsseldorf v. 2.2.1998 – 3 Wx 345/97, ZMR 1998, 449.
163 LG Hamburg v. 18.8.2010 – 318 S 77/09, ZMR 2011, 744.
164 BayObLG v. 19.6.1997 – 2Z BR 35/97, ZMR 1998, 174.

1340 Der vom Bauträger bestellte Verwalter hält im Stadium der werdenden WEG Eigentümerversammlungen nur mit dem Bauträger ab und ergreift keinerlei Maßnahmen zur Beseitigung der zahlreichen **Baumängel**.[165]

1341 Der vom Bauträger eingesetzte Verwalter versäumt nach dem Bezug des Hauses monatelang den Abschluss einer **Gebäudeversicherung**.[166]

6. Die Anfechtung des Abberufungsbeschlusses

a) Allgemeines

1342 Zur **Anfechtung** des Abberufungsbeschlusses ist nicht nur jeder Miteigentümer befugt, sondern auch der abberufene **Verwalter**, um seine durch die Abberufung ggf. zu Unrecht entzogene Rechtsstellung zurückerlangen zu können.[167]

1343 Weil auf der Basis der Trennungstheorie der **Verwaltervertrag** und die Bestellung (theoretisch) verschiedene Wege gehen können, stellt sich die Frage, ob und ggf. welche gerichtlichen Schritte hinsichtlich des Verwaltervertrags erforderlich sind. Der BGH hat hierzu folgende Überlegungen angestellt: Der Abberufungsbeschluss bringe nur die Auffassung der Wohnungseigentümer zum Ausdruck, dass ein wichtiger Grund für eine fristlose Kündigung vorliege und deshalb der Verwaltervertrag beendet werden solle; für die Berechtigung der Kündigung selbst sei der Beschluss hingegen ohne Bedeutung. Deshalb könne die Anfechtung des Abberufungsbeschlusses nicht die – separat zu betrachtende – Kündigungserklärung (betr. den Verwaltervertrag) umfassen. Die Überprüfung der materiellen Voraussetzungen des Kündigungsrechts könne nur per Feststellungsklage gem. §§ 43 Abs. 1 Nr. 2, 256 Abs. 1 ZPO erfolgen. Und weil das Verwalteramt nur zusammen mit dem Verwaltervertrag von Interesse sei, **müsse** zugleich mit der Anfechtung des Abberufungsbeschlusses die Feststellung beantragt werden, dass der Verwaltervertrag weiter gelte; eine Anfechtung des Beschlusses über die Kündigung des Verwaltervertrags sei demgegenüber unzulässig.[168] (In der Konsequenz folgt daraus für den BGH, dass eine Anfechtung des Abberufungsbeschlusses im Wege interessengerechter Auslegung so zu verstehen ist, dass sie auch den erforderlichen Feststellungsantrag umfasst.) Auf Basis der BGH-Rspr. muss der Anfechtungskläger also stets **zweierlei** beantragen: Die Ungültigerklärung des Abberufungsbeschlusses **und** die Feststellung der Wirksamkeit der Kündigung des Verwaltervertrags. Der Streitwert der Klage wird durch die Stellung zweier Anträge nicht höher, weil diese wirtschaftlich auf das Gleiche gerichtet sind. Die Feststellungsklage ist allerdings – anders als die Beschlussanfechtung – richtiger Weise gegen den Verband (und nicht die Wohnungseigentümer) zu richten, weil der Verband und nicht die Wohnungseigentümer Vertragspartner des Verwalters ist.[169] Das ist bislang aber nicht h.M., weshalb sinnvoller Weise die ganze Klage gegen die Miteigentümer gerichtet und hinsichtlich der Passivlegitimation ein gerichtlicher Hinweis beantragt wird; wenn das Gericht den Hinweis gibt, dass die Feststellungsklage gegen den Verband zu richten sei, kann ohne besondere Kosten ein entsprechender Parteiwechsel vorgenommen werden.

---

165 LG Düsseldorf v. 13.12.2000 – 19 T 442/00, ZWE 2001, 501.
166 OLG Düsseldorf v. 18.8.2005 – 3 Wx 89/05, ZMR 2006, 57.
167 BGH v. 20.6.2002 – V ZB 39/01, ZMR 2002, 766; LG Hamburg v. 15.11.2012 – 318 S 213/11, ZMR 2013, 214; OLG Hamburg v. 24.3.2010 – 2 Wx 6/08, IMR 2011, 239.
168 BGH v. 20.6.2002 (Vornote); OLG Hamm v. 27.9.2006 – 15 W 98/06, ZMR 2007, 133. Nach hier vertretener Auffassung ist demgegenüber die Feststellungsklage überflüssig, weil der Verwaltervertrag untrennbar mit der Bestellung verknüpft ist und ohne weiteres mit dieser steht oder fällt.
169 *Dötsch*, ZWE 2011, 305, 307; *Müller*, Praktische Fragen, 9. Teil Rn 111.

Muster 10.13: Anfechtung des Abberufungsbeschlusses 1344

Klage gem. § 43 Nr. 4 WEG

(Eingangsformel und Parteibezeichnung wie bei Rn. 1931, außer wenn der Verwalter die Anfechtungsklage führt: Dann richtet sich die Klage nicht gegen alle „übrigen", sondern gegen alle Miteigentümer)

1. Der Beschluss der Eigentümerversammlung vom 24.7.2014 zu TOP 3 (fristlose Abberufung der Verwaltung und Kündigung des Verwaltervertrags) wird für ungültig erklärt.
2. Es wird festgestellt, dass der Verwaltervertrag vom 5.3.2013 durch die außerordentliche Kündigung vom 24.7.2014 nicht beendet wurde.

Begründung

Zum Feststellungsantrag: Sollte das Gericht nicht die Beklagten, sondern den Verband Wohnungseigentümergemeinschaft für passivlegitimiert halten, wird um Erteilung eines entsprechenden rechtlichen Hinweises gem. § 139 Abs. 3, 4 ZPO gebeten. Ggf. würde der Kläger dann einen entsprechenden Parteiwechsel erklären.

Ob ein die außerordentliche Abberufung rechtfertigender wichtiger Grund vorliegt, ist eine **Tatsachenfrage**, die in erster Linie das Amtsgericht als erste Instanz beantworten muss. Das Landgericht (als zweite bzw. Berufungsinstanz) ist gem. §§ 513, 546 ZPO nicht nur an die Tatsachenfeststellungen des Amtsgerichts, sondern auch an dessen **Beweiswürdigung** gebunden (sofern diese nicht widersprüchlich, unvollständig usw. ist) und ist „insbesondere nicht befugt, an die Stelle der Tatsachenwürdigung (der ersten Instanz) eine eigene Bewertung zu setzen, mag auch die Folgerung des Amtsgerichts, die belegten Tatsachen rechtfertigten nicht den Schluss auf eine Zerstörung des Vertrauensverhältnisses, nicht die einzig mögliche sein und eine anderweitige Würdigung ebenso vertretbar erscheinen".[170] 1345

Der **Ablauf der Bestellungszeit** lässt das Rechtsschutzinteresse für die Fortführung der Anfechtungsklage nicht entfallen, und zwar nach hier vertretener Auffassung unabhängig davon, ob der Verwalter oder ein Wohnungseigentümer die Klage führt. Denn anders als im Fall der Anfechtung des Bestellungsbeschlusses (siehe Rn 1276) wirkt sich die gerichtliche Entscheidung auch nach dem Ablauf der Bestellungszeit auf das Rechtsverhältnis zwischen Gemeinschaft und Verwalter aus: Zwar kann der Verwalter durch die Ungültigerklärung des Abberufungsbeschlusses sein Amt nicht wiedererlangen (da die Bestellungszeit abgelaufen ist); sein Anspruch auf Bezahlung der Verwaltervergütung für die Vergangenheit hängt aber davon ab. Wird der Abberufungsbeschluss mangels Ungültigerklärung nämlich bestandskräftig, steht fest, dass die Bestellung mit dem Zugang der Abberufungserklärung beendet wurde und der Verwalter ab diesem Zeitpunkt keine Vergütung mehr beanspruchen kann. Wird der Abberufungsbeschluss hingegen für ungültig erklärt, steht das Gegenteil fest, sodass der Verwalter (mit Abzügen) Vergütung für die Zeit seiner Bestellung beanspruchen kann. Die h.M. **differenziert** aber: Nur die Anfechtungsklage des **Verwalters** soll vom 1346

---

[170] OLG München v. 22.2.2006 – 34 Wx 118/05, ZMR 2006, 637.

Ablauf der Bestellungszeit unberührt bleiben,[171] die Klage eines **Wohnungseigentümers** soll dadurch hingegen unzulässig werden.[172]

b) Rechtsfolgen

1347 Wird der Beschluss über die außerordentliche Abberufung rechtskräftig für **ungültig erklärt** (und ggf. zugleich festgestellt, dass der Verwaltervertrag nicht wirksam gekündigt wurde), erhält der zu Unrecht abberufene Verwalter Amt und Vertrag (rückwirkend) zurück. Ihm steht daher auch für die Vergangenheit die vereinbarte **Vergütung** zu. Nach dem Rechtsgedanken des § 615 S. 2 BGB muss er sich aber anrechnen lassen, was er infolge des Unterbleibens der Dienstleistung erspart hat.[173] Wie hoch die Ersparnis des Verwalters ausgefallen ist, wird zwischen den Parteien erfahrungsgemäß streitig sein. Das Gericht **kann** zur Ermittlung ein betriebswirtschaftliches Sachverständigengutachten beauftragen, **muss** dies aber nicht, sondern kann die Ersparnis auch gem. § 287 Abs. 1 ZPO „unter Würdigung aller Umstände nach freier Überzeugung" **schätzen**. Den veröffentlichten Urteilen zufolge sprechen die Gerichte zwischen 55 %[174] und (meistens) 80 %[175] der vereinbarten Vergütung zu (entsprechend einer angenommenen Ersparnis von 20–45 %).

1348 Wenn die Gemeinschaft (wie üblich) nach der außerordentlichen Abberufung des Verwalters einen **Folgeverwalter** bestellt hat, **endet** dessen Bestellung ohne weiteres („automatisch") mit Rechtskraft der gerichtlichen Entscheidung, die den abberufenen Verwalter in seinem Amt bestätigt.[176] Die hierfür mitunter gegebene Begründung, dies sei so „weil es keine zwei Verwalter gleichzeitig geben darf", beruht – dogmatisch unbefriedigend – auf dem Motto, „dass nicht sein kann was nicht sein darf". Überzeugender ist die Annahme einer stillschweigend vereinbarten auflösenden Bedingung bei der Wahl des Folgeverwalters. Für die Zeit bis zur rechtskräftigen „Wiedereinsetzung" des zu Unrecht abberufenen Verwalters war die Bestellung des Folgeverwalters wirksam, weshalb ihm die vereinbarte Vergütung ohne Abzüge verbleibt; auch seine **Rechtshandlungen** sind und bleiben wirksam. Es verhält sich auch diesbezüglich wie im Parallelfall der Anfechtung eines Bestellungsbeschlusses für den Zeitraum zwischen der Bestellung und ihrer Ungültigerklärung (siehe Rn 1283).

1349 Wird der Abberufungsbeschluss **bestandskräftig**, weil die dagegen erhobene Klage abgewiesen oder gar nicht erst erhoben wurde, steht damit nicht nur im Verhältnis unter den Wohnungseigentümern, sondern aufgrund der Rechtskrafterstreckung infolge Beiladung (§ 48 Abs. 3 WEG) auch im Verhältnis der Wohnungseigentümer bzw. der Gemeinschaft zum Verwalter fest, dass die Verwalterstellung aus wichtigem Grund wirksam beendet wurde. In diesem Fall kann der Verwalter **keine Vergütungsansprüche** mehr geltend machen, auch wenn er unter Berufung auf die Trennungstheorie behauptet, sein Verwaltervertrag sei nicht wirksam gekündigt worden.[177] Nach hier vertretener Auffassung ist dieses Ergebnis nicht weiter begründungsbedürftig, weil Bestellung und Vertrag als Einheit zu betrachten sind. Aber auch die Vertreter der herrschenden Trennungstheorie kommen zu dem Ergebnis, dass der Vertrag zwangsläufig mit der Bestellung sein Ende findet: Mit der Annahme, dass die Erklärung der Abberufung (von der Organstellung) ohne weiteres den Aus-

---

171 LG München I v. 28.6.2012 – 36 S 17241/11, ZMR 2012, 819, Rn 3; Offen gelassen bei BGH v. 20.6.2002 – V ZB 39/01, ZMR 2002, 766, 768.
172 LG Hamburg v. 18.8.2010 – 318 S 77/09, ZMR 2011, 744, Rn 42.
173 OLG Hamm v. 21.8.1996 – 15 W 174/96, ZMR 1997, 94; unstr.
174 KG v. 20.9.1993 – 24 W 188/93, ZMR 1994, 579, Rn 3.
175 OLG Hamburg v. 15.8.2005 – 2 Wx 22/99, ZMR 2005, 974; OLG Köln v. 9.8.2000 – 16 Wx 67/00, NZM 2001, 429.
176 OLG Zweibrücken v. 16.12.2002 – 3 W 202/02, ZMR 2004, 63, Rn 7.
177 NKV/*Niedenführ*, § 26 Rn 112; i.E. auch *Staudinger/Bub*, (2005) § 26 Rn 408.

spruch der Kündigung (des Vertrags) beinhalte; mit der Annahme, dass jeder Vertrag – wenn nicht ausdrücklich, dann doch konkludent – unter der auflösenden Bedingung des Fortbestands der Bestellung stehe; und mit der Annahme, dass die isolierte Abberufung ohne Kündigung des Vertrags unwirksam oder rechtsmissbräuchlich sei.[178] Nur vereinzelt wird die Auffassung vertreten, dass „jedenfalls dann, wenn nur eine Abberufung erfolgte und der Verwaltervertrag nicht gekündigt wurde", der Verwaltervertrag ohne Organstellung fortbestehe und auf seiner Grundlage eine (gekürzte) Vergütung zu zahlen sei.[179]

VII. Die Amtsniederlegung

Die Möglichkeit der Amtsniederlegung ist gesetzlich nicht vorgesehen, aber **allgemein anerkannt**.[180] Sie ist unabhängig davon wirksam, ob ein (wichtiger) Grund dafür vorliegt oder nicht. Der Sache nach handelt es sich um nichts anderes als eine außerordentliche fristlose Kündigung der Verwalterstellung („Amt und Vertrag", m.E. eine Einheit, siehe Rn 1236) seitens des Verwalters; dies wird in der Rechtsprechung und Literatur allerdings kaum so klar ausgedrückt. Stattdessen betonen die Vertreter der h.M. auch bei der Amtsniederlegung die Theorie der Trennung von Amt und Verwaltervertrag; im praktischen Ergebnis wird der (sachlich zwingende) Gleichlauf dann aber doch wieder durch entsprechende Auslegung hergestellt.

1350

> *Beispiel*
> Verwalter X erklärt in einem Schreiben an alle Miteigentümer die Kündigung des Verwaltervertrags und bietet zugleich die Auszahlung der Gemeinschaftsgelder und die Übergabe der Unterlagen an. – Diese Handlungen lassen auch ohne ausdrückliche Erklärung darauf schließen, dass X sein Verwalteramt niederlegen will.[181] Die Amtsniederlegung beinhaltet grundsätzlich auch die Erklärung der (außerordentlichen) Kündigung des Verwaltervertrags.[182]

1351

Die Amtsniederlegung (und die darin enthaltene Kündigung des Verwaltervertrags) wird erst mit dem **Zugang** der entsprechenden Erklärung wirksam; fraglich ist, **wem** die Erklärung zugehen muss.

1352

> *Beispiel*
> In der Eigentümerversammlung erklärt Verwalter X, dass das Vertrauensverhältnis zerstört sei und legt das Verwalteramt nieder; gleichzeitig kündigt er fristlos den bestehenden Verwaltervertrag. Noch bevor X das Versammlungsprotokoll verschickt, beruft der Verwaltungsbeirat eine weitere Versammlung ein, auf der die außerordentliche Abberufung des X und die Kündigung des Verwaltervertrags aus wichtigem Grund beschlossen wird. X beantragt bei Gericht die Ungültigerklärung des Beschlusses sowie die Feststellung, dass die Amtsniederlegung wirksam war.

1353

Nach hier vertretener Auffassung müsste die Klage Erfolg haben. Die Amtsniederlegung war wirksam, weil die Eigentümerversammlung für den Empfang der entsprechenden Erklärung des Verwalters (passiv) zuständig war; das ist gewissermaßen die Kehrseite dessen, dass die Eigentümerversammlung auch (aktiv) das zuständige Organ ist, um die für die Verwalterbestellung und den

1354

---

178 Siehe zu diesem Gesichtspunkt nur das bei Rn 1343 zitierte Urteil des BGH v. 20.6.2002 – V ZB 39/01.
179 *Spielbauer/Then*, § 26 Rn 29; *Dötsch*, ZWE 2011, 305, 307. Unergiebig ist OLG Düsseldorf v. 13.8.2003 – 3 Wx 181/03, ZMR 2004, 691: Im Fall wurde es dem Verwalter unter dem Gesichtspunkt von Treu und Glauben verwehrt, Ansprüche erst Jahre nach seiner unangefochtenen Abberufung geltend zu machen.
180 LG Karlsruhe v. 11.12.2012 – 11 S 231/11, ZWE 2013, 180; *Reichert*, Die Amtsniederlegung von WEG-Verwalter und Beirat, MietRB 2007, 21.
181 LG Münster v. 24.8.2001 – 3 T 62/01, NZM 2002, 459.
182 BayObLG v. 29.9.1999 – 2Z BR 29/99, ZMR 2000, 45.

Abschluss des Verwaltervertrags erforderlichen Willenserklärungen abzugeben.[183] Die **h.M.** kommt zu demselben Ergebnis, da sie in dieser Konstellation, in der der Verwalter die Gemeinschaft nicht (sich selber gegenüber) vertreten kann, eine passive **Gesamtvertretungsbefugnis jedes** einzelnen **Miteigentümers** annnimmt; somit genügt es, wenn die Erklärung gegenüber einem beliebigen Miteigentümer abgegeben wird (siehe Rn 1530), was bei Äußerung auf einer Eigentümerversammlung zwangsläufig der Fall ist. Das OLG München verlangte für das Wirksamwerden der Amtsniederlegung aber den Zugang der Erklärung an sämtliche Miteigentümer – auch an diejenigen, die an der Versammlung nicht teilgenommen hatten, weshalb im Beispielsfall die Klage des X abgewiesen wurden.[184] Diese Auffassung entspricht allerdings nicht der h.M.; sie ist dogmatisch unzutreffend und zudem unpraktikabel: Abgesehen vom Zeit- und Kostenaufwand, den ein Verwalter betreiben müsste, um seine Erklärungen sämtlichen Miteigentümern außerhalb einer Eigentümerversammlung zukommen zu lassen (sicherheitshalber mit Zugangsnachweis), könnte er seine Verwalterstellung überhaupt nicht beenden, wenn ein Eigentümer nicht auffindbar ist.

1355 Nach der Amtsniederlegung bestehen zwischen dem Verwalter und der Gemeinschaft nur noch Abwicklungspflichten und ggf. **Schadensersatzansprüche**. Letztere kommen auf beiden Seiten in Betracht: Wenn kein (wichtiger) Grund für die Amtsniederlegung bestand, haftet der Ex-Verwalter der Gemeinschaft auf Schadensersatz, weil die unberechtigte, aber wirksame Kündigung (Beendigung der Verwalterstellung) eine Vertragsverletzung darstellt. Allerdings wird die Gemeinschaft i.d.R. kaum einen Schaden haben, weil allenfalls Kosten für die Einberufung einer Versammlung zwecks Verwalterneuwahl entstehen.

1356 *Tipp:*
Wenn der Verwalter eine Gemeinschaft „loswerden" will, sollte er nicht „im Affekt" die Amtsniederlegung erklären und die Gemeinschaft „im Regen stehen lassen", sondern durch planvolles Vorgehen sein Schadensersatzrisiko minimieren: Er beruft eine außerordentliche Versammlung ein, kündigt im Einberufungsschreiben an, dass er in der Versammlung die Amtsniederlegung erklären und alle Unterlagen übergeben wird, kündigt ferner den TOP „Verwalterneuwahl" an und fordert die Wohnungseigentümer dazu auf, sich bis zum Versammlungstermin um Angebote neuer Verwalter zu kümmern. Auf diese Weise lässt sich regelmäßig ein geordneter Verwalterwechsel vollziehen, sodass sich die Frage nach einer Schadensersatzpflicht des Ex-Verwalters nicht stellt.

1357 Auch dem Verwalter kann ein Schadensersatzanspruch zustehen, wenn seine Amtsniederlegung aus **wichtigem Grund** berechtigt war. Die Anforderungen an den wichtigen Grund sind dieselben wie bei einer außerordentlichen Abberufung seitens der Gemeinschaft: Er liegt vor, wenn dem Verwalter unter Berücksichtigung aller Umstände eine weitere Zusammenarbeit mit der Gemeinschaft nicht mehr zuzumuten ist, insbesondere wenn das erforderliche Vertrauensverhältnis zerstört ist (siehe Rn 1298). Man wird allerdings nur selten eine Unzumutbarkeit der weiteren Zusammenarbeit annehmen können; eine Gemeinschaft muss sich darauf verlassen können, dass der Verwalter auch in schwierigen Zeiten „bei der Stange bleibt". Der in der Praxis wohl häufigste Grund, der einen Verwalter zur vorzeitigen Aufgabe bewegt, sind Anfeindungen und **Beleidigungen** seitens einzelner Miteigentümer; gerade hier mutet die jüngere Rechtsprechung dem Verwalter aber unglaublich viel zu.

---

183 So auch NKV/*Niedenführ*, § 26 Rn 112. AG Wiesloch v. 25.3.2011 – 5 C 4/11, ZWE 2011, 290 lässt den Zugang an einen einzigen Miteigentümer genügen. Das entspricht der Rspr. im Gesellschaftsrecht: Der GmbH-Geschäftsführer kann die Amtsniederlegung gegenüber einem einzigen Gesellschafter erklären (BGH v. 17.9.2001 – II ZR 378/99, NZG 2002, 43, Rn 10).
184 OLG München v. 6.9.2005 – 32 Wx 60/05, NZM 2005, 750.

Beispiel 1358
Miteigentümer A, Mitglied des Verwaltungsbeirats, beleidigt wiederholt den Verwalter: Der Verwalter X habe Gerichtsverfahren manipuliert.[185] Er lüge, betreibe Günstlingswirtschaft und leiste im Gegensatz zum Hausmeister keine ehrliche Arbeit, sondern „Mistwirtschaft".[186] Er sei korrupt, verlogen, manipuliere Beschlüsse, verfälsche Protokolle und betreibe Vetternwirtschaft.[187] Ganz allgemein: „Korruption, Lüge, Täuschung und Vertuschung".[188] Auf einer von X einberufenen außerordentlichen Versammlung wird die von X beantragte Abberufung des A als Verwaltungsbeirat mehrheitlich abgelehnt; daraufhin legt X sein Amt nieder. – In älteren Entscheidungen wurde in solchen Fällen ein wichtiger Grund für die Amtsniederlegung bejaht: Meinungsverschiedenheiten oder die Unzufriedenheit des Verwaltungsbeirats mit der Tätigkeit des Verwalters könnten es nämlich nicht rechtfertigen, ihn durch mündliche oder gar schriftliche Äußerungen verächtlich zu machen und mit Formalbeleidigungen zu überziehen.[189] Die jüngere Rechtsprechung sieht das aber anders: „Substanzarme" Äußerungen werden nicht als Tatsachenbehauptungen, sondern als Werturteile qualifiziert; und eine wertende Kritik an der gewerblichen Leistung eines Wirtschaftsunternehmens – dazu gehört auch der professionelle Hausverwalter – ist i.d.R. auch dann vom Grundrecht der Meinungsfreiheit nach Art. 5 GG gedeckt, wenn sie scharf formuliert ist.[190] Demnach dürfte nach aktueller Rechtslage kein wichtiger Grund für die Amtsniederlegung des X bejaht werden; X stehen auch keine Unterlassungsansprüche gegen A zu.[191] – M. E. wird der Ehrschutz des Verwalters zu gering bewertet; solange aber das BVerfG seine Rechtsprechung zur Reichweite der Meinungsäußerungsfreiheit nicht ändert,[192] kann die Zivilrechtsprechung nicht anders urteilen.

VIII. Pflichten des Verwalters nach dem Ende der Verwalterstellung

1. Herausgabe von Verwaltungsunterlagen u.a.

Mit dem Ende der Verwalterstellung – egal aus welchen Gründen – treffen den (ausgeschiedenen) 1359 Verwalter diverse Abwicklungspflichten gegenüber der Wohnungseigentümergemeinschaft. Er muss gem. §§ 675, 667 BGB sämtliche von ihm während der Verwaltung erhaltenen oder für die Gemeinschaft angeschafften Gegenstände, insbes. die **Verwaltungsunterlagen**, die nicht bestimmungsgemäß verbrauchten Hausgelder sowie sonstige für Rechnung der Gemeinschaft erlangten **Gelder** herausgeben. Er muss außerdem gem. §§ 675, 666 i.V.m. § 259 BGB **Rechnung legen**, wozu die Erteilung verschiedenster Auskünfte gehört. Die herauszugebenden Gegenstände und Unterlagen muss der Ex-Verwalter an seinem Geschäftssitz zur Abholung bereithalten, es handelt sich um eine **Holschuld** der Gemeinschaft. Die nachfolgende Liste dient der Orientierung, was normalerweise herauszugeben ist.

---

185 LG München I v. 11.2.2011 – 25 O 12665/10, ZMR 2011, 833.
186 BayObLG v. 2.3.2001 – 2Z BR 16/01, ZMR 2001, 720.
187 OLG Braunschweig v. 5.11.2010 – 3 U 87/10, ZMR 2011, 400.
188 BGH v. 3.2.2009 – VI ZR 36/07, NJW 2009, 1872. Diese – nicht speziell auf WEG-Verwalter bezogene – Grundsatzentscheidung ist für die jüngere Rechtsprechung maßgeblich.
189 BayObLG v. 29.9.1999 – 2Z BR 29/99, ZMR 2000, 45 mit krit. Anm. *Drasdo*, ZWE 2001, 522. LG Landshut v. 16.1.2008 – 13 S 2023/07, ZMR 2008, 569 bejahte einen Unterlassungsanspruch des Verwalters gegenüber der Äußerung, er sei ein Betrüger.
190 Nachweise in den vier eingangs des Beispiels zitierten Entscheidungen.
191 Vorsorglich zu erwähnen: Eine solche Unterlassungsklage ist keine WEG-Sache i.S.v. § 43 WEG.
192 Siehe nur BVerfG v. 2.7.2013 – 1 BvR 1751/12 („Winkeladvokat").

§ 10 Der Verwalter

1360   *Checkliste Verwaltungsunterlagen*
- Eigentümerliste
- Verwaltervollmacht
- Teilungserklärung/Gemeinschaftsordnung, Kaufverträge, Aufteilungspläne
- Bauunterlagen, also: Bauverträge, Leistungsbeschreibungen, Baugenehmigung, Baupläne, Revisionspläne (insbes. für Heizung und Elektro), Schriftverkehr zu Gewährleistungsfällen usw.[193]
- Betriebs- und Bedienungsanleitungen
- Wartungsverträge (Heizung, Dach und dgl.)
- Einzelne Schlüssel, ggf. Generalschlüssel; bei Schließanlagen: Schließplan, Sicherungsschein
- Versicherungsverträge und Versicherungspolicen
- Hausmeistervertrag nebst Anstellungsunterlagen (Lohnsteuerkarte, Versicherungsnachweise, Urlaubsscheine)
- Beschluss-Sammlung
- Versammlungsniederschriften nebst Einberufungsschreiben
- Gerichtsentscheidungen, an denen die Eigentümergemeinschaft beteiligt war, sowie die Unterlagen anhängiger Verfahren
- Jahresgesamt- und Einzelabrechnungen, Gesamt- und Einzelwirtschaftspläne
- Bankkontoauszüge nebst Buchungsbelegen
- Einnahmen- und Ausgabenbelege (Rechnungen)

1361   Der neue Verwalter ist für seine Tätigkeit auf die Verwaltungsunterlagen angewiesen. Die häufige Praxis, wonach der Ex-Verwalter die Gemeinschaft nach Ablauf seiner Bestellzeit erst einmal wochenlang hinhält, um die Unterlagen zusammen zu stellen, muss eine Gemeinschaft nicht hinnehmen. Die Angelegenheit ist dringlich, sodass dem Ex-Verwalter vorprozessual nur eine **kurze Frist** gesetzt werden muss.[194] Erfolgt die Herausgabe alsdann nicht freiwillig, sollte sie unverzüglich **gerichtlich** geltend gemacht werden. Das erfordert allerdings einen entsprechenden Beschluss der Gemeinschaft,[195] wodurch der neue Verwalter oftmals in ein Dilemma gerät: Er kann die Verwaltungstätigkeit mangels Geld und Unterlagen nicht aufnehmen, aber auch nicht sogleich rechtliche Schritte gegen den Vorverwalter einleiten, weil er hierfür erst eine Versammlung einberufen muss, was ohne die Verwaltungsunterlagen schwierig ist. Dieses Dilemma kann vermieden werden, wenn der (bei der Wahl des neuen Verwalters mit beschlossene) Verwaltervertrag eine Befugnis zur Einleitung rechtlicher Schritte enthält (siehe § 2 Nr. 12a des Mustervertrags im Anhang) und/oder wenn diese Ermächtigung vorsorglich ausdrücklich beschlossen wurde (siehe Rn 1314).

1362   Die für eine Herausgabeklage erforderliche **Bezeichnung** der „Verwaltungsunterlagen" ist problematisch, da die Miteigentümer davon i.d.R. keine genaue Kenntnis haben. Allerdings wird vielfach vertreten, dass die Unterlagen gar nicht näher bezeichnet werden müssten, weil es der ausgeschie-

---

[193] Die Pflicht zur Herausgabe der Bauunterlagen trifft den Verwalter nur dann, wenn er diese Unterlagen vom Vorverwalter oder vom Bauträger erhalten hat, bzw. – das ist praktisch der Hauptfall – wenn er mit dem Bauträger identisch ist (OLG Frankfurt v. 24.4.2006 – 20 W 517/05, ZWE 2006, 409; BayObLG v. 23.3.2001 – 2Z BR 6/01, ZMR 2001, 819). Im Übrigen ist es mangels gesetzlicher Regelung umstritten, ob ein Anspruch auf Herausgabe von Bauunterlagen gegen den Bauträger besteht. Überwiegend wird das Vorliegen eines „besonderen, konkret begründeten Interesses" verlangt: LG Krefeld v. 11.12.2008 – 2 O 56/08, BauR 2009, 860; LG München I v. 2.3.2007 – 2 O 23839/06, BauR 2007, 1431.

[194] Drei Werktage hielt LG Mainz v. 8.9.2005 – 3 T 211/04, MietRB 2006, 46 zu Recht für ausreichend.

[195] A.A. AG Wiesloch v. 25.3.2011 – 5 C 4/11, ZWE 2011, 290, wonach der neue Verwalter als „Notmaßnahme" gem. § 27 Abs. 2 Nr. 2 WEG für die WEG einen Rechtsanwalt mit dem Antrag auf einstweiligen Rechtsschutz beauftragen könne.

dene Verwalter sei, der im Zweifel gegenüber Maßnahmen der gem. § 888 ZPO erfolgenden Zwangsvollstreckung die Vollständigkeit des herauszugebenden Bestands zu versichern hätte.[196] Schließt sich das angerufene Amtsgericht dieser Auffassung an, wird eine Klage auf Herausgabe „sämtlicher" oder „sämtlicher beim Verwalter vorhandenen" Unterlagen Erfolg haben.

▼

Muster 10.14: Klageantrag gegen den Ex-Verwalter auf Herausgabe sämtlicher Unterlagen 1363

Der Beklagte wird verurteilt, sämtliche bei ihm vorhandenen Verwaltungsunterlagen betreffend die Wohnungseigentumsanlage Heinestraße 12, 75234 Musterstadt an die Klägerin herauszugeben, insbesondere folgende Unterlagen: ▬▬▬▬ (hier **können** einzelne Unterlagen angeführt werden, siehe hierzu die Checkliste oben Rn 1360).

▲

Weil oder soweit die Herausgabe dringlich ist, kann sie auch per **einstweiliger Verfügung** angeordnet werden. Zwar geht damit eigentlich eine unzulässige Vorwegnahme der Hauptsache einher;[197] gleichwohl haben schon viele Gerichte entsprechenden Anträgen ohne weiteres statt gegeben,[198] sodass man es auf den Versuch ankommen lassen kann. Im Übrigen lässt sich das Problem der „Vorwegnahme der Hauptsache" lösen, indem im Wege der einstweiligen Verfügung lediglich *vorläufige* Maßnahmen angeordnet werden, z.B. des Inhalts, dass der neue Verwalter die herauszugebenden Unterlagen vorab befristet erhält[199] oder zumindest Einsicht nehmen und Kopien fertigen darf. Solche Anträge sind zu empfehlen. 1364

▼

Muster 10.15: Antrag auf Erlass einer einstweiligen Verfügung zur Herausgabe der Verwaltungsunterlagen u.a. 1365

1. Der Antragsgegner hat für die Dauer von 6 Wochen sämtliche in seinem Besitz befindlichen Verwaltungsunterlagen betreffend die Wohnungseigentumsanlage Heinestraße 12, 75234 Musterstadt an die Antragstellerin, zu Händen ihres jetzigen Verwalters X-Immobilien GmbH, Zenstraße 5, 75234 Musterstadt, zwecks Einsichtnahme zu übergeben. *Hilfsweise*: Der Antragsgegner wird verurteilt, an seinem Geschäftssitz Mörikestraße 7, 75234 Musterstadt einem Mitarbeiter der X-Immobilien GmbH, Zenstraße 5, 75234 Musterstadt nach vorheriger Ankündigung mit einer Frist von 3 Werktagen die Einsicht in sämtliche Verwaltungsunterlagen betreffend die Wohnungseigentumsanlage Heinestraße 12, 75234 Musterstadt an einem Werktag zwischen 9.00 und 12.00 und 14.00 und 17.00 Uhr für die Dauer von bis zu 3 Stunden sowie die Fertigung von Kopien zu gestatten. *Hilfsweise:* ▬▬▬▬ die Einsicht in folgende Unterlagen zu gestatten ▬▬▬▬ [Es folgt die Liste der Unterlagen, z.B. anhand der obigen Checkliste].

2. Der Antragsgegner wird verurteilt, den Generalschlüssel für das Haus Heinestraße 12, 75234 Musterstadt und die auf ihn lautende Verwaltervollmacht bis zum Abschluss des Verfahrens an einen vom Gericht zu benennenden Gerichtsvollzieher als Verwahrer herauszugeben.

---

[196] OLG Hamburg v. 20.8.2007 – 2 Wx 117/06, ZMR 2008, 148; OLG Frankfurt/M. v. 2.9.1998 – 20 W 49/97, WuM 1999, 6; *Abramenko* in: Riecke/Schmid, § 26 Rn 79.
[197] LG Hamburg v. 14.12.2007 – 318 T 222/07, ZMR 2008, 326.
[198] AG Wiesloch v. 25.3.2011 – 5 C 4/11, ZWE 2011, 290: „... weil ansonsten eine ordnungsgemäße Verwaltung nicht sichergestellt wäre."
[199] So entschieden von AG Kelheim v. 19.10.2007 – 5 C 0965/07, ZMR 2008, 83.

3. Der Antragsgegner wird verpflichtet es zu unterlassen, über das Verwaltungsvermögen der Antragstellerin zu verfügen, insbesondere Zahlungen vorzunehmen oder Geld einzuziehen.

1366 Wie die **Zwangsvollstreckung** der Herausgabe der Verwaltungsunterlagen zu erfolgen hat, ist streitig und hängt davon ab, ob die Verwaltungsunterlagen im Titel nur summarisch oder konkret bezeichnet sind. Letzterenfalls richtet sich die Zwangsvollstreckung – wie auch bei sonstigen Herausgabetiteln – nach § 883 ZPO. Bei nur summarischer Bezeichnung ist die Herausgabe als „Anhängsel" der Rechnungslegungspflicht und somit als unvertretbare Handlung zu qualifizieren, die gem. § 888 ZPO (Zwangsgeld oder Zwangshaft) vollstreckt wird.[200]

1366a Wenn die Gemeinschaft es nicht allzu eilig mit einzelnen Verwaltungsunterlagen hat, oder daran zweifelt, dass der Ex-Verwalter alle herausgegeben hat, oder wenn sie zwecks Vorbereitung einer Herausgabeklage eine konkrete und detaillierte Aufzählung der begehrten Unterlagen erhalten möchte, ist ihr zu empfehlen, vom Ex-Verwalter **Auskunft** über den Bestand der Verwaltungsunterlagen und die Vorlage eines entsprechenden **Verzeichnisses** zu verlangen. Das ist Bestandteil der **Rechnungslegung**, zu der der Ex-Verwalter gem. §§ 666, 259, 260 BGB verpflichtet ist.[201] Bestehen berechtigte Zweifel[202] daran, dass das Verzeichnis mit der erforderlichen Sorgfalt aufgestellt wurde, hat der Verwalter gem. § 259 Abs. 2 BGB die Vollständigkeit **an Eides statt** zu versichern.[203]

1367 **Muster 10.16: Klageantrag gegen den Ex-Verwalter auf Vorlage eines Bestandsverzeichnisses**

Der Beklagte wird verurteilt, ein Verzeichnis über die in seinem Besitz befindlichen Verwaltungsunterlagen betreffend die Wohnungseigentumsanlage Heinestraße 12, 75234 Musterstadt vorzulegen.

1368 Die Klage auf Auskunft/Rechnungslegung kann im Wege der **Stufenklage** mit der Herausgabeklage verbunden werden:[204] Mit der ersten Stufe wird Auskunft verlangt, mit der zweiten Stufe die Herausgabe der entsprechend der Auskunft bezeichneten Unterlagen. Die Stufenklage hat aber Nachteile: Über die erste Stufe (Auskunft bzw. Rechnungslegung) ergeht ein Teilurteil ohne Kostenentscheidung und mit einem nur vorläufigen Streitwertbeschluss; denn sowohl die Kostenentscheidung als auch der (endgültige) Streitwert hängen davon ab, welche Ansprüche im Ergebnis (nach Erteilung der Auskünfte) geltend gemacht werden. Die Vollstreckung der Rechnungslegung kann aber lange dauern, scheitern oder sich infolge Erfüllung erübrigen. Der mit der Stufenklage beabsichtigte Vorteil, durch Fortsetzung des schon begonnenen Verfahrens schneller zu einem Herausgabe- oder Zahlungstitel zu kommen, lässt sich in den hier interessierenden Fällen i.d.R. nicht verwirklichen. Es ist deshalb besser, zunächst einmal nur die Rechnungslegung (Auskünfte, Ver-

---

200 OLG Frankfurt/M. v. 2.9.1998 – 20 W 49/97, WuM 1999, 6.
201 BayObLG v. 15.12.2004 – 2Z BR 203/04, MietRB 2005, 207.
202 Die nicht pauschal, sondern substanziiert darzulegen sind: LG Dessau-Roßlau v. 14.6.2011 – 4 O 23/07, NJW-Spezial 2012, 71.
203 Für die Vollstreckung der titulierten Pflicht zur Abgabe einer eidesstattlichen Versicherung ist das Amtsgericht als Vollstreckungsgericht zuständig, bei dem der ausgeschiedene Verwalter seinen Wohnsitz (§§ 764, 802, 869 ZPO), ggf. seinen Geschäftssitz (§ 17 ZPO) hat, und nicht der besondere Gerichtsstand der Vermögensverwaltung gem. § 31 ZPO.
204 OLG Hamm v. 20.12.2007 – 15 W 41/07, ZWE 2008, 147; BayObLG v. 15.12.2004 – 2Z BR 203/04, MietRB 2005, 207.

zeichnis usw.) zu titulieren; Herausgabe- und Zahlungsklagen können ggf. ohne nennenswerten Zeitverlust später noch erhoben werden.

2. Rechenschaftspflicht (Rechnungslegung)

Der Verwalter ist gem. §§ 675, 666 i.V.m. § 259 BGB zur Erteilung von Auskünften und zur Ablegung von Rechenschaft (**Rechnungslegung**) verpflichtet. Das gilt schon während der laufenden Bestellungszeit (siehe dazu Rn 1357), aber auch und insbes. nach deren Ende. Die Gemeinschaft hat auf die Rechnungslegung generell Anspruch, nicht etwa nur dann, wenn sie darauf zur Durchsetzung von Ansprüchen (auf Auskünfte oder Unterlagen) gegen den Ex-Verwalter angewiesen ist.[205] Bevor der Inhalt der Rechnungslegung näher beleuchtet wird, sei zunächst die sich bei jedem Verwalterwechsel stellende Frage beantwortet, wer die **Jahresabrechnung** i.S.v. § 28 Abs. 3 WEG aufzustellen hat: Es ist normalerweise **nicht** der ausgeschiedene Verwalter, ganz gleich, ob ein abrechnungsfähiges volles Wirtschaftsjahr hinter ihm liegt oder nicht; die Aufstellung der Jahresabrechnung ist vielmehr die Aufgabe des neuen Verwalters.[206] Nur wenn der Anspruch auf Erstellung der Jahresabrechnung zum Zeitpunkt des Ausscheidens bereits fällig war (siehe Rn 926), der Ex-Verwalter also noch während seiner Amtszeit seiner Pflicht nicht oder nicht ausreichend nachgekommen war, ist bzw. bleibt er zur Jahresabrechnung (oder deren Nachbesserung) verpflichtet.[207]

1369

Nun zum **Inhalt** und **Umfang der Rechenschaftspflicht**. Vorweg: Allzugroße Unterschiede zur WEG-Jahresabrechnung bestehen nicht. Was geschuldet ist, ergibt sich zunächst aus § 259 BGB: „Wer verpflichtet ist, über eine mit Einnahmen oder Ausgaben verbundene Verwaltung Rechenschaft abzulegen, hat dem Berechtigten eine die geordnete Zusammenstellung der Einnahmen oder der Ausgaben enthaltende Rechnung mitzuteilen und, soweit Belege erteilt zu werden pflegen, Belege vorzulegen." Ferner muss der Verwalter gem. § 260 BGB ein Verzeichnis der Verwaltungsunterlagen vorlegen (siehe dazu schon oben Rn 1366a). Die geordnete Zusammenstellung der Ausgaben und Einnahmen entspricht der Gesamtabrechnung i.S.v. § 28 Abs. 3 WEG. Nicht geschuldet ist hingegen die Aufteilung auf die einzelnen Miteigentümer, demnach insbes. nicht die Heizkostenabrechnung. Somit stellt sich die Rechnungslegung im Kern als Gesamtabrechnung ohne Einzelabrechnungen dar. Zur vollständigen Rechnungslegung gehört die Aufstellung der Kontenstände (Kontenabgleich), richtiger Ansicht auch eine Aufstellung der Forderungen und Verbindlichkeiten.[208] Die zu den Zahlungsvorgängen gehörenden Unterlagen (Belege) sind geordnet herauszugeben. Die Verwaltung der gemeinschaftlichen Gelder muss sich aus Wirtschaftsplan, Jahresabrechnung und Rechnungslegung entwickeln lassen; jeder Buchung muss in der Abrechnung ein schriftlicher Beleg als Nachweis des Geschäftsvorfalls zugrunde liegen.[209] Insgesamt muss die Rechnungslegung so detailliert und verständlich sein, dass die WEG ohne fremde Hilfe in der Lage ist, die Angaben zu überprüfen. Erforderlichenfalls ist der Ex-Verwalter zur ergänzenden Auskunftserteilung verpflichtet.

1370

---

205 OLG Hamm v. 20.12.2007 – 15 W 41/07, ZMR 2008, 399. Es kann zunächst also z.B. noch offen bleiben, ob eventuelle Ansprüche der Gemeinschaft verjährt sind oder ihnen andere Hindernisse entgegenstehen.
206 OLG Celle v. 8.6.2005 – 4 W 107/05, ZMR 2005, 718; allg. M.
207 OLG Hamm v. 17.3.1993 – 15 W 260/92, NJW-RR 1993, 847; im Fall musste der frühere Verwalter die von ihm erstellte fehlerhafte (und deshalb erfolgreich angefochtene) Jahresabrechnung noch Jahre nach seinem Ausscheiden „nachbessern".
208 OLG München v. 20.7.2007 – 32 Wx 93/07, WuM 2007, 539. Insofern geht die Rechnungslegung über die Anforderungen hinaus, die nach bislang h.M. an die Jahresabrechnung gestellt werden.
209 OLG Oldenburg v. 18.10.2007 – 6 W 28/07, ZMR 2008, 238.

§ 10 Der Verwalter

1371 **Muster 10.17: Klageantrag gegen den Ex-Verwalter auf Rechnungslegung**

Allgemein: Der Beklagte wird verurteilt, für die Zeit vom ▒▒▒ bis ▒▒▒ [vom Beginn des Wirtschaftsjahres bis zum Ende der Amtszeit des Verwalters] ▒▒▒ über die Einnahmen und Ausgaben der Wohnungseigentümergemeinschaft Heinestraße 12, 75234 Musterstadt Rechnung zu legen.

Oder speziell: Der Beklagte wird verurteilt, Auskunft über das Girokonto Nr. ▒▒▒ bei der ▒▒▒ Bank zu erteilen durch Vorlage des Eröffnungsvertrages, eines Auszuges über die Geldbewegungen auf diesem Konto für die Zeit vom ▒▒▒ bis ▒▒▒ sowie des Kontoabschlusses.

1372 Hat der Ex-Verwalter die **Verwaltungsunterlagen** bereits herausgegeben, berechtigt ihn das nicht dazu, die Abrechnung/Rechnungslegung zu unterlassen; die Eigentümergemeinschaft muss ihm zu diesem Zweck nur Einsicht in die Verwaltungsunterlagen gewähren oder Kopien überlassen.[210] Hat er die Verwaltungsunterlagen noch nicht herausgegeben, wird der Anspruch auf Rechnungslegung zweckmäßiger Weise mit dem Anspruch auf Herausgabe in einer Klage verbunden (Klageantrag 1: Herausgabe; Klageantrag 2: Rechnungslegung). Wenn der Verwalter behauptet, die Unterlagen nicht mehr zu haben, hilft ihm das nichts; dann muss er sich entweder um Ersatz bemühen oder den Nachweis führen, dass und warum ihm das nicht möglich war.[211] Wenn er (unzulässiger Weise) über das **Gemeinschaftskonto** auch Geldbewegungen Dritter abgewickelt hat (z.B. Mietein- und -auszahlungen im Rahmen der Sondereigentumsverwaltung), ändert das an seiner Pflicht zur Rechnungslegung und Herausgabe der Unterlagen nichts; er kann und muss dann nur diejenigen Beträge in den Kontoauszügen unkenntlich machen, die sich nach dem Buchungstext zweifelsfrei auf Geldbewegungen Dritter beziehen.[212] Von der Erhebung einer **Stufenklage**, bei welcher der bezifferte Zahlungsantrag der zuvor beantragten und titulierten Rechnungslegung nachfolgt, ist abzuraten (siehe Rn 1368).

1373 Die **Zwangsvollstreckung** der titulierten Rechnungslegungspflicht hängt davon ab, ob es um eine „vertretbare Handlung" geht, die im Wege der Ersatzvornahme durch einen Dritten vollstreckt wird (§ 887 ZPO); oder ob es um eine „unvertretbare Handlung" geht, die nicht durch einen Dritten ausgeführt werden kann. Letzterenfalls wird sie durch Verhängung von Zwangsgeld (ersatzweise Zwangshaft) gegen den Schuldner vollstreckt (§ 888 ZPO). Im Normalfall wird eine unvertretbare Handlung vorliegen. Bei der Erteilung von Auskünften liegt das auf der Hand.[213] Die Rechnungslegungspflicht hat der BGH im Mietrecht bereits als unvertretbare Handlung qualifiziert, weil dafür besondere Kenntnisse und Erklärungen des Vermieters erforderlich seien;[214] das wird man auch im Wohnungseigentumsrecht so sehen müssen. Etwas anderes kann nur dann gelten, wenn der Gemeinschaft die zur Abrechnung erforderlichen Unterlagen vollständig vorliegen und auf deren

---

210 LG Dessau-Roßlau v. 3.5.2012 – 5 T 36/12, ZWE 2012, 283; OLG Düsseldorf v. 25.8.2003 – 3 Wx 217/02, ZMR 2004, 692.
211 LG Saarbrücken v. 16.12.2009 – 5 S 16/09, ZMR 2010, 402; OLG Hamm v. 17.3.1993 – 15 W 260/92, NJW-RR 1993, 847.
212 OLG Hamm v. 17.3.1993 (Vornote) mit dem zutreffenden Hinweis, dass die pflichtwidrige Vermögensvermischung nicht zum Verlust des Rechnungslegungsanspruches der Gemeinschaft führen dürfe.
213 LG Saarbrücken v. 16.12.2009 – 5 S 16/09, ZMR 2010, 402.
214 BGH v. 11.5.2006 – I ZB 94/05, ZMR 2006, 608 für die Betriebskostenabrechnung; ausweislich der Gründe gilt die Entscheidung aber allgemein für die Rechnungspflicht.

Grundlage die Ersatzvornahme problemlos möglich ist; nur in diesem Fall wird gem. § 887 ZPO vollstreckt. Als Zwangsgeld sind für die erste Verhängung Beträge von 1.000,00 – 4.000,00 EUR nicht unüblich, für die zweite Verhängung bis 10.000,00 EUR.[215] Muster für Anträge gem. §§ 887, 888 ZPO finden sich in den gängigen ZPO-Kommentaren.

Tipp 1374
Ist die Rechnungslegung im Wege der Ersatzvornahme möglich, ist der Gemeinschaft häufig mehr gedient, wenn sie damit den neuen Verwalter oder einen Dritten beauftragt, anstatt die Titulierung und Zwangsvollstreckung gegen den widerstrebenden Ex-Verwalter zu betreiben. Ist der Ex-Verwalter einer vorangegangenen fristbewehrten Aufforderung zur Rechnungslegung nicht nachgekommen, muss er der Gemeinschaft die Kosten der Ersatzvornahme erstatten (siehe Rn 1720).

3. Herausgabe (Zahlung) von Geld

Die Gemeinschaft hat einen Anspruch auf Auszahlung des Geldes, das der Verwalter während der 1375 Verwaltertätigkeit erlangt hat (bzw. das auf einem Gemeinschaftskonto vorhanden war), sofern das Geld nicht bestimmungsgemäß und rechtmäßig ausgegeben wurde. Die Gemeinschaft trägt die **Darlegungs- und Beweislast** dafür, dass der Verwalter Geld erlangte;[216] ohne vorangegangene Rechnungslegung gestaltet sich die Darlegung also schwierig. Umgekehrt ist es Sache des Verwalters, im Einzelnen darzulegen und zu beweisen, dass das Geld, das sich einmal in seiner Verfügungsgewalt befand (also i.d.R. auf dem Gemeinschaftsbankkonto, wobei es auf die Nutzung des Kontos für Geldbewegungen der Gemeinschaft ankommt und nicht darauf, ob es auf den Namen „der WEG" oder auf den Namen des Verwalters angelegt war[217]) in Erledigung seines Auftrags bestimmungsgemäß und berechtigt verbraucht worden ist.[218] Kann er diesen Nachweis nicht führen, ist er zur Herausgabe des erlangten Geldes – also zur Zahlung – verpflichtet. Weil eine unbefugte Geldausgabe stets eine Verletzung der Verwalterpflichten darstellt, ergibt sich die Zahlungspflicht des Ex-Verwalters i.d.R. auch unter dem Gesichtspunkt des **Schadensersatzes** (siehe Rn 1534); dabei wirkt sich die aus der Rechnungslegungspflicht resultierende Beweislastverteilung zugunsten der Gemeinschaft aus.

Beispiel 1376
Der frühere Verwalter X beauftragte für die WEG jahrelang ein (ihm gehörendes) Hausmeisterunternehmen mit zahlreichen Arbeiten (Hausmeister, Reinigung, Gartenpflege usw.). Die WEG behauptet, dass die Arbeiten überteuert waren oder nicht geleistet wurden; in den Verwaltungsunterlagen fanden sich diesbezüglich keine aussagekräftigen Belege. X beauftragte ferner ohne Berechtigung Rechtsanwälte und schloss Versicherungen ab. Die WEG verlangt von X die Erstattung der Zahlungen i.H.v. 45.000,00 EUR. – Mit Erfolg. Der WEG kommt eine Beweislastverlagerung zugute, weil X gegen seine Buchführungspflichten verstieß. Hinsichtlich der Hausmeisterarbeiten usw. hätte er für jede Ausgabe/Buchung einen schriftlichen Beleg als Nachweis des Geschäftsvorfalls vorlegen müssen, dem sich nachvollziehbar der Bezug zu der betroffenen Wohnanlage sowie die Höhe der jeweiligen Forderung entnehmen ließ. Weil die Buchhaltung diesen Anforderungen nicht genügte, brauchte die WEG nur die Ausgaben

---

215 Siehe nur LG Saarbrücken v. 16.12.2009 – 5 S 16/09, ZMR 2010, 402.
216 BayObLG v. 9.9.1999 – 2Z BR 83/99, ZMR 2000, 41.
217 LG Hamburg v. 30.1.2013 – 318 S 127/11, ZMR 2013, 984, Rn 59 („Selbstbedienungsfall"); OLG Hamm v. 20.12.2007 – 15 W 41/07, ZWE 2008, 147.
218 BGH v. 6.3.1997 – III ZR 248/95, ZMR 1997, 309.

> vorzutragen und war es danach Sache des X, konkret vorzutragen und zu beweisen, für welche Leistungen er welche Zahlungen erbrachte. Hinsichtlich der Beauftragung der Rechtsanwälte bzw. des Abschlusses der Versicherungsverträge hätte X nachweisen müssen, dass er zu den Vertragsabschlüssen berechtigt war bzw. dass der WEG daraus kein Schaden entstand. Weil X in allen Punkten beweisfällig blieb, haftet er auf Rückzahlung.[219]

1377 Der Verwalter hat gegenüber den Ansprüchen der Gemeinschaft auf Herausgabe von Unterlagen, Rechnungslegung und Zahlung **kein Zurückbehaltungsrecht**. Das gilt selbstverständlich auch dann, wenn er einen etwaigen Beschluss über seine vorzeitige Abberufung angefochten hat.[220] Seine Vergütung bzw. seine Ansprüche auf Aufwendungsersatz kann er aber von den herauszugebenden Geldern **abziehen**, entweder weil er sie in zulässiger Weise bereits dem Gemeinschaftskonto entnommen hat oder indem er gegenüber dem Herausgabeanspruch der Gemeinschaft insoweit die Aufrechnung erklärt, was grundsätzlich zulässig ist.[221] Falls das Gemeinschaftskonto keine ausreichende Deckung aufweist, darf der Ex-Verwalter dabei sogar auf die Instandhaltungsrücklage zugreifen;[222] nur solange er noch im Amt ist, ist ihm das nicht erlaubt.

B. Fehlen des Verwalters und gerichtliche Bestellung

I. Allgemeines

1378 Das Fehlen eines Verwalters kann verschiedene Gründe haben: Vielleicht wurde schon im Gründungsstadium der Gemeinschaft kein Erstverwalter bestellt; oder der Verwalter wurde ohne gleichzeitige Bestellung eines Nachfolgers abberufen; oder es wurde schlicht das Auslaufen der Bestellungszeit übersehen. Vielleicht handelt sich auch um eine kleine Gemeinschaft, die bislang auf einen Verwalter verzichtet hat, was zulässig ist: Wie schon erwähnt (siehe Rn 1234) ist die Verwalterbestellung gesetzlich nicht zwingend vorgeschrieben; es gibt mit § 27 Abs. 2 S. 2 WEG sogar eine gesetzliche Regelung für die Vertretung der Gemeinschaft beim Fehlen eines Verwalters (siehe Rn 1529). Trotzdem hat jeder Miteigentümer unter dem Gesichtspunkt der **ordnungsmäßigen Verwaltung** (§ 21 Abs. 4 WEG) einen unverjährbaren[223] und per Regelungsklage durchsetzbaren **Anspruch auf Bestellung** eines Verwalters.[224] Man muss hierfür keinen dringenden Fall und keine Notlage darlegen; es genügt, dass ein Verwalter fehlt und dass eine Verwalterbestellung durch die Eigentümergemeinschaft nicht möglich war. In dringenden Fällen ist die gerichtliche Verwalterbestellung auch im Wege der **einstweiligen Verfügung** möglich. Allerdings ist die gerichtliche Verwalterbestellung seit der durch die WEG-Reform eingeführten Geltung der ZPO ein schwieriges Unterfangen. Wer das Verfahren einleitet und dabei doch nur im wohlverstandenen (objektiven) Interesse der Gemeinschaft tätig wird, muss Zeit und Geld investieren, gerät in eine Gegnerschaft zu seinen Miteigentümern und trägt auch noch ein nicht unbeträchtliches finanzielles Risiko.

---

219 OLG Oldenburg v. 18.10.2007 – 6 W 28/07, ZMR 2008, 238; AG München v. 25.3.2010 – 483 C 2/10, ZMR 2008, 760.
220 OLG Celle v. 14.6.2005 – 4 W 114/05, NZM 2005, 748.
221 BGH v. 6.3.1997 – III ZR 248/95, ZMR 1997, 309; OLG Stuttgart v. 11.6.1983 – 8 W 446/82, ZMR 1983, 422.
222 So jedenfalls OLG Hamm v. 5.6.2007 – 15 W 239/06, ZMR 2008, 64.
223 LG Hamburg v. 23.5.2012 – 318 S 198/11, ZMR 2012, 889.
224 BGH v. 10.6.2011 – V ZR 146/10, ZMR 2011, 893, Rn 11; LG Hamburg v. 23.5.2012 (Vornote); OLG Saarbrücken v. 6.2.2004 – 5 W 255/03, MietRB 2004, 174 (mit dem Hinweis, dass es hiervon auch in kleinen Wohnanlagen keine Ausnahme gibt).

B. Fehlen des Verwalters und gerichtliche Bestellung § 10

Der Anspruch auf gerichtliche Verwalterbestellung wird mit der **Regelungsklage** gem. § 21 Abs. 8 WEG geltend gemacht. Die Verwalterbestellung ist zwar keine „nach dem Gesetz erforderliche Maßnahme", weshalb § 21 Abs. 8 WEG dem Wortlaut nach nicht einschlägig ist. Der Gesetzeswortlaut ist aber zu eng geraten bzw. missverständlich formuliert; nach allg. M. ist die Bestimmung wie folgt zu lesen: „Treffen die Wohnungseigentümer eine Maßnahme nicht, die unter dem Gesichtspunkt ordnungsmäßiger Verwaltung erforderlich ist, kann an ihrer Stelle das Gericht nach billigem Ermessen entscheiden" (siehe Rn 717). Das Gericht/der Richter ersetzt durch seine Entscheidung die Beschlussfassung der Gemeinschaft (**Beschlussersetzung**).[225] Die gerichtliche Ermessensentscheidung, wer zu welchen Konditionen als Verwalter bestellt wird, setzt eigentlich einige Entscheidungsgrundlagen voraus. Anders als unter Geltung des Amtsermittlungsgrundsatzes früheren Rechts (wonach der Richter mehrere Vergleichsangebote einholen musste) dürfte es unter Geltung der ZPO mehr die Aufgabe des Richters sein, selber übernahmewillige Kandidaten für die Verwaltung zu suchen. Nach dem zivilprozessualen Beibringungsgrundsatz ist es vielmehr Sache des Klägers, dem Gericht **Vorschläge** zu unterbreiten. Am besten ist es, wenn als Anlage zur Klage einen oder mehrere vollständige, für das konkrete Objekt angebotene Verwalterverträge vorgelegt werden; denn das entspricht auch bei einer Bestellung durch Beschluss der Gemeinschaft ordnungsmäßiger Verwaltung. Zudem hat die Bestellung eines Verwalters, der seine Bereitschaft zur Übernahme nicht bereits bekundet hat, keinen Sinn; denn auch die gerichtliche Bestellung des Verwalters bedarf zu ihrer Wirksamkeit der Annahme durch den Verwalter.

1379

Wie jede Regelungsklage ist auch diejenige auf gerichtliche Verwalterbestellung nur zulässig, wenn ihr der Versuch vorangegangen ist, eine Verwalterbestellung durch die Gemeinschaft zu erreichen (Gebot der **Vorbefassung** der Gemeinschaft). Bekanntlich gilt das aber nicht, wenn die vorherige Einberufung einer Versammlung nicht möglich oder nicht zumutbar ist. Die Situation gleicht strukturell derjenigen, bei welcher ein Miteigentümer die außerordentliche Abberufung des Verwalters anstrebt, weshalb zunächst dorthin verwiesen sei (siehe Rn 1316). Im Unterschied zur Situation, in der ein Verwalter abberufen werden soll, fehlt aber in der hier besprochenen Situation, in der die gerichtliche Verwalterbestellung beantragt wird, ein Verwalter, weshalb der klagende Miteigentümer von vornherein nicht auf die Einberufung einer Versammlung durch den Verwalter hinwirken kann. Wenn es dann auch noch an einem Verwaltungsbeirat fehlt, sind die außergerichtlichen Möglichkeiten erschöpft und ist die Regelungsklage zulässig. Teilweise wird zwar verlangt, der klagende Eigentümer müsse sich darum bemühen bzw. erfolglos bemüht haben, eine Vollversammlung einzuberufen (die auch ohne formwirksame Einberufung „einvernehmlich" einen Verwalter bestellen könnte);[226] das ist m.E. aber außerhalb von „Kleinstgemeinschaften" eine praxisferne Anforderung ohne gesetzliche Grundlage.

1380

Die Klage ist gegen **alle Miteigentümer** zu richten, die nicht auf Klägerseite stehen. Es müssen also auch diejenigen Miteigentümer verklagt werden, die einem Antrag auf Verwalterbestellung zustimmt haben oder hätten. Das ist aus mehreren Gründen unerfreulich: Zum einen ist es psychologisch von Nachteil für die ganze Gemeinschaft, dass diejenigen Miteigentümer, die – aus welchen Gründen auch immer – nicht aktiv die Bestellung des Verwalters betreiben, in eine „Gegnerschaft" zum Kläger geraten. Zum anderen muss der Kläger die anderen Miteigentümer – spätestens bis zum Schluss der mündlichen Verhandlung – namentlich und mit ladungsfähiger Anschrift benennen (§ 44 Abs. 1 WEG). Wenn er nicht über eine aktuelle Eigentümerliste verfügt, kann ihn dies – je nach Größe der Wohnanlage – vor mehr oder weniger unüberwindliche Schwierigkeiten

1381

---

225 OLG Düsseldorf v. 31.8.2007 – 3 Wx 85/07, WuM 2007, 593; *Briesemeister*, Bestellung des WEG-Verwalters durch einstweilige Verfügung, NZM 2009, 64.
226 LG Nürnberg-Fürth v. 16.7.2013 – 14 T 3796/13, ZMR 2014, 149 erlegte dem erfolgreichen Kläger mit dieser Begründung einen Teil der Verfahrenskosten auf.

stellen; zumindest fallen je nach Fall ganz erhebliche Kosten an, da von der Klage nebst Anlagen sowie dem folgenden Schriftverkehr für jeden Miteigentümer ein Exemplar eingereicht werden muss. Schließlich sind die Hürden der Zustellung an alle Beklagten zu überwinden. Wenn die Gemeinschaft keinen Ersatzzustellungsvertreter gem. § 45 Abs. 2 WEG bestellt hat, ist dem Kläger daher zu empfehlen, bei Gericht die Bestellung eines Ersatzzustellungsvertreters zu beantragen (§ 45 Abs. 3 WEG; siehe Rn 1750).

▼

1382 Muster 10.18: Klage auf gerichtliche Bestellung eines Verwalters

An das Amtsgericht

Namens und in Vollmacht von

1. Anna Acker, Heinestraße 12, 75234 Musterstadt,
2. Achim Acker, wohnhaft daselbst,

– Kläger –

erhebe ich

Klage gem. §§ 43 Nr. 1, 21 Abs. 8 WEG

gegen

alle übrigen Miteigentümer der Wohnungseigentümergemeinschaft Heinestraße 12, 75234 Musterstadt, namentlich aufgeführt in der beigefügten Eigentümerliste [sofern vorhanden, sonst nicht erwähnen],

– Beklagte –

Ersatzzustellungsvertreter: Berthold Berger, Heinestr. 12, 75234 Musterstadt [falls vorhanden; ansonsten ist ein Antrag auf gerichtliche Bestellung eines Ersatzzustellungsvertreters ratsam].

Ich bitte um Anberaumung eines frühen ersten Termins zur mündlichen Verhandlung, in welchem ich beantragen werde:

Das Gericht bestellt nach seinem Ermessen für die Dauer von mindestens 1 – 2 Jahren einen Verwalter für die Wohnungseigentümergemeinschaft Heinestraße 12, 75234 Musterstadt.

Streitwert: 3.000,00 EUR.

Gerichtskosten in Höhe von 324,00 EUR werden mit dem beiliegenden Verrechnungsscheck entrichtet.

Begründung: Der Kläger regt an, die Y-Immobilien GmbH, Zenstraße 5, 75234 Musterstadt zum Verwalter zu bestellen. Diese hat sich auf Anfrage des Klägers zur Übernahme der Verwaltung bereit erklärt und hierfür ein Angebot in Gestalt eines Verwaltervertrags mit Datum vom 31.5.2014 – Anlage K 1 – vorgelegt.

▲

II. Gerichtliche Entscheidung

▼

Muster 10.19: Gerichtliche Verwalterbestellung   1383

Urteil

In Sachen

Acker u.a. / WEG Heinestraße 12, 75234 Musterstadt (übrige Miteigentümer gem. angehängter Eigentümerliste)

hat das Amtsgericht Musterstadt durch Richter Roland Retsch auf die mündliche Verhandlung vom 28.7.2014 für Recht erkannt:
1. Die Y-Immobilien GmbH, Zenstraße 5, 75234 Musterstadt wird auf der Grundlage des diesem Urteil als Anlage beigefügten Verwaltervertrags bis zum 31.12.2015 zum Verwalter bestellt.
2. Die Kosten des Rechtsstreits tragen die Beklagten.
3. Das Urteil ist hinsichtlich der Kosten vorläufig vollstreckbar.

Streitwert: 3.000,00 EUR.

▲

Das Gericht kann und muss, da es anstelle der Gemeinschaft entscheidet, im Urteil die **Vertragskonditionen** festlegen. Zumindest müssen die Eckdaten „Laufzeit und Vergütung" geregelt sein; ferner können dem bestellten Verwalter bestimmte Befugnisse eingeräumt werden. Anstatt aber partielle Regelungen zu treffen, ist es besser, wenn sogleich ein vollständiger **Verwaltervertrag** geschlossen wird. Hierzu ist das Gericht in Ersetzung des entsprechenden Eigentümerbeschlusses nicht nur befugt, sondern m.E. bei Vorliegen entsprechender Vertragsangebote sogar verpflichtet, weil der Abschluss eines Verwaltervertrags mit üblichen und sinnvollen Regelungen ordnungsmäßiger Verwaltung entspricht. Dabei gibt es keinen Grundsatz, wonach die **Laufzeit** der gerichtlichen Verwalterbestellung Bestellung möglichst kurz gehalten werden sollte, zumal ein Verwalter normalerweise nur bei Vereinbarung eine Mindestlaufzeit zur Übernahme der Verwaltung bereit ist; eine feste Laufzeit von 1 – 3 Jahren dürfte i.d.R. ordnungsmäßiger Verwaltung entsprechen.[227] Wird keine bestimmte Laufzeit festgelegt, gilt die Höchstdauer von 5 Jahren gem. § 26 Abs. 1 S. 2 WEG. Die Vergütung sollte ortsüblicher Höhe entsprechen.[228]   1384

> *Tipp*   1385
> Einem Verwalter ist von der Annahme einer gerichtlich angetragenen Verwaltung ohne Regelung der Vergütung abzuraten. Zu empfehlen ist die Annahme nur dann, wenn der Bestellung ein von ihm angebotener vollständiger Verwaltervertrag zugrunde liegt.

Für die **Kostenentscheidung** gilt § 49 Abs. 1 WEG: Das Gericht kann die Prozesskosten nach billigem Ermessen verteilen. Hat die Klage Erfolg, entspricht nur eine Kostenentscheidung zu Lasten der Beklagten billigem Ermessen.[229] Nachdem der Kläger – objektiv im wohlverstandenen Interesse der Gemeinschaft – schon viele Mühen auf sich genommen hatte, um die erforderliche Verwalterbestellung zu bewirken, wäre es unbillig, ihn auch nur teilweise mit Verfahrenskosten zu belas-   1386

---

[227] A.A. LG Berlin v. 20.6.2000 – 85 T 251/99, ZMR 2001, 143, wonach der gerichtlich bestellte Verwalter nicht für eine feste Laufzeit, sondern nur für die Zeit bis zur Wahl eines neuen Verwalters eingesetzt werden dürfe. Das ist ein verbreitetes Missverständnis.
[228] KG v. 24.9.1993 – 24 W 1267/93, ZMR 1994, 33.
[229] So auch *Briesemeister*, NZM 2009, 64, 67.

ten. Nach früherem Recht war auch eine Kostenscheidung „zu Lasten der Wohnungseigentümergemeinschaft" sinnvoll und zulässig;[230] dadurch stand der Antragsteller jedenfalls besser als bei der sonst üblichen Kostenaufhebung. Inzwischen ist eine Kostenentscheidung zu Lasten der Gemeinschaft aber unzulässig, weil die Wohnungseigentümergemeinschaft am Rechtsstreit nicht beteiligt ist und das Gesetz eine Regelung zur Kostentragung außerhalb der Parteien nur zu Lasten des Verwalters (§ 49 Abs. 2 WEG) zulässt.

1387 Der gerichtlich bestellte Verwalter hat die **gleiche Rechtsstellung** wie der von der Wohnungseigentümergemeinschaft bestellte Verwalter. Eine Besonderheit gilt lediglich hinsichtlich der **Abberufung**: Der gerichtlich bestellte Verwalter soll bei unbestimmter Laufzeit der Bestellung nur abberufen werden können, indem die Wohnungseigentümer einen anderen Verwalter bestellen;[231] ein Abberufungsbeschluss ohne Neubestellung soll hingegen mit dem Sinn der gerichtlichen Verwalterbestellung unvereinbar und deshalb nichtig sein (str.).[232]

III. Einstweiliger Rechtsschutz

1388 Das (Gestaltungs-)Urteil auf gerichtliche Verwalterbestellung wird nicht schon mit seiner Verkündung, sondern erst mit dem Eintritt der Rechtskraft **wirksam**.[233] Somit kann sich die Verwalterbestellung „hinziehen", erst recht dann, wenn es über mehrere Instanzen geht. Die Möglichkeit einer sofort wirksamen gerichtlichen Verwalterbestellung im Wege der einstweiligen Verfügung ist deshalb anerkannt.[234]

▼

1389 **Muster 10.20: Antrag auf gerichtliche Verwalterbestellung im Wege einstweiliger Verfügung**

An das Amtsgericht

In Sachen
1. Anna Acker, Heinestraße 12, 75234 Musterstadt,
2. Achim Acker, wohnhaft daselbst,

– Antragsteller –

gegen

alle übrigen Miteigentümer der Wohnungseigentümergemeinschaft Heinestraße 12, 75234 Musterstadt, namentlich aufgeführt in der beigefügten Eigentümerliste [sofern vorhanden, sonst nicht erwähnen],

– Antragsgegner –

Ersatzzustellungsvertreter: Berthold Berger, Heinestr. 12, 75234 Musterstadt

beantrage ich gem. § 940 ZPO den Erlass folgender einstweiliger Verfügung:

---

230 So auch heute noch das Musterurteil bei *NKV/Niedenführ*, Teil 5, Muster 5.15.
231 Die Rechtslage ist dem „konstruktiven Misstrauensvotum" bei der Abwahl des Bundeskanzlers gem. Art. 67 Abs. 1 GG vergleichbar.
232 BayObLG v. 5.3.1992 – 2Z BR 165/91, NJW-RR 1992, 787; KG v. 19.6.1989 – 24 W 787/89, WuM 1989, 464.
233 BGH v. 24.5.2013 – V ZR 182/12, NJW 2013, 2271, Rn 21.
234 BGH v. 10.6.2011 – V ZR 146/10, NJW 2011, 3025; LG Karlsruhe v. 23.11.2012 – 11 T 419/12, Info M 2013, 40; LG Stuttgart v. 20.6.2008 – 10 T 80/08, ZMR 2009, 148. Ausführlich *Briesemeister*, Bestellung des WEG-Verwalters durch einstweilige Verfügung, NZM 2009, 64.

Y-Immobilien GmbH oder ein anderer vom Gericht auszuwählender Verwalter wird einstweilen, mindestens für 1 Jahr, längstens für die Dauer von 3 Jahren ab Erlass der Verfügung, zum Verwalter der Wohnungseigentümergemeinschaft Heinestraße 12, 75234 Musterstadt bestellt. Falls Y-Immobilien GmbH bestellt wird, erfolgt die Bestellung auf der Grundlage des Angebots eines Verwaltervertrags vom 5.6.2014 (Anlage A 1).

Begründung:

▲

Zuständig ist gem. § 937 ZPO das Gericht der Hauptsache, hier also das Amtsgericht am Ort der Wohnanlage. Voraussetzung für den Erlass der einstweiligen Verfügung ist das Vorliegen eines **Verfügungsanspruches** (= Anspruchsgrundlage für die beantragten Maßnahmen) und eines **Verfügungsgrundes** (= Glaubhaftmachung der Eilbedürftigkeit), siehe hierzu allgemein schon oben Rn 195. Der Verfügungsanspruch ergibt sich aus § 21 Abs. 4 WEG (siehe Rn 1738). Das Vorliegen eines Verfügungsgrundes ist beim Fehlen eines Verwalters richtiger Weise grundsätzlich anzunehmen, weil eine ordnungsmäßige Verwaltung zu wichtig ist, als dass sie bis zu einer Entscheidung im Hauptsacheverfahren aufgeschoben werden könnte;[235] die Gerichte verlangen bislang aber konkreten Vortrag zur Eilbedürftigkeit (z.B. die Notwendigkeit, Heizöl zu bestellen usw.).[236]

1390

Die Anfechtungsklage und der Antrag auf Erlass einer einstweiligen Regelungsverfügung sind – verfahrenstechnisch bei Gericht sowie gebührenrechtlich – zwei **verschiedene Angelegenheiten**. Der BGH hat insoweit zwar eine gewisse Verwirrung gestiftet, indem er urteilte, der Erlass der einstweiligen Verfügung setze „kein eigenständiges Verfahren voraus. Eine einstweilige Regelung kann im Rahmen eines anhängigen Hauptsacheverfahrens über den Anspruch nach § 21 Abs. 4 und 8 WEG beantragt werden".[237] Die zugrunde liegende Entscheidung ist jedoch erkennbar von dem Bemühen getragen, das angefochtene Urteil des Amtsgerichts zu „retten", obwohl dem betreffenden Urteil offenbar (fehlerhafter Weise) kein Antrag auf Erlass einer einstweiligen Verfügung zugrunde lag. Die Aussage, eine einstweilige Regelung könne „im Rahmen eines anhängigen Hauptsacheverfahrens" erfolgen, sollte deshalb nicht allzu ernst genommen oder verallgemeinert werden. Das WEG-Verfahrensrecht unterliegt der ZPO, und danach ist das Verfahren der einstweiligen Verfügung nun einmal vom Hauptsacheverfahren unabhängig. Ob ein e.V.-Verfahren anstelle oder gleichzeitig mit einem Hauptsacheverfahren betrieben werden soll, kann nur im Einzelfall entschieden werden und hängt auch davon ab, ob der Antragsteller/Kläger über ausreichende finanzielle Mittel (oder eine Rechtsschutzversicherung) verfügt, um zwei Verfahren gleichzeitig zu führen. Für das e.V.-Verfahren spricht, dass das Hauptsacheverfahren oft gar nicht (mehr) erforderlich wird, wenn die gerichtliche Bestellung schon im Wege einstweiliger Verfügung erfolgt. Andererseits kann das Verfahren der einstweiligen Verfügung aus Gründen scheitern, die sich im Hauptsacheverfahren nicht auswirken; das gilt namentlich für den Gesichtspunkt der Eilbedürftigkeit. Der sicherste – aber eben auch teuerste – Weg zur gerichtlichen Verwaltereinsetzung besteht in der parallelen Führung beider Verfahren.

1391

---

235 So auch *Weber*, ZWE 2008, 357 (Anmerkung zu LG Stuttgart v. 20.6.2008) und *Briesemeister*, NZM 2009, 64, 68.
236 LG Berlin v. 31.1.2012 – 85 T 31/12, ZMR 2012, 567; LG Stuttgart v. 20.6.2008 – 10 T 80/08, ZMR 2009, 148.
237 BGH v. 10.6.2011 – V ZR 146/10, ZMR 2011, 893.

C. Der Verwaltervertrag

I. Allgemeines

1392

> *Hinweis*
> Ein **Musterverwaltervertrag** findet sich im Anhang 1 (siehe Rn 1861).

Der Verwaltervertrag kommt – wie jeder Vertrag – durch Angebot und Annahme zustande. **Formvorschriften** bestehen nicht. Nach hier vertretener Auffassung (**Einheitstheorie**) formt der Verwaltervertrag das Bestellungsrechtsverhältnis aus und gibt es den von der h.M. (Trennungstheorie) konstruierten Gegensatz zwischen Bestellung und Vertrag nicht (siehe Rn 1236). Alle Regelungen, die zwischen der Gemeinschaft und dem Verwalter vereinbart werden, sind vertraglicher Natur und erweitern, modifizieren oder beschränken die für den Verwalter geltenden Regelungen des WEG. Die hier vertretene Auffassung und die h.M. führen fast durchweg zu denselben praktischen Ergebnissen; allerdings kann vielfach nur die hier vertretene Auffassung diese Ergebnisse schlüssig begründen.

1393 Der entgeltliche Verwaltervertrag ist ein **Geschäftsbesorgungsvertrag** i.S.v. § 675 BGB mit Schwerpunkt „Dienstvertrag".[238] **Vertragspartner** des Verwalters ist die **Wohnungseigentümergemeinschaft** (Verband).[239] Der Verwalter hat aber nicht nur gegenüber der Wohnungseigentümergemeinschaft Pflichten, sondern auch gegenüber den Wohnungseigentümern. Denn § 27 Abs. 1 WEG spricht davon, dass der Verwalter gegenüber der Wohnungseigentümergemeinschaft **und** gegenüber den Wohnungseigentümern verpflichtet ist; ferner hat er im Rahmen des § 27 Abs. 2 WEG die Befugnis zur Vertretung der Wohnungseigentümer. Die dogmatische Einordnung und die Konsequenzen dieser doppelten Pflichtenstellung werfen einige Fragen auf, die hier nicht vertieft werden können.[240]

II. Der Abschluss des Vertrags

1. Vertragsabschluss bei der Erstverwalterbestellung in der Gemeinschaftsordnung

1394 Nach hier vertretener Auffassung ist ein Vertragsabschluss per Gemeinschaftsordnung rechtlich nicht möglich, weil ein Verwaltervertrag ebenso wenig wie die Verwalterbestellung ohne Beschluss der Gemeinschaft nur durch den Bauträger in Geltung gesetzt werden kann. Wenn man das anders sieht, kann ein solcher Verwaltervertrag, der nicht auf einem Beschluss der Gemeinschaft beruht, nicht im Wege der Anfechtung überprüft werden kann und unterliegt somit praktisch keiner gerichtlichen Kontrolle. Trotz dieser Bedenken ist nach ganz **h.M.** das Zustandekommen eines Verwaltervertrags auf Grundlage der Gemeinschaftsordnung **möglich**. Hierfür gibt es mehrere **Varianten**:

1395 Die Teilungserklärung/Gemeinschaftsordnung kann im Text oder als mitbeurkundete Anlage einen fertigen Verwaltervertrag beinhalten. Der Verwalter nimmt das in der Gemeinschaftsordnung enthaltene Vertragsangebot durch Aufnahme seiner Tätigkeit an; auf den Zugang der Annahmeerklärung wird den Umständen nach verzichtet (§ 151 BGB). Da es sich bei dem Vertrag um eine Ver-

---

[238] BGH v. 18.2.2011 – V ZR 197/10, NZM 2011, 454, Rn 18; allg. M. M.E. stehen aber die erfolgsbezogenen Leistungspflichten im Vordergrund, weshalb der Schwerpunkt auf dem Werkvertragsrecht liegt; ausführlich BeckOGK WEG/*Greiner* § 26 Rn 133.
[239] LG Itzehoe v. 25.10.2011 – 11 S 9/11, NZM 2012, 569 Rn 37.
[240] Die Problematik lässt sich jedenfalls nicht „in Reinform" auf die beiden Alternativen „Vertrag mit Schutzwirkung Dritter" oder „Vertrag zugunsten Dritter" begrenzen (ausführlich *Häublein*, ZWE 2008, 1, 6 ff.; BeckOGK WEG/*Greiner* § 26 Rn 134).

einbarung in Beschlussangelegenheiten handelt (siehe Rn 6), kann nach Ablauf der Bestellung der nächste Vertrag auch mit anderem Inhalt beschlossen werden.

In der Gemeinschaftsordnung kann der Bauträger zum Abschluss eines Verwaltervertrags im Namen der künftigen WEG ermächtigt werden. (Er kann den Verwaltervertrag in diesem Fall aber gem. § 181 BGB nicht mit sich selber abschließen.) 1396

Der Bauträger kann sich in den jeweiligen „Kaufverträgen" (Erwerbs- bzw. Bauträgerverträgen) zum Abschluss eines Verwaltervertrags namens der (werdenden) Gemeinschaft bevollmächtigen lassen. Ergänzend wird (nicht zwingend, aber üblicher Weise) in der Gemeinschaftsordnung im Anschluss an die Verwalterbestellung darauf hingewiesen, dass der Bauträger den Verwaltervertrag auf diese Weise später abschließen wird.[241] (Nach hier vertretener Auffassung ist eine solche Ermächtigung jedoch wirkungslos, weil der Vertragsabschluss in Vertretung der einzelnen Käufer nicht zu einem Vertrag im Namen der WEG führen kann). 1397

Der vom Bauträger eingesetzte Erstverwalter beginnt seine Tätigkeit ohne (ausdrücklichen) Vertrag. Er muss daher versuchen, in der ersten Eigentümerversammlung einen Verwaltervertrag beschließen zu lassen. Wenn das nicht gelingt, hat er nur die gesetzlichen Rechte und Pflichten. 1398

2. Vertragsabschluss durch Beschluss der Wohnungseigentümer

Abgesehen von den vorstehend beschriebenen Möglichkeiten des Vertragsabschlusses via Gemeinschaftsordnung muss der Verwaltervertrag von der Gemeinschaft beschlossen werden; genauer: die zum Vertragsabschluss führende Willenserklärung auf Seiten der Gemeinschaft beruht auf einem **Beschluss** der Eigentümerversammlung. (Nur in sehr kleinen Gemeinschaften kommt es vor, dass auf die Beschlussfassung in einer Versammlung verzichtet und stattdessen ein Verwaltervertrag durch alle Wohnungseigentümer unterzeichnet wird; dann liegt ein – ausreichender – schriftlicher Beschluss vor[242]). Dieser Beschluss kann mit dem Beschluss über die Bestellung zusammen fallen. Auch nach der herrschenden Trennungstheorie ist es nicht erforderlich, dass der Verwaltervertrag Gegenstand eines separaten Beschlusses ist; der Verwaltervertrag muss bei der Bestellung nicht einmal ausdrücklich erwähnt werden. Wenn bei der Bestellung ausdrücklich oder schlüssig auf das Angebot eines Verwaltervertrags **Bezug** genommen wird, kommt der Vertrag vielmehr „**automatisch**" **mit der Bestellung** bzw. deren Annahme durch den Verwalter zustande.[243] Es ist nicht nötig, dass die zum Vertragsschluss erforderliche Willenserklärung über den bereits gefassten Beschluss hinaus noch von einer hierzu besonders ermächtigten Person abgegeben wird (str.). 1399

> *Tipp* 1400
> Die Bestellung des Verwalters auf der Grundlage eines Verwaltervertrags („uno actu" im selben Beschluss) ist zu empfehlen. Für den Regelfall bietet sich das Muster 10.5 an (siehe Rn 1261).

Wenn ein **Miteigentümer** zum Verwalter gewählt wurde und über den Verwaltervertrag ein der Bestellung nachfolgender gesonderter Beschluss gefasst werden soll, stellt sich die Frage nach dem **Stimmrecht** des Miteigentümer-Verwalters. Gem. § 25 Abs. 5 WEG müsste er vom Stimmrecht ausgeschlossen sein. Allerdings ist anerkannt, dass der Stimmrechtsausschluss nicht zum Tragen kommt, wenn die Bestellung und der Verwaltervertrag in einem Beschluss zusammenfallen (siehe Rn 1257). Das muss konsequenter Weise genauso gelten, wenn der Vertragsabschluss der Bestellung (gleichsam als Annex) nachfolgt, zumal über die wirklich wesentlichen „Eckdaten" (Laufzeit und Grundvergütung) bereits im Bestellungsbeschluss entschieden werden soll. Im Er- 1401

---

[241] *Rüscher* in: Müller, Beck'sches Formularbuch WEG, 2. Aufl. 2011, Form. J III 1 Anm. 4.
[242] OLG München v. 15.9.2010 – 32 Wx 16/10, ZMR 2011, 148, Rn 15.
[243] BayObLG v. 15.3.1990 – 2Z BR 8/90, WuM 1990, 236.

gebnis ist das Stimmrecht des Verwalters bei dem Beschluss über den Verwaltervertrag also generell zuzulassen.[244]

1402 Die dem Vertragsabschluss nachfolgende Unterzeichnung einer **schriftlichen** Fassung des Vertrags hat keine unmittelbare rechtliche Bedeutung. Sie dient „nur" der Dokumentation. Sie ist aber gerade deshalb zu **empfehlen**, denn dem unterzeichneten Vertrag kommt als Urkunde ein besonderer Beweiswert zu. Leider wird oft nicht zwischen dem Abschluss und der Unterzeichnung des Vertrags unterschieden. So wird, wenn der Verwalter bestellt wurde, häufig im Anschluss daran beschlossen, eine bestimmte Person (meistens ein Mitglied des Verwaltungsbeirats) damit zu beauftragen, „den Verwaltervertrag abzuschließen". Von einer solchen (ungenauen) Formulierung ist abzuraten, denn es ist fraglich, was damit gemeint sein soll; denkbar sind zwei Möglichkeiten:

1403
- Lag bei Beschlussfassung ein fertiger Vertragstext vor, ist der Vertrag bereits geschlossen und kann deshalb nicht nochmals abgeschlossen werden. Bei sinnvoller Auslegung des Auftrags „zum Abschluss des Vertrags" ist damit gemeint, dass die beauftragte Person den beschlossenen Vertrag lediglich **unterschreiben** soll. Das ist, wie erwähnt, durchaus sinnvoll und rechtmäßig: „Die Ermächtigung des Verwaltungsbeirats, den Verwaltervertrag ‚abzuschließen', kann wirksam mehrheitlich beschlossen werden, sofern durch die Unterschrift des Verwaltungsbeirats nicht ein von diesem gegenüber dem Verwalter erzieltes Verhandlungsergebnis, sondern der vorangegangene Eigentümerbeschluss mit dem Inhalt eines vorliegenden Verwalterangebots bestätigt werden soll".[245] Sofern der Beschluss nichts anderes deutlich zum Ausdruck bringt, besteht für den Beauftragten **kein Ermessensspielraum** bei der Gestaltung des Verwaltervertrages;[246] er soll nur den beschlossenen Vertrag unterschreiben. Wenn der Verwaltervertrag Klauseln enthält, die ordnungsmäßiger Verwaltung widersprechen, ist der zum „Abschluss" bzw. zur Unterzeichnung führende Beschluss insoweit anfechtbar.

- Lag bei der Beschlussfassung **kein** Vertragsentwurf vor, hat der Beschluss die Bedeutung, dass das Aushandeln und der Vertragsabschluss delegiert wird und die damit beauftragte Person noch einen gewissen Spielraum hinsichtlich des Vertragsinhalts haben soll (siehe nachfolgend).

3. Delegation des Vertragsabschlusses

1404 Häufig liegt beim Beschluss über die Bestellung kein „fertiger", ausgehandelter Verwaltervertrag vor. Die Bestellung wird dann mit **Eckdaten** beschlossen, zu denen jedenfalls die Laufzeit und die Höhe der Vergütung gehören. Sodann wird eine bestimmte Person oder ein Gremium, üblicher Weise (aber nicht zwingend) der Verwaltungsbeirat[247] bzw. dessen Vorsitzender, beauftragt und bevollmächtigt, unter Zugrundelegung der Eckdaten den Verwaltervertrag auszuhandeln und abzuschließen. Das ist grundsätzlich möglich und rechtmäßig. Kommt es – gleich aus welchen Gründen – nicht zum nachfolgenden Vertragsabschluss, ändert das i.d.R. nichts an der Wirksamkeit der Bestellung.[248] Werden dem Beirat hingegen nicht einmal die Eckdaten vorgegeben, sondern wird ihm auch insoweit das Aushandeln überlassen, entspricht der Ermächtigungsbeschluss nicht ordnungsgemäßer Verwaltung und ist **rechtswidrig** (anfechtbar)[249] oder sogar **nichtig**.[250]

---

244 So auch *Jennißen/Jennißen*, § 26 Rn 72; *Bärmann/Merle*, § 26 Rn 99. A.A. NKV/*Niedenführ*, § 26 Rn 42.
245 OLG Düsseldorf NZM 2006, 936. Ebenso OLG München NZM 2009, 548.
246 OLG Frankfurt a.M. v. 19.5.2008 – 20 W 169/07, ZMR 2008, 985, Rn 38.
247 In diesem Fall ist das „Organ unabhängig von seiner personellen Zusammensetzung" gemeint: OLG Hamm v. 19.10.2000 – 15 W 133/00, ZMR 2001, 138, Rn 30.
248 BayObLG v. 18.3.1997 – 2Z BR 98/96, WuM 1997, 396.
249 LG Köln v. 31.1.2013 – 29 S 135/12, ZMR 2013, 379, Rn 27.
250 OLG Düsseldorf v. 24.9.1997 – 3 Wx 221/97, ZMR 1998, 104.

Jedenfalls aus Sicht des Verwalters kann die Delegation des Vertragsschlusses **nicht empfohlen** werden. Die Vertretungsmacht zum Vertragsschluss erstreckt sich nämlich nur auf **übliche** (nicht überraschende) Klauseln und solche, die ordnungsmäßiger Verwaltung entsprechen.[251] I.d.R. sind deshalb bei einem delegierten Vertragsschluss einige Bestimmungen unwirksam; eine „Heilung" durch Nichtanfechtung gibt es nicht.

1405

> *Tipp*
> Wurde der Verwaltervertrag mit dem Beirat ausgehandelt und abgeschlossen, ist zu empfehlen, den Vertrag auf der nächsten Eigentümerversammlung durch Beschluss der Gemeinschaft bestätigen zu lassen. Für die Eigentümer besteht der Vorteil in der damit einher gehenden größeren Transparenz, für den Verwalter darin, dass nach Ablauf der Anfechtungsfrist kritische Klauseln (die möglicher Weise wegen fehlender Vertretungsmacht des Beirats zunächst nicht wirksam vereinbart waren) bestandskräftig und dauerhaft wirksam werden.

1406

III. Inhalt und Inhaltskontrolle des Vertrags

1. Allgemeines zum Inhalt

Der Inhalt des Verwaltervertrags ist gesetzlich nicht vorgegeben; im Rahmen der Gesetze besteht **Vertragsfreiheit**. Wie schon erwähnt, ist ein besonderer Verwaltervertrag nicht einmal zwingend erforderlich, da in Gestalt der §§ 24 ff. WEG bereits ein Grundgerüst der Rechte und Pflichten des Verwalters existiert. Die gesetzliche Regelung wird jedoch sinnvoller Weise durch einen Vertrag ergänzt: Vor allem sollte die Vertretungsmacht des Verwalters erweitert werden, weil ihm das Gesetz zwar viele Pflichten auferlegt, aber kaum korrespondierende Vertretungsmacht zur Umsetzung im Außenverhältnis verleiht; auch muss die Vergütung geregelt werden. Im Übrigen ist es vor allem eine Stilfrage, wie ausführlich ein Vertrag gehalten wird. Es darf nur nicht zu Widersprüchen oder **Unklarheiten** kommen: „Überflüssige Regelungen, die auch Missverständnisse auslösen können, entsprechen nicht ordnungsmäßiger Verwaltung".[252] Generell müssen die Bestimmungen des Vertrags den zunehmend strenger werdenden Anforderungen an das AGB-rechtliche Transparenzgebot (§ 307 Abs. 1 S. 2 BGB) genügen.

1407

Der Verwaltervertrag kann und soll die Rechte und Pflichten der Vertragsparteien regeln; das sind der Verwalter auf der einen und die Gemeinschaft auf der anderen Seite. „**Verbandsinterne**" **Regelungen**, die nicht die Rechte oder Pflichten des Verwalters, sondern das Verhältnis der Wohnungseigentümer untereinander betreffen, sind in Verwalterverträgen zwar häufig anzutreffen, nach h.M. aber wegen fehlender Beschlusskompetenz unwirksam. So kann der Verwaltervertrag z.B. keine Vorgaben zur Einberufungsfrist einer Wohnungseigentümerversammlung machen.[253] Auch können keine **Sonderpflichten** einzelner Eigentümer gegenüber der Gemeinschaft oder gegenüber dem Verwalter begründet werden (z.B. die Pflicht, das Betreten des Sondereigentums durch den Verwalter zu dulden oder ihm eine Änderung von Name oder Anschrift mitzuteilen).[254] Der h.M. kann vor dem Hintergrund der von § 21 Abs. 7 WEG eröffneten Beschlusskompetenz für Verwaltungsregelungen allerdings nicht uneingeschränkt zugestimmt werden: Soweit Sonderpflichten einzelner Miteigentümer gem. § 21 Abs. 7 beschlossen werden können, muss das auch im Rahmen des Verwaltervertrags möglich sein.

1408

---

251 OLG Frankfurt v. 19.5.2008 – 20 W 169/07, ZMR 2008, 985; OLG Köln v. 20.9.2002 – 16 Wx 135/02, ZMR 2003, 604.
252 OLG München v. 20.3.2008 – 34 Wx 46/07, ZMR 2009, 64, Rn 52.
253 OLG Dresden v. 30.10.2008 – 3 W 845/08, ZMR 2009, 301.
254 OLG Hamm v. 19.10.2000 – 15 W 133/00, ZMR 2001, 138.

§ 10 Der Verwalter

1409
Tipp:
Wenn eine verbandsinterne Regelung nach § 21 Abs. 7 WEG beschlossen werden kann, sollte das sicherheitshalber durch einem entsprechenden ausdrücklichen (**Dauer-**)**Beschluss** erfolgen (siehe Rn 1119) und nicht nur im Verwaltervertrag.

1410 In vielen (vor allem älteren) **Gemeinschaftsordnungen** finden sich einzelne Regelungen, die die Verwaltertätigkeit zum Gegenstand haben.

Beispiele
a) Der Verwalter ist verpflichtet, bis spätestens 30.6. eines jeden Jahres die Jahresabrechnung zu erstellen und eine Eigentümerversammlung einzuberufen.
b) Der Verwalter kann je Mahnung eine Mahngebühr von x EUR verlangen.
c) Das Recht zur Abberufung des Verwalters ist auf das Vorliegen eines wichtigen Grundes beschränkt.

1411 Um **Wirksamkeit** gegenüber dem Verwalter zu erlangen, müssen diese Regelungen in den Verwaltervertrag übernommen („transformiert") werden. Dafür genügt es aber, wenn – wie meistens – der Verwaltervertrag die Regelungen der Teilungserklärung/Gemeinschaftsordnung pauschal einbezieht; und sollte das einmal nicht der Fall sein, ist davon auszugehen, dass die Einbeziehung der Regelungen der Gemeinschaftsordnung in den Verwaltervertrag konkludent erfolgte. Schwieriger ist die Frage, ob und ggf. unter welchen Voraussetzungen solche Regelungen **geändert** werden können. Dabei ist zwischen dem Innenverhältnis der Miteigentümer und dem Außenverhältnis zum Verwalter zu differenzieren. Im Außenverhältnis gilt: Vertrag ist Vertrag (pacta sunt servanda); Regelungen, die wirksam Bestandteil des Verwaltervertrags wurden, können während der Laufzeit des Vertrags nicht einseitig geändert werden.[255] Nur wenn ein neuer Verwaltervertrag abgeschlossen wird, stellt sich (im Innenverhältnis) die Frage, ob dabei von den einschlägigen Regelungen der Gemeinschaftsordnung abgewichen werden kann; das hängt davon ab, ob es sich bei den Regelungen um „Vereinbarungen in Beschlussangelegenheiten" oder um „echte, mehrheitsfeste" Vereinbarungen handelt. Nach hier vertretener Auffassung sind Regelungen der Gemeinschaftsordnung, die das Rechtsverhältnis zum Verwalter betreffen, materielle Verwaltungsmaßnahmen mit Beschlusscharakter, sodass i.E. keine Bindung an die Gemeinschaftsordnung besteht. Nach h.M. kommt es aber auf die Auslegung im Einzelfall an. Daraus ergibt sich für die Regelungen im obigen Beispiel Folgendes: Von der Regelung unter a) kann sicher durch Beschluss abgewichen werden. Demgegenüber sollen die Regelungen zu b) und c) Vereinbarungscharakter haben und deshalb auch bei einer Verwalterneubestellung zwingend gelten.[256] Für die Regelung in Beispiel c) soll das sogar dann der Fall sein, wenn sie lediglich Bestandteil eines mitbeurkundeten Verwaltervertrags ist.[257]

2. Beschlussmängelkontrolle

a) Anfechtung wegen Verstoß gegen die Grundsätze ordnungsmäßiger Verwaltung

1412 Der zum Verwaltervertrag führende Beschluss der Gemeinschaft ist nur rechtmäßig, wenn und soweit er ordnungsmäßiger Verwaltung i.S.v. § 21 Abs. 3 WEG entspricht; daher muss jede einzelne Bestimmung des Verwaltervertrags ordnungsmäßiger Verwaltung entsprechen. Ordnungsmäßiger Verwaltung widersprechen insbesondere Klauseln, die gegen zwingende Vorgaben des Gesetzes verstoßen, insbesondere gegen das AGB-Recht, oder die nicht mit der Gemeinschaftsordnung im Einklang stehen. Soweit der Verwaltervertrag Klauseln enthält, die ordnungsmäßiger Verwaltung

---

255 OLG Düsseldorf v. 18.8.2005 – 3 Wx 89/05, ZMR 2006, 57, Rn 49.
256 Zu b): OLG München v. 20.3.2008 – 34 Wx 46/07, ZMR 2009, 64, Rn 57 (inzident).
257 OLG Düsseldorf v. 18.8.2005 – 3 Wx 89/05, ZMR 2006, 57, Rn 49.

widersprechen, ist der zum Abschluss führende Beschluss der Eigentümergemeinschaft **anfechtbar**. Wenn der Vertrag gleich mehrere bedeutsame unwirksame Klauseln enthält, kann der Beschluss auch zur Gänze angefochten werden und für ungültig erklärt werden.[258]

▼

Muster 10.21: Anfechtungsantrag

Der Beschluss der Eigentümerversammlung vom 10.4.2014 zu TOP 4 wird für ungültig erklärt, soweit darin folgende Klauseln des Verwaltervertrags beschlossen wurden:
- Nr. IV 2 a: ▬▬▬ (zitieren)
- Nr. IV 2 b: ▬▬▬ (zitieren)

▲

Rechtsfolge der Ungültigerklärung (bei Teilanfechtung) ist es, dass die betreffenden Klauseln aus dem Verwaltervertrag ersatzlos wegfallen, während der Vertrag im Übrigen regelmäßig wirksam bleibt (§ 139 BGB). Unter Umständen kann der Verwalter nunmehr gem. § 313 BGB Vertragsanpassung verlangen oder den Vertrag kündigen, denn der rückwirkende Wegfall von Vertragsteilen stellt eine nachträgliche Störung der Geschäftsgrundlage dar; das ist aber noch wenig geklärt.[259] Ohne Anfechtung wird der Vertrag (genauer: der ihm zugrunde liegende Beschluss) mitsamt allen anfechtbaren Klauseln **bestandskräftig**, sofern eine Klausel nicht (nach AGB-Recht oder aus anderen Gründen) nichtig ist.

Wurde der Vertragsabschluss von der Gemeinschaft **delegiert**, ist die Vollmacht zum Vertragsabschluss auf übliche und ordnungsmäßige Klauseln **beschränkt** (siehe Rn 1405). Soweit Klauseln überraschend oder nicht ordnungsgemäß sind, können sie also nicht wirksam vereinbart werden; auch in diesem Fall wird der Vertrag im Übrigen regelmäßig wirksam bleiben (§ 139 BGB). Dies ist für den Verwalter besonders unangenehm, weil sich an der Unwirksamkeit der Klauseln durch Zeitablauf nichts ändert; die Klauseln können nicht in Bestandskraft erwachsen.

b) Nichtigkeitsfeststellungsklage, insbes.: Die AGB-Inhaltskontrolle

Im Normalfall liegt dem Vertrag ein Vorschlag bzw. Entwurf des Verwalters zugrunde. Der Verwalter ist deshalb der „Verwender" i.S.d. AGB-Rechts. Er ist zudem im Normalfall Unternehmer, während die Wohnungseigentümergemeinschaft zu Recht als Verbraucher i.S.v. § 13 BGB betrachtet wird.[260] Das hat gem. § 310 Abs. 3 BGB folgende Konsequenzen: Es wird gesetzlich vermutet, dass der Verwalter die Vertragsbedingungen gestellt hat (§ 310 Abs. 3 Nr. 1 BGB); und die AGB-Vorschriften finden auch dann Anwendung, wenn der Verwalter die Vertragsbedingungen nur zur einmaligen Verwendung bestimmt haben sollte (§ 310 Abs. 3 Nr. 2 BGB). Der Verwaltervertrag unterliegt daher **fast immer** der **Inhaltskontrolle** nach den Bestimmungen der §§ 305 ff. BGB über Allgemeine Geschäftsbedingungen (AGB), und zwar unabhängig von den Modalitäten des Zustandekommens des Vertrags (ob mit separatem Beschluss oder uno actu mit der Bestellung, ob delegiert oder nicht, usw.).

Jeder Wohnungseigentümer kann aus eigenem Recht die Unwirksamkeit (**Nichtigkeit**) einzelner Klauseln, sei es nach AGB-Recht oder aus anderen Gründen, gem. § 43 Nr. 3 WEG fristungebun-

---

258 OLG Düsseldorf v. 30.5.2006 – 3 Wx 51/06, ZMR 2006, 870.
259 Von einer Mindermeinung wird vertreten, eine Teilungültigerklärung sei als einseitiger Eingriff in das Vertragsgefüge überhaupt nicht möglich: *M. Schmid*, ZWE 2013, 436 im Anschluss an AG Reutlingen NZM 2013, 127. Dagegen ausführlich BeckOGK WEG/*Greiner*, § 26 Rn 185 ff.
260 OLG München v. 25.9.2009 – 32 Wx 118/08, ZMR 2009, 137: Die WEG ist Verbraucher, wenn an ihr nicht ausschließlich Unternehmer beteiligt sind. Die dogmatische Begründung fällt zwar schwer, das Ergebnis ist jedoch sachgerecht.

den per **Feststellungsklage** geltend machen.[261] Allerdings ist die Anfechtungsklage vorzuzuziehen, wenn die Anfechtungsfrist noch nicht abgelaufen ist, denn mit ihr können jegliche gegen eine Klausel sprechenden Gründe geltend gemacht werden, nicht nur Nichtigkeitsgründe.

▼

1418 Muster 10.22: Antrag bei Klage auf Feststellung der Unwirksamkeit von Vertragsklauseln

Es wird festgestellt, dass folgende Klauseln im Verwaltervertrag vom 10.4.2014 unwirksam sind:
- Nr. IV 2 a: ▓▓▓▓ (zitieren)
- Nr. IV 2 b: ▓▓▓▓ (zitieren)

▲

3. Erläuterung häufiger Vertragsklauseln

1419 **Auftragserteilungen.** Siehe Kompetenzerweiterung. (Zu Vergütungsregelungen siehe Rn 1451.)[262]

1420 **Aufbewahrung** von Verwaltungsunterlagen (siehe Rn 1438).

1421 **Betretungsrecht.** Manche Verträge begründen eine Befugnis des Verwalters zum Betreten der Wohnungen in bestimmten Fällen (meistens zwecks Kontrolle des Gemeinschaftseigentums). Solche Regelungen sind schon deshalb **unwirksam**, weil es an einer Beschlusskompetenz für die Begründung derartiger Pflichten der Miteigentümer fehlt (siehe Rn 1408). Das Betretungsrecht kann i.d.R. nicht einmal in der Gemeinschaftsordnung wirksam begründet werden, weil es den grundrechtsrelevanten Bereich der Unverletzlichkeit der Wohnung berührt (Art. 13 GG). Die bloße Kontrolle ohne besonderen Anlass, ob Instandhaltungsmaßnahmen erforderlich sind, stellt keinen ausreichenden Grund für das Betreten von Wohnungen dar.[263]

1422 **Grundbucheinsicht.** Gem. § 12 GBO ist die Einsicht des Grundbuchs jedem gestattet, der ein berechtigtes Interesse darlegt. Dieses Interesse hat der Verwalter in vielen Fällen (z.B. bei der Hausgeldbeitreibung, Einberufung der Eigentümerversammlung usw.). Eine im Verwaltervertrag erteilte allgemeine Berechtigung zur Einsichtnahme erspart ihm die Darlegung im Einzelfall und erleichtert dadurch seine Arbeit. Besonders praktisch ist die Möglichkeit des maschinellen (automatisierten) Abrufverfahrens gem. § 133 GBO. Die Teilnahme daran ist aber anderen Stellen als Notaren, Gerichten usw. nur dann eröffnet, wenn entweder eine besondere Eilbedürftigkeit vorliegt oder die Zustimmung der Eigentümer; der Verwalter soll dazu nicht ohne weiteres berechtigt sein.[264] Eine im Verwaltervertrag ausdrücklich erteilte Zustimmung ist daher sinnvoll; ob sie von den Grundbuchämtern als ausreichend anerkannt wird, ist aber eine andere Frage, zu der noch keine Rechtsprechung vorliegt.[265]

1423 **Haftungsbeschränkungen** widersprechen ordnungsmäßiger Verwaltung. Es liegt nicht im Interesse der Gemeinschaft, dass ein professioneller Verwalter für seine Leistung nicht die volle Haftung übernehmen sollte, zumal er sich gegen die meisten Haftpflichtgefahren versichern kann. Haftungsbeschränkungen sind zudem und insbesondere AGB-rechtlich unwirksam; sie bringen dem

---

261 BayObLG v. 26.9.2003 – 2Z BR 25/03, WuM 2004, 736. Allgemein zur Nichtigkeitsfeststellungsklage siehe Rn 183.
262 Siehe auch *Gottschalg*, Gestaltung von Verwalterverträgen, NZM 2009, 217.
263 OLG Zweibrücken v. 24.11.2000 – 3 W 184/00, ZMR 2001, 308.
264 OLG Hamm v. 15.1.2008 – 15 VA 12/07, ZWE 2008, 130. Zutreffende Kritik z.B. von *Drasdo*, NJW-Spezial 2008, 258.
265 Dafür zu Recht *F. Schmidt*, ZWE 2008, 128, 130.

Verwalter also nichts.²⁶⁶ In jedem Fall muss eine haftungsbeschränkende Klausel so formuliert sein, dass sie ausdrücklich nicht die Haftung für Verletzungen von Leben, Körper und Gesundheit erfasst, weil solche Beschränkungen gem. § 309 Nr. 7a BGB unwirksam sind. Die verbreitete Klausel „Die Haftung des Verwalters ist auf Vorsatz und grobe Fahrlässigkeit beschränkt" ist somit schon deshalb unwirksam, weil sie nicht zum Ausdruck bringt, dass das nicht für Verletzungen von Leben usw. gilt.²⁶⁷ Streitig ist allerdings, ob der Verwalter die Haftung für leicht fahrlässige Pflichtverletzungen bei reinen Vermögensschäden (nicht Personenschäden) auf die Höhe der Deckungssumme seiner Vermögensschadenshaftpflichtversicherung beschränken kann. Das wird teilweise für wirksam und ordnungsmäßig gehalten, sofern der Verwalter die Pflicht zum Abschluss einer Versicherung übernommen hat und die Deckungssumme ausreichend hoch angesetzt wird. Nach hier vertretener Auffassung benachteiligt aber jegliche Haftungsbeschränkung die Gemeinschaft unangemessen. Es ist Sache des Verwalters, seiner Versicherung eine ausreichende Deckungssumme zugrunde zu legen; das Risiko, dass sie nicht reicht, soll der Verwalter tragen und nicht die Gemeinschaft.²⁶⁸

Einen Unterfall der Haftungsbeschränkung stellen Klauseln dar, mit denen die gesetzlichen **Verjährungsvorschriften** zugunsten des Verwalters modifiziert werden sollen. Die allgemeine Verjährungsfrist beträgt drei Jahre und beginnt mit dem Schluss des Jahres, in dem der Gläubiger (hier: die Eigentümergemeinschaft) vom Anspruch Kenntnis erlangt (§§ 195, 199 Abs. 1 BGB). Eine Erleichterung, insbesondere eine Verkürzung der Verjährungsfrist für Schadensersatzansprüche gegen den Verwalter entspricht nicht ordnungsmäßiger Verwaltung²⁶⁹ und ist richtiger Ansicht nach auch AGB-rechtlich unwirksam.²⁷⁰ Eine Verjährungserleichterung kann auch darin bestehen, dass die Verjährung kenntnisunabhängig beginnen soll; auch das benachteiligt die Gemeinschaft unangemessen. Ist schon generell fraglich, wie eine Verschlechterung der gesetzlichen Verjährungsregelung gerechtfertigt werden könnte, ist speziell bei Wohnungseigentümergemeinschaften eine kenntnisunabhängige Verjährung nicht sachgerecht, weil die Wohnungseigentümer strukturell regelmäßig ein Informationsdefizit gegenüber dem Verwalter haben und zudem die verbandsinterne Entscheidungsfindung schwerfällig in Gang kommt. 1424

Honorar (Verwaltervergütung). (Siehe Rn 1439 ff.) 1425

Insichgeschäft (Selbstkontrahieren). Die Befreiung vom Verbot, mit sich selber im Namen des Vertretenen Rechtsgeschäfte abzuschließen (§ 181 BGB) ist zwar üblich, aber gem. § 307 Abs. 1 BGB nichtig.²⁷¹ 1426

Instandhaltungsmaßnahmen. Siehe Kompetenzerweiterung (nachfolgend). 1427

Kompetenzerweiterung zum Abschluss von Verträgen – allgemein. Die Entscheidung ob und welche Verträge (Bauleistungen, Reparaturen, Hausmeister usw.) abgeschlossen werden sollen, ist nach der gesetzlichen Kompetenzverteilung der Gemeinschaft vorbehalten. Damit nicht wegen jeder Auftragsvergabe außerordentliche Eigentümerversammlungen stattfinden müssen (bei Verwaltern und Eigentümern gleichermaßen unbeliebt), wird in allen Verwalterverträgen versucht, die 1428

---

266 So im Prinzip auch OLG Frankfurt v. 19.5.2008 – 20 W 169/07, ZMR 2008, 985; BayObLG v. 23.12.2002 – 2Z BR 89/02, ZMR 2003, 282; OLG Hamm v. 19.10.2000 – 15 W 133/00, ZMR 2001, 138; *Gottschalg*, Haftung von Verwalter und Beirat, Rn 384. A.A. *Bärmann/Merle*, § 27 Rn 333 ff.
267 So auch *Gottschalg*, NZM 2009, 219 f.
268 So auch *Gottschalg*, a.a.O.
269 OLG Düsseldorf v. 30.5.2006 – 3 Wx 51/06, ZMR 2006, 870, Rn 48.
270 So auch Graf v. Westphalen/*Lehmann-Richter*, VertragsR, Stand Dezember 2010, Verwaltervertrag über Wohnungseigentum Rn 50.
271 OLG München v. 20.3.2008 – 34 Wx 46/07, ZMR 2009, 64; OLG Düsseldorf v. 30.5.2006 – 3 Wx 51/06, ZMR 2006, 870.

§ 10 Der Verwalter

Kompetenzen des Verwalters zu erweitern. Dass eine Kompetenzerweiterung per Mehrheitsbeschluss möglich ist, ergibt sich aus § 21 Abs. 3 Nr. 7 WEG; trotzdem lässt die Rspr. solche Klauseln nur in engen Grenzen zu (und verkennt damit den sonst hochgehaltenen Grundsatz der Selbstautonomie der Gemeinschaft und die Bedeutung des Beurteilungsspielraums). Deshalb sind viele, wenn nicht sogar die meisten üblichen Klauseln zur Kompetenzerweiterung anfechtbar. Die Klauseln „Der Verwalter ist berechtigt, im Rahmen seiner Verwaltungsaufgaben Verträge abzuschließen und zu kündigen (oder: einen Hausmeister und eine Reinigungskraft anzustellen; oder: Hilfskräfte, z.B. Sachverständige, Rechtsanwälte hinzuziehen; usw.) und Rechtsgeschäfte vorzunehmen", sind anfechtbar, weil darin eine Beschränkung, insbesondere Budgetierung fehlt.[272] Das Gleiche soll für die Klausel gelten „Der Verwalter ist berechtigt und verpflichtet, die laufenden Instandhaltungs- und die Instandsetzungsarbeiten zu veranlassen".[273] Zu weitgehend und deshalb anfechtbar ist die Klausel: „Der Verwalter ist berechtigt ... Instandhaltungsmaßnahmen außerhalb des Wirtschaftsplanes nach Absprache mit dem Beirat durchzuführen. Mit Zustimmung des Beirates können auch Fachleute, wie Bauingenieure, Sachverständige etc. herangezogen werden. Bei Auftragserteilung über einem Wert von 20.000,00 DM ist die vorherige Zustimmung der Wohnungseigentümer einzuholen, bei Aufträgen ab einem Wert von 5.000,00 DM ist die vorherige Zustimmung des Beirats einzuholen",[274] wobei es letztlich von der Größe der Anlage abhängt, ab welcher Betragsgrenze die Klausel rechtswidrig ist. Für nichtig erklärt wurde folgende Klausel: „Zur Erfüllung der Aufgaben aus dem Verwaltervertrag (Wartung, Reparaturen, Mängelbeseitigung usw.) kann der Verwalter Fachleute und Fachfirmen hinzuziehen. ... Aufträge an Dritte dürfen, wenn die Auftragssumme netto im Einzelfall 10.000,00 DM übersteigt, nur mit Zustimmung des Beirats vergeben werden".[275] Grund: Abgesehen davon, dass der Betrag, bis zu dem der Verwalter ohne jegliche Rückkoppelung an die Gemeinschaft mit 10.000,00 DM zu hoch angesetzt ist, fehlt ein festes Jahresbudget oder einer Gesamtsumme und sind auch im Übrigen keine Einschränkungen vorgesehen, sodass die Klausel zu einem für die Wohnungseigentümer völlig unkalkulierbaren finanziellen Risiko führt. – Zum Sonderfall der Regulierung von **Versicherungsschäden** siehe das betreffende Stichwort.

1429 In vielen Verwalterverträgen wird, wie nicht zuletzt die vorstehenden Zitate zeigen, eine Kompetenzerweiterung an die Mitwirkung des **Verwaltungsbeirats** gekoppelt. Ob die Einbindung des Verwaltungsbeirats eine weiter gehende Kompetenzverlagerung auf den Verwalter rechtfertigt, als ohne diese Einbindung möglich wäre, ist fraglich und von der Rspr. bislang nicht ausdrücklich entschieden worden,[276] nach hier vertretener Auffassung aber zu bejahen.[277] Das ergibt sich nicht zuletzt aus § 27 Abs. 5 WEG, denn wenn schon die Verfügung des Verwalters über die gemeinschaftlichen Gelder von der Zustimmung eines Wohnungseigentümers oder eines Dritten abhängig gemacht werden kann, muss dies erst recht für die Ermächtigung des Verwalters zur Vertretung der Gemeinschaft gelten.[278] Dabei kommt es auf die Zustimmung des Verwaltungsbeirats als Organ und nicht auf die Zustimmung aller seiner Mitglieder an, sodass es Sache der Mitglieder des Ver-

---

272 OLG München v. 20.3.2008 – 34 Wx 46/07, ZMR 2009, 64.
273 OLG München v. 20.3.2008 (Vornote). *Lehmann-Richter* in: Graf von Westphalen, Vertragsrecht und AGB-Klauselwerke, Stand Dezember 2010, Verwaltervertrag III Rn 29, weist demgegenüber zu Recht darauf hin, dass das nicht richtig sein kann, weil die Klausel genau der gesetzlichen Regelung in § 27 Abs. 3 Nr. 3 WEG entspricht.
274 OLG Düsseldorf v. 30.7.1997 – 3 Wx 61/97, ZMR 1997, 605.
275 LG München I v. 5.8.2010 – 36 S 19282/09, ZWE 2011.
276 Lediglich OLG München NZM 2009, 548 befasst sich kurz mit dem Thema. Ergebnis (Rn 44): „Es genügt nicht, die Befugnisse des Verwalters an das Einvernehmen des Verwaltungsbeirats zu knüpfen."
277 So für die Ermächtigung zur Prozessführung OLG Zweibrücken v. 10.6.1987 – 3 W 53/87, ZMR 1988, 24.
278 So auch *Suilmann*, ZWE 2008, 113, 116.

waltungsbeirats ist, wie sie ihre Entscheidung als Kollegialorgan untereinander treffen.[279] Was aber „in Abstimmung" mit dem Verwaltungsbeirat bedeuten soll, ist unklar. Der Beschluss einer Auftragsvergabe „in Abstimmung mit dem Beirat" wurde deshalb zu Recht als anfechtbar beurteilt;[280] eine entsprechende Klausel im Verwaltervertrag ist wegen Verstoßes gegen das Transparenzgebot (§ 307 Abs. 1 S. 1 BGB) nichtig.

Ladung zur Eigentümerversammlung. Eine Bestimmung im Verwaltervertrag, wonach die Ladung zur Eigentümerversammlung wirksam an die letzte dem Verwalter bekannte Adresse des Eigentümers gerichtet werden kann, ist unwirksam[281] (in der Gemeinschaftsordnung wäre die Klausel übrigens wirksam und sinnvoll, siehe Rn 760). Das schließt es aber nicht aus, dem Verwalter im Vertrag gleichwohl das Recht und die Pflicht einzuräumen, die Ladung an die letzte ihm bekannte Adresse (an welche auch sonst?) zu richten; ob die Ladung dann wirksam ist oder nicht, ist eine andere Frage, die der Verwaltervertrag nicht beantworten soll und kann (siehe hierzu Rn 757). 1430

Laufzeit des Verwaltervertrag (siehe Rn 1267). 1431

Rechtsanwaltsbeauftragung. Zum Aktivprozess urteilte der BGH: „Die Wohnungseigentümer können den Verwalter durch Beschluss bevollmächtigen, ihnen oder der Gemeinschaft zustehende Ansprüche gerichtlich durchzusetzen. Im Umfang der erteilten Vertretungsmacht ist der Verwalter **berechtigt**, auch ohne besonderen Eigentümerbeschluss einen Rechtsanwalt mit der Vertretung der Wohnungseigentümer oder der Gemeinschaft in einem gerichtlichen Verfahren zu beauftragen".[282] Entsprechende Klauseln im Verwaltervertrag sind deshalb rechtmäßig. Im Passivprozess gilt nichts anderes. 1432

Salvatorische Klausel. Zum Standardrepertoire jedes Formularvertrags gehört eine sog. salvatorische Klausel, die etwa wie folgt lautet: „Sollte eine Bestimmung dieses Vertrags unwirksam sein, gilt an ihrer Stelle eine solche wirksame als vereinbart, die dem wirtschaftlichen Zweck der unwirksamen Bestimmung am nächsten kommt und die dem gerechten Interessenausgleich aller Beteiligten Rechnung trägt." Obwohl eine solche Klausel auf den ersten Blick nur sinnvoll erscheint, ist sie nach ständiger Rspr. unwirksam: Gem. § 306 Abs. 2 BGB tritt an die Stelle einer unwirksamen AGB-Klausel die gesetzliche Regelung, und diese Rechtsfolge soll durch die Klausel umgangen werden.[283] Auch salvatorische Klauselzusätze nach dem Motto „soweit gesetzlich zulässig" können eine unwirksame Klausel nicht retten: Diese Zusätze sind ihrerseits nichtig und damit unbeachtlich, da sie gegen das Verständlichkeitsgebot verstoßen.[284] 1433

Untervollmacht. Die Klausel „Der Verwalter kann Untervollmacht erteilen" ist nach h.M. unwirksam, weil sie gegen das Verbot der Aufgabendelegation verstößt.[285] Nach hier vertretener Auffassung ist die Aufgabendelegation demgegenüber zulässig (siehe Rn 1242). 1434

Versicherungsschäden. Wenn ein versicherter Schaden am Gemeinschaftseigentum auftritt (häufigster Fall: Leitungswasserschaden), ist der Verwalter im Prinzip zur Durchführung des beim Auftreten von Mängeln am Gemeinschaftseigentum geltenden „Standardprogramms" (siehe Rn 1483) verpflichtet. Die Wohnungseigentümer erwarten aber normaler Weise, dass der Verwalter den Was- 1435

---

279 BayObLG ZWE 2002, 405 Rn 26. Ferner OLG Hamm NZM 2001, 49 Rn 30 für den Fall, dass der Abschluss des Verwaltervertrags auf den Verwaltungsbeirat delegiert wurde.
280 AG Hamburg-Blankenese v. 24.2.2010 – 539 C 43/09, ZMR 2010, 563.
281 OLG München v. 20.3.2008 – 34 Wx 46/07, ZMR 2009, 64 Rn 36; KG v. 5.2.2008 – 24 W 106/07; jeweils wegen Verstoßes gegen § 308 Nr. 6 BGB.
282 BGH v. 1.6.2012 – V ZR 171/11, ZMR 2012, 976, Rn 6.
283 KG v. 5.2.2008 – 24 W 106/07, ZMR 2008, 476, Rn 22.
284 BGH v. 20.11.2012 – VIII ZR 137/12, WuM 2013, 293.
285 OLG München v. 20.3.2008 – 34 Wx 46/07, ZMR 2009, 64.

serschaden beseitigen lässt, ohne dafür eine Versammlung einzuberufen; denn die anstehenden Arbeiten sind unvermeidlich und werden im Normalfall von einer Leitungswasserschadensversicherung bezahlt oder erstattet, sodass sich der Sinn einer Versammlung und Beschlussfassung nicht erschließt.[286] Viele Verwalterverträge enthalten deshalb Klauseln, die die Handlungsmöglichkeiten des Verwalters im Versicherungsfall erweitern. Solche Klauseln entsprechen einem berechtigten Bedürfnis und können deshalb nach hier vertretener Auffassung rechtmäßig sein. Allerdings dürften die meisten bislang üblichen Klauseln unwirksam sein, weil sie zu weit gefasst oder unbestimmt sind; eine hoffentlich praktikable und rechtmäßige Klausel findet sich in § 2 Nr. 8 des Musterverwaltervertrags im Anhang.

1436 **Vertragsabschluss.** Vgl. das Stichwort „Kompetenzerweiterung" (siehe Rn 1428).

1437 **Vertretung in Gerichtsverfahren.** Die Vertretung der Gemeinschaft durch den Verwalter in **Aktivprozessen** ist gem. § 27 Abs. 3 S. 1 Nr. 7 WEG möglich, allerdings von einem vorhergehenden Beschluss der Wohnungseigentümer abhängig. Es ist eine der wichtigsten Regelungen für die Verwalterpraxis, dass die Gemeinschaft dem Verwalter dieses Vertretungsrecht jedenfalls zur Geltendmachung von Zahlungsrückständen (Hausgeldinkasso) einräumt, damit nicht nur für diesen Zweck besondere Eigentümerversammlungen stattfinden müssen. Die in Verwalterverträgen übliche Klausel, die den Verwalter schlicht „zur außergerichtlichen und gerichtlichen Geltendmachung von Ansprüchen" ermächtigt, ist nach hier vertretener Auffassung („Mindermeinung") aber unwirksam: Weil es im Ausgangspunkt Sache der Gemeinschaft ist, über die Einleitung von Gerichtsverfahren (oder außergerichtlichen Streitigkeiten) per Beschluss zu entscheiden, ist eine generelle und unbeschränkte Übertragung dieser Befugnis auf den Verwalter nicht möglich und die Klausel unwirksam.[287] Trotzdem hielt das OLG Brandenburg die Klausel „der Verwalter ist ermächtigt, die Gemeinschaft in Angelegenheiten der laufenden Verwaltung gerichtlich und außergerichtlich zu vertreten", für eine ausreichende Ermächtigungsgrundlage zur Führung einer Hausgeldklage;[288] das OLG München erklärte eine inhaltsgleiche Klausel für rechtmäßig[289] und der BGH ließ sogar die Klausel genügen „der Verwalter ist ermächtigt, in gerichtlichen Verfahren nach Genehmigung durch den Verwaltungsbeirat auch einen fachkundigen Rechtsanwalt ... einzuschalten und Maßnahmen zu treffen, die zur Wahrung einer Frist oder zur Abwendung eines sonstigen Rechtsstreits/Rechtsnachteils erforderlich sind".[290]

1438 **Verwaltungsunterlagen.** Für Jahresabrechnungen, Wirtschaftspläne, Buchungsbelege und Geschäftspost allgemein gilt eine 6- bzw. 10-jährige Aufbewahrungspflicht (§ 257 HGB, § 147 AO). Ein Beschluss über die vorzeitige Vernichtung der Unterlagen soll wegen Verstoßes gegen zwingendes Recht nichtig sein; demnach auch eine entsprechende Regelung im Verwaltervertrag, etwa mit dem Wortlaut: „Die Verwaltung ist berechtigt, alle Verwaltungsunterlagen aus laufender Verwaltung (Kontoauszüge, Belege und Korrespondenz) nach Ablauf von fünf Kalenderjahren datenschutzsicher zu vernichten".[291] Ausweg: Der Verwalter lässt sich die Befugnis einräumen, die Unterlagen nach einer kürzeren als der gesetzlichen Aufbewahrungsfrist (nicht zu vernichten, sondern) an die Gemeinschaft auszuhändigen (siehe § 2 Nr. 15 des Musterverwaltervertrags im Anhang).

---

286 Ausführlich *Greiner*, Der Leitungswasserschaden in der Verwalterpraxis, NZM 2013, 481, 489.
287 So auch *Gottschalg*, MietRB 2004, 185.
288 OLG Brandenburg v. 27.11.2007 – 13 Wx 9/07, ZMR 2008, 389, Rn 18.
289 OLG München v. 20.3.2008 – 34 Wx 46/07, ZMR 2009, 64, Rn 60.
290 BGH v. 30.3.2006 – V ZB 17/06, ZMR 2006, 457, Rn 13.
291 OLG München v. 20.3.2008 – 34 Wx 46/07, ZMR 2009, 64. M.E. ist der Beschluss „nur" rechtswidrig und kann daher in Bestandskraft erwachsen.

IV. Die Vergütung des Verwalters

1. Allgemeines

Unter dem Gesichtspunkt ordnungsmäßiger Verwaltung ebenso wie unter dem Gesichtspunkt der AGB-Kontrolle (§§ 307 Abs. 1 S. 2, Abs. 3 S. 2 BGB) müssen Vergütungsklauseln dem **Transparenzgebot** genügen. Sie müssen klar und verständlich sein, die wirtschaftlichen Nachteile und Belastungen der zahlungspflichtigen WEG so weit wie möglich erkennen lassen und dürfen keinen Raum für **Doppelberechnungen** lassen.[292]

1439

Schuldner der Vergütung ist der Vertragspartner des Verwalters – also die Wohnungseigentümergemeinschaft (siehe Rn 1393), nicht etwa die Miteigentümer. Für die **Fälligkeit** gilt die vertragliche Regelung, die normalerweise monatliche Zahlung vorsieht; für die Rechtslage ohne Verwaltervertrag siehe Rn 1461. Der Verwalter darf die Vergütung bei Fälligkeit dem Gemeinschaftskonto entnehmen, wie sich auch ohne entsprechende vertragliche Regelung schon § 27 Abs. 1 Nr. 5 WEG ergibt.

1440

Die **Höhe** der Vergütung ist Verhandlungssache und fällt in den Beurteilungsspielraum der Gemeinschaft. Nur unvertretbar überhöhte Vergütungen entsprechen nicht ordnungsmäßiger Verwaltung, sodass entsprechende Beschlüsse auf Anfechtung hin für ungültig erklärt werden können. Bei der Prüfung, ob eine Vergütung unvertretbar überhöht ist, kommt es auf die Ortsüblichkeit und somit auf den Einzelfall an. Die folgenden Ausführungen bieten deshalb lediglich Anhaltspunkte, wobei zudem stets die Preissteigerung zu berücksichtigen ist. Üblich sind zwischen 15,00 EUR und 25,00 EUR (netto) monatlich pro Wohneinheit bzw. 3,00 EUR je Stellplatz/Garage, bei sehr kleinen oder sehr großen Gemeinschaften auch mehr oder weniger, wobei es beträchtliche regionale Unterschiede gibt. Ein **Stundenlohn** von 100,00 DM (netto) als Grundvergütung wurde in einer besonderen Situation (zerstrittene Kleinst-WEG bestellt einen Rechtsanwalt als Verwalter) als ordnungsgemäß angesehen,[293] nicht aber Stundensätze von 130,00 EUR für den Geschäftsführer einer Verwaltungsgesellschaft, 65,00 EUR für den Haustechniker und 45,00 EUR für einen Sachbearbeiter.[294]

1441

Der gewerblich (nicht nur als Kleinunternehmer) tätige Verwalter muss seine Vergütung der **Umsatzsteuer** unterwerfen (§ 1 UStG) und diese an das Finanzamt abführen. Wird die Umsatzsteuer nicht separat ausgewiesen, sind Preisangaben im Verwaltervertrag Brutto-Angaben, sodass die WEG die Umsatzsteuer nicht extra bezahlen muss. Wird die Vergütung wie üblich „zzgl. der gesetzlichen Umsatzsteuer" vereinbart, ohne den Endbetrag auszuweisen, liegt zwar ein Verstoß gegen die Preisangabenverordnung vor; die WEG ist aber trotzdem zur Zahlung des Bruttobetrags (Vergütung zzgl. USt.) verpflichtet.

1442

Eine **Erhöhung** der Vergütung kann nicht ohne Vertragsänderung durch schlichte („stillschweigende") Einstellung eines höheren Betrags in den Wirtschaftsplan erfolgen.[295] Eine Klausel zur beliebigen einseitigen Erhöhung („Der Verwalter ist berechtigt, die Verwaltergebühren jährlich höchstens einmal der Verwaltungskostenentwicklung anzupassen") ist gem. § 307 BGB unwirksam.[296] Eine rückwirkende Erhöhung entspricht nicht ordnungsmäßiger Verwaltung.[297] Unwirksam ist

1443

---

292 LG Hanau v. 19.11.2009 – 8 T 90/08, ZMR 2010, 398.
293 BayObLG v. 24.8.2000 – 2Z BR 25/00, ZMR 2000, 858.
294 BayObLG v. 31.3.2004 – 2Z BR 11/04, WuM 2004, 369.
295 OLG Düsseldorf v. 25.1.2005 – 3 Wx 326/04, ZMR 2005, 468.
296 OLG Düsseldorf v. 25.1.2005 (Vornote).
297 OLG Düsseldorf v. 17.6.1998 – 3 Wx 107/98, NZM 1998, 770.

gem. §§ 134 BGB, § 1 Abs. 1 PrKG auch eine „Indexklausel", d.h. eine automatische Koppelung an die allgemeine Preisentwicklung.[298]

1444 In der **Jahresabrechnung** ist die Verwaltervergütung grundsätzlich nach dem allgemeinen Kostenverteilungsschlüssel (Verhältnis der ME-Anteile, § 16 Abs. 2 WEG) zu verteilen. Der in der Praxis stattdessen übliche Verteilerschlüssel **nach Wohneinheiten** ist nur rechtmäßig, sofern ihn die Gemeinschaftsordnung vorsieht[299] oder ein entsprechender Beschluss gem. § 16 Abs. 3 WEG gefasst wurde (siehe Rn 961). Ein solcher Beschluss, wonach die Verteilung der Verwaltervergütung statt nach Miteigentumsanteilen nach Einheiten erfolgen soll, wird allgemein für **ordnungsmäßig** gehalten.[300] Dem ist allerdings zu widersprechen: Nach dem Grundprinzip des § 16 Abs. 2 WEG sind gemeinschaftliche Kosten nach dem Verhältnis der Miteigentumsanteile zu verteilen; dass größere Wohnungen (denen i.d.R. entsprechend größere Miteigentumsanteile zugewiesen sind) mehr bezahlen als kleinere, ist deshalb im Gesetz angelegt. Der zur Begründung des Verteilerschlüssels „Einheiten" meistens angeführte Gesichtspunkt, dass die Verwaltervergütung i.d.R. nach Einheiten kalkuliert wird, ist für die interne Verteilung unter den Wohnungseigentümern ohne Bedeutung. Es ist auch nicht zutreffend, dass der Aufwand („Verbrauch") der Verwaltung je Wohneinheit immer gleich hoch wäre, sodass nur eine Verteilung nach Einheiten gerecht wäre: Eine große Wohnung mit vielen Nutzern dürfte mehr Verwaltungsaufwand mit sich bringen als eine kleine Wohnung mit nur einem Nutzer. Nur das Rechnungswesen ist je Einheit gleich aufwändig, weil wohnungsweise abgerechnet wird. M.E. entspricht deshalb die Verteilung nach Wohneinheiten nicht ordnungsmäßiger Verwaltung.[301]

1445 Die **Schlechterfüllung** von Verwalterpflichten hat aufgrund des dienstvertraglichen Charakters des Verwaltervertrags im Prinzip keine Auswirkung auf die Vergütung. „Ergebnisorientiert" konstruiert die h.M. in „schweren Fällen" allerdings meistens eine **„Teilunmöglichkeit"**, die zum (teilweisen) Wegfall des Vergütungsanspruchs führt.

1446 *Beispiel*
Der Verwalter X legt während seiner jahrelangen Amtszeit weder Abrechnungen noch Wirtschaftspläne vor und hält auch keine Wohnungseigentümerversammlungen ab. Seine Tätigkeit besteht praktisch nur im Abheften von Auszügen und Begleichen von Rechnungen. Die Gemeinschaft verlangt nach seiner Abwahl 80 % der an ihn gezahlten Vergütung zurück. – Mit Erfolg. X hat seine Hauptpflichten nicht erbracht und kann diese auch nicht mehr nachholen. Es liegt deshalb eine teilweise Unmöglichkeit vor, wodurch sich der Anspruch auf die Gegenleistung (Vergütung) gemäß §§ 326 Abs. 1 S. 1, 441 Abs. 3 BGB im Verhältnis der unmöglich gewordenen zur ursprünglich geschuldeten Leistung mindert. Weil bzw. soweit X die Vergütung schon erhalten hat, ist er gem. §§ 326 Abs. 4, 346 BGB zur (anteiligen) Rückzahlung verpflichtet.[302]

---

298 AG Reutlingen v. 20.7.2012 – 9 C 1006/11, NZM 2013, 127.
299 Dafür genügt die Klausel „die Betriebskosten sind nach der Zahl der Wohnungs- und Teileigentumsrechte zu verteilen, soweit dies möglich, zweckmäßig und sachdienlich ist": BayObLG v. 17.4.2001 – 2Z BR 40/01, ZMR 2001, 827.
300 *Elzer* in: Riecke/Schmid § 16 Rn 88.
301 So im Prinzip auch AG Nürnberg v. 20.9.2013 – 16 C 5504/12, ZMR 2013, 156 (betr. Hausreinigung und Winterdienst). A.A. LG Lüneburg v. 10.1.2012 – 5 S 61/11, ZMR 2012, 393, das (betr. Verwaltervergütung) einen Beschluss für ungültig erklärte, der gem. § 16 Abs. 3 WEG den Verteilerschlüssel von Einheiten auf MEA änderte.
302 BayObLG v. 13.2.1997 – 2Z BR 132/96, WuM 1997, 345. Der Entscheidung lagen noch die Vorschriften in der Fassung vor der Schuldrechtsreform zugrunde, was am Ergebnis nichts ändert. M. E. ist das Ergebnis mit anderer Begründung zutreffend: Aufgrund des werkvertraglichen Charakters der Verwalterpflichten führt die Schlechtleistung zur Minderung der Vergütung, die Überzahlung ist gem. §§ 638 Abs. 4, 346 Abs. 1 BGB zu erstatten; so für den Winterdienstvertrag BGH v. 6.6.2013 – VII ZR 355/12, NZM 2013, 696, Rn 17.

2. Sondervergütungen

a) Allgemeines

In den meisten Verwalterverträgen werden die vom Verwalter zu erbringenden Leistungen nach **Grund-** und **Zusatzleistungen** differenziert. Auch die Vergütung wird dementsprechend differenziert: Für die Grundleistungen gilt eine Grundvergütung, für die Zusatzleistungen eine Sondervergütung. Die Rechtmäßigkeit solcher Sondervergütungen wird aber teilweise bestritten. Nach h.M. soll ein vereinbarter Grundpreis zwingend die (gesetzlich geschuldeten, „normalen"[303] oder „zum typischen Berufsbild eines Verwalters gehörenden"[304]) **Grundleistungen** umfassen, weshalb Sondervergütungen für einzelne Teilleistungen unzulässig seien: „Mit den Grundsätzen ordnungsgemäßer Verwaltung ist es nicht vereinbar, dem Verwalter für Tätigkeiten, die zu seinem Pflichtenkreis gehören, eine Sondervergütung zuzubilligen".[305] Deshalb kassierte die Rechtsprechung zahlreiche Sondervergütungsklauseln, z.B. für die Bearbeitung von Instandhaltungsmaßnahmen (siehe Rn 1452); das Führen der Beschluss-Sammlung;[306] die Durchführung eines Umlaufbeschlusses;[307] usw. Diverse (eigentlich inkonsequente) Ausnahmen werden von der h.M. aber zugelassen und nachstehend noch im Einzelnen erörtert.

1447

Nach hier vertretener Auffassung ist es (entgegen der h.M.) allerdings rechtmäßig, für jegliche (Teil-)Leistungen – ob gesetzlich geforderte (Grund-)Leistung oder nicht – zusätzlich zu einem Grundpreis eine Sondervergütung zu vereinbaren.[308] Es ist zu bezweifeln, dass die von der h.M. vorausgesetzte objektive Bestimmung des Umfangs der „gesetzlichen Pflichtaufgaben" oder der „normalen Verwaltertätigkeit" überhaupt möglich ist. Zudem ist die Vereinbarung von Sondervergütungen nur „gerecht", und zwar vor allem in den Fällen, in denen diese einem Verursacher zugeordnet werden können. Die Alternative ist eine von allen Miteigentümern anteilig zu tragende höhere Grundvergütung ohne die Möglichkeit, die Mehrkosten dem Verursacher weiter berechnen zu können.

1448

Für die Vereinbarung einer Sondervergütung gilt ganz besonders, dass die Regelung dem **Transparenzgebot** genügen muss (siehe Rn 1439). Wenn Sondervergütungen für übliche Leistungen oder „Grundleistungen" berechnet werden, muss die Abweichung vom Normalfall bzw. vom Grundpreis deutlich hervorgehoben werden.[309] Eine solche Hervorhebung wird, wie hier der Vollständigkeit halber erwähnt sei, teilweise auch bei der **Abrechnung** verlangt: Demnach soll ein gezahltes Verwaltersonderhonorar in der Abrechnung separat ausgewiesen werden.[310]

b) Kostentragung des Verursachers

Viele „Sondervergütungstatbestände" haben Verwalterleistungen zum Gegenstand, die auf die Anforderung oder auf das Verschulden einzelner Eigentümer zurück gehen. Das gilt insbesondere für Mahngebühren, eine Sondervergütung für gerichtliche Hausgeldbeitreibung, eine Mehraufwand-

1449

---

303 *Jennißen/Jennißen*, § 26 Rn 111.
304 *Bärmann/Merle*, § 26 Rn 159.
305 OLG Düsseldorf v. 17.6.1998 – 3 Wx 107/98, ZMR 1998, 653. Sachlich ebenso LG München I v. 8.3.2012 – 36 T 26007/11, ZMR 2012, 578, Rn 12; BGH v. 17.11.2011 – V ZB 134/11, ZMR 2012, 461 (obiter dictum); *Abramenko* in: Riecke/Schmid § 26 Rn 63.
306 AG Aachen v. 22.2.2008 – 86 C 1/07, ZMR 2008, 833.
307 AG Hamburg-Blankenese v. 17.7.2007 – 506 II 23/07, ZMR 2010, 896. M. E. war die Vergütungsregelung schon wegen Unbestimmtheit nichtig.
308 So im Prinzip auch *Lehmann-Richter* in: Graf von Westphalen, Vertragsrecht und AGB-Klauselwerke, Stand Dezember 2010, Verwaltervertrag III Rn 38.
309 LG Hanau v. 19.11.2009 – 8 T 90/08, ZMR 2010, 398. So im Ergebnis auch BGH v. 18.2.2011 – V ZR 197/10, NZM 2011, 454, Rn 31.
310 LG Karlsruhe v. 27.7.2011 – 11 S 70/09, ZMR 2013, 469.

spauschale bei Nichtteilnahme am Lastschriftverfahren, Kopierkosten, die Veräußerungszustimmung gem. § 12 WEG usw. In diesen Fällen sind Klauseln üblich, die (nur) den Verursacher zur Kostentragung bzw. **direkt zur Zahlung** verpflichten, z.B.: „Mahngebühr 10,00 EUR, zahlbar vom säumigen Eigentümer". Die Wirksamkeit solcher Klauseln ist im Detail streitig.

1450 Fest steht zunächst nur, dass derartige direkte Zahlungspflichten gem. **§ 21 Abs. 7 WEG beschlossen** werden können. Denn nachdem der BGH die Klausel billigte „die Gemeinschaft beschließt, dass jeder Wohnungseigentümer im Falle eines Bewohnerwechsels eine Kostenpauschale in Höhe von 50,00 EUR an die Eigentümergemeinschaft zu zahlen hat",[311] kann für die Kosten eines besonderen Verwaltungsaufwands in Gestalt von Verwaltersondervergütungen nichts anderes gelten. Streitig ist aber, ob dafür ein **gesonderter Beschluss** erforderlich ist. Das ist offenbar die Auffassung des BGH,[312] sodass eine entsprechende Klausel im Verwaltervertrag nichtig sein dürfte. Dem kann allerdings nicht zugestimmt werden: Nach hier vertretener Auffassung können die auf § 21 Abs. 7 WEG gestützten Regelungen auch Gegenstand einer Beschlussfassung über den Verwaltervertrag sein.[313] Auf Basis der BGH-Rspr. ist einer Gemeinschaft, die den Verursacher zur Zahlung oder Erstattung etwaiger Verwalter-Sondervergütungen verpflichten möchte, sicherheitshalber (zumindest „komplementär") ein **ausdrücklicher Beschluss gem. § 21 Abs. 7 WEG** zu empfehlen. Dabei ist aus Verwaltersicht eine Klausel, die (nur) den Verursacher zur direkten Zahlung verpflichtet, nicht zu empfehlen; ohne sie erhält der Verwalter die betreffende Sondervergütung nämlich (problemlos) von der Gemeinschaft, die dann ihrerseits Ersatz vom Verursacher verlangen kann. Empfehlenswert ist demnach eine Klausel, wonach die Gemeinschaft dem Verursacher die Sondervergütung, wenn sie nicht direkt bezahlt wird, in dessen Einzelabrechnung einstellen kann (Muster siehe Rn 1119).

c) Einzelne Vergütungsregelungen

1451 **Außerordentliche Eigentümerversammlung.** Pauschalsätze für die Durchführung von außerordentlichen Eigentümerversammlungen zwischen 150,00 EUR und 300,00 EUR entsprechen ordnungsmäßiger Verwaltung. Allerdings muss in der Klausel klar zum Ausdruck kommen, dass eine Sondervergütung nicht geschuldet ist, wenn die außerordentliche Versammlung durch ein Verschulden des Verwalters erforderlich wurde.[314] Nur wenn der Verwaltervertrag im Wege der Delegation abgeschlossen wurde, wurde die Sondervergütungsvereinbarung als überraschend und deshalb unwirksam beurteilt.[315]

1452 **Baumaßnahmen, Bauaufsicht, etc.** Die Durchführung und Überwachung größerer Arbeiten gehört nicht zum „Alltagsgeschäft" der Verwaltung, weshalb die meisten Verwalterverträge hierfür eine Sondervergütung vorsehen. Auf Basis der h.M. dürfte eine Sondervergütung hierfür eigentlich nicht vereinbart werden, weil es zu den „gesetzlichen Pflichten" des Verwalters gehört, Baumaßnahmen an der Wohnungseigentumsanlage zu beauftragen und zu überwachen. Trotzdem werden Sondervergütungen für diese „Grundleistung" zugelassen, wenn es um „eine **besonders aufwändige** Bauüberwachung" geht.[316] Als unwirksam wurde aber folgende Klausel angesehen: „Angebotseinholung, Terminabsprache mit Handwerkern, Baubetreuung, Abschlussrechnung und Aufmaß prüfen und Gewährleistungsüberprüfung bei aufwändigen Instandhaltungen bzw. Instandsetzun-

---

311 BGH v. 1.10.2010 – V ZR 220/09, ZMR 2011, 141.
312 BGH v. 17.11.2011 – V ZB 134/11, ZMR 2012, 461.
313 So offenbar auch *Spielbauer/Then*, § 21 Rn 85.
314 OLG München v. 20.3.2008 – 34 Wx 46/07, ZMR 2009, 64; KG v. 5.2.2008 – 24 W 106/07, ZMR 2008, 476.
315 OLG Hamm v. 19.10.2000 – 15 W 133/00, ZMR 2001, 138. M. E. nicht zutreffend, weil eine solche Sondervergütung völlig üblich ist.
316 OLG Köln v. 9.3.2001 – 16 Wx 35/01, NZM 2001, 470, Rn 10; *Gottschalg*, NZM 2009, 217, 222.

gen, deren Kosten 3.000,00 DM übersteigen. Verwaltergebühr: 5 % der Bausumme + MwSt." Diese Leistungen gehören nämlich überwiegend ohnehin zum Aufgabenkreis des Verwalters. Lediglich die Baubetreuung und die Prüfung des Aufmaßes stellen besondere Leistungen der Verwaltung dar; die Zusatzvergütung i.H.v. 5 % der Bausumme ist hierfür aber unangemessen.[317]

Fotokopien. Die Vergütung für die Erstellung von Fotokopien aus den Verwaltungsunterlagen darf über die Materialkosten hinaus den Arbeitsaufwand für das Heraussuchen und Kopieren berücksichtigen. Eine Regelung entsprechend derjenigen des GKG entspricht ordnungsmäßiger Verwaltung;[318] das bedeutet derzeit konkret: Für die ersten 50 Kopien nicht mehr als 0,50 EUR je Kopie, Reduzierung ab der 51. Kopie auf 0,15 EUR (Nr. 9000 KV-GKG). Ohne eine solche Staffelung sind Beträge bis 0,30 EUR je Kopie rechtmäßig.[319] 1453

Gerichtliche Verfahren. 1454

- **Zwei Fälle** sind auseinander zu halten: Im ersten Fall führt der Verwalter ein Gerichtsverfahren selbst in Vertretung der Gemeinschaft (oder der beklagten Miteigentümer) ohne Hinzuziehung eines Rechtsanwalts, im zweiten Fall beauftragt er einen Rechtsanwalt. Für den ersten Fall, der bis zur WEG-Reform 2007 nicht selten war, billigte die Rechtsprechung ohne Weiteres die Vereinbarung von Sondervergütungen.[320] Heutzutage ist aber der zweite Fall die Regel. Hier möchte der Verwalter trotz Rechtsanwaltsbeauftragung eine Sondervergütung für die prozessbedingte Zusatzarbeit (Besprechungen mit dem Rechtsanwalt, Information der Wohnungseigentümer, Teilnahme an Orts- und Gerichtsterminen, Auslagen für Fahrtkosten, Kopien und Porto usw.). Ob eine solche Sondervergütung ordnungsmäßiger Verwaltung entspricht, ist streitig, nach hier vertretener Auffassung aber klar zu bejahen,[321] und zwar unabhängig davon, ob es sich um einen Aktiv- oder Passivprozess handelt; eine Musterklausel findet sich in § 4 Abs. 3 Nr. 3c des Musterverwaltervertrags im Anhang. Das LG München I hielt eine Sondervergütung für die Tätigkeit des Verwalters in Passivverfahren aber für unwirksam, weil ihm diese Aufgabe gesetzlich zugewiesen sei.[322]
- **Schuldner** der Sondervergütung ist die Gemeinschaft, sofern nicht ein Beschluss gem. § 21 Abs. 7 WEG die Zahlungs- bzw. Erstattungspflicht des Verursachers vorsieht (siehe Rn 1119).

Kostenerstattung. Höchst praxisrelevant ist die Frage, ob und wie die Gemeinschaft die Erstattung einer an den Verwalter gezahlten oder zu zahlenden Sondervergütung gegenüber dem Versucher geltend machen kann. Die Anmeldung der Sondervergütung als Prozesskosten im **Kostenfestsetzungsverfahren** gem. §§ 103 ff. ZPO wird von der überwiegenden Rspr. zu Recht **abgelehnt**.[323] Das bedeutet aber nicht zwingend, dass die Sondervergütung nicht als **materieller Verzugsschaden** geltend gemacht werden könnte. Die WEG kann deshalb z.B. in einem Hausgeldinkassoverfahren den Antrag stellen, dass der Beklagte nicht nur zur Zahlung rückständigen Hausgelds (als Hauptforderung), sondern auch zur Bezahlung der durch das Gerichtsverfahren angefallenen Verwaltersondervergütung (als Nebenforderung) verurteilt wird. Nach hier vertretener 1455

---

317 OLG Düsseldorf v. 14.10.1998 – 3 Wx 169/98, ZMR 1999, 193. Im Ergebnis ebenso für eine vergleichbare Klausel BayObLG v. 26.9.2004 – 2Z BR 25/03, WuM 2004, 736.
318 OLG Hamm v. 19.10.2000 – 15 W 133/00, ZMR 2001, 138; allg. M.
319 OLG München v. 26.7.2007 – 32 Wx 73/07, ZMR 2007, 815; AG Berlin-Schöneberg v. 14.4.2010 – 77 C 133/09, ZWE 2011, 53.
320 Siehe nur BGH v. 6.5.1993 – V ZB 9/92, NJW 1993, 1924; OLG Hamm v. 19.10.2000 – 15 W 133/00, ZMR 2001, 138, Rn 34.
321 So auch AG Nürnberg v. 25.4.2008 – 90 C 40246/07, ZMR 2008, 750; AG Düsseldorf v. 11.9.2007 – 290 II 71/07, NZM 2007, 887. A.A. *Bärmann/Merle*, § 26 Rn 162.
322 LG München I v. 8.3.2012 – 36 T 26007/11, ZMR 2012, 578, Rn 12.
323 LG Köln 11.7.2011 – 29 T 47/11, ZMR 2012, 476; LG Stuttgart v. 25.11.2008 – 2 T 184/08, ZMR 2009, 229. A.A. LG Nürnberg/Fürth v. 8.4.2010 – 14 T 614/10, ZWE 2010, 282.

Auffassung darf die Verwaltersondervergütung aber nur zugesprochen werden, wenn ein entsprechender Beschluss gem. § 21 Abs. 7 WEG vorliegt, weil anderenfalls ein Wertungswiderspruch zu dem Grundsatz entstünde, wonach Parteikosten nur im Rahmen des JVEG erstattungsfähig sind.[324]

1456 **Haushaltsnahe Dienstleistungen**, Erstellung von Bescheinigungen (siehe Rn 1009).

1457 **Lastschriftverfahren.** Die Pflicht zur Teilnahme am Lastschriftverfahren kann gem. § 21 Abs. 7 WEG beschlossen werden; es war ein erklärtes Ziel des Gesetzgebers der WEG-Novelle, diese Möglichkeit zu eröffnen.[325] Es handelt sich dabei aber um eine „verbandsinterne Regelung", die nicht wirksam Gegenstand des Verwaltervertrags sein kann (siehe Rn 1408). Es ist deshalb schon lange üblich, in Verwalterverträgen statt einer Verpflichtung zur Teilnahme am Lastschriftverfahren (oder ergänzend dazu) eine gestaffelte Verwaltervergütung vorzusehen, konkret: Einen Preis je Sondereigentumseinheit, der bei Teilnahme am Lastschriftverfahren gilt, und einen erhöhten Preis bei Nichtteilnahme; diese „Technik" hat sich allgemein durchgesetzt (vgl. § 4 Nr. 2 des Musterverwaltervertrags im Anhang). Die Wirksamkeit und Rechtmäßigkeit einer solchen Vergütungsregelung wird, soweit ersichtlich, nicht in Frage gestellt. Die Hauptfrage ist aber die, ob dem nicht am Lastschriftverfahren teilnehmenden Zahlungspflichtigen per Beschluss gem. § 21 Abs. 7 WEG die Mehrkosten („**Mehraufwandspauschale**") als „Kosten für einen besonderen Verwaltungsaufwand" auferlegt werden können. Aus der Entscheidung des BGH zur „Umzugskostenpauschale" ist zu schließen, dass das möglich ist (siehe Rn 1450). Der Beschluss muss nach bislang h.M. aber ausdrücklich und separat gefasst werden, sodass eine entsprechende Klausel im Verwaltervertrag („Mehraufwandspauschale ist direkt vom Verursacher zu tragen") nach h.M. nichtig (richtiger Weise aber allenfalls anfechtbar) ist.

1458 **Mahnungen.** Eine Sondervergütung für Mahnungen an zahlungspflichtige Miteigentümer ist nach h.M. grundsätzlich **rechtmäßig**.[326] Das gilt nach hier vertretener Ansicht auch dann, wenn es sich um die verzugsbegründende „Erstmahnung" handeln sollte, denn mit der Mahnung verfolgt der Verwalter keine eigenen Forderungen, sodass seine Mahngebühr keinen pauschalierten Schadensersatzanspruch darstellt, sondern die Vergütung seiner Dienstleistung. Die Klausel muss sich deshalb auch nicht an § 309 Nr. 5 BGB („Pauschalierung von Schadensersatzansprüchen") messen lassen. **Schuldner** der Sondervergütung ist die Gemeinschaft, sofern nicht die Gemeinschaftsordnung oder ein Beschluss gem. § 21 Abs. 7 WEG den Verursacher zur Zahlung verpflichtet. Dass der säumige Miteigentümer der Gemeinschaft i.d.R. wegen Zahlungsverzugs zur Erstattung verpflichtet ist,[327] begründet für sich genommen weder eine direkte Zahlungspflicht, noch rechtfertigt es das Einstellen als „direkte Belastung" in seine Einzelabrechnung. Empfehlenswert ist deswegen eine Klausel bzw. ein Beschluss gem. § 21 Abs. 7 WEG, wonach die Gemeinschaft dem Verursacher die Mahngebühr bei Nichtzahlung in dessen Einzelabrechnung einstellen kann (siehe Rn 1450). Der **Höhe** nach sind Beträge von 10,00 – 15,00 EUR zzgl. USt. je Mahnung ordnungsmäßig.[328]

1459 **Veräußerungszustimmung** gem. § 12 WEG. Eine Sondervergütung für die Erteilung einer nach der Teilungserklärung erforderlichen Verwalterzustimmung gem. § 12 WEG beim Verkauf einer

---

324 Ausführlich BeckOGK WEG/Greiner § 26 Rn 249 ff.
325 BT-Drucks 16/887, 27.
326 OLG Düsseldorf v. 14.10.1998 – 3 Wx 169/98, WuM 1999, 477; AG Mönchengladbach v. 22.2.2002 – 23 UR II 19/01, NZM 2003, 403; *Gottschalg*, NZM 2009, 217 (221).
327 Für die „verzugsbegründende" Mahnung ist der Zahlungspflichtige zwar nicht ersatzpflichtig (OLG Hamm v. 29.5.2008 – 15 Wx 43/08, ZMR 2009, 61); i.d.R. tritt bei Hausgeldschulden Verzug aber schon vor der Mahnung aufgrund kalendermäßiger Bestimmung der Fälligkeit ein (§ 286 Abs. 2 Nr. 1 BGB).
328 *Gottschalg*, NZM 2009, 217, 221 nennt 25,00 DM unter Hinweis auf OLG Düsseldorf NZM 1999, 267, wo aber nur 10 DM vereinbart waren.

Wohnung (bzw. Sondereigentumseinheit) ist üblich, meistens als Pauschale zwischen 50,00 EUR und 150,00 EUR, und rechtmäßig.[329] Dass die Veräußerungsbeschränkung als solche meistens nicht zweckmäßig ist, steht auf einem anderen Blatt (siehe Rn 233).[330] Unwirksam ist aber eine Pauschale in Form eines Prozentsatzes vom Kaufpreis der Einheit (im Fall: 0,5 %), weil das dazu führen kann, dass die Kosten der Veräußerungszustimmung nicht im angemessenen Verhältnis zum tatsächlichen Prüfungsaufwand stehen. **Schuldner** der Sondervergütung ist im Ausgangspunkt die Gemeinschaft als Vertragspartner des Verwalters. Häufig sieht der Verwaltervertrag aber vor, dass der seine Wohnung verkaufende Miteigentümer („Verkäufer") die Sondervergütung zu zahlen habe. Eine solche Zahlungspflicht einzelner Miteigentümer kann nach der Rspr. des BGH im Verwaltervertrag nicht begründet werden; erforderlich und ausreichend wäre ein ausdrücklicher Beschluss gem. § 21 Abs. 7 WEG (siehe Rn 1450). Der Käufer der Einheit kann weder durch den Verwaltervertrag, noch per gesondertem Beschluss gem. § 21 Abs. 7 WEG zur Zahlung verpflichtet werden; denn ein in die Gemeinschaft eintretender „Käufer" ist zwar (mittelbar) an den Verwaltervertrag gebunden, haftet hieraus aber nicht für Verwaltervergütungen, die vor seinem Erwerb entstanden und fällig geworden sind.[331] Daran ändert sich nichts, wenn der Käufer – wie üblich – im notariellen Kaufvertrag die Kosten des Vertragsvollzugs übernommen hat, weil dadurch nur das Verhältnis zwischen Erwerber und Verkäufer, nicht aber das Verhältnis zwischen Erwerber und Gemeinschaft betroffen ist; zudem gehören die Kosten der Verwalterzustimmung nicht zu den Vertragskosten.[332]

V. Der Verwalter ohne Verwaltervertrag und der faktische Verwalter

1. Der Verwalter ohne Verwaltervertrag

Wenn der Verwalter zwar wirksam bestellt wurde, es aber an einem (besonderen) Verwaltervertrag fehlt (aus welchen Gründen auch immer), hat er selbstverständlich alle gesetzlichen Rechte und Pflichten, die sich aus dem WEG und aus dem BGB ergeben; es fehlt lediglich an ergänzenden (vertraglichen) Regelungen. Erörterungsbedürftig ist bei dieser Fallgestaltung nur die Frage nach der Vergütung und der Laufzeit (bzw. Kündigungsfrist) der Bestellung, sofern nicht einmal hierzu bei der Bestellung eine Regelung getroffen wurde.

1460

Vergütung. Für den Verwaltervertrag als Geschäftsbesorgungsvertrag (siehe Rn 1393) gilt gem. §§ 632 Abs. 1, Abs. 2, 612 Abs. 1, 2 BGB die **übliche Vergütung** als vereinbart,[333] soweit nicht ausnahmsweise eine unentgeltliche Leistung zu erwarten ist. Über die Höhe der üblichen Vergütung lässt sich trefflich streiten; die Darlegungs- und Beweislast liegt beim Verwalter. Für die **Fälligkeit** gilt § 614 S. 2 BGB: „Ist die Vergütung nach Zeitabschnitten bemessen, so ist sie nach dem Ablauf der einzelnen Zeitabschnitte zu entrichten." Eine monatliche Zahlweise ist bei der Verwaltervergütung üblich, und die Üblichkeit ist hier entscheidend;[334] die Vergütung wird deshalb am ersten Tag des Folgemonats für den Vormonat fällig.[335] A.A. war allerdings das OLG Hamm: Demnach soll die Vergütung gem. § 614 S. 1 BGB erst nach der Aufstellung von Wirtschaftsplan und Jahresabrechnung fällig werden.[336]

1461

---

329 KG v. 20.6.1997 – 24 W 1783/97, ZMR 1997, 666.
330 OLG Hamm v. 19.10.2000 – 15 W 133/00, ZMR 2001, 138; unstr.
331 KG a.a.O. (Vornote).
332 *Wagner*, IMR 2011, 272.
333 OLG Hamm v. 4.6.2002 – 15 W 66/02, ZMR 2003, 51.
334 So i.E. auch Staudinger/*Bub,* (2005) § 26 WEG Rn 279.
335 MüKoBGB/*Müller-Glöge*, 5. Aufl. 2009, § 614 Rn 11.
336 OLG Hamm v. 4.3.1993 – 15 W 295/92, NJW-RR 1993, 845.

1462 **Laufzeit**. Der Verwalter kann während der Dauer einer festen Laufzeit der Bestellung weder **kündigen** noch gekündigt oder abberufen werden. Wurde er aber auf unbestimmte Zeit bestellt, gelten für die Abberufung/Kündigung über § 675 BGB die **Fristen** des § 621 BGB, wobei dann zu entscheiden ist, ob dessen Nr. 3 oder Nr. 4 einschlägig ist. Wenn man entsprechend der hier vertretenen Ansicht davon ausgeht, dass die Vergütung monatlich geschuldet ist, kann die Kündigung gem. § 621 Nr. 3 BGB bis zum 15. eines Monats zum Monatsende erfolgen. Folgt man der Rechtsprechung des OLG Hamm, wonach die Vergütung erst nach Erstellung der Jahresabrechnung und somit einmal jährlich fällig wird, müsste gem. § 621 Nr. 4 BGB eine Kündigungsfrist von 6 Wochen zum Schluss eines Kalendervierteljahres gelten.

2. Der faktische Verwalter

1463 Es kommt nicht selten vor, dass eine Person oder Gesellschaft als Verwalter tätig ist, obwohl sie gar nicht bestellt wurde. So kann es von vornherein an einer wirksamen Bestellung gefehlt haben; oder die Bestellung wurde infolge Anfechtung rückwirkend unwirksam; oder – das ist der häufigste Fall – der einmal bestellte Verwalter setzt seine Tätigkeit nach Ablauf der Vertragslaufzeit fort. Einen solchen „nicht (mehr) bestellten Verwalter" nennt man **faktischen Verwalter**.

1464 Nach hier vertretener Auffassung ist der faktische Verwalter wie ein bestellter Verwalter zu behandeln; er hat demnach insbes. Anspruch auf die „eigentlich" vorgesehene **Vergütung**. Das ergibt sich aus den im Arbeits- und Gesellschaftsrecht entwickelten **Grundsätzen der fehlerhaften Anstellungsverträge**,[337] die aufgrund der identischen Problem- und Interessenlage auch für den faktischen WEG-Verwalter gelten,[338] und ergänzend aus der analogen Anwendung des § 625 BGB. Die Rspr. billigt dem faktischen Verwalter allerdings nur einen Anspruch auf die **übliche Vergütung** für die von ihm erbrachten Leistungen gem. §§ 677 ff., 683 S. 1 BGB zu.[339] Auf Basis der hier vertretenen Auffassung hat der faktische Verwalter selbstverständlich ein **Teilnahmerecht** an der von ihm einberufenen WEG-Versammlung; das LG München I erklärte hingegen sämtliche auf einer solchen Versammlung gefassten Beschlüsse für unwirksam, da ein Verstoß gegen das Gebot der Nichtöffentlichkeit vorliege.[340]

1465 Der faktische Verwalter **haftet** für **Pflichtverletzungen** genauso wie ein bestellter Verwalter. Die h.M. begründet das mit der Konstruktion eines pflichten- und haftungsbegründenden Auftragsverhältnisses i.S.d. § 662 BGB.[341] Richtiger Weise ist die Haftung aber wiederum mit den Grundsätzen der fehlerhaften Anstellung zu begründen: Weil die (eigentlich fehlende) Bestellung als wirksam behandelt wird, hat der Verwalter alle Rechte und Pflichten, der er im Falle der Bestellung hätte; dass er dann für Fehler genauso haften muss wie ein bestellter Verwalter, ist die zwangsläufige Folge.[342] Außerdem treffen ihn bei Beendigung seiner Tätigkeit dieselben **Abwicklungspflichten** wie jeden anderen ausgeschiedenen Verwalter auch.[343]

1466 Weder die Grundsätze der fehlerhaften Anstellung, noch die Vorschriften der Geschäftsführung ohne Auftrag sind einschlägig, wenn sich eine Person den Wohnungseigentümern **ohne deren Wissen und Wollen** aufgedrängt hat, wie es z.B. bei einer versuchten einseitigen „Übertragung"

---

[337] BGH 16.1.1995 – II ZR 290/93, NJW 1995, 1158; KG v. 9.7.1999 – 18 U 2668/97, NZG 2000, 43 Rn 49.
[338] So im Prinzip auch *Bärmann/Merle*, § 26 Rn 169.
[339] BGH v. 7.3.1989 – XI ZR 25/88, ZMR 1989, 265; obiter dictum bestätigt mit Urt. v. 6.3.1997 – III ZR 248/95, ZMR 1997, 308, Rn 20.
[340] LG München I v. 10.1.2013 – 36 S 8058/12, ZMR 2013, 475.
[341] OLG Hamm v. 25.10.2007 – 15 W 180/07, ZMR 2008, 161 hebt hervor, dass auch für den unentgeltlich tätigen faktischen Verwalter keine Haftungsbeschränkung gilt.
[342] KG v. 9.7.1999 – 18 U 2668/97, NZG 2000, 43, Rn 49 für den faktischen GmbH-Geschäftsführer.
[343] BGH v. 6.3.1997 – III ZR 248/95, ZMR 1997, 308.

der Bestellung vom bisherigen auf einen neuen Verwalter der Fall ist (siehe Rn 1243). Hier spricht man besser nicht von einem „faktischen Verwalter", als vielmehr von einem **„Scheinverwalter"**. Ein solcher Scheinverwalter kann keine Vergütung verlangen und auch sonst keine Ansprüche stellen. Es liegt in der Natur der Sache, dass die Abgrenzung zwischen Scheinverwalter und faktischem Verwalter schwierig sein kann, da es in beiden Fällen eben an einer ausdrücklichen Willensbildung auf Seiten der Wohnungseigentümer fehlt.

D. Aufgaben und Befugnisse des Verwalters

I. Allgemeines

§ 27 WEG ist die zentrale Vorschrift zur Regelung der wesentlichen Aufgaben und Befugnisse des Verwalters; weitere Verwalterpflichten finden sich in den §§ 24, 25 und 28 WEG. Um die Grundstruktur des § 27 WEG und die darin angelegte Problematik zu verstehen, ist folgender kleiner „Vorspann" erforderlich: Wenn eine Person für eine andere handelt, wie es allgemein bei der Stellvertretung und speziell beim Handeln des Organs für seinen Verband der Fall ist (Geschäftsführer für Gesellschaft, Verwalter für WEG), unterscheidet das deutsche Recht zwischen dem **Innenverhältnis** und dem **Außenverhältnis**. Das Innenverhältnis hat die Rechte (synonym: Befugnisse) und Pflichten des Handelnden (hier: WEG-Verwalters) im Verhältnis zu seinem Auftraggeber (hier: WEG) zum Gegenstand, das Außenverhältnis die Rechte und Pflichten des Handelnden gegenüber Dritten (hier: Vertragspartner der WEG); man spricht insoweit auch von **Geschäftsführung** (Innenverhältnis) und **Vertretung** (Außenverhältnis). Alles könnte einfach sein, wenn der WEG-Verwalter im Innenverhältnis die umfassende Aufgabe hätte, alles für eine ordnungsmäßige Verwaltung Erforderliche zu tun und im Außenverhältnis ein korrespondierendes, unbeschränktes Vertretungsrecht.[344] Tatsächlich ist es ganz anders: Nach dem verschachtelten und schwer verständlichen § 27 WEG werden die Rechte und Pflichten im Innenverhältnis (Abs. 1) von den Vertretungsbefugnissen im Außenverhältnis (Abs. 2 und 3) strikt unterschieden. Rechte und Pflichten des Verwalters im Innenverhältnis ziehen nicht automatisch entsprechende Rechte im Außenverhältnis nach sich (und umgekehrt): Der Verwalter hat teilweise im Innenverhältnis mehr Aufgaben, als ihm im Außenverhältnis Befugnisse zustehen, und umgekehrt hat er im Außenverhältnis mehr Rechte, als ihm im Innenverhältnis Pflichten auferlegt werden. Generell werden dem Verwalter weder im Innen- noch im Außenverhältnis umfassende Befugnisse eingeräumt. Seine Aufgaben (im Innenverhältnis) und Befugnisse (im Außenverhältnis) sind im Gesetz vielmehr **punktuell** normiert; vor allem das Vertretungsrecht ist im Wesentlichen auf Angelegenheiten der laufenden Verwaltung und auf Notmaßnahmen beschränkt. Dahinter steht die (praxisferne, allenfalls in ganz kleinen Gemeinschaften einmal zutreffende) Vorstellung, dass die Wohnungseigentümer die „Herren der Verwaltung" sind, die alle wesentlichen Entscheidungen selber treffen, während der Verwalter ein bloßes Ausführungsorgan ist, das im Einzelfall per Beschluss beauftragt und mit den erforderlichen Vollmachten ausgestattet werden muss.

1467

Die gesetzlichen Aufgaben und Befugnisse des Verwalters können gem. § 27 Abs. 4 WEG zwar **nicht beschränkt** oder ausgeschlossen werden; ihre **Erweiterung** ist vom Gesetzgeber aber ausdrücklich vorgesehen, indem § 27 Abs. 3 Nr. 7 WEG dafür eine Beschlusskompetenz eröffnet. Angesichts der beschränkten gesetzlichen Regelung ist eine Erweiterung üblich und dringend zu empfehlen. In der Praxis werden dem Verwalter per gesondertem Beschluss (selten) und/oder im Verwaltervertrag (Normalfall) stets weitere Aufgaben und Befugnisse übertragen; Erweiterungen der Befugnisse (Kompetenzerweiterungen) sind allerdings oftmals unwirksam (siehe Rn 1428).

1468

---

344 Das entspräche der Rechtsstellung eines GmbH-Geschäftsführers gem. § 35 Abs. 2 GmbHG bzw. der eines österreichischen WEG-Verwalters gem. § 20 Abs. 1 ÖWEG.

1469 Wenn der Verwalter im Außenverhältnis in Vertretung der Gemeinschaft Erklärungen abgibt, insbes. **Verträge abschließt**, ist ihm zu seiner eigenen Sicherheit die ausdrückliche **Offenlegung der Stellvertretung** (§ 164 BGB) zu empfehlen; sonst riskiert er die eigene Haftung als Vertreter ohne Vertretungsmacht (§ 179 Abs. 1 BGB). Allerdings ergibt sich der Wille zur Stellvertretung i.d.R. auch ohne ausdrückliche Erklärung aus den Umständen der Auftragsvergabe. Das gilt insbesondere bei der Beauftragung von Reparaturen oder sonstigen Bauleistungen am Gemeinschaftseigentum, weil der Verwalter erkennbar kein Interesse daran hat, diese im eigenen Namen zu vergeben, da sie nicht ihm, sondern den Eigentümern zugute kommen.[345]

II. Aufgaben und Befugnisse im Einzelnen

1. Die Durchführung von Beschlüssen

1470 Gem. § 27 Abs. 1 Nr. 1, 1. Alt. WEG ist der Verwalter (im Innenverhältnis) **berechtigt** und **verpflichtet**, Beschlüsse der Wohnungseigentümer durchzuführen. Im Außenverhältnis hat er die **Vertretungsmacht**, die zur Durchführung erforderlichen Verträge im Namen der Gemeinschaft abzuschließen. Die Vertretungsmacht ergibt sich zwar nicht aus dem Gesetz; der Beschluss, dass eine bestimmte Maßnahme ausgeführt werden soll, beinhaltet aber zumindest konkludent stets eine entsprechende Vollmachterteilung i.S.v. § 27 Abs. 3 Nr. 7 WEG.[346] Die Miteigentümer müssen sich bei Beschlussfassungen (z.B. über Instandhaltungsmaßnahmen, die Einleitung eines Rechtsstreits usw.) also keine Gedanken darüber machen (und auch keine Worte darüber verlieren), wer für die Ausführung zuständig sein soll: Es ist stets der Verwalter.

1471 Der Verwalter muss die Beschlüsse **unverzüglich** ausführen.[347] Das gilt auch dann, wenn er einen Beschluss für unzweckmäßig oder rechtswidrig hält bzw. wenn der Beschluss rechtswidrig ist und/oder **angefochten** wurde.

1472 *Beispiel*
Die Eigentümergemeinschaft beschließt eine teure Fassadensanierung; ein Miteigentümer reicht dagegen Anfechtungsklage ein. Soll der Verwalter die Sanierung trotzdem in Auftrag geben? – Die Frage ist klar zu bejahen: Der Verwalter muss auch anfechtbare und angefochtene Beschlüsse durchführen, denn diese sind gültig und deshalb zu vollziehen, solange sie nicht gerichtlich rechtskräftig für ungültig erklärt wurden (§ 23 Abs. 4 S. 2 WEG) bzw. solange keine gerichtliche Suspendierung (per einstweiliger Verfügung) erfolgte (siehe dazu Rn 191). Dass die überstimmte Minderheit mit dem Beschluss nicht einverstanden ist, ändert nichts: „Zu den Pflichten des Verwalters gehört es, mehrheitlich gefasste Beschlüsse auch gegen den erklärten Willen der Minderheit umzusetzen".[348] Nach h.M. misst das Gesetz dem Vollziehungsinteresse der Gemeinschaft auch im Falle der Anfechtung grundsätzlich ein höheres Gewicht bei als dem Aussetzungsinteresse der Miteigentümer, die den Beschluss angefochten haben. Die Ausführung verpflichtet den Verwalter daher auch im Falle späterer Aufhebung nicht zum Schadensersatz gegenüber den Miteigentümern;[349] von ihm in Ausführung des Beschlusses abgeschlossene Verträge bleiben trotz Beschlussaufhebung wirksam. Der Fortbestand der Vertretungsmacht des Verwalters ergibt sich m.E. aus einer Analogie zu § 171 Abs. 1 BGB. Zur analogen

---

345 BGH v. 8.1.2004 – VII ZR 12/03, WuM 2004, 1239 (betr. Mietverwaltung, auf den WEG-Verwalter aber übertragbar). Strenger (Eigenhaftung des Verwalters bejaht) BerlVerfGH v. 18.7.2006 – VerfGH 3/02, NZM 2006, 931.
346 OLG Düsseldorf v. 29.11.2005 – 23 U 211/04, NZM 2006, 182.
347 BayObLG v. 24.11.2004 – 2Z BR 156/04, ZMR 2005, 639, Rn 28.
348 BGH v. 5.7.2013 – V ZR 241/12, NZM 2013, 653, Rn 15; LG Itzehoe v. 12.4.2011 – 11 S 50/10, ZMR 2012, 724, Rn 19.
349 BayObLG v. 21.2.1990 – BReg 1 b Z 43/88, WuM 1990, 366.

D. Aufgaben und Befugnisse des Verwalters § 10

Situation bei Ungültigerklärung des Bestellungsbeschlusses (siehe Rn 1283). Die Praxis vieler Verwalter, vor der Ausführung umstrittener Maßnahmen zunächst die Bestandskraft der zugrundeliegenden Beschlüsse abzuwarten, ist grundsätzlich nicht zu rechtfertigen. In Zweifelsfällen (in denen eine Beschlussanfechtung zu befürchten ist) kann der Verwalter sich schon bei der Beschlussfassung eine Weisung erteilen lassen, ob der Beschluss sogleich oder erst nach Eintritt der Bestandskraft auszuführen ist; das ist rechtlich zulässig.[350]

Ein „allgemeines" eigenes Recht zur Beschlussanfechtung steht dem Verwalter nicht zu[351] und ist für ihn normalerweise auch nicht von Interesse. Nur wenn ein Beschluss den Verwalter in seiner eigenen Rechtsstellung betrifft, ist die Anfechtungsbefugnis zu bejahen. Hauptanwendungsfall dafür ist der Beschluss über die eigene Abberufung; zulässig ist die Anfechtung durch den Verwalter auch, wenn die Beschlussausführung ihn zu rechtswidrigem Handeln zwingen und der Gefahr von zivilrechtlicher Haftung, Strafverfolgung oder der Auferlegung von Bußgeldern aussetzen würde. 1473

Nichtige Beschlüsse muss und darf der Verwalter grundsätzlich nicht ausführen. Das ist freilich reine Theorie, denn dem Verwalter wird i.d.R. nicht klar sein, dass ein Beschluss nichtig ist; sonst hätte er darüber gar nicht erst abstimmen lassen. 1474

Bei der Durchführung von Beschlüssen ist (selbstverständlich) der (Mehrheits-)Wille der Wohnungseigentümer zu beachten.[352] Der Verwalter muss mit der Sorgfalt eines ordentlichen Kaufmanns vorgehen.[353] Besondere Pflichten bestehen bei der Vergabe und Überwachung von Baumaßnahmen (siehe Rn 1489). 1475

2. Die Durchführung der Hausordnung

Gem. § 27 Abs. 1 Nr. 1 2. Alt. WEG ist der Verwalter berechtigt und verpflichtet, für die Durchführung der Hausordnung zu sorgen. Obwohl der Gesetzeswortlaut anderes vermuten ließe, korrespondieren mit der im Innenverhältnis weitgefassten Pflicht keine Befugnisse im Außenverhältnis. Dementsprechend beschränkt sind die Möglichkeiten des Verwalters. Er hat lediglich das Recht und die Pflicht, durch tatsächliche Maßnahmen (Abmahnschreiben, Rundschreiben, Aushänge u. dgl.) den Störungen entgegen zu wirken. Ohne Ermächtigung im Verwaltervertrag oder besondere Beschlussfassung kann er hingegen keine gerichtlichen Schritte einleiten – und das ist auch gut so. 1476

Je nach Fall muss der Verwalter in Erwägung ziehen, Störungen der Hausordnung zum Gegenstand der Tagesordnung der nächsten ordentlichen Eigentümerversammlung zu machen, um eine Beschlussfassung hierzu zu ermöglichen; unter Umständen ist auch die Einberufung einer außerordentlichen Versammlung angezeigt. Dies zu entscheiden, liegt im pflichtgemäßen Ermessen des Verwalters. Wenn sich z.B. nur ein einziger Miteigentümer gestört fühlt, kann es ordnungsgemäßer Verwaltung entsprechen, wenn ihn der Verwalter stattdessen auf die Möglichkeit individueller Geltendmachung seiner Ansprüche verweist. 1477

3. Instandhaltungsmaßnahmen

a) Maßnahmen ohne Beschlussfassung – laufende und dringende

Aus eigener Kompetenz, d.h. ohne entsprechende Beschlussfassung der Gemeinschaft (sei es in Einzelfall, sei es im Verwaltervertrag), ist der Verwalter nur zur Durchführung/Beauftragung lau- 1478

---

350 BayObLG v. 24.11.2004 – 2Z BR 156/04, ZMR 2005, 639, Rn 28; *Bärmann/Merle*, § 27 Rn 21.
351 LG Itzehoe v. 12.4.2011 – 11 S 50/10, ZMR 2012, 724, Rn 19; str.
352 BGH v. 18.2.2011 – V ZR 197/10, NZM 2011, 454, Rn 21.
353 BGH v. 12.12.1995 – V ZB 4/94, ZMR 1996, 274.

fender (§ 27 Abs. 3 Nr. 3 WEG) oder dringender (§ 27 Abs. 3 Nr. 4 i.V.m. § 27 Abs. 2 Nr. 3 WEG) Instandhaltungsmaßnahmen im Namen der Gemeinschaft befugt.

1479 **Laufende Maßnahmen.** Die gesetzliche Regelung ist gut gemeint, aber missglückt, denn es lässt sich nicht trennscharf definieren, was „laufende Maßnahmen" sind. Nach h.M. gehören Arbeiten größeren Umfangs nicht dazu, vielmehr muss es sich um **alltägliche** oder jedenfalls **nicht außergewöhnliche** Maßnahmen handeln, wie z.B. die Beauftragung von **Kleinreparaturen**. Auch der Abschluss **langfristiger Verträge** (z.B. zur Gartenpflege, Dachwartung usw.) gehört nicht zu den laufenden Maßnahmen.[354] Richtiger Weise ist jeder Vertrag als langfristig anzusehen, der über den Zeitpunkt der zu erwartenden nächsten ordentlichen Versammlung hinaus reicht, denn spätestens dann sollen die Wohnungseigentümer darüber entscheiden können, wer zu welchen Konditionen beauftragt werden soll.

1480 **Dringende Maßnahmen.** Gem. § 27 Abs. 1 Nr. 3, Abs. 3 Nr. 4 WEG ist der Verwalter berechtigt und verpflichtet, in dringenden Fällen sonstige zur Erhaltung des gemeinschaftlichen Eigentums erforderlichen Maßnahmen zu treffen (**Notgeschäftsführung**) und die Gemeinschaft dabei zu vertreten. Dringend sind Fälle, in denen die Erhaltung des gemeinschaftlichen Eigentums gefährdet wäre, wenn nicht umgehend gehandelt würde und in denen wegen der Eilbedürftigkeit die Einberufung einer Eigentümerversammlung nicht möglich ist. Dabei gilt: „Wegen der Primärzuständigkeit der Eigentümerversammlung muss der Verwalter auch in eilbedürftigen Fällen möglichst einen Beschluss der Wohnungseigentümer herbeiführen, ggf. unter Verkürzung der Ladungsfrist".[355] Die Einberufung einer Eigentümerversammlung ist objektiv betrachtet aber fast immer möglich, denn die Ladungsfrist kann in Fällen besonderer Dringlichkeit verkürzt werden (§ 24 Abs. 4 WEG), notfalls auf wenige Tage; richtiger Weise liegen die Voraussetzungen des Notgeschäftsführungsrechts deshalb nur sehr selten vor. Wenn ein Notgeschäftsführungsrecht einmal besteht, umfasst es nur **(Not-)Maßnahmen** zur Beseitigung der Gefahrenlage, nicht jedoch zur Beauftragung solcher Arbeiten, die einer dauerhaften Beseitigung der Schadensursache dienen;[356] letzteres bedarf wiederum eines Beschlusses der Gemeinschaft.

1481 *Tipp:*
*Zu warnen ist vor der verbreiteten (Fehl-)Vorstellung, nur weil eine Maßnahme der Instandhaltung dringend und **unvermeidlich** sei, dürfe und müsse der Verwalter sie umgehend beauftragen. Richtig ist nach Gesetz und Rspr.: Der Verwalter muss in einem dringenden Fall zwar umgehend handeln, im Normalfall aber nicht durch Beauftragung der Reparaturmaßnahme, sondern indem er eine Beschlussfassung der Gemeinschaft vorbereitet und eine außerordentliche Wohnungseigentümerversammlung einberuft. Allerdings sind außerordentliche Versammlungen bei Verwaltern wie Eigentümern gleichermaßen unbeliebt, sodass sich Verwalter häufig (sei es bewusst, sei es aus Unkenntnis) über die fehlende Vertretungsmacht hinweg setzen. (Zu den möglichen Konsequenzen siehe Rn 1531.)*

b) Der Normalfall: Maßnahmen gemäß Beschlussfassung

1482 Gem. § 27 Abs. 1 Nr. 2 WEG ist der Verwalter ist berechtigt und verpflichtet, die für die ordnungsmäßige Instandhaltung und Instandsetzung (zum (Un-)Sinn der Differenzierung siehe Rn 521) des gemeinschaftlichen Eigentums erforderlichen Maßnahmen zu treffen. Der insoweit irreführende

---

354 OLG Brandenburg v. 19.3.2009 – 5 U 109/07, ZMR 2010, 214 (betr. eine Vertragslaufzeit von einem Jahr mit automatischer Verlängerung bei Nichtkündigung); OLG Köln v. 26.11.2004 – 16 Wx 184/04, ZMR 2005, 473 (betr. eine Vertragslaufzeit von 5 Jahren).
355 LG Frankfurt (Oder) v. 2.10.2012 – 16 S 11/12, ZWE 2013, 219, Rn 57; OLG Hamm v. 19.7.2011 – 15 Wx 120/10, ZMR 2012, 31, Rn 17.
356 BGH v. 18.2.2011 – V ZR 197/10, NZM 2011, 454.

D. Aufgaben und Befugnisse des Verwalters § 10

Wortlaut der Norm scheint eine Vertretungskompetenz zu beinhalten, denn weil der Verwalter Instandhaltungsarbeiten i.d.R. nicht in persona ausführt, müssten die „erforderlichen Maßnahmen" seine Berechtigung zur Beauftragung von Handwerkern usw. einschließen. Tatsächlich bezieht sich die Norm aber ausschließlich auf das Innenverhältnis und gibt dem Verwalter keine Berechtigung, in Vertretung der Gemeinschaft Aufträge zu erteilen. Abgesehen von den vorerwähnten „laufenden und dringenden Maßnahmen" ist es demnach immer Sache der Gemeinschaft (und nicht des Verwalters) zu entscheiden, ob und ggf. welche Maßnahmen der Instandhaltung durchgeführt werden. Das gilt auch für die Beauftragung gesetzlich geforderter oder aus anderen Gründen unvermeidlicher Arbeiten (z.B. Maßnahmen nach der Trinkwasserverordnung, Beseitigung von Wasserschäden, usw.); entgegen verbreiteter Fehlvorstellung darf und kann der Verwalter auch diese nicht ohne Beschlussfassung der Gemeinschaft beauftragen.

Da es Sache der Gemeinschaft ist, über die Durchführung von Instandhaltungsmaßnahmen zu entscheiden, obliegen dem Verwalter (in „neudeutscher" Terminologie) lediglich „Managementaufgaben" zur Vorbereitung der Beschlussfassung: Er muss einen Instandhaltungsbedarf **feststellen** (Kontrollpflicht), die Wohnungseigentümer darüber **informieren** und eine **Entscheidung** der Gemeinschaft über das weitere Vorgehen **herbeiführen**.[357] Im Einzelnen: **1483**

Zur **Feststellung** des Instandhaltungsbedarfs muss der Verwalter **regelmäßige Begehungen** durchführen. Selbstverständlich muss er auch Mängeln nachgehen, die ihm von einzelnen Miteigentümern mitgeteilt werden.[358] Er muss dafür sorgen, dass erforderliche Kontroll- und Wartungsverträge abgeschlossen werden. So verlangt z.B. die DIN 1986–3, dass der Zustand von Dach- und Notüberläufen sowie von Dachrinnen und Regenwasserfallleitungen alle 6 Monate, insbesondere im Herbst, kontrolliert wird. Schon aus diesem Grund ist dem Verwalter zu raten, einen Beschluss fassen zu lassen, wonach mindestens einmal jährlich das (Flach-)Dach von einem Fachunternehmen kontrolliert wird. Ein weiterer Grund ist die andernfalls bestehende Gefahr der deliktischen Haftung für herabfallende Bauteile gem. §§ 836, 838 BGB. Der Verwalter muss nämlich alle aus technischer Sicht gebotenen Maßnahmen treffen, um die Gefahr einer Ablösung von Dachteilen nach Möglichkeit rechtzeitig zu erkennen und ihr zu begegnen; dies gilt umso mehr, je älter das Gebäude und seine Dachkonstruktion ist.[359] **1484**

Wenn das Gebäude sich noch in der Gewährleistungszeit befindet, muss der Verwalter sein besonderes Augenmerk dem Problem der **Verjährung** der Mängelansprüche widmen und seine Bemühungen zur Feststellung etwaiger Baumängel intensivieren, wenn das Ende der Gewährleistungsfrist näher rückt. Nach der Rechtsprechung muss er die Miteigentümer rechtzeitig auf den drohenden Ablauf der Gewährleistungsfrist hinweisen und darauf hinwirken, dass Maßnahmen zur Hemmung der Verjährung beschlossen werden.[360] Dazu muss er wissen, wann das Gemeinschaftseigentum abgenommen wurde, was insbesondere dann schwierig sein kann, wenn es keine einheitliche Abnahme mit Wirkung für und gegen alle Miteigentümer gab. Im Zweifel sollte der Hinweis auf eine drohende Verjährung und die Möglichkeit zur Beschlussfassung lieber zu früh als zu spät gegeben werden. Wenn der Verwalter den Eintritt der Verjährung der Mängelansprüche schuldhaft **1485**

---

357 LG München I v. 15.10.2012 – 1 S 26801/11, WuM 2013, 370; LG München I v. 5.8.2010 – 36 S 19282/09, ZWE 2011, 42, Rn 4; st. Rspr., siehe auch die Folgenoten.
358 OLG München v. 25.9.2008 – 32 Wx 79/08, NZM 2008, 895.
359 BGH v. 23.3.1993 – VI ZR 176/92, NJW 1993, 1782; vgl. auch OLG Düsseldorf v. 20.12.2002 – 22 U 76/02, NJW-RR 2003, 885.
360 OLG Stuttgart v. 18.11.2010 – 13 U 198/09; OLG München v. 25.9.2008 – 32 Wx 79/08, NZM 2008, 895. Diese Rechtsprechung ist allerdings fragwürdig, weil der Verwalter *nicht* die Pflicht hat, sich um die Durchsetzung von Mängelansprüchen der Erwerber zu kümmern und es deshalb inkonsequent ist, von ihm gleichwohl zu verlangen, die Verjährung der Ansprüche zu verhindern.

nicht verhindert hat, haftet er für den den Wohnungseigentümern dadurch entstandenen Schaden, was bedeutet, dass er selber die Mangelbeseitigungskosten bezahlen muss (siehe Rn 1573).

1486 *Tipp*

Der **Bauträgerverwalter** (also der mit dem Bauträger identische, ebenso der vom Bauträger eingesetzte, mit ihm verbundene oder von ihm abhängige Verwalter) hat bei Baumängeln dieselben Pflichten wie jeder andere Verwalter, auch wenn er somit auf Ansprüche gegen sich selbst hinweisen muss. Weil er als besonders fachkundig anzusehen ist, dürfen die Wohnungseigentümer sogar erwarten, dass er Mängel noch mehr als der „normale Verwalter" erkennt und seine Kenntnisse für die Wohnungseigentümergemeinschaft einsetzt.[361] Kommt er seiner Pflicht nicht nach, kann dies einen Grund für die vorzeitige Abberufung darstellen.

1487 Wenn Mängel und Schäden am Gemeinschaftseigentum aufgetreten sind, muss der Verwalter unverzüglich deren **Ursache** und **Umfang** sowie die zur Mangelbeseitigung notwendigen Maßnahmen feststellen lassen.[362] Das gilt auch dann, wenn die Schäden im Bereich des Sondereigentums auftreten, die Ursachen aber im Bereich des gemeinschaftlichen Eigentums liegen können (so insbesondere beim Wasserschaden, siehe Rn 1490). Der Verwalter kann hier leicht in eine „Zwickmühle" geraten: Einerseits trifft ihn die Pflicht zur Ursachenermittlung, die er ohne Hinzuziehung eines Sachverständigen oder anderer Fachleute oft gar nicht erfüllen kann; andererseits gilt: „Aus eigenem Recht ist der Verwalter nicht befugt, einen Sachverständigen zu bestellen".[363] Die Voraussetzungen einer Notkompetenz für Eilfälle liegen fast nie vor (siehe Rn 1480, 1523). Abhilfe kann eine dem Verwalter (im Verwaltervertrag oder durch gesonderten Beschluss gem. § 27 Abs. 3 Nr. 7 WEG) eingeräumte Befugnis zur Einschaltung von Sachverständigen ohne vorhergehenden Eigentümerbeschluss schaffen.

1488 Eine ordnungsmäßige Beschlussfassung setzt eine ausreichende **Information** der Eigentümer voraus. Daher muss der Verwalter – jedenfalls bei größeren Arbeiten – zur Vorbereitung der Beschlussfassung den Umfang und die voraussichtlichen Kosten der geplanten Maßnahmen durch Einholung von **Angeboten**, Kostenvoranschlägen usw. ermitteln lassen (siehe Rn 527, 532).

1489 Für die **Durchführung** der Beschlüsse über Instandhaltungsarbeiten gelten zunächst die schon Rn 1475 erwähnten Anforderungen. Bei der Überwachung und Abnahme der Bauleistungen und der damit zusammenhängenden Prüfung, ob die Zahlungsvoraussetzungen vorliegen, treffen den Verwalter weitere Pflichten. Er ist zwar kein Bauleiter i.S.d. Landesbauordnungen und hat nicht die gleichen Pflichten wie ein mit der Bauüberwachung beauftragter Architekt. Aber er muss mit der Sorgfalt arbeiten, die ein Bauherr in eigenen Angelegenheiten anwendet.[364] Dazu gehört die Prüfung, ob die beauftragten Leistungen (vollständig) erbracht wurden, die Erhebung von Mängelrügen und Fristsetzungen bezüglich der Nachbesserungsansprüche, die Geltendmachung von Zurückbehaltungsrechten usw. Leistet der Verwalter Zahlungen für erkennbar mangelhafte Werkleistungen, haftet er auf Schadensersatz, wenn die Gemeinschaft Gewährleistungsansprüche gegen den Handwerker nicht durchsetzen kann.[365] Bezahlt er erkennbar zweifelhafte (und letztlich unberechtigte) Rechnungen, muss er der Gemeinschaft die Zahlung erstatten[366] (ausführlich siehe

---

361 OLG München v. 25.9.2008 und OLG Stuttgart v. 18.11.2010 (Vornote).
362 OLG Frankfurt v. 28.5.2009 – 20 W 115/06, ZMR 2009, 861; OLG Düsseldorf v. 29.9.2006 – 3 Wx 281/05, ZMR 2007, 56.
363 OLG Frankfurt v. 28.5.2009 (Vornote); ebenso LG München I v. 5.8.2010 – 36 S 19282/09, ZWE 2011, 42.
364 Ausführlich LG Hamburg v. 9.4.2013 – 318 T 17/12, ZMR 2013, 988, Rn 82 ff.; OLG Frankfurt v. 10.2.2009 – 20 W 356/07, ZMR 2009, 620.
365 OLG Frankfurt v. 10.2.2009 (Vornote).
366 OLG Düsseldorf v. 10.3.1997 – 3 Wx 186/95, ZMR 1997, 380.

Rn 1531). Fehler der im Zuge der Baumaßnahmen eingeschalteten (Hilfs-)Personen muss sich der Verwalter aber nicht zurechnen lassen; leistet der Verwalter aufgrund einer fehlerhaften Zahlungsfreigabe des Architekten eine unberechtigte Zahlung, haftet er dafür nicht.[367] Werden die Arbeiten (wesentlich) **teurer** als bei Beschlussfassung prognostiziert, muss der Verwalter die Entscheidung der (ggf. außerordentlich einberufenen) Wohnungseigentümerversammlung einholen.[368]

Tritt in einer Wohnung ein **Wasserschaden** auf, dessen Ursache im Gemeinschaftseigentum liegen kann, muss der Verwalter ebenfalls unverzüglich die Schadensursache und die zur Mangelbeseitigung erforderlichen Maßnahmen feststellen lassen.[369] Er ist aber nicht verpflichtet – genau genommen nicht einmal berechtigt! -, sich um die Beseitigung der Schäden am Sondereigentum zu kümmern. Bei einer vermieteten Wohnung kann er sich darauf verlassen, dass der Mieter den Wohnungseigentümer von dem Schadensfall verständigt, damit dieser die erforderlichen Maßnahmen ergreifen kann.[370] Da bei Wasserschäden meistens eine **Leitungswasserschadenversicherung** eintrittspflichtig ist, muss sich der Verwalter auch um die Schadensregulierung kümmern (siehe dazu Rn 1668).

1490

4. Die Geldverwaltung

Das Gesetz regelt ersichtlich umständlich und „zerstückelt" die Rechte und Pflichten bei der Verwaltung gemeinschaftlicher Gelder. Die Neuerungen der WEG-Novelle wurden dem früheren Gesetzestext hinzugefügt, ohne einen in sich stimmigen neuen Text zu entwerfen. Der Verwalter ist gem. § 27 WEG **berechtigt und verpflichtet**,

1491

- (Abs. 1 Nr. 4): Lasten- und Kostenbeiträge, Tilgungsbeträge und Hypothekenzinsen anzufordern, in Empfang zu nehmen und abzuführen, soweit es sich um gemeinschaftliche Angelegenheiten der Wohnungseigentümer handelt;
- (Abs. 1 Nr. 5): alle Zahlungen und Leistungen zu bewirken und entgegenzunehmen, die mit der laufenden Verwaltung des gemeinschaftlichen Eigentums zusammenhängen;
- (Abs. 1 Nr. 6): eingenommene Gelder zu verwalten;
- (Abs. 3 Nr. 5): im Rahmen der Verwaltung der eingenommenen Gelder gem. Abs. 1 Nr. 6 Konten zu führen;
- (Abs. 5): die eingenommene Gelder von seinem Vermögen gesondert zu halten. Die Verfügung über solche Gelder kann von der Zustimmung eines Wohnungseigentümers oder eines Dritten abhängig gemacht werden.

Gebündelt dargestellt gelten folgende **Grundsätze der Geldverwaltung**:

Der Verwalter muss grundsätzlich zwei **Bankkonten** für die Gemeinschaft anlegen und führen: Ein Girokonto für die laufende Verwaltung und ein Konto (und/oder eine anderweitige Anlageform) zur gewinnbringenden Anlage der Instandhaltungsrücklage, auf die erst mittel- oder langfristig zugegriffen werden muss. Das Vertretungsrecht hierfür ergibt sich aus § 27 Abs. 3 Nr. 5 WEG.

1492

---

367 BayObLG v. 11.4.2002 – 2Z BR 85/01, ZMR 2002, 689.
368 So BGH v. 18.2.2011 – V ZR 197/10, NZM 2011, 454. Das ist freilich wenig einleuchtend, wenn (wie im BGH-Fall) die Kostensteigerung unvermeidlich ist; daran ändert sich auch durch die Beschlussfassung nichts.
369 OLG München v. 15.5.2006 – 34 Wx 156/05, ZMR 2006, 716; OLG Düsseldorf v. 29.9.2006 – 3 Wx 281/05, WuM 2006, 639; BayObLG v. 29.1.1998 – 2Z BR 53/97, ZMR 1998, 357. Ausführlich zum Leitungswasserschaden *Greiner*, NZM 2013, 481.
370 BayObLG v. 3.4.1996 – 2Z BR 5/96, NJW-RR 1996, 1298.

Die Konten sind im Namen der Gemeinschaft einzurichten, sodass die Gemeinschaft Konto- und Forderungsinhaberin ist („**offenes Fremdkonto**"). Geldanlagen auf den Namen des Verwalters entsprechen nicht ordnungsmäßiger Verwaltung.[371] Sie verstoßen gegen das Gebot der Vermögenstrennung (§ 27 Abs. 5 WEG); die Gemeinschaft würde das Risiko tragen, dass Gläubiger des Verwalters auf das Geld zugreifen und dass es bei einer etwaigen Insolvenz des Verwalters in die Insolvenzmasse fällt. Wenn die Gemeinschaft dem Verwalter keine Weisung erteilt, steht die **Auswahl des Kreditinstituts** und der Anlageform in seinem Ermessen. Für die **Anlage der Instandhaltungsrücklage** sind z.B. ein Festgeldkonto, ein Sparbuch oder sichere Wertpapiere wie Bundesschatzbriefe üblich und zulässig; unterschiedlich bewertet werden Bausparverträge.[372] Die fehlende verzinsliche Anlage nicht benötigter Gelder entspricht ebenso wie eine spekulative Geldanlage nach h.M. nicht ordnungsmäßiger Verwaltung. Allerdings ist mehr als fraglich, welche Geldanlage in Zeiten der Finanzkrise noch als sicher anzusehen ist; die Ordnungsmäßigkeit einer Geldanlage kann nicht generell, sondern nur im Einzelfall beurteilt werden.[373]

Die Pflicht zur gesonderten Geldanlage verbietet es, die Verwaltung von Sondereigentum und Gemeinschaftseigentum zu vermischen. Dem Verwalter ist zwar die Sondereigentumsverwaltung, insbesondere die **Mietverwaltung**[374] nicht verwehrt. Der Zahlungsverkehr ist aber strikt separat vom Gemeinschaftskonto abzuwickeln.

1493 Der Verwalter ist berechtigt und verpflichtet, sämtliche **Lasten- und Kostenbeiträge** sowie sonstige Forderungen (im Gesetz sog. „Tilgungsbeträge", z.B. Schadensersatzforderungen) von den Miteigentümern **anzufordern** (und die Zahlung ggf. zu quittieren). Die im Gesetz auch noch erwähnten „Hypothekenzinsen" haben keinen Anwendungsbereich. Für Mahnungen kann der Verwalter ein Sonderhonorar vereinbaren (siehe Rn 1458). Rechtliche Schritte zum **Hausgeldinkasso** (Rechtsanwaltsbeauftragung, gerichtliche Klage) darf er nur nach entsprechendem Eigentümerbeschluss oder aufgrund einer Ermächtigung im Verwaltervertrag einleiten (siehe Rn 1432, 1437). Zahlungen sind auf das Gemeinschaftskonto anzufordern; sie wirken aber auch dann schuldbefreiend, wenn sie auf dem Geschäftskonto des Verwalters eingehen (§ 27 Abs. 1 Nr. 4 WEG); der Verwalter hat solche Zahlungen sofort auf das Gemeinschaftskonto weiterzuleiten.

1494 Gem. § 27 Abs. 1 Nr. 5 WEG ist der Verwalter berechtigt und verpflichtet, „die mit der laufenden Verwaltung zusammenhängenden" **Zahlungen** zu leisten; der Zahlung muss eine Prüfung der Forderung voraus gehen (siehe Rn 1489, 1581). Mit der laufenden Verwaltung hängen insbes. Zahlungen auf solche Forderungen zusammen, die infolge bzw. zwecks Durchführung gemeinschaftlicher Beschlüsse entstehen. Ebenso gehören etwaige sonstige im Wirtschaftsplan vorgesehene Ausgaben dazu. Wenn aber sonstige Forderungen gegen die Gemeinschaft gestellt werden (z.B. Aufwendungs- oder Schadensersatzansprüche von Miteigentümern oder Dritten), wird es schwierig: Formal betrachtet darf der Verwalter darauf ohne Beschluss der Gemeinschaft (sei es über den Verwaltervertrag, sei es im Einzelfall) nicht bezahlen, selbst wenn die Forderungen berechtigt sind. (Zu den möglichen Konsequenzen einer unberechtigten Zahlung siehe Rn 1531.)

---

371 H.M., siehe nur OLG Rostock v. 20.5.2009 – 3 W 181/08, ZMR 2010, 223-, Rn 38; AG Strausberg v. 11.3.2009 – 27 C 12/08, ZMR 2009, 563, Rn 69; NKV/*Niedenführ*, § 27 Rn 55. A.A. AG Kassel v. 16.11.2010 – 803 C 4530/10, ZMR 2012, 230.
372 OLG Düsseldorf v. 1.12.1995 – 3 Wx 322/95, WuM 1996, 112 hielt einen Bausparvertrag für nicht ordnungsgemäß (str.).
373 *Häublein*, Zulässigkeit einer spekulativen Anlage des Rücklagevermögens, ZMR 2013, 945.
374 Auch in Gestalt eines „Mietpools". Mitunter verpflichtet eine Gemeinschaftsordnung die Miteigentümer dazu, die Vermietung dem Verwalter zu überlassen; das ist wirksam, siehe Rn 134.

Zur **Kreditaufnahme**, wozu auch die Kontoüberziehung gehört, ist der Verwalter ohne Ermächtigung der Gemeinschaft nicht berechtigt.[375] Bei Liquiditätsproblemen muss der Verwalter also eine Eigentümerversammlung einberufen, die über eine Kreditaufnahme (siehe Rn 702) oder eine Sonderumlage entscheidet.

1495

5. Der Verwalter im Passivprozess

a) Der Verwalter als Zustellungsvertreter

Der Verwalter ist berechtigt, mit Wirkung für und gegen die Gemeinschaft oder gegen „alle Wohnungseigentümer in dieser Eigenschaft" Willenserklärungen und Zustellungen entgegenzunehmen (§ 27 Abs. 1 Nr. 7, Abs. 2 Nr. 1, Abs. 3 Nr. 1 WEG). Abgesehen von den eher seltenen Fällen, in denen Außenstehende die Gemeinschaft verklagen, hat die Zustellungsvertretung des Verwalters vor allem bei den gemeinschaftsinternen Prozessen (**Binnenstreitigkeiten**) Bedeutung. Hierzu bestimmt § 45 Abs. 1 WEG (in überflüssiger Doppelregelung zu § 27 Abs. 2 Nr. 1 WEG) ausdrücklich, dass der Verwalter Zustellungsvertreter der beklagten oder beigeladenen Wohnungseigentümer ist. Das bedeutet, dass er für die Entgegennahme des gesamten prozessbezogenen Schriftverkehrs (Klage, gerichtliche Verfügungen, Schriftsätze der Parteien usw.) zuständig ist, auch soweit diese Schriftstücke nicht förmlich zugestellt werden. Dabei ist die Übersendung jeweils **einer** (beglaubigten) **Abschrift** (nebst Anlagen) des betreffenden Schriftstücks für den Verwalter ausreichend.[376] Der Kläger muss also nicht etwa für alle beklagten oder beigeladenen Miteigentümer Abschriften der Klage einreichen; die Information der Miteigentümer ist vielmehr Sache des Verwalters (zur Vorgehensweise und zu den Kosten siehe Rn 1502 f).

1496

Der Verwalter darf **nicht Zustellungsvertreter** sein, wenn „er als Gegner der Wohnungseigentümer an dem Verfahren beteiligt ist oder aufgrund des Streitgegenstands die Gefahr besteht, er werde die Wohnungseigentümer nicht sachgerecht unterrichten" (§ 45 Abs. 1 WEG). Schwierigkeiten macht insbesondere die letztgenannte Variante.

1497

> *Beispiel*
> Klage auf außerordentliche Abberufung des Verwalters. *Oder*: Anfechtung der Verwalterwahl. **Oder**: Sonstige Beschlussanfechtungsklage, wenn auch der Beschluss über die Entlastung des Verwalters angefochten wird.

1498

In den Beispielsfällen besteht aufgrund des jeweiligen Streitgegenstandes die **abstrakte** (besser: prinzipielle) Gefahr nicht sachgerechter Unterrichtung. Nach der Rspr. des BGH entfällt die Zustellungsvollmacht aber nur, wenn ein **konkreter** Konflikt zwischen den Interessen des Verwalters und den übrigen von ihm vertretenen Wohnungseigentümern auftritt; und solange für das Gericht im Zeitpunkt der Entscheidung über die Durchführung der Zustellung keine Umstände ersichtlich sind, die konkret die Gefahr einer nicht sachgerechten Information der Wohnungseigentümer rechtfertigten, soll der Verwalter tauglicher Zustellungsvertreter sein.[377] Es ist freilich schwer vorstellbar, aufgrund welcher Umstände das Amtsgericht zu Beginn des Prozesses eine derartige konkrete Gefahr erkennen können sollte; die Regelung des § 45 Abs. 1 WEG wird von der Rspr. praktisch zur Bedeutungslosigkeit verdammt. Doch damit nicht genug: Selbst wenn es derartige Umstände

1499

---

375 OLG Celle v. 5.4.2006 – 3 U 265/05, ZMR 2006, 540. Der Verwalter haftet der Bank als Vertreter ohne Vertretungsmacht gem. § 179 BGB auf Rückzahlung, die Gemeinschaft daneben ggf. nach Bereicherungsrecht.
376 So BGH v. 14.5.2009 – V ZB 172/08, ZMR 2009, 777 mit Hinweis auf BGH v. 25.9.1980 – VII ZR 276/79, NJW 1981, 282, wo es zur Begründung so schön heißt, dass „sonst der Rechtsverkehr mit so komplizierten Gebilden wie Wohnungseigentümergemeinschaften unangemessen erschwert" wäre.
377 BGH v. 9.3.2012 – V ZR 170/11, ZMR 2012, 567, Rn 8; LG Karlsruhe v. 21.2.2012 – 11 S 46/11, ZWE 2013, 36, Rn 17 (mit zutr. krit. Anm. *Krebs*, WuM 2013, 602).

gegeben haben sollte und bei der Zustellung der Klage an den Verwalter die konkrete Gefahr nicht sachgerechter Unterrichtung bestand, wird das daraus resultierende Fehlen seiner Zustellungsvollmacht nach Auffassung des BGH rückwirkend geheilt, wenn er die Miteigentümer tatsächlich informiert.[378] Das erscheint als dogmatisch kaum haltbarer „Kunstgriff", der nur die „grausamen" Ergebnisse vermeiden soll, die anderenfalls eintreten würden: Ist eine Zustellung an die Beklagten mangels Zustellungsvollmacht des Verwalters unwirksam, muss ein Prozess von Anfang an neu aufgerollt werden. Letztlich dürfte die Rechtsprechung von Praktikabilitätserwägungen getragen sein, denn die Probleme beim Ausfall des Verwalters als Zustellungsvertreter sind erheblich und die gerichtliche Bestellung eines Ersatzzustellungsvertreters gem. § 45 Abs. 3 WEG (siehe Rn 1750) ist mit Aufwand verbunden und (wohl deshalb) unbeliebt. Die Praxis geht daher über eine zweifelhafte Zustellungsbefugnis des Verwalters gerne hinweg und stellt auch dann an ihn zu, wenn die Voraussetzungen des § 45 WEG an sich vorliegen; dies auch in der Erwartung, er werde die Miteigentümer trotz seiner Interessenkollision unterrichten und dadurch seine anfangs vielleicht fehlende Zustellungsbefugnis erst noch herstellen.

1500

> *Tipp*
> Bei der Beschlussanfechtung ist i.d.R. allen Beteiligten daran gelegen, den Prozess nicht mit Zustellungsproblemen zu belasten. Der Anfechtungskläger sollte sich also gut überlegen, ob er zu einer etwaigen Interessenkollision des Verwalters überhaupt etwas vorträgt.

b) Die Pflicht zur Unterrichtung der Miteigentümer

1501 Wenn der Verwalter als Zustellungsvertreter eine Klage erhalten hat, muss er gem. § 27 Abs. 1 Nr. 7 WEG die Miteigentümer **unverzüglich** darüber **unterrichten**; diese müssen zeitnah Kenntnis von den sie betreffenden gerichtlichen Verfahren haben. Unterbliebene oder verspätete Information kann zur außerordentlichen Abberufung führen (siehe Rn 1329).

1502 Das Gesetz bestimmt nicht, in welcher **Form** die „Unterrichtung" zu geschehen hat. Der BGH hat dazu ausgeführt: „Wie der Verwalter die Wohnungseigentümer informiert, ist seine Sache. Er kann es sachgerecht mündlich auf einer Versammlung der Wohnungseigentümer tun oder durch Versendung von Rundschreiben. Erscheint es geboten, dem einzelnen Wohnungseigentümer eine Abschrift des zugestellten Schriftstücks zu übermitteln, kann und muss der Verwalter solche Abschriften herstellen lassen".[379] Jedenfalls bei den gerichtlichen Verfahren gem. § 43 WEG dürfte nur ein Rundschreiben unter Beifügung einer Kopie der Klage dem Informationsbedürfnis der Miteigentümer genügen. Die damit verbundenen Kosten können signifikant gesenkt werden, wenn der Verwalter den Miteigentümern derartige Informationen per **E-Mail** zukommen lässt; entsprechende Regelungen im Verwaltervertrag sind zu empfehlen, wobei es zulässig sein dürfte, diejenigen Miteigentümer mit Sondergebühren zu belasten, die mit der Übersendung per E-Mail nicht einverstanden sind (siehe Rn 1450, 1457).

1503 Eine **Erstattung** der durch die Unterrichtung entstehenden Kosten (Kopien, Porto, Aufwand) durch den unterlegenen Prozessgegner erfolgt nicht, und zwar weder bei Klagen Dritter gegen die Gemeinschaft, noch bei der Beschlussanfechtung, bei welcher die übrigen Wohnungseigentümer auf Beklagtenseite stehen. Der BGH ist der Auffassung, der Gesetzgeber habe die Zustellungsbevollmächtigung des Verwalters u.a. deshalb vorgesehen, um die dem Kläger entstehenden Kosten gering zu halten; daher handele es sich bei der Unterrichtung der Miteigentümer um eine interne

---

378 BGH v. 14.5.2009 – V ZB 172/08, ZMR 2009, 777.
379 BGH v. 14.5.2009 – V ZB 172/08, ZMR 2009, 777.

Angelegenheit der Gemeinschaft, deren Kosten nicht auf den unterlegenen Prozessgegner abgewälzt werden dürften.[380]

c) Der Verwalter als Vertreter im Prozess

Der Verwalter nimmt nicht nur als Zustellungsvertreter Klagen entgegen, sondern hat gem. § 27 Abs. 2 Nr. 2 WEG auch die Befugnis zur **Vertretung** der **Gemeinschaft** (bei Klagen Dritter gem. § 43 Nr. 5 WEG oder bei Klagen von Miteigentümern gegen die Gemeinschaft gem. § 43 Nr. 2 WEG) bzw. zur Vertretung der **beklagten Miteigentümer** in den gemeinschaftsinternen Streitigkeiten gem. § 43 Nr. 1, 4 WEG.

1504

> *Beispiele*
> Miteigentümer A klagt gegen die Gemeinschaft auf Auszahlung des aus seiner Jahresabrechnung folgenden Guthabens. Oder: Ein Handwerker klagt gegen die Gemeinschaft auf Bezahlung seiner Handwerkerrechnung. – Der Verwalter ist jeweils zur Vertretung der Gemeinschaft berechtigt.
>
> A erhebt eine Regelungs- oder eine **Beschlussanfechtungsklage** gegen seine Miteigentümer. – Der Verwalter ist berechtigt, die beklagten Miteigentümer zu vertreten,[381] und zwar alle, wie insbes. hinsichtlich der Beschlussanfechtungsklage zu betonen ist: Auch diejenigen, die gegen den Beschluss gestimmt haben.[382]

1505

Bei Streitigkeiten über die Rechte und Pflichten des Verwalters gem. § 43 Nr. 3 WEG müsste ihm eigentlich wegen **Interessenkollision** schon die passive Zustellungsbefugnis und folglich auch das Recht zur Passivvertretung der Miteigentümer fehlen. Wie oben schon ausgeführt wurde (siehe Rn 1499), hat die Rechtsprechung die Anforderungen diesbezüglich aber so hoch geschraubt, dass der Verwalter praktisch nie ausgeschlossen ist. Noch weiter gehend wird sogar angenommen, dass der Verwalter sogar dann zur Vertretung der beklagten Miteigentümer befugt sei, wenn er doch einmal als Zustellungsvertreter gem. § 45 Abs. 1 WEG ausgeschlossen ist;[383] das geht m.E. deutlich zu weit.

1506

Das Vertretungsrecht beinhaltet nicht zwangsläufig eine **Vertretungspflicht**. Ob und wie der Verwalter die Wohnungseigentümer bzw. die Gemeinschaft in Passivverfahren vertritt, muss er jeweils anhand des Maßstabs ordnungsmäßiger Verwaltung entscheiden. Dabei gelten folgende Grundsätze: Die Verteidigung des Beschlusses stellt den Regelfall dar, für den das Gesetz dem Verwalter die Prozessvertretung einräumt; auch ist es Sache des Gerichts, über die Rechtmäßigkeit des Beschlusses zu entscheiden, und nicht des Verwalters, das Ergebnis durch fehlende Verteidigung vorwegzunehmen. Im Normalfall ist der Verwalter als Vollzugsorgan der Mehrheitsbeschlüsse deshalb dazu berufen, den **Mehrheitswillen gegen eine Anfechtungsklage zu verteidigen**.[384] Nur wenn eine (Beschlussanfechtungs-)Klage voraussichtlich mit Sicherheit erfolgreich sein wird, bspw. weil die Gemeinschaft in voller Kenntnis der Anfechtbarkeit einen rechtwidrigen Beschluss („Zitterbeschluss") gefasst hat oder weil ein offenkundiger Formfehler vorliegt, kann der Verwalter der Klage einmal nicht entgegen treten, sondern Versäumnisurteil ergehen lassen; das ist aber ein Ausnahmefall. Wenn er sich dafür entscheidet, einer Klage nicht entgegen zu treten, muss er die beklagten Miteigentümer nicht nur über den Eingang der Klage, sondern auch darüber unterrichten, dass er keine Maßnahmen zur Verteidigung des Beschlusses ergreifen wird; ggf. wird er auch eine

1507

---

380 BGH v. 14.5.2009 – V ZB 172/08, ZMR 2009, 777; in Ergebnis und Begründung wenig überzeugend.
381 BGH v. 5.7.2013 – V ZR 241/12, NZM 2013, 653.
382 LG Karlsruhe v. 11.5.2010 – 11 S 9/08, ZMR 2011, 588.
383 LG Karlsruhe v. 7.8.2012 – 11 S 180/11, ZMR 2013, 376.
384 LG Karlsruhe v. 7.8.2012 – 11 S 180/11, ZMR 2013, 376, Rn 4.

außerordentliche Versammlung einberufen und sich eine Weisung zum weiteren Vorgehen erteilen lassen.

1508 Nach h.M. kann der Verwalter, soweit kein Anwaltszwang besteht (also insbes. in Verfahren vor dem Amtsgericht) **selber** die **Vertretung** vor Gericht übernehmen. Zwar lässt der seit dem 1.7.2008 geltende § 79 Abs. 2 ZPO die Vertretung in gerichtlichen Verfahren nur durch Rechtsanwälte oder bestimmte weitere Personen zu, zu denen der WEG-Verwalter nicht gehört; das Vertretungsrecht des Verwalters gem. § 27 Abs. 2 Nr. 2 WEG wird aber als lex specialis betrachtet.[385]

1509 *Tipp:*
„Schuster bleib bei deinem Leisten!" Von der Prozessvertretung durch den Verwalter ist abzuraten. Auch wenn der Gesichtspunkt der Neutralitätspflicht nicht zwingend dagegen spricht, weil der Verwalter das übergeordnete Verbandsinteresse wahrzunehmen hat, gerät er bei eigener Prozessführung doch praktisch in eine Gegnerschaft zu den klagenden Wohnungseigentümern. Abgesehen davon ist die professionelle Rechtsanwendung bei einem Rechtsanwalt besser aufgehoben. Im Normalfall sollte der Verwalter deshalb einen **Rechtsanwalt** für die Beklagten beauftragen (siehe Rn 1512).

1510 Das Vertretungsrecht **umfasst** alle Maßnahmen zur **Verteidigung** gegen die Klage. Auch die Nicht-Verteidigung ist eine Art Verteidigung, weshalb der Verwalter nicht nur Versäumnisurteil ergehen lassen kann, sondern auch zur Erklärung eines **Anerkenntnisses** befugt ist.[386] Das Vertretungsrecht beinhaltet ferner das Recht zur Einlegung von **Rechtsmitteln**,[387] somit auch das Recht zur Erteilung eines entsprechenden Auftrags zur Rechtsmitteleinlegung an einen Rechtsanwalt; eines vorhergehenden Beschlusses bedarf es dazu nicht. Fraglich ist aber, ob das Vertretungsrecht auch weitergehende prozessuale Maßnahmen wie insbes. den Abschluss eines **Vergleichs** umfasst. Grundsätzlich kann der Verwalter im Prozess nicht mehr an materiell-rechtlichen Erklärungen abgeben, als außerhalb des Prozesses.[388] Demnach ist nur wenig Raum für einen Vergleich, der ohne Zustimmung der Gemeinschaft geschlossen werden soll; ein Vergleich muss deshalb regelmäßig widerruflich geschlossen werden. Vergleiche, die sich auf Gegenstände beziehen, für die keine Beschlusskompetenz besteht, können überhaupt nicht wirksam abgeschlossen werden, weil auch die Beschlussfassung der Gemeinschaft dem Verwalter keine Vertretungsmacht einräumen kann.

1511 Die beklagten Miteigentümer müssen sich auch **wider Willen** vom **Verwalter** vertreten lassen, denn das Vertretungsrecht des Verwalters gehört zu seinen unbeschränkbaren Befugnissen (§ 27 Abs. 4 WEG). Der einzelne Wohnungseigentümer kann dem Verwalter deshalb auch keine Weisung erteilen, in welcher Weise er sein Vertretungsrecht auszuüben hat.[389] Ggf. ist es Sache des Verbandes, über die weitere Prozessführung zu entscheiden. Weil es die **Wohnungseigentümerversammlung** ist, die den streitgegenständlichen Beschluss gefasst hat und ihn ggf. wiederholen, aufheben oder ändern kann, kurz: die Entscheidungshoheit über den Streitgegenstand hat, muss es in der Beschlusskompetenz der Eigentümerversammlung liegen, dem Verwalter (bzw. dem von ihm beauftragen Rechtsanwalt) Weisungen zur Prozessführung zu erteilen. Die Beschlusskompetenz folgt aus § 21 Abs. 3 WEG, weil die Prozessführung, insbes. die Verteidigung angefochtener

---

385 *Bärmann/Merle*, § 27 Rn 140, 208; *Lehmann-Richter*, ZWE 2009, 298. M.E. unzutreffend, u.a. weil § 79 Abs. 2 ZPO die zeitlich spätere Vorschrift ist. Mangels einschlägiger ober- oder höchstrichterlicher Entscheidungen ist insoweit noch nicht „das letzte Wort gesprochen".
386 So i.E. auch *M. Schmid*, MDR 2010, 781, 784; *Bergerhoff*, NZM 2007, 425, 428. A.A. BayObLG v. 27.3.1997 – 2Z BR 11/97, ZMR 1997, 325.
387 LG Berlin v. 19.4.2013 – 55 S 170/12, ZWE 2013, 333.
388 *M. Schmid*, Prozessführung durch den Wohnungseigentumsverwalter, ZWE 2010, 305, 306; *Elzer*, ZMR 2009, 649, 652; *Bärmann/Merle*, § 27 Rn 148.
389 Ausführlich BeckOGK WEG/*Greiner*, § 27 Rn 56 ff.

Beschlüsse, zur Verwaltung des Gemeinschaftseigentums gehört. „Die Wohnungseigentümer sind nicht gehindert, die Einberufung einer Eigentümerversammlung zu verlangen und dem Verwalter Weisungen zu erteilen".[390] Der Verwalter wird häufig schon von sich aus eine außerordentliche Wohnungseigentümerversammlung einberufen, um die Interessen der Wohnungseigentümer herauszufinden und deren evtl. divergierende Wünsche zu bündeln. An der Beschlussfassung dürfen nur die beklagten Wohnungseigentümer teilnehmen; die klagenden Wohnungseigentümer unterliegen dem **Stimmrechtsausschluss** des § 25 Abs. 5 WEG, denn dieser erfasst richtiger Weise nicht nur (dem Wortlaut der Norm entsprechend) die Einleitung oder Erledigung eines Rechtsstreits, sondern auch die Zwischenschritte (siehe Rn 842).

d) Die Beauftragung und die Tätigkeit eines Rechtsanwalts

Der Verwalter kann die beklagten Wohnungseigentümer – auch und insbes. bei der Beschlussanfechtung – **umfassend vertreten** und deshalb auch einen **Rechtsanwalt** für sie beauftragen.[391] Wenn der Rechtsanwalt die Gemeinschaft oder einzelne Miteigentümer schon vorprozessual vertreten hat, muss er das Problem einer etwaigen **Interessenkollision** prüfen (siehe Rn 848). Der Verwalter kann seinen „Hausanwalt" beauftragen, auch wenn wegen Ortsverschiedenheit Fahrtkosten für Gerichtstermine anfallen sollten; diese sind erstattungsfähig.[392] (Zur Verwaltersondervergütung bei Rechtsanwaltsbeauftragung siehe Rn 1454.)

1512

Ein Wohnungseigentümer muss sich sogar **wider Willen** von dem vom Verwalter beauftragten Rechtsanwalt vertreten lassen; denn das vom Verwalter (aufgrund unbeschränkbarer Befugnis) erteilte Mandat kann ein einzelner Wohnungseigentümer nicht kündigen. Differierende **Singularinteressen** oder gar Weisungen der Wohnungseigentümer sind für den Rechtsanwalt ohne Bedeutung. Der Rechtsanwalt ist vielmehr an Weisungen des Verwalters gebunden, der unbeschränkbar zur Prozessführung für die beklagten Wohnungseigentümer befugt ist. Die beklagten Wohnungseigentümer haben somit letztendlich die Rollen von „Statisten": Als Einzelne können sie auf die Prozessführung keinen Einfluss nehmen; „faktischer Auftraggeber" des Rechtsanwalts ist der Verwalter. Diesem übergeordnet und der eigentliche „Souverän" der Prozessführung ist allerdings die WEG als Verband. Die Eigentümerversammlung kann – wie vorstehend erwähnt – per Beschluss **Weisungen** zur Prozessführung erlassen; solche Weisungen oder Vorgaben muss der Rechtsanwalt beachten.

1513

Seine **Vollmacht** muss der Rechtsanwalt im Prozess (nur) auf entsprechende Rüge der Gegenseite hin nachweisen (§ 88 Abs. 1 ZPO). Sofern die Beauftragung unmittelbar auf einem Beschluss der Gemeinschaft beruht, ist zum Nachweis das unterschriebene Beschlussprotokoll vorzulegen. Wurde der Rechtsanwalt vom Verwalter für die Gemeinschaft oder die Wohnungseigentümer beauftragt, muss er außer dem Beschlussprotokoll auch die ihm durch den Verwalter erteilte Vollmacht vorlegen.[393]

1514

Der Verwalter ist berechtigt, mit dem Rechtsanwalt eine **Vergütungsvereinbarung** zu treffen, wonach sich dessen Gebühren nach einem **höheren** als dem gesetzlichen **Streitwert** (höchstens nach einem gem. § 49a Abs. 1 S. 1 GKG bestimmten Streitwert) bemessen. Bei Vertretung der Miteigentümer gilt das in den Verfahren gem. § 43 Nr. 1, Nr. 4 oder Nr. 5 WEG, bei Vertretung der Gemeinschaft in den Verfahren gem. § 43 Nr. 2 oder Nr. 5 WEG (§ 27 Abs. 2 Nr. 4, Abs. 3 Nr. 6 WEG). Das

1515

---

390 BGH v. 5.7.2013 – V ZR 241/12, NZM 2013, 653, Rn 15.
391 BGH v. 5.7.2013 – V ZR 241/12, NZM 2013, 653, Rn 13; allg. M.
392 LG Aurich v. 28.3.2011 – 4 T 53/11, NJW-Spezial 2011, 323. Ebenso für den vergleichbaren Fall eines mit der Mietverwaltung beauftragten Immobilienverwalter BGH v. 7.6.2011 – VIII ZB 102/08, WuM 2011, 433.
393 Ausführlich zum analogen Problem des Vollmachtnachweises, wenn der Verwalter die Gemeinschaft vertritt, *Lehmann-Richter*, Der Verwalter als Prozessbevollmächtigter, ZWE 2009, 298.

soll einen Ausgleich dafür schaffen, dass die Streitwerte in WEG-Sachen durch die WEG-Novelle gegenüber dem früheren Recht stark herabgesetzt wurden. Der Gesetzgeber erkannte hierin zutreffend ein Problem, zu dem er in der Gesetzesbegründung Folgendes ausführte: „Im Fall der Klage eines einzelnen Wohnungseigentümers gegen die übrigen Wohnungseigentümer wird es für diese nicht immer einfach sein, einen Rechtsanwalt zu finden, der für den möglicherweise niedrigen Streitwert zur Übernahme des Mandats bereit ist. ... Deshalb muss es möglich sein, dass der Verwalter einen Rechtsanwalt beauftragen und mit ihm eine insbesondere dem gesteigerten Haftungsrisiko angemessene Vergütungsvereinbarung treffen kann".[394] Der vom Gesetzgeber gewählte Weg – erst den Streitwert auf ein unzuträgliches Maß herabzusetzen und dann als Ausgleich den Abschluss von Streitwertvereinbarungen zu erleichtern – ist freilich verfehlt und eine Zumutung für Verwalter und Rechtsanwälte. Die Umsetzung wird im folgenden Beispiel erläutert.

1516 *Beispiel*
Miteigentümer A erhebt eine Beschlussanfechtungsklage mit geringem Streitwert. Der Verwalter beauftragt für die übrigen Miteigentümer einen Rechtsanwalt und schließt mit ihm folgende Vergütungsvereinbarung: „Es wird vereinbart, dass die Rechtsanwaltsgebühren aus einem Streitwert von 3.000,00 EUR berechnet werden." Die Klage wird kostenpflichtig zurückgewiesen. – Auf den Mehrkosten der Vergütungsvereinbarung bleibt die Gemeinschaft unabhängig vom Ausgang des Rechtsstreits „sitzen", denn sie müssen von A nicht erstattet werden (weil nur die gesetzlichen Gebühren gem. § 91 ZPO erstattungsfähig sind). Wenn nichts anderes beschlossen wird, muss die betreffende Ausgabe in der Jahresabrechnung nach MEA (auf alle, inklusive A) verteilt werden, denn § 16 Abs. 8 WEG erklärt die Mehrkosten aufgrund einer Vergütungsvereinbarung zu Verwaltungskosten i.S.v. § 16 Abs. 2 WEG. Abgesehen von dem dadurch entstehenden Verwaltungsaufwand ist das Ergebnis vor allem aus der Sicht des A schwer zu verstehen: Er muss sich somit (entsprechend seinem Miteigentumsanteil) an den durch die Vergütungsvereinbarung entstandenen Kosten seiner Prozessgegner beteiligen.[395] Es kann für A aber noch „härter" kommen: Die Gemeinschaft kann auch gem. § 21 Abs. 7 WEG beschließen, dass A alleine die Mehrkosten als „besonderen Verwaltungsaufwand" tragen muss;[396] sie können ihm anschließend in seiner Einzel-Jahresabrechnung direkt und in voller Höhe belastet werden.

1517 Ein beklagter Wohnungseigentümer kann auch einen weiteren, „**eigenen**" Anwalt („**Individualanwalt**") beauftragen.[397] Dem steht es nicht entgegen, wenn oder dass der Wohnungseigentümer bereits vom „Verwalteranwalt" vertreten wird; denn es ist zulässig, sich von mehreren Rechtsanwälten vertreten zu lassen.[398] Die prozessuale Stellung des vom „Individualanwalt" vertretenen Wohnungseigentümers gleicht derjenigen eines Nebenintervenienten i.S.v. § 66 ZPO, wobei die vom „Verwalteranwalt" vertretenen Wohnungseigentümer die „Hauptpartei" darstellen. Der einzelne Wohnungseigentümer und sein „Individualanwalt" sind deshalb (nur) „berechtigt, Angriffs- und Verteidigungsmittel geltend zu machen und alle Prozesshandlungen wirksam vorzunehmen, insoweit seine Erklärungen und Handlungen mit Erklärungen und Handlungen der Hauptpartei **nicht in Widerspruch** stehen" (§ 67 ZPO).[399] Auf den **Kosten** seines „Individualanwalts" bleibt der beklagte Wohnungseigentümer, der ihn mandatiert hat, allerdings auch bei Klageabweisung „sitzen",

---

394 BT-Drucks 16/887, 77.
395 Dies ist vom Gesetzgeber so gewollt (BT-Drucks 15/887, 26).
396 *Abramenko*, ZWE 2012, 386, 391; *Bärmann/Merle*, § 21 Rn 190.
397 BGH v. 5.7.2013 – V ZR 241/12, NZM 2013, 653, Rn 15.
398 So auch *Bonifacio*, ZWE 2013, 372.
399 Ausführlich BeckOGK WEG/*Greiner*, § 27 Rn 60. A.A. *Bergerhoff*, NZM 2007, 425, 429.

denn der unterlegene Kläger muss gem. § 50 i.d.R. nur die Kosten des vom Verwalter beauftragten Rechtsanwalts („Verwalteranwalts") erstatten (siehe Rn 1805).

e) Vertretung im Vollstreckungsverfahren

Der Verwalter vertritt die Gemeinschaft auch im Rahmen der Zwangsvollstreckung eines gegen die Gemeinschaft erwirkten Titels. Wenn dem Gläubiger die gemeinschaftlichen Konten nicht schon bekannt sind, kann er den Gerichtsvollzieher mit der Abnahme der Vermögensauskunft (§ 802c ZPO) beauftragen, um nach der Offenbarung der WEG-Konten deren Pfändung durchsetzen zu können. Zur **Abgabe der Vermögensauskunft** und ggf. der eidesstattlichen Versicherung für die Gemeinschaft ist der Verwalter gem. § 27 Abs. 3 Nr. 2 WEG berechtigt und verpflichtet.[400]

1518

6. Die Geltendmachung von Ansprüchen; der Verwalter im Aktivprozess

Die (gerichtliche und außergerichtliche) Geltendmachung von Ansprüchen **im Namen der Gemeinschaft**[401] durch den Verwalter setzt voraus, dass er hierzu durch Vereinbarung (z.B. eine entsprechende Regelung in der Gemeinschaftsordnung) oder durch Beschluss ermächtigt wurde (§ 27 Abs. 3 Nr. 7 WEG). Diese Ermächtigung kann im **Einzelfall** ausdrücklich oder konkludent erfolgen. Letzteres ist insbes. dann der Fall, wenn die Gemeinschaft die Geltendmachung von Ansprüchen beschließt; dann ist der Verwalter – der den Beschluss umsetzen muss – diesbezüglich auch ohne besondere Erwähnung beauftragt und ermächtigt. Die Erteilung bzw. Erweiterung der Vertretungsmacht kann aber auch im Voraus und mit **Dauerwirkung** erfolgen, insbes. im Verwaltervertrag, was in der Praxis der Regelfall ist. Es kann auch ein Dauerbeschluss gem. § 27 Abs. 3 S. 1 Nr. 7 WEG gefasst werden (bislang selten der Fall). Eine Ermächtigung per Dauerbeschluss gilt nicht nur für den amtierenden Verwalter, sondern für alle Verwalter in dieser Gemeinschaft. Strukturell entspricht ein Dauerbeschluss gem. § 27 Abs. 3 S. 1 Nr. 7 dem Dauerbeschluss gem. § 21 Abs. 7 WEG (zu diesem siehe Rn 1114). Die Vorausermächtigung zum Hausgeldinkasso ist dringend zu empfehlen; sogar die Ermächtigung zur Durchführung einer Versorgungssperre kann schon im Voraus erteilt werden (siehe Rn 1223). Weitergehende Vorausermächtigungen sind nicht ratsam; die Entscheidung über die Einleitung gerichtlicher Verfahren gegen Außenstehende oder gegen Miteigentümer sollte der Gemeinschaft im Einzelfall überlassen bleiben, zumal allzu weit gefassten Ermächtigungen das Verdikt der Unwirksamkeit droht (siehe Rn 1437). Sinnvoll ist aber eine Regelung im Verwaltervertrag, wonach der Verwalter bei schwierigen Rechtsfragen beratend einen Rechtsanwalt hinzuziehen kann (siehe Verwaltervertragsmuster § 2 Nr. 10 im Anhang 1).

1519

Der Verwalter darf die Gemeinschaft ohne Verstoß gegen das **Rechtsdienstleistungsgesetz** (ehemals Rechtsberatungsgesetz) **außergerichtlich** vertreten[402] und muss daher zur Geltendmachung von Ansprüchen nicht zwangsläufig einen Rechtsanwalt hinzuziehen. Die eigene Bearbeitung von Rechtsangelegenheiten kann aber auch professionellen Verwaltern nicht empfohlen werden (siehe Rn 1509). Die (per Vereinbarung, Beschluss oder Verwaltervertrag) erteilte Ermächtigung beinhaltet auch ohne ausdrückliche Erwähnung das Recht zur Beauftragung eines **Rechtsanwalts** für das gerichtliche Verfahren.[403] (Zu weiteren Fragen im Zuge der Rechtsanwaltsbeauftragung siehe Rn 1512.) Die dem Verwalter erteilte Ermächtigung (Vollmacht) bzw. der daraufhin dem Rechts-

1520

---

400 BGH v. 22.9.2011 – I ZB 61/10, ZMR 2012, 323. Ausführlich *Drasdo*, ZWE 2011, 115.
401 Die Geltendmachung von Ansprüchen im Namen aller Wohnungseigentümer (§ 27 Abs. 2 Nr. 3 WEG) kommt nicht vor, weil gemeinschaftliche Ansprüche im Namen der Gemeinschaft geltend gemacht werden.
402 BGH v. 17.11.2011 – V ZB 134/11, NZM 2012, 315. § 5 Abs. 2 Nr. 2 RDG erlaubt Rechtsdienstleistungen im Zusammenhang mit der Haus- und Wohnungsverwaltung.
403 BGH v. 1.6.2012 – V ZR 171/11, NZM 2012, 562, Rn 6.

anwalt erteilte Auftrag schließt die Befugnis zur Einlegung von **Rechtsmitteln**,[404] zur Beauftragung von **Zwangsvollstreckungsmaßnahmen** und auch zur Stellung eines Insolvenzantrags ein;[405] ein besonderer Beschluss ist für diese Maßnahmen jeweils **nicht** erforderlich. Als Prozessstandschafter (Geltendmachung der Rechte der Gemeinschaft im eigenen Namen) darf der Verwalter nicht auftreten (siehe Rn 342).

1521 Dass eine dem Verwalter erteilte Ermächtigung zur Geltendmachung von Ansprüchen auch die **außergerichtliche** Beauftragung eines **Rechtsanwalts** umfasst, scheint zwar auf der Hand zu liegen, wurde vom OLG Düsseldorf in einem Sonderfall aber einmal in Frage gestellt. Das Gericht behauptete, die Beauftragung eines Rechtsanwalts zwecks außergerichtlicher Beitreibung von Wohngeld bedürfe einer besonderen Ermächtigung.[406] Die Entscheidung wird seitdem zwar in der Literatur häufig unkritisch zitiert, eignet sich aber nicht für eine Generalisierung. Im Normalfall deckt die Ermächtigung des Verwalters zur Geltendmachung von Ansprüchen selbstverständlich auch die vorprozessuale Rechtsanwaltsbeauftragung. Die außergerichtliche Zahlungsaufforderung durch einen Rechtsanwalt ist ein „Minus" gegenüber dem gerichtlichen Verfahren; letzteres wird häufig gerade infolge der Rechtsanwaltstätigkeit vermieden. Wenn der Verwalter für das gerichtliche Verfahren einen Rechtsanwalt beauftragen darf, dann erst recht für das außergerichtliche Verfahren. Wohnungseigentümern und Verwaltern wäre schwer verständlich zu machen, dass ein Verwalter nach erfolglosen eigenen Mahnungen zur Hausgeldbeitreibung gar keine andere Wahl haben sollte, als einem Rechtsanwalt sogleich Klageauftrag zu erteilen. Weil zu dieser Frage aber, wie vorstehend aufgezeigt, auch eine andere Auffassung existiert, ist eine eindeutige Regelung der Befugnis zur Rechtsanwaltsbeauftragung (z.B. im Verwaltervertrag) ratsam.

1522 Wenn sich der Verwalter sicher ist, dass die Eigentümermehrheit mit einer Klageerhebung einverstanden ist, kann er es riskieren, auch **ohne Ermächtigung** loszulegen. Falls die fehlende Ermächtigung im Prozess überhaupt bemerkt wird und zur Sprache kommt (was nicht zwangsläufig geschieht), kann der Verwalter immer noch eine außerordentliche Versammlung einberufen und die Anwaltsbeauftragung und Prozessführung (mit Rückwirkung gem. § 89 Abs. 2 ZPO) durch Beschluss **genehmigen** lassen.[407] Kommt es nicht zur Genehmigung, muss die Klage als unzulässig abgewiesen (oder zurück genommen werden); in diesem Fall können dem Verwalter und dem Rechtsanwalt die Verfahrenskosten auferlegt werden.[408] Bei drohendem Ablauf der **Verjährung** bringt die vollmachtlose Klageerhebung aber nichts: Denn nur die berechtigte (nicht die vollmachtlos erhobene) Klage hemmt die Verjährung, und am Eintritt der Verjährung ändert die nachträgliche Genehmigung der Prozessführung nichts.[409] Ob die Notkompetenz des § 27 Abs. 3 Nr. 2 WEG dem Verwalter bei drohender Verjährung eine Vertretungsbefugnis verleiht, ist fraglich (dazu nachfolgend).

7. Sonstiges

a) Maßnahmen zur Fristwahrung und zur Abwehr sonstiger Rechtsnachteile

1523 Der Verwalter ist berechtigt, im Namen aller Miteigentümer oder im Namen der Gemeinschaft Maßnahmen zu treffen, die zur Wahrung einer Frist oder zur Abwendung eines sonstigen Rechtsnachteils erforderlich sind (§ 27 Abs. 2 Nr. 2, Abs. 3 Nr. 2 WEG). Große Bedeutung kommt dieser

---

404 LG München I v. 19.10.2009 – 1 S 4851/09, ZMR 2010, 398, Rn 5.
405 LG Bad Kreuznach v. 16.3.2011 – 1 T 38/11, MietRB 2011, 152; *Jennißen/Jennißen*, § 26 Rn 103.
406 OLG Düsseldorf v. 18.4.2000 – 24 U 29/99, ZMR 2001, 298.
407 OLG Düsseldorf v. 17.7.2006 – 3 Wx 241/05, ZMR 2006, 94.
408 LG Rostock v. 27.6.2013 – 1 S 290/12.
409 BGH 20.6.2013 – VII ZR 71/11, NZM 2013, 652, Rn 8; OLG Dresden v. 31.3.2010 – 1 U 1446/09, ZMR 2011, 312, Rn 87.

Notkompetenz aus mehreren Gründen nicht zu: In eiligen Fällen geht es meistens um Reparaturarbeiten oder um Prozesshandlungen; für dringende Instandhaltungsmaßnahmen gibt es eine spezielle Notkompetenz (siehe Rn 1480), und zu Prozesshandlungen, insbes. Rechtsmitteleinlegung, ist der Verwalter ohnehin befugt (siehe Rn 1510 und 1520). Welche sonstigen der Gemeinschaft gesetzten Fristen Eilmaßnahmen rechtfertigen sollten, ist nicht ersichtlich, zumal keine so kurzen Fristen denkbar sind, dass die Einberufung einer Eigentümerversammlung nicht möglich sein sollte. Oftmals wird die Einleitung eines Beweisverfahrens vor Ablauf der Gewährleistungsfrist als Anwendungsfall für eine Eilmaßnahme angesehen;[410] auch wurde schon eine Notkompetenz des Verwalters zur Stellung eines Antrags auf vorläufigen Rechtsschutz im Rahmen eines Baunachbarstreits bejaht,[411] jedoch besteht in beiden Fällen bei richtigem Verständnis keine Notkompetenz, weil und soweit die Eilbedürftigkeit nur darauf beruht, dass der Verwalter nicht rechtzeitig eine Versammlung einberufen hat. Die Notkompetenz hat nicht den Zweck, Versäumnisse des Verwalters auszugleichen.

b) Die Zustellung sonstiger Erklärungen an den Verwalter

Gem. § 27 Abs. 3 Nr. 1 WEG ist der Verwalter berechtigt, für die **Gemeinschaft** Willenserklärungen und Zustellungen entgegenzunehmen. Das Gleiche gilt gem. § 27 Abs. 2 Nr. 1 WEG für Willenserklärungen und Zustellungen, „soweit sie an **alle Wohnungseigentümer** in dieser Eigenschaft gerichtet sind"; ein speziell geregelter Fall hierzu ist die Zustellungsbefugnis für die beklagten Wohnungseigentümer in WEG-internen Streitigkeiten, die dem Verwalter bereits gem. § 45 Abs. 1 WEG zusteht.

1524

Es gibt kaum Anwendungsfälle der Empfangsberechtigung für „alle Miteigentümer", weil Erklärungen und Zustellungen i.d.R. an den Verband und nicht an die Miteigentümer gerichtet werden. Bedeutung hat die Vorschrift z.B. aber bei der Angrenzerbenachrichtigung im Baugenehmigungsverfahren. Außerdem wird die Empfangsvollmacht des Verwalters von Behörden vor allem zwecks Zustellung von Gebührenbescheiden in Anspruch genommen (obwohl die Voraussetzungen dafür m.E. gerade hier nicht vorliegen).

1525

> *Beispiel*
> Der für die Abfallentsorgung zuständige Landkreis stellt dem Verwalter einen Abfallgebührenbescheid zu. Adressat sind die Miteigentümer als Gesamtschuldner, nicht die Gemeinschaft. Mehr als einen Monat später erhebt Miteigentümer A Widerspruch gegen den Bescheid, weil er seine gesamtschuldnerische Inanspruchnahme für die im ganzen Haus anfallenden Abfallgebühren für rechtswidrig hält. Der Landkreis weist den Widerspruch als verfristet zurück. Zu Recht? – Ob der Widerspruch verfristet ist, hängt von der Frage ab, ob der Abfallgebührenbescheid an „alle Miteigentümer in dieser Eigenschaft" gerichtet ist und deshalb wirksam dem Verwalter zugestellt werden konnte. Das wäre nur dann der Fall, wenn der Bescheid rechtlich zwingend an alle Miteigentümer gerichtet sein müsste, so dass diese im Streitfall notwendige Streitgenossen wären. Der Landkreis könnte seinen Bescheid aber ebenso gut an einen oder einzelne Miteigentümer richten, so dass die die an den Verwalter gerichtete Zustellung m.E. nicht wirksam ist. A.A. ist das *BVerwG*: Demnach ist der Verwalter bei Grundbesitzabgaben, die als Forderungen gegen die einzelnen Wohnungseigentümer als Gesamtschuldner gerichtet sind, kraft Gesetzes empfangsbevollmächtigt.[412] Das ist für die Praxis maßgeblich.

1526

---

410 BayObLG v. 27.7.1976 – 2 Z 21/76, ZMR 1977, 345, Rn 7.
411 VG München, Beschl. v. 12.2.2008, Az. M 8 SN 08.211. Zu Recht A.A. VG Freiburg v. 19.3.2013 – 4 K 184/13, ZWE 2013, 294.
412 BVerwG v. 11.11.2005 – 10 B 65/05, ZMR 2006, 242.

c) Die Abgabe sog. „Hausbesitzererklärungen"

1527 Gem. § 21 Abs. 1 Nr. 6 WEG gehören Maßnahmen im Zusammenhang mit Telefon, Rundfunk und Fernsehen (wozu auch der Breitbandkabelanschluss und Satellitenempfangsanlagen gehören) oder Energieversorgung zur ordnungsmäßigen Verwaltung. Gem. § 27 Abs. 1 Nr. 8 WEG ist der Verwalter berechtigt und verpflichtet, im Namen der Gemeinschaft die Erklärungen abzugeben, die zur Vornahme dieser Maßnahmen erforderlich sind.

d) Informationspflichten

1528 Gem. § 27 Abs. 1 Nr. 7 WEG hat der Verwalter die Miteigentümer unverzüglich darüber zu unterrichten, dass ein Rechtsstreit gem. § 43 WEG anhängig ist. Konzipiert ist die Vorschrift für Passivverfahren und wurde diesbezüglich oben (siehe Rn 1501) erläutert. Dem Wortlaut nach erfasst sie aber auch Aktivverfahren. Von einer (aktiven) Klage der Gemeinschaft haben die Miteigentümer aber ohnehin Kenntnis, weil die Klageerhebung einen vorherigen Beschluss voraussetzt. Nur wenn gerichtliche Aktivverfahren aufgrund einer Vorausermächtigung geführt werden – praktisch also nur bei **Hausgeldinkassoverfahren** –, kann ein Informationsbedarf überhaupt entstehen. Die Gemeinschaft hat i.d.R. kein Interesse daran, über jeden Mahnbescheid oder jede Hausgeldklage aufwändig informiert zu werden. § 27 Abs. 1 Nr. 7 WEG ist daher nach h.M. einschränkend so auszulegen, dass die Informationspflicht derartige Verfahren nicht umfasst. Eine entsprechende Regelung im Verwaltervertrag ist rechtmäßig[413] und zu empfehlen.

Auch außerhalb von Rechtsstreitigkeiten hat der Verwalter die (gesetzlich nicht ausdrücklich normierte, aber anerkannte) Pflicht, die Miteigentümer über eine an sie gerichtete Willenserklärung oder Zustellung zu unterrichten. Wann er das tut, steht in seinem Ermessen; es kommt auf den Einzelfall an.

e) Die Vertretung der Gemeinschaft beim Fehlen eines Verwalters

1529 Fehlt ein Verwalter, gilt für die **Aktivvertretung** gem. § 27 Abs. 3 S. 2 WEG zunächst der Grundsatz der **Gesamtvertretung**: Alle Miteigentümer müssen an einer Maßnahme (Rechtshandlung) mitwirken. Das ist allerdings allenfalls in kleinen Gemeinschaften praktikabel. Durch Beschluss können stattdessen auch einer oder mehrere Miteigentümer zur Vertretung der Gemeinschaft ermächtigt werden; dass diese Möglichkeit besteht, wird in § 27 Abs. 3 S. 3 WEG (deklaratorisch) erwähnt.

1530 Für die **Passivvertretung** der Gemeinschaft gilt im Ausgangspunkt gem. § 27 Abs. 3 S. 2 WEG zunächst wiederum der Grundsatz der Gesamtvertretung. Wenn bspw. eine **Klage** gegen eine verwalterlose Gemeinschaft erhoben werden soll, ist diese gegen die Gemeinschaft, vertreten durch die Wohnungseigentümer (die sämtlich einzeln zu benennen sind), zu richten. Auch die Zustellung einer solchen Klage muss an alle Wohnungseigentümer erfolgen; die Regelung des § 27 Abs. 3 S. 2 WEG geht derjenigen des § 170 Abs. 3 ZPO (wonach bei mehreren gesetzlichen Vertretern die Zustellung an einen von ihnen genügt) vor. Bei der Abgabe einer **Willenserklärung** gegenüber der Gemeinschaft besteht indes ungeachtet der gesetzlichen Regelung nach ganz h.M. eine passive **Einzelvertretungsbefugnis** jedes Wohnungseigentümers,[414] was aus einer Reihe gesellschaftsrechtlicher Bestimmungen als allgemeiner Rechtsgrundsatz abgeleitet wird.

---

[413] LG München I v. 17.12.2009 – 36 S 4853/09, ZWE 2010, 219.
[414] LG Karlsruhe v. 11.12.2012 – 11 S 231/11, ZWE 2013, 180; *Spielbauer/Then*, § 27 Rn 44. M.E. ist das unzutreffend; ausführlich BeckOGK WEG/*Greiner*, § 27 Rn 98.

III. Konsequenzen unberechtigter Vertragsabschlüsse und Zahlungen

Es gibt mannigfache Varianten unberechtigter Zahlungen: Manchmal steht nur fest, dass der Verwalter Geld der Gemeinschaft ausgegeben hat; er kann aber nicht sagen oder belegen, warum und wofür (siehe hierzu Rn 1376). Manchmal verbrauchte (und somit veruntreute) er das Geld für eigene Zwecke[415] oder zahlte auf (vermeintliche) Ansprüche von Miteigentümern.[416] Am häufigsten sind die Fälle, in denen der Verwalter Aufträge für die Gemeinschaft erteilte, also z.B. Ersatzbeschaffungen tätigte,[417] Bauleistungen oder gärtnerische Maßnahmen[418] beauftragte und bezahlte oder langfristige Verträge abschloss,[419] es aus Unkenntnis oder Bequemlichkeit aber versäumte, zuvor den erforderlichen Beschluss über die Maßnahmen fassen zu lassen. Manchmal stellte sich auch im Zuge einer Maßnahme heraus, dass der beschlossene Umfang nicht ausreiche; der Verwalter beauftragte erforderliche Folgemaßnahmen, ohne die Erweiterung vorher beschließen zu lassen.[420] In allen diesen Fällen **fehlt** es im Außenverhältnis an der **Vertretungsmacht** zur Auftragserteilung (sofern der Verwalter dem Vertragspartner keine Vollmachtsurkunde vorgelegt hat, § 172 BGB), im Innenverhältnis an der **Befugnis** zur Geldverwendung.

1531

Weil für die Zahlung im **Außenverhältnis** mangels Vertretungsmacht kein wirksamer Vertrag und somit kein Rechtsgrund vorliegt, kann die Gemeinschaft vom Geldempfänger (Verkäufer, Handwerker, Unternehmer usw.) unter dem Gesichtspunkt der ungerechtfertigten Bereicherung (§ 812 Abs. 1 BGB) das gezahlte Geld zurück verlangen.[421] Ob der in Anspruch genommene Zahlungspflichtige dem Anspruch bereicherungsrechtliche Gegenforderungen entgegen halten kann, weil er mit seinen rechtsgrundlos erbrachten Leistungen die Gemeinschaft eventuell bereichert hat, ist fraglich: Dabei geht es zum um eine Tatsachenfrage des Einzelfalls (häufig wird die Leistung keinen bleibenden Wert gehabt haben), zum anderen um (schwierige) Rechtsfragen des Bereicherungsrechts: Abgesehen vom Problem der „aufgedrängten Bereicherung" stellt sich die Frage, ob sich die Gemeinschaft die Bereicherung ihrer Miteigentümer zurechnen lassen muss (dazu Rn 1534). Der rückzahlungspflichtige Verkäufer, Unternehmer usw. kann seinerseits Regress beim Verwalter nehmen, der als Vertreter ohne Vertretungsmacht gem. § 179 Abs. 1 BGB haftet. Letzteres gilt auch dann, wenn die Zahlung noch nicht erfolgt ist und die Gemeinschaft sie unter Berufung auf die fehlende Vertretungsmacht des Verwalters verweigert. Liegt die vom Verwalter rechtsgrundlos erbrachte Zahlung schon mehr als drei Jahre zurück, kann sich der Empfänger gegenüber dem Rückforderungsanspruch der Gemeinschaft grundsätzlich mit Erfolg auf die Einrede der **Verjährung** berufen, denn die Kenntnis des Verwalters von den den Anspruch begründenden Umständen i.S.v. § 199 Abs. 1 Nr. 2 BGB wird der Gemeinschaft analog § 166 Abs. 1 BGB zugerechnet. **Ausnahme**: Wenn der Verwalter Geld veruntreute und seine Taten vor der Gemeinschaft verheim-

1532

---

415 LG Hamburg v. 30.1.2013 – 318 S 127/11, ZMR 2013, 984 („Selbstbedienungsfall"). Zu den strafrechtlichen Folgen AG Schwäbisch-Hall v. 15.4.2013 – 3 Ds 45 Js 27050/10, ZMR 2013, 759.
416 LG München I v. 16.09.2013 – 1 S 21191/12, ZMR 2014, 145.
417 OLG Hamburg v. 20.2.2006 – 2 Wx 131/02, ZMR 2006, 546: Ersatz defekt gewordener Waschmaschine.
418 OLG Hamm v. 25.10.2007 – 15 W 180/07, ZMR 2008, 161: Gartenbauleistungen. KG v. 7.7.2010 – 24 W 25/09, ZMR 2010, 974: Abschluss eines Fernwärmelieferungsvertrags als Ersatz für Ölheizung.
419 OLG Brandenburg v. 19.3.2009 – 5 U 109/07, ZMR 2010, 214: Vertragslaufzeit von einem Jahr mit automatischer Verlängerung bei Nichtkündigung); OLG Köln v. 26.11.2004 – 16 Wx 184/04, ZMR 2005, 473: Vertragslaufzeit von 5 Jahren.
420 BGH v. 18.2.2011 – V ZR 197/10, NZM 2011, 454: Sanierung der Kelleraußenwand kostet 18.000,00 EUR statt der prognostizierten 4.000,00 EUR (dazu schon oben Rn 1489); OLG Hamm 19.7.2011 – 15 Wx 120/1, ZMR 2012, 31: Nicht nur der Wasserschaden wird beseitigt, sondern im Zuge dessen das Kellermauerwerk isoliert und eine Dränung hergestellt; OLG Düsseldorf v. 20.11.1995 – 3 Wx 447/93, NJW-RR 1996, 913: Sanierung der ganzen Garage statt lediglich des Daches.
421 KG v. 9.11.2010 – 21 U 133/09, IBR 2012, 398 betr. Honorar für Architektenleistungen.

lichte; in diesem Fall unterbleibt die Wissenszurechnung und beginnt die Verjährung erst dann zu laufen, wenn die Gemeinschaft Kenntnis von der Veruntreuung erlangt.[422]

1533 Im **Innenverhältnis** zwischen Gemeinschaft und Verwalter gilt Folgendes: Die Gemeinschaft kann unbefugte Vertragsabschlüsse bzw. Ausgaben nachträglich **genehmigen** (§ 177 Abs. 1 BGB). Das erfordert aber einen ausdrücklichen Beschluss. Die Genehmigung der Jahresabrechnung stellt keine Genehmigung unberechtigter Ausgaben dar (siehe Rn 944). Weil unbefugte Ausgaben grundsätzlich potentielle Ersatzansprüche gegen den Verwalter nach sich ziehen (dazu nachfolgend), ist zwar nicht der Abrechnungsbeschluss, wohl aber ein eventueller Entlastungsbeschluss anfechtbar.

1534 Werden die Vertragsabschlüsse nicht genehmigt, kann die Gemeinschaft vom Verwalter die **Rückzahlung** des unbefugt ausgegebenen Geldes verlangen. Der Anspruch ergibt sich aus Auftragsrecht als Herausgabeanspruch gem. § 670 BGB (siehe Rn 1375), aber auch als Schadensersatzanspruch gem. § 280 BGB, weil die unbefugte Auftragsvergabe und Geldausgabe eine Vertragsverletzung durch den Verwalter darstellen.[423] Auch hier stellt sich die Frage, ob der auf Rückzahlung in Anspruch genommene Verwalter der Gemeinschaft die durch die vollmachtlos beauftragte, aber erbrachte Leistung eingetretene „Ersparnisbereicherung" entgegen halten kann. Das wird unterschiedlich beurteilt: Das OLG Düsseldorf sprach dem Verwalter vor der WEG-Reform einen Anspruch auf Verwendungsersatz zu.[424] Das OLG Hamm verneinte ihn mit der formalen (und sachlich nicht überzeugenden) Begründung, dass eine Bereicherung von vornherein nur bei den Wohnungseigentümern (= Bruchteilsmiteigentümern), nicht aber bei der Gemeinschaft eintreten könne.[425] Andere Gerichte erkannten einen Ersatzanspruch dem Grunde nach an, da die Gemeinschaft sich Vorteile (eigene Ersparnis von Ausgaben) anrechnen lassen müsse, verwiesen den Verwalter aber darauf, die Höhe der Ersparnis zu berechnen bzw. zu beweisen, was praktisch meistens schwierig bis unmöglich war.[426] Nach hier vertretener Auffassung ist schon dem Grunde nach fraglich, ob der Verwalter wegen der von ihm veranlassten Maßnahmen Ersatzansprüche gegen die Gemeinschaft (oder die Wohnungseigentümer) stellen kann: Wenn die Voraussetzungen einer Notgeschäftsführung nicht vorlagen, werden einem Wohnungseigentümer in vergleichbaren Fällen Ersatzansprüche grundsätzlich mit der Begründung verwehrt, dass die Entscheidungshoheit der Gemeinschaft nicht folgenlos übergangen werden dürfe (siehe Rn 582). Das Gleiche muss für Maßnahmen gelten, die der Verwalter eigenmächtig durchgeführt hat.

1535 Die **Geltendmachung** von **Ansprüchen gegen den Verwalter** setzt zunächst voraus, dass dem Verwalter keine Entlastung erteilt wurde. Wurde eine Entlastung in Kenntnis unbefugter Ausgaben beschlossen, muss der Beschluss angefochten (und für ungültig erklärt) werden; ansonsten sind Ersatzansprüche gegen den Verwalter ausgeschlossen. Die Geltendmachung setzt ferner einen entsprechenden **Beschluss der Gemeinschaft** voraus. Dazu kommt es i.d.R. nur dann, wenn die Gemeinschaft sich von dem Verwalter bereits getrennt hat und die Eigentümermehrheit zum Streit mit dem Ex-Verwalter entschlossen ist. Der Normalfall sieht anders aus: Es ist fast die Regel, dass Verwalter mehr oder weniger viel Geld ohne Beschluss der Gemeinschaft ausgeben; der Mehrheit ist das aber egal, weil sie mit der Maßnahme einverstanden ist und kein Interesse an einer besonderen Versammlung (gehabt) hätte. Außerdem erfahren die Miteigentümer von den Ausgaben meistens erst bei Vorlage der Jahresabrechnung, die zusammen mit der Einladung zur Jahresversammlung übersandt wird. Wenn die Eigentümer anhand der Abrechnung von unberechtigten Ausgaben

---

422 BGH v. 23.1.2014 – III ZR 436/12, Grundeigentum 2014, 327.
423 OLG Hamm v. 19.7.2011 – 15 Wx 120/10, ZMR 2012, 31.
424 OLG Düsseldorf v. 20.11.1995 – 3 Wx 447/93, NJW-RR 1996, 913.
425 OLG Hamm NZM 2012, 465 Rn 21. Die Bereicherungshaftung der Bruchteilseigentümer bejahte auch schon OLG München v. 27.2.2006 – 34 Wx 47/05, ZMR 2006, 639.
426 KG v. 7.7.2010 – 24 W 25/09, ZMR 2010, 974; OLG Hamburg v. 20.2.2006 – 2 Wx 131/02, ZMR 2006, 546.

Kenntnis erlangen, ist es für eine Ergänzung der Tagesordnung schon zu spät. In der Versammlung, in der über die Abrechnung Beschluss gefasst wird, kann deshalb mangels Ankündigung kein Beschluss über die Geltendmachung eines Ersatzanspruchs gegen den Verwalter gefasst werden. Ein Eigentümer, der eine solche Beschlussfassung erreichen möchte, muss also bis zur nächsten Versammlung warten (wenn er nicht versucht, eine außerordentliche Versammlung zu erzwingen). Dabei muss er darauf achten, dass in der nächsten Versammlung der Tagesordnungspunkt „Ansprüche gegen den Verwalter" angekündigt wird. Manchmal wird es nötig sein, den Verwalter – der diesem Ansinnen erfahrungsgemäß ablehnend gegenüber steht – gerichtlich dazu zu zwingen. Steht dann schließlich der Antrag, vom Verwalter ohne Beschluss ausgegebenes Geld zurück zu fordern, auf der Tagesordnung und zur Abstimmung, liegt die Ausgabe schon an die zwei Jahre zurück und ist das Interesse der Miteigentümer, sich darüber zu streiten, noch geringer geworden. Wird der Antrag schließlich abgelehnt, weil die Miteigentümer mehrheitlich die streitige Ausgabe hinnehmen wollen, kann der Versuch unternommen werden, die positive Beschlussfassung mit einer Regelungsklage zu erzwingen; angesichts des der Gemeinschaft nach h.M. zustehenden „Verzeihungsermessens" (siehe Rn 713) ist der Erfolg einer solchen Klage aber fraglich. Es sind also **hohe Hürden** für diejenigen Miteigentümer zu nehmen, die eine rechtswidrige Ausgabenpraxis nicht klaglos hinnehmen wollen.[427]

Weil die Geltendmachung von Sekundäransprüchen so schwierig ist, steht mancher Miteigentümer vor der Frage, ob und wie er die Einhaltung der **Primärpflichten** des Verwalters erzwingen kann. Ein typischer Fall sieht so aus, dass der Verwalter regelmäßig mit (ggf. nachträglicher) Billigung der Eigentümermehrheit seine Befugnisse überschreitet, indem er z.B. Aufträge ohne Beschluss der Gemeinschaft erteilt und aus dem Gemeinschaftsvermögen bezahlt. Kann ein **einzelner Miteigentümer** Klage gegen den Verwalter auf Unterlassung solcher Handlungen oder eine dahin gehende Feststellungsklage erheben? Die (unbefriedigende) Antwort lautet Nein. Weil die WEG und nicht der einzelne Wohnungseigentümer Partei des Verwaltervertrags ist, kann auch nur die WEG (Erfüllungs-)Ansprüche gegen den Verwalter geltend machen. Aus dem gleichen Grund fehlt dem einzelnen Wohnungseigentümer das Feststellungsinteresse i.S.v. § 256 ZPO, weil die Verwalterpflichten kein Rechtsverhältnis betreffen, das zwischen dem einzelnen Wohnungseigentümer und dem Verwalter besteht. Der Wohnungseigentümer kann also nur auf dem Weg über die gemeinschaftliche Beschlussfassung die Einhaltung der Verwalterpflichten erzwingen.[428]

1536

IV. Rechnungslegung, Auskünfte, Einsicht in die Verwaltungsunterlagen, Eigentümerliste

Für den Verwaltervertrag, einen Geschäftsbesorgungsvertrag, gelten gem. § 675 BGB die Vorschriften des Auftragsrechtsrechts. Gem. § 666 BGB ist ein Beauftragter verpflichtet, dem Auftraggeber Auskunft zu erteilen und Rechenschaft abzulegen; zur Rechenschaftspflicht gehört die Vorlage von Belegen (§ 259 BGB), was die Einsichtnahme in die Verwaltungsunterlagen (Belegeinsicht) einschließt. Diese Bestimmungen sichern das **Informations-** und **Kontrollinteresse** des Auftraggebers, hier also der Gemeinschaft. Zwischen den Ansprüchen auf Rechnungslegung, Auskunftserteilung und Belegeinsicht bestehen aufgrund ihrer einheitlichen Herkunft und desselben Zwecks keine prinzipiellen Unterschiede.[429] Im Einzelnen:

1537

Rechnungslegung. Der Verwalter ist verpflichtet, der Gemeinschaft auf Verlangen (d.h. nach entsprechender Beschlussfassung) jederzeit Rechnung zu legen (§ 28 Abs. 4 WEG, §§ 675, 666 BGB).

1538

---

427 Ausführlich *Demharter*, Unberechtigterweise vom Verwalter getätigte Ausgaben, ZWE 2001, 585.
428 LG Itzehoe v. 25.10.2011 – 11 S 9/11, NZM 2012, 569 Rn 39.
429 Ausführlich *Greiner*, Die Belegeinsicht im Wohnungseigentumsrecht, NZM 2011, 464.

Während einer laufenden Verwaltung hat diese Vorschrift wegen der ohnehin bestehenden Pflicht des Verwalters zur Vorlage der Jahresabrechnungen kaum praktische Bedeutung. Hohe Bedeutung hat die Rechnungslegung jedoch nach Ablauf der Bestellungszeit eines Verwalters (siehe Rn 1369).

1539 **Auskünfte.** Der Verwalter muss der Gemeinschaft jederzeit und auch ohne besonderen Anlass auf Verlangen (d.h. nach entsprechender Beschlussfassung) Auskunft über alle Verwaltungsangelegenheiten und alle Fragen zum Rechnungswesen erteilen.[430] Die Genehmigung der Abrechnung, die Entlastung des Verwalters oder das Ende seiner Amtszeit stehen nicht entgegen. Der Auskunftsanspruch hat während einer laufenden Verwaltung aber kaum Bedeutung. Der Verwalter wird gewünschte Informationen i.d.R. freiwillig erteilen; außerdem kann sie sich jeder Eigentümer – ggf. mit professioneller Unterstützung – im Wege der Einsichtnahme in die Verwaltungsunterlagen verschaffen. Größere Bedeutung hat der Auskunftsanspruch hingegen häufig nach der (außerordentlichen) Abberufung des Verwalters, wenn bei der Aufarbeitung der Unterlagen durch den neuen Verwalter Unstimmigkeiten und Fragen auftreten. Dann wird die Erteilung bestimmter Auskünfte meistens im Zuge des Rechnungslegungsanspruchs geltend gemacht (siehe Rn 1371). Der einzelne Eigentümer hat nur ausnahmsweise einen **Individualanspruch** auf Erteilung von Auskünften. Eine solche Ausnahme soll vorliegen, wenn die Wohnungseigentümer von ihrem Auskunftsrecht keinen Gebrauch machen oder wenn sich das Auskunftsverlangen auf Angelegenheiten bezieht, die ausschließlich den Einzelnen betreffen; dann ist eine vorherige Befassung der Eigentümerversammlung oder eine Ermächtigung zum Auskunftsverlangen durch die Wohnungseigentümergemeinschaft nicht notwendig.[431]

1540 **Einsichtnahme in die Verwaltungsunterlagen.** Jeder Miteigentümer[432] hat einen – nicht von einer vorherigen Beschlussfassung der Gemeinschaft abhängigen – individuellen Anspruch darauf, **Einsicht** in die Verwaltungsunterlagen zu nehmen. Dieses Recht ist ein scharfes Schwert in der Hand der Wohnungseigentümer und wird von Verwaltern nicht selten als unzumutbare Sonderbelastung empfunden. Die Einsichtnahme wird deshalb mitunter aus den folgenden Gründen verweigert:

- Das Einsichtnahmerecht stehe nur dem Verwaltungsbeirat als dem zur Kontrolle berufenen Organ der Gemeinschaft zu;
- die Einsichtnahme sei nach der Genehmigung der Jahresabrechnung nicht mehr erforderlich; auch sei der Verwalter überfordert, wenn jeder Eigentümer dieses Recht geltend machen würde;
- die Einsicht sei unzulässig, soweit die Buchungsunterlagen anderer Miteigentümer betroffen seien (Datenschutz).

1541 Diese und ähnliche Einwände sind **irrelevant**. Der einzelne Eigentümer muss den Verwalter wirksam kontrollieren können und hat deshalb Anspruch auf Einsicht in sämtliche Abrechnungsunterlagen (Belege, Saldenlisten bezüglich der Einnahmen und Ausgaben usw.) und insbesondere in die Einzelabrechnungen der Miteigentümer.[433] Er muss grundsätzlich kein besonderes Interesse an der Einsichtnahme nachweisen und kann die Einsicht auch nach der Genehmigung einer Jahresabrechnung durch die Eigentümerversammlung verlangen.[434] Begrenzt wird das lediglich durch die

---

[430] BGH v. 11.2.2011 – V ZR 66/10, ZMR 2011, 568; LG Saarbrücken v. 16.12.2009 – 5 S 16/09, ZMR 2010, 402.
[431] BGH v. 11.2.2011 – V ZR 66/10, ZMR 2011, 568.
[432] Auch der ausgeschiedene, sofern er den Anspruch noch zu Zeiten der Eigentümerstellung rechtshängig gemacht hat: KG v. 31.1.2000 – 24 W 601/99, ZMR 2000, 401.
[433] Grundlegend BGH v. 11.2.2011 – V ZR 66/10, ZMR 2011, 568; s.a. OLG München v. 9.3.2007 – 32 Wx 177/06, ZMR 2007, 720. Kritik an dem von der h.M. bejahten Individualanspruch bei *Greiner*, NZM 2011, 464.
[434] LG Düsseldorf v. 6.6.2012 – 25 S 8/12, ZMR 2012, 805, Rn 74.

Grundsätze von Treu und Glauben (§ 242 BGB) und das Schikaneverbot (§ 226 BGB). Die Art und der Umfang sowie die Dauer der Einsichtgewährung richten sich nach dem Umfang der Belege und dem jeweiligen Informationsbedürfnis. Die Unterlagen sind auf alle Fälle bei (oder zum Zweck der Einsichtnahme kurz vor) einer Eigentümerversammlung am Versammlungsort bereit zu halten.[435] Ansonsten erfolgt die Einsichtnahme am Geschäftssitz des Verwalters, wenn dieser nicht weit entfernt von dem betroffenen Objekt liegt.[436] Die Einsichtnahme wird i.d.R. in der Weise gewährt, dass der Eigentümer in den Räumen der Verwaltung sämtliche Unterlagen zur Überprüfung vorgelegt bekommt. Die Hinzuziehung eines **Beistands** (Rechtsanwalt, Steuerberater) ist zulässig und zu empfehlen. Ein Anspruch auf Herausgabe der Unterlagen besteht nicht; ob ein Anspruch auf Fertigung und Aushändigung von **Kopien** durch den Verwalter besteht ist streitig, nach zutreffender h.M. aber (gegen Kostenerstattung) zu bejahen, weil es dem Miteigentümer nicht zugemutet werden kann, handschriftliche Abschriften zu fertigen.[437] Aus dem Einsichtnahmerecht kann sich sogar eine Verpflichtung des Verwalters ergeben, auf Anforderung und gegen Kostenerstattung bestimmte Unterlagen zu kopieren und zu übersenden (oder bereits eingescannte Unterlagen per E-Mail zu senden).[438]

Eigentümerliste. Jeder Miteigentümer kann vom Verwalter die Übersendung einer Eigentümerliste verlangen.[439] Gründe dafür gibt es einige: 1542

Beispiele 1543
- Der Miteigentümer strebt die Einberufung einer außerordentlichen Eigentümerversammlung gem. § 24 Abs. 2 WEG an und benötigt zur Erreichung des erforderlichen Quorums die Unterschriften weiterer Miteigentümer.
- Er will ein Rundschreiben an seine Miteigentümer richten.
- Zur Erhebung der Beschlussanfechtungsklage braucht er die Liste allerdings nicht unbedingt, sondern kann bei Gericht anregen, dem Verwalter die Vorlage aufzugeben (siehe Rn 1740).

Ein Recht auf Anonymität untereinander besteht nicht, zumal jeder Miteigentümer durch Einsicht in das Grundbuch die Namen seiner Miteigentümer erfahren kann;[440] die Möglichkeit der Grundbucheinsicht berechtigt den Verwalter aber nicht, einen Eigentümer hierauf zu verweisen, anstatt ihm die begehrte Eigentümerliste zukommen zu lassen. Der Verwalter kann die Übersendung der Eigentümerliste auch nicht mit dem beliebten Hinweis auf „datenschutzrechtliche Bestimmungen" verweigern. Zwar ergibt sich aus dem Bundesdatenschutzgesetz tatsächlich die Pflicht, vor der Herausgabe persönlicher Daten zu prüfen, ob die datenschutzrechtlichen Voraussetzungen für eine Weitergabe vorliegen. Diese Voraussetzungen liegen aber vor, wenn die Daten für Zwecke verlangt werden, die mit dem Wohnungseigentum zusammen hängen. Eine dahin gehende, allgemein gehaltene Bestätigung kann der Verwalter, wenn er partout möchte, verlangen; mehr jedoch nicht. Er kann keine Darlegung verlangen, zu welchem Zweck im Einzelnen die Eigentümerliste (oder ande- 1544

---

435 So OLG Köln v. 24.8.2005 – 16 Wx 80/05, NZM 2006, 66; str. Kritik z.B. von *Drasdo*, ZMR 2006, 225.
436 21 km hält der BGH (Urt. v. 11.2.2011 – V ZR 66/10, ZMR 2011, 568) für unproblematisch; das ist m.E. sehr weit.
437 BGH v. 11.2.2011 – V ZR 66/10, ZMR 2011, 568. 0,30 EUR je Kopie sind angemessen (OLG München v. 9.3.2007 – 32 Wx 177/06, ZMR 2007, 720).
438 OLG München v. 29.5.2006 – 34 Wx 27/06, ZMR 2006, 881.
439 LG Stuttgart v. 14.8.2008 – 19 T 299/08, NZM 2009, 165; OLG Saarbrücken v. 29.8.2006 – 5 W 72/06, ZMR 2007, 141; ausführlich *Drasdo*, NZM 2009, 724.
440 Exkurs: Ein berechtigtes Interesse i.S.d. § 19 GBO auf Einsicht in sämtliche Wohnungsgrundbücher der Anlage hat jeder Miteigentümer generell und auch ohne konkreten Anlass (OLG Düsseldorf v. 15.10.1986 – 3 Wx 340/86, NJW 1987, 1651; in GBO-Kommentaren teilweise kritisiert). Im Übrigen ist die Rspr. bei der Beurteilung des Interesses zu Recht nicht kleinlich (OLG Hamburg v. 24.4.2008 – 2 Wx 114/07, ZMR 2008, 814).

re Informationen) gebraucht wird. Soweit Verwaltern teilweise empfohlen wird, sie sollten bei jedem Auskunftsersuchen prüfen, wofür die Daten beansprucht werden, kann dem nicht vorbehaltlos zugestimmt werden. Mangels entgegenstehender Indizien darf der Verwalter vielmehr grundsätzlich davon auszugehen, dass ein Wohnungseigentümer, der seine im Wohnungseigentumsrecht wurzelnden Auskunftsrechte wahrnimmt, dies für Zwecke des Wohnungseigentums und nicht für sachfremde Zwecke tut. (Um problemlos zum Ziel zu kommen, kann der Auskunft begehrende Wohnungseigentümer auch einfach sagen, dass er ein Rundschreiben an die Miteigentümer verfassen will; ob das stimmt oder nicht, und was ggf. darin steht, geht den Verwalter jedenfalls nichts an). – Bestehen Anhaltspunkte dafür, dass die Auskunft (Eigentümerliste) nicht mit der erforderlichen Sorgfalt erteilt wurde, steht dem Auskunft begehrenden Eigentümer ein Anspruch auf eidesstattliche Versicherung der Richtigkeit der gemachten Angaben durch den Verwalter zu.[441] Für die Übersendung der Liste kann der Verwalter ggf. Kostenerstattung (z.B. Kopierkosten, Porto) und ggf. einen entsprechenden Kostenvorschuss verlangen (siehe Rn 1453); das dürfte angesichts der heute üblichen Übersendung per E-Mail jedoch nur selten vorkommen.

E. Der Nachweis der Verwalterstellung, insbesondere die Vollmachtsurkunde

I. Der Nachweis gegenüber dem Grundbuchamt gem. § 26 Abs. 3 WEG

1545 Der Verwalter muss sich im Außenverhältnis legitimieren können. Dazu gibt es zwei – nicht aufeinander abgestimmte – gesetzliche Regelungen.

Soweit die Verwaltereigenschaft durch eine öffentlich beglaubigte Urkunde nachgewiesen werden muss, genügt die Vorlage eine Niederschrift über den Bestellungsbeschluss, bei der die Unterschriften der in § 24 Abs. 6 WEG bezeichneten Personen öffentlich beglaubigt sind (§ 26 Abs. 3 WEG). Diesen Nachweis in öffentlich beglaubigter Form braucht der Verwalter praktisch nur in einem Fall: Wenn die Teilungserklärung vorsieht, dass er zur Veräußerung von Sondereigentum gem. § 12 WEG seine Zustimmung erteilen muss. Seine Zustimmung muss er gegenüber dem Grundbuchamt abgeben und dabei seine Verwaltereigenschaft gem. § 29 GBO in öffentlich beglaubigter Form nachweisen. Jeder Verwalter sollte deshalb nach seiner Bestellung prüfen, ob die Gemeinschaftsordnung seine **Veräußerungszustimmung** vorsieht. Ist das nicht der Fall, braucht nichts unternommen zu werden; andernfalls sollte sich der Verwalter unverzüglich darum kümmern, dass die Unterschriften unter dem Protokoll des Bestellungsbeschlusses öffentlich beglaubigt werden.

1546 In § 24 Abs. 6 WEG werden die **drei Personen** bezeichnet, die das Versammlungsprotokoll unterschreiben sollen: Der Vorsitzende (normalerweise, aber nicht zwingend der Verwalter selber), ein Wohnungseigentümer, und – falls ein Verwaltungsbeirat bestellt ist – dessen Vorsitzender oder sein Vertreter. In besonderen Fällen genügen auch weniger als drei Unterschriften: Ist der Beiratsvorsitzende zugleich Versammlungsvorsitzender, so genügt seine Unterschrift und die eines (weiteren) Wohnungseigentümers.[442] Bei der „Einmannversammlung" (siehe Rn 161) genügt die Unterschrift der anwesenden Person. Es ist weder nötig noch zulässig, dass eine Person, die an der „Versammlung" nicht teilgenommen hat, das Protokoll unterschreibt, denn die Verantwortung für die Vollständigkeit und Richtigkeit des Protokolls kann nur derjenige Wohnungseigentümer übernehmen, der in der Versammlung anwesend war.[443] Diese Personen müssen (ausgestattet mit Personalaus-

---

441 LG Saarbrücken v. 18.1.2006 – 5 T 375/05, ZMR 2006, 399.
442 LG Lübeck v. 11.2.1991 – 7 T 70/91, Rpfleger 1991, 309.
443 OLG Hamm v. 21.12.2012 – 15 W 395/12, ZMR 2013, 648. A.A.F. *Schmidt*, ZMR 2013, 501, 507.

weis oder Reisepass) mit einer Kopie des Versammlungsprotokolls zu einem Notar ihrer Wahl gehen und dort ihre Unterschrift unter dem Protokoll beglaubigen lassen.

Die **Kosten** der Beglaubigung sind nicht zu vernachlässigen: Nach dem BGH ist als untere Grenze des Geschäftswerts der Regelsatz des (inzwischen außer Kraft getretenen) § 30 Abs. 2 KostO (3.000,00 EUR) anzusetzen; bei größeren Anlagen sollen – je nach Einzelfall – noch Zuschläge von 300,00 EUR – 500,00 EUR je Einheit vorgenommen werden, wobei auch noch das Erfordernis der Zustimmung des Verwalters zu einer bevorstehenden Veräußerung von Wohneinheiten einen werterhöhenden „außergewöhnlichen Umstand" darstellen soll.[444] Seit der Ablösung der KostO durch das GNotKG beträgt der „Regelwert" 5.000,00 EUR (§ 36 Abs. 3 GNotKG). Bei einer jüngeren Anlage (und entsprechend hohem Gebäudewert) mit 25 Einheiten ist der Geschäftswert also mit **mindestens** (300,00 EUR * 25 Einheiten + 5.000,00 EUR Regelwert =) 12.500,00 EUR anzusetzen. Je Unterschrift fällt eine 0,2-Gebühr gem. Nr. 25100 KV-GNotKG i.H.v. netto 83,00 EUR = brutto 98,77 EUR an; macht bei drei Unterschriften insgesamt 296,31 EUR. Dazu kommen die Gebühren des Verwalters für die Erteilung der Zustimmung (siehe Rn 1459). Bei Beträgen von 300,00 – 400,00 EUR je Verwalterzustimmung wird sich eine Gemeinschaft überlegen müssen, ob sie die Veräußerungsbeschränkung nicht besser per Beschluss abschafft (siehe Rn 233), um diese Kosten zu sparen.

1547

II. Die Vollmachtsurkunde

Hinweis

Das **Muster** einer Verwaltervollmacht befindet sich im Anhang 2 (siehe Rn 1862)

1548

Für die meisten Verträge, die der Verwalter im Namen der Gemeinschaft abschließt, hat er keine gesetzliche Vertretungsmacht. Seine Vertretungsmacht beruht auf entsprechenden Beschlüssen der Gemeinschaft, die entweder im Einzelfall oder generell erteilt werden können. Der Umfang seiner Vertretungsmacht ist somit weder dem Gesetz, noch einem öffentlichen Register zu entnehmen. Es liegt auf der Hand, dass im Rechtsverkehr sowohl für die Vertragspartner der Gemeinschaft, als auch für den Verwalter ein Bedürfnis dafür besteht, dass die Vertretungsmacht des Verwalters mittels einer Vollmachtsurkunde nachgewiesen werden kann. Das gilt nicht nur für den Abschluss von Verträgen, sondern auch für deren Kündigung: Gem. § 174 S. 1 BGB kann der Vertragspartner eine vom Verwalter ohne Vorlage der Vollmachtsurkunde ausgesprochene Kündigung zurückweisen.[445] Gem. § 27 Abs. 6 WEG kann der Verwalter von den Wohnungseigentümern die Ausstellung einer Vollmachts- und Ermächtigungsurkunde verlangen, aus der der Umfang seiner Vertretungsmacht ersichtlich ist. Dieser Anspruch ist allerdings ohne praktischen Nutzen: Die Unterschrift („Ausstellung") durch alle Wohnungseigentümer ist praktisch nicht durchsetzbar und sachlich nicht richtig: Der Verwalter vertritt im Rechtsverkehr nicht die Wohnungseigentümer, sondern den Verband, und benötigt deshalb eine Vollmacht, die der vertretene Verband (und nicht seine Mitglieder) erteilt. In der Praxis wird das Problem dadurch gelöst, dass im Zuge der Verwalterbestellung **beschlossen** wird, bestimmte Miteigentümer zur Unterzeichnung einer Vollmachtsurkunde (für den Verband) **zu bevollmächtigen** (Beschlussmuster siehe Rn 1261). Der Nutzen einer solchen Urkunde ist zwar – theoretisch – beschränkt: Der Vertragspartner des Verbandes, dem der Verwalter seine Vollmachtsurkunde vorlegt, kann nämlich kaum überprüfen, ob sie wirksam ist (d.h., ob ihr ein entsprechender Beschluss der Gemeinschaft zugrunde liegt, die richtigen Personen unterzeichnet haben, usw.). Das scheint indes – praktisch – nicht zu schaden: Die Vertretungsmacht des Verwalters wird im Rechtsverkehr – man kann mutmaßen: meistens aus Unkenntnis oder im Vertrauen auf eine tat-

---

444 BGH v. 23.10.2008 – V ZB 89/08, NZM 2009, 86.
445 BGH v. 20.2.2014 – III ZR 443/13, IMR 2014, 162.

sächlich nicht bestehende gesetzliche Vertretungsmacht – regelmäßig sogar ohne Vorlage einer Vollmachtsurkunde, erst recht aber bei Vorlage einer solchen nicht bezweifelt.

1549 **Inhaltlich** muss aus der Vollmachtsurkunde der Umfang der Vertretungsmacht hervorgehen. Die Vertretungsbefugnisse des Verwalters ergeben sich aus dem Gesetz und aus dem Verwaltervertrag; die betreffenden Passagen sind in die Vollmachtsurkunde aufzunehmen. Im Prinzip könnte der Verwalter im Rechtsverkehr statt der Vollmachtsurkunde ebenso gut den unterzeichneten Verwaltervertrag, ggf. nebst dem Text des § 27 WEG vorlegen.

F. Pflichtverletzungen und Haftung des Verwalters

I. Grundlagen

1550 Wenn der Verwalter die Pflichten schuldhaft verletzt, die ihm sein Verwaltervertrag, das Gesetz und die Gemeinschaftsordnung gegenüber der Gemeinschaft und den Wohnungseigentümern auferlegt, muss er wegen Vertragsverletzung gem. § 280 BGB **Schadensersatz** leisten. Den Verwalter kann außerdem eine deliktische Haftung wegen der Verletzung von Verkehrssicherungspflichten treffen (siehe Rn 1655). Völlig anders gelagert ist die hier nur der Vollständigkeit halber erwähnte Frage, ob der Verwalter wegen Gefahren, die vom Sonder- oder Gemeinschaftseigentum ausgehen, einer behördlichen Inanspruchnahme (Haftung) als **Störer im ordnungsrechtlichen Sinne** unterliegt und Adressat einer entsprechenden Ordnungsverfügung sein kann; das nimmt die verwaltungsgerichtliche Rspr. unter völliger Verkennung des Wohnungseigentumsrechts an.[446] Ebenfalls hier nicht zu erörtern sind Fragen der Ahndung des Verwalters wegen **Ordnungswidrigkeiten** (z.B. Verstöße gegen die TrinkwV, EnEV, EichG oder BaustellenV).[447]

Die **Durchführung von (wirksamen) Beschlüssen** ist Aufgabe des Verwalters und kann deshalb niemals zu seiner Haftung führen, auch wenn die Beschlüsse rechtswidrig sind. Das gilt nicht nur für bestandskräftige Beschlüsse,[448] sondern auch dann, wenn die Beschlüsse anfechtbar waren und später für ungültig erklärt werden.[449] Sollte einmal der Fall vorliegen, dass der Verwalter einen nichtigen Beschluss ausführt (vgl. Rn 1474) und dadurch ein Schaden entsteht, kommt es darauf an, ob der Verwalter schuldhaft handelte; konnte er die Nichtigkeit erkennen, kommt eine Haftung in Betracht.

1551 Die Geschädigten (konkret also die Wohnungseigentümergemeinschaft oder einzelne Wohnungseigentümer) tragen die **Beweislast** für die Pflichtverletzung des Verwalters und deren Kausalität für den Schaden. Bei einem typischen Schadensverlauf kommen allerdings die Grundsätze des Anscheinsbeweises zum Tragen. Soweit es um die Frage der haftungsausfüllenden Kausalität und der Schadenshöhe geht, greifen ferner die Beweiserleichterungen des § 287 ZPO (richterliche Schätzung).[450] Das Vertretenmüssen (synonym Verschulden, also Vorsatz oder Fahrlässigkeit, § 276 BGB) an der Pflichtverletzung wird gem. § 280 Abs. 1 S. 2 BGB gesetzlich vermutet; ggf. muss also der Verwalter beweisen, dass ihn kein Verschulden trifft.

1552 Der Verwalter haftet gem. § 278 BGB für die Personen, deren er sich zur Erfüllung seiner Pflichten bedient. Er haftet z.B. für eine Mitarbeiterin, die unter Einsatz der ihr überlassenen EC-Karte für das Konto der WEG, wobei sie Zugang zur Geheimzahl hat, Geld veruntreut; denn die Mitarbeite-

---

446 OVG Münster ZWE 2011, 166. Berechtigte Kritik z.B. bei *Briesemeister*, ZWE 2011, 163. Ausführlich *Lehmann-Richter*, ZWE 2012, 105.
447 Hierzu ausführlich *Lehmann-Richter*, ZWE 2013, 341.
448 BGH v. 3.2.2012 – V ZR 83/11, ZWE 2012, 218 (Baumfällen).
449 BayObLG v. 21.2.1990 – BReg 1 b Z 43/88, WuM 1990, 366.
450 BayObLG v. 5.1.2000 – 2Z BR 85/99, ZMR 2000, 314.

F. Pflichtverletzungen und Haftung des Verwalters § 10

rin ist **Erfüllungsgehilfin** des Verwalters bei der Vermögensverwaltung.[451] Die zur Ausführung von Instandhaltungsarbeiten eingeschalteten Personen und Unternehmen (Handwerker, Sonderfachleute usw.) sind hingegen keine Erfüllungsgehilfen des Verwalters, weil und soweit sie im Auftrag der Gemeinschaft und nicht des Verwalters tätig sind; Fehler der Handwerker usw. sind dem Verwalter also nicht zuzurechnen.[452] Den Verwalter kann aber ein Auswahlverschulden treffen.

In manchen Haftungsfällen hat die Pflichtverletzung des Verwalters auch **Ersatzansprüche gegen Dritte** zur Folge (siehe z.B. Rn 1723); das ändert an der eigenen Haftung des Verwalters nichts. Allerdings muss ihm die WEG gem. § 255 BGB die Ersatzansprüche gegen den Dritten zur Abtretung anzubieten. Bei gerichtlicher Geltendmachung muss eine entsprechende Zug-um-Zug-Verurteilung beantragt werden. 1553

Wenn es um Schäden am gemeinschaftlichen Vermögen (**Verbandsvermögen**) geht, stehen die Ersatzansprüche von vornherein der Gemeinschaft zu (§ 10 Abs. 6 S. 2 WEG).[453] Wenn es um die Verletzung von **Gemeinschaftseigentum** geht, gilt im Ergebnis ebenfalls eine ausschließliche Ausübungsbefugnis des Verbandes. Die Gemeinschaft ist zwar – formal betrachtet – nicht geschädigt, weil das Gemeinschaftseigentum nicht ihr, sondern den Miteigentümern in Bruchteilsgemeinschaft zusteht. Schadensersatzansprüche wegen Verletzung des Gemeinschaftseigentums sind aber i.S.v. § 10 Abs. 6 S. 3 WEG „gemeinschaftsbezogen", weshalb ihre Ausübung originär und ausschließlich dem Verband zusteht.[454] Wenn ein Schaden hingegen nur bei **einem einzelnen Wohnungseigentümer** entstanden ist, ist dieser ohne Mitwirkung der Gemeinschaft zur Geltendmachung der Ersatzansprüche befugt.[455] Für die gerichtliche Klage ist – auch nach Ablauf der Amtszeit des Verwalters – das **Amtsgericht** zuständig (§ 43 Nr. 3 WEG). 1554

Üblich und sinnvoll, aber derzeit (noch) nicht zwingend ist für den Verwalter der Abschluss einer Vermögensschaden-**Haftpflichtversicherung**, die ihn für den Fall absichert, „dass er wegen eines bei der Ausübung beruflicher Tätigkeit – von ihm selbst oder einer Person, für die er einzutreten hat – begangenen Verstoßes von einem anderen aufgrund gesetzlicher Haftpflichtbestimmungen privatrechtlichen Inhalts für einen Vermögensschaden verantwortlich gemacht wird" (§ 1 der gebräuchlichen Allgemeinen Vertragsbedingungen – AVB).[456] Nicht versichert sind Ansprüche infolge Veruntreuung durch den Verwalter selber oder sein Personal (§ 4 AVB); davor schützt den Verwalter (und mittelbar die Gemeinschaft) nur der Abschluss einer sog. **Vertrauensschadenversicherung**. Schließlich deckt die Vermögensschadenhaftpflichtversicherung auch keine Schäden ab, die dadurch entstehen, dass der ursprüngliche Erfüllungsanspruch der Wohnungseigentümer nicht erfüllt wird, die also auf Untätigkeit des Verwalters beruhen. 1555

II. Die Haftung auf Prozesskosten

Eine Pflichtverletzung des Verwalters hat mitunter ein gerichtliches Verfahren zur Folge, hauptsächlich bei **Beschlussanfechtungsverfahren**, die wegen eines formellen Fehlers der Beschlussfassung eingeleitet werden, oder bei Klagen auf außerordentliche Abberufung des Verwalters. Den Wohnungseigentümern entsteht durch das Gerichtsverfahren ein Schaden, wenn und soweit sie mit 1556

---

451 Beispielsfall OLG München v. 24.7.2006 – 32 Wx 77/06, ZMR 2006, 883.
452 OLG Frankfurt v. 28.5.2009 – 20 W 115/06, ZMR 2009, 861; AG Hamburg-Blankenese v. 12.8.2009 – 539 C 50/08, ZMR 2011, 331.
453 KG v. 28.1.2010 – 24 W 43/09, ZMR 2010, 467.
454 BGH v. 17.12.2010 – V ZR 125/10, NZM 2011, 807, Rn 10. Ausführlich *Häublein*, FS Merle (2010), 153.
455 BGH v. 13.7.2012 – V ZR 94/11, ZMR 2012, 974, Rn 18; OLG Frankfurt v. 28.5.2009 – 20 W 115/06, ZMR 2009, 861, Rn 21.
456 Ausführlich *Armbrüster*, Haftpflichtversicherung für Verwalter und Beiräte, ZWE 2010, 117.

Prozesskosten (Gerichts- und Rechtsanwaltskosten) belastet werden. Wenn der Verwalter hierfür – wie meistens – ersatzpflichtig ist, können die Wohnungseigentümer von ihm in einem nachfolgenden Rechtsstreit Schadensersatz geltend machen. Um den Folgeprozess zu vermeiden, also aus Gründen der Prozessökonomie, greift der von der WEG-Novelle eingeführte § 49 Abs. 2 WEG die schon früher von der Rechtsprechung[457] entwickelten Grundsätze zur Berücksichtigung materiell-rechtlicher Schadensersatzansprüche auf: Demnach können dem Verwalter in der gerichtlichen Kostenentscheidung Prozesskosten auferlegt werden, soweit die Tätigkeit des Gerichts durch ihn **veranlasst** wurde und ihn ein **grobes Verschulden** trifft, auch wenn er nicht Partei des Rechtsstreits ist. Die Regelung ist zwar „gut gemeint",[458] aber wenig durchdacht.[459] Eine Übersicht über **Einzelfälle** aus der Rspr. findet sich unten (siehe Rn 1564 ff.).

1557 **Grobes Verschulden** (synonym: grobe Fahrlässigkeit) liegt vor, wenn die im Verkehr erforderliche Sorgfalt in ungewöhnlich hohem Maße verletzt wurde, wenn ganz nahe liegende Überlegungen nicht angestellt oder beiseite geschoben wurden und dasjenige unbeachtet geblieben ist, was im gegebenen Fall sich jedem aufgedrängt hätte.[460] Ein objektiv grober Pflichtverstoß rechtfertigt für sich allein nicht den Schluss auf das subjektive Verschulden, es muss eine auch **subjektiv** schlechthin unentschuldbare Pflichtverletzung vorliegen.[461] Im Rahmen des subjektiven Tatbestands kann zwischen professionellen (gewerblich tätigen) Verwaltern und Hobby- oder Amateurverwaltern differenziert werden. An letztere sind je nach Fall geringere Sorgfaltsanforderungen zu stellen.[462] Die WEG-Verwaltung bringt es vielfach mit sich, dass der Verwalter **rechtliche Fragen** beurteilen muss, sei es hinsichtlich der zutreffenden Qualifizierung baulicher Maßnahmen, sei es hinsichtlich der Beurteilung der Beschlussfähigkeit, von Stimmrechtsausschlüssen, erforderlichen Quoren usw. Dabei handelt der Verwalter schon objektiv nicht fahrlässig, wenn er den „sichersten Weg" verfolgt und sich auf dem Boden einer h.M., insbes. der BGH-Rspr. bewegt. Demgegenüber handelt er grob fahrlässig, wenn er von einer ihm bekannten höchstrichterlichen Rechtsprechung abweicht. Es ist nicht seine Aufgabe, **Mindermeinungen** (und seien sie auch gut begründet) zum Durchbruch zu verhelfen, sondern im Interesse seines Auftraggebers, der WEG, rechtssichere und somit möglichst anfechtungssichere Beschlüsse herbei zu führen.[463]

1558 Eine Kostenentscheidung zu Lasten des Verwalters kann nur dann ergehen, wenn aufgrund des streitgegenständlichen Sachverhalts zur Überzeugung des Gerichts **fest steht**, dass der Verwalter eine Pflichtverletzung begangen hat, die ihn gegenüber den Wohnungseigentümern schadensersatzpflichtig gemacht hat; denn nur dann liegt eine „Veranlassung" i.S.d. § 49 Abs. 2 WEG vor. Das Gericht darf sich dabei nicht mit einer summarischen Prüfung begnügen, wie sie im Fall der in das Ermessen des Gerichts gestellten Kostenentscheidung gem. § 91a ZPO nach beiderseitigen Erledigungserklärungen ausreicht. Wenn streitiger Sachverhalt noch einer Beweisaufnahme bedarf, **kann** das Gericht nicht nur von einer Anwendung des § 49 Abs. 2 WEG absehen;[464] es **muss** m.E. sogar davon absehen. Das Gericht darf nämlich die Entscheidung in der Hauptsache nicht verzögern, nur um eine **Beweisaufnahme** wegen der Kostenentscheidung durchzuführen. Nach Sinn und Zweck des § 49 Abs. 2 WEG soll die Kostenentscheidung zu Lasten des Verwalters nur in den

---

457 Grundlegend BGH v. 3.7.1997 – V ZB 2/97, ZMR 1997, 531, Rn 20.
458 *Abramenko*, ZMR 2011, 613.
459 *Bonifacio*, Die Auferlegung von Prozesskosten auf den Verwalter, ZWE 2012, 206, 209.
460 Allgemein BGH v. 15.11.1999 – II ZR 98/98, NJW-RR 2000, 576, Rn 5.
461 LG München I v. 29.3.2010 – 1 T 5340/10, ZWE 2010, 415.
462 LG München I v. 29.3.2010 (Vornote), Rn 18; allg. M.
463 So auch *Häublein*, ZMR 2010, 805, 806; *Bonifacio*, ZWE 2012, 206, 211; ausführlich *Greiner*, ZWE 2011, 118. A.A. LG Dresden v. 24.11.2010 – 2 S 293/10, ZMR 2011, 318.
464 LG München I v. 29.3.2010 – 1 T 5340/10, ZWE 2010, 415, Rn 22.

F. Pflichtverletzungen und Haftung des Verwalters § 10

Fällen getroffen werden, in denen sich die Voraussetzungen der Norm (das Bestehen eines materiell-rechtlichen Ausgleichsanspruchs) ohne besondere Schwierigkeiten, insbesondere ohne eine Beweisaufnahme, feststellen lassen.

Wenn die Voraussetzungen des § 49 Abs. 2 WEG erfüllt sind, steht es im **Ermessen des Gerichts**, ob es dem Verwalter Prozesskosten auferlegt oder nicht.[465] Eine entsprechende Kostenentscheidung kann von den Parteien deshalb nicht erzwungen werden. Das Gericht kann sein Ermessen „frei" ausüben; zwar ist häufig zu lesen, das Ermessen sei „pflichtgemäß" auszuüben, jedoch gibt das Gesetz in keiner Richtung Pflichten vor. Das Absehen von der Kostenentscheidung zu Lasten des Verwalters kann im Einzelfall sogar im Interesse der erstattungsberechtigten Partei liegen: Die Kostenentscheidung gem. § 49 Abs. 2 WEG ist für die obsiegende Partei nämlich ein gravierender **Nachteil**, wenn sich der Verwalter als zahlungsunfähig herausstellen sollte. Der Kostenfestsetzungsbeschluss ist dann nutzlos, denn eine subsidiäre Kostenhaftung der unterlegenen Partei gibt es nicht.

1559

Tipp für Rechtsanwälte
- Der von Anfechtungsklägern häufig geäußerte Wunsch, eine Kostenentscheidung zu Lasten des Verwalters anzuregen, wo eine solche in Betracht kommt, muss im Einzelfall gut überlegt werden. Wenn beim Verwalter ein Insolvenzrisiko nicht auszuschließen ist, sollte klägerseits eine solche Anregung unterbleiben und, falls die Anregung von der Beklagtenseite kommt, dieser entgegen getreten und statt dessen ausdrücklich eine Kostenentscheidung zu Lasten der Beklagten beantragt werden.
- Wer die voraussichtlich unterliegenden Beklagten vertritt, steht vor der Frage, ob es das Mandanteninteresse gebietet, bei Gericht eine Entscheidung gem. § 49 Abs. 2 WEG zu Lasten des Verwalters anzuregen, um den beklagten Wohnungseigentümern die Kostenhaftung zu ersparen. Das ist zu verneinen, solange keine entsprechende Weisung (durch WEV-Beschluss, siehe Rn 1511) vorliegt. Hierfür ist nicht die Überlegung maßgeblich, dass der Rechtsanwalt aus Verbundenheit mit dem Verwalter vor einer solchen Anregung zurückscheuen könnte; denn der Rechtsanwalt ist ausschließlich dem Interesse seiner Mandanten und nicht dem des Verwalters verpflichtet. Entscheidend ist, dass der Rechtsanwalt nicht ohne weiteres davon ausgehen muss, dass die Kostenhaftung des Verwalters dem Willen seiner Mandanten – der Wohnungseigentümer – entspricht. Denn diese geraten dadurch in eine Gegnerschaft zum Verwalter, die der Rechtsanwalt ohne entsprechende Weisung nicht provozieren sollte. Auf keinen Fall aber darf sich der Rechtsanwalt zum Interessenvertreter des Verwalters aufschwingen, will er sich nicht dem Vorwurf des Parteiverrats (§§ 43a Abs. 4 BRAO, 356 Abs. 1 StGB) aussetzen.

1560

Tipp für Verwalter
Sobald die Auferlegung der Kosten gem. § 49 Abs. 2 WEG droht (oder gar schon erfolgt ist), sollte die **Vermögensschadenshaftpflichtversicherung** informiert und um Deckungsschutz gebeten werden. Inzwischen haben die meisten Versicherungsgesellschaften den Versicherungsschutz für die die Haftung gem. § 49 Abs. 2 WEG in ihre Allgemeinen Versicherungsbedingungen zur Haftpflichtversicherung (AHB) einbezogen; der Verwalter muss sich nur darum kümmern, dass seinem Versicherungsvertrag die aktuellen AHB zugrunde liegen. M. E. ist die Versicherung aber auch bei Geltung alter AHB, d.h. ohne entsprechende ausdrückliche Vereinbarung, eintrittspflichtig, weil der Kostentragung gem. § 49 Abs. 2 WEG ein materieller Schadensersatzanspruch zugrunde liegt.[466]

1561

---

465 BGH v. 18.8.2010 – V ZB 164/09, ZMR 2011, 52, Rn 8.
466 Rspr. liegt noch nicht vor. A.A. z.B. *Armbrüster*, ZWE 2010, 117.

1562 Wenn dem Verwalter Prozesskosten **nicht** auferlegt werden, steht dies einer **nachfolgenden Klage** gegen ihn mit dem Ziel, Ersatz für die Kosten des vorangegangenen Rechtsstreits zu erlangen, **nicht** entgegen. Dabei ist es gleichgültig, **warum** das Gericht von der Kostenentscheidung gem. § 49 Abs. 2 WEG) abgesehen hat, denn jedenfalls ist die Entscheidung (dem Verwalter Kosten aufzuerlegen oder davon abzusehen) nicht der materiellen Rechtskraft fähig.[467] Daraus folgt zugleich, dass der Maßstab des **groben Verschuldens** nur für die Frage relevant ist, ob dem Verwalter Prozesskosten im Rahmen des Ausgangsverfahrens gem. § 49 Abs. 2 WEG auferlegt werden sollen; eine generelle Haftungserleichterung in dem Sinne, dass er für die Verursachung gerichtlicher Verfahren materiell-rechtlich nur in Fällen leichter Fahrlässigkeit hafte, ist damit nicht verbunden.[468] Die Wohnungseigentümer, die infolge einer – ggf. nur leicht-fahrlässigen – Pflichtverletzung des Verwalters Prozesskosten zu tragen haben bzw. hatten, können also in einem separaten Verfahren gegen den Verwalter den Ersatz dieses Schadens geltend machen.

1563 Wenn das Gericht beabsichtigt, dem Verwalter gem. § 49 Abs. 2 WEG die Prozesskosten aufzuerlegen, muss es ihm zuvor **rechtliches Gehör**, also Gelegenheit zur Stellungnahme, geben.[469] Soweit dem Verwalter Kosten auferlegt werden, kann er die Kostenentscheidung der ersten Instanz[470] mit der **sofortigen Beschwerde** anfechten und überprüfen lassen. Eine entsprechende (gem. § 567 Abs. 1 ZPO eigentlich erforderliche) gesetzliche Anordnung fehlt zwar; die Beschwerde ist aber trotzdem anerkannt, weil der Gesetzgeber offensichtlich schlicht vergessen hat, sie ausdrücklich vorzusehen. Mangels Regelung sind zahlreiche Details des Beschwerdeverfahrens streitig. Fraglich ist bereits, ob die Beschwerde gem. §§ 91a Abs. 2, 99 Abs. 2 ZPO erst ab einer Beschwer von mehr als 600,00 EUR zulässig ist; die besseren Gründe sprechen dafür, dass nur der Beschwerdewert von 200,00 EUR (§ 567 Abs. 2 ZPO) erreicht sein muss.[471] Ferner ist unklar, wer Beschwerdegegner sein soll. Offen ist auch, wie das Verfahren weiter geht, wenn parallel zur Beschwerde des Verwalters die Parteien Berufung einlegen, weil dann ein Nebeneinander zweier unterschiedlicher (und teilweise unvereinbarer) Rechtsmittelverfahren vorliegt.[472] Diese Fragen können hier aus Platzgründen nicht näher erörtert werden.[473]

III. Einzelne Haftungsfälle

1. Eigentümerversammlungen und Beschlussfassung

1564 Der Verwalter hat dafür zu sorgen, dass die im Gesetz und in der Gemeinschaftsordnung enthaltenen **formellen Bestimmungen** zur Beschlussfassung eingehalten werden und muss bei der Leitung des Abstimmungsverfahrens das Risiko einer Anfechtung meiden. Ihm obliegt die korrekte Feststellung des Mehrheitswillens und dessen Umsetzung in die Form ordnungsmäßiger Beschlüsse.[474] Er ist somit zumindest für die Einhaltung der Formvorschriften verantwortlich. Ob ihn darüber hinaus eine generelle Pflicht trifft, rechtswidrige Beschlüsse zu verhindern, ist streitig (siehe Rn 863). Formfehler bei der Beschlussfassung führen häufig zu einem (erfolgreichen) **Beschlussanfechtungsverfahren**. Der Verwalter haftet in diesem Fall den geschädigten Wohnungseigentü-

---

467 BGH v. 18.8.2010 – V ZB 164/09, ZMR 2011, 52, Rn 7.
468 BGH v. 18.8.2010 (Vornote), Rn 10.
469 LG Frankfurt/M. v. 3.11.2008 – 2-13 T 33/08, NJW 2009, 924; unstr.
470 Werden ihm aber erstmals im Berufungsverfahren die Kosten auferlegt, gibt es dagegen erstaunlicher Weise kein Rechtsmittel: OLG Köln v. 28.4.2011 – 16 W 13/11, NJW 2011, 1890.
471 LG München I v. 27.4.2009 – 1 S 19129/08, ZMR 2009, 874.
472 LG München I v. 27.4.2009 (Vornote) hält es für zulässig, dass das Berufungsgericht über die Beschwerde mitentscheidet; berechtigte Kritik hieran bei *Dötsch* NZM 2011, 97.
473 Ausführlich *Dötsch,* NZM 2011, 97.
474 BGH v. 19.9.2002 – V ZB 30/02, ZMR 2002, 930, Rn 34; BGH v. 3.7.1997 – V ZB 2/97, ZMR 1997, 531.

F. Pflichtverletzungen und Haftung des Verwalters § 10

mern auf die Prozesskosten. Der Ersatzanspruch wird in den meisten Fällen dadurch realisiert, dass dem Verwalter gem. § 49 Abs. 2 WEG die Prozesskosten auferlegt werden; die Schadensersatzhaftung kann aber auch Gegenstand eines separaten Prozesses sein. Nachfolgend werden Einzelfälle aufgelistet, in denen der Verwalter zum Ersatz von Prozesskosten verurteilt wurde, wobei es sich überwiegend, aber nicht ausschließlich um Fälle der Kostenhaftung gem. § 49 Abs. 2 WEG handelt.

Fehlerhafte **Einberufung** der Eigentümerversammlung.[475]   1565

Unbestimmte und daher ungenügende Ankündigung in der Tagesordnung, die den Gegenstand der Beschlussfassung nicht deckte.[476] An der Haftung des Verwalters soll sich nichts ändern, wenn der Beschlussantrag von einem anwaltlich beratenen Miteigentümer gestellt wurde;[477] das ist nach hier vertretener Auffassung zu streng.   1566

Vorlage einer ungenügenden, insbesondere **unbestimmten**[478] oder erkennbar **nichtigen**[479] oder aus anderen Gründen **rechtswidrigen Beschlussvorlage** (z.B. formell und materiell grob fehlerhafte **Jahresabrechnungen** bzw. Wirtschaftsplan).[480] Entspricht die Jahresabrechnung aber einer jahrelang unbeanstandet hingenommenen fehlerhaften Praxis des Vorgänger-Verwalters, begründet eine „Fortschreibung" dieser Übung kein (grobes) Verschulden des Verwalters.[481]   1567

Weigerung, einem Wohnungseigentümer **Einsicht** in die **Verwaltungsunterlagen** zu geben mit der Folge der Anfechtung der Jahresabrechnung.[482]   1568

Fehlerhafte Beurteilung der **Beschlussfähigkeit** wegen Verkennung eines Stimmrechtsausschlusses mit der Folge der Beschlussanfechtung.[483] Fehlerhafte Feststellung des **Abstimmungsergebnisses**,[484] vor allem (nicht nur), wenn es um die eigene Entlastung geht,[485] Verkennung des Fehlens oder der Unwirksamkeit von Vollmachten,[486] unvollständige Protokollierung.[487] Streitig ist der Fall, in dem der Verwalter zu einem fehlerhaften Ergebnis kommt, weil er einer **rechtlichen „Mindermeinung"** folgt (siehe Rn 1557).   1569

Verstoß gegen den Grundsatz der **Nichtöffentlichkeit** der Versammlung.[488]   1570

---

475 OLG München v. 14.9.2006 – 34 Wx 49/06, ZMR 2006, 954; OLG Köln v. 6.1.2006 – 16 Wx 188/05, ZMR 2006, 384.
476 AG Strausberg v. 11.3.2009 – 27 C 12/08, ZMR 2009, 563.
477 LG Nürnberg-Fürth v. 17.2.2011 – 14 T 359/11, ZWE 2011, 227.
478 OLG Oldenburg v. 5.4.2005 – 5 W 194/04, ZMR 2005, 814.
479 LG Dresden v. 4.9.2012 – 2 T 407/12, ZMR 2013, 55, Rn 16.
480 AG Hamburg v. 17.2.2012 – 102d C 69/11, ZMR 2012, 586; LG Dessau-Roßlau v. 29.10.2009 – 5 S 89/09, ZMR 2010, 471.
481 OLG Köln v. 24.8.2005 – 16 Wx 80/05, NZM 2006, 66.
482 AG Kassel v. 17.6.2010 – 800 C 295/10, ZMR 2011, 423.
483 BayObLG v. 20.2.2003 – 2Z BR 136/02, ZMR 2003, 519.
484 Ausführlich AG Tempelhof-Kreuzberg v. 11.1.2008 – 72 C 141/07, ZMR 2008, 997: Ein nach der Teilungserklärung erforderliches Quorum wurde nicht erreicht.
485 LG Berlin v. 14.5.2010 – 55 T 89/09, Grundeigentum 2010, 991: Verwalter zählt die Stimmen eines Wohnungseigentümers mit, der die Versammlung bereits verlassen hat; AG Neuss v. 28.1.2008 – 101 C 442/07, ZMR 2008, 498: Verwalter stimmt (unzulässig) als bevollmächtigter Vertreter mit.
486 LG Landau v. 24.6.2013 – 3 S 177/12, ZMR 2013, 998.
487 LG Leipzig NZM 2005, 464. Im Fall kam es in einem späteren Prozess unter den Wohnungseigentümern auf die Wirksamkeit eines Beschlusses an, die infolge dessen unzureichender Protokollierung nicht festgestellt werden konnte.
488 AG Mettmann v. 3.8.2009 – 26 C 104/08, ZMR 2009, 959.

1571 Unterlassung der nach der Teilungserklärung erforderlichen **Unterzeichnung des Protokolls** durch zwei von der Eigentümerversammlung bestimmte Wohnungseigentümer mit der Folge der Beschlussanfechtung.[489]

1572 **Verspäteter** Versand des **Protokolls** bzw. verspätete Eintragung von Beschlüssen in die **Beschluss-Sammlung** mit der Folge, dass ein Wohnungseigentümer vorsorglich Beschlüsse anfocht.[490] Aber Achtung: Weil und solange die Möglichkeit der Einsichtnahme in die Beschluss-Sammlung besteht, kann ein Wohnungseigentümer trotz pflichtwidrig verspäteter oder fehlender Protokollversendung nicht vorsorglich alle Beschlüsse anfechten und die Klage nach Kenntnis des Protokolls auf Kosten des Verwalters zurück nehmen.[491]

2. Baumängel und Instandhaltung

1573 Unterlassung, die Wohnungseigentümer auf die drohende **Verjährung** ihrer Mängelrechte hinzuweisen und eine Entscheidung über das weitere Vorgehen herbeizuführen.[492]

1574 Unpräzise Ankündigung der Finanzierung einer **größeren Baumaßnahme**, fehlende Vergleichsangebote.[493] **Auftragsvergabe** nach dem Motto „bekannt und bewährt" ohne die Einholung von **Vergleichsangeboten** oder ohne Beschluss der Gemeinschaft.[494]

1575 **Zahlung** auf unberechtigte Forderungen ohne genügende Rechnungsprüfung.[495]

1576 Unterlassene Schadensfeststellung[496] oder unterlassene Umsetzung eines darauf gerichteten Beschlusses[497] beim **Wasserschaden** in einer Wohnung; ersatzberechtigt ist jeweils der geschädigte Wohnungseigentümer.

3. Abwicklungspflichten nach dem Ende der Amtszeit

1577 Verzug mit der **Herausgabe von Unterlagen**: Haftung auf die Verfahrenskosten der Herausgabeklage.[498]

1578 Kosten der **Ersatzvornahme** durch den Folgeverwalter (oder durch einen Steuerberater) bei fehlender oder mangelhafter **Buchführung**, **Abrechnung** oder **Rechnungslegung** des Vorverwalters.[499]

4. Verschiedenes

1579 **Schlechterfüllung** des Verwaltervertrags oder Nichterbringung von Leistungen: **Kann** zwar zur Haftung auf Schadensersatz führen, meistens aber „nur" zur Minderung der Vergütung (siehe Rn 1445).

---

489 BGH v. 3.7.1997 – V ZB 2/97, ZMR 1997, 531.
490 AG Hamburg-Altona v. 25.11.2009 – 303B C 23/09, ZMR 2010, 480, Rn 25.
491 LG Hamburg v. 19.8.2010 – 318 T 57/10, ZMR 2010, 990.
492 OLG München v. 25.9.2008 – 32 Wx 79/08, ZMR 2009, 629.
493 AG Velbert v. 20.2.2009 – 18a C 88/08, ZMR 2009, 565.
494 BayObLG v. 11.4.2002 – 2Z BR 85/01, NZM 2002, 564.
495 OLG Düsseldorf v. 10.3.1997 – 3 Wx 186/95, ZMR 1997, 380.
496 LG München I v. 15.10.2012 – 1 S 26801/11, WuM 2013, 370 (Verwalter behauptet als Ursache von Feuchtigkeit aufgrund eigener – falscher – Einschätzung fehlerhaftes Nutzerverhalten); OLG München v. 15.5.2006 – 34 Wx 156/05, ZMR 2006, 716.
497 BayObLG v. 5.1.2000 – 2Z BR 85/99, ZMR 2000, 314.
498 LG Mainz v. 8.9.2005 – 3 T 211/04, MietRB 2006, 46.
499 LG Wuppertal v. 5.2.2009 – 6 T 468/08, ZMR 2009, 556; OLG München v. 20.7.2007 – 32 Wx 93/07, ZMR 2007, 814; OLG Düsseldorf v. 12.7.2005 – 3 Wx 46/05, ZMR 2006, 293.

Rechtsanwaltskosten für die Aufforderung zur **Einberufung einer Eigentümerversammlung**, nachdem der Verwalter weder die Jahresabrechnung rechtzeitig vorgelegt hatte noch gegen zahlungssäumige Miteigentümer vorgegangen war.[500] **1580**

Fehlerhafte Zahlungen. a) an den Hausmeister und an das Finanzamt infolge unrichtiger Lohnberechnung (voller Schadensersatz gegen Abtretung der Ersatzansprüche gem. § 255 BGB);[501] b) auf Gasrechnung, die sich auf Lieferungen während der Bauzeit bezog und deshalb nicht die Gemeinschaft betraf.[502] **1581**

Spekulative Anlage der **Instandhaltungsrücklage**.[503] **1582**

Überziehungszinsen infolge unbefugter Kontoüberziehung.[504] **1583**

Verzögerungen. Zögerliche Umsetzung von Beschlüssen (im Fall: Schadensfeststellung nach Wasserschaden.[505] Zögerliche Hausgeldbeitreibung.[506] Verzögerte Erteilung einer nach der Teilungserklärung erforderlichen Zustimmung zur Veräußerung einer Wohnung, anstatt diese sogleich zu erklären oder unverzüglich eine Weisung der Eigentümergemeinschaft einzuholen.[507] Aber: Keine Haftung bei verspäteter Vorlage der WEG-Jahresabrechnung, wenn infolgedessen der vermietende Wohnungseigentümer seinem Mieter die Betriebskostenabrechnung verspätet vorlegt und deshalb keine Nachzahlung verlangen kann.[508] **1584**

Vermeidbares Gerichtsverfahren. Der Verwalter macht erfolglos Hausgeld geltend, obwohl die Ansprüche wegen Formfehlern erkennbar unbegründet waren.[509] **1585**

Unterlassung geeigneter **Zwangsvollstreckungsmaßnahmen** (Zwangsverwaltung;[510] Anmeldung von Hausgeldansprüchen in der Zwangsversteigerung[511]). **1586**

Unberechtigte Auftragsvergabe zu überhöhten Konditionen.[512] **1587**

Beratungspflichten. Unterlassener **Hinweis auf Fördermittel** bei der Umstellung der Heizung auf Erdgas.[513] Falsche Rechtsauskunft.[514] **1588**

Falsche **Angaben „ins Blaue hinein"** führen dazu, dass die Gemeinschaft einen nachteiligen Beschluss fasst.[515] **1589**

---

500 BayObLG v. 20.11.1997 – 2Z BR 122/97, NJW-RR 1998, 519.
501 BayObLG v. 20.11.1997 (Vornote).
502 OLG Hamburg v. 21.12.1994 – 2 Wx 72/93, ZMR 1995, 2000.
503 OLG Celle v. 14.4.2004 – 4 W 7/04, ZMR 2004, 845; Mitverschulden der Gemeinschaft 75 %. Was heutzutage aber noch als sicher und was als spekulativ gelten kann, ist fraglich (siehe Rn 1492).
504 BayObLG v. 26.8.1999 – 2Z BR 53/99, ZMR 1999, 844.
505 BayObLG v. 5.1.2000 – 2Z BR 85/99, ZMR 2000, 314.
506 AG Idstein v. 30.10.2003 – 3 UR II 111/01, ZMR 2004, 224.
507 OLG Düsseldorf v. 10.5.2005 – 3 Wx 321/04, NZM 2005, 787.
508 LG Frankfurt a.M. v. 14.10.2011 – 2–09 S 2/11, Info M 2011, 538. In Begründung und Ergebnis fragwürdig.
509 OLG Hamm v. 19.3.2007 – 15 W 340/06, ZMR 2008, 63.
510 OLG Hamburg v. 20.1.1993 – 2 Wx 53/91, ZMR 1993, 342.
511 LG Köln v. 5.9.2013 – 29 S 40/13, ZMR 2014, 84, Rn 24.
512 OLG Köln v. 26.11.2004 – 16 Wx 184/04, ZMR 2005, 473.
513 LG Mönchengladbach v. 29.9.2006 – 5 T 51/06, NZM 2007, 416. Das geht m.E. deutlich zu weit. A.A. *Jennißen/ Jennißen*, § 26 Rn 134 und AG Oberhausen v. 7.5.2013 – 34 C 79/12, ZMR 2013, 669.
514 BGH v. 2.10.1991 – V ZB 9/91, ZMR 1992, 30.
515 OLG München v. 13.1.2011 – 32 Wx 32/10, ZMR 2011, 406.

IV. Die Entlastung

1590 Die Tagesordnungspunkte „Entlastung des Verwalters und des Verwaltungsbeirates" sind auf Eigentümerversammlungen allgemein üblich, so dass darüber meistens routinemäßig Beschluss gefasst wird. Dies geschieht aber meistens aus Rechtsunkenntnis auf Seiten der Wohnungseigentümer. Zum einen ist wenig bekannt, dass die Erteilung der Entlastung im Gesetz nicht vorgesehen ist und der Verwalter darauf **keinen Anspruch** hat.[516] Zum anderen ist den Miteigentümern die rechtliche Bedeutung der Beschlussfassung i.d.R. nicht bewusst. Die Entlastung drückt die Billigung der Geschäftsführung der Vergangenheit und das Vertrauen für die Zukunft aus. Das hat eine spezifische Rechtsfolge: Die Entlastung beinhaltet ein **negatives Schuldanerkenntnis** oder in anderen Worten den **Verzicht** der Gemeinschaft und der Wohnungseigentümer auf etwaige Ansprüche gegen den Verwalter.[517] Ob für den Verzicht auf individuelle Ansprüche der Wohnungseigentümer eine Beschlusskompetenz besteht, ist allerdings fraglich.[518] **Einschränkungen** bestehen insoweit, als die Verzichtswirkung nur solche Ansprüche erfasst, die den Wohnungseigentümern **bekannt** waren oder für sie („bei sorgfältiger Prüfung") **erkennbar** waren,[519] wobei die Kenntnis/schuldhafte Unkenntnis des Verwaltungsbeirats den Wohnungseigentümern zugerechnet werden soll.[520] Auch Ansprüche, die aus einer Straftat des Verwalters herrühren, sind von der Entlastung nicht erfasst.[521]

1591 Wegen der ausschließlich nachteiligen Folgen für die Gemeinschaft wurde (und wird) zu Recht vertreten, dass der Entlastungsbeschluss grundsätzlich rechtswidrig sei.[522] Der BGH hat aber das Gegenteil entschieden: Demnach entspricht ein Entlastungsbeschluss **ordnungsmäßiger Verwaltung**, außer wenn Ansprüche gegen den Verwalter erkennbar in Betracht kommen.[523] **Wenn** Ansprüche in Betracht kommen, ist eine Entlastung nur ausnahmsweise gerechtfertigt, wenn aus besonderen Gründen Anlass besteht, auf die Ansprüche zu verzichten.

1592 *Tipp*
Auch wenn der Entlastungsbeschluss (nach der für die Praxis maßgebenden Rechtsprechung des BGH) grundsätzlich rechtmäßig ist, ist einer Eigentümergemeinschaft wegen der damit verbundenen nachteiligen Folgen doch ausnahmslos davon abzuraten. Wenn der Verwalter den Antrag auf Entlastung auf die Tagesordnung gesetzt hat, kann gefahrlos dagegen gestimmt werden; gegen die Ablehnung kann der Verwalter nichts machen, weil er keinen Anspruch auf Entlastung hat.

1593 Die Entlastung wird häufig im engen Zusammenhang mit der Erörterung der **Jahresabrechnung** beschlossen. Früher wurde teilweise angenommen, der Entlastungsbeschluss könne zugleich die Billigung der Jahresabrechnung beinhalten;[524] diese Auffassung ist aber schon deshalb nicht haltbar, weil eine konkludente Beschlussfassung nicht möglich ist. Umgekehrt beinhaltet die Genehmi-

---

516 BGH v. 17.7.2003 – V ZB 11/03, ZMR 2003, 942.
517 BGH v. 17.7.2003 (Vornote); OLG Köln v. 26.11.2004 – 16 Wx 184/04, ZMR 2005, 473.
518 *M. Schmid*, ZWE 2009, 377; *Elzer*, MietRB 2013, 273. Offen gelassen bei OLG München v. 5.4.2011 – 32 Wx 1/11ZWE 2011, 262, Rn 16.
519 KG v. 28.1.2010 – 24 W 43/09, ZMR 2010, 467, Rn 23.
520 OLG Düsseldorf v. 9.11.2001 – 3 Wx 13/01, ZMR 2002, 369; *Bärmann/Becker*, § 28 Rn 198. M. E. unzutreffend, ausführlich BeckOGK WEG/*Greiner*, § 26 Rn 423.
521 BGH v. 17.7.2003 – V ZB 11/03, ZMR 2003, 750, Rn 18.
522 BayObLG v. 19.12.2002 – 2Z BR 104/02, ZMR 2003, 280; *Greiner/Vogel*, ZMR 2003, 465; *M. Schmid*, ZWE 2009, 377.
523 BGH v. 17.7.2003 – V ZB 11/03, ZMR 2003, 942.
524 So OLG Düsseldorf v. 19.5.1999 – 3 Wx 69/99, WuM 1999, 544 und auch heute noch NKV/*Niedenführ*, § 28 Rn 242.

gung der Jahresabrechnung nicht die Genehmigung etwaiger in der Jahresabrechnung enthaltener unberechtigter Ausgaben bzw. des diesen zugrunde liegenden Verwalterhandelns und somit keine Entlastung; denn in die Jahresabrechnung sind auch solche Ausgaben einzustellen, die der Verwalter unberechtigterweise aus Mitteln der Gemeinschaft getätigt hat (siehe Rn 944).

Bei der Abstimmung über seine Entlastung ist der Verwalter gem. § 25 Abs. 5 WEG vom **Stimmrecht ausgeschlossen**. Das Stimmverbot gilt auch für Miteigentümer, die mit dem Verwalter wirtschaftlich so stark verbunden sind, dass sie nach Lage ihrer Interessen als Einheit zu betrachten sind.[525] Der vom Stimmrecht ausgeschlossene Verwalter darf auch nicht als Vertreter von Miteigentümern mitstimmen.[526]

1594

Auf **Anfechtung** hin ist der Entlastungsbeschlusses für ungültig zu erklären, wenn Ansprüche gegen den Verwalter in Betracht kommen, also in allen potentiellen Haftungsfällen. Ob Ansprüche gegen den Verwalter tatsächlich bestehen, ist nicht bei der Anfechtung des Entlastungsbeschlusses zu prüfen, sondern ggf. erst in einem nachfolgenden Haftungsprozess. Ein „klassischer" zur Ungültigerklärung des Entlastungsbeschlusses führender Verwalterfehler liegt vor, wenn die **Jahresabrechnung** ganz oder teilweise für ungültig erklärt wird oder unvollständig ist;[527] denn dann besteht jedenfalls ein Anspruch gegen den Verwalter auf Nachbesserung der Abrechnung und zudem ggf. auf Erstattung von Verfahrenskosten. Ist die Entlastung des Verwalters wegen Fehlern der Jahresabrechnung rechtswidrig, wird überdies angenommen, dass im Hinblick auf die Pflicht des **Verwaltungsbeirates**, die Jahresabrechnung zu überprüfen, auch eine dem Verwaltungsbeirat erteilte Entlastung rechtswidrig sei,[528] weshalb der entsprechende Beschluss gewissermaßen routinemäßig mit angefochten wird. Das dürfte jedoch nicht richtig sein: Eine fehlerhafte Abrechnung hat für sich genommen keine Ansprüche gegen den Verwaltungsbeirat zur Folge, sodass insoweit nichts gegen die Beiratsentlastung spricht.

1595

---

525 LG Konstanz v. 9.1.2008 – 62 T 134/07, ZMR 2008, 326, Rn 82.
526 LG Itzehoe v. 9.9.2008 – 11 S 6/08, ZMR 2009, 142, Rn 10; OLG Karlsruhe v. 27.5.2002 – 14 Wx 91/01, ZMR 2003, 289. S.a. Rn 1303.
527 BGH v. 4.12.2009 – V ZR 44/09, ZMR 2010, 300; OLG München v. 19.9.2005 – 34 Wx 76/05, ZMR 2006, 68; OLG Düsseldorf v. 3.12.2004 – 3 Wx 261/04, ZMR 2005, 720 (fehlender Kontenabgleich).
528 BGH v. 4.12.2009 (Vornote); OLG Düsseldorf v. 3.12.2004 (Vornote).

§ 11 Der Verwaltungsbeirat

A. Bestellung und Abberufung

Die Wohnungseigentümer können (nicht: müssen) die Bestellung eines Verwaltungsbeirats beschließen (§ 29 Abs. 1 WEG). Die Wahl wirft diverse Fragen auf, die in den folgenden Beispielsfällen erörtert werden.

1596

> *Beispiel 1*
> Bei der Wahl zum Beirat kandidieren die drei Miteigentümer A, B und C. Die Abstimmung ergibt eine Mehrheit an Ja-Stimmen. Der Verwalter verkündet als Ergebnis die Wahl von A, B und C. – Ob die **Blockwahl** rechtmäßig ist, ist streitig. Teilweise wird vertreten, die Mitglieder des Verwaltungsbeirats müssten ausnahmslos einzeln gewählt werden, weil die Blockwahl dazu zwingen könnte, auch nicht gewollte Kandidaten zu wählen oder auf die Wahl ganz zu verzichten.[1] Zuzustimmen ist aber der Auffassung, wonach die Blockwahl dann zulässig ist, wenn kein anwesender Miteigentümer widerspricht.[2] Auch sonst wird verbreitet angenommen, dass ein Miteigentümer eine Anfechtung nicht auf Formfehler der Beschlussfassung stützen kann, die er selber nicht gerügt hat (siehe Rn 791).

> *Beispiel 2*
> Im vorgehenden Beispiel wird einzeln abgestimmt. A und B werden jeweils mehrheitlich gewählt, C jedoch nicht. Der Verwalter verkündet als Ergebnis: A und B sind als Verwaltungsbeirat gewählt. *Oder*: Es stehen von vornherein nur A und B zur Wahl; ein dritter Kandidat findet sich nicht. – Der Beschluss ist nach der Rechtsprechung rechtswidrig (nicht nichtig), weil der Verwaltungsbeirat gem. § 29 Abs. 1 S. 2 WEG aus **drei Personen** besteht und eine davon **abweichende Anzahl** zwar vereinbart, aber nicht beschlossen werden darf.[3] M.E. bestimmt das Gesetz demgegenüber nur einen Regelwert, keine zwingende Mindestanzahl. In kleineren Anlagen finden sich oft keine drei Kandidaten; es ist nicht im Interesse der Gemeinschaft (und kann daher vom Gesetz nicht gewollt sein), in diesem Fall überhaupt keinen Beirat zuzulassen.

1597

Juristische Personen (die Miteigentümer sind) dürfen in den Beirat gewählt werden (str.),[4] **Nichteigentümer** hingegen nicht.[5] Bei der Wahl unterliegen die kandidierenden Miteigentümer **keinem Stimmrechtsausschluss**, dürfen also mitstimmen und sich ggf. selber wählen; es gelten dieselben Grundsätze wie bei der Kandidatur eines Miteigentümers als Verwalter (siehe Rn 1257).

1598

Eine **zeitliche Begrenzung** der Bestellungszeit ist vom Gesetz nicht vorgesehen. Wenn der Beirat also – wie üblich – auf unbestimmte Zeit gewählt wird, endet sein Amt nicht durch Zeitablauf, sondern nur in folgenden Fällen:

1599

- **Ausscheiden** aus der Eigentümergemeinschaft;[6]

---

1 LG Düsseldorf v. 6.5.2004, NZM 2004, 468; AG Nürnberg v. 28.11.2003 – 1 UR II 186/03 WEG, ZMR 2005, 236; *Drasdo*, Verwaltungsbeirat, Rn 53.
2 LG Schweinfurt v. 28.7.1997 – 44 T 79/97, WuM 1997, 641; KG v. 29.3.2004 – 24 W 194/02, ZMR 2004, 775; *Jennißen/Hogenschurz*, § 29 Rn 5.
3 BGH v. 5.2.2010 – V ZR 126/09, ZWE 2010, 216.
4 Wie hier i.E. *Häublein*, ZMR 2003, 233, 238.
5 LG Karlsruhe v. 13.3.2009 – 11 S 22/09, ZMR 2009, 550. Der Beschluss ist nach h.M. rechtswidrig, aber nicht nichtig (OLG Hamm v. 27.9.2006 – 15 W 98/06, ZMR 2007, 133; *Bärmann/Merle*, § 29 Rn 11); str.
6 BayObLG v. 5.11.1992 – 2Z BR 77/92, ZMR 1993, 127.

§ 11 Der Verwaltungsbeirat

- **Amtsniederlegung**, die jederzeit möglich ist;[7]
- **Abberufung** durch Mehrheitsbeschluss, die ebenfalls jederzeit möglich ist und keiner Begründung bedarf.[8]

1600 Nach dem Ausscheiden eines oder zwei Mitglieder des Beirats besteht das Organ Verwaltungsbeirat nur noch aus entsprechend weniger Mitgliedern („Schrumpfbeirat"); es bleibt nach h.M. jedoch bestehen.[9]

1601 *Tipp*
Die Abwahl eines Beiratsmitglieds, ja auch schon die Kandidatur eines „neuen" Interessenten (die eine komplette Neuwahl erfordert, weil es ja nicht mehr als drei Mitglieder geben darf), wird meistens als so unfreundlicher Akt empfunden, dass sie selbst dann unterbleibt, wenn ein Wechsel objektiv angezeigt wäre. Um einen unproblematischen und emotionsfreien Wechsel zu ermöglichen, ist deshalb eine routinemäßige jährliche Neuwahl zu empfehlen. Sinnvoll ist eine entsprechende Begrenzung der Bestellungszeit bei Gelegenheit der Wahl.

1602 **Muster 11.1: Beiratswahl mit Begrenzung der Bestellungszeit**

In den Verwaltungsbeirat werden gewählt: ▬▬▬ Die Amtszeit dauert bis zur nächsten Eigentümerversammlung. *Oder:* Der Beirat wird bis zur bis zur nächsten Eigentümerversammlung im Amt bestätigt.

B. Aufgaben

1603 Der **gesetzliche Aufgabenkreis** des Verwaltungsbeirats ist beschränkt:

- Er unterstützt den Verwalter bei der Durchführung seiner Aufgaben (§ 29 Abs. 2 WEG).
- Er prüft den Wirtschaftsplan, die Jahresabrechnung, Rechnungslegungen und Kostenanschläge, bevor über sie die Wohnungseigentümerversammlung beschließt, und versieht sie mit einer Stellungnahme (§ 29 Abs. 3 WEG). (Es hat aber keine Folgen, wenn das unterbleibt; die daraufhin gefassten Beschlüsse sind nicht alleine deshalb anfechtbar[10]).
- Der Vorsitzende (oder sein Stellvertreter) unterschreibt das Versammlungsprotokoll (§ 24 Abs. 6 WEG) und ist zur Einberufung einer Versammlung befugt, wenn der Verwalter sich pflichtwidrig weigert (§ 24 Abs. 3 WEG).

1604 **Wie** der Beirat den Verwalter unterstützt, ist nicht geregelt, weshalb in der Praxis alle Formen mehr oder weniger vertiefter Zusammenarbeit von Verwalter und Beirat anzutreffen sind. Aufdrängen oder erzwingen kann der Verwaltungsbeirat seine Unterstützung nicht. Er hat insbesondere **keine Vertretungsmacht** für die Gemeinschaft gegenüber dem Verwalter oder Dritten und auch keine Entscheidungsbefugnis. Er ist nicht einmal dann als „Notorgan" zu Verwaltungsaufgaben befugt, falls der Verwalter seine Tätigkeit einstellen sollte. Die Gemeinschaft kann die Befugnisse

---

7 KG v. 8.1.1997 – 24 W 7947/95, ZMR 1997, 544, Rn 14.
8 OLG Hamm v. 18.1.1999 – 15 W 77/98, ZMR 1999, 280; KG v. 8.1.1997 – 24 W 7947/95, ZMR 1997, 544.
9 OLG Düsseldorf v. 31.8.1990 – 3 Wx 257/90, ZMR 1991, 32, Rn 16; *Armbrüster*, ZWE 2001, 355, 356. A.A. *Drasdo*, Verwaltungsbeirat, Rn 122.
10 OLG Frankfurt/M. v. 20.12.2004 – 20 W 337/01, OLGR Frankfurt 2005, 932.

des Verwaltungsbeirats aber **durch Beschluss erweitern**, wie es insbes. in folgenden Fällen häufig vorkommt:

- Zustimmungspflicht bei Zahlungen aus dem Gemeinschaftsvermögen (konkret: Banküberweisungen) ab einer bestimmten (kritischen) Größenordnung. Diese Möglichkeit ist in § 27 Abs. 5 S. 2 WEG ausdrücklich vorgesehen[11] und generell zu empfehlen, sofern der Verwalter keine Vertrauensschadenshaftpflichtversicherung unterhält (siehe Rn 1555).
- Bestimmte Maßnahmen darf der Verwalter oder ein von der Gemeinschaft beauftragter Rechtsanwalt nur im Einvernehmen oder nach Rücksprache mit dem Verwaltungsbeirat durchführen (vgl. Rn 1429).
- Mitwirkung an der Feststellung und Verfolgung von Baumängeln.
- Vorauswahl von Kandidaten zur Verwalterneuwahl und Abschluss des Verwaltervertrags.

1605

Die **Rechnungsprüfung** ist eine schwierige Aufgabe für die Verwaltungsbeiräte, sofern diese nicht von Berufs wegen damit vertraut sind. Im Prinzip ist die Kontrollpflicht nämlich umfassend: Dazu gehört die rechnerische Schlüssigkeit, die sachliche Richtigkeit und die Kontrolle der Kostenzuordnung und -verteilung. Erleichtert wird die Prüfung dadurch, dass an die Nachvollziehbarkeit der Buchhaltung zunehmend hohe Anforderungen gestellt werden. Außerdem werden von einem Laien auch nicht die Sach- und Rechtskenntnisse erwartet, die z.B. ein Verwalter oder gar ein spezialisierter Rechtsanwalt oder Steuerberater haben.[12] Die folgenden Punkte umreißen die bei der Rechnungsprüfung einzuhaltenden **Mindestanforderungen**:

1606

- Kontrolle, ob das Gemeinschaftsvermögen (insbesondere die Rücklage) ordnungsgemäß angelegt und der Bestand belegt ist (durch Kontoauszüge, Sparbuch usw.). Überprüfung der Rücklagenentwicklung anhand der Belege.
- Stichprobenhafte Prüfung der Ausgabenbelege und der dazugehörigen Girokontoauszüge.
- Rechnerische Schlüssigkeit des Gesamtwerkes (Nachvollziehen des Kontenabgleichs).

1607

Zur Rechnungsprüfung sollte der Verwalter dem Beirat vorab den (oder die) Abrechnungsordner nebst Belegen überlassen. Anschließend ist ein Besprechungstermin mit dem Verwalter sinnvoll, bei dem eventuelle Fragen geklärt und außerdem der Inhalt der Tagesordnung für die (wenig später stattfindende) Eigentümerversammlung festgelegt werden können.

1608

Die **Stellungnahme** zur Rechnungsprüfung (Prüfbericht) des Beirats muss nicht schriftlich erfolgen; üblich ist ein mündlicher Bericht in der Eigentümerversammlung. Wenn keine Beanstandungen vorliegen, mündet die Stellungnahme oft in die Empfehlung, dem Verwalter Entlastung zu erteilen; davon ist allerdings abzuraten (siehe Rn 1592). Der Beirat braucht überhaupt keine Empfehlung abzugeben; es genügt völlig, wenn er das Ergebnis der Rechnungsprüfung mitteilt. Welche Schlussfolgerungen die Miteigentümer daraus ziehen, ist ihnen überlassen. Gibt der Beirat keine Stellungnahme ab, kann diese nicht erzwungen werden. Allerdings erfüllt ein solcher Beirat seine Aufgaben nicht und sollte deshalb ersetzt werden. Teilweise wird vertreten, dass ein einzelner Wohnungseigentümer in solchen Fällen einen Anspruch auf Neuwahl eines Beirats habe;[13] allerdings lässt sich eine Beiratsneuwahl nicht erzwingen, wenn keine drei (neuen) Kandidaten zur Verfügung stehen.

1609

---

11 Die Verfügung über Gelder der Wohnungseigentümer kann von der Zustimmung eines Wohnungseigentümers oder eines Dritten abhängig gemacht werden.
12 OLG Köln v. 12.5.2006 – 16 Wx 93/06, MietRB 2006, 322, Rn 9.
13 KG v. 8.1.1997 – 24 W 7947/95, ZMR 1997, 544.

C. Innere Organisation und Entschädigung

1610 Der Verwaltungsbeirat besteht aus drei Mitgliedern, von denen nach der Vorstellung des Gesetzes einer der „**Vorsitzende**" ist und die beiden anderen die „**Beisitzer**" sind, von denen wiederum einer der Stellvertreter des Vorsitzenden ist. Es ist aber nicht zwingend, dass den Beiratsmitgliedern diese Funktionen zugewiesen werden. Die Bedeutung des „Vorsitzenden" ist nach dem Gesetz nicht sehr groß: Er hat das Einberufungsrecht gem. § 24 Abs. 3 WEG und die Pflicht zur Protokollunterzeichnung gem. § 24 Abs. 6 WEG. Im Übrigen hat der Vorsitzende nicht mehr Rechte und Pflichten als die Beisitzer. Gleichwohl wird ihm in der Praxis häufig das „laufende Geschäft" der Beiratstätigkeit überlassen. Das Gesetz lässt offen, wer den Beiratsmitgliedern ihre Funktionen zuweist. Also kann bereits bei der Wahl festgelegt werden, wer Vorsitzender, Stellvertreter oder einfacher Beisitzer sein soll. Zulässig und üblich ist es aber, dass die Beiräte das unter sich ausmachen und den Vorsitzenden und seinen Stellvertreter wählen, wobei es für das Wahlverfahren keine Vorschriften gibt.

1611 Die Organisation seiner Tätigkeit ist (sinnvoller Weise) ebenfalls dem Beiratskollegium überlassen; das Gesetz bestimmt lediglich: „Der Verwaltungsbeirat wird von dem Vorsitzenden nach Bedarf **einberufen**" (§ 29 Abs. 4 WEG). Letztlich ist es also Sache der Beiräte zu entscheiden, ob, wie oft und in welchem Rahmen sie sich treffen. Für die Treffen können sie sich eine förmliche Geschäftsordnung geben, müssen das aber nicht; üblich ist es allenfalls bei größeren Gemeinschaften.

1612 *Tipp*
Mindestens drei Treffen pro Jahr sind zu empfehlen: Das erste nach der Eigentümerversammlung, um die daraus eventuell resultierenden Aufgaben des kommenden Jahres bis zur nächsten Versammlung zu besprechen; das zweite etwa ein halbes Jahr später und das dritte bei Gelegenheit der Rechnungsprüfung im Vorfeld der nächsten Eigentümerversammlung. Inhalt und Ergebnisse der Besprechungen sollten protokolliert werden.

1613 Der Verwaltungsbeirat ist meistens, aber nicht zwingend unentgeltlich tätig. Von Gesetzes wegen haben die Beiräte lediglich Anspruch auf **Aufwendungsersatz** gem. § 670 BGB, z.B. für Telefon, Porto, Fahrtkosten. Ab einer bestimmten Größe der Anlage ist es aber üblich und m.E. auch rechtmäßig, den Beiräten (oder auch nur dem Vorsitzenden) Geld zu bezahlen (Auslagenpauschale, Aufwandsentschädigung, Tätigkeitsvergütung usw.).

1614 *Beispiel*
Im Wirtschaftsplan einer Anlage mit 340 Einheiten ist eine Position „Kosten Beiräte" i.H.v. 3.500,00 EUR enthalten. Miteigentümer A ficht den Genehmigungsbeschluss diesbezüglich an. – Ohne Erfolg. Im Fall geht die Zahlung zwar über einen (unstreitig zulässigen) pauschalierten Ersatz von Aufwendungen hinaus und stellt tatsächlich eine Tätigkeitsvergütung (Aufwandsentschädigung) dar; das hält das *LG Hannover* aber bei einer großen Anlage für sinnvoll und angemessen.[14] Demgegenüber verneint das *KG* unter Betonung des angeblichen Grundsatzes der Unentgeltlichkeit der Beiratstätigkeit die Rechtmäßigkeit einer solchen Vergütung.[15]

---

14 LG Hannover v. 10.1.2006 – 4 T 78/05, ZMR 2006, 398.
15 KG v. 31.3.2004 – 24 W 194/02, ZMR 2004, 775; es ging um 500,00 EUR Jahresvergütung für den Beiratsvorsitzenden.

D. Haftung

Zwischen der Gemeinschaft und den Mitgliedern des Verwaltungsbeirats besteht ein konkludent mit der Bestellung abgeschlossenes Auftragsverhältnis, das sich auf den gesetzlichen Aufgabenkreis bezieht. Wenn den Beiräten weitere Aufgaben übertragen werden, handelt es sich auch insoweit um Aufträge i.S.v. § 662 BGB. Ihre Aufträge haben die Beiräte sorgfältig auszuführen; bei Pflichtverletzungen haften sie der Gemeinschaft als Gesamtschuldner auf Schadensersatz.[16]

> *Beispiel*
> Die Beiräte bemerken bei der Rechnungsprüfung mangels ausreichender Belegeinsicht nicht, dass der Verwalter das Gemeinschaftsvermögen weitgehend für sich verbraucht hat. Dem Verwalter wird Entlastung erteilt; wenig später geht er in die Insolvenz. Die Gemeinschaft verklagt die Beiräte auf **Schadensersatz**. – Mit Erfolg, weil diese die bei der Belegprüfung bestehenden Pflichten schuldhaft verletzt haben.[17]

Die volle Haftung der ehrenamtlich tätigen Beiräte für letztlich fremde Fehler (des Verwalters) wird verbreitet als korrekturbedürftig empfunden und stellt eine nicht zu unterschätzende Hürde für Miteigentümer dar, das Amt überhaupt zu übernehmen. Eine **Haftungsbeschränkung** auf Vorsatz und grobe Fahrlässigkeit ist richtiger Ansicht nach im Einzelfall (insbes. bei der Wahl der Beiratsmitglieder) möglich und rechtmäßig; das ist jedoch nicht unstreitig.[18] Üblich ist es auch, den Verwaltungsbeiräten für ihre Tätigkeit **Entlastung** zu erteilen; dagegen ist nichts einzuwenden. Der Entlastungsbeschluss ist aber nur rechtmäßig, wenn Ansprüche gegen die Beiräte erkennbar nicht in Betracht kommen. Insoweit gelten dieselben Grundsätze wie bei der Entlastung des Verwalters (siehe Rn 1591), sodass insbesondere bei Beschlussfassung bekannte Abrechnungsfehler einer Entlastung des Beirats entgegenstehen sollen.[19] Dem ist in dieser Allgemeinheit allerdings nicht zu folgen: Bei rein formellen Fehlern der Abrechnung kommen Ansprüche gegen den Beirat normaler Weise nicht in Betracht; und es ist kaum anzunehmen, dass der BGH der Auffassung ist, dass auch solche Abrechnungsfehler der Beiratsentlastung entgegenstehen. Bei dem Beschluss über ihre Entlastung unterliegen die Beiräte einem **Stimmrechtsausschluss** und dürfen daher weder für sich selber, noch in Vertretung anderer Miteigentümer mitstimmen.[20]

Besser für die Beiräte *und* für die Gemeinschaft ist statt der jährlichen Entlastung der Abschluss einer Vermögensschadens-**Haftpflichtversicherung** für die Beiratstätigkeit. Die Kosten sind überschaubar (jährlich 100,00 – 200,00 EUR für mittelgroße Gemeinschaften), weshalb ein entsprechender Beschluss der Gemeinschaft zu empfehlen und rechtmäßig ist.[21] Dann erübrigt sich die Entlastung des Beirats; ein Entlastungsbeschluss wäre bei Vorhandensein einer Versicherung sogar widersinnig, weil dadurch letztlich nur diese entlastet würde.

---

16 Ausführlich *Gottschalg*, Die Haftung von Verwalter und Beirat in der Wohnungseigentümergemeinschaft, 3. Aufl. 2009.
17 OLG Düsseldorf v. 24.9.1997 – 3 Wx 221/97, ZMR 1998, 104.
18 A.A. z.B. *Elzer/Riecke*, Haftungsprivilegierung des Beirats bei leichter Fahrlässigkeit, ZMR 2012, 171 m.w.N. Rspr. ist nicht bekannt.
19 BGH v. 4.12.2009 – V ZR 44/09, ZMR 2010, 300.
20 OLG Zweibrücken v. 14.5.1998 – 3 W 40/98, NZM 1998, 671.
21 KG v. 19.7.2004 – 24 W 203/02, ZMR 2004, 780; *Armbrüster*, Haftpflichtversicherung für Verwalter und Beiräte, ZWE 2010, 117; *Scheuer*, ZWE 2012, 115 (unter der Voraussetzung, dass ein Selbstbehalt vereinbart wird). A.A. („Privatsache eines Beiratsmitglieds") z.B. AG Hamburg-Wandsbek v. 11.10.2007 – 702 II 58/06, ZMR 2008, 35.

§ 12 Verschiedenes

A. Ersatzansprüche der Wohnungseigentümer untereinander und zwischen der Gemeinschaft und Wohnungseigentümern

I. Schadensersatzhaftung

Das aus den §§ 10 ff. WEG und der Gemeinschaftsordnung hervorgehende Rechtsverhältnis der Wohnungseigentümer untereinander stellt eine schuldrechtliche **Sonderverbindung** dar.[1] Aus dieser folgt die Pflicht, das Gemeinschafts- und Sondereigentums nur ordnungsmäßig zu nutzen, Sonder- oder Gemeinschaftseigentum nicht zu beschädigen und allgemein Rücksicht auf die Interessen der Miteigentümer zu nehmen. Die schuldhafte Verletzung dieser Pflichten führt zur Schadensersatzhaftung gem. § 280 BGB.[2]

1619

> *Beispiel*
> Miteigentümer meldet beim Verwalter „ins Blaue hinein" einen Mangel des Gemeinschaftseigentums und verursacht dadurch vermeidbare Kosten der Überprüfung durch ein Fachunternehmern. – Die **unberechtigte Mängelrüge** stellt eine zum Schadensersatz verpflichtende Verletzung der Sonderverbindung zur Gemeinschaft dar, wenn der Miteigentümer erkannte oder fahrlässig nicht erkannte, dass ein Mangel nicht vorlag, sondern die Ursache für das Symptom, hinter dem er einen Mangel vermutete, in seinem eigenen Verantwortungsbereich lag.[3]

1620

Ist für einen Schaden am Sondereigentum die **Gebäudeversicherung** eintrittspflichtig, ist deren Inanspruchnahme vorrangig:

> *Beispiel*
> Miteigentümer A verursacht leicht fahrlässig einen **Wasserschaden** in der Wohnung des B. Die von der WEG unterhaltene Gebäudeversicherung finanziert die Trocknung und einen Teil der Malerarbeiten. B verlangt für die Kosten der Schadensfeststellung, der restlichen Wohnungssanierung und der anderweitigen Unterkunft 60.000,00 EUR Schadensersatz von A. – Ohne Erfolg. Aus der zwischen A und B als Wohnungseigentümern bestehenden Treue- und Rücksichtnahmepflicht folgt, dass B sich an die Gebäudeversicherung halten muss, anstatt A zu behelligen.[4] – Ein zweifelhaftes Ergebnis, das zum Schutz des A gar nicht erforderlich ist: A hätte sowohl von seiner Haftpflichtversicherung, als auch von der Wohngebäudeversicherung die Regulierung der Ansprüche des B (d.h. die Freistellung davon) verlangen können; außerdem ist B gem. B § 11 VGB 2010 gar nicht befugt, Ansprüche aus dem Versicherungsvertrag geltend zu machen.[5]

1621

Schadensersatzansprüche können zwischen den Wohnungseigentümern auch infolge **unterlassener Instandhaltungsmaßnahmen** entstehen.

---

1 BGH v. 21.5.2010 – V ZR 10/10, NZM 2010, 556.
2 LG Saarbrücken v. 7.9.2012 – 5 S 23/11, IMR 2012, 463, Rn 38.
3 OLG München v. 4.9.2009 – 32 Wx 44/09, MietRB 2010, 174; die Haftung wurde im Fall aber verneint.
4 BGH v. 10.11.2006 – V ZR 62/06, WuM 2007, 33; LG Hamburg v. 15.11.2012 – 318 S 215/10, ZMR 2013, 216.
5 *Greiner*, Der Leitungswasserschaden in der Verwaltungspraxis, NZM 2013, 481, 485 f.

1622 *Beispiel*
Aufgrund mangelhafter Bauausführung kommt es in der vermieteten Wohnung des A zu Feuchtigkeitsschäden. Die Mieter ziehen deshalb aus, ein Mietausfallschaden bei A ist die Folge. Die von A in der Eigentümerversammlung beantragten Sanierungsmaßnahmen finden aus Kostengründen keine Mehrheit; die Sanierung wird insgesamt erst mit rund 1 Jahr **Verspätung** durchgeführt. A verlangt von den Miteigentümern, die gegen die Sanierung gestimmt hatten, Ersatz des Mietausfallschadens für 1 Jahr. – Zu Recht. Wenn wegen des baulichen Zustands des gemeinschaftlichen Eigentums ein Sondereigentum nicht oder nur mit Einschränkungen genutzt werden kann, haften die Wohnungseigentümer, die es schuldhaft unterlassen haben, die erforderlichen Instandsetzungsmaßnahmen zu beschließen, dem Sondereigentümer für den entstandenen Schaden.[6]

Beachte: A muss den ihn belastenden Eigentümerbeschluss (Ablehnung der beantragten Sanierung) anfechten. Lässt er ihn bestandskräftig werden, schließt die mit der Bestandskraft des Beschlusses einhergehende rechtsgestaltende Wirkung seine Ersatzansprüche aus.[7] Außerdem richtet sich der Schadensersatzanspruch m.E. nicht gegen die Miteigentümer (auch nicht gegen die, deren Stimmen für den ablehnenden Beschluss maßgeblich waren), sondern nur gegen die Gemeinschaft (siehe dazu Rn 203).[8] Sicherheitshalber sollte A die Miteigentümer **und** den Verband in Anspruch nehmen.

1623 *Beispiel; Abwandlung*
Im vorstehenden Beispielsfall wird die Sanierung nicht aus Kostengründen verzögert, sondern weil die Gemeinschaft zuvor versucht, Nacherfüllung vom Bauträger zu erlangen. *Oder:* Weil die Gemeinschaft zuerst ein Beweisverfahren gegen den Bauträger durchführen will. – Die Miteigentümer handeln in diesem Fall nicht pflichtwidrig (schuldhaft), sondern zweckmäßig.[9] A hat deshalb keinen Anspruch auf Schadensersatz; und ein (verschuldensunabhängiger) Aufopferungsanspruch analog §§ 906, 1004 BGB wegen Mängeln des Gemeinschaftseigentums wird schon prinzipiell abgelehnt (siehe nachfolgend).

1624 Entgegen der unter Nichtjuristen verbreiteten Überzeugung besteht demgegenüber **keine verschuldensunabhängige** Einstandspflicht der Miteigentümer untereinander oder der Gemeinschaft gegenüber den Miteigentümern für den mangelfreien Zustand des Gemeinschaftseigentums.

---

6 BGH v. 13.7.2012 – V ZR 94/11, NZM 2012, 685, Rn 6; OLG München v. 18.2.2009 – 32 Wx 120/08, ZMR 2009, 468 und v. 28.11.2008 – 34 Wx 24/07, ZMR 2009, 225; KG v. 20.10.2004 – 24 W 97/03, ZMR 2005, 308.
7 BGH v. 13.7.2012 – V ZR 94/11, ZMR 2012, 974.
8 A.A. AG Oberhausen v. 14.5.2013 – 34 C 9/13, ZMR 2013, 999; LG Saarbrücken v. 7.9.2012 – 5 S 23/11, IMR 2012, 463; LG Hamburg v. 31. 8.2011 – 318 S 258/10, ZWE 2012, 26 die eine Haftung „der übrigen Wohnungseigentümer" in Betracht ziehen (gemeint i.S. einer kollektiven Haftung *aller* übrigen). Nur diesbezüglich wiederum anders *M. Schmid*, ZWE 2012, 24, der eine Haftung derjenigen Miteigentümer befürwortet, die gegen die erforderliche Beschlussfassung gestimmt haben; ebenso *Elzer*, in: Beck OK-WEG, Ed. 14, § 21 Rn 154. Der BGH (Urt. v. 13.7.2012 – V ZR 94/11, NZM 2012, 685, Rn 7) hat diese Frage bislang offen gelassen. Zum Thema siehe auch *Bonifacio*, ZMR 2010, 163, 164 und *Suilmann*, ZWE 2013, 82, sowie allgemein *Abramenko*, Haftung der Wohnungseigentümer für ihr Stimmverhalten", FS Merle 2010, 1.
9 BayObLG v. 17.1.1991 – 2Z 138/90, ZMR 1991, 189. BGH v. 13.7.2012 – V ZR 94/11, NZM 2012, 685 hielt es sogar für nicht pflichtwidrig, trotz Vorlage eines Privatgutachtens die Sanierung noch zwecks Durchführung eines Beweisverfahrens (gegen den die Sanierung beantragenden Wohnungseigentümer!) auszusetzen; berechtigte Kritik daran z.B. bei *Derleder*, NJW 2012, 3132.

A. Ersatzansprüche der Wohnungseigentümer untereinander § 12

Beispiel
Aufgrund einer defekten Hauptwasserleitung (*oder*: eines undicht gewordenen Daches; *oder*: eines anfänglichen Baumangels wie im vorangegangenen Beispielsfall usw.) kommt es zu einem Wasserschaden in der Wohnung des A. A verlangt von den Miteigentümern und von der Gemeinschaft Schadensersatz, z.B. für zerstörtes Parkett. – Ohne Erfolg. Weder die Miteigentümer noch die Gemeinschaft haben den Schaden schuldhaft verursacht oder auch nur (durch verzögerte Sanierung) vergrößert. Ein Aufopferungsanspruch analog § 906 BGB wird hier – anders als bei Schäden, die ihre Ursache in einem fremden Sondereigentum haben (siehe dazu Rn 1630) verneint.[10] Der Schaden verbleibt bei A; ggf. ist aber die Leitungswasserschadenversicherung eintrittspflichtig.

Die Gemeinschaft haftet aber, wenn Schäden am Sondereigentum von ihr **verschuldet** werden, konkret: wenn die von der Gemeinschaft beauftragten **Erfüllungsgehilfen** einen Schaden anrichten. 1625

Beispiel
Im Beispielsfall Rn 1622 beauftragt die Gemeinschaft schließlich einen Bauunternehmer mit der Durchführung der Sanierungsarbeiten. Dieser arbeitet so mangelhaft, dass der Mietausfall ein Jahr länger dauert als bei ordnungsgemäßer Arbeit. *Oder*: Das von der Gemeinschaft beauftragte Bautrocknungsunternehmen beschädigt im Zuge der Estrichtrocknung Einrichtungsgegenstände in der Wohnung des A. A verlangt Schadensersatz von der Gemeinschaft. – Zu Recht. Die Gemeinschaft haftet gem. § 278 BGB für das Verschulden der von ihr beauftragten Unternehmer und Handwerker.[11] Für A ist das insbesondere dann von Interesse, wenn der (ebenfalls und unmittelbar haftende) Schädiger zahlungsunfähig ist.

Beachte: 1626
Nach früherer Rechtslage (vor Anerkennung der Rechtsfähigkeit WEG) richtete sich der Schadensersatzanspruch gegen die Miteigentümer (statt gegen die Gemeinschaft) mit der Folge, dass der Geschädigte seinen „Eigenanteil" von der Ersatzforderung abziehen musste. Nach geltendem Recht haftet die Gemeinschaft, so dass der Geschädigte sich an der aus Gemeinschaftsmitteln geleisteten Ausgleichszahlung „automatisch" beteiligt. Im Fall muss A deshalb seinen „Eigenanteil" *nicht* von der Ersatzforderung abziehen. Bevor A seinen Ersatzanspruch gerichtlich geltend macht, sollte er in einer Wohnungseigentümerversammlung den Beschlussantrag stellen, ihm das Geld auszuzahlen. Anderenfalls kann man das Rechtsschutzbedürfnis für die Klage bezweifeln, zumal der Verwalter ohne Beschluss gar nicht zur Auszahlung befugt ist (siehe Rn 1494); zumindest riskiert A ein kostenpflichtiges sofortiges Anerkenntnis. Wird die Beschlussfassung verweigert, ist sogleich eine (im Ergebnis effektivere) Zahlungsklage zu erheben, nicht etwa eine Beschlussersetzung (auf Auszahlung) zu beantragen.[12] Wird der Beschluss abgelehnt, ist ebenfalls Zahlungsklage zu erheben; die Anfechtung des Negativbeschlusses ist nicht zwingend (siehe Rn 1789). Wird der Negativbeschluss vorsorglich angefochten, kann die Zahlungsklage (gegen die WEG) mit der Anfechtungsklage (gegen die übrigen Miteigentümer) verbunden werden.[13]

Teilweise wird sogar der im Zuge der Mangelbeseitigung tätige **Bauträger** als Erfüllungsgehilfe der Gemeinschaft betrachtet. 1627

---

10 BGH v. 21.5.2010 – V ZR 10/10, ZMR 2010, 783.
11 BGH v. 22.4.1999 – V ZB 28/98, NJW 1999, 2108; OLG Hamburg v. 8.1.2008 – 2 Wx 25/01, ZMR 2008, 315.
12 AG Charlottenburg v. 23.10.2013 – 73 C 65/13, ZMR 2014, 241.
13 A.A. *Lehmann-Richter*, in: Elzer/Fritsch/Meier, § 3 Rn 99: Der Negativbeschluss müsse angefochten werden, die Zahlungsklage könne gegen die übrigen Miteigentümer geführt werden.

Beispiel
Die Gemeinschaft verlangt vom Bauträger die Sanierung der durchfeuchteten Gewerbeeinheit des A. Die Sanierung schlägt fehl, ein jahrelanger Rechtsstreit der Gemeinschaft gegen den Bauträger schließt sich an. A verlangt von der Gemeinschaft Schadensersatz, weil seine Mieter in dieser Zeit die Miete minderten. – Nach Auffassung des OLG Hamburg zu Recht. Die Gemeinschaft schulde dem A als ordnungsmäßige Verwaltung eine erfolgreiche Baumängelbeseitigung; der in Anspruch genommene Bauträger fungiert insoweit als Erfüllungsgehilfe.[14]

1628 Der **Verwalter** ist nach h.M. **kein Erfüllungshilfe** der Miteigentümer.

Beispiel
Im Beispielsfall Rn 1622 verlangt A vom Verwalter immer wieder schriftlich und mündlich, dass er sich um die Einleitung von Sanierungsarbeiten kümmern soll; vergeblich. Erst als A nach Jahren eine Beschlussfassung der Eigentümerversammlung erwirkt, werden die Sanierungsarbeiten durchgeführt. A verlangt Ersatz des Mietausfallschadens von der Gemeinschaft und von den Miteigentümern. – Ohne Erfolg. Die Miteigentümer haben die Sanierung nicht verzögert, weil sie von dem Mangel nichts wussten. Der Verwalter hat zwar seine Pflicht verletzt, die Miteigentümer über den Baumangel zu informieren und eine Beschlussfassung herbeizuführen. Für diese Pflichtverletzung haften die Miteigentümer aber nicht. Der Verwalter ist in Erfüllung eigener Pflichten tätig und kein Erfüllungsgehilfe der Miteigentümer untereinander.[15] A hätte selber auf eine Beschlussfassung der Gemeinschaft hinwirken müssen (siehe Rn 533 ff.). – **Kritik**: Die h.M. berücksichtigt bislang nicht genügend, dass der Verwalter seit der WEG-Reform ein Organ des Verbandes Wohnungseigentümergemeinschaft ist. Sein Verschulden muss sich die Gemeinschaft deshalb analog § 31 BGB zurechnen lassen (str.).[16]

1629 Wenn ein Miteigentümer **Schäden am Gemeinschaftseigentum** verschuldet, haftet er den Miteigentümern gem. § 823 Abs. 1 BGB (Eigentumsverletzung) und gem. § 280 BGB (siehe Rn 1619) auf Schadensersatz. Geltend gemacht wird der Ersatzanspruch aber nicht von „den Miteigentümern", sondern von der Gemeinschaft. Die Gemeinschaft ist zwar – formal betrachtet – nicht geschädigt, weil das Gemeinschaftseigentum nicht ihr, sondern den Miteigentümern in Bruchteilsgemeinschaft zusteht. Es ist aber anerkannt, dass Schadensersatzansprüche wegen Verletzung des Gemeinschaftseigentums gem. § 10 Abs. 6 S. 3 WEG von vornherein nur von der Gemeinschaft geltend gemacht werden können (sog. „geborene" Ausübungsbefugnis);[17] es bedarf deshalb keines gesonderten Beschlusses über das „an sich ziehen" der Ansprüche. Der Schädiger muss den Schaden in voller Höhe ausgleichen und kann nicht etwa einen Abzug entsprechend der Höhe seines Miteigentumsanteils vornehmen.

---

14 OLG Hamburg v. 8.1.2008 – 2 Wx 25/01, ZMR 2008, 315. Das Ergebnis ist m.E. unzutreffend, näher dazu *Greiner,* Info M 2008, 233.
15 OLG Frankfurt v. 4.9.2008 – 20 W 347/05, ZWE 2009, 123; OLG Düsseldorf v. 8.2.1999 – 3 Wx 369/98, ZMR 1999, 423. A.A. für einen Sonderfall OLG Hamm v. 3.1.2008 – 15 W 420/06, ZMR 2008, 401: Der Verwalter hatte Zahlungen der Gebäudebrandversicherung, die sich auf das Sondereigentum bezogen, nicht an den Sondereigentümer weitergeleitet; für den Schaden haftet die Gemeinschaft, der die Pflichtverletzung des Verwalters zugerechnet wird.
16 *Abramenko* in: Riecke/Schmid § 26 Rn 59; *Schmid*, ZWE 2013, 184.
17 BGH v. 7.2.2014 – V ZR 25/13, IMR 2014, 166, Rn. 17. Ausführlich *Häublein*, FS Merle, 2010, 153. Es verhält sich hier also anders als z.B. bei den Ansprüchen auf Unterlassung von Störungen oder bei der Geltendmachung von Mängelrechten gegen den Bauträger, wo eine Einzelbefugnis der Miteigentümer besteht, solange die Gemeinschaft die Ausübung nicht an sich gezogen hat.

II. Sonstige Ersatzansprüche

1. Der verschuldensunabhängige „nachbarrechtliche" Aufopferungsanspruch

Beispiel 1630
Ein Wasserhahn in der Wohnung des A hält einem Druckstoß in der Wasserleitung nicht stand. Durch den Wasseraustritt kommt es zu Schäden in der darunter liegenden Wohnung des B. B verlangt Schadensersatz von A. – A trifft zwar kein Verschulden; eine verschuldensabhängige Haftung scheidet also aus. B hat jedoch einen Ausgleichsanspruch analog § 906 Abs. 2 S. 2 BGB. Demnach kann Entschädigung verlangt werden, wenn von einem Grundstück Einwirkungen auf ein anderes Grundstück ausgehen, die das zumutbare Maß einer entschädigungslos hinzunehmenden Beeinträchtigung überschreiten, sofern der davon betroffene Eigentümer aus besonderen Gründen gehindert war, diese Einwirkungen nach § 1004 BGB rechtzeitig zu unterbinden. Die Grundsätze des verschuldensunabhängigen nachbarrechtlichen Ausgleichsanspruchs sind auch im Verhältnis der Wohnungseigentümer untereinander anzuwenden. Weil B den Wassereintritt nicht verhindern konnte und ihm der Schaden nicht ersatzlos zugemutet werden kann, hat er gegen A als „Störer" Anspruch auf einen „nach den Grundsätzen der Enteignungsentschädigung zu bestimmenden Ausgleich".[18] Aus der „gemeinschaftsrechtlichen Treuepflicht" ergibt sich aber, dass B zuerst versuchen muss, die Leitungswasserschadenversicherung (soweit vorhanden) in Anspruch zu nehmen (siehe Rn 1621).

2. Aufwendungsersatz, insbesondere nach Notgeschäftsführung

Die meisten Fälle, in denen Wohnungseigentümer Ansprüche auf Aufwendungsersatz gegen die Gemeinschaft geltend machen, betreffen **bauliche Maßnahmen** am Gemeinschaftseigentum. Diese Ansprüche sind i.d.R. unbegründet; auf die Ausführungen im Abschnitt „Ersatzansprüche nach baulichen Veränderungen" (siehe Rn 582) wird verwiesen. 1631

Gem. § 21 Abs. 2 WEG ist jeder Wohnungseigentümer berechtigt, ohne Zustimmung der anderen Wohnungseigentümer die Maßnahmen zu treffen, die zur Abwendung eines dem gemeinschaftlichen Eigentum drohenden Schadens notwendig sind. Diese sog. **Notgeschäftsführung** gibt dem Wohnungseigentümer zwar keine Vertretungsmacht, Aufträge im Namen der Gemeinschaft zu erteilen, aber einen Anspruch auf **Aufwendungsersatz**.[19] Allerdings liegen die Voraussetzungen dafür selten vor, zumindest solange ein Verwalter vorhanden ist. Auch in dringenden Fällen (Wasserrohrbruch, Dachundichtigkeit usw.) muss nämlich zunächst dem Verwalter die Möglichkeit gegeben werden, die erforderlichen Maßnahmen zu veranlassen. Nur wenn es keinen Verwalter gibt, oder wenn er ein Tätigwerden verweigert, und wenn ferner keine Zeit bleibt, eine Beschlussfassung der Eigentümergemeinschaft herbeizuführen, kann eine Maßnahme des einzelnen Miteigentümers als Notgeschäftsführung „notwendig" und somit berechtigt sein.[20] 1632

---

18 BGH v. 25.10.2013 – V ZR 230/12, WuM 2013, 760.
19 Eine Anspruchsgrundlage hierfür sucht man im WEG vergeblich. Der Gesetzgeber hielt den Ersatzanspruch für selbstverständlich, da § 21 Abs. 2 WEG dem § 744 Abs. 2 BGB (notwendige Maßnahmen des Teilhabers einer Bruchteilsgemeinschaft) nachgebildet wurde und der Aufwendungsersatzanspruch des Teilhabers anerkannt war und ist. Richtiger Weise ergibt sich die Anspruchsgrundlage aus analoger Anwendung der §§ 670, 683, 713 BGB, 110 HGB (*Bärmann/Merle*, § 21 Rn 15; *Häublein*, Erstattungsansprüche, ZWE 2008, 410, 412).
20 OLG Hamm v. 3.3.2009 – 15 Wx 298/08, ZMR 2009, 937; AG Hamburg v. 19.10.2011 – 102d C 91/10, ZMR 2012, 303, Rn 19.

1633 Aufwendungsersatzansprüche gemäß den Bestimmungen des BGB über die **Geschäftsführung ohne Auftrag** (§§ 670, 683 BGB) werden nach allgemeiner Auffassung von der Regelung der Notgeschäftsführung in § 21 Abs. 2 WEG nicht verdrängt;[21] die Voraussetzungen dafür liegen aber ebenfalls nur selten vor. Es spricht nämlich eine Vermutung dafür, dass die Wohnungseigentümer von ihrer in gemeinschaftlichen Angelegenheiten bestehenden Entscheidungsbefugnis Gebrauch machen wollen, so dass eigenmächtige Maßnahmen im Zweifel nicht ihrem Willen entsprechen.[22]

1634 Ansprüche auf Wertersatz nach Bereicherungsrecht (§§ 812 Abs. 1, 818 Abs. 2 BGB) scheitern meistens unter dem Gesichtspunkt der „aufgedrängten Bereicherung".[23]

1635 *Beispiele, in denen ein Aufwendungsersatzanspruch nach Notgeschäftsführung bejaht wurde:*
A bezahlt die ausstehende Versicherungsprämie für die Gebäudeelementarversicherung, um die drohende Kündigung des Versicherungsvertrags abzuwenden. Oder: A lässt für 27.000,00 EUR zur Abwendung von Wassereinbruch und Einsturzgefahr das Holzdach sanieren. Der Verwalter blieb pflichtwidrig untätig. – A kann jeweils Aufwendungsersatz von der Gemeinschaft verlangen.[24] Die Miteigentümer haften dem A daneben im Prinzip zwar anteilig gem. § 10 Abs. 8 WEG,[25] können ihn nach h.M. aber darauf verweisen, zuerst Befriedigung aus dem Verwaltungsvermögen zu suchen.

III. Haftung für Mieter und andere Nutzer

1636 Jeder Miteigentümer ist verpflichtet, die in seinem Sondereigentum stehenden Gebäudeteile so instandzuhalten und zu gebrauchen, dass dadurch keinem der anderen Wohnungseigentümer ein vermeidbarer Nachteil erwächst (§ 14 Nr. 1 WEG). Jeder Miteigentümer ist ferner verpflichtet, für die Einhaltung dieser Pflichten durch Personen zu sorgen, denen er die Benutzung der im Sonder- oder Miteigentum stehenden Grundstücks- oder Gebäudeteile überlässt (§ 14 Nr. 2 WEG). Für diese Personen trägt er also eine **umfassende Haftung**. Praktisch geht es meistens um die Haftung für Handlungen von Mietern, weil die Vermietung den häufigsten Fall der Nutzungsüberlassung darstellt, weshalb nachfolgend nur vom Mieter die Rede ist. Letztlich kommt es auf den Rechtsgrund der Nutzungsüberlassung aber nicht an. Die einschlägigen Fälle wurden an anderer Stelle dieses Buches bereits erörtert und werden nachfolgend lediglich zur besseren Übersicht nochmals zusammengestellt:

1637 ■ Wenn der Mieter gegen die Hausordnung oder gegen den Bestimmungszweck der betreffenden Einheit (oder in anderer Weise) stört, haftet der vermietende Miteigentümer auf Unterlassung und Schadensersatz (siehe Rn 348).

---

21 OLG Frankfurt v. 4.9.2008 – 20 W 347/05, ZWE 2009, 123; OLG Köln v. 26.5.1999 – 16 Wx 55/99, ZMR 1999, 790. Das ist fragwürdig, da § 21 Abs. 2 WEG als die speziellere Vorschrift die allgemeinen Bestimmungen der §§ 670 ff. BGB verdrängen müsste, so auch schon AG München v. 9.7.1994 – UR II 6/92, WE 1995, 37.
22 OLG Frankfurt v. 4.9.2008 – 20 W 347/05, ZWE 2009, 123, Rn 15; es ging um die Kosten eines gerichtlichen Beweisverfahrens wegen Mängel am Gemeinschaftseigentum.
23 Das kann hier aus Platzgründen nicht vertieft werden, obwohl die Problematik in Rspr. und Lit. eher „stiefmütterlich" behandelt wird. Richtiger Ansicht nach ergibt sich aus dem Gesetz, dass Wertersatzansprüche des „unredlichen Verwenders" (das ist derjenige, der weiß, dass seine Handlung einer fremden Sache zugute kommt) von vornherein ausgeschlossen sind (ausführlich *Greiner*, Die Haftung auf Verwendungsersatz, 2000, 4. Teil, S. 343 ff.). OLG Hamburg v. 7.11.2006 – 2 Wx 35/05, ZMR 2007, 129, Rn 18 spricht allerdings bereicherungsrechtlichen Ersatz zu, soweit die Maßnahme „innerhalb eines überschaubaren Zeitraums nach den Grundsätzen ordnungsmäßiger Verwaltung" ohnehin durchzuführen war.
24 OLG Köln v. 26.5.1999 – 16 Wx 55/99, ZMR 1999, 790 für den ersten Fall; OLG München v. 15.1.2008 – 32 Wx 129/07, ZMR 2008, 321 für den zweiten Fall.
25 H.M., siehe nur NKV/*Vandenhouten*, § 21 Rn 21; *Elzer*, ZMR 2008, 322, 323; str. A.A. z.B. OLG München v. 15.1.2008 (Vornote); BeckOK WEG/*Dötsch* § 14 Rn 49 ff, 190.

- Hat der Mieter bauliche Veränderungen vorgenommen, ist der vermietende Miteigentümer zum Rückbau verpflichtet (siehe Rn 267, 490).
- Hat der Mieter einen Schaden am Gemeinschaftseigentum verschuldet, haftet der vermietende Miteigentümer der Gemeinschaft auf Schadensersatz, denn der Mieter ist hinsichtlich der Erfüllung der vertraglichen Obhutspflichten gegenüber der Eigentümergemeinschaft sein Erfüllungsgehilfe i.S.v. § 278 BGB (siehe auch den Beispielsfall bei Rn 290).[26] **Achtung**: Schadensersatzansprüche der Gemeinschaft gegen den Mieter unterliegen der kurzen 6-Monats-Verjährung des § 548 Abs. 1 BGB.[27]

B. Die Haftung gegenüber Dritten für gemeinschaftliche Verbindlichkeiten

I. Die Haftung der Gemeinschaft und die Zwangsvollstreckung gegen sie

Als Folge ihrer Rechtsfähigkeit kann die Gemeinschaft gegenüber Dritten haften, z.B. auf Bezahlung beauftragter Leistungen. Sie kann dementsprechend nicht nur klagen, sondern auch verklagt werden (§ 10 Abs. 1 WEG). Für Klagen Dritter gegen die Gemeinschaft ist ausschließlich das Gericht am Ort der Wohnanlage örtlich zuständig (siehe Rn 1735); im Übrigen gibt es insoweit keine WEG-rechtlichen Besonderheiten. Die Haftung für öffentlich-rechtliche Abgaben wird unten (siehe Rn 1647) gesondert behandelt. 1638

Die **Zwangsvollstreckung** eines **gegen die Gemeinschaft** erwirkten Titels wird vor allem dann verhältnismäßig problemlos Erfolg haben, wenn die Gemeinschaft über pfändbares (Geld-)Vermögen verfügt; das der Sachpfändung unterliegende sonstige Verwaltungsvermögen (Gartengeräte usw.) ist hingegen wirtschaftlich bedeutungslos. Wenn dem Gläubiger die gemeinschaftlichen Konten nicht schon bekannt sind, kann er den Gerichtsvollzieher mit der Abnahme der Vermögensauskunft (§ 802c ZPO) beauftragen, um nach der Offenbarung der WEG-Konten deren Pfändung durchsetzen zu können. Zur Abgabe der Vermögensauskunft ist der Verwalter berechtigt und verpflichtet (siehe Rn 1518). Sollte das nicht zum Erfolg führen, kann der Gläubiger die aktuellen und künftigen Beitragsansprüche pfänden (siehe Rn 1642); dadurch wird die Gemeinschaft gegenüber Dritten (z.B. den Lieferanten von Strom und Gas) zahlungsunfähig, wodurch zumindest faktisch die solventen Mitglieder der Gemeinschaft zur Zahlung gezwungen werden, um die Bewohnbarkeit des Objekts zu erhalten. 1639

II. Die Außenhaftung der Wohnungseigentümer

1. Die akzessorische Haftung für Verbindlichkeiten der Gemeinschaft

Wenn die Gemeinschaft zahlungsunwillig oder -unfähig ist, stellt sich die Frage nach der eigenen Haftung der Wohnungseigentümer. Vor Anerkennung der Rechtsfähigkeit der Gemeinschaft hafteten die Miteigentümer als Gesamtschuldner für gemeinschaftliche Verbindlichkeiten, weil gemeinschaftliche Verträge in ihrem Namen abgeschlossen wurden. Nunmehr werden gemeinschaftliche Verträge durch die rechtsfähige Gemeinschaft abgeschlossen. Daher haften die Miteigentümer für Verbindlichkeiten der Gemeinschaft **unmittelbar** überhaupt nicht. Sie haften sie vielmehr **akzessorisch**, aber nicht (wie die Mitglieder einer BGB-Gesellschaft) gesamtschuldnerisch, sondern gem. **§ 10 Abs. 8 WEG entsprechend ihrem Miteigentumsanteil**. Die Einzelheiten werden im folgenden Beispielsfall erläutert. 1640

---

[26] KG v. 15.7.2002 – 24 W 21/02, ZMR 2002, 968.
[27] So jedenfalls OLG Stuttgart v. 5.8.2010 – 7 U 82/10, ZMR 2011, 152.

§ 12 Verschiedenes

1641 *Beispiel*

Mitte Januar 2014 bestellt WEG-Verwalter X für die WEG Heinestraße 12 Heizöl bei Lieferant U, das dieser sogleich liefert. Am 5.2.2014 stellt U der WEG 3.000,00 EUR in Rechnung. X kann nicht bezahlen, weil das WEG-Konto keine Deckung aufweist; tatsächlich ist die WEG Heinestraße 12 aufgrund der Privatinsolvenzen einiger Miteigentümer bankrott. U verlangt jetzt von Miteigentümer A die Bezahlung seiner Rechnung. Zu Recht? – A muss bezahlen, aber nicht in voller Höhe, sondern entsprechend seinem Miteigentumsanteil; beträgt dieser z.B. 150/1.000, muss A 450,00 EUR bezahlen. U kann diese Zahlung sofort von A verlangen; er muss nicht zuerst versuchen, die Gemeinschaft in Anspruch zu nehmen (keine „Einrede der Vorausklage"). Wenn die Gemeinschaft gegenüber dem Anspruch des U Einwendungen oder Einreden geltend machen könnte, kann A es auch (§ 10 Abs. 8 S. 2 WEG). Vor einer eigenen Zahlung kann A von der Gemeinschaft Freistellung verlangen;[28] danach kann er Regress nehmen: Bei der Gemeinschaft in voller Höhe, bei seinen Miteigentümern jeweils entsprechend deren Miteigentumsanteil. Nur falls A gegenüber der Gemeinschaft mit Beitragszahlungen in Rückstand war, ist sein Regressanspruch in entsprechender Höhe ausgeschlossen.

Als **Variante** zum vorhergehenden Beispiel hat A seine Wohnung schon am 20.12.2013 an B verkauft; die Eigentumsumschreibung erfolgte am 1.2.2014. Wer haftet dem U? – A haftet (entsprechend seinem Miteigentumsanteil) gem. § 10 Abs. 8 S. 1 WEG, weil die Verbindlichkeiten der Gemeinschaft während seiner Zugehörigkeit zur Gemeinschaft entstanden und fällig wurden; seine Zugehörigkeit zur Gemeinschaft (Miteigentümerstellung) endete erst mit der Eigentumsumschreibung. B haftet überhaupt nicht.

Ergänzender Hinweis: Unter Umständen haftet der Verwalter X dem U unter dem Gesichtspunkt des Eingehensbetrugs, weil X trotz leerer Gemeinschafskasse den Auftrag zur Lieferung erteilte.

Als weitere **Variante** erteilt X namens der Gemeinschaft Mitte Januar 2014 dem Handwerker U den Auftrag zur Reparatur einer Dachundichtigkeit. Der Auftrag wird Mitte Februar ausgeführt und von U in Rechnung gestellt. Wer haftet dem U? – Der Anspruch des U wurde bei Auftragserteilung „**begründet**"; zu diesem Zeitpunkt war A noch Miteigentümer. Der Anspruch wurde **fällig**, nachdem B Miteigentümer geworden ist. Für diesen Fall verweist § 10 Abs. 8 S. 1, 2. Hs. WEG auf die Nachhaftungsregelung in § 160 HGB. Demnach haften sowohl A als auch B dem U als Gesamtschuldner entsprechend ihrem Miteigentumsanteil. Bei A dauert die (Nach-)Haftung maximal 5 Jahre (§ 160 Abs. 1 HGB).

1642 Von weitgehend nur rechtsgeschichtlicher Bedeutung ist die Möglichkeit der **Pfändung der Beitrags- und Schadensersatzansprüche**, die der Gemeinschaft gegen ihre Mitglieder zustehen, um auf diese Weise (titulierte) Forderungen gegen die Gemeinschaft zu realisieren. Diese Möglichkeit hat der BGH in seiner Entscheidung vom 2.6.2005 aufgezeigt;[29] die Konstruktion stammt also aus der Zeit **vor** der WEG-Reform und wird zu Recht kritisiert, weil sie dem nunmehr gem. § 10 Abs. 8 WEG geltenden Grundsatz der Haftungsbeschränkung auf den Miteigentumsanteil zuwider läuft.

1643 Die Pfändung von Beitragsansprüchen bedarf keiner besonderen Erläuterung. Erläuterungsbedürftig ist aber die Pfändung eines Schadensersatzanspruches; sie basiert auf folgender Überlegung: Unter dem Gesichtspunkt ordnungsmäßiger Verwaltung ist jeder Miteigentümer der Gemeinschaft gegenüber verpflichtet, die zur Erfüllung der Gemeinschaftsverbindlichkeiten erforderlichen Bei-

---

28 KG v. 24.4.2009 – 24 W 55/08, ZMR 2009, 786.
29 BGH vom 2.6.2005 – V ZB 32/05, ZMR 2005, 547 „Rechtsfähigkeit der WEG". Einzelheiten waren und sind wenig geklärt. Ausführlich siehe Kommentierungen zu § 10 WEG und *M. Schmid*, Schulden der WEG und Haftung der Wohnungseigentümer, ZMR 2012, 86.

B. Die Haftung gegenüber Dritten für gemeinschaftliche Verbindlichkeiten § 12

träge zu leisten. Jeden Miteigentümer trifft nach Auffassung des BGH darüber hinaus die Pflicht, der Gemeinschaft durch entsprechende Beschlussfassung die finanzielle Grundlage zur Erfüllung der Verbindlichkeiten zu verschaffen. Ein Miteigentümer, der gegen diese Pflicht verstößt (und sei es auch nur durch rein passives Verhalten, str.), haftet der Gemeinschaft auf Schadensersatz, und zwar in voller Höhe der gemeinschaftlichen Verbindlichkeiten. Wenn ein Gläubiger der Gemeinschaft diesen Schadensersatzanspruch pfändet, haftet im Ergebnis jeder Miteigentümer (theoretisch) gesamtschuldnerisch für die Verbindlichkeiten der Gemeinschaft.

Die Konstruktion des Ersatzanspruches kann nicht überzeugen, doch sei das dahin gestellt: Praktische Bedeutung hat bislang weder die Pfändung der Beitrags-, noch die der Schadensersatzansprüche erlangt. Offenbar musste sich in der Praxis noch kein Gläubiger die Mühe machen, auf diesem aufwändigen Weg seine vollständige Befriedigung zu erzwingen. 1644

Tipp 1645
Die beschränkte Außenhaftung der Miteigentümer darf nicht den Blick darauf verstellen, dass die Zahlungsunfähigkeit einzelner Miteigentümer von den anderen Miteigentümern nach wie vor aufgefangen werden muss. Denn die Ausfälle zahlungsunfähiger Miteigentümer müssen durch entsprechende **Sonderumlagen** ausgeglichen werden. Wenn im Extremfall nur ein einziger zahlungsfähiger Miteigentümer verblieben ist, muss dieser alleine für alle gemeinschaftlichen Kosten aufkommen! Ein Wohnungseigentümer wird in dieser Situation danach trachten, zur Abwendung seines wirtschaftlichen Ruins die Wohnung abzustoßen. Da eine Dereliktion (Verzicht auf das Eigentum) nicht möglich ist,[30] kommt die Übertragung an eine zu diesem Zweck gegründete, im Übrigen vermögenslose Gesellschaft (namentlich eine Limited oder UG) in Betracht.[31]

2. Die Haftung der Wohnungseigentümer für „Aufbauschulden" einer Bauherrengemeinschaft

In seltenen Fällen entsteht eine Wohnungseigentümergemeinschaft nicht im Bauträger-, sondern im Bauherrenmodell. Die dabei begründeten sog. „Aufbauschulden", also die aus den Bauverträgen im Zuge der Errichtung des Gebäudes resultierenden Zahlungspflichten, haben mit dem Wohnungseigentumsrecht unmittelbar nichts zu tun; hier ist nur der Vollständigkeit halber auf eine haftungsrechtliche Besonderheit hinzuweisen. Normalerweise müssten die Bauherren ihren Gläubigern als Gesamtschuldner gem. §§ 421 BGB, 128 HGB (analog) haften. Nach der Rechtsprechung würde jedoch das durch eine Haftung als Gesamtschuldner übernommene Wagnis regelmäßig weit über das den künftigen Wohnungseigentümern wirtschaftlich und sozial Zumutbare hinausgehen, weshalb es zumutbar erscheine, dass ein Bauunternehmen den Wohnungseigentümern die Teilschuldnerschaft zugestehe. Die Haftung für vertraglich begründete Aufbauschulden wird seitdem generell auf eine **Teilschuldnerschaft** der Bauherren entsprechend deren Miteigentumsanteil begrenzt[32] – so wie es das Wohnungseigentumsgesetz inzwischen in § 10 Abs. 8 WEG auch für die „Verwaltungsschulden" der Wohnungseigentümer anordnet. 1646

---

30 BGH v. 10.5.2007 – V ZB 6/07, ZMR 2007, 793.
31 *Grziwotz*, NZM 2009, 812.
32 BGH v. 21.1.2002 – II ZR 2/00, ZMR 2002, 604; OLG Stuttgart v. 16.11.2010 – 10 U 77/10, NZM 2011, 123 (dazu *Ott*, ZWE 2011, 73).

3. Die Haftung für Abgaben und Entgelte bei Leistungen der Daseinsvorsorge

a) Öffentlich-rechtliche Gebühren

1647 Die hier interessierenden öffentlich-rechtlichen Abgaben (Gebühren und Beiträge) werden auf der Grundlage der Kommunalabgabengesetze der Länder und den darauf beruhenden kommunalen Satzungen erhoben, wobei für WEGs vor allem die Gebühren für Abwasser, Straßenreinigung, Schornsteinfeger und Abfallentsorgung von Bedeutung sind. Nach dem Kommunalabgabenrecht können die Kommunen für die Benutzung ihrer Einrichtungen Gebühren erheben. Es wäre deshalb möglich, die rechtsfähige Gemeinschaft als „Benutzer" gebührenrechtlich heranzuziehen (str.);[33] das geschieht jedoch meistens nicht. Weil die Kommunalabgabengesetze und die darauf beruhenden Satzungen grundsätzlich auch eine Haftung „des Grundstückseigentümers" vorsehen, wobei mehrere Grundstückseigentümer als Gesamtschuldner haften (siehe Rn 1650), nimmt die öffentliche Hand meistens statt der WEG die Wohnungseigentümer (= Grundstückseigentümer) als Gebührenschuldner in Anspruch.

1648 In **formeller Hinsicht** muss ein Gebührenbescheid den Gebührenschuldner und die Höhe seiner Zahlungspflicht mit Bestimmtheit erkennen lassen. Zunächst muss aus ihm also hervorgehen, ob die Gemeinschaft oder die Miteigentümer herangezogen werden. Wenn die Inanspruchnahme der Wohnungseigentümer beabsichtigt ist, genügt es nicht, den Gebührenbescheid mit einem nicht weiter aufgeschlüsselten Rechnungsbetrag an „die Wohnungseigentümergemeinschaft" zu richten, weil daraus nicht hervorgeht, wer zur Gemeinschaft gehört und mit welchem Anteil er herangezogen werden soll. Vielmehr müssen grundsätzlich die Miteigentümer namentlich mit dem jeweiligen Haftungsanteil aufgeführt werden; zumindest muss sich dem Bescheid im Wege der Auslegung der richtige Inhalt mit hinreichender Deutlichkeit entnehmen lassen.[34] Ein Bescheid, der diesen Anforderungen an die Bestimmtheit nicht genügt, ist **nichtig**.[35]

1649 Die **Bekanntgabe** eines Gebührenbescheides muss gegenüber dem Gebührenschuldner erfolgen. Für die Gemeinschaft als Gebührenschuldnerin fungiert gem. § 27 Abs. 3 Nr. 1 WEG der Verwalter als Empfangsvertreter. Wenn die Wohnungseigentümer als Gebührenschuldner herangezogen werden, erfolgt die Bekanntgabe meistens ebenfalls gegenüber dem Verwalter. Die Rechtsprechung hält das jedenfalls bei gesamtschuldnerischer Haftung für rechtmäßig (siehe Rn 1524).

1650 In **materieller Hinsicht** lässt die Rechtsprechung im **Außenverhältnis** die Gebührenhaftung der Wohnungseigentümer als **Gesamtschuldner** zu.[36] Damit wird zwar im Ergebnis die in § 10 Abs. 8 WEG angeordnete Haftungsbeschränkung auf den Miteigentumsanteil übergangen; die Rechtsprechung hält dies aber mit dem (formalen) Argument für hinnehmbar, die Regelung des § 10 Abs. 8 WEG habe eine Haftung für Verbindlichkeiten der Gemeinschaft zum Gegenstand und gelte von vornherein nicht für die öffentlich-rechtliche Haftung des Einzelnen als Grundstücks(mit)eigentümer. Es sprechen noch weitere Argumente gegen die Gesamtschuldhaftung: Speziell bei den Ab-

---

33 OVG Sachsen v. 29.10.2012 – 5 B 329/12, IMR 2013, 110 hält es für rechtmäßig, wenn der Satzungsgeber eine WEG zum Gebührenschuldner bestimmt. VG Halle v. 24.11.2011 – 4 B 202/11 m.w.N. lässt es offen.
34 VG Halle v. 24.11.2011 (Vornote). Zu „großzügig" m.E. VG Göttingen v. 3.2.2010 – 3 B 607/09, IMR 2010, 157: Mit dem an die WEG gerichteten Abfallgebührenbescheid seien erkennbar die Miteigentümer des entsorgten Grundstücks gemeint; deren namentliche Aufführung sei nicht zwingend erforderlich.
35 VG Düsseldorf v. 3.9.2009 – 12 K 881/08, ZMR 2010, 327; VG Sigmaringen v. 18.9.2003 – 8 K 1448/01, ZMR 2004, 387.
36 BGH v. 18.6.2009 – VII ZR 196/08, NZM 2009, 622; BGH v. 12.7.2006 – X ZR 152/05, ZMR 2006, 785; VGH Baden-Württemberg v. 26.9.2008 – 2 S 1500/06, ZMR 2009, 160; VG Gelsenkirchen v. 16.9.2009 – 13 K 711/08, ZMR 2010, 410. Tendenziell bejahend, aber letztlich offen gelassen bei BVerwG v. 11.11.2005 – 10 B 65/05, ZMR 2006, 242.

fallgebühren handelt es sich richtiger Ansicht nach nicht um „grundstücksbezogene" Gebühren, sondern um Kosten des Sondereigentums; der einzelne Wohnungseigentümer ist nicht „Benutzer" der Abfallentsorgung, soweit die anderen Wohnungen betroffen sind, und kann deshalb insoweit auch nicht Gebührenschuldner sein. Die Haftung eines einzelnen Wohnungseigentümers für die gesamten von seinen Miteigentümern produzierten Abfälle verstößt ferner gegen den öffentlich-rechtlichen Grundsatz der Gebührengerechtigkeit (Äquivalenzprinzip).[37] Im **Innenverhältnis** sieht es anders aus: Die WEG (Verband) ist im Verhältnis zu den Wohnungseigentümern gem. § 10 Abs. 6 S. 3 Halbs. 1 WEG verpflichtet, die gesamtschuldnerische öffentlich-rechtliche Abgabenpflicht als gemeinschaftsbezogene Pflicht so wahrzunehmen, als wäre sie ausschließlich gegen sie selbst gerichtet. Der im Außenverhältnis als Gesamtschuldner in Anspruch genommene Wohnungseigentümers hat einen **Freistellungsanspruch** gegen die WEG. Die WEG muss die Forderung also begleichen oder, wenn deren Rechtmäßigkeit zweifelhaft ist, im Zusammenwirken mit dem in Anspruch genommenen Wohnungseigentümer Maßnahmen zur Abwehr ergreifen und eine Vollstreckung aus dem Bescheid verhindern. Erfüllt der in Anspruch genommene Wohnungseigentümer die Abgabenforderung, steht ihm gegen die Gemeinschaft ein **Erstattungsanspruch** zu.[38]

b) Privatrechtliche Nutzungsverhältnisse

Bei Leistungen der Daseinsvorsorge (Elektrizität, Gas, Wasser, Fernwärme, Abfallentsorgung usw.) durch ein privatrechtliches Versorgungsunternehmen kommt auch ohne ausdrücklichen (schriftlichen) Vertrag alleine durch die Inanspruchnahme der Leistungen (z.B. Entnahme von Wasser, Bereitstellung von Abfällen, Entgegennahme der Straßenreinigung usw.) ein Versorgungsvertrag zustande. Die Konstruktion des Vertragsschlusses in Gestalt der Annahme einer „Realofferte" ist allgemein anerkannt, meistens auch in den der Lieferung zugrunde liegenden AGB und teilweise in den einschlägigen Rechtsverordnungen verankert; so sieht z.B. § 2 Abs. 2 AVBFernwärmeV vor, dass durch die Entnahme von Fernwärme ein Versorgungsvertrag zustande kommt. Manchmal sieht auch schon die Teilungserklärung/Gemeinschaftsordnung eine Art Anschluss- und Benutzungszwang mit einem bestimmten Versorger vor.[39] **Vertragspartner** des Versorgers ist stets die Wohnungseigentümergemeinschaft.[40] Der Versorger ist übrigens de facto häufig eine Kommune, sodass die Leistungen auch auf öffentlich-rechtlicher Grundlage erbracht werden könnten; nachdem aber die kommunalen Ver- oder Entsorgungsbetriebe meistens privatrechtlich (z.B. als GmbH) organisiert sind, sind privatrechtliche Nutzungsverhältnisse die Folge.

1651

Der Vertragsabschluss mit der Gemeinschaft hielt die Versorger häufig nicht von dem Versuch ab, die einzelnen Wohnungseigentümer als **Gesamtschuldner** in die Pflicht zu nehmen, indem die AGB die gesamtschuldnerische Haftung aller Wohnungseigentümer für die Zahlungspflichten der Gemeinschaft vorsahen. Die Rechtsprechung hielt die Praxis der privatrechtlichen Gesamtschuldhaftung lange für rechtmäßig;[41] der BGH hat ihr aber zu Recht ein Ende bereitet: Demnach haften

1652

---

37 Ausführlich *Greiner,* ZMR 2005, 664; *ders.,* ZMR 2004, 387; *ders.,* ZMR 2000, 717.
38 BGH v. 14.2.2014 – V ZR 100/13, IMR 2014, 163. Die vom BGH gegebene Begründung für den Ausgleichsanspruch (direkt aus § 10 Abs. 6 S. 3 WEG) ist nicht überzeugend, das Ergebnis schon.
39 Daraus konstruiert BGH v. 19.7.2013 – V ZR 109/12, NZM 2014, 326 einen Vertrag mit dem Versorger (zweifelhaft).
40 Betr. Fernwärme: BGH v. 20.1.2010 – VIII ZR 329/08, NZM 2010, 284; BGH v. 10.12.2008 – VIII ZR 293/07, NJW 2009, 913 Rn 6; KG v. 24.4.2009 – 24 W 55/08, ZMR 2009, 786. Betr. Gas: OLG Saarbrücken v. 21.12.2011 – 1 U 2/11, NZM 2012, 839.
41 KG v. 7.11.2007 – 11 U 16/07, ZMR 2008, 649 (betr. Wasser- und Abwasserkosten); KG v. 29.9.2006 – 7 U 251/05, ZMR 2007, 67; KG v. 6.4.2006 – 1 U 96/05, ZMR 2006, 636. Dagegen Greiner ZMR 2005, 902.

die Wohnungseigentümer **nur dann** als Gesamtschuldner, wenn sie sich neben dem Verband klar und eindeutig auch persönlich verpflichtet haben.[42]

C. Die Verkehrssicherungspflicht

I. Allgemeines

1653 Der Begriff „Verkehrssicherungspflicht" (oder „Verkehrspflicht") hat seinen Ursprung im zivilrechtlichen Deliktsrecht: Wenn ein Sach- oder Personenschaden eingetreten ist, der nicht auf einer unmittelbaren Verletzungshandlung beruht, tritt die Schadensersatzpflicht nur dann ein, wenn eine Verkehrspflicht verletzt wurde. Das Ziel der Verkehrspflichten ist die Kontrolle von Gefahrenquellen: Wer eine **Gefahrenstelle** schafft oder dafür verantwortlich ist, muss Schutzvorkehrungen treffen, damit sich die Gefahr nicht zum Schaden anderer auswirkt. Und da ein Grundstück und/oder Gebäude eine Gefahrenquelle darstellen, sind alle Pflichten, die darauf abzielen, davon ausgehende Gefahren zu vermeiden, Verkehrspflichten. Wenn keine speziellen gebäudebezogenen Verkehrspflichten auszumachen sind, greift die Rechtsprechung auf die „allgemeine Verkehrssicherungspflicht" zurück, die sie dann je nach Einzelfall mit konkretem Inhalt füllt. Es gibt sehr viele „spezielle" gebäudebezogene Verkehrssicherungspflichten. Diese sind leider nicht etwa in einem gesonderten Gesetzbuch oder Paragrafen aufgelistet; lediglich die Haftung für herabfallende Gebäudeteile gem. §§ 836–838 BGB ist ein im BGB gesetzlich normierter spezieller Fall der gebäudebezogenen Verkehrssicherungspflicht (siehe Rn 1484). Im Übrigen kommen als Rechtsquellen der Verkehrssicherungspflichten vor allem öffentlich-rechtliche Bestimmungen in Betracht,[43] aber auch Normwerke privater Fachverbände.[44]

1654 Die Gesamtheit der gebäudebezogenen Verkehrspflichten wird neuerdings gelegentlich als **Betreiberverantwortung** im **Facilitymanagement** bezeichnet. Dagegen spricht nichts, solange der Begriff der Betreiberverantwortung nicht als quasi-rechtlicher Terminus, sondern nur als schlagwortartige Zusammenfassung verwendet wird.[45]

1655 **Anspruchsberechtigt** sind im Schadensfall sowohl außenstehende Dritte als auch die Wohnungseigentümer. In Bezug auf das Gemeinschaftseigentum kommen als **Träger der Verkehrssicherungspflicht** (also als Anspruchsverpflichtete) prinzipiell a) die Wohnungseigentümer, b) die Wohnungseigentümergemeinschaft und c) der Verwalter in Betracht. Im Einzelnen: a) Bis zur Anerkennung der Rechtsfähigkeit der WEG entsprach es h.M., dass die **Wohnungseigentümer** als Gesamtschuldner verkehrssicherungspflichtig waren und für Verletzungen der Verkehrssicherungspflicht einzustehen hatten.[46] Das ist aber richtiger Ansicht nach nicht (mehr) der Fall: Der einzelne Miteigentümer ist für Maßnahmen am Gemeinschaftseigentum weder zuständig noch dazu befugt und kann deswegen nicht verkehrssicherungspflichtig sein. b) Zuständig ist vielmehr die **WEG** (Verband): „Die Erfüllung der Verkehrssicherungspflichten hat jedenfalls in dem für die Beschluss-

---

42 BGH v. 22.3.2012 – VII ZR 102/11, ZMR 2012, 648; BGH v. 20.1.2010 – VIII ZR 329/08, NZM 2010, 284. So im Ergebnis auch schon KG v. 24.11.2009 – 24 W 18/08, ZMR 2009, 786 (betr. Abfallentsorgung); KG v. 25.1.2008 – 19 U 8/07, ZMR 2009, 783; KG v. 12.2.2008 – 27 U 36/07, ZMR 2008, 557 (betr. Wasser- und Abwasserkosten).

43 Z.B.: § 22 BImschG; Trinkwasserverordnung; Landesbauordnungen; Garagenverordnungen; Betriebssicherheitsverordnung.

44 Z.B.: DIN-Normen; VDE- und VDI-Richtlinien; Unfallverhütungsvorschriften (UVV oder neuerdings GUV) der Unfallversicherungsträger.

45 Ausführlich *Greiner*, Betreiberverantwortung im Facility Management, PiG Bd. 90 (2011), 155. In dem Beitrag wird auch der Begriff des „Facilitymanagements" kritisch beleuchtet und letztlich als überflüssiger Anglizismus eingeordnet: Der Begriff „Gebäudeverwaltung" ist ausreichend.

46 OLG Frankfurt v. 4.12.2001 – 3 U 93/01, WuM 2002, 619.

kompetenz maßgeblichen Innenverhältnis der Wohnungseigentümer gemäß § 10 Abs. 6 S. 3 WEG nicht der einzelne Eigentümer, sondern der Verband sicherzustellen".[47] Daraus folgt m.E. zwangsläufig, dass die Verkehrssicherungspflicht auch im Außenverhältnis (ausschließlich) beim Verband liegt, d.h. dass im Falle ihrer Verletzung nur der Verband haftet und vom Geschädigten in Anspruch zu nehmen ist.[48] Die dogmatische Durchdringung ist allerdings noch nicht abgeschlossen und die weitere Entwicklung abzuwarten. c) Nach zutreffender h.M. trifft den **Verwalter** im Hinblick auf das Gemeinschaftseigentum eine eigene, originäre Verkehrssicherungspflicht, die daraus folgt, dass er die für die Instandhaltung des Gemeinschaftseigentums erforderlichen Maßnahmen zu treffen hat (§ 27 Abs. 1 Nr. 2 WEG);[49] teilweise wird seine Verkehrssicherungspflicht auch aus einer entsprechenden Delegation hergeleitet (dazu nachfolgend).

Die Verkehrssicherungspflicht kann **delegiert**, d. h.: auf einen Dritten (mit dessen Einverständnis) übertragen werden. Dann beschränkt sich die Pflicht auf die Überwachung des Dritten, wobei der („ursprünglich") Verkehrssicherungspflichtige im Allgemeinen darauf vertrauen darf, dass der Dritte den ihm übertragenen Verpflichtungen auch nachkommt, solange nicht konkrete Anhaltspunkte bestehen, die dieses Vertrauen erschüttern.[50] Teilweise wird diskutiert, ob die Wohnungseigentümer und/oder der Verband die sie hinsichtlich des Gemeinschaftseigentums treffenden Verkehrssicherungspflichten mit der Folge eigener „Enthaftung" auf den Verwalter delegieren (können). Darauf kommt es nach hier vertretener Auffassung nicht an: Den Verwalter trifft ohnehin eine eigene Vekehrssicherungspflicht, und ein etwaiges Verschulden des Verwalters wird der WEG analog § 31 BGB zugerechnet (str., siehe hierzu Rn 1628); dem Geschädigten haften somit i.E. der Verwalter und die WEG immer beide (als Gesamtschuldner). Die h.M. diskutiert die Pflichtendelegation vor allem deswegen, um die Haftung des Verwalters (mindestens ergänzend) zu begründen. Teilweise wird angenommen, dass die Verkehrssicherungspflicht für das Gemeinschaftseigentum auch ohne ausdrückliche Regelung im Verwaltervertrag immer auf den Verwalter übergeht, sobald ein solcher bestellt wird, denn mit den gesetzlichen Verwalterpflichten seien auch die für die Verkehrssicherung relevanten Pflichten verbunden, für die Instandhaltung des Gemeinschaftseigentums und für die Aufstellung einer Hausordnung zu sorgen; das entspricht im Ergebnis der (hier für richtig gehaltenen) „originären" Verkehrssicherungspflicht des Verwalters. Nach h.M. erfordert die Delegation demgegenüber zwar eine ausdrückliche Regelung im Verwaltervertrag; dafür sollen allerdings schon allgemeine Formulierungen ausreichen wie die, dass dem Verwalter die Instandhaltungspflicht für das Gemeinschaftseigentum (oder die Pflicht „alles zu tun, was für eine ordnungsmäßige Verwaltung notwendig ist") übertragen wird.[51]

1656

Beispiel
Im Verwaltervertrag wird dem Verwalter die Pflicht zur ordnungsgemäßen Verwaltung des Hauses übertragen. Der Verwalter schließt im Namen der WEG (*Variante*: im eigenen Namen) einen Hausmeistervertrag, in welchem dem Hausmeister die Pflicht zur Betreuung der Wohnanlage einschließlich der Außenanlagen übertragen wird. Bei einem Gewitter fällt – vorhersehbar und vermeidbar – ein schon lange abgestorbener Baumast auf das Auto von Miteigentümer

1657

---

47 BGH v. 8.2.2013 – V ZR 238/11, ZMR 2012, 646, Rn 10; BGH v. 9.3.2012 – V ZR 161/11, NJW 2012, 1725, Rn 12.
48 So auch AG Hamburg-Wandsbek v. 4.9.2012 – 716b C 53/12, ZMR 2013, 76; OLG München v. 24.10.2005 – 34 Wx 82/05, ZMR 2006, 226; *Spielbauer/Then*, § 10 Rn 43. A.A. BeckOK WEG/*Dötsch*, § 10 Rn 492a: „Allenfalls eine (zusätzliche) Haftung (auch) des Verbandes".
49 BGH v. 23.3.1993 – VI ZR 176/92, ZMR 1993, 322; *Wenzel*, ZWE 2009, 57, 59 und *Demharter*, ZWE 2006, 44.
50 BGH v. 22.1.2008 – VI ZR 126/07, NZM 2008, 242, Rn 9; OLG Oldenburg v. 13.2.2014 – 1 U 77/13 betr. einen unzuverlässig gewordenen 82-jährigen Rentner, dem der Winterdienst übertragen war.
51 OLG Karlsruhe v. 23.12.2008 – 14 U 107/07, ZMR 2009, 623.

> A. A nimmt seine Miteigentümer, die WEG, den Verwalter und den Hausmeister als Gesamtschuldner auf Zahlung von Schadensersatz in Anspruch. – Die Miteigentümer haften nach h.M. nicht, entweder weil man sie von vornherein nicht für verkehrssicherungspflichtig hält, oder infolge wirksamer Delegation auf den Verwalter. Die WEG (und – je nach Ausgangspunkt – die Miteigentümer) haftet nicht, weil sie die Verkehrssicherungspflicht im Verwaltervertrag dem Verwalter übertragen hat. Der Verwalter haftet nicht, weil er die Verkehrssicherungspflicht seinerseits auf den Hausmeister übertragen hat. Letztlich haftet also nur der Hausmeister, wobei das Mitverschulden des A zu berücksichtigen ist.[52] In der *Variante* soll dem Verwalter das Verschulden des Hausmeisters gem. § 278 BGB zugerechnet werden, sodass er selber haftet.[53] Deshalb (und grundsätzlich) sollte der Verwalter (Hausmeister-)Verträge nie im eigenen Namen, sondern immer im Namen der WEG abschließen.

1658 Die **Räum- und Streupflicht** im Winter (Winterdienst) trifft entsprechend den vorstehenden Ausführungen im Ausgangspunkt die WEG und den Verwalter. Für die auf dem gemeinschaftlichen Grundstück gehörenden Verkehrsflächen (insbes. Wege) ergibt sich die Zuständigkeit aus dem Eigentum, für die vor dem Gebäude befindlichen Verkehrsflächen aus der jeweiligen kommunalen Satzung. Ein Beschluss, der den Winterdienst den Wohnungseigentümer im Turnus auferlegt, ist mangels Beschlusskompetenz nichtig (siehe Rn 316). Sofern eine solche Regelung aber (bspw. in Unkenntnis ihrer Unwirksamkeit) praktiziert wird, führt sie dazu, dass die Wohnungseigentümer verkehrssicherungspflichtig werden: Der Übergang der Verkehrssicherungspflicht erfordert nicht die (zivilrechtliche) Wirksamkeit des Übertragungsgeschäfts. Die Delegation des Winterdienstes auf einen Hausmeister oder ein spezielles Unternehmen ist üblich. Hier gilt ganz besonders der Grundsatz, dass es **klarer Absprachen** bedarf, um sicher zu stellen, dass Gefährdungen anderer ausgeschlossen sind.[54]

1659 Für **Umfang und Inhalt** der Räum- und Streupflicht ist vor allem die jeweilige kommunale Satzung maßgeblich. Soweit diese nichts anderes vorsieht, gilt die Räum- und Streupflicht für die **Zeit** des normalen Tagesverkehrs, also z.B. an Sonn- und Feiertagen ab 9.00 Uhr.[55] Dem Streupflichtigen verbleibt allerdings eine gewisse Zeitspanne zur Erfüllung seiner Streupflicht, wenn der Beginn der Glätte nicht mit dem in der Satzung bestimmten Zeitpunkt für den Streubeginn zusammenfällt. Wenn nötig, muss der Streupflichtige auch mehrfach hintereinander streuen. Begehbar müssen nicht nur die Wege vor dem Haus sein, sondern auch die Zugänge zu Häusern oder zur Tiefgarage.[56]

II. Einzelfälle

1660 Ein **Gebäudeteil** (Balkontrennwand) **löst sich** im Sturm, nachdem es bei einer vorangegangenen Sanierung nicht richtig befestigt worden war, und beschädigt ein Fenster des Sondereigentümers A. A verlangt Schadensersatz von den Miteigentümern und vom Verwalter gem. §§ 836, 838 BGB; diese haften aber mangels Verschuldens nicht.[57]

---

52 OLG München v. 24.10.2005 – 34 Wx 82/05, ZMR 2006, 226.
53 OLG Karlsruhe v. 30.12.2008 – 14 U 107/07, ZMR 2009, 623. M. E. falsch, weil die Zurechnung gem. § 278 die enthaftende Wirkung der Delegation konterkariert.
54 BGH v. 22.1.2008 – VI ZR 126/07, WuM 2008, 235; OLG Frankfurt/M v. 4.12.2001 – 3 U 93/01, WuM 2002, 619.
55 BGH v. 12.6.2012 – VI ZR 138/11, NZM 2012, 650; OLG Koblenz v. 20.2.2008 – 5 U 101/08, NZM 2008, 687. Ausführlich zum Winterdienst *Horst*, NZM 2012, 513.
56 OLG Karlsruhe v. 30.12.2008 – 14 U 107/07, ZMR 2009, 623.
57 OLG Düsseldorf v. 12.12.1994 – 3 Wx 619/94, ZMR 1995, 177.

Beim Treppenaufgang fehlt ein **Geländer**. Entgegen einem dahingehenden WEG-Beschluss lässt der Verwalter kein provisorisches Geländer anbringen, so dass Miteigentümer A stürzt und anschließend Schmerzensgeld verlangt. Der Verwalter haftet (unter Anrechnung des Mitverschuldens von A), die Miteigentümer und die WEG hingegen mangels Verschuldens nicht.[58]

1661

Miteigentümer A stürzt auf einem im Gemeinschaftseigentum stehenden **Weg**, auf dem sich eine Schmierschicht aus nassem Laub gebildet hatte. Die Wohnungseigentümer und der Verwalter haften dem A nicht, weil sie die Pflicht wirksam auf ein Reinigungsunternehmen übertragen haben; dieses haftet.[59]

1662

Schneefanggitter gegen **Dachlawinen** müssen unter dem Gesichtspunkt der Verkehrssicherungspflicht nur im Ausnahmefall vorhanden sein (Gebiete mit erhöhtem Schneeaufkommen, besonders steiles Dach, besonders frequentierter Weg, ausdrückliche behördliche Anordnung usw.); in den meisten Fällen werden Ansprüche wegen Schäden durch Dachlawinen abgewiesen.[60]

1663

Wer das **Sondernutzungsrecht** an Flächen und Wegen hat, trägt m.E. auch ohne ausdrückliche Regelung in der Gemeinschaftsordnung die (ausschließliche) Verkehrssicherungspflicht;[61] die (insoweit spärliche) Lit. sieht überwiegend aber (auch) die Gemeinschaft in der Pflicht.[62]

1664

D. Versicherungsfragen

I. Gebäudeversicherung

Gem. § 21 Abs. 5 Nr. 3 WEG gehören der **Abschluss** einer Feuerversicherung und eine Grundbesitzerhaftpflichtversicherung zu den Maßnahmen ordnungsmäßiger Verwaltung. Zum Vertragsabschluss im Namen der Gemeinschaft ist der Verwalter aber nicht schon kraft Gesetzes bevollmächtigt. Eine Bevollmächtigung im Verwaltervertrag zum Abschluss (und sicherheitshalber auch ausdrücklich zur Kündigung) einer verbundenen Gebäudeversicherung ist deshalb sinnvoll; fehlt es daran, bedarf es einer Beschlussfassung der Gemeinschaft.[63] Die Gemeinschaft kann den Abschluss weiterer Versicherungen beschließen; üblich und sinnvoll ist eine „verbundene Wohngebäudeversicherung", die außer Feuer (inkl. Blitzschlag) auch sonstige sog. Elementarschäden wie Sturm, Hagel, Überschwemmung, Erdbeben usw. umfasst, ferner Glasbruch und Leitungswasserschäden (Nässeschäden/Rohrbruch). Infolge der klimabedingten Häufung von Unwetterschäden spielt vor allem die Elementarversicherung eine zunehmende Rolle. Aber Achtung: Wenn Wasser aufgrund von Baumängeln (unzureichende Gebäudeabdichtung) in das Haus eindringt, liegt kein Versicherungsfall (Überschwemmungsschaden) vor; es realisiert sich der Gebäudemangel, nicht das Überschwemmungsrisiko.[64] Ob das auch gilt, wenn Wasser durch undicht gewordene **Silikonfugen** (z.B. in Sanitärräumen) ungewollt in die Gebäudesubstanz eindringt, ist streitig: Die h.M.

1665

---

58 BayObLG v. 4.1.1996 – 2Z BR 120/95, NJW-RR 1996, 657. Zur fehlenden Anbringung eines Geländers als Abberufungsgrund siehe LG Frankfurt (Oder) v. 2.10.2012 – 16 S 11/12, ZWE 2013, 219.
59 BGH v. 17.1.1989 – VI ZR 186/88, ZMR 1990, 26.
60 Ausführlich AG Brandenburg v. 23.8.2012 – 34 C 127/11, NJW-Spezial 2012, 618; OLG Oldenburg v. 25.7.2012 – 4 U 35/12, IMR 2012, 467; *Strauch*, Dachlawinen usw., NZM 2012, 513.
61 Insoweit sollte für den Sondernutzungsberechtigten nämlich dasselbe wie für einen Mieter gelten. BayObLG v. 17.5.1985 – 2Z BR 144/84, WE 1986, 95 spricht allerdings schwammig davon, dass der Sondernutzungsberechtigte „in erster Linie" verkehrssicherungspflichtig sei.
62 *Wenzel*, ZWE 2009, 57 mit Hinweis auf *Gottschalg*, NZM 2002, 590.
63 LG Berlin v. 13.6.1985 – 7 S 12/85, VersR 1986, 698. Ausführlich *Armbrüster*, Aufgaben des Verwalters beim Abschluss und der Abwicklung von Versicherungsverträgen, ZWE 2012, 201.
64 Beispiel: Wasser, das sich zuvor in einem nicht ausreichend entwässerten Lichtschacht staute (OLG Karlsruhe v. 20.9.2011 – 12 U 92/11, MDR 2011, 1290).

hält die Gebäude- (Leitungswasserschaden-)Versicherung für eintrittspflichtig,[65] eine Mindermeinung geht von einem nicht versicherten Gebäudemangel aus.[66] Folgt man der Mindermeinung, kann die Gemeinschaft bei dem für die Instandhaltung der Silikonfugen zuständigen Sondereigentümer Regress nehmen.[67]

1666 Die **Kündigung** der Feuerversicherung (oder einer verbundenen Gebäudeversicherung, in der die Feuerversicherung enthalten ist) setzt die Zustimmung derjenigen Grundpfandgläubiger voraus, die ihre Hypothek oder Grundschuld beim Versicherer angemeldet haben. Liegt die Zustimmung nicht spätestens einen Monat vor Ablauf des Versicherungsvertrags vor, ist die Kündigung gem. §§ 144, 148 VVG unwirksam.

1667 Die **Gebäudeversicherung** unterscheidet nicht zwischen Gemeinschafts- und Sondereigentum, versichert ist das Gebäude als solches mit seinen Bestandteilen. Beim Wohnungseigentum handelt es sich um eine Versicherung für fremde Rechnung (§§ 43 ff. VVG): Die Gemeinschaft ist Versicherungsnehmer (d.h. Vertragspartner des Versicherers und Prämienschuldner); Versicherte sind die Wohnungseigentümer hinsichtlich ihres Sondereigentums und ihrer Beteiligung am Gemeinschaftseigentum.[68] Daraus folgt unter anderem, dass der Versicherer keinen Regress nehmen kann, wenn ein Wohnungseigentümer leicht fahrlässig einen Versicherungsfall verursacht.

1668 Die Verwalterpflichten bei einem Gebäudeschaden, der sowohl das Gemeinschafts- als auch das Sondereigentum betrifft (Hauptfall: Wasserschaden), werden bei Rn 1621 behandelt. Für die **Regulierung** des Schadens mit der Versicherung ist – wenn der Versicherungsvertrag nicht aus der Zeit vor 1995 stammt – **nur der Verwalter** zuständig. Bislang ist zwar häufig zu lesen, der Verwalter sei nur für die Abwicklung der Schäden am Gemeinschaftseigentum zuständig, die Anmeldung der auf das Sondereigentum bezogenen Ansprüche sei hingegen Sache des betroffenen Wohnungseigentümers[69] und der Verwalter lediglich zur Unterstützung des Wohnungseigentümers verpflichtet, z.B. indem er ihm eine Ermächtigung zur Geltendmachung von Ansprüchen erteile und den Versicherungsschein (ggf. in Kopie) überlasse.[70] Das ist allerdings nicht (mehr) zutreffend, denn die **aktuellen** AGBs der Gebäudeversicherer schließen die Regulierung durch den Sondereigentümer (abweichend von der Regelung des § 44 VVG) aus: „Die Ausübung der Rechte aus diesem Vertrag steht nur dem Versicherungsnehmer und nicht auch dem Versicherten zu. Das gilt auch, wenn der Versicherte den Versicherungsschein besitzt".[71] Der Sondereigentümer als „Versicherter" kann deshalb nicht wirksam Rechte aus dem Versicherungsvertrag geltend machen. Das Ergebnis ist eine gespaltene Zuständigkeit: Zur Beauftragung von Reparaturen am Sondereigentum im Gefolge des Wasserschadens ist der Verwalter nicht zuständig und nicht befugt (außer wenn ihn der Sondereigentümer damit gesondert beauftragt und bevollmächtigt), wohl aber zur „Regulierung" des Schadens des Sondereigentümers, d.h. zur Geltendmachung der Ersatzansprüche gegenüber dem Versicherer.[72] Wenn der Verwalter sich demnach um die Regulierung des Schadens am Son-

---

65 OLG Frankfurt v. 22.12.2009 – 7 U 196/07, VersR 2010, 1641; AG Düsseldorf v. 27.9.2001 – 42 C 9839/01, NZM 2002, 48; *M. v. Bühren*, in: H. v. Bühren, Handbuch Versicherungsrecht, 5. Aufl. 2012, § 4 Rn 44.
66 LG München I v. 30.4.2009 – 26 O 19450/08, VersR 2010, 1180; m.E. zutreffend.
67 In der Rspr. noch nicht entschieden, in der Lit. bislang nicht diskutiert.
68 OLG Hamm v. 3.1.2008 – 15 W 420/06, ZMR 2008, 401, Rn 16.
69 BayObLG v. 29.1.1998 – 2Z BR 53/97, ZMR 1998, 357.
70 *Armbrüster*, Abwicklung von Gebäudeschäden mit dem Versicherer, ZWE 2009, 109; *Sauren/Welcker*, MietRB 2008, 60.
71 So die Regelung in B § 11 VGB 2010 (Allgemeine Wohngebäude Versicherungsbedingungen), die sich entsprechend dem vom GDV (Gesamtverband der Deutschen Versicherungswirtschaft) vorgeschlagenen Muster inhaltlich in allen Gebäudeversicherungsverträgen findet.
72 Ausführlich *Greiner*, Der Leitungswasserschaden in der Verwaltungspraxis, NZM 2013, 481; *Dötsch*, Gebäudeversicherung der Wohnungseigentümer, ZMR 2014, 169.

dereigentum kümmert und Entschädigungszahlungen beim Versicherer einzieht, muss er sie an die betroffenen Sondereigentümer weiterleiten; er darf mit dem Geld nicht etwa den vom Sondereigentümer beauftragten Handwerker bezahlen, denn das ist Sache des Sondereigentümers.[73]

Die Vereinbarung eines **Selbstbehalts** (Eigenbeteiligung) im Versicherungsvertrag entspricht m.E. ordnungsmäßiger Verwaltung (str.). Wie die Ersatzsumme zu verteilen ist, wenn bei einem Schaden sowohl Sonder- als auch Gemeinschaftseigentum betroffen sind, ist ebenfalls streitig. Nach wohl h.M. ist der Fehlbetrag (Selbstbehalt) stets wie eine gemeinschaftliche Ausgabe nach dem allgemeinen Kostenverteilungsschlüssel auf alle Wohnungseigentümer zu verteilen.[74] Nach anderer Auffassung ist die Versicherungsleistung im Verhältnis der Schadenssummen (Schaden am Gemeinschaftseigentum einerseits, am Sondereigentum andererseits) aufzuteilen, sodass nur ein Teil des Selbstbehalts als nach MEA zu verteilende Ausgabe verbleibt.[75] Vor dem Hintergrund des weiten Spielraums, der der Gemeinschaft bei der Beurteilung der Frage zukommt, welche Maßnahmen ordnungsmäßiger Verwaltung entsprechen (siehe Rn 689), kann sich die Gemeinschaft m.E. für die eine wie für die andere Variante entscheiden. Die Auffassung der h.M. ist aber einfacher zu praktizieren: Die lästige und im Einzelfall schwierige und streitanfällige Rechnerei entfällt und der Versicherer kann problemlos die vom oder für den Sondereigentümer eingereichten Rechnungen ohne Abzug ggf. direkt an diesen bezahlen. Der Gemeinschaft ist deshalb zu empfehlen, per (Dauer-)Beschluss den Umgang mit einem Selbstbehalt regeln.

1669

▼

Muster 12.1: Beschluss zum Selbstbehalt in der Gebäudeversicherung

1670

Zahlungen der Versicherung für Schäden am Sondereigentum sind in voller Höhe an den Sondereigentümer weiter zu leiten; ein etwaiger Selbstbehalt ist nicht (auch nicht anteilig) beim Sondereigentümer abzuziehen, sondern verbleibt bei der Gemeinschaft.

▲

Wenn die schadensursächliche Leitung im Sondereigentum steht, wird es vielfach für gerecht gehalten, den Selbstbehalt „**verursachungskonform**" komplett dem Sondereigentümer zuzuweisen. Das OLG Köln hielt einen entsprechenden Beschluss für rechtmäßig.[76] Dem kann nicht zugestimmt werden: Der Beschluss läuft auf eine verschuldensunabhängige Haftung für den Zustand der Leitungen hinaus, was nicht ordnungsmäßiger Verwaltung entspricht;[77] außerdem ist er wenig praktikabel, weil man im Einzelfall trefflich darüber streiten kann, ob eine „Verursachung" vorliegt oder nicht.

1671

II. Rechtsschutzversicherung

Der Wohnungs- und Grundstücks-Rechtsschutz (§§ 2c, 29 ARB 2008) umfasst die (aktive) **Beschlussanfechtung**, wobei – wie immer – der „Keim des Rechtskonflikts" nicht vor dem Abschluss des Versicherungsvertrags liegen darf.[78] Wenn z.B. schon jahrelang vor Abschluss des Versicherungsvertrags die Abrechnungspraxis der Verwaltung umstritten und der Rechtsstreit um die aktu-

1672

---

73 OLG Hamm v. 3.1.2008 – 15 W 420/06, ZMR 2008, 401.
74 AG Saarbrücken v. 29.4.2002 – 1 II 173/01 WEG, ZMR 2002, 980.
75 *Armbrüster* ZWE 2009, 109, 112.
76 OLG Köln v. 14.7.2003 – 16 Wx 124/03, ZMR 2004, 298, Rn 9.
77 *Armbrüster,* ZWE 2009, 109, 112 m.w.N. hält den Beschluss sogar für nichtig.
78 LG Mannheim v. 8.5.2009 – 8 O 320/08, ZMR 2009, 801.

elle Abrechnung somit „latent vorhanden und gewissermaßen vorprogrammiert" war, besteht kein Rechtsschutz für eine Anfechtung.[79] Der Rechtsschutz umfasst selbstverständlich auch die Abwehr von Beschlussanfechtungsklagen, soweit auf den einzelnen Miteigentümer Kosten entfallen.

1673 Die Beschlussanfechtung, ebenso aber z.B. die Klage eines Miteigentümers gegen einen anderen auf Unterlassung von Störungen, ist in gewisser Weise **fremdnützig**, weil ihre Wirkung auch anderen, nicht versicherten Eigentümern zugute kommt. Immer wieder versuchen die Rechtsschutzversicherer deshalb in solchen Fällen, den Rechtsschutzanspruch des Klägers auf die Höhe seines Miteigentumsanteils zu beschränken. Zu Unrecht, denn „diese in der Ausgestaltung des Wohnungseigentumsrechts wurzelnde Möglichkeit, mit der Wahrnehmung des individuellen Rechts faktisch auch für die Wahrnehmung des Rechts eines anderen zu sorgen", hat der Versicherer hinzunehmen.[80]

1674 Für Verfahren, an denen die **Gemeinschaft** als solche beteiligt ist (Klagen der Gemeinschaft gegen Dritte oder umgekehrt) wurde teilweise vertreten, dass der einzelne Wohnungseigentümer – anders als in der Zeit vor der „Entdeckung" der Rechtsfähigkeit der WEG – keinen Anspruch auf Rechtsschutz mehr habe.[81] Das ist nicht zutreffend. Die Rechtsfähigkeit der WEG soll ihre Teilnahme am Rechtsverkehr erleichtern und dogmatische Fragen lösen, nicht aber negative Auswirkungen für Wohnungseigentümer in nur zufällig berührten anderen Bereichen haben.[82]

E. Die Insolvenz – Einige praktische Fragen

I. Keine Insolvenzfähigkeit der Wohnungseigentümergemeinschaft

1675 Der Gesetzgeber hat den früheren Streit um die Insolvenzfähigkeit der Gemeinschaft in § 11 Abs. 3 WEG entschieden: „Ein Insolvenzverfahren über das Verwaltungsvermögen der Gemeinschaft findet **nicht** statt".

II. Insolvenz eines Wohnungseigentümers

1. Insolvenzantrag durch die Gemeinschaft?

1676 Die Eröffnung des Insolvenzverfahrens über das Vermögen eines Wohnungseigentümers[83] erfolgt aufgrund eines Eigenantrags oder auf Antrag eines Dritten. Ob bei Beitragsrückständen auch die Eigentümergemeinschaft einen Insolvenzantrag stellen kann, und zwar mit dem Ziel, den Wohnungseigentümer unter Druck zu setzen und dadurch eine „freiwillige" Bezahlung seiner Außenstände zu bewirken, ist durch die Bevorrechtigung der Hausgeldrückstände in der Zwangsversteigerung fraglich geworden. Nach der Rechtsprechung des BGH[84] ist ein Insolvenzantrag unzulässig, wenn die Forderung eines Gläubigers zweifelsfrei vollständig dinglich gesichert ist; und das ist bei (privilegierten) Hausgeldrückständen zumindest im Umfang bis zu 5 % des Verkehrswertes der Fall. Daher ist der Gemeinschaft insoweit das Bedürfnis und somit das Recht zur

---

79 OLG München v. 31.1.2011 – 25 U 4100/10, NZM 2011, 858. Ausführlich zum „Versicherungsfall" *Cornelius-Winkler*, Die Rechtsschutzversicherung im Miet- und WEG-Recht, NZM 2012, 817, 825.
80 BGH v. 29.3.1995 – IV ZR 207/94, ZMR 1995, 365, Rn 16; *Armbrüster*, Rechtsschutzversicherung und WEG, FS Merle (2010), 32.
81 *Drasdo*, VersR 2008, 902.
82 *Armbrüster*, FS Merle (2010), 13, 21.
83 Ausführlich *Lüke*, Beitragsforderungen in der Insolvenz, ZWE 2010, 62; *ders.*, Insolvenz des Wohnungseigentümers, ZWE 2006, 370.
84 BGH v. 29.11.2007 – IX ZB 12/07, NJW 2008, 1380.

Stellung eines Insolvenzantrags abzusprechen.[85] Die Rechtsprechung ist dem bislang nicht gefolgt. Der mit der Beitreibung beauftragte Verwalter kann demnach für die Gemeinschaft einen Insolvenzantrag gegen den Schuldner stellen (siehe Rn 1520).

2. Die Verbraucherinsolvenz

Das 1999 eingeführte Verbraucherinsolvenzverfahrens steht nur natürlichen Personen (Gegensatz: juristische Personen, also GmbH, AG usw.) offen, die keine oder nur eine geringfügige selbstständige wirtschaftliche Tätigkeit ausüben. Ziel ist die Entlastung der Justiz, indem dem eigentlichen Insolvenzverfahren zwei Stufen vorgeschaltet werden: Zunächst muss der Schuldner auf der Grundlage eines **Schuldenbereinigungsplans** versuchen, eine außergerichtliche Einigung mit seinen Gläubigern herbeizuführen. Wenn das nicht klappt, muss er auf die Feststellung eines Schuldenbereinigungsplans durch das Insolvenzgericht hinwirken. Nur wenn auch dieses Verfahren scheitert, wird ein (vereinfachtes) Insolvenzverfahren mit dem Ziel der **Restschuldbefreiung** durchgeführt.

1677

Der Schuldenbereinigungsplan kommt in der Praxis normalerweise nicht zustande. Der Versuch ist aber Voraussetzung dafür, dass der Schuldner überhaupt einen Insolvenzantrag stellen kann. Gem. § 305 Abs. 1 InsO muss er nämlich mit dem Antrag auf Eröffnung des Insolvenzverfahrens eine von einer geeigneten Person oder Stelle ausgestellte Bescheinigung vorlegen, aus der sich ergibt, dass eine außergerichtliche Einigung mit den Gläubigern über die Schuldenbereinigung auf der Grundlage eines Plans innerhalb der letzten sechs Monate vor dem Eröffnungsantrag erfolglos versucht wurde.

1678

Der Schuldenbereinigungsplan muss eine Aufstellung aller gegen den Schuldner bestehenden Forderungen beinhalten. Weil der Schuldner i.d.R. nicht über eine geordnete und vollständige Aufstellung aller seiner Schulden verfügt, gibt ihm § 305 Abs. 2 InsO einen Anspruch gegen die Gläubiger: Die Gläubiger sind verpflichtet, auf ihre Kosten dem Schuldner zur Vorbereitung des Forderungsverzeichnisses eine **schriftliche Aufstellung** ihrer gegen diesen gerichteten Forderungen zu erteilen; insbesondere haben sie ihm die Höhe ihrer Forderungen und deren Aufgliederung in Hauptforderung, Zinsen und Kosten anzugeben. Dieser Auskunftsanspruch ist sogar einklagbar. Wenn der Schuldner (i.d.R. vertreten durch einen Rechtsanwalt oder eine Schuldnerberatungsstelle) eine entsprechende Aufforderung an die Gemeinschaft stellt und auf der Erfüllung besteht, muss sich die WEG bzw. der Verwalter dem Zwang beugen und die gewünschte Erklärung (Aufstellung der Forderungen) abgeben.

1679

3. Der vorläufige Insolvenzverwalter

Der Ablauf des „normalen" Insolvenzverfahrens (Unternehmensinsolvenz) kann hier nicht im Detail dargestellt werden. Nur dessen Beginn ist kurz zu erörtern, weil er die Gemeinschaft mitunter vor brisante Fragen stellt.

1680

> *Beispiel*
> Das Objekt ist nicht fertig gestellt bzw. es sind mehr oder weniger umfangreiche Restmängel vorhanden. Die Bauträger-GmbH ist noch Eigentümerin zahlreicher unverkaufter Einheiten. Der WEG-Verwalter erfährt von folgendem Beschluss des Amtsgerichts (Insolvenzgericht): „Im Verfahren über den eigenen Antrag der Bauträger-GmbH auf Eröffnung des Insolvenzverfahrens wird zur Sicherung des Schuldnervermögens gem. § 21 Abs. 1 und 2 InsO vorläufige Insolvenzverwaltung angeordnet. Zum vorläufigen Insolvenzverwalter wird Rechtsanwalt Dr.

---

85 *Hintzen/Alff*, ZinsO 2008, 480, 487.

> X bestellt. Es wird angeordnet, dass Verfügungen der Schuldnerin nur mit Zustimmung des vorläufigen Insolvenzverwalters wirksam sind. Weitere Rechte und Pflichten des vorläufigen Insolvenzverwalters ... (Einsichtnahme- und Betretungsrecht, Einzug von Forderungen und Entgegennahme eingehende Gelder, Verfügungsmacht über Konten usw.)". Der WEG-Verwalter fragt nach den Rechtsfolgen dieses Beschlusses.

1681 Der insolvenzrechtliche Hintergrund: Nach Antragstellung beginnt das **Eröffnungsverfahren**, das seinen Abschluss entweder mit der Ablehnung oder mit der Eröffnung des Insolvenzverfahrens findet. Das Insolvenzgericht setzt i.d.R. einen vorläufigen Insolvenzverwalter ein, der die Vermögensmasse des Schuldners sichern und prüfen soll, ob genügend Vermögen für die Durchführung eines Insolvenzverfahrens vorhanden ist. Dieser vorläufige Insolvenzverwalter kann im gerichtlichen Beschluss mit unterschiedlichen Rechten ausgestattet werden:

1682 ■ Entweder wird angeordnet, dass die Verwaltungs- und Verfügungsbefugnis auf den vorläufigen Insolvenzverwalter übergeht; dann hat er eine ähnliche Stellung wie der endgültige Insolvenzverwalter und wird **starker** vorläufiger Insolvenzverwalter genannt. Das ist die Ausnahme.

■ Oder es wird angeordnet, dass Verfügungen des Schuldners der Zustimmung des vorläufigen Insolvenzverwalters bedürfen. Dann spricht man vom **schwachen** vorläufigen Insolvenzverwalter. Dieser ist die Regel.

1683 Im obigen Beispielsfall wurde ein schwacher vorläufiger Insolvenzverwalter eingesetzt. Ein solcher Beschluss beinhaltet **nicht** die Eröffnung des Insolvenzverfahrens. In rechtlicher Hinsicht hat er auf die Stellung des Schuldners in der Gemeinschaft **keine Auswirkungen**: Der Schuldner (im Beispiel: die Bauträger-GmbH) bleibt unverändert Miteigentümer mit allen Rechten und Pflichten; der vorläufige Insolvenzverwalter ist nicht für die WEG-Angelegenheiten zuständig.[86] Praktisch ändert sich aber einiges: Meistens wird der Schuldner kein Hausgeld bezahlen und sich auch sonst wenig um seine Einheiten kümmern. Wenn die Gemeinschaft die Titulierung gegen ihn einleitet, muss sie jederzeit mit der Insolvenzeröffnung und der dadurch eintretenden Verfahrensunterbrechung (siehe Rn 1690) rechnen. Es liegt also ein misslicher Schwebezustand vor, der die WEG aber nicht von der Einleitung der Titulierung abhalten darf.

4. Rechtsfolgen der Insolvenzeröffnung

1684 Gem. § 11 Abs. 2 WEG führt die Eröffnung des Insolvenzverfahrens über das Vermögen eines Wohnungseigentümers weder zur „automatischen" Aufhebung der Gemeinschaft, noch kann die Aufhebung vom Insolvenzverwalter verlangt werden. Infolge der Insolvenz geht lediglich das **Verwaltungs- und Verfügungsrecht** vom Wohnungseigentümer auf den Insolvenzverwalter über (§ 80 InsO). Der Insolvenzverwalter ist daher zu Eigentümerversammlungen einzuladen; nur er ist dort stimmberechtigt und anschließend ggf. für eine Anfechtungsklage aktivlegitimiert.[87] Der Eigentümer ist aber trotzdem teilnahmeberechtigt und deshalb ebenfalls zu laden.

1685 Nach Insolvenzeröffnung fällig werdende **Hausgeldbeiträge** gem. Wirtschaftsplan sind Masseforderungen.[88] Der Insolvenzverwalter muss diese Forderungen also bezahlen und kann ggf. mit Erfolg verklagt werden; außer es liegt **Masseunzulänglichkeit** (§ 208 InsO) vor. Diese muss der In-

---

86 Unverständlich daher LG Düsseldorf v. 5.4.2012 – 19 S 119/11, MietRB 2012, 241 für die Beschlussanfechtung durch einen vorläufigen Insolvenzverwalter.
87 LG Düsseldorf v. 5.4.2012 – 19 S 119/11, ZWE 2012, 337.
88 BGH v. 21.7.2011 – IX ZR 120/10, IMR 2011, 431, Rn 7. Da es gem. § 38 InsO nicht auf die Fälligkeit, sondern auf die „Begründung" der Forderung ankommt, beruht die h.M. letztlich auf Gerechtigkeitserwägungen. Erstaunliche Folgen kann dies z.B. bei der Anfechtung und späteren Aufhebung des Wirtschaftsplanes haben: Der dann folgende erneute Beschluss begründet Masseforderungen, auch soweit er das Hausgeld den Zeitraum vor Insolvenzeröffnung betrifft.

solvenzverwalter dem Insolvenzgericht und den Massegläubigern anzeigen. Damit lassen sich Insolvenzverwalter manchmal lange Zeit;[89] die Gemeinschaft steht dann vor der Frage, ob sie Klage auf Hausgeldzahlung erheben oder weiter abwarten soll.

Beispiel 1686
Am 31.1.2014 wird über das Vermögen von Miteigentümer A das Insolvenzverfahren eröffnet und X als Insolvenzverwalter eingesetzt. Trotz mehrfacher Aufforderung durch den WEG-Verwalter bezahlt X kein Hausgeld. Im Juli beantragt die Gemeinschaft schließlich einen gerichtlichen Mahnbescheid gegen X, der Widerspruch einlegt und zugleich gegenüber dem Insolvenzgericht Masseunzulänglichkeit anzeigt. Wie geht es weiter? – Die Fortsetzung des gerichtlichen Verfahrens (durch Überleitung in das streitige Verfahren) ist mangels Rechtsschutzbedürfnisses unzulässig, weil eine Vollstreckung aus dem Titel gem. § 210 InsO unzulässig wäre. Wenn der Insolvenzverwalter die Überleitung in das gerichtliche Verfahren erzwingt, bleibt der Gemeinschaft nur die Klagerücknahme. Zwar könnte man meinen, dass der Verwalter der Gemeinschaft zum Ersatz der Kosten des Mahnverfahrens verpflichtet sei, da letzteres bei rechtzeitiger Anzeige gar nicht eingeleitet worden wäre; einen solchen Schadensersatzanspruch lehnt der BGH aber ab, da den Insolvenzverwalter keine Pflicht träfe, im Interesse der WEG die Masseunzulänglichkeit rechtzeitig anzuzeigen.[90] Die Folge ist, dass die WEG auf den Kosten der gescheiterten Titulierung „sitzen bleibt" und die offenen Hausgeldforderungen nicht einmal im Wege der Zwangsversteigerung der Wohnung betreiben kann, denn dies soll nur für Rückstände *vor* Eröffnung des Verfahrens möglich sein.[91]

Endet eine nach Insolvenzeröffnung beschlossene **Jahresabrechnung** mit einer Nachzahlung, ist 1687
der Nachzahlungsbetrag aufzuschlüsseln: Der Insolvenzverwalter schuldet nur die Abrechnungsspitze, nicht aber die im Nachzahlungssaldo enthaltenen, vor Insolvenzeröffnung fällig gewordenen rückständigen Hausgeldbeiträge.[92] Die undifferenzierte Haftung auf den vollen Betrag der Abrechnungsspitze ist freilich abzulehnen: Richtiger Ansicht nach müsste man die Abrechnungsspitze zeitanteilig abgrenzen, weil der Insolvenzverwalter für Kosten, die ihren wirtschaftlichen Ursprung in der Zeit vor Insolvenzeröffnung haben, nicht haften sollte.[93] Der Sache nach geht es um das gleiche Problem, das sich auch bei der Haftung des Erwerbers oder des Zwangsverwalters für Rückstände stellt (siehe Rn 1036, 1166).

Der Insolvenzverwalter muss eine nach Insolvenzeröffnung fällig werdende **Sonderumlage** bezahlen, und zwar auch dann, wenn sie zur Deckung des Ausfalls erhoben wird, dessen Ursache die Beitragsrückstände des insolventen Wohnungseigentümers sind (siehe Rn 1091). An dieser Sonderumlage ist der insolvente Eigentümer zu beteiligen, wodurch die Rückstände (die z.T. einfache Insolvenzforderungen sind) entsprechend seinem Anteil zu Masseforderungen werden. 1688

Der Insolvenzverwalter kann die **Freigabe** des Wohnungseigentums aus der Masse erklären, um 1689
sich den aus der Eigentümerstellung erwachsenden Verpflichtungen zu entziehen.[94] Nach der Freigabe muss er z.B. keine Grundsteuer mehr aus der Masse bezahlen. Ob er sich durch die die Frei-

---

89 Ein Grund dafür ist neben Schwierigkeiten der Prüfung eine Rechtsfolge, die Insolvenzverwalter gerne vermeiden wollen: Ab der Anzeige werden die Hausgeldforderungen zu privilegierten Masseforderungen, § 209 Abs. 1 Nr. 2 InsO.
90 BGH v. 21.10.2010 – IX ZR 220/09, ZMR 2011, 310.
91 BGH v. 21.7.2011 – IX ZR 120/10, NZM 2011, 712, Rn 7.
92 AG Neukölln v. 23.5.2005 – 70 II 222/04 WEG, ZMR 2005, 659. *Elzer* in: Riecke/Schmid § 16 Rn 234.
93 So auch *Jennißen/Jennißen*, § 16, Rn 177, 198a; *Lüke*, ZWE 2006, 379, 373.
94 Die Freigabe eines Grundstücks ist in § 32 Abs. 3 InsO vorgesehen, ihre Voraussetzungen und Rechtsfolgen werden aber nicht geregelt; entsprechend ungeklärt ist die ganze Problematik. Näher z.B. *Lüke*, Freigabe und was dann?, FS *Wenzel*, S. 235 ff.; *ders.*, ZWE 2006, 376 ff.; *ders.* Beitragsforderungen in der Insolvenz ZWE 2010, 62, 66.

gabe aber der Pflicht zur Beitragszahlung (nach der Freigabe fällig werdende Hausgeldraten) entziehen kann, ist streitig. Teilweise wird vertreten, nach der Freigabe sei wieder der Wohnungseigentümer verpflichtet;[95] nach anderer Auffassung haftet (nur) der Insolvenzverwalter trotz Freigabe weiter.[96] Eine Haftung des Insolvenzverwalters wegen unterbliebener oder verspäteter Freigabe besteht prinzipiell nicht;[97] der Gemeinschaft kann das egal sein, da es infolge des dinglichen Charakters der Hausgeldforderungen für die Beitreibungsmöglichkeiten der Gemeinschaft keinen wesentlichen Unterschied macht, ob die Wohnung in die Insolvenzmasse fällt oder nicht.

1690 Ein **gerichtliches Verfahren** wird, sofern es die Insolvenzmasse betrifft, durch die Eröffnung des Insolvenzverfahrens über das Vermögen eines materiell Beteiligten unterbrochen (§ 240 S. 1 ZPO). Die Unterbrechung tritt also ein, wenn die Gemeinschaft eine Klage (z.B. auf Zahlung von Hausgeld) gegen einen Miteigentümer führt, der während des Verfahrens in die Insolvenz fällt. Die Unterbrechung tritt aber auch ein, wenn während eines Beschlussanfechtungsverfahrens **irgendein** Miteigentümer in die Insolvenz fällt, weil an dem Rechtsstreit alle Miteigentümer entweder auf Aktiv- oder auf Passivseite beteiligt sind (§ 46 Abs. 1 WEG); dieses Ergebnis ist nicht sachgerecht.[98]

5. Hausgeldrückstände

1691 Bei den **Rückständen** (Hausgeldbeiträge gem. Wirtschaftsplan oder Nachzahlungen gem. Jahresabrechnung), die schon vor Insolvenzeröffnung fällig waren, ist zu differenzieren: Die in Rangklasse 2 des § 10 Abs. 1 ZVG fallenden **dinglichen Hausgeldforderungen** (Rückstände der letzten 2 Jahre), ermöglichen gem. § 49 InsO die abgesonderte Befriedigung im Rahmen der Immobiliarvollstreckung (siehe Rn 1213). Daraus folgt als praktische Handlungsanweisung: Der Insolvenzverwalter wird zur Bezahlung dieser Rückstände unter Hinweis auf die Möglichkeit abgesonderter Befriedigung aufgefordert; kommt er dieser Aufforderung nicht nach, betreibt die Gemeinschaft die Zwangsversteigerung. Die Anmeldung zur Insolvenztabelle wäre hingegen verfehlt.

1692 Die übrigen, nicht privilegierten Rückstände sind **einfache Insolvenzforderungen**.[99] Solche „einfachen Insolvenzforderungen" werden in einer **Tabelle** gesammelt. Die zur Verteilung stehende Masse wird zum Abschluss des Insolvenzverfahrens entsprechend der Tabelle gleichmäßig an die Gläubiger verteilt. Der WEG-Verwalter kann Insolvenzforderungen der WEG zur Tabelle anmelden, wozu er i.d.R. unter Beifügung von Formularen aufgefordert wird, wenn er sich beim Insolvenzverwalter gemeldet hat. Da allerdings die zu erwartende Quote erfahrungsgemäß gering ist (max. 5 – 10 %), wird der WEG-Verwalter im Einzelfall je nach Höhe der anzumeldenden Rückstände entscheiden, ob sich der Aufwand der Anmeldung überhaupt lohnt. Wenn er die Anmeldung einem Rechtsanwalt überträgt, fällt für diesen eine 0,5-Gebühr an (Nr. 3320 RVG-VV). Bei einer angemeldeten Forderung von 500,00 EUR (zu höheren „nicht privilegierten" – also mehr als 2 Jahre alten – Rückständen dürfte es gar nicht kommen) betragen die Rechtsanwaltsgebühren konkret 32,13 EUR (sofern der Rechtsanwalt überhaupt bereit ist, ohne Gebührenvereinbarung tätig zu

---

95 LG Berlin v. 17.8.2007 – 55 T 112/06, ZMR 2008, 244; AG Magdeburg v. 23.12.2005 – 180 UR II 57/05, ZMR 2006, 324); *Lüke* ZWE 2010, 62, 66.
96 AG Mannheim v. 4.6.2010 – 4 C 25/10, ZWE 2010, 370. Kritisch dazu *Lüke*, a.a.O. (Vornote).
97 BGH v. 21.10.2010 – IX ZR 220/09, ZMR 2011, 310; *Lüke*, ZWE 2010, 62, 67; *Pape*, ZfIR 2007, 817.
98 Unter der früheren Geltung des FGG wurde zu Recht vertreten, dass im Beschlussanfechtungsverfahren die durch die Unterbrechung eintretende Verzögerung nicht hinnehmbar sei (OLG Düsseldorf v. 15.1.2008 – 3 Wx 119/07, ZMR 2008, 397). Unter der jetzigen Geltung der ZPO lässt sich die Unterbrechung aber nicht vermeiden (allg. M., siehe nur *Abramenko* in: Riecke/Schmid vor §§ 43 ff. Rn 5a). Hier hat der Gesetzgeber offenbar die Notwendigkeit einer Sonderregelung übersehen.
99 OLG Stuttgart v. 18.9.2002 – 3 U 89/02, ZMR 2003, 57.

werden), also in etwa so viel, als die zu erwartende Quote beträgt. Daher ist die Frage, ob sich die Anmeldung lohnt, klar zu verneinen.

> *Tipp* 1693
> Ist ein Wohnungseigentümer in die Insolvenz gefallen, hat der WEG-Verwalter zusammengefasst Folgendes zu tun: 1. Den Insolvenzverwalter anschreiben und Zahlung verlangen: **a)** Laufendes Hausgeld ab Insolvenzeröffnung. Falls weder Zahlung erfolgt, noch die Masseunzulänglichkeit angezeigt wird: Klage erheben. **b)** Privilegierte Rückstände. Falls keine Zahlung erfolgt, Zwangsversteigerung beantragen. Hierfür ggf. Titel umschreiben lassen (falls schon einer vorhanden ist) oder zuvor Klage auf Duldung der Zwangsversteigerung erheben (siehe Rn 1214). 2. Falls ältere (nicht privilegierte) Rückstände bestehen: Prüfen, ob sich eine Anmeldung zur Tabelle lohnt (siehe Rn 1692).

III. Insolvenz des Verwalters

Die Eröffnung des Insolvenzverfahrens über das Vermögen einer **Verwaltergesellschaft** führt nicht 1694
automatisch zum Ende des Verwalteramtes, stellt aber einen wichtigen Grund für die vorzeitige außerordentliche Abberufung dar, weil die weitere Zusammenarbeit mit einem vermögenslosen und auf die Auflösung zugehenden Verwalter nicht zumutbar ist (siehe Rn 1327). Für die Insolvenz einer „natürlichen Person" als Verwalter gilt im Ergebnis dasselbe.[100]

F. Die Mehrhausanlage

I. Allgemeines

Von einer Mehrhausanlage[101] spricht man, wenn sich auf **einem** Grundstück[102] mehrere räumlich 1695
abgeschlossene Einheiten befinden, die zu **einer** Wohnungseigentümergemeinschaft zusammengefasst sind. Außer dem Fall, dass sich auf einem Grundstück mehrere separate (Mehrfamilien-)Häuser befinden, zählen dazu unter anderem folgende Fälle:

- „Kolonie" von Einfamilienhäusern (oft Ferienhäuser);
- Reihen- und Doppelhäuser;
- Vorder- und Hinterhaus oder Mehrfamilienhaus als Vorderhaus und Einfamilienhaus als Rückgebäude;
- Sonderfall: Tiefgarage, die sich unterirdisch über mehrere Grundstücke erstreckt (siehe Rn 8).

Der Grund für die Existenz der Mehrhausanlagen ist meistens im **öffentlichen Baurecht** zu finden. 1696
Zum einen ist die Realteilung eines Grundstücks nicht immer zulässig,[103] zum anderen gelten die Gebote über Abstandsflächen nur für Häuser auf verschiedenen Grundstücken. Ein Bauträger kann also intensiver (und damit profitabler) bauen, wenn er mehrere Häuser auf einem ungeteilten Grundstück errichtet.

---

100 Einschlägige Rechtsprechung ist nicht bekannt. Ausführlich *Lüke,* Insolvenz des Verwaltungsunternehmers, FS *Seuß,* 2007, 165.
101 Ausführlich *Eichhorn,* Beschlusskompetenz in Mehrhausanlagen, DWE 2013, 53; *Armbrüster,* Wirtschaftsplan und Jahresabrechnung in der Mehrhausanlage, ZWE 2011, 110; *Rüscher,* Beschlusskompetenzen bei wirtschaftlichen Untergemeinschaften, ZWE 2011, 308; *Häublein,* ZWE 2010, 149; *Hügel,* NZM 2010, 8.
102 Grundstück i.S.d. BGB ist gem. § 3 GBO die Fläche, die im Grundbuch auf einem gesonderten Grundbuchblatt oder unter einer eigenen Nummer im Bestandsverzeichnis auf einem gemeinschaftlichen Grundbuchblatt verzeichnet ist.
103 Gem. § 19 BauGB kann eine Gemeinde die Teilung von ihrer Genehmigung abhängig machen.

§ 12 Verschiedenes

1697 Die Mehrhausanlage entspricht **nicht** dem **Leitbild** des Gesetzgebers, der das WEG für die Ein-Haus-Eigentümergemeinschaft konzipierte. Es fehlt demnach an Sonderregelungen für die Mehrhausanlage; daran wurde leider auch im Zuge der WEG-Novelle nichts geändert. Eine besondere Sorgfalt bei der Erstellung der Gemeinschaftsordnung ist deshalb unbedingt erforderlich. Da es hieran allzu häufig fehlt, ist die Mehrhausanlage besonders streitanfällig.

1698 Für die **Eigentumsverhältnisse** gelten ohne Einschränkung die Grundsätze und Grenzen des § 5 Abs. 2 WEG. Konstruktive, gestaltprägende und dem gemeinschaftlichen Gebrauch dienende Bestandteile der einzelnen Gebäude (z.B. Mauern, Fenster, Dach, Balkone, Aufzug, Heizungsanlage) stehen auch bei der Mehrhausanlage zwingend im gemeinschaftlichen Eigentum aller Miteigentümer. Wenn einzelne Gebäude der Mehrhausanlage (oder auch einzelne Garagen) dem ausschließlichen Gebrauch einzelner (Wohnungs-)Eigentümer dienen sollen, kann an den betreffenden Gebäuden zwar Sondereigentum begründet werden; auch dann erstreckt sich das Sondereigentum aber nicht auf die zwingend im Gemeinschaftseigentum stehenden Bestandteile der Gebäude,[104] sodass sie i.E. wie Sondereigentumseinheiten innerhalb des Hauses zu behandeln sind.

1699 Gem. § 13 Abs. 2 WEG sind – vorbehaltlich einer abweichenden Regelung in der Teilungserklärung – alle Eigentümer zum **Mitgebrauch** des gemeinschaftlichen Eigentums befugt. Eine Ausnahme gilt nur für gewisse Einrichtungen und Anlagen (Flur, Dachboden usw.), die in sämtlichen zur Wohnanlage gehörenden Gebäuden gleichermaßen vorhanden sind, so dass kein Eigentümer auf die Mitbenutzung außerhalb seines Hauses angewiesen ist.[105] Bei Mehrhausanlagen, die ganz oder überwiegend aus einzeln genutzten Häusern bestehen (Reihenhäuser, Ferienhaussiedlung usw.), wird das Recht zum Mitgebrauch meistens ausgeschlossen, indem an den einzelnen Häuser (Gruppen-)Sondernutzungsrechte begründet oder indem sie gleich dem Sondereigentum zugewiesen werden, was im Ergebnis auf dasselbe hinausläuft.

1700 Sofern die Gemeinschaftsordnung keine abweichenden Regelungen trifft (dazu nachfolgend Ziff. II), wird die Mehrhausanlage bei der **Verwaltung** ausnahmslos als **ein** Objekt (das sie im Rechtssinne ja auch ist) behandelt. Es gibt (selbstverständlich) nur einen **Verwalter**[106] und nur drei Mitglieder des Verwaltungsbeirats (und nicht etwa vier, nur weil z.B. vier Häuser zur Anlage gehören), wobei es nicht zwingend ist, dass die Beiräte aus verschiedenen Häusern kommen. Es finden gemeinsame und keine getrennten Eigentümerversammlungen statt, wobei alle Miteigentümer der Gesamtanlage bei allen Angelegenheiten mitstimmen dürfen. Die einzige Ausnahme, bei der auch ohne entsprechende Regelung in der Gemeinschaftsordnung ein **Blockstimmrecht** anerkannt wird, betrifft Gebrauchsregelungen: Wenn diese nur ein Gebäude betreffen und keinen Bezug zur Verkehrssicherungspflicht (die gemeinschaftlich wahrzunehmen ist) haben, sind nur die Eigentümer des betreffenden Gebäudes stimmberechtigt.

1701 **Kosten und Lasten**, die sich auf das Gemeinschaftseigentum (gleichgültig bei welchem der Häuser) beziehen, werden in **einer** Jahresabrechnung (nicht mehreren hausweise getrennten) abgerechnet. Als **Umlageschlüssel** war bis zur WEG-Reform zwingend der allgemeine Kostenverteilungsschlüssel anzuwenden, auch wenn Kosten nur in einem Haus anfielen. So mussten z.B. die Betriebskosten eines Aufzugs auch dann von allen Miteigentümern getragen werden, wenn nur ein Haus über einen Aufzug verfügte. Nunmehr gibt es gem. § 16 Abs. 3 WEG die Möglichkeit, durch

---

104 BGH v. 25.1.2001 – VII ZR 193/99, NJW-RR 2001, 800; OLG Düsseldorf v. 2.7.2004 – 3 Wx 318/03, Rpfleger 2004, 691.
105 OLG Düsseldorf v. 24.8.1994 – 3 Wx 254/94, ZMR 1995, 88.
106 Die Bestellung mehrerer Verwalter für die einzelnen Gebäude ist nichtig (LG Düsseldorf v. 22.10.2009 – 19 S 40/09, NZM 2010, 288; LG Nürnberg-Fürth v. 23.9.2009 – 14 S 1754/09, ZMR 2010, 315); das gilt auch für eine entsprechende Bestimmung in der Gemeinschaftsordnung.

F. Die Mehrhausanlage § 12

gesondert zu fassenden Beschluss den Umlageschlüssel für **Betriebskosten** zu **ändern** und die Kosten verbrauchsabhängig oder nach einem anderen ordnungsmäßigen Maßstab zu verteilen (siehe Rn 961). Auf diese Weise kann bei der Mehrhausanlage eine weitgehende Kostentrennung erfolgen, auch wenn diese nicht in der Gemeinschaftsordnung angelegt ist: Ein Beschluss, wonach **hausweise** erfasste Betriebskosten nur auf die Miteigentümer des betreffenden Hauses umgelegt werden, kann gem. § 16 Abs. 3 WEG gefasst werden und entspricht ordnungsmäßiger Verwaltung.[107] Das dürfte auch für die hausweise Heizkostenabrechnung bei Häusern gelten, die mit verschiedenen Heizungsanlagen beheizt werden (siehe Rn 1059).

Bei den **Instandhaltungskosten** bleibt es i.d.R. beim Grundsatz der Umlage auf alle Miteigentümer nach § 16 Abs. 2 WEG. Das gilt z.B. für die Sanierung einer Tiefgarage, an der einzelne Miteigentümer nicht beteiligt sind (oder die nur einem einzigen Miteigentümer gehört);[108] oder für die Dachsanierung bei einem von mehreren Häusern. Vom Umlageschlüssel MEA (§ 16 Abs. 2 WEG) darf letzterenfalls auch nicht per Beschluss gem. § 16 Abs. 4 WEG abgewichen werden, weil das Dach keine exklusive Gebrauchsmöglichkeit nur für die Eigentümer der darunter befindlichen Wohnungen bietet.[109]

1702

Wenn die nach der Teilungserklärung vorgesehenen Gebäude in mehreren Bauabschnitten nacheinander errichtet werden (sog. **Vorratsteilung**), werden die Auswirkungen auf **Stimmrecht** und **Kostenverteilung** in der Praxis (meistens aus Unkenntnis) häufig nicht beachtet.

1703

Beispiel
Bauträger X will in drei Bauabschnitten zuerst das Gebäude 1 mit den Wohnungen W 1 – W 8 (MEA: 31/1.000), anschließend das Gebäude 2 mit den Wohnungen W 9 – W 14 (MEA 29/1.000) und schließlich das Gebäude 3 mit den Wohnungen W 15 – W 25 (MEA 40/1.000) errichten. Nach Errichtung von Gebäude 1 kommt X in Vermögensverfall; zur Errichtung von Gebäude 2 und 3 kommt es nicht mehr. Ist X in den Eigentümerversammlungen stimmberechtigt? Ist er an den gemeinschaftlichen Kosten zu beteiligen? – Durch Anlegung der Wohnungsgrundbücher für die Wohnungen W 9 – W 25 ist Wohnungseigentum entstanden (siehe Rn 7). X ist also Miteigentümer mit einem Miteigentumsanteil von 69/1.000, auch wenn das Sondereigentum an den Wohnungen mangels Errichtung noch fehlt. X hat eine gesicherte Rechtsposition (Anwartschaftsrecht auf Erlangung von Sondereigentum), solange es noch möglich ist, das Gebäude zu errichten. X ist also stimmberechtigt und an den gemeinschaftlichen Kosten zu beteiligen.[110] Er kann ggf. aber eine Anpassung des Kostenverteilungsschlüssels gem. § 10 Abs. 2 WEG verlangen (siehe Rn 237).

1704

---

107 So zu Recht für die Aufzugskosten LG Nürnberg-Fürth v. 25.3.2009 – 14 S 7627/08, NZM 2009, 363. Beachte: Im Mietrecht darf ein Mieter nicht an den Kosten eines nicht zu seiner Wohnung führenden Aufzugs beteiligt werden: BGH v. 8.4.2009 – VIII ZR 128/08, WuM 2009, 351.
108 OLG Frankfurt v. 19.5.2005 – 20 W 373/03 (unveröffentl.); OLG Hamburg v. 3.3.2004 – 2 Wx 104/01, ZMR 2004, 614.
109 LG München I v. 30.7.2009 – 36 S 18003/08, ZMR 2010, 150; str.
110 OLG Frankfurt v. 24.8.2006 – 20 W 214/06, ZWE 2007, 84; OLG Hamm v. 4.7.2005 – 15 W 256/04, ZMR 2006, 60.

II. Die Vereinbarung separater Verwaltung und Kostentragung; Untergemeinschaften

1705 Eine gute Gemeinschaftsordnung sieht soweit möglich eine **getrennte Verwaltung und Abrechnung** der einzelnen Häuser der Mehrhausanlage vor.[111] Durch Mehrheitsbeschluss können solche Regelungen selbstverständlich nicht eingeführt werden. Die Konsequenzen einer vereinbarten separaten Verwaltung und Kostentragung werden im Anschluss an das Muster erörtert.

▼

1706 **Muster 12.2: Klausel zur separaten Verwaltung in einer Mehrhausanlage**

Die Häuser Heinestraße 12 und Heinestraße 14 sollen soweit möglich wirtschaftlich getrennt behandelt und verwaltet werden. Soweit Bewirtschaftungskosten (Betriebskosten, Instandhaltung und Instandsetzung, usw.) nur für eines der beiden Häuser anfallen, sind sie nur von den Eigentümern des betreffenden Hauses zu tragen.[112]

▲

1707 In der **Jahresabrechnung** müssen alle Ausgaben und Einnahmen der gesamten Wohnungseigentümergemeinschaft enthalten sein; es darf nicht nur Abrechnungen der Untergemeinschaften geben. Darauf aufbauend muss die wirtschaftliche Trennung der Untergemeinschaften berücksichtigt werden, was auf verschiedene Weise geschehen kann. Man kann auf der „Hauptabrechnung" basierende separate Abrechnungen der jeweiligen Untereinheiten aufstellen, die ihrerseits den allgemeinen Anforderungen an eine Jahresabrechnung entsprechen.[113] Die Abrechnung der Untereinheiten kann auch innerhalb der „Hauptabrechnung" der Gesamtgemeinschaft erfolgen, wenn die den Untergemeinschaften zuzuordnenden Kosten und Lasten, die Hausgeldzahlungen und die Instandhaltungsrücklagen dergestalt von einander getrennt ausgewiesen werden, dass deutlich wird, an welchen Positionen ein Miteigentümer mit seinem Anteil an der Gesamtgemeinschaft und an welchen mit seinem – davon differierenden – Anteil an der Untergemeinschaft beteiligt ist.[114]

1708 Bei der **Beschlussfassung** über die Jahresabrechnung (und den Wirtschaftsplan) liegen die Voraussetzungen für ein **Blockstimmrecht nicht** vor, weil die Jahresabrechnung zwangsläufig Kosten enthält, die das Gemeinschaftseigentum insgesamt betreffen, z.B. für Gartenpflege, Versicherungen, Entwässerung usw.[115] Das ist unbefriedigend, weil die Miteigentümer somit auch über Ausgaben und Einnahmen beschließen, die sachlich nicht sie, sondern sondern nur die Miteigentümer einer anderen Untergemeinschaft betreffen; zu ändern ist es nicht. Wenn (unzulässiger Weise) in einer „Gesamtversammlung" separate Abstimmungen über die Jahresabrechnung durchgeführt werden, stellt sich die Frage, was überhaupt Gegenstand der Abstimmung war. Wenn es nur die „Teilabrechnungen" der Untergemeinschaften waren, sind die Beschlüsse nichtig; der Sache nach handelt es sich dann nämlich um Beschlüsse unzulässiger Teilversammlungen. Wenn die Miteigentümer der Untergemeinschaften hingegen nacheinander über die (gesamte) Jahresabrechnung, jeweils mehrheitlich, beschließen, soll das noch rechtmäßig sein.[116]

---

111 In der Lit. ist insoweit von „geregelten" bzw. „ungeregelten" Mehrhausanlagen die Rede. Die ursprünglich wohl spaßig gemeinte Beschreibung dürfte auf den „geregelten Katalysator" bei Kraftfahrzeugen zurück zu führen sein.
112 Diese Klausel genügt nur dem Minimalerfordernis; empfehlenswert sind viel detailliertere Regelungen.
113 OLG Schleswig v. 26.4.2007 – 2 W 216/06, ZMR 2008, 665. Ebenso (wenn auch wenig klar) BGH v. 20.7.2012 – V ZR 231/11, ZMR 2012, 979.
114 AG Bremen v. 22.6.2012 – 29 C 5/12, ZMR 2012, 905, Rn 89; KG v. 26.9.2007 – 24 W 183/06, ZMR 2008, 67.
115 AG Bremen v. 22.6.2012 – 29 C 5/12, ZMR 2012, 905, Rn 69; BayObLG v. 24.11.2004 – 2Z BR 156/04, ZMR 2005, 639. Ausführlich *Armbrüster*, ZWE 2011, 110.
116 AG Bremen v. 22.6.2012 – 29 C 5/12, ZMR 2012, 905, Rn 92. M. E. ist das „Beschluss"-Ergebnis nichtig.

Instandhaltungskosten, die einzelnen Häusern zugeordnet werden können, sind nur von deren jeweiligen Eigentümern zu tragen. Das gilt insbesondere für die Kosten eines **Aufzugs**.[117] Eine getrennte **Rücklagenbildung** (durch Anlage separater Bankkonten – deren Inhaberin die Gesamtgemeinschaft ist – oder durch Führung getrennter Unterkonten in der Buchhaltung) ist möglich und geboten, wenn die Gemeinschaftsordnung es vorsieht; anderenfalls ist ein Beschluss zur getrennten Rücklagenbildung rechtswidrig oder nichtig.[118] Schwierigkeiten kann die Kostenverteilung nach separaten Abrechnungseinheiten bereiten, wenn es sich nicht um baulich getrennte Einheiten handelt, insbesondere bei der Mehrhausanlage mit **Tiefgarage**. Ob z.B. die Sanierung des Tiefgaragenbodens, der Decke, der Stützpfeiler usw. der Gesamtgemeinschaft oder nur der Abrechnungseinheit „Tiefgarage" zuzurechnen ist, kann im Einzelfall streitig sein.[119]

1709

Für **bauliche Maßnahmen** kann die Gemeinschaftsordnung die separate „Entscheidungshoheit" der Eigentümer der jeweils betroffenen Häuser vorsehen.

1710

> *Beispiel*
> Die Gemeinschaftsordnung einer Mehrhausanlage enthält folgenden Passus: „Über Änderungen und Renovierungen des Vorderhauses, des Anbaus und des Hinterhauses entscheiden die Wohnungseigentümer der in dem jeweiligen Gebäude befindlichen Wohnungs- und Teileigentümer, untereinander nach Stimmenmehrheit. Dies gilt auch für die Gestaltung der Fassade oder des Dachausbaus, des Außenanstrichs, der Fenster und der Wohnungsabschlusstüren. Die Kosten für die Ausführung derartiger Maßnahmen tragen auch nur die Eigentümer, die über die Maßnahme abgestimmt haben oder abzustimmen berechtigt waren." Die Eigentümer des ehemals weiß gestrichenen Vorderhauses lassen dieses nach entsprechender Beschlussfassung ohne Zustimmung der übrigen Miteigentümer orangefarben streichen. Die übrigen Miteigentümer verlangen Rückgängigmachung und im Zuge dessen einen weißen Anstrich. – Ohne Erfolg. Nach der Gemeinschaftsordnung werden die einzelnen Häuser der Mehrhausanlage im Hinblick auf bauliche Veränderungen separat betrachtet; über das Ob und Wie baulicher Maßnahmen bestimmen alleine die jeweiligen Miteigentümer. Deshalb müssen die übrigen Eigentümer prinzipiell auch Veränderungen hinnehmen, die sich mit Blick auf die Gesamtanlage als nachteilig i.S.d. § 14 Nr. 1 WEG darstellen können. Die Abbedingung des § 22 WEG ist bis zur Grenze der Verunstaltung des Gesamtgebäudes zulässig.[120] Zwischen den einzelnen Häusern der Anlage sind nur (aber immerhin) die Bestimmungen des öffentlichen Nachbarrechts zu beachten (siehe Rn 575).

In der Eigentümerversammlung kann die separate Verwaltung und Kostentragung bei einzelnen Angelegenheiten zum **Blockstimmrecht** führen. Das ist dann eindeutig, wenn die Gemeinschaftsordnung es ausdrücklich vorsieht (wie im vorstehenden Beispielsfall). Im Übrigen ist das – gesetzlich nicht geregelte – Blockstimmrecht im Grundsätzlichen und im Detail umstritten. Nach h.M. kann es auch ohne Regelung in der Gemeinschaftsordnung vorliegen, wenn bestimmte Maßnahmen nur einen Teil der Wohnungseigentümer „berühren"; dann sollen nur diese stimmberechtigt sein. Das ist aber nur selten der Fall; am ehesten noch bei Gebrauchsregelungen (siehe dazu Rn 1850), nicht aber bei der Abstimmung über Jahresabrechnung und Wirtschaftsplan (siehe Rn 1700). Streitig ist das Blockstimmrecht bei **baulichen Maßnahmen**, die nur eines von mehreren Häusern betreffen. In Betracht kommt es von vornherein nur, wenn mit der Baumaßnahme kei-

1711

---

117 OLG Köln v. 17.12.2001 – 16 Wx 181/00, ZMR 2002, 379.
118 LG Itzehoe 28.6.2013 – 11 S 31/12, ZMR 2013, 924, Rn 16.
119 Vgl. BayObLG v. 12.5.2004 – 2Z BR 001/04, ZMR 2004, 765: Sanierung des Tiefgaragenbodens ist nicht Sache der Gesamtgemeinschaft.
120 OLG Düsseldorf v. 26.8.2005 – 3 Wx 64/05, ZMR 2006, 142.

ne Veränderung der Optik verbunden ist, denn dann sind alle Miteigentümer betroffen.[121] Bei Maßnahmen, die sich auf das Innere des Gebäudes beschränken und die nach der Gemeinschaftsordnung auch nur von den betreffenden Gebäudeeigentümern zu finanzieren sind, wird es von der h.M. zutreffend bejaht.[122] Allerdings ist zu beachten, dass die zur Umsetzung der baulichen Maßnahme erforderlichen Verträge mangels Rechtsfähigkeit der einzelnen Häuser (siehe Rn 1714) zwangsläufig von der „Gesamtgemeinschaft" beauftragt werden müssen, sodass gem. § 10 Abs. 8 S. 1 WEG alle Miteigentümer anteilig für die dadurch entstehenden Kosten haften. Hieraus wird in der Literatur auf eine Betroffenheit aller Miteigentümer und das daraus resultierende Zustimmungserfordernis geschlossen.[123] Die nur kostenmäßige Betroffenheit begründet aber keinen Nachteil i.S.v. §§ 22 Abs. 1, 14 Nr. 1 WEG, der eine Zustimmungspflicht aller zur Folge haben müsste.[124]

1712 Ob aus einem Blockstimmrecht die Zulässigkeit separater **Teilversammlungen** folgt, ist streitig; richtiger Ansicht nach ist die Frage zu verneinen: Alle Miteigentümer haben, auch wenn sie einmal nicht stimmberechtigt sind, ein Teilnahme- und Rederecht. Beschlüsse einer unzulässigen separaten „Teilversammlung" sind mangels Beschlusskompetenz nichtig.[125] Manchmal (zum Glück nur selten) sieht allerdings die Gemeinschaftsordnung die Möglichkeit von Teilversammlungen ausdrücklich in der Weise vor, dass dort auch über die die Gesamtanlage betreffenden Angelegenheiten (Teil-)Beschlüsse gefasst werden können.[126] Ob ein Beschluss dann letztlich mehrheitlich gefasst wird, hängt vom Gesamtergebnis der Teilversammlungen ab. Die Zulässigkeit derartiger Regelungen in der Gemeinschaftsordnung ist umstritten und m.E. zu verneinen. Bejaht man die Zulässigkeit, sind die Folgeprobleme (Teilnahmerecht und Mehrheitsermittlung, Beschlussfassung und -anfechtung usw.) erheblich; das kann hier nicht vertieft werden.[127]

1713 Soweit ein **Blockstimmrecht** besteht, kommt es für die Feststellung der **Beschlussfähigkeit** und für qualifizierte Mehrheiten nur auf die Inhaber des Blockstimmrechts und nicht auf die übrigen erschienenen Miteigentümer an.[128] In Fällen des Blockstimmrechts haben die nicht betroffenen Miteigentümer keine **Anfechtungsbefugnis**.

> *Beispiel*
> Eine Tiefgarage, die nach der Teilungserklärung so behandelt werden soll, als ob sie auf einem separaten Grundstück stünde, hat eine zu geringe Einfahrtshöhe. Die Tiefgarageneigentümer beschließen, gegen eine Ausgleichszahlung durch den Bauträger auf die Mangelbeseitigung zu verzichten. Der Beschluss wird u.a. mit der Begründung angefochten, dass an der Beschlussfassung auch die Wohnungseigentümer zu beteiligen gewesen wären. – Die Anfechtung bleibt erfolglos, weil von dem Mangel nur die Tiefgarageneigentümer betroffen sind und daher auch nur diese zur Beschlussfassung befugt waren.[129] **Beachte**: Obwohl den Beschluss nur der ab-

---

121 Beispiel: Mobilfunkanlage auf dem Dach eines zur Mehrhausanlage gehörenden Hauses (OLG München v. 13.12.2006 – 34 Wx 109/06, ZMR 2007, 391).
122 OLG München v. 22.2.2008 – 34 Wx 66/07, NZM 2008, 84, Rn 22 (Treppenlift).
123 Z.B. *Häublein*, ZWE 2010, 153.
124 So auch LG Köln v. 26.11.2009 – 9 S 63/09, ZWE 2010, 191, allerdings ohne Problematisierung.
125 LG Karlsruhe v. 16.5.2011 – 11 S 11/10, Rn 27.
126 So z.B. bei BGH v. 20.7.2012 – V ZR 231/11, ZMR 2012, 979; LG München v. 20.12.2010 – 1 S 8436/10, ZMR 2011, 414; LG Köln v. 26.11.2009 –29 S 63/09, ZWE 2010, 278.
127 Vgl. AG Karlsruhe-Durlach v. 30.12.2009 – 4 C 21/09, ZMR 2010, 565 (getrennte Versammlungen zulässig). Eingehend *Rüscher*, ZWE 2011, 308; *Hügel*, NZM 2010, 10.
128 LG Hamburg v. 29.12.2010 – 318 S 206/09, ZWE 2011, 133; h.M.
129 BayObLG v. 29.2.1996 – 2Z BR 142/95, ZMR 1996, 394. Weiteres Beispiel: Über die Höhe der Instandhaltungsrücklage entscheiden nur die Eigentümer der betroffenen Häuser: AG Aachen v. 24.3.2010 – 118 C 1/10, ZMR 2011, 752.

stimmende Teil der Eigentümer herbeigeführt hat, ist die Anfechtungsklage gegen **alle** Miteigentümer zu richten.[130]

Ungeachtet einer vereinbarten separaten Verwaltung ist nur die „Gesamtgemeinschaft" **rechtsfähig**, die „**Untergemeinschaften**" (also die separat verwalteten Häuser) hingegen nicht.[131]

1714

Beispiel
Die WEG Heinestraße 12–14 besteht aus den Häusern A und B, die nach der Gemeinschaftsordnung (z.B. entsprechend der Klausel siehe Rn 1706) separat verwaltet werden. Verwalter X will für Haus A ein Bankkonto anlegen oder einen Reparaturauftrag erteilen. – Das ist nicht möglich. „Haus A" existiert als Rechtssubjekt nicht; X kann Verträge nur namens der WEG Heinestraße 12–14 schließen. Da aber die Miteigentümer von Haus B aus den das Haus A betreffenden Verträgen weder berechtigt noch verpflichtet werden wollen und sollen, könnte X in den Verträgen zumindest eine Haftungsbeschränkung auf das dem Haus A zugeordnete Sondervermögen (mag dieses auch rechtlich unselbstständig sein) vereinbaren. Ob und wie das praktikabel und rechtlich zulässig ist, ist offen.

G. Die Zweiergemeinschaft

Zweiergemeinschaften kommen meistens in Gestalt von Doppel- bzw. Reihenhäusern oder als „klassische" Zweifamilienhäuser vor. Ihre rechtliche Sonderbehandlung beruht darauf, dass der für eine Wohnungseigentümergemeinschaft gesetzlich vorgesehene Weg der Willensbildung durch Beschluss hier häufig ins Leere läuft: Entweder haben beide Einheiten gleiche Anteile; dann kann es keine Mehrheitsbeschlüsse geben. Oder eine Einheit hat die Mehrheit; dann ist die Beschlussfassung insofern eine Förmelei, als der Mehrheitseigentümer letztlich ohnehin alleine entscheiden kann. Die Besonderheiten werden nachfolgend zusammengefasst.

1715

Gemeinschaftliche Kosten. Gibt es keinen Verwalter und/oder ist mit einem positiven Abstimmungsergebnis in einer Eigentümerversammlung nicht zu rechnen, kann der Wohnungseigentümer, der gemeinschaftliche Kosten und Lasten (z.B. Heizölrechnung, Schornsteinfeger, Gebäudeversicherung usw.) vorgestreckt hat, von dem anderen Wohnungseigentümer **unmittelbar** eine anteilige Erstattung (entsprechend dessen MEA) verlangen. Eine vorherige Beschlussfassung über eine Jahresabrechnung oder einen Wirtschaftsplan gemäß § 28 WEG ist dazu nicht erforderlich.[132] Zur Verhängung einer Versorgungssperre ist der anspruchsberechtigte Miteigentümer aber nicht berechtigt.[133]

1716

Heizkostenabrechnung. Sinnvoll wäre es, wenn die HeizkV bei einem Haus mit nur zwei Wohnungen generell nicht anzuwenden wäre. Leider stellt der Wortlaut der Ausnahmebestimmung des § 2 HeizkV aber auf die Frage der Vermietung ab: Demnach ist die Anwendung der HeizkV (nur dann) nicht zwingend, wenn es um ein Gebäude mit nicht mehr als zwei Wohnungen geht, von denen eine der Vermieter selbst bewohnt. Überwiegend wird aber vertreten, dass die HeizkV über

1717

---

130   BGH v. 20.7.2012 – V ZR 231/11, ZMR 2012, 979. Überholt ist LG München I v. 20.12.2010 – 1 S 8436/10, ZMR 2011, 414 das im Sonderfall, dass die GO Beschlüsse von Teilversammlungen vorsieht, a.A. war.
131   AG Bremen v. 22.6.2012 – 29 C 5/12, ZMR 2012, 905, Rn 69; OLG Koblenz v. 18.10.2010 – 5 U 934/10, ZWE 2011, 91.
132   OLG Karlsruhe v. 20.7.2006 – 11 Wx 154/05, ZMR 2007, 138; LG München I v. 2.2.2009 – 1 S 10225/08, ZWE 2009, 131. Die dogmatische Begründung ist str. Die Frage der Vereinbarkeit mit den restriktiven Bestimmungen der Notgeschäftsführung (§ 21 Abs. 2 WEG) wird in den Entscheidungen nicht thematisiert.
133   LG Berlin v. 4.6.2004 – 85 T 345/03 WEG, ZMR 2005, 479; BayObLG v. 6.9.2001 – 2Z BR 86/01, ZMR 2002, 68.

den Wortlaut hinaus auch dann nicht zwingend anzuwenden ist, wenn es sich um ein Zweifamilienhaus mit von den Eigentümern selbst genutzten (statt vermieteten) Eigentumswohnungen handelt.[134]

1718 **Entziehung des Wohnungseigentums.** Das Recht steht dem jeweils anderen Miteigentümer zu, eine Beschlussfassung ist entbehrlich (siehe Rn 376).

1719 **Anspruch** auf Durchführung von **Verwaltungsmaßnahmen** gem. § 21 Abs. 4 WEG. Grundsätzlich ist die (erfolglose) Vorbefassung der Gemeinschaft Zulässigkeitsvoraussetzung der Regelungsklage. Gerade bei Zweiergemeinschaften ist dies aber wegen Unzumutbarkeit bzw. Aussichtslosigkeit regelmäßig nicht erforderlich.[135]

1720 **Verwalterbestellung.** Bei Zweiergemeinschaften ist eine besonders kritische Prüfung der Stimmrechtsausübung des Mehrheitseigentümers geboten, wenn er sich wählt (siehe Rn 1278).

H. Verkauf einer Wohnung und Haftung des Verkäufers

1721 Im Folgenden werden typische Haftungsfälle beim Verkauf einer Wohnung erörtert.

Ausgebautes Dachgeschoss. A verkauft seine Wohnung nach Durchführung einer Besichtigung an B. Das Dachgeschoss ist als Wohnraum ausgebaut; nach der Teilungserklärung handelt es sich um aber um eine „Bühne". Als B den Widerspruch zur Teilungserklärung bemerkt, verlangt er Schadensersatz und die Rückabwicklung des Kaufvertrags. – Zu Recht. Zwar weist die Wohnung weder Sach- noch Rechtsmängel auf. Man kann einen Mangel insbesondere nicht dadurch begründen, dass sowohl A als auch B beim Abschluss des Kaufvertrags das Dachgeschoss als Wohnraum betrachtet hätten und insoweit eine Abweichung von dessen Soll-Beschaffenheit vorliege; denn die gewollte Eigenschaft des Dachgeschosses fand im beurkundeten Vertrag keinen Niederschlag.[136] A hatte aber die (Neben-)Pflicht, auf die Unzulässigkeit des Dachgeschossausbaus hinzuweisen, da B erkennbar dem Irrtum erlag, auch dort (rechtmäßigen) Wohnraum zu erwerben. A haftet also gem. § 280 Abs. 1 BGB auf Schadensersatz (ehem. sog. culpa in contrahendo – c.i.c.).[137] **Variante**: Ein Widerspruch zur Teilungserklärung liegt zwar nicht vor, dem ausgebauten Dachgeschoss fehlt aber die Baugenehmigung. – Es liegt ein Sachmangel vor.[138] Wegen des üblichen Gewährleistungsausschlusses beim Verkauf gebrauchter Immobilien stellt sich aber die Frage, ob der Mangel vom Verkäufer arglistig verschwiegen wurde (§ 444 BGB).

1722 **Angeblicher Wohnraum im Dachgeschoss.** Quasi als Variante zum vorstehenden Fall ist das zum Wohnen nicht bestimmte Dachgeschoss erkennbar nicht vollständig erschlossen, wird im Verkaufsexposé aber als „Mansardenzimmer" oder als „Maisonettewohnung" bezeichnet. Der Verkäufer haftet.[139]

---

134 AG Hamburg-Blankenese v. 4.9.2003 – 506 II 34/03, ZMR 2004, 544; *Schmidt-Futterer/Lammel,* 11. Aufl. 2013 § 2 HeizkV Rn 30. A.A. (streng wortlautgetreu) *Jennißen,* FS *Blank* (2006), 636; OLG München v. 11.9.2007 – 32 Wx 118/07, ZMR 2007, 1001.
135 So zutreffend und klar OLG Köln v. 1.12.2004 – 16 Wx 111/04 ZMR 2005, 725. Etwas allgemeiner OLG Hamburg v. 14.3.2001 – 2 Wx 35/97, ZMR 2001, 724. A.A. LG Frankfurt/M. v. 2.9.2009 – 13 T 53/09, ZMR 2010, 396.
136 Teilweise wird zwar – m.E. unzutreffend – ein Rechtsmangel bejaht; im Ergebnis kommt es darauf aber nicht an, weil die Ersatzpflicht jedenfalls aus anderen Gründen besteht (Nachweise in der Folgenote).
137 BGH v. 26.9.2003 – V ZR 217/02, ZMR 2004, 278; BGH v. 28.2.1997 – V ZR 27/96, ZMR 1997, 313. Siehe auch OLG Karlsruhe v. 27.12.2002 – 17 U 91/02 für den vergleichbaren Fall, dass dem Käufer nach der Teilungserklärung nicht existierende Sondernutzungsrechte an Kfz-Stellplätzen versprochen wurden.
138 BGH v. 12.4.2013 – V ZR 266/11, ZWE 2013, 260.
139 LG Verden v. 4.12.2012 – 4 O 163/12, ZMR 2013, 287 („Mansardenzimmer"); BGH v. 25.10.2007 – VII ZR 205/06, NZM 2008, 136 (Bauträger verkauft angebliche Maisonette-Wohnung).

Auskunftspflichten. Grundsätzlich muss ein Verkäufer den Käufer nicht ungefragt über alle Umstände aufklären, die für dessen Kaufentscheidung von Bedeutung sein können. Ob eine Aufklärungspflicht bei **Zerstrittenheit** der Gemeinschaft besteht, ist eine Frage des Einzelfalls. „Normale Nachbarstreitigkeiten" sind nicht ungefragt zu offenbaren. Bei unverträglichen Miteigentümern, die sich permanent über alles Mögliche beschwerten, wurde eine Aufklärungspflicht verneint,[140] bei einem psychisch kranken und aggressiven Miteigentümer bejaht.[141] Bejaht wurde die Aufklärungspflicht auch bei anstehenden erheblichen und dringenden **Sanierungsmaßnahmen**.[142]

1723

---

140 OLG München v. 26.3.2012 – 18 U 3965/11, ZMR 2012, 665.
141 LG Hechingen v. 26.7.2012 – 2 O 301/11, ZWE 2013, 125.
142 LG Koblenz v. 15.6.2012 – 8 O 353/06, ZMR 2012, 895.

§ 13 Das gerichtliche Verfahren in WEG-Sachen

A. Überblick: ZPO statt FGG

Bis zur WEG-Novelle 2007 galt für WEG-Streitigkeiten das Gesetz über die **Freiwillige Gerichtsbarkeit** (FGG), eine von der Zivilprozessordnung (ZPO) in vielfacher Hinsicht abweichende Verfahrensordnung. Die Parteien hießen nicht Kläger und Beklagter, sondern Antragsteller und Antragsgegner; erhoben wurde keine Klage, sondern ein Antrag. Besonders bedeutsam war der im FG-Verfahren geltende Grundsatz der Amtsermittlung: Der Richter war nicht an bestimmte Anträge gebunden, sondern nahm einen Antrag zum Anlass, um die sich daraus ergebende zweckmäßige Entscheidung nach billigem Ermessen zu treffen. Dementsprechend wurden auch die Kosten des Rechtsstreits nach billigem Ermessen verteilt, wobei als Grundsatz die Kostenaufhebung galt (§ 47 WEG a.F.).

1724

Das ist Rechtsgeschichte. Mit einem geradezu radikalen Schnitt führte der Reformgesetzgeber entgegen vielfacher Kritik die Geltung der ZPO in WEG-Verfahren ein. Die Überführung in die ZPO hat sich nicht durchweg bewährt, sondern zahlreiche noch ungelöste Probleme aufgeworfen, die in diesem Buch an der jeweils einschlägigen Stelle erörtert werden. Auf der anderen Seite ist die Geltung der ZPO für diejenigen (Wohnungseigentümer, Verwalter, Rechtsanwälte, Richter), die nicht ständig mit WEG-Verfahren beschäftigt sind, insofern vorteilhaft, als es sich dabei im Gegensatz zum FG-Gesetz um eine allseits bekannte Verfahrensordnung handelt, während die Feinheiten des FG-Verfahrens nur wenigen Experten wirklich vertraut waren. Die folgenden Abschnitte zum gerichtlichen Verfahren beschränken sich auf die Darstellung der für WEG-Streitigkeiten relevanten Punkte; die Kenntnis der Grundzüge des Zivilprozesses wird demgegenüber vorausgesetzt. Nur einige gegenüber dem FG-Verfahren besonders wichtige Änderungen werden nachfolgend erwähnt:

1725

- Es gilt der zivilprozessuale **Beibringungsgrundsatz** statt des früheren Amtsermittlungsgrundsatzes. Das bedeutet, dass das Gericht nur die Tatsachen berücksichtigen muss, die der Kläger vorträgt und ggf. beweist; es ist an den Klagantrag gebunden und kann (abgesehen von den Fällen der Regelungsklage gem. § 21 Abs. 8 WEG) nicht nach seinem Ermessen entscheiden.

1726

- Die **Verfahrenskosten** werden nicht nach billigem Ermessen, sondern gem. § 91 ZPO nach Sieg und Niederlage verteilt (siehe Rn 1902).

  Im WEG-Verfahren können **Versäumnis-** oder Anerkenntnisurteile ergehen (siehe Rn 1769); insbesondere besteht die Möglichkeit, sie gem. §§ 307 Abs. 2, 331 Abs. 3 ZPO im schriftlichen Vorverfahren zu erlassen. Dass durch unechtes Versäumnisurteil ein nichtiger Beschluss in einen wirksamen umgewandelt werden kann, zählt allerdings zu den ungelösten Problemen der Reform;[1] man kann sich dieses Phänomen aber zwecks Änderung der Gemeinschaftsordnung zunutze machen (siehe Rn 218).

- Wohnungseigentümer sind in Verfahren der Gemeinschaft **Zeugen**, nicht Partei.[2]

---

[1] Erscheint der Kläger einer Beschlussanfechtungsklage nicht, ist diese auch dann durch Versäumnisurteil als unbegründet zurückzuweisen, wenn die Nichtigkeit des Beschlusses offenkundig ist. Die Nichtigkeit kann danach gem. § 48 Abs. 4 WEG nicht mehr geltend gemacht werden.

[2] AG Lichtenberg v. 8.11.2007 – 12 C 240/07 WEG, ZMR 2008, 576.

§ 13 Das gerichtliche Verfahren in WEG-Sachen

- Der **Tod** eines Wohnungseigentümers führt auf Antrag auch in Beschlussanfechtungsverfahren zur Aussetzung des Verfahrens (§ 246 Abs. 1 ZPO).[3]
- Das obligatorische **Schlichtungsverfahren** vor einer anerkannten Gütestelle, das gem. § 15a EGZPO von einigen Ländern als Zulässigkeitsvoraussetzung für „Bagatellfälle" bis zu einem Streitwert von 750,00 EUR eingeführt worden war, ist inzwischen allseits wieder abgeschafft worden.[4] Für die **Anfechtungsklage** gilt von vornherein kein Schlichtungserfordernis, weil sie binnen einer gesetzlichen Frist zu erheben ist (§ 15a Abs. 2 Nr. 1 EGZPO); auch falls die Gemeinschaftsordnung als Vorschaltverfahren eine Schlichtung o.Ä. vorsehen sollte, gilt dieses nicht bei der Anfechtungsklage.[5]

B. Zuständigkeit

I. Die Binnenstreitigkeiten

1727 Zu den WEG-Streitigkeiten gehören die in § 43 Nr. 1–Nr. 4 WEG aufgeführten Streitigkeiten der Wohnungseigentümer, der Wohnungseigentümergemeinschaft und des Verwalters untereinander. Man spricht hier auch von „WEG-Binnenstreitigkeiten", um sie von den in § 43 Nr. 5 WEG aufgeführten Klagen Dritter gegen die Wohnungseigentümergemeinschaft abzugrenzen.

1728 Für WEG-Streitigkeiten i.S.v. § 43 Nr. 1–Nr. 4 WEG ist in erster Instanz das **Amtsgericht**, in dessen Bezirk sich das Grundstück befindet, örtlich und sachlich (unabhängig vom Streitwert) **ausschließlich zuständig** (§ 23 Nr. 2c GVG). Trotz der für WEG-Streitigkeiten geltenden prozessualen Besonderheiten sieht das Gesetz hierfür keine besonderen „Spruchkörper" vor; es gibt daher streng genommen keine „Abteilung für Wohnungseigentumssachen", die funktional vom „Prozessgericht" (wie die allgemeine Abteilung des Amtsgerichts für Zivilprozesse genannt wird) abzugrenzen wäre.[6] Trotzdem ist in diesem Buch gelegentlich kurz und untechnisch vom **Wohnungseigentumsgericht** die Rede, um die prozessuale Sonderstellung der WEG-Streitigkeiten zu verdeutlichen. Die Amtsgerichte könnten in ihren Geschäftsordnungsplänen die WEG-Streitigkeiten einem besonderen Referat mit einem nur hierfür zuständigen Richter zuteilen; das kommt aber selbst bei den größeren Amtsgerichten kaum vor. Vielmehr werden sie wie alle Zivilklagen nach dem allgemeinen Geschäftsordnungsplan auf verschiedene Richter verteilt. Spezialisten im WEG-Recht sind am Amtsgericht daher eher selten anzutreffen; die (negativen) Konsequenzen bedürfen keiner Erläuterung.

1729 Gem. § 43 Nr. 1 WEG ist das Amtsgericht zuständig für „Streitigkeiten über die sich aus der Gemeinschaft der Wohnungseigentümer und aus der Verwaltung des gemeinschaftlichen Eigentums ergebenden Rechte und Pflichten der **Wohnungseigentümer untereinander**". Gem. § 43 Nr. 2 WEG ist es auch zuständig für „Streitigkeiten über die Rechte und Pflichten zwischen der **Gemeinschaft** der Wohnungseigentümer und **Wohnungseigentümern**.

1730 Diese Bestimmungen sind **weit auszulegen**.[7] Es kommt nicht darauf an, ob als Anspruchsgrundlage eine wohnungseigentumsrechtliche Norm (z.B. § 14 Nr. 1 WEG) geltend gemacht wird oder

---

[3] LG München I v. 25.3.2013 – 1 S 18147/12, ZMR 2013, 561.
[4] In Bayern schon seit 2006, in Baden-Württemberg seit 2013. Die Länder Brandenburg, Hessen, Nordrhein-Westfalen, Saarland, Sachsen-Anhalt, Schleswig-Holstein haben zwar auch Schlichtungsgesetze; diese hängen aber nicht vom Streitwert ab.
[5] LG München I v. 14.6.2012 – 36 S 19228/11, ZWE 2013, 185; AG Schwabach v. 21.10.2011 – 9 C 831/11, MietRB 2012, 205, Rn 22 m.w.N.
[6] OLG München v. 24.6.2008 – 31 AR 74/08, ZMR 2008, 818.
[7] BGH v. 10.12.2009 – V ZB 67/09, NZM 2010, 166; BGH v. 19.2.2009 – V ZB 188/08, ZMR 2009, 544.

nicht (wenn z.B. Miteigentümer A von Miteigentümer B Schadensersatz gem. § 280 BGB verlangt). Entscheidend ist der innere Zusammenhang mit dem Gemeinschaftsverhältnis der Wohnungseigentümer.[8] Folgerichtig bleibt die Zuständigkeit des Amtsgerichts auch dann bestehen, wenn ein im Gemeinschaftsverhältnis wurzelnder Anspruch an einen Dritten **abgetreten** wird,[9] oder wenn es um Streitigkeiten mit einem **ausgeschiedenen Wohnungseigentümer**[10] oder um die Geltendmachung von Ansprüchen (im Fall: Vertragsstrafe) aus einem Vergleich geht, der in einer WEG-Sache geschlossen wurde.[11] Sogar eine Vollstreckungsgegenklage[12] sowie Rechtsmittel in Zwangsvollstreckungssachen[13] sind Wohnungseigentumssachen, wenn der streitgegenständliche Titel in einer Wohnungseigentumssache erging. Streitigkeiten mit dem Bauträger (auch wenn dieser zugleich Wohnungseigentümer ist) oder mit anderen Unternehmern und Handwerkern sind demgegenüber keine WEG-Sachen.

Die Aufzählung von Beispielsfällen für die Zuständigkeit des § 43 Nr. 1 und 2 WEG erübrigt sich: Alle in diesem Buch behandelten Streitigkeiten zwischen Wohnungseigentümern oder zwischen der Gemeinschaft und Wohnungseigentümern gehören vor das Wohnungseigentumsgericht. Nur **eine Ausnahme** ist zu erwähnen, die der folgende Beispielsfall erläutert. 1731

> *Beispiel* 1732
> In einer Münchener Wohnungseigentumsanlage ist A Eigentümer des Speicherraums Nr. 25, B – wohnhaft in Hamburg – ist Eigentümer des Speicherraums Nr. 26. Der Aufteilungsplan, in welchem die Speicherräume verzeichnet sind, stimmt nicht mit der Bauausführung überein. A erhebt vor dem Amtsgericht München gem. § 985 BGB Klage gegen B auf Herausgabe der von diesem genutzten Speicherfläche mit der Begründung, es handle sich um einen Teil des ihm (A) gehörenden Speicherraums Nr. 25; den Streitwert gibt A mit 6.000,00 EUR an. – Die Klage ist am Amtsgericht München unzulässig. Der Streit um die **sachenrechtlichen Grundlagen** (Gegenstand, Inhalt und Umfang des Sonder- oder Gemeinschaftseigentums oder eines Sondernutzungsrechtes) fällt nicht unter § 43 Nr. 1 WEG, sondern stellt eine „gewöhnliche" Zivilklage dar. Das gilt auch dann, wenn nicht – wie im Fall – die Herausgabe bestimmter Flächen verlangt wird, sondern z.B. die Feststellung, dass sie im Sondereigentum des Klägers stehen, oder wenn auf entsprechende Grundbuchberichtigung geklagt wird.[14] A wird nach einem entsprechendem Hinweis des Amtsgerichts die Verweisung gem. § 281 ZPO an das sachlich und örtlich zuständige Landgericht Hamburg beantragen.

Gem. § 43 Nr. 3 WEG ist das Amtsgericht ferner zuständig für „Streitigkeiten über die Rechte und Pflichten des **Verwalters** bei der Verwaltung des gemeinschaftlichen Eigentums". Auch hier erübrigt sich eine Aufzählung von Beispielsfällen: Alle im Kapitel 10 behandelten Streitigkeiten gehören dazu. Das gilt auch dann, wenn Ansprüche gegen einen **ausgeschiedenen Verwalter** nach Be- 1733

---

8 OLG Köln v. 30.9.2010 – 24 W 53/10, ZMR 2011, 226.
9 OLG München v. 25.7.2005 – 34 Wx 55/05, ZMR 2005, 979.
10 BGH v. 26.9.2002 – V ZB 24/02, ZMR 2002, 941 (entgegen seiner früheren Rspr.); OLG Düsseldorf v. 29.9.2006 – 3 Wx 281/05, WuM 2006, 639.
11 BGH v. 10.12.2009 – V ZB 67/09, NZM 2010, 166.
12 BGH v. 10.12.2009 (Vornote).
13 BGH v. 10.12.2009 – V ZB 67/09, NZM 2010, 166 für die Berufung gegen die Entscheidung über eine Vollstreckungsgegenklage. Zur Beschwerde in Zwangsvollstreckungssachen siehe Rn 1853.
14 BGH v. 30.6.1995 V ZR 118/94, ZMR 1995, 521; KG v. 19.9.2001 – 24 W 147/01, WuM 2002, 155; BayObLG v. 19.10.1995 – 2Z BR 80/95, NJW-RR 1996, 912. Überzeugend ist die von der h.M. postulierte Zuständigkeit des Prozessgerichts nicht. Zutreffend (auf der Basis der h.M. aber inkonsequent) wird demgegenüber bei Streitigkeiten, die sich als Folgeprobleme des Streits um die sachenrechtlichen Grundlagen darstellen, die Zuständigkeit des Wohnungseigentumsgerichts bejaht, so z.B. in den Fällen Rn 92 f.

endigung der Verwalterzeit geltend gemacht werden.[15] Schon aus dem Gesetzeswortlaut ergibt sich, dass demgegenüber z.B. Ansprüche von Wohnungseigentümern gegen den Verwalter im Zusammenhang mit der Sondereigentumsverwaltung (Mietverwaltung) *keine* WEG-Streitigkeiten sind.

1734 Gem. § 43 Nr. 4 WEG ist das Wohnungseigentumsgericht ferner zuständig für „Streitigkeiten über die Gültigkeit von Beschlüssen der Wohnungseigentümer", also für **Beschlussanfechtungsklagen**.

II. Klagen Dritter gegen die Wohnungseigentümergemeinschaft

1735 Gem. § 43 Nr. 5 WEG ist das Gericht, in dessen Bezirk das Grundstück liegt, ausschließlich zuständig für Klagen Dritter, die sich gegen die Gemeinschaft der Wohnungseigentümer oder gegen Wohnungseigentümer richten und sich auf das gemeinschaftliche Eigentum, seine Verwaltung oder das Sondereigentum beziehen. „Dritte" sind Personen, die weder Wohnungseigentümer noch Verwalter sind oder waren. Wird der Anspruch eines „Dritten" an einen Wohnungseigentümer/den Verwalter abgetreten, ist dies im Hinblick auf die Zuständigkeit gem. § 43 Nr. 5 WEG unbeachtlich.[16]

1736 Es handelt sich lediglich um eine Regelung der **örtlichen Zuständigkeit**. Das zuständige Gericht wird in diesen Fällen nicht als Wohnungseigentumsgericht tätig. Bis zum Streitwert von 5.000,00 EUR ist das Amtsgericht sachlich zuständig (§ 23 Nr. 1 GVG), bei einem darüber hinausgehenden Streitwert das Landgericht. Diese Fälle gehören nicht zu den hier interessierenden Wohnungseigentumssachen; die nachfolgenden Ausführungen beziehen sich daher nur auf die (Binnen-)Streitigkeiten gem. § 43 Nr. 1–Nr. 4 WEG.

C. Die Klage (allgemein)

I. Die Beteiligten und ihre Bezeichnung

1. Die Klage „Alle gegen einen"

1737 Der in § 44 Abs. 1 WEG geregelte Fall, dass „die Klage durch oder gegen alle Wohnungseigentümer mit Ausnahme des Gegners erhoben wird", hat nur in der Variante „einer gegen alle" Bedeutung. Die Variante „alle gegen einen", hat kaum einen Anwendungsbereich; die Regelung beruht insoweit auf einem Redaktionsversehen des Gesetzgebers.[17] Wenn die Mehrheit nämlich gemeinschaftlich gegen einen oder einzelne Miteigentümer gerichtlich vorgehen will, wird auf einer Eigentümerversammlung ein entsprechender Beschluss gefasst, auf dessen Grundlage dann die rechtsfähige **Gemeinschaft** (der Verband) die Klage führt.

2. Die Klage „Einer gegen die übrigen"

1738 *Hinweis*
Das **Muster** einer Klage des Einzelnen gegen alle anderen Miteigentümer findet sich im Abschnitt über die Beschlussanfechtung (siehe Rn 1773).

1739 Hauptanwendungsfälle für Klagen, die von einem (oder mehreren) Wohnungseigentümern gegen alle übrigen erhoben werden, sind die Beschlussanfechtung (siehe Rn 1765) und die Regelungskla-

---

15 BGH v. 24.11.1988 – V ZB 11/88, NJW 1989, 714; BayObLG v. 31.10.1994 – 2Z BR 82/94, WuM 1996, 653.
16 LG Nürnberg-Fürth v. 20.3.2008 – 8 O 7516/07, NZM 2008, 494.
17 *Abramenko* in: Riecke/Schmid § 44 Rn 8 weist darauf hin, dass die Regelung noch auf dem Reformentwurf von 2004 – vor Anerkennung der Rechtsfähigkeit der Gemeinschaft – beruht.

ge (siehe Rn 715). Die Beklagten können in diesem Fall zunächst anhand des „gemeinschaftlichen Grundstücks" näher **bezeichnet** werden.[18] Anzugeben sind ferner der (als Zustellungsvertreter fungierende) Verwalter und ein etwaiger gem. § 45 Abs. 2 S. 1 WEG bestellter Ersatzzustellungsvertreter. Die gem. § 253 Abs. 2 ZPO erforderliche namentliche Bezeichnung der einzelnen Beklagten muss jedoch spätestens bis zum Schluss der mündlichen Verhandlung erfolgen (§ 44 Abs. 1 S. 2 WEG), wozu der Kläger jedenfalls bei größeren Gemeinschaften, in denen ihm nicht alle seine Miteigentümer bekannt sind, eine **Eigentümerliste** benötigt. Wenn er eine solche hat, spricht nichts dagegen, wenn er sich selber von der Liste streicht, sie dann dem Gericht vorlegt und zur Bezeichnung der Beklagten darauf verweist;[19] auch das Gericht kann aus Vereinfachungsgründen im Rubrum des Urteils auf die Liste verweisen. Natürlich können die darauf enthaltenen Namen und Adressen auch abgeschrieben und in einen Schriftsatz bzw. in die gerichtliche Entscheidung übernommen werden.

Wenn der Kläger keine Eigentümerliste hat, kann er sie vor Klageerhebung beim Verwalter anfordern (siehe Rn 1542). Verweigert der Verwalter die Übersendung, steht das der Klageerhebung nicht entgegen, denn spätestens auf Anforderung des Gerichts muss der Verwalter sie doch vorlegen. Der Kläger kann schon in der Klage den Antrag stellen, dass das Gericht dem **Verwalter** die **Vorlage der Eigentümerliste** analog § 142 Abs. 1 ZPO aufgibt; und diesem Antrag **muss** das Gericht in der Regel nachkommen und die Vorlage nötigenfalls mit Ordnungsmitteln erzwingen.[20] Angesichts dieser Verfahrensvereinfachung für den Kläger ist es nicht nötig, dass er die Vorlage der Eigentümerliste vom Verwalter per einstweiliger Verfügung erzwingt; ein solcher Antrag wäre mangels Rechtsschutzbedürfnis unzulässig.[21]

1740

Manchmal können weder der Kläger, noch der Verwalter eine vollständige fehlerfreie Liste vorlegen, weil es eine solche nicht gibt. In diesem Fall sollte das Gericht „großzügig" verfahren und die Zulässigkeit der Klage bejahen, anstatt den Rechtsstreit zu verzögern oder gar die Klage abzuweisen.[22] **Korrekturen** oder Ergänzungen einer fehlerhaften Liste (z.B. die Angabe zunächst fehlender Namen und Anschriften), ja sogar die zunächst fehlende Vorlage als solche, können sogar noch in der Berufungsinstanz nachgeholt werden.[23]

1741

3. Die Klage „Einer gegen einen (oder wenige)"

Wird eine Klage von einem oder einzelnen Wohnungseigentümern gegen einen oder einzelne andere Wohnungseigentümer erhoben, wenn also an dem Rechtsstreit nicht alle Wohnungseigentümer als Partei beteiligt sind, müssen die übrigen Wohnungseigentümer in der Klage bezeichnet werden (§ 44 Abs. 2 WEG), damit das Gericht sie ggf. beiladen kann (siehe Rn 1757). Für die Bezeichnung gelten die Bestimmungen des § 44 Abs. 1 WEG entsprechend, so dass die Angabe des gemeinschaftlichen Grundstücks zunächst genügt. Die namentliche Bezeichnung der Miteigentümer muss spätestens bis zum Schluss der mündlichen Verhandlung erfolgen, außer wenn das Gericht von der

1742

---

18 BGH v. 14.12.2012 – V ZR 102/12, ZMR 2013, 453: „Bei einer Beschlussanfechtung ist grundsätzlich davon auszugehen, dass der Kläger die übrigen Wohnungseigentümer verklagen will", weil alles andere sinnlos wäre.
19 BGH v. 4.3.2011 – V ZR 190/10, IMR 2011, 214.
20 BGH v. 14.12.2012 – V ZR 162/11, ZMR 2013, 291, Rn 12. Die analoge Anwendung des § 142 ZPO war/ist streitig und m.E. verfehlt.
21 LG Nürnberg-Fürth v. 29.9.2010 – 14 S 3003/10, ZMR 2011, 242; LG Stuttgart v. 14.8.2008 – 19 T 299/08, NZM 2009, 165.
22 So zwar dogmatisch heikel, aber pragmatisch LG München I v. 9.5.2011 –1 S 22360/10, NJW 2011, 1974; LG Nürnberg-Fürth v. 29.9.2010 – 14 S 3003/10, ZMR 2011, 242 mit Hinweis auf die Möglichkeit späterer Berichtigung analog § 319 ZPO.
23 Dadurch wird der Mangel der Zulässigkeit geheilt: So BGH v. 8.7.2011 – V ZR 34/11, ZWE 2011, 450 und BGH v. 20.5.2011 – V ZR 99/10, WuM 2011, 481. Dogmatisch unhaltbar und deshalb viel kritisiert.

Beiladung absieht (§ 44 Abs. 2 S. 2 WEG); in diesem Fall kommt es auf die übrigen Miteigentümer ja nicht mehr an. Weil der Verwalter für die beigeladenen Miteigentümer als Zustellungsvertreter fungiert (siehe Rn 1496), ist auch er in der Klage zu bezeichnen.

1743
> *Tipp*
> Die Klage ist in (mindestens) dreifacher Ausfertigung (unterschrieben) einzureichen: Ein Exemplar für das Gericht, eines für den Beklagten (bzw. dessen Rechtsanwälte) und eines für den Verwalter als Zustellungsvertreter der beizuladenden Miteigentümer.

1744 Muster 13.1: Klage des Einzelnen gegen einen anderen Miteigentümer

– auf der Grundlage des Beispielsfalls (siehe Rn 333) –

An das Amtsgericht

Namens und in Vollmacht von
Achim Acker, Heinestraße 12, 75234 Musterstadt

– Kläger –

erhebe ich

Klage

gegen

Berthold Berger, Heinestraße 12, 75234 Musterstadt

– Beklagter –

Beizuladen: Die übrigen Miteigentümer der Wohnungseigentümergemeinschaft (WEG) Heinestraße 12, 75234 Musterstadt gem. beiliegender Eigentümerliste [*falls vorhanden, anderenfalls nicht erwähnen*]

Zustellungsvertreter der Beigeladenen: Der WEG-Verwalter X-Immobilien GmbH, vertreten durch den Geschäftsführer Xaver Xentis, Zenstraße 5, 75234 Musterstadt.

Ich bitte um Anberaumung eines frühen ersten Termins zur mündlichen Verhandlung, in dem ich beantragen werde:

Der Beklagte wird verurteilt, es bei Meidung eines Ordnungsgelds von bis zu 250.000 EUR ersatzweise Ordnungshaft bis zu 6 Monaten zu unterlassen, Hunde, insbesondere seinen American Staffordshire Terrier, im gemeinschaftlichen Keller des Hauses Heinestraße 12, 75234 Musterstadt ohne Leine und Maulkorb laufen zu lassen.

Streitwert: 3.000,00 EUR

Gerichtskosten in Höhe von 324,00 EUR werden mit dem beiliegenden Verrechnungsscheck entrichtet.

Begründung:

Die Parteien sind Wohnungseigentümer in der WEG Heinestraße 12, 75234 Musterstadt.

II. Die Zustellung der Klage gegen die Miteigentümer

1. Der Verwalter als Zustellungsvertreter

Im Passivprozess (Musterfall: Beschlussanfechtung) ist der Verwalter Zustellungsvertreter der beklagten oder beigeladenen Wohnungseigentümer (§§ 27 Abs. 2 Nr. 1, 45 Abs. 1 WEG), sofern er nicht wegen Interessenkollision ausgeschlossen ist. Die damit zusammen hängenden Fragen werden im Abschnitt über den Verwalter erörtert (siehe Rn 1496).

1745

2. Der von der Gemeinschaft bestellte Ersatzzustellungsvertreter

Dem Gesetzgeber ging davon aus, dass eine Zustellung an den Verwalter nicht selten wegen Interessenkollision ausgeschlossen sein würde; er konnte nicht vorhersehen, dass das infolge der restriktiven Praxis der Gerichte kaum jemals der Fall ist. Nach der Vorstellung des Gesetzgebers sollte die Gemeinschaft Vorsorge für diesen Fall treffen: Gem. § 45 Abs. 2 WEG haben die Wohnungseigentümer schon vorsorglich für den Fall, dass eine Zustellung an den Verwalter nicht möglich ist, durch Mehrheitsbeschluss einen Ersatzzustellungsvertreter sowie dessen Vertreter zu bestellen. Damit das angerufene Gericht davon Kenntnis erlangt, bestimmt § 44 Abs. 1 WEG, dass in der Klageschrift stets der Verwalter und der Ersatzzustellungsvertreter zu bezeichnen sind. So kann das Gericht ggf. sogleich die Zustellung der Klage an den Ersatzzustellungsvertreter anordnen, wenn es nach Prüfung des Falles zu der Überzeugung kommt, dass eine Zustellung an den Verwalter ausscheidet.[24] Gibt es keinen Ersatzzustellungsvertreter, muss und kann natürlich auch keiner benannt werden.

1746

> *Tipp*
> Die Bestellung eines Ersatzzustellungsvertreters ist eine nach dem Gesetz erforderliche Maßnahme ordnungsmäßiger Verwaltung. Wenn es noch keinen gibt, sollte der Verwalter deshalb den TOP „Bestellung eines Ersatzzustellungsvertreters und dessen Vertreters" auf die Tagesordnung der nächsten Eigentümerversammlung setzen.

1747

Das Amt des Ersatzzustellungsvertreters wird auf **Dauer** übertragen, vergleichbar dem Amt des Verwaltungsbeirats, nur dass der Ersatzzustellungsvertreter im Gegensatz zum Beirat „auf Reserve" bestellt wird und seine Funktion im Normalfall nicht zur Ausübung gelangt. Bestellt werden können beliebige (natürliche und juristische) Personen, die nicht einmal Miteigentümer sein müssen; nur gegen seinen Willen kann niemandem das Amt übertragen werden. Das Amt ist im Kreis der Miteigentümer, wie die Praxis zeigt und nicht verwunderlich ist, nicht beliebt. Abgesehen davon, dass es schon nicht leicht fällt, juristisch nicht geschulten Wohnungseigentümern überhaupt den Sinn des Amtes zu vermitteln, übernimmt der Ersatzzustellungsvertreter „im Ernstfall" Verantwortung und Pflichten, die mit einem erheblichem Einsatz an Zeit und Geld verbunden sein können. Denn wenn das Gericht die Zustellung an ihn anordnet, tritt der Ersatzzustellungsvertreter in die sonst dem Verwalter (als Zustellungsvertreter) zustehenden Aufgaben und Befugnisse ein und muss sämtliche Miteigentümer über den Prozess ausreichend infomieren.

1748

> *Tipp*
> Als Ersatzzustellungsvertreter sind externe „Profis" wie z.B. Rechtsanwälte und Notare zu empfehlen, deren Einverständnis und Bedingungen (angemessene Vergütung) vor der Beschlussfassung geklärt werden müssen.

1749

---

24 Unterbleibt die Angabe und verzögert sich dadurch die Zustellung über die Begründungsfrist hinaus, ist die Klage nach AG Wedding v. 30.11.2010 – 14 C 653/09, GE 2011, 67 abzuweisen, wenn der Kläger damit rechnen musste, dass der Verwalter als Zustellungsvertreter ausfällt.

3. Der gerichtlich bestellte Ersatzzustellungsvertreter

1750 Gibt es keinen Verwalter oder scheidet er wegen Interessenkollision als Zustellungsvertreter aus, und gibt es (wie meistens) auch keinen von der Gemeinschaft bestellten Ersatzzustellungsvertreter, kann **das Gericht** von Amts wegen oder auf Anregung einen Ersatzzustellungsvertreter bestellen (§ 45 Abs. 3 WEG). Diese Regelung wirft viele Fragen auf.

1751 Zunächst wird das Gericht überlegen, ob ein Ersatzzustellungsvertreter überhaupt **benötigt** wird. Aus Sicht des Gerichts ist die Einsetzung eines Ersatzzustellungsvertreters dann sinnvoll, wenn es viele Beklagte gibt, sodass die Einzelzustellungen die Kapazität der Geschäftsstelle sowie die Staatskasse belasten und die Dauer des Verfahrens vergrößern würde. Dem Kläger ist an der Einsetzung eines Ersatzzustellungsvertreters aus den gleichen Gründen gelegen, darüber hinaus aber auch dann, wenn ihm die aktuellen Adressen seiner Miteigentümer nicht vollständig bekannt sind; und erst recht dann, wenn womöglich ein Miteigentümer seinen Wohnsitz im Ausland hat, sodass eine mit (teilweise hohen und vom Kläger vorzuschießenden) Kosten verbundene Auslandszustellung erforderlich wird.

1752 Will das Gericht einen Ersatzzustellungsvertreter bestellen, stellt sich die Frage, **wen** es hierfür auswählen kann. Die Praxis zeigt, dass dieses Amt gerne den Mitgliedern des Verwaltungsbeirats angetragen wird. Das ist naheliegend, obwohl die Zustellungsvertretung nicht zu den Aufgaben eines Verwaltungsbeirats gehört; denn an wen sonst aus dem Kreis der Miteigentümer sollte sich das Gericht wenden? Sinnvoller dürfte freilich die Heranziehung eines externen „Profis" (Rechtsanwalt, Rechtsbeistand, usw.) sein, zumal nur eine Person in Betracht kommt, die ihre Aufgaben auch organisatorisch umsetzen kann.[25] Natürlich darf in der Person des Ersatzzustellungsvertreters seinerseits keine Gefahr der Interessenkollision bestehen, weshalb z.B. der Kläger ausscheidet.

1753 Obwohl der Gesetzeswortlaut anderes suggeriert, setzt die Bestellung des Ersatzzustellungsvertreters dessen **Zustimmung** voraus; niemand kann gegen seinen Willen bestellt werden.[26] Und wem das Amt angetragen wird, wird vor der Annahme danach fragen, wie und von wem er **Vergütung** und **Auslagenersatz** erhält. Obwohl sich diese Fragen geradezu aufdrängen, hat das Gesetz sie nicht geregelt. Weil die gerichtliche Bestellung eines Ersatzzustellungsvertreters eine strukturelle Ähnlichkeit mit der gerichtlichen Bestellung eines Verwalters aufweist, sind auch die Fragen entsprechend zu beantworten. Denn es handelt sich um eine Aufgabe, die (gem. § 45 Abs. 2 WEG) an sich von der Gemeinschaft zu erledigen wäre; wird statt dessen das Gericht tätig, lässt sich dies als eine Art Beschlussersetzung einordnen. Demnach kann das Gericht mit (privatrechtlicher) Wirkung für und gegen die Gemeinschaft mit dem Ersatzzustellungsvertreter Vereinbarungen über Vergütung und Auslagenersatz treffen.[27] Unterbleibt das, hat der Ersatzzustellungsvertreter Anspruch auf die übliche Vergütung gegen die Gemeinschaft.[28] Wann und wie er seine Vergütung realisiert, ist eine andere, vom Gericht nicht zu entscheidende Frage.

1754 Streitig ist, ob das Gericht vor der Bestellung des Ersatzzustellungsvertreters den übrigen Wohnungseigentümern **rechtliches Gehör** geben muss.[29] Die praktische Umsetzung (Zustellung eines Hinweises auf die beabsichtigte Entscheidung, eine bestimmte Person zum Ersatzzustellungsvertreter zu bestellen, an alle Wohnungseigentümer) würde den Sinn und Zweck der Regelung konterkarieren, weshalb davon abzusehen ist.[30]

---

25 AG Dortmund v. 26.10.2008 – 512 C 39/08, ZMR 2009, 231.
26 LG Nürnberg-Fürth v. 6.4.2009 – 14 T 2512/09, NZM 2009, 365.
27 AG Heilbronn v. 6.10.2010 – 17 C 3734/09, ZMR 2011, 336; *Bärmann/Klein*, § 45 Rn 46; h.M.
28 A.A. LG Düsseldorf v. 18.10.2011 – 25 T 572/11, ZWE 2012, 46: Persönliche Haftung der Wohnungseigentümer.
29 Dafür LG Hamburg v.11.2.2009 – 318 S 88/08, ZMR 2009, 794.
30 So auch NKV/*Niedenführ*, § 45 Rn 25; *Bärmann/Klein*, § 45 WEG Rn 39.

Gegen die Bestellung eines Ersatzzustellungsvertreters gibt es kein **Rechtsmittel**.[31] Wer vom Gericht wider Willen zum Ersatzzustellungsvertreter bestellt wird, kann und braucht kein Rechtsmittel einzulegen, sondern kann die ohne seine Zustimmung unwirksame Bestellung ignorieren.

Wird aber der Antrag des Klägers auf Bestellung eines Ersatzzustellungsvertreters zurückgewiesen, ist dagegen gem. § 567 Abs. 1 Nr. 2 ZPO die **sofortige Beschwerde** statthaft.[32]

III. Die Beiladung

Wenn in den Verfahren gem. § 43 Nr. 1 WEG (Streit über die Rechte und Pflichten der Wohnungseigentümer) und gem. § 43 Nr. 3 WEG (Streit über die Rechte und Pflichten des Verwalters) nicht von vornherein alle Miteigentümer beteiligt sind, sondern die Klage nur von einem einzelnen Miteigentümer gegen einen oder einzelne andere Miteigentümer oder gegen den Verwalter geführt wird, sind die **übrigen Wohnungseigentümer** beizuladen (§ 48 Abs. 1 S. 1 WEG), es sei denn, dass deren rechtliche Interessen erkennbar nicht betroffen sind; das muss das Gericht bei Eingang der Klage prüfen. Der **Verwalter** ist § 48 Abs. 2 S. 2 WEG in den Verfahren gem. § 43 Nr. 3 und Nr. 4 WEG beizuladen (sofern er nicht Partei ist), also bei Streitigkeiten über seine Rechte und Pflichten und bei Beschlussanfechtungsklagen.

Die „Beiladung", ein vor der WEG-Reform nur aus dem Kindschaftsrecht gem. § 640e ZPO bekanntes Rechtsinstitut, soll die Beteiligung aller Wohnungseigentümer und des Verwalters in WEG-Verfahren sicherstellen. Durch sie wird den am Rechtsstreit nicht als Partei beteiligten Wohnungseigentümern und dem Verwalter rechtliches Gehör eingeräumt. Die Beiladung hat eine Erstreckung der **Rechtskraft** zur Folge: Das Urteil wirkt nicht nur zwischen den Parteien des Rechtsstreits („inter partes" gem. § 325 ZPO), sondern auch für und gegen alle beigeladenen Wohnungseigentümer sowie gegen den beigeladenen Verwalter und deren Rechtsnachfolger (§ 48 Abs. 3 WEG).

Tipp
Von der Struktur her ist die Beiladung der (z.B. in Bausachen üblichen) Streitverkündung vergleichbar.

Beispiele: Erforderliche und entbehrliche Beiladung
Miteigentümer A verklagt Miteigentümer B auf Unterlassung. Die Klage wird als unbegründet abgewiesen. Wenn das Urteil nur zwischen A und B (inter partes) Wirkung entfalten würde, könnte z.B. Miteigentümer C anschließend wegen desselben Gegenstandes eine weitere Klage gegen A erheben. Das Gericht muss deshalb alle übrigen Wohnungseigentümer beiladen; dann wirkt das Urteil auch im Verhältnis zu ihnen, wodurch der Rechtsstreit in einem Verfahren allseitig verbindlich entschieden wird.

In einer Mehrhausanlage (Haus A und Haus B) entsteht unter den Miteigentümern von Haus A Streit über die Treppenhausgestaltung. Hier sind die Interessen der Miteigentümer von Haus B erkennbar nicht betroffen, so dass deren Beiladung unterbleiben kann.

Die Beiladung erfolgt durch Zustellung der Klageschrift (und zwar i.d.R. an den Verwalter, siehe Rn 1496), der die Verfügungen des Vorsitzenden beizufügen sind (§ 48 Abs. 2 WEG). Weiterer prozessualer **Schriftverkehr** muss den Beigeladenen **nicht** übersandt werden, sofern sie nicht beitreten.[33]

---

31 LG Berlin v.15.8.2008 – 85 T 103/08, NZM 2008, 896; LG Nürnberg-Fürth v. 6.4.2009 – 14 T 2512/09, NZM 2009, 365.
32 NKV/*Niedenführ*, § 45 Rn 29.
33 So zutreffend LG Stuttgart v. 13.2.2013 – 19 T 250/12, ZMR 2013, 483 mit Anm. *Greiner*; str.

1762 Die Beigeladenen **können** der einen oder anderen Partei zu deren Unterstützung **beitreten,** müssen dies aber nicht. Der Beitritt erfolgt durch Einreichung eines entsprechenden Schriftsatzes (§ 70 ZPO) und hat zur Folge, dass der Beitretende die Stellung eines Nebenintervenienten i.S.v. §§ 66 ff. ZPO erlangt. Er kann somit auf den Prozess aktiv Einfluss nehmen und wird bei einer Beweiserhebung ggf. als Partei (und nicht als Zeuge) vernommen.[34] Falls er der obsiegenden Partei beigetreten ist und in der gerichtlichen Entscheidung Kostenerstattung angeordnet wird, kann er (im Prinzip) Kostenerstattung verlangen (§ 101 ZPO).

1763 *Tipp für den Klägervertreter*
Anders als bei einem Beitritt von Streitverkündeten im „normalen" Zivilprozess vergrößert sich das Prozesskostenrisiko für den Kläger nicht, wenn beigeladene Miteigentümer dem Rechtsstreit auf Beklagtenseite beitreten. Selbst wenn sich im Extremfall alle Miteigentümer als Nebenintervenienten mit je einem eigenen Rechtsanwalt auf Beklagtenseite am Rechtsstreit beteiligen, muss der Kläger im Fall seiner Niederlage den Beklagten und Beigeladenen nur die Kosten **eines** Rechtsanwalts erstatten (siehe Rn 1806).

1764 *Tipps für Beigeladene*
- Im Normalfall besteht für den beigeladenen Miteigentümer kein Anlass, sich an dem fremden Rechtsstreit zu beteiligen, selbst wenn er aus bestimmten Gründen den Sieg der einen oder anderen Seite für wünschenswert hält. Das gilt jedenfalls dann, wenn der Rechtsstreit von den Parteien und ihren Rechtsanwälten ordentlich geführt wird, denn dann hat der Beigeladene vom Beitritt nur Kosten und keinen Nutzen. Auf seinen Kosten bleibt der Beigeladene zumindest teilweise immer „sitzen", denn selbst bei vollem Obsiegen der unterstützten Partei gibt es bei Beauftragung mehrerer Rechtsanwälte keine volle Kostenerstattung (siehe Rn 1806).
- Wenn der Beigeladene auf Klägerseite beitreten will, dürfte eine von ihm unterhaltene Rechtsschutzversicherung eintrittspflichtig sein. Denn der vom Kläger geltend gemachte Anspruch betrifft auch die rechtlichen Interessen des beigeladenen Miteigentümers (sonst müsste die Beiladung ja unterbleiben), so dass ein Versicherungsfall i.S.v. § 4 ARB vorliegt.

D. Die Beschlussanfechtung (Anfechtungsklage)

I. Übersicht

1765 Mit der Anfechtungsklage wird die Ungültigerklärung (häufig spricht man untechnisch auch von der „Aufhebung") eines Beschlusses beantragt (§ 46 Abs. 1 WEG). Auch wenn das Gesetz nicht ausdrücklich anordnet, *welche* Beschlüsse anfechtbar sind, besteht hierüber kein Streit: Bei fristgerechter Anfechtung können alle **fehlerhaften** Beschlüsse (siehe Rn 176) vom Gericht für ungültig erklärt werden, also:
- Beschlüsse, die aus formellen oder materiellen Gründen rechtswidrig sind;
- nichtige oder schwebend unwirksame Beschlüsse.

1766 Eine **Teilanfechtung** ist möglich, wenn der angefochtene Teil abtrennbar (teilbar) ist und (in Anwendung des Rechtsgedankens des § 139 BGB) anzunehmen ist, dass der verbleibende Teil auch ohne den angefochtenen Teil beschlossen worden wäre.[35] Bei der Anfechtung von Jahresabrech-

---

34 *Zöller,* ZPO, 30. Aufl. 2014, § 373 Rn 6.
35 BGH v. 19.10.2012 – V ZR 233/11, ZMR 2013, 212; LG Hamburg v. 25.5.2011 – 318 S 21/11, ZMR 2011, 824, Rn 30: Angefochten war der Beschluss einer Dachsanierung, aufgehoben wurde nur die die Klägerin belastende Kostenverteilung nach § 16 Abs. 4 WEG.

nung/Wirtschaftsplan ist die Beschränkung auf einzelne Positionen häufig anzutreffen; in anderen Fällen ist die Frage der Teilbarkeit entscheidend, über die man trefflich streiten kann.[36] Im Zweifel soll eine unzulässige Teilanfechtungsklage als Anfechtung des ganzen Beschlusses auszulegen sein; deshalb darf sie nicht als unzulässig abgewiesen werden, bevor das Gericht dem Kläger einen entsprechenden Hinweis (§ 139 ZPO) erteilt und Gelegenheit zur Klarstellung des Gewollten gegeben hat.[37] Dem Kläger ist zu empfehlen, bei der Teilanfechtung sicherheitshalber *hilfsweise* auch die Gesamtaufhebung zu beantragen.

1767
Infolge der Anerkennung der Rechtsfähigkeit der Gemeinschaft stand der Gesetzgeber der WEG-Reform vor der Frage, ob die Anfechtungsklage **gegen den Verband** oder – wie bisher – **gegen die Wohnungseigentümer** zu richten sei. Er entschied sich für die Beibehaltung des bisherigen Systems,[38] und somit gilt gem. § 46 Abs. 1 WEG: Wird die Anfechtungsklage von einem oder mehreren Wohnungseigentümern erhoben, ist sie gegen die übrigen Wohnungseigentümer zu richten; und zwar gegen **alle**[39] – und nicht etwa nur gegen diejenigen, die für den angefochtenen Beschluss gestimmt haben.[40] Am Beschlussanfechtungsverfahren sind somit immer **alle Wohnungseigentümer** (als Parteien) und **der Verwalter** (als Beigeladener oder Anfechtungskläger) beteiligt. Eine spätere Änderung oder „Erweiterung" der Parteistellung, indem z.B. einer der Beklagten auf Klägerseite beitritt, ist nicht möglich[41] Wird die Klage gegen „die WEG" gerichtet, ist sie unzulässig; sie kann aber durch einen **Parteiwechsel** „gerettet" werden.

Beispiel 1768
Der Kläger reicht beim Amtsgericht einen „Antrag" auf Beschlussaufhebung gegen die „WEG X-Straße, vertreten durch den Verwalter" ein. Nach Ablauf der Anfechtungsfrist bemerkt er seinen Fehler. In der mündlichen Verhandlung richtet er die Klage gegen seine – mit Namen und Anschrift benannten – Miteigentümer. Diese beantragen, die Klage wegen Versäumung der Anfechtungsfrist abzuweisen. – Die Klage ist nicht verfristet. **a)** Zunächst stellt sich die (Einzelfall-)Frage, ob eine „Parteiberichtigung" (analog der Rubrumsberichtigung gem. § 319 ZPO) möglich ist. Das setzt voraus, dass sich der gesamten Klageschrift unzweifelhaft entnehmen lässt, dass die Klage nur gegen die übrigen Mitglieder des Verbandes gerichtet werden sollte und die Nennung des Verbands als Beklagten eine versehentliche Falschbezeichnung war;[42] dies wird nur selten der Fall sein. **b)** Kommt der Kläger mit der „Parteiberichtigung" nicht durch, liegt ein Parteiwechsel vor (= Klagerücknahme gegenüber dem Verband und neue

---

36 Die Teilanfechtung eines Beschlusses über die Erhebung einer Sonderumlage mit dem Ziel ihrer Reduzierung hielt LG München I v. 24.10.2011 – 1 S 24966/10, ZWE 2012, 50 für unproblematisch. A.A. ist BGH v. 19.10.2012 – V ZR 233/11, ZMR 2013, 212: Unzulässig.
37 BGH v. 19.10.2012 – V ZR 233/11, ZMR 2013, 212.
38 Die gegenteilige Entscheidung wäre besser gewesen; hier ist jedoch nicht der Platz, das näher darzustellen.
39 Genauer: Alle, die im Zeitpunkt der Rechtshängigkeit der Klage (werdende) Miteigentümer sind. Ungenau insofern BGH v. 8.7.2011 – V ZR 34/11, ZWE 2011, 450, der unter Rn 5 auf den Zeitpunkt der Klageeinreichung abstellt, dabei aber auf *Jenißen/Suilmann* verweist, der zutreffend (§ 44 Rn 15) die Rechtshängigkeit für maßgeblich erklärt.
40 BGH v. 16.7.2009 – V ZB 11/09, WuM 2009, 605; AG Saarbrücken v. 17.6.2011 – 36 C 457/09, NZM 2011, 887. Das gilt auch bei der Mehrhausanlage, wenn der Beschluss einer „Untergemeinschaft" angefochten wird: BGH v. 11.11.2011 – V ZR 45/11, ZMR 2012, 285.
41 BGH v. 26.10.2012 – V ZR 7/12, ZWE 2013, 49, Rn 10; AG Charlottenburg v. 11.7.2012 – 72 C 42/12, ZWE 2013, 53.
42 BGH v. 6.11.2009 – V ZR 73/09, ZMR 2010, 210; BGH v. 24.1.2013 – VII ZR 128/12, MDR 2013, 420 (hier für den nicht seltenen Fall, dass eine juristische Person verklagt wurde, der Kläger aber geltend macht, dass eine andere juristische Person ähnlichen Namens mit gleicher Anschrift gemeint gewesen sei). Der BGH ist somit strenger als die frühere Instanzrechtsprechung, die teilweise recht „großzügig" die Parteiberichtigung zuließ (z.B. LG Nürnberg-Fürth v. 5.5.2009 – 14 T 9452/08, NJW 2009, 2142).

§ 13 Das gerichtliche Verfahren in WEG-Sachen

Klageerhebung gegen die Miteigentümer). Erstaunlicher Weise muss dieser Parteiwechsel nicht innerhalb der Klagefrist erfolgen, sondern kann entsprechend § 44 Abs. 1 WEG bis zum Schluss der mündlichen Verhandlung nachgeholt werden. Nach dem BGH soll es nämlich zur Wahrung der Klagefrist (nur) darauf ankommen, dass „durch die Angabe des gemeinschaftlichen Grundstücks oder in anderer Form hinreichend bestimmt erkennbar wird, die Mitglieder welcher Wohnungseigentümergemeinschaft den angefochtenen Beschluss gefasst haben und wer der Verwalter ist".[43]

1769 Die beklagten Wohnungseigentümer sind **notwendige Streitgenossen**, da die Entscheidung notwendig allen gegenüber einheitlich ergehen muss.[44] Wenn z.B. im Verhandlungstermin nur einer der beklagten Miteigentümer anwesend (oder vertreten) ist und Klageabweisung beantragt, kann kein Versäumnisurteil gegen die übrigen Miteigentümer ergehen.[45] Ein **Anerkenntnis** ist wirkungslos, solange es nicht von sämtlichen Beklagten abgegeben wird. Aus Kostengründen ist vom Anerkenntnis ohnehin abzuraten: Ein kostenbefreiendes sofortiges Anerkenntnis i.S.v. § 93 ZPO gibt es bei der Beschlussanfechtung nicht,[46] und ein Versäumnisurteil verursacht weniger Rechtsanwaltsgebühren.[47]

1770 Der Verwalter ist **beizuladen** (§ 48 Abs. 1 S. 2 WEG), falls er nicht ausnahmsweise selber der Kläger ist. Das erfordert eine entsprechende gerichtliche Verfügung; die Anordnung, dass die Klage dem Verwalter als Zustellungsvertreter der Wohnungseigentümer zugestellt wird, ersetzt die Beiladung nicht.[48]

1771 Es kann vorkommen, dass mehrere Miteigentümer unabhängig voneinander Anfechtungsklagen erheben, z.B. weil sie von der Anfechtungsklage der jeweils anderen nichts wissen oder weil sie unabhängig bleiben wollen. Dann liegen mehrere Prozesse vor. Gem. § 47 WEG sind die Prozesse zur gleichzeitigen Verhandlung und Entscheidung zu verbinden.[49] Die **Verbindung** bewirkt, dass die Kläger der vorher selbstständigen Prozesse Streitgenossen werden. Die Selbstständigkeit der Verfahren wird dadurch nicht beeinträchtigt; die Prozessführung des einen Streitgenossen wird durch die des anderen weder beeinträchtigt noch begünstigt (§ 61 ZPO). Verpasst z.B. ein Kläger die Begründungsfrist, kann er sich nicht auf die (rechtzeitige) Begründung seiner Streitgenossen berufen; seine Klage ist als unbegründet abzuweisen.[50] Ob jeder der Kläger bei Obsiegen die Kosten seines Rechtsanwalts erstattet erhält, oder ob gem. § 50 WEG insgesamt nur die Kosten *eines* Rechtsanwalts erstattet werden, ist Einzelfallfrage.

1772 Einen Sonderfall stellt die **Beschlussanfechtung ohne Gegner** dar. Sie kann vorkommen, wenn sich nach erkennbar rechtswidriger Beschlussfassung („Zitterbeschluss") der von einem über-

---

43 BGH v. 6.11.2009 (Vornote) und BGH v. 17.9.2010 – V ZR 5/10, NJW 2010, 3376; in Begründung und Ergebnis nicht überzeugend. Von Verfristung ging zu Recht die bis zur BGH-Entscheidung h.M. aus (LG Köln v. 19.3.2009 – 29 S 64/08, ZMR 2009, 633; LG Itzehoe v. 20.1.2009 – 11 S 37/08, ZMR 2009, 479). LG Düsseldorf v. 28.4.2011 – 16 S 142/09, NZM 2011, 410 dem BGH die Gefolgschaft.
44 AG Berlin-Charlottenburg v. 7.4.2010 – 72 C 7/10, ZMR 2010, 644; unstr.
45 A.A. LG Frankfurt/M. v. 26.6.2014 – 13 S 142/12, IMR 2014, 180 entgegen der h.M.; Revision zugelassen, Ergebnis bei Drucklegung des Buches noch nicht bekannt.
46 LG Nürnberg/Fürth v. 4.6.2013 – 14 T 3027/13, ZMR 2013, 834 für die Klage auf gerichtliche Verwalterbestellung; AG Wiesbaden v. 7.10.2011 – 92 C 3285/11, ZMR 2012, 66 und LG Lüneburg v. 20.10.2011 – 9 T 87/11, ZMR 2012, 221: Die rechtswidrige Beschlussfassung gibt immer Anlass zur Erhebung einer Anfechtungsklage.
47 Nämlich eine 0,5-Terminsgebühr nach Nr. 3105 VV gegenüber einer 1,2-Terminsgebühr nach Nr. 3104/1 VV beim Anerkenntnisurteil.
48 BGH v. 5.3.2010 – V ZR 62/09, ZMR 2010, 547. Zum Verwalter, der als Wohnungseigentümer zugleich Partei ist, siehe LG Frankfurt/M.v. 3.11.2008 – 13 T 33/08, NJW 2009, 924.
49 BGH v. 26.10.2012 – V ZR 7/12, ZWE 2013, 49.
50 BGH v. 27.3.2009 – V ZR 196/08, WuM 209, 373.

stimmten Miteigentümer erhobenen Anfechtungsklage alle übrigen anschließen, um der zu erwartenden Kostentragungspflicht nach Ungültigerklärung des Beschlusses zu entgehen. Das Gesetz hält für diesen Fall keine Lösung parat. Überzeugend hat *Bonifacio* dargelegt, dass sich eine gerichtliche Entscheidung in diesem Fall erübrigt, weil der Beschluss infolge der einhelligen Anfechtung materiell unwirksam wird; der Prozess erlischt (endet) ohne weiteres.[51]

II. Klagemuster

▼

Muster 13.2: Beschlussanfechtungsklage 1773

An das Amtsgericht

Namens und in Vollmacht von
1. Anna Acker, Heinestraße 12, 75234 Musterstadt,
2. Achim Acker, wohnhaft daselbst, – Kläger –

erhebe ich

Anfechtungsklage gem. § 43 Nr. 4 WEG

gegen

alle übrigen Eigentümer der Wohnungseigentümergemeinschaft Heinestraße 12, 75234 Musterstadt, [*falls vorhanden*: namentlich aufgeführt in der beigefügten Eigentümerliste – Anlage K 1],

– Beklagte –

Zustellungsvertreterin und Beizuladende: Die WEG-Verwalterin X-Immobilien GmbH, diese vertreten durch den Geschäftsführer Xaver Xentis, Zenstraße 5, 75234 Musterstadt

Ersatzzustellungsvertreter *[falls vorhanden]*: Berthold Berger, Heinestr. 12, 75234 Musterstadt.

Ich bitte um Anberaumung eines frühen ersten Termins zur mündlichen Verhandlung, in welchem ich beantragen werde:

Die Beschlüsse der Eigentümerversammlung vom 12.7.2013 zu TOP 3 (Genehmigung der Jahresabrechnung 2012), zu TOP 4 (Genehmigung des Wirtschaftsplans 2013) und zu TOP 5 (Entlastung der Verwaltung) werden für ungültig erklärt.

Streitwert: 1.500,00 EUR

Gerichtskosten in Höhe von 213,00 EUR werden mit dem beiliegenden Verrechnungsscheck entrichtet.

[Die Begründung wird nachgereicht. *Oder*:]

Begründung:

Die Parteien sind die Miteigentümer der Wohnungseigentümergemeinschaft Heinestraße 12, 75234 Musterstadt. [*Falls noch nicht vorgelegt*: Die Eigentümerliste möge das Gericht bei der Verwalterin anfordern (BGH v. 14.12.2012 – V ZR 162/11)].

In der Eigentümerversammlung vom 12.7.2013 wurden die angefochtenen Beschlüsse gefasst.

---

51 *Bonifacio*, ZMR 2010, 163, 166 und ZMR 2007, 592. Ihm folgend AG Bingen v. 12.9.2007 – 3 C 399/07, ZMR 2008, 739. A.A. *Abramenko*, ZMR 2008, 689, wonach die Gemeinschaft als Partei auf Beklagtenseite stehen soll.

Beweis: Versammlungsprotokoll – Anlage K 2

Die Beschlüsse sind rechtswidrig. Im Einzelnen:

▲

1774 Die Klage ist in (mindestens) **zweifacher Ausfertigung** (unterschrieben) einzureichen: Ein Exemplar („Original") für das Gericht und eines („beglaubigte Abschrift") für den Verwalter in seiner Funktion als Zustellungsvertreter der beklagten Miteigentümer und zugleich in seiner Funktion als Beigeladener.[52]

III. Klagebefugnis

1775 Anfechtungsbefugt ist **jeder Miteigentümer**.[53] Die Anfechtungsbefugnis hat insbesondere nichts mit dem Stimmrecht zu tun: Es kommt daher nicht darauf an, ob der Kläger beim betreffenden Gegenstand stimmberechtigt war.[54] Bei einer Mehrheit von (Bruchteils-)Eigentümern einer Einheit ist jeder Miteigentümer alleine anfechtungsbefugt;[55] anders hingegen bei der BGB-Gesellschaft als Wohnungseigentümerin: Hier ist nur die Gesellschaft als Ganze, nicht deren einzelne Gesellschafter anfechtungsbefugt.[56] Ein späteres **Ausscheiden** aus der Wohnungseigentümergemeinschaft ändert nichts, sofern der Beschluss noch Auswirkungen auf den Anfechtungskläger hat.[57] Wer allerdings zum Zeitpunkt der Beschlussfassung bereits aus der Gemeinschaft ausgeschieden ist, ist an deren Beschlüsse nicht gebunden und daher nicht anfechtungsbefugt.[58] Der **Verwalter** ist (nur) dann anfechtungsbefugt, wenn der Beschluss in seine Rechtsposition eingreift (siehe Rn 1473).

1776 Ein besonderes **Rechtsschutzbedürfnis** für die Anfechtung wird im Regelfall **nicht verlangt**, weil das Anfechtungsrecht nicht nur dem persönlichen Interesse des anfechtenden Wohnungseigentümers oder dem Minderheitenschutz dient, sondern dem Interesse der Gemeinschaft an einer ordnungsmäßigen Verwaltung.[59] Die Anfechtung setzt nicht voraus, dass der Kläger an der Versammlung, auf welcher die angefochtenen Beschlüsse gefasst wurden, teilgenommen hat. Es ist auch nicht erforderlich, dass der Kläger durch den Beschluss persönlich betroffen ist oder sonst Nachteile erleidet.[60] Demnach ist ein Wohnungseigentümer sogar dann anfechtungsbefugt, wenn er dem

---

52 Eine zweifache Zustellung der Klage an den Verwalter ist entbehrlich: BGH v. 5.3.2010 – V ZR 62/09, NZM 2010, 406.
53 Der „Bucheigentümer" ist kein wahrer Eigentümer und deshalb weder anfechtungsbefugt (BGH v. 20.7.2012 – V ZR 241/11, NZM 2012, 768) noch zur Zahlung von Hausgeld verpflichtet (siehe Rn 1099).
54 *Bärmann/Klein*, § 46 WEG Rn 6; *Häublein*, ZWE 2010, 155 und öfter; h.M.
55 BayObLG v. 20.5.1998 – 2Z BR 25/98, NZM 1999, 286 (betr. Mitglieder einer Erbengemeinschaft); LG München I v. 12.1.2012 – 36 S 6417/11, ZWE 2012, 142 (betr. Ehegatten). Ausführlich *Becker*, Die Anfechtungsklage des Mitberechtigten, ZWE 2008, 405. Die Anfechtungsklage ist m.E. aus Prinzip und (wegen fehlender höchstrichterlicher Klärung) aus „Sicherheitsgründen" auch gegen die übrigen Eigentümer der Einheit des Klägers zu richten (mit ungeklärten Konsequenzen für die Kostenumlage); a.A. insoweit LG München I u. *Becker*, a.a.O.: Demnach führt der Kläger die Klage zugleich als gesetzlicher Prozessstandschafter für die übrigen Bruchteilsmiteigentümer, die analog § 48 Abs. 1 S. 1 WEG beizuladen sind.
56 Vgl. BayObLG v. 20.5.1998 (Vornote).
57 OLG Düsseldorf v. 6.6.1997 – 3 Wx 420/96, ZMR 1997, 545.
58 OLG Zweibrücken v. 12.1.2007 – 3 W 217/05, ZMR 207, 398.
59 So der bislang unumstrittene Grundsatz, der freilich in bemerkenswertem Kontrast zur Streitwertbegrenzung auf das individuelle Klägerinteresse steht.
60 BGH v. 17.7.2003 – V ZB 11/03, ZMR 2003, 750; OLG München v. 5.4.2011 – 32 Wx 1/11, ZWE 2011, 262: Anfechtung ist auch wegen „Kleinstbeträgen" zulässig.

angefochtenen Beschluss selber zugestimmt hat, sofern er die materielle Rechtswidrigkeit des Beschlusses geltend macht.[61] Lediglich auf formelle Fehler, die er in der Versammlung nicht gerügt hatte, kann der Kläger die Anfechtung nicht stützen (siehe Rn 1791). Ferner kann im Einzelfall die Anfechtung ausnahmsweise rechtsmissbräuchlich sein.[62] Der **Vollzug eines Beschlusses** lässt das Rechtsschutzbedürfnis grundsätzlich nicht entfallen.[63] Vielleicht möchte der Kläger später Ansprüche auf die fehlende Rechtmäßigkeit des Beschlusses stützen (siehe Rn 202); das wäre ihm nicht möglich, wenn der Beschluss bestandskräftig würde. Insbesondere bei baulichen Maßnahmen kann das Interesse des Klägers darin bestehen, nach der Ungültigerklärung die Rückgängigmachung der Maßnahme oder wenigstens die Abwendung seiner Kostenbeteiligungspflicht zu bewirken: Stellt sich heraus, dass die vermeintliche Instandhaltungsmaßnahme in Wahrheit eine bauliche Veränderung darstellt, müssen sich die die Miteigentümer, die der Maßnahme nicht zugestimmt haben, an deren Kosten nicht beteiligen (siehe Rn 511). Anders hingegen, wenn der Beschluss aufgehoben wird, weil die Maßnahme nicht ordnungsmäßiger Verwaltung entsprach: Dadurch wird sie nicht zur baulichen Veränderung (siehe Rn 205). Der Kläger muss bzw. kann in diesen Fällen nach Vollzug des angefochtenen Beschlusses also nicht die **Erledigung** der Hauptsache erklären. Etwas anderes gilt nur dann, wenn ausnahmsweise fest steht, dass der Kläger oder die Gemeinschaft später keine Ansprüche aus der fehlenden Rechtmäßigkeit des angefochtenen Beschlusses herleiten könne, die Beschlussanfechtung also mit Sicherheit keine Auswirkung auf etwaige Folgeprozesse haben wird.

IV. Klage- und Begründungsfrist

Die Anfechtung von Beschlüssen kann nur durch Einreichung einer Klage binnen **Monatsfrist** erfolgen (§§ 23 Abs. 4, 46 Abs. 1 WEG). Die Frist beginnt am Tag der Beschlussfassung, nicht etwa erst dann, wenn der anfechtungswillige Eigentümer das Versammlungsprotokoll erhält. Es handelt sich nicht um eine prozessuale Frist (Sachurteilsvoraussetzung), sondern um eine materiell-rechtliche Frist, bei der keine Verlängerung gem. § 224 Abs. 2 ZPO möglich ist. Wird sie nicht eingehalten, ist die Klage ohne Sachprüfung (nach unvermeidlicher mündlicher Verhandlung) als unbegründet (nicht: als unzulässig) abzuweisen.[64]

1777

Wird die Klage bei einem (örtlich) **unzuständigen Gericht** eingereicht, schadet das nicht;[65] das unzuständige Gericht muss und wird die Klage an das zuständige Amtsgericht weiter leiten, das dann die Zustellung veranlasst. Das erschwert den Verwaltern das Leben, weil sie in zweifelhaften Fällen auch durch eine Nachfrage beim zuständigen Amtsgericht nicht mit Sicherheit erfahren können, ob ein Beschluss angefochten wurde; denn das könnte auch bei einem unzuständigen Gericht geschehen sein.

1778

---

61 LG Dortmund v. 28.2.2013 – 11 S 232/12, ZMR 2013, 555; h.M. Anders die h.M. im Gesellschaftsrecht, siehe nur BGH v. 21.6.2010 – II ZR 24/09, ZMR 2010, 972, Rn 37 mit Anm. *Dötsch*.
62 Beispiele: „Altruistische" Anfechtung eines Beschlusses, der den Antrag eines anderen Miteigentümers auf Anbringung einer Markise ablehnte (OLG München v. 8.12.2006 – 34 Wx 103/06, ZMR 2007, 304). Anfechtung einer Jahresabrechnung, bei deren Erfolg der Kläger nur ganz geringfügige Vorteile (LG Berlin v. 13.2.2013 – 85 S 64/12, IMR 2013, 379) oder sogar Nachteile (BayObLG v. 23.12.2003 – 2Z BR 195/03, ZMR 2004, 358) hätte.
63 BGH v. 13.5.2011 – V ZR 202/10, NZM 2011, 551; BGH v. 10.5.2012 – V ZB 242/11, WuM 2012, 402; *Bonifacio*, Zur Erledigung der Anfechtungsklage, ZMR 2010, 161, 167.
64 BGH v. 16.1.2009 – V ZR 74/08, ZMR 2009, 296.
65 AG Kaiserslautern v. 5.9.2012 – 5 C 55/11, ZMR 2013, 996; BGH v. 17.9.1998 – V ZB 14/98, ZMR 1999, 44. Der Leitsatz der Entscheidung „Die Beschlussanfechtungsfrist wird auch durch die Anrufung eines unzuständigen Gerichts gewahrt" ist eigentlich falsch: Nicht die Anrufung des Gerichts, sondern die demnächstige Zustellung ist ausschlaggebend, siehe Rn 1779.

1779 Die Anfechtungsfrist wird genau genommen nicht durch die Einreichung, sondern durch die „Erhebung" der Klage gewahrt; d.h.: durch **Zustellung** der Klageschrift an die Beklagten (§ 253 Abs. 1 ZPO). Die rechtzeitige Einreichung der Klage genügt, wenn deren Zustellung „**demnächst**" erfolgt (Rückwirkung gem. § 167 ZPO). Darunter ist eine Zustellung zu verstehen, die in nicht allzu großem zeitlichen Abstand zur Einreichung der Klage erfolgt, sofern der Kläger alles ihm Zumutbare getan hat, um eine reibungslose und alsbaldige Zustellung zu ermöglichen.[66] Erstaunlicher Weise bejaht die Rechtsprechung eine Zustellung „demnächst" auch dann, wenn in der Klageschrift entgegen der Sollvorschrift des § 61 GKG keine Angaben zum Streitwert gemacht werden, sondern die Streitwertanfrage oder die Kostenanforderung des Gerichts abgewartet wird. Mit der Beantwortung der Streitwertanfrage kann sich der Kläger sogar bis zu einer Woche Zeit lassen; und eine Überschreitung wirkt sich nur dann aus, wenn danach auch noch der Kostenvorschuss verspätet eingezahlt wird, weil die Verspätungstage addiert werden und nur in der Summe die noch zulässige Spanne (dazu sogleich) nicht überschreiten dürfen.[67] Der vom Gericht angeforderte Kostenvorschuss muss nach der Gerichtskostenanforderung „innerhalb eines Zeitraumes eingezahlt werden, der sich um **zwei Wochen** bewegt oder nur geringfügig darüber liegt";[68] verzögert sich die Zustellung insgesamt um mehr als diese Zeitspanne, liegt Nachlässigkeit vor[69] und erfolgt sie nicht mehr „demnächst".

1780 Die Klage muss innerhalb **zweier Monate** nach der Beschlussfassung **begründet** werden (§ 46 Abs. 1 WEG). Auch diese Frist ist eine materiell-rechtliche und führt bei Versäumung zur Abweisung der Klage als unbegründet.[70] Eine Fristverlängerung ist nicht möglich,[71] aber ggf. eine Wiedereinsetzung in den vorigen Stand (§ 46 Abs. 1 S. 3 WEG). Zur Begründung muss innerhalb der Frist der **Lebenssachverhalt**, aus dem sich die Anfechtungsgründe ergeben sollen, zumindest in seinem wesentlichen Kern schriftsätzlich vorgetragen werden.[72] Eine Begründung fehlt z.B., wenn nur der Antrag formuliert und Anlagen eingereicht werden;[73] oder wenn der Beschluss nur als „nicht ordnungsmäßig" bzw. „rechtswidrig" bezeichnet wird;[74] oder wenn eine nicht näher begründete „Rüge der Beschlussunfähigkeit" erhoben wird.[75] Ein **Nachschieben neuer Gründe** nach Fristablauf ist **ausgeschlossen.**[76]

V. Prozesskostenhilfe und Beschlussanfechtung

1781 Für die Beschlussanfechtungsklage kann – wie für jede Klage – Prozesskostenhilfe (im Folgenden: PKH) beantragt werden. Nach überwiegender Auffassung genügt ein PKH-Antrag zur Wahrung der Anfechtungsfrist zwar nicht,[77] dem Antragsteller ist aber nach einer PKH-Bewilligung **Wiedereinsetzung** in den vorigen Stand zu gewähren.[78] Die Bestimmungen über die Wiedereinsetzung

---

66 BGH v. 11.2.2011 – V ZR 136/10, ZMR 2011, 578.
67 BGH v. 1.12.1993 – XII ZR 177/92, NJW 1994, 1073.
68 BGH v. 3.2.2012 – V ZR 44/11, ZMR 2012, 563.
69 Häufig verspätet sich die Zahlung aufgrund der Einschaltung einer Rechtsschutzversicherung; das entlastet den Kläger aber nicht: AG Aachen v. 27.4.2011 – 119 C 91/10, ZMR 2011, 753; unstr.
70 BGH v. 16.1.2009 – V ZR 74/08, ZMR 2009, 296; *Briesemeister*, ZMR 2008, 253.
71 BGH v. 2.10.2009 – V ZR 235/08, NZM 2009, 864.
72 BGH v. 2.10.2009 (Vornote); BGH v. 27.3.2009 – V ZR 196/08, WuM 2009, 373; BGH v. 16.1.2009 – V ZR 74/08, ZMR 2009, 296.
73 LG Hamburg v. 12.3.2008 – 318 S 65/07, ZMR 2008, 414.
74 AG Bonn v. 20.11.2007 – 27 C 1/07, ZMR 2008, 245.
75 BGH v. 16.1.2009 – V ZR 74/08, ZMR 2009, 296.
76 BGH v. 16.1.2009 (Vornote).
77 So aber *Jennißen/Suilmann*, § 46 Rn 98 f.
78 *Abramenko* in: Riecke/Schmid § 46 Rn 6 (tendenziell); NKV/*Niedenführ*, § 46 WEG Rn 66.

in den vorigen Stand hielt auch der Gesetzgeber als Korrektiv für die „rigiden Wirkungen der Ausschlussfrist" für anwendbar.[79] Sicherheitshalber wird also gleich ein Wiedereinsetzungsantrag gestellt.

Die vielen möglichen Varianten zur Beantragung von PKH können hier nicht im Einzelnen erörtert werden; es mögen die folgenden Empfehlungen genügen: Schon weil das Gericht die Erfolgsaussichten der beabsichtigten Beschlussanfechtung beurteilen muss, ist im Regelfall die Fertigung einer kompletten Klage – und nicht nur eines „nackten" PKH-Antrags – sinnvoll. Dadurch vermeidet man auch die mannigfachen Folgeprobleme rund um die Frage, innerhalb welcher Fristen nach der PKH-Bewilligung welche Handlungen vorzunehmen sind. Die unterzeichnete Klage wird als Anlage zum PKH-Antrag und unter der Bedingung der PKG-Bewilligung eingereicht; das erspart nach der Bewilligung der PKH die erneute Fertigung und Unterzeichnung der Klage zum Zwecke der Zustellung. Um ergänzend sicherzustellen, dass der Klageentwurf nicht versehentlich doch schon als unbedingte Klageeinreichung missverstanden wird, darf *kein* Gerichtskostenvorschuss eingezahlt werden. 1782

▼

Muster 13.3: Antrag auf Bewilligung von Prozesskostenhilfe für Beschlussanfechtung 1783

In Sachen ▓▓▓▓ [Rubrum wie bei der Beschlussanfechtungsklage (siehe Rn 1773) mit der Maßgabe, dass die Parteibezeichnung „Antragsteller/Antragsgegner" lautet statt „Kläger/Beklagte"]

zeigen wir an, dass wir den Antragsteller vertreten. Namens und in Vollmacht des Antragstellers beantragen wir, dem Antragsteller Prozesskostenhilfe für die beigefügte Klage zu bewilligen, die hiermit unter der aufschiebenden Bedingung der Bewilligung erhoben wird. Die Erklärung über die persönlichen und wirtschaftlichen Verhältnisse ist beigefügt.[80] Für den Fall der Bewilligung beantragen wir für den Antragsteller die Wiedereinsetzung in den vorigen Stand hinsichtlich der Versäumung der Anfechtungsfrist des § 46 WEG.

▲

VI. Fehlerhafte Feststellung eines positiven Beschlussergebnisses

Wenn der Kläger gegen die formell fehlerhafte Feststellung eines **positiven Beschlusses** vorgehen will („Antrag angenommen", siehe Rn 848, 892) ist die Anfechtungsklage mit dem Antrag auf Ungültigerklärung des Beschlusses zulässig und ausreichend. Ein ergänzender Antrag auf Feststellung des zutreffenden Beschlussergebnisses (konkret: die Feststellung, dass der Beschlussantrag in Wahrheit abgelehnt wurde) ist entbehrlich, weil dieser Negativbeschluss keine Bindungswirkung hat (siehe Rn 1789). 1784

---

[79] BT-Drucks 16/887, 38. Ausführlich *Dötsch,* Genügt ein Prozesskostenhilfeantrag zur Wahrung der Anfechtungsfrist nach WEG?, NZM 2008, 309.
[80] Gem. § 1 Prozesskostenhilfeformularverordnung v. 6.1.2014 muss das amtliche Formular verwendet werden, die erforderlichen Belege sind beizufügen.

VII. Die Anfechtung des Negativbeschlusses

1. Fehlerhafte Feststellung und Verkündung eines Negativbeschlusses

1785

Beispiel
Miteigentümer A stellt in der Eigentümerversammlung den Antrag: „Die Gemeinschaft macht Rückzahlungsansprüche wegen ... gegen den ehemaligen WEG-Verwalter X geltend und setzt diese notfalls gerichtlich durch". Die Abstimmung ergibt mehr Ja- als Nein-Stimmen. Trotzdem verkündet der Versammlungsleiter (formell falsch) das Ergebnis: „Der Antrag ist abgelehnt". Miteigentümer A erhebt Beschlussanfechtungsklage. – Mit Erfolg. Der Negativbeschluss hat Beschlussqualität und ist anfechtbar.[81] Ein Rechtsschutzbedürfnis für die Anfechtung besteht nach der neueren Rechtsprechung des BGH auch dann, wenn nicht zugleich ein Antrag auf Feststellung des tatsächlich gefassten positiven Beschlusses gestellt wird.[82] Trotzdem ist die Verbindung der Anfechtungsklage mit einem Feststellungsantrag sinnvoll, weil dem Anliegen des Klägers ohne die Feststellung des „wahren Beschlusses" nicht gedient ist.

▼

1786 **Muster 13.4: Klageantrag bei fehlerhafter Feststellung eines Negativbeschlusses**
1. Der Beschluss der Wohnungseigentümerversammlung vom 7.7.2013 zu TOP 3 wird für ungültig erklärt.
2. Es wird festgestellt, dass in der Wohnungseigentümerversammlung vom 7.7.2013 zu TOP 3 folgender Beschluss gefasst wurde: Die Gemeinschaft macht Rückzahlungsansprüche geltend usw.

▲

1787 Was gilt, wenn der Beschluss bei zutreffender Feststellung materiell rechtswidrig wäre? M. E. würde sich nichts ändern; überwiegend wird aber vertreten, dass in diesem Fall die gerichtliche Feststellung unterbleiben müsse, weil es der Prozessökonomie und der Rechtssicherheit widerspräche, ein Beschlussergebnis gerichtlich festzustellen, das ggf. im Zuge einer nachfolgenden Anfechtungsklage für ungültig erklärt werden müsste. Die gleiche Frage stellt sich auch bei unterbliebener Beschlussfeststellung (siehe Rn 897).[83]

2. Zutreffende Feststellung, aber materielle Rechtswidrigkeit eines Negativbeschlusses

1788 Nach h.M. ist der Negativbeschluss auch dann anfechtbar, wenn die Ablehnung eines Antrags auf positive Beschlussfassung zwar fehlerfrei festgestellt worden ist, der Kläger aber geltend macht, dass die Ablehnung ordnungsmäßiger Verwaltung widersprochen habe. Nach früher h.M. wurde ein Rechtsschutzbedürfnis für die Anfechtung nur anerkannt, wenn zugleich der **Anspruch auf ordnungsmäßige Verwaltung** geltend gemacht wurde;[84] davon ist der BGH abgerückt.[85] Unabhängig davon, dass der Negativbeschluss somit auch „isoliert" anfechtbar ist, ist dem Kläger trotz-

---

81 BGH v. 15.1.2010 – V ZR 114/09, NZM 2010, 205; BGH v. 23.8.2001 – V ZB 10/01, ZMR 2001, 809.
82 BGH v. 15.1.2010 (Vornote) entgegen BGH v. 23.8.2001 (Vornote).
83 LG Hamburg v. 10.12.2007 – 318 T 49/07, ZMR 2011, 822.
84 BGH v. 19.9.2002 – V ZB 30/02, ZMR 2002, 930; OLG München v. 21.3.2006 – 32 Wx 2/06, ZMR 2006, 474.
85 BGH v. 15.1.2010 – V ZR 114/09, NZM 2010, 205. Eine überzeugende Begründung fehlt.

dem die Verbindung von Anfechtungs- und Gestaltungsklage zu empfehlen (Antragsmuster siehe Rn 538; zum Streitwert der Anfechtung des Negativbeschlusses siehe Rn 1826); denn mit der Aufhebung des Negativbeschlusses alleine ist ihm nicht gedient. Der materiell-rechtliche Maßstab für die Überprüfung des Negativbeschlusses ist der Gleiche wie für den entsprechenden Anspruch auf positive Beschlussfassung: Die Ablehnung ist nur dann rechtswidrig (und der Negativbeschluss für ungültig zu erklären), wenn ein Anspruch auf die konkrete (positive) Beschlussfassung bestand.[86]

Entgegen der h.M. gibt es aber meistens keinen sachlichen Grund für die Anfechtung des Negativbeschlusses. Ein Rechtsschutzbedürfnis für die Anfechtung eines Negativbeschlusses aus sachlichen Gründen bestünde nur dann, wenn dem Beschluss eine **materielle Bindungswirkung** zukäme. Das wäre der Fall, wenn der bestandskräftige Negativbeschluss dem Anspruch auf Vornahme einer bestimmten Maßnahme entgegen stünde. Es ist also die Frage zu stellen: Dürfte die Gemeinschaft in der nächsten Versammlung den im Vorjahr abgelehnten Antrag positiv beschließen, wenn der Antragsteller ihn nochmals stellt? Das ist im Einzelfall im Wege der Auslegung zu ermitteln.[87] Im Normalfall erschöpft sich die Wirkung des Negativbeschlusses in der Ablehnung des gestellten Antrages: „Aus der Ablehnung eines in der Eigentümerversammlung gestellten Antrags kann nicht auf den Willen der Wohnungseigentümer geschlossen werden, das Gegenteil des Antrags zu wollen".[88] Der Negativbeschluss entfaltet dann keine (materielle) Sperrwirkung für eine erneute Beschlussfassung über denselben Gegenstand; der Antragsteller kann auch nach Eintritt der Bestandskraft des Negativbeschlusses seinen Anspruch auf ordnungsmäßige Verwaltung gerichtlich durchsetzen oder den gleichen Antrag auf einer Folgeversammlung beschließen lassen. Es kann im Einzelfall aber auch anders sein: Wenn z.B. die Abberufung des Verwalters aus bestimmten Gründen beantragt und abgelehnt wird, kann m.E. nach Eintritt der Bestandskraft wegen der betreffenden Gründe später nicht erneut die Abberufung verlangt werden. Somit empfiehlt es sich für einen Miteigentümer, dessen Antrag von der Eigentümerversammlung zu Unrecht abgelehnt wurde, jedenfalls sicherheitshalber den „ordnungswidrigen" Negativbeschluss nicht bestandskräftig werden zu lassen, sondern anzufechten.

1789

VIII. Die Beschlussanfechtung wegen Formfehlern

1. Allgemeines

Bei der Vorbereitung und Durchführung der Eigentümerversammlung sind vielfältige formelle Vorgaben zu beachten. Ein Verstoß macht die Beschlussfassung zwar **nicht nichtig**,[89] aber (formell) **rechtswidrig**. Trotzdem wird ein aufgrund eines Formfehlers angefochtener Beschluss grundsätzlich nur dann für ungültig erklärt, wenn der Formverstoß sich auf das Abstimmungsergebnis ausgewirkt hat.[90] (Anders lt. BGH nur in den Fällen schwerwiegender Eingriffe in den Kernbereich elementarer Mitgliedschaftsrechte; siehe Rn 1951 f.) Oft wird vertreten, dass sich der Anfechtende auf die **Vermutung** stützen könne, dass der beanstandete Formfehler sich kausal auf die Beschlussfassung ausgewirkt hat. Dann müssen die Beklagten darlegen und beweisen, dass der Beschluss mit Sicherheit – nicht nur mit hoher Wahrscheinlichkeit – auch ohne den Verstoß inhalts-

1790

---

86 Zutr. LG Hamburg v. 10.4.2013 – 318 S 91/12, ZWE 2014, 129, Rn 32; LG Berlin v. 26.2.2013 – 85 T 189/12, ZMR 2013, 820.
87 LG München v. 27.6.2011 – 1 S 1062/11, ZMR 2012, 44, Rn 33.
88 BGH v. 15.1.2010 – V ZR 114/09, NZM 2010, 205.
89 BGH v. 16.1.2009 – V ZR 74/08, ZMR 2009, 296; unstr.; anders nur bei einem „schwerwiegenden" Eingriff in den Kernbereich elementarer „Mitgliedschaftsrechte".
90 BGH v. 10.12.2010 – V ZR 60/10, ZMR 2011, 397.

gleich gefasst worden wäre.[91] Die Kausalitätsvermutung wird allerdings häufig nicht allzu ernst genommen; zu Recht erwartet man vom Kläger meistens auch noch Vortrag dazu, was er an dem angefochtenen Beschluss materiell beanstandet. Eine klare Linie ist diesbezüglich im WEG-Recht aber nicht auszumachen. Vielleicht hilft ein Blick in das „sonstige"Gesellschaftsrecht; dort ist die Kausalitätsbetrachtung bei der Beschlussmängelkontrolle im Rückzug begriffen: „Anstelle von Kausalitätserwägungen ist nach neuerer Rechtsprechung bei der Rechtmäßigkeitskontrolle auf die Relevanz des Verfahrensfehlers für die Ausübung der Mitwirkungsrechte durch ein objektiv urteilendes Verbandsmitglied abzustellen", sog. **Relevanztheorie**.[92]

1791 Wer an einer Versammlung **teilnimmt** und Formfehler **nicht rügt**, hat nach zutr. h.M. grundsätzlich **kein** Anfechtungsrecht wegen dieser Formfehler.[93] Das gilt erst recht, wenn ein Wohnungseigentümer dem Beschluss rügelos zugestimmt hat, den er später wegen Formfehlern anfechten will.[94]

2. Einzelfälle

1792 *Beispiel: Nichteinladung zur Eigentümerversammlung und Ausschluss*
Der Verwalter verschickt die Einladung zur Eigentümerversammlung wie üblich ohne Zugangsnachweis; eine Zugangsfiktion ist in der Gemeinschaftsordnung nicht enthalten. Miteigentümer A nimmt an der Eigentümerversammlung nicht teil. Anschließend erhebt er Anfechtungsklage gegen sämtliche auf der Versammlung gefassten Beschlüsse mit der Begründung, er sei nicht geladen worden. – Mangels Zugangsnachweis ist davon auszugehen, dass A entgegen § 24 Abs. 4 WEG nicht geladen wurde. Beschlüsse in einer Eigentümerversammlung, an der einzelne Wohnungseigentümer wegen eines Ladungsmangels oder deshalb nicht teilgenommen haben, weil sie zu Unrecht ausgeschlossen wurden, sind zwar nicht nichtig,[95] auf Anfechtung hin aber aber grundsätzlich für ungültig zu erklären. Die Ungültigerklärung unterbleibt nur dann, wenn eindeutig feststeht, dass bei Anwesenheit des nicht geladenen Wohnungseigentümers die Beschlüsse ebenso gefasst worden wären.[96] Das ist nicht schon dann der Fall, wenn die Beschlüsse mit so großer Mehrheit gefasst wurden, dass sich durch die Gegenstimme des A am Ergebnis nichts geändert hätte. Denn A hätte in der der Abstimmung vorausgehenden Aussprache durch überzeugende Argumente das Abstimmungsverhalten der übrigen Abstimmenden beeinflussen und dadurch ein anderes Ergebnis bewirken können.[97] Die Anfechtung wird also Erfolg haben, wenn A auch noch sachliche Gründe vorbringt, derentwegen er gegen die Beschlüsse gestimmt hätte.

Eine Ausnahme von dem Grundsatz, dass der Formfehler „Nichteinladung" lediglich zur Anfechtbarkeit der Beschlussfassung führt, gilt dann, wenn Beschlüsse unter **vorsätzlicher Vereitelung** der Mitwirkung eines Miteigentümers gefasst wurden, z.B. durch vorsätzliche Nichteinladung oder ähnliche Maßnahmen. Weil das Recht zur Teilnahme an der Eigentümer-

---

91 BGH v. 7.3.2002 – V ZB 24/01, ZMR 2002, 440.
92 BGH v. 2.7.2007 – II ZR 111/05, NJW 2008, 69. Ausführlich *Dötsch/Hogenschurz*, Darlegungs- und Beweislast im WEG-Recht, NZM 2010, 297, 303.
93 LG Berlin v. 5.2.2013 – 85 S 31/12, ZMR 2013, 457, Rn 14 („konkludenter Verzicht"); LG Hamburg v. 25.5.2011 – 318 S 21/11, ZMR 2011, 824; LG Düsseldorf v. 16.3.2011 – 25 S 56/10, ZMR 2011, 898; BeckOK WEG/*Elzer*, § 46 Rn 54; BayObLG v. 7.4.1988 – 2Z BR 156/87, NJW-RR 1988, 1168 (obiter dictum); *Bärmann/Klein*, § 46 Rn 8. Im Einzelnen ungeklärt.
94 OLG Frankfurt v. 1.11.2012 – 20 W 12/08, ZMR 2013, 296, Rn 127; OLG Karlsruhe v. 5.12.2002 – 11 Wx 6/02, ZMR 2003, 290 *Abramenko* in: Riecke/Schmid, § 46 Rn 11.
95 BGH v. 20.7.2012 – V ZR 235/11, ZWE 2012, 429.
96 BGH v. 7.3.2002 – V ZB 24/01, ZMR 2002, 441; LG Köln v. 8.12.2011- 29 S 121/11, ZMR 2012, 727.
97 OLG Hamburg v. 21.6.2006 – 2 Wx 33/05, ZMR 2006, 704; st. Rspr.

versammlung zum Kernbereich des Wohnungseigentums gehört, darf ein vorsätzlicher Verstoß nicht deswegen sanktionslos bleiben, weil er für die konkrete Beschlussfassung möglicherweise nicht kausal war. Die Rechtsprechung betrachtet die auf solchen Versammlungen gefassten Beschlüsse deshalb nicht nur als rechtswidrig, sondern als **nichtig**.[98] – **Kritik**: Die Rechtsfolge „Nichtigkeit" ist der Rechtssicherheit abträglich und schon deshalb verfehlt; es würde genügen, die Anfechtbarkeit unter Anwendung der Kausalitätsvermutung zu bejahen.

Der **unberechtigte Ausschluss** eines Teilnahmeberechtigten führt zur Anfechtbarkeit der gefassten Beschlüsse, ohne dass es einer Darlegung der Kausalität bedürfte.[99]

Beispiel: Ladung durch eine unzuständige Person 1793
Eine Verwalterwahl wird angefochten. Noch bevor die gerichtliche Ungültigerklärung rechtskräftig wird, beruft der Vorsitzende des Verwaltungsbeirats eine Eigentümerversammlung ein, auf welcher ein neuer Verwalter bestellt wird. Der nicht erschienene Miteigentümer A ficht den Beschluss über die Verwalterneuwahl mit der Begründung an, die Einberufung sei fehlerhaft gewesen. – Ohne Erfolg. Die Einberufung war zwar fehlerhaft, weil die Einberufungskompetenz des Beiratsvorsitzenden gem. § 24 Abs. 3 WEG nur besteht, wenn ein Verwalter fehlt; im Fall war die angefochtene Verwalterbestellung aber noch gültig. A genügt hier seiner Darlegungslast aber nicht mit dem bloßen Hinweis auf den Formfehler; vielmehr müsste er darlegen, dass er der Eigentümerversammlung gerade deswegen ferngeblieben war, weil er die Einberufung für unwirksam hielt und was er sachlich gegen die angefochtenen Beschlüsse vorzubringen gehabt hätte.[100]

Beispiel: Verkürzte Ladungsfrist 1794
Miteigentümer A erhält am 10.7.2014 die Ladung zur Eigentümerversammlung am 22.7.2014. Die 2-wöchige Ladungsfrist des § 24 Abs. 4 S. 2 WEG ist also nicht eingehalten, ein die Verkürzung rechtfertigender Grund liegt nicht vor. A nimmt an der Versammlung nicht teil (**Variante**: nimmt trotzdem teil) und ficht anschließend die dort gefassten Beschlüsse wegen der Nichteinhaltung der Ladungsfrist an. – Ohne Erfolg. Wie auch im vorstehenden Beispielsfall (siehe Rn 1793) müsste A darlegen, dass er gerade aufgrund der verkürzten Einberufungsfrist an der Teilnahme gehindert war. Auch das würde aber noch nicht genügen: Ergänzend müsste A die Beschlüsse auch noch sachlich angreifen und nicht nur den Formfehler anführen. Weil A dazu nichts vorträgt, ist davon auszugehen, dass sich der Formfehler nicht auf das Beschlussergebnis ausgewirkt hat.[101] In der **Variante** steht die fehlende Kausalität des Formfehlers erst recht fest.[102] – In Rspr. und Lit. ist als Begründung für die Unschädlichkeit der Fristverkürzung regelmäßig die einleitende Behauptung zu lesen, bei § 24 Abs. 4 S. 2 WEG handle es sich „nur um eine Sollvorschrift", so dass deren Missachtung alleine noch nicht zur Ungültigkeit des Beschlusses führen könne. Das ist irreführend. Auch bei den Formvorschriften, die nicht „nur" als Soll-Bestimmungen ausgestaltet sind, führt der Verstoß alleine nicht zur Ungültigkeit oder An-

---

98 OLG Köln v. 17.12.2004 – 16 Wx 191/04, ZMR 2005, 809 für den Fall, dass nur gegenüber missliebigen Eigentümern eine vertretungsbeschränkende Regelung der Gemeinschaftsordnung angewandt wurde. BayObLG v. 8.12.2004 – 2Z BR 199/04, ZMR 2005,801 für den Fall, dass einem Miteigentümer der Tagungsort nicht mitgeteilt wurde. OLG Zweibrücken v. 21.11.2002 – 3 W 179/02, ZMR 2004, 60 für die bewusste „Nichteinladung". OLG Frankfurt/M v. 27.9.2004 – 20 W 275/02, MietRB 2005, 181 für wiederholte schikanöse Einladungen durch einen Miteigentümer in einer Zweiergemeinschaft.
99 BGH v. 10.12.2010 – V ZR 60/10, ZMR 2011, 397; LG Nürnberg-Fürth v. 17.3.2010 – 14 S 5126/09, ZWE 2010, 233. Überholt daher die a.A. von OLG Karlsruhe v. 7.9.2009 – 14 Wx 45/07, zit. nach *Weber* IMR 2010, 238.
100 LG Düsseldorf v. 16.3.2011 – 25 S 56/10, ZMR 2011, 898.
101 BGH v. 7.3.2002 – V ZB 24/01, ZMR 2002, 441; LG Frankfurt (Oder) v. 18.9.2012 – 16 S 9/12, ZMR 2013, 368 Rn 20.
102 LG Frankfurt (Oder) v. 18.9.2012 – 16 S 9/12, IMR 2013, 151.

fechtbarkeit; sondern nur dann, wenn die Kausalität des Verstoßes feststeht. M.E. lässt sich mit dem „Soll-Charakter" der Einberufungsfrist lediglich begründen, dass sich der Anfechtungskläger nicht auf die Kausalitätsvermutung berufen kann.

1795 *Beispiel: Fehlende Ankündigung in der Tagesordnung*
Angekündigt und beschlossen wird der Wirtschaftsplan für das Jahr 2014. Mit großer Mehrheit, aber ohne Ankündigung wird des Weiteren in Ergänzung des Wirtschaftsplans eine Liquiditäts-Sonderumlage zum Abbau der Unterdeckung des Jahres 2013 beschlossen. Miteigentümer A ficht an. – Mit Erfolg. Bei ordnungsmäßiger Ankündigung wären möglicherweise bestimmte bei der Beschlussfassung nicht anwesende Miteigentümer erschienen oder hätten Miteigentümer, die sich vertreten ließen, gewisse Weisungen zum Abstimmungsverhalten erteilt; es kann also nicht festgestellt werden, dass der Beschluss bei ordnungsgemäßer Einberufung genauso gefasst worden wäre.[103] Darauf, ob A an der Versammlung teilgenommen hat oder nicht, kommt es nicht an.

1796 *Beispiel: Nichtöffentlichkeit der Versammlung*
Eine Wohnungseigentümerversammlung findet in einem öffentlich zugänglichen Gaststättenraum statt. **Variante 1**: Die Versammlung findet im Garten der Anlage statt. **Variante 2**: Miteigentümer A erhebt jeweils keine Einwände gegen den Versammlungsort.

Zum Ausgangsfall: Die Abhaltung der Versammlung im öffentlich zugänglichen Gaststättenraum verstößt gegen den Grundsatz der Nichtöffentlichkeit, weil dort die Vertraulichkeit der Beratungen und der freie Austausch der Gedanken nicht gewährleistet werden kann.[104] Der Verstoß gegen den Grundsatz der Nichtöffentlichkeit stellt einen Formfehler dar, der grundsätzlich die Anfechtbarkeit zur Folge hat.[105] Die Rechtsprechung sieht den (den Beklagten obliegenden) Nachweis für die **fehlende** Kausalität des Formfehlers allerdings mitunter schon dann als geführt an, wenn keine konkreten Beeinträchtigungen des Versammlungsablaufs vorlagen;[106] das müssen im Streitfall die Beklagten darlegen und beweisen.

Zur **Variante 1**: Alleine der Umstand, dass die Versammlung nicht in einem abgeschlossenen und überdachten Raum stattfand, stellt keinen Formfehler dar.[107] Es kommt somit darauf an, ob im Garten die Vertraulichkeit gewahrt werden konnte (Einzelfallfrage). Wenn weit und breit kein Nachbar oder Passant zu sehen ist und zuhören kann, ist die Nichtöffentlichkeit gewahrt.

Zur **Variante 2**: Wenn der Miteigentümer A selber an der Versammlung (ob in der Gaststätte oder im Garten) ohne Einwände teilgenommen hat, und auch sonst niemand Einwände erhoben hat, ist das als konkludenter Verzicht auf die Einhaltung der Nichtöffentlichkeit zu werten,[108] so dass entweder schon kein Formfehler vorliegt, oder die Klage des A treuwidrig (= mangels Rechtsschutzbedürfnis unzulässig) ist. Eine bislang nicht entschiedene Frage ist es, ob ein Miteigentümer, der an der Versammlung **nicht** teilgenommen hat, die dort gefassten Beschlüsse wegen eines Verstoßes gegen den Grundsatz der Nichtöffentlichkeit anfechten kann. M.E. wäre eine solche Klage unbegründet, weil die teilnehmenden Miteigentümer selber entscheiden können müssen, in welchem Ausmaß sie auf die „Nichtöffentlichkeit" Wert legen oder nicht (siehe Rn 793).

---

103 KG v. 18.7.2006 – 24 W 33/05, ZMR 2006, 794.
104 KG v. 30.4.1997 – 24 W 5809/96, ZMR 1997, 487; OLG Frankfurt/M. v. 7.4.1995 – 20 W 16/95, ZMR 1995, 326.
105 OLG Frankfurt/M. v. 7.4.1995 (Vornote), wobei es nicht darauf ankommen soll, ob konkrete Beeinträchtigungen vorlagen.
106 KG v. 30.4.1997 – 24 W 5809/96, ZMR 1997, 487; OLG Hamm v. 14.6.1996 – 15 W 15/96, ZMR 1996, 677.
107 So auch KG v. 30.4.1997 (Vornote).
108 LG Berlin v. 5.2.2013 – 85 S 31/12, ZMR 2013, 457, Rn 14.

Beschlussunfähigkeit. Beschlüsse einer beschlussunfähigen Wohnungseigentümerversammlung sind nicht nichtig, sondern (nur) anfechtbar.

1797

Protokollierung. Der Rechtsschutz bei unvollständiger oder materiell fehlerhafter Protokollierung wird oben (siehe Rn 883 ff.) erörtert. Der Verstoß gegen besondere in der Teilungserklärung verankerte Formvorschriften für die Protokollierung von Beschlüssen führt zur Anfechtbarkeit, ohne dass sich ein Kausalitätsproblem stellt (siehe Rn 874); ein fragwürdiges Ergebnis mit ungeklärten praktischen Konsequenzen zum Nachteil der Verwalter: Solange die Unterschriften fehlen, sollen die Beschlüsse anfechtbar sein; also können sie noch am Tag der Beschlussfassung angefochten werden, weil und solange es zwangsläufig am Protokoll und dessen Unterzeichnung fehlt. Ob der Verwalter die Einholung der Unterschriften veranlasst hat, ob die Unterzeichner sich damit Zeit lassen oder nicht, spielt für die Anfechtbarkeit im Prinzip keine Rolle.

1798

E. Der Vergleich

Der gerichtliche Vergleich in WEG-Sachen wirft diverse ungeklärte Rechtsfragen auf; nur einige Punkte werden hier erwähnt.

1799

Eine **Beschlussanfechtungsklage** kann durch Vergleich nur sehr eingeschränkt beendet werden; jedenfalls steht der angefochtene Beschluss selber nicht zur Disposition: Er bleibt gültig, solange er nicht gerichtlich rechtskräftig für ungültig erklärt (§ 23 Abs. 4 S. 2 WEG) oder per Zweitbeschluss aufgehoben wird. Wird also z.B. ein Vergleich des Inhalts geschlossen, dass der angefochtene Beschluss nicht mehr gelten oder einen anderen Inhalt haben soll, bleibt der angefochtene Beschluss nach hier vertretener Auffassung unberührt. Das ist nicht unstreitig: Teilweise wird vertreten, der Vergleich könne als Vereinbarung oder allstimmiger Beschluss verstanden werden, der den angefochtenen Beschluss wirksam ändern könne.[109] Wenn aber – wie es der Normalfall ist – nicht alle Miteigentümer daran mitwirken, sondern teilweise eine Vertretung durch den Verwalter oder einen Rechtsanwalt erfolgt, dürfte es häufig an der erforderlichen Vertretungsmacht fehlen (dazu sogleich auch noch nachfolgend).

1800

Geht es nicht um eine Beschlussanfechtung, sondern z.B. um eine Störung oder eine Gebrauchsregelung, ist ein Vergleich zwar möglich, bindet Sonderrechtsnachfolger aber nicht. Der Vergleich stellt nämlich **keinen Beschluss**, sondern einen Vertrag i.S.d. § 779 BGB dar. WEG-rechtlich handelt es sich um eine Vereinbarung i.S.d. § 10 Abs. 2 WEG; eine Wirkung gegenüber Sonderrechtsnachfolgern kann daher nur bei Grundbucheintragung eintreten oder wenn ein inhaltsgleicher Beschluss gefasst wurde.[110] Ob der Verwalter bzw. der von ihm beauftragte Rechtsanwalt aufgrund ihrer jeweiligen Befugnis zur Führung des Rechtsstreits zum Vergleichsabschluss bzw. zur Abgabe der dem Vergleich zugrunde liegenden materiell-rechtlichen Vertragserklärungen befugt sind, ist nicht sicher (siehe Rn 1510). Schließt der Verwalter bzw. Rechtsanwalt einen Vergleich unter Widerrufsvorbehalt und holt die Entscheidung der Eigentümerversammlung ein, hängt es vom Gegenstand des Vergleichs ab, ob für einen Genehmigungsbeschluss eine Beschlusskompetenz besteht und welche Mehrheiten erforderlich sind.[111] Wer einen Genehmigungsbeschluss für rechtswidrig

1801

---

109 *Dötsch*, Der Vergleich in WEG-Sachen, NZM 2013, 625.
110 Zutreffend *Häublein*, ZMR 2001, 165 entgegen der Auffassung des LG Koblenz v. 31.8.2000 – 2 T 358/2000, ZMR 2001, 228.
111 Ausführlich z.B. *Elzer*, Die Genehmigung eines Prozessvergleichs im Wohnungseigentumsrecht, ZMR 2009, 649.

hält, kann ihn anfechten;[112] sinnvoll ist das aber nur, wenn parallel dazu per einstweiliger Verfügung die Beschlusswirkung suspendiert wird, weil der Vergleich sonst wirksam wird und bleibt.

F. Kostenentscheidung und Kostenerstattung

1802 Auch in WEG-Streitigkeiten gilt § 91 Abs. 1 ZPO: Demnach hat die unterliegende Partei die Kosten des Rechtsstreits zu tragen und „insbesondere die dem Gegner erwachsenen Kosten zu erstatten, soweit sie zur zweckentsprechenden Rechtsverfolgung oder Rechtsverteidigung **notwendig**[113] waren". Bei teilweisem Obsiegen und Verlieren werden die Kosten im Normalfall nach dem Verhältnis von Sieg und Niederlage verteilt (§ 92 Abs. 1 ZPO). Von der Kostentragungspflicht gibt es auch im Anfechtungsprozess keine Ausnahme zugunsten der Beklagten, die gegen einen Beschluss gestimmt haben.

1803 Dem „Sieger" sind insbesondere die ihm entstandenen Kosten für die Hinzuziehung eines **Rechtsanwalts** zu erstatten. (Zur Erstattung von Reisekosten des „Verwalter-Hausanwalts" siehe Rn 1651.) Dies gilt aber nur für die „**gesetzlichen** Gebühren und Auslagen des Rechtsanwalts" (§ 91 Abs. 2 ZPO), nicht für etwaige Mehrkosten infolge einer Vergütungsvereinbarung. Die auf Beklagtenseite bei der Beschlussanfechtung anfallende **Mehrvertretungsgebühr** (§ 7 RVG, Nr. 1008 VV: 0,3-Gebühr je weiterem Auftraggeber) gehört zu den erstattungsfähigen Kosten.[114] Der „Sieger" hat ferner Anspruch auf Entschädigung für die durch Reisen und Terminswahrnehmung entstandene Zeitversäumnis. (Zur Kostenerstattung von Verwaltersonderhonorar siehe Rn 1454.)[115]

1804 Von diesen Grundsätzen gibt es **drei Ausnahmen**:
- Entscheidet das Gericht über eine **Regelungsklage** gem. § 21 Abs. 8 WEG nach billigem Ermessen, können auch die Prozesskosten nach **billigem Ermessen** verteilt werden (§ 49 Abs. 1 WEG).
- Gem. § 49 Abs. 2 WEG können dem **Verwalter** Prozesskosten auferlegt werden, soweit die Tätigkeit des Gerichts durch ihn veranlasst wurde und ihn ein grobes Verschulden trifft, auch wenn er nicht Partei des Rechtsstreits ist (siehe Rn. 1556).
- Den Wohnungseigentümern sind auch dann nur die Kosten **eines Rechtsanwalts** zu erstatten, wenn sie sich durch mehrere Rechtsanwälte vertreten ließen, außer wenn aus Gründen, die mit dem Gegenstand des Rechtsstreits zusammenhängen, eine Vertretung durch mehrere Rechtsanwälte geboten war (§ 50 WEG). Das wird nachfolgend erläutert.

1805 *Beispiel 1: Mehrere Rechtsanwälte auf Beklagtenseite, Vorrang des „Verwalter-Anwalts"*
Im Beschlussanfechtungsverfahren des A gegen die übrigen Miteigentümer B – D beauftragt der Verwalter für die Beklagten einen Rechtsanwalt. Miteigentümer B beauftragt ebenfalls einen Rechtsanwalt mit der Wahrnehmung seiner Interessen (wozu er berechtigt ist). Die Beschlussanfechtung wird kostenpflichtig zurückgewiesen. – Die Miteigentümer B – D haben gem. § 91 ZPO Anspruch auf Erstattung ihrer Rechtsanwaltskosten, gem. § 50 WEG jedoch begrenzt auf die Kosten „nur eines Rechtsanwalts", da die Beauftragung von zwei Rechtsanwäl-

---

112 AG Düsseldorf v. 31.10.2007 – 290 II 224/06, ZMR 2008, 80.
113 Vermeidbare Kosten werden nicht erstattet und deshalb nicht festgesetzt: BGH v. 18.10.2012 – V ZB 58/12, WuM 2013, 59 für den Fall, dass in mehreren Verfahren gegen den Eigentümer mehrerer Wohnungen Hausgeldrückstände eingeklagt wurden (statt – kostengünstiger – in *einem* Verfahren).
114 BGH v. 15.9.2011– V ZB 39/11, NJW 2011, 3723.
115 Hierfür gelten die Sätze gem. §§ 5, 19 ff. des Justizvergütungs- und Entschädigungsgesetzes (JVEG); demnach gibt es zwischen 3,00 EUR und 17,00 EUR pro Stunde als Verdienstausfallentschädigung und 0,25 EUR je km Fahrkostenersatz bei Pkw-Benutzung.

ten aufgrund des Gleichlaufs der Interessen auf Seiten der Beklagten nicht geboten war. Im Kostenfestsetzungsverfahren werden also nur die Gebühren *eines* Rechtsanwalts berücksichtigt. Und bei diesem Anwalt handelt es sich lt. BGH um den **vom Verwalter beauftragten**; dessen Kosten sind „vorrangig" zu erstatten. Lassen sich einzelne Miteigentümer durch weitere Anwälte vertreten, „ohne dass dies geboten ist", werden die dadurch entstandenen Mehrkosten nicht berücksichtigt.[116] Im Beispielsfall gilt somit Folgendes: Wenn B nicht durch einen eigenen, sondern durch den „Verwalter-Anwalt" vertreten worden wäre, hätte dieser insgesamt drei Beklagte vertreten, sodass die Kosten „eines Rechtsanwalts" unter Berücksichtigung der bei Vertretung aller Miteigentümer angefallenen Mehrvertretungsgebühren zu berechnen sind. Der „Verwalter-Anwalt" kann folglich seine Gebühren inkl. der einen von ihm verdienten Mehrvertretungsgebühr anmelden, der Anwalt des B seine Gebühren, aber der Höhe nach beschränkt auf die vom „Verwalter-Anwalt" nicht „verbrauchte" (fiktive) Mehrvertretungsgebühr.[117]

Beispiel 2: Mehrere Rechtsanwälte auf Beklagtenseite ohne „Verwalter-Anwalt" 1806
Eine Beschlussanfechtungsklage hat Ansprüche gegen den Verwalter zum Gegenstand, weshalb dieser als Zustellungsbevollmächtigter und Vertreter der Beklagten ausscheidet und daher auch keinen Rechtsanwalt für die Beklagten einschaltet. Diese beauftragen je eigene Rechtsanwälte. Die Klage wird abgewiesen, die Beklagten melden ihre Rechtsanwaltskosten an. – Der Kläger muss die (fiktiven) Kosten eines von allen Beklagten gemeinsam beauftragten Rechtsanwalts erstatten. Der erstattungsfähige Betrag wird auf die Beklagten nach Kopfteilen verteilt.[118]

Beispiel 3: Mehrere Rechtsanwälte auf Klägerseite 1807
Durch verschiedene Anwälte vertreten fechten A und B mit Erfolg denselben WEG-Beschluss an. – Bei der Kostenfestsetzung ist zu prüfen, ob A und B die Beauftragung eines gemeinsamen Prozessbevollmächtigten möglich und zumutbar gewesen wäre; das ist im Normalfall zu verneinen, denn „jeder Wohnungseigentümer, der sein Anfechtungsrecht wahrnehmen will, ist berechtigt, einen Rechtsanwalt mit der Wahrnehmung seiner Interessen zu beauftragen. Grundsätzlich ist auch kein Wohnungseigentümer gehalten, einen bestimmten Rechtsanwalt zu beauftragen, weil dieser von einem anderen Wohnungseigentümer beauftragt ist, der sich gegen denselben Beschluss wendet oder wenden will. Einer Abstimmung über die Person des zu beauftragenden Rechtsanwalts steht häufig schon entgegen, dass sich die Wohnungseigentümer untereinander nicht kennen, das Recht zur Klageerhebung nicht von der Anmeldung eines Widerspruchs zu Protokoll abhängig ist und auch denjenigen Wohnungseigentümern zusteht, die an der Beschlussfassung nicht teilgenommen oder mit der Mehrheit gestimmt haben".[119] Erst recht gilt das, wenn A und B teilweise gegensätzliche Interessen verfolgen.[120] *Variante*: A und B beauftragen denselben Anwalt, dieser reicht jedoch getrennte Klagen ein. – Hier werden nur die Kosten eines Rechtsanwalts (mit Mehrvertretungsgebühr)festgesetzt, denn die getrennte Klageerhebung war unnötig.[121]

Beispiel 4: Rechtsanwälte beigeladener Wohnungseigentümer 1808
Bei einer Klage des A gegen B (z.B. eine Unterlassungsklage wegen Verstößen gegen die Hausordnung) werden alle übrigen Miteigentümer beigeladen. Miteigentümer C hält die Klage des

---

116 BGH v. 14.7.2011 – V ZB 171/1016, NZM 2011, 748.
117 So auch *Schultzky*, MietRB 2011, 133, 134.
118 LG Karlsruhe v. 26.5.2009 – 1 T 292/08, ZWE 2009, 410.
119 BGH v. 8.7.2010 – V ZB 153/09; LG Berlin v. 1.12.2010 – 85 T 548/10, ZMR 2011, 407.
120 LG Berlin v. 14.1.2009 – 82 T 447/08, ZMR 2010, 309.
121 BGH v. 8.7.2010 – V ZB 153/09, ZMR 2011, 50.

§ 13 Das gerichtliche Verfahren in WEG-Sachen

A für berechtigt und hat ein eigenes Interesse an deren Erfolg; er hält aber den Rechtsanwalt des A für unfähig. C tritt deshalb dem Rechtsstreit auf Seiten des A bei und beauftragt einen eigenen Rechtsanwalt mit der Wahrnehmung seiner Interessen. Miteigentümer B wird antragsgemäß verurteilt und muss die Kosten des Rechtsstreits tragen. Die Streitgenossen A und C erhalten nur die Kosten *eines* Rechtsanwalts (mit Mehrvertretungsgebühr) erstattet, wobei m.E. A in voller Höhe die Kosten des von ihm beauftragten Anwalts erhalten und C sich mit der Mehrvertretungsgebühr begnügen muss.

1809 Auf der Grundlage der gerichtlichen Kostenentscheidung kann jeder Beteiligte im **Kostenfestsetzungsverfahren** gem. §§ 103 ff. ZPO seinen Anspruch auf Erstattung von Prozesskosten geltend machen und den Erstattungsbetrag anschließend mit dem gerichtlich erlassenen Kostenfestsetzungsbeschluss als Vollstreckungstitel eintreiben. Schwierigkeiten macht die Kostenfestsetzung bei einer erfolgreichen Klage des Einzelnen gegen die übrigen Miteigentümer, also insbesondere bei der **Beschlussanfechtungsklage**. Nach dem Wortlaut des Gesetzes haften die Beklagten nicht gesamtschuldnerisch (§ 100 Abs. 3 S. 1 ZPO), sondern nach Kopfteilen (§ 100 Abs. 1 ZPO) auf Kostenerstattung;[122] infolgedessen mus der Kläger anteilige Kostenfestsetzungsbeschlüsse gegen sämtliche Miteigentümer beantragen! Die Praxis geht über die gesetzliche Vorgabe aus Unkenntnis oder zur Vermeidung der unpraktikablen Konsequenzen regelmäßig hinweg und verpflichtet die Beklagten als Gesamtschuldner zur Kostenerstattung,[123] was teilweise die Billigung der Literatur findet: Die beklagten Wohnungseigentümer befänden sich in einer Zwangsgemeinschaft, was eine analoge Anwendung des § 100 Abs. 4 ZPO (und damit die Kostenhaftung als Gesamtschuldner) rechtfertige.[124] **Für** die Analogie spricht, dass der Gesetzgeber die Problematik nicht vorhergesehen hat, **dagegen** der eindeutige Wortlaut des Gesetzes. Letztlich wird das Problem wohl nur durch eine Gesetzesänderung behoben werden können.[125]

1810 *Tipp*
Auch wenn es formal nicht zulässig ist, darf und sollte der Verwalter dem erfolgreichen Kläger einer Beschlussanfechtung den Gesamtbetrag der festgesetzten Verfahrenskosten aus dem Gemeinschaftsvermögen erstatten. (Zur Umlage in der Jahresabrechnung siehe Rn 1001.)

G. Der Streitwert

I. Grundlagen

1811 Der „Streitwert" hat unterschiedliche Bedeutung. Als **Zuständigkeitsstreitwert** ist er maßgeblich für die Abgrenzung der sachlichen Zuständigkeit zwischen Amts- und Landgericht; das spielt in WEG-Verfahren aufgrund der streitwertunabhängigen Zuständigkeit des Amtsgerichts keine Rolle. Als **Gebührenstreitwert** ist er maßgeblich für die Berechnung der Gerichtskosten und der Rechtsanwaltsgebühren; darum geht es in diesem Abschnitt. Schließlich gibt es noch den **Rechtsmittelstreitwert** (oder Beschwerdewert bzw. Wert des Beschwerdegegenstandes), der für die Zulässigkeit von Rechtsmitteln maßgeblich ist; er wird unten (siehe Rn 1835) behandelt.

---

122 Zutreffend AG Bremen v. 14.5.2013 – 29 C 110/12, ZMR 2013, 836.
123 AG Dortmund v. 28.1.2008 – 511 C 3/07, NZM 2008, 172, Rn 6. Ebenso im Fall des LG Saarbrücken v. 14.8.2012 – 5 T 378/12, ZMR 2013, 67 (das allerdings die vollstreckungsrechtliche Seite falsch beurteilt: Bei der Zwangsvollstreckung gegen Gesamtschuldner liegen mehrere Angelegenheiten vor, auch wenn nur ein Vollstreckungsantrag gestellt wird). Nochmals anders AG Kerpen v. 19.7.2010 – 26 C 19/2010, ZMR 2011, 251: Kostenverteilung entsprechend dem jeweils geltenden Stimmkraftprinzip.
124 *Wolicki*, NZM 2008, 717, 719; *J.-H. Schmidt*, MietRB 2013, 45.
125 So auch *Schmid*, NZM 2008, 385; siehe ferner *Dötsch*, ZMR 2009, 183.

G. Der Streitwert § 13

Gem. § 61 GKG sind in der **Klageschrift** Angaben zum Streitwert zu machen, sofern nicht eine bestimmte Geldsumme eingeklagt wird. Das Gericht kann (wiederum nur, sofern nicht eine bestimmte Geldsumme eingeklagt wird) nach Eingang der Klage den Streitwert durch Beschluss vorläufig festsetzen (§ 63 Abs. 1 GKG). 1812

Wenn eine Entscheidung über den Streitgegenstand ergeht oder sich das Verfahren anderweitig erledigt, setzt das **Gericht** den Streitwert **durch Beschluss** (vorbehaltlich einer Beschwerde endgültig) fest (§ 63 Abs. 2 GKG). Gem. § 49a GKG ist der Streitwert im Ausgangspunkt auf **50 Prozent des Interesses der Parteien** und aller Beigeladenen festzusetzen. Sodann sind Begrenzungen nach unten und oben zu beachten: 1813

Bei der **Klage des Einzelnen gegen die Gemeinschaft** oder gegen die Mehrheitseigentümer darf der Streitwert gem. § 49a Abs. 1 S. 2 GKG das Interesse des Klägers und der auf seiner Seite Beigetretenen an der Entscheidung nicht unterschreiten und das Fünffache des Wertes ihres Interesses nicht überschreiten. 1814

Der Wert darf in keinem Fall den Verkehrswert des Wohnungseigentums des Klägers und der auf seiner Seite Beigetretenen übersteigen. Das hat erhebliche Auswirkungen auf den Streitwert der **Beschlussanfechtungsklage**. Hier bemisst sich das „Interesse" auf Klägerseite nach seinem „Änderungsinteresse", also nach dem Betrag, mit dem sich der Kläger zu Unrecht belastet sieht; es entspricht somit dem bei Rechtsmitteln maßgeblichen Beschwerdewert. Dass das „wahre" Interesse des Klägers möglicherweise viel umfassender ist, weil er ein dem Gesamtinteresse entsprechendes Interesse an ordnungsgemäßer Verwaltung hat, wird i.d.R. nicht berücksichtigt. 1815

Bei der **Klage der Gemeinschaft** (oder der Mehrheitseigentümer) **gegen einzelne Wohnungseigentümer** gilt gem. § 49a Abs. 2 GKG Entsprechendes: Der Streitwert darf das Fünffache des Interesses der Beklagten und der auf ihrer Seite Beigetretenen nicht übersteigen. 1816

Der Wert darf ferner in keinem Fall den Verkehrswert des Wohnungseigentums des Beklagten und der auf seiner Seite Beigetretenen übersteigen. 1817

Die Anwendung dieser Grundsätze wird in den folgenden Beispielsfällen erläutert.

Beispiele 1818
- In einer großen Gemeinschaft fielen im Jahr 2013 47.000,00 EUR Heizkosten an. Nach der Teilungserklärung sind die Heizkosten zu 50 % verbrauchsabhängig und zu 50 % verbrauchsunabhängig abzurechnen. In der Jahresabrechnung 2013 werden sie aber zu 70 % verbrauchsabhängig und zu 30 % verbrauchsunabhängig abgerechnet. Miteigentümer A müsste für das Jahr 2013 bei Zugrundelegung des richtigen Verteilerschlüssels 150,00 EUR weniger bezahlen. Er ficht den Beschluss über die Jahresabrechnung in Bezug auf die Heizkostenverteilung erfolgreich an. – Das Gesamtinteresse der Parteien beläuft sich auf den Gesamtbetrag der Heizkosten (47.000,00 EUR), der Streitwert im Ausgangspunkt gem. § 49a Abs. 1 GKG auf die Hälfte dieses Betrags (23.500,00 EUR). Er darf aber das Fünffache des Interesses des A nicht überschreiten. Das „Interesse" des A bemisst sich nach dem Betrag, mit dem er sich zu Unrecht belastet sieht. Der Streitwert ist also (nur) auf (5 x 150,00 EUR =) 750,00 EUR festzusetzen.
- Im vorstehenden Beispielsfall tritt Miteigentümer B dem Rechtsstreit auf Seiten des A bei. B würde bei Anwendung des richtigen Verteilerschlüssels 100,00 EUR sparen. – Der Streitwert beläuft sich jetzt auf das Fünffache des (addierten) Interesses von A und B, also auf (5 x 250,00 EUR =) 1.250,00 EUR.
- Miteigentümer A, ein Zahnarzt, hat in seiner Wohnung eine Zahnarztpraxis eingerichtet und hierfür über 250.000,00 EUR investiert. Die Eigentümergemeinschaft klagt gegen A auf Unterlassung der Nutzung als Zahnarztpraxis, was für A zur wirtschaftlichen „Existenz-

vernichtung" führen würde. – Wird der Rückbau einer baulichen Veränderung oder die Unterlassung einer störenden Nutzung verlangt, sind die wirtschaftlichen Interessen der Kläger- und der Beklagtenseite nicht identisch. Auf der Klägerseite ist das Unterlassungsinteresse zu bewerten, auf der Beklagtenseite geht es um die mit dem Rückbau und/oder der Unterlassung verbundenen (Folge-)Kosten, die nach den Kosten der Wiederherstellung des früheren Zustandes zu bewerten sind. Zur Feststellung des Gesamtinteresses sind beide Werte zu **addieren**.[126] Wenn man das Unterlassungsinteresse der Gemeinschaft mit 5.000,00 EUR bewertet, beläuft sich das Gesamtinteresse der Parteien auf 255.000,00 EUR, der Streitwert mithin auf 50 Prozent dieses Betrags: 127.500,00 EUR, sofern der Verkehrswert der Einheit des A nicht darunter liegt.

II. Einzelfälle

1819 **Bauliche Veränderungen**. Klage auf auf Beseitigung, z.B. **Parabolantenne**: Interesse der WEG am geschätzten Wertverlust des Hauses + Nutzungsinteresse des Beklagten + Beseitigungskosten mit weiter Streubreite in der Rechtsprechung.[127] Für andere Baulichkeiten gilt das Gleiche. Ältere Rechtsprechung, die den Streitwert nicht „sauber" ermittelt, ist nur eingeschränkt verwertbar. Das gilt z.B. für Streit um **Pergola**[128] oder **Sichtschutzmatte**[129] (2.000,00 DM) oder eigenmächtig eingebauter **Wohnungsabschlusstür** (2.000,00 EUR.[130]) Anfechtung eines Beschlusses über das Fällen von **Bäumen**: (Immaterielles) Klägerinteresse an der Erhaltung der Bäume 5.000,00 EUR + Beklagteninteresse, addiert aus den Kosten des Fällens und der Wiederbepflanzung nebst Risikozuschlag.[131]

1820 **Einsichtnahme** in Abrechnungsunterlagen: 2.000,00 EUR.[132]

1821 **Entlastung**. Der Geschäftswert bei Anfechtung des Beschlusses über die Entlastung des **Verwalters** bestimmt sich danach, in welchem Umfang Schadensersatzansprüche gegen ihn in Betracht kommen. Wenn es dafür keine konkreten Anhaltspunkte gibt, ist als Wert ein Pauschalbetrag von regelmäßig 1.000,00 EUR anzusetzen.[133] Die Entlastung des **Beirats** wird mit der Hälfte der Verwalterentlastung bewertet.[134]

1822 **Entziehung von Wohnungseigentum gem. § 18 WEG**. Für die Klage ist der Verkehrswert des Wohnungseigentums maßgeblich;[135] hiervon dürfte gem. § 49a Abs. 1 S. 1 GKG die Hälfte anzusetzen sein; dabei bleibt es und ist nicht etwa nur die Hälfte gem. § 49a Abs. 1 S. 1 GKG anzusetzen.[136] Für die Anfechtung des Entziehungsbeschlusses der Gemeinschaft soll ein Bruchteil des

---

126 OLG München v. 31.3.2006 – 34 Wx 111/05, ZMR 2006, 797.
127 AG Wedding v. 8.4.2010 – 9 C 477/09, IMR 2010, 258: 300,00 EUR (m.E. falsch, da nur das Klägerinteresse bewertet wurde); AG Hannover v. 1.4.2009 – 464 C 8352/08, ZMR 2009, 695: 1.500,00 EUR. Ausführlich *Lehmann-Richter*, Streitwert von Klagen auf Beseitigung von Parabolantennen, ZWE 2010, 389.
128 BayOblG v. 14.12.2000 – 2Z BR 60/00, ZMR 2001, 362.
129 BayOblG v. 20.4.2000 – 2Z BR 9/00, ZMR 2001, 906.
130 OLG München v. 31.3.2006 – 34 Wx 111/05, ZMR 2006, 797.
131 OLG Koblenz v. 4.5.2009 – 5 W 288/09, ZMR 2010, 305: Einzelinteresse 600,00 EUR x 5; das Gesamtinteresse wurde fehlerhafter Weise nicht ermittelt.
132 BayObLG v. 28.1.2003 – 2Z BR 140/02, ZMR 2003, 514.
133 BGH v. 31.3.2011 – V ZB 236/10, WuM 2011, 390; LG Saarbrücken v. 5.6.2012 – 5 T 409/11, ZMR 2013, 51.
134 Allg. M., Nachweise siehe Vornote.
135 BGH v. 21.9.2006 – V ZR 28/06, NJW 2006, 3428; OLG Rostock v. 7.3.2006 – 7 W 63/05, ZMR 2006, 476.
136 OLG Köln v.16.8.2010 – 16 W 25/10, ZMR 2010, 977.

Geschäftswertes der Entziehungsklage (konkret: 20 %),[137] für den dem Entziehungsbeschluss vorangehenden Abmahnbeschluss wiederum ein Bruchteil (konkret: 1/3) hiervon anzusetzen sein.[138]

Herausgabe von Verwaltungsunterlagen durch den Ex-Verwalter: Vor der WEG-Novelle wurde der (jetzt nicht mehr geltende) Regelgeschäftswert des § 30 Abs. 2 KostO (3.000,00 EUR) mit Zu- oder Abschlägen angesetzt.[139] Seit der WEG-Novelle Schätzung, z.B. 2.000,00 EUR.[140]

1823

Jahresabrechnung und Wirtschaftsplan, Anfechtung.[141] Das „Interesse" der Eigentümer richtet sich nach ihrer „Belastung". Bei der Jahresabrechnung besteht die Belastung i.H.d. zu verteilenden Ausgaben; genauer: i.H. des Saldos von Ausgaben und Einnahmen, wobei die Hausgeldzahlungen in diesem Zusammenhang außer Betracht bleiben, weil sie die zu verteilenden Ausgaben nicht mindern.[142] In Lit. und Rspr. ist diesbezüglich – meistens ohne Definition – vom „Nennwert" der Abrechnung bzw. des Wirtschaftsplanes die Rede. Richtiger Weise wirkt sich die Zuführung zur Rücklage bei der Anfechtung der Jahresabrechnung nicht werterhöhend aus, sehr wohl aber bei der Anfechtung des Wirtschaftsplans, weil es im letzteren Fall nicht um die Belastung infolge der Verteilung des Ausgaben/Einnahmen-Saldos geht, sondern um die Belastung infolge der nach dem Wirtschaftsplan zu leistenden Zahlungen.[143] Bei unbeschränkter Anfechtung müsste sich der Streitwert im Ausgangspunkt eigentlich nach dem Gesamtwert (im vorstehenden Sinne) der Abrechnung bzw. des Wirtschaftsplans richten.[144] Viele Gerichte setzen für das Gesamtinteresse aber – m.E. mit dem Gesetz unvereinbar – nur Bruchteile davon an;[145] 50 % des Bruchteils ergeben dann den Streitwert. Um ihn auf das fünffache Eigeninteresse des Klägers begrenzen zu können, muss dieses beziffert werden. Das Einzelinteresse wird meistens mit dem auf den Kläger entfallenden Anteil an den gemeinschaftlichen Kosten bzw. am „Nennwert" der Abrechnung angesetzt;[146] teilweise aber nur mit einem Bruchteil, weil der Kläger i.d.R. nicht davon ausgehen könne, im Ergebnis ganz ohne eigene Belastung auszugehen.[147] Dabei ist meistens das Gegenteil richtig: Wenn oder weil der Kläger die Abrechnung mit dem Ziel anficht, eine ordnungsgemäße Verwaltung (vollständige und nachvollziehbare Jahresabrechnung nach den von der Rechtsprechung entwickel-

1824

---

137 OLG Rostock v. 3.11.2008 – 3 W 5/08, ZMR 2009, 470; LG Bremen v. 29.6.1999 – 2 T 294/99, WuM 1999, 598. Ein weiterer Abzug von 50 % gem. § 49a Abs. 1 GKG wird dann aber nicht mehr vorgenommen.
138 LG Bremen v. 29.6.1999 (Vornote); m.E. nicht überzeugend, da interessewidrig „kleingerechnet". Demgegenüber LG München v. 22.9.2008 – 1 S 6883/08, ZWE 2009, 35: 6.000,00 EUR, ohne Begründung.
139 BayObLG v. 28.1.2003 – 2Z BR 126/02, ZMR 2003, 438 (4.000,00 EUR).
140 So AG Hamburg v. 13.11.2008 – 102A C 36/08, ZMR 2009, 232; bei einstweiliger Verfügung die Hälfte.
141 Ausführlich *Suilmann*, Gebührenstreitwert bei der Anfechung von Jahresabrechnungen usw., MietRB 2013, 24.
142 Eigentlich wäre es sogar richtig, Ausgaben und Einnahmen zu addieren; das wird – soweit ersichtlich – aber nirgends vertreten oder diskutiert.
143 AHB WEG-Recht/*Hahne*, Teil 19 Rn 16.
144 So zutreffend KG v. 10.9.2013 – 4 W 40/13, ZMR 2014, 230 u. LG Rostock v. 9.1.2013 – 1 T 133/12, ZMR 2013, 365 (unter ausdrücklicher Ablehnung der „Hamburger Formel"); LG München I v. 26.6.2012 – 36 T 10328/12, ZMR 2012, 994.
145 OLG Stuttgart v. 12.1.2012 – 13 W 38/11, ZWE 2012, 136 und v. 12.3.2012 – 5 W 32/11, ZMR 2012, 560 : 20 % (angeblich eine einzelfallbezogene Schätzung, da sich eine schematische Herabsetzung verbiete); LG Dortmund v. 17.3.2010 – 17 T 159/09, ZWE 2011, 46 (20 – 25 %); LG Hamburg v. 17.9.2010 – 318 T 34/09, ZWE 2010, 217 mit der selbst erfundenen „Hamburger Formel": Gesamtinteresse = Anteil des Klägers + 25 % x (Gesamtkosten – Klägeranteil); Berechnungsbeispiel bei AG Hamburg v. 17.2.2012 – 102d C 69/11, ZMR 2012, 586. Hiervon soll nach OLG Hamburg v. 17.6.2010 – 9 W 34/10, ZMR 2010, 873 bei „nur formalen Mängeln" nochmals eine Reduzierung von 50 % vorzunehmen sein; gegen einen solchen Abzug – insoweit zutreffend – wiederum LG Hamburg v. 30.12.2010 – 318 T 75/10, ZMR 2011, 409.
146 BGH v. 15.5.2012 – V ZB 282/11,WuM 2012, 404, Rn 8; LG Lüneburg v. 29.2.2012 – 9 T 4/12, ZMR 2012, 577.
147 LG Itzehoe v. 29.8.2011 – 11 T 15/11, MietRB 2012, 20; LG Nürnberg-Fürth v. 13.8.2010 – 14 T 2469/10, ZMR 2012, 207: Einzelinteresse = 20 % der Einzelabrechnung, Kappung also beim einfachen Betrag der Einzelabrechnung.

ten Grundsätzen) zu erwirken, ist sein Interesse nicht nur mit dem Betrag seiner persönlichen Belastung, sondern mit einem Vielfachen davon zu bewerten. Werden lediglich einzelne Rechnungsposten angefochten, ist im Ausgangspunkt die Höhe der angegriffenen Positionen maßgeblich.[148] Ergibt sich bei formal unbeschränkter Anfechtung aus der Begründung, dass nur einzelne Posten angegriffen werden, wird teilweise im Wege der Auslegung eine entsprechende Begrenzung des Streitwerts angenommen.[149] Das ist m.E. verfehlt: Wenn der Kläger nur beschränkt anfechten möchte, muss er seinen Klageantrag entsprechend fassen;[150] beantragt er statt dessen die Gesamtungültigerklärung, wird die Klage teilweise abgewiesen mit entsprechender Kostenfolge zu Lasten des Klägers (siehe Rn 1058). Wenn Wirtschaftsplan *und* Abrechnung angefochten werden (und sei es auch aus denselben Gründen), handelt es sich um zwei verschiedene Gegenstände, für die jeweils gesondert ein Streitwert festzusetzen ist.

1825 **Jahresabrechnung, Anspruch auf Erstellung.** Wird der Verwalter auf Erstellung der Abrechnung in Anspruch genommen, ist der Streitwert nicht in Höhe des Gesamtvolumens der Abrechnung anzusetzen, sondern zu schätzen, z.B. auf 3.000,00 EUR pro Geschäftsjahr.[151]

1826 **Negativbeschluss**, isolierte Anfechtung. Sie ist (neuerdings) zulässig (siehe Rn 1788). Beim Streitwert soll ein Abschlag von 50 % des Werts einer Klage auf Durchführung der abgelehnten Maßnahme vorzunehmen sein.[152] Bei Anfechtung im Verbund mit einer Regelungsklage werden die Streitwerte nicht addiert (siehe Rn 722).

1827 **Protokollberichtigung.** Klage auf Berichtigung eines unrichtigen Verlaufsprotokolls: 4.000,00 EUR.[153]

1828 **Unterlassung von Störungen.** Generell: Das Klägerinteresse eines Sondereigentümers an der Unterlassung von Störungen, die die Nutzung seiner Räume beeinträchtigen, bemisst sich nach dem Wertverlust infolge der Beeinträchtigung.[154] Bei Klage auf Unterlassung unzulässiger Prostitution in einer Einheit: Klägerinteresse 500,00 DM je Wohnung; das Abwehrinteresse der Beklagtenseite bemisst sich nach dem aus der Nutzung erzielten jährlichen Mehrerlös an Miete.[155]

1829 **Verwalter**, Abberufung (außerordentliche) oder Anfechtung des Bestellungsbeschlusses. Der Streitwert entspricht im Ausgangspunkt der Vergütung, die dem Verwalter für die ursprünglich vorgesehene Vertragslaufzeit zustünde,[156] bei Bestellung ohne feste Laufzeit Schätzung.[157] Dieser Betrag ist gem. § 49a Abs. 1 S. 1 GKG zu halbieren.[158] Entscheidend ist aber die anschließende Frage, ob und wie sich die Begrenzung auf das fünffache Klägerinteresse gem. § 49a Abs. 1 S. 2 GKG auswirkt. Der BGH hat entschieden, dass hierfür die anteilige finanzielle Belastung des Klägers durch die Verwaltervergütung im streitigen Zeitraum maßgeblich ist; dieser Betrag mal 5 er-

---

148 BGH v. 15.5.2012 – V ZB 282/11, WuM 2012, 404, Rn 8; BGH v. 2.6.2005 – V ZB 32/05, ZMR 2005, 547.
149 OLG Saarbrücken v. 14.7.2009 – 5 W 109/09, ZWE 2010, 40.
150 LG München I v. 26.6.2012 – 36 T 10328/12, ZMR 2012, 994; LG Köln v. 14.4.2010 – 29 T 119/09, ZMR 2010, 773.
151 So OLG Frankfurt v. 2.6.2009 – 3 W 34/09, ZWE 2009, 358, das einen „Regelsatz" behauptet. Unter der Geltung von § 49a GKG ist der zu FG-Zeiten geltende Regelsatz des § 30 Abs. 2 ZPO aber nicht mehr anwendbar.
152 OLG Köln v. 12.5.2010 – 16 W 15/10, ZMR 2010, 786.
153 BayObLG v. 18.4.2005, 2Z BR 232/04, WuM 2005, 604; Details zum Sachverhalt werden nicht mitgeteilt.
154 BGH v. 26.9.2013 – V ZR 262/12, Grundeigentum 2013, 1584, Rn 5.
155 OLG Karlsruhe v. 22.6.1999 – 14 Wx 35/99, NZM 2000, 194.
156 St. Rspr., vgl. nur BGH 20.6.2002 – V ZB 39/01, WuM 2002, 628.
157 Jahresvergütung bei OLG Stuttgart v. 11.4.2003 – 8 W 539/02, ZMR 2003, 782; m.E. sind eher 2 – 3 Jahre Laufzeit üblich und deshalb anzusetzen.
158 BGH v. 10.2.2012 – V ZR 105/11, ZMR 2012, 565.

gibt dann den (verhältnismäßig geringen) Streitwert.[159] M.E. führt diese Auffassung aber zu unangemessenen (zu niedrigen) Werten. Die individuelle finanzielle Belastung ist zudem von vornherein der verkehrte Ansatzpunkt, weil oder wenn es dem Kläger nicht darum geht, seine finanzielle Belastung durch die Verwalterbestellung anzugreifen, sondern eine ordnungsmäßige Verwaltung durchzusetzen („ideelles Interesse"). Daher sind das individuelle und das Gesamtinteresse identisch, sodass richtiger Weise als Streitwert das Gesamtinteresse, gem. § 49a Abs. 1 S. 1 GKG halbiert, anzusetzen wäre.[160]

Zustimmung des Verwalters zur Veräußerung von Wohnungseigentum. Wert der Klage auf Erteilung der Zustimmung: 10 bis 20 % des Kaufpreises.[161]   1830

III. Beschwerde gegen die Streitwertfestsetzung

Gegen den Streitwertbeschluss können die **Parteien** gem. § 567 Abs. 2 ZPO Beschwerde (siehe Rn 1851) einlegen, sofern sie ihn für **zu hoch** halten und der **Wert** des Beschwerdegegenstandes **200,00 EUR** übersteigt. Die beschwerdeführende Partei muss geltend machen, dass sie infolge des Fehlers der Streitwertbemessung mindestens 200,00 EUR mehr an Prozesskosten zu tragen hat als es bei der beantragten richtigen Streitwertfestsetzung der Fall wäre. Die Beschwerde einer Partei mit der Begründung, der Streitwert sei zu niedrig angesetzt, wäre hingegen unzulässig; denn ein zu niedriger Streitwert „beschwert" die Partei nicht.[162] Achtung: Der „Schuss" der Beschwerde kann „nach hinten losgehen", denn das Verbot der **reformatio in peius** (Verschlechterungsverbot) gilt hier nicht: Das Beschwerdegericht muss den Streitwert „richtig" festsetzen, weshalb auch statt dem gewünschten niedrigeren ein höherer Wert herauskommen kann.[163]   1831

Gegen den Streitwertbeschluss können auch die am Verfahren beteiligten **Rechtsanwälte** aus eigenem Recht gebührenfrei und ohne Kostenerstattung (§ 33 Abs. 3, 9 RVG) Beschwerde einlegen, sofern sie ihn für **zu niedrig** halten und der **Wert** ihrer Beschwer **200,00 EUR** übersteigt. Diese Beschwerdebefugnis ist eine Folge dessen, dass der gerichtlich festgesetzte Streitwert auch für die Rechtsanwaltsgebühren maßgeblich ist (§ 32 Abs. 1 RVG). Gegen den Streitwertbeschluss des Berufungsgerichts ist die Beschwerde zum OLG statthaft.[164]   1832

---

159 BGH v. 10.2.2012 – V ZR 105/11, ZMR 2012, 565. So schon LG Nürnberg-Fürth v. 13.8.2010 – 14 T 2469/10, ZMR 2012, 207; OLG München v. 25.8.2010 – 32 W 2033/09, ZMR 2010, 138.
160 So auch OLG Celle v. 7.1.2010 – 4 W 209/09, ZMR 2010, 384; LG Lüneburg v. 21.10.2009 – 9 T 78/09, ZMR 2010, 228 – leider vom BGH überholt. Überholt auch die Auffassung des OLG Schleswig v. 21.11.2011 – 3 W 75/11, ZMR 2012, 204, wonach Anknüpfungspunkt zur Bewertung des ideellen Abberufungsinteresses der auf den Kläger entfallende Anteil an der Verwaltervergütung der Restlaufzeit sein müsse, dieser Betrag aber pauschal verdreifacht das individuelle Klägerinteresse ergebe.
161 OLG Frankfurt v. 12.11.2007 – 20 W 395/07, NZM 2009, 624; OLG Düsseldorf v. 10.5.2005 – 3 Wx 321/04, ZMR 2005, 971.
162 OLG München v. 7.6.2006 – 32 Wx 83/06, ZMR 2006, 947. Ausnahme: Wenn die Partei mit ihrem Rechtsanwalt eine wertunabhängige Vergütungsvereinbarung getroffen hat, sodass sie bei einer höheren Streitwertfestsetzung vom Prozessgegner mehr Erstattung erhält und damit ihre Belastung aus der Vergütungsvereinbarung verringern kann (Sächsisches OVG v. 3.9.2010 – 3 E 32/10).
163 LG Hamburg v. 26.6.2012 – 318 T 36/12, ZMR 2012, 968; unstr.
164 KG v. 21.10.2011 – 9 W 22/11, ZMR 2012, 280; OLG Hamburg v. 17.6.2010 – 9 W 34/10, ZMR 2010, 873.

H. Rechtsmittel

I. Berufung

1. Zulässigkeit

1833 Gegen die Urteile des Amtsgerichts als erster Instanz in Wohnungseigentumssachen ist die Berufung statthaft. Zuständiges **Berufungsgericht** ist grundsätzlich das für den Sitz des Oberlandesgerichts zuständige **Landgericht** (§ 72 Abs. 2 GVG); anders ausgedrückt: Statt des Oberlandesgerichts ist das ortsgleiche Landgericht als zentrales Berufungsgericht in WEG-Sachen zuständig. Die Zuständigkeitskonzentration führt zu einer entsprechenden Spezialisierung der jeweiligen Berufungsgerichte und somit – wie mit dem Gesetzgeber zu hoffen ist – zu einer Qualitätssteigerung. Landesrechtlich kann auch ein anderes Landgericht im OLG-Bezirk bestimmt werden (§ 72 Abs. 2 S. 3 GVG).[165] Um die Berufung beim zuständigen Berufungsgericht einzulegen, muss der Kläger natürlich erkennen, dass es sich bei dem Gegenstand des Rechtsstreits überhaupt um eine WEG-Sache handelt, was nicht immer einfach ist. Auf die Bezeichnung im erstinstanzlichen Urteil als „Wohnungseigentumssache" darf man sich nicht verlassen! Wenn das Amtsgericht den Rechtsstreit zu Unrecht als WEG-Sache bezeichnet, ist trotzdem das „normale" Berufungsgericht zuständig und gibt es keine Wiedereinsetzung in den vorigen Stand, wenn die Berufung statt dessen beim WEG-Berufungsgericht eingelegt wurde;[166] umgekehrt (Amtsgericht verkennt die Eigenschaft als Wohnungseigentumssache) gilt das Gleiche. Ist der Rechtsanwalt unsicher, soll er die Berufung ohne Kostennachteil sowohl beim allgemein zuständigen, als auch bei dem nach § 72 Abs. 2 GVG zuständigen Gericht einlegen können.[167]

1834 In Fällen mit **Auslandsbeteiligung**, wenn also ein Miteigentümer im Ausland wohnhaft ist, wäre gem. § 119 Abs. 1 Nr. 1b GVG das Oberlandesgericht zuständig; das gilt gem. § 72 Abs. 2 GVG aber **nicht** für WEG-Binnenstreitigkeiten, sodass es hier folglich trotz Auslandsbeteiligung bei der Zuständigkeit des Konzentrationsgerichts als Berufungsgericht bleibt.

1835 Die Berufung ist gem. § 511 Abs. 2 ZPO in zwei Fällen **zulässig**:
- Als Wertberufung, wenn der Wert des Beschwerdegegenstandes (gemeint ist der Wert der **Beschwer** des Berufungsklägers) **600,00 EUR** übersteigt.
- Als Zulassungsberufung, wenn das Amtsgericht die Berufung zugelassen hat. Dazu ist das Amtsgericht verpflichtet, wenn die Rechtssache **grundsätzliche Bedeutung** hat, oder wenn die Fortbildung des Rechts oder die Sicherung einer einheitlichen Rechtsprechung eine Entscheidung des Berufungsgerichts erfordert, und eine Wertberufung nicht möglich ist.

1836 Bei der Wertberufung ist eine Besonderheit der Wertberechnung zu beachten. Der Streitwert des Berufungsverfahrens und der **Beschwerdewert** sind nicht immer identisch. Der Beschwerdewert richtet sich allein nach dem vermögenswerten Interesse des Berufungsführers an der Änderung der

---

165 Die nachfolgende Liste führt – ohne Gewähr für Richtigkeit – alle zentralen Berufungsgerichte auf; diese sind jeweils für den OLG-Bezirk zuständig, in dem sie sich befinden: Baden-Württemberg: LG Karlsruhe und LG Stuttgart; Bayern: LG Bamberg, LG Nürnberg-Fürth und LG München I; Berlin: LG Berlin; Brandenburg: LG Frankfurt (Oder); Bremen: LG Bremen; Hamburg: LG Hamburg; Hessen: LG Frankfurt/Main; Mecklenburg-Vorpommern: LG Rostock; Niedersachsen: LG Braunschweig, LG Aurich und LG Lüneburg; Nordrhein-Westfalen: LG Dortmund, LG Köln und LG Düsseldorf; Rheinland-Pfalz: LG Koblenz und LG Landau i. d. Pfalz; Saarland: LG Saarbrücken; Sachsen: LG Dresden; Sachsen-Anhalt: LG Dessau-Roßlau; Schleswig-Holstein: LG Itzehoe; Thüringen: LG Gera.
166 BGH v. 14.7.2011 – V ZB 67/11, NZM 2011, 718.
167 Die mehrfache Einlegung der Berufung führt nicht zu einer Vervielfachung der Berufungsverfahren, sondern zu einem einheitlichen Rechtsmittel, über das einheitlich zu entscheiden ist und zwar auch dann, wenn die Berufungen bei verschiedenen Gerichten eingelegt worden sind. Die bei dem unzuständigen Gericht eingelegte Berufung ist „gegenstandslos": KG v. 12.11.2009 – 8 U 187/09, GE 2010, 125.

erstinstanzlichen Entscheidung; er kann nicht höher, wohl aber **niedriger** sein kann als der Streitwert des amtsgerichtlichen oder des Berufungsverfahrens.[168] Daher stellt sich so manche Berufung überraschend als unzulässig heraus, weil der Beschwerdewert nicht erreicht wird; hierfür nachfolgend einige Anwendungsfälle:

Beschlussanfechtung. Der Streitwert beläuft sich i.d.R. auf das fünffache Klägerinteresse, die Beschwer des abgewiesenen Klägers auf das einfache![169] Wurde einer Klage stattgegeben, bemisst sich der Streitwert der von einem Beklagten geführten Berufung nicht lediglich nach dessen Interesse, sondern nach dem Interesse aller Beklagten (weil diese notwendige Streitgenossen sind), begrenzt durch den Streitwert der Klage.[170] Auf dieser Linie liegt es, dass beim Streit um die Geldforderung eines Miteigentümers gegen die Gemeinschaft stets deren Betrag (und nicht nur ein etwaiger Bruchteil davon) für die Beschwer maßgeblich ist.[171] Ein Hausordnungsbeschluss über eine turnusmäßige „Kehrwoche" (oder „Schneeräumplan") entfaltet Folgen von unbestimmter Dauer; das Änderungsinteresse ist mit mindestens dem dreifachen Jahreswert der wirtschaftlichen Belastung anzusetzen.[172] Mitunter lässt die Rechtsprechung einleuchtende, aber inkonsequente Ausnahmen zu, wonach „bei der aus Rechtsschutzgründen gebotenen großzügigen Betrachtungsweise vom Erreichen des Beschwerdewerts auszugehen sein soll:[173] So soll z.B. bei der Anfechtung eines Beschlusses, Wohngeldausfälle durch Entnahme aus der Instandhaltungsrücklage vorübergehend auszugleichen, nicht der auf den Kläger entfallende Anteil, sondern die (der Anfechtung zugrunde liegende) Frage, ob die von der Gemeinschaft gewählte Art der Finanzierung **ordnungsmäßiger Verwaltung** entspricht, maßgeblich sein.[174] Das Interesse an der (Nicht-)**Entlastung** des Verwalters bestimmt sich (nicht nur) nach der Höhe möglicher Ansprüchen gegen diesen, sondern auch nach dem ideellen Wert der Entlastung als „Bekräftigung der vertrauensvollen Zusammenarbeit", der regelmäßig mit 1.000,00 EUR anzusetzen ist.[175]

1837

Bauliche Veränderungen. Wird die Klage auf Beseitigung (z.B. einer Parabolantenne) abgewiesen, bemisst sich die Beschwer des Klägers nach seinem Interesse an der Beseitigung. Maßgeblich hierfür ist grundsätzlich der Wertverlust, den das Haus (die Substanz und/oder der optische Gesamteindruck) durch die Störung erleidet; die Kosten der Beseitigung sind nicht entscheidend.[176]

1838

Verwalterpflichten. Der Verwalter wird zur Auskunftserteilung,[177] oder Rechnungslegung[178] mit Herausgabe von Verwaltungsunterlagen[179] oder zur Protokollberichtigung[180] verurteilt. Seine

1839

---

168 BGH v. 9.2.2012 – V ZB 211/11, ZMR 2012, 567.
169 LG Lüneburg v. 26.1.2010 – 9 S 81/09, ZMR 2010, 473.
170 OLG Köln v. 12.5.2010 – 16 W 15/10, ZMR 2010, 786.
171 BGH v. 19.6.2013 – V ZB 182/12, ZWE 2013, 380.
172 OLG Düsseldorf v. 6.11.2007 – 3 Wx 195/07, ZMR 2008, 549; das waren im Fall mehr als 600,00 EUR.
173 OLG München v. 20.12.2007 – 34 Wx 76/07, ZMR 2008, 410.
174 OLG München v. 20.12.2007 (Vornote). Anteil des Klägers am Forderungsausfall bzw. der Rücklagenentnahme: 90,00 EUR; Berufung (seinerzeit noch Beschwerde) gleichwohl zulässig.
175 BGH v. 31.3.2011 – V ZB 236/10, ZMR 2011, 654.
176 BGH v. 17.5.2006 – VIII ZB 31/05, ZMR 2006, 677. In diesem für das Mietrecht entschiedenen Fall ging es um eine wenig störende, mit dem Haus nicht fest verbundene Parbolantenne; Beschwer des Klägers: 300,00 EUR (nicht berufungsfähig).
177 BayObLG v. 28.1.2003 – 2Z BR 140/02, ZMR 2003, 514. Der Zeitaufwand zur Auskunftserteilung wird (allgemein, nicht speziell bei WEG-Verwaltern) in Anlehnung an § 22 S. 1 JVEG mit max. 17,00 EUR/Stunde bewertet, siehe OLG Rostock v. 27.3.2007 – 10 UF 96/05, FamRZ 2007, 1762. Allgemein zum Beschwerdewert bei Verurteilung zur Auskunftserteilung BGH v. 28.10.2010 – III ZB 28/10.
178 KG v. 15.9.2000 – 24 W 2090/00, ZMR 2000, 860.
179 BayObLG v. 17.11.2004 – 2Z BR 190/04 (unveröffentlicht).
180 BayObLG v. 18.4.2005, 2Z BR 232/04, WuM 2005, 604.

(meistens unter dem Berufungswert liegende) Beschwer richtet sich jeweils nach seinem Interesse, den damit verbundenen Aufwand zu vermeiden, nicht nach dem Interesse des Klägers und der übrigen Beteiligten an der erstinstanzlichen Entscheidung.

1840 Die Berufung muss innerhalb einer **Frist** von **einem Monat** nach Zustellung des Urteils des Amtsgerichts eingelegt werden (§ 517 ZPO), und zwar durch Einreichung einer Berufungsschrift **beim Berufungsgericht** (§ 519 ZPO). Sie muss innerhalb von 2 Monaten **begründet** werden (§ 520 Abs. 2 ZPO). Vor dem Landgericht besteht **Anwaltszwang** (§ 78 Abs. 1 ZPO).

▼

1841 **Muster 13.5: Berufung gegen Abweisung einer Beschlussanfechtungsklage**

An das Landgericht

Berufung

In Sachen
1. Anna Acker, Heinestraße 12, 75234 Musterstadt,
2. Achim Acker, wohnhaft daselbst,

– Kläger/Berufungskläger –

gegen

die übrigen Eigentümer der Wohnungseigentümergemeinschaft Heinestraße 12, 75234 Musterstadt, namentlich aufgeführt in der als Anlage zum angefochtenen Urteil genommenen Eigentümerliste, vertreten durch die Verwalterin X-Immobilien GmbH, diese vertreten durch den Geschäftsführer Xaver Xentis, Zenstraße 5, 75234 Musterstadt

– Beklagte/Berufungsbeklagte –

zeigen wir an, dass wir die Kläger auch in der Berufungsinstanz vertreten. Namens und in Vollmacht der Kläger legen wir gegen das Urteil des Amtsgericht Musterstadt vom 7.10.2013 (Az.: 17 GR 25/13, in Kopie beigefügt) Berufung ein. Anträge und Begründung erfolgen mit gesondertem Schriftsatz.

Rechtsanwälte N.N.

▲

2. Begründetheit

1842 Bis zum Jahr 2001 war die Berufung als volle zweite Tatsacheninstanz ausgestaltet; das wurde durch die ZPO-Reform geändert.[181] Seitdem ist die Berufungsinstanz nur noch eine eingeschränkte Tatsacheninstanz mit der Aufgabe der **Fehlerkontrolle**. Sie entspricht im Prinzip somit weitgehend der Revision. Die Berufung kann gem. § 513 Abs. 1 ZPO nur auf zwei Gründe gestützt werden:

1843 ■ Die Entscheidung des Amtsgerichts beruht auf einer **Rechtsverletzung**. Der Berufungskläger muss vortragen, dass das Amtsgericht auf der Grundlage seiner Tatsachenfeststellungen eine Rechtsnorm nicht oder nicht richtig angewendet hat (§ 546 ZPO). Grundsätzlich ist das Berufungsgericht an die Tatsachenfeststellungen des Amtsgerichts gebunden. Neuer Sachvortrag, der schon in erster Instanz vorgebracht werden konnte, ist grundsätzlich unzulässig.

---

181 Eindeutig eine gründliche reformatio in peius (Änderung zum Schlechten).

- Die dem Urteil zugrunde zu legenden Tatsachen rechtfertigen eine andere Entscheidung, in anderen Worten: Die **Tatsachenfeststellungen** werden angegriffen. Denn die vom Amtsgericht festgestellten Tatsachen sind nur zugrunde zu legen, soweit nicht konkrete Anhaltspunkte Zweifel an der Richtigkeit und Vollständigkeit der entscheidungserheblichen Feststellungen begründen und deshalb eine erneute Feststellung gebieten (§ 529 ZPO). Derartige Zweifel sind z.B. begründet, wenn Fehler in der Beweiswürdigung vorliegen oder erstinstanzliches Vorbringen übergangen wurde. Dabei geht der BGH zu Recht nicht engherzig vor.[182]

Für die **Berufungsbegründung** müssen die Rechtsverstöße im angefochtenen Urteil herausgearbeitet werden. Das verlangt große Sorgfalt, aber keine ausschweifenden Wiederholungen; die bloße Wiederholung des erstinstanzlichen Vortrags genügt jedenfalls nicht. Wegen der Einzelheiten wird auf die einschlägige Literatur zum Berufungsrecht verwiesen.

1844

▼

Muster 13.6: Berufungsanträge

1845

An das Landgericht

In der Berufungssache

    Acker u.a./Berger u.a. Miteigentümer der WEG Heinestraße 12, 75234 Musterstadt

werden wir namens und in Vollmacht der Kläger beantragen:

Das Urteil des Amtsgerichts Musterstadt vom 7.10.2014 (Az.: 17 GR 25/13) wird abgeändert. Die Beschlüsse der Eigentümerversammlung vom 12.5.2013 zu TOP 3 (Genehmigung der Jahresabrechnung 2012), zu TOP 4 (Genehmigung des Wirtschaftsplans 2013) und zu TOP 5 (Entlastung der Verwaltung) werden für ungültig erklärt.

Wert des Beschwerdegegenstands: 700,00 EUR

Begründung

▲

3. Gebühren, Streitwert und Kostenentscheidung

Das Berufungsverfahren ist **teurer** als das Verfahren erster Instanz.

1846

Die **Gerichtskosten** belaufen sich auf vier Gebühren (Nr. 1220 KV-GKG), die sich auf eine oder zwei Gebühren ermäßigen können, wenn es nicht zu einer gerichtlichen Entscheidung kommt (Nr. 221, 1222 KV). Bei Einlegung der Berufung muss (derzeit noch) kein Kostenvorschuss eingezahlt werden. Die Gerichtskosten werden vielmehr vom Gericht angefordert, sobald die Berufungsanträge vorliegen (und somit der Streitwert der Berufung festgestellt werden kann). Eine Gesetzesänderung (mit dem Ziel, dass auch bei der Berufung die Verfahrenskosten vorauszuzahlen sind), ist in Arbeit.

Bei den **Rechtsanwaltsgebühren** wird bei Berufungseinlegung gem. Nr. 3200 RVG-VV eine 1,6-Verfahrensgebühr fällig (gegenüber der 1,3-Verfahrensgebühr gem. Nr. 3100 RVG-VV in erster Instanz).

1847

---

182 BGH v. 9.3.2005 – VIII ZR 266/03, NJW 2005, 1583: Fehler der Tatsachenfeststellung sind sogar von Amts wegen zu berücksichtigen.

1848 Das Berufungsgericht kann den **Streitwert** der ersten Instanz anders als diese festsetzen. Es kann ferner die **Kostenentscheidung** der ersten Instanz auch dann ändern, wenn es zu keiner Änderung der Sachentscheidung kommt. Besonderes Pech hat z.B. der Berufungsführer, wenn seine Berufung zurückgewiesen und die Kostenentscheidung erster Instanz auch noch zu seinen Lasten geändert wird.[183]

II. Revision gegen Berufungsurteile

1849 Die Revision ist das letztinstanzliche Rechtsmittel im Zivilprozess. Sie kann nur durch einen am Bundesgerichtshof (BGH) zugelassenen Rechtsanwalt eingelegt werden. Zuständiges **Revisionsgericht** ist der BGH. **Zulässig** ist die Revision gem. § 543 ZPO in folgenden Fällen:

- Das Landgericht als Berufungsgericht hat die Revision zugelassen. Dazu ist das Berufungsgericht verpflichtet, wenn die Rechtssache **grundsätzliche Bedeutung** hat oder wenn die Fortbildung des Rechts oder die Sicherung einer einheitlichen Rechtsprechung eine Entscheidung des Revisionsgerichts erfordert. *Oder:*
- Der BGH hat die Revision auf eine **Nichtzulassungsbeschwerde** hin zugelassen (§ 544 ZPO). Die Einlegung der Nichtzulassungsbeschwerde gegen Berufungsurteile in den WEG-„Binnenstreitigkeiten" gem. § 43 Nr. 1 –Nr. 4 WEG, die vor dem 31.12.2014 verkündet werden, ist aber **unzulässig** (§ 62 Abs. 2 WEG). Der Gesetzgeber will damit einer Überlastung des BGH in der Übergangszeit nach dem Inkrafttreten der WEG-Reform vorbeugen. Gegen Berufungsurteile, die ab dem 1.1.2015 verkündet werden, ist die Nichtzulassungsbeschwerde möglich, aber nur zulässig, wenn die Beschwer des Revisionsführers 20.000,00 EUR übersteigt (§ 26 Nr. 8 EGZPO).

1850 Für die **Begründetheit** der Revision gilt gem. § 545 ZPO im Prinzip dasselbe wie für die Berufung (siehe Rn 1842).

Weil die Revision nur selten zulässig ist, unterbleiben hier weitere Ausführungen dazu und wird auf die einschlägige Prozessrechtsliteratur verwiesen.

III. Beschwerde

1. Sofortige Beschwerde

1851 Gegen die **Beschlüsse** des Amtsgerichts ist gem. § 567 ZPO die sofortige Beschwerde (im Folgenden nur noch: Beschwerde) in zwei Fällen statthaft:

Die Beschwerdefähigkeit des Beschlusses ist im Gesetz (hier insbesondere ZPO oder ZVG) ausdrücklich bestimmt.

> *Beispiele*
> - Beschluss über die Zurückweisung eines Befangenheitsgesuches gegen einen Richter (beschwerdefähig gem. § 46 Abs. 2 ZPO).
> - Kostenfestsetzungsbeschluss (beschwerdefähig gem. § 104 Abs. 3 ZPO).
> - Kostenentscheidung gem. § 91a ZPO (beschwerdefähig gem. § 91a Abs. 2 ZPO).

1852 Es geht um solche eine mündliche Verhandlung nicht erfordernde Entscheidungen, durch die ein das Verfahren betreffendes Gesuch zurückgewiesen wurde. Diese Variante ist nur höchst selten einschlägig.

---

[183] Das geht sogar bei einer Zurückweisung durch Beschluss gem. § 522 ZPO: LG Nürnberg-Fürth v. 5.8.2010 – 14 S 4281/10, ZMR 2011, 242.

H. Rechtsmittel § 13

Beispiel
Anstatt unverzüglich einen Termin zur mündlichen Verhandlung zu bestimmen, wie es der Kläger gem. § 216 ZPO verlangt, ordnet der Richter an, den Rechtsstreit auf eine Warteliste zu setzen. Dagegen ist die Beschwerde statthaft.[184]

Zuständiges **Beschwerdegericht** ist gem. § 72 Abs. 2 GVG das auch als Berufungsgericht fungierende Landgericht (siehe Rn 1833) als zentrales Beschwerdegericht. Das gilt nicht nur für Beschwerden im Erkenntnisverfahren, sondern auch für Zwangsvollstreckungssachen, sofern das Vollstreckungsverfahren eine inhaltliche Nähe zum vorangegangenen Erkenntnisverfahren aufweist;[185] das ist z.B. der Fall, wenn der vollstreckte Titel die Unterlassung von Störungen zum Gegenstand hat, nicht aber bei der Vollstreckung von Geldforderungen. 1853

Die Beschwerde muss binnen einer **Frist** von **zwei Wochen** nach Zustellung des angefochtenen Beschlusses eingelegt werden, und zwar durch Einreichung einer Beschwerdeschrift oder durch Erklärung zu Protokoll der Geschäftsstelle. Es besteht kein Anwaltszwang. Die Beschwerde kann sowohl beim Ausgangsgericht (Amtsgericht) als auch beim Beschwerdegericht (Landgericht) eingelegt werden. 1854

Tipp
Die sofortige Beschwerde sollte stets beim Amtsgericht eingelegt werden. Zum einen erübrigen sich dadurch a priori etwaige Zweifel hinsichtlich der Frage, welches das zuständige Beschwerdegericht ist. Zum anderen hat das Amtsgericht eine Abhilfebefugnis, kann also seine eigene Entscheidung noch abändern. Eine beim Landgericht eingelegte Beschwerdeschrift würde von dort sowieso an das Amtsgericht weitergegeben werden, um diesem Gelegenheit zur Abhilfe zu geben. 1855

Gegen **Entscheidungen über Kosten** ist die Beschwerde nur zulässig, wenn der Wert des Beschwerdegegenstandes 200,00 EUR übersteigt (§ 567 Abs. 2 ZPO). Bei der Beschwerde gegen eine Kostenentscheidung gem. § 91a ZPO ist die Sonderregelung des § 91a Abs. 2 S. 2 ZPO zu beachten: Demnach ist die Beschwerde nur zulässig, wenn auch die Berufung zulässig gewesen wäre, was sich nach dem hypothetischen Ausgang des Rechtsstreits richtet.[186] 1856

Die **Kosten des Beschwerdeverfahrens** sind unterschiedlich geregelt und können hier deshalb nicht im Einzelnen dargestellt werden. Gerichtskosten fallen meistens nur an, wenn eine Beschwerde verworfen oder zurückgewiesen wird, und zwar i.d.R. als Festgebühren zwischen 50,00 EUR und 150,00 EUR. Bei den Rechtsanwaltsgebühren fällt im Normalfall nur eine 0,5-Verfahrensgebühr an (Nr. 3500 RVG-VV). Wenn eine mündliche Verhandlung stattfindet, kommt eine 1,2-Terminsgebühr (Nr. 3104 RVG-VV) hinzu. 1857

---

184 OLG Schleswig-Holstein v. 26.6.1981 – 1 W 94/81, NJW 1982, 246.
185 LG Kassel v. 1.7.2010 – 3 T 272/10, ZMR 2010, 875. A.A. *Briesemeister*, ZMR 2009, 91.
186 BGH v. 29.7.2003 – VIII ZB 55/03, NZM 2003, 798. Wenn die Kostenscheidung nach § 91a ZPO dem Kläger z.B. nur 20 % auferlegt, ist davon auszugehen, dass er im Rechtsstreit nur zu 20 % unterlegen wäre; demnach ist seine hypothetische Beschwer mit 20 % des Streitwerts anzusetzen. Dieser Wert muss 600,00 EUR übersteigen (siehe Rn 1835), damit die Beschwerde gegen die Kostenentscheidung zulässig ist.

1858 **Muster 13.7: Beschwerde gegen Kostenentscheidung gem. § 91a ZPO**

An das Amtsgericht

Az.: 17 GR 25/13

In Sachen

Acker u.a. / Berger u.a. (Miteigentümer der WEG Heinestraße 12, 75234 Musterstadt)

legen wir namens und in Vollmacht der Kläger **Beschwerde** gegen den Beschluss des Amtsgerichts vom 26.5.2014 ein und beantragen:

Der Beschluss wird abgeändert. Die Beklagten werden verpflichtet, die Kosten des Rechtsstreits zu tragen.

Wert des Beschwerdegegenstands: 700,00 EUR

Begründung:

Die in diesem Verfahren angefochtenen Beschlüsse wurden in der Wohnungseigentümerversammlung vom 14.4.2014 erneut, diesmal aber ohne Formfehler, gefasst. Nach Eintritt der Bestandskraft der Zweitbeschlüsse wurde der vorliegende Rechtsstreit beiderseits für erledigt erklärt. Zu Unrecht hat das Amtsgericht daraufhin im angefochtenen Beschluss Kostenaufhebung angeordnet. Gem. § 91a ZPO ist nach Erledigung des Rechtsstreits in der Hauptsache über die Kosten des Verfahrens nach billigem Ermessen unter Berücksichtigung des bisherigen Streitstandes zu entscheiden. Die Anfechtungsklage war bis zum Eintritt des erledigenden Ereignisses (Bestandskraft der Zweitbeschlüsse) zulässig und begründet, weshalb nur die Kostentragungspflicht der Beklagten billigem Ermessen entspricht.

Rechtsanwälte N.N.

1859 Eine **Anschlussbeschwerde** (§ 567 Abs. 3 ZPO) ist zulässig.[187]

2. Rechtsbeschwerde

1860 Gegen einen Beschluss kann auch die revisionsähnlich ausgestaltete Rechtsbeschwerde statthaft sein; sie kann nur durch einen beim BGH zugelassenen Rechtsanwalt eingelegt werden. Für die Entscheidung ist der BGH als Rechtsbeschwerdegericht zuständig (§ 133 GVG). Statthaft ist die Rechtsbeschwerde gem. § 574 ZPO in zwei Fällen:
- Die Statthaftigkeit wird im Gesetz ausdrücklich bestimmt **und** die Rechtssache hat grundsätzliche Bedeutung usw. (§ 574 Abs. 1 Nr. 1, Abs. 2 ZPO);
- das Beschwerdegericht oder das Berufungsgericht hat die Rechtsbeschwerde in dem Beschluss zugelassen, wozu es verpflichtet ist, wenn die Rechtssache grundsätzliche Bedeutung hat oder die Fortbildung des Rechts oder die Sicherung einer einheitlichen Rechtsprechung eine Entscheidung des Rechtsbeschwerdegerichts erfordert (§ 574 Abs. 1 Nr. 2, Abs. 2–3 ZPO).

Wegen weiterer Einzelheiten wird auf die einschlägige Prozessrechtsliteratur verwiesen.

---

[187] BGH v. 10.12.2009 – V ZB 151/09, ZWE 2010, 180.

§ 14 Anhang

A. Verwaltervertrag

▼

Muster 14.1: Verwaltervertrag

1861

Zwischen der

Wohnungseigentümergemeinschaft Heinestraße 12, 75234 Musterstadt

bestehend aus

21 Wohnungen,

3 Teileigentumseinheiten,

25 Tiefgarageneinstellplätzen,

0 Garagen,

im Folgenden:

– Gemeinschaft –

und

X-Immobilien GmbH, vertreten durch den Geschäftsführer Xaver Xentis, Zenstraße 5, 75234 Musterstadt, im Folgenden:

– Verwalter –

wird folgender Verwaltervertrag abgeschlossen:

§ 1 Bestellung, Laufzeit, Beendigung

1. X-Immobilien GmbH wurde in der Wohnungseigentümerversammlung vom 10.4.2014 auf der Grundlage des vorliegenden Vertrags für die Zeit vom 1.6.2014 bis zum 31.5.2019 zum Verwalter der oben bezeichneten Wohnungseigentümergemeinschaft bestellt. Der Verwaltungsbeirat (Herr X/Frau Y) wurden beauftragt, den Vertrag für die Gemeinschaft zu unterzeichnen.
2. Dieser Vertrag hat eine Laufzeit von 5 Jahren. Er beginnt am 1.6.2014 und endet am 31.5.2019. Während seiner Laufzeit kann der Vertrag nur aus wichtigem Grund gekündigt werden.
3. Der Verwalter kann eine eventuelle Kündigung/Amtsniederlegung nur in Textform gegenüber einem Mitglied des Verwaltungsbeirats erklären; sofern kein Verwaltungsbeirat bestellt ist, kann er die Erklärung auch mündlich im Rahmen einer Eigentümerversammlung gegenüber den dort versammelten Eigentümern mit Wirkung gegenüber der Eigentümergemeinschaft abgeben.
4. Endet die Bestellung – gleich aus welchem Grund – endet damit auch der Verwaltervertrag.

§ 2 Aufgaben und Befugnisse des Verwalters

Die Aufgaben und Befugnisse des Verwalters ergeben sich aus dem Wohnungseigentumsgesetz (insbesondere aus den §§ 27–28 WEG), aus der Teilungserklärung/Gemeinschaftsordnung sowie aus den Bestimmungen dieses Vertrages. Der Verwalter hat die ihm übertragenen Aufgaben mit der Sorgfalt eines ordentlichen Kaufmannes durchzuführen. Bei ihrer Erfüllung ist er zur Vertretung der Gemeinschaft und der Miteigentümer berechtigt.

§ 14 Anhang

Der Verwalter ist gegenüber den Wohnungseigentümern und der Gemeinschaft insbesondere berechtigt und verpflichtet:

1. Die Beschlüsse der Gemeinschaft um- und durchzusetzen;
2. Alle Zahlungen und Leistungen zu bewirken und entgegenzunehmen, die mit der laufenden Verwaltung zusammenhängen;
3. Gemeinschaftliche Gelder getrennt vom eigenen Vermögen oder vom Vermögen Dritter (insbesondere anderer von ihm verwalteter Gemeinschaften) zu verwalten und über deren Verwendung Rechenschaft abzulegen. Gelder der Instandhaltungsrücklage darf der Verwalter bis maximal zur Höhe von $1/4$ des Gesamtvolumens des Wirtschaftsplans für das laufende Jahr ohne vorhergehenden Beschluss zur Überbrückung von Liquiditätsengpässen verwenden;
4. Das Hausgeld gemäß Wirtschaftsplan und Jahresabrechnung sowie Sonderumlagen anzufordern, in Empfang zu nehmen und erforderlichenfalls zwangsweise beizutreiben („Hausgeldinkasso"). Wenn Hausgeldzahlungen trotz zweimaliger Mahnung (die zweite mit Fristsetzung) nicht geleistet werden, ist der Verwalter berechtigt, im Namen der Gemeinschaft einen Rechtsanwalt mit der (außergerichtlichen und gerichtlichen) Beitreibung zu beauftragen; bei der Zwangsvollstreckung wird Maßnahmen der Immobilarzwangsvollstreckung (insbes. Zwangsverwaltung und Zwangsversteigerung) zugestimmt. Der Verwalter ist in Abweichung von § 27 Abs. 1 Nr. 7 WEG nicht verpflichtet, die Wohnungseigentümer über Hausgeldinkassoverfahren unverzüglich zu unterrichten; er muss aber in der jährlichen Eigentümerversammlung über die im laufenden und im abgerechneten Wirtschaftsjahr geführten Hausgeldinkassoverfahren berichten;
5. Nach Ablauf des Kalenderjahres bis längstens 31.5. des Folgejahres die Gesamt- und Einzelabrechnungen sowie die Gesamt- und Einzelwirtschaftspläne aufzustellen und – nachdem der Verwaltungsbeirat die Möglichkeit der Prüfung hatte (§ 29 Abs. 3 WEG) – den Miteigentümern zusammen mit der Einberufung zur Eigentümerversammlung zu übersenden. Für das Rechnungswesen gelten die allgemeinen von Gesetz und Rechtsprechung aufgestellten Grundsätze mit der Maßgabe, dass es sinnvolle und nachvollziehbare Abgrenzungen oder Saldierungen sind. Die Abrechnung muss ferner einen Status enthalten, der über die Forderungen und Verbindlichkeiten der Gemeinschaft informiert;
6. Im Rahmen seiner Verwaltungsaufgaben Verträge abzuschließen oder zu kündigen und sonstige Rechtsgeschäfte vorzunehmen, insbesondere einen Hausmeister und sonstiges zur Erhaltung der Gemeinschaftsanlage notwendige Personal zu verpflichten bzw. einzustellen, zu entlassen und das Entgelt für diese festzusetzen. Die in diesem Zusammenhang anfallenden Aufwendungen für Fremdleistungen (Annoncen u.Ä.) sind von der Gemeinschaft zu tragen. Langfristige Verträge (Hausmeister-, Reinigungs- und ähnliche Verträge) dürfen ohne Beschluss der Gemeinschaft die Dauer von einem Jahr nicht übersteigen;
7. Die für die ordnungsgemäße Instandhaltung und Instandsetzung des gemeinschaftlichen Eigentums erforderlichen Maßnahmen zu treffen. Reparatur- und Instandhaltungsmaßnahmen (wozu auch sachverständige Begutachtungen, z.B. bei Baumängeln oder Wasserschäden gehören können) bis zur Höhe von 1.500,00 EUR im Einzelfall kann der Verwalter nach eigenem pflichtgemäßen Ermessen beauftragen; bis zur Höhe von 3.000,00 EUR bedarf es der vorherigen Rücksprache mit dem Verwaltungsbeirat; diesem ist Gelegenheit zur Stellungnahme zu geben. Für Maßnahmen, deren Kosten voraussichtlich über 3.000,00 EUR liegen, bedarf es der vorherigen Beschlussfassung der Gemeinschaft.

A. Verwaltervertrag § 14

8. Bei Schäden am Gemeinschaftseigentum, die in den Anwendungsbereich einer von der Gemeinschaft unterhaltenen Gebäudeversicherung fallen (das sind insbesondere Schäden infolge Brand, Leitungswasser, Sturm, Hagel, Überschwemmung, Glasbruch), die zur Instandsetzung des Gemeinschaftseigentums erforderlichen Arbeiten im Namen der Gemeinschaft ohne deren vorherige Beschlussfassung zu beauftragen, sofern die Versicherung ihre Einstandspflicht (durch Erteilung einer Deckungszusage oder in anderer Weise) anerkannt hat; der Verwalter hat die Wohnungseigentümer unverzüglich in Textform über den Schadensfall zu informieren. Der Verwalter ist ferner berechtigt, die Ansprüche der Gemeinschaft aus dem Versicherungsvertrag erfüllungshalber an ein mit der Schadensbeseitigung beauftragtes Unternehmen abzutreten; er ist ferner berechtigt (aber nicht verpflichtet), Miteigentümer zur Verfügung (Geltendmachung) über die aus den Versicherungsverträgen folgenden Ansprüche zu ermächtigen, soweit deren Sondereigentum betroffen ist und soweit die Versicherungsbedingungen diese Abtretung zulassen. Zahlungen (Versicherungsleistungen), die der Gebäudeversicherer auf das WEG-Konto geleistet hat, die aber für Sondereigentümer bestimmt sind, hat der Verwalter in voller Höhe an diese Sondereigentümer weiter zu leiten; ein etwaiger Selbstbehalt ist nicht (auch nicht anteilig) bei Sondereigentümern abzuziehen, sondern verbleibt bei der Gemeinschaft;

9. In dringenden Fällen sonstige zur Erhaltung des gemeinschaftlichen Eigentums erforderlichen Maßnahmen nach eigenem Ermessen zu treffen;

10. Willenserklärungen und Zustellungen entgegenzunehmen, soweit diese an die Gemeinschaft oder an alle Wohnungseigentümer in dieser Eigenschaft gerichtet sind. Sofern es nicht um Angelegenheiten der laufenden Verwaltung geht, ist der Vorsitzende des Verwaltungsbeirates hierüber umgehend zu informieren;

11. Die Gemeinschaft außergerichtlich und gerichtlich auf der Passivseite zu vertreten und hierbei im Namen der Gemeinschaft einen Rechtsanwalt zu beauftragen. In Beschlussanfechtungsverfahren ist der Verwalter zur Vertretung der auf Passivseite stehenden Miteigentümer befugt, auch zur Beauftragung eines Rechtsanwalts für diese. Die beklagten Miteigentümer sind über das Verfahren unverzüglich zu unterrichten;

12. Die Gemeinschaft in Aktivverfahren (Geltendmachung von Ansprüchen) gerichtlich und außergerichtlich zu vertreten und hierbei im Namen der Gemeinschaft einen Rechtsanwalt zu beauftragen. Im Innenverhältnis zwischen dem Verwalter und der Gemeinschaft wird hierfür im Einzelnen Folgendes vereinbart:

   a) Keiner besonderen Zustimmung der Gemeinschaft bedürfen Hausgeldinkassoverfahren (siehe hierzu Nr. 4) sowie die Geltendmachung von Ansprüchen gegen den Vorverwalter auf Herausgabe der Verwaltungsunterlagen und Rechnungslegung.

   b) Die Geltendmachung von Ansprüchen gegenüber außenstehenden Dritten bedarf der Zustimmung des Verwaltungsbeirats; außerdem darf der voraussichtliche Streitwert 1.500,00 EUR nicht übersteigen.

   c) In allen übrigen Fällen (sonstige Ansprüche gegen Miteigentümer, Ansprüche gegen Dritte mit einem voraussichtlichen Streitwert über 1.500,00 EUR) bedürfen rechtliche Schritte eines vorhergehenden Beschlusses der Gemeinschaft.

   d) Die Befugnis zur Vornahme dringender Eilmaßnahmen (siehe Nr. 13) bleibt unberührt;

13. Maßnahmen zu treffen, die zur Wahrung einer Frist oder zur Abwendung eines sonstigen Rechtsnachteils erforderlich sind;

14. Das gemeinschaftliche Eigentum zum Neuwert gegen Feuer zu versichern, außerdem eine Haus- und Grundstückshaftpflichtversicherung, eine Leitungswasser-Schadenversiche-

rung, sowie (wenn notwendig) eine Gewässerschadenversicherung abzuschließen. Er ist nicht verpflichtet, aber berechtigt, diese Verträge auch zu kündigen;

15. Die Verwaltungsunterlagen 6 Jahre lang aufzubewahren. Der Verwalter kann verlangen, dass die Gemeinschaft Unterlagen, die älter als 6 Jahre sind, selber zur Aufbewahrung übernimmt; falls die Gemeinschaft trotz eines entsprechenden Antrags des Verwalters keine Regelung zur Übernahme trifft, kann sich der Verwalter seiner Aufbewahrungspflicht dadurch entledigen, dass er die Unterlagen an einem gemeinschaftlichen Raum im Objekt deponiert und die Miteigentümer hierüber in Textform informiert.
Der Verwalter ist ferner berechtigt (aber nicht verpflichtet),

16. Die Wohnungs-/Teileigentumsgrundbücher jederzeit einzusehen und sich Abschriften erteilen zu lassen; das Einsichtsrecht umfasst auch die Teilnahme am automatisierten Abrufverfahren gem. § 133 der Grundbuchordnung. Damit verbundene Kosten trägt die Gemeinschaft;

17. Zur Beratung in den die Gemeinschaft betreffenden Rechtsfragen im Einzelfall (z.B. zur Vorbereitung oder Begleitung einer Eigentümerversammlung oder zur Klärung schwieriger rechtlicher Fragen während der laufenden Verwaltung) für die Gemeinschaft einen Rechtsanwalt zu Kosten bis max. 300,00 EUR zu beauftragen.

§ 3 Versammlung der Wohnungseigentümer

1. Die Einladung zur Eigentümerversammlung muss mit einer Frist von mindestens 2 Wochen erfolgen, sofern kein dringender Fall vorliegt. Die Einladung ist an die bisher verwendeten bzw. dem Verwalter zuletzt bekannt gegebenen Anschriften zu versenden. Der Verwalter ist nicht verpflichtet, den aktuellen personellen Bestand der Gemeinschaft durch Einsichtnahme in das Grundbuch oder auf andere Weise zu ermitteln, sofern er nicht von der Veräußerung einer Wohnung Kenntnis erlangt hat. Er muss auch keinen Nachweis über den Zugang der Einladung führen.

2. Auslagen für die Durchführung der Eigentümerversammlung (Miete etc.) gehen zu Lasten der Gemeinschaft.

3. Den Vorsitz in der Versammlung führt der Verwalter, sofern die Gemeinschaft nichts anderes beschließt.

4. Der Verwalter hat über die Beschlüsse der Wohnungseigentümergemeinschaft unverzüglich eine Niederschrift zu erstellen, die notwendigen Unterschriften einzuholen und Kopien der Niederschrift spätestens 2 Wochen nach Beschlussfassung in Textform an die Miteigentümer zu versenden. Die Pflicht zur Führung der Beschluss-Sammlung bleibt davon unberührt; diesbezüglich wird aber Folgendes vereinbart: Wenn der Verwalter eine schon vom Vorverwalter begonnene Beschluss-Sammlung übernimmt, muss er deren Nummerierung nicht fortsetzen, sondern kann die Nummerierung bei der ersten von ihm vorzunehmenden Eintragung mit „1" beginnen; ab da ist die Nummerierung fortlaufend vorzunehmen.

§ 4 Verwaltervergütung

1. Die nachfolgend aufgeführten Preise sind Netto-Angaben, denen die gesetzliche Umsatzsteuer in der jeweils geltenden Höhe (derzeit 19 %) hinzuzurechnen ist. Die Vergütung ist jeweils zuzüglich der Umsatzsteuer geschuldet (= Endpreis „brutto").

2. Die Grundvergütung des Verwalters beträgt:
Pro Wohnungseigentum/Teileigentum monatlich 20,00 EUR (= brutto 23,80 EUR).
Bei Nichtteilnahme am Lastschriftverfahren erhöht sich die für die betreffende Einheit zu zahlende Vergütung (Mehraufwandspauschale) auf 23,00 EUR (= brutto 27,37 EUR).
Pro Stellplatz monatlich 4,00 EUR (= brutto 4,76 EUR).

Bei Nichtteilnahme am Lastschriftverfahren erhöht sich die für die betreffende Einheit zu zahlende Vergütung (Mehraufwandspauschale) auf 6,00 EUR (= brutto 7,14 EUR).
Die Grundvergütung deckt nur die Leistungen ab, für die nicht nachfolgend eine Sondervergütung vereinbart ist.

3. Für folgende Leistungen werden Sondervergütungen vereinbart:
    a) Anmahnung fälliger Forderungen der Gemeinschaft oder des Verwalters: Je Mahnung pauschal 15,00 EUR (= brutto 17,85 EUR).
    b) Fertigung von Kopien aus den Verwaltungsunterlagen auf Verlangen einzelner Eigentümer: 0,50 EUR (= brutto 0,59 EUR) je Kopie für die ersten 50 Kopien, ab der 51. Kopie je 0,15 EUR (= brutto 0,17 EUR) zzgl. Porto für eine eventuelle Übersendung. Für die Übersendung eingescannter Unterlagen per E-Mail 0,20 EUR (= brutto 0,23 EUR) je Seite für die ersten 50 Seiten, ab der 51. Seite 0,10 EUR (= brutto 0,11 EUR).
    c) Vorbereitung und Bearbeitung gerichtlicher Verfahren (z.B. Beschlussanfechtung, Hausgeldklagen, Durchsetzung von Mängel-, Beseitigungs- oder Unterlassungsansprüchen usw.) unter Hinzuziehung eines Rechtsanwalts: Je Gerichtsinstanz pauschal 150,00 EUR (= brutto 178,50 EUR). Zusätzlich wird die Wahrnehmung von Gerichts- und Ortsterminen sowie der Aufwand für die Information der Eigentümer (Übersendung des Schriftverkehrs gem. § 27 Abs. 1 Nr. 7 WEG) nach den Verrechnungssätzen (siehe Nr. 6) berechnet.
    d) Prüfung und Erteilung einer Veräußerungszustimmung i.S.v. § 12 WEG (falls nach der Teilungserklärung vorgesehen): Pauschal 150,00 EUR (= brutto 178,50 EUR).
    e) Durchführung einer Wiederholungsversammlung wegen Beschlussunfähigkeit: Berechnet werden die allgemeinen Verrechnungssätze (siehe Nr. 6).
    f) Andere Sondervergütungen (z.B. bei etwaigen Sanierungsarbeiten oder sonstigen größeren Bauleistungen) sind nur nach vorheriger Vereinbarung im Einzelfall geschuldet.
4. Die Grundvergütung ist am 1. jeden Monats im Voraus fällig; Sondervergütungen sind fällig nach Leistungserbringung. Der Verwalter ist berechtigt, seine Vergütung bei Fälligkeit dem Gemeinschaftskonto zu entnehmen.
5. Regelungen zur Kostentragung einzelner Sondervergütungen durch den Verursacher (§ 21 Abs. 7 WEG):
    Zu Nr. 2: Die bei Nichtteilnahme am Lastschriftverfahren anfallende Mehraufwandspauschale ist vom Verursacher zu tragen.
    Zu Nr. 3a: Die Mahnkosten soll der Verursacher tragen. Wenn dieser sie nicht bezahlt, ist der Verwalter berechtigt, sie dem Gemeinschaftskonto zu entnehmen; in diesem Fall soll die Ausgabe dem Eigentümer in der nächsten Jahreseinzelabrechnung als direkte Position (Einzelbelastung) belastet werden. Die Gemeinschaft kann die Erstattung aber auch außerhalb der Jahresabrechnung geltend machen.
    Zu Nr. 3b: Zur Bezahlung ist der jeweilige Miteigentümer verpflichtet. Der Verwalter kann von ihm eine angemessene Vorauskasse verlangen. Wenn der Miteigentümer die Leistung nicht bezahlt, ist der Verwalter berechtigt, seine Vergütung dem Gemeinschaftskonto zu entnehmen; in diesem Fall soll die Ausgabe dem Eigentümer in der nächsten Jahreseinzelabrechnung als direkte Position (Einzelbelastung) belastet werden. Die Gemeinschaft kann die Erstattung aber auch außerhalb der Jahresabrechnung geltend machen.
    Zu Nr. 3c: Die dadurch anfallenden Kosten muss der Verursacher der Gemeinschaft erstatten. Die Gemeinschaft kann diese Kosten als gesonderten Schadensposten geltend machen oder sie dem betreffenden Miteigentümer in der nächsten Jahresabrechnung als direkte Position (Einzelbelastung) belasten.

Sollte den vorstehenden „Regelungen zur Kostentragung" die rechtliche Wirksamkeit versagt werden, bleibt die Vereinbarung der Sondervergütungen (Nr. 2 und 3) davon unberührt.
6. Verrechnungssätze (soweit sie nach den vorstehenden Bestimmungen zur Anwendung kommen oder wenn sie im gesonderten Einzelfall vereinbart werden):
Stundenlohn Geschäftsführer: 70,00 EUR (= brutto 83,30 EUR).
Stundenlohn Mitarbeiter: 40,00 EUR (= brutto 47,60 EUR).
Fahrtkosten: 0,50 EUR (= brutto 0,59 EUR) je km bei Kfz-Benutzung. Bei Benutzung öffentlicher Verkehrsmittel nach Aufwand.
Auslagen (Porti, Sachmittel, Parkgebühren etc.): Nach Aufwand. Für Kopien siehe oben Nr. 3b.

§ 5 Haftung und Haftpflichtversicherung
1. Hinsichtlich der Haftung des Verwalters für etwaiges Fehlverhalten gegenüber der Gemeinschaft oder gegenüber einzelnen Eigentümern gelten die Regelungen des BGB. Die Haftung für Pflichtverletzungen, die weder vorsätzlich noch grob fahrlässig erfolgt sind, ist auf den Betrag der Deckungssumme der Haftpflichtversicherung (dazu nachfolgende Nr. 2) beschränkt. Das gilt nicht bei der Haftung für Verletzungen von Leben, Körper und Gesundheit.
2. Der Verwalter ist verpflichtet, eine Vermögensschadenhaftpflichtversicherung mit einer Deckungssumme von 500.000,00 EUR abzuschließen und aufrecht zu erhalten.

§ 6 Sonstiges
1. Steht eine Sondereigentumseinheit einer Mehrheit von Eigentümern zu, ist der Verwalter berechtigt, die Einheit so zu verwalten, als ob sie nur einen Eigentümer hätte; er muss keinen darüber hinaus gehenden Mehraufwand betreiben. Er ist berechtigt, Erklärungen, Schreiben, Abrechnungen usw. an nur einer der Miteigentümer der betreffenden Sondereigentumseinheit – mit Wirkung für alle – zu richten. Wenn die Miteigentümer einer Sondereigentumseinheit dem Verwalter einen gemeinsamen Bevollmächtigten benennen, fungiert dieser als alleiniger Ansprechpartner des Verwalters und ist diesem gegenüber zustellungsbevollmächtigt.
2. Sollten Teile dieses Verwaltervertrages nichtig sein, besteht Einigkeit, dass damit nicht der gesamte Vertrag nichtig wird.
3. Die Vorsitzende des Verwaltungsbeirats wurde in der Wohnungseigentümerversammlung vom 10.4.2014 zur Unterzeichnung des Verwaltervertrags ermächtigt.

▲

B. Verwaltervollmacht

▼

1862 **Muster 14.2: Verwaltervollmacht**

Der Verwalter der WEG Heinestraße 12, 75234 Musterstadt,

X-Immobilien GmbH, Zenstraße 5, 75234 Musterstadt,

ist berechtigt,
1. im Namen aller Wohnungseigentümer und mit Wirkung für und gegen sie,
   a) ▨ (Text des § 27 Abs. 2 WEG),
2. im Namen der Wohnungseigentümergemeinschaft
   a) ▨ (Text des § 27 Abs. 3 WEG).

B. Verwaltervollmacht § 14

3. Ergänzend ist der Verwalter berechtigt, im Namen der Wohnungseigentümergemeinschaft
   a) zwecks Beratung in den die Eigentümergemeinschaft betreffenden Rechtsfragen einen Rechtsanwalt zu Kosten bis max. 300,00 EUR zu beauftragen;
   b) Beitragsrückstände von Miteigentümern außergerichtlich und gerichtlich geltend zu machen und hierzu einen Rechtsanwalt zu beauftragen;
   c) Reparatur- und Instandhaltungsmaßnahmen bis zur Höhe von 1.500,00 EUR im Einzelfall zu beauftragen; bis zur Höhe von 3.000,00 EUR bedarf es der vorherigen Rücksprache mit dem Verwaltungsbeirat, darüber hinaus der vorherigen Beschlussfassung der Eigentümergemeinschaft.
   d) ▨▨▨▨ (eventuelle weitere im Außenverhältnis bedeutsame Erweiterungen oder Beschränkungen der Vertretungsbefugnis entsprechend dem Verwaltervertrag).

Stichwortverzeichnis

fette Zahlen = Paragrafen, magere Zahlen = Randnummern

Abberufung
- des Verwalters **10** 1294
- des Verwalters, Anfechtung **10** 1342
- des Verwalters, Anspruch auf **10** 1312
- des Verwaltungsbeirats **11** 1599

Abfallgebühren **8** 970
Abgeschlossenheit **1** 4
Ablösung bei Zwangsversteigerung **9** 1178
Abmahnung
- vor Entziehung des Eigentums **3** 368
- vor Unterlassungsklage **3** 343
- vor Verwalterabberufung **10** 1309

Abnahme
- des Gemeinschaftseigentums **5** 599
- des Sondereigentums **5** 603
- durch WEG-Beschluss **5** 610
- technische **5** 612

Absage einer Versammlung **7** 740
Abschrift der Klage **9** 1142
Abstimmungsverfahren **7** 850
Abwasserkosten **8** 971
Abwasserleitung **1** 36, 58
Änderungsanspruch **2** 233
Änderungsvorbehalt
- betr. Bauausführung **2** 262
- betr. GO **2** 251

Amtsniederlegung des Verwalters **10** 1350
Anerkenntnis
- Anerkenntnisurteil **13** 1726
- bei Beschlussanfechtung **13** 1769

Anfechtungsbefugnis
- allgemein **13** 1775
- des Verwalters **10** 1473

Angebote
- vor Baumaßnahmen **4** 532
- vor Verwalterbestellung **10** 1248

Anpassung des Kostenverteilerschlüssels **2** 235
Anschlusszwang an Wärmeversorgung **12** 1651
Anschrift, Änderung **7** 758
Anspruchsbegründung durch Beschluss **2** 142
Aufforderungsbeschluss **3** 343; **4** 482
Auflassung bei Bauträgerinsolvenz **5** 660

Aufopferungsanspruch
- allgemein **6** 730
- nachbarrechtlicher **12** 1630

Aufrechnung
- gegenüber Bauträgervergütungsforderung **5** 654
- gegenüber Beitragsforderung **9** 1130

Aufstockung **4** 425
Aufteilungsplan **1** 3, 81
Aufwendungsersatzanspruch **12** 1631
Aufzug **1** 38
Aufzugskosten **8** 972
Ausbau von Dachgeschossen **4** 584
Ausfrieren (Versorgungssperre) **9** 1220
Ausgeschiedener Eigentümer, Anfechtungsbefugnis **13** 1775
Auskünfte **10** 1539
Ausschluss aus Versammlung **7** 813, 825
Außerordentliche Versammlung, Sondervergütung **10** 1451

Balkon **1** 40; **3** 291; **4** 427
Balkonsanierung **4** 515, 544
Balkonverglasung **1** 37
Barrierefreiheit **4** 390, 454, 554
Bauausführung, abweichende **1** 81, 93; **4** 533
Baugenehmigung
- als Nutzungsbedingung **3** 282
- Widerspruchsbefugnis **4** 573, 577

Bauherrengemeinschaft **12** 1646
Baulast **4** 578
Bauliche Veränderungen
- allgemein **4** 380
- Begriff **4** 393
- Beseitigungsanspruch **4** 477
- Bindung des Rechtsnachfolgers **4** 419
- durch den Bauträger **4** 394

Baum
- auf Sondernutzungsfläche **1** 111, 122
- Fällen als bauliche Veränderung **4** 435

Baumaßnahmen, eigenmächtige
- Ersatzansprüche **4** 579
- Rückbaupflicht **4** 477

Bauphysikalische Mängel **5** 628

553

Stichwortverzeichnis

Bauträger als Verwalter **10** 1281, 1290, 1336, 1486
Bauträgervertrag **5** 592
Bauüberwachung
– als Verwalterpflicht **10** 1489
– Sondervergütung **10** 1452
Bauunterlagen, Herausgabe durch den Bauträger **10** 1360
Beiladung **13** 1757
Beitragsforderung **8** 1098
– Aufrechnung und Zurückbehaltungsrecht **9** 1130
– Verjährung **8** 1108
Beitragszahlung, Rückforderung **8** 1110
Beleidigung des Verwalters **10** 1358
Berufung **13** 1833
Beschluss
– allgemein **2** 125, 137
– allstimmiger **2** 158
– anfechtbarer **2** 178
– Anfechtungsklage **13** 1765
– Antrag **7** 851
– Auslegung **2** 145
– bedingter **2** 175
– Beschlussergebnis, Feststellung **7** 858
– Bestimmtheit **2** 182
– deklaratorischer **2** 159 f.
– Durchführung durch Verwalter **10** 1470
– Einmannbeschluss des Bauträgers **2** 166
– Einmannbeschluss in Einmannversammlung **2** 161
– einstimmiger **2** 162
– Eintragung in das Grundbuch **2** 231
– Ersetzung durch Gericht **4** 537; **6** 715
– fehlerhafte Feststellung **13** 1784
– Feststellung **7** 858
– Geschäftsordnungsbeschluss **2** 163
– konkludenter **7** 851
– Negativbeschluss **13** 1784 f.
– Nichtbeschluss **2** 164
– nichtiger **2** 156, 180
– Scheinbeschluss **2** 164
– schriftlicher (Umlaufbeschluss) **2** 168; **7** 915
– schwebend unwirksamer **2** 188
– Zitterbeschluss **2** 126; **4** 415, 519
– Zweitbeschluss **2** 171
Beschluss-Sammlung
– Abberufung des Verwalters **10** 1321

– allgemein **7** 898
Beschlussanfechtung
– Anfechtungsbefugnis **12** 1711; **13** 1775
– Anfechtungsfrist **13** 1777
– gerichtliches Verfahren **13** 1765
– Teilanfechtung **13** 1766
Beschlussfähigkeit **7** 789
Beschlusskompetenz (allgemein) **2** 127, 147
Beschwerde, sofortige **13** 1851
Beschwerdewert in Berufung **13** 1836
Bestandskraft, Beschluss **2** 139
Bestellung des Verwalters
– Anfechtung **10** 1272
– durch Beschluss **10** 1244
– durch den Bauträger **10** 1287
– durch Gericht **10** 1378
– in der Teilungserklärung **10** 1286
Bestellung des Verwaltungsbeirats **11** 1596
Bestimmtheit von Beschlüssen **2** 145
Betreiberverantwortung **12** 1654
Betretungsrecht **6** 725; **10** 1421
Betreutes Wohnen **2** 134
Betriebsgesellschaft zur Verwaltung der WEG **6** 692
Betriebskosten, Verteilung **8** 961
Betriebskostenabrechnung im Mietrecht **8** 1051
Betriebsstrom der Heizung **8** 994
Beurteilungsspielraum **6** 689
Blockheizkraftwerk **4** 553
Blockstimmrecht **12** 1708, 1711
Blumengießen **3** 266
Blumenkästen **4** 430
Bodenbelag **1** 42; **4** 431
Bodenbelagswechsel **3** 270
Bruchteilsgemeinschaft **1** 20
Bucheigentümer
– als Hausgeldschuldner **8** 1099
– Anfechtungsrecht **13** 1775

Carport **4** 434

Dachboden/Dachgeschoss **3** 284, 292; **4** 482, 584
Dachflächenfenster **4** 404, 433
Dachlawinen **12** 1663
Dachsanierung **4** 545
Dachterrasse **1** 45; **3** 290
Darlehensaufnahme **6** 702

Datenschutz **10** 1544
Dauerbeschluss
- gem. § 21 Abs. 7 WEG **8** 1115
- zur Heizkostenverteilung **8** 986
Delegation der Verwalteraufgaben **10** 1242
Dereliktion **1** 8; **12** 1645
DIN 4109 **3** 270
DIN-Normen, Einhaltung als ordnungsmäßige Verwaltung **4** 527
Dingliche Erwerberhaftung **8** 1040
Doppelparker **1** 47

E-Mail, Information der Miteigentümer **10** 1502
Ehegatten, Vertretungsrecht **7** 803
Eichung **8** 988, 994
Eigentümerliste **10** 1542; **13** 1739
Eigentümerwechsel
- Beitragspflicht **8** 1041
- Jahresabrechnung **8** 1036, 1100
- Mitteilung und Ladung **7** 752, 757
- Stimmrecht **1** 16
Einberufung **7** 740, 761
Einberufungsverlangen **7** 743
Einheitstheorie **10** 1236
Einheitswert **9** 1182, 1232
Einmannbeschluss des Bauträgers **2** 166
Einmannbeschluss in Einmannversammlung **2** 161
Einrohrheizung **8** 980
Einsichtnahme
- in Beschluss-Sammlung **7** 789
- in Grundbuch **10** 1422, 1544
- in Verwaltungsunterlagen **10** 1540
Einstweilige Verfügung
- Aufnahme Tagesordnungspunkte **7** 780
- Durchführung einer Versammlung **7** 750
- Einsetzung Verwalter **10** 1389
- Herausgabe Verwaltungsunterlagen **10** 1365
- Suspendierung Beschluss allgemein **2** 194
- Suspendierung Verwalterbestellung **10** 1284
Energetische Modernisierung **4** 551
Energieausweis **6** 693
EnEV **6** 689
Enthaltung bei Abstimmung **7** 850
Entlastung
- des Verwalters **10** 1590

- des Verwaltungsbeirats **11** 1617
Entziehung des Wohnungseigentums **3** 361; **9** 1231
Erbe, Haftung für Hausgeldrückstände **8** 1099
Erledigung der Hauptsache **13** 1776
Ersatzzustellungsvertreter
- gerichtlich bestellter **13** 1750
- von der Gemeinschaft bestellter **13** 1746
Erwerber
- Bindung an Beschlüsse **2** 145
- Haftung für Hausgeldrückstände **8** 1041
- Stimmrecht **1** 16
Estrich **1** 48
Eventualeinladung **7** 783

Facilitymanagement **12** 1654
Faktische Gemeinschaft **1** 10
Fassadensanierung **4** 546; **10** 1472
Fenster **1** 49, 79
Fenstertausch **4** 580
Feststellungsklage **1** 29
Feuerversicherung **12** 1666
Flächenangaben in der GO **8** 959, 984
Fliesen **6** 731
Flur **1** 50
Folgenbeseitigungsanspruch **2** 202
Formfehler, Anfechtung wegen **13** 1790
Fortgeltungsklausel **8** 1078
Fotokopien **10** 1453
Freiberufliche Tätigkeit **3** 283, 286
Freigabe durch Insolvenzverwalter **12** 1689
Fremdkonto **10** 1492
Funkerfassungssystem **8** 977

Galeriewohnung **4** 588
Garage **4** 434
Garderobe im Treppenhaus **3** 289
Garten **4** 435
Gartenhäuschen **4** 436
Gartenpflege **3** 317; **4** 435
GbR
- als Verwalter **10** 1238
- als Wohnungseigentümer **7** 755
- Stimmrecht **7** 832
Gebäudeversicherung **12** 1621, 1665
Gebrauchsregelungen **3** 303
Gebühren, öffentlich-rechtliche **12** 1647

555

Stichwortverzeichnis

Gebührenbescheid
- Empfangsvollmacht des Verwalters **10** 1525

Geldverwaltung **10** 1491

Gemeinschaft der Wohnungseigentümer
- Begriff **1** 20
- faktische **1** 10
- Gemeinschaftsverhältnis **3** 265; **12** 1619
- Rechtsfähigkeit **1** 18
- werdende **1** 10

Gemeinschaftsbezogenheit, Rechte und Pflichten **1** 26

Gemeinschaftseigentum
- Begriff **1** 32
- Rechte und Pflichten bei Nutzung **3** 288
- Umwandlung in Sondereigentum **2** 253

Gemeinschaftsordnung
- Änderung **2** 207
- Änderung durch Bauträger **2** 251
- Änderung mit Öffnungsklausel **2** 226
- Änderung, Kosten **2** 215
- Anspruch auf Änderung **2** 232
- Begriff **1** 6
- unzulässige Klauseln **2** 135
- zulässige Klauseln **2** 134

Geräteschuppen **4** 436

Gerichtliche Verfahren
- Kostenverteilung **8** 998
- Sondervergütung **10** 1454
- Vertretung durch Verwalter **10** 1519

Gesamtschuldner (Hausgeld) **8** 1099

Geschäftsordnung, Anträge zur **7** 825

Geschäftsordnungsbeschluss **2** 163

Gestaltungsklage **6** 715

Gewährleistungsausschluss **5** 614

Gewerbe
- in Teileigentum **3** 286
- in Wohnungseigentum **3** 283

Gitter vor Fenster/Türen **4** 438

Gleichbehandlung
- als Grundsatz der Beschlussfassung **3** 360; **6** 696
- im Unrecht **3** 360; **4** 500

Grillen **3** 314

Grundbucheinsicht **10** 1422, 1544

Grundbucheintragung
- von Beschlüssen **2** 231
- von Vereinbarungen **2** 211

Grundbuchzeugnis gem. § 17 Abs. 2 ZVG **9** 1185

Guthaben **8** 1039

Haftung
- auf Prozesskosten **10** 1556
- Beschränkung bei Verwalter **10** 1423
- der Wohnungseigentümer für Stimmverhalten **12** 1622
- des Erwerbers für Hausgeldrückstände **8** 1041
- des Verwalters **10** 1550
- des Verwalters als vollmachtloser Vertreter **10** 1532
- des Verwalters, Einzelfälle **10** 1564
- des Verwaltungsbeirats **11** 1615
- für fehlerhafte Beschlussfassung **2** 203
- für Mieter **12** 1636
- für Verbindlichkeiten der Gemeinschaft **12** 1640

Handlungsstörer **4** 484

Haus- und Grundbesitzer-Haftpflichtversicherung **6** 732

Hauseingang, Nutzung **3** 293

Hausgeld
- Begriff **8** 1080
- Fälligkeit **8** 1080
- Inkassoverfahren **9** 1120

Hausgeldrückstände
- im Prozess **8** 1102
- nachfolgende Jahresabrechnung **8** 1105

Hausgeldschuldenfreiheitsbescheinigung **8** 1040

Haushaltsnahe Dienstleistungen **8** 1006

Hausordnung **3** 308; **10** 1476

Haustür **3** 326

Hausverbot **6** 697

Hecken **1** 112; **4** 435, 460

Heizkörper **1** 55; **4** 440

Heizkostenabrechnung **8** 977

Heizkostenverteiler **1** 55; **8** 977

Heizraum **1** 56

Herausgabeanspruch **4** 478, 496

Hobbyraum **3** 284, 286

Hotelkosten **6** 732

Hundehaltung **3** 315

Immobilienerwerb durch die WEG **6** 685, 700

Informationspflichten des Verwalters **10** 1528

Stichwortverzeichnis

Insolvenz
- der Gemeinschaft **12** 1675
- des Bauträgers **5** 623, 659, 664
- des Verwalters **12** 1694
- eines Wohnungseigentümers **12** 1676
- und Zwangsversteigerung **9** 1213

Instandhaltung
- allgemein **4** 521
- Aufgabe des Verwalters **10** 1478
- beim Sondernutzungsrecht **1** 117
- laufende Maßnahmen **10** 1479
- Notmaßnahmen **10** 1480

Instandhaltungslast
- bei Sondernutzungsrecht **1** 119
- Verlagerung auf Sondereigentümer **1** 72

Instandhaltungsrücklage **8** 1024
Interessenkollision, Stimmrechtsausschluss **7** 840; **10** 1277
Isolierte Miteigentumsanteile **1** 93

Jahresabrechnung
- allgemein **8** 926
- Anfechtung **8** 1057
- Eigentümerwechsel **8** 1036
- Guthaben **8** 1039
- Kontenabgleich **8** 1021
- Prüfung durch Beirat **11** 1606
- Rechnungsabgrenzung **8** 940
- Zustimmungsfiktion **8** 935

Kabelanschluss **4** 472
Kabelkosten **8** 973
Kaltwasserkosten **8** 974
Kaltwasserzähler **1** 71; **8** 975
Kamin **3** 294; **4** 442
Kampfhund **3** 315, 333
Kehrwoche **3** 316
Kellerräume, Abgeschlossenheit **1** 4
Kinderwagen **3** 318
Klage auf künftige Leistung **9** 1145
Kompetenzerweiterung im Verwaltervertrag **10** 1428
Kontenabgleich **8** 1021
Kopfprinzip **7** 828
Kopien aus Verwaltungsunterlagen **10** 1541
Kostenentscheidung, prozessuale **13** 1802
Kostenlast **1** 72
Kostenverteilungsschlüssel
- Änderung **8** 961

- allgemein **8** 959
- Anspruch auf Änderung **2** 235

Kostenvorschuss zur Mängelbeseitigung **5** 620, 645
Kreditaufnahme **6** 702; **10** 1495
Kündigung des Verwalters **10** 1294

Lastschriftverfahren **6** 703; **10** 1457
Leerstand **2** 135
- Beitragspflicht **8** 960
- Heizpflicht **6** 698
- und Zwangsverwaltung **9** 1155

Leistungsprinzip **8** 1051
Leitungswasserschadenversicherung **10** 1490
Limited (Ltd)
- als Verwalter **10** 1239
- zwecks \Ausstieg\ aus einer WEG **12** 1645

Liquiditätsengpässe **8** 1029
Liquiditätssonderumlage **8** 1091
Lüftung, unzureichende als Baumangel **5** 628
Lüftungsanlage **3** 266; **4** 490

Mängelrechte aus Bauträgervertrag **5** 614
Mahnungen
- Sondervergütung für **10** 1458
- vor Titulierung **9** 1121

Mahnverfahren, gerichtliches **9** 1131
Majorisierung **10** 1277
Makler- und Bauträgerverordnung **5** 596
Makler, Verwalter als **10** 1279
Markise **1** 59; **4** 443, 552
Mauer **1** 60
Mehrhausanlage
- allgemein **12** 1695
- wirtschaftliche Trennung in GO **12** 1705

Messdienstkosten **8** 979
Messdifferenzen in Heizkostenabrechnung **8** 988 f.
Mieter
- Haftung des Eigentümers **12** 1636
- Störungen der Hausordnung **3** 353
- Störungen durch bauliche Maßnahmen **4** 489

Mietpool **10** 1492
Mietverwaltung **10** 1492
Minderheitenquorum für Einberufungsverlangen **7** 742
Minderung der Bauträgervergütung **5** 679

557

Stichwortverzeichnis

Miteigentumsanteile
- Änderung **2** 243
- Festlegung **1** 5
- isolierte **1** 93

Mobilfunkantenne **3** 295; **4** 445
Modernisierende Instandsetzung **4** 541
Modernisierungsmaßnahmen **4** 549
Müllabwurfanlage **6** 689
Musikausübung, Hausordnung **3** 319

Nachbarrecht **1** 113
Nachlassverwalter, Ladung **7** 756
Negativbeschluss
- Anfechtung **13** 1785
- Begriff **2** 167

Nichtbeschluss **7** 738
Nichtöffentlichkeit **7** 792
Nießbraucher
- Ladung zur Versammlung **7** 756
- Stimmrecht **7** 836

Notgeschäftsführung
- Verwalter **10** 1480
- Wohnungseigentümer **12** 1631

Notmaßnahmen
- Verwalterbefugnisse **10** 1523

Notverwalter **10** 1319
Nutzerwechsel u. Heizkostenabrechnung **8** 995
Nutzung
- des gemeinschaftlichen Eigentums **3** 288
- des Sondereigentums **3** 265

Nutzungsausfall, Aufopferungsanspruch **6** 732; **12** 1623
Nutzungsentgelt, gemeinschaftliche Einrichtungen **3** 296

Öffnungsklausel **2** 226
Okkupationsbeschluss **6** 704
Ordnungsmäßige Verwaltung
- Anspruch auf **6** 713
- Begriff **6** 681

Orga-Beschlüsse **2** 150

Parabolantenne **4** 463
Parkbügel **4** 447
Passivlegitimation **6** 723
Passivlegitimation der Gemeinschaft **1** 28
Pergola **4** 448

Pfändung
- der Beitragsansprüche **12** 1642

Pfändung des Mehrerlöses in der Zwangsversteigerung **9** 1210
Pflanztrog **1** 61
Photovoltaikanlage **4** 553
Plakate **3** 297
Praxisschild **4** 459
Protokoll
- allgemein **7** 868
- als Beschlussgültigkeitsvoraussetzung **7** 874
- Berichtigung **7** 883
- Unterschriften **7** 873
- Versendung **7** 878

Prozesskostenhilfe
- bei Beschlussanfechtung **13** 1781
- für die Gemeinschaft **1** 23

Prozessstandschaft
- des Verwalters **3** 342; **5** 646; **9** 1122
- passive der Gemeinschaft **1** 28

Querulant **3** 367; **10** 1322
Quittung, löschungsfähige **9** 1219

Räum- und Streupflicht **12** 1658
Rauchen **3** 301, 322; **7** 825
Rauchwarnmelder **1** 62; **4** 449
Rechnungsabgrenzung **8** 940
Rechnungslegung **10** 1369, 1538
Rechnungsprüfung
- durch Verwalter **10** 1575
- durch Verwaltungsbeirat **8** 927; **11** 1606

Rechtsanwalt
- Beauftragung als ordnungsmäßige Verwaltung **6** 705
- Beauftragung durch Verwalter **10** 1512, 1521
- Teilnahme an Versammlung **7** 818
- Vertretungsrecht **10** 1514

Rechtsdienstleistungsgesetz **5** 608; **10** 1520
Rechtsfähigkeit der Gemeinschaft **1** 18
Rechtsschutzversicherung **12** 1672
Redezeit, Beschränkung **7** 825
Regelungsklage **6** 715
Revision **13** 1849
Rollläden **1** 63; **4** 450
Rubrumsberichtigung **13** 1768
Rückbau **4** 478

Stichwortverzeichnis

Rückschnitt, Überhang vom Nachbargrundstück **1** 116
Rückstände, Darstellung in Abrechnung **8** 953
Rückwirkung
– bei Änderung des Umlageschlüssels **8** 968
– der Verwalterbestellung **10** 1266
Ruhestörungen **3** 336
Ruhezeiten, Hausordnung **3** 319

Sachenrechtliches Grundverhältnis
– Änderung allgemein **2** 243
– Änderung durch Bauträger **2** 252
Saldierung in Jahresabrechnung **8** 939
Saldoklage **9** 1144
Satellitenschüssel **4** 463
Schadensersatz nach fehlerhafter Beschlussfassung **2** 203
Schallschutz **3** 266, 270, 300; **5** 680
Scheinbeschluss **7** 738
Scheineigentümer **8** 1099
Schlechterfüllung der Verwalterpflichten **10** 1445
Schlichtungsverfahren, obligatorisches **13** 1726
Schließanlage **6** 707
Selbstbehalt bei Gebäudeversicherung **12** 1669
Selbstkontrahieren, Klausel im Verwaltervertrag **10** 1426
Sicherungshypothek **9** 1216
Silikonfugen **12** 1665
Solaranlage **4** 451
Sonderbelastung in Jahresabrechnung **8** 1014
Sondereigentum
– Betriebskosten **8** 961
– Gegenstände **1** 32
– Zweckbestimmung **3** 272
Sondernutzungsrecht **1** 94
Sonderumlage **8** 1088
Sondervergütungen für Verwalter **10** 1447
Spielhalle als unzulässige Nutzung **3** 286
Spielplatz, Fehlen als Baumangel **5** 618
Spitzboden **4** 584
Sprechanlage **1** 64
Status, Vermögensstatus **8** 1023
Stellplätze **1** 65; **3** 298, 306
– Abgeschlossenheit **1** 4
– Nutzung als Müllplatz **3** 287
Stellplatzbleche **4** 516

Stimmrecht, allgemein **7** 827
Stimmverbot **7** 790
– allgemein **7** 840
– bei Entlastung des Verwalters **7** 847
– bei Verwalterabberufung **10** 1296, 1303
– bei Verwalterwahl **10** 1257
– des Bauträgers **5** 648
Störungen
– durch Mieter **3** 348
– durch Miteigentümer **3** 331
Streitwert **13** 1811
Stromsperre **9** 1220
Stufenklage **10** 1368
Subtraktionsverfahren **7** 854

Tätige Mithilfe **3** 316
Tagesmutter **3** 283
Tagesordnung
– allgemein **7** 769
– Anspruch auf Aufnahme **7** 774
– Ergänzung **7** 773
Teilanfechtung **10** 1414; **13** 1766
Teileigentum
– Begriff **1** 1
– zulässige Nutzungen **3** 276
Teilungserklärung
– Änderung **2** 243
– Anspruch auf Änderung **2** 246
– Begriff **1** 6
Teilungsplan
– Zwangsversteigerung **9** 1207
– Zwangsverwaltung **9** 1162
Teilzahlungen **9** 1144
Telefonanschluss **10** 1527
Terrasse **1** 111; **4** 408, 453
Testamentsvollstrecker, Ladung, Hausgeldhaftung **7** 756
Thermostatventil **1** 55
Tiefgarage, Erstreckung auf Nachbargrundstück **1** 8
Tierhaltung **2** 153; **3** 324
Tilgungsbestimmung bei Hausgeldzahlung **8** 950
Tod eines Wohnungseigentümers, Verfahrensaussetzung **13** 1726
Totalanfechtung **7** 882
Trennungstheorie **10** 1236, 1343
Treppenhaus **3** 289, 301, 306, 325
Treppenlift **4** 390, 454

Treuhandkonto **10** 1492
Trittschallschutz **3** 270; **4** 590
Türen, Sonder-/Gemeinschaftseigentum **1** 68

Übertragung
- von Sondereigentum **1** 89
- von Sondernutzungsrechten **1** 108

Umdeutung **1** 78; **2** 136
Umlaufbeschluss **2** 168; **7** 915
Umsatzsteuer
- auf Verwaltervergütung **10** 1442
- Option der WEG zur **8** 1011

Umwandlung
- des Verwalters nach dem UmwG **10** 1240
- von Gemeinschafts- in Sondereigentum **2** 150
- von Sonder- in Gemeinschaftseigentum **2** 244
- von Wohnungs- in Teileigentum **2** 261

Umwidmung von Sondereigentum **2** 150
Umzugskostenpauschale **8** 1117
Unberechtigte Ausgaben
- Ansprüche gegen Verwalter **10** 1531
- in der Jahresabrechnung **8** 944

Universalversammlung **7** 736
Unterlassungsklage
- bei Störungen **3** 351

Unterteilung von Sondereigentum **2** 243; **4** 455; **7** 837
Untervollmacht **7** 810, 847, 849; **10** 1434

Veräußerungsbeschränkung **2** 223
Veräußerungszustimmung **2** 223; **10** 1545
- Sondervergütung **10** 1459

Verbindung mehrerer Anfechtungsklagen **13** 1771
Verbindung von Wohnungen **4** 457
Verbraucher, WEG als **10** 1416
Verbrauchserfassung **6** 709
Vereinbarung
- Abgrenzung zum Beschluss **2** 152
- allgemein **2** 130
- Eintritt des Erwerbers **2** 132

Verfallklausel **8** 1082
Vergleich
- allgemein **13** 1799
- mit dem Bauträger **5** 662
- zur Änderung der GO **2** 221

Vergleichsangebote
- vor Baumaßnahmen **4** 532

Vergütungsvereinbarung mit Rechtsanwalt **10** 1515
Verjährung
- Anspruch auf Instandhaltung **4** 540
- Ansprüche gegen Verwalter **10** 1424
- Beitragsansprüche **8** 1108
- Mängelrechte **5** 602, 615; **10** 1485
- Rückbauansprüche **4** 494
- Unterlassungsansprüche **3** 358
- Verwalterhaftung bei Verjährenlassen von Ansprüchen **10** 1573

Verkehrssicherungspflicht **4** 390
- allgemein **12** 1654
- auf Sondernutzungsfläche **1** 123

Verlängerungsklausel (Bestellungszeit) **10** 1268
Vermietung
- als Ferienwohnung **3** 283
- von Stellplätzen **3** 298

Vermietungsgebot in GO **2** 134
Vermietungsverbot in GO **2** 134
Vermögensauskunft **10** 1518
Vermögensschadenhaftpflichtversicherung
- Verwalter **10** 1555
- Verwaltungsbeirat **11** 1618

Verplombung **6** 709
Versäumnisurteil **13** 1726, 1769
Versammlung der Wohnungseigentümer
- Ablauf, Ordnung und Ende **7** 824
- allgemein **7** 734
- Beschlussfähigkeit **7** 789
- Einberufung allgemein **7** 740
- Einberufung durch Eigentümer **7** 744
- einstweilige Verfügung gegen Durchführung **7** 749
- Eventualeinberufung **7** 783
- Nichtöffentlichkeit **7** 792
- Tagesordnung **7** 769
- Teilnahme von Beratern **7** 817
- Teilnahme von Vertretern **7** 798
- Vorsitz **7** 786

Versammlungsprotokoll **7** 868
Versammlungsvorsitz **7** 786
Verschiebung
- der Außengrenzen von Sondereigentum **1** 92
- der Grenze zwischen Wohnungen **1** 91

Versicherungen
- Haftpflichtversicherung für Beirat **11** 1618
- Haftpflichtversicherung für Verwalter **10** 1555
- Leitungswasserschadenversicherung **10** 1490
- Versicherungsfragen allgemein **12** 1665
- Vertrauensschadensversicherung **10** 1555

Versorgungssperre **9** 1220
Vertreterklauseln **7** 811
Vertretung durch Verwalter im Prozess **10** 1437
Vertretungsmacht, fehlende des Verwalters **10** 1531
Vertretungsvollmacht für Versammlung **7** 799
Verwalter
- Abberufung aus wichtigem Grund **10** 1298
- Abberufung ohne wichtigen Grund **10** 1294
- als Störer i.S.d. Polizeirechts **10** 1550
- Amtsniederlegung **10** 1350
- Anfechtung der Bestellung **10** 1272
- Aufgaben und Befugnisse **10** 1467
- Bestellung **3** 377
- Bestellung in TE/GO **10** 1286
- Bestellungsdauer **10** 1266
- Delegation **10** 1242
- Entlastung **10** 1590
- faktischer **10** 1463
- gerichtliche Bestellung **10** 1378
- Gesellschaften als **10** 1238
- ohne Verwaltervertrag **10** 1460
- Prozessstandschaft **3** 342; **9** 1122
- Prozessvertreter **10** 1504
- Rechtsformwechsel **10** 1240
- Vergütung **10** 1440
- Wechsel, Empfehlungen **10** 1263
- Wiederbestellung **10** 1270
- Zustellungsvertreter **10** 1496

Verwaltervertrag **10** 1392
- Abschluss **10** 1394
- Delegation **10** 1404
- einzelne Klauseln **10** 1419
- Inhaltskontrolle **10** 1407
- Laufzeit **10** 1431
- Sonderpflichten **10** 1408

Verwaltervollmacht
- allgemein **10** 1545
- Muster **13** 1862

Verwaltungsangelegenheiten, Begriff **6** 682
Verwaltungsbeirat
- allgemein **11** 1596
- Aufgaben und Befugnisse **11** 1603
- Bezahlung **11** 1613
- Haftung **11** 1615

Verwaltungsunterlagen
- Aufbewahrung **10** 1438
- Einsichtnahme **10** 1540
- Herausgabe **10** 1359

Verwaltungsvermögen **1** 24
Verwirkung **3** 359
Verzug, Beitragszahlung **8** 1107
Videoüberwachung **6** 710
Vollmachtsurkunde für Verwalter **10** 1548
Vollversammlung **7** 736
Vorbehalt
- Begründung Sondernutzungsrechte **1** 100
- zur Änderung der GO **2** 251

Vorbereitungsbeschluss **3** 345; **4** 482 f., 529
Vorfälligkeitsklausel **8** 1082

Wärmedämmung als modernisierende Instandsetzung **4** 546
Wärmezähler **8** 978
Wanddurchbruch **4** 457
Warmwasser **8** 977
Waschmaschine **3** 328
Wasserschaden **1** 48; **10** 1490; **12** 1621, 1668
Wasserzähler **1** 71; **4** 390
Werbeschild **4** 459
Werdende Gemeinschaft **1** 10
Wiedereinsetzung in den vorigen Stand **7** 882; **13** 1780
Wiederholungsversammlung **7** 782
Winterdienst **3** 316; **12** 1658
Wintergarten **1** 37; **4** 408, 461
Wirtschaftsplan
- allgemein **8** 1064
- Anfechtung **8** 1084
- Aufstellung und Prüfung **8** 1069
- Geltungsdauer **8** 1073

Zahlungsanspruch, Miteigentümer gegen WEG **12** 1626
Zahlungsaufforderung
- Musterbeschluss **8** 1020

Zaun **4** 460

Zerstrittenheit, Auskunftspflicht bei Verkauf **12** 1723
Zimmerlautstärke **3** 329
Zinsen in der Jahresabrechnung **8** 1004, 1034
Zitterbeschluss **2** 126, 169; **4** 415, 519; **7** 867
Zugangsfiktion **7** 760
Zurechnung, Kenntnis des Verwalters **4** 494; **10** 1532
Zusammenlegung von Wohnungen **4** 405, 457
Zuständigkeit des Amtsgerichts **13** 1728
Zustandsstörer **4** 484
Zustimmung
- des Verwalters zu baul. Maßnahmen **4** 421
- zu baulicher Veränderung **4** 412
- zur Veräußerung **2** 223
Zustimmungsfiktion **2** 135
Zustimmungsvorbehalt **3** 278, 330
Zwangshypothek **9** 1216
Zwangsversteigerung
- allgemein **9** 1175
- Beitritt **9** 1201
- Erlösverteilung **9** 1207
- Pfändung Überschuss **9** 1212
- und Insolvenz **9** 1213
Zwangsverwaltung
- allgemein **9** 1150
- Antragsmuster **9** 1158
- Beitragspflicht Zwangsverwalter **9** 1165
- Teilungsplan **9** 1162
Zwangsvollstreckung
- gegen die Gemeinschaft **12** 1639
- Hausgeldrückstände, allgemein **9** 1147
Zweckbestimmung
- Gemeinschaftseigentum **3** 288
- Sondereigentum **3** 272
Zweiergemeinschaft **12** 1715
Zweitbeschluss **2** 171
Zwischenablesung **8** 995

Alles rund ums Mietrecht und WEG!

- Andrik Abramenko: **Das neue Mietrecht in der anwaltlichen Praxis** – Mietrechtsänderungsgesetz 2013
- Bruckmann: **Mietmängel von A - Z**
- Börstinghaus/Eisenschmid: **Arbeitskommentar Mietrechtsänderungsgesetz**
- Mars Olchenbach: **Fälle und Lösungen zur Abrechnung in Mietsachen**
- David Greiner: **Wohnungseigentumsrecht**
- Abramenko (Hrsg.): **Handbuch WEG**
- Niedenführ/Kümmel/Vandenhouten: **WEG** – Kommentar und Handbuch zum Wohnungseigentumsrecht
- Eisenschmid/Wall: **Betriebskosten-Kommentar**

Diese und weitere Bücher finden Sie auf unserer Homepage unter:

www.anwaltverlag.de

Deutscher**Anwalt**Verlag

Alles rund ums Gebührenrecht!

- RVG – Textausgabe mit Tabellen
- AnwaltKommentar RVG
- Das neue Gebührenrecht für Rechtsanwälte – Änderungen durch das 2. Kostenrechtsmodernisierungsgesetz (2. KostRMoG)
- Fälle und Lösungen zum RVG – Erledigungs- und Abrechnungsbeispiele
- Schwarzwälder Gebührentabelle – Übersichtstabelle für Rechtsanwälte, Kostenbeamte, Schadensachbearbeiter
- Kostentafeln und andere Tabellen für die juristische Praxis
- Gesamtkostentabelle – Prozesskosten - Anwaltsgebühren - Gerichtskosten
- Anwaltsgebühren in Verkehrssachen
- Anwaltsgebühren im Straf- und Bußgeldrecht
- Streitwerte und Anwaltsgebühren im Mietrecht
- Anwaltsgebühren bei Prozess-, Verfahrenskosten- und Beratungshilfe
- Anwaltsgebühren in Ehe- und Familiensachen
- Anwaltsgebühren im Arbeitsrecht
- Fälle und Lösungen zur Abrechnung in Mietsachen
- Fälle und Lösungen zur Abrechnung in Familiensachen
- Das familienrechtliche Mandat – Abrechnung in Familiensachen

Diese und weitere Bücher finden Sie auf unserer Homepage unter:
www.anwaltverlag.de

Deutscher AnwaltVerlag